太行峡谷 郑敏锐 摄

太行叠翠 王树洲 摄

红崖夕照 王树洲 摄

云外万仙山 新乡旅游局

美丽的新乡

新乡夜景集锦

MEILIDEXINXIANG

河南省新乡市人民政府主办
河南省新乡市史志局编纂

新乡年鉴

XINXIANG NIANJIAN

2009

谨以此书向新中国60华诞、新乡建市60周年献礼

中州古籍出版社

2009《新乡年鉴》审编人员

总监审　王战营

主　　审　张文慧　陈乃旗

主　　编　陈乃旗　高　健（常务）　王兰泉

副主编　李凤敏（常务）杜莉娜　徐　琨

编　　辑　（以姓氏笔画为序）

马振阳　丹　丁　王兰泉　冯祥萍

刘　萍　孙大凤　陈乃旗　杜莉娜

李　政　李凤敏　李红保　杨　杰

张智慧　罗　辉　侯龙芝　赵鸿建

高　健　徐　琨

摄　　影　杜莉娜　翟力实　程新和　郑敏锐

苏建平　王利平　高智勇　李汉收

彩页设计　陈乃旗　杜莉娜　李　政

文图制作　袁　莉　王素华　任潇勇　冯晓丽

刘　芳

王战营

张文慧

陈乃旗

高　健

王兰泉

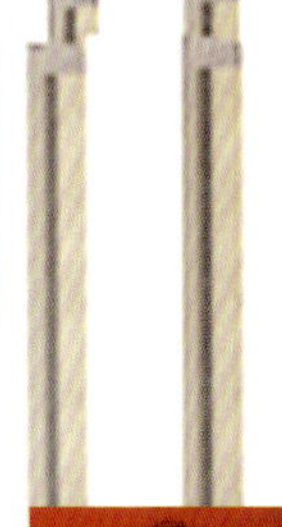

刘　萍

徐　琨

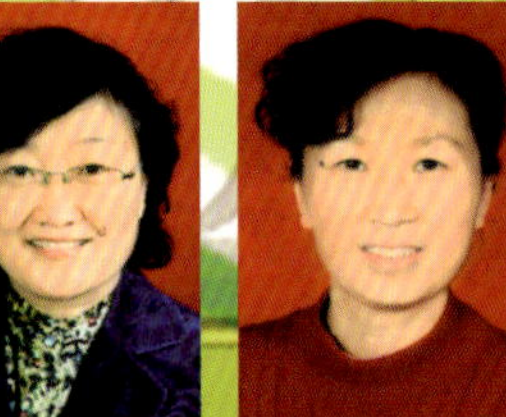

杜莉娜

李凤敏

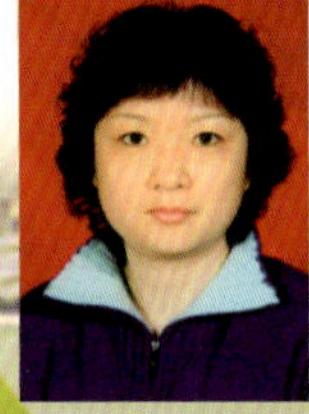

冯祥萍

李红保

马振阳

杨　杰

侯龙芝

李　政

孙大凤

赵鸿建

丹　丁

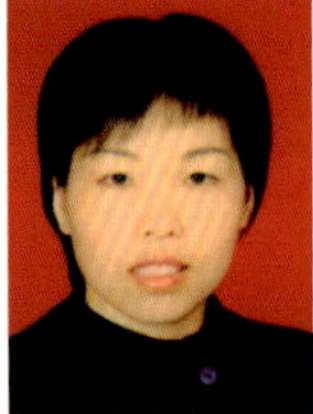

张智慧

罗　辉

孙榜亮

编辑说明

一、《新乡年鉴》是由新乡市人民政府主办、新乡市史志局编纂的综合性、权威性、资料性年度史志工具书。其宗旨是：全面系统、客观翔实地逐年记述新乡市政治、经济、文化、社会等方面的发展变化，发挥存史、资政、垂鉴后人的职能，为了解新乡、宣传新乡、建设新乡提供服务。

二、《新乡年鉴》1996 年创刊，每年出版一卷，逐年排列卷次。2009《新乡年鉴》为第十四卷，内容主要反映上一年度新乡的基本情况、最新成就、重大事件、发展趋势，力求达到思想性、资料性、科学性相统一。本鉴注重信息含量，突出资料的权威性、延续性，以满足广大读者的需求。

三、2009《新乡年鉴》为三级框架编排，以类目为单元，由分目、条目组成。全书设有 31 个类目，251 个分目，条目为主要表现形式。

四、为增强可读性，本鉴在注重资料性、实用性的前提下，汇集有关单位彩色专版，并随文插排部分黑白照片，力求图文并茂，生动形象。

五、为保持资料的完整性，个别条目内容突破时限，适当上溯或下延。

六、2009《新乡年鉴》资料主要由市直各部门（单位）、各县（市、区）和驻新单位提供，并由单位领导审签；全市综合统计资料由新乡市统计局提供。部分条目中的数据，因统计口径不同等原因可能不尽相同，在引用时，请以全市综合统计资料为准。

七、《新乡年鉴》编纂工作得到各有关单位的大力支持，各责任编辑、特约编辑付出许多心血，在此一并谢忱。本卷年鉴中的疏漏、错误之处，恳请读者批评指正。

二〇〇九年九月九日

亲切关怀　巨大鼓舞

——各级领导关注新乡发展

2009 年 5 月，市委书记吴天君受到胡锦涛等党和国家领导人的亲切接见

2009 年 6 月，河南省省委书记徐光春在新乡调研

2009 年 4 月，河南省省长郭庚茂在新乡调研

2009 年 4 月 28 日，各级领导及海内外来宾到卫辉出席中华财富圣火点燃仪式

2009年3月17日至21日，新乡市第十一届人民代表大会第一次会议召开，周海深当选本届人大常务委员会主任，李庆贵当选新乡市人民政府市长。

2009年3月16日至20日，政协第十届新乡市委员会第一次会议召开，范学贵当选本届政协新乡市委员会主席。

市长 李庆贵

市人大常委会主任 周海深

市委书记 吴天君

市政协主席 范学贵

省委常委连维良致贺词

市委书记吴天君讲话

市长李庆贵主持庆典

新乡建市六十周年庆典盛况

激情广场进新乡

市委副书记刘建华在“七一”表彰大会上向优秀党务工作者颁奖

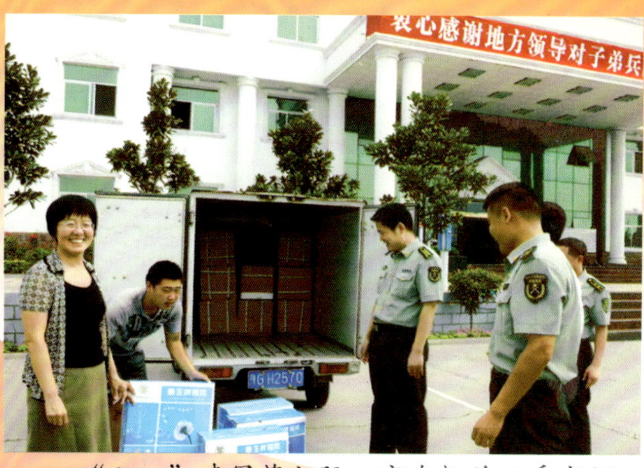

“八一”建军节之际，市直机关工委书记王素华等到71481部队慰问子弟兵

强化党的建设 发挥堡垒作用

——新乡市市直工委掠影

唱响市歌纪念改革开放30周年文艺汇演

中共新乡市直工委围绕市委、市政府工作大局，紧密结合市直机关实际，以加强党的执政能力建设、提高党的领导水平和执政水平为重点，以贯彻落实《中国共产党党和国家机关基层组织工作条例》为主线，以开展活动为载体，健全完善机关党建工作长效机制，全面推进市直机关党的思想、组织、作风、制度和党风廉政建设，充分发挥机关党组织的战斗堡垒作用和共产党员的先锋模范作用。市直机关党的工作得到全面加强，市直工委的各项工作走在全省前列，取得显著成效。为构建和谐新乡，实现中原城市群强市目标提供坚强的思想和组织保证。

（图文 杨文明）

市直机关第20期入党积极分子培训班学员进行闭卷考试

争创全国文明城市启动仪式

不断深化改革　致力科学发展

谱写财政工作新篇章

——新乡市财政局掠影

XINXIANG CAIZHENG

全市财政系统围绕狠抓增收节支，加快财政发展步伐，团结奋进，突出重点，服务大局，锐意进取，圆满完成各项工作任务，多项工作取得新的突破。先后荣获省级文明单位、全市目标管理优胜单位、全省“五型”机关党支部、全市党风廉政建设责任制工作优秀单位、优化经济发展环境工作先进单位、“五一”劳动奖状、促进农民增收办实事先进单位等称号，在省人事厅和省财政厅两年一度的评比中被授予先进财政局称号。

全市财政系统认真学习实践科学发展观，狠抓增收节支，强化财政监管，深化财政改革，努力构建公共财政体系，推动经济结构调整和经济增长方式转变，促进新乡市经济和社会各项事业全面进步。

党组书记、局长　熊西庆

全市财政系统“四项活动”取得成效

市财政局连获“省级文明单位”殊荣

局领导经常深入农村调研

团结奋进的局领导班子在研究工作

党组书记、局长 朱性福

牧野友谊奖颁奖仪式

落实“两转两提”措施　实施人才强市战略

——新乡市人事局剪影

市委常委、常务副市长王战营到局视察工作

军转干部培训班结业典礼

市人事局是综合管理全市人事工作和推行人事制度改革的职能部门。2008年，全局以“依法行政、按章办事、程序简化、服务在先”为理念，打造“服务、创新、阳光、效能”人事，不断促进人事工作发展，更好地为新乡经济社会发展服务。

人才实力和人才强市的影响力大幅度提升，人才结构调整实现新突破。发布新乡市2008年人才需求新闻发布会，全年组织人才交流会43场，接收大中专毕业生10695人。执行引进国外技术和管理人才项目8项，引进国外专家10人次、博士3人次。按省“兴豫之光”计划，报选博士科技副县（市、区）长、硕士科技副乡（镇）长博士研究生132名、硕士研究生255名；聘任两院院士5名，位居全省第二位。

落实“两转两提”要求，公务员队伍整体素质得到进一步提升。出台《新乡市公务员日常登记管理暂行办法》，开展公务员素质培训。组织全市122名乡镇长赴省进行培训。开展“人民满意公务员”评选活动，对63名个人和52个集体申报材料进行梳理审核。89名MPA学员通过全国联考，50名学员通过开题报告，新录MPA学员42人。考录高速交警90人、乡镇公务员8人。完成市政府系统181家单位2369人参照公务员管理登记。

构建事业单位管理新体系，推进事业单位人事制度改革。积极推进事业单位岗位设置前期准备工作，为17个市直单位、61个用人单位招聘工作人员218人。指导县（市、区）的事业单位招聘工作人员737人。打破身份、学历、资历等限制，开展专业技术人员职称评定。局属事业单位自主择业中心被表彰为全国先进单位。在全省技工技能竞赛中，新乡市取得1个特等奖、22个一等奖的优异成绩。

朱性福在2009届高校毕业生就业服务周上接受媒体采访

人才需求发布会

河南省一村一品引智示范基地揭牌仪式

牢记使命铸长城

——新乡军分区剪影

XINXIANGJUNFENQU

民兵训练

新乡军分区1949年9月组建。60年来，无论国内外形势如何变化，军分区都坚持用“听党指挥、服务人民、英勇善战”这一光荣传统教育部队，影响广大民兵预备役人员。全区战备训练扎实、政治教育深入、后装保障有力，全面建设取得可喜成就：辉县民兵大口径火炮训练、长垣县流动民兵管理等经验在全国推广；军分区狠抓“四个基本”、运用“四名”社会资源开展主题教育、加强后勤战备建设等做法得到军区和总部的肯定；新乡市连续4次荣获“全国双拥模范城”称号，原市委书记符文朗、李建昌、连维良先后被评为“党管武装好书记”。2006年，军分区被表彰为“全国方志先进集体”，2008年，军分区党委被河南省军区表彰为“先进师级党委”。

民兵应急分队集结点验

右：征兵宣传发动
左：民兵防汛演练

助民抗旱

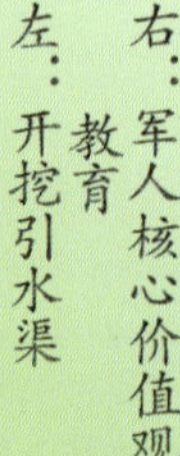

右：军人核心价值观教育
左：开挖引水渠

分区领导与被资助学生在一起

即将竣工的新区办公大楼

向地震灾区捐款捐物

支队长李春富深入执勤一线检查

政委王国军为凯旋的赴藏维稳战士佩戴鲜花

金盾闪光保安澜

——中国人民武装警察部队新乡市支队

中国人民武装警察部队新乡市支队是一支有着光荣传统、英雄辈出和辉煌历史的部队。前身是1946年组建的延安分区游击队，参加过保卫延安、攻打宝鸡、解放兰州等战役。支队主要担负看押、看守、守护和城市武装巡逻等任务。支队点多线长，分布在新乡的四区八县（市）和山东省东明县，最远的执勤点距支队140多公里。支队组建以来，努力弘扬人民军队优良传统，积极践行当代革命军人核心价值观，以永远做党和人民的忠诚卫士为目标，大力加强部队全面建设，圆满完成了以执勤和处突为中心的各项任务。先后成功参与处置了“11·5”原阳县飞机空难，“7·10”火车追尾相撞，“3·24”辉县抓捕，“4·23”牧野区解救人质，“5·18”辉县市大官庄爆炸，“10·8”凤泉区水泥厂抢险，辉县市孟电和光泰集团冷却塔、烟囱定向爆破临时警卫，奥运圣火传递，比干诞辰庆典等大型活动安保，以及跨区赴青海省执行增援任务等100余起突发事件。支队被武警河南省总队表彰为基层建设先进支队，1个中队被国务院命名为民族团结进步先进集体，1个中队被公安部命名为学雷锋先进集体，3名干部受到过江泽民接见，1名干部妻子被总政评为“百名好军嫂”，1个中队荣立集体一等功，3个中队荣立集体二等功，16个中队荣立集体三等功，被人民群众亲切地称为“牧野卫士”。

支队长　李春富

支队政委　王国军

官兵促膝谈心

奥运安全保卫

助民劳动

支队机关干部为汶川大地震遇难同胞集体默哀

实弹射击训练

“比干诞辰庆典”警卫

创新理念　提高素质　保障有力

——新乡市机关事务管理局掠影

党组书记、局长　刘玫琳

新乡市机关事务管理局 2009 年以来，坚持“围绕中心，服务大局，精细服务，规范管理”的工作理念，通过开展岗位练兵比武竞赛、干部职工挂牌上岗、进行业务技能培训、建立健全规章制度等一系列活动，加强队伍建设，提高全局人员的工作热情，认真履行管理服务职能，确保党政机关高效运转，全市机关事务工作开创了新局面，受到领导和同志们的一致好评。

认真开展学习实践科学发展观活动

抓好岗位练兵　搞好保障服务

参观史来贺纪念馆　感受榜样力量

局领导深入一线了解设备运转情况

团结和谐的领导班子

目　　录

中国共产党新乡市委员会

新乡市人民代表大会

新乡市人民政府

政协新乡市委员会

纪检·监察

精神文明建设

军　事

政　法

民主党派

群众团体与工商联

经济管理与监督

财政·金融

工　业

农 业

旅游业

商业贸易

非公有制经济

城市建设·环境保护

交通·邮电

教育·科技

文化·卫生·体育

社会生活

驻新单位选介

县(市、区)概览

文献文论选辑

统计资料

市情概要

地理位置

新乡市地处河南省北部，地理坐标东经113°23′～115°01′，北纬34°53′～35°50′，处于国际时区的东八区。南临黄河，与省会郑州、古城开封隔河相望；北依太行山，与鹤壁、安阳毗邻；西连焦作，与山西省晋城接壤；东接濮阳，与山东省菏泽相临。城区位于境域中西部，南距省会郑州70公里，50分钟可抵达新郑国际机场，北距首都北京600公里，为豫北政治、经济、文化和交通中心之一。新乡市地处中国经济地位的中心部位，城区南北有京广铁路纵穿，东西有新菏、新焦铁路横贯。东与京沪、兖臼铁路相通，西与焦柳、太焦、侯月铁路相连，纵横交汇；公路有京珠高速、济东高速、大广高速、106国道、107国道，12条省道、百余条县乡公路与京港澳高速相连。2008年末公路通车里程达12622公里，其中高速公路通车里程306公里，乡村公路通车里程11399万公里。

历史沿革

据新乡境内发掘的古文化遗址表明，原始社会就有人类在此居住。尧舜时期，新乡市区及辖属范围分属冀州、兖州、豫州。夏代，本区为夏族活动的中心区域。商属畿内之地。周属鄘国，后为卫国。春秋属晋，战国属魏。秦归东郡，后属三川郡。汉属河内郡，西晋、南北朝属汲郡。隋开皇六年（596年），析获嘉、汲县地于新中乡置县，取“新中乡”首尾二字命名，始有“新乡”之名。唐、五代、北宋属卫州，元属中书省卫辉路。明、清属卫辉府。民国时期，直属河南省，后又改称河南第四行政督察区（公署）。1948年11月，新乡市在新乡县小冀镇成立。1949年5月7日，新乡市人民政府由小冀镇迁入新乡县城，归太行行署新乡专署。1949年8月，平原省成立，新乡市为平原省省会。1952年11月，平原省撤销，新乡市属河南省直辖，后归新乡地区。1986年2月，新乡地区撤销，实行市带县体制。

行政区划

2008年，新乡市共辖12个县（市、区），其中，县级市2个，县6个，市辖区4个；另有高新技术产业开发区、西工区和新乡工业园区。全市共有122个乡（镇），其中建制镇56个，下辖3478个村民委员会。市区共有21个街道办事处，110个社区居委会。

2008年新乡市行政区划情况

县(市、区)	面积(平方公里)	街道办事处(个)	乡(镇)(个)	村民委员会(个)	社区居委会(个)
红旗区	180	5	3	73	30
卫滨区	52	7	1	26	25

县(市、区)	面积(平方公里)	街道办事处(个)	乡(镇)(个)	村民委员会(个)	社区居委会(个)
凤泉区	115	2	3	21	25
牧野区	97.7	7	2	58	30
卫辉市	868	—	13	342	15
辉县市	2007	2	20	514	38
长垣县	1051	4	14	599	8
封丘县	1224.63	—	19	578	27
延津县	886	—	12	336	5
原阳县	1329	—	17	555	6
新乡县	370	—	7	176	—
获嘉县	470.12	—	11	200	18
合 计	8650.45	27	122	3478	227

自然资源

新乡市境西北隅是太行山地，地势自豫晋边界向东南呈台阶式下降，主要分布在辉县、卫辉的西北部和北部，有中山、低山、丘陵、山间盆地等多种地貌类型。依次向下为太行山前倾斜平原、太行山前交接洼地、黄河冲积平原等地势，土层深厚肥沃，平坦辽阔。

【气候】 新乡市地处中纬度地带，为暖温带大陆性季风型气候。四季分明，降水集中，雨热同季。冬季寒冷少雨雪，春季干旱多大风，夏季炎热多雨，秋季天高气爽。年平均气温14.0℃，最冷月1月，平均气温－0.5℃，最热月7月，平均气温27.0℃。极端最高气温42.0℃（1972年6月11日），极端最低气温－19.2℃（1971年12月27日）。年降水量573.4毫米，多集中在7、8月间。年蒸发量1748.4毫米。最多风向为东北风，年平均风速2.3米/秒。年无霜期205天。年日照时数2323.9小时。冬季长140天左右（12月～2月），多寒潮，季降水量占年降水量的3.2%；春季长55天左右（3月～5月），气温回升快，多风沙，季降水量占年降水量的15.9%。夏季长113天左右（6月～8月），多暴雨，季降水量占年降水量的59.5%，常有伏旱发生，影响秋作物。秋季长55天左右（9月～11月），降温迅速，雨水日趋减少，季降水量占年降水量的21.3%。

【水文】 新乡市有黄河与海河两大水系。黄河水系流域面积4184平方公里，主要有天然渠、文岩渠和天然文岩渠与金堤河等，其中金堤河水系西支大沙河为古黄河故道的一段。海河水系流域面积3985平方公里，主流卫河西北侧山区流域广阔支流多而长，东南侧平原流域狭长支流少而短。渠道多由废弃古河道、古泛道、洼地，经疏浚、挖掘连通而成，主要有人民胜利渠、卫河、共产主义渠和引黄灌溉渠等。

市境水资源总量年际分配很不均匀，常旱涝交替，有时连旱连涝。多年平均水资源总量为16.97亿立方米，其中地表水为7.43亿立方米。地下水为11.23亿立方米（内含地表水与地下水重复计算量1.69亿立方米）。2008年地表水为4.36亿立方米，地下水为9.85亿立方米，扣除地表水与地下水重复计算量1.96亿立方米，2008年市境水资源总量为12.25亿立方米，开发利用总量为16.43亿立方米。在年降水量偏少的情况下，由于采取节水措施，农业用水量与上年相比，由上年的9.07亿立方米增加到11.56亿立方米。2008年，全市平均降水量546.3毫米，比上年的522.6毫米减少23.7毫米，比多年平均值621.3毫米少12.1%。

【矿产】　市境已发现和开采的矿种有24种，约占全省已发现矿种的20%以上，主要分布于太行山地。金属矿产主要有铁、铜、铅、锌和铝土等，多为矿化点和小矿点，其中铁矿稍丰；非金属矿产主要有煤、化工灰岩、水泥灰岩、白云岩、粘土、重晶石、泥炭、白垩土，以及建筑板材大理石与“花岗岩”等，多具有一定的规模。

【土地】　辖区地处暖温带南部。土地资源按地形地貌分类，计有山地1015.43平方公里，占总面积的12.43%。丘陵508.50平方公里，占总面积的6.23%。平原6645.07平方公里，占总面积的81.35%。据市统计局公布数据2008年末有耕地412.99千公顷。土地利用现状分类，除耕地外，尚有园地、林地、牧草地、居民点及工矿用地、交通用地、水域和未利用地，共八大类。

市境土壤计有8个土类、25个亚类、37个土属、156个土种。主要有棕壤土、褐土、粗骨土、石质土、潮土、风沙土、水稻土等8个土类。其中潮土占72.33%，褐土占13.76%，为境域内主要的农业土壤。

人文景观

【旅游】　新乡旅游资源丰富，有文化古迹、自然景观和人文景观三大类型。全市有比干庙、潞简王墓、战国长城、望京楼、白云寺、百泉、孟庄遗址、西明寺造像碑、共城城址9个国家级重点文物保护单位和42个省级重点文物保护单位。各县（市）和市区景点较多，其中辉县市拥有含自然、人文景观112处的百泉、石门、白云寺、白龙洞和十字岭5个自然景区所组成的省级百泉、万仙山景区，还有孟庄遗址、凤头岗遗址和天王寺善济塔等省级重点文物保护单位8处；卫辉有比干庙、镇国塔、望京楼、徐世昌家祠、山彪战国墓群、姜太公墓等10余处景点；市区有潞简王陵和东岳庙等古迹；获嘉有名胜同盟山；原阳有谷堆文化遗址、张苍墓、陈平祠、玲珑塔、古博浪沙和留侯庙等景点；延津县有大觉寺、万寿塔和陈玉成墓；封丘县有宋太祖皇袍加身处的陈桥驿；新乡县有现代人文景观京华园、社会主义新农村刘庄等。

全市拥有各类自然景观数百处，国家级森林公园1处，国家级湿地鸟类自然保护区1处，省级风景名胜区和文物保护单位50余处，市级文物保护单位500余处，历史文化名城1处，历史文化名镇1处，文物馆藏在全省排列第二，自然景观与人文景观交相辉映，相得益彰，使新乡成为旅游度假观光的绝佳去处。

南太行旅游资源。太行山脉起于燕赵，绵延南来，在新乡境内纵横盘旋，跌宕起伏，形成秀奇瑰丽的自然景观，全区面积共有1200多平方公里，区域广阔，资源丰富，景点有国家森林公园白云寺、太行郭亮影视村、北国小西湖百泉、道教名山老爷顶、八里沟等。

黄河旅游资源。九曲黄河西起昆仑东至渤海，在新乡境内流长约170公里，流经原阳、封丘、长垣三县21个乡镇，流域面积4184平方公里，占全市总面积的52.81%。黄河流经新乡，由于泥沙淤积，形成大面积的滩区淤地，总面积达1290平方公里，其中耕地60万亩，位于全省沿黄七市滩区面积之首。黄河滩区拥有丰富的农业生态观光旅游资源。

黄河故道湿地旅游资源。黄河故道湿地是历史上黄河多次决口、改道冲积而成的。黄河故道湿地保存有沼泽、湖泊、草地、沙丘、树木等地貌特征。黄河故道湿地旅游资源主要由四部分组成。

古文化旅游资源。新乡地处中原，是中华文明的重要发祥地。悠久的历史，灿烂的文化，留下了众多的古文化资源。境内各类文化遗址丰富。其中影响较大的有孟庄遗址、山彪战国古墓群、鲁堡遗址、大岗遗址、大召营遗址等。

【古迹】　新乡境内古文化遗存丰富，优秀历史人物众多，如姜太公、比干、陈平、周勃、周亚夫、邵雍、徐世昌等。新乡也是历代圣贤显达、名流高士、文人墨客、帝王将相的游览讲学栖居地。孔子讲学杏坛、子路治宰于长垣、高适主政于封丘、岳飞驻营于新乡、七贤竹林高卧、孙登百泉长啸，李白、苏轼、元好问、乾隆皇帝等遍访新乡山水名胜，留下千古不朽华章。新乡也是历史上不少重要事件的发生地，同盟山会盟、牧野大战、围魏救赵、官渡之战、陈桥兵变等都发生在这里。新乡境内还保留了大量有价值的古建筑、古陵墓、古庙宇、古碑刻，如中国第一王陵——潞王陵，祭祀第一忠臣庙宇

——比干庙，以及孔子剑刻碑、苏东坡撰书《海索赋》碑等。

民艺风俗

【民间艺术】　新乡民间艺术丰富多彩，始于清朝咸丰初年的背装与抬阁是欢庆丰收喜迎新春的一种民间风俗，多于农历正月初五和正月十六在街头朝会上演出。近几年还被邀请到省城和外地表演，并获大奖。下装人背着上装人名曰“抬阁”。上装的情节多为传统故事，配民乐热闹异常。特别是新乡县小冀背装在中原大地颇有盛名。威震国际秧歌节的中州大鼓以及闻名中州的新乡县赵堤大鼓，已有四百多年的历史，以“声”“形”特有的形式，明快富有朝气的节奏和独特的艺术走形，体现了中国农民热情奔放，粗犷豪爽的精神风貌。中州大鼓曾参加中国沈阳第二届国际秧歌民间舞蹈节，受到国外专家的高度称赞，并获表演优秀奖和精神文明奖。长垣花戏台起源于古代长垣农历二月十九的亮宾会，以“花”而著名，正上方用五色绸缎高搭彩门，横脸锦分三层，都以传统戏剧中的主要人物而饰，人周围流苏绣球围成团团花束，五彩灯流水灯与彩绸互相衬托，相映成辉。

【风味食品】　新乡风味食品样式丰富，主要有新乡烧鸡、罗锅肉、司马怀府鸡、香酥鸡、糖醋鱼、霜打馍、牛忠喜烧饼、红焖羊肉、卫辉空心面、原阳曹茂林五香牛肉、卫辉杜记牛肉等。

【城市形象】　至2008年底，新乡市已获得国家卫生城市、国家园林城市 、国家森林城市 、中国优秀旅游城市 、中国金融生态城市 、中国最佳商业城市、全国质量兴市先进市 、全国文明城市创建工作先进市、全国双拥模范城、全国知识产权试点市、中国城市竞争力百强市 、中国十佳和谐可持续发展城市 、中西部加工贸易梯度转移重点承接地 、福布斯2007中国大陆百佳商业城市 、外商眼中的河南最佳投资城市等称号。2008年9月20日，在深圳“中国旅游品牌年会”上新乡市被评为“最具影响力旅游名城”。

新乡市区一角

特　　载

在庆祝新乡解放暨建市60周年大会上的讲话

（2009年5月7日）

市委书记　吴天君

尊敬的刘源政委、王全书主席，尊敬的各位领导、各位嘉宾，同志们、朋友们：

五月的新乡，花繁叶茂，生机勃勃。在这美好的时节，我们隆重集会，热烈庆祝新乡解放和建市60华诞，回顾见证新乡60年艰苦创业的光辉历程，昂首展望新乡催人奋进的美好未来。省委、省政府专门发来贺信，连维良同志代表省委、省人大、省政府、省政协发表了重要讲话，给予了我们极大的鼓舞，更坚定了我们跨越发展的信心。借此机会，我谨代表新乡市委、市人大、市政府、市政协、新乡军分区和560万牧野儿女向莅临新乡的各位领导、各位嘉宾、各位朋友表示热烈的欢迎和衷心的感谢！

古老的牧野大地，风土厚善，人文荟萃。仰韶文化、龙山文化印迹，见证了八千年历史烟云；隋文帝始置新乡县，至今已历1400余年风雨征程。在漫长的历史长河中，一代又一代勤劳智慧的新乡人，用厚善崇文的品格创造了辉煌灿烂的文化，用敬业图强的精神书写了不懈奋斗的篇章。60年前的今天，1949年5月7日，新乡和平解放并正式建市。60年来，新乡市历届领导班子在党中央、国务院和省委、省政府的正确领导下，团结带领全市人民，一土一木相续，一砖一瓦累积，谱写了跨越发展的动人篇章。建市之初，从封丘县应举“介绍一个合作社”，到新乡县七里营“人民公社好”；从“辉县人民干得好”，到黄河滩“碱区稻花香”，新乡人民以战天斗地、永不言败的豪情，创造了一个又一个辉煌。十一届三中全会以来，新乡乘着改革开放的东风阔步前进，上世纪80年代中后期基本摆脱贫困实现温饱，世纪之交实现了由温饱到总体小康的历史性跨越；十六大以来，全市上下坚持以科学发展观为指导，紧紧围绕省委、省政府加快“两大跨越”、推进“两大建设”、实现中原崛起的战略部署，依托技术进步，加快结构调整，推进全面协调可持续发展，经济总量跃升到近千亿元，开始走上一条以不牺牲农业和环境为代价的新型工业化、新型城镇化和农业现代化道路，一个经济繁荣、社会稳定、环境优美、适宜人居的新新乡，一个实力日增、充满活力、开明开放、文明和谐的新新乡，正以崭新的姿态展现在世人面前。

经过60年的艰苦奋斗，综合实力实现历史性重大跨越。地区生产总值从1949年的1.2亿元跃升到2008年的949.49亿元，是1949年的767倍；二、三产业比重分别达到54.9%、31.3%，可持续发展的现代产业体系初具规模；完成财政一般预算收入48.8亿元，是1949年的625倍；粮食总产达75亿斤，是1949年的11倍。综合实力、城市综合竞争力均迈入全国百强行列。经过60年的艰苦奋斗，人民生活实现历史性重大改善。农村居民人均收入从1949年的45元跃升到2008年的5308元，是1949年的118倍，城乡居民储蓄存款是1949年的227万倍，农村、城镇居民恩格尔系数均为33.8%，人均寿命由1949年的30岁左右提高到现在的73岁。社会事业协调发展，城乡一体的社会保障和就业体系不断完善。

经过60年的艰苦奋斗，城乡面貌实现历史性重大变化。城区面积从1949年的3.12平方公里扩大到2008年的100平方公里，是1949年的32.1倍；城区道路从不足12公里发展到现在的398公里，是1949年的34.7倍。城乡一体的统筹发展体系不断完善，一城三区五星环绕的30分钟经济圈初步形成，1万余户农民住进环境优美、功能齐全的新型农村住宅社区，城镇化率达到39.16%。

经过60年的艰苦奋斗，对外形象实现历史性重大提升。坚持为民创建，以创促改、以创促建、以创促转，成功创建国家卫生城市、国家园林城市、国家森林城市、中国优秀旅游城市、全国文明城市创建工作先进市、全国社会治安综合治理优秀市，连续三届荣获“全国质量兴市先进市”，连续四届荣获“全国双拥模范城”，是中国金融生态城市、全国知识产权试点市、中西部加工贸易梯度转移重点承接城市，13家世界500强企业、3家华商500强企业、21家中国500强企业落户新乡。“厚善、崇文、敬业、图强”的城市精神深入人心，“选择新乡、选择成功”成为共识。以史来贺、吴金印、刘志华、许福卿、范清荣、张荣锁、耿瑞先、裴春亮为代表的新乡英模群体闪耀中原。

经过60年的艰苦奋斗，民主法制和党的建设实现历史性重大进步。人民代表大会制度、中国共产党领导的多党合作和政治协商制度及基层群众自治制度不断完善，各级党组织凝聚力、战斗力明显增强，科学执政、民主执政、依法执政能力不断提升，心齐、风正、气顺、劲足的干事创业氛围日益浓厚，形成了政通人和、风清气正的良好局面，科学发展的保障体系更加完善。

同志们、朋友们！唯有辛勤培硕果，薪火相传铸丰碑。一代又一代新乡人爬坡上坎、负重前行，以坚持不渝的信念、无坚不摧的锐气，攻坚克难，前赴后继，推动新乡迈上了前所未有的新高度。我相信，当置身老人悠闲自得、儿童嬉戏追逐的广场绿地，我们会真正明白苦干实干的价值，而抛弃或许有过的牢骚；当看到城市变美变靓、农村欣欣向荣，我们会更加坚定加快发展的决心，而嘲笑或许有过的动摇；当听到新乡晋位升级的坚实足音，我们又怎能不从心底油然生出一分光荣与自豪，而倍感肩头责任的重大。我相信，每一位为新乡发展付出过心血和汗水的领导同志都会因此感到欣慰，每一名在新乡发展历程中参与、奉献的干部群众都会因此感到自豪，每一个在这片充满生机与活力的热土上生活和奋斗着的牧野儿女都会因此感到骄傲！我们奋斗的足迹，将永远铭入新乡艰苦创业的光辉史册！

而此时此刻，我们不会忘记，在牧野大地上浴血奋战的革命先烈，是他们用青春、热血甚至生命换来了新乡60年的和平发展和我们今天的幸福生活，为我们树立了一座又一座丰碑！

我们不会忘记，党中央、国务院和省委、省政府历届领导集体的亲切关怀，是他们在改革发展的关键时期为我们指明了前进方向，带领我们跨过了一道又一道难关！

我们不会忘记，省直各部门、各兄弟城市和友好城市、各有关方面，是他们长期以来对新乡发展给予关心帮助、倾力支持，使我们取得了一项又一项业绩！

我们不会忘记，新乡历届领导班子和老领导、老同志的艰辛探索，是他们牢记使命，敢于担当，带领全市人民，夺取了一个又一个胜利！

我们不会忘记，各民主党派、工商联和无党派人士高举民主团结的大旗，为了新乡经济社会发展，肝胆相照，凝智聚力，作出了一项又一项贡献！

我们不会忘记，广大企业家和外来投资者付出的智慧与辛劳，来自全国各方面及各驻新部队和单位的大力支持，推动着新乡发展的脚步，迈上了一级又一级台阶！

我们更不会忘记，正是560万牧野儿女不屈不挠、矢志拼搏，才创造了一个又一个奇迹，成就了新乡改革开放的宏图伟业！

此时此刻，请允许我再次代表新乡市委、市人大、市政府、市政协、新乡军分区，向60年来为新乡奉献智慧、倾注心血的所有建设者、劳动者、管理者，向所有关心、支持和帮助新乡发展的各级领导和各界朋友，致以最崇高的敬意和最诚挚的问候！

奋斗历经艰辛，成就来之不易。新乡站在新的起点之上，历史的接力棒传到我们这一代手中，责任重大，使命光荣，我们没有任何理由放松懈怠，没有任何借口彷徨不前，更没有任何资本自我陶醉。我们的目标要更加坚定。建设“四个新乡”，走在全省第二方阵前列，建成中原城市群强市，是我们坚定不移的目标，不管任务有多重、困难有多大，发展一天都不能耽搁、一时都不能放松、一刻都不能停顿。我们的头脑要更加清醒。“不进则退、慢进亦退”是我市面临的最大现实，负重前行将是我们长期处于的发展阶段，保增长、保态势是我们当前最紧迫的任务，要实现晋位升级，就必须时刻保持强烈的忧患意识，付出更多的心血和汗水，决不能在加快发展中落后、在自我感觉良好中落伍。我们的脚步要更加坚实。坚持科学发展观，突出“发展、稳定、廉洁”三大工作布局，着力构筑“一个载体、三个体系”，围绕统筹城乡发展这条主线、实施引资项目双带动这个主战略、落实保持社会稳定和谐这个总要求，脚踏实地，阔步前行，奋力开创新乡科学发展的新局面。我们的作风要更加扎实。抓住一次机遇，就能赢得一次跨越；错过一次机遇，就可能落后一个时代。面对当前严峻的经济形势，我们必须以坚忍不拔的毅力、百折不挠的意志、奋勇争先的勇气，着力化“危”为“机”，全力以赴，共克时艰。

我们要把60年的巨大成就转化为精神动力，把560万牧野儿女的美好愿望汇聚成发展合力，在抢抓机遇中加快发展，在与时俱进中追求卓越，推进新乡新跨越新崛起。力争到2010年工业总产值达到3000亿元，以“一谷五基地”建设为标志构建现代产业体系，建成先进制造业基地；到2013年，成功创建国家健康城市、环保模范城市和文明城市，建成适宜人居城市；到2015年，重点区域内920个行政村150万农民住进新型农村住宅社区，建成统筹城乡发展先行区；到2020年人均生产总值比2000年翻三番，建成中原城市群强市；通过更长时间的努力，使每个新乡人都能充分享受社会保障、实现充分就业，建成幸福和谐之城。

同志们、朋友们！“苟日新，日日新”，新乡之新，在于常新。让我们高举中国特色社会主义伟大旗帜，深入贯彻落实科学发展观，在省委、省政府的正确领导下，认真学习兄弟市的先进经验，以热爱新乡、奉献新乡的饱满热情，以建设新乡、发展新乡的高度责任感，奋力开创新乡全面建设小康社会的新局面，为实现中原崛起作出新的更大的贡献！

我们坚信，新乡的明天一定会更加辉煌、更加美好！

我们坚信，新乡人民的生活一定会更加富裕、更加幸福！

最后，让我们共同祝愿伟大的祖国更加繁荣昌盛！

回顾改革开放光辉历程
展望新乡未来美好前景

——2008年12月25日在新乡市纪念改革开放30周年大会上的讲话

市委书记　吴天君

同志们，朋友们：

此时此刻，我们满怀喜悦、激动的心情，隆重召开纪念改革开放30周年大会，全面回顾新乡30年来的光辉历程，深入总结改革开放的成功经验，激励鼓舞全市人民坚定不移地走中国特色社会主义道路，深化改革开放，推动科学发展，建设“四个新乡”，朝着建设中原城市群强市目标阔步前进。此时此地，我们用这样一个庄严的庆典，就是要表达一个庄严的承诺：坚持弘扬改革开放精神，继续推进改革开放事业。这是伟大时代赋予我们的历史责任和神圣使命。

一

30年前，举世瞩目的十一届三中全会的胜利召开，奏响了我国改革开放的宏伟乐章。30年来，伴随着我国改革开放波澜壮阔的历史洪流，勤劳智慧的新乡人民，沿着十一届三中全会确立的正确道路，坚持以邓小平理论和“三个代表”重要思想为指导，以经济建设为中心，坚持改革开放不动摇，在历届党委政府的坚强领导下，齐心协力，求真务实，谱写了新乡跨越发展的动人篇章，创造了令人瞩目的辉煌成就。

1978年党的十一届三中全会召开之后，我们的改革开放开始了破冰之旅，从包产到户到实行家庭联产承包责任制，农村改革逐步推进，农业呈现高速发展态势。刘庄、龙泉、京华、楼村等结合实际，继续选择了发展集体经济的路子，表现出了可贵的实事求是精神，走上了共同富裕的道路。到1982年，以农村经济全面发展为标志，经济社会步入了快速发展时期。

1982年党的十二大召开之后，我们的改革开放进入逐步展开阶段。围绕经济体制改革，以增强企业活力为重点，加快形成有利于商品经济的经营机制，国有企业改革开始起步；以造纸、水泥产业为标志的乡镇企业迅速崛起，极大地繁荣了农村经济；从1985年建立第一家中外合作企业开始，开启了对外开放的新天地。到1992年，成功解决了全市人民的温饱问题，全市经济总量由近20亿元提高到近100亿元，位居全省前列。

1992年邓小平南巡讲话和党的十四大召开之后，我们的改革开放进入全面实施阶段。确立了“农村奔小康、工业增效益、城市创三优”的总体思路，以白鹭化纤为代表的纺织行业在全省占有重要地位，以新飞为代表的电子产业异军突起，以纺织、电子、轻工、机械、建材五大行业为支撑的工业体系奠定了新乡腾飞的坚实基础；以“十八罗汉闹中原”之一的辉县市和民营经济快速发展的长垣县为标志，县域经济蓬勃发展，形成了以公有制为主体，多种所有制共同发展的新格局；以农村奔小康活动为载体，顺利完成了第二轮土地承包，统分结合的双层经营体制不断完善；坚持优化环境、外引内联、四面辐射、梯次发展的对外开放战略，经济社会按照“一高一低”的态势顺利推进。到2002年，经济总量跃上了300亿元的新台阶，人民生活水平总体上实现了由温饱到小康的历史性提高。

2002年党的十六大以来，我们的改革开放进入纵深发展阶段，作出了实现“六大跨越”的战略部署，确立了建设效益新乡、创新新乡、和谐新乡、生态新乡，建成中原城市群强市的宏伟目标，踏上了全面建设小康社会的新征程。实践表明，正是由于我们始终坚持科学发展观，以解放思想为先导，注重从实际出发，不人云亦云，不随波逐流，立足当前、着眼长远、超前谋划，准确把握经济社会发展的阶段特征，适时提出正确的指导方针，为谋求跨越赢得了主动，为实现崛起积蓄了后劲，才得以走上一条以不牺牲农业和环境为代价的新型工业化、新型城镇化和农业现代化道路，一个经济繁荣、社会稳定、环境优美、适宜人居的新新乡，一个实力日增、充满活力、开明开放、文明和谐的新新乡，正以崭新的姿态展现在世人面前。

改革开放30年，新乡综合经济实力实现历史性重大跨越。30年来，我们坚持发展是第一要务，把发展作为永恒主题，经济发展以年均11.58%的速度增长，综合实力显著提升，2008年，预计全市完成地区生产总值935亿元，是1978年26.78倍；预计完成工业增加值457亿元，是1978年51倍；预计完成财政一般预算收入48.95亿元，是1978年27.6倍。进入新世纪以来，我们抢抓重要战略机遇期，推进发展不动摇、不懈怠、不分心，一跃跨入全国城市综合实力百强市、全国城市竞争力百强市行列。全市粮食总产量达到388.98万吨，成为全国优质小麦生产基地、种子基地和商品粮基地；27类（个）工业产品位于国内同行业前三位或省内第一位，省级以上企业研发机构达86家，占全省十分之一；现代服务业蓬勃发展，文化旅游业、印刷包装业和传统文化工艺品制作业三大文化产业不断壮大。

改革开放30年，新乡蓄积发展后劲实现历史性重大突破。30年来，我们立足资源短缺、包袱沉重的市情，咬紧牙关，苦练内功，狠抓打基础、管长远的各项工作，发展后劲明显增强，1978年以来累计完成全社会固定资产投资3129亿元，年均增长20.7%。进入新世纪以来，坚持“抓基层、打基础、上台阶”工作理念，强力实施引资项目双带动战略，一大批影响深远的重大项目相继建成，37个产业聚集区发展迅猛，新郑一体化桥头堡桥北新区初具雏形，为新乡未来发展搭建了载体、拓展了空间。

改革开放30年，新乡人民生活水平实现历史性重大改善。30年来，我们坚持发展为了人民、发展依靠人民、发展成果由人民共享，群众生活实现了从温饱不足向总体小康的历史性跨越。2008年城镇在岗职工平均工资、农民人均纯收入分别是1978年26倍和29倍，全市私人拥有机动车从1978年18辆提高到现在4万辆，城乡居民人均储蓄从1978年

61.5元提高到现在近1万元，城市人均住房面积从1978年2.85平方米提高到现在26.7平方米。进入新世纪以来，我们把关注民生、重视民生、保障民生、改善民生放在更加重要的位置，群众衣食住行明显改善，民生福利不断加强。城镇居民人均可支配收入、农民人均纯收入分别连续六年和五年实现两位数增长。城乡社会保障体系和就业体系不断完善，在全国省辖市率先实现新型农村合作医疗全覆盖，农民参合率99.06%；在全省首批实施城乡低保、城市医疗救助、经济适用房、廉租房制度，城镇居民医疗保险全面启动。全面普及义务教育，高中阶段普及率达75%，明年有望全面普及。完成农村中小学危房和乡镇卫生院改造，35%行政村建有标准卫生室。连续两年获省“平安建设先进市”称号，群众安全感位居全省前列。

改革开放30年，新乡城乡面貌实现历史性重大变化。30年来，我们不断完善城市规划，加大资金投入力度，城乡基础设施不断完善，市区建成区面积达90平方公里，人口达100万人，较1978年均翻了一番，大外环贯通后市区面积将达900平方公里。公路通车总里程12497公里，是1978年的21倍；市区道路里程398公里，是1978年的5倍。进入新世纪以来，我们突破城市区划、城市框架、城乡基础设施瓶颈，完成了市区区划调整，启动了城市新区建设，以路网为核心的城乡基础设施日趋完善。农村面貌发生深刻变化，38%的行政村建立了卫生保洁长效机制，26%的村建有供排水设施，19%的行政村实现了道路户户通，沼气入户率达39%，全省第一，127个新型农村住宅社区建设全面启动，新入住群众突破1万户。城市化步伐明显加快，城市化率达37.3%，比全省平均水平高4个百分点。

改革开放30年，新乡创新体制机制实现历史性重大进展。30年来，我们积极主动地推进体制机制创新，各项改革不断深化，为经济社会发展提供了强大动力。进入新世纪以来，我们解放思想，大胆创新，深入推进行政管理体制改革，在全省较早建立了市级行政服务中心，各县（市）、区及乡（镇）全部建立行政服务中心，村级便民服务站覆盖面达65%以上，乡镇便民服务中心运作模式在全省处于领先水平；实施行政审批制度改革，行政审批事项从2001年的1699项精简到目前的500项；市行政服务中心进驻项目设定承诺时限由平均16.7个工作日缩减为7.6个工作日，整体提速119%；规范权力运行监督制约机制，对市直54个具有行政职能部门权力运行实施全程动态管理监控，重点围绕管人、管财、管物、管审批、管执法五类重点人员，开展科室季评活动，推进中层干部岗位交流；在全省率先组建了公共资源交易中心，健全了城乡全覆盖的规划管理组织体系，农村集体林业产权制度改革、乡镇机构改革、市政公用行业改革、交通系统“三项改革”、粮食流通体制改革等基本完成。经济管理体制改革取得实质性进展，156户国有（集体）企业已完成改制150户，明年有望全部完成；投融资改革平台建设成效明显，成立了八大政府性投资公司，进而整合组建新乡投资集团，明年资产规模有望达到100亿元，每年将为我市融资40亿元左右；整合全市各类职业教育资源，组建了四大职业教育中心。干部人事制度改革稳步推进，制定了《新乡市进一步深化干部人事制度改革规划》，建立干部选拔任用工作事前报告制度、干部选拔任用工作观察员制度和绩效考核制度，初步形成了干部日常监督管理工作体系。全方位、多层次、宽领域的对外开放体系正在形成，建立健全了招商引资的政策体系、领导体系、推进机制和评价激励制度，有力推动了开放型经济发展，目前我市外贸依存度达10.2%，高于全省平均水平3.6个百分点。当前，我们正着力破除“三新”大讨论活动中确定的六大瓶颈，创新完善八大体制、十一项机制，推动科学发展的体制机制不断完善。

改革开放30年，新乡对外形象实现历史性重大提升。30年来，我们努力改善人居环境，打造城市品牌。进入新世纪以来，坚持“以创促改、以创促建、以创促转”的指导方针，先后荣获国家卫生城市、国家园林城市、国家森林城市、中国优秀旅游城市、全国双拥模范城、全国质量兴市先进市、全国加工贸易梯度转移重点承接市、国家知识产权试点市、中国金融生态城市、中国十佳和谐可持续发展城市等荣誉，全国文明城市创建先进市已通过公示。“厚善、崇文、敬业、图强”的城市精神深入人心，“选择新乡、选择成功”的口号叫响全国。

改革开放30年，新乡民主法制和党的建设实现历史性重大进步。30年来，我们持续推进民主法制建设，不断加强党的建设，实现了科学、民主、依法执政的历史性进步，形成了政通人和、风清气正、共谋发展的良好局面。进入新世纪以来，我们以规范权力运行监督制约为重点，以执政能力建设和先进性建设为主线，坚持用中国特色社会主义理论体系武装广大党员干部，各级党组织的凝聚力、战斗力明显增强，为各项事业的发展提供了坚强的组织保证。人民代表大会制度、中国共产党领导的多党合作和政治协商制度及基层群众自治制度不断完善。依法治市全面推进，群众的法律意识普遍增强，依法行政水平不断提高。

这30年，是全市各级党委、政府团结带领全市人民高举中国特色社会主义伟大旗帜，解放思想、更新观念的30年；是团结奋斗、艰苦创业，从根本上改变贫困落后面貌的30年；是深化改革、扩大开放，全面开创各项工作新局面的30年；是开拓创新、与时俱进，不断取得经济、政治、文化、社会和党的建设新成果的30年。近年来，经过全市上下的共同努力，我市经济社会步入了快速发展的新阶段，踏上了跨越崛起的新征程，我们的工作得到了上级领导和群众的充分认可。徐光春书记在我市调研时指出："这些年来新乡市委、市政府和广大干部群众解放思想、干事创业，取得了不少好成绩，到处生机勃勃，到处都在谋发展、干发展，发展形势很好。这是近年来新乡改革发展历程中一个非常鲜明的特征，正因为如此，新乡才有了大的发展、大的变化，也正因为如此，新乡人民的精神面貌才如此昂扬振奋，对新乡的未来充满信心和希望。特别是这些年来，新乡市委、市政府团结带领广大干部群众解放思想、干事创业，付出了很多智慧和汗水，创造了很多经验和成绩。"郭庚茂代省长在我市调研时指出：新乡坚持引资项目双带动，坚持集聚集群集约发展，坚持中心城市带动战略，自觉地贯彻了城乡统筹发展，经济社会发展思路清晰、方向明确、效益较好、结构较优、后劲较强。所有这些都充分表明，我们的发展思路、决策部署符合科学发展观的要求、符合新乡发展的实际、符合广大人民群众的利益。

奋斗历经艰辛，成就来之不易。所有亲身经历了这30年伟大变革并贡献了自己力量的牧野儿女，所有关心新乡发展的社会各界人士，都有理由为新乡改革开放的历史性成就感到骄傲。此时此刻，我们要永远铭记党中央、国务院和省委、省政府历届领导集体的亲切关怀，他们在改革发展的关键时期为我们指明方向；我们要永远铭记历届市委、市政府和老领导、老同志的艰辛探索和历史贡献，他们不惧风险、不畏非议、不计个人得失，结合新乡实际创造性地把中央、省委关于改革开放的战略设想变为现实；我们要永远铭记各民主党派、工商联和无党派人士的广泛参与、大力支持和共同努力，他们高举民主团结的大旗，参政议政，献计献策，为新乡的发展贡献了力量；我们要永远铭记外来投资者和广大企业家作出的重大贡献，为新乡发展注入了强大活力；我们要永远铭记来自全国各方面及各驻新部队和单位给予的大力支持，他们的支持是新乡发展的重要基础；我们要永远铭记全市人民群众的拼搏奉献，正是由于560万新乡人民群众的砖瓦之积，才成就了新乡改革开放的宏伟大厦。借此机会，我谨代表市委、市政府，向我市历任老领导、老同志，向全市各民主党派、工商联和无党派人士，向驻新中国人民解放军指战员、武警官兵和公安干警，向所有关心、支持和参与新乡改革开放事业的同志们和朋友们，表示崇高的敬意和衷心的感谢！

二

改革开放的30年，是我们不断探索、不断超越、不断创新的30年。在30年的创造性实践中，我们经过艰辛探索，积累了宝贵经验。

这一时期，最鲜明的特征是解放思想，适时提出正确的指导方针。30年来，我们在党的实事求是思想路线指引下，以解放思想为动力，根据形势的发展变化，适时提出正确的指导方针，牢牢把握了发展的主动权。进入新世纪以来，我们审时度势，大胆创新，2002年，在全省率先提出以项目统领经济工作全局的指导思想，进而紧紧抓住国内外产业梯度转移步伐加快的大好机遇，确定了引资项目双带动战略；以关闭小水泥、小造纸和国有企业改革为标志，向构建可持续发展的产业体系目标奋力前行，逐步确立了内涵发展与外延发展并重，走集聚集群集约工业化道路的发展思路，徐光春书记对此先后两次作出重要批示：新乡工业经济发展思路具有全局性、战略性、前瞻性和开创性特点，符合河南和新乡实际，是解决当前工业经济粗放型发展的有效办法；我们把城市创建作为推进各项工作开展的载体和抓手，改善群众生活，提升市民素质，转变城市形象，受到了人民群众的广泛赞誉。2003年，我们根据中央和省委建设社会主义新农村、建设中原城市群经济隆起带和发展壮大县域经济的重大战略部署，及时作出了三大工作布局在全面建设小康社会、实现现代化进程中目标同向、主体一致、各有侧重的科学判断，确立以“三位一体”系统工程为载体统筹城乡发展思路，进行了积极的探索与实践，对此徐光春书记在我市专题报告上作出“新乡统筹城乡发展既有经验，又有探索；既有思路，又有部署”的重要批示。2006年，我们按照科学发展观的新要求，及时调整工作部署，逐步确立了“以科学发展观为指导，突出发展、稳定、廉洁工作特色，立足抓基层、打基础、上台阶工作要求，围绕建设效益新乡、创新新乡、生态新乡、和谐新乡，着力构建城乡一体的统筹发展体系、可持续发展的产业体系、以人为本的社会治理体系和科学发展的保障体系，打造中原地区先进制造业基地、高素质人力资源培育基地和区域现代物流中心、现代农业示范中心，迅速掀起以重大工业项目、城市建设和现代服务业发展为标志的新一轮发展高潮，加速推进工业化、城镇化、农业现代化，建设中原城市群强市”的发展思路，走上了一条科学发展、文明发展之路。

这一时期，最突出的主题是加快发展，奏响跨越崛起的主旋律。30年来，从“以经济建设为中心”到“发展是硬道理”，再到“发展是我们党执政兴国的第一要务”，再到“实现全面协调可持续的科学发展”，一以贯之的是发展。我们把发展作为第一要务，胸怀百年，着眼长远，努力推进新乡科学发展。近年来，坚持重点工作带动，强化“责任、有序、高效”的工作推进机制，对确定的目标、作出的决策、认准的事情，无论遇到多少艰难险阻，无论面对多少争论非议，都始终咬定青山不放松，狠抓落实不放手，在以投资为主导的上一轮发展中，抓住了先机，赢得了主动。当前，面对严峻的经济形势，全市上下振奋精神，认真贯彻落实上级的决策部署，紧紧围绕“两个确保”，突出投资和消费主导拉动作用，经济社会保持了平稳发展。

这一时期，最强劲的动力是改革开放，破除制约科学发展的瓶颈障碍。30年改革开放，极大地消除了束缚生产力发展的体制机制性障碍，极大地增强了经济社会发展的内在活力。近年来，我们积极转变政府职能，努力建设责任、法治、服务型政府，痛下决心、坚定不移推进国有企业改制，稳步推进干部人事制度改革，不断完善对外开放体系，各个领域各个方面的改革均取得扎实成效。实践证明，只要我们大胆探索，勇于改革，经济发展的动力和活力就一定能够不断增强。

这一时期，最明晰的主线是城乡统筹，构筑城乡一体的统筹发展体系。30年来，我们始终把解决“三农”问题作为重中之重，深化各项改革，不断提高人民群众的生产生活水平，农村经济全面繁荣发展。近年来，我们把统筹城乡发展作为解决“三农”问题的根本出路，作为提高农民组织化程度和农村资产要素市场化程度、增强农村内生动力的重要途径，确立了“以科学发展观为指导，以‘三位一体’系统工程为载体，推进城乡‘发展规划、产业布局、基础设施、公共服务、劳动就业、社会管理’六个一体化，构筑‘城乡一体的统筹发展体系、可持续发展的产业体系、以人为本的社会治理体系、科学发展的保障体系’四大体系，建设‘新型农村管理体制、新型农村经济组织形式、新型农村住宅社区’三新农村，加快人口、产业、生产要素聚集步伐，逐步实现‘居住环境、公共服务、就业结构、消费方式’四个城市化，破解城乡二元体制，努力走以不牺牲农业和环境为代价的新型工业化、新型城镇化和农业现代化道路”的城乡统筹发展思路，坚持以产业聚集区建设为重点，构筑以城带乡、产业转移的发展载体，促进城市生产要素向农村流动；以提高农民组织化程度为着力点，构筑转移农民、壮大农业、农民持续增收的有效机制，提高农村生产生活水平；以破除体制机制障碍为关键，构筑城乡一体统筹发展的管理体制，激活农村发展的内生动力；以新型农村住宅社区建设为抓手，构筑城乡公共服务均等化的重要载体，加快农村城市化步伐。正如中央政策研究室原副主任肖万钧在我市调研时指出，新乡市城乡统筹发展的路子是破解“三农”难题的一个重大创新，破解了一个重大历史问题，探索了一条农村城市化的路子，在全国具有重要的借鉴和推广意义。

这一时期，最坚定的发展思路是转变发展方式，构筑可持续发展的产业体系。30年来，我们针对新乡以加工工业为主的特点，不断推进经济结构调整，提升工业经济竞争力。近年来，我们以优化产业结构、调整组织结构、完善所有制结构为重点，坚持内涵与外延发展并重的方针，加快产业结构调整，积极推进企业战略重组，完善节能减排工作机制，健全区域创新体系，着力打造战略支撑产业，初步构筑了可持续发展的现代产业体系。实践表明，只有不失时机、因地制宜推进结构调整，才能有效提高经济质量和效益。

这一时期，最重要的执政理念是改善民生，构筑以人为本的社会治理体系。30年来，我们始终把关注民生作为重要的执政理念，让人民群众充分共享发展改革成果。近年来，坚定不移地推进以保护困难群体利益为特征的城乡一体社会保障体系和创业就业体系建设，民生改善步伐不断加快。创新以城乡社区服务中心建设标志的城乡社会管理服务体系，推动社会管理转型；新型城市管理体系不断完善；切实把解决群众诉求作为构建和谐社会的重要内容，努力保持了社会大局稳定。实践证明，只有坚持以人为本，才能最大限度地激发人民群众的智慧和力量。

这一时期，最根本的保证是以改革创新精神推进党的建设，构筑科学发展的保障体系。30年来的实践证明，改革开放的伟大事业之所以能够顺利推进并取得辉煌成就，根本上靠的是党的建设这个保证。近年来，我们坚持加强理论武装，树立正确的用人导向，着力优化干部队伍年龄、知识、阅历结构，不断提高领导科学发展的能力。深入开展“双示范、双带动、双推进”活动，实施大学生村官工程和老党员、困难党员关爱工程，健全基层干部激励约束机制，基层党组织凝聚力和战斗力进一步增强。致力于营造良好的推荐文化，不断完善体现科学发展观和正确政绩观考评体系。确立“加强教育、强化预防、及时警醒、查早查小，防止影响恶劣的腐败分子产生”的工作理念，完善规范权力运行监督制约机制，推进反腐倡廉建设深入开展。始终坚持重点工作带动，坚持一级对一级负责，一级支持一级工作，“责任、有序、高效”的工作推进机制不断强化。实践表明，只有不断加强和改进党的建设，才能保证全市经济社会又好又快发展。

这一时期，最厚重的收获是在实践中凝炼的精神财富，始终激励着我们为开创新乡美好未来而努力奋斗。精神是发展历久常新的动力和源泉。上世纪六七十年代，辉县人民以战天斗地的英雄气概，在全国赢得了“辉县人民干得好”的美誉。改革开放以来，我们继续弘扬艰苦奋斗的革命精神，继史来贺之后，相继涌现出了吴金印、刘志华、张荣锁、裴春亮等先进典型，被誉为“群星灿烂耀新乡”；2002年以来全市上下以壮士断腕的决心和坚韧不拔的毅力，坚决关闭小水泥、小造纸污染企业，推进国有企业改制，显示了全市上下敢于克难攻坚的精神风貌；2003年，面对突如其来的非典疫情，全市上下形成了“团结互助、迎难而上、敢于胜利”的抗击非典精神，成为我们推动工作的宝贵财富；2007年以来，面对创建国家卫生城市的种种担忧和质疑，全市人民用实际行动彰显了“知难而进、敢打必胜、顽强拼搏、超越自我”的创卫精神。所有这些，最终凝聚为“厚善、崇文、敬业、图强”新乡城市精神。实践雄辩地证明，只要我们抱定“我不下地狱谁下地狱”的责任担当，不争权力大小，不争角色轻重，不争功过是非，敢闯敢试，敢担风险，敢于承担责任，就一定能够把改革开放事业推向新的阶段，不断创造新的辉煌。

我市改革开放30年的宝贵经验，是全市各级领导干部和广大人民群众集体智慧的结晶，是我们历经艰辛积极探索、总结正反两方面经验教训得出的结果，是弥足珍贵的精神财富。只要始终坚持这些宝贵经验，我们就一定能够从胜利走向新的胜利，在辉煌中创造新的辉煌。

三

新乡的改革开放直接关系到中原崛起，关系到河南发展的大局。我们只有科学判断和全面把握新乡改革开放所面临的形势和任务，明确推进改革开放的前进方向，才能不断开创改革开放的新局面，为实现中原崛起作出新的更大的贡献。

我们要科学分析面临的形势和任务。“不进则退、慢进亦退”是我市面临的最大现实，负重前行将是我们长期处于的发展阶段，保持跨越发展良好态势是我们当前最紧迫的任务。新的目标带来新的要求。十七大提出要实现人均国内生产总值到2020年比2000年翻两番。我市立足实际，审时度势，提出了翻三番的更高目标。完成这个更高的目标，我们必须以全新的精神风貌，自我加压，奋力工作。全省统筹发展的政策导向给我们带来了新的考验。省委、省政府进一步提高郑州市的首位度和辐射带动能力，加快郑汴一体化发展、支持沿边城市开发、全力扶持黄淮四市等统筹全省发展的重大战略导向，必将给我市带来深层次、全方位的持久影响。我们必须未雨绸缪，积极应对，才能争取主动，加快发展。各地竞相发展的态势给我们带来了新的挑战。放眼全国，环顾省内，各地的发展一刻都没有减缓。我市的发展水平在全省仍处于中游水平，在中原城市群则处于下游水平，保持全省第二梯队前列的任务更加繁重。对此，我们一定要鼓足干劲，以发展提升实力、以发展树立形象、以发展促进跨越崛起。

我们要清醒认识面临的困难和机遇。以科学发展观全面审视新乡的发展，当前的经济危机需要我们积极主动应对，瓶颈制约需要我们着力加以克服，机遇需要我们奋力抢抓。保持跨越发展良好态势是我们当前的紧迫任务。由于我市工业经济95%是加工工业，在国内消费拉动作用不强的情况下，今年以来经济发展呈现下滑态势。我们必须坚定不移地推进改革开放，提高市场主体的竞争力，实现保增长、保态势的目标。破解发展瓶颈是我们当前推进改革开放的关键所在。我们必须清醒地看到，观念落后是我们推进跨越发展的最大障碍，作风不硬是推进跨越发展的最大瓶颈，环境不优是推进跨越发展的最大软肋，体制不顺是推进跨越发展的最大阻力，经济结构不够合理是影响我市经济持续健康发展的深层次原因。对此，我们必须解放思想，勇于改革创新，不断为改革开放增添新的活力。抢抓机遇是我们当前继续推进改革开放的最佳时机。当前，无论是我市产业聚集区建设，还是基础设施的不断完备、城市形象的大幅度提升，都为我们扩大开放提供了广阔空间。面临着市场格局重新洗牌的机遇，我们要通过扩大开放紧紧抓住产业转移步伐加快、要素约束进一步减弱的机遇，加快产业升级和结构调整，推动科学发展。

我们要更加明确前进的方向和目标。建设“四个新乡”，是我们要始终坚持的奋斗目标，也是我们向全市人民的庄严承诺；构筑“四大体系”，是我们要始终坚持的工作方向，也是贯彻落实科学发展观的重要内容；打造一个经济繁荣、社会稳定、环境优美、适宜人居的可持续发展的新新乡，一个实力日增、充满活力、开明开放、文明和谐的新新乡，是全市人民孜孜以求的美好愿望，也是省委、省政府交给我们的政治任务。对此，要进一步增强忧患意识，坚持抓住机遇迎难而进，开创改革开放新局面。

我们要更加坚定加快发展的信心和决心。历史的接力棒已传到了我们手中，30年来，我们取得了巨大成就，但同我们的远大目标相比，同人民群众对美好生活的期待相比，我们没有任何理由骄傲自满、固步自封；同我们面临的“不进则退、慢进亦退”最大现实相比，我们没有任何理由小富即满、停滞不前；同我们仍将长期处于的“负重前行”发展阶段相比，我们没有任何理由放松懈怠、放慢发展。我们要从上级领导对我们的关怀中明确方向，从人民群众对我们的期待中自我加压，从我市长期以来形成的宝贵精神财富中汲取力量，从激烈的区域竞争中找准位置，从肩负的历史使命中增强责任感和使命感，不为任何风险所惧，不被任何干扰所惑。困难面前，弱者逃，庸者让，强者进，勇者胜。不管任务有多重，不管困难有多大，新乡的发展一天都不能耽搁、一时都不能放松、一刻都不能停顿，决不能在加快发展中落后，在自我感觉良好中落伍。要奋斗，就会有代价；要前进，就会有困难。没有大险，显不出大勇；没有大战，建不了大功。我们一定要把压力变动力，化困难为机遇，埋头苦干，顽强拼搏，以新的奋斗、新的创造、新的业绩，谱写新乡发展的新篇章。

任务已经确定，方向已经明确，只要我们勇于改革，勇于创新，坚定不移地推进改革开放，坚定不移地推动科学发展，我们描绘的宏伟蓝图、确定的奋斗目标就一定能够顺利实现。

四

回首望，牧野儿女曾经创造过历史的辉煌；看今朝，改革开放的大潮再次涌起。我们要站在新的历史起点上，继续解放思想，坚持改革开放，朝着建设中原城市群强市目标阔步前进。

要坚定不移地解放思想，破除束缚科学发展的思想观念。解放思想永无止境。要大力弘扬“厚善、崇文、敬业、图强”的新乡城市精神和敢闯敢试、敢担风险的改革创新精神，坚决破除因循守旧、按部就班的保守思想。要坚持发展“量、质、度”有机统一，着力破除只重速度不顾环境质量效益、只重经济不顾社会事业的传统发展观。

要坚定不移地改革创新，扫除阻碍科学发展的体制弊端。勇于开拓创新，是一种大无畏的胆略，是一种永不言败的豪情。要善于从体制机制上找到发展的“短腿”、“软肋”，善于在规定、条框和新乡实际之间谋求结合点，善于运用改革创新的综合手段破解发展难题，着力破除“六大瓶颈”，创新完善“八大体制”、“十一项机制”，推进新乡新跨越新崛起。

要坚定不移地推进科学发展，保持经济社会良好发展态势。继续突出“发展、稳定、廉洁”三大工作布局和“抓基层、打基础、上台阶”工作要求，把发展放在各项工作的首位，实现“保增长、保态势”的“两保”目标。以加强经济运行调节为关键，坚持分类指导，保持经济良好发展态势；以新型农村住宅社区建设为载体，加快统筹城乡改革发展，推进城中村和旧城改造，着力扩大内需；以“1346”小麦高产开发工程为重点，推进农村经济繁荣发展；以引资项目双带动战略为抓手，加快实施一批重大基础设施项目、基础产业项目和重大产业升级项目，为新乡长远发展奠定基础；以提高自主创新能力和发展现代服务业为标志，推进“一谷五基地”建设，强化节能减排，推动发展方式转变。

要坚定不移地推进和谐社会建设，着力保障和改善民生。紧紧围绕“学有所教、劳有所得、病有所医、老有所养、住有所居”，实实在在关心困难群体，让群众享受到实实在在的好处。完善城乡一体的社会保障体系和创业就业体系，全面开展国家健康城市、国家环保模范城和国家文明城市创建工作。推进文化产业文化事业3×10工作计划，实现文化大发展大繁荣。转变社会管理方式，推进社会转型。加强民主政治建设，促进社会公平正义。努力保持社会大局稳定。争创全国双拥模范城“五连冠”。

要坚定不移地加强作风建设，锤炼跨越崛起的坚强意志。面对新一轮经济社会发展的形势和要求，要始终保持奋发有为、昂扬向上的精神风貌。大力弘扬敬业精神，激发工作激情，以坚韧不拔的毅力、百折不挠的意志、奋勇争先的勇气、只争朝夕的精神，狠抓落实，晋位升级。严格责任追究，保证令行禁止，政令畅通。务求工作实效，说了算、定了干、干就干好，以大刀阔斧、势如破竹之势强力推进工作开展。理解、谅解、包容、支持基层干部，努力形成“心齐、风正、气顺、劲足”的干事创业氛围。

要坚定不移地加强党的建设，奠定科学发展的坚强保障。坚持以党的执政能力建设和先进性建设为主线，坚持以坚定理想信念为重点加强思想建设、以造就高素质干部队伍为重点加强组织建设、以保持党同人民群众的血肉联系为重点加强作风建设、以健全民主集中制为重点加强制度建设、以完善惩治和预防腐败体系为重点加强反腐倡廉建设，以改革创新精神全面推进党的建设。各级干部尤其是领导干部，要不断增强忧患意识和紧迫意识，切实做到为民、务实、清廉，努力把各级领导班子建设成为坚定贯彻党的理论和路线方针政策、善于领导科学发展的坚强集体。

同志们，辉煌已成过去，未来美好可期。站在新的起点上，我们提出了2020年人均地区生产总值比2000年翻三番的奋斗目标，力争综合实力走在全省第二方阵前列，建成中原地区先进制造业基地、高素质人力资源培育基地和区域现代物流中心、现代农业示范中心。力争通过5年到8年的努力，统筹城乡发展全面深入推进，重点区域内920个行政村群众都能住进新型农村住宅社区，基本实现四个城市化；力争到2010年工业总产值达到3000亿元，以“一谷五基地”建设为标志形成较为完善的现代产业体系，拥有20家上市公司，形成制冷、起重等7个百亿元产业集群、新飞集团等5个百亿元企业和高新技术产业园区等5个百亿元园区，努力向千亿元目标迈进，推进新乡经济进入内源性动力驱动、持续快速增长的新阶段；通过五年的努力，新区全面建成，桥北新区成为中原城市群发展的重要支点，以卫源湖、牧野湖、东湖、贾太湖、凤泉湖为标志的市区水系景观体系更加完善，全面创建国家健康城市、环保模范城市和文明城市，建设适宜人居城市；通过更长时间的努力，使每一个新乡人都能充分享受社会保障，每一个新乡人都能得到充分就业，共享改革发展的成果。

同志们，回首往事，我们无比自豪；展望未来，我们信心百倍。我们相信，有中国特色社会主义理论的正确指引，有中国共产党的坚强领导，有改革开放积累的雄厚物质基础和丰富经验，有全市人民的共同奋斗，我们一定能够把改革开放不断推向前进，一个注重效益的新乡、一个富于创新的新乡、一个文明生态的新乡、一个社会和谐的新乡也必将会以崭新的姿态展现在世人面前。

新乡市区远眺

政府工作报告

——2009年3月17日在新乡市第十一届人民代表大会第一次会议上

市长　李庆贵

各位代表：

现在，我代表市人民政府，向大会作工作报告，请予审议，并请各位政协委员和列席人员提出意见。

一、五年工作回顾

2004年以来，本届政府在省委、省政府和市委的正确领导下，在市人大、市政协的监督支持下，团结带领全市人民，解放思想，开拓进取，认真贯彻落实科学发展观，积极构建和谐社会，较好地完成了市十届人大一次会议确定的各项任务，开创了经济社会发展的新局面，奠定了新乡跨越发展的坚实基础。

2008年，我们认真贯彻落实上级部署，积极应对世界金融危机，努力克服各种困难，保持了经济较快发展的良好态势。全年完成生产总值949.5亿元，比上年（下同）增长13.9%；地方财政一般预算收入48.8亿元、支出99.2亿元，分别增长18.6%和21.2%；城镇以上固定资产投资686.2亿元，增长34%；粮食总产突破74亿斤，连续三年创历史新高；城镇居民人均可支配收入、农民人均纯收入达到13000元和5038元，分别实际增长8.3%和8%。回顾过去的五年，各项工作都取得了新的成绩，新乡发展已迈上了一个新台阶。

——过去五年，是整体实力与城市形象大幅提升的五年。五年间，生产总值年均增长14.8%，财政一般预算收入年均增长25.7%，城镇固定资产投资年均增长47.3%，总量分别比上个五年增长了1.6倍、2.1倍和4.8倍；城镇居民人均可支配收入、农民人均纯收入均翻了一番；城镇登记失业率控制在4%以内，人口自然增长率控制在6‰以内。相继获得国家卫生城市、国家园林城市、国家森林城市、中国优秀旅游城市、全国创建文明城市工作先进市、国家知识产权试点城市、全国加工贸易梯度转移重点承接地、中国城市综合竞争力百强城市、中部最佳投资城市、中国金融生态城市等一系列含金量较高的荣誉，连续三届荣获“全国质量兴市先进市”、连续四届荣获“全国双拥模范城”称号。

——过去五年，是发展质量明显提高的五年。2008年与2003年相比，税收收入占财政收入的比重按可比口径计算提高了6.1个百分点，达到70.5%；人均GDP、人均财政收入分别增长1.6倍和2.1倍；金融机构存、贷款余额达到759.6亿元和506.2亿元，分别增长73%和69%，贷款余额五年内有四年位居全省第四位；优质专用小麦占麦播总面积的81%，提高12.7个百分点；畜牧业产值占农业总产值的比重提高8.8个百分点。品牌农业实现突破性进展，农业产业化水平明显提高，优质小麦、优质大米、优质中药材畅销全国，无公害农产品和绿色食品认证继续保持全省前列。2008年底，规模以上工业企业和年产值超亿元工业企业分别达到1110家和261家，比2003年增加474家和210家；拥有12家省百户重点企业和6家省50户高成长型企业，数量分居全省第二位和第三位。服务业总量扩大，五年间社会消费品零售总额翻了一番，国内游客接待量、旅游收入年均增长23.1%和25.2%。科技创新能力稳步提升，省级以上企业研发中心达到86家，占全省近十分之一；专利申请量连续五年居全省前三位；2008年高新技术产业增加值占全市工业增加值比重达28%，连续五年居全省前四位；高新技术产品出口占全市出口总额的79%，占全省近30%。五年新增中国名牌产品6个、中国驰名商标3个、国家免检产品13个、省名牌产品44个；中国名牌产品、省级名牌产品数量分别居全省第四位和第二位。

——过去五年，是发展方式切实转变的五年。坚持走产业集群发展道路，2008年全市七大产业集群实现销售收入622亿元、利税76.8亿元，占规模以上工业企业的50.2%和60.8%，长垣起重机械产业集群入选“中国产业集群品牌50强”。产业集聚区建设成效显著，拥有省级以上工业园区5个、省定首批产业集聚区13个，数量分别居全省第一位和第四位。重视科研支撑，积极打造桥北新区河南科技城，省农科院和省科技厅所属科研机构生产试验基地及一批重大科研项目进展顺利。注重集约、节约利用土地，五年来，“三项整治”累计开发土地2.8万亩，连续九年实现占补平衡；已建和在建标准化厂房200万平方米，入驻企业158家。狠抓节能减排，先后关闭了总规模78万吨的15家造纸企业，淘汰了总产能1190万吨的126条水泥生产线，拆除并实施关停改造了55.5万千瓦的45台小火电机组；一批污水处理厂、垃圾处理场、粪便处理场以及医疗废物处理场建成投用；4家单位纳入省级循环经济试点，赵固循环经济产业园正式起步；完成退耕还林49.3万亩，太行山绿化12.4万亩，凤凰山省级森林公园具备接待游客条件，全市林木覆盖率达23.1%；与2005年相比，2008年单位生产总值能耗降低13.4%，化学需氧量、二氧化硫排放量分别下降8.9%和4.6%。

——过去五年，是发展后劲显著增强的五年。五年累计完成全社会固定资产投资2312亿元，投资额连续六年居全省第四位；累计实施千万元以上项目3924项，其中亿元以上268项。全市铁路客运量、货运量居全省第二位。规模以上工业增加值、销售收入和利税年均分别增长23.9%、33.2%和42.4%，其中增加值增速连续两年保持全省前三位。企业产品市场影响力不断扩大，金龙集团铜管产量居世界第一，华兰公司血液制品产量居全国第一，华星药业青霉素占国内市场份额的70%，新飞集团散装水泥车、冷藏运输车和新航集团动力转向器、汽车空调、滤清器的产量均居国内前三位，太行振动成为全国规模最大的振动机械企业，卫华集团桥式起重机、电动单梁起重机产量居国内第一，我市基本占领了全国50吨以下起重机及其配件市场。华兰实现上市及再融资，心连心化肥在新加坡成功上市，我市上市企业数量增至3家。证券业、保险业发展迅猛。五年累计新增外商投资企业202家、实际利用外资6.2亿美元，分别比上一个五年增长2.7倍和2.8倍；累计实现进出口总额45.3亿美元，比上一个五年增长4.8倍。美国高盛、英国联合生命、日本丸红、泰国正大、澳门宝龙、上海宝钢、中粮集团等13家世界500强、3家华商500强、21家国内500强企业落户新乡。整合政府资源，组建市投资集团，健全担保体系，投融资平台不断壮大。国企改制取得重大突破，五年累计改制企业150户，占任务数的96%。新增民营企业5.8万家、个体工商户2.6万户，非公有制经济占GDP的比重达到68.9%，五年提高20个百分点，经济活力不断增强。

——过去五年，是统筹城乡扎实推进的五年。整体推进新农村建设、县域经济发展、都市区建设“三位一体”系统工程。1367个村达到市级生态文明村标准，首批启动的127个新型农村住宅社区已完成建筑面积250万平方米，入驻农户10292户。沼气入户率39.5%，居全省第一。农田水利基本建设连续四年获得省“红旗渠精神杯”。2008年县域经济总量已占全市的71.2%，比2003年提高2.3个百分点，辉县市、新乡县、长垣县入选中部县域经济竞争力百强县（市）。新增高速公路226公里，通车总里程306公里；4条环路和8条快速路建成通车，30分钟通勤圈初步形成，成为豫北地区唯一的国家公路运输枢纽城市。开展“新城杯”竞赛，推进旧城和城中村改造，县城和重点镇面貌有较大改观。新建、扩建市区道路68条，改造整治小街巷230条，人均绿地面积由2003年的6.5平方米增加到2008年的8.6平方米。市区新增人口21万，城镇化率达到39.2%，五年提高5.7个百分点。

——过去五年，是社会事业全面进步的五年。顺利通过国家义务教育“两基”工作验收，改造农村中小学校舍120万平方米，全部消除农村学校D级危房，整合撤并中小学554所，教育资源布局不断优化，进城务工人员子女入学应收尽收；本科层次的新乡学院成功组建，大专层次的新乡职业技术学院已经省政府批准，新乡幼儿师范高等专科学校、医学高等专科学校筹建工作加快推进。市中心医院外科病房楼、市一院综合病房楼、疾病预防控制中心建成投用；全部完成乡镇卫生院改造，新建改造标准化村级卫生室2282所。食品、药品安全工作切实加强，农产品质量安全监测检验体系初步建立。东方文化商业步行街成为城市新的亮点，文化产业投资公司组建成立，市场化运作的电视剧《大长垣》取得成功，潞简王墓申遗工作积极推进，比干诞辰纪念活动影响日益扩大。成功举办两届全市运动会。精神文明建设不断加强，确定了“厚善、崇文、敬业、图强”的城市精神和市徽、市歌，援助四川地震灾区的捐款数额居全省第二位，彰显了新乡企业和人民的博大爱心。信访工作常抓不懈，安全生产形势平稳，社会治安大局稳定，民族团结不断巩固，应急管理能力逐步增强，连续三年荣获“全省平安建设先进市”称号，全国社会治安综合治理优秀市通过验收，人民群众安全感指数位居全省前列。新闻出版、防震减灾、统计、史志、宗教、外事、侨务、档案、气象、人防和民兵预备役建设等工作都取得了新的成绩。

——过去五年，是改善民生收效明显的五年。城镇累计新增就业38.6万人，下岗失业人员再就业16.8万人；培训农村富余劳动力105万人，转移就业460.3万人次。在全省率先实行企业基本养老保险、失业保险市级统筹，国有企业下岗职工基本生活费和企业离退休人员基本养老金按时足额发放；加大城乡低保投入，11.9万城市居民和14万农民受益。全面落实农村义务教育阶段中小学“两免一补”政策，免除城市义务教育阶段学杂费。在全国率先实施全市域新型农村合作医疗，参合率达到99.1%。启动城镇居民基本医疗保险试点，已参保42.2万人。累计竣工商品房、经济适用房530.5万平方米和58.6万平方米，廉租住房惠及困难群众1.5万户，市区人均住房建筑面积达到31.8平方米，比2003年增加7.9平方米。开展和谐社区和敬老模范城创建工作，城乡社区建设走在全省前列，新建改造农村敬老院62所。新增农村饮水安全人口74.3万。农村15万人实现脱贫。市区集中供暖达到640万平方米，市区燃气普及率达86%。居民消费层次不断提升，每百户拥有汽车10.2辆、移动电话171.5部，分别比2003年增长14倍和2倍。省市每年向群众承诺的20件实事均按期圆满完成。

——过去五年，是政府建设切实加强的五年。落实首问负责制、服务承诺制和限时办结制，精简审批事项290项，市行政服务中心承诺件办理时限平均提速63%，“行政效率提速年”和“两转两提”活动取得良好成效。严格行政效能监察制，开展科室季评活动，完善权力公开运行和监督机制，机关工作规范化管理扎实推进。大力推进行政管理体制改革和机构改革，在全省率先成立公共资源交易中心，建立了乡镇便民服务中心。积极推进乡镇机构改革，合并乡镇29个，精减人员8403名。自觉接受人大法律监督和政协民主监督，累计办理人大、政协议案、提案和建议2598件。强化审计监督，财政资金使用效益不断提高。加强廉政教育，健全工作制度，反腐败力度不断加大；狠刹奢侈浪费，严惩不正之风，倡导真抓实干，政风建设取得积极进展。完善民主决策程序，健全责任、有序、高效的工作推进机制，强化行政问责，各级各部门克难攻坚、狠抓落实的能力进一步提高。

各位代表！

发展来之不易，成绩属于人民。政府工作的所有成效，都归功于全市人民群众的辛勤付出，得益于历届四大班子奠定的扎实基础，饱含着社会各界的支持帮助。在此，我代表市人民政府，向各位人大代表和政协委员，向工作在全市各条战线上的广大工人、农民、知识分子、干部、驻新解放军指战员、武警官兵、公安干警及社会各界人士致以崇高的敬意！向关心、支持新乡发展的朋友们表示衷心的感谢！

反思过去的五年，新乡发展中仍有许多薄弱环节，政府工作中仍有许多不足之处，主要是：经济结构性矛盾比较突出，转变增长方式的任务依然艰巨，创新能力仍需加强，整体实力晋位升级步伐不快；农业基础仍较薄弱，农民持续增收比较困难；当前企业困难较多，财政状况不容乐观，保增长的任务十分艰巨；公共服务依然滞后，社会事业发展与群众需求的差距较大，上学就医、住房改善任务繁重，就业社保压力较大，影响稳定的因素仍然较多；政府工作作风、办事效率仍需转变和提高，反腐倡廉工作有待进一步加强。这些问题，需要我们去认真对待、努力解决。

回顾过去的五年，我们有四点深切体会，这既是对以往工作的总结，也必将对今后发展提供有益借鉴。一是必须牢固树立正确的发展理念。在科学发展观的指导下，结合新乡实际，强化以人为本的理念，把人民群众的利益视为最高利益，把人民群众的需要作为一切工作的出发点和落脚点，凡是符合人民群众根本利益的工作，即便困难再大，我们也要全力以赴地组织好、落实好；强化跨越发展的理念，打破常规，拉高标杆，抢抓机遇，冲破束缚，推动新乡跨越式发展；强化改革创新的理念，勇于破除体制障碍，创新发展机制，优化发展环境，增强发展动力；强化资源优化配置的理念，着眼新乡发展大局和长远利益，敢于冲破传统观念和体制的束缚，使政府资源变分散为集中、化零乱于整合，发挥最大效益，进一步解放和发展生产力。二是必须坚持正确的发展思路。思路决定出路。继续推广已经实践证明的好做法，着重抓好对全局具有巨大推动作用的重点工作。紧紧抓住项目建设这个龙头，坚持不懈地实施引资项目双带动战略；突出工业主导地位，加快结构调整，发展产业集群，做大做强工业经济；围绕农业增效、农民增收，抓好“三农”工作；加快服务业发展，努力打造经济发展的双引擎、双支柱；统筹城乡发展，搞好产业集聚区和新型农村住宅社区建设，加快城乡一体化进程；强力推进节能减排，转变经济增长方式，促进可持续发展；高度重视民生改善，促进社会事业发展，确保社会大局稳定。三是必须解决好制约发展的瓶颈问题。对于制约经济社会发展的土地、资金、环境容量、科技创新、产业结构、发展模式、经营机制、重要基础设施等关键环节，按照科学发展观的要求，遵循现代经济规律，高度关注、大胆探索、善于借鉴，不断完善打破瓶颈制约的有效对策，切实解决好这些问题，扫除发展障碍。四是必须积极构建有利于跨越发展的体制机制优势。和其他城市相比，新乡没有自然资源优势，要赶超他人，必须不断彰显体制机制及环境优势，做到人无我有、人有我强。坚持抓好经济运行调节、统筹城乡发展、加强工业经济管理、深化投融资体制改革、完善政府工作推进机制、强化权力运行监督、优化发展环境等工作，营造体制机制独特优势，增强内源动力，为实现跨越发展提供强劲支撑。

二、今后五年的工作

今后五年，是我市应对复杂局面、推进跨越崛起的关键五年。世界金融危机的深层影响、区域竞争的日益加剧，使我市面临着前所未有的压力和挑战；国家宏观调控措施的不断出台与落实显效，中原崛起的伟大变革与强力带动，为我市带来了难得机遇和巨大希望；发展基础的不断巩固，发展优势的逐步凸显，为我市跨越发展增添了现实动力和强劲信心；整体实力仅居全省中游的现状，人民群众建设美好家园的企盼，赋予了新一届政府更加光荣而又艰巨的历史使命。我们相信，只要全市上下坚定信心、应对得当，完全能够变压力为动力、化挑战为机遇、战胜各种困难，在新一轮发展中抢占先机、赢得主动，使新的五年成为提升发展质量、加快发展速度、实现人民群众美好愿望的五年！

今后五年政府工作的总体要求是：以邓小平理论和“三个代表”重要思想为指导，认真实践科学发展观，按照“科学发展、跨越发展、文明发展、和谐发展”的总体取向，加强项目建设，转变发展方式，优化产业结构，增加居民收入，倾力打造中原地区先进制造业基地、高素质人力资源培育基地和区域现代物流中心、现代农业示范中心，建设效益新乡、创新新乡、生态新乡、和谐新乡，力争在统筹城乡、产业集群、产业集聚区、品牌农业、科技创新、生态建设、人力资源培育等方面率先实现突破，综合实力进入全省第二方阵前列。今后五年经济社会发展的主要预期目标是：地区生产总值年均增长11%以上，2013年突破1600亿元；地方财政一般预算收入年均增长11%左右，2013年突破80亿元；全社会固定资产投资年均增长15%，2013年突破1500亿元；城镇居民人均可支配收入、农民人均纯收入年均分别增长8%，2013年分别突破19000元和7400元；人口自然增长率和城镇登记失业率分别控制在6.5‰和4.5%以内；城镇化率达50%以上。为实现五年工作目标，要以统筹城乡发展为主线，在以下四个方面取得突破。

坚持科学发展，经济质量要显著提升。调整优化产业结构，提升农业，做强工业，做大服务业，联动推进新型工业化、新型城镇化和农业现代化；强化“三农”工作，狠抓品牌农业，把我市建设成为在全国有重要影响的农产品生产基地、加工基地和种子基地；切实转变发展方式，加强科技创新，实施名牌战略，加快企业重组，壮大产业集群，增强产业集聚区集聚效应，提高产业集中度；培育战略支撑产业，加快“一谷五基地”建设，改造提升传统优势产业，促进产业升级，提高区域竞争力，建设效益新乡。不断优化产业结构，销售产值突破百亿元的产业集群、产业集聚区和大型企业集团力争达到4个、7个和8个。六大战略支撑产业主营业务收入、高新技术产业增加值分别占全市规模以上工业增加值的70%和33%以上，工业利税年均增长20%以上，税收收入占财政一般预算收入的比重力争超过全省平均水平。实施知识产权战略，争创一批中国驰名商标和中国名牌产品。

推进跨越发展，综合实力要明显增强。改革体制机制，破解发展瓶颈，促进经济总量跨越增长，力求做到好中求快、更好更快。创新统筹城乡发展机制，努力在建立城乡一体的土地、户籍、社保、基础设施、金融等体系方面取得突破，基本建成329个新型农村住宅社区；创新项目建设推进机制，在招商引资的力度与广度、项目建设的数量与质量上取得突破；创新经营组织方式，在建立现代企业制度、促进土地流转、发展农民专业合作组织和现代服务业等方面取得突破；创新融资机制，在密切银企合作、壮大投融资平台、引进风险和产业投资、发展地方金融机构、促进企业上市、健全担保体系等方面取得突破；强化自主创新，优化发展环境，在提高企业核心竞争力、提升区域环境软实力等方面取得突破，力争建成全国科技进步先进市和国家级高新技术产业开发区，建设创新新乡。五年中，固定资产投资总量保持全省前四位，力争引进亿元以上的重大项目110个以上、三个“500强”企业20家以上，新增上市企业10家左右。

强化文明发展，生态环境要根本改善。狠抓节能减排与生态保护，抓好专项整治，提高环境容量，增强可持续发展能力，提升城乡生态文明整体水平。加强林业生态建设，继续推进生态文明村、生态防护林、生态廊道网络建设；开展节能减排全民行动，发展循环经济，推动清洁生产；从根本上解决市区水源匮乏和全市地下水位日益下降问题，做好漏斗区补源工作，加快新乡市区水系景观建设；加强城乡环境综合治理，完善城市管理长效机制和农村生活垃圾日常管理机制，加大环保基础设施建设，促进生态系统良性循环，争取建成国家环保模范城，建设生态新乡。河流出境断面水质基本稳定达标，空气质量良好级以上天数达到85％以上；林木覆盖率达到29％以上，90％的村庄达到生态文明村建设标准，沼气入户率达到50％以上，单位生产总值能耗明显降低，生态环境质量居全省前列。

促进和谐发展，惠民措施要更加务实。坚持以人为本、富民为先，实现民生改善和经济发展双赢，争取建成全国文明城市和国家健康城市，建设和谐新乡。整合政府可控资源，加大投入力度，强化城乡公共基础设施的共建共享，加快城市危旧住宅区和城中村改造，推进新区教育、医疗、体育、商贸等公共服务设施建设，改善人民群众生产生活条件。加快新型农村住宅社区建设，在有条件的地方率先实现农村居住环境、公共服务、就业结构、消费方式城市化；大力发展社会事业，促进社保体系更加健全、城乡教育均衡发展、医疗卫生协调发展、城乡文化日益繁荣、科学普及深入广泛、体育健身蓬勃兴盛；完善群众工作长效机制，深入开展平安建设，确保社会大局稳定。

三、2009年的工作

2009年将是本世纪以来全市经济发展最为困难、财力最为紧张的一年，也是蕴含重大机遇的一年。今年的政府工作，必须把保增长放在首位，坚定信心，振奋精神，正视困难，抢抓机遇，全力抓好落实，奋力晋位争先，打好保增长、保民生、保稳定、调结构的攻坚战，确保经济平稳较快增长，确保跨越发展的良好态势。全年主要预期目标是：地区生产总值增长11％；全社会固定资产投资增长21.5％；地方财政一般预算收入增长11％；城镇居民人均可支配收入、农民人均纯收入分别增长8％；人口自然增长率、城镇登记失业率分别控制在6.5‰和4.5％以内；单位生产总值能耗降低4.6％，化学需氧量、二氧化硫排放量分别下降8.9％和8.1％。完成全年目标，必须着力抓好九个方面的工作。

（一）强化经济运行调节，全力以赴为企业排忧解难。高度重视企业的市场经济主体地位，密切关注经济形势变化，加强对重点行业、骨干企业和主要产品的监测分析，及时解决倾向性、苗头性问题，带动全市经济健康快速增长。建立政府、银行、企业间贷款风险评估机制，完善救助措施，防止因简单收贷导致企业资金链断裂。年内召开银企洽谈会不少于4次，力争新增贷款70亿元。支持大型企业发行企业债券、公司债券和中期票据，鼓励中小企业发行集合债券。建立我市产业投资基金。应用好期货等现代金融工具，促进经济发展，降低经营风险。大力发展典当、担保行业，引导社会资本投资设立担保机构，扩大小额贷款范围。规范壮大地方金融机构，增加邮政储蓄银行贷款数量。加快投资集团发展，强化投融资能力。挖掘土地潜力，集约、节约利用土地，确保重点项目建设用地。围绕企业需要，扎实开展“企业服务年”活动，坚持特事特办、特时特办，提高办事效率，提升服务水平，优化发展环境，千方百计帮助企业解决各种难题，力保困难骨干企业资金链不断、品牌不倒、主要客户不丢、技术骨干不流失，面上企业重点项目建设、自主创新、产品开发、产品结构调整、企业重组、企业上市工作不停顿。

（二）扩大投资和消费需求，保持经济发展良好态势。牢牢抓住国家扩大内需的政策机遇，加快项目谋划与建设，增强投资和消费对经济增长的拉动作用。加大项目争取和引资力度。围绕三个“500强”投资趋向，有效承接先进制造业和现代服务业梯度转移，积极开展产业链招商、以商招商、园区招商和重点项目定向招商，力争在重大工业项目、科研基地、文化旅游、商贸、物流、教育、房地产等方面取得新突破。依托庆祝建市六十周年活动，承办好各类经贸洽谈，积极参加各项招商活动，全年力争新批外商投资企业20家，实际利用外资2.4亿美元、市外资金150亿元以上。加快重大项目建设。计划实施千万元以上项目974个，总投资1632亿元，年度完成投资520亿元。实施重点项目162个，总投资796.1亿元，年度完成投资203.8亿元。开工胡韦公路与黄河公铁两用桥连接线、济东高速黄河大桥、东高庄互通立交新建工程等干线公路建设项目。开工建设渠东2×30万千瓦热电联产、赵固2×30万千瓦综合利用电厂、金龙新型锂离子电池及锂动车辆、雨润集团200万头生猪加工厂、卫华集团大型港口起重机械项目二期、新亚纸业20万吨轻量涂布纸技术改造等项目。加大安新高速扩建、石武铁路客运专线、新晋高速、南水北调新乡段、桥北新区等基础设施建设项目及孟电集团2×30万千瓦热电联产、新飞2万辆专用汽车和汽车电子、中新化工40万吨甲醇等重大工业续建项目的投资力度。力争心连心化肥40万吨尿素、赵固一矿240万吨原煤、新航集团20万台电动转向器等一批重大项目竣工投产。谋划引进一批高质量项目。突出抓好127个重大项目的谋划工作，不断提升项目投资规模、科技含量及产业带动关联度，严控高污染、高耗能项目上马。加快新中益2×100万千瓦火电机组、宝山二期、宝泉二期、金龙铝代铜、华亚铸钢2×1千方高炉等重大项目的前期工作，做好煤化工基地的规划、争取工作。切实加快服务业发展。促进新乡粮食物流园区、小店物流港、新钢物流园等现代物流园区建设，争取深圳华强和嘉年华动漫设计与展示园、美国双蓝公司医疗保险试点、海宁皮革城连锁市场、家乐福购物中心、红星美凯龙家居广场等项目落户新乡。加快发展保险、证券、中介服务业，支持农村供销社加快组织创新与经营创新，重视新农村现代流通网络工程建设。推进“早餐工程”、便民超市等社区服务业。加快百泉景区改造，争取开工建设南太行旅游环路，将纪念比干诞辰活动办成全省知名品牌。积极扩大居民消费需求。发展消费信贷，落实居民购买汽车、住房等大宗消费品的鼓励政策，继续抓好“万村千乡”市场工程和“家电下乡”工作，鼓励文化、体育、网络、休闲等热点消费。

（三）以增加农民收入为核心，抓好“三农”工作。认真贯彻党的十七届三中全会精神，落实好中央一号文件，深化农村综合改革，抓好农业生产，发展品牌农业，深入推进新型农村住宅社区建设，促进农业增效、农民增收，不断提高农民群众生活水平。高度重视粮食生产。不折不扣地落实好各项支农惠农政策，严格执行小麦最低收购价，调动农民种粮积极性。继续抓好小麦高产开发工程，优质麦种植面积稳定在400万亩以上，同时抓好玉米、水稻生产，粮食总产达到75亿斤以上，建设河南粮食核心区优质高产示范区。提升畜牧业发展水平。大力发展畜禽规模化养殖，深入实施绿色畜牧工程，新认证无公害畜产品10个，奶牛存栏8万头，生猪出栏300万头，肉牛出栏25万头，畜牧业占农业总产值的比重较上年提升1个百分点。加快农业产业化进程。按照农民意愿，推进土地规范有序流转和农业集约经营，探索建立土地收益分配新机制。密切与国内知名龙头企业合作，支持五得利、新良、亚特兰、宏力、克明面业等企业发展，新培育认定市级重点龙头企业20家，引导支持各类农民专业合作组织规范发展。大力发展品牌农业和订单农业，提升农业标准化水平。抓好现代农业示范区建设，加快发展蔬菜、油料、花卉、中药材等高效农业。新增市级以上名牌农产品20个，新增无公害农产品和绿色食品基地认定面积20万亩、认证产品20个，扩大金粒小麦、太空米、迪一米、红提葡萄等名牌农产品的市场占有率。不断改善农业生产条件。抓好农业基础设施建设，加快修复完善引黄灌溉水利设施，规划建设沿黄蓄水工程，扩大引黄灌溉面积，有效补给地下水源。改善井灌、水库灌溉条件，新增节水灌溉面积10万亩。继续实施农业综合开发，改造中低产田11万亩。解决农村17万人饮水安全问题。坚持科技兴农，加快中国农科院新乡县农业生产科技成果转换试验繁育基地建设，建成38个区域农业技术服务中心，不断提高现代农业科技支撑水平。建立市县两级化肥储备制度，提高农机装备水平，推广土壤深耕作业，抓好农业生产。多渠道促进返乡农民工就业。高度重视，强化培训，引导创业促就业，让农民工求职有信息、就业有门路、创业有援助，力争安置返乡农民工及农村新增富余劳动力就业13万人。发挥长垣厨师、长垣防腐、新乡海员、原阳电焊等劳务品牌效应，提高农民转移就业的组织化程度。

（四）优化工业经济结构，充分发挥工业的主导作用。应对当前危机，必须加大结构调整力度，构建现代产业体系，壮大产业龙头，延伸产业链条，拓展配套能力，推动工业集聚、集群、集约发展。大力培育战略支撑产业。将冷谷、生物与新医药基地、电池及新型电池材料基地、特色装备制造基地、煤化工基地、汽车及零部件基地等“一谷五基地”作为我市战略支撑产业，集中政府优势资源强力扶持，六大产业全年实现销售收入、利税较上年分别增长25%和20%。按照新型工业化的要求，落实国务院产业振兴规划，改造提升纺织、食品、建材、造纸、能源电力等传统优势产业。大力发展产业集群。发挥行业协会的作用，引导企业加强分工协作，重视公共技术服务平台建设，逐步实现龙头企业以研发、总装、销售为主，中小企业以协作配套为主，提高产业整体竞争力。积极引进国内外战略投资者和行业龙头企业，引导本市企业加快战略重组，优化资源配置，提高产业集中度，增强区域产业竞争力。引导生产要素向优势企业、优势产业、优势区域集中，七大产业集群的发展质量力争显著提升。支持龙头骨干企业加快发展。加大扶持力度，推动80户优势骨干企业做大做强。新增销售收入超亿元企业20家以上，力争金龙集团达到200亿元、新飞集团达到70亿元。强化与中航集团的深度合作，支持新航集团做大做强。太行、新亚、金龙、新飞等企业争取实现上市。扶持中小企业发展。健全中小企业金融担保体系，鼓励金融机构创新中小企业信贷产品，引导中小企业科学定位、调整结构和完善管理，支持其开拓市场、加快发展，增强吸纳就业的能力。

（五）强化科技创新，深化改革开放。以科技创新来助推发展方式的转变和区域竞争力的提升，以改革开放来强化抵御风险、跨越发展的能力。不断提高自主创新水平。尊重知识，关爱人才，加大创新投入，实现科研创新与经济发展的有效对接。争取重要的研发基地和高科技项目落地桥北河南科技城，尽快形成集聚态势，发挥辐射效应。突出企业的自主创新主体地位，80户优势企业年内都要组建研发中心，新增省级企业技术中心3家。抓住我市被列为全省唯一“两化”融合试点城市的机遇，促进信息化与工业化深度融合，鼓励企业应用信息技术提升竞争力。发展高新技术产业，用先进适用技术改造提升传统优势产业，申报国家火炬计划新乡生物医药特色产业基地、省高新技术新乡振动机械特色产业基地。进一步推进产学研结合。建立产学研各方优势互补、利益共享的技术合作机制，鼓励企业与科研机构、高等院校共建研发中心，加快科研成果的产业化进程，合作培养创新人才。推动对外科技交流与合作，建立面向全国的技术难题招标工作机制，解决制约我市经济发展的关键技术。扎实推进标准化战略和知识产权战略。建设好国家电池产品质检中心。创建国家级农业标准化示范区1个、省级示范县1个。争创中国驰名商标2个、中国名牌产品2个、省著名商标15个、省名牌产品10个。专利申请保持在1000件以上，发明专利比例达到20%，推动新乡制造向新乡创造转变。加大改革攻坚力度。年内完成市、县两级新一轮政府机构改革。全部完成市属企业改制，积极推进局（委）属企业改制。加大农村信用社改革，加快市商业银行上市步伐。做好经营性文化事业单位转企改制，完成公益性文化事业单位劳动人事、分配和社会保障制度改革。深化农村改革，加快农贸市场改造升级，探索推进政府和乡村管理的农贸市场改制工作，凡有盈利的市场要逐步民营化。提高对外开放水平。落实扶持企业出口的相关政策，鼓励有实力的企业开展跨国经营。优化进出口结构，多引进高端设备、先进技术，提高机电产品、高新技术产品和优质名牌农产品的出口比重。进出口总额完成13.8亿美元，其中出口8.8亿美元。积极争取设立新乡海关和出入境检验检疫机构。

（六）统筹城乡发展，加快推进城镇化。坚持实施“三位一体”系统工程，完善土地利用、城乡和产业集聚区三大规划，健全统筹城乡发展的政策支撑体系，逐步缩小城乡差距。突出中心城市带动。实施市区、桥北新区“双核”城市发展战略，推进新区、开发区、凤泉区、新乡工业园区联体发展，促进主城区东部隆起，加大城市西区改造开发力度，增强城市整体辐射带动作用。开工建设新区外国语中学和市民中心。平原博物院和青少年活动中心“三合一”工程建成投用，市档案馆完成搬迁工作。运用市场机制，建设迎宾大厦、新闻大厦、商会大厦、新区五星级宾馆等项目。加快火车站广场等十大特色建筑群建设。加大第一批重点推进的21个城中村和10个危旧住宅区拆迁改造力度，确保年内有实质性进展。促进房地产市场发展，市区新开工100万平方米、竣工100万平方米，完成投资30亿元。开工建设学院路北段、宏力大道东段等9条市政道路，打通断头路，完善路网体系。抓好小街巷整治，建设平原路快速公交系统，加强“数字城管”

建设，完善城管长效机制。推进城市绿化、美化、亮化工作，启动牧野湖二期及卫源湖建设，做好东湖、贾太湖、凤泉湖前期工作，建设生态宜居城市。深入开展“新城杯”竞赛，使县城和重点镇面貌明显改善。城镇化率达到40.7%。发展壮大县域经济。加快县城及中心镇基础设施建设，改扩建乡村道路650公里。健全县域经济发展的激励奖惩机制，辉县市、新乡县要争取进入全省新型工业化转型示范县，将长垣县作为全市示范县予以支持。培育县域特色产业，大力发展高效农业，壮大民营经济，构筑城乡协调发展的县域经济新格局。加强产业集聚区建设。把产业集聚区作为实现集约发展、加速工业化和城镇化进程的重要载体。科学定位功能，完善服务设施，引导企业和新上项目入驻集聚区。突出抓好省定13个集聚区基础设施建设，年内各级产业集聚区完成基础设施投资20亿元，新上千万元以上项目400个以上。按照省里部署，高起点、高标准规划建设桥北新区，提高胡韦线两侧工业及城镇聚集度，促进新乡与郑州的产业对接和城镇连接。加快新型农村住宅社区建设。落实“以奖代补”政策，支持房屋产权抵押贷款，允许产权在乡镇区域内流动，鼓励农民群众在新型农村住宅社区建房。积极争取上级投资，引导金融部门开展农户建房、购房按揭贷款，破解建设资金投入难题。结合市场化运作，加大学校、卫生室、文化大院等基础设施的投入力度，建设社区服务中心，使城市文明向农村延伸，吸引群众入住。加大首批127个新型农村住宅社区建设力度，今年再启动202个，争取完成建筑面积450万平方米。坚持把异地搬迁式扶贫、南水北调1.6万移民搬迁，与规划的新型农村住宅社区建设统筹安排、统一实施。

（七）强化节能减排，建设生态新乡。把污染治理与节能减排作为转变发展方式的突破口，强化环境执法，严格执行节能减排一票否决制，促进可持续发展。高度重视污染治理。加强各县（市）污水处理厂和垃圾处理场管理，确保正常运营。推进乡镇、中心村污水处理、垃圾处理设施建设，抓好产业集聚区和农村面源污染治理，完善农村生活垃圾日常管理机制，治理规模化畜禽养殖污染，新增农村沼气用户4.5万户。对卫河流域进行深度治理，抓好海河流域和南水北调工程沿线污染治理，建设新乡县二次污水处理厂。深入推进节能降耗。依托与新奥集团等企业签订的节能及新能源合作协议，开展节能技术改造，加快淘汰落后生产设备与工艺。突出抓好年耗能5万吨标准煤以上企业的节能工作，重点支持一批余热余压利用、能量系统优化、工业锅炉及电机系统改造等项目，努力解决我市高耗能行业存在的共性问题，实现关键技术的突破。强化支持引导，积极做好锂电、太阳能、风能等新能源、可再生能源的推广与利用。严格土地管理，积极利用山地、荒地和劣质地建设项目，完成“三项整治”7500亩，竣工标准化厂房30万平方米。强力抓好生态建设。75%以上的行政村年内要达到生态文明村建设标准。开展大绿化活动，深化林权制度改革，完成工程造林28.8万亩，村镇绿化率达到35%以上，林木覆盖率提高1.8个百分点。抓好济东高速、大广高速、京珠高速、大外环、黄河故道森林公园等生态防护林带建设。加快北部山区采石企业结构调整和资源整合，继续抓好凤凰山省级森林公园核心区绿化美化。建设垃圾发电、沼气发电项目，推进赵固工业园等15个循环经济项目建设，争取更多项目列入省循环经济试点。

（八）注重社会建设，着力改善民生。从影响群众切身利益的问题入手，深入开展和谐社会建设，努力提高城乡群众生活质量，全面完成省市承诺的20件实事。进一步扩大和促进就业。就业是改善民生的重中之重，是最基础的工作。必须花大力气认真抓好就业岗位开发和城乡就业培训，搞好企业用工衔接，鼓励企业吸纳更多人员，引导困难企业采取在岗培训、轮岗工作等办法，尽可能不裁员或少裁员。抓好下岗失业人员再就业，加强大中专毕业生、退役军人就业指导，解决好被征地农民及返乡农民工就业问题，鼓励自主创业，建设创业型城市。力争城镇新增就业7万人，下岗失业人员再就业2.4万人。强化城乡社会保障。加大社保扩面征缴力度，增强保障能力。落实国家政策，提高企业退休人员养老金水平。健全以医疗保险、最低生活保障和社会救助为主的农村社会保障制度。积极应对人口老龄化，发展社会养老服务事业。加强敬老院建设与管理，完善服务措施，提高农村五保户集中供养率。加快建设保障性安居工程，新开工经济适用房25万平方米，竣工15万平方米。新建、收购廉租住房2万平方米，扩大城市困难家庭住房保障覆盖面。弘扬社会爱心，发展慈善事业，提高社会救济救助水平。加强劳动监察，维护劳动者特别是农民工的合法权益。加大扶贫攻坚力度，稳步减少贫困人口。

促进城乡教育均衡发展。继续推进中小学布局调整，坚持义务教育阶段公办学校免试就近入学制度，使更多家庭享受到优质教育资源。落实农村义务教育经费保障机制，强化基层师资力量，完成10万平方米农村中小学危房改造任务，提高农村教育水平。保障进城务工人员子女、贫困家庭儿童、留守儿童等群体的就学权利。基本普及高中阶段教育。加快职业教育资源整合，进一步做好为驻新高校服务工作，推进本科院校二级学院园区和职业教育园区建设。健全城乡卫生服务体系。完善以市、县（市）综合医院为龙头、乡镇卫生院为枢纽、中心村（社区）卫生室为基础的城乡公共卫生服务网络，提高社区医疗卫生水平，建成836所标准化村卫生室，不断改善城乡医疗基础条件。在全市二级以上公立医院全面实施单病种限价、设立惠民病房、开展按病种付费等措施，努力解决群众看病难、看病贵问题。鼓励城市卫生医疗机构拓展农村市场，搭建双向转诊平台，开展城乡医务人员互派交流，培养基层卫生人才。扩大和提高新型农村合作医疗的报销范围和报销比例，逐步实现市县乡各级医疗服务机构网络直报，方便参合农民就医。稳步推进城镇居民医疗保险试点工作，参保人数达50万人以上。加大医疗服务机构监管，提高服务管理水平。发展城乡文化事业。推进公共文化服务体系建设，加快中原图书文化产品大世界、潞简王墓申遗、印刷包装产业园等重点文化项目建设，打造大型音乐舞蹈史诗剧《牧野雄风》、力争获得省“五个一”工程奖。加强农村文化大院和乡镇文化站建设，发展广场文化、节庆文化、民间文化、社区文化，丰富群众文化生活。争取成功申报第七批全国重点文物保护单位3处以上。加快体育基础设施建设，开展全民健身运动。做好新闻出版、广播电视、社会科学等工作，促进协调发展。

（九）强化公共管理，维护社会稳定。完善重大疾病防控体系，强化公共突发事件应急管理，提高应急处理能力。提升城乡社区服务功能，创新管理体制，创建和谐社区。加强民族团结工作，依法管理宗教事务。支持工会、共青团、妇联等人民团体积极参与社会管理和公共服务。稳定低生育水平，提高人口质量，推进基层计划生育服务设施建设，加强流动人口计生服务管理和出生人口性别比综合治理。抓好防震减灾、气象、人防及审计、统计、史志、外事、侨务等工作。启动法律援助“应援尽援”工作。依法保护妇女、未成年人、残疾人和老龄人的合法权益。落实好老干部的“两个待遇”。强化全民国防观念，支持国防建设，提高民兵预备役和武警、消防部队建设水平，争创全国双拥模范城“五连冠”。发挥基层民事调解组织作用，建立信访稳定长效机制，力争信访总量退出全省前五位。强化安全生产隐患排查监管，坚决遏制重特大事故发生。抓好食品药品和餐饮卫生的日常监管，打击违法经营活动，确保群众健康安全，建设“食品安全市”。加强社会治安综合治理，保持“严打”高压态势，强化治安防范，打造平安新乡。

四、加强政府自身建设

各级政府必须增强使命意识，切实履行职责，努力建设人民满意的服务型政府、效能政府、法治政府、务实政府和廉洁政府。

坚持民本为上。政务就是服务。要增强宗旨意识、责任意识和服务意识，把人民群众的需求作为改进政府工作的第一信号，带着对人民群众的深厚感情去思考发展、决策工作、处理问题。高度关注群众的安危冷暖，围绕群众、企业和基层的需要来开展工作，努力解决土地征用、房屋拆迁、企业改制等过程中群众反映的突出问题，切实增加居民收入，改善生产生活环境，提高人民群众的生活质量。当前形势下，更要特别关注和解决好就业、困难群体的生活等民生问题。

坚持效能为先。效率高低直接体现着政府的执行能力。要将决策咨询、专家论证和公众参与相结合，切实提高科学民主决策水平。转变政府职能，全面推进政企、政资、政事分开，切实解决政府与市场、社会之间的越位、错位和缺位问题。完善政府运行机制，精简审批事项，落实全程代理制、绩效考核制，提升公务员素质，加强效能监察，强化行政问责，促进政务提速，逐步形成市场配置资源、社会自主管理、政府科学调控的善治格局。

坚持法治为纲。依法行政是政务工作的基本要求。要落实行政执法责任制，畅通行政复议渠道，提高执法质量，努力做到有权必有责、用权受监督、侵权要赔偿、违法要追究，促进社会公平正义。加强政务公开，自觉接受人大的法律监督和政协的民主监督，认真负责地办理人大、政协的议案、提案和建议，主动接受人民群众及电子网络、新闻媒体等的社会监督，强化自我纠偏能力，不断改进政府工作。

弘扬务实之风。政府工作重在落实。要大力倡导不图虚名、不事张扬、多干少说、注重实效的良好作风，努力营造勇于创新、敢于负责、团结协作、共克难关的浓厚氛围。深入开展“两转两提”活动，转变工作作风，改进文风会风，腾出更多时间和精力抓落实。把应对危机、支持发展的优惠政策落到实处，防止棚架。对群众关注的热点、难点问题，对事关新乡发展的重大问题，牢记在心、盯住不放，一件一件抓好落实，一步一个脚印地把事业推向前进。

加强廉政建设。反腐倡廉是人心所向，必须加强教育、健全制度、注重预防、惩治腐败。牢固树立过紧日子的思想，坚持勤俭办事，狠刹铺张浪费之风，规范公务接待行为，严格公费出国出境管理，年内公务购车、出国、接待经费要有明显下降，确保年度一般预算支出零增长，真正把有限的资金和资源用在保增长、促就业、改善民生、维护稳定的关键环节上。规范权力运行，深化公共资源交易体制改革，从源头上预防腐败。加强对重点领域、关键部位、特殊岗位的监督管理，坚决纠正损害群众利益的不正之风，坚决治理破坏发展环境的突出问题，坚决查处各类违纪违法案件，坚决严惩腐败分子。

各位代表！完成今后五年政府工作目标和今年各项任务，使命光荣，责任重大。让我们高举中国特色社会主义伟大旗帜，深入落实科学发展观，认真贯彻上级部署，在市委领导下，锐意进取，开拓创新，为跨越发展、富民兴市而努力奋斗！

新乡解放暨建市60周年特刊

重大历史事件

牧野大战

公元前1046年1月20日，周武王兴兵伐纣，与商朝军队在牧野（今卫河以北的新乡北部地区）决战，商军大败，纣王逃回朝歌自焚而死，商朝灭亡。牧野之战是中国历史所载的第一次大规模战争，商灭周兴，使我国奴隶制社会进入鼎盛时期。

汲冢发掘与《竹书纪年》

汲冢出土《竹书纪年》与甲骨文、敦煌藏经洞、孔壁尚书一起号称我国文化史上的四大发现。西晋时期，在今卫辉市发现一部被盗墓者所发掘的写在竹简上的古代编年体史书。由于它当时被埋藏于魏安厘王（一说应为魏襄王）的墓里，所以能够避过秦始皇时焚书坑儒的毁灭。它记录了从传说时代的夏朝到魏襄王（一说应为魏哀王）之间的历史事件，是目前发现的最古老的编年体著作。

孔子讲学

孔子是我国古代著名的思想家、教育家，他在14年的周游列国讲学中曾数次到过卫、蒲等地（即今卫辉、长垣一带），并留有大量的遗迹。

张良击秦

公元前218年，秦始皇巡游东方，路经今原阳县博浪沙，张良因国仇家恨，不惜万贯家产，兄弟死了也顾不得埋葬，结识有志之士，暗怀120斤重的大铁椎，隐伏在博浪沙，当秦始皇车辇路过此地时奋力击去，结果误中副车，张良见事不妙逃到下邳。事虽未果，但成为中国历史上反抗暴政的著名事件，流传久远。

官渡之战

三国时期的著名战争。建安五年（公元200年），曹操与袁绍在官渡展开大战，此战大部分战场在今延津县境内，其中“白马解围”、“延津诱敌”、“火烧乌巢”三个战役最为出名。官渡一战，曹操将袁绍主力消灭，为统一北方奠定了基础。官渡之战成为中国历史上以少胜多的典型战例。

竹林七贤在辉县

魏晋时期嵇康、阮籍、阮咸、山涛、向秀、王戎、刘伶七位名士，因对司马政权不满，曾隐居在辉县西南的竹林里，谈古论今，放浪形骸，被称为“竹林七贤”，为当时士人所仰慕。七人才华横溢，不媚权贵，崇尚虚无，放荡不羁，豪爽侠义，以他们为代表的“魏晋风骨”，成为中国文学的优秀传统，影响深远。

陈桥兵变

公元960年夏历正月初一，五代后周大将赵匡胤受命率军拦截北犯之敌。大年初三，大军行至今封丘县城东南的陈桥驿宿营，深夜，赵匡胤之弟赵光义等策动兵变，为赵匡胤黄袍加身，跪呼万岁。赵匡胤随即回师开封，夺取后周政权，当上皇帝，建都开封，建立宋朝。

岳飞抗金

南宋爱国将领岳飞曾与王彦在新乡一带抗击金兵，收复了新乡县城，随后又率部转战辉县、延津等地大败金军，威名大振。今臧营、孟营、金家营等村就是当年岳飞构筑的“长蛇阵”营盘，一共18营，卫河之滨的“饮马口”也由岳飞在此饮马而得名。

修筑道清、京汉铁路

1907年3月，滑县至清化镇（今博爱）的道清铁路全线贯通，在新乡与1906年4月通车的京汉铁路形成交汇，扼南北铁路交通枢纽。两条铁路的修筑通车，使新乡成为铁路交通枢纽，极大地促进了新乡经济的发展，城市规模亦不断扩大，城市地位日益提升。至解放时由三等小县成为豫北最大城市，取豫北三府（卫辉府、彰德府、怀庆府）地位而代之，成为豫北地区政治、经济、文化中心，1949年8月被定为平原省省会，跻身中等城市行列。

平原省建立

1949年8月1日，中央人民政府决定，正式发文建立平原省。全省共辖新乡、安阳、濮阳、聊城、菏泽、湖西6个专区，56个县和新乡、安阳2个省辖市，人口约1700万，省会设在新乡市。平原省的建立，对于巩固新中国的政权、打击残敌势力、恢复生产，起到了重要的历史作用。1952年11月，平原省宣布撤销，历时三年又三个月。

新乡和平解放

1948年11月，中共新乡市委、市政府在新乡县小冀镇成立。1949年2月，中共新乡城工委并入市委。1949年3月，太行军区决定正式成立中国人民解放军新乡市军事管制委员会。5月1日至3日，在我党我军的争取下，国民党新乡守军四十军副军长李辰熙派新提升的副军长赵天兴出城，向解放军四十七军正式请求和平改编。5月5日，新乡宣告和平解放。5月6日，国民党四十军1万余人出城接受改编。同日，中国人民解放军新乡市军事管制委员会发出第一个布告，军管会全面接管新乡市旧政府机关、企业、事业单位。5月7日，中国人民解放军举行了入城仪式。中共新乡市委、市政府、市军管会由小冀镇进驻新乡城。

兴建人民胜利渠

人民胜利渠，是全国解放后黄河下游兴建的第一个大型引黄灌溉工程。1951年1月开工，1952年4月举行放水典礼，平原省人民政府主席晁哲甫为工程题名为“人民胜利渠”。接着又进行第二期、第三期工程。1952年10月31日上午，毛泽东主席视察人民胜利渠，并亲自启闸试水。至1954年，该渠途经武陟、获嘉、新乡县，全长52.7公里，于市区饮马口注入卫河，灌溉面积达72万亩，为新乡农业和经济发展发挥了重要的历史作用。

毛泽东主席视察七里营人民公社

1958年8月6日，毛泽东主席在省委书记吴芝圃陪同下，视察新乡县七里营人民公社。8月17日至30日，毛泽东主席在北戴河主持召开中央政治局扩大会议，正式做出《关于在农村建立人民公社的决议》。《决议》公布后，人民公社化运动在中国农村掀起。七里营这个首先被毛泽东主席视察的人民公社，从此成为全国农村甚至世界友人仰慕和学习的样板。据记载，从1958年8月至1959年初，除成千上万的国内干部群众到七里营参观学习外，还有54个国家和地区的国际友人前来参观访问。七里营公社被公认为中国农村人民公社化运动的发源地。

历史名人

共　工

——与自然灾害作斗争的华夏远古英雄

共工是“三皇五帝”中“颛顼”时代一个比较强大部族的首领，活动在今辉县一带。黄河的经常泛滥威胁到部落的生存，共工率领大家与洪水英勇搏斗，他们采取“堵”而不是“疏”的办法来治水，未能根治洪水，但是为后人治水积累了经验。共工是我国最早的治水英雄，被后世尊为水神。共工治水表现出来的永不言败的精神，是中华民族宝贵的精神财富。共工与颛顼争夺帝位的故事，后被演绎成“怒而触不周之山”的神话。毛泽东曾对共工给予高度评价。

姜太公

——韬略始祖，百代宗师，中华谋圣

卫辉市太公泉乡吕村人，又称姜尚，字子牙。西周国师，辅佐周文王、周武王兴周灭商，组织指挥牧野大战。后封于齐，为齐国始祖。

姜太公是我国历史上一位伟大的政治家、军事家、哲学家，名列河南十大圣人之首，被称为“谋圣”、“武圣”。以他的军事思想成书的《六韬》，是我国最早的军事理论著作，对后世影响很大。他的“以仁为本”的兴邦治国之策和“用兵有义”为原则的军事谋略，历来被后世推崇。姜太公还是众多姓氏的共同祖先。

比　干

——忠烈谏臣，林氏始祖

商纣王的叔父，官居少师。纣王暴虐无道，大兴土木，劳民伤财，奴隶和平民们苦不堪言。他建酒池肉林，制炮烙之刑，断涉水之胫，剖孕妇之腹，激起了人民的反对。比干多次进谏，纣王不听，后又接连三天冒死劝谏，激怒纣王，被下令剖心致死。商亡后，周武王感念比干为以死谏君的忠臣，封其子姓“林”，名坚，比干就成了林姓始祖，又被尊为“文财神”。周武王封其墓，北魏孝文帝在今卫辉市始建比干庙。比干以死谏君的精神，至今仍被人传诵。

毛　遂

——流芳千古的民间智者

战国时期赵国人。公元前257年，秦兵包围赵都邯郸，赵王派平原君到楚国求救，时为赵国平原君门下食客的毛遂，自我推荐，主动请缨到楚国，凭着勇气和智慧，说服楚王联合抗秦。从此，“毛遂自荐、脱颖而出、因人成事”等典故成语流传下来。其故里新乡市原阳县师寨镇路庄村有“毛遂故里”碑、“自荐亭”和“毛遂祠”。

杜　诗

——对农业生产做出重要贡献的水排发明者

卫辉人，东汉南阳太守。他总结前人经验，发明了强大的水力鼓风机——水排，提高了铸造农具生产效率。治水兴利卓有成效，深受南阳人民爱戴，尊称其为“杜母”。英国著名科学史学家李约瑟博士说：中国的水排对世界文明做出了重大贡献。

张　苍

——西汉名相，杰出数学家

原阳县张大夫寨村人，西汉名相，杰出的数学家。主要成就有三：一是把算学直接用于国计民生，确定度量衡，并制定了一套比较完整的度量衡理论。二是经过考察比较，提倡使用《颛顼历》被采纳。三是创造性地增、订、删、补《九章算术》，做出重大贡献。《九章算术》总共收集246个数学问题。这些算法要比欧洲同类算法早1500多年，对世界数学发展产生过重要影响。

贺　铸（1052～1125）

——宋代著名词作家

卫辉人，是我国文学史上著名的宋代词作家。他博学强记，诗、词、文皆善。但从实际成就看，他的诗词高于文，而词又高于诗。其词兼具婉约、豪放两派之长，一生作品甚多，仅次于苏轼。其“杜鹃啼处血成花，梅子黄时雨如雾”被世人叹为绝唱，人称“贺梅子”。诗人兼书法家黄庭坚对他的词作十分佩服，写诗赞道“解作江南断肠句，只今惟有贺方回”，曾手抄其《青玉案词》视为名篇。

徐世昌（1855～1939）

——北洋政府大总统

卫辉人，曾协助袁世凯创办北洋军，1914年出任国务卿，1918年至1922年被段祺瑞控制的“福安会”选为北洋政府第五任总统，是北洋政府唯一一位文人出身的总统，在位近四年。任内历经“五四运动”等重大历史事件，毁誉参半。直奉战争后下台，曾反对袁世凯称帝。抗日战争期间，坚持民族气节，不做汉奸。晚年编撰的文献资料具有很高的史学价值。今卫辉市城内遗有“徐氏家祠”。

王锡彤（1865～1938）

——中国水泥王

卫辉城关人，中国近现代史上著名的爱国实业家。上世纪初至二十年代曾被誉为“洋灰王”、“中国水泥王”等。曾进入当时中国规模最大的周学熙资本集团，成为由周学熙、陈一甫、孙多森（当时中国银行总裁）、李希明、袁世凯大家族组成的董监会核心人物之一。1921年他创办卫辉华新纱厂，为卫辉、新乡乃至国家的经济发展，做出了不可磨灭的贡献。除了实业兴国的业绩，他还力辞袁世凯任河南总督之邀，反对复辟帝制，显得更有政治品格。

王晏卿（1886～1981）

——新乡现代工业之父

新乡县人，新乡著名的实业家、金融家，所创办的“同和裕”银号，在上世纪二三十年代的河南乃至全国都有很大影响，曾被人们称为“金融巨子”。他先后开办了新乡市第一所现代化教育学校，新乡第一个具有各种科学读物的图书馆，新乡第一所中国人办的西医院，并兴建水电公司，使新乡工商业用上电动力，新乡的马路第一次用上电灯照明。他先后创办水电公司、纺织厂和机器厂等9家工业企业，奠定了新乡早期的工业基础，被誉为新乡的工业之父。

先进模范

史来贺

1930年7月出生，2003年4月逝世。新乡县七里营镇刘庄村原党委书记，全国著名劳动模范。史来贺任刘庄村党支部书记50多年期间，坚定不移地走社会主义道路，把解放前“方圆十里乡，最穷数刘庄”的穷村子，建设成为一个闻名全国、富裕文明的社会主义新农村，基本走上了农业现代化、农村工业化、经济市场化、农民知识化、生活城市化、管理民主化的新农村发展轨道。他毕生追求共产主义理想，坚定中国特色社会主义信念，忠实实践“三个代表”重要思想，全心全意为人民服务，一直走在全国农业战线的前列。他连续四届当选为全国劳动模范，先后被授予全国民兵英雄、全军英模、全国优秀农民企业家、全国优秀党务工作者、全国优秀领导干部、全国优秀共产党员、全国乡镇企业十大功勋等荣誉称号，先后16次进京参加国庆观礼，多次受到毛泽东、邓小平、江泽民、胡锦涛等党和国家领导人的亲切接见，数十位党和国家领导人亲临刘庄村视察。中共中央组织部把史来贺的名字与雷锋、焦裕禄、王进喜、钱学森列在一起，誉为解放以来在群众中享有崇高威望的共产党员的优秀代表。

吴金印

1942年9月出生，18岁加入中国共产党，26岁走上乡镇主要领导岗位，是全国乡镇党委书记的榜样。任乡镇党委书记41年间，做出显著成绩，仍扎根基层乡镇工作，用自己的实际行动认真践行“三个代表”重要思想和全心全意为人民服务的根本宗旨，为官一任、造福一方，是新时期保持共产党员先进性的优秀楷模，受到当地群众的拥护和爱戴。他先后获得全国百名人民好公仆、全国优秀党务工作者、优秀共产党员、五一劳动奖章等荣誉；被选为党的十五大代表、党的十五大主席团成员，并被选为中国共产党第十五届中央委员会候补委员，现为新乡市人大常委会副主任。

刘志华

女，1939年2月出生，中共党员。她从1972年担任新乡县小冀镇东街村第五生产小队（1997年改为京华村，始任村委会主任）队长后，带领300多位农民，依靠集体力量，按照市场经济规律，从实际出发，自力更生，从20世纪70年代的第一产业，到20世纪80年代的第二产业，20世纪90年代主要发展旅游服务业。进入21世纪，在第三产业的带动下，又开始发展教育产业、房地产和高科技产业，固定资产达7.5亿元。村民享受集体的吃粮、住房、子女免费上学、矿泉洗浴、供水、供暖、养老等多项福利待遇，达到住有所居、老有所养、少有所教、病有所医、难有所解，走上共同富裕的道路。刘志华先后获得全国劳动模范、中国十大女杰、中国农村风云人物、全国五一劳动奖章、全国三八红旗手、中国经营大师、中国改革风云人物、全国优秀党务工作者、全国兴村富民百佳领军人物等42项国家级荣誉，现为新乡市人大常委会副主任。

张荣锁

1956年2月出生，中共党员，1993年任辉县市上八里镇回龙村党支部书记后，为了彻底改善全村农民的生产、生活条件，先后将自己的百万元家产奉献给集体，在崇山峻岭间架设了10多公里长的高压线路，在千仞绝壁上修筑了8公里长的盘山挂壁公路，解决了崖上村民千百年来就医难、求学难、生活难等诸多难题。先后被评为全国农村学习实践“三个代表”重要思想基层干部标兵、中央电视台2002年度《感动中国》十大人物、全国劳动模范、全国优秀共产党员。

耿瑞先

1969年12月出生，中共党员，大专学历，新乡市凤泉区耿庄村党支部书记、村委会主任，2004年度中国青年“五四”奖章获得者。凤泉区耿庄村是全国文明富裕示范村，年产值8.4亿元，农民人均年收入1.36万元，连续9年实现经济翻番，创造了一个又一个农村发展史上的奇迹。

耿瑞先自1995年担任耿庄村党支部书记兼村委会主任以来，和班子成员一道发扬“团结、拼搏、创新、奉献”的精神，全面加强执政能力建设，把一个昔日负债累累、群众上访不断、社会治安混乱的穷村建设成了国家级文明村。耿瑞先先后被评为中国十大经济人物、全国劳动模范。

裴春亮

1970年3月出生，中共党员，辉县市张村乡裴寨村村委会主任。裴春亮致富后不忘反哺乡亲，他个人投资3000万元，把辉县市裴寨村村口的一座荒秃山头推平，无偿为全村村民建造160栋两层小楼及学校、敬老院、体育场、卫生院等配套设施。规划、建设新村的同时，他还积极与外来客商洽谈投资，谋划发展工业企业，增强裴寨村自身“造血”功能，尽快让乡亲们脱贫致富，先后被评为中国十大杰出青年农民、中国十大杰出青年、中华慈善人物。

如今，裴寨新村道路建设路基已经完成，一排排整齐的别墅式住宅楼拔地而起，全村群众已整体搬入新村；由裴春亮多方引资、村民自愿入股创办的投资4亿元、日生产能力4500吨的环保节能水泥厂正在建设之中。

许福卿

1939年1月出生，大专文化，中共党员，获嘉县楼村党委书记，全国优秀党务工作者，全国劳动模范。许福卿自1966年起在村党支部（党委）领导岗位上连续工作了40多年。40多年间，许福卿扎根农村，带领楼村干部群众艰苦创业、跨越发展，把一个贫困落后的穷村建成了集体固定资产超亿元、户均存款突破3万元的“全国文明村”，成为新乡市农业战线的一面旗帜。

著名文化人物

生死流芳——刘知侠

刘知侠（1918～1991），卫辉市庞寨乡柳卫村人，著名作家。他一生中给后人留下了400万字的文学作品，其中风靡了整整一代人的《铁道游击队》至今不衰。

1952年至1953年他的长篇小说《铁道游击队》出版，后改编成电影文学剧本，搬上银幕。据统计，《铁道游击队》的原本加上各种节编本、缩写本共出版300余万册，并译成英、俄、法、德、朝、越等8国文字在国内外发行。其作品还有短篇小说集《铺草集》、《沂蒙山故事集》，中篇小说《芳林嫂》，长篇小说《沂蒙飞虎》以及20万字的《战地日记》（即《淮海战役见闻录》）和《知侠中短篇小说选》等。

刘知侠先后担任（或兼任）济南市文联主任，山东省文联秘书长，山东省文联副主席兼中国作家协会山东分会主席，中国文联委员、中国作家协会理事，山东省文联党组书记等职。

刘知侠的作品仍在鼓舞、教育着一代又一代人，可以说生而有芳，死也留芳。

画坛巨擘——秦岭云

秦岭云（1914～2008），曾用名维新、铭三、阿维。画室堂号五瓜草堂、闻鸡楼。字岭云。卫辉市人，著名国画家，曾任中央文史研究馆馆员、中国美术家协会会员、北京山水画研究会艺术指导、北京美术学会理事、《诗书画》丛刊主编、《中国画》月刊编委、中山书画社副社长、炎黄书画院副院长、中国老年书画研究会理事等职。

秦岭云业绩颇丰，结集出版的有《现代山水画集》、《秦岭云写生山水画集》、《秦岭云山水作品》、《写意山水画技法》等。秦岭云不仅是山水画家，还是一位用功极勤的中国美术遗产整理者和介绍者，先后出版了《民间画工史料》、《永乐宫》、《法海寺壁画》、《中国壁画艺术》、《赵佶的画》、《郑板桥》、《扬州八家丛话》等著作和画册。还编著有《山水画技法新编》、《山水画讲座》、《砚田拾穗》、《砚边闲话》在报刊连载，并应邀讲学于中央美术学院、解放军艺术学院、北京大学、北京教育学院及有关学会、画会社团。

“南有关山之月，北有秦岭之云”。秦岭云在几十年的艺术生涯中，外师造化，既遨于传统，又面向生活，从大自然中搜集素材，在实践中提炼，探索出了新的创作途径和高品位的艺术风格。

白石高足——卢光照

卢光照（1914～2001），卫辉市人，1937年毕业于北平国立艺术专科学校。历任人民美术出版社编辑、北京齐白石艺术函授学院名誉院长、北京花鸟画研究会名誉会长、中央文史馆馆员。师从齐白石先生，为北京齐派四大家之一。工大写意花鸟，兼及篆刻、书法。所作巨幅分别陈列于人民大会堂、毛主席纪念堂、天安门城楼、中南海、新华通讯社等处。所作《大展鸿图》、《松鹰》、《鸡冠花雄鸡》曾作为国家礼品分别赠送日本前首相中曾根康弘、海部俊树，爱尔兰前总统希勒里。

卢光照编辑的专著有《齐白石作品集》（分绘画、诗词、书法篆刻三册）、《宋人画册》、《中国美术史纲》、《中国画论类编》等，都是巨册。还编著有《现代花鸟画选》、《历代画家故事》、《三友合集》、《卢光照画辑》、《卢光照画集》、《卢光照、程莉影近作集》等。

书画双绝——侯德昌

侯德昌，辉县市孟庄镇南田庄人，1934年1月30日生。著名书画家。毕业于原中央工艺美术学院

并留校任教。中央文史研究馆馆员、中国美术家协会会员。

1992年，为我国申办奥运会，他主笔创作了百米长卷《中华魂》；1994年国庆前夕，他为人民大会堂东厅主笔绘制巨幅大型山水画《幽燕金秋图》，受到党和国家领导的称赞；1995和1997年，他为中南海创作《山永寿松长青》和几幅独具特色的山水画；1999年，他为中央军委八一大楼创作巨幅山水画《长城雄关图》等。

侯德昌的山水画功力深厚，生活气息很浓，布局严紧，气势如虹，其书画艺术在国内外享有盛誉。他对刻字艺术的研究造诣也很深，1989年《侯德昌刻字书法选》出版发行。1992年《篆书艺术》出版后，得到了张仃、黄苗子、许麟庐等老一代书画家的高度评价。1998年他历时8年，用尽心力又完成《篆书艺术粹编》。

“神鞭”学者——柏杨

柏杨（1920～2008），原名郭定生，辉县市人，毕业于东北大学，1949年后前往台湾，曾任《自立晚报》副总编辑及公立艺专教授。著名作家、思想家、历史学家和历史评论家，被称为台湾的鲁迅。

柏杨知名作品包括《丑陋的中国人》、《中国人史纲》、《柏杨版资治通鉴》、《柏杨回忆录》等。柏杨杂文针砭时弊、鞭辟入里，被誉为“神鞭”，其代表作《丑陋的中国人》在整个华人世界引起强烈震动。

柏杨身在台湾，心恋故土。1997年，年近八旬的柏杨重新编写了《河南辉县郭氏族谱》，并精工印刷，分赠海峡两岸郭氏族人。他在序言中说：自己是辉县郭氏第17代子孙，愿海峡两岸郭姓后裔，念及血浓于水，互相亲爱，直到永远。柏杨任台湾辉县同乡会会长后，出版《辉县同乡联谊录》，重印《辉县志》，发动同乡捐款70余万元，于百泉湖畔增

修“怀乡亭”，以示不忘故土。

新写实主义作家——刘震云

刘震云，延津县人，1982年毕业于北京大学中文系。1988年至1991年曾到北京师范大学、鲁迅文学院读研究生。1982年开始创作，1987年后连续发表在《人民文学》上的《塔铺》、《新兵连》、《头人》、《单位》、《官场》、《一地鸡毛》、《官人》、《温故一九四二》等描写城市社会的“单位系列”和干部生活的“官场系列”，引起强烈反响。在这些作品中，他将目光集中于历史、权力和民生问题，但又不失于简洁直接的白描手法，也因此被称为“新写实主义”作家。其中《塔铺》获1987～1988全国优秀短篇小说奖。1991年发表长篇小说《故乡天下黄花》，1993年发表“故乡”系列第二部长篇《故乡相处流传》，后经过五六年的时间完成长篇巨著《故乡面和花朵》。2007年推出小说《我叫刘跃进》，并改编成电影。2009年出版小说《一句顶一万句》，引起轰动。

女中音歌唱家——关牧村

关牧村，新乡市人，现为天津歌舞剧院女中音歌唱家，国家一级演员，享受国务院颁发的政府特殊贡献津贴。中国音乐家协会会员，第七、八届全国青联副主席，第七至九届全国政协委员。

20世纪70年代，以演唱人民音乐家施光南作曲的《打起手鼓唱起歌》、《祝酒歌》、《吐鲁番的葡萄熟了》等作品而成为我国蜚声中外的女中音歌唱家之一。关牧村对音乐内涵有着深刻的理解，她始终坚持以民族性为基础，吸取西洋唱法之长自然地融于民族音乐中，在演唱中实现了民族音乐艺术的升华。她的演出受到国内外观众的热情欢迎和高度评价。

先后主演音乐故事片《海上生明月》，歌剧《宦娘》、《屈原》，电视歌剧《最后的悲歌》。电视艺术片《吐鲁番的葡萄熟了》、《美丽的敦煌》、《月光下的凤尾竹》等。

书画摄影名人

牛子祥

新乡市人，1936年3月出生，现为中国摄影家协会会员、中国新闻摄影学会会员。曾任河南省摄影家协会副主席、河南省新闻摄影学会副会长、河南省妇女摄影学会顾问、新乡市摄影家协会主席、新乡晚报社编委兼美术摄影部主任、高级记者。现任河南省老年摄影学会副会长，河南省摄影家协会顾问。

作品曾在国内外许多报刊、展览、大赛中刊登、入选、获奖。出版有《牛子祥摄影作品集》、《牛子祥摄影作品纪念册》、《背影集》、《众说纷纭》等书。2004年7月，他将自己多年拍摄的10万张底片捐献给新乡市档案馆，受到市委、市政府奖励。其事迹入编《中国摄影家大辞典》、《中国当代名人大典》、《中外名人辞典》、《中国文艺家传集》、《中国专业技术拔尖人才大全》等书。2005年12月，被中共新乡市委、新乡市人民政府授予“优秀老文艺家”称号；2009年5月，被中共新乡市委、新乡市人民政府授予“践行新乡城市精神十大崇文人物”称号。

周云峰

字润物，号四乐斋，河南省尉氏县人，1943年出生，1967年毕业于郑州大学中文系。曾任新乡市人民政府秘书长和市政协秘书长。现为中国书协会员，河南省文联委员，河南省书协理事，河南省书画院特聘书法家，新乡市书协主席，新乡市书画院名誉

院长。高雄市国际文化艺术协会荣誉会长，其书法作品多次参加国内外书法展览，并有部分作品获奖。曾先后到日本、韩国、台湾等国家和地区举办书法联展和个展。《中国书法选集》、《世界当代著名书画家真迹博览大典》、《中国书画报》、《中国美术》、《人民网》、《河南电视台》等多家书刊和媒体对其书法作品均有收录。有不少作品被皇帝故里碑林、翰园碑林、函谷关碑林、曹州碑林等勒石；还有许多作品被"中国名人作品展示馆"、"文化部文化市场发展中心"、"人民画报社"、日本"双畅书道研究会"、"韩国碑林园"、河南省档案馆等永久收藏。编辑出版有《新乡书画荟萃》、《周云峰书法集》、《周云峰书法艺术》。

冯志福

字荫庭，新乡市人，1944年1月出生。原任新乡市群众艺术馆副馆长、副研究馆员，曾为中国书法家协会第三届理事、河南省书法家协会副主席。

作品多次参加国内外大型书法展览，被中南海、人民大会堂、多家博物馆、纪念馆、碑林画廊等收藏或刻石，并在多家报刊杂志上发表。1987年、1989年两次赴日本举办书法展览和进行书艺交流。1990年10月，在北京举办的"河南书法周"活动中，成功举办个人书法展览。1990年之后，先后编著个人书法集《砚边集萃》、《冯志福书法作品集》，主编隶书、楷书、行书字帖和五体常用字帖，分别由陕西人民美术出版社和世界图书出版西安公司出版。1997年3月，参加在香港举办的"河南美术、书法、篆刻三人展"活动。1997年、2004年、2007年分别在广东潮汕地区、甘肃省兰州市、海南省海口市举办个人书法展。曾获"首届中原书法大赛"一等奖，"河南省书法作品"一等奖，"河南省首届龙门书法大奖"银奖，"河南省二届龙门书法大奖"金奖，"泰山杯"全国书法大赛一等奖。

朱韶新

新乡市人，1933年9月出生。国家一级美术师、中央文史馆书画院画师，河南省文史研究馆馆员，主攻山水，兼花鸟。原任新乡市书画院院长，现任古鄘书画院院长、台湾国宝画院荣誉院长、泰国曼谷中国画院名誉顾问、香港羲之书画院名誉院长、台湾国际友人画家总会常务理事、中国国画家协会理事、中国艺术家（香港）画报社理事、河南省水彩画协会理事、中国美术网艺术委员会理事。

作品出版有版画、连环画、《朱韶新水彩画集》、《朱韶新画集》、《朱韶新山水画集》等，曾荣获东南亚国际水墨画画展金奖、荷兰哥罗宁根国际文化交流大奖、新西兰首届中国画名家作品展大奖、美国旧金山和平书画金桥奖等。中国文化报、中国艺术报、中国书画报等报刊曾发表他的作品和评论，1996年中央电视台"书坛画苑"专栏72期播放了"画家朱韶新"专辑，在中国美术网建有"朱韶新艺术馆"。

赵启翔

辉县市人，1933年出生，1958年毕业于河南艺术学院，国家一级美术师。原任新乡书画院副院长、台湾国际文人画家总会常务理事、新加坡新神州艺术院高级名誉顾问、香港国际书画交流协会理事、菏泽地区书画研究院名誉院长、山东曹州牡丹画院名誉院长、中国大众书画社理事、一级书画鉴赏家等职。

从事中国山水画、花鸟画50余年，百余件作品曾在国内外、省内外发表、展览、获奖。《华夏春晖》、《太行秋韵》、《长城夏岚》、《湘西春韵》、《五台风光》等作品曾获各项大展金、银、铜奖及一、二、三等奖。入编中国现代美术家大辞典，中国当代书画名家大辞典，世界当代书画名家大辞典等100余部大型典籍。出版有《赵启翔山水画集》一、二、三部，《赵启翔花鸟集》一部，《中国实力派名家十杰》等。2005年12月，被中共新乡市委、新乡市人民政府授予“优秀老文艺家”称号，并获2006年首届中国文艺书画艺术金奖，被授予“中国文艺终身成就艺术家”称号。

傅乐善

河南省博爱县人，1927年出生。曾任新乡市博物馆陈展股股长、中国老年书画研究会理事、中国书法艺术研究院艺术委员会会员、香港东方文化中心书画研究部委员、湖南第一师范学校书法顾问、信阳师范学院书法美术专业名誉教授、新乡市老年书画研究会会长等职。

1981年，书法作品获河南省书法作品一等奖，曾发表于上海《书法》、北京《当代书法大观》、北京《青年科学家》、《河南书法作品选》、《河南书论》、《河南书法作品集》、《山西日报》。书法作品《岳阳楼记》全文刻石于河南开封翰园碑林。

1985年，《墨荷大中堂》被河南省博物馆收藏。1987年，新乡市博物馆收藏他的书画作品20幅，同时以部门和个人名义馈赠给香港、日本、台湾、泰国、加拿大、巴黎友人收藏。1995年，参加新华社海南新闻文化总公司主办的《新华海南95名家书画笔会》，国画作品辑入《中国当代老年书画家大辞典》。先后荣获1999年国际老年人年中国书画大展世纪名家创作奖、2000年中华世纪之光中国书画大展金奖。2004年9月荣获第二届中国老年文化艺术交流书画展金奖。2005年12月，被中共新乡市委、新乡市人民政府授予“优秀老文艺家”称号，2009年5月，被中共新乡市委、新乡市人民政府授予“践行新乡城市精神十大崇文人物”称号。

石庆骥

新乡市人，1941年6月出生。中国美术家协会会员、中国艺术名家研究院荣誉院长、河南省花鸟画协会副会长、新乡国画院院长、国家高级美术师。作品入选由中国美协主办的《中国画三百家》、《跨世纪暨建国五十周年全国山水画大展》、《中国西部大地情作品展》、《新时代中国画作品集》、《新世纪中国画名家精品展》、《澳大利亚中国画展》、《2003年全国中国画特集》、《海潮杯全国中国画展》、《中国美术名家作品选》，2000年、2001年、2002年的《全国中国画作品展》及《西部辉煌全国中国画提名展》、《全国中国画家提名展》、《2004年全国中国画作品提名展》，首届、二届《中国美协会员精品展》，获中国文联“新世纪中国山水画二百家”称号及国家人事部“当代中国画杰出人才奖”，出版有《美术家石庆骥》画集。一些作品被钓鱼台国宾馆、宋庆龄故居等纪念馆及国际友人收藏。曾在洛阳、郑州、芜湖、广州等地举办个展。艺术简历被编入《中国美术家人名录》、《当代中国美术家大辞典》等20余部大型辞书中。

王耀邦

别名憨翁，室名清远堂，河南省武陟县人，1933年出生。现任中国榜书协会会员、河南省美术家协会会员、河南省书法家协会会员、中国老年书画研究会会员、河南省老艺术家协会理事、河南省书画家协会顾问、新乡市老艺术家协会副会长等职。

学书以颜为主，兼临柳、赵，工行草、榜书等。作品多次入选河南省书法篆刻展览，并获河南省中原书法大赛三等奖；1985年，参加全国书法竞赛获佳作奖；1999年，获世纪之光全国书画大赛金奖。作品曾勒石于巩义碑林、辉县市百泉画廊，并收入中国当代书法名家润格大全。2005年12月，被中共新乡市委、新乡市人民政府授予“优秀老文艺家”称号。

杨　淼

河南省孟州人，1955年出生，1982年1月毕业于河南大学美术系油画专业。现为河南省美术家协会理事、河南省美术家协会中国花鸟画艺术委员会副主任、河南省国画家协会常务理事、河南省书画院特聘画家、新乡市政协委员、新乡市美术家协会主席、新乡市民间文化遗产抢救工程专家委员会副主任、高雄国际文化艺术协会名誉会长等，享受政府特殊津贴。多年来创作大量作品散见于全国各展事及报刊，并被世界各地收藏，省、市媒体多次专题报道。

刘森堂

河南省温县人，1957年出生于西安市。现为中国书法家协会会员、河南省书法创作委员会会员、河南省青年书法家协会副主席、新乡市书法家协会副主席兼秘书长、嵩晖印社社长等。作品曾获国际恐龙展银奖，国际“中意杯”书法赛银奖，全国首届书画大奖赛金奖，全国第四届中青年书法展全国奖，全国墨海芸萃书画展金奖，全国商业书画大展金奖，河南省第二、三届中原书法大赛一等奖，河南省行草书展一等奖，全国第一、二届电视书法大赛奖，河南省第二届书法龙门奖银奖，全国第二届书法群星奖优秀奖（中国政府最高奖），河南省著名书画家交流展金奖等。作品被中南海及全国许多博物馆、文史馆、艺术馆收藏。2009年5月，被中共新乡市委、新乡市人民政府授予“践行新乡城市精神十大崇文人物”称号。

张健伟

河南省洛阳市人，1960年1月出生。现为河南师范大学美术学院院长、教授、硕士研究生导师，中国美术家协会会员、河南省美术家协会中国人物画艺术委员会副主任、河南省国画家协会常务理事，西安美术学院美术学博士，师从刘文西教授。代表作有《古塬秋韵图》、《对话》、《藏女》、《秋次暮寻图》、《道子俄顷而就图》、《农家图》等；作品曾多次入选全国性美术作品展；在《美术观察》、《国画家》、《装饰》等刊物上发表学术论文10余篇；《张健伟作品集》由天津人民美术出版社出版。2004年9月，被河南省教育厅评为“学术技术带头人”称号。

新　乡　赋

王国钦

新乡者，古来兵家必争之乡也。战鸣条而伐无道，终夏桀而起商汤；征牧野而绾恶纣，盟诸侯而成周武——其故事众所皆知也[①]。围魏救赵，孙膑大败庞涓于桂陵；决战官渡，曹操以少巧胜于袁绍。赵匡胤黄袍加身，大宋文化陈桥始；岳鹏举精忠报国，义军抗金十八营[②]……新中国之初，新乡曾为平原省会，当下乃十五项国家荣誉获得者、国家二级交通枢纽、河南之省辖市、豫北经济之重镇也。其北邻安邑而南望郑汴，古都鼎立于外而内获新生。登巍巍太行乎居高而临下，瞰滔滔黄河兮达古而通今。更东鲁西晋壤接两省者，鼓双翼正翩翩奋飞也。

新乡者，中华姓氏主要发源之乡也。周武王赐林姓于比干之子，姜太公庇祖荫兮尊享双姓。传黄帝之师建都封父，始为封姓；有周公之子被赐胙地，胙姓见称。辉县原乃共城，姓衍共洪龚恭段；伯倏被封延津，国开曾立南北燕。叔郑封毛，后有毛遂勇于自荐；司寇捐躯，封丘长留牛父英灵。知否季亹食宁，始有宁氏双雄起；且看获嘉城外，长立蒙族五姓碑……史载六十七姓源出新乡，乃海外游子问祖中原之主要热土也。

新乡者，名人荟萃辈出之乡也。英雄治水，共工怒触不周山；剖心尽忠，国神复封忠烈公。直钩垂钓，吕尚得遇文王；名士遁世，孙登长啸苏门。辅国理政，原阳一十四相③；同门三宰，人杰更显地灵。张苍精通历算，《九章算术》校正功千载；邵雍发愤苦读，《梅花组诗》预言九百年。解道闲愁，古今一场梅子雨；报国歌头，北宋唯有贺方回。孙奇逢躬耕百泉，位列三大名儒；李敏修宣讲新学，力倡教育救国。嵇文甫堪称学界巨子④，徐世昌保持气节暮年……古往今来，新乡人能不油然而生自豪之情乎？

新乡者，文化积淀厚重之乡也。青铜器商代铸双璧，国之最圆鼎号子龙⑤。汲冢竹书为纪年之祖，孟庄遗址乃文化之尊。登杏坛则忆圣人风采⑥，品《木瓜》得赏《诗经》名篇。鎏金兽头出土魏王墓，三晋贵族重现车马坑。祖辛提梁卣堪称国宝，战国铸铁窑陶范水平。竹林七贤、李白高适、苏轼岳飞、元好问、郭小川、刘知侠、刘震云等名流隐士、墨客文人，或生于斯或游于斯，皆留下千古佳话矣。成语如天作之合、脱颖而出、歃血为盟、善始善终、运筹帷幄、细柳屯兵，以及没心菜、孟姜女、相思树、香泉寺、柳毅传书、翟母进饭的传说等，亦典出新乡之地或新乡之人也。流连于仰韶文化遗址，吟咏于龙山文化遗存，可观原生之民歌民舞，可玩创新之民间剪纸，复可赏传统之民戏民居……八方来者，亦将因祥符调、二夹弦之美妙乐曲而陶然乐矣哉！

新乡者，文化名胜俊游之乡也。太公庙庇护牧野大地，君子尊崇；比干庙彰表谏臣极则，妈祖归根。武王伐纣盛会同盟山，张良椎秦名噪博浪沙。三善难尽蒲邑之美，奇兽见证潞王奢华。三石坊勒石两代，千佛塔雕佛千尊。魏长城宏伟当年，遗迹已存两千载；中药材百泉大会，海内交易六百秋。太极书院⑦，理学渊薮成风景；关山地貌，雄深险峻叹奇观。彭了凡瓮葬饿夫墓，陈玉成铁骨傲英魂⑧。破司马迷魂兮忆故城络丝，望鸿门夜月兮染五陵晓色；赏李台晚照兮思牧野春耕，观原庄夏景兮漾卫水金波。平原省委旧址，记录辉煌历史；文化步行新街，彰显古贤精神。天苍苍野茫茫，山顶草原跑马岭；林密密水淙淙，避暑胜境白云寺。大河安澜，六十载浩荡东流去；湿地隐秘，万只鸟栖息嬉客来。万仙山、八里沟，壮美太行秀色；七里营、京华园，韵飘人文风光……旅而游之者，能不因之而流连忘返乎？

新乡者，堪谓中原美食之乡也。农博会金奖双获，原阳米无愧第一；原产地认证独颁，金银花绽放中原。封丘芹菜石榴，明清享用宫廷；辉县山楂香稻，今已惠及百姓。黄河鲤鱼跳龙门，双须赤尾；新乡熏枣益健康，色泽鲜明。肥而不腻乎罗锅酱肉；酥香软烂者新乡烧鸡。松酥起层，缠丝烧饼牛忠喜；长垣尚厨，中国烹饪第一乡。他如红焖羊肉、延津菠菜等亦远近闻名也……海内愿饱口福之欲者，新乡岂非中州首选乎？

新乡者，创新更新鼎新之乡也。忆当年人民公社，曾领先时代，留几多思辨；看今日城乡统筹，再与时俱进，敢万里弄潮。刘庄群众感念史来贺，几多传奇色彩；太行公仆碑树吴金印，一段岁月流金。刘志华好个巾帼英雄，缔造乡村都市；张荣锁梦圆挂壁公路，致富且看回龙。耿瑞先宏图大展领头雁；裴春亮富而思源惠乡邻……群星灿烂兮典型辈出，为民服务兮感动中国，风流人物兮还看新乡。

新乡者，和谐奉献崇文常新之乡也。季候分明兮冬寒夏热，人民勤劳兮春早秋凉。矿藏丰富兮振兴经济，土地肥沃兮图画粮棉。人才战略兮持续强市，机械制造兮海内闻名。战略重组，产业升级，集群发展迈新步；铜管铜业，冰箱冰柜，金龙新飞两夺冠；白鹭化纤，华兰生物，产品崛起赖创新。与祖国同行，破茧催生新乡模式；让新乡常新，改革成就新乡精神。机遇和挑战并存兮，路漫漫其修远；牧野兼榴花火红兮，泪盈盈而沾襟。

注　释：

① 鸣条：鸣条即今封丘县东部一带。鸣条之战，乃商汤胜夏桀的关键之战。牧野：牧野即今淇县以南卫河以北地区。牧野之战是中国历史上以少胜多的一次著名战争。

② 十八营：北宋末年，抗金名将岳飞带领岳家义军在新乡纵横扎下18个营盘，构成了一道阻击金兵南渡黄河的强大防线并大获全胜。

③ 一十四相：从汉至宋，原阳曾先后有十四人为相。除汉代四相（张苍、陈平、周勃、周亚夫）、唐代韦门三相（韦思谦、韦承庆、韦嗣立）外，其他七相分别是南陈的毛喜，北汉的杨桧，唐代的张亮、娄师德、杨再思，宋

代的李穆和万俟卨。

④ 嵇文甫（1895～1963）：著名哲学家和历史学家，卫辉城关西街人。徐世昌：卫辉府汲县（今卫辉市）城内曹营人。晚年拒绝参加由日军组建的华北傀儡政府，保持了民族气节。

⑤ 子龙鼎：商末周初已知的最大圆鼎，20世纪20年代出土于河南辉县，因鼎上刻有“子龙”二字而得名。与司母戊大方鼎一圆一方，堪称商代青铜器双璧。

⑥ 杏坛：史载孔子周游列国，返回卫国时途经蒲邑停留月余，曾在县东北筑坛讲学。史称“除地为坛，环植以杏，名曰杏坛”。

⑦ 太极书院：又名百泉书院，创建时间为宋，当时规模已非常宏大。明清时期，代有重修。

⑧ 陈玉成：太平天国英王，1862年4月22日陈玉成在延津西校场玉石关帝庙英勇就义，时年26岁。

作者简介：

王国钦，中华诗词学会常务理事、青年部副部长，河南诗词学会常务副会长兼秘书长，河南文艺出版社副总编辑。

牧野传说

文　王　敬　贤

文王即周文王，姓姬，名昌。因被商纣王封为西伯侯，世人又称其为西伯。周文王精通阴阳八卦，故今人又称《易经》为《周易》。在民间广为流传的《周公解梦》即源自此书。文王在位时，以“贤名闻于诸侯”。《史记》称，文王曾“献河西之地以求除炮烙之刑”，还说文王“礼下贤者，日中不暇食以待士，士以此多归之”。

姜子牙，汲人（今卫辉市太公泉镇人），名尚，字子牙。因其先祖佐禹平水有功，被封于吕，故又名吕尚，但世人多称其为姜太公。相传姜子牙五十岁时在棘津当过小贩，七十岁时在朝歌屠牛卖肉，八十岁在渭河边垂钓。后辅佐文王与武王攻商兴周，灭商后被武王封于齐。

关于周文王请姜子牙，民间有着不同的传说。据《史记》载：周文王一次打猎前得卦辞曰，“此行所获，非龙非螭，非虎非罴，所获为成就霸业的辅佐。”出行后，在渭水之滨文王遇见了姜子牙，相谈甚欢。周文王欣然地说：“我祖父在世时曾多次告诉我，将来一定有个了不起的人物辅佐我成就霸业，想来这个人就是你吧！你真是我家父盼望已久的人啊！”故后人又称姜子牙为太公望。后姜子牙果然协助文王、武王，完成了灭商大业。

在民间，出于对周文王与姜子牙的神化，一直流传着周文王拉姜子牙八百步，姜子牙保周朝八百年的传说。有一天，周文王外出打猎，当走到渭河边时，远远看见一个白胡飘飘的老者，端坐在河边钓鱼，奇怪的是，老人的鱼钩竟不在水里，而是离水三尺有余。周文王深感奇怪，遂上前询问，走近一看，老人所用的鱼钩也是直的。周文王站在旁边看了一会，始终未见有鱼上钩，于是问到：“老人家，您这样钓鱼，鱼何时才能上钩啊。”姜子牙说：“我非钓鱼而在钓人，自有愿者上钩。”周文王又问：“可曾钓到？”姜子牙收杆转身说：“正在今日。”周文王一听知是遇到了高人，遂躬身相请。姜子牙说：“我同你回去可以，但你必须亲自为我驾车。”周文王听后毫不犹豫，亲自驾辕拉姜子牙向回走。走了一段后，周文王因体力不支停了下来，回身问到：“可以了吗？”姜子牙说：“久闻文王敬贤，今见果然不虚。今天你拉我八百步，我保你周朝八百年。”周文王一听，赶紧说愿意再拉。姜子牙哈哈大笑说：“天意如此，再拉无益。”遂请文王上车回转西岐。后来果然从武王灭商建周到秦始皇统一六国建立秦朝，正好八百年。

2008年大事记

1月

1日起　新乡市把参保有关单位2003年12月31日前参加工伤保险、且按时足额缴费的用人单位的“老工伤”人员纳入工伤保险基金管理。

2日　市政府为因长期极度劳累、心脏病突发倒在工作岗位上的市质量技术监督局特种设备安全监察科科长秦跃进追记二等功并追授“人民满意公务员”称号。8日，河南省委书记徐光春要求省主要媒体组织宣传秦跃进的先进事迹。

3日　新乡县中联集团与意大利爱斯福公司举行合资建设风力发电设备锻造项目签约仪式，该项目位于新乡县小冀镇，总投资2.1亿元。

3日　市长李庆贵、副市长赵海燕带领相关部门负责人到位于辉县市的华电新乡发电有限公司、国网宝泉抽水蓄能电站，就其项目建设情况进行调研。

4日　河南省立达禽业有限公司、新乡市乡音养殖有限公司、新乡市鸿源农业科技有限公司、辉县市莲花生物饲料有限公司被共青团河南省委、国家开发银行河南省分行命名为首批“河南农村青年兴业基地”。

4日　全国双拥模范城（县）命名暨双拥模范单位和个人表彰大会在北京举行，新乡市再次荣获全国双拥模范城称号。

4日　美国万银国际金融投资公司中国公司董事长屈晓在河南省政协副主席、省工商联主席张玉麟陪同下莅新考察。市长李庆贵等市领导会见屈晓一行，双方就合作事项进行会谈。

4日　新乡市“数字城管”正式启动。

5日　新乡市城市生活垃圾无害化处理场分获建设部、中环协颁发的国家Ⅰ级垃圾卫生填埋场奖。

5日　长垣县入围“中国创意（中小）城市50强”，成为河南省惟一入选的城市。

5日　新乡市举行军地座谈会，庆祝新乡市荣获全国双拥模范城“四连冠”。

8日　辉县市粮油食品饲料产品质量监督检测站被国家粮食局授权为“河南辉县国家粮食质量监测站”。

9日　新乡工业园区地税分局成立。

10日　城镇廉租住房补贴发放仪式举行，全市311户城镇低收入家庭住房困难户领到廉租住房补贴金。

11日　由深圳市合口味食品有限公司投资2.6亿元建设的速冻食品项目落户榆东产业聚集区。

11日　新乡市“乡亲·乡情”新春恳谈会在北京河南大厦举行。新乡籍及在新乡工作过的近百位在京人士出席恳谈会。

12日　新乡市被评为“河南省平安建设先进市”。获嘉县、封丘县、牧野区分别被评为2007年度“河南省平安建设先进县（区）”。

12日　新乡市农业综合开发办公室获“河南省农业综合开发先进单位”称号，居全省6个先进省辖市之首。

22日　由民政部救灾救济司调研员陈洪玲、农业部畜牧业司副处长辛国昌、国家粮食局检查司副处长于英威组成的国务院保障市场供应和加强市场监管工作组莅新督查工作。

23日　新乡市“乡亲·乡情”新春恳谈会在郑州举行。河南省领导张程锋、史济春、张德广、吴全智、何东成，市领导吴天君、李庆贵等出席恳谈会。

25日　新乡市召开2008年调整企业退休人员基本养老金新闻发布会。新乡市从2008年1月1日起，为2007年12月31日前已按规定办理退休、退职手续的人员（不含建国前参加革命工作并符合有关文件规定的退休工人）增加基本养老金。对调整范围内的退休、退职人员，每人每月分别增加基本养老金 35 元和 25 元。

28 日　新乡市召开“大学生村干部”工作会议。市委组织部部长冯昕出席会议并讲话。

28 日　新乡市举办 2008 年春节晚会《新乡之韵》。市领导吴天君、李庆贵与部队首长李晓星等一同观看演出，并与演员和现场观众共同演唱新乡市市歌《新乡明天更辉煌》。

29 日　河南省委书记、省人大常委会主任徐光春在省直有关部门负责人陪同下莅临新乡市，先后到辉县市孟庄镇敬老院、孟庄镇段屯村村民家中、佑昌（新乡）电光机械有限公司、新乡市保温瓶厂、新乡市水泵厂困难职工家中和驻新某部队进行慰问。同时，徐光春还到市东方文化商业步行街、新飞电器公司等地调研。

1 月　由新乡市劳动和社会保障局主办的 2008 年就业援助月招聘会，在市人力资源市场启动。

1 月　新乡市举行首届烟草企业文化节暨新春联欢会。

1 月　央视七套《乡约》栏目组赴新乡市牧野区，就天太社区探索建立“关爱老年服务新模式”进行为期 4 天的采访。

1 月　国家科技部火炬高技术产业开发中心批准长垣起重工业园区为“国家火炬计划长垣起重机械产业基地”。

1 月　七里营镇入选国家首批新农村建设科技示范乡镇（试点）。

1 月　新乡市荣获河南省农业战线最高荣誉“红旗渠精神杯”，实现三连冠。

1 月　卫辉市被中国科协命名为“全国科普示范市”。

2 月

1 日　新乡市民族管弦乐协会选派的葫芦丝合奏《欢乐的泼水节》在第七届香港国际青少年“金紫荆花奖”音乐舞蹈艺术大赛上夺得最高奖——金紫荆花奖。市爱美舞校选送的舞蹈《笙笙乐》、市原梦音乐教室选送的葫芦丝齐奏《打跳欢歌》分别夺得大赛的大金奖。

1 日　新乡市完成14.24万名企业退休职工退休金调整工作，发放养老金1.41亿元。这次调整，全市企业退休职工人均月增加退休金 103 元。

1 日起　河南省实行医疗“全省一证通”，参加新型农村合作医疗的农民可以在省内任何新农合定点医院就诊。从 2008 年起，河南省新型农村合作医疗筹资水平由以前的人均 50 元提高到 100 元，财政补助标准从 40 元提高到 80 元。2008 年参加新型农村合作医疗的农民看病住院（大额）报销封顶线由 1 万元提高到 3 万元。

2 日　在首届河南省文明城市评选中，新乡市被省委、省政府授予“河南省文明城市”称号。同时，授予卫辉市、长垣县“河南省创建工作先进城市（县城）”称号。

3 日　新乡市制订《新乡市 2008 年度集体林权制度改革实施方案》。

4 日　新乡市举行“牧野卫士——2008”反恐实战演习。省公安厅副厅长孙世海，市领导吴天君、李庆贵、马传运等观摩实战演习过程。

5 日　国家建设部命名新乡市为“国家园林城市”。

13 日　新乡市召开创建国家森林城市林业生态市暨凤凰山森林公园建设动员大会。

13 日至 17 日　第二届爱我中华全国青少年书画双年展总评选活动在北京举行，新乡市少儿王莹的国画作品荣获铜奖，并入选“2008 激情奥运——第二届爱我中华全国青少年书画双年展”，王恺欣的作品《龙虾》同时入选。

18 日　河南省高级人民法院院长张立勇莅新视察，对新乡市法院几年来的工作给予高度评价。

19 日　新乡市凤凰山矿山公园经河南省矿山公园评审委员会及专家组审查讨论，以总分第一名的成绩荣膺省级矿山公园称号。

20 日至 21 日　中共中央委员、中国军事科学院政委刘源，中国军事科学院副院长查金路到新乡市视察。刘源听取新乡市经济、社会发展情况汇报，视察刘庄新村和华星制药厂、新亚纸业集团、京华公司、新谊药厂、华兰生物、新飞公司、新乡化纤等企业，详细地了解企业的技术研发和生产销售情况。

23 日至 24 日　省委省直工委副书记李汴霞就贯彻落实十七大精神，以改革创新精神全面推进机关党的工作和进一步认真落实《中国共产党党和国家机关基层组织工作条例》莅新调研。

25 日　市委召开农村工作会议，对 2007 年度新乡市农村经济工作先进单位进行表彰。

25日　河南省人大常委会副主任张程锋率部分委员莅新，就新乡市2007年农村义务教育经费保障机制实施情况进行检查指导。

26日　国家发改委调研组到新乡市调研农田水利建设工作。副市长贾全明陪同调研。调研组一行到原阳县察看柳园穿堤闸、总干分水闸等，并和部分用水户进行座谈。

28日　由中国重型机械工业协会主办，河南新乡经济开发区管委会、新乡振动机械设备行业协会承办的2008中国振动筛分机械发展论坛在新乡市举行。中国重型机械工业协会理事长汪建业，中国科学院院士、东北大学教授闻邦椿等国内知名专家和企业代表100余人出席论坛。

28日　新乡市召开宣传思想暨精神文明建设工作会议。

29日　辉县市人民法院荣获“全国模范法院”称号。

29日　新乡市召开安全生产工作会议。市委常委、副市长赵海燕，新乡军分区副政委昌子林出席会议。会议对2007年工作进行总结，部署2008年工作重点，表彰先进单位和个人。各县（市、区）递交目标考核责任书。

29日　新乡市烈士事迹陈列馆改造竣工启用。烈士陵园的主要烈士纪念建筑物有烈士公墓、烈士事迹陈列馆、骨灰堂、四十七烈士墓、碑、亭和新乡解放纪念碑、亭和烈士墓群。园中安葬着92位烈士的遗骨，安放着96位烈士的骨灰。

2月　国家小麦、玉米产业技术综合试验站落户新乡市农科院。

2月　市委宣传部、市总工会、市劳动和社会保障局等部门联合举办2007年新乡市“十佳”创业再就业先进个人事迹表彰大会，对创业再就业典型代表进行表彰。

2月　河南省农业综合开发办扶贫办主任张成智等一行到封丘县慰问贫困户，并检查扶贫和农业综合开发工作。

2月　新乡市第八中学、第二十二中学、卫滨区姜庄街小学、新乡县翟坡中学、辉县市常村镇中心学校和长垣县南蒲办事处中心学校被授予“河南省文明学校”荣誉称号。

2月　长垣县计划生育协会被国家计划生育协会授予“全国计划生育协会工作先进单位”称号。

2月　《2007年河南省科技进步统计监测报告》发布，新乡市综合科技进步水平评价指数为45.27，位于全省第三位。

2月　国家科技部火炬高技术产业开发中心同意建立“国家火炬计划长垣起重机械产业基地”。这是全国惟一一家设立在县区的国家级产业基地。

2月　国家科技部、国务院国资委和全国总工会确定第二批国家级创新型试点企业，新乡市华兰生物公司榜上有名，成为全市首家国家级创新型试点企业。

3月

1日　中央电视台7套《军事报道》栏目播出牧野区王村镇善河村军民共建的先进事迹。

4日　新乡市第一职业中专入选国家级重点中等职业学校。

5日　辉县市被国家统计局确定为城乡住户一体化调查试点县（市），其中14个乡镇的21个村被抽中开展此项调查工作。

5日　在首届河南省“十大农民女状元”评选中，新乡市农民李艳榜上有名。在“河南首届最具行业影响力十大女杰”评选中，新乡市的闫捷、刘志芬当选。

5日　新乡市召开各界妇女纪念“三八”国际劳动妇女节98周年暨表彰大会。60多家相关单位还在市解放广场举行以“千万妇女学法律、家庭平安促和谐”为主题的“三八”妇女维权周活动。

6日　河南省人口和计划生育“三项治理”工作座谈会在新乡市召开。新乡市在会上作《不等不靠，真抓实干，确保计划生育专项治理行动取得实效》的发言。

7日　新乡市生态文明村暨“新城杯”建设现场推进会在卫辉市召开。与会人员参观卫辉市生态文明村建设、“新城杯”竞赛活动和植树造林等工作开展情况，并听取卫辉市的典型发言和各县（市）工作开展情况汇报。

10日5时45分　封丘县尹岗乡发生ML4.8级有感地震，涉及尹岗、李庄、黄陵、曹岗、留光、赵岗、陈桥、冯村、鲁岗、城关10个乡镇。20日4时01分，封丘境内再次发生ML3.9级地震，尹岗、黄陵、曹岗、李庄、留光等乡镇均有震感。至21日，封丘县尹岗、黄陵、李庄、曹岗等乡镇共有1305户3882间房屋有明显裂缝，受灾人数3908

人，转移安置49户、314人，经济损失654万元。

11日　新乡市2008年统筹城乡就业工作会议召开。

12日　日本国际协力银行项目考察团30余人，到原阳县考察指导日本政府贷款造林项目，并到黄河大堤韩董庄段北坡参加日元贷款项目植树造林活动。

13日至14日　河南省城镇化领导小组办公室的领导对新乡市新郑产业带和产业聚集区发展情况进行调研。

19日至21日　中宣部、省委宣传部、市委宣传部的领导以及新华社、人民日报、中央人民广播电台、中央电视台等10余家中央、省、市权威媒体，齐聚唐庄镇，宣传报道该镇在新农村建设中的经验和做法。

21日　河南省委副书记陈全国、副省长刘满仓率省直有关部门负责人莅新，到获嘉县、新乡县调研春耕生产和麦田管理工作，深入察看新乡市社会主义新农村建设和生态文明村建设情况。

22日　来自省内外的千余名岳飞后裔及新乡市文物协会的200多名会员到获嘉县史庄镇岳庄村岳飞庙，参加纪念抗金英雄岳飞诞辰905周年暨祭祖仪式。河南电视台《梨园春》栏目组到场参加演出。

22日至23日　全国人大常委、中国社科院副院长陈佳贵一行13人莅新考察。考察团一行先后到新飞集团、金龙集团、娃哈哈集团、华兰公司、心连心有限公司、刘庄、新乡工业园区、榆东工业园区、长垣县起重工业园区、八里沟风景区参观考察。

23日　新乡供电公司获“国家电网抗灾救灾恢复重建功勋集体”称号。

24日　河南省长李成玉、省长助理何东成率省直有关部门负责人莅新，先后到卫辉市、辉县市、新乡县进行调研。

24日　新乡县引资2.3亿元建设的长通物流·融通投资（新乡）现代物流中心项目举行奠基仪式。该项目位于河南新乡经济开发区，由河南长通运输有限公司投资建设，占地150亩。

26日　新乡市市情说明会暨项目签约仪式在深圳市举行。全国人大常委、中国社科院副院长陈佳贵，河南省副省长张大卫，深圳市副市长张思平，新乡市委书记吴天君、市长李庆贵、市委政法委书记李公乐及市所属12个县（市、区）、工业园区和市直有关部门的主要负责人、企业家出席会议。会议当场签约合作项目26个，投资总额128.8亿元，其中客方投资117.4亿元。

28日至29日　河南省创卫指导检查组在组长、河南省卫生厅调研员陈瑞军的带领下莅新，就创建国家卫生城市技术评估阶段工作进行检查。

28日　新乡市第一家专业养老保险平安养老保险股份有限公司新乡中心支公司举行开业仪式。

29日至30日　由省社科院历史文化考古研究所、获嘉县政协、中华甯氏宗亲联谊会主办，获嘉县甯氏历史文化研究会承办的中国·获嘉第二届甯氏文化研讨会暨首届全球甯氏寻根祭祖大典在获嘉县举行。省社科联副主席万兵、省社科院副院长赵保佑、省政府外事侨务办公室副处长刘慧敏、市政协副主席张会琴等领导和20余名专家学者，以及270余名来自马来西亚、港澳台、海南、安徽、山东、云南、天津、重庆、湖北、广西、广东等地的甯氏宗亲代表参加研讨会。

30日　中央电视台少儿频道到新乡市东方文化商业步行街采访。

31日　河南省副省长刘满仓、省长助理何东成带领参加全省县域经济工作会议的省直有关单位领导，开封市、安阳市、鹤壁市、新乡市、焦作市、濮阳市、济源市的市委书记、市长及各县（市、区）领导到长垣县观摩。刘满仓一行先后观摩河南克瑞实业集团、卫华集团有限公司、河南宏力医院、长垣起重工业园等。

31日　新乡市公安局在2007年度全省省辖市公安机关绩效考核中，综合成绩荣获全省第一名。同时，多个警种或单项成绩取得全省第一。

3月　国家文化部公布第二批国家级非物质文化遗产项目名单，辉县市的百泉药会和辉县市剪纸两项榜上有名。

3月　新乡县工商局开发区中心工商所被国家工商总局命名为“全国流通环节产品质量和食品安全专项整治工作先进单位”。

3月　原阳县食品药品监督管理局荣获“第二届全国食品药品安全知识竞赛”集体组织奖。

3月　新乡辖区内的京广铁路线被中央综治委命名为“国家级平安铁路示范路段”。

3月　河南省人大常委会民侨外工委副主任刘树声等一行，就贯彻落实《河南省旅游管理条例》、《省人大常委会关于进一步加快我省旅游业发展的决议》莅新考察。考察组对新乡市近几年开展的创建全国优秀旅游城市、园林城市、卫生城市及省级文明城市所取得的成就给予充分肯定。

3月 新乡市获嘉县法院审判庭、卫辉市检察院侦技用房，辉县市、长垣县、延津县看守所和行政拘留所以及6个乡镇法庭、9个乡镇派出所、17个乡镇司法所获得2008年公检法司基础设施建设项目中央预算内投资资金支持，共争取1124万元补助资金。

3月 新乡市金龙铜管“交叉齿内螺纹无缝高效传热管”项目被列入2007年度科技部国家重点新产品计划，获得60万元科研经费资助。全市仅此一个项目获得国家资助。

3月 总投资3.2亿元的科隆公司太行电池工业园项目开工建设。该项目位于国家（新乡）化学与物理电源产业园内，占地面积300亩，主要产品为新型铜酸电池、锂离子电池、锌银电池等电池材料。

3月 红旗区日升数控轴承成套设备生产项目竣工投产。该项目由新乡市日升数控设备有限公司建设，总投资1.3亿元，建筑面积近10万平方米。经过该项目处理过的养殖场废水，可作为水肥资源在农田加以利用，能有效预防和控制农田污染。

3月 在全市生态文明村暨新城杯建设现场会上，新乡人民广播电台首次启用随行广播直播车。

3月 《人民法院报》、新华社等中央6大新闻媒体记者到凤泉区，对其开展打击“两抢一盗”专项斗争工作的做法和成效进行专题采访。

3月 全省师范类毕业生公益性就业双向选择洽谈会在河师大举行，300多家用人单位参会，为毕业生提供2500多个岗位。

3月 新乡市廉租住房保障对象由原来的低保家庭扩大到所有低收入家庭，住房困难标准由原来的人均10平方米提高为人均12平方米，补贴标准由原来的42元/月提高为66元/月。

3月 新乡市举行“爱国卫生月”活动启动仪式，市人大常委会副主任田庆忠、副市长杨书廷出席仪式。

3月 新乡市农田排灌“井井通电”工程启动。

3月 新乡市社会养老保险工作会议召开。

4月

1日 河南省委常委、省军区政委颜纪雄少将，省军区副政委赵金声少将莅新，就新时期部队“维权”工作进行专题调研。

1日12时起至6月30日12时止 新乡市对黄河干流新乡段、淇河新乡段实行为期3个月的全面禁渔。

1日 国家投资400万元，地方配套400万元的辉县市群库灌区西干渠二期工程开工建设。

2日 中组部部务委员、干部二局局长王秦丰，在省委常委、组织部部长叶冬松陪同下，率中组部调研组莅新，就组织工作如何更好地为科学发展服务、如何以改革创新精神加强领导班子思想政治建设等问题进行调研。

2日 新乡市举行人防指挥中心工程奠基仪式。

2日 由新乡市政府主办的“壮美太行，风采新乡”旅游专场推介会在首都北京人民大会堂举行。新华社、人民日报、中央电视台、中国新闻社、中央人民广播电台、经济日报、光明日报、中国青年报、香港文汇报等50多家新闻媒体和170多家北京旅行社参加会议。

5日 海内外吴氏宗亲祭拜吴姓开氏始祖泰伯仪式在原阳县泰伯故里举行。此次拜谒活动由泰伯祠管委会发起，来自马来西亚、中原地区吴氏宗亲、吴氏名人和有关领导等嘉宾参加活动。

6日 河南省副省长刘满仓就新乡市黄河北岸标准化堤防建设进行视察。刘满仓一行先后察看原阳县堤防大宾乡小大宾村和陡门乡鲁庄村搬迁点及放淤固堤工程，长垣县太行堤帮宽加高、堤防加固工程孟岗段和杨小寨段等施工现场。

8日 由世界中医药学会联合会、中国中药协会、中国药材集团公司、新乡市人民政府主办的2008中国百泉药交会在辉县市百泉药都举行。全国180多家厂商代表、5000多名药商参加药交会。

8日 新党主席郁慕明、盖亚贸易有限公司董事长张麟、亚德客企业集团董事施明德在省台办和市领导陪同下，对新乡市进行参观考察。在新期间，郁慕明一行先后到比干庙、八里沟景区、新飞电器有限公司、华兰生物工程股份有限公司、新乡县刘庄村等地进行参观考察。

8日至9日 以中央党校常务副校长、中央党史研究室主任李景田为组长的中央农业农村调研组莅新调研。河南省副省长徐济超、刘满仓，新乡市领导吴天君、冯昕等陪同调研。李景田一行重点考察长垣县亿隆生态园、卫华集团、宏力医院、起重工业园区，新乡县的龙泉村、祥和新村，延津县新良粮油加工有限责任公司，详细询问公司发展和对农业的辐射带动情况。

8日至21日　秦跃进先进事迹报告团在全省巡回宣讲。秦跃进生前是新乡市质量技术监督局特种设备安全监察科科长，2007年10月26日，因长期带病工作，突发心脏病不幸殉职，年仅49岁。秦跃进的先进事迹已被《中国质量报》、《中国安全生产报》、《河南日报》、《新乡日报》、《人民网》等30余家媒体进行宣传报道。

9日　新乡日报社发行中心被评为“全国报纸自办发行先进集体”。

10日　中粮粮油有限公司总经理栗明、副总经理兼小麦部总经理杨虹率考察团来新考察有关新乡粮食物流园区开发建设事宜。

10日　2008中国（郑州）世界旅游城市市长论坛在郑州国际会展中心开幕。市长李庆贵参加论坛。论坛活动期间，河南日报、河南人民广播电台等多家媒体采访李庆贵。

10日　全市优化投资环境集中活动月动员会召开。市纪委书记王尚胜、副市长丁保东出席会议。

11日　“孟电杯”感动新乡2007年度人物颁奖晚会在新乡电视台演播大厅举行。市领导参加颁奖晚会，为张德宝、王永瑞、吴叶、王芳、田立新、茹德成、孙建州等10名入选者颁发奖杯和证书。

12日　农业部乡镇企业局副局长欧阳海洪一行莅新，就农产品加工业发展情况进行专题调研。副市长杨书廷陪同调研。

12日　河南省总工会在辉县市回龙村举行“劳模精神教育基地”揭碑暨“农民工书屋”挂牌仪式。之后，省、市领导参观“农民工书屋”和张荣锁事迹展览室。

13日　国家林业局宣传办公室主任曹清尧一行莅新视察“创森”工作，市领导范学贵、贾全明陪同视察。

13日　新西兰亚历山大市市长麦尔克姆·麦克弗森一行到新乡市访问，市长李庆贵会见麦尔克姆一行，并介绍新乡工业、农业、教育等方面的基本情况。副市长王治通陪同麦尔克姆·麦克弗森一行到市新飞电器公司、金龙铜管公司进行参观考察。14日，长垣县和新西兰亚历山大市草签姐妹友好城市，双方就在亚历山大共同打造中国厨师基地达成协议。

14日　农业部市场与经济信息司处长曾庆、最高人民检察院侦查监督厅检察官朱荣力、农业部市场与经济信息司干部田凤一行3人，在省、市有关领导的陪同下，到延津县对2008年农资打假专项治理行动开展情况进行督察。

14日　河南省委常委、统战部部长刘怀廉莅新调研。刘怀廉先后考察卫辉市的比干庙景区、新乡市社会主义学院和新飞电器有限公司、市东方文化商业步行街、金龙集团、华兰生物、新飞专用汽车集团、新乡白鹭化纤集团公司等企业，并在新乡县古固寨镇祥和新村、新乡县刘庄村、张青社区视察新农村建设情况。

15日　郑州—汤阴成品油管道工程（新乡段）开工仪式在延津县榆东工业园区成品油管道建设工地举行。

15日　河南省林业厅副厅长王德启带领省冬春季植树造林现场观摩组先后到新乡县、凤凰山森林公园、辉县市、卫辉市、延津县和长垣县，考察冬春季植树造林情况，市领导赵建军、贾全明陪同视察。

16日　世界500强企业、亚洲第一大粮油加工贸易集团——益海嘉里集团对新乡进行商务考察。考察团听取市情及招商引资优惠政策介绍，观摩粮食物流园区项目招商多媒体演示，考察新华粮库铁路专用线及项目用地。

16日　在国家交通运输部召开的“全国海员发展大会”上，新乡市大力发展海员事业促进新农村建设的做法受到与会人员的好评，被交通运输部领导和航运界誉为中西部海员发展“领头羊”。

16日　新乡市“和谐家居·千户工程”大型公益活动在新乡光彩大市场正式启动。

16日至28日　第九届全国重大党史题材写作笔会在辉县市召开。

17日　新乡市生态文明村暨“新城杯”旧城改造现场推进会召开。会议听取新乡县、长垣县新型农村住宅社区建设、城中村改造的经验介绍。与会人员深入新乡县古固寨镇祥和新村等地，参观新乡县新型农村住宅社区建设情况。

17日至18日　中国人寿保险（集团）公司总裁杨超在中国人寿保险股份有限公司副总裁刘英齐、集团公司办公室主任蒲彦君、河南省分公司总经理蒯同文等陪同下莅新调研指导工作，并出席中国人寿河南省系统在新乡举行的表彰大会。

18日至19日　河南省委副书记陈全国、副省长刘满仓在省直有关部门负责人陪同下莅新，就河南省农科院现代农业科技试验示范基地建设情况进行调研并现场办公。

19日至20日　以“聚焦中原城市群，展示河南新发展”为主题的第七届“网上看河南”采风团莅新采访。采风团参加了第七届“网上看河南新乡行”启动仪式暨市情说明会，并对新乡市东方文化商业步行街、高新技术开发区、新飞集团、龙泉、李台、刘庄等新农村建设示范点进行参观考察。

21日　河南省人民检察院检察长蔡宁莅新，就基层检察院建设工作进行调研。

22日　新乡市在体育中心举行“交通事故残骸巡游大宣传活动”启动仪式，全市社会各界群众代表和民警共计5000余人参加启动仪式。大型巡游车队在市区重点干道开展集中巡游宣传。

22日　中央国家机关有关部委机关党委宣传部部长一行13人，在中央国家机关工委宣传部副巡视员郭存亮的带领下，莅新对党建工作进行调研。

23日　新乡市“计划生育基本国策在河南”宣传教育活动现场观摩会在获嘉县史庄镇十里铺村举行。

23日至26日　政协第九届新乡市委员会第五次会议在新星大剧院召开。

24日至26日　新乡市十届人大七次会议在新星大剧院召开。

25日至27日　由新乡市政府主办、新乡日报社承办的2008年中国（新乡）首届汽车文化节在新乡市体育中心举行。

26日　河南省副省长刘满仓率省直有关部门负责人莅新，就南水北调中线工程潞王坟试验段建设工作进行专题调研。

26日至28日　市委政法委书记李公乐带队赴武汉参加第三届中国中部投资贸易博览会，并重点参加以“跨国公司见面会”、“项目对接会”为重点的十几个专场洽谈和研讨活动。会议有4个项目与新乡市签订合同，其中外资项目3个，合同利用外资7865万美元；内资项目1个，利用省外资金4亿元人民币。

27日　第三届黄河故道森林公园槐花文化节在延津县森林公园举行。

28日　关山国家地质公园揭碑开园。

28日　新乡市庆“五一”表彰大会在市新星大剧院召开，市领导李庆贵、王富均等出席会议并为获奖者颁奖。

29日　融科研和生产于一身、聚人才与成果于一体、致力于打造“中原硅谷”的河南省科研机构生产试验基地，在桥北新区举行奠基仪式。河南省委副书记陈全国出席奠基仪式。

29日　新乡市“唱市歌、迎奥运”城市青年歌会在新星大剧院举行。全市共有10支队伍1200多人参加比赛。

29日　新乡市供电公司荣获“全国五一劳动奖状”。

29日　国家节能目标责任现场评价考核组莅新检查，考核组现场考察孟庄小火电遗址，对新乡市节能工作给予充分肯定。

30日　新乡市召开全市选聘高校毕业生到村任职暨2008年大学生村干部上岗动员工作会议，贯彻落实全国、全省高校毕业生到村任职工作会议精神，欢送奔赴全市农村一线的大学生村干部。

5月

5日　三门峡市委书记李文慧、市长杨树平率三门峡市考察团到长垣县考察县域经济发展情况。

6日　新乡工业园区引资建设的“阳光·领域”房地产项目开工。该项目由阳光控股新乡市光达置业有限公司投资6亿元建设，占地466亩。

6日　“中华母亲节”庆典仪式在东方文化商业步行街孝德广场举行。市领导周海深，邢亚平等50余人出席庆典仪式。河南电视台、《河南日报》等15家媒体对中华母亲节活动进行报道。

6日至7日　财政部副部长丁学东、黄河水利委员会主任李国英率国家防总黄河流域防汛抗旱检查组到长垣县、封丘县，检查指导黄河安全建设工作。副省长刘满仓、市长李庆贵、副市长贾全明等陪同检查。丁学东一行深入长垣县芦岗乡王寨村，察看黄河滩区安全建设和群众生产生活情况。在封丘县古城控导工程，现场听取工程建设情况汇报。

7日　河南省委书记、省人大常委会主任徐光春在新乡市委书记吴天君、市长李庆贵等陪同下，到郑州黄河公路铁路两用桥建设工地、赵固煤矿调研全省重大项目建设情况。

7日　中国侨联、新乡市政府举行酒会，欢迎出席比干诞辰3100周年纪念活动的比干后裔代表。中央候补委员、中国侨联党组书记、主席林军，河南省侨联主席董锦燕，省侨联党组书记邹文珠，市领导李庆贵、赵建军出席酒会。市长李庆贵致词，并介绍新乡市情。

7日至8日 全国人大常委会副委员长桑国卫莅新考察，并参加比干诞辰3100周年纪念活动。河南省人大常委会副主任张程锋、省委统战部副部长陶振江、农工党河南省主委高体健和新乡市领导吴天君、周海深等陪同考察。

8日 比干诞辰3100周年纪念大典举行。全国人大常委会副委员长桑国卫，全国政协副主席厉无畏，全国侨联党组书记、主席林军，河南省政协主席王全书，全国工商联副主席吴一坚，省人大常委会副主任张程锋，副省长宋璇涛，省政协副主席、民革省委主委李英杰，省政协副主席、省工商联主席梁静，省政协原主席林英海，国务院扶贫办公室原顾问杨贵等应邀出席大典。来自印度尼西亚、泰国、菲律宾、香港、台湾等17个国家和地区的林氏宗亲团体，以及来自北京、福建、四川等省、市、自治区的比干后裔，中国侨联、全国工商联、中国文联、国台办邀请的嘉宾，美国美林证券、摩根斯坦利等世界500强企业代表及社会各界人士1万余人出席了大典。桑国卫、厉无畏、林军、王全书为比干像揭幕。

8日 投资3亿元的尚东鑫城项目举行奠基仪式，该项目由市正隆置业有限公司与留庄营村联合开发，总投资3亿元，占地180亩。

8日 河南省副省长宋璇涛，国台办交流局副局长陈昕，河南省台办主任宋丽萍，新乡市领导吴天君、李公乐等在新乡国际饭店会见参加比干诞辰3100周年纪念大典的台湾客人。

8日 河南工商联企业家创业报告会在河南师范大学举行。河南省政协副主席、省工商联主席梁静，省工商联副主席段君海出席报告会，副市长赵海燕会见报告团成员。郑州三全食品有限公司董事长陈泽民、河南超越集团董事局主席杨清河、河南欧英明德管理咨询公司董事长陈琳翰作报告。

8日晚 比干诞辰3100周年纪念大典大型文艺晚会《同根和韵颂比干》在市体育中心举行，近万名新乡观众以及来自17个国家和地区的林氏后裔和有关领导观看演出。晚会由央视著名主持人白燕升主持，著名歌手汤灿、林依伦、郑绪岚、黄安，青春组合水木年华，豫剧名家汪荃珍等倾情演唱。

9日 河南省妇联主席陈砚秋、副主席周红霞莅新，为新乡市国税局办税服务厅荣获全国“三八”红旗集体称号授牌。

9日 由新乡市人民政府主办的比干诞辰3100周年纪念大典新乡市情说明会暨项目签约仪式在市政府一楼多功能厅举行。河南省商务厅副厅长耿建国，市领导吴天君、李庆贵等出席签约仪式。耿建国、李庆贵分别在会议上致辞。市政法委书记李公乐从区位优势、科技人力优势、资源优势、重点发展环境和优惠政策等方面作新乡市情介绍。签约仪式上，与会客商和各县（市、区）进行签约，共签约34个项目，总金额达78.5亿元人民币。其中：外资项目2个，总投资2014万美元；内资项目32个，总投资77.1亿元。

9日 红旗区与广州新海俊发展有限公司签订总投资3亿元人民币的投资意向协议。

9日 新乡市国土资源系统党风廉政建设暨制度建设经验交流会议在获嘉县召开。省国土资源厅纪检监察室主任张振关、副主任石湘田等参加会议。获嘉县、辉县市、长垣县、凤泉区进行党风廉政建设暨制度建设经验发言。

9日 新乡市扶贫开发整村推进工作现场会在原阳召开。

10日 农业部种植业管理司副司长王守聪一行深入延津县调研指导新农村建设工作，副市长贾全明陪同调研。王守聪一行察看了省部共建村和联系村情况，对新乡市新农村建设的成绩予以充分肯定。

13日至14日 河南省地税政策法规工作会议在新乡市召开。河南省地税局副局长智勐和市政协主席、副市长范学贵出席会议并讲话。

14日 河南省委副书记、代省长郭庚茂，省长助理、省政府秘书长安惠元莅新，对新乡市经济社会发展情况进行全面调研。郭庚茂先后来到新飞集团、金龙集团、华兰生物公司、新乡县古固寨镇祥和新村、白鹭化纤集团等地进行考察。

14日至15日 黑龙江省水利厅厅长陆兵带领水利考察团先后到新乡县、原阳县、封丘县、辉县市、凤泉区、卫辉市进行考察。

15日 中国法学会副会长、秘书长宋树涛莅新考察。

18日 中国社会科学院城市发展与环境研究中心、中国世界贸易组织研究会联合成立中国产业集群品牌工程课题组，从全国上千个产业集群中择优选出50个作为打造城市品牌的典型样本，长垣县起重机械产业集群入选。

20日 河南省副省长史济春带领省发改委、民政等部门负责人莅新，了解全市活动房屋板材等四川地震灾区急需物资的生产准备情况。史济春一行到新乡工业园区和红旗区小店镇，察看彩板、活动房屋板材生产企业的生产情况，之后到新乡高新技术产业开发区河南天丰节能板材有限公司察看生产流程，并对企业救灾及下一步发展工作提出具体要求。同时，史济春还到新乡供电公司进行调研。

20日 河南省调研组在新乡市召开座谈会，对豫北各市制定贯彻中组部10号文件的具体实施意见情况进行调研。

21日 河南省农村开展“清洁家园行动”豫北会议在新乡市召开。省文明办副主任郭守占带领郑州、洛阳等8个省辖市文明办负责人到新乡市检查指导“生态文明村建设——清洁家园行动”工作。

22日 以省环保局正厅级调研员李景明为组长的省政府督查组莅新，对百日安全专项行动工作情况进行督查。

22日 农业部公布首批30家全国定点农资市场名单，新乡储运贸易总公司储贸大市场榜上有名。

22日 “欢乐中原”文化广场活动暨“广文置业”杯与奥运同行全民健身周在封丘县拉开序幕，共有30支代表队2802名运动员参加活动。活动范围以各县（市、区）、乡（镇）、社区为主，向农村延伸。

23日至24日 全国“当代青少年研究”学术论坛暨第二届“养成教育：理论建构与应用研究”全国研讨会在河南师范大学召开。

24日 由中共新乡市直工委、新乡市体育局、新乡市总工会主办的市直机关迎奥运职工运动会开幕式在市体育中心举行。河南省委省直工委副书记李汴、省直工委组织部副部长魏恒、省直工委助理调研员付光一、省党建研究会副秘书长张凤清，市领导李庆贵、王富均、周海深、范学贵、马传运等和洛阳、安阳等市直工委领导出席开幕式。

26日 新乡市召开禁毒工作会议，学习贯彻将于6月1日开始施行的《中华人民共和国禁毒法》，部署全年禁毒工作。

27日 新乡市信用建设促进会成立大会召开。河南省整规办副主任胡绍荣，市领导周海深、王治通、王金相、王炜东等出席会议。

27日 河南省农业厅副厅长郭鹏亮视察新乡市新农村建设工作。对卫辉市孙杏村镇、唐庄镇，新乡县七里营镇、古固寨镇的新农村建设工作给予充分肯定并提出相关要求。

27日至28日 全省餐饮协会秘书长会议在新乡市举行。来自省直及18个地市的餐饮协会秘书长参加会议。省餐饮协会常务副会长（主持工作）王春峰出席会议并对全省餐饮业的振兴与发展提出要求。

28日 河南省粮食产业化工作座谈会在新乡市召开，省粮食局局长曹濮生、副局长刘大贵出席会议。与会人员参观了延津县麦业有限公司、种子基地等。

29日 由中共新乡市委宣传部、市文明办、团市委、市妇联主办，新乡日报社、市教育局、新乡电视台承办，由中国人民解放军第三七一中心医院协办的“迎奥运·庆六一”新乡市首届“三七一”杯“阳光少年”、“百名优秀小记者”颁奖晚会在新乡电视台演播大厅举行。

30日 市委、市政府确定的文化产业重点项目——中原文化产品大世界正式与读者见面，成为新乡市文化产业发展的新亮点。中原图书文化产品大世界位于解放大道南段，总投资1500万元，建筑面积18000平方米，可容纳200余家商户。

30日 市司法局、市检察院、市中级人民法院等30余家单位在体育中心开展主题为“珍爱生命 拒绝毒品”大型宣传活动。

5月 位于新乡县古固寨镇的绿园药业总投资2.5亿元，新上年产900吨头孢类及洁霉素类原料药项目。

5月 首台国家“863”计划自主研发的复合式土压平衡盾构机在新乡市中国中铁隧道集团盾构产业化基地成功下线，标志着我国盾构机研发及其制造国产化取得实质性突破，填补国内在该领域的一项空白。

5月 新华社、河南日报社、河南电视台等30余家中央、省、市级新闻媒体的记者、编辑会聚原阳，共话发展大计。河南日报社、光明日报社等新闻媒体负责人为原阳县的未来发展献计献策。

5月 新乡市正式启动自然村“村村通电话”工程，该工程由新乡移动公司承建。

5月 潞简王墓重要遗址保护项目通过河南省发改委专家委员会评审。该项目总投资6249万元，资金来源分为申请国家专项资金和地方自筹两部分。

5月 位于封丘县荆宫乡朱元寨村，总投资200

余万元的新乡市首座村级全封闭式体育馆动工。其中，政策性资金100万元，捐赠和自筹100万元。该馆建筑面积2100平方米，可容纳观众3000人。

5月　市劳动和社会保障局、市财政局联合下发通知，要求凡是在日最高气温达35℃以上的露天场所或温度高于33℃的工作场所工作的，用人单位要向每个劳动者每日支付高温津贴10元。

5月　新乡市122个乡镇统一设置便民服务中心，这在全省乃至全国尚属首例。

5月　位于封丘县应举镇，占地150亩，由郑州润尔粮油有限公司投资2亿元的粮油深加工项目开工。

5月　由鸿泰纸业公司投资1亿元的高档商务印刷纸项目开工。

5月　30辆新飞"可口可乐"厢式运输专用车发往上海港，出口非洲苏丹。

5月　国家发改委下达大型灌区续建配套和节水改造项目投资计划，新乡市石头庄区、武嘉区和人民胜利渠3个灌区入选。总投资2600万元，其中国家投资1300万元（石头庄灌区400万元，武嘉灌区400万元，人民胜利渠灌区500万元）。

5月　2007年度河南省地方税收纳税500强、国税纳税100强先后出炉，新乡白鹭化纤集团公司下辖子公司新乡化纤股份有限公司成为河南省纺织行业纳税冠军。

5月　位于封丘县黄德镇，占地2000余亩，由长垣县客商投资1亿元建设的中天农林公司项目开工。

5月　郑州商品交易所正式确定新乡市铁西国家粮食储备库为该所硬质小麦期货交割库。

5月　新乡医学院第二附属医院（河南省精神病医院）医生成俊祥荣获第三届"中国医师协会杰出精神科医师奖"，是此奖项设立以来河南省第一个获得者。

5月　农业部下达2008年农业科技跨越计划项目，由市农科院申报的"强筋高产多抗小麦新品种新麦19号生产性试验示范"项目名列其中。

5月　新乡市获嘉县青年农民赵彦伟荣获第十二届"中国青年五四奖章"和"河南省青年五四奖章标兵"称号。

5月　河南飘安集团获河南省质监局颁发的标准化良好行为证书。

5月　辉县市"豫北山区退耕还林地菌业生产生态模式的研究和推广项目"被列入国家星火计划。

5月　卫滨区劳动争议仲裁委员会被河南省劳动保障厅授予"2007年度县级劳动仲裁信访工作先进单位"荣誉称号。

6月

1日　在绵阳市平武县响岩镇的受灾群众安置点，举行新乡市援建简易活动房交接仪式。河南省赴川抗震指挥部对新乡市援建工作给予高度评价。

2日　市劳动保障系统组织所属市高级技工学校14名烹饪人员，分3批支援四川省汶川大地震灾区。

2日　河南省政协主席王全书率领省政协常委视察团先后到河南天丰集团、河南飘安集团、河南宇安公司和驼人集团，察看全省承担的抗震救灾过渡安置房、卫生防疫材料等物资的生产进展情况，并慰问来自四川地震灾区的中小学生。

3日　封丘县"新青源"牌树莓被指定为奥运会专供水果，将进入奥运会指定水果超市。

3日　原阳县被河南省委、省政府授予"省级人口计划生育优质服务先进县"。

3日下午14时41分　原阳县境内骤降冰雹和大雨，冰雹持续5分钟，最大直径4厘米，密度每平方米112个，致使该县城关镇、福宁集乡、祝楼乡、大宾乡农作物和经济作物大面积受灾。全县受灾面积11.47万亩，受灾人口6.7万人，蔬菜受灾150亩，经济林和经济作物受灾面积7180亩，减产粮食573.5万公斤，全县直接经济损失1664.6万元，其中农业直接经济损失917.6万元。

4日　国家卫生服务调查启动，该调查每五年进行一次，卫滨区和汝阳县、睢县、扶沟县被列为全省4个样本县（区）。本次调查于9月初结束，有5个办事处和15家医疗机构被列为调查对象，办事处的600户居民近3000余人参与家庭健康询问调查、家庭健康询问调查表的核查、机构调查、门诊处方调查、医务人员调查、资料双录入及复核检查等内容。

4日　河南省副省长徐济超带领省科技厅、省食品药品监管局有关负责人莅新，先后赴爱森医药有限公司、华星制药厂、新谊药业、华兰公司等制药企业，深入车间、仓库、研发中心详细察看生产流程、生产工艺、科技创新和药品贮存情况。

5日至6日　中国（长垣）起重机械产业集群发展战略研讨会暨卫华集团成立20周年庆典在长垣县举行。中国企业家联合会副会长冯并、中国重型机械工业协会常务副理事长徐善继，市领导王富均、范学贵等出席活动。

11日　新乡市纪检监察学会成立，王尚胜担任名誉会长。

12日　新乡市2008年农村合作金融机构改革发展暨监管工作会议召开。

12日　河南省人民检察院反贪污贿赂局副局长马维克等人到原阳县进行调研。

12日　河南省委常委、常务副省长李克到新乡市主持召开新乡经济运行协调会。省发改委、财政、电力、金融等部门领导分别对新乡市经济运行方面存在的问题提出解决方案，并对本行业发展提出希望。

12日　在2008河南投资峰会暨最佳投资城市（园区）颁奖盛典上，长垣县和新乡工业园区荣获"外商眼中的河南最佳投资城市（园区）"称号。

16日　新乡市水稻机械插秧现场会在原阳太平镇乡梁寨村举行。河南省农机局推广站站长刘晓文、四区八县农机局局长、部分水稻种植大户及太平镇乡47个行政村的村干部等100多人参加现场观摩。

17日　新乡市召开全市领导干部会议。会议传达总书记胡锦涛、总理温家宝在省区市和中央部门主要负责人会议上的讲话精神，传达徐光春书记在全省领导干部会议上的讲话精神，并就如何贯彻落实进行全面部署。

17日至19日　河南省人大常委会副主任储亚平带领省人大常委会节能减排专题调研组莅新调研。

18日　新乡市援建四川地震灾区的29名个人火线入党，并在前线指挥部临时党支部举行党建活动。

18日　河南省副省长刘满仓带领省交通厅、农业厅、水利厅、省农发行等部门负责人到新乡市调研新农村建设。市领导李庆贵、贾全明陪同。刘满仓一行先后来到新乡县兴宁村、沟王村、刘庄村、京华村、张青社区，察看了解经济发展情况，听取村干部的汇报，和县、乡、村干部座谈，鼓励基层干部抓住大好机遇，突出建设重点，大力发展经济，推动新农村建设又好又快发展。刘满仓对新乡市新农村建设工作给予充分肯定。

18日　新乡县中联集团自主研发设计制造的ZLYA32—12500吨封头压力机建成并投入生产，这是亚洲最大的封头压力机。

19日　河南省文化厅公布全省首批非物质文化遗产代表性传承人名单，辉县民间剪纸、新乡县中州大鼓、延津大平调、长垣和辉县的落腔、长垣烹饪技艺等5个项目的11位传承人入选。

20日　国家粮食局副局长任正晓莅新检查指导夏粮收购工作。任正晓一行先后到延津县小潭粮管所、四通粮食储备库、金粒麦业有限公司进行检查。

21日至24日　由《百花园》杂志社、新乡市作家协会、新乡县作家协会联合举办的"2008·中国小小说青春笔会"在新乡市关山地质公园召开。河南省文联原主席、著名作家南丁，河南省作协副主席、《百花园》、《小小说选刊》杂志总编杨晓敏及来自全国22个省市的70多名小小说作家出席笔会。

23日　新乡援川卫生监督防疫支队在救灾一线36天后，圆满完成任务返回新乡。5月19日，新乡市从市卫生监督检验所和市疾控中心抽调29名卫生防疫人员组成援川卫生监督防疫支队，赶赴地震重灾区四川省绵阳市安县晓坝镇，开展卫生防疫工作，荣获卫生部"抗震抗洪轻骑兵"称号。

23日　新乡市禁毒工作电视电话会议召开。

25日夜10时40分至11时50分　受强对流天气影响，获嘉县位庄乡中渔池村相继遭受大风、冰雹、暴雨袭击，造成该村1500亩秋作物严重受损。

25日　河南省副省长孔玉芳带领省黄河河务局、省水利厅等有关单位负责人赴封丘县黄河大堤陈桥古城控导工程、曹岗控导工程等处就抗洪物料的储备、防汛队伍的组建和迁安救护等工作进行现场视察并就具体工作提出指导意见。

25日　河南省人大法制委副主任委员李中和一行莅新就《河南省开发区条例（修订草案）》进行立法调研。

25日　河南省烟草业离退休工作会在新乡市召开，全省烟草业100多位离退休干部代表及所属单位负责人参加会议。

26日　由中国轴承行业协会主办、新乡日升数控轴承装备股份有限公司承办的2008年中国轴承行业协会管理年会在新乡市召开。来自轴承行业协会的100多个会员单位参加会议，协会理事长张乔凡出席会议并作主题讲话。

26日　国家教育部调研组到原阳县就实施农村寄宿制学校建设工程情况进行专题调研。

26日　新乡市第三次全国文物普查阶段汇报暨经验交流会召开。全市普查出新文物点199处，涉及到传统民居、遗址、墓葬、石刻、塔、幢、古树、古井及名人故居、旧居等各类。

26日　新乡市举行参加北京奥运会赛会志愿者欢送会，欢送赴京服务奥运会的3名志愿者。

27日　新乡市出台《城镇居民基本医疗保险暂行办法》，全市86万多名城镇居民将享有基本医疗保障。

28日　市领导李庆贵、马传运等赶赴四川，代表市四大班子、新乡军分区和全市人民看望、慰问抗震救灾官兵，并送去慰问金。驻新某部队先后成功抢救229名幸存者，抢救遇险群众6478人，转移受灾群众30余万人，医治受灾群众近19万人，运送物资近22万吨，抢修道路5831公里，搭设帐篷近12万顶，搭建活动板房34165套，出动直升机643架次，空运空投物资381.75吨。全市33个单位的596名个人组织的援建工作队奔赴救灾前线，开展过渡安置房安装及道路、公厕、厨房、取水点、诊疗点等设施建设工作。李庆贵先后到河清中小学、河清安置小区、河清家园等施工现场，察看工程建设情况。

28日　市政府投资5000多万元的小尚庄污水处理厂"脱氮"工程开工，经过改造升级后，水质排放标准将由原来的国家二级标准达到国家一级A标准。

28日　新乡市有关部门领导从郑州火车站将35名四川地震灾区技校学生接到新乡市。29日，在新乡市高级技工学校举行欢迎仪式。

6月　新乡市组织人员，对市区符合财政补贴条件的出租车进行调查统计和审核认定，确保将700多万元燃油补贴款发放到符合补贴条件的1337辆出租车经营者手中。

6月　全国地理标志产品标准化工作组在北京市组织召开"《地理标志产品·原阳大米》国家标准审查会议"。会议全票通过该标准的审查。

6月　市公交总公司筹集1000万元购置90辆新公交车，陆续投放到5条线路上。

6月　凤泉区首个国家级土地整理项目开工建设。项目位于凤泉区大块镇西部，涉及5个行政村。项目区总规模1328.47公顷（19927亩），总投资1792万元。

6月　新乡市非物质文化保护中心推荐的河南师范大学、长垣河南省博大烹饪学校2家单位被命名为"河南省非物质文化遗产社会传承基地"。

6月　封丘县鲁岗乡和寨村、红旗区小店镇关屯村、牧野区牧野乡天太社区、凤泉区白鹭社区、新乡县小冀镇京华村、原阳县桥北乡马庄村6家基层村（社区）党校被河南省委宣传部表彰为2007年度先进基层党校。

6月　由市农科院申报的"强筋高产多抗小麦新品种新麦19号生产性试验示范"被列入农业部2008年农业科技跨越计划项目。全省市级农业科研单位仅此一家。

6月　原阳县被共青团河南省委评为"河南省团建工作先进县"。葛埠口乡白庙村被评为"河南省共青科技示范村"。

6月　河南省伯马股份有限公司研发的含金属W连铸滑板砖，获得中国发明专利，该产品填补了国内空白，具有国际先进水平。

6月　新乡市骏华专用汽车车辆有限公司入选获准生产专用汽车（民用改装车）企业名单。至此，新乡市专用汽车生产企业达到5家，分别是新飞专汽、新乡专汽、高远路业、天牛工业、骏华专汽，产品包括厢式车、罐式车、半挂车、环卫车和道路养护车。

6月　河南师范大学教授卢锦梭荣获国家"化学热力学与热分析杰出贡献奖"。

6月　辉县市荣获全国计划生育优质服务先进市称号，辉县市计生委主任原全琴获得首届河南人口奖。

6月　卫华集团研制的"GLQ40双驱动交流变频港口轮胎起重机"通过省级科技成果鉴定，该产品属国内首创。

6月　长垣县被河南省农业厅列入首批实行农产品质量安全市场准入县（市），全省共25个，新乡市仅此一家。

6月　长垣县青年农民赵辉峰荣获全国优秀共青团员称号，全省共有5人。

6月　新乡市宏宇特铸股份有限公司投资2.8亿元的风力发电设备配件项目在卫北工业园区开工建设。

6月　新乡市鑫泰铜业有限公司总投资3000万元的"上引连铸法"无氧铜杆生产线竣工。

6月　卫辉市污水处理厂一期工程在全市9家污水处理厂中率先通过市环保局验收。

7月

1日 新乡市支援四川抗震救灾总结表彰大会隆重召开。市长李庆贵代表市四大班子和新乡军分区向受到表彰的单位和个人表示热烈的祝贺和崇高的敬意。市建委等89个单位被授予“抗震救灾先进集体”荣誉称号，144人被授予“抗震救灾先进个人”荣誉称号。

1日 新乡市庆祝中国共产党成立87周年暨“七一”表彰大会隆重举行。会议对优秀共产党员、优秀党务工作者和城市分行业争创“五好”基层党组织活动先进单位进行表彰。

1日 省政府公布河南省第五批文物保护单位名单，新乡市有11处，分别是：近现代重要史迹及代表性建筑类1处，位于辉县市牌坊街的徐世昌公馆（近代）。石窟寺及石刻类1处，位于卫滨区平原乡李村的高永乐造像碑（东魏时期）。古建筑类7处，位于辉县市书院街西段共城百泉书院（明、清时期）；位于辉县市沙窑乡南湖村的南湖寺（清代）；位于辉县市文昌路东段的文昌阁（清代）；位于辉县市上八里镇鸭口村的白鹿山寺院群旧址（明、清时期）；位于市红旗区东台头村的东宁寺（明、清时期）；位于原阳县阳阿乡阳阿中村的陈平祠（清代）；位于封丘县东大街西段的封丘城隍庙（清代）。古遗址类2处，位于延津县胙城乡沙门村的沙门城址（战国一宋朝）；位于辉县市云门镇凡城村的凡城遗址（西周时期）。

1日起 新乡市用人单位安置的下岗失业再就业人员享受的社会保险补贴标准由171.94元提高到211.28元，月增加39.34元。

1日起 新乡市因全面停产一个年度以上、无主营业务收入、职工连续6个月以上未发工资、单位领导没有配备交通工具的市属困难企业的退休人员，将由政府垫支医疗保险费，享受城镇职工住院医疗保险待遇。

2日 新乡市除新乡县外，其他7个县（市）全部建立气象灾害预警短信发布平台并投入使用，此举为河南省首创。

3日 辉县市境内山区发现一种虫化石，经有关专家考证，被确认为莱德利基虫化石。莱德利基虫化石在我国北方地区十分罕见，它不仅具有重要的科研价值，而且还有很高的观赏价值和收藏价值。

4日 新乡市召开城镇居民基本医疗保险启动大会，这标志着新乡市此项工作正式进入实施阶段。

4日 工业和信息化部副部长杨学山带领卫生部、食品药品监管局等部门负责人到新乡市，就兴奋剂生产经营专项治理工作情况进行督查。

4日 省发改委举行河南省高技术产业基地授牌大会，新乡市与南阳、周口、焦作、驻马店被确定为首批生物产业河南省高技术产业基地。

5日 由新乡市援建的四川省安县河清镇中小学过渡安置学校举行交接仪式。工程自6月份开工以来，参加援建的人员仅用24天就建成一所设施完善、功能齐备的高标准过渡安置学校。学校总建筑面积2616平方米，共140个房间。

5日 市委书记吴天君、市长李庆贵带队赴安阳、鹤壁两市，考察学习两市以解放思想为牵引，力促重大工业项目建设、城市新区建设、文化事业发展的经验。

5日 国家林业局调研组对新乡市林业信息化建设情况进行调研。新乡市作为全国林业信息化建设先进单位，是此次调研的唯一一个地级市。

6日 在全国县域经济科学发展理论研讨会上，中部县域经济基本竞争力百强县（市）揭晓，河南省共有41个县（市）入围。新乡市的辉县市、新乡县、长垣县再次跨入百强行列，分别居第43位、51位和82位。

6日 新乡市从优秀村干部中招录乡镇公务员笔试在市委党校举行，52名考生参加考试。全市将录取9名乡镇公务员。

7日 市委召开常委会议，研究新乡市对口支援四川省江油市恢复重建组织机构设置方案。江油市麻角镇、敬元乡为新乡市对口支援乡镇。今后3年至5年，新乡市将采取各种措施支援江油市麻角镇、敬元乡恢复重建。

7日 新乡市处理信访突出问题及群体性事件工作会议召开。

7月初 河南省委作出选派部分乡镇党政正职干部赴四川省江油市挂职3年支援灾区重建的决定，新乡市委选派长垣县樊相镇镇长董鹏、凤泉区潞王坟乡乡长杨天彬为支援灾区重建挂职干部。7日，欢送仪式在新乡市行政办公大楼举行，市领导吴天君、李庆贵等出席仪式。

8日 牧野湖项目开工仪式在市牧野广场彩虹

桥举行。牧野湖是新乡市规划建设的五湖之一，西起牧野拱桥，东至牧野大道，南邻平原路，北以防洪通道为界，规划占地面积 334 亩，其中水面面积 167 亩，湖岸线总长 2697 米。8 日开工的左岸景观工程全长 840 米，由绿化、亮化园路、码头和亲水平台等部分构成，总投资 370 万元；暗涵改建工程长约 790 米，总投资 400 万元。

9 日　新乡市援川过渡安置房建设工作队 600 余名队员顺利返回新乡市。此次援建工作历时一个多月，共建设住房、校舍等过渡安置房 1829 套，总面积3.6万多平方米，援建质量在各地市中名列前茅。援建队伍被中华全国总工会授予“抗震救灾、重建家园‘工人先锋号’”荣誉称号，当地政府和群众赠送 10 余面锦旗。全部工程被安县政府评定为优质工程。

9 日　河南省产业集群工作会议在长垣召开。省政协副主席王训智、省中小企业服务局局长李新杰等出席会议。200 多名来自河南省各地市及企业界代表参观长垣县产业集群区，就如何加快产业集群建设、促进区域经济发展进行广泛而深入的交流、探讨。

10 日　新乡市召开市直机关、事业单位干部交流工作动员会议。会议传达《中共新乡市委关于市直机关、事业单位部分岗位干部交流工作的意见》。

11 日　国内最大的 IT 职业教育机构的北京大学青鸟教育集团 APTECH（阿博泰克），与市高级技工学校（新乡职业技术学院）成功“联姻”，开展联合办学。

11 日　由国务院港澳办组织的第九届内地高校优秀澳门学生访问团一行 30 多人，到新乡县刘庄、龙泉村生态园和新飞公司参观访问。

12 日　新乡市在长垣县召开第 4 次生态文明村暨“新城杯”建设现场推进会，部署下一步新型农村住宅社区和“新城杯”建设重点工作。

14 日　新乡市第一批市级非物质文化遗产名录公布。这 35 项非物质文化遗产包括民间文学 5 项（姜太公的传说、六月送羊、相思树的传说、柳毅的传说、崔莺莺和张生的故事）；民间信仰 2 项（马皮舞、卫辉比干祭典）；民间音乐 4 项（啸乐［口哨音乐］、开明大鼓、小咚鼓艺术、中州大鼓）；民间舞蹈 6 项（李源屯民间背装艺术、小宋佛高跷、小冀背装、独腿高跷、踢棒槌、扎跷秧歌）；戏曲 8 项（西河怀梆、五彩皮影戏、四夹弦、祥符调、落安营怀梆、大平调、落腔、二夹弦）；民间手工技艺 4 项（长垣油馔制作工艺、小店菜刀手工煅制工艺、牛忠喜烧饼制作工艺、长垣烹饪技艺）；民间知识 3 项（柳位同裕堂陈氏传统骨病疗法、杜氏口疮治疗技法、黑虎丸制作工艺）；传统体育竞技 1 项（罗汉拳）；民间美术 1 项（民间剪纸）；生产商贸习俗 1 项（百泉药会）。

14 日至 18 日　国家林业局华东林业调查规划设计院对新乡市第七次全国森林资源连续清查工作进行检查验收。验收涉及新乡市 519 个固定样地。验收组随机抽查的辉县市、卫辉市、获嘉县、延津县、封丘县、原阳县共 8 个样地全部合格。

15 日　河南科技学院 66 名奥运志愿者赶赴北京参加奥运会餐饮服务。

15 日　河南省委书记徐光春，省委常委、秘书长曹维新莅临新乡市，就继续解放思想、推动中原崛起进行专题调研。徐光春一行先后到河南省农科院现代高新农业试验示范基地、桥北新区、三鹿集团新乡乳业有限公司、新乡航空集团工业公司、金龙精密铜管集团公司、河南中原汇通科技有限公司、河南金天化工有限公司等企业实地查看，详细了解基地的项目建设情况和未来发展规划和企业生产经营情况。

16 日　河南科技学院青年体育教师、国家级裁判李典，作为河南省唯一一名国内手球技术官员，将在北京奥运会手球比赛现场担任记录员。

17 日　由市政府投资、社会筹资、受益单位共同出资 80 万元，在洪门镇建设的占地 108 平方米的全市首座压缩式垃圾中转站建成。

18 日　河南省科研机构生产试验基地首批入驻单位河南省电子规划研究院有限责任公司与美国 MXB Inc. 公司及新威电子工业有限公司（香港），在郑州签订“经济型手机信息化建设项目”合同书，标志着河南省首家手机生产企业落户到位于原阳县的省科研机构生产试验基地。该项目计划投资 6000 万元，外资占 50%。

18 日　福润集团年加工 3000 万只肉鸡项目开工。该项目位于封丘县城东部省道西曹线路北，由江苏雨润集团分公司——封丘福润禽业加工有限公司投资，总投资1.6亿元，占地面积 150 亩，建筑面积3.4万平方米。

19 日　国家粮食战略工程水利国土资源调研组国家发改委投资司处长吴玉和等一行 4 人，在省水利厅、国土资源厅、财政厅有关领导莅临获嘉县调研指导工作。

20日 由市委宣传部、市文化局、市文学艺术界联合会主办的"欢乐中原"系列活动之"迎奥运千人葫芦丝演奏会"在市文化桥南文清苑广场举行盛大演出。来自省内外的近千名葫芦丝爱好者齐聚新乡市共同演奏，表达喜迎奥运的喜悦之情。

20日至22日 由国家发改委副主任杜鹰率领的国家粮食战略工程河南核心区建设调研组，在河南省副省长刘满仓陪同下莅临新乡市，分别就保护耕地和基本农田政策、中低产田现状和农业综合开发项目建设情况、新乡粮食物流园区铁路运力情况、灌区续建配套节水改造和末级渠系改造试点工程进行调研，深入位于原阳县的省农业科学院现代农业科技试验示范基地考察。

22日 市军干二所被授予全国"和谐军休家园"荣誉称号。

22日 市城市管理指挥中心公布畜禽饲养范围。从即日起，市区北环以南、107国道以西、西环以东、南环以北的城市市区以及凤泉区城市市区内禁止饲养鸡、鸭、鹅、兔、猪、牛、羊等家禽家畜。

24日 市百货大楼、平原商场被中宣部、中央文明办、国家发展和改革委员会、商务部、国家工商行政管理总局、国家质量监督检验检疫总局、全国总工会、共青团中央联合确认为"全国百城万店无假货示范店"。

24日 河南省抗震救灾英模事迹报告会在新乡市新星剧场举行。河南省6名从抗震救灾一线凯旋的英模在报告会上作近一个半小时的报告，来自新乡市公安、通信、电力、卫生等系统近800名听众到会聆听。

25日 由国家林业局、人民日报、新华社、中央电视台、中央人民广播电台、经济日报、科技日报、农民日报、人民政协报、中国经济导报、中国经济时报、中国绿色时报、经济杂志、中国林业杂志等13家媒体组成的采访团莅新采访新乡市林改工作。采访团一行观摩河南省最早建立运行的辉县市林业要素市场，参观冀屯乡宪录村和赵固乡高庙村林改情况。

25日 128名法国单车爱好者骑车途经新乡市，为即将开幕的北京奥运会助威。

25日 市十届人大常委会第三十九次会议决定，任命王战营为新乡市人民政府副市长；决定免去范学贵新乡市人民政府副市长职务。

26日 国家人口计生委副主任江帆到新乡市调研人口和计划生育工作。河南省人口计生委主任孟宪臣，新乡市领导李庆贵、周海深等陪同调研。

26日 部分奔赴四川抗震救灾前线的驻新某部队官兵完成任务先期返回新乡。

26日 新乡市近万名市民在团市委、市志愿者联盟和市义务工作者协会组织下，举办以"祝福平安奥运，构建和谐社会"为主题的万人火炬传递及签名活动，奥运火炬手田桂荣在东方文化步行街和大家再传一遍火炬。

29日 参加四川汶川抗震救灾77个昼夜的解放军第三七一中心医院医疗队43名成员载誉凯旋。

29日 全国爱卫办技术评估组组长、全国爱卫办一处处长胡小濛，副组长、大连市爱卫会副主任刘小平，全国爱卫办一处调研员廉洁一行听取新乡市创卫工作汇报，并到新乡市主次干道、广场游园、街巷楼院、市场餐馆等处，严谨认真、细致全面地对新乡市创建国家卫生城市工作进行技术评估和指导。

30日 新乡工业园区管委会与联熹（新乡）污水处理有限公司签订园区污水集中处理特许经营协议，标志着园区污水处理厂项目正式实施。项目计划总投资1.1亿元人民币，建成后日处理污水能力5万吨，出厂水质达一级A标准。

30日 河南省委副书记、代省长郭庚茂来到新乡市慰问参加汶川地震抗震救灾的驻豫部队。省委常委、省军区政委颜纪雄，省长助理、省政府秘书长安惠元，省直有关部门负责人和市领导吴天君、李庆贵等参加慰问和调研。同日，郭庚茂一行到长垣县调研。在长垣县起重工业园区，郭庚茂来到国内起重机龙头企业卫华集团，向负责人详细了解企业生产情况。在长垣县民办的宏力医院，郭庚茂详细了解医院医疗水平、药品价格及新型农村合作医疗等情况。郭庚茂还实地察看了工业集中区建设、黄河防汛等情况。

31日 新乡市召开荣获全国双拥模范城"四连冠"总结表彰暨争创"五连冠"动员大会。参加过抗日战争、辽沈战役、平津战役、淮海战役、抗美援朝、对越自卫反击战的老革命、老同志，赴川参加抗震救灾表现突出的部队英模代表应邀参加会议。

31日 新乡市维护奥运会期间社会稳定工作会

议召开。

7月　河南师范大学、长垣河南省博大烹饪学校被命名为河南省非物质文化遗产社会传承人基地。

7月　河南飘安集团“飘安”牌商标被认定为“中国驰名商标”。

7月　卫辉市被农业部农产品质量安全中心确定为“全国无公害农产品标志推广与监管示范县”创建单位。

7月　农业部确定河南省上报2009年优质粮食产业工程项目64个县（市），新乡市占7个县（市），包括获嘉县、原阳县、延津县、封丘县、长垣县、卫辉市和辉县市。

7月　原阳县被国家林业局授予“全国林业执法文明单位”，河南省获此殊荣的仅有三家。原阳县马庄木材检查站被国家林业局评为“全国林业系统文明窗口单位”，是河南省获此荣誉的两个木材检查站之一。

7月　新乡白鹭化纤集团公司跻身“2007年度～2008年度中国化纤行业十强”。同时，“2007年度～2008年度中国纺织服装行业主营业务收入100强、出口100强”名单上，新乡白鹭化纤集团公司榜上有名。

7月　凤泉区供销合作社、新乡县古固寨供销合作社、辉县市城关镇供销合作社3家基层联合社荣获2007年全国利润“百强基层社”称号。

7月　在河南省文化厅公布的河南省首批221名省级非物质文化遗产代表性传承人名单中，新乡市推荐的民间剪纸（辉县市）、中州大鼓（新乡县）、大平调（延津县）、落腔（长垣县、辉县市）、长垣烹饪技艺（长垣县）5个非物质文化遗产项目的代表性传承人李爱荣、李星光、杜学周、曹秀枝、杜印圭、王广太、张明、侯瑞轩、吕长海、徐书振、李志顺11人入选。

7月　封丘县留光乡青堆村树莓专业合作社申报为农业部示范试点合作社，获扶持资金22万元。

7月　新乡市开始施行新的基本养老保险计发办法。全市统一执行新的标准，最低缴费基数为养老保险740元/月（上年养老保险最低缴费基数为595元/月），医疗保险68元/月；最高缴费基数为养老保险3699元/月，医疗保险为345元/月。

8月

1日　河南新乡银企洽谈会在新乡国际饭店召开。

1日至2日　省委“新解放、新跨越、新崛起”大讨论活动督导组莅临新乡市，对新乡市大讨论活动的开展情况进行督导。

4日　巴西圣卡塔琳娜州副州长莱奥内尔·帕万一行26人到新乡市进行参观考察。

5日至6日　副省长张大卫带领省发改委、建设厅、国土资源厅、交通厅、环保局等部门负责人莅临新乡市，就新乡市重点项目建设和产业聚集区建设情况进行调研。

6日　新乡县七里营镇龙泉村举行河南省“一村一品”引智示范基地揭牌仪式。

6日　中国银监会河南新乡监管分局（以下简称新乡银监分局）荣获“全国金融‘五一’劳动奖状”授牌仪式在市行政办公大楼举行。中国金融工会常务副主席王敬东、中国银监会系统工会主任刘承萱向新乡银监分局颁发奖牌。

6日　河南省工业经济联合会公布2007年度工业百强企业评比排序结果。新乡市金龙铜管集团居第九位。

18日　新乡市召开县域经济工作会议，贯彻落实全省县域经济工作会议精神，回顾近两年新乡市县域经济进展情况，交流经验，表彰先进，谋划下一步发展。

18日　新乡市召开第二届市志总结表彰大会。河南省地方史志办公室主任霍宪章，市委常委、常务副市长王战营出席会议并讲话。霍宪章对新乡市史志工作几年来一直走在全省前列给予高度评价。

19日　在四川地震灾区执行抗震救灾任务100天的最后一批某部队官兵，圆满完成抗震救灾任务后，在某部队部队长宋普选的带领下胜利归来。5月12日，四川汶川发生地震后，驻新某部队于5月13日即到达地震重灾区展开救灾救援。其间，共投入兵力3.5万人，成功抢救出240名幸存者，抢救遇险群众6546人，转移受灾群众31.1万余人，医治受伤群众29万余人，运送救灾物资45.5万余吨，抢修灾区道路8000多公里，为受灾群众搭设帐篷13万顶，搭建活动板房9.6万余套，清理废墟1042万立方米，安置灾民近77万人，最大限度地抢救受灾群众的生命，保护灾区人民的财产，为夺取抗震救灾的胜利作出了突出贡献，涌现出“抗震救灾英雄战士”武文斌等一批先进英模典型，受到总书记胡锦涛等党和国家领导人的高度赞扬。

20日 河南省委常委、宣传部长、副省长孔玉芳到新乡市作“新解放、新跨越、新崛起”专题报告。

24日 新乡市举行仪式欢迎参加新乡台商工业园、新乡加工贸易承接区揭牌仪式的台湾客商。省委统战部常务副部长耿开昌等出席欢迎仪式。

25日 新乡台商工业园、新乡加工贸易承接区在新乡工业园区揭牌。中华经济文化发展促进会主席许水树、深圳市慈航实业发展有限公司董事局主席赵立新等50多名台商慕名前来。新乡台商工业园是河南省首批设立的10个台商工业园之一，新乡加工贸易承接区是国家商务部设立的首批9个重点加工贸易承接地之一，也是目前河南省惟一的一家。会上，繁华输配电设备（香港）有限公司等5家企业与新乡工业园区现场签约，总投资13亿元。

26日 第五届中国河南国际投资贸易洽谈会在郑州召开，新乡市在郑州兴亚建国饭店隆重举行市情说明会暨合作项目签约仪式，新乡市市委书记吴天君，市委常委、政法委书记李公乐出席会议。200多名来自美国、奥地利、意大利、新加坡、泰国、菲律宾等国家和港澳台地区及沿海发达地区的客商参加洽谈会。签约仪式上，31个项目当场签约，总投资达120.1亿元。

26日 封丘县与广州农科畜牧种业有限公司签订协议，成立封丘县三元奶牛养殖（中心）有限公司，建设养殖规模1万头以上的高产奶牛示范基地。该项目建设占地2000亩，总投资5亿元，5年内在封丘县建成万头良种奶牛的养殖示范基地、饲草饲料种植基地、奶牛育种基地、良种牛培育基地、乳制品加工基地和奶牛研发中心。

28日 新乡市首个创业孵化园在原阳县建成并揭牌，市委常委、常务副市长王战营出席揭牌仪式。

8月 国家质检总局、共青团中央联合命名长垣县质量技术监督局为2007年度“全国青年文明号”先进集体。

8月 凤泉区10名选手参加“蒲公英第八届（2008）全国武术总决赛”，取得2金5银2铜的优异成绩，选手教练获“全国蒲公英优秀园丁奖”。

8月 新乡县七里营镇李台村、龙泉村被确定为河南省“村镇低成本数字化技术产品开发应用”示范村镇。

8月 根据“经济规模、产业结构、经济发展水平、社会发展水平”四大类20项考核指标，市统计局对2007年度新乡市乡镇进行综合经济实力排序。排序前十位的是：新乡县七里营镇、辉县市孟庄镇、长垣县魏庄镇、牧野区王村镇、新乡县小冀镇、新乡县翟坡镇、卫辉市汲水镇、获嘉县城关镇、牧野区牧野乡、延津县城关镇。其中延津县城关镇为新进入的乡镇，七里营镇、孟庄镇、魏庄镇、王村镇、小冀镇从2005年开始连续三年保持在前五位。

8月 新乡市被省建设厅确定为河南省“数字管理”首批试点城市。

8月 经中国证监会批准，华兰生物公司成功定向增发A股800万股，融资2.8亿元。

8月 国家知识产权局正式批准新乡市设立“中国（新乡）知识产权维权援助中心”。全国共40家，河南省18个地市中仅有洛阳、新乡2家。

至8月底 新乡市共有6000余人赴新疆摘棉，其中：封丘县、原阳县、延津县、获嘉县为赴新疆摘棉主力军。他们主要分布在新疆建设兵团的农二师31团、农六师103团、芳草湖总场、新湖农场、农八师145团和147团等。

9月

2日 姜太公文化高层论坛在卫辉市召开，世界华人联合总会主席姜琳，河南省姓氏文化研究会会长、原省委统战部副部长林雪梅以及新加坡、香港、台湾等地的姜氏、高氏、邱氏、谢氏、卢氏5姓的宗亲会长和55名太公后裔代表参加。与会专家、学者就如何弘扬太公文化、建立太公文化合作交流平台进行商讨。

5日 全国政协考察团一行12人在省政协有关领导的陪同下莅新，对新乡市职业病防治工作开展情况进行检查指导。

7日 新乡籍残奥会选手茹德成获得残奥会男子10米气手枪第五名，12日，在男子50米气手枪慢射比赛中获得第四名。

7日 农业部农村实用人才培训基地在新乡县刘庄揭牌。农业部、国务院扶贫办农村实用人才带头人培训班举行开班仪式。来自湖北、湖南、山西、浙江、安徽、上海、江西、河南8省市的90余名学员参加培训。

9日 辉县市人民法院荣获“全国模范法院”表彰大会召开。

9日 新乡市金龙铜管集团以153亿元的销售收入荣登2008中国企业500强第300位，比上年跃升61个位次，是新乡市唯一一家进入中国500强的企业，同时在中国制造业500强中居第164位，在中国有色金属行业排行第11位。

9日 红旗区在上海浦东新区举办“红旗区城中村和危旧房屋区域项目推介会”。

10日 在北京残奥会乒乓球女单F10级决赛中，代表中国参赛的新乡市选手范蕾荣获银牌。

12日 全球500强企业泰国正大集团投资2.8亿元在延津县建设现代化生猪养殖基地。该项目拟建设2个父母代种猪场和8个商品猪场。

13日 由中国科技协会普及部、中国优选法统筹法与经济数学研究会、《数理天地》杂志社、中青在线、华罗庚实验室等单位主办的“希望杯”全国数学邀请赛新乡赛区获得银牌和铜牌的178名学生受到表彰。钱潇羽、范臻、平钰坤、孙乾4人荣获银牌，曹伟林、赵飞虎等174人荣获铜牌。

16日 石家庄至武汉铁路客运专线（以下简称石武铁路客运专线）新乡段工程征地拆迁工作全面启动。石武铁路客运专线是京广铁路客运专线的重要组成部分。其中新乡段长度72.4公里。

17日 第十届中国科协年会在郑州国际会展中心召开。新乡市在会展中心设置展区。

18日 国家首个电池质检中心在国家（新乡）化学与物理电源产业园区开工奠基。省质监局副局长刘永春等出席奠基仪式。该中心是国内唯一的电池质检中心，具有国家质量监督、质量鉴定和质量仲裁、标准及规范的制修订、电池学术交流及研发等多种职能，是电池质量领域的最高技术权威机构。

18日 新飞集团与深圳市嘉铭仁电子公司合资在新乡市建设汽车电子产品生产基地项目签字。市长李庆贵，市委常委、副市长赵海燕，深圳市嘉铭仁电子有限公司董事长陆培仁，新飞集团董事长李根出席项目签约仪式。

18日 新乡市召开香港高层商务考察团与新乡市县（市、区）及企业项目交流对接座谈会。中联办台湾事务部部长邢魁山、市委书记吴天君、副市长王治通等出席会议。

19日 新乡市老艺术家协会成立。

20日 在深圳召开的中国旅游品牌年会上，新乡市被评为“最具影响力旅游名城”，市长李庆贵、副市长王治通荣获“中国旅游管理突出贡献奖”，市旅游局局长段志霞荣获“中国旅游管理影响力人物”称号。

20日 随着辉县市西沟村基站的正式开通，市委、市政府“2008年承诺十件实事”之一的67个自然村“村村通电话”工程全部竣工。

22日 李嘉诚基金会捐建的第25家宁养院在新乡医学院第三附属医院正式挂牌成立。这是该基金会在河南省设立的首家宁养院。

23日 市文物保护者协会会员到野外进行石刻摸底调研时，在牧野区牧野乡朱庄村发现4通高2米、宽0.7米的古石碑。石碑上记载了捻军在新乡市的抗清史。

24日 中国银行总行“模范职工之家、劳动关系和谐企业”现场推进会在新乡市召开。中行新乡分行荣获“全国金融系统劳动关系和谐企业”称号。

25日 豫北六市书画展暨新乡美术馆开馆仪式在市人民公园举行。河南省文联主席、省美协主席马国强等以及豫北六市文联主席出席书画展，并为美术馆开馆剪彩。

25日 2008年全国农产品加工博览会暨东西合作投资贸易洽谈会召开。河南省在驻马店会展中心举行重点项目签约仪式，新乡市有19个项目在会上签约，合同金额达51.99亿元。河南省副省长史济春、市委书记吴天君以及其他地市有关领导出席项目签约仪式。

26日 市牧野区在深圳举办区情说明会暨项目签约仪式，省政府驻深圳办事处、珠三角及周边区域知名企业负责人共140余人参加会议。

26日 由新乡市直工委举办的以唱响新乡市歌为主旋律，纪念改革开放30周年的文艺汇演在新星大剧院上演。市直机关30支代表队2000多名干部、职工欢聚一堂共同唱响市歌，纪念改革开放30周年。

26日 新乡市秋季大型青年人才交流会在体育中心举行。交流会参会企业200余家，参会青年达3万余人。主办单位筹措用工岗位2万多个，当场签约1400余人。

26日 全国厂务公开调研检查组一行就新乡市厂务公开工作进行调研检查。

27日 以国家质检总局党组成员、标准委主任纪正昆为组长的国务院婴幼儿奶粉事件处置工作督查组莅临新乡，督查新乡市的婴幼儿奶粉处置工作。副省长徐济超以及省、市相关部门负责人参加督查。

9月 由浙江嘉兴红K衫服饰公司投资1.3亿元的针织服饰生产项目在原阳县新城区开工建设。

9月 投资8000万元的起重设备项目落户封丘县起重工业聚集区。

9月 原阳县活网呼叫中心和世界品牌折扣大卖场由上海通路资产管理有限公司投资1亿美元建设，工期3年，分三期建设。

9月 500名贫困地区农村青年将接受为期2年的“雨露计划·金蓝领”技能培训。培训基地选择两年制和三年制的中等技术教育学校，培训全市659个贫困村贫困家庭中的初、高中毕业生。在校学习期间每名贫困学生每人每年将获得扶贫部门1500元的学费补助。

9月 由市农科院培育的高产、优质、抗病水稻新品种——新稻18号经第二届国家农作物品种审定委员会第二次会议审定通过。

9月 在河南省高层次人才“兴豫之光”行动计划中，共有27名博士研究生、20名硕士研究生与新乡市7家博士后科研工作站达成意向，有132名博士研究生、255名硕士研究生报名参加新乡市博士科技副县（市、区）长、硕士科技副乡（镇）长的选拔，报名人数在河南省列第二位。同时5名两院院士被聘请为新乡市高级顾问。

9月 在由中国社科院等单位联合主办的2008中国和谐城市可持续发展高层论坛上，新乡市和苏州市、中山市等10座城市一起被授予“中国十佳和谐可持续发展城市”称号。

10月

5日 市委书记吴天君主持召开市党政联席会议，对国家卫生、森林城市验收，食品卫生安全，工业发展等10月重点工作进行安排。

6日 新乡市成为河南省人民政府信息化工作办公室批准的河南省唯一一家信息化与工业化融合的省级试点城市。

7日 新乡市公安机关举行单警装备配发佩带仪式。400余名公安干警代表现场配发并佩带单警装备。

8日 新乡市召开第三十六次创建国家卫生城市工作例会暨创建国家森林城市迎检动员会。

9日 市委书记吴天君、副市长王保旺带领各区主要负责人，对全市城中村改造和旧城改造工作进行督查。

9日 中国（新乡）知识产权维权援助中心成立。国家知识产权局协调管理司司长马维野、省知识产权局局长郭民生出席授牌仪式，并分别讲话，市长李庆贵出席并致辞。

11日开始 新乡市在全市范围内开展为期100天的安全生产大检查活动。

13日 第二届郑州农业博览会开幕，会期3天。新乡市25家企业54种农产品参展，共签订合同4个，签约金额6.4亿元，其中河南金粒鑫大地种业有限公司与中粮粮油有限公司签约金额达2.7亿元。

13日至15日 由国家林业局宣传办公室副主任金志成任组长，中国科学院院士蒋有绪任副组长的国家森林城市考察工作组莅临新乡进行考察。市领导吴天君、李庆贵等与考察组全体专家领导进行座谈。14日，在省林业厅常务副厅长刘有富、市委书记吴天君、市长李庆贵等陪同下，考察工作组对新乡市凤凰山森林公园和市区部分路段的绿化工作进行考察。15日，新乡市召开国家森林城市考察工作组考察情况反馈会。考察组组长金志成、副组长蒋有绪及考察组全体专家，省林业厅常务副厅长刘有富和市领导李庆贵、刘建华等出席会议。

14日 市四大班子领导为新乡市出席中国工会十五大的代表举行欢送仪式。

14日 由新乡电视台策划主办的成龙“龙子心”2008大爱在中原新乡站大型公益慈善活动拉开帷幕。联合国亲善大使、著名影星成龙来到新乡市，受到新乡市社会各界人士的热情欢迎。

14日至15日 驻新省政协委员对新乡市节能减排工作进行视察。市政协主席范学贵、副主席王金相等一起参加视察。

15日 市十届人大常委会第四十一次会议决定，任命王晓然、周建为新乡市人民政府副市长。

16日 中原十市农科院（所）第三届科技创新与合作研讨会在新乡市召开，市委常委、副市长王晓然出席并代表市委、市政府向与会代表表示欢迎。

18日 中央电视台《探索与发现》栏目组莅临新乡市，到比干庙拍摄电视纪录片《商之都》，同时对林氏家谱进行专题拍摄。《商之都》由郑州市委宣传部、中央电视台《探索与发现》栏目联合制作，于2008年8月开机。比干庙以其悠久的历史、深厚的文化内涵和林氏寻根地的广泛影响力入选，是新乡市唯一的拍摄景点。

18日 新乡市组织收看收听奥运期间全省信访稳定工作总结表彰电视电话会议。市领导吴天君、范学贵等收看收听了会议。新乡市牧野区、辉县市荣获全省“县（市）、区委书记大接访活动”先进县（市）、区称号。

19日 新乡市在市委党校举行学习贯彻党的十七届三中全会精神宣讲报告会。市委书记吴天君作报告。

19日 市委全委（扩大）会议在市委党校召开。会议传达贯彻党的十七届三中全会、省委全委（扩大）会议精神，传达省委关于新乡市党政领导班子部分领导干部职务调整的决定，印发《中共新乡市委、新乡市人民政府关于贯彻落实党的十七届三中全会、胡锦涛总书记视察河南时重要讲话和省委全委（扩大）会议精神，统筹城乡经济社会发展，推进城乡一体化的意见》。

20日 新乡市收看收听全国和全省落实党风廉政建设责任制电视电话会议实况，市领导吴天君、李庆贵等出席新乡分会场会议。

20日 全市村两委换届选举工作推进会召开，市委书记吴天君出席会议并讲话。

20日 新乡市开展“送温暖、献爱心”——向四川地震灾区捐赠衣被活动。

20日 新乡市召开奥运期间信访工作总结表彰大会。市委书记吴天君出席会议并讲话。

21日 河南省委书记、省人大常委会主任徐光春来到他的联系点新乡市长垣县，召开深入学习实践科学发展观宣讲会。徐光春宣讲了科学发展观、十七届三中全会精神，并就开展学习实践活动到长垣县乡村、企业、社区考察调研。

22日至24日 省派第六届村委会换届督导组组长刘兆民一行3人莅新，就新乡市第六届村委会换届选举工作进行督导。

23日 新乡工业园区污水集中处理厂项目正式开工。

23日 历时6天的新乡市第九届运动会在市体育馆圆满闭幕。市领导周海深、杨书廷等出席闭幕式并为各奖项颁奖。

23日起 新乡宾馆、九州宾馆的国有产权及人员整体划转给新乡投资集团有限公司，作为其全资子公司。2家宾馆划转后，将按新的管理模式开展经营活动。

24日 新乡市召开建市60周年纪念活动和当前重点工作动员会，对建市60周年纪念活动，大整治、大绿化、大建设活动，加强秋冬涉农工作和保持国民经济良好发展势头四项重点工作进行部署。

26日 市公交总公司试运营5条线路，分别为：41路（河师大—火车站），45路（行政办公大楼—孟营西），47路（白小屯—工贸学校），48路（今日花园—火车站），49路（河南机专—孟营西）。

27日至29日 全国爱卫办考核鉴定组莅新考核创卫工作。在反馈意见会上，考核鉴定组全体专家一致同意新乡市通过考核并向新乡市递交考核鉴定意见书。河南省卫生厅副厅长黄玮代表省爱卫办向新乡市顺利通过考核鉴定表示祝贺。市委书记吴天君在会上讲话。

28日 中国关工委副主任闵振环、省关工委常务副主任刘玉洁等与130多位参加全国关心下一代宣传工作座谈会的代表莅新，到新乡县刘庄村、京华公司等地参观考察。新乡市领导吴天君、杨崇林等陪同。

30日 全国人大常委会副委员长、民革中央主席周铁农在省人大常委会副主任铁代生、省政协副主席李英杰和新乡市领导吴天君、王富均等陪同下，赴新乡县、卫辉市视察统筹城乡发展和新农村建设工作。周铁农一行先后视察了新乡县翟坡镇兴宁村、新乡经济开发区张青社区、七里营镇龙泉李台社区、古固寨镇祥和新村和卫辉市唐庄镇四合新村及代庄村的新型农村住宅社区建设情况。

30日 河南省副省长刘满仓莅临新乡市，对南水北调中线工程新乡段的工程准备情况进行调研。

30日 全国统筹城乡发展加快新农村建设理论与实践高层论坛在新乡市举行。全国近百名来自决策高层、理论前沿的专家和领导云集新乡市，深入解析新乡市统筹城乡发展的成功经验，纵论新农村建设，展望新农村的美好明天。全国人大常委会副委员长、民革中央主席周铁农，中央党校原副校长刘海藩，外经贸部原副部长刘向东，中央政策研究室研究员艾云航，中国专家学者协会常务副会长安卫华，中华全国农民报协会秘书长魏小兵，省人大常委会副主任铁代生，省政协副主席李英杰，市委书记吴天君，市长李庆贵等出席论坛开幕式。

10月 在河南省第二届农村中小学青年教师技能竞赛中，新乡市16名参赛选手全部获得一等奖，并取得1个个人第一、3个个人第二、总成绩全省第一的成绩。同时，在河南省首批中小学幼儿园名师评选中，全市26名教师入选省首批名师，占全省总数的8.8%，人数居全省第三位。

10月 在第三届河南省少儿艺术节上，新乡市选送的对口快板《祖国颂》和儿童组舞蹈《拍拍舞》荣获一等奖。

10月 在国家林业局和河南省政府主办的第八届中原花博会上，新乡市荣获团体综合布展银奖。另外，新乡市的《红豆杉盆景》获得优质产品奖，《金银花盆景》、《关山水景》获得特色产品奖。

10月 河南省畜牧局公布河南省2008年第一批无公害畜产品产地企业名单，全省共250家，其中新乡市53家。至此，新乡市通过无公害畜产品产地认定的企业已达183家，居全省首位。

10月 河南省质监局公布2008年首批标准化农产品名单，全省共13个，其中新乡市4个，分别是：原阳县佳福米业有限公司的“佳福”牌原阳大米、河南迪一米业有限公司生产的“迪一”牌原阳大米、原阳县黄河边米业有限公司生产的“黄河边”牌原阳大米、原阳县长春精米厂生产的“庆源香黄河源”牌原阳大米。至此，新乡市共有9个产品获此殊荣，数量居全省前列。

10月 国家发改委对实施高技术产业化取得显著成就的企业授予“国家高技术产业化十年成就奖”称号，全国共评出100家企业，其中河南省3家，华兰生物工程股份有限公司是新乡市唯一获此殊荣的企业。

10月 省地方经济社会调查队从经济发展、社会事业与人民生活、可持续发展等方面，对全省1892个乡镇2007年度经济社会发展综合水平进行测算，并公布前100名乡镇名单。其中新乡市5个，数量居全省第五位，依次是：新乡县七里营镇居第5位，长垣县魏庄镇居第6位，辉县市孟庄镇居17位，新乡县小冀镇居24位，牧野区王村镇居28位。

10月 牧野区在深圳市隆重举办区情说明暨项目推介、项目签约仪式，共签订投资意向书18个，签约总投资金额达到115.36亿元，签约数量和金额均取得该区招商引资的历史性突破。共有近200家企业和商会代表参加仪式。

10月 总投资2.5亿元的台北时代广场主体完工。该项目位于市人民路卫滨区政府对面，由台商独资企业新乡华贸置业有限公司于2006年4月开工建设，总建筑面积6.9万平方米。建筑面积5万平方米的B区、D区及建筑面积1.9万平方米的A区、C区主体已全部建成。

10月 总投资1.7亿元的机电电压器生产项目落户延津。该项目由河南省俱进实业有限公司投资建设，占地167亩，预计10月底开工建设。

10月 受国家文物局和中国文物交流中心委派，新乡市博物馆馆长率《大三国志》展第二工作组一行3人赴日执行布展任务。该展览集中了全国数十个博物馆的138件（套）与三国有关的文物，其中国家一级文物50件。该展将在日本7个城市进行巡展，至2009年5月结束。

10月 新乡市8个项目列入国家2008年节能技术改造财政奖励项目实施计划，项目个数与资金数量位居全省前列。项目总投资27504万元，全部实施后，年实现节能折标准煤16.24万吨，8个项目共计争取到国家节能技术改造财政奖励资金4060万元。8个项目建设资金已落实到位，项目建设进展顺利。

11月

2日 市委书记吴天君带队赴成都市考察学习该市以解放思想为牵引，力促城乡统筹发展的经验。

2日 新乡籍著名书画家侯德昌书画艺术展在新乡美术馆举行。

3日 新乡工业园区在深圳召开情况说明会暨台商联谊会，共邀请60多位台商参加联谊会，并签约项目4个，总投资5.5亿元。分别是建统纸品（深圳）投资1亿元的纸制品加工项目，学者电子（深圳）投资1亿元的电机线圈项目，资明塑胶（深圳）投资2亿元的多媒体音箱项目，南钦塑料（深圳）投资1.5亿元的SAR发泡材料项目。

5日 在第三届中国金融市长年会上，新乡市荣获“第四批中国金融生态城市”称号。

6日 河南省部分省辖市县级政法委规范化建设座谈会在新乡市举行。河南省政法委副书记李翔，市委常委、政法委书记弋振立等领导出席会议。

6日 由郑州金玮实业有限公司投资5亿元，占地230亩的高温陶瓷项目在原阳县葛埠口乡开工，预计2011年完工。主要生产用于电子、冶金、机械、交通、能源、航天等领域的高温陶瓷材料和粉体材料系列产品。

7日　新乡市捐赠援川过冬衣被启运，送往新乡市对口支援的江油市马角镇和敬元乡。此次共向灾区运送5000条棉被、13600件棉衣和10万元人民币。11日，已送到灾区。

7日至16日　应巴西联邦共和国圣卡塔琳娜州伊塔雅伊市市长沃尔尼·莫拉斯托尼邀请，以市长李庆贵为团长的新乡市政府代表团，对伊塔雅伊市进行友好访问，并与伊塔雅伊市签订正式友好城市关系协议书和促进友好交流与经贸合作协议书。

10日　新乡市新争取就业补助资金3995万元。至此，已累计争取再就业补助资金10264万元，比2007年争取资金总额多87万元。

12日　团中央书记处第一书记陆昊到新乡市长垣县调研共青团和青年创业就业工作。

13日　河南省公安信息化工作会议在新乡市召开，河南省副省长、省公安厅厅长秦玉海，省政府副秘书长詹洪方，新乡市市委书记吴天君，市委常委、政法委书记弋振立，副市长丁保东等出席会议。

15日　中共中央政策研究室原副主任肖万均，经济日报县域经济研究中心主任、中国县域经济报社社长许宝健在新乡市市委书记吴天君，市委常委、副市长王晓然等的陪同下，到新乡工业园区、新乡县、长垣县，调研工业园区、产业聚集区、新型农村住宅社区。

17日　河南省对农村清洁家园行动工作进行表彰，7个省辖市、17个县（市、区）被授予先进单位称号。新乡市获先进市称号，新乡县获先进县（市、区）称号。

18日　在广州召开的第五届中国城市森林论坛上，新乡市被全国绿化委员会、国家林业局授予“国家森林城市”称号。

21日　辉县市政府与江苏雨润集团正式签订200万头生猪屠宰加工冷鲜肉项目协议书。该项目占地面积150亩，总投资3.8亿元，设计年屠宰生猪200万头，销售收入达35亿元，年利税9000万元。

27日　由河南大诚机械有限公司投资1.21亿元的生产基地开工建设。基地占地5.47万平方米，位于107国道西侧，原阳县桥北乡马庄村。至11月，已到位资金1800万元，计划2009年6月建成。

11月　在第六届全国“四进社区”文艺展演活动中，由新乡市群艺馆选送的口哨伴舞《我像雪花天上来》节目获得铜奖。

11月　全国首届“全国优秀农民工”评选结果在人民大会堂揭晓，新乡市的冯明亮、王宗斌、蔺世文榜上有名。全国受到表彰的有1000名农民工和100个农民工工作先进集体，其中河南省有45名农民工入选。

12月

2日　河南省委副书记陈全国带领省直有关部门负责人到新乡县、延津县调研城乡统筹、经济运行、食品安全和涉农工作。

5日　“我推荐、我评议身边好人”活动暨“中国好人榜”（河南）颁奖仪式在新乡市隆重举行，对河南省38名入选者进行表彰，新乡市的裴春亮、田桂荣和李江福入选。

9日　副省长宋璇涛带领省民政厅有关部门负责人到新乡市调研社区建设工作。

14日　由中国经济报刊协会、中国县域经济报社主办，长垣县委、县政府承办的中国县域经济论坛“长垣科学发展之路”研讨会在长垣县召开。

15日　新乡市正式被全国爱卫会命名为国家卫生城市。

17日　省委副书记、代省长郭庚茂带领省直有关部门负责人莅新调研。市领导吴天君、李庆贵等出席汇报会。

21日　辉县市裴寨新村举行落成典礼。这个新型农村住宅社区建设历时2年7个月，包括160套连体别墅、幼儿园、村委会、超市、卫生所。每栋别墅都是192平方米，包括门前的绿地是240平方米。共投入3000万元，全部由村委会主任裴春亮个人投资。

25日　新乡市各界干部群众1000多人在新星大剧院隆重集会，纪念改革开放30周年。

12月　新增1000亿元中央投资首批资金17317.64万元下达新乡市。其中农村安全饮水2986万元，大型灌区续建配套和节水改造建设2100万元，污水和垃圾处理工程1800万元，病险水库除险加固工程1200万元，优质粮食产业工程标准粮田建设1540万元，农村沼气建设1097.64万元，农村卫生基础设施建设1094万元，重点流域水污染治理1040万元及其他项目4460万元。

12月 2008年中国乡镇综合实力500强名单公布，新乡市有3个乡镇榜上有名。分别是：新乡县七里营镇，居第464位；长垣县魏庄镇，居第483位；辉县市孟庄镇，居第485位。

12月 省企业联合会、省企业家协会公布2008年度河南企业100强名单，新乡市金龙铜管、新飞电器、航空工业集团入选。新乡市3家企业的位次分别为第10、41、60位，营业收入分别为153.0、42.2、23.4亿元。

12月 新乡市206个自然村广播电视村村通工作圆满完成。至此，新乡市十一五期间413个20户以上的自然村广播电视村村通工作全部完成。

12月 搭载“神舟七号”载人飞船的原阳水稻新品系（07131）6号和（07286）8号种子从北京取回，送往海南三亚进行育种。这批种子重23克、共800粒，在太空遨游68小时27分。

牧野史料

“新乡”由来

进入文明社会以后，由于土壤肥沃，土地平坦，新乡的农业经济发展很快。到了奴隶制时代的商朝，国都在今安阳市郊区的小屯，新乡市就成了距京都百里之遥的远郊，成了京畿之地，故而新乡卫河以北地区又有牧野之称。西周初，这里是古鄘国所在地，但为时很短，只有几年的时间。随后，历经西周、春秋、战国、秦等历史时期，在将近900年的岁月里，周围的城邑得到迅猛发展，新乡城区却一直是乡村。

新中乡

新乡最早叫新中乡。“新中”这个地名，出现在中国历史上，最早见诸《史记·楚世家》：“（考烈王）六年，秦围邯郸，赵告急楚。楚遣将军景阳救赵。七年，至新中，秦兵去。”这是说：楚考烈王六年（公元前257年）秦国包围了赵国的国都邯郸，赵国向楚国告急。楚国派将军景阳前往救赵。第二年，景阳到了新中这个地方，秦国的兵才离去。

位于新乡东北的卫辉市开发较早，春秋时为汲邑，卫宣公的儿子假曾在此居住。汉高祖二年（公元前205年）在此设县为汲县，属河内郡。这时的新中，只是汲县的一个乡，即新中乡。

西汉王朝建立后，汉武帝元鼎五年（公元前112年）夏四月，南越（今广州一带）相吕嘉谋反，汉武帝派兵前去讨伐。元鼎六年（公元前111年），汉武帝巡视到此，得到斩获吕嘉首级的消息，于是改新中乡为获嘉县（获嘉，获吕嘉首级也），这就是获嘉县名的由来。

获嘉县

新中乡改为获嘉县以后，这里才引起人们的注意。东汉第二个皇帝汉明帝把自己的一个女儿封到这里，名为“获嘉长公主”（相当于侯爵），这里是她的“侯国”所在地。后来，公主嫁了冯氏，冯氏就长期在这里经营。公主的丈夫叫冯柱，冯柱的父亲叫冯鲂。冯鲂原是一个地方武装首领，后归顺汉光武帝刘秀，因作战勇敢且善谋略，得朝廷赏识，儿子冯柱便被招了驸马。公主和冯柱的儿子冯石承袭母亲封号作了“获嘉侯”，官至卫尉（掌宫门警卫，相当现在的中央警卫部队首脑）。这个冯石很会取悦汉安帝，安帝常到他家“留饮”。得宠的冯石更加飞黄腾达，升为光禄勋（管理皇家车、骑、门户的官员）、太尉（全国军队首脑）、太傅（名誉很高的官位），“参录尚书事”（即破例参与各部议事，相当名誉上的副丞相），两个儿子也都做了郎中（光禄勋下面的办事人员）。皇帝经常给赏赐和照顾。灾荒年份的王侯收不上租税，他家的租税却可以用别县的补充。他家一年“入谷3万斛，钱4万”，享不尽的荣华富贵。因为冯石在这里经营时间最长，故而又被称为“冯石城”。冯石城的具体方位据清代《新乡县志》记载和1963年省文物考古队调查，就在今郊区平原乡唐庄和路庄一带，面积6万平方米。

又过了500年左右，前秦大将符坚攻伐前燕。前燕守将慕容臧迎战获胜，斩敌3千余，大概是高兴了，就在冯石城东北十里处筑一座新城名叫新乐城，即后来的新乡县城。

新乡县

新乐城建成后，获嘉县治所（即办公机构）移于此（后又移于共城，隋开皇年间，迁移到现获嘉县）。

隋统一全国后，于开皇六年（586年）划汲县、获嘉县两县组成一个新县，于新乐城设置县治，取原“新中乡”首尾二字“新”“乡”为县名，“新乡”二字由此见诸史册。

（王志超）

人　　物

党政军领导人物

吴天君

中共新乡市委书记（简介见2001年《新乡年鉴·党政军领导人物》）。

李庆贵

中共新乡市委副书记、新乡市人民政府市长（简介见2007年《新乡年鉴·党政军领导人物》）。

刘建华

中共新乡市委副书记，2008年9月任。

1956年12月出生，男，汉族，河南偃师人，大学学历。1975年9月参加工作，1987年2月加入中国共产党。

1975年9月至1978年3月在偃师县科委工作；1978年3月至1982年2月在河南师范大学政教系政治教育专业学习；1982年2月至1985年8月在河南省统计局办公室任干部；1985年8月至1991年4月在河南省委政研室先后任副主任干事、主任干事（期间：1989年1月至1991年4月在确山县挂职锻炼，任副县长）；1991年4月至1992年11月任河南省委政研室财贸处副处长；1992年11月至1994年6月任中共陕县县委副书记；1994年6月至1996年1月任中共陕县县委副书记，县人大常委会主任；1996年1月至1996年3月任中共三门峡市湖滨区委书记；1996年3月至1997年10月任中共三门峡市湖滨区委书记，区人大常委会主任；1997年10月至2001年3月任中共三门峡市湖滨区委书记；2001年3月至2003年5月任中共焦作市委常委、统战部长；2003年5月至2004年3月任中共焦作市委常委、统战部长、市委秘书长、办公室主任；2004年3月至2008年9月任中共焦作市委常委、组织部长；2008年9月任中共新乡市委副书记。

宋丽萍

女，中共新乡市委副书记，2008年3月离（简介见2002年《新乡年鉴·党政军领导人物》）。

范学贵

中共新乡市委常委、新乡市人民政府常务副市长，2008年7月离；新乡市政协主席，2008年4月任（简介见2002年《新乡年鉴·党政军领导人物》）。

冯　昕

中共新乡市委常委、组织部长，2008年9月离（简介见2002年《新乡年鉴·党政军领导人物》）。

王尚胜

中共新乡市委常委、纪律检查委员会书记（简介见2003年《新乡年鉴·党政军领导人物》）。

王战营

中共新乡市委常委、新乡市人民政府常务副市长，2008年7月任。

1965年2月出生，男，汉族，河南禹州人。1984年12月加入中国共产党，1988年6月参加工作，研究生学历。

1981年9月至1985年7月在郑州工学院水利工程系水工结构专业学习；1985年7月至1988年6月在广西大学土木系计算力学专业读研究生，获工学硕士学位；1988年6月至1989年11月在河南省科委综合计划处工作；1989年11月至1991年12月任河南省科委综合计划处副主任科员（期间：1990年3月至1991年3月任国家科委大别山扶贫开发团河南驻信阳联络组负责人）；1991年12月至1993年1月任河南省科委综合计划处主任科员；1993年1月至1998年2月任河南省科委综合计划处副处长；1998年2月至2000年6月任河南省科委综合计划处处长（2000年3月至2000年7月在郑州大学参加河南省首批领导干部出国培训学习）；2000年6月至2001年12月任河南省科学技术厅办公室主任（期间：2000年8月至2001年2月在河南省委党校第一期青年干部培训班学习）；2001年12月至2002年11月任河南省科学技术厅副厅长、党组成员（2001年11月至2002年5月在美国马里兰大学参加河南省第二期领导干部赴美培训班，任副秘书长、纪检委员）；2002年11月至2008年7月任共青团河南省委副书记、党组成员；2008年7月任中共新乡市委常委、新乡市人民政府常务副市长。

杨崇林

中共新乡市委常委、统战部长，2008年10月离；中共新乡市委常委、组织部长，2008年10月任（简介见2004年《新乡年鉴·党政军领导人物》）。

弋振立

中共新乡市委常委、政法委书记，2008年9月任。

1963年10月出生，男，汉族，河南登封市人，中共党员，研究生学历，文学硕士。1985年6月加入中国共产党，1985年7月参加工作。

1981年9月至1985年7月在河南大学中文系汉语言文学专业学习；1985年7月至1996年5月在河南省公安厅办公室工作（期间：在新郑县公安局锻炼一年半），历任副主任科员、主任科员、调研室副主任（主持工作）；1996年5月至2000年12月任河南省公安厅办公室副主任（期间：1997年9月至2000年9月在河南大学中国现当代文学专业读研究生）；2000年12月至2003年10月任河南省公安厅警令部调研员（期间：2001年4月至2003年7月在洛阳市公安局挂职锻炼，任副局长、党委委员）；2003年10月至2008年9月任河南省林业厅副厅长、党组成员；2008年9月任中共新乡市委常委、政法委书记。

王晓然

中共新乡市委常委，2008年9月任；新乡市人民政府副市长，2008年10月任。

1955年11月出生，男，汉族，河南襄城人。1979年7月毕业于河南农学院牧医系，同年11月参加工作，1982年12月加入中国共产党。2005年9月，中央党校党史研究生毕业。

1979年11月至1982年4月在周口市蔬菜乡任团委书记；1982年4月至1983年12月任共青团周口市委副书记；1983年12月至1985年10月任周口市蔬菜乡党委书记；1985年10月至1989年2月任周口市市长助理；1989年2月至1992年12月任

周口市副市长；1992年12月至1994年3月任河南省西华县副县长；1994年3月至1996年6月任中共河南省西华县委常委、县纪委书记；1996年6月至1999年5月任中共周口地区纪委副书记；1999年5月至2003年12月任中共河南省项城市市委书记、人大常委会主任；2003年12月至2008年10月任安阳市副市长；2008年9月任中共新乡市委常委，2008年10月任新乡市人民政府副市长。

邢亚平

中共新乡市委常委、宣传部长（简介见2004年《新乡年鉴·党政军领导人物》）。

王保旺

中共新乡市委常委、市委秘书长，2008年9月任。新乡市人民政府副市长，2008年10月离（简介见2005年《新乡年鉴·党政军领导人物》）。

赵建军

中共新乡市委常委、统战部长，2008年10月任（简介见2007年《新乡年鉴·党政军领导人物》）。

岳守平

中共新乡市委常委，新乡军分区政委、党委书记（简介见2008年《新乡年鉴·党政军领导人物》）。

孙国富

中共新乡市委常委兼中共原阳县委书记，2008年9月任。

1957年9月出生，男，汉族，河南温县人。1981年12月参加工作，1985年11月加入中国共产党，本科学历。

1978年9月至1981年12月在河南农学院植保专业学习；1981年12月至1989年10月任新乡市农业局植保站副站长；1989年10月至1994年8月任新乡市黄淮海农业开发办公室副主任；1994年8月至1999年3月任新乡市农村工作委员会副主任；1999年3月至2001年8月任新乡市人民政府副秘书长；2001年8月至2002年8月任新乡市人民政府常务副秘书长；2002年8月至2004年5月任中共长垣县委副书记、县长；2004年5月至2006年4月任中共新乡市红旗区委书记；2006年4月至2008年9月任中共原阳县委书记；2008年9月任中共新乡市委常委兼中共原阳县委书记。

杨晓捷

中共新乡市委常委、市委秘书长，2008年7月离。

李公乐

中共新乡市委常委、政法委书记，2008年9月离（简介见2005年《新乡年鉴·党政军领导人物》）。

赵海燕

女，中共新乡市委常委，2008年9月离；新乡市人民政府副市长，2008年10月离（简介见2003年《新乡年鉴·党政军领导人物》）。

王富均

新乡市人大常委会主任（简介见1996年《新乡年鉴·党政军领导人物》）。

周海深

新乡市人大常委会副主任、党组书记，省辖市市长级干部（简介见2001年《新乡年鉴·党政军领导人物》）。

吴金印

新乡市人大常委会副主任（简介见2003年《新乡年鉴·党政军领导人物》）。

刘志华

女，新乡市人大常委会副主任（简介见 2005 年《新乡年鉴·党政军领导人物》）。

唐中法

新乡市人大常委会副主任（简介见 2005 年《新乡年鉴·党政军领导人物》）。

史本国

新乡市人大常委会副主任（简介见 2007 年《新乡年鉴·党政军领导人物》）。

刘孟英

女，新乡市人大常委会副主任，2008 年 12 月任党组副书记（简介见 2005 年《新乡年鉴·党政军领导人物》）。

田庆忠

新乡市人大常委会副主任，2008 年 12 月任党组副书记（简介见 2008 年《新乡年鉴·党政军领导人物》）。

郭清春

新乡市人大常委会党组副书记，2008 年 12 月任。

1952 年 12 月出生，男，汉族，河南卫辉市人，在职研究生学历。1972 年 4 月加入中国共产党，1972 年 12 月参加工作。

1970 年至 1976 年在部队服役；1976 年至 1982 年先后在新乡通用机械厂、市计量所、市科委、中共新乡市委组织部工作；1982 年至 1990 年先后任新乡市新华区公安分局干警、市人事局科员、市科技局科长（期间：1981 年至 1983 年在黑龙江大学汉语言文学专业学习；1985 年至 1988 年在中共河南省委党校党政干部专修班学习）；1990 年至 1994 年任中共新乡市红旗区委常委、纪检委书记（期间：1992 年至 1994 年在河南大学政治经济系研究生班学习）；1994 年至 1998 年任中共新乡市红旗区委副书记、区长；1998 年至 2001 年任中共新乡市北站区委副书记、区长；2001 年至 2006 年任中共新乡市北站区委书记（期间：2001 年 9 月至 2001 年 12 月在复旦大学处级干部经济管理培训班学习）；2006 年至 2008 年任中共新乡市凤泉区（原北站区）委书记（副市级）；2008 年 12 月任新乡市人大常委会党组副书记。

冯志勇

新乡市人大常委会党组副书记，2008 年 12 月任。

1955 年 10 月出生，男，汉族，河南清丰县人，在职研究生学历，哲学硕士。1972 年 12 月参加工作，1976 年 10 月加入中国共产党。

1972 年至 1979 年在 80301 部队先后任战士、军政委警卫员、文书、班长、代理书记；1979 年至 1983 年先后任新乡市环卫处政工科干事、汽车队副队长；1983 年至 1990 年先后任新乡市市政设施管理处政工科副科长、科长、党总支委员、工会主席（期间：1982 年至 1985 年在河南广播电视大学中文专业学习；1986 年至 1988 年在中共河南省委党校全日制党史专业理论班本科学习）；1990 年至 1998 年任中共新乡市红旗区委常委、组织部长；1998 年至 2001 任中共新乡县委副书记（1995 年至 1999 年在南开大学哲学系马克思主义哲学专业研究生班学习）；2001 年至 2003 年任新乡市郊区区委副书记、区长；2003 年至 2007 年任中共卫辉市委书记；2007 年至 2008 年任中共卫辉市委书记（副市级）；2008 年 12 月任新乡市人大常委会党组副书记。

杨书廷

新乡市人民政府副市长（简介见 2005 年《新乡

年鉴·党政军领导人物》）。

丁保东

新乡市人民政府副市长（简介见2006年《新乡年鉴·党政军领导人物》）。

王治通

新乡市人民政府副市长（简介见2007年《新乡年鉴·党政军领导人物》）。

贾全明

新乡市人民政府副市长（简介见2007年《新乡年鉴·党政军领导人物》）。

王岚涛

新乡市人民政府副市长，2008年4月任。

1963年4月出生，男，汉族，河北定县人。1984年7月毕业于河北大学中文系并参加工作，1987年5月加入中国共产党。

1984年7月至1987年3月任中国专利局专利文献出版社编辑；1987年3月至1989年7月任中国专利局专利文献出版社副主任科员；1989年7月至1991年12月任中国专利报社总编室副主任科员；1991年12月至2000年11月任中国专利报社总编室副主任；2000年11月至2002年1月任中国知识产权报社新闻部副主任；2002年1月至2003年7月任中国知识产权报社采访中心主任兼采访中心新闻一部主任（正处级）；2003年7月至2006年6月任中国知识产权培训中心教务一处处长；2006年6月至2008年4月任中国知识产权培训中心副主任（国务院直属局副司级）；2008年4月任新乡市人民政府副市长（挂职一年）。

周　建

新乡市人民政府副市长，2008年10月任。

1959年5月出生，男，汉族，江苏泗洪人。1977年7月参加工作，1986年7月加入中国共产党。

1977年7月至1978年2月在河南省安阳县郭村乡插队；1978年2月至1981年12月在郑州大学经济专业学习；1981年12月至1983年10月在商丘地区计委工作；1983年10月至1985年3月任郑州市计划委员会工业处科员；1985年3月至1988年7月任郑州市计划委员会综合办副主任；1988年7月至1994年8月任郑州市计划委员会投资处处长；1994年8月至1998年5月任郑州市计划委员会副主任、党组成员；1998年5月至2001年2月任中共郑州市邙山区委副书记、区长；2001年2月至2001年9月任郑州市人民政府副秘书长；2001年9月至2004年2月任郑州市对外贸易经济合作局局长、党委书记；2004年2月至2005年4月任中共郑州市金水区委副书记、区长；2005年4月至2008年10月任中共郑州市金水区委书记；2008年10月任新乡市人民政府副市长。

赵胜修

新乡市政协主席，2008年4月离（简介见1996年《新乡年鉴·党政军领导人物》）。

陆志奇

新乡市政协副主席（简介见2000年《新乡年鉴·党政军领导人物》）。

张玉峰

新乡市政协副主席，2008年4月离（简介见2000年《新乡年鉴·党政军领导人物》）。

郭国安

新乡市政协副主席，2008年7月离（简介见2005年《新乡年鉴·党政军领导人物》）。

邓　琳

新乡市政协副主席（简介见2005年《新乡年鉴·党政军领导人物》）。

王平双

新乡市政协副主席（简介见2008年《新乡年鉴·党政军领导人物》）。

王金相

新乡市政协副主席（简介见2008年《新乡年鉴·党政军领导人物》）。

付月云

女，新乡市政协副主席（简介见2008年《新乡年鉴·党政军领导人物》）。

张会琴

女，新乡市政协副主席（简介见2008年《新乡年鉴·党政军领导人物》）。

王炜东

新乡市政协副主席，2008年4月任。

1951年7月出生，男，汉族，河南卫辉市人。1968年2月参加工作，1970年9月加入中国共产党，大专学历，经济学硕士。

1968年2月至1974年4月，在空军工程兵第三总队司令部警测连先后任战士、班长、排长；1974年4月至1978年12月在空军工程兵第三总队电气通信安装连任副政治指导员；1978年12月至1982年5月在河南省汲县人民检察院工作；1982年5月至1982年7月任河南省汲县人民检察院办公室副主任；1982年7月至1984年6月任河南省汲县县委办公室秘书；1984年6月至1986年6月任河南省汲县县委政研室副主任（正科级）；1986年至1990年任河南省汲县孙杏村乡党委书记（期间：1986年7月至1989年7月在河南广播电视大学经济管理专业学习）；1990年2月至1992年7月任河南省获嘉县副县长；1992年7月至1994年5月任河南省获嘉县委副书记；1994年5月至1998年1月任河南省获嘉县委副书记、县长（期间：1993年3月至1995年12月在郑州大学自学考试行政管理专业学习）；1998年1月至1999年3月任新乡市人民政府副秘书长；1999年3月至2006年2月任新乡市民政局党委书记、局长（1996年9月至1999年6月在天津财经学院国际贸易专业学习，获经济学硕士学位）；2006年2月至2008年4月任新乡市人民政府党组成员，新乡市民政局党委书记、局长；2008年4月任新乡市政协副主席。

张　琴

女，新乡市政协副主席，2008年4月任。

1954年9月出生，汉族，河南辉县市人。1979年9月参加工作，1992年7月加入中国农工民主党，大学普通班学历。

1976年11月至1979年9月在河南医学院医疗系医疗专业学习；1979年9月至1987年9月在新乡市第一人民医院任医师；1987年9月至1991年12月任新乡市第一人民医院耳鼻喉科副主任；1991年12月至2008年2月任新乡市第一人民医院耳鼻喉科主任；2001年9月至2006年10月任农工党新乡市委副主委；2006年10月至2008年2月任农工党新乡市委主委；2008年2月任农工党新乡市委主委、新乡市第一人民医院副院长；2008年4月任新乡市政协副主席。

马传运

新乡军分区司令员（简介见2006年《新乡年鉴·党政军领导人物》）。

王根学

新乡军分区副司令员，2008年10月任。

1963年11月出生，河南登封市人，研究生学历，上校军衔。1982年10月参加中国人民解放军，1986年3月加入中国共产党，曾荣立三等功5次。2008年7月，被成都军区抗震联合指挥部表彰为抗震救灾先进个人。历任81244部队直属警卫连战士，解放军后勤工程学院学员，81244部队后勤部营房科正排职、副连职、正连职助理员，71282部队后勤部营房科正连职、副营职助理员，71271部队后勤处副处长（主持工作）、处长，71282部队后勤部营房科副科长（主持工作）、科长、后勤部长，71521部队后勤部副部长等职。2008年10月任新乡军分区副司令员。

昌子林

新乡军分区副政治委员（简介见2003年《新乡年鉴·党政军领导人物》）。

李爱民

新乡军分区副政治委员（简介见2004年《新乡年鉴·党政军领导人物》）。

姬亚峰

新乡军分区政治部主任（简介见2004年《新乡年鉴·党政军领导人物》）。

殷明全

新乡军分区参谋长（简介见2007年《新乡年鉴·党政军领导人物》）。

菅建敏

新乡军分区政治部主任，2008年12月任。

1963年8月出生，河南内黄县人，研究生学历，大校军衔。1979年12月参加中国人民解放军，1983年5月加入中国共产党，曾荣立三等功2次。历任河南省军区军需仓库战士，信阳陆军学院学员，河南省军区军需仓库正排职保管员，河南省军区后勤部政治处副连职、正连职干事，河南省军区政治部干部处副营职、正营职干事，济南军区郑州军事检察院副检察长，河南省军区转业干部办公室副主任，济南军区河南军事检察院检察长等职。1995年2月至1996年2月，在中国人民解放军国防大学基本系学习。2008年12月任新乡军分区政治部主任。

模范人物

李江福

1963年5月出生，河南林县人，中共党员，本科学历。河南新城建设劳务有限公司总工程师，高级工程师。

李江福1986年跟随林县的“10万大军”投身建筑业。1986年至1990年在河南省建联营公司工作；1990年至1997年在新乡市建筑工程总公司工作；1997年投资创办了民营企业河南省新乡市建筑安装有限公司，2004年企业更名为河南新城建设有限公司。

农民家庭出身的他凭着林州人特有的秉性，与人为善，诚信处事，从基层做起，一步一个脚印，经过20余年的打拼，将一个数十人的建筑工队发展成国家一级总承包企业。他先后主持和参与完成1000余项工业与民用建筑项目的施工任务，其中有不少项目都是国家或省、市重点工程建设项目。在项目施工中，他积极推广应用节能减排“四新”技术，促进循环经济发展，每年为国家、社会、公司带来巨大经济效益。同时，他极力关注农民工的合法权益，率先在各个项目部成立工会分会和农民工之家。他热心社会公益事业和爱心捐助活动，先后捐助特困学生12人使之完成学业；并先后为患病民工、特困市民、新乡市弱势群体帮扶中心等捐款6万余元；捐建林州市茶店乡卫生院门诊楼等公益项目。5·12汶川大地震发生后，他立即安排人员购买80多台切割机和刀片，购置客货汽车1辆，捐款30余万元，同时亲自率领员工冒着一次又一次余震，前往灾区参加过渡安置房的援建工作，被中共新乡市委、新乡市人民政府授予“支援抗震救灾先进个人”，集体荣获中华全国总工会“抗震救灾、重建家园工人先锋号”。党和政府先后授予他“河南省技术创新能手”、“豫籍优秀外出务工创业人员”、“全国建设系统劳动模范”、“河南省建设劳动奖章”等荣誉称号。2008年获得“全国五一劳动奖章”，并入选“中国好人榜”。

谢振斌

1959年9月出生，河南封丘县人，中共党员。1982年毕业于河南医科大学。新乡中原医院管理有限公司（中心）党委书记、董事长、总经理，新乡市中心医院党委书记、院长，硕士研究生导师。兼任新乡市抗癌协会理事长、新乡市医学会副会长、河南省抗癌协会常务理事、河南省肝胆胰疾病专业委员会副主任委员、《癌症》杂志常务编委等职。

谢振斌自1982年被分配到新乡市中心医院工作后，一直从事肿瘤外科方面的临床、科研、教学和医院行政管理工作。因其临床经验丰富和学术水平突出，先后数次被破格晋升专业技术职称，并于1995年获得正教授专业技术职称，成为当时全省最年轻的正教授。在肿瘤专业学术上具有较深的造诣，先后发表学术论文70余篇，编写医学专著3部，获得国际科研项目奖3项、省级科技进步奖3项、市级科技进步奖13项、国家发明专利1项；正与英国牛津大学联合开展科研项目。

谢振斌工作政绩突出，曾先后受命于危难之时。在2003年抗击“非典”的关键时期，被上级领导委以重任，主持新乡市中心医院工作，组织全院干部职工奋力抗击“非典”疫情，使中心医院赢得抗击“非典”的最后胜利，走向快速发展的轨道，他因此于2004年被任命为新乡市中心医院党委书记、院长；2007年在华源集团退出前的非常时期，他担任当时的华源中原医院管理有限公司共管小组组长，2008年初华源集团正式退出后担任现职，团结带领公司及所属5家医院大力推进医院改革，在确保平稳回归的基础上，也使5家医院得到长足发展，取得很好的社会和经济效益。在他的高度关注下，新乡市中心医院21层外科大楼从建设到投入使用，创造新乡建筑史上的一个奇迹，被市领导誉为“新乡速度”。

在他的带领下，新乡市中心医院取得令世人瞩目的成就，多次得到国家、省、市领导的高度赞扬，其事迹被各级媒体刊载、播出，他先后获得国家有突出贡献学术奖、享受国务院特殊津贴专家、河南省跨世纪学术带头人、省管优秀专家等荣誉称号，2008年获得“全国五一劳动奖章”。

赵东华

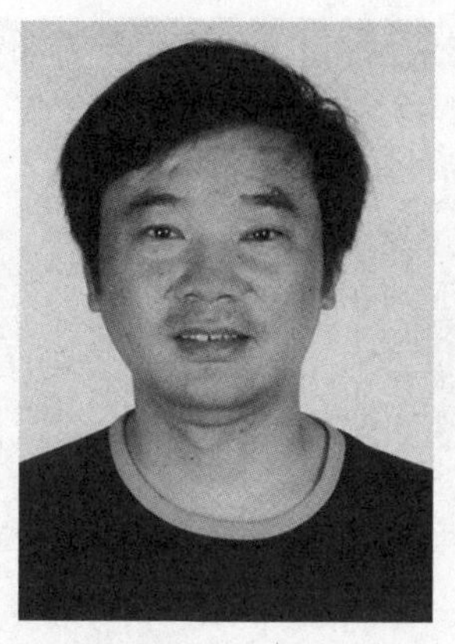

1966年9月出生，河北威县人，大学学历，曾在解放军302医院服兵役，1983年参加工作。新乡电视台新闻中心记者，兼任河南预备役师高炮四团政治处副营职少校干事，新乡市“五一劳动奖章”获得者。

作为一名新闻工作者和

预备役人员，赵东华曾参加抗洪英雄吴国良、科技练兵好战士李洪涛、优秀村党支部张荣锁、耿庄村党支部退伍兵先进群体等先进典型人物的宣传报道工作。1998年，我国长江流域发生特大洪水灾害，赵东华随驻豫陆航某部直升机救援分队赶赴湖北灾区，在采写新闻报道的同时，与部队官兵一起投放救生物品，救援被洪水围困的群众。2008年，5·12汶川大地震发生后，赵东华主动请缨，再次随驻豫陆航某部直升机部队飞赴地震重灾区参加抗震救灾和新闻报道工作，与部队官兵一起向当地地震重灾区投放、输送急需的救灾物资，运送重伤员，是四川省外最早进入灾区的新闻工作者和青年志愿者之一。

2008年5月15日清晨，到达地震灾区后，赵东华立即投入救灾和新闻报道工作。冒着余震的危险，他白天随部队官兵一起参加救灾，夜晚克服通讯不畅、没有车辆保障等困难，每天徒步10公里，寻找网吧回传图像信号和稿件，常常是凌晨休息两三个小时后，又投入到新一天的战斗中。

在四川抗震救灾第一线，赵东华随驻豫陆航某部直升机救援大队救灾飞行20余架次，与部队官兵一起向北川、青川、平武、安县4个州县重灾区的49个乡镇，空投运送帐篷、食品、药品和各类救灾器材设备等总计50余吨；解救被困群众、运送伤员30余人；并采写《搜救百岁老人演绎生命奇迹》、《空中架起与灾区少数民族群众的“连心桥”》、《新闻特写：生日的献礼》、《陆航某部铸就地震灾区空中“生命线”》、《新闻特写：“五分钟临别”》等大量鲜活感人的新闻报道，在中央电视台播出；此外他还深入到江油和安县地区，对赴灾区的防疫及抗震活动板房援助情况，进行及时的跟踪报道。

2008年7月，赵东华被新乡市委、市政府授予“抗震救灾先进个人”称号；10月8日，被党中央、国务院、中央军委授予“全国抗震救灾模范”。

2008年度逝世人物简表

姓　名	出生年月	籍　　贯	单　　位	离退休前或去世前职务	逝世时间
史纪法	1924.4	河南南乐县	新乡市林业局	副局长	2008.1
周景贤	1935.11	河南光山县	新乡市林业局	副局长	2008.1
阎致瑞	1928.2	河南辉县	新乡市中级法院	庭　长	2008.2
吴文定	1927.6	广东文昌县	新乡市归国华侨联合会	副主席	2008.2
张新文	1923.10	山西襄垣县	新乡市农业局	局　长	2008.11

卫河朝霞

中国共产党新乡市委员会

市委综述

2008年，全市围绕建设效益新乡、创新新乡、生态新乡、和谐新乡，强力推动以重大工业项目、城市建设和现代服务业发展为标志的新一轮经济社会发展，着力构筑城乡一体的统筹发展体系、可持续发展的产业体系、以人为本的社会治理体系、科学发展的保障体系，促进国民经济又好又快发展，民主政治建设、文化建设、社会建设和党的建设进一步加强，社会大局保持稳定。新乡市相继荣获国家卫生城市、国家园林城市、国家森林城市、全国文明城市创建工作先进市、中国金融生态城市、全国社会治安综合治理优秀市，连续三届荣获“全国质量兴市先进市”，连续四届荣获“全国双拥模范城”。

加强理论学习。深入解放思想，领导科学发展的能力不断增强。全年共组织市委中心组学习12次，认真学习十七大、十七届三中全会和省委书记徐光春、代省长郭庚茂视察新乡的重要讲话，按照省委统一部署，深入组织开展“新解放、新跨越、新崛起”大讨论活动，将边学边改、边查边改贯彻始终，深刻剖析影响跨越发展的制约因素，努力破除“观念陈旧、作风不硬、体制不顺、机制不活、结构不优、环境欠佳”等六大瓶颈，完善推进城乡统筹发展体制、投融资体制、城市规划建设管理体制等“八大体制”，创新经济运行调控机制、重点区域和重大项目建设推进机制、权力运行监督制约机制、各类先进代表评价及结果运用机制等“十一项机制”，在全市形成以抓整改为载体的工作推进格局。

确立“以科学发展观为指导，以‘三位一体’系统工程为载体，推进城乡‘发展规划、产业布局、基础设施、公共服务、劳动就业、社会管理’六个一体化，构筑‘城乡一体的统筹发展体系、可持续发展的产业体系、以人为本的社会治理体系、科学发展的保障体系’四大体系，建设‘新型农村管理体制、新型农村经济组织形式、新型农村住宅社区’三新农村，加快人口、产业、生产要素聚集步伐，逐步实现‘居住环境、公共服务、就业结构、消费方式’四个城市化，破解城乡二元体制，努力走以不牺牲农业和环境为代价的新型工业化、新型城镇化和农业现代化道路”的城乡统筹发展思路。成功举办“全国统筹城乡发展加快新农村建设理论与实践”高层论坛。2008年，全市着力构筑以城带乡、产业转移的发展载体，促进城市生产要素向农村流动。以产业聚集区建设为重点，加快以道路为重点的基础设施建设，积极推进交通、电力、通讯网络城乡一体化，新郑城际公交2009年1月开通，城市生产要素辐射带动能力不断增强。着力构筑转移农民、壮大农业、农民持续增收的有效机制，提高农村生产生活水平。坚持以产业化发展农业，以城镇化繁荣农村，以工业化富裕农民。深入实施小麦高产开发“1346”工程，全年粮食总产达374.87万吨，同比增长2.2%。继续开展奶业发展年活动，奶牛存栏5.9万头，畜牧业产值占农业总产值比重的40%。以发展工业理念发展农业，着力培育农村各类经济合作组织，提高农民的组织化程度。农业产业化重点龙头企业达140家，农民专业合作组织781家，成员及带动农户占全市农户总数的28%。农民人均现金收入连续五年实现两位数增长。依托重点镇和产业聚集区，加大招商引资力度，大力发展二、三产业，吸纳农民就地转移就业。着力构筑城乡一体统筹发展的管理体制，激活农村发展的内生动力。从破除体制机制入手，完善扶持政策，集中可控资源向产业聚集区和新型农村住宅社区倾斜，建设城乡一体的宏观经济社会管理体制。建立健全城乡规划全覆盖的组织管理体系和工业企业向产业聚集区集中的可持续发展管理体系，基础设施和公共服务设施不断完善。完成天然文岩渠清淤疏浚工程，解决17万人的农村安全饮水问题，1474个村完成林业生态村创建任务，1358个村建立卫生保洁长效机制，721个村健全农村综合公共服务中心，638个村实现道路户户通。新增沼气用户2.99万户，沼气入户率达39%，居全省第一，被评为全省“清洁家园活动”先进市。着力构筑城乡公共服务均等化的重要载体，加快农村城市化步伐。坚持科学规划、示范带动、分类推进的原则，抓好新型农村住宅社区建设，构建融政治、经济、文化、管理、服务、自治为内容的新型农村基层社会单位，实现城乡公共服务的均等化。建立农民向新型农村住宅社区聚集的激励引导机制，加大基础设施投资，完善各项服务功能，加快新型农村住宅社区建设。首批启动127个新型农村住宅社区建设。

在国际国内经济形势日益严峻的情况下，市委、市政府积极采取应对措施，围绕确保年初确定的各项目标全面完成、确保全市良好发展态势这“两个确保”，突出投资和消费的主导拉动作用，建立健全组织协调机制、投融资机制、煤电油运保障机制、土地资源节约集约利用机制和项目建设推进机制等五大机制，出台一系列政策措施，强化经济调控。全年全市生产总值完成949.49亿元，比上年增长13.9%，全年完成财政一般预算收入48.77亿元左右，增长18.6%，完成城镇投资686.20亿元，增长34%左右。加强煤电油运和资金、土地等生产要素的调度，确保企业正常运行。狠抓电煤供应，加快电网及配套设施建设，塔铺500千伏变电站建成投用。抓好油品供应和运力协调。积极推进新飞电器等重点企业上市工作。主动加强与银行沟通，组织召开银企洽谈会4次，累计到位信贷资金63亿元。坚持集约节约用地。推进发展方式转变，着力构筑战略支撑产业。坚持内涵发展与外延发展并重的方针，全面实施以80户重点工业企业为载体、以六大战略主导产业为支撑的工业跨越工程，走集聚、集群、集约发展的新型工业化道路。全年完成限额以上工业增加值377.88亿元，增长21.6%。做大做强主导产业。集中政府可控资源，加大扶持力度。规划冷谷、特色装备基地、汽车及零部件基地、生物医药基地、煤化工基地，“一谷四基地”的战略支撑产业正在加速推进。推动企业战略重组。依托优势龙头企业，积极推进煤化工、装备制造、电池、汽车及零部件、冷链行业等五大产业重组，产业重组呈现加速推进态势。着力提高自主创新能力。新组建省级工程技术研究中心1家、企业技术中心15家，省级以上各类企业研发中心累计达85家。高新技术产业工业增加值占全市工业增加值的比重达28%，位居全省前列。打好节能减排攻坚战。严格责任制，强化监管，加强环保设施建设。加快现代物流、金融保险、研发设计等现代服务业发展，全年全市第三产业完成增加值297.52亿元，同比增长11.7%。实施引资项目双带动战略，强化投资拉动作用。把招商引资、项目建设作为推进全市跨越发展的主要措施，坚持项目谋划例会、招商引资例会制度，强化组织领导，加大推进力度。着力推进新飞年产150万台汽车电子产品、中新化工40万吨甲醇、孟电2×30万千瓦热电联产项目、安新高速扩建工程等一批重大项目开工建设，豫飞起重年产120台港口吊装设备、新航两个10万台汽车转向器等一批重大项目竣工投产，金龙铜业50万吨铝代铜产业化项目等前期工作进展顺利。成功举办中原崛起与创新新乡论坛、纪念比干诞辰3100周年商贸活动等。全年共新批外商投资企业22家，实际利用外资2.25亿美元，同比增长78.8%，超额完成省定目标任务。利用市外资金到位110.5亿元，同比增长26.7%。外贸进出口完成11.3亿美元，其中出口7.2亿美元。加大市场融资力度，与国家开发银行签订战略合作协议，信贷规模达20亿元。7户特困企业改制工作稳步推进，市化玻站等6家商贸流通企业完成改制任务。整合四大政府投资公司组建新乡投资集团，扶持担保公司、典当行业发展。文化产业投资公司挂牌成立，在全省首家组建“中原文化产业基金”。千方百计扩大内需，强化消费拉动作用。大力发展房地产业，加大保障性住房和普通商品房供应量。重点推进10个旧城改造项目，已启动8个，完成拆迁7.7万平方米。加快推进21个城中村改造项目，已动迁7个，完成拆迁50.7万平方米。全市商品房、新型农村住宅社区及农户建房、标准厂房等竣工面积750万平方米，预计全年突破1000万平方米，完成投资近百亿元。研究出台购买汽车、房产、家电等优惠政策，深入推进“万村千乡市场工程”和家电下乡工作，刺激农村消费。加快旅游业发展。落实中央和省委部署，全力支援四川抗震救灾。累计捐款捐物超过1.2亿元，居全省第二位。已完成对口支援的马角镇、敬元乡的整体恢复重建发展规划，初步确定了三年援建项目，一批关系两乡镇民生的工程正在加快推进。

做好省市两级承诺的20件实事，推进各项社会事业发展，不断改善民生。城乡居民收入稳步提高，前三季度，城镇居民人均可支配收入、农民人均现金收入同比分别增长17.9%、25%。社会保障和创业就业体系不断健全。坚持加大投入力度，扩大保障范围，逐步提高保障标准，城乡一体化的社会保障体系不断完善。农村低保由每人每月40元提高到50元，市区低保由每人每月160元提高到190元。深入开展敬老模范城创建活动，五保对象集中供养率达40%。深入开展全民创业行动，加强技能培训，实施劳务品牌带动，探索建立鼓励企业稳定就业的激励机制。成立新乡市创业者协会，发放小额贷款8500万元。新增私营企业961家、个体工商户7904户。新增城镇就业14.2万人，下岗失业人员再就业5.9万人。科技教育文化卫生等社会事业全面进步。突出科技进步在经济社会发展中的引导、支撑作用，专利申请量连续5年居全省前三位，组建中国新乡知识产权维权援助中心。加快教育改革和发展，全部免除城乡义务教育阶段学杂费。整合市区教育资源，组建四大职业教育中心，加快推动职业教育园区建设。大力发展文化事业和文化产业，加快推进十大标志性文化建筑、十大重点基础文化建设工程、十大重点文化产业项目建设，精心打造以东方文化商业步行街、《大长垣》电视剧、比干诞辰纪念活动为标志的文化产业品牌。加强公共卫生体系建设，做好城乡医疗救助工作，启动城镇居民基本医疗保险试点，参保32.8万人，新农合参合率达98.9%。积极应对公共卫生突发事件，妥善应对手足口病疫情，认真做好对食用含三聚氰胺奶粉婴幼儿救治工作。全面加强人口和计划生育工作，人口自然增长率5.04‰。新闻出版、广播电视、体育等各项工作有序开展。精神文明和民主法制建设不断推进。切实加强宣传思想工作，深入组织学习贯彻十七大和十七届三中全会精神，凝聚全市上下共同奋斗的思想共识。深入开展系列文明创建活动，强化青少年思想道德教育，叫响“厚善、崇文、敬业、图强”的城市精神。强化对外宣传，在中央、省级新闻媒体发稿4000余篇（条），“选择新乡、选择成功”影响力不断提升。坚持和完善人民代表大会制度，支持市人大及其常委会依法监督“一府两院”及其工作人员。坚持和完善中国共产党领导的多党合作和政治协商制度，巩固和发展最广泛的爱国统一战线。积极把各人民团体组织推到前排担当“主角”，支持其在更多领域发挥更大的作用。做好对台和侨务工作，成立台商投资工业园。认真做好依法治市工作。高度重视和支持驻新部队和民兵预备役建设，争创全国双拥模范城“五连冠”。各类城市创建活动取得显著成效。坚持“以创促建、以创促改、以创促转”的工作理念，深入开展创建国家卫生城市、国家森林城市、国家文明城市等一系列活动，建立“全覆盖、无缝隙”的城市管理体系，实现创建工作从行政强力推动到制度保障运行转变、从突击治理到日常严格监督管理转变、从非常态创卫到常态有效管理转变，城市管理长效机制不断完善，人民群众的生产生活环境明显改善。社会大局保持稳定趋好。坚持信访稳定是政治问题的观念，以政风转变带动民风改善，以群众工作统揽信访工作，开展县（市、区）委书记大接访等活动，信访形势稳定趋好。加强平安建设，县乡两级矛盾纠纷调处中心建成率100%，调成率97%，投入技防资金1.4亿元，公众安全感指数居全省前列。强化安全生产责任制。完善城市社区管理体制，推进社会转型，完成27个村改居试点。深入开展“百企帮百村”活动，扎实推进民族团结进步教育工作。

坚持党要管党、从严治党方针，围绕党的执政能力建设和先进性建设这条主线，以改革创新精神推进党的建设各项工作，不断提高各级党组织的执政能力。围绕建设高素质领导班子和干部队伍，在提高领导水平和执政能力上狠下功夫。着力加强思想作风建设。深入开展“三新”大讨论活动，强化广大党员干部科学发展的意识，增强广大党员干部贯彻落实科学发展观的自觉性和坚定性，牢固树立与科学发展观相适应的正确的政绩观，自觉履行科学发展的责任，把全市上下的思想统一到推动科学发展，实现新乡跨越崛起的实践中来。加强领导班子建设。树立正确的用人导向，着眼于改善干部队伍年龄结构、知识结构、阅历结构，注重从落实科学发展观成效突出的基层和生产一线选拔优秀干部，配优配强各级领导班子。加强后备干部队伍建设，完善干部日常管理机制，制定下发《关于深入整治用人上不正之风、进一步提高选人用人公信度的实施方案》。认真做好市人大、市政府和市政协换届筹备工作。加强基层组织建设。深入开展“双示范、双带动、双推进”活动，全市共培育示范乡镇20个、示范村党支部300个。实施“大学生村官工程”，一次性公开选聘3000名大学生村干部，每个村配备一名以上大学生村干部。实施老党员、困难党员关爱工程。健全基层干部激励约束机制，建立优秀农村党支部书记享受乡镇干部工资待遇制度，全市共有68名农村党支部书记享受乡镇副科级干部的基本工资待遇，173名农村党支部书记享受养老保险待遇。认真做好第六届村“两委”换届选举工作，村党支部换届完成67.9%，村委会换届完成94.69%，“一肩挑”占77%，大学生村干部当选率达98.4%。完善科学的评价体系。建立体现科学发展观的领导干部评价体系、奖惩体系和考核体系，使考核结果更加全面客观。对企业经营管理层的各级党代表、人大代表、政协委员、劳模典型进行科学评价，督促各类先进模范人物自觉践行科学发展观。认真指导长垣县开展好深入学习实践科学发展观活动试点工作。加强党风廉政建设，惩治和预防腐败体系进一步健全。认真贯彻落实中央《建立健全惩治和预防腐败体系2008～2012年工作规划》，围绕“加强教育、强化预防、及时警醒、查早查小，防止影响恶劣的腐败分子产生”的工作理念，健全创建“廉洁单位”长效机制，全面加强党风廉政建设。建立健全权力运行监督制约机制，加大对管人、管财、管物、管审批、管执法五类重点人员的监管力度，深入开展市直单位科室季评，对208名市直机关、事业单位中层干部进行岗位交流。完善公共资源交易中心运行机制。用硬手腕治理软环境，推进优化环境工作向更高层次发展。加大纠风治乱力度，着力解决群众反映强烈的热点难点问题，行政效能投诉率同比下降26%。加大案件查处力度。市四大班子领导成员认真履行“一岗双责”，坚持讲党性、重品行、作表率，落实领导干部廉洁自律各项规定，为全市作出表率。加强作风建设，强有力的工作推进机制不断完善。坚持一级对一级负责，一级支持一级工作，完善责任、有序、高效的工作推进机制。在统筹全局的基础上，坚持重点工作带动，对于关系新乡发展全局、支撑长远发展的重点工作，实行市四大班子领导分包负责制，集中精力，克难攻坚，带动各项工作协调发展。针对严峻的经济形势，采取倒推办法，把任务分解到责任单位，形成工作合力，确保完成全年目标任务。要求广大党员树立正确的政绩观，增强只争朝夕、加快发展的紧迫感和责任感，敢于承担风险，敢于触及矛盾，敢于解决问题。深入开展“两转两提”活动，进一步转变作风，转变政府职能，提高行政效能，提高公务员素质。通过加强作风建设，“心齐、风正、气顺、劲足”的干事创业氛围不断浓厚。　（李全国）

中共新乡市委领导成员

市委书记　吴天君

市委副书记　李庆贵（市长）

刘建华（2008年9月任）

宋丽萍（女，2008年3月离）

市委常委　范学贵（副市长，2008年7月离）

冯　昕（兼市委组织部部长，2008年9月离）

王尚胜（市纪检委书记）

王战营（副市长，2008年7月任）

杨崇林（兼市委统战部部长，2008年10月离；兼市委组织部部长，2008年10月任）

弋振立（兼市委政法委书记，2008年9月任）

王晓然（副市长，2008年9月任）

邢亚平（兼市委宣传部部长）

王保旺（兼市委秘书长，2008年9月任）

赵建军（兼市委统战部部长，2008年10月任）

岳守平（新乡军分区政委）

孙国富（兼原阳县委书记，2008年9月任）

杨晓捷（兼市委秘书长，2008年7月离）

李公乐（兼市委政法委书记，2008年9月离）

赵海燕（女，副市长，2008年9月离）

中共新乡市委正副秘书长

秘书长　王保旺（2008年10月任）

杨晓捷（2008年7月离）

常务副秘书长　张红彦（2008年12月离）
副秘书长　葛中信（2008年12月离）
王聚中（2008年12月离）
尚贵堂（2008年12月离）
蒋　庆
张继战（2008年12月离）
顾建国（2008年12月离）
王惠民（2008年2月离）
王志国（2008年7月任）
胡新科

【综合调研工作】　2008年，综合调研工作围绕市委中心工作、阶段性重点任务，有针对性地开展调研，精心做好政务和日常服务。本着“文稿出精品，服务创一流”的工作目标，认真做好领导讲话、重要文件及各类文稿的起草和把关工作，搞好市委常委会、市党政联席会、市四大班子联席会等会议的服务工作。全年，共办理领导批示及信件2600余件，书记信访件400余封；撰写、修改领导讲话稿并起草有关文件共计280余篇120万字，起草市委《工作安排与部署》、《市级领导一月工作预安排》、《市级领导一周活动预安排》等共计80余期；编发《新乡工作》12期；参与市委主要领导赴各县（市、区）、工业园区及厂矿、企业、学校等的调研共50余次；服务市委常委会、党政联席会、四大班子会及有关座谈会等40余次。一批精品文稿受到市委领导的高度肯定。按照“围绕中心、服务大局、提高素质、维护形象”的要求，高质高效完成公文处理工作。坚持公文处理的科学化、制度化、规范化。坚持办文原则，把好公文入口关，特别是把好政策关、格式关、文字关、程序关，做到不漏项、不越级，确保公文的权威性和严肃性，保证了中心工作的正常运行。全年共起草、校核公文556件，其中，新发17件、新文170件、新办52件、新办文48件、办秘41件、工作通报47期、内部明电181件，市委大事记12期。　（李全国）

【督查工作】　2008年，督查工作按照“有力度，有权威，有作为”的目标，围绕市委中心工作和重要工作部署，真抓实干，创新思路，加大督查力度，拓展督查业务，优化督查机制，推动了党委重大决策和重要工作的贯彻落实。全年共撰写上报《新乡督查专报》20期，承办省委办公厅《督查通知单》6份，全部按时完成；编发《市委工作安排与部署》22期，《督查情况通报》30期，《中共新乡市委督查通知》25期，《查办通知单》67份，《催办查办通知单》4份，印发《领导同志批示》18期；承办或参与省级督查调研活动5次，完成接待中央、省莅新督查工作12次，组织协调全市大型会议和督查调研评价活动8次；办理领导批示件218件，承办政协提案7件，办理领导信函335件，督办网上舆情曝光事项15项；组织全市督查工作人员12人参加全省党委系统督查工作培训班。获全省党委系统督查工作先进单位、市政协提案办理先进单位。

（李全国）

【信息工作】　2008年，围绕各级党委中心工作及领导关注的重点、热点和难点问题，加强信息的整体开发和综合利用，加大信息调研力度，积极挖掘深层次信息，为中央、省、市委提供高质量信息。全年，共编发各类信息刊物2100余期、5100余条，省市领导批示180余条，省信息刊物采用得分1656分，完成省下达新乡市全年480分目标的346%。其中，及时编发的《三方面因素影响新乡至辉县公交化营运专线正常营运应予以治理》、《我市经济适用房施工环境恶劣影响工程进度》等一批苗头性、倾向性信息，为市领导及早掌握情况，指导有关单位妥善处理突发性、群体性事件赢得了时间；为领导提供的《扬州市级机关百名中层干部跨部门交流的做法》、《改进小额担保贷款管理积极推动创业促就业》等参阅类信息，引起市领导关注并被采纳，在全市推广。　（李全国）

【秘书工作】　2008年，秘书工作围绕中心、突出重点，圆满完成全年工作任务，取得了新成绩。会务和值班工作扎实有序。从会议的预案、通知、会场布置、会议签到、会中临时事宜到会后总结等，每个环节都以高度负责的态度认真检查落实。全年共起草、把关会议预案、会议通知等150余份，服务市委和全市性的会议100余次，参与中央领导、省委领导、其他地市莅新调研、参观等服务工作20余次。严格24小时值班制度，认真做好《值班日志》、《请示事项办理通报》和《电话记录》，编辑、办理《值班报告》44期。值班工作做到规范、有序，较好地发挥了联系上下、沟通内外和完成领导交办任务的作用。中央及省、市文件的办理质量和效率不断提高。及时传阅中央、省委文件，认真办理市委领导批示件。做好各类机要文件的投放，强化全市机要文件的管理，做好各种文件的编号及各种公文的网上传输。为缩短市委主要领导阅文时间，绘制“文件传阅流程表”，建立“内情摘要”服务机制。全年共向各级领导传阅办理中央、省委文件1000余份，登记分发中央、省委文件2.4万余份，清退2007年机要文件3万余份；编发市委文件160余件2万余份，市委办公室文件240余件4万余份，网上传输各类文件350余件，分发市委、市委办公室秘密级文件16件2600余份。（李全国）

【机要密码工作】　2008年，机要密码工作围绕党委、政府的中心工作，以中共中央《关于加强新形势下密码工作的决定》为指针，认真传达贯彻省委密码工作会议精神，进一步加强密码通信建设，密码通信、密码管理和信息化密码保障等工作顺利进行。市、县（市、区）机要部门层层签订密码安全责任书，开展全市党政密码部门计算机和移动存储介质保密专项检查及整改活动，开展全市党政机要密码干部忠诚教育活动，及时更换通信密码，完善应急密码移动通信系统，不断加强硬件建设、制度建设和干部队伍建设。全年收发办理电报3981份，传输办理电报10117份，其中密码电话1293份，复印电报10635页。（李全国）

【市委常委会议】　2008年1月2日，市委召开常委会议，研究完善市属国有及国有控股公司法人治理结构及运行机制工作，部署2008年推进权力运行管理监督机制深化效能建设有关工作。

1月14日，市委召开常委（扩大）会议，部署当前各项工作，研究贯彻落实全省政法工作会议、全省组织部长座谈会议意见。市委常委出席会议，市领导王富均、周海深、王保旺、丁保东、王治通、贾全明，市中级人民法院院长王伯勋列席会议。

1月29日，市委召开常委会议，传达中纪委全会精神和全省统战工作会议精神，研究贯彻落实意见。

3月17日，市委召开常委会议，听取民族宗教工作汇报，研究民族宗教表彰事宜。

4月21日，市委召开常委会议，研究讨论《政府工作报告》（征求意见稿），传达省“清洁家园行动”会议精神，研究贯彻意见。

5月12日，市委召开常委会议，研究表彰全市思想政治工作先进单位和个人有关事宜。

5月26日，市委召开常委（扩大）会议，研究贯彻省支援四川抗震救灾会议精神意见。

6月25日，市委召开常委会议，研究“七一”暨抗震救灾先进表彰事宜。

7月7日，市委召开常委（扩大）会议，学习贯彻全国农村基层党风廉政建设经验交流会等会议精神，研究对企业界经营管理层县级以上人大代表、政协委员、党代表、劳模等履责调研评价情况。同日，市委召开常委会议，研究对口支援四川省江油市恢复重建组织机构设置方案。

7月14日，市委召开常委会议，传达全省宣传部长会议精神，研究贯彻落实意见，部署全市宣传工作。

8月11日，市委召开常委会，研究党风廉政建设责任制落实，优化经济发展环境，加强党对政法工作的领导和县域经济发展等事宜。

9月4日，市委召开常委会议，通报赴安徽省芜湖市考察情况；传达全省文化产业暨文化体制改革会议、全省选聘高校毕业生到村任职工作座谈会等会议精神，研究贯彻意见。

9月16日，市委召开常委（扩大）会议，传达学习胡锦涛总书记视察河南时的重要讲话精神和省委书记徐光春在省委全委（扩大）会议上的讲话精神，对贯彻落实工作进行部署。

10月9日，市委书记吴天君主持召开常委（扩大）会议。会议传达全省深入学习实践科学发展观活动动员大会暨市厅级主要领导干部专题研讨班的主要精神；听取全市“新解放、新跨越、新崛起”大讨论活动整改意见落实情况，研究部署大讨论活动第四阶段工作。

10月13日，市委召开常委会，传达省委关于全市党政领导班子部分领导干部职务调整的决定，研究新一届市委常委分工，部署当前的各项重点工作。

11月28日，市委召开常委会议，研究新乡市第三届“人民满意的公务员”和“人民满意的公务员集体”评选表彰工作，传达全国、全省党风廉政建设责任制电视电话会议、《河南省市厅级领导班子和领导干部落实党风廉政责任制及廉政情况考核评价暂行办法》、中央《建立健全惩治和预防腐败体系2008年～2012年工作规划》、全省干部教育工作会议、第六届村民委员会换届工作座谈会以及郑州等10个省辖市人大、政府、政协换届座谈会精神，研究贯彻落实意见。

12月15日，市委召开常委会。会议听取并研究市委经济工作会议有关情况，就完善工作预案提出修订意见，要求进一步做好筹备工作。会议传达省委青年工作会议精神并研究贯彻意见，原则同意团市委提出的贯彻落实意见。

12月25日，市委召开常委（扩大）会议。会议传达省委八届九次全体（扩大）会议精神，研究九届市委十次全会和市委经济工作会议事宜。会议决定，12月27日召开九届市委十次全体（扩大）会议和市委经济工作会议。

12月31日，市委召开常委会议。会议学习传达全国农村党风廉政建设电视电话会议精神，研究在全市推行农村"三资"委托代理服务实施意见。会议研究在全市实施"市民文明素质提升工程"的意见。（李全国）

【市党政联席会议】 2008年2月13日，新乡市召开党政联席会议，市领导吴天君、李庆贵、宋丽萍、王富均、赵胜修、周海深、马传运、范学贵、冯昕、王尚胜、杨崇林、杨晓捷、邢亚平、赵海燕、赵建军、王保旺、杨书廷、丁保东、王治通、贾全明，市人民检察院检察长李景彬出席会议。

10月5日，市委书记吴天君主持召开市党政联席会议。会议对国家卫生、森林城市验收，食品卫生安全，工业发展等重点工作进行安排。（李全国）

【市委经济工作会议】 2008年12月27日，市委经济工作会议召开。会议学习贯彻中央经济工作会议和省委八届九次全体（扩大）会议精神；总结2008年经济工作，部署2009年经济工作。

（李全国）

【市委九届十次全会】 2008年12月27日，九届市委第十次全体（扩大）会议召开。市委书记吴天君作市委常委会工作报告。（李全国）

【市四大班子会议】 2008年3月20日，新乡市召开四大班子会议，传达学习全国"两会"精神。

4月3日，新乡市召开四大班子会议，传达全省县域经济工作会议精神，分析一季度经济运行情况，部署二季度重点工作。

5月14日，新乡市召开四大班子会议，研究部署当前重点工作并为四川地震灾区捐款。

5月19日，新乡市召开四大班子会议，传达代省长郭庚茂在新乡市调研讲话精神，研究贯彻落实意见。

7月16日，新乡市召开四大班子会议，传达省委书记徐光春在新乡市调研时的重要讲话精神，研究贯彻落实意见。（李全国）

【比干诞辰3100周年纪念大典】 2008年5月8日，新乡市举行比干诞辰3100周年纪念大典，全国人大常委会副委员长桑国卫，全国政协副主席厉无畏，全国侨联党组书记、主席林军，省政协主席王全书，全国工商联副主席吴一坚，省人大常委会副主任张程锋，副省长宋璇涛，省政协副主席、民革省委主委李英杰，省政协副主席、省工商联主席梁静，省政协原主席林英海，国务院扶贫办公室原顾问杨贵应邀出席大典。市领导吴天君、李庆贵、范学贵、周海深、马传运、冯昕、王尚胜、杨崇林、杨晓捷、邢亚平、赵海燕、李公乐、赵建军出席大典。

（李全国）

【支援四川抗震救灾总结表彰大会】 2008年7月1日，新乡市支援四川抗震救灾总结表彰大会隆重召开。市领导李庆贵、王富均、周海深、范学贵、冯昕、王尚胜、杨崇林、杨晓捷、邢亚平、赵海燕、赵建军、岳守平、丁保东、王炜东出席表彰大会。市委常委、组织部长冯昕主持会议。（李全国）

【全国统筹城乡发展加快新农村建设理论与实践高层论坛在新乡举行】 2008年10月30日，全国统筹城乡发展加快新农村建设理论与实践高层论坛在新乡举行。全国人大常委会副委员长、民革中央主席周铁农，中央党校原副校长刘海藩，外经贸部原副部长刘向东，中央政策研究室研究员艾云航，中国专家学者协会常务副会长安卫华，中华全国农民报协会秘书长魏小兵，省人大常委会副主任铁代生，省政协副主席李英杰，市领导吴天君、李庆贵、刘建华、王富均、周海深、范学贵、王晓然、邢亚平、王保旺、贾全明、付月云出席论坛开幕式。

（李全国）

【友好往来】 2008年11月7日至16日，应巴西联邦共和国圣卡塔琳娜州伊塔雅伊市市长沃尔尼·莫拉斯托尼邀请，以市长李庆贵为团长的新乡市政府代表团，对伊塔雅伊市进行友好访问，并与伊塔雅伊市签订正式友好城市关系协议书和促进友好交流与经贸合作协议书。（李全国）

【新乡市被命名为“国家森林城市”、“国家卫生城市”】 11月17日至18日，第五届中国城市森林论坛会议在广州召开。会上，新乡市被授予“国家森林城市”荣誉称号。此后，新乡市被全国爱卫会正式命名为“国家卫生城市”。（李全国）

【纪念改革开放30周年大会召开】 2008年12月25日，新乡市隆重召开纪念改革开放30周年大会，市领导吴天君、李庆贵、刘建华、周海深、范学贵、王尚胜、杨崇林、弋振立、王晓然、邢亚平、王保旺、孙国富等出席大会。（李全国）

组织工作

【组织工作概况】 2008年，市委组织部以深入学习贯彻党的十七大精神为动力，坚持科学发展观统领组织工作，坚持改革创新精神推进组织工作，突出抓好市委关注的重点工作，积极构建组织工作新机制，取得显著成绩。以构建年轻优秀后备干部培养锻炼机制为核心，干部队伍建设有新进展；以构建干部教育培训机制为核心，干部执政能力建设有新推进；以构建干部队伍日常管理机制为核心，干部思想作风建设有新加强；以解放思想大讨论活动为契机，组织工作机制创新有新突破；以实施人才强市战略为重点，人才工作水平有新提高；以巩固和发展先进性教育成果为目标，基层党建工作有新深化；以“双创双十”为载体，组织部门规范化建设有新起色。（崔卫华）

中共新乡市委组织部领导成员

部　　长　冯　昕（2008年9月离）
　　　　　杨崇林（2008年10月任）
常务副部长　赵武昌
副　部　长　宗怀川　傅江山　薄学斌

【全市组织工作会议召开】 2008年3月19日，新乡市召开组织工作会议，总结近年来党的建设和组织工作，研究部署当前和今后一个时期的组织工作。市委书记吴天君在会议上强调要以改革创新精神加强党的建设和组织工作，为实现经济社会新跨越提供有力组织保障。市委副书记宋丽萍主持会议。市委常委、组织部长冯昕，市委常委、市纪委书记王尚胜，市委常委、秘书长杨晓捷出席会议。（崔卫华）

【实施大学生村干部计划】 新乡市公开选聘3000名高校大专以上学历毕业生到村任职，实现全市每村1名以上大学生村干部的目标；选拔300名优秀党支部书记、村委会主任参加省委党校组织的农村经济管理专业大专班学历培训；选派545名机关事业单位优秀青年干部到村挂职。建立新乡市大学生村干部网，搭建交流平台，点击率达到17万次；开展“进百家门、吃百家饭、摸百家情”等系列活动，引导大学生村干部转变角色、融入农村。（崔卫华）

【农村干部激励保障机制建立】 市委组织部制定并落实《市委、市政府关于建立健全村级主要干部激励保障机制的意见》实施办法。连续任职20年以上的优秀村党支部书记享受乡镇副科级干部基本工资待遇；连续任职15年以上的优秀村党支部书记享受社会养老保险待遇；正常离职的村党支部书记、村委会主任，享受生活补贴；受到市级以上表彰的村党支部书记，定期组织进行体检。全市241名优秀农村党支部书记享受政策待遇，其中68名优秀村党支部书记享受乡镇副科级干部工资待遇，173名优秀农村党支部书记享受养老保险待遇。（崔卫华）

【“双示范、双带动、双推进”活动】 市委组织部继续抓好以“先进乡镇党委示范、先进村党支部示范，带动后进村、带动贫困户，推进农村基层组织建设、推进社会主义新农村建设”为主要内容的“双示范、双带动、双推进”活动。示范乡镇党委由20个增加到35个，示范村党支部由200个增加到450个，帮带后进村470个，“双强”干部达到72%，“双强”党员结对帮扶4.9万个农户。示范乡村党组

织、“双强”党员干部带动作用更加突出，全市形成先进更先进、先进带后进、中间赶先进的良好局面。（崔卫华）

【实施“党内关爱工程”】 全市组织系统建立新乡市党员就业服务中心、新乡市困难党员帮扶中心、新乡市城市失业党员培训中心、新乡市农村贫困党员培训中心、新乡市农村党员实用技术培训中心、新乡市基层党员干部体检中心等6个党内关爱平台，根据各个关爱平台资源优势和各自特色，分别做好就业及下岗失业党员职业介绍、贫困党员生产生活帮扶、失业党员培训、农村困难党员生产技能与实用技术培训、优秀基层党员干部体检工作。至年底，新乡市党员就业服务中心已为50名党员提供就业信息、业务咨询等服务，为其中18名党员联系到就业岗位；新乡市基层党员干部体检中心为3900名大学生村干部进行健康检查。省委《党的生活》第9期、省委组织部《组工内参》第19期刊发新乡市的经验做法。（崔卫华）

【组织党员交纳“特殊党费”支援抗震救灾】 市委组织部落实中组部和省委组织部《关于做好部分党员交纳“特殊党费”用于支援抗震救灾工作的通知》要求，积极动员和组织各级党组织、共产党员交纳“特殊党费”支援抗震救灾。全市114169名党员交纳“特殊党费”，占全市党员总数的44.3%，共交纳“特殊党费”2761.78万元，数额居全省前列。（崔卫华）

【创新干部选拔任用工作机制】 市委推行选拔任用干部票决制，先后2次对4名拟提拔副市厅级干部人选进行市委常委会、市委全委会差额票决。结合市直单位换届人事调整，采用民主推荐、公开答辩等方式，择优选拔7名市直单位正职和2名县（市、区）政府正职人选。（崔卫华）

【建立各类人才选拔管理新机制】 制定下发《关于选拔管理优秀专家工作的意见》、《关于选拔管理学术技术带头人的意见》和《新乡市青年科技奖评选办法》3个政策性文件，形成规范、统一的全市优秀人才选拔管理办法，该项工作位居全省前列。（崔卫华）

【村“两委”换届选举工作】 市委组织部全面推进村“两委”换届选举工作，提出“六选八不选”标准，明确村“两委”班子结构的“五个比例”。通过换届选举，“双强”村干部比例达到70%以上，村“两委”班子交叉任职的比例达到70%以上，村党支部书记、村委会主任一肩挑的比例达到80%以上，大学生村干部当选村“两委”成员的比例达到90%以上，村“两委”成员有妇女干部的村达到100%，整体提升农村基层干部队伍素质、优化村“两委”班子结构。（崔卫华）

【外出务工党员教育管理】 组织部门在流动党员相对集中的10多个大中城市建立党支部122个，覆盖党员3900名，占外出务工党员总数的80%以上。做好流动党员活动证发放工作，全市外出务工党员持证率100%。（崔卫华）

【构建年轻干部培养锻炼机制】 市委组织部采取理论培训、实践锻炼和教育管理“三位一体”的培养办法，对全市优秀年轻干部进行全方位、大循环、多岗位培养锻炼。选拔92名乡（镇）基层优秀科级年轻干部来市直机关挂职锻炼；选派21名县处级后备干部、优秀年轻干部到省直机关挂职锻炼；选派2名县区领导到上海和广东沿海发达地区挂职锻炼。与市财政局联合出台《新乡市挂职锻炼干部工作生活补助管理办法》，不断完善挂职干部培养锻炼工作机制。（崔卫华）

【深入学习实践科学发展观活动试点工作】 根据省委安排，长垣县被列为深入学习实践科学发展观活动试点。市委组织部积极做好试点的指导工作，努力为长垣县开展试点活动搞好协调，同时为全市全面开展活动积累经验。至年底，长垣县实践科学发展观活动已经圆满结束。（崔卫华）

【中层干部岗位交流】 制定出台《中共新乡市委关于市直机关、事业单位部分岗位干部交流工作的意见》。对市直机关31个单位涉及管人、管钱、管物、管审批和管执法等“五项职能”重点岗位的208名科级干部进行交流。（崔卫华）

【市直单位领导班子换届人事调整】 2008年12月15日，市直单位领导班子换届人事调整工作开始，按照“配优配强、优化结构、增强活力、推进交流”的原则，分两步进行，第一步首先对部分市直单位正职进行调整；第二步对市直单位部分空缺正职岗位及领导班子其他成员进行调整，并结合市直换届对县（市、区）党委、政府领导班子部分成员进行调整。2009 年 1 月 4 日，市直单位领导班子换届人事调整基本到位。这次市直换届调整共涉及干部 320 名（含部分县〈市、区〉及事业单位），其中提拔任职 161 名（含提拔正处级干部 59 名，提拔副处级干部 102 名）；平级交流任职 124 名（其中正处级干部交流 31 名，副处级干部交流 93 名）；退出领导岗位 35 名。通过换届调整，班子结构得到优化，整体效能得到提高；干部队伍整体稳定，调动了各方面的积极性；社会反映良好，进一步提高了干部选用的公信度。（崔卫华）

【现代远程教育】 充分发挥现代远程教育网络作用，开展“新农村建设”专题培训，内容涉及十七大精神、农村政策、思想教育、农业科技、企业管理等，共计 248 个课件，学习受训人员达 631.3万人次。召开全市“学用”远程网络知识先进典型经验交流会，21 名先进典型登台演讲，并将实况录像上载至远教平台，组织县（市、区）党员干部群众集中收看，再次掀起“学用”新高潮。全市已涌现“学用”示范基地 459 个，示范户 2850 个，先进个人 653 人。开发制作具有新乡地方特色的“学用”先进典型系列教学课件——《新乡远教花正红》。该课件集中反映“学用”活动中涌现出来的 20 名典型优秀事迹，并在全国远程教学课件评比中荣获大奖。拍摄制作的电视散文——《山妹子的欣喜》荣获全省远程课件评比二等奖。（崔卫华）

【举行全省首批干部教育培训现场教学基地授牌仪式】 2008 年 12 月 2 日，全省首批干部教育培训现场教学基地授牌仪式在新乡县七里营镇刘庄村举行。省委副书记陈全国，省委常委、组织部长叶冬松，省委组织部副部长安平，省直有关厅局负责人，市委书记吴天君，市长李庆贵，市委常委、组织部长杨崇林，市委常委、副市长王晓然，市委常委、秘书长王保旺出席授牌仪式。刘庄村、京华村、唐庄镇、回龙村被省委组织部命名为首批马克思主义中国化最新成果教学基地，金龙精密铜管集团被省委组织部命名为改革开放与现代化建设成果教学基地。（崔卫华）

宣传工作

【宣传工作概况】 2008 年，新乡市宣传工作围绕中心，服务大局，深入学习宣传贯彻党的十七大精神、十七届三中全会精神，弘扬城市精神，建设文化强市，圆满完成了市委、省委宣传部交办的各项工作任务，工作有序推进，成效显著，为建设“效益新乡、创新新乡、生态新乡、和谐新乡”提供了有力的思想保证、舆论支持、精神动力和文化条件。（王　惠）

中共新乡市委宣传部领导成员

部　　长　邢亚平
常务副部长　薛祖立
副 部 长　焦　林　刘国华

【理论学习工作】 以县处级以上领导干部为重点，深化各级党委中心组理论学习。共组织 12 次市委中心组专题学习。组织全市理论骨干参加全省学习十七届三中全会精神理论骨干培训班，并结合实际深入基层开展宣讲，在全市兴起学习宣传贯彻十七届三中全会精神的热潮。广泛运用研讨会、座谈会、讲座等形式和报刊、广播、电视、网络等理论阵地，开设理论专题（栏），刊发全市党员干部、专家学者体会文章。充分发挥《新乡展望》和《新乡日报》理论版主阵地作用，根据不同时期的中心任务，集中发表主题理论文章，开展理论宣传，营造浓厚的理论氛围。按照省委、市委的统一部署，深入组织开展全市“新解放、新跨越、新崛起”大讨论活动，科学发展观深入人心。从 2008 年 7 月 29 日开始，市委宣传部作为此项活动的具体组织者，负责全市大讨论活动的牵头、组织、指导、协调职责。领导干部率先垂范，市委常委作表率，带头学习、带头剖析、带头整改。多名市委常委、副市长走进新乡电视台《沟通》栏目，现场听取观众意见。先后编印 10 万多本《学习读本》全部发放到全市各级党员干部手中。市委中心（扩大）组共进行 4 次集中学习，全市共组织集中学习 1 万多次，举办讲座 261 场次，听讲人数 12 万人次，组织观看录像 8000 多场次，观看人数 10 多万人次。活动期间，全市共设置意见箱 2117 个，发放征求意见表24.7万份，召开座谈会 2231 次。市大讨论活动得到省委的高度评价和省委有关领导的充分肯定，在全省大讨论工作会议和全省经济运行工作电视电话会议上，新乡市做了典型发言。（王　惠）

【营造良好舆论氛围】　市委宣传部围绕纪念比干诞辰 3100 周年庆典、纪念改革开放 30 周年、“三新”大讨论活动、“三位一体”建设、招商引资、项目带动、凤凰山森林公园建设、创卫等全市重点工作做好宣传报道，为全市经济社会又好又快发展营造良好的舆论环境。四川等地发生特大地震灾害后，组织全市各新闻媒体第一时间作出反应，紧急动员，打破常规，迅速调整节目、时段、版面，及时、全面、大容量、大密度、不间断播发抗震救灾宣传报道，紧张有序推进抗震救灾宣传工作。先后选派新闻媒体 20 名记者跟随市驻军、市政府工作队奔赴灾区一线进行现场采访报道。在全国电视行业中率先举办为灾区捐款捐物的大型慈善文艺晚会以及为灾区受伤群众献血活动。积极发掘全市各行业涌现出来的先进典型人物和典型事件，先后组织对新飞集团、金龙集团、孟电集团等行业典型进行系列宣传报道。此外央视还对新乡市抗震救灾先进典型进行集中报道，取得良好效果。辉县市建立先进典型宣传储备库，全面收集整理先进典型相关资料，为继续发掘新的宣传典型奠定基础。全市各新闻单位改革创新，《新乡日报》版面由每周的 36 个版扩展为 40 个版；《平原晚报》增加社会新闻版面，扩容本地新闻信息量，内容更加充实精彩，更加贴近群众。在全省报纸编校质量抽查评比中，《新乡日报》在全省 20 家党委机关报中排名第三，受到省新闻出版局的通报表彰。市电视台《沟通》栏目在大讨论活动中邀请市领导走进直播，搭建领导与市民的对话平台，树立政府关民、为民、爱民的良好形象，全市涌现出一大批优秀新闻宣传工作者和新闻宣传作品。围绕改革开放 30 周年开展系列成就报道，在全省影响较大。2008 年，《人民日报》、《经济日报》等中央媒体围绕新乡创建全国文明城市工作先进城市、卫生城市、园林城市、森林城市，通过专版、专刊等形式，连篇累牍，浓墨重彩宣传创建成果。中央、省级各主流媒体先后对新乡的文化产业发展、畜牧业发展、粮食深加工、集体林权制度改革、新飞“家电下乡”、全国统筹城乡发展加快新农村建设理论与实践高层论坛、城乡一体化建设等进行集中采访报道，全年接待省以上新闻记者近 500 人次。与有关部门组织纪念改革开放 30 周年研讨会，开展《飞跃 30 年》大型文化活动、“纪念改革开放 30 周年征文活动”、“纪念改革开放 30 周年报告会”、“纪念改革开放 30 周年成就展览”，总结改革开放 30 年的成功经验，展示改革开放 30 年的丰硕成果，激励全市人民全面建设小康社会的热情。11 月 11 日至 12 月 30 日，面向全国开展“新乡市解放暨建市 60 周年主题口号有奖征集”活动，社会各界人士、特别是新乡市民反响强烈，积极参与活动，共收到作品 4000 余件。（王　惠）

【实施文化精品带动战略】　市委宣传部成功举办丰富多彩的文化活动，举办 2008 年春节电视文艺晚会《新乡之韵》；精心组织 2008 年元宵节群众文化活动；举办新乡市“牧野鼓魂”争霸赛暨第三届鼓舞艺术大赛；举办新乡市第三届文化庙会，参观游客达 6 万余人次，营造欢乐祥和的节日氛围。在全市范围内全面开展“欢乐中原，唱响新乡”广场文化活动，全市组织、群众自发开展各类广场文化活动 2000 余场，参演、观看群众达百万余人次，受到广大群众的普遍欢迎和赞誉；举办首届“牧野欢歌”才艺大赛，报名参赛人数超过 5000，创新乡历年来报名参与群众文化活动人数最多的纪录。优秀文艺作品不断涌现。在全市范围内，组织开展新乡市第七届精神文明建设“五个一工程”评选工作，征集参评作品 50 余件。电视剧《大长垣》、广播剧《强扭的瓜也甜》、歌曲《烧包农民》荣获河南省第八届精神文明建设“五个一工程”奖，被省委宣传部表彰。出版大型文化丛书《牧野风·新乡文典》和《新乡韵·历史文化集粹》。组织市杂技团参加第七届河南省杂技大赛。组织市豫剧团排演王国毅创作的大型现代戏《新月》，该戏荣获省戏剧大赛文华剧目奖。新乡市红石榴女子合唱团代表新乡市参加第三届河南省合唱节，获得金奖。2008 年 1 月，女作家戴来获第十一届庄重文文学奖。新乡美术馆正式建成开馆，这是继郑州、洛阳之后的第三家市级美术馆，开馆后举办“豫北六市书画大型展览”、“豫北六市文艺协作区繁荣文艺座谈会”、“南太行文艺采风”等一系列活动，为新乡乃至整个豫北地区的文化艺术展示和交流提供良好平台，受到广大观众和文艺工作者好评。组织开展净化文化市场的“扫黄打非”系列专项治理活动，共查处网吧违规行为260多起，娱乐场所违规行为9起，收缴非法出版物1.68万册（张）、盗版音像制品3800余张、盗版出版物1.5万余册，处罚违规图书经营单位19家，印刷企业13家，取缔摊点34家，取缔关闭非法网站9家，震慑文化市场的违规违法行为。建立市、县级非物质文化遗产保护体系。组织专家评出列入市级第一批非物质文化遗产名录的35个项目和推荐申报省级非物质文化遗产名录的17个项目。推荐的2个非物质文化遗产社会传承基地被省文化厅命名，申报的7个国家民间艺术之乡已经公示。以民间剪纸李爱荣为代表的11人入选首批“省级非物质文化遗产传承人”。文化产业综合实力增强，文化产业总量、增速均位于全省前列。文化强市已成为全市主要发展战略目标之一，2008年9月，召开新乡市文化产业发展和文化体制改革工作会议，决定以十大标志性文化建筑、十大重点基础文化建设工程、十大重点文化产业项目“3×10”项目为建设重点，实施项目带动战略，促进全市文化产业发展和文化体制改革工作快速发展。全省有4个省辖市实现文化产业增加值在30亿元以上，有4个城市文化产业增加值占本地区GDP比重高于全省平均水平，新乡均名列其中。广播电视村村通、社区和乡镇综合文化站、农村文化大院、新农村书屋、农村电影放映工程和文化信息资源共享工程建设成效显著。平原博物院等重点文化工程进展顺利，科技文化卫生三下乡等一系列文化活动，大大提升牧野文化的影响力、传播力和带动力。以文化旅游业、印刷包装业、文化工艺品制作业三大基地建设为重点，以项目带动为切入点，大力发展文化产业。电视剧《大长垣》带动近10亿元相关产业。投资5000余万元的中原图书文化产品大世界落成开业。万仙山景区郭亮影视村开发项目获2008年度河南省省级文化产业发展专项资金补助50万元。围绕“中华谋圣”姜太公故里做文章，投资1200万元推出200集动漫剧《太公传奇》及卡通画册等系列卡通商品，相关剧本创作已经完成，并顺利通过国家广电总局审批；在市区建成一个文化产品特色街区项目正在策划论证。文化体制改革走出新路子。2008年1月新乡文化产业投资公司正式挂牌成立，组建完成河南省第一家文化投资基金“中原文化产业基金”，主要投资文化类上市后备企业、具有中原文化元素的影视作品、出版物、文化项目及并购文化产业园建设。（王　惠）

【思想政治工作】　市委宣传部在全市青少年中组织开展“我承诺：做一个有道德的人网上签名活动”和“知荣辱、树新风、我行动”道德实践活动。积极开展“全国抗震英雄少年”评选和学习活动。在媒体开设“身边好人”栏目，每月推荐和评选道德模范，全年全市共有4人入选《中国好人榜》。协助中央文明办在新乡成功举办“我推荐、我评议身边好人活动”暨入选《中国好人榜》（河南）颁奖仪式，在全社会弘扬良好道德风尚。依据《全国未成年人思想道德建设测评体系》，分解任务，强化各职能部门职责，征集整理全市未成年人思想道德建设档案资料，加强对各项工作任务的督查指导。开展“春季网吧集中治理”、“三项集中整治”、“以城乡结合部、校园周边环境为重点的网吧治理专项行动”等文化市场秩序集中整治活动以及“放心网吧”行动，遏止网吧等文化市场对青少年的不良危害，积极营造未成年人健康成长的外部环境。开展农村留守儿童关爱工程——“春暖行动”，发动社会各界为农村留守流动儿童办实事、办好事。2008年，新乡市荣获“全省未成年人思想道德建设工作先进城市”称号。进一步改进高校思想政治工作方式方法，提高思想政治工作实效性、针对性。与河师大共同组织全国“当代青少年研究”学术论坛第二届“养成教育：理论建构与应用研究”全国研讨会。

（王　惠）

【和谐新乡系列创建活动】　2008年，新乡市提出争创全国文明城市工作先进城市的目标，围绕这一目标开展大量工作。2009年1月，全国精神文明建设工作表彰大会在北京召开，新乡市被中央文明委正式命名“全国文明城市工作先进城市”。在全市广泛开展“迎奥运、讲文明、树新风”系列活动，掀起践行文明礼仪、争创文明城市的新高潮。开展电视、报纸和网络知识竞赛答题活动，全市共收回有效答题卡58万余份，居于全省前列。开展“我为奥运加油、我为奥运添彩”网上签名留言活动，全市各新闻媒体也纷纷设置专栏、专题，营造学习奥运知识、践行文明礼仪的浓厚氛围。全市文明村镇创建初步形成以点带面、典型示范带动的工作格局，文明村镇创建水平和质量进一步提升。全年共创建成“全国文明村镇”3个，“全国精神文明创建工作先进村镇”5个，“全省文明村镇”8个，“全省精神文明创建工作先进村镇”9个，创建数量居全省前三位。在全市农村扎实开展“生态文明村建设——清洁家园行动”，推进环境卫生整治、村庄绿化、农村基础设施建设等重点工作，迅速掀起农村环境卫生综合整治高潮。省文明委在新乡召开全省农村“清洁家园行动”经验交流会，新乡荣获全省“清洁家园行动”先进市。全市45个村镇被评为省“清洁家园行动”先进村镇，数量居全省前列。“三下乡”活动注重实效，全市共组织集中示范性下乡活动3次，点题下乡和特色下乡活动达30次，受到全市农村广大干部群众的欢迎和好评。　（王　惠）

【对外宣传和网络宣传】　2008年，新乡市在全国中央、省级新闻媒体发稿4000余篇（条）。其中，中央、省级主流新闻媒体发稿共计1350篇（条）。围绕重大节庆活动开展外宣取得显著成效。圆满完成纪念比干诞辰3100周年活动宣传工作。制作比干文化和纪念活动的专刊、专版、专题、专页、画册、信封等，制作电视专题片上、下两集，在纪念庆典前、中、后三个阶段陆续刊发播发。成功举办纪念比干诞辰3100周年《同根和韵颂比干》大型文艺演出；先后邀请38家主流媒体以及域外媒体60多名记者，对纪念活动进行多角度、全方位报道，共刊发纪念活动稿件308篇；邀请河南电视台对大典仪式进行现场录播。庆典宣传成为一次组织重大活动宣传报道的成功案例。连续三年在中央电视台一套、四套、新闻频道播出新乡城市形象宣传片，并针对北京奥运会增选英语频道播出，广泛传播新乡开放、自信的形象。积极开展网上对外宣传活动，成功组织接待第七届“网上看河南——新乡行”采风活动，48家著名网站和河南卫视、河南日报等媒体的记者共72人组成采风团，先后对新乡进行集中采访，各家网站发稿数量累计160篇。积极筹备建设新乡网络宣传管理机构；加强网上舆论的引导，积极开展清查新乡网站违规登载新闻工作，指导网站统一举行四川汶川地震全国哀悼日活动；举行“新乡网友祈福同胞——5·12赈灾祈福”活动，组织网民为灾区募捐。围绕中心工作，开设奥运、抗震救灾、纪念改革开放30周年、“三新”大讨论、创建全国文明城市工作先进城市、卫生城市、森林城市等多个专题网页。进一步加强落实网络监督制度和网络值班制度，坚持网上舆情报告制度，并将网上重大动态和涉新舆情及时上报市领导。举办第二届外宣品观摩活动。出版发行大型文化丛书《牧野风·新乡文典》和《新乡韵·历史文化集粹》，填补新乡历史文化作品史上的一项空白，成为新乡外宣品的杰出代表。　（王　惠）

【城市精神系列宣传活动】　市委宣传部在全市范围内组织开展“市歌大家唱”活动。以弘扬城市精神、树立新乡形象为核心，各级各单位大力开展唱市歌进机关、进社区、进学校、进乡村活动。唱市歌活动全市共发放市歌光盘3000余套，歌谱10万余张，举办市歌专题演唱会、歌会等达300余场，社区文化广场、文化大院组织演唱活动1700余场，10万名大学生参与唱市歌活动，整个活动参与人数达35万余人次。11月6日，市委宣传部举办《新乡明天更辉煌》县（市、区）市歌大赛决赛，共评出一等奖5个、优秀组织奖5个、二等奖7个。通过电视、广播、报刊、网络等新闻媒体广泛宣传，大力弘扬城市精神。通过组织社区、单位唱市歌和群众文化活动，进一步扩大城市精神的宣传效果和持久影响力。设计、制作有城市形象标志的邮票、信封等系列外宣品，在文化产品、城市交通要道、标志性建筑、窗口行业服务中广泛使用城市形象标识，传播新乡城市精神和城市理念，树立新乡城市品牌，提升新乡城市形象。在全市深入开展践行城市精神活动，引领全市人民树立城市理念，提升价值观念，形成“践行城市精神，我为新乡添彩”的良好氛围。大力开展评选“践行城市精神典型人物”活动，层层树立践行城市精神典型，用典型人物的形象和精神诠释城市精神的本质，丰富城市精神的内涵。　（王　惠）

统战工作

【统战工作概况】　2008年，市委统战部领导班子带领全体干部职工，按照全省统战工作会议精神和市委、市政府总体工作部署，贴近中心，服务大局，围绕经济发展抓统战，围绕民生改善抓统战，围绕凝聚力量抓统战，围绕和谐稳定抓统战，突出重点，创新载体，狠抓落实，保持团结、稳定、振奋、活跃的局面，为促进全市经济建设、政治建设、文化建设和社会建设做出新贡献。（王永利　高　伟）

中共新乡市委统战部领导成员

部　长　杨崇林（2008年10月离）
　　　　赵建军（2008年10月任）

副部长　杜家武　赵自中　陈汝锦　刘　军

【推动多党合作事业发展】　市委统战部为民主党派参政议政创造条件。召开征求意见会，就《政府工作报告》等征求党外人士意见；坚持通报制度，组织召开民主党派、工商联、无党派代表人士会议，通报上半年全市经济运行暨党风廉政建设情况；完善市党政领导干部与党外人士交友联系制度；落实市政府及其有关部门对口联系民主党派制度，召开市政府各有关部门与民主党派对口联系工作督导会，听取对口联系部门工作汇报，推动对口联系工作深入开展；建立民主党派与市委、政府领导“信息直通车”制度，更好地发挥民主党派参政议政、民主监督作用；组织民主党派深入调研，并协调有关部门做好民革、民盟、农工党等党派中央、省委来新乡市进行专项调研工作，为他们建言献策提供平台。及时传达省政治交接学习教育活动暨全省民主党派工作研讨会精神，协助市各民主党派搞好政治交接活动，把活动进一步推向深入。协助民主党派加强自身建设。以纪念中央发出“五一口号”60周年为契机，召开民主党派负责人会议，研究讨论民主党派的思想、组织、作风、制度建设问题，帮助党派健全各项规章制度，实行规范化管理，使民主党派的自身建设有新的提高。引导民主党派成员积极服务社会。结合各党派自身特点，参与服务社会主义新农村建设，建立农业科技、医疗卫生、文化教育、法律咨询等方面的服务机制；利用网络媒介开设党派“志愿者之窗”，为群众提供扶贫信息服务。组织开展赴乡村、到社区、入困户的社会服务活动500余人次，受益群众1万余人。（王永利　高　伟）

【促进民族宗教和谐】　市委统战部围绕长效机制建设，把民族宗教工作纳入市委、政府年度目标管理。抓不稳定因素排查机制落实，每月自下而上排查上报一次，敏感期实行每天零报告制度，发现问题及时化解。抓教育培训机制落实。1月和7月，分别采取举办培训班、以会代训等形式，培训少数民族聚居村党支部书记、阿訇社首、宗教教职人员2500余人次。抓表彰激励机制落实。在深入开展民族团结进步创建工作的同时，开展“宗教工作先进县（市、区）、先进乡（镇、办事处）、先进村（社区）、规范化管理宗教活动场所、爱国爱教模范教职人员”评比活动。3月，市委、市政府对民族宗教工作先进单位和个人进行表彰。开展结对帮扶，加大对少数民族聚居村帮扶力度，逐步实现由“输血”到“造血”的转变，并动员民营企业和少数民族聚居村进行结对，采取“公司＋农户”模式和安排少数民族群众就业等多种形式，帮助少数民族群众致富。（王永利　高　伟）

【服务经济建设】　2008年6月24日，市委统战部、市新农村办、市工商联联合召开新农村建设“百企帮百村”活动经验交流会。在开展“百企帮百村”活动中，通过采取合作开发、产业带动、直接参与、公益捐助、帮助自立等多种帮扶形式，促成596家民营企业与612个行政村结对帮扶，帮扶项目651个，帮扶资金2.6亿元。增强了非公有制经济人士的社会责任意识，形成企业农村互动双赢、共谋发展的局面。组织非公有制经济人士积极参与再就业工程，市工商联分别与团市委、总工会联合举办2008年首届人才就业、下岗职工再就业招聘会，安排就业7000余人。推进非公有制经济人士活动阵地建设。新乡市海联中心、商会大厦建设用地已经摘牌，正在考察设计之中。（王永利　高　伟）

【党外干部培养选拔配备】　贯彻落实中央、省、市党外干部培养选拔工作座谈会精神，在按规定配备党外干部的同时，着力抓好党外干部的思想政治及能力建设。加大党外干部培养力度。与市委组织部联合举办科级党外干部培训班，选调县级党外干部参加县级干部研讨班，组织党外副县（市、区）长、民主党派干部参加省委统战部组织的党外干部培训班和民主党派干部培训班，分别选调市直机关科级党外干部和基层党外干部到乡镇、市直机关挂职锻炼。做好市人大、政协党外代表、委员的提名、推荐工作。（王永利　高　伟）

【统战理论宣传、调研、信息工作】 贯彻落实第二十次全国统战工作会议和省委统战工作会议精神，不断加强统一战线理论宣传工作，在全市统一战线开展“大班杯”庆祝中共中央发布“五一口号”60周年书画比赛和纪念改革开放30周年“光明奖”摄影比赛。8月，在全市统战系统开展统战知识宣传月活动，在市级以上各类主流媒体发表文字和图片稿件200余篇（幅），其中省级以上主流媒体发稿60余篇（幅）。加强调研、信息工作，收到调研文章120余篇，从中选取39篇汇编成册。编发《新乡统战》38期，上报信息1200余条，省委统战部采用130多条。新乡统战理论宣传、信息、调研工作继续保持全省先进位次。（王永利　高　伟）

【对台经济、交流、宣传联络工作】 2008年9月10日，新乡市召开市委对台工作会议，市四大班子主要负责人及对台领导小组成员，各县（市、区）党政一把手、统战部长、台办主任，市委各部委、市直机关各党组（党委）、有关大型企业和大专院校党委、各人民团体负责人等参加会议，吴天君到会做重要讲话。年内，充实调整市委对台工作领导小组，制定《2008～2012年新乡市对台工作规划》。加大对台专兼职干部培训力度，通过以会代训及参加国台办、省台办培训班等形式，强化对台专职干部业务培训。近两年，新乡市对台专兼职干部参加国台办、省台办培训班18人次，市级培训2次。成立“中国新乡台商投资园”。规划面积6平方公里，园区内水、电、路齐全，为台商投资新乡创建了平台。加强对台人员往来及对台交流。以“拜祖”、“寻根”等为载体，逐步拓宽交流渠道。利用比干诞辰3100周年纪念活动，邀请、接待台湾世界林氏宗亲总会、台北市林氏宗亲总会、台湾省林姓宗亲总会等300多名林姓台胞参加庆典活动。落实“台塑”捐资建学项目，对辉县市冀屯乡中心小学和长垣县鲁岗乡滑店小学的捐建情况进行跟踪服务、管理，督促当地配套资金到位。两所小学主体工程已经完工，配套设施正在建设中。（王永利　高　伟）

【抗震救灾工作】 四川汶川大地震发生后，市委统战部及时下发《关于发挥统一战线优势紧急做好抗震救灾工作的通知》，动员、引导统一战线广大成员发扬“一方有难、八方支援”的中华民族传统美德和社会主义协作精神，以实际行动为受灾群众解困，为国家分忧。举行驻新省政协委员企业家捐款仪式，为企业家提供奉献爱心、扶危济困平台。回应非中共人士比照中共党员交纳特殊党费的做法，进行特殊捐款的强烈要求，市委统战部发布告示，凡非中共人士愿意向地震灾区进行特殊捐款1000元以上的，由同级统战部门统一代收后缴同级民政部门，由民政部门分别开具收据。通过统战部门统一组织或个人直接向灾区捐献、参加赈灾晚会现场捐献等多种途径，全市统战干部和统一战线成员向灾区捐款3198.05万元，捐物折合612.39万元。

（王永利　高　伟）

【推进落实重点工作】 认真开展“新解放、新崛起、新跨越”大讨论活动，广泛征求意见，认真查摆问题，深刻剖析原因，制定整改措施。协调做好比干诞辰纪念活动筹备、组织工作。比干诞辰3100周年纪念活动取得圆满成功，得到各级领导、嘉宾、林氏后裔及社会各个方面的普遍赞誉。中央电视台四套国际频道、教育频道，河南电视台八套、河南卫视，《人民日报》、《河南日报》、《大河报》、《大公报》、《经济视点报》等新闻媒体都进行了报道。河南省委书记徐光春在新乡市《关于比干诞辰3100周年纪念活动情况的报告》上批示：“祝贺活动取得成功，希望总结经验，继续努力，把这一活动打造成为河南著名的文化活动品牌。”为贯彻落实徐光春批示精神，按照吴天君、李庆贵的批示要求，与卫辉市研究制定《比干诞辰纪念活动五年规划及2009年活动计划》。按照市信访包案责任制要求，参与信访案件的研究，针对具体问题，召开会议，协调解决矛盾纠纷。（王永利　高　伟）

【健全规章制度，加强党风廉政建设】 市委统战部把党风廉政建设工作列入整体工作格局，利用部长办公会，召开党风廉政建设碰头会，结合工作重点提出要求，检查、指导部机关及分管范围内的党风廉政建设工作，不断强化廉政意识，从思想上筑牢防线。制定下发《市委统战部领导班子及成员党风廉政建设岗位职责》、《党风廉政建设责任目标》等文件，对党风廉政建设责任目标进行分解，把反腐倡廉各项任务落实到具体岗位和具体人，做到落实有措施、责任有标准、完成有时限。建立完善统战部《机关工作规范化管理手册》和《科室岗位职责手册》，健全领导集体决策规则，制定有关领导决策的范围、内容、程序、原则、方法等工作规范，提高机关工作规范化管理水平，以制度规范和制约权力运行。成立党风廉政建设责任制工作领导小组，部长任组长，严格落实“一岗双责”制，按照“谁主管、谁负责”的原则，部长与副部长、常务副部长与各科长层层签定党风廉政建设责任书，既要抓分管部门的业务工作，也要抓好分管范围内的党风廉政建设工作，形成了一级抓一级、层层抓落实的党风廉政建设工作局面。认真履行职责，践行承诺，定期听取分管范围内的党风廉政建设工作情况汇报，坚持在元旦、春节、“五一”、“十一”、中秋节等传统节日前，召开全体会议，严肃纪律。工作中坚持集体研究，集体决策，保证每个领导干部的廉洁自律，形成坚强的领导核心。（王永利　高　伟）

老干部工作

【老干部工作概况】　2008年，全市老干部工作以保持离休干部“三个机制”正常运行为重点，老干部的各项待遇得到较好落实，充分发挥老干部在推动科学发展、促进和谐新乡建设中的重要作用，各项工作取得重要进展。至2008年底，全市共有离休干部4297人，其中，机关1171人，事业1429人，企业1697人；地专级171人，县处级1964人，科级以下2162人；红军时期5人，抗日战争前期183人，抗战后期536人，解放战争时期3513人；市直市属2139人，4个区193人，县（市）1805人，大专院校160人。认真贯彻落实《关于转发中共河南省纪委等部门对企业事业单位离休干部发放生活补贴有关问题的通知》精神，为全市离休干部办理生活补贴发放审批工作。落实省财政厅豫财办文件精神，为197名离休干部办理提高护理费的审批工作。认真做好老干部身体健康检查，2008年市直体检离休干部1255人。认真组织、积极参加全省离退休干部纪念改革开放30周年文艺汇演大赛，喜获丰收，取得5金1银和1个组织奖，18个省辖市中新乡市获金奖最多。在北京举办的《2008夕阳与圣火同辉》全国书法大赛中，葛中信获一等奖，并被授予“奥运人文艺术家”称号。深入开展“新解放、新跨越、新崛起”大讨论活动，促进新乡市老干部工作的新跨越。对5年来在全市老干部工作中涌现出来的54个先进集体和206名先进工作者进行隆重表彰，极大地调动了广大老干部工作者的积极性、创造性。组织全系统工作人员为四川汶川地震灾区捐款，共捐款19.8万元，在全省老干部系统名列第一。（王会敏）

中共新乡市委老干部局领导成员

局　长　葛中信

副局长　王菊珍（女，正处级）

尚增轩　侯丙申

李安新（2008年9月任）

【河南省落实中组发10号文件调研组莅新调研】
为认真贯彻落实《关于进一步加强新形势下离退休干部工作的意见》（中组发〔2008〕10号文件），河南省落实10号文件调研组莅新调研，5月20日，在新乡召开豫北六市老干部局长会议。省委调研组由原省委常委、组织部长刘广祥任组长，成员有原副省长贾连朝，原省政协副主席刘其文，省委老干部局局长汪晓微、副局长王金贵、教育处长崔树林、调研处长陈鸿飞、机关党委专职副书记张素伟、宣传处副处长宋凯扬、关工委办公室副主任王玮、保健处副处长曾兵、调研处副处长杨智勇、副调研员宾奕。省专题调研第二组成员由豫北六市老干部局局长及其调研科长、安置科长、办公室主任组成，一并参加这次调研会议。调研会由新乡市委常委、组织部长冯昕主持。市长李庆贵向大会致辞，冯昕向大会介绍。新乡市创新的特困企业评审办法、一年一次离休干部体检做法、经贸委老干部管理办公室对527名离退休干部实行统一管理的服务机制等先进经验，刘广祥、汪晓微在作总结讲话时给予充分肯定和高度评价，对河南省拟出台的落实10号文件《实施意见》提供了宝贵的实践经验。（王会敏）

【特困企事业评审工作】　新乡市特困企事业评审办法已实施9年，每年将评出的特困企事业离休干部医疗统筹金，由市财政按照所评出特困离休干部人数及标准数在上个年底一次性缴到医保账户，使这部分离休干部与行政机关离休干部一样享受医疗费实报实销，解决离休干部“两费”拖欠问题。新乡市2008年共评出特困企事业单位138家，涉及离休干部779人，其中，一类496人，市财政支付医疗统筹金每人8500元；二类180人，市财政支付医疗统筹金80%，每人6800元；三类26人，市财政支付医疗统筹金60%，每人5100元；无单位管理的困难离休干部77人，市财政支付医疗统筹金每人8500元。河南省属企事业以及许多省辖市也都采用此办法确保困难单位医疗费无拖欠。新乡市创新的这个办法在全省示范效应明显。（王会敏）

【老干部大学、老干部活动中心迁新址】 投资5500万元，占地18亩，建筑面积2万平方米的老干部大学、老干部活动中心于2008年9月建成，2600多名学员在国庆节后到新校上课学习，老干部局机关于10月同迁新办公楼办公，老干部活动中心于11月底搬迁完毕。新的老干部大学、老干部活动中心，地处新乡市平原路东段，位于平原路与新飞大道十字路口西南方向，属于新老城区结合地带，无论居住在老城、新城，离退休干部到此学习、活动都很方便。新乡市委、市政府将此工程作为民心工程、敬老工程和德政工程来抓，于2005年9月1日奠基开工建设，施工期间，市领导经常深入工地，现场办公，解决问题，市委书记吴天君对此非常重视，专门作出指示：新的老干部活动中心、老干部大学建成后，水、电、暖等维修由机关事务管理局负责。市长李庆贵多次现场办公，推进加快工程建设进度。常务副市长王战营深入工程建设现场指导工作。市财政拨款50万元，给老干部大学添置课桌、椅子、音响等电器设备。（王会敏）

【新乡市老干部大学】 以入迁新校舍为契机，扎实推进规范化老干部大学建设，促进教学的新跨越，新发展。根据新时期老干部多元化、个性化的需求，适时调整、增设专业课程，一定程度上满足新乡市老干部不断增长的精神文化需求。2008年第一学期新开设太极柔力球专业；将篆隶班划分为篆书、隶书两个专业班级；将报名超员严重的太极拳（剑）班划分为2个教学班，第一学期共开设42个专业、71个教学班（队）、在校学员人数2600人。其中享受减免学费待遇的离休干部、75周岁以上老人、全国劳模、享受国务院特殊津贴、荣残革命军人、老教授等学员共189人。第二学期，克服由于学校搬迁带来的不利因素，本着既能在老校舍上课，又便于入迁新校舍后编班的原则，注重办学模式多元化，努力创新教学方法，不断提高教学管理水平，吸引新老学员入校学习，共设39个专业，58个教学班，5个演出队。主课生人数达2102人，学习人次2567人，其中享受减免学费待遇的离休干部、75周岁以上老人、全国劳模、享受国务院特殊津贴、荣残革命军人、老教授等学员共有244人。10月，学校顺利完成校舍的整体搬迁，教学工作平稳过渡，井然有序，圆满完成全年各项教学任务。（王会敏）

【离退休干部思想政治建设和党支部建设】 深入开展学习实践科学发展观、解放思想大讨论、纪念改革开放30周年等重大活动。通过多种形式，利用各种阵地，组织离退休干部深入学习中国特色社会主义理论，学习党的十七大、十七届三中全会、省委八届九次全会和市委九届十次全会精神，进一步加深对党的基本理论、基本路线、基本方针、基本政策的理解。坚持定期通报工作、重大节日走访慰问、组织参加重要会议和重大活动、在职领导联系老干部等制度，使思想政治工作经常化、制度化、系统化、亲情化。市委、市政府全年向市级老干部通报工作6次，组织老干部参加重要会议和活动9次。9月27日至10月2日，组织市厅级老干部去北京参观奥运场馆，陶冶情操，开阔眼界。以“五个好”为目标，不断加强和改进离退休干部党支部建设。全市共建立离退休干部党支部（总支）318个，有2个党支部被各级党委评为先进党支部、64名老干部被评为优秀党员，其中10名离退休党员干部荣获市直工委优秀党员，增强了党支部的凝聚力和战斗力。（王会敏）

党史工作

【党史工作概况】 2008年，全市党史部门和党史工作者围绕全市工作大局，发挥自身优势，努力寻找党史工作推动新乡科学发展、和谐发展的着力点，以高度的事业心和责任感，勇于开拓，积极进取，扎实工作，较好地发挥党史部门存史、资政、育人的作用。2008年，新乡市委党史研究室被新乡市委机关委员会评为先进党支部。（郑逢敏）

中共新乡市委党史研究室领导成员

主　任　吕春光
副主任　张　申　孙建设

【新乡市党史工作会议召开】　2008年3月13日，中共新乡市委党史研究室召开全市党史工作会议。会议传达贯彻全省党史工作会议精神，总结2007年全省党史工作，部署2008年党史工作任务。市委党史研究室主任吕春光在会上作《认真贯彻学习党的十七大精神，努力开创党史工作新局面》的工作报告。报告指出：2007年全市党史部门在党史队伍建设、党史研究和党史宣传及配合党委中心工作等方面都取得很大成绩。圆满完成上级和市委部署的各项工作任务。报告要求在新的一年里，全市党史工作要以提高党史工作队伍素质、开展新乡市党史二卷编写和纪念改革开放30周年等工作为重点，全面开创党史工作新局面，为建设效益新乡、创新新乡、生态新乡、和谐新乡做出新贡献。　（郑逢敏）

【“新解放、新跨越、新崛起”大讨论活动】　2008年7月底，新乡市委党史研究室开展“新解放、新跨越、新崛起”大讨论活动，先后经过学习动员阶段、查摆问题阶段、整改提高阶段和巩固成果阶段等关键环节，在深化思想解放、深挖认识根源、深入解决问题等方面进行整改，圆满完成各项任务，达到预期目的。活动中新乡市委党史研究室把科学发展观切实落实到实际工作中去，发扬理论联系实际的作风，学以致用，用以促学，进一步增强党史工作者对党史工作社会定位的认识，增强党史工作更好地服务科学发展大局和实现党史工作自身科学发展的责任感，增强党员干部解放思想和干好事业的主动性和使命感。　（郑逢敏）

【党史资料编研、出版工作】　2008年，全市党史部门在党史征集、编撰工作中，以实事求是、求真务实的态度和作风，广泛征集、及时抢救，力求详尽地占有历史资料；深挖细研、精心雕琢，力求科学地总结历史经验教训，深刻地揭示历史规律，取得一批有参考价值、质量较高的成果。从2005年开始，多次组织人员前往省委党史研究室和市档案馆挖掘收集档案资料，查阅民国档案、敌伪档案等20余本；复印资料140余份，近340页。经过几次修订，按照中央及省委党史研究室的统一要求，将资料分门别类，装订立卷，撰写报告近2万字，并上报中央及省委党史研究室。2008年底，市委党史研究室将这项成果汇集成《抗战时期新乡损失调查》一书正式出版。建设社会主义新农村带头人口述历史课题征编工作，是中央党史研究室为纪念改革开放30周年部署的一项重要工作。2007年11月13日，省委办公厅下发《关于开展“建设社会主义新农村带头人口述历史”征编工作的通知》，对搞好省、市建设社会主义新农村带头人口述历史工作提出具体要求并做出认真部署，随后新乡市课题征编工作迅速展开，并于2008年编辑出版《足迹》一书。该书真实记录新乡市新农村建设取得的令人瞩目的成绩和经验，将对加快全市社会主义新农村建设，起到积极的推动作用。市委党史研究室在征求省、市专家学者意见的基础上，进一步完善党史二卷编写篇目大纲，合理分派写作力量，并已写出部分初稿。封丘县在2004年就已完成党史二卷的编写出版工作，走在全省的前列。各县（市）也在二卷编写方面做了大量工作，有的拟出大纲，有的写出部分章节。党史资料征编是开展党史研究和党史宣传教育的基础。市县两级积极拓宽大事记资料征集渠道，不断提高编写质量，确保大事记及时上报。辉县和卫辉两市能够把有价值的重大事件及时上报，积极支持市委党史研究室的工作。在党史图书编辑出版方面，原阳县党史办编辑出版《原阳县大事记》（1993.01～2005.12），28万余字。卫辉市党史委出版发行《中国共产党河南省卫辉市组织史资料》第二卷（1989.01～1998.12）；《皮定钧司令》、《中共卫辉市历次党代会文献汇编》、《2003－2008年卫辉大事记》等书均已写出初稿。延津县党史办编辑出版30多万字的《中国共产党延津县历次代表大会重要文献选编》。长垣县党史委编辑出版《长垣颂歌》，全书29篇，计18万余字。　（郑逢敏）

【党史宣传教育工作】　2008年，全市党史部门围绕新乡市的中心工作，继续加强党史宣传教育的阵地建设，不断创新形式、拓展领域，进一步扩大党史宣传教育的影响力。为纪念改革开放30周年，市委党史研究室开展征文比赛，号召全市党史党建和社会科学工作者积极撰写文章，共同回顾新乡市改革开放30年来的巨大成就和经验体会。全市党史部门撰写论文12篇，向省委党史研究室推荐6篇。其中辛燕宏的《试述新乡改革开放三十年的成就及经验》一文入选省委党史研究室组织的纪念党的十一届三中全会召开30周年学术研讨会。8月27日，中央党史研究室副主任张启华一行9人到七里营镇，就七里营人民公社历史进行调研并召开座谈会，市领导全面介绍新乡县集体经济发展、先进典型群体、农村改革发展的情况。协助《党史博览》在新乡市召开第九届全国重大党史题材写作笔会，一批全国著名党史专家、著名杂志编辑等到会。辉县市委及辉县党史部门做了大量细致的工作，为笔会的成功举办做出贡献。卫辉市委党史研究室在《今日卫辉》报上连载刊发《改革开放三十年、建市二十周年》专题报道；与宣传部合作，共同举办“七一”文艺晚会，为卫辉市老百姓奉献一场丰富多彩的文艺节目，很好地宣传了卫辉历史。新乡县委党史研究室以改革开放30年为主题，开展征文活动，回顾总结改革开放30年的成功经验，精选征文20余篇，其中京华村征文上报省委宣传部；联合县广电局拍摄《引领大潮三十年——新乡县改革开放三十年成就巡礼》专题片。延津县委党史办与县委组织部、宣传部、广电局结合，组织开展纪念改革开放30周年宣传活动，面向全县乡镇和县直单位征集纪念文章20余篇，制作专题报道20多期，起到良好的宣传教育作用。长垣县党史部门与县关工委联合于“五一”前夕命名博大烹饪学校为县爱国主义教育示范基地，并为其提供制作20余块展览版面，在博大烹饪学校进行图片展览，使1000多名师生受到爱国主义和党的红色历史的熏陶。全市“关心下一代工作调研会”在长垣县召开，来自全市的100多名关心下一代工作人员观看此次图片展，并给予极高的评价；与县委组织部等单位联合，在全县大学生村干部中开展新华杯“青春荐三农”大型演讲比赛活动。

（郑逢敏）

【资政性专题研究与其他工作】　2008年，全市党史部门积极撰写资政文章，为市委、市政府领导科学决策提供借鉴。市委党史研究室为市委书记吴天君撰写《构建“四大体系”，推动新乡又好又快发展》的资政文章，并在《河南党史·中原崛起论坛》发表；长垣县党史委在《河南党史》2008年第5期发表题为《长垣县发展县域经济的探索与启示》的理论文章。长垣县多次在《河南党史》等刊物发表资政文章。积极做好驻村帮扶工作。市委党史研究室抽调人员驻辉县市孟庄镇孟庄村，帮助村里整治村容村貌，开展生态文明村建设等活动，努力为群众办好事、办实事，受到农民群众的一致好评。积极参与全市以“新解放、新跨越、新崛起”为主题的解放思想大讨论活动，抽调人员参与全市“三新”大讨论活动督导组工作。积极参与新乡市全国卫生城市的创建工作。2008年5月，抽调人员到市创建国家卫生城市指挥部办公室工作，由于工作成绩突出，抽调人员受到市政府通令嘉奖。发动机关全体干部多次向贫困职工和“5·12”汶川大地震灾区捐款捐物，并按要求做好对企业困难职工的帮扶工作，为构建社会主义和谐社会、保持社会稳定，做出积极贡献。

（郑逢敏）

党校工作

【党校工作概况】　2008年，中共新乡市委党校坚持党校姓党原则，突出党校办学特色，以干部特点和需求为导向，以提高素质和能力为目标，以强化管理为保证，围绕市委市政府工作大局，深化教学改革，大力推进科研精品战略，积极探索多渠道办学路子，从严治校、从严施教、从严管理，教学质量、科研水平、行政管理后勤保障工作水平都有显著提高。

（郭玉凤　赵合林）

中共新乡市委党校领导成员

党委书记、常务副校长　范勤云
党委副书记、副校长　何太升
党委委员、副校长　牛发平　邢克鑫
　裴竹梅（女）
党委委员、纪检书记　李文清

【主体班培训及函授教育】　2008年，新乡市委党校全年共举办县处级研修班、中青年干部培训班、乡镇（办事处）干部培训班、妇女干部培训班、党外中青年干部培训班、选调生培训班8个主体班次，培训学员460人。同时还举办各类短期社会培训班

12期，培训学员1200余人。大力推进研究式教学，改县处级干部进修班为研修班，课堂教学、基层调研、学员讨论各占三分之一，校领导、教师与学员一起带着问题，深入100余个基层单位调查研究，形成159篇调研报告。实行“菜单式”选题教学，学员自主选择的专题，占开设专题的80%，综合运用讲授式、案例式、体验式等教学方法，不断创新教学方式，充分调动教师和学员两个方面的积极性。实行学科代表制度和新专题会稿试讲制度，形成职责明确、分工协作的教学实施和运行机制。发挥自身的理论优势，积极开展理论支农活动，为基层干部作专题报告50余场次，宣讲十七大精神，宣讲党在农村的方针政策，宣讲市委市政府的重大战略部署，直接参与制订农村的发展规划，帮助农村基层干部理清思路、总结经验，受到广泛欢迎。在党校函授教育进入过渡期的背景下，毫不松懈抓好函授教育管理工作，对招生、考试、面授、学籍等环节实行精细化管理，提高函授的教育教学质量。2008年共招生函授学员1699人。　（郭玉凤　赵合林）

【科研工作】　市委党校始终把科研工作作为党校的重点工作来抓，努力为党校教学服务、为市委市政府中心工作服务。密切关注市委市政府的重大决策部署，关注新乡经济社会发展中的热点、难点问题。及时跟进，搞好调研，做好论证，提出建议，取得明显效果。新年伊始就通过多种途径向市委市政府主要领导征询题目，确定调研课题，把调研课题列入工作目标，领导带头，集中力量，重点攻关，全年有8篇调研报告受到市委书记吴天君的肯定。在全市遴选7个基层单位作为党校调研基地，并为基地举行挂牌仪式。　（郭玉凤　赵合林）

保密工作

【保密工作概况】　2008年，全市保密工作按照市委保密委员会的部署，进一步强化党政领导机关、国防军工科研生产单位和涉密信息系统的保密管理，扎实推进宣传教育、监督检查，提高保密工作管理能力，发挥“保安全、保发展、保和谐”的作用。

（谷云波　李　晶）

中共新乡市委保密委员会办公室（新乡市国家保密局）领导成员

局　长　王新凤（女）
副局长　牛永斌

【落实计算机保密专项检查工作会议精神】　2008年4月3日，全省计算机保密专项检查动员大会后，市保密局及时向市委常委秘书长、市委保密委员会主任杨晓捷汇报全省计算机保密专项检查动员大会精神。市委办公室、市政府办公室下发《市委办公室市政府办公室关于开展计算机保密专项检查的通知》，从工作原则、检查范围、检查内容、检查方法、时间安排和组织领导提出严格要求。4月10日，新乡市召开全市计算机专项检查动员大会。市委常委秘书长、市委保密委员会主任杨晓捷在讲话中强调：保密工作形势十分严峻，态度务必严肃；任务十分紧迫，检查务必严格；责任十分重大，纪律务必严明；要求各县（市、区）、市直各单位以开拓创新的精神，拼搏进取的姿态，严谨务实的作风，紧急动员起来，调动各方面的力量，全面完成专项检查任务，为维护国家安全和利益做出新贡献。

（谷云波　李　晶）

【保密宣传教育】　2008年，全市保密工作部门开展一系列丰富多彩的保密宣传教育活动。利用党校开展保密宣传教育已成为制度，对各级领导干部、涉密人员的教育进一步深入。结合重点工作进行有针对性地保密培训，促进保密重点工作顺利开展。在4月16日开展的全市涉密计算机保密专项检查活动中，市保密局适时举办检查人员培训班，把宣传保密法律知识、保密管理规定贯穿于专项检查活动的全过程，收到较好的宣传教育效果。积极探索保密宣传教育工作方式方法，努力提高保密宣传教育效果。采取观看现场保密技术演示的形式，开展保密宣传教育。市保密局于6月2日至15日组织新乡市委、人大、政府、政协领导、市直保密要害部门部位负责人、涉密人员和网管人员、各县（市、区）四大班子领导、重点涉密部门负责人和涉密人员以及国防军工科研生产单位的领导、保密专干共计415人，参观河南省窃密泄密案例暨保密技术演示展。整个活动领导重视、组织有序、效果良好。利用新乡网站《保密在线》栏目宣传保密知识。2003年9月，市保密局设计新乡信息港《保密在线》栏目，并坚持每月更新一次网页内容，进行保密宣传。至2008年底，浏览人数已达2万多人次。

（谷云波　李　晶）

【保密技术专项检查】　市保密局根据《市委办公室、市政府办公室关于开展计算机保密专项检查的通知》，4月10日全市动员大会后，抽调有关人员组成检查组对各县（市、区）、市直各单位进行抽查，对检查中发现问题的单位下发整改通知书，要求限期整改。抽查工作结束后又组织人员对存在问题较多的单位进行复查，与抽查中发现的问题逐条对照，检查整改措施落实情况。通过复查，督促和指导计算机保密管理工作，确保每一条整改措施都能落实到位，每一个存在的问题都能及时、彻底解决。

（谷云波　李　晶）

【全国统一考试保密工作】　全市高考招生电话会议后，市保密局于6月2日至5日对各县（市、区）高招试卷存放室进行检查。对“三铁”、“三器”进行严格检查，对检查中发现的问题，及时进行纠正，对不能及时纠正的问题，要求整改，待复查达标后再发放《试卷保密室使用许可证》。6月7日至8日高考期间，市保密局每半天到市试卷保密室检查、签字1次，还到各县（市）巡回检查。各县（市）保密局在高招期间加强保密检查，确保试卷的保密安全，使高招中的保密工作做到万无一失，保障高招工作顺利进行。主动介入全国司法和会计师、注册会计师考试，全国大学英语四、六级考试，公开选拔公务员等考试。对司法局、财政局、教育局、人事局等单位进行检查验收，保障这些考试的顺利进行。

（谷云波　李　晶）

【“五五”保密普法中期督导检查】　按照省保密局《关于组织开展“五五”保密普法中期督导检查的通知》，市保密局制定落实此项工作计划。7月5日，市保密局在全市转发省局《通知》，要求各县（市、区）、市直各单位、各大型企业、高等院校、省部驻新单位、各人民团体的保密组织对本地区、本单位开展“五五”保密法制宣传教育工作展开自查，市保密局组织抽查。从抽查情况看，各单位均制定“五五”保密普法规划，成立保密宣传教育领导小组，从而保证“五五”普法工作的顺利开展。

（谷云波　李　晶）

【涉密载体统一清理】　按照省委保密委员会《关于转发中共中央保密委员会〈关于组织开展涉密载体统一清理工作的通知〉的通知》，市委保密委员会对涉密载体清理工作进行统一部署。11月10日，市保密局在全市转发《通知》，要求各县（市、区）、市直各单位、高等院校、各军工科研生产单位的保密组织对本地区、本单位开展涉密载体清理工作。成立清理工作领导小组，由市委常委秘书长、市委保密委员会主任王保旺担任组长，市委副秘书长、市委保密委员会副主任王聚中担任副组长。市保密局制定涉密载体清理具体方案，确保不漏1人，不漏1份涉密载体，并对由于工作需要继续留用的涉密载体重新办理登记手续并填写《涉密载体清理登记表》。

（谷云波　李　晶）

【保密技术新型检查工具推广】　按照《新乡市保密技术“十一五”发展规划》的要求，不断推广保密技术产品，提高党政机关和军工科研生产单位保密技术防范能力。市保密局与北京一轮红日科技有限公司合作共同开发保密技术检查工具，已在全市28个单位推广使用，取得良好效果。

（谷云波　李　晶）

信访工作

【信访工作概况】　2008年，新乡市信访工作通过健全完善全市各级党政领导信访工作“一岗双责”责任制度和责任追究制度、深入开展矛盾纠纷排查化解活动、争创“四无”活动以及“县委书记大接访活动”，做好省集中交办案件的办理工作、建立健全基层群众工作网络和信息网络、完善群众工作长效机制和运行机制、严格控制越级上访等措施，减“存量”，控“增量”，解决大量信访苗头和矛盾纠纷，确保重大政治活动尤其是奥运会期间的社会政治稳定，完成了年度信访工作责任目标。全年全市信访总量8485批（件、次，不含网上信访）17516人，较同期批（件、起）下降1.2%，人数下降

7.4%。全年发生赴京集体上访15批218人，与上年同期相比，批、人数分别减少54.6%、59%；去省集体上访135批1235人，与上年同期相比，批、人数分别减少11.2%、52.1%；来市集体上访500批12883人，与上年同期相比，批、人数分别增加20.7%、7.7%。发生赴京非正常上访288人次，较上年同期增加9.5%；去省个体上访953次1270人，与上年同比，次、人数分别增加31%、71%；来市个体上访974起1078次1622人，与上年同比，起、次、人数分别减少31.6%、31%、31.2%。受理群众来信1548案2910件，其中重信1362件，重信率46.8%，与上年同期相比，案数减少4.9%，件数增加5.1%，重信率上升5.6个百分点。“市长公开电话”共受理群众电话量2606起2606次，与上年同比增加1.8%；受理网上信访406件（次），其中重复投信138件（次），重信率为34.0%。全年，中央向市交办要结果案件61案，应结52案，已结52案，结案率100%；省信访局向市交办要结果案件1551案、应结1313案、已结1298案，结案率98.9%；市立案305件，应结287案，已结269案，结案率93.7%。全年共收到申请信访事项复查复核案件62起，受理案件12起，其中复查2起，复核10起；不予受理43起，其中复查29起，复核14起，办结复查案件10起（其中8起是2007年遗留案件），复核45起（其中35起是2007年遗留案件）；未进入复查复核程序通过调解结案3起。

（高　波）

中共新乡市委群众工作部领导成员

部　长　邓京平（女，2008年12月离）
　　　　　肖玉魁（2008年12月任）

副部长　冯太河　杨富生　曲少波
　　　　　赵伟建

新乡市信访局领导成员

党组书记、局长　邓京平（女，2008年12月离）
　　　　　　　　　肖玉魁（2008年12月任）

党组成员、副局长　冯太河　杨富生　曲少波
　　　　　　　　　　赵伟建

【源头防范，化解矛盾】　2008年，全市各级领导坚持预约接访、带案下访，深入群众、深入实际，主动发现问题，超前化解矛盾。对排查出来的重大矛盾纠纷，严格落实领导包案，明确责任单位和责任人，并限期化解消除。全年全市共排查各类矛盾纠纷和不安定因素885件（起），80%以上得到化解。在全市构建起市、县、乡（镇）办事处、村（社区）、组五级组成的横向到边、纵向到底的矛盾纠纷排查工作网络，实行排查、化解、稳定三位一体的工作责任制，坚持定期排查和重点时期集中排查相结合，使许多信访问题在基层、在源头得到及时发现和有效化解。实施重大决策事项信访评估。重点对准备进行破产的8个企业和准备改制的1个企业和涉及群众切身利益的重大决策实施信访评估，防止因决策不当导致信访问题的发生。卫辉市将卫辉市电机厂破产问题纳入信访评估，确保破产工作的顺利开展；新乡县在2月份对小冀镇香港街拆迁扩建工作进行信访评估，广泛征求群众意见建议，对拆迁方案反复进行论证，涉及被拆迁的352户无一人上访，群众满意率达99.2%；获嘉县对中新化工集团占地拆迁工程进行信访评估，广泛听取群众的意见，对科学决策、民主决策起到了良好的推动作用；原阳县出台《关于进一步完善信访评估制度实施信访代理的意见》，要求各级各部门在做出涉及群众利益的重大决策事项时，做好事前、事中、事后的信访评估；牧野区对丰乐里生猪养殖场地搬迁、东牧村土地开发，凤泉区对区府路东段扩建改造项目等都进行信访评估，防止信访问题的发生。建立“违法、违规、违信建筑商和私营企业主名单”档案（简称“三违”名单）。对违法经营，违规操作，不讲诚信，拖欠工资等引发信访问题的建筑商和私营企业主列入“三违名单”，凡上“三违名单”的，在新乡承揽新项目时一律不予审批。由市信访局、环保局等25个部门组成协调调研评价组，对市级以上人大代表、政协委员、劳动模范本人所在企业遵纪守法、履行职责情况进行评价，对无视群众利益，不承担应有的社会责任，因本人或所在企业多次引发信访问题的人大代表、政协委员、劳动模范将报请人大、政协和有关部门按照法律程序予以处理。在各县（市、区）和乡（镇）办事处开展争创“无赴京去省集体上访、无赴京非正常上访、无重信重访、无信访积案”的争创“四无”单位活动，对全年达到“四无”的单位给予重奖。市委信访工作领

导小组每月对实现“四无”的县（市、区）通报表扬，并计入年终考核加分项目。　（高　波）

【规范整治信访秩序】　非正常上访是长期制约全市信访工作改变“无序、被动、低效”局面的瓶颈。年初市委信访工作领导小组就把狠抓“非访”治理力度作为扭转信访被动局面的重中之重，狠抓双向追究。专门设立信访问责小组，抽调市纪委、市委组织部和市信访局人员，具体负责和组织实施信访问责。市委信访工作领导小组先后下发《关于进一步做好全国“两会”期间信访稳定工作严格责任追究的暂行意见》、《关于进一步严格重要时期信访工作责任追究办法》和《关于北京奥运会期间信访稳定工作责任追究的意见》。为确保奥运会圆满举行，市委信访工作领导小组明确提出此时期信访稳定工作的“两为主”和“三不准”工作原则。“两为主”是对于上访人依法有序地正常上访，要坚持以解决问题为主，对于违法无序的非正常上访和组织、策划、煽动越级集体上访以及信访事项三级终结、已签定保证书不再上访，又重新缠访、闹访的，以“双向”追究为主。“三不准”是不准将非正常上访和越级集体上访等违法行为作为为违法上访人解决问题的优先条件，不准将非正常上访和越级集体上访作为违法上访人向政府施压的砝码，不准以依法打击为借口，不去积极主动、认真有效地解决上访人的合理诉求。市公安局下发《关于依法处置违法上访人员适用法律的意见》，为依法处理信访人的违法行为提供法律依据。全市对9起集体上访和赴京非正常上访案件实施信访问责，对5个县（市、区）、1个市直单位和1个驻市单位进行通报批评，对2个乡（镇）实行重点管理，39名干部受到党政纪处分，对19名有违法行为的上访人依法进行处理。信访工作“双向追究”的实施，进一步强化了各级各部门做好信访工作的责任意识，规范了信访人的信访行为，无序越级上访得到有效遏制，促进了信访工作向依法按政策及时解决问题和依法有序理性上访的良性转变。　（高　波）

【“走进矛盾、破解难题”活动】　2007年省“百日行动”活动结束后，市委做出在全市开展“走进矛盾、破解难题”活动。活动自2007年11月13日正式启动，集中4个多月时间，共抽调督查专员和县处级后备干部130人，深入各县（市、区）和市直有关单位，以解决人民群众反映的实际问题为立足点，深入实际、调查研究、找准症结、通力协作、攻坚克难。活动始终围绕“事要解决”这个中心点，从狠抓双向责任追究和依法严肃处理非正常上访两个环节入手，敢于较真碰硬，按照“案结、事了、人稳”的工作标准，市交办、督办案件158起，结案率达到96%，稳定率达到92.7%。县乡两级排查的752起案件，结案率达到96%，稳定率达到92.7%，化解大量的信访矛盾和问题，信访案件的基数得到大幅度削减，全市信访总量与上年同比下降11%，越级集体上访呈下降趋势。　（高　波）

【信访突出问题专项治理】　按照河南省开展“重信重访专项治理工作和信访突出问题专项整治活动”的要求，为备战奥运会，迅速在全市范围内开展“信访突出问题专项治理活动”。新乡市成立专项治理工作领导小组，下设6个专项工作组，派出12个督查组开展专项治理活动。市委、市政府采取“三高”（高级别包案、高层次协调、高规格督导）措施，围绕“事要解决”这一标准，强力推进信访突出问题的解决。对于上级交办的信访突出问题和重点案件，一律由市级党政领导包案，包解决问题、包案结事了、包人员稳定，并建立包案台账，实行每周一通报一点评一反馈制度。市委信访工作领导小组每周通报一次市领导分包案件的办理进展情况，市委书记吴天君每周在通报上对包案市领导的工作进行点评，市委信访工作领导小组及时将点评意见反馈给包案市领导，以此推动领导包案责任的落实和重点信访问题的解决。全市56起市级领导分包案件已有37起得到较好解决。为及时有效解决信访疑难问题，市里建立三个层次的协调机制：一是分管市领导经常协调。按照工作分工和“谁主管、谁负责”的工作原则，系统内的信访问题由分管领导进行协调解决。二是市委信访工作领导小组及时协调。分管市领导协调解决不了的重点案件，市委信访工作领导小组及时召开会议，研究解决办法，落实责任单位，形成会议纪要，挂牌进行督办。市委信访工作领导小组7次召开案件协调会，研究解决29起信访疑难案件。三是市党政联席会议定期协调。对涉及面宽、政策性强，市委信访工作领导小组难以协调解决的重大疑难案件，市委书记、市长主持召开党政联席会议研究解决。全市成立12个督查组，由正县级领导干部担任督查专员，到各县（市、区）

和市直重点部门进行专项督查。督查组的主要职责是督促指导被督查单位信访稳定工作的开展和信访突出问题的解决，积极参与并协调案件的办理，对被督查单位主要领导和责任领导对待信访工作的工作态度、工作作风进行考察评价。2008 年，一批信访积案得到圆满解决，全省重点督办的 21 起突出信访案件中，已全部按照省里的要求高标准办结。

（高　波）

【“县（市、区）委书记大接访”活动】 奥运期间，全市各级党委、政府切实把做好奥运期间的信访稳定工作作为压倒一切的中心工作去安排，信访工作呈现出四个“前所未有”：各级党委、政府，特别是各级各部门主要领导对信访稳定工作的重视程度之高前所未有。“6·28”会议后，全市 5 次召开高规格信访工作会议，安排部署县（市、区）委书记大接访活动和北京奥运会期间的信访工作。全市四大班子领导、各县（市、区）、市直各有关部门主要领导深刻领会中央精神和市委要求，亲自安排部署，亲自接访下访、亲自研究重点案件，亲自协调督办处理结果，有力推进奥运会期间信访工作的开展和落实。各级各部门齐抓共管、密切配合的工作局面之好前所未有。市委、市政府成立以市委常委、常务副市长、政协主席范学贵为组长的奥运会期间信访稳定工作领导小组。各县（市、区）、市直各有关单位也建立和完善统一指挥、运转协调、科学有效的信访稳定工作的领导体制，启动应急预案，组建应急分队，全市各县（市、区）、市直各部门，及时沟通情况，共同协商处理跨地区、跨部门的信访案件，及时与上级沟通，及时督促下级单位信访案件的办理，形成上下联动、齐抓共管的工作格局。各级干部积极主动做好信访稳定工作的责任感和使命感之强前所未有。全市各级干部牢固树立“平安奥运重如泰山、奥运平安人人有责”的责任感和使命感，全身心投入到奥运会期间的信访稳定工作中。面对3倍于平时的工作量，全体信访干部克服人员少、任务重的困难，恪尽职守，顽强拼搏，无私奉献，为“平安奥运”的实现作出积极的努力和贡献。各级各部门在信访工作上投入的人力、物力和财力之大前所未有。全市共抽调 101 名科级以上干部，组成 12 个督查组和 6 个专项工作组，由正县（处）级领导任组长，对全市矛盾纠纷排查及县（市、区）委书记和市直重点单位主要领导大接访活动进行督查，对省交办重点案件进行督办。各县（市、区）派出近百个工作组，深入到乡镇、村街和农户带案下访，督查督办，跟踪问效，排查不安定因素、化解纠纷矛盾。各级各部门，特别是领导的精力都向信访稳定工作倾斜。按照市委书记吴天君将大接访活动“上下延伸，横向拓展”的工作要求，将县（市、区）委书记大接访活动向上延伸到市委书记和市级领导，向下延伸到乡（镇），横向拓展至市、县两级直属部门。奥运期间，各级党政领导共接待群众 4128 批 11645 人，当场解决问题 731 件，共解决 2349 件，群众满意率95%，其中县（市、区）委书记接访 905 起 2632 人，县（市、区）长接访 557 起 1479 人。“6·28”后，省交办 248 起重点督查案件，其中，非涉法涉诉重点督查案件 128 起已全部办结，结案率为百分之百，群众满意 64 起，满意率为82.1%；49 起已结未稳案件已全部稳定。

（高　波）

【信访干部队伍业务培训】 2008 年初，市信访局统一印发《新乡市信访文书规范格式样本》，按照省信访局的要求规范信访文书的办理。随着新年度干部调整，一定程度上使得基层信访工作出现“断层”。5 月 17 日至 18 日、5 月 20 日至 21 日举办两期信访工作业务培训班，结合省局《关于进一步做好信访案件办理工作的通知》，重点对省局规定的 23 种新文书的使用方法、省以上交办案件的办理以及复查复核的受理范围、办理方法集中组织学习。培训人员覆盖全市各县（市、区）信访局领导、业务骨干，全市信访工作任务较重的 37 个市直单位信访干部以及各乡（镇）、办事处信访工作骨干共计 260 余人。

（高　波）

【确保重点时期不发生重大信访问题】 市委、市政府 2 次召开常委会议、2 次召开党政联席会议、4 次召开信访工作会议，专题研究和部署全市信访工作，确保重点时期及重大活动的顺利实施。为做好“双节”和全国、省、市“两会”以及纪念比干诞辰3100 周年期间的信访工作，市委、市政府 4 次召开高规格会议部署信访工作。省“两会”前，市委、市政府专门下发《关于做好省“两会”期间信访稳定工作的通知》，全国“两会”期间新乡市 3 次发出通知，要求全市各级各部门全力以赴做好全国“两会”期间信访稳定工作。落实排查稳控措施。市委信访工作领导小组办公室组织排查46起不安定因素和251名重点稳控人员，要求每个不安定因素落实责任人，每名重点稳控人员落实稳控责任人。启动应急预案。在全市重点部位开设劝阻站，各县（市、区）和市直重点单位全部成立应急领导班子和应急分队，加强集体上访和重点稳控人员的控制工作。全市各县（市、区）和市直各单位实行领导24小时值班，落实不安定因素日报告、零报告制度。市委书记吴天君亲自安排部署市党政领导到联系单位督导信访工作，明确工作要求。在全国“两会”期间，市成立12个督导组，对重点信访案件的处理、不安定因素的化解、重点稳控人员的稳控和应急预案的落实情况进行督导和检查。增派驻京值班人员。全国“两会”期间，组成80多人的驻京值班队伍开展信访值班。由于各级各部门的共同努力、密切配合和扎实有效的工作，春节前夕全市集体上访总量与上年同期相比下降17%；省“两会”期间取得到“两会”会场零登记的好成绩；由于副县级领导亲自带队到北京值班，积极工作，全国“两会”期间，新乡没有发生赴京上访事件。（高　波）

市直工委工作

【市直工委工作概况】　2008年，市直工委以市委和政府的中心工作为轴心，以机关党的执政能力建设为主线，以思想作风建设为重点，以机关文化建设为载体，以改革创新为动力，大力加强市直机关党的建设，为建设效益新乡、创新新乡、生态新乡、和谐新乡，奋力争先晋位、实现跨越发展提供坚强的政治、思想和组织保证。获得“河南省五好基层党组织”、“新乡市落实党风廉政建设责任制考核优秀单位”、“新乡市创建廉洁单位工作先进单位”、“新乡市党风廉政建设责任制工作优秀单位”、“新乡市思想政治工作先进单位”、“新乡市优化经济发展环境工作先进单位”、“新乡市双拥工作先进单位”、“新乡市信访工作先进单位”、“新乡市支援抗震救灾组织捐款先进单位”多项荣誉。荣获“河南省先进市直机关工委”四连冠。（李　伟）

中共新乡市委市直工委领导成员

书　　记　张继战
副 书 记　赵树军（2008年8月离）
　　　　　　李东风　王宏计
纪工委书记　杨守林
工委委员、工会主任　蔡志敏（女）
工委委员　刘振群

【思想建设和组织建设】　2008年，市直工委购买5000余本《党的十七届三中全会〈决定〉学习辅导百问》，组织市直机关党员干部深入学习宣传贯彻党的十七大和十七届三中全会精神，深入学习贯彻中国特色社会主义理论体系，学习市委九届五次全会和市委经济工作会议精神，组织开展“新解放、新跨越、新崛起”大讨论活动。举办党务干部和纪检干部培训班。加强基层党组织班子建设，全年共指导14个党委、6个党总支、4个党支部调整、换届；对24个单位机关党委、党总支、党支部书记、副书记候选人初步人选进行考察。2008年新增党委2个，总支1个，支部1个。为庆祝《中国共产党党和国家机关基层组织工作条例》颁布十周年，对《条例》落实情况进行检查；提出加强和改进机关党的工作措施和政策，市委下发《中共新乡市委关于进一步加强机关党建工作的意见》；修订《党建目标责任书》。加大对非公有制企业党的工作指导，举办非公有制企业党建工作现场会。全年发展党员164名，预备党员转正218名。抓好党员的教育管理，继续实施在职党员双重管理工作。根据《新乡市2007年绩效考核工作方案》要求，市直工委抽调人员组成8个考核组对86个部门（单位）党组（党委）抓基层组织建设和党员队伍建设情况进行考核。全面巩固和发展先进性教育活动成果，广泛开展“争创先进基层党组织”活动，召开市直机关创先争优表彰大会，对市直机关涌现出来的先进基层党组织、优秀共产党员、优秀党务工作者和支持指导机关党建工作先进个人进行表彰。加强对县（市、区）直工委的指导，开好机关党的工作座谈会，开展“新乡市先进县（市、区）直机关工委评选表彰”工作。经过推荐评选，授予新乡县直机关工委等6个县（市、区）直机关工委为新乡市先进县（市、区）

直机关工委。 （李　伟）

【廉政建设】　深入学习中共中央关于《建立健全教育、制度、监督并重的惩治和预防腐败体系实施纲要》和中央、省、市纪委的有关文件，利用获嘉楼村和新乡监狱两个警示基地正反两方面的典型案件，对市直机关万名党员进行警示教育。教育广大党员干部从党和国家生死存亡的高度，充分认识反腐倡廉工作的重大意义，正确认识反腐败斗争的形势，增强反腐败斗争的信心，积极投身于反腐败斗争的行列。制定《市直工委2008年度领导干部廉洁自律实施意见》和《市直工委关于建立创建廉洁单位工作长效机制的意见》，要求市直各单位建立创廉工作科学的责任体系，建立机构，成立创廉工作领导小组及办公室。市直各单位的创廉工作，党委（党组）负总责，基层党支部具体组织实施，同级纪委（纪检组）协助党委（党组）做好协调、监督检查工作。市直工委把创廉工作纳入党风廉政建设责任制考核内容，市直机关各基层党组织向本单位党委（党组）申请，由单位党委（党组）审核同意后，向市直工委推荐，由市直工委按照创廉示范单位的标准进行考核、评审和验收。年底，对69个单位的创建工作进行检查、考核和验收。 （李　伟）

【全市机关党的工作会议召开】　2008年3月24日，市直工委召开全市机关党的工作会议。市直机关、省驻新有关单位党组织的负责人和各县（市、区）直机关工委负责人参加会议。市直工委书记张继战作《以改革创新的精神开创机关党的工作新局面》工作报告。会议宣读《中共新乡市委市直工委关于表彰先进基层党组织、优秀共产党员、优秀党务工作者和支持指导机关党建工作先进个人的决定》，对49个先进基层党组织、238名优秀共产党员、62名优秀党务工作者和56名支持指导机关党建工作先进个人进行表彰。会上，市直工委与市直机关各级党组织的负责人签订《党建目标责任书》，总结2007年机关党的工作，就2008年市直机关党的工作提出要求：一要坚持以十七大精神武装思想，不断增强科学发展能力；二要实践社会主义核心价值体系，大力开展机关文化建设；三要认真履行党要管党的政治责任，进一步加强基层党组织的建设；四要改进党员干部和机关作风，切实推进党风廉政建设；五要发挥党建带动作用，支持群团组织创造性地开展工作；六要加强领导，下大功夫全面落实机关党的各项工作任务。会后，各县（市、区）直工委的负责人进行座谈讨论，分别从不同角度、不同层面交流经验，进行研讨。 （李　伟）

【“爱新乡、看变化、讲文明、促发展”活动】　按照新乡市创卫指挥部《在市区开展“爱新乡、看变化、讲文明、促发展”的实施方案》要求，市直工委在市直机关开展“爱新乡、看变化、讲文明、促发展”活动。活动突出三个特点：突出“看”字。4月24日，组织市直机关40个单位40余名党员干部代表，先后参观新区广场、牧野公园、启明小区、开发区城中村南马村、牧野大桥、凤凰山森林公园等亮点，感受创卫以来市容市貌所发生的巨大变化，同时提高大家讲求文明，共同呵护我们居住生活美丽家园的自觉性。突出“谈”字。通过组织“领导谈”、“现场谈”、“观后谈”，撰写心得体会和观后感等不同形式，畅谈对新乡的认识和热爱，畅谈对家乡的情谊和奉献，畅谈新乡未来的发展，使大家感受到正在开展的凤凰山森林公园建设是一项利在当代，造福后代的公益事业，作为新乡人，大家要为营造一个“新乡是我家、创建靠大家”的浓厚氛围共同努力。突出“干”字。市直工委要求市直各单位利用每周末下午集中清理打扫各自的办公室，做到桌面、地面、窗户干净，办公环境井然有序。团工委组织团员青年利用节假日走上街头，清理小广告，捡拾路边乱扔杂物，到困难职工、五保户家办好事、送温暖。进一步做好创建国家卫生城市中心工作，为打造文明、卫生、优美、秀丽的新乡做出贡献。活动结束后，市委书记吴天君在《市直工委关于在市直机关开展“爱新乡、看变化、讲文明、促发展”活动的报告》中批示：“请印发各市级领导、市直单位领导，适当方式宣传。”市委办公室专门印发《领导参阅》专刊，发放各位领导。

（李　伟）

【举办第十九期入党积极分子培训班】　2008年4月28日，市直工委举办第十九期入党积极分子培训班。来自市直机关50个单位的219名入党积极分子参加培训。培训班通过有关领导和专家专题辅导，收看电视讲座，聆听先进人物事迹报告，分组讨论，集中闭卷考试等多种形式，使每名入党积极分子深入系统地学习党章以及党的基本理论、基本知识，

进一步加强对党的认识，坚定理想信念，端正入党动机。　（李　伟）

【支援灾区抗震救灾】　2008年5月12日，四川汶川地震灾害发生后，新乡市直工委于5月20日下发《关于转发中共新乡市委组织部〈关于做好部分党员缴纳“特殊党费”用于支援抗震救灾工作的通知〉的通知》，认真组织市直机关全体党员积极响应中组部号召，踊跃缴纳“特殊党费”，支援灾区，抗震救灾，重建家园。市直工委机关全体党员在原来捐款3450元的基础上，又缴纳“特殊党费”48500元。市直机关114个单位8158名党员缴纳“特殊党费”5652940.2元。体现了市直机关党员干部职工党有号召、我有行动的政治意识，体现了立党为公、心系群众的为民意识。　（李　伟）

【市直机关迎奥运职工运动会】　2008年5月24日下午15时，新乡市直机关迎奥运职工运动会开幕式在市体育中心举行。市长李庆贵宣布运动会开幕，市委副秘书长、市直工委书记张继战致开幕词。本届运动会共设10个大项、26个小项，除各单项奖外，还设有团体奖、精神文明奖、优秀组织奖和贡献奖。市直机关近90多个单位5000余人参加运动会，2700名运动员参加比赛和表演。运动会模范宏大，内容丰富，气氛浓厚，效果甚佳。整个运动会高潮迭起，异彩纷呈，彩旗飘扬，锣鼓喧天。红旗方队、花束方队、军鼓方队等仪仗队，步伐整齐、意气风发；万人唱市歌《新乡明天更辉煌》，声势宏大；太极柔力球表演，动作娴熟优美；欢庆腰鼓快乐祥和；航空模型表演、飞机跳伞表演节目更是精彩刺激。开幕式当天，全国党建研究会、中央直属机关党建研究会、省直工委领导、全省17个省辖市直工委及相关部门来人来电致贺，参与的市领导及工作人员近500人，观众近5万人，充分体现群众性和广泛性。运动会比赛从5月13日开始，于5月31日结束，历时18天。本届运动会展示了机关干部职工积极进取、蓬勃向上的朝气和活力，对新乡市“迎奥运、讲文明、树新风”活动的开展，对加强机关文化建设意义重大。运动会还专设为四川汶川捐款活动，市直工委与市民政局联合设立“抗震救灾捐款处”，并印制“抗震救灾捐款纪念卡”，市直机关干部职工和广大市民共为灾区捐款6920.5元。　（李　伟）

【“新解放、新跨越、新崛起”主题教育活动】　按照《中共新乡市委印发〈关于在全市开展“新解放、新跨越、新崛起”大讨论活动的方案〉的通知》要求，市直工委从7月29日开始在机关开展“新解放、新跨越、新崛起”大讨论活动。市直工委按步骤、有计划地进行活动，先后完成学习动员、征求意见、讨论调研、寻找差距、查摆问题、整改提高等总体安排。编印简报，创建学习园地，撰写心得体会。就面临的新任务、新要求不相适应的思想观念、工作作风、体制机制等突出问题，工委领导带队，到部分机关、县（市、区）直机关工委进行调研。召开不同层次的座谈会，对市直机关各级党组织，42名离退休市级老干部发放征求意见表，共征求查摆意见和建议286条，经梳理、归纳共有五大项七个方面。在走访、座谈、广泛征求意见的基础上，召开“新解放、新跨越、新崛起”大讨论活动专题民主生活会，班子成员结合各自的工作实际认真做全面的个人剖析，对查找的七个方面的问题，有针对性地提出整改措施。　（李　伟）

【河南省机关党的建设研究会新乡市分会成立】2008年8月18日，河南省机关党的建设研究会新乡市分会成立暨第一次会员代表大会召开。河南省机关党建研究会副会长、秘书长李天才，副秘书长张凤清到会祝贺，市直各单位机关党委、总支、支部等团体会员代表135人参加会议。省机关党建研究会副秘书长张凤清宣读《河南省机关党的建设研究会新乡市分会》成立批文。大会审议通过《河南省机关党的建设研究会新乡市分会章程（草案）》、《河南省机关党的建设研究会新乡市分会第一次会员代表大会选举办法》、《河南省机关党的建设研究会

新乡市分会会费收缴管理暂行办法》。选举产生第一届理事会理事135名，常务理事52名，选举张继战为会长。 （李 伟）

【唱响市歌，纪念改革开放30周年文艺汇演】 2008年9月，市直工委举办“唱响市歌，纪念改革开放三十周年大型文艺汇演”。市领导吴天君、王富均、范学贵、王尚胜、杨崇林、邢亚平、赵建军、刘孟英、田庆忠、王治通、王平双、王金相、王炜东与市直机关2000多名干部、职工欢聚一堂，共同唱响市歌，纪念改革开放30周年。市委副秘书长、市直工委书记张继战致辞。市委办公室、市人大办公室、市政府办公室、市政协办公室代表队在市四大班子领导的率领下，与近30支代表队同台竞技，除演唱弘扬城市精神的《新乡明天更辉煌》外，还精心挑选出歌颂党和祖国的《长征》、《歌唱祖国》、《中国朝前走》、《春天的故事》、《鲜红的太阳永不落》等经典红色歌曲。市直工委举办此次文艺汇演，既是对改革开放的纪念方式，又是弘扬城市精神、加强机关文化建设的一项重要内容。市四大班子领导和市直各单位高度重视，精心组织，积极参与，克服困难，认真演练。表演形式热烈隆重，阵容强大，丰富多彩，气势磅礴，充分展示机关党组织和广大党员的精神风貌，表达构建和谐社会、学习实践科学发展观和以改革创新精神推进党的建设新的伟大工程的决心，体现了厚善、崇文、敬业、图强的时代精神。 （李 伟）

【举办党务干部培训班】 2008年11月27日，市直工委举办新乡市直机关2008年党务干部培训班。来自市直机关58个单位的81名党务干部参加培训。培训班采取集中授课、学习教育、座谈讨论、典型发言等方式，学习《中国共产党章程》、《中国共产党党和国家机关基层组织工作条例》、《党的十七届三中全会（决定）学习辅导百问》、《党务干部实用手册》等知识，邀请市委党校教授胡秀梅授课。通过培训，解决党务干部在实际工作中遇到的一些困惑和难题，收到预期效果。 （李 伟）

【科室（机构）季评工作】 以权力运行监督机制为载体，以转变机关作风为主题，组织开展市直机关科室（机构）季评奖惩工作，进一步完善季评奖惩工作机制。扩展季评工作范围，参评单位由2007年的53家增加到60家，增加13.2%；参评的科室（机构）由802个增加到862个，增加7.5%。完善季评考评体系，强化日常量化考核，使权重分值达到70%，并逐步降低机关层级测评的权重分值，加大服务对象评价权重分值，要求达到50%以上。市直单位季评考核体系更趋科学合理。调整季评运用结果，明确对两次末位或累计扣分达到20分以上的科室（机构）负责人适时进行岗位交流或组织处理，明确科室（机构）在4个（含4个）的机关，季评排序结果只上报优秀位科室（机构），以调动大多数科室（机构）的工作积极性。重申季评专门监督机关的职能分工，健全监督评价工作责任制，定期不定期对参评单位进行监督检查，明察暗访，至年底，市季评工作小组按照3次公开监督检查结果，下达11份核减分数通知单，落实到科室（机构）。建立市直机关季评工作联席会制度，研究解决季评工作的突出问题和重大问题，审阅并会签季评排序结果。末位科室中权力科室所占比重达到50%以上。季评排序结果均以市纪委、市直工委文件在政府内网和《新乡日报》公示。编制季评工作手册，完善季评工作流程，规范季评工作程序，对季评工作每个环节均制订工作标准、时限、程序、规格和模式，使季评工作走上规范化轨道。创新机关内部管理机制，推动权力运行监督管理。市直单位高度重视季评奖惩工作，认识到位，组织到位，措施到位，落实到位，多数单位结合本单位实际，结合季评工作，积极探索科学、合理的内部管理机制。创新考评体系，初步形成决策、执行、监督、评价工作机制。制订操作性强的、细化量化的、切实可行的实施方案，80%以上的机关均制订季评工作加减分考核细则，对行政效能和行政过失予以奖惩，真正体现抓两头带中间的工作效应，激发大多数科室的工作热情。

严格落实季评结果的运用，大多数市直机关都能把季评结果与年终公务员考核紧密结合起来，认真、严格落实奖惩结果。县（市、区）积极探索开展季评奖惩工作，把季评奖惩工作与规范化建设有机地结合起来，并制订严格的奖惩细则；把季评工作与双月评工作结合起来，收到明显成效。对4个县（市、区）、21家市直机关单位的规范化建设、季评奖惩工作、“三重一大”工作等进行调研、座谈、检查、验收。2008年共评出优秀位科室（机构）679个，其中21个科室（机构）、3个窗口单位受到市委、市政府的通报表扬；共评出末位科室（机构）208个，其中9个科室（机构）因两次末位和累计核减分数达20分，将受到交流处理。通过两年季评工作的开展，机关作风明显转变，行政不作为、乱作为投诉率在2007年同比下降34%的基础上，2008年又下降16%，34个机关单位（占56%）实现连续两年行政零投诉。（李　伟）

【群团工作】 市直工委指导、支持工会组织主动依法维护职工合法权益。督促落实《职工带薪年休假条例》；加强基层组织工会建设，督促指导5个基层工会及时换届，抓好工会干部培训和财务工作；加大学习贯彻《劳动合同法》力度，开展“送温暖、献爱心”活动，市直机关各级工会组织为灾区捐款660万元、棉衣棉被8000多件；搞好各类活动，举办市直机关“迎奥运女职工瑜珈培训班”。加强对共青团工作和青年工作的领导，深化青年文明号创建工作，开展“解放思想、青年争先”、“百号助百户”、“抗震救灾帮扶捐款”等实践活动，共计缴纳特殊团费12328.6元，动员广大团员青年积极投身新乡市国家卫生、园林、文明城市创建活动。做好市直机关关心下一代工作，进行青少年盐、油标发放仪式；中秋节开展慰问“五老”关爱团活动；发放有关教育材料，建立网吧联合检查长效机制，认真组织进行网吧检查工作；开展丰富多彩的文体活动。（李　伟）

牧野史料

新乡第一任市委书记　李　伟

李伟（1911～1995），原名詹伟烈，1911年出生于广东省饶平县新丰镇。幼年在本村小学读书，后到县城上初中，1927年于汕头市读高中。1929年到上海通过同乡同学进入中国公学高中部，1930年进大学部一年级。“九一八”事变后，他全力投入了抗日救国运动，曾连续3次参加上海学生到南京“要蒋介石出兵抗日”的请愿示威斗争。

1931年冬，加入中国共产主义青年团，1932年冬转党。1932年，调法南区任团区委宣传部长，从此放弃学业，投身革命。1932年8、9月间因组织发电厂工人罢工，李伟联系的突击队有2个队员被捕，他因去接头，也被抓，关押40多天。经其家庭托人花钱，请律师多方活动，得以释放。1932年冬天，沪西区团组织被破坏，李伟调任团区委书记，搞恢复工作。1933年春天，团组织恢复，发展了一批团员。为便于领导，团省委组织部决定分区。在新区召开成立会时，因叛徒出卖，李伟和另两个区委书记及组织部长、秘书5人被捕。同年5月，李伟等被押解到南京江苏高等法院。后被转入苏州监狱。经组织上多方营救，李伟于同年9月被释放。到上海团中央组织部任秘书。

1934年4月，李伟调到河北团省委任宣传部长，后任组织部长。同年10月，在天津和直中特委书记接头，因叛徒出卖，李伟再次被捕，身上被搜出一封信。敌人洗出信件的密码暗号，当即审讯，逼他讲出住址及密码内容。他因酷刑而失去知觉三四次，最后神经失常，发出狂笑，敌人才停止摧残。敌人虽千方百计软硬兼施逼供近两个月之久，但他们始终无法知道李伟的真实职务和密码内容。1935年“何梅协定”后，李伟被押解到保定第四监狱。1937年9月，日军将陷保定县城时，监狱头目才把牢门打开，放了所有的犯人。

1938年，李伟进入太行山革命根据地，担任邢台县抗日公学校长，太行区三专署路东干校教导主任。他因受过重刑，身体损伤，一度不能工作，在区党委养病。1943年整风后，任区党委城委专职委员兼办公室主任、太行五地委组织部长，1948年11月至1949年2月任新乡市委书记。1949年2月，调太行太岳南下区党委任五地委书记，到福建后任龙溪地委书记。1952年6月调上海机床厂任党委书记。

1955年李伟调任上海市委第一书记，6月任吴淞区委第一书记。1964年，中央工交政治部成立时，调北京任政治部群众工作部部长、经委党组成员，兼任工交系统“四清”办公室主任。十年浩劫，李伟被揪斗诬陷，下放“五七”干校劳动数年。党的十一届三中全会后组织为他落实了政策。1980年恢复工作，到国家计委咨询组工作。1995年8月去世。

新乡市人民代表大会

人大综述

2008年，市人大常委会高举中国特色社会主义伟大旗帜，坚持以邓小平理论和“三个代表”重要思想为指导，深入贯彻落实科学发展观，全面贯彻党的十七大精神，认真落实市十届人大七次会议确定的各项任务，继续解放思想，坚持务实创新，着力推动科学发展，更加重视改善民生，努力促进社会和谐，切实履行宪法和法律赋予的各项职责，为建设效益新乡、创新新乡、生态新乡、和谐新乡，开创新乡市经济文化社会发展新局面作出积极贡献。

依法开展监督工作，监督实效不断增强。市人大常委会继续深入学习贯彻监督法，围绕全市工作大局，以经济建设为中心，把解决民生问题、服务经济建设、促进科学发展、构建和谐社会作为监督工作的重点，确定年度监督工作计划，细化监督工作程序，按照民主集中制的原则，集体行使监督职权，促进了依法行政、公正司法。

听取和审议专项工作报告。市人大常委会先后听取和审议了市人民政府关于贯彻落实《市人大常委会关于加强食品安全监管工作的决定》情况、经济适用房和廉租住房建设情况、计划生育工作、主要污染物总量减排工作、贯彻执行《农民专业合作社法》情况、《加快城市公共交通枢纽场站的议案》办理进展情况等11项专项工作报告。常委会还听取审议了市人民检察院关于公诉工作情况的报告，加强对司法工作的监督。

加强计划和财政预算监督。市人大常委会认真听取审议了新乡市“十一五”国民经济和社会发展计划情况和预算执行情况的报告，听取审议审计工作报告，及时审查和批准财政决算，做好对2007年市本级财政决算和2008年上半年预算执行情况的审查工作，推进了部门预算制度的建立和执行，强化了对预算的审查监督。

加强信访监督工作。市人大常委会重视信访工作，不断加大信访工作力度，坚持把信访工作作为了解社情民意的重要渠道和监督“一府两院”的重要途径，把群众来信来访比较集中的问题纳入常委会的监督工作重点，认真做好接访、转访和上级人大转交的信访件。完善秘书长信访接待日制度和相关工作制度，建立了信访结果落实情况反馈制度，进一步加大督办力度，不断规范信访工作。

开展规范性文件的备案审查工作。常委会按照监督法的有关规定，成立了规范性文件备案审查工作筹备组，制定相关规章制度，开展了对市人民政府、市中级人民法院、市人民检察院、各县（市、区）人大及其常委会的规范性文件备案审查工作。

认真行使重大事项决定权。常委会坚持议大事、抓大事的原则，把与全市经济社会发展大局和群众切身利益密切相关的问题作为行使重大事项决定权的切入点，认真行使重大事项决定权，不断加大督查力度，确保决议决定的贯彻落实。2008年，常委会先后组织对市政府贯彻落实《市人大常委会关于加强食品安全监管工作的决定》情况、《市人大常委会关于进一步加强法制宣传教育和依法治市工作的决议》情况和《关于加快建设城市公共交通枢纽场站的决议》情况等3项决议决定进行督办，确保决议决定落到实处，务求实效。市十届人大常委会第四十三次会议经过认真审议，通过了《关于新乡市2008年市本级预算调整的决议》、《关于将城市环境综合治理项目资本金和回购资金列入年度财政预算的决议》，加强了对市财政预算的监督。

依法做好人事任免工作。常委会始终坚持党的领导，充分发扬民主，严格依法办事，先后任免地方国家机关工作人员75人次，为地方国家机关工作的正常运行提供组织保障。常委会严格按照任免地方国家机关工作人员办法的规定，组织对被提请任命人员进行任前考试、接受常委会组成人员询问并做表态发言，增强了被任命干部的法律意识和公仆意识。

密切联系代表，不断加强代表工作。常委会认真贯彻中央9号文件和加强代笔工作的有关规定，采取多种措施支持、规范和保证代表依法履行职责，较好地发挥了代表作用。

做好建议、批评和意见的办理工作。为确保市十届人大七次会议期间代表所提建议、批评和意见切实得到办理，常委会办公室和市政府办公室共同召开了交办大会，将代表所提建议按内容分类，登记造册，分别交有关承办单位，并要求在规定期限内将办理结果书面答复代表。市十届人大七次会议期间共收到代表建议、批评和意见103件，至10月底已全部办理完毕并答复代表。如对郑化周等30名代表提出的要求“恢复市区交通信号倒计时器”的建议，市公安局召开座谈会进行专项汇报，积极与人大代表交换意见，沟通协调。对全市的交通信号控制进行改进，增加了在绿灯即将变化时提前进行闪烁提示，认真解决了代表提出的问题，代表表示满意。

采取多种措施，支持代表依法履职。认真贯彻落实中央9号文件精神，坚持常委会组成人员联系代表制度、主任接待代表日制度和邀请人大代表列席常委会会议制度，全年邀请20多名市人大代表列席了常委会会议。2008年，常委会认真组织人大代表围绕市委中心工作和群众关心的热点难点问题开展活动，邀请市人大代表参加执法检查、视察和调研，较好地发挥了代表在闭会期间的作用。先后组织省、市人大代表对新农村建设及生态文明村建设、城区防汛、旅游资源开发情况的集中视察和专题视察。12月19日，省人大常委会副主任王菊梅带队组织部分全国人大代表就文化建设情况进行集中视察。代表们视察了新乡县祥和新村、开发区启明社区、金龙精密铜管股份有限公司等地。常委会修订了《代表工作办法》、《代表视察办法》等，对代表的权利、义务和履职行为进行了规范。按时向代表寄送学习资料、人大工作刊物，及时通报常委会的重要工作，使常委会的工作更好地接受广大代表的监督。

加强常委会自身建设。加强思想政治建设。常委会高度重视常委会组成人员和机关工作人员政治理论水平的提高，坚持用邓小平理论、“三个代表”重要思想和科学发展观武装头脑，指导工作，保证人大工作正确的政治方向。深入学习党的十六大、十七大精神，不断增强党性的观念、大局观念、群众观念、法制观念、民主观念。通过举办法制讲座和培训班等多种形式，加强对人民代表大会制度理论、宪法法律和业务知识的学习。加强作风建设。常委会坚持走群众路线，深入实际、深入基层，调查研究，求真务实。认真组织开展“新解放、新跨越、新崛起”教育活动，深入开展党风廉政建设和反腐败工作，严格落实党风廉政建设责任制度。机关连创“省级文明单位”。制度建设加强。修订和完善《新乡市人民代表大会会议工作程序》、《新乡市大常委会会议工作程序》、《公民旁听市人大常委会会议办法》等规章制度，坚持党组中心组理论学习制度、廉洁自律十项规定、重要活动向市委报告制度等，各项工作进一步制度化、规范化。（陈　峰）

新乡市十届人大常委会组成人员

主　任　王富均

副主任　周海深（党组书记，省辖市市长级干部）
吴金印
刘志华（女）
唐中法
史本国
刘孟英（女，2008年12月任党组副书记）
田庆忠（2008年12月任党组副书记）

党组副书记　郭清春（2008年12月任）
冯志勇（2008年12月任）

秘书长　刘绍臣

委　员　（按姓氏笔画为序）
王长胜　王东英（女）　王树栋
王素华（女）　王桂珍（女）
申新生　刘新民　闫凤珠（女）
许福卿　杨玉增　李作杰（2008年2月离）
李跃勇　张会琴（女）　陈玉林
陈荣鹤　陈彦福　罗和平　赵武昌
赵科元　郭　宽（回族）　曹国欣
韩随意

新乡市十届人大常委会正副秘书长、办事机构、工作机构领导成员

秘 书 长 刘绍臣
副秘书长 王素华（女，常务）　胡一明
新保玺（2008 年 8 月离）
张云香（女）
张本豫（2008 年 8 月离）
马延青
调研室主任 和　平
副主任 时张斌
信访办公室主任 朱乃斌
财经委主任 王长胜
副主任 花　瑜（女）　曹晋豫
城工委主任 赵科元（2008 年 8 月离）
付书堂（2008 年 10 月任）
副主任 齐百堂
付书堂（2008 年 2 月任）
教工委主任 陈彦福
副主任 李在如　朱豫新（女）
农工委主任 王树栋
副主任 王增勤
选工委主任 卢湘原（2008 年 12 月任）
副主任 张　彤
内司工委主任 曹国欣（2008 年 8 月离）
副主任 苏红军
民工委主任 闫凤珠（女）
副主任 周传利
预算工委主任 王银燕（女）
副主任 张红才　于素玲（女）
环资工委主任 王桂珍（女，2008 年 2 月离）
崔修祯（2008 年 2 月任）
副主任 李庆怀　史建华

新乡市出席十一届全国人大代表（8 人）

李庆贵　吴金印　刘志华（女）　李　根
李长杰　买世蕊（女）　张荣锁　裴春亮

新乡市出席河南省十一届人大代表（51 人）

焦锡武	王树安	常冀剀
王　伟	原连庄（女）	梁常运
李新民	陈江河	王俊吉
罗　晶（女）	吴天君	周海深
刘志华（女）	杨书廷	李辛民
李文平	陈玉林	周脉红（女）
韩国府	史世领	张启秀
耿瑞先	徐存栓	韩文启
杜新军	严全治	李　刚
张金战	张　琴（女）	黄金慈
夏清成	杨海福	匡宝珠
杨占青	李庆贵	王富均
冯　昕	吴金印	付兰香（女）
杜天贞	秦自力	程清丰
杜步云	许福卿	张水香（女）
范海涛	周铁项	崔学勇
薛国文	魏刘宝	安　康

人事任免

新乡市十届人大常委会任免名单

新乡市十届人大常委会第三十五次会议任命：

王惠民为新乡市城市管理局局长。

何乃祺为新乡市中级人民法院副院长。

免去：

崔修祯的新乡市城市管理局局长职务。

新乡市十届人大常委会第三十六次会议任命：

王岚涛为新乡市人民政府副市长。

新乡市十届人大常委会第三十八次会议任命：

马玲、连丽娟、郭震、李志婷、冯霞、姜永学、逯朝、高鹏、李蕾、夏军、范江涛、何勇、范卫彬、白文斌同志为新乡市人民检察院检察员。

新乡市十届人大常委会第三十九次会议任命：

王战营为新乡市人民政府副市长。

免去：

范学贵的新乡市人民政府副市长职务。

新乡市十届人大常委会第四十次会议任命：

程更良为新乡市中级人民法院审判员；

马宁为新乡市中级人民法院刑事审判第三庭副庭长。

免去：

史延丽的新乡市中级人民法院刑事审判第三庭副庭长职务。

新乡市十届人大常委会第四十一次会议任命：

王晓然、周建为新乡市人民政府副市长。

新乡市十届人大常委会第四十二次会议任命：

王靖、郭岚岚、路长平、王丽、随伟、王抗、郭鑫涛、崔海成、冯卓群、孙峰、李彦海、吕森堂、秦志成、田泽华、刘大春、李鹏为新乡市中级人民法院审判员。

马方、胡高峰、熊文丽、邓天惠为新乡市人民检察院检察员。

免去：

李永德的新乡市中级人民法院审判员职务；

程更良的新乡市中级人民法院执行局局长职务；

徐正强、李九成、周继水、王新建同志的新乡市人民检察院检察员职务。

新乡市十届人大常委会第四十三次会议任命：

贾生祥为新乡市发展和改革委员会主任；

赵秀志为新乡市建设委员会主任；

张红彦为新乡市民政局局长；

李双安为新乡市司法局局长；

路文忠为新乡市环境保护局局长；

张和为新乡市交通局局长；

闫玉福为新乡市林业局局长；

贾共卫为新乡市卫生局局长；

南国良为新乡市体育局局长；

李红旗（女）为新乡市审计局局长；

薛永宏为新乡市广播电视局局长；

刘军为新乡市安全生产监督管理局局长。

免去：

赵秀志的新乡市林业局局长职务；

薛永宏的新乡市统计局局长职务；

刘军的新乡市民族宗教局局长职务；

邓琳的新乡市发展和改革委员会主任职务；

原建国的新乡市建设委员会主任职务；

王炜东的新乡市民政局局长职务；

唐棣的新乡市司法局局长职务；

卢湘原的新乡市交通局局长职务；

唐艳青（女）的新乡市环境保护局局长职务；

张杰的新乡市卫生局局长职务；

刘贵生的新乡市体育局局长职务；

邓立章的新乡市审计局局长职务；

刘良恩的新乡市广播电视局局长职务；

张有甫的新乡市安全生产监督管理局局长职务。

任命：

张明华为新乡市中级人民法院执行局局长、审判委员会委员。

免去：

王如意、刘京甫的新乡市中级人民法院副院长职务；

杨胜亮、张安民的新乡市人民检察院副检察长职务；

裴法让、郭德文、沈冬海的新乡市人民检察院检察员职务。

【新乡市十届人民代表大会第七次会议】 2008年4月24日至26日，新乡市第十届人民代表大会第七次会议召开。会议听取和审议市人大常委会、市人民政府、市中级人民法院、市人民检察院的工作报告，审查和批准新乡市2007年国民经济和社会发展计划执行情况及2008年计划（草案）的报告、新乡市2007年财政预算执行情况和2008年市级财政预算（草案）的报告，并作出了相应的决议。 （张广勇）

【市十届人大常委会第三十四次会议】　2008年3月4日，市十届人大常委会第三十四次会议举行。会议听取审议并表决通过了市人大常委会2008年工作要点，市人民政府关于办理原阳县农发行贷款项目承诺手续的决议。市人大常委会2008年工作要点是：深入贯彻落实科学发展观，全面贯彻党的十七大精神，认真落实市十届人大七次会议确定的各项任务，继续解放思想，坚持务实创新，着重推动科学发展，更加重视改善民生，努力促进社会和谐，切实履行宪法和法律赋予的各项职责，为建设效益新乡、创新新乡、生态新乡、和谐新乡，开创新乡市经济文化社会发展新局面作出新的贡献。（张广勇）

【市十届人大常委会第三十五次会议】　2008年3月28日，市十届人大常委会第三十五次会议举行。会议听取和审议了关于召开新乡市第十届人民代表大会第七次会议的决定（草案）；审议通过了市人大常委会工作报告（草案）；会议表决通过了关于召开新乡市第十届人民代表大会第七次会议的决定；关于接受李作杰辞去新乡市人大常委会委员职务的决定；关于接受王桂珍辞去新乡市人大常委会委员职务的决定及人事任免议案。

（张广勇）

【市十届人大常委会第三十六次会议】　2008年4月18日，市十届人大常委会第三十六次会议举行。会议听取和审议了市人民政府关于贯彻落实《市人大常委会关于进一步加强法制宣传教育和依法治理工作的决议》情况的报告；市人大常委会关于市十届人大七次会议筹备工作情况的报告；关于代表资格的审查报告。表决通过了关于代表资格的审查报告和人事任免事项。（张广勇）

【市十届人大常委会第三十七次会议】　2008年5月19日，市十届人大常委会第三十七次会议举行。会议表决通过了关于接受李辛民辞去省十一届人大代表职务的决定。（张广勇）

【市十届人大常委会第三十八次会议】　2008年6月27日，市十届人大常委会第三十八次会议举行。会议听取和审议了市人民政府关于新乡市人口和计划生育工作情况的报告、关于新乡市经济适用房和廉租住房建设情况的报告，表决通过了人事任免事项。（张广勇）

【市十届人大常委会第三十九次会议】　2008年7月25日，市十届人大常委会第三十九次会议举行，听取审议并表决通过了人事任免事项。

（张广勇）

【市十届人大常委会第四十次会议】　2008年8月21日，市十届人大常委会第四十次会议举行。会议听取审议市人民政府关于新乡市国民经济和社会发展第十一个五年规划纲要中期评估情况的报告；关于2008年上半年国民经济和社会发展计划执行情况的报告；关于2007年市本级财政决算和2008年上半年财政预算执行情况的报告；关于2007年度市本级财政预算执行和其他财政收支情况的审计工作报告；关于提请新乡市总体规划（2008～2020年）的议案和人事任免事项。会议表决通过了关于接受赵海燕辞去新乡市人民政府副市长职务的决定、关于接受王保旺辞去新乡市人民政府副市长职务的决定以及人事任免事项。

（张广勇）

【市十届人大常委会第四十一次会议】　2008年10月15日，市十届人大常委会第四十一次会议举行，听取审议并表决通过了人事任免议案。

（张广勇）

【市十届人大常委会第四十二次会议】　2008年10月28日至29日，市十届人大常委会第四十二次会议举行。会议听取审议了市人民政府关于贯彻市人大常委会《关于加强食品安全监管工作的决定》落实情况的报告；关于新乡市主要污染物总量减排工作完成情况的报告；关于代表建议、批评和意见办理情况的报告；关于贯彻落实《市人大常委会关于加快建设城市公共交通枢纽场站的决议》情况的报告；市人大常委会执法检查组关于对《中华人民共和国价格法》、国务院《价格违法行为行政处罚规定》执法检查情况的报告。会议表决通过了人事任免事项。（张广勇）

【市十届人大常委会第四十三次会议】　2008年

12月19日，市十届人大常委会第四十三次会议举行。会议听取审议了市人民政府关于新乡市贯彻执行《农民专业合作社法》情况的报告、关于调整市本级2008年财政收支预算的报告、关于提请将城市环境综合治理工程项目资本金和回购资金列入年度财政预算的议案、关于市十届人大七次会议期间代表所提建议、批评和意见办理情况的报告、市人大常委会关于召开新乡市第十一届人民代表大会第一次会议决定（草案）说明、关于2007年度市本级财政预算执行和其他财政收支审计有关情况的整改报告（书面）。会议表决通过了《关于召开新乡市第十一届人民代表大会第一次会议的决定》、《新乡市人大常委会关于新乡市2008年市本级预算调整的决议》、《新乡市人大常委会关于将城市环境综合治理项目资本金和回购资金列入年度财政预算的决议》，表决通过了人事任免事项。　（张广勇）

【省人大常委会副主任张程锋莅新检查指导】 2008年2月25日，河南省人大常委会副主任张程锋一行莅新，对新乡市农村义务教育经费保障机制实施情况进行检查指导。市人大常委会党组书记、副主任周海深，秘书长刘绍臣等陪同。

（陈　峰）

【省人大常委会副主任刘新民莅新检查《价格法》实施情况】 2008年4月19日，河南省人大常委会副主任刘新民一行莅新对新乡市贯彻实施《价格法》情况进行检查。新乡市政协主席、市委常委、副市长范学贵，市人大常委会副主任唐中法等陪同。

（陈　峰）

【省人大常委会副主任储亚平莅新调研】 2008年6月17日至19日，河南省人大常委会副主任储亚平带领节能减排调研组莅新调研。市领导李庆贵、周海深、赵海燕、唐中法、王保旺分别陪同调研和参加汇报会。

（陈　峰）

【执法检查】 针对物价水平不断上涨，影响广大人民群众生活水平的状况，2008年，市人大常委会开展了对《中华人民共和国价格法》的执法检查。常委会领导带队，组成3个检查组分赴红旗区、卫滨区、辉县市，听取汇报，举行座谈会，实地察看批发市场、大型商场、农贸市场和生产加工企业；要求政府高度重视物价工作，加强价格执法和监管力度，慎重出台公共产品价格调整政策，取消城市居民生活用管道燃气、暖气初装费，切实采取措施保证人民群众特别是低收入群体、大中专学生的正常生活，确保新乡市物价总水平的基本稳定。对价格法执法检查发现的问题，市政府及职能部门从体制、机制和监管方式等方面深刻剖析问题产生的根源，研究制订了措施，对一些主要问题的处理工作做得比较到位，取得了较好的效果，价格执法行为不断得到规范。除做好《价格法》执法检查外，市人大常委会还积极配合省人大常委会做好对新乡市贯彻实施《义务教育法》和《河南省进城务工人员权益保护条例》的执法检查工作。　（陈　峰）

新乡市政广场喷泉景观

新乡市人民政府

政府综述

2008年，面对严峻的经济形势，新乡市人民政府把经济运行作为重中之重，按照中央“保增长、扩内需、调结构，保持经济平稳较快发展”的要求，围绕省委、省政府、市委的工作部署，努力在困难中捕捉机遇、在挑战中加快发展，克服国内外经济发展形势的不利影响，着力解决经济运行中的突出矛盾和问题，国民经济总体保持较快增长，各项事业全面进步，人民生活继续改善，相继荣获国家卫生城市、国家森林城市、国家园林城市、中国金融生态城市、全国文明城市创建工作先进市称号，全国社会治安综合治理优秀市经过国家考核验收，城市美誉度和影响力不断增强。

经济结构不断优化，综合实力得到增强。2008年，全市实现生产总值949.5亿元，比上年增长13.9%。三次产业结构为13.8∶54.9∶31.3，二、三产业比重提高1.1个百分点。畜牧业产值占农业总产值的40%，提高4个百分点。以“一谷五基地”（制冷、生物新医药、新型电池、特色装备制造、煤化工、汽车及零部件）为标志的战略支撑产业规模不断壮大，年销售收入占全市的70%；企业战略重组步伐明显加快，卫华集团、豫飞集团等16家企业对内对外实施了不同层次的战略重组。七大产业集群实现销售收入622亿元、利税76.8亿元，分别增长30%、26%，制冷、特色装备制造两个产业集群年销售收入超百亿，成为首批生物产业河南省高技术产业基地，高新技术产业增加值比重达到28.5%，居全省前列。规模以上工业企业主营业务收入1239.2亿元，增长29.7%；利润总额88.7亿元，增长8.6%。地方财政一般预算收入48.8亿元，增长18.6%。社会消费品零售总额277.8亿元，增长23.7%。年末金融机构人民币各项存款余额759.6亿元，比上年末增长16.4%，人民币各项贷款余额506.2亿元，增长17.0%。在第二次全国经济普查中，全市经济统计单位、限额以上企业分别增加15%、20%以上。年末公路通车里程12622公里，高速公路通车里程306公里，农村公路总里程11339万公里。国内旅游收入29.6亿元，增长24.0%。

引资项目战略成效明显，发展后劲进一步增强。完善党政领导外出招商工作机制，不断优化投资环境，深入推进引资项目双带动主战略。全年实际利用外资2.25亿美元，增长78.8%；利用市外内资110亿元，增长26.6%。新批准外商投资企业22个，泰国正大、大连大商、南京雨润等一批知名企业落户新乡。实施千万元以上项目1781个，完成投资589.9亿元，增长38.8%。其中孟电2×30万千瓦热电联产等60个重点项目开工建设，获嘉至新乡高速公路、新亚纸业20万吨轻量涂布纸生产线技改、刘庄农工商7万吨/日污水处理生产线、新乡市东二环道路工程等一批大型项目竣工，新中益2×100万千瓦火电机组、华星药厂百亿支撑项目等28个投资10亿元以上特大型工业和基础产业项目前期工作进展顺利。全社会固定资产投资767.4亿元，增长31.9%。以企业为主体产学研结合的区域型科技创新体系不断完善，新增省级以上各类企业研发中心16家，总量达86家，占全省近十分之一；专利申请量连续四年突破1000件，其中发明专利255件，均居全省前列。

“三农”工作扎实有效，城乡统筹迈出新步伐。大力实施小麦高产开发“1346”（在全市建立1个100万亩1000斤高产示范区，30个千亩1100斤高产示范方，40个1000斤高产乡镇，60块1200斤高产攻关田）工程，粮食总产374.87万吨，再创历史新高。优质专用小麦占麦播总面积的81%。连续四年获省红旗渠精神杯，新增有效灌溉面积1.32千公顷、节水灌溉面积6.78千公顷。实施中心城市带动战略，编制完成中心城市、县城、重点镇及产业集聚区、新型农村住宅社区四级规划，以路网为核心的半小时经济圈初步形成，现代城镇体系建设稳步推进。37个产业集聚区新增基础设施投资15亿元，新入驻千万元以上企业和新上千万元以上项目480家（个），吸纳群众就业40余万人。全市城镇化率达到39.16%，比上年提高1.83个百分点。沼气入户率40.5%，居全省第一。将全市3571个行政村规划为1050个新型农村住宅社区，2008年启动建设127个，涉及345个行政村，完成投资21亿元，建成250万平方米，搬迁入住农户10292户。

生态建设力度加大，人居环境明显改善。依法关闭取缔146家违法排污企业、107家小石渣企业、4家造纸企业，拆除6.8万吨半化学制浆生产线。省控5条河流出境断面水质均达到省定标准。万元工业增加值能耗下降11.2个百分点，居全省第二位。全市共完成造林面积31.22万亩，其中人工造林面积25.36万亩。全市已建立国家级自然保护区2个，面积33928公顷。林木覆盖率达23.1%。1367个村达到生态文明村建设标准，38%的行政村建立卫生保洁长效机制，26%建有供排水设施，19%实现道路户户通，35%建有标准化卫生室，农村生产生活条件不断改善。全年城市环境空气质量优良天数为335天，达标率为91.8%，较上年提高3.9个百分点。

人民生活稳步提升，社会事业全面进步。全市城镇居民人均可支配收入、农民人均纯收入分别达到13000元和5038元，实际分别增长8.3%、8%。全年城镇新增就业人员17.1万人，失业人员实现再就业6.66万人，城镇登记失业率为3.33%。200万人次城乡居民从最低生活保障政策中受益。省市两级承诺的20件实事圆满完成。新型农村合作医疗参合率99.06%，提高2.8个百分点。57.8万人参加社会保险，净增3.1万人。经济适用住房、廉租房分别竣工18.6万平方米、1.5万平方米。九年义务教育基本普及，高中阶段入学率76%。义务教育阶段进城务工子女入学率100%。启动文化产业发展“3×10”（一是科学规划、高起点设计建设十大公益性文化建筑。二是以十大基础文化建设工程为重点，全面推进文化建设的大发展大繁荣。三是以十大重点文化产业项目为龙头，带动文化产业又好又快发展。）行动计划。东方文化商业步行街成为城市新的亮点，文化产业投资公司组建成立，市场化运作的电视剧《大长垣》取得成功，比干诞辰纪念活动影响日益扩大。自然变动净增人口2.83万人，自然增长率5.04‰。新闻出版、防震减灾、统计、史志、宗教、外事、侨务、档案、气象、人防和民兵预备役建设等工作都取得了新的成绩。

政府自身建设得到加强，行政水平进一步提高。以提高行政效率为重点，落实首问负责制、服务承诺制和限时办结制，精简审批事项，深入推进政务公开，不断提升政务水平。自觉接受人大法律监督和政协民主监督，共办理人大、政协建议、提案405件。利用“行风热线”开展社会监督，政风建设进一步加强。严格行政效能监察，开展科室季评活动，完善权力公开运行和监督机制，机关工作规范化管理扎实推进。在全省率先成立公共资源交易中心。“行政效率提速年”和“两转两提”活动取得良好成效。加强廉政教育，健全工作制度，反腐败力度不断加大；狠刹奢侈浪费，严惩不正之风，倡导真抓实干，政风建设取得积极进展。完善民主决策程序，健全责任、有序、高效的工作推进机制，强化行政问责，各级各部门克难攻坚、狠抓落实的能力进一步提高。

（孙庆新）

新乡市人民政府领导成员

市　　长　李庆贵

副 市 长　范学贵（2008年7月离）

王战营（2008年7月任）

赵海燕（女，2008年10月离）

王晓然（2008年10月任）

王保旺（2008年10月离）

杨书廷

丁保东

王治通

贾全明

王岚涛（2008年4月任）

周　建（2008年10月任）

市长助理　崔卫新（2008年3月任）

职　伟（2008年3月任）

贾生祥（2008年3月任）

杨荫凯（2008年5月任）

新乡市人民政府正副秘书长

秘书长　刘林成
副秘书长　李红旗（女，2008年12月离）
李双安（2008年12月离）
魏尚志（2008年12月离）
张忠喜（2008年12月离）
秦　英（2008年12月离）
赵举水（2008年12月离）
唐俊生
丰仲民（2008年12月离）
张建东
刘庆贵
闫玉福（2008年12月离）
侯辉生（2008年12月离）
南国良（2008年3月任，2008年12月离）
刘　勇（2008年6月任）
吴毅强（2008年12月任）
何光亮
徐春骐（2008年5月任）
贺海晨（2008年7月任）

【规范政府性文件和行政权力】　2008年，依照统一标准、科学归类、依法清理的原则，市政府对各部门行政管理事项及规范性文件进行了再清理、再审核、再规范。经过清理，市级行政机关保留行政管理事项4192项，取消62项，下放7项。共清理市级文件2288件，其中规范性文件970件，确定继续有效578件，废止62件，宣布失效283件，修订47件。各县（市、区）政府清理县级文件5915件，其中规范性文件916件，决定继续有效1055件，废止131件，宣布失效653件，修订77件。（孙庆新）

【强化行政执法人员的培训与监督】　2008年，新乡市政府先后举办行政执法人员及执法监督人员骨干培训班，全面推行行政执法人员上网公示，上网公示率达100%。组织开展全市行政执法机关行政案卷评查活动，对市、县两级行政许可、行政处罚及行政事业性收费、行政处罚票据使用情况、罚没资金管理情况进行检查评比，评出优秀行政执法案卷20份，下发整改通知书26份，促进行政机关行政执法质量的提高。（孙庆新）

【完善应急预案体系】　2008年，市政府按照“横向到边、纵向到底”的要求，认真做好应急预案编制和修订工作，不断扩大预案覆盖面，至年底，制定市级应急预案166个，其中市总体应急预案1个，市级专项应急预案19个，部门应急预案100个，驻新高等院校和中央、省驻新企事业单位应急预案46个；12个县（市、区）共制定县级及县级以下应急预案5437个。（孙庆新）

【以为民务实为重点强化政府督查】　2008年，市政府办公室不断强化督查方式和方法，切时保障各项工作部署落实到位。全年共收到和办理“市长信箱”信件1750余件，细化省市20件实事的督查规则，全力做好创建国家卫生城市和建市60周年12项惠民工程的督导工作，为“行政效率提速年”及“两转两提”活动的顺利开展提供保障。（孙庆新）

人事工作

【人事工作概况】　2008年，全市各级人事部门围绕经济建设中心，大力实施人才强市战略，全力优化人才配置，各项工作取得显著成绩。全市人事系统积极工作、狠抓落实，各县（市、区）、各有关部门通力协作、齐抓共管，呈现出许多特色亮点。（孟　昕）

新乡市人事局领导成员

党组书记、局长　朱性福
党组副书记（正处级）　付兴舜
党组成员、副局长　李耀华　石增全
杨家保（2008年7月离）
党组成员、纪检组长　代战红

【大学生就业】　2008年，市人事局在国家“大学生服务周”的基础上，结合大学生毕业就业需要，在全国首家开展“大学生就业服务百日行”活动，受到国家和省、市的关注，此工作方法在省人事厅、教育厅等多家单位进行宣扬，8000多名大学生在这

项活动中得到实惠。（尹秀丽）

【公务员培训】 2008年，在以公务员为主要对象的MPA公共硕士联考中，新乡单考成绩全国第一。市委书记吴天君代表市委、市政府对此作出专项表彰批示。公务员培训教育收到良好效果。（尹秀丽）

【军转安置和自主择业】 2008年，新乡市率先在全省完成军转安置工作，市人事局在企业军转稳定工作中，面对人手少、职权小的前提下，做好企业军转干部稳定工作。向省和国家推出3名自主择业干部。有85.9%实现再就业，市人事局作为河南省的代表在全国自主择业表彰会上作了典型发言。

（尹秀丽　韩清贵）

【引进人才工作】 2008年，新乡市在经济危机大潮下，人才工作逆流而上，高层次人才首次突破万人，博士后科研站又增加2家，占全省博士后工作站总量的六分之一，这些人才活跃在全市的上千家企业，有力地支援了全市经济社会的发展。国家《中国人事报》对这一突破作了重点宣传。7月20日，新乡市首次召开人才供需目标发布会，为全市各类人才和企业供需提供晴雨表，为供需矛盾双方提供科学的双项选择依据，有效地促进了各类人才的就业和企业的需要，在全省属于首家。（尹秀丽）

【工资福利工作】 一是完成市直机关事业单位工资正常审批工作。2008年，机关事业单位工资制度改革后，公务员工资第一次大规模晋级晋档，同时也是2006年以后转业的军转干部按新制度确定工资的关键时期。市人事局对市直机关、事业单位309个单位共审批机关工作人员晋升级别1155人，晋升级别档次5455人；审批事业单位工作人员晋升薪级5463人；确定2006年军转干部工资204人，2007年军转干部工资133人。完成职务变动、调动人员重新确定工资、新参加工作人员定级等正常工资审批工作，共审批3062人。二是完成2008年全市机关事业单位工人技师和工人技术等级考核工作。全年全市共参加考核技术工人4356人。其中，高级工2300人；中级工1227人；初级工657人；技师172人。三是积极组织开展机关事业单位职工技能竞赛活动。联合市总工会组织全市机关事业单位25个工种职工技能竞赛，选拔优秀选手参加全省竞赛。一批优秀职工在竞赛中脱颖而出，取得优异成绩。四是完成全市特级教师提高津贴标准的审核工作。根据人事部、财政部《关于调整特级教师津贴标准的通知》（国人部发〔2007〕158号）精神，对全市62名符合条件的特级教师提高津贴标准情况进行审核。其中，退休特级教师36人，在职26人。（尹秀丽）

【引进国外智力工作】 2008年，市人事局严格按照省外国专家局要求，对申报单位进行实地查看，认真比较，择优申报4家作为2008年河南省“一村一品”示范点和引智成果示范推广基地候选单位。其中，封丘县留光乡青堆树莓专业合作社和辉县市冀屯乡范家屯村食用菌、芦笋种植基地被省外专局命名为河南省“一村一品”示范点；获嘉县大家牧业有限公司被命名为河南省引智成果示范推广基地，数量位居全省前列。

根据新乡市人民政府关于印发《新乡市“牧野友谊奖”的暂行规定》的通知，组织并颁发新乡市首届“牧野友谊奖”。来自新乡医学院的奥拉泽尔·安·古音图等5名外籍专家获此殊荣。

2008年，全市共有10项引进国外专家项目，共执行9项，执行率达90%，取得了良好的经济效益和社会效益。在项目执行过程中，一方面做好网上洽谈工作，为项目单位寻找合适专家；另一方面做好已确定专家人选的项目执行工作，帮助项目单位聘请翻译，制定工作计划，力求提高项目的实施质量，为企业创造尽可能多的经济效益。（尹秀丽）

【事业单位人事制度改革】 2008年，新乡市事业单位人事制度改革主要抓了三项工作：一是为推行事业单位岗位设置管理制度作好前期准备。在2007年底对全市范围内4000多家事业单位进行岗位设置情况核查、梳理、调研的基础上，按照省人事厅统一安排部署先后到卫生、文化、农业等系统和乡镇所属的事业单位实地进行模拟设岗。基本摸清全市事业单位的性质、经费渠道、单位规格、编制数、实有人数，管理人员、专技人员、工勤人员三类人员数及各自比例，以及各类人员中不同级别人员数。根据模拟设岗调研获得的数据、材料以及岗位设置中可能出现的问题和困难，撰写出详实的调研报告。调研报告内容广泛详细、数据准确可靠，多次受到省人事厅的表扬。二是规范开展事业单位新进人员公开招聘工作。根据国家和省有关事业单位新进人员公开招聘工作文件精神，认真履行监管职责，严格公开招聘、规范公开招聘程序，对招聘计划逐条审核、备案，及时要求用人单位和新进人员签订聘用合同并予以鉴证。三是加强事业单位聘用合同管理。全年共续签1000余份合同，逐一对合同附加条款进行审核，对与法律法规不符的进行修改，保证合同的合法性、连续性与公平性，受到广大事业单位和职工的好评。（尹秀丽）

【公务员管理】 一是按时完成全市机关事业单位年度考核工作。在规定时间内按照新要求对全市近500家机关事业单位年度考核优秀等次比例使用进行审核，2008年3月5日前完成对机关事业单位年度考核结果的审核备案，并按时向省人事厅进行备案。二是完成参照公务员管理单位的人员登记工作。全市政府系统181家参照公务员管理单位（其中市直32家，县（市、区）149家），共有编制2833个，登记2369人。其中市直编制752个，登记668人；县（市、区）编制共2081个，登记1701人。三是研究制定公务员日常登记管理办法，规范公务员日常登记工作。为巩固公务员登记的成果，维护实施《公务员法》工作的严肃性，尽快规范公务员日常登记工作，拟定《新乡市公务员日常登记管理暂行办法》，2008年，全市公务员日常登记工作已正常有序进行，根据公务员队伍人员增加、减少、公务员职务晋升等情况及时做好人员信息的充实、更新和动态管理。四是人民满意公务员和人民满意公务员集体的评选工作按计划顺利进行。3月7日，下发《关于组织开展新乡市“人民满意的公务员”和“人民满意公务员集体”评选表彰工作的通知》，共收到63名（其中县、区36人、市直27人）个人和52个集体（其中县、区24个、市直28个）的申报材料。市人事局通过走访有关部门、查阅有关资料、听取汇报、问卷调查等方式，重点考察了解其服务对象的满意度、所获荣誉和事迹的真实性等内容。根据考察情况，提出按照表彰名额1∶1.2的比例确定公示名单（个人24人，集体12个）。五是成功举办《行政机关公务员处分条例》骨干培训班。4月25日，举办《处分条例》骨干培训班，邀请省人事厅公务员管理处副处长作专题讲座。全市38家政府机关、32家参照管理单位的分管领导、人事科长；12个县（市、区）人事局的分管副局长、公务员科科长和市人事局所有科长共180人参加培训。六是完成对公安系统申报初级专业技术职务人员的资格审核。根据省人事厅、省公安厅《关于在全省公安机关试行公务员专业技术职位任职制度的通知》（豫人〔2004〕111号）要求，会同市公安局对全市公安系统符合直接认定条件的59人进行初审。

（尹秀丽）

机构编制工作

【机构编制工作概况】 2008年，新乡市机构编制委员会办公室（简称市编办）围绕全市经济社会发展大局，充分发挥机构编制职能作用。积极做好政府机构改革准备工作，研究拟定市县改革意见；稳妥推进事业单位分类改革，理顺社会事业服务体制，提高政府公共服务能力；健全长效管理机制，巩固乡镇机构改革成果，推进农村经济社会发展；加强事业单位登记管理规范化建设，强化事业单位登记管理依法行政能力，推进事业单位积极参与市场竞争；创新管理手段，不断提高机构编制管理水平，努力为促进新乡经济社会又好又快发展，建设和谐新乡提供坚实的体制机制和组织机构保障。2008年，市编办先后荣获全省机构编制系统先进单位、先进基层党组织、拥军优属拥政爱民先进单位等多项荣誉。（潘其涛）

新乡市机构编制委员会办公室
领导成员

主　任　李太智

副主任　滑爱民（女）

【政府机构改革】 2008年，中央《关于深化行政管理体制改革的意见》和《国务院机构改革方案》出台后，市编办多次组织人员认真学习，深入研讨，收集整理与改革相关的政策文件和资料，及时为市委、市政府和市编委领导提供改革最新动态。深入开展调查研究，全面摸清市县政府机构设置和职能配置的基本情况，重点梳理政府部门缺位、越位、退位的职能以及职责关系不顺、交叉扯皮的职能，

积极做好政府机构改革前期准备工作。（潘其涛）

【巩固乡镇机构改革成果】 2008年，市编办以“理顺机制、转变职能”为着力点，继续巩固乡镇机构改革成果，不断提高乡镇政府服务“三农”的能力和水平。一是积极配合中央、省编办搞好乡镇机构编制管理督查工作。中央编办检查了新乡市1个县2个乡镇，省编办检查了5个县10个乡镇，对全市的乡镇机构改革成果巩固及乡镇机构编制管理工作给予充分肯定。二是以贯彻落实中央、省督查意见为契机，加大问题整改力度。要求各县（市、区）对乡镇机构改革成果巩固及乡镇机构编制管理中存在的问题进行彻底排查、认真整改，确保改革政策不折不扣落实到位。三是深入调研，进一步梳理巩固乡镇机构改革成果工作思路。领导带队深入县（市、区）和乡镇，就影响乡镇机构改革成果巩固的因素和问题进行专题调研。向市委、市政府写出《关于巩固乡镇机构改革成果存在问题的汇报》，报告受到市委、市政府的高度重视。11月，对乡镇“三项长效机制”（即乡镇机构编制规范化管理机制、便民服务中心运行机制和乡镇政府购买公共服务机制）建设工作推进情况进行调研，向市委、市政府提交《深化乡镇机构改革推进农村发展》的报告，此报告先后被市《政府工作通报》和《领导参阅》全文印发。四是积极推进乡镇“三项长效机制”建设工作。10月9日，召开巩固乡镇机构改革成果推进长效机制建设工作会议，为推进农村改革发展和城乡一体化提供坚实的体制机制和动力保障。至年底，全市122个乡镇机构编制全部实现实名制管理，为实现中央、省提出的“只减不增”目标奠定坚实基础。市、县、乡三级行政便民服务机构实现联网，服务机制更加健全，服务效能进一步提高。各县（市、区）初步建立“政府负责、财政安排、公开招标、合同管理、考核兑现”的乡镇政府公共服务新模式。（潘其涛）

全市巩固乡镇机构改革成果、推进长效机制建设工作会议

【事业单位分类改革】 2008年，市编办采取多项措施加强事业单位分类改革工作。一是扎实推进水利工程管理体制改革，建立起职能清晰、权责明确的水利工程管理体制和运行机制，为水利工程的安全运行和水资源可持续利用提供保证。二是加强全市畜产品质量监测体系建设，在县（市、区）全部建立畜产品质量监测检验站，理顺管理体制，为畜产品质量安全提供保障。三是规范新乡学院内部管理体制和运行机制，为学院各项工作的顺利开展提供保障。四是优化整合市直医疗机构资源配置。在充分调研的基础上，提出新乡中原医院管理有限公司与中心医院的组建方案，明确公司及中心医院的管理体制，核定公司及中心医院的领导职数，为顺利组建公司及中心医院、提高医疗行业资源效益奠定基础。五是重新核定长垣起重工业园区、新乡化学与物理电源产业园区、新乡工业园区内设机构，理顺园区内部管理体制和运行机制。六是进一步理顺公共资源交易中心内部职能配置及运作机制，强化对工程建设招投标、产权交易、政府采购、土地使用权出让等公共资源交易活动的监督，努力营造公开、公平、公正的公共资源交易环境。（潘其涛）

【事业单位登记管理】 2008年，市编办加强事业单位登记管理规范化建设。一是坚持依法行政，规范事业单位登记管理。制定行政执法责任目标考核方案，明确执法主体地位，落实行政执法岗位责任；制定完善多个、多种规范样本，建立起规范的运作机制、良好的监督机制和责任明确的承诺机制。二是全面开展培训，增强事业单位法定代表人素质。举办2期培训班，对市直2007年以后变更的事业单位法定代表人和县（市、区）副科级以上未参加过培训的事业单位法定代表人进行培训，参训人员共360多人。三是创新工作方法，积极探索事业单位登记管理新思路。会同市直15个部门联合下发《关于重申〈事业单位法人证书〉使用制度有关问题的通知》，对《事业单位法人证书》使用制度做进一步重申，进一步完善事业单位登记管理制约机制，提高《法人证书》的使用效力；进一步完善事业单位

登记管理与事业机构编制审批联动机制；严格事业单位年检公示制度；加大督办力度，提高登记管理的质量和效率。（潘其涛）

【机构编制管理】　2008年，市编办进一步规范机构编制管理工作。一是深化机构编制实名制管理，遏制机关事业单位无序进人。研制开发《编制证》信息系统，全面启动机关事业单位编内人员发放工作，将编制落实到具体人，实行“一人一编一证一号”，《编制证》发放工作首先在乡镇进行，然后在市、县级行政事业单位逐步推进。至年底，乡镇《编制证》发放工作基本结束，122个乡镇7000余名在编人员人手一本《编制证》。二是继续完善市直行政事业编制使用总量控制制度，优化行政机关事业单位人员结构。全年使用行政编制26名、事业编制252名。与2007年度相比，行政事业编制使用总量再次调减。所批准使用的行政编制主要用于招录公务员、选调省委组织部管理的基层选调生和政策性安置人员，事业编制95%以上用于招聘、引进本科以上学历专业人员和硕士研究生以上高层次人才，推进机关事业单位人员结构的优化，提高机构编制的使用效益。三是加大对县（市、区）机构编制管理工作的指导和监督检查力度，提升全市机构编制工作水平。继续对县（市、区）消减超编人员工作实行市政府目标管理，督促县（市、区）采取有效措施分流超编人员。充分发挥机构编制数据库的信息窗口作用，加大对违规违纪行为的督查。细化工作目标，对县（市、区）机构编制管理实施全程监督。市编办制定下发《2008年度县（市、区）机构编制工作考核细则》，从制度建设、机构设置、人员编制和领导职数管理、事业单位登记管理、自身建设六个方面将全年工作细化为33个目标，实行百分制量化考核。（潘其涛）

【自身建设】　2008年，市编办积极营造干事创业的良好环境，自身建设再上新台阶。一是扎实开展“新解放、新跨越、新崛起”主题思想教育活动，创新管理理念，实现“六个转变”（即从重实践轻理论向以科学发展观指导实践转变、从重行政轻服务向以人为本强化服务转变、从重微观轻宏观向强化宏观指导转变、从重眼前轻长远向谋全局抓大事转变、从封闭运行向政务公开转变、从循规蹈矩向改革创新转变）。二是狠抓党风廉政建设，创建廉洁示范单位。及时修订和完善机关规范化手册，强化对岗位的监督。踊跃参加“送温暖、献爱心”等社会公益活动，增强全办职工的凝聚力和社会责任感。在市直机关率先开展为四川地震灾区捐款献爱心活动。三是强化培训，搞好轮岗，提高行政能力。2008年，先后有3名科级以上干部参加市委组织部干部培训班，4名科级干部参加公务员素质培训，5人参加省编办业务培训。在抓好干部管理、教育、监督工作的同时，按照《党政领导干部选拔任用条例》规定，对4名科级干部进行轮岗、交流。（潘其涛）

民族宗教工作

【民族宗教工作概况】　2008年，新乡市的民族宗教工作认真贯彻落实科学发展观，贯彻落实全国、全省民族宗教工作会议精神和省委书记徐光春重要批示精神，以创建民族团结进步先进市，维护宗教和睦、社会和谐为目标，牢牢把握各民族“共同团结奋斗、共同繁荣发展”的主题，积极引导宗教与社会主义社会相适应，认真贯彻执行党和国家的民族宗教政策和民族宗教法律法规，把促进团结和稳定作为首要任务，不断改进工作思路，完善工作机制和工作方法，进一步加大依法管理民族宗教事务的力度，各项工作取得新成绩。

新乡市属典型少数民族杂散居地区，少数民族成份44个，人口58917人，回族人口占90%。其他人口较多的少数民族是蒙古族、满族、朝鲜族、苗族、彝族、壮族、维吾尔族等。全市有5种宗教，即天主教、基督教、伊斯兰教、佛教和道教；信教群众287409人，其中，天主教10355人；基督教158711人；伊斯兰教52640人；佛教43984人；道教21719人。经政府批准开放的宗教活动场所469处，爱国宗教团体40个，其中市级7个，即天主教爱国会、天主教教务委员会、基督教三自爱国运动委员会、基督教协会、伊斯兰教协会、佛教协会和道教协会。（李佳佳）

新乡市民族宗教局领导成员

党组书记、局长　刘　军（2008年12月离）

党组成员（正处级） 张珊萍（女）

党组成员、副局长 王继红　李如意

党组成员、纪检书记 慕　忠（2008月12月离）

【宣传培训】 2008年1月17日，新乡市在黄河宾馆举办全市少数民族聚居村及周边汉族村党支部书记培训班。共170余人参加培训班。4月15日，市民族宗教局举办民族界人士政策法规培训班，伊斯兰教协会、清真食品特邀监督员和局机关全体工作人员共120余人参加了培训。4月，“民族宗教政策法规宣传月”活动期间全市共召开各种形式的座谈会、群众会300余次，悬挂宣传横幅1000余条，张贴宣传标语1.5万余条，办墙报、黑板报4000多块，编印下发宣传提纲和宣传材料3.2万余份，电视台播放宣传标语、宣传卡片70多期，1000余次，制作民族宗教政策、法律法规和民族宗教常识专题200多期；各乡（镇、办）利用广播站播讲民族宗教政策、法律法规和民族宗教常识500多次；帮助民族村和宗教活动场所办实事200多件。

（魏国磊　李　黎）

【统计调研】 2008年，市民族宗教局根据《关于严格执行党和国家民族政策有关问题的通知》（国务院办公厅〔2008〕33号）文件要求，在全市民族领域针对民族政策落实情况开展检查监督以及调研工作。8月中旬，对新乡市少数民族流动人口、少数民族干部情况和民族聚居地区与外地的亲戚、宗教、历史关系等方面进行调研，掌握大量的数据，为创建民族团结进步先进市工作有效开展提供了有力的依据。2007年民族工作统计报表下发后，市民族宗教局分别到各县（市、区）检查各项统计工作的开展情况。深入到民族乡、村、学校、企业了解情况，对照2006年的报表确保数据的科学性、可靠性和准确性。

（魏国磊）

【深化创建民族团结进步先进市活动】 2008年春节前夕，封丘县、新乡县分别举办民族团结进步乒乓球友谊赛、篮球友谊赛；原阳县、封丘县在全县中小学生中开展民族团结进步征文比赛；6月13日，封丘县民族宗教局会同县委统战部、县卫生局组织县人民医院12位专家、医生深入到荆乡回族乡为回族群众进行义诊；此外，辉县市、卫滨区等县（市、区）也举办民族法律法规有奖知识竞赛活动、民族团结进步演讲比赛等活动。

（魏国磊）

【加快民族经济发展】 2008年，新乡市争取省少数民族发展资金110万元，安排市少数民族发展资金45万元，用于少数民族聚居村基础设施建设。同时，各县（市、区）设立的县级少数民族发展资金也全部到位。帮助少数民族特需商品定点生产企业河南太行振动机械股份有限公司争取财政贴息260万元；为封丘县荆乡回族乡争取财政转移支付70万元。卫辉市交通局、教育局、卫生局、林业局、农业局、广电局、环保局、国税局、水利局、畜牧局共投资26万元，修通卫辉市上乐村镇西沿村入村道路1.4公里。辉县市委常委、统战部长许光敏协调财政、畜牧、信用社等相关部门，为薄镇壁四街村程红光养牛场的20余户回民养牛户现场办理贴息贷款120余万元。

（魏国磊）

【清真食品市场管理】 从2008年1月1日开始，市民族宗教局利用一个多月时间，对全市清真食品市场重点是城区进行全面检查整顿，共排查清真食品生产、经营单位865家，限期整改23家，取缔9家，对260家破损不规范的清真信誉标牌进行更换。入夏后，尤其北京奥运会、“双节”前后，定期协同工商、卫生等部门对清真食品生产经营单位和个人进行严格检查，切实保障少数民族群众的合法权益，维护民族团结，促进社会稳定。

（魏国磊）

【加强不稳定因素排查】 2008年，为确保全市民族宗教领域稳定，尤其是奥运会前后的稳定，市民族宗教局高度重视，精心组织，严密部署，全年没有发生影响社会稳定的民族宗教事件。一是加强问题排查，实行零报告制度，及时化解民族宗教领域不稳定因素；二是加强与统战、公安、安全部门的沟通，实行信息资源共享，掌握动态，定期研究、分析民族工作，确保信息畅通；三是要求各县（市、区）明确责任，量化任务，及时研究解决民族工作中遇到的突出问题和困难。全年共指导各县（市、区）协调、处理不同民族之间的纠纷16起。

（魏国磊　李　黎）

【民族创建暨宗教创先表彰大会】 2008年3月19日，新乡市召开民族团结进步暨宗教工作表彰大会。大会共表彰4个民族工作先进县（市、区）、4个宗

教工作先进县、5个民族工作先进乡（镇、办事处）、5个宗教工作先进乡（镇、办事处）、20个民族工作先进村（社区）、20个宗教工作先进村（社区）、5坊模范清真寺、10名优秀阿訇、10名优秀社首、100户先进户、20名先进工作者和4个结对帮扶工作先进单位。市委、市政府专门安排30万元经费奖励先进单位和先进个人，其中现金奖励13万元，模范清真寺每坊奖励现金5000元，优秀阿訇社首每人奖励现金2000元。先进户每户奖励自行车1辆。会后，各县（市、区）相继召开了表彰大会，对涌现出的民族团结进步创建和宗教创先工作先进单位和个人进行表彰。其中辉县市委、市政府安排4万元，原阳县委、县政府安排1.8万元，奖励先进单位和个人。 （魏国磊 李 黎）

【广泛动员民族宗教界奉献爱心】 2008年5月12日，四川省汶川县发生特大地震，市民族宗教局积极倡导和组织全市广大少数民族群众、企业和信教群众奉献爱心，支援灾区抗震救灾工作。全市民族宗教界群众共为灾区捐款、物折合人民币159.27万元。 （魏国磊 李 黎）

【开展宗教创先活动】 2008年，市民族宗教局召开表彰会，对16个规范化宗教活动场所和12名爱国爱教模范宗教界人士颁发了奖牌和证书予以表彰，并给予物质奖励，充分调动各级政府、基层政权和宗教界的工作积极性，使宗教界人士深切感受到党和政府的关怀和温暖，激发宗教界人士的爱国热情和建设中国特色社会主义事业的积极性。

（李 黎）

【积极做好奥运会前和奥运会期间的稳定工作】 2008年，在第28届奥运会召开前夕，市民族宗教局认真安排部署奥运会前和奥运会期间民族宗教领域稳定工作，召开全市民族宗教领域稳定工作专题会议，要求在奥运会前和奥运会期间对各宗教活动场所进行排查，针对排查出的问题隐患，制定工作预案。积极开展教职人员的培训，把握工作原则，落实工作措施，打击非法活动，取得明显成效，确保新乡市民族宗教界的稳定和谐。

（魏国磊 李 黎）

【举办宗教界代表人士培训座谈会】 2008年7月9日，市民族宗教局举办宗教界代表人士培训座谈会，全市宗教团体常委、52坊清真寺阿訇及寺管会主任参加培训，进一步提高新乡市宗教界人士的政策理论水平，为促进社会和谐、维护社会稳定做出新的贡献。 （李 黎）

【确保全市宗教界的稳定与和谐】 2008年，西藏骚乱事件发生后，市民族宗教局及时召开佛教界常务理事和上层人士座谈会，通报西藏骚乱事件的真相，讲明相关政策法规，要求各宗教活动场所认真传达贯彻，使每一位信教群众都了解和掌握。坚决贯彻执行《宗教事务条例》和中央统战部、国家宗教局《对藏传佛教在内地传播活动加强管理的意见》，确保全市宗教界的稳定与社会的和谐。

（李 黎）

【开展“迎奥运，参加有组织朝觐宣传月”活动】 根据省宗教局的安排部署，2008年6月至7月，市民族宗教局在全市伊斯兰教界开展“迎奥运，参加有组织朝觐宣传月”活动，激发广大穆斯林群众支持成功举办奥运会的民族自豪感和责任意识，自觉服从奥运会维稳工作大局。 （李 黎）

【建立健全新乡市三级宗教网络系统】 2008年，市民族宗教局进一步健全三级宗教网络系统，县（市、区）、乡（镇、办事处）、村（社区）分别成立宗教工作领导小组或村管小组，每一级政府有机构、有制度、有专人负责，对宗教网络的运行情况经常进行督促检查，保证各级政府的网络运转正常。同时，有重点地在宗教界内部建立从宗教团体负责人、教职人员到信教群众的内部网络，经常联系保证宗教界内部的网络畅通，确保奥运会前和奥运会期间宗教界的稳定。 （李 黎）

外事侨务工作

【外事侨务工作概况】 2008年，新乡市外事侨务办公室（简称市外侨办）贯彻执行中央和省、市党委、政府有关决策，坚持以邓小平理论、“三个代表”重要思想为指导，全面落实科学发展观，紧紧围绕市委中心思路，围绕为经济建设和社会发展服务，为新乡市中心工作服务和为提升全市对外开放总体水平服务的指导思想，努力发挥外事侨务工作的特点，解放思想，开拓进取，出色地完成各项工作任务，开创了新乡市外事侨务工作新局面。（殷艳丽）

新乡市人民政府外事侨务办公室领导成员

党组书记、主任　刘　凯
党组成员、副主任　毛贻杰　王景娥（女）

【外事接待活动】　2008年，市外侨办共接待团组6批，113人。一是接待第八届澳门内地优秀大学生参观代表团一行38人，参观现代化企业与新农村建设，使澳门学生进一步增加对祖国的认同感和归属感。二是接待新西兰亚历山大市市长代表团一行3人，参观新飞公司和金龙精密铜管厂，市长李庆贵会见并宴请代表团一行。三是接待美国驻华使馆官员一行3人，考察中国农业科学灌溉所、节水灌溉总站，参观刘庄。四是接待西班牙驻华大使一行13人，参加新乡市智能交通控制系统暨应急指挥中心启用仪式。五是接待第九届内地高校优秀澳门学生访问团一行30人，参观刘庄、龙泉生态园的新农村建设以及现代化企业新飞公司。六是接待河南省友好省州巴西圣卡塔琳娜州副州长莱奥内尔·帕万一行26人，参观新乡市亚特兰食品有限公司，市长李庆贵、副市长王治通会见并宴请代表团一行，促进交流与合作。为提高参加比干诞辰3100周年纪念活动人员的接待能力，市外侨办邀请河南省的外事礼仪专家为组委会全体工作人员进行外事礼仪培训，为完成接待任务打下坚实基础。（殷艳丽）

【因公出国（境）管理】　2008年，市外侨办根据中央和省委有关文件精神，结合新乡市的实际情况，起草了《关于进一步加强因公出国（境）管理的意见》，经市四大班子领导讨论后，以市委办公室、市政府办公室名义下发通知（新办〔2008〕24号），规定因公出国（境）实行计划管理，对各级领导出国计划实行量化管理，并严格经费预算管理，以及建立健全监管机制等新的措施，进一步规范因公出国（境）管理。全年，全市经外事部门审查、报批的因公出国（境）团组共计63批，76人次，其中省管干部出访16人次。（殷艳丽）

【友好城市工作】　2008年，市外侨办拓宽友好城市渠道，发挥友好城市对外交往优势。一是开展友好城市特色交流，为新乡市体育学校棒球队联系赴日本柏原市学习、比赛事宜，加强新乡市与柏原市的友好交流和往来。二是主动与中国驻肯尼亚和南非两国大使联络，请其帮助寻找友好城市对象。三是河南省友好省州巴西圣卡塔琳娜州副州长莱奥内尔·帕万一行26人，到新乡市亚特兰食品有限公司参观考察，就亚特兰食品有限公司到巴西投资事宜

市长李庆贵（中）与伊塔雅伊市市长沃尔尼·莫拉斯托尼签订正式友好城市关系协议书

进行磋商，初步达成合作意向。四是10月3日至14日，副市长王治通率团到友好城市日本柏原市参加建市50周年系列庆祝活动，并进行经贸、文化等方面的交流与合作。五是11月7日至16日，应巴西联邦共和国圣卡塔琳娜州伊塔雅伊市市长沃尔尼·莫拉斯托尼邀请，以市长李庆贵为团长的新乡市政府代表团，对伊塔雅伊市进行友好访问，签订《中华人民共和国河南省新乡市和巴西联邦共和国圣卡塔琳娜州伊塔雅伊市建立友好城市关系协议书》和《新乡市和伊塔雅伊市关于促进友好交流与经贸合作的协议书》，并举行新乡市情介绍会，两市市长就经济、科技、教育、文化、体育等方面的交流合作进行深入探讨。（殷艳丽）

【涉外管理及外国专家管理】　2008年，市外侨办坚决贯彻执行国家相关外交政策和涉外法规，起草《新乡市涉外突发公共事件应急体系建设方案》和《应急体系建设调研报告》。同时积极开展国外智力

引进工作，为华兰生物工程股份有限公司办理土耳其专家邀请，为宝泉水库新龙电站申办“黄河友谊奖”等事宜，参加新乡市举办的首届牧野友谊奖颁奖仪式暨外国专家联谊会活动。（殷艳丽）

【新乡市人民对外友好协会成立】 2008年7月，经市编委批准，新乡市人民对外友好协会成立，与外侨办合署办公。协会下设办公室。主要职责是：贯彻执行党和国家独立自主的和平外交政策；根据国家友协和省友协的章程规定，以增进新乡市同世界各国、各地区人民的了解和友谊，推动国际间交流与合作为宗旨，促进对外民间经济、贸易、科技、社会、文化、教育等方面交流与合作；开展多层次、全方位的民间文化交流，派出和接待民间文化艺术团体和文艺界人士，进行友好访问，举办演出和展览；受政府委托，协调、管理新乡市同外国建立和发展友好城市工作关系；作为非政府组织，积极参加国际、省际间组织的交流，为全市经济建设、改革开放和社会发展服务。（殷艳丽）

【加强对外联络，为新乡招商引资】 2008年，全市侨务系统广泛运用社会各界力量，不断扩大和加强对外联络工作。一是在市外侨办的协调和努力下，加拿大河南同乡会、省外侨办与长垣县教育局签订捐助樊相镇辛店中心小学改建项目承诺书。二是7月19日，美国底特律中国工程协会主席、底特律华人商会执行董事、密西根河南同乡会会长、河南省海外交流协会理事郭永宏在省外侨办和市外侨办领导的陪同下到新乡市部分企业进行考察交流活动。三是9月19日，由市外侨办牵头，与市商务局一起组团参加在平顶山举办的“2008华侨华人中原经济合作论坛”，新乡市代表团分别到8个分会场分发《新乡重点招商引资项目目录》和《新乡投资指南》，与有意向的海外客商进行重点洽谈，互留联系方式。四是10月10日，由加拿大河南同乡会会长曹俊生捐资300万建设的辉县市南村镇曹红东中心小学竣工典礼仪式举行，省政府省长助理卢大伟、省政府参事赵国成、省外侨办主任冯永臣、副主任文荣征、市委书记吴天君等领导出席仪式。市外侨办积极做好典礼仪式的各项准备、协调工作。（殷艳丽）

【落实对归侨侨眷的优惠政策】 2008年，市外侨办根据省外侨办、省财政厅、省劳动和社会保障厅《关于解决我省困难企业老归侨医疗保险问题的通知》的要求，对全市老归侨进行摸底排查，经过核查，全市还有17名困难企业退休职工，单位没有给他们办理医保手续，或者是几年前办理过，但由于近年来单位效益不好，向医保局支付不起费用而停止。市外侨办与有关部门协商，使这17名老归侨全部领到医保本和医保卡。同时，为16名早期归侨发放退休生活补贴共计1.1万元；为3名困难归侨侨眷发放生活补助15630万元。（殷艳丽）

【为归侨侨眷排忧解难】 一是关心归侨侨眷的生活，把党和政府的温暖送到家中。2008年1月3日，省外事侨务办公室党组书记孙新雷带领相关处室的负责人专程到新乡市，在副市长王治通等陪同下，先后慰问了30余家归侨侨眷，送去慰问金、大米、食用油等过节用品，并询问其及在国外亲属的工作生活情况。2008年春节前，还向与市外侨办有联系的海外华人华侨发去慰问信、贺年卡。二是对归侨侨眷的子女在升学、就业、经济等方面给予适当照顾，全年在子女升学方面享受照顾的有29人。三是扎实做好信访工作。根据省外侨办要求，调查上报美籍华人张清根和其亲属刘智慧在新乡市三利公司所涉经济案事，省外侨办对市外侨办所做的工作给予充分肯定和高度评价。对来信反映的问题，外侨办都能做到有问必答、有求必应。（殷艳丽）

【加强调研工作】 2008年5月14日，市人大副主任刘孟英到河南省大众律师事务所调研指导工作，市人大民工委、市外侨办、市司法局领导陪同调研。刘孟英对涉侨法律服务站成立后的工作给予充分肯定，尤其对服务站专门成立为侨服务工作小组、免费咨询和减半收费的举措给予了高度评价，并就涉侨法律服务站下步工作提出具体建议。根据省外侨办《关于建立华人华侨人才信息库的通知》要求，对全市的华人华侨进行了认真的摸底排查，将符合条件的人员向省外侨办进行推荐。（殷艳丽）

2008年度新乡市外侨办荣获奖项

先进集体

河南省外事侨务系统信息工作先进单位

先进个人

河南省外事侨务系统信息工作先进工作者

殷艳丽

发展研究工作

【发展研究工作概况】 2008年，新乡市发展研究中心以邓小平理论和“三个代表”重要思想为指导，全面贯彻落实科学发展观，紧紧围绕市委、市政府中心工作，坚持为经济建设服务、为领导科学决策服务、为基层部门服务，积极做好政策咨询研究工作，切实提高决策咨询水平，各项工作取得显著成绩。 （任　慧）

中共新乡市委政策研究室
新乡市人民政府发展研究中心
领导成员

党组书记、主任　郭永萍（女）

副　主　任　苗江山　芦卓娅　王林海

【重点课题调研】 2008年，市发展研究中心围绕市委、市政府中心工作，结合实际，进行及时、系统、深入的研究，超额完成年初与政府签订的调研课题目标，为各级领导和有关部门提供真实可靠的决策依据和参考意见。一是参与“破解城乡二元结构”课题调研。按照市委主要领导的批示，参加由市委办公室、市农办组成的“破解城乡二元结构”课题调研组，深入分析城乡二元结构的现状、形成的原因、中央统筹城乡发展的措施等情况，提出有新意、可操作性强的对策建议，联合形成《破解城乡二元结构的思考》调研报告。二是对全市节能减排工作进行深入调研。市政府发展研究中心组成调研组，通过实地调研，根据全市节能减排状况、面临的形势，提出对全市节能减排工作的建议。三是开展新郑产业带建设研究。市政府发展研究中心调研组深入实际进行调研，充分掌握新乡市推进新郑产业带建设的优势、建设的进程等现实情况，就如何加快新郑产业带发展提出具有前瞻性和可操作性的对策思路，形成《推进新郑产业带建设研究》调研报告。四是对有关县区经济运行情况进行调研。2008年，新乡市经济继续保持平稳较快发展，由于受国际经济形势影响，经济运行中出现部分经济指标下滑的问题。为了进一步分析把握当前经济运行情况，按照市政府工作部署，市政府发展研究中心抽调1名副主任担任组长，抽调1名科长和市财政局有关干部组成市政府经济运行情况第四调研组，赴凤泉区、新乡县、原阳县对经济运行和财税收入情况进行实地调研，先后听取了各县（区）情况汇报，并与相关部门干部及部分纳税大户负责人进行座谈，全面掌握各县（区）取得的发展成效及存在的问题，进一步明确加快发展的对策思路，形成《关于凤泉区、新乡县、原阳县经济运行和财税收入情况调研汇报》，为市领导提供真实全面的决策依据。五是参与起草《中共新乡市委、新乡市人民政府关于统筹城乡经济社会发展 推进城乡一体化的意见》。按照市委、市政府工作部署，市政府发展研究中心专门组织力量，和市委办公室、市发改委、市农办联合起草《中共新乡市委、新乡市人民政府关于统筹城乡经济社会发展 推进城乡一体化的意见》，提出新乡市推进城乡一体化的指导思想、目标任务和主要措施。六是参与起草向中央调研组汇报材料。4月，中央调研组莅新进行农业发展情况方面的调研，市政府发展研究中心根据市政府统一安排，承担起草“制约我市农村经济社会发展的突出矛盾和问题”材料的任务。经过全面梳理，提出农业弱质性问题依然突出、产业化经营程度偏低、农村基础设施建设和公共服务供给相对落后等主客观方面的制约因素，在全面掌握情况的基础上，参与起草向中央调研组汇报的材料，圆满完成了工作任务。七是对新乡市打造中原城市群经济强市进行调研。作为中原城市群的一员，在新乡市第九次党代会上提出把新乡建成中原城市群强市的发展目标。为实现跨越发展，市政府发展研究中心对新乡市在中原城市群中的比较优势、建设中原城市群经济强市面临的难点等情况进行了调研，充分了解新乡市所处的位置，同时就建设桥北新区、做优做强集群经济等提出针对性的对策建议，形成《我市打造中原城市群经济强市探析》调研文章。八是对加快信息化与工业化融合课题进行调研。市政府发展研究中心组成调研组对新乡市信息化与工业化融合情况进行深入调研，形成《加快信息化与工业化融合推进我市工业跨越发展》调研文章。九是对长垣县践行科学发展观情况进行专题调研。长垣县是河南省学习实践科学发展观活动的试点县和省委书记徐光春的联系点。徐光春对其发展经验给予高度评价。为了全面总结宣传长垣县发展的成功经验，市政府发展研究中心积极组织人员，协同市委办公室有关人员，对长垣县践行科学发展观情况进行专题调研，执笔形成《科学发展锻铸长垣腾飞的新引擎——长垣县践行科学发展观 促进经济社会又好又快发展探秘》调研报告。十是应对金融危机挑战积极开展课题调研。面对国际金融市场动荡加剧、全球经济增长放缓，国际经济形势不稳定等不利局面，以及我国国内经济运行出现的一些突出矛盾和问题，新乡经济发展面临的挑战日益严峻。市政府发展研究中心组织人员深入企业、社区进行调研，并积极与各有关单位结合，形成了关于《积极应对金融危机 促进全市经济平稳健康发展》调研文章。（任　慧）

【宣传新乡城市形象】 2008年，市政府发展研究中心积极做好宣传城市形象工作。一是撰写关于新乡市经济社会发展的宣传文章。按照市委主要领导的批示，组织人员，全面总结新乡市在战略谋划、“三位一体”（坚持社会主义新农村建设、县域经济发展、新乡都市区建设）系统工程、自主创新、品牌经济、“五城”创建等工作的主要做法，掌握经济社会发展方面的实践和成效，形成《发展更好更快，新乡更美更强》、《新乡发展图景》等报道新乡市经济社会发展的宣传文章。二是撰写《树立科学发展观，实现经济社会跨越发展》理论文章。三是按照市委主要领导的指示，就全市创新城镇发展、工业发展、品牌培育之路等情况进行全面的总结和提炼，形成《新乡：创新理念构筑竞争优势》理论文章。

（任　慧）

【增设市委政策研究室】 2008年，为更好地促进全市经济又好又快发展，增强决策的科学性，根据市编制委员会《关于市委政策研究室、市政府发展研究中心机构设置的通知》（新编〔2008〕2号），成立市委政策研究室，与市政府发展研究中心一个机构两块牌子，将市委办公室承担的原市委政策研究室职能划入市政府发展研究中心。市委政策研究室、市政府发展研究中心为市委、市政府直属事业单位，机构规格为正处级。（任　慧）

【开展发展研究奖评审】 2008年，市政府发展研究中心负责新乡市发展研究奖的具体组织工作。发展研究奖评审工作委员会办公室通过广泛征集，认真审查，审核合格的发展研究奖的申报成果达63项，涉及宏观经济、农业与农业经济、交通、财政金融、科教文卫、社会保障、人口、可持续发展、行政管理等门类。根据《新乡市发展研究奖评审办法》和《新乡市发展研究奖评审方案》，在市政府设立的专家库中随机抽取8名专家评委对所有审核合格成果进行封闭式评审，根据评审标准，经过发展研究奖专家评审委员会充分酝酿、分组讨论、反复论证、无计名投票，评审工作委员会对19项参评成果推荐授予2007年新乡市发展研究奖。其中，一等奖2项，二等奖7项，三等奖10项。并对获奖人员进行表彰奖励。（任　慧）

【汇编专题资料】 2008年，市政府发展研究中心组织人员通过上网、浏览报刊杂志等多种方式，紧密跟踪动态信息，对市委、市政府关注的领域进行专题资料的收集、整理、汇编，使领导更系统、更全面、更及时地了解国内外专家学者的理论研究成果和先进地市成功的经验及做法。认真研究国家重大决策、决定和重要工作部署，学习和借鉴其他地市政治、经济政策理论研究的新动态、新成果，综合分析各项事业发展等方面有参考价值的资料，准确地传递综合类、调研类、预测类的信息，先后整理20余万字的《统筹城乡发展》、《我国各类港区发展情况》等资料汇编，对加快新乡市经济社会发展起到有价值的咨询参考作用，受到领导和有关部门的好评。（任　慧）

【研究宏观经济】 2008年，市政府发展研究中心组织专门人员完成《从统计公报对比分析看我市经济社会发展水平》，全面把握新乡市经济运行的基本特征，通过对比研究，找出经济运行中存在的问题和不足，对新乡市各级领导干部和有关部门及时了解全市经济运行情况，正确认识发展形势，研究解决经济运行过程中存在的问题，制定应对措施方面发挥明显作用。（任　慧）

【编发《调研动态》】 《调研动态》是为市委、市人大、市政府、市政协民主化、科学化决策提供依据的内部资料。市政府发展研究中心针对全市经济社会发展的热点、难点问题进行认真调研，把取得的调研成果通过《调研动态》编发，报送市领导参阅。并积极搜集、整理、汇编中央各部委出台的最新政策和各地市在经济社会发展方面的先进经验，研究新情况、新问题、新矛盾，为市领导提供参考建议和咨询意见，不断为宏观决策服务。全年共编发《调研动态》10期，完成了年初与政府签订的目标。（任　慧）

【信息收集、整理和报送】　2008年，市政府发展研究中心组织有关人员通过广播、电视、网络、报刊、杂志等多种途径，全方位搜集中央、国务院颁布的大政方针、各部委出台的优惠政策、发布的重大项目等，认真进行筛选整理、报送，多方面向市委、市政府提供信息资料，综合分析各项事业发展等方面有参考价值的资料，准确地传递综合类、调研类、预测类的信息。所编报的信息具有较强的时效性和实用性，在为领导提供决策依据、为市直和基层部门提供信息等方面充分发挥重要作用。（任　慧）

【组织协调区域经济协作】　2008年，新乡市作为中原经济区成员地市，在加强联合协作、积极推动区域经济快速发展方面做出了不懈努力。根据中原经济区工作部署，积极为中原经济区第十九届市长联席会议作好各项筹备工作，承担为联席会议提供材料的任务，准备《促进产业联动 实现区域共赢》等有关素材；积极进行事务性工作的组织协调，大力支持、全面落实区域经济协作各项有关工作，充分展示新乡市在中原经济区的形象。同时，在陇海兰新经济促进会主任办公会上积极承担了课题研究、信息网络建设等任务，为做好区域协作工作建言献策，圆满完成区域经济协作各项工作任务，为促进区域经济持续、快速、健康发展发挥显著作用。（任　慧）

史志工作

【史志工作概况】　2008年，新乡市史志局坚持以邓小平理论和“三个代表”重要思想为指导，深入贯彻落实党的十七大和十七届三中全会会议精神，全面贯彻科学发展观，以开展“新解放、新跨越、新崛起”大讨论活动为契机，认真贯彻落实《地方志工作条例》，围绕中心，服务大局，解放思想，开拓创新，坚持以高质量的史志成果为全面建设小康社会、实现新乡建设中原城市群强市服务；积极拓展以志、鉴、报、库、馆及服务开发为主要内容的修志用志领域，各项工作取得成效，完成市委、市政府和省史志办公室安排的各项工作。（马振阳）

河南省史志办主任霍宪章（左三）等赴卫辉调研

新乡市史志局领导成员

局　　长　陈乃旗（2008年12月任）
　　　　　赵桃山（2008年12月离）
党组书记　赵桃山
党组成员、副局长（正处级）　高　健
党组成员、副局长　王兰泉

【《新乡市志》（1986～2000）出版发行】　2008年8月18日，《新乡市志》（1986～2000）出版发行。该志书是反映新乡市改革开放的历史画卷，市史志局全体人员多措并举、合力攻坚，本着“求真、务实、协作、奉献”的指导思想，历经多年心血和汗水，高质量地按时完成出版发行任务。《新乡市志》（1986～2000）采用篇章与条目结合体，分为篇、章、条目和子目4个层次。首设总述，记述全市概貌；次设大事记，简记市内发生的大事；后设专志，分门类记述全市情况；末设附录，辑存重要文献要目和古代与近代人物。全书共计230万字，近2000幅彩图，是一部图文并茂、集百科于一册、概一市之全貌的

大型综合性地方典籍。（马振阳）

【新乡市二届市志总结表彰大会召开】 2008年8月18日，新乡市二届市志总结表彰大会召开。省史志办主任霍宪章，市委常委、常务副市长王战营出席会议并讲话。市政府常务副秘书长李红旗主持会议，市史志局全体人员、各县（市、区）史志办主任、总编及各承编单位编辑参加会议。会议对新乡市二届市志的编纂进行总结，对评选出的21个先进集体、62名先进个人进行表彰。（马振阳）

【《新乡大事月报》】 《新乡大事月报》主要记载全市每月发生的大事、要事；人民群众反映的热点、难点、疑点问题；各条战线涌现出来的先进事迹和人物。所刊内容主要供市、县（处）级主要领导参阅，旨在为现实服务，为决策服务。2008年《新乡大事月报》在编纂过程中，积极加强与供稿单位沟通、协调，在资料性、时效性、可读性上下功夫，月报质量逐步提高。全年共收稿600余条，采录260余条，出版发送12期。（马振阳）

【为《河南年鉴》、《河南大事月报》供稿】 2008年，市史志局按照市政府工作安排，积极协调有关部门，收集大量资料，认真筛选，力求反映全市的大事要事、热点问题等，突出市委、市政府工作的新起色、新特点、新气象。全年为《河南年鉴》征集资料15余万字，为《河南大事月报》提供信息150余条。（马振阳）

【“新乡市情网”开通】 随着经济社会现代化、信息化程度的不断提高，各级领导和社会各界对地情信息的需求越来越大。市史志局充分发挥史志“存史、资治、教化”功用，突破以往史志界“闭门修志”的套路，改变史志成果难以及时转化现象，将现代网络技术引入史志工作，2008年11月，开通“新乡市情网”，网站域名 www. xxsqw. com。网站设置有“新闻、工作动态、领导信息、地情书、年鉴文库、政策法规、县区志、影像新乡”等栏目，让人们更便捷地享用史志研究成果，充分发挥地方志“读史用志、资政育人”作用，以适应社会信息化和社会公众的需求。（马振阳）

【《新乡改革开放三十年图志》出版发行】 为庆祝中国改革开放30周年，大力弘扬和反映新乡市30年的建设成果和“负重攀登，敢为人先”的创新精神，市史志局出版发行《新乡改革开放三十年图志》。该书采用图文并茂的形式，反映新乡改革开放，尤其是党的十六大以后全市政治、经济、文化、社会等各个方面发生的巨大变化和成就，真实记载全市各行业的发展历程和先进经验。（马振阳）

【2008《新乡年鉴》】 2008《新乡年鉴》在框架设计上致力于创新，新增“索引”，以增强读志用志功能，便于读者使用；篇目设计上旨在贴近实际，突出区域特色，增加“城市名片”，以扩大新乡市的知名度。该书为三级框架编排，由类目、分目、条目组成。全书31个类目，242个分目，共135万字，彩图300余幅。（马振阳）

【指导县（市、区）史志工作】 2008年，市史志局分别组织召开《卫辉市志》、《长垣县志》和《红旗区志》评审会。对《辉县市志》、《新华区志》、《卫辉市志》和《延津县志》送省史志办审核验收。《获嘉县志》于2008年3月出版发行，社会反映良好；《辉县市志》于2008年12月出版发行，该书图文并茂，是新乡市第一部、全省第二部全彩志书。

同时，加强年鉴业务指导，全市各县（市、区）史志办均出版发行当地年鉴。其中《红旗区年鉴》

自1986年以后已连续出版21年；《辉县市年鉴》荣获2008年全省最高奖“综合奖”。

7月，中共新乡市委组织部发出通知，要求各县（市、区）要高度重视史志编纂工作，在配备史志部门领导干部时，要保持史志部门领导班子的稳定。（马振阳）

【完成市委、市政府中心工作】　2008年2月，在新乡市基层和谐社会建设集中教育活动暨新农村建设“结队帮建”活动中，市史志局工作队邀请河南省农科院教授和新乡市林业局专家到东夹堤村进行农业技术讲座。针对农民关心的问题，专家教授采取理论联系实际的讲解与和农民互动相结合的方式，讲解夏季的田间管理、速生杨的种植技术等方面的知识，受到群众的欢迎。

在全市创卫工作中，积极配合所包辖区进行创建，受到市政府的通报表彰。

汶川大地震后，全体干部职工充分发扬“一方有难、八方支援”的光荣传统，积极向灾区捐款捐物，共捐款2.8万余元，衣物50件（套）；在向特困企业职工帮扶中，共捐款2000元。以实际行动表达对灾区人民和帮扶单位的牵挂和关爱。（马振阳）

行政服务中心

【行政服务中心概况】　2008年，新乡市行政服务中心以全面贯彻落实党的“十七大”精神为指导，以深入开展“新解放、新跨越、新崛起”大讨论活动和“两转两提”工作为契机，突出业务规范化建设，狠抓大厅规范化管理，积极推进市县乡三级联网和网上审批系统工程建设，不断促进县乡服务中心建设水平提高，各项重点工作取得明显成效。全年受理各类行政审批事项达23万件，按期办结率100%；非税收入9726万元，其中市行政服务中心大厅收入1972万元，达到全年目标任务1500万元的131%；窗口即办项目比率、就地办结项目比率和承诺件提前办结率分别达27.3%、68.7%、91.1%；网上答复服务对象咨询1317次；联审会办、年检及联合年检共计2.1万件；收到表扬信900多封，群众满意率达99%以上。2008年，市行政服务中心先后荣获省级“文明服务示范窗口”、市级思想政治工作先进单位、优质服务单位、廉洁示范单位、目标管理先进单位、政府信息公开优秀单位等10余项荣誉称号。（李卫国）

新乡市行政服务中心领导成员

党工委书记	王尚胜（兼，2008年6月任）
党工委副书记	张忠喜
主　　任	张忠喜（2008年12月离）
副 主 任	李朝祥　孟祥赞　原士贤　李俊华
纪工委书记	闫乐毅
党工委委员	黄晓萍（兼）　李朝祥　孟祥赞　原士贤　闫乐毅　李俊华

【开展“业务提升年”活动】　2008年，市行政服务中心深化行政审批制度改革，开展行政效率提速活动。一是深化提速增效工作，巩固行政效率提速年工作成果。2008年，进驻中心项目中，平均每个项目需提供的申报材料由5.6个减少到4.1个，平均压缩26.1%；项目平均办理时限为2.8个工作日。比设定的7.6个工作日提前4.8个工作日。二是加强业务办件规范化，积极推进“三率”（即办比率、就地办结率、承诺件提前办结率）指标落实。2007年业务流程再造工作后，针对进中心项目“八公开”（事项、依据、条件、数量、程序、期限以及需要提交的全部材料目录、审请书示范文本）内容发生较大变化的实情，重新编印进中心行政管理事项一次性告知单，进一步方便群众办事。三是强化业务考核，督促各项任务要求的落实。先后进行了“一次性告知落实情况”、“自查自纠工作进展”、“非税收入规范运作”、“窗口就地办结落实情况”等专题考核，

市长李庆贵（中）到行政服务中心现场办公

有效地促进业务工作的规范运行。四是加强非税收入监管工作，着力解决瓶颈问题。2008年5月，下发《关于进一步加强进入市行政服务中心政府非税收入项目规范运作有关工作的通知》，并召开会议对在窗口开具缴款通知书等流程进行规范，极大地提高了非税收入额度。五是积极推进一审一核审批新模式。参考外地市做法，结合市工商局窗口一审一核成功经验，通过《业务提升年专刊》在中心推广，在业务工作例会上部署，要求各窗口认真学习市工商局一审一核审批机制的经验和做法。在市财政局等窗口开始参照市工商局经验开展一审一核审批业务。六是进一步完善联审会办流水线运行机制。对集中联合年检工作进行安排部署，保证各项年检工作有组织有秩序地进行；针对企业注册登记、外商投资企业注册登记联审会办流水线运行中发现的问题与不足，立足于实质性运转，多次召开企业座谈会，了解企业需求，沟通有关联审会办的运转方式和存在问题，有针对性地破解难题，为逐步开展工作奠定基础。（李卫国）

【落实“两转两提”工作要求】 2008年，根据省、市“两转两提”工作安排和部署，市行政服务中心明确“两转两提”工作任务，制定具体落实措施和工作推进计划。一是通过开展“讲服务礼仪、树窗口形象”活动，进一步塑造中心窗口工作人员的良好形象。二是以机关作风纪律整顿为契机，进一步推进大厅规范化管理。全年共通报违纪现象29人次，起到了警示教育作用。三是积极开展窗口工作人员年度考核工作。分别对符合在中心考核的59名窗口工作人员的德、能、勤、绩、廉、学六个方面进行认真考核，共评选出13名（含垂直单位4名）优秀格次人员，充分发挥作为市委、市政府派出部门的职能，切实提高窗口人员的工作积极性、主动性和创造性。大厅规范化管理的进一步加强，窗口建设取得明显成效。市财政局等4个窗口被评为“省级优质服务窗口”，市工商局等6个窗口被评为“市文明服务示范窗口”，市工商局窗口姚麟被评为全国工商系统先进个人，市公安局窗口崔琳等5人被评为“市文明优质服务标兵”。（李卫国）

【推进市县乡三级联网工程】 2008年，市行政服务中心网上审批信息平台系统完成一期建设，能初步实现网上查询、网上下载和网上预申报；同时，市、县、乡三级联网工程在2007年市政府投入30万元对系统进行升级改造的基础上，和网通公司合作进行联网的基础工作。网线已铺设到县乡，为实现三级联网奠定了基础。（李卫国）

【完善市县乡村四级便民服务体系】 2008年10月，市政府召开完善市县乡村四级行政便民服务体系工作会后，市行政服务中心积极借鉴外地先进经验，一是大力推进行政事项服务股设置并整建制进驻县（市、区）行政服务中心工作。全年各县（市、区）行政服务中心进驻行政事项服务股单位数平均达到7个，就地办结项目比率平均达到73%，较上年均有明显提高。二是积极推进县（市、区）中心审批项目、办事程序、承诺时限、收费标准、格式文本“五统一”工作，进一步提高了办事效率，方便企业和群众办事。三是因地制宜，突出特色，整体推动行政便民服务水平上新台阶。至年底，卫辉市、辉县市、新乡县的行政事项服务股进中心工作，长垣县的联审会办工作，获嘉县的岗位练兵工作，封丘县的三位一体（审批、调处、救助）工作，延津县的全程代理工作等，都起到了示范带动作用。特别是长垣县、延津县、原阳县行政服务中心大厅的硬件建设得到了长足进展。（李卫国）

机关事务管理

【机关事务管理概况】 2008年，新乡市机关事务管理局以邓小平理论和“三个代表”重要思想为指导，深入贯彻落实科学发展观，围绕市委、市政府的中心工作，充分发挥职能作用，切实抓好各项工作的落实，为市直机关各局委和广大干部职工提供有力的服务保障，为建设中原城市群经济强市做出新的贡献。（杨炳民）

新乡市机关事务管理局领导成员

党组书记、局长	王志国（2008年7月离） 靳保玺（2008年7月任）
党组成员、副局长	赵明　王宝　李保明 秦中军

党组成员、纪检组长　李林星

【“新解放、新跨越、新崛起”大讨论活动】　2008年，市机关事务管理局党组非常重视省委、市委部署的“新解放、新跨越、新崛起”大讨论活动，成立“三新”大讨论领导小组及办公室，制定“大讨论”活动工作实施方案，召开全局干部职工动员大会，按照市委要求，每个阶段制定“大讨论”活动工作计划，在保证原来每周四下午政治学习的同时增加了周二下午“大讨论”活动专题学习时间，根据全市大讨论办的要求，把指定的学习内容和领导讲话及讨论活动进度明细表印发全局广大干部职工，按要求认真投入到“三新”大讨论活动中。

（杨炳民）

【公共机构节能】　为贯彻落实《公共机构节能条例》和省公共机构节能工作电视电话会议精神，市机关事务管理局成立新乡市公共机构节能工作领导小组办公室，制定《新乡市公共机构节能工作领导小组办公室工作职责》，出台《新乡市公共机构节能工作实施方案》，统计上报新乡市公共机构2005～2008年能耗情况。（杨炳民）

【公务用车管理】　2008年，市机关事务管理局完善全市公务车辆管理数据库和15万元以下新购公务用车的备案工作。实现数据库管理，达到管理规范化的要求。全年全市行政机关事业单位共审批公务用车15万元以下275辆（包括公、检、法、司和垂直单位），调剂公务用车10辆，处置报废公务用车19辆。按照《车辆备案制度》进行逐一备案，备案率达到100％。

（杨炳民）

【驻村工作】　2008年，市机关事务管理局驻村工作队根据新农村建设结队帮建的统一部署，到长垣县蒲东办事处七里庄村、魏庄镇后参木村驻村。先后筹措资金17.7万元，积极为村民办好事、办实事，受到两个村全体村民的高度赞扬。基层组织建设得到明显加强。积极开展“生态文明”创建工作。

（杨炳民）

【平安建设工作】　安全保卫和消防工作关系到行政办公大楼各局委及广大公务员的切身利益，2008年，市机关事务管理局严格执行局领导周二信访值班制度，力争把矛盾化解在基层，确保行政办公大楼的办公秩序井然有序。坚持干部24小时值班制度，加强保安训练、巡逻制度和消防培训、演练制度，全年防区内无案件、无责任事故、无火灾发生，为行政办公大楼正常办公提供了良好的环境。

（杨炳民）

【房地产管理】　2008年，老干部综合办公楼工程竣工并交付使用，市机关事务管理局对该楼办公房进行合理分配，对原老年活动中心办公房进行调剂，维修改造市博物馆和市爱卫会办公楼，对全市行政事业单位的办公用房建筑面积、建设时间、地址等进行详细摸底和归档，评估拍卖了原老年活动中心的旧空调和市级周转房。全年共维修改造办公用房6000余平方米，调剂办公用房2.85万余平方米，涉及办公单位29个，新增办公用房面积2.22万余平方米。

（杨炳民）

信息化管理

【信息化管理概况】　2006年12月13日，经新乡市编委会研究，新乡市信息产业办公室更名为新乡市信息化办公室（挂河南省无线电管理委员会办公室新乡管理处牌子），机构规格为正处级，隶属市政府办公室管理。主要职能是负责国民经济和社会服务信息化工作，研究制订国民经济和社会信息化发展规划，指导各县(市、区)、各行业的国民经济信息化工作，协助业主推进信息化工程建设；研究制订有关信息资源的发展政策实施，指导、协调信息资源的开发利用和信息安全技术开发；推动信息化普及教育，积极推动电子商务网络的安全运行，贯彻执行电子商务法。统一管理全市无线电工作，负责拟定无线电频谱规划，合理开发利用频谱资源；负责无线电频率资源的指配与管理；负责无线电通信网域名和地址的管理；负责无线电台（站）管理和无线电监测工作，审批、颁发无线电台（站）执照和无线电发射设备的准销证和组网设计证；协调处理电磁干扰事宜，维护空中电波秩序；依法组织实施无线电管制。内设综合科、信息化促进科和无线电管理科。新乡无线电监测站由新乡市信息化办公室管理。

（张丙涛）

新乡市信息化办公室领导成员

主　任　李京楠
副主任　张向前（2007 年 5 月任，2008 年 12 月离）

【新乡市被列为河南省唯一一家省级信息化与工业化融合试点城市】　经市信息化办公室长期精心准备，积极努力申请，2008 年 9 月，省政府信息化工作办公室批准新乡市为河南省唯一一家省级信息化与工业化融合试点城市。新乡市被列入省级信息化与工业化融合试点城市后，在全省可以率先得到政策支持和资金投入，更加有效推进国民经济和社会服务特别是工业领域信息化建设，为下一步申报国家级信息化与工业化融合试点城市奠定基础。（张丙涛）

【新乡市首次信息化工作会议】　2008 年 7 月，全市信息化工作会议召开，省信息产业厅副厅长张震宇，新乡市领导赵海燕、唐中法、张会琴等出席会议，各县（市、区）政府、市直各单位、工业园区、有关企业、驻新大专院校、科研单位和新闻媒体等 200 多家单位约 400 人参加会议。会议就新乡市信息化建设情况做全面总结，并对信息化建设重点工作做统一部署和安排。张震宇、赵海燕做重要讲话。（张丙涛）

【成立新乡市信息化专家咨询委员会】　市信息化办公室聘请一批在国内和省内知名的信息化领域权威专家，于 2008 年 7 月组建成立新乡市信息化专家咨询委员会。信息化专家咨询委员会是新乡市信息化工作的专门决策咨询机构，该委员会的成立，促使新乡市更好地把握信息化发展的战略方向，进一步理清信息化发展的目标和思路，统筹解决好信息化建设中的各种矛盾和问题。（张丙涛）

【编制下发 2008～2010 年信息化建设指导意见】
为了更好地指导新乡市信息化建设，市信息化办公室组织人员《编制新乡市 2008～2010 年信息化建设指导意见》，于 2008 年 10 月完成，经市政府同意，以新政办〔2008〕185 号文件印发给各县（市、区）及市政府各部门。信息化建设指导意见确定信息化发展目标和建设重点，将国家和省信息化工作重点与新乡市实际相结合，对全市信息化建设做出合理的统筹安排。（张丙涛）

【完成奥运会火炬传递活动无线电通信保障任务】
2008 年 7 月，在奥运会火炬河南境内传递之前，按照国家和省无线电管理部门的要求，新乡市迅速成立奥运会火炬传递无线电保障小组，多次召集可能影响火距接力通信保障的设台单位进行协调。一是对奥运会火炬传递无线电专用频率进行全面排查，实行全天候的监听监测；二是对新乡市在 5 年前批复的占用奥运会火炬传递无线电保障专用频率，果断采取措施，要求设台单位迅速转换频率；三是受省无委的指派，抽调 4 名专业技术人员，协助安阳无线电管理部门进行无线电保障工作，确保奥运会火距传递活动在河南省的顺利进行。（张丙涛）

【获得河南省无线电技术比赛第三名】　2008 年 11 月，市信息化办公室抽调 4 名专业技术人员，积极参加河南省无线电监测技术比赛演练的各项活动，要求做到人员、时间、设备、保障四到位，认真研究省监测站制定的技术演练方案，组织专业技术人员与周边地市无线电监测技术人员共同探讨比赛的各个技术环节和要求，使新乡市在这次监测技术比赛中取得第三名的好成绩。（张丙涛）

太行秋色

政协新乡市委员会

政协综述

2008年，新乡市各级政协组织坚持和完善中国共产党领导的多党合作和政治协商制度，牢牢把握团结和民主两大主题，积极履行政治协商、民主监督、参政议政职能，为促进全市经济社会全面发展做出了积极贡献。

围绕市委、市政府中心工作议政建言。市政协充分利用全委会议、常委会议、主席会议、专门委员会会议等议政形式，围绕全市经济社会发展的大政方针和中心工作建言献策。通过常委会议、调研视察等形式，围绕“十一五”规划纲要、新农村建设、自主创新、和谐社会建设、节能减排工作等事关新乡市国计民生的重大问题议政建言。

关心群众切身利益，围绕热点问题，积极开展专项视察。市政协围绕市委、市政府确定的重点工作和群众关心的热点问题，组织主席集体视察和专项视察，涉及新型农村合作医疗、扶贫搬迁、大项目工程、工业园区建设、民营经济发展、高速公路建设、和谐新乡、平安新乡建设等方面。通过视察，政协委员们了解了新乡市经济社会突飞猛进的发展变化。同时，针对养老金征缴发放、新型农村合作医疗、城市生活垃圾无害化处理、城市公厕规划建设与管理、水和大气污染治理、食品卫生安全、经济适用房建设、社会福利事业、社区卫生服务事业、公共交通建设等问题提出意见和建议。

进一步加强与各党派团体团结合作，营造和谐民主的政治环境。市政协党组经常与民主党派、工商联负责人、无党派人士代表谈心交心，沟通交流，加强合作共事，坚持定期走访，鼓励和支持各党派团体在政协会议上发表意见、提出建议。同时，为党派开展视察调研、反映社情民意创造条件，帮助民主党派、工商联解决实际困难，重视其集体提案办理。

切实发挥民族宗教界和港澳台侨界委员的作用。市政协深入新乡市少数民族聚集区开展调研。积极宣传党的民族宗教政策，做好信教群众的工作，协助宗教团体解决一些实际困难和历史遗留问题。贯彻“和平统一，一国两制”方针，组织委员认真学习《反分裂法》，积极开展各种形式的促进祖国统一的团结联谊活动。采取多种形式做好“三胞”眷属工作，深入“三资”企业调研视察，宣传新乡的投资发展环境，帮助他们排忧解难，引导他们为新乡市的经济社会发展多做贡献。

注重与各级政协的协作交流。市政协热情接待全国政协领导来新视察；积极配合全国政协、省政协有关部门来新考察和联合开展专题调研；认真组织驻新省政协委员视察活动；加强与各地市政协及外省、市政协的联系交流；健全对县（市、区）政协联系指导制度；坚持政协与民主党派、工商联秘书长联席会议制度，促进全市政协工作更加活跃地开展。

积极开展对外交流。市政协积极参与组织纪念比干诞辰3100周年大典活动，热情接待来自海内外的宾客，加强联谊和经贸合作；成功接待泰国上议院访华代表团来新访问和泰籍华人来新投资办企业；积极牵线搭桥，为美籍华人来新投资办企业创造条件，提供服务。

重视发挥委员主体作用。市政协通过全员培训、委员活动日、举办报告会、印发学习资料等形式，组织委员学习统一战线与人民政协理论，宣传党的路线、方针、政策，进一步提高素质；印制委员专用信封，创办《委员心声》，开辟委员反映社情民意的绿色通道；建立健全政协委员联络管理制度、会议考勤制度、委员履职情况考核制度；两次召开表彰会，表彰优秀委员和优秀提案，增强委员履行职能的使命感和责任感。

注重发挥专委会的基础作用。市政协合理设置各专门委员会，并配齐配强组成人员，明确职责，加强制度建设，组织各专委会围绕市委、政府中心工作和政协常委会议题开展调研视察活动，加强对各界别委员的联系，开展丰富多采的活动。同时加强与上级政协及兄弟市政协专委会的对口联系。

全面加强机关建设。按照市委统一部署，认真开展“三新”大讨论活动，机关干部政治觉悟、精神面貌、大局意识、服务质量、工作作风、办事效率有了新的提高，政协工作制度化、规范化、程序化建设不断深入。通过学习廉洁自律和党内监督各项制度，切实加强了机关党风廉政建设。（吴文平）

政协第九届新乡市委员会领导成员

主　席　赵胜修（2008年4月离）
　　　　范学贵（2008年4月任）
副主席　陆志奇
　　　　张玉峰（2008年4月离）
　　　　郭国安（2008年7月离）
　　　　邓　琳
　　　　王平双
　　　　王金相
　　　　付月云（女）
　　　　张会琴（女）
　　　　王炜东（2008年4月任）
　　　　张　琴（女，2008年4月任）

新乡市政协正副秘书长、各委室领导成员

秘书长　张绍义
常务副秘书长　杨雷洲
副秘书长　魏新福
　　　　李　军
研究室主任　徐　剑
副主任　高占忠
提案委员会主任　洪跃庆
副主任　娄跃杰
经济委员会主任　袁利平（女）
副主任　常桂枝（女）
　　　　姬　泓（女）
农业委员会主任　高国新
副主任　宋振海
人口资源环境委员会副主任　李金成
　　　　联纪萍（女）
教科文卫体委员会主任　陈文民
副主任　许子英（女）
社会和法制群团委员会主任　张顺卿
副主任　司法亮
港澳台侨外事和民族宗教委员会主任　赵福全
副主任　李保国
学习和文史委员会主任　王守先（2008年4月离）
副主任　程新君（女）

【全体会议】　2008年4月26日，政协第九届新乡市委员会第五次会议在新星大剧院召开。大会应到委员408人，实到374人。

大会听取并审议通过由市政协主席赵胜修所作的政协第九届新乡市委员会常务委员会工作报告，听取并审议通过由市政协副主席王平双所作的政协第九届新乡市委员会提案工作情况的报告，通过各项决议。会议还进行了人事任免事项，免去赵胜修新乡市政协主席职务，免去张玉峰新乡市政协副主席职务；选举范学贵担任新乡市政协主席，王炜东、张琴担任副主席。（吴文平）

【常委会议】　2008年4月18日，市政协九届十八次常委会议召开，主席赵胜修，副主席郭国安、邓琳、王平双、付月云、张会琴，秘书长张绍义出席会议。会议增补范学贵、王炜东为政协第九届新乡市委员会委员，通过人事任免事项，审议通过政协第九届新乡市委员会常务委员会工作报告和提案工作情况的报告并推举报告人，研究决定并通过召开政协第九届新乡市委员会第五次会议的有关事项。

6月26日，市政协举行九届十九次常委会议，市政协主席、市委常委、常务副市长范学贵，市政协副主席陆志奇、郭国安、王平双、付月云、张会琴、王炜东、张琴出席，市委常委、副市长赵海燕，副市长王保旺列席会议。会议审议听取市政府关于节能减排工作情况通报，并听取部分常委、委员有关节能减排工作的意见和建议。

9月25日，市政协九届二十次常委会议召开，

市政协主席范学贵，副主席陆志奇、邓琳、王金相、付月云、王炜东、张琴，秘书长张绍义出席，副市长王保旺列席会议。会议通过人事任免事项，听取市政府关于城市建设与城市管理工作情况的通报。与会常委围绕节能减排、畜牧养殖、生猪屠宰、城市建设与管理、义务教育均衡发展等关注民生的热点问题畅所欲言，各抒己见。

12月30日，市政协九届二十一次常委会议召开。市政协主席范学贵，副主席陆志奇、邓琳、王金相、付月云、王炜东、张琴，秘书长张绍义出席，市委常委、常务副市长王战营列席会议。会议听取市委、市政府关于省、市2008年承诺的实事落实情况的通报；审议通过政协九届常委会工作报告（草案）；审议通过政协九届常委会提案工作情况的报告（草案）。（吴文平）

【提案办理】 在市政协九届五次会议上，政协委员、政协各参加单位和政协各专门委员会共提交提案334件。根据《提案工作条例》的有关规定，经提案委员会审查，立案309件。其中综合类提案44件，占提案总数的14.2%；财政、经贸类45件，占14.5%；城建、环保、交通类75件，占24.3%；教科文卫体类58件，占18.8%；农、林、水、粮食、河务方面26件，占8.4%；公安、政法、民政类50件，占16.2%；其他类11件，占3.6%。这些提案分别送交有关承办单位办理，并全部办复完毕。未予立案的25件提案转为委员来信处理。（吴文平）

【重大活动】 6月19日，市政协召开纪念改革开放30周年座谈会。市政协主席、市委常委、常务副市长范学贵，市政协副主席陆志奇、郭国安、邓琳、王平双、王金相、付月云、张会琴、王炜东、张琴，秘书长张绍义出席会议。会上，各民主党派、工商联、各县（市、区）政协、市政协各专门委员会代表纷纷发言。大会认真回顾了改革开放30年来在中国共产党的领导下团结奋斗的光辉历程，总结了新时期人民政协所取得的成绩和经验，决心进一步解放思想，开拓创新，在奋力实现中原城市群强市目标的伟大进程中更好地发挥作用。

9月5日，全国政协考察团一行12人，在省政协有关领导的陪同下莅新，对新乡市职业病防治工作开展情况进行检查指导。市领导范学贵、刘孟英、杨书廷、王金相等陪同。副市长杨书廷汇报新乡市的职业病防治工作情况以及面临的形势、存在的问题以及下步的工作打算。全国政协社会和法制委员会副主任张俊九肯定了新乡市的职业病防治工作，并希望新乡市在已取得成绩的基础上，在职业病防治方面进行探索，维护广大劳动者的健康权益，为经济社会健康发展保驾护航。

10月14日至15日，驻新省政协委员对新乡市节能减排工作进行视察。市政协主席范学贵，副主席王金相、付月云、张会琴、张琴，秘书长张绍义等一起视察。驻新省政协委员先后来到小尚庄污水处理厂、新乡化纤股份有限公司、豫新发电有限公司、鸿达纸业有限公司、延津化肥厂、新乡市黄河化工有限公司等处，实地察看企业开展节能减排工作情况，并听取关于新乡市开展节能减排工作的汇报。驻新省政协委员高度评价了新乡市的节能减排工作。同时，对一些部门节能减排意识不够、节能型产业结构调整进展缓慢、资金投入不足等问题提出意见和建议。（吴文平）

绿色牧野

纪检·监察

纪律检查

【纪律检查概况】 2008年，全市各级党委、政府和纪检监察机关坚持以“三个代表”重要思想和科学发展观为指导，深入贯彻党的十七大和十七届三中全会精神，按照年初确定的工作思路，扎实推进惩治和预防腐败体系建设，全市反腐倡廉建设呈现出整体推进、协调发展的良好态势。

权力运行监督制约机制不断完善。2008年全市行政效能投诉率与上年相比下降26%，市直有34个单位连续两年保持零投诉。市直开展规范化建设单位拓展到法院、检察院和党群机关，总数达到69个，初步搭建起行政权力运行规范化管理体系框架。扩大了科室（机构）季评工作范围，完善季评方法。重点领域的监督稳步推进，市直单位建立了对重要决策、重要干部任免、重大项目安排、大额资金使用的监督工作模式。重点岗位的监督取得新突破，市直单位确定管人、管财、管物、管审批、管执法五类重点科室（机构）391个及其负责人710人，分别建立廉政勤政档案，并对31个单位208名重点科室负责人进行了轮岗交流，防止个别干部长期专权，导致腐败。先后开展了机关作风和纪律整顿、优化投资环境集中整治、规范行政执法行为、集中查处涉企案件等活动，收集企业和群众意见建议2600多条，查处涉企四乱、不作为乱作为案件70多件，进一步提高各级机关执法水平和服务能力，优化了全市经济社会发展环境。

惩治腐败工作保持强劲势头。高度重视案件查办工作，把它作为反腐败斗争的中心环节，在人员、经费、车辆等方面给予重点保障，机关投资100余万元改善办案装备。召开了全市案件管理、案件点评工作会议，提高办案质量。健全市管干部案件线索管理、机关办案程序等制度，加强监督，确保依纪依法办案。完善考核奖惩、反腐败协调等机制，保障办案工作顺利实施。全市各级纪检监察机关共受理群众信访举报1775件，初核案件线索748件，新立案件817件，给予党政纪处分864人，其中处分县处级干部18人，挽回直接经济损失2286.8万元；查结商业贿赂案件64起，涉案人员76人，涉案金额396.2万元。通过查办案件，打击和震慑了腐败分子，教育了广大党员干部。加强对抗震救灾资金物资的监督管理，确保正确使用。狠抓信访举报工作，建立信访工作台账，落实信访提示、快速查办、领导包案等制度，有效排查化解了多起矛盾和问题，纪检监察业务范围内越级上访、集体上访的势头得到遏制。

创建廉洁单位工作深入开展。利用新闻媒体进行反腐倡廉教育，发挥全市党风廉政建设示范教育基地和警示教育基地作用。示范教育基地被命名为省级廉政教育基地。严格党风廉政建设责任制分工，做到年初有安排部署，年中有督导检查，年底有考核奖惩，使各级领导班子和领导干部有压力、有动力、有行动。市委市政府多次召开会议，专题研究党风廉政建设和反腐败工作开展情况，市委书记吴天君还利用市纪委全会、党风廉政建设专题党课等时机，对各级领导干部廉洁从政提出要求。狠抓责任追究，共追究乡科级以上领导班子132个，追究乡科级以上领导干部378人，各级领导班子和领导干部履行“一岗双责”（指领导班子和领导干部的工作职责和掌握的权力管到哪里，党风廉政建设的职责就要延伸到哪里，一旦出了问题，就要承担相应的责任）的责任意识进一步增强。新乡市被评为2007年全省责任制工作优秀单位。严格执行“四大纪律八项要求”和市委关于领导干部廉洁从政十六条规定，加强公车管理，规范领导干部配偶子女从业，坚决查处党员领导干部赌博、行政事业单位私设“小金库”、公款出国（境）旅游等问题，领导干部作风方面存在的一些突出问题得到有效治理。抓好廉洁示范单位考核、评审工作，命名了一批市级廉洁示范单位，发挥其示范带动作用，为营造风清气正的政治氛围和社会氛围打下良好基础。

行政监察各项职能进一步发挥。紧紧围绕国家宏观政策落实开展执法监察，围绕群众反映的热点难点问题开展纠风专项治理，围绕市委、市政府中心工作开展专项效能监察。深入开展车辆超限超载治理工作，督促有关部门和人员履行职责，坚决纠正存在问题，保持了治超工作强劲势头。中央电视台《焦点访谈》栏目、省电视台法制频道专题报道了新乡市治超工作有效做法。认真组织“两转两提”（转变政府职能，转变工作作风；提高行政效能，提高公务员素质）工作，取消或调整行政审批项目198项，取消或降低收费项目78项。狠抓行政效能投诉案件的查处和督办，共受理企业和群众行政效能投诉823件，立案198件，处理各类人员450人，涉案金额512.4万元，切实改善了行政管理，确保政令畅通。新乡市被表彰为2002～2007年度全省优化经济发展环境工作优秀单位。

农村基层党风廉政建设成效显著。建立市、县、乡、村四级农村基层纪检组织，65％的行政村实行了党风廉政建设责任制。加强农村基层廉政文化建设，建立100个廉政文化进农村示范点，新建成文化大院127个。因地制宜推广农村民主月末联席例会制度和“三资”（资金、资产、资源）委托代理服务制度，深入开展“三级示范四级联创”和创建村务公开民主管理示范单位等活动。完善村民会议、村务公开、民主理财、责任追究等制度，积极推进党务公开。中央纪委将新乡县七里营镇作为农村基层党务公开工作联系点。积极与发改、农业、教育、卫生、财政等部门密切配合，加大监督检查力度，保证各项支农惠农政策落实到位。

从源头上预防腐败的领域不断拓展。协调有关部门深化干部人事制度改革、财政管理制度改革、投资体制改革、政府采购、国有产权交易制度、领导干部经济责任审计等治本抓源头具体工作任务，加大组织协调力度，加强督促检查，促进各项工作扎实开展。协调有关部门加强新乡市公共资源交易中心建设，规范运作程序，完成交易项目1127项，实现进场交易额22.4亿元。组织开展政府采购专项检查，对14个违规采购单位、8家供应商给予行政处罚，责任追究11人。

惩治和预防腐败体系建设稳步推进。各级各部门把贯彻落实中央《建立健全惩治和预防腐败体系2008～2012年工作规划》（以下简称《工作规划》）和省《建立健全惩治和预防腐败体系2008～2010年实施办法》（以下简称《实施办法》），作为学习贯彻党的十七大精神、加强反腐倡廉建设的重要政治任务，列入议事日程，深入开展各种学习宣传贯彻活动。各级理论中心组认真学习《工作规划》，市委书记吴天君深入基层开展专题调研，对学习贯彻活动提出要求。在充分体现省《实施办法》基本精神、结合新乡市反腐倡廉建设工作特色的基础上，制定《新乡市贯彻落实〈河南省建立健全惩治和预防腐败体系2008～2012年实施办法〉的实施方案》，科学谋划新乡市后五年惩治和预防腐败体系建设的目标任务，量化分解责任，完善考核办法，整体推动教育、制度、监督、改革、纠风、惩处各项工作。

纪检监察机关自身建设进一步加强。各级纪检监察机关坚持把开展“做党的忠诚卫士、当群众的贴心人”主题实践活动与“新解放、新跨越、新崛起”大讨论、争先创优等活动相结合，调动党员干部工作积极性，推动纪检监察工作的改革创新。狠抓纪检监察机关党风党纪、时事政治、依法依纪办案等经常性教育活动，进一步转变作风、提升素质，形成干事创业的氛围。加强纪检监察干部培训，依托中央纪委培训中心、省纪委宣教基地，共培训科级以上干部164人。市直单位纪检监察派驻机构统一管理工作顺利实施，领导体制进一步理顺。成立新乡市纪检监察学会，深入开展反腐倡廉理论研究。组织党的纪律检查机关恢复重建30周年纪念活动，编印《新乡市纪委监察局（1978～2008）大事记》等历史文献，召开纪念大会，表彰“做党的忠诚卫士、当群众的贴心人”活动中涌现出的先进集体和先进个人，激励广大纪检监察干部奋发向上、爱岗敬业。各级纪检监察机关积极组织文明单位创建活动，美化机关环境，倡导文明用语，开展驻村帮扶、义务植树、军民共建、唱响市歌等活动，共为四川地震灾区捐款和缴纳特殊党费55万元，其中市纪委监察局机关达18万元。建立健全并认真落实工作制度、学习制度、管理制度、培训制度、奖惩制度、信访接待制度等，用制度管人管事，确保机关各项工作高效有序运转。市纪委监察局机关建成了内部局域网，获得全省“五好”（领导班子好，党员队伍好，工作机制好，工作业绩好，群众反映好）基层党组织、全市学习型机关等称号，成功创建省级文明单位。

（谢玉海）

中共新乡市纪律检查委员会领导成员

市委常委、纪委书记　王尚胜
纪委副书记　王亚周　冯生志　吴岳善
纪委常委　闫跃平　牛晓辉　胡海利　李国强（回族）　武慧芳（女）
纪委秘书长　胡海利

【召开市纪委九届三次全体会议】　2008 年 1 月 30 日，中共新乡市第九届纪律检查委员会举行第三次全体会议。会议传达学习省纪委八届三次全会精神，市委常委、纪委书记王尚胜代表市纪委常委会作工作报告，提出 2008 年反腐倡廉建设坚持“一个统揽”（用党的十七大精神统揽纪检监察工作全局，深入贯彻落实科学发展观）、深化“三个重点”（以深化权力运行管理监督机制为重点，切实规范公共权力运行；以深化创建廉洁单位长效机制为重点，促进领导干部廉洁从政；以深化查办违纪违法案件工作机制为重点，坚决有效惩治腐败）、实现“五个突破”（从加强对领导干部正确行使权力监督出发，实现监督工作新突破；从着力解决损害群众利益的突出问题出发，实现纠风工作新突破；从强化改革和对公共资源监督管理出发，实现治本抓源头工作新突破；从完善企业内部管理和促进健康发展出发，实现国有企业党风建设新突破；从促使领导干部履行“一岗双责”出发，实现责任制工作新突破）工作思路。会后组织了分组讨论。会议与全市党风廉政建设责任制会议合并召开，表彰 2007 年全市党风廉政建设责任制工作先进单位，通报 2007 年全市查处的党员领导干部违纪违法典型案件。市委书记吴天君与 12 个县（市、区）党委书记签定《2008 年党风廉政建设责任书》，并发表重要讲话。（谢玉海）

【组织对新任县（处）级领导干部进行任前廉政谈话】　2008 年 2 月 26 日、27 日，在新乡市党风廉政建设示范教育基地——获嘉县照镜镇楼村，新乡市组织对新提拔和调整的 27 名县处级领导干部人选进行任前廉政谈话。市委常委、纪委书记王尚胜对其中 11 名新任正县（处）级领导干部进行廉政谈话并提出要求。与会人员还参观楼村廉政教育展览馆，接受示范教育。（谢玉海）

【在《新乡日报》开设《反腐倡廉园地》】　2008 年，为认真学习贯彻党的十七大精神，推进惩治和预防腐败体系建设，市纪委监察局和新乡日报社联合在《新乡日报》开设党风廉政建设和反腐败工作专栏——《反腐倡廉园地》。《反腐倡廉园地》主要内容是反映上级纪委关于反腐倡廉建设的重要指示精神；市委、市政府对反腐倡廉工作的指示和要求；市纪委监察局关于反腐倡廉建设的重要安排部署；全市党风廉政建设和反腐败工作采取的新措施、取得的新成效、总结的新经验等。专栏设上级精神、工作动态、廉政论坛、基层报道、警钟长鸣、外地信息、廉政人物、图文信息等栏目。（谢玉海）

【召开全市纪检监察案件暨信访举报工作会议】　2008 年 3 月 5 日，新乡市纪委召开全市纪检监察案件暨信访举报工作会议。省纪委案管室主任马海盈、省纪委信访室主任尚志华及委局班子成员出席会议。市纪委副书记冯生志作工作报告，马海盈、尚志华及市委常委、市纪委书记王尚胜分别讲话。会议对 2007 年度全市查办案件工作、案件管理工作和基层信访举报工作先进集体、先进个人进行表彰。（谢玉海）

【召开全市农村基层党风廉政建设工作会议】　2008 年 4 月 15 日，市纪委在封丘县组织召开全市农村基层党风廉政建设工作会议，市纪委副书记冯生志作工作报告，市委常委、纪委书记王尚胜作重要讲话。会议表彰全市农村基层党风廉政建设“三级示范四级联创”活动中涌现出的 5 个县（市、区）、15 个乡（镇、办事处）、50 个村（社区）等先进集体，交流经验材料 12 份，其中 5 个单位作大会发言。（谢玉海）

【开展“争创纪检监察工作先进集体、争当纪检监察工作先进个人”活动】　2008 年，新乡市纪委在全市纪检监察系统开展“争创纪检监察工作先进集体、争当纪检监察工作先进个人”活动。市纪委监察局成立以市委常委、纪委书记王尚胜为组长的领导小组及办公室，明确任务责任分工。评选表彰活动每两年进行一次，采取自下而上、上下结合的方式开展申报、评选、推荐工作。活动办公室每年组织一次经验交流活动，并到开展有特色、典型示范好的单位进行观摩学习，就活动开展情况进行讲评。

（谢玉海）

【开展向四川地震灾区捐款捐物和党员干部缴纳“特殊党费”活动】 四川汶川 5·12 地震发生后，全市广大纪检监察干部十分关心地震灾区抗震救灾活动，2008 年 5 月 13 日，市纪委监察局机关党委号召广大纪检监察干部发扬一方有难、八方支援的优良传统，奉献爱心，开展向地震灾区捐款捐物活动，共收到捐款 7940 元。21 日，机关 115 名党员干部又积极踊跃缴纳“特殊党费”17.47万元。（谢玉海）

【开展优化投资环境集中整治活动】 2008 年，针对企业和群众反映的经济发展环境问题，市纪委监察局牵头组织，于 4 月 10 日至 5 月 10 日开展为期一个月的优化投资环境集中整治活动。集中活动以解决企业提出的问题、案件查处、企业周边治安环境治理、健全优化长效机制为重点，开门纳谏，落实责任，硬起手腕，狠抓查处和整改。活动中，连续召开 400 多个企业（工商户）和外来投资者参加的 16 个座谈会，收集意见和建议 106 条，受理行政效能投诉 103 起。纪检监察机关直接查处案件 15 起、处理 33 人，公安部门查处涉企治安案件 122 起、破获涉企刑事案件 101 起、打掉犯罪团伙 9 个、治理企业周边治安乱点 10 个、抓获违法犯罪嫌疑人 87 人，取得了明显成效。

（谢玉海）

【省社科院领导调研新乡市反腐倡廉建设】 2008 年 6 月 4 日至 6 日，由省社会科学院党委书记林宪斋带队的调研组莅新，对新乡市反腐倡廉建设和党的基层组织建设工作进行调研。调研组听取了新乡市经济社会发展、反腐倡廉建设和党的基层组织建设工作汇报，考察龙泉集团、启明社区、新飞集团、金龙铜业有限公司和孟电集团，召开由各县（市、区）纪委书记和组织部长参加的座谈会。调研组充分肯定新乡市经济社会建设、反腐倡廉建设和党的基层组织建设工作所取得的好经验好做法，对做好当前各项工作提出具体要求。

（谢玉海）

【成立新乡市纪检监察学会】 2008 年 6 月，为加强反腐倡廉建设理论研究，市纪检委筹备成立了新乡市纪检监察学会。学会是在新乡市民政局依法登记的法人社会团体，业务主管单位为中共新乡市纪律检查委员会，接受市纪委和市民政局的业务指导和监督管理。学会共吸收县（市、区）、大型企业、大专院校、学术界、市直有关单位团体、个人会员 154 人。11 日，举行了第一次会员代表大会暨首届反腐倡廉理论研讨会，选举产生了第一届学会理事、常务理事、正副会长和正副秘书长，聘请市委常委、纪委书记王尚胜为学会名誉会长，纪委副书记吴岳善当选为第一届理事会会长，审议通过了《新乡市纪检监察学会章程（草案）》、《新乡市纪检监察学会第一次会员代表大会选举办法（草案）》和《新乡市纪检监察学会会费收缴管理办法》等文件，并从征集到的 58 篇理论文章中选出 5 篇在会上进行交流。

（谢玉海）

【开展清理检查“小金库”专项工作】 为进一步规范行政事业单位资产管理，从 2008 年 7 月下旬开始，市纪委在全市行政事业单位中开展了清理检查“小金库”专项工作。清理检查采取自查自纠和重点检查相结合的方法，分为自查自纠、重点检查和建章立制三个阶段。建立了由市纪委监察局召集，市财政局、市审计局、市机关事务管理局、人行新乡中心支行、新乡银监分局参加的新乡市清理检查“小金库”工作联席会议制度，并向社会公布监督举报电话，利用报纸、电视等新闻媒体进行广泛宣传，对典型案例予以公开曝光。（谢玉海）

【开展“新解放、新跨越、新崛起”大讨论活动】 根据全市统一部署，2008 年 7 月下旬开始，全市纪检监察机关组织开展“新解放、新跨越、新崛起”大讨论活动。市纪委领导高度重视这次教育活动，把此活动作为解决纪检监察机关和干部队伍存在问题、推进反腐倡廉建设的一次重大机遇，切实加强对大讨论活动的组织领导。

在学习动员阶段，及时召开市纪委书记会、常委会和全市纪检监察机关动员大会，对大讨论活动进行动员部署，并组织 1 次赴长垣县实地参观活动、1 次市委党校教授专题辅导报告、1 次机关党员干部学习交流会和 1 次心得体会展览，深化学习效果。

查摆问题阶段，通过领导下基层调研、设置意见箱、发放征求意见表、谈心等方式，广泛征求社会各界的意见和建议，深入查摆纪检监察机关和干部队伍在思想作风方面及反腐倡廉建设方面存在的突出问题。在此基础上，召开市纪委常委专题民主生活会，各位常委认真开展批评与自我批评，明确了努力方向。

整改提高阶段，制定了整改方案，将全部意见和建议整理归纳为25条，结合市委、市政府阶段性重点工作部署，明确具体责任领导和责任单位，抓好整改落实。

巩固成果阶段，坚持把学习和整改贯穿始终，继续抓好查摆问题的整改落实，整改方案所列问题已经整改完毕或制定了整改措施，市委、市政府在大讨论活动期间安排的13项重点工作有序推进。

（谢玉海）

【召开全市优化经济发展环境总结表彰暨“两转两提”推进大会】 2008年8月18日，全市优化经济发展环境总结表彰暨“两转两提”推进大会召开。市委常委、纪委书记王尚胜总结了2002年之后全市优化经济发展环境工作，部署了后一个时期优化工作任务，市委常委、常务副市长王战营对“两转两提”工作进行部署，市委书记吴天君提出具体要求。会议对2002年之后全市优化经济发展环境工作涌现出的51个先进单位和80名先进工作者进行表彰。

（谢玉海）

【获嘉楼村被命名为河南省首批廉政教育基地】 新乡市党风廉政示范教育基地位于获嘉县照镜镇楼村，2007年4月正式挂牌成立。2008年共开展教育活动100多次，近万人接受了教育。9月，省纪委办公厅下发《关于命名首批河南省廉政教育基地的决定》（豫纪办〔2008〕45号），命名12个全省首批廉政教育基地，新乡市党风廉政示范教育基地位列其中。

（谢玉海）

【举办“牧野清风杯”纪检监察业务知识竞赛】 2008年9月25日，由市纪委监察局主办，新乡电视台协办的“牧野清风杯”纪检监察业务知识竞赛，在新乡电视台演播大厅隆重举行。这是新乡市纪念改革开放暨党的纪律检查机关恢复重建30周年活动的一项重要内容，也是深入学习宣传中央《工作规划》和省《实施办法》的一项重大举措。参加决赛的共有8支代表队，经过激烈角逐，延津县代表队获得一等奖；长垣县、红旗区、封丘县代表队获得二等奖；牧野区、市建委、新乡县、卫滨区代表队获得三等奖；辉县市、卫辉市、原阳县、获嘉县、凤泉区、公安局、检察院、教育局8个单位获得组织奖。

（谢玉海）

【新乡电视台《沟通》录播反腐倡廉建设专题栏目】 2008年10月16日，市纪委领导王尚胜、王亚周、冯生志、吴岳善等坐客新乡电视台《沟通》栏目，就纪检监察机关职责、全市反腐倡廉建设开展情况及群众关注的热点难点问题进行现场解答。10月31日、11月7日，新乡电视台分2期播出此专题栏目。

（谢玉海）

【中央纪委八室领导莅临新乡市调研】 2008年11月2日，中央纪委八室穆杰峰专员一行莅临新乡市调研，市委常委、纪委书记王尚胜等市领导陪同调研。上午召开座谈会，听取新乡市反腐倡廉建设情况汇报，就新乡市以科学发展观为统领、深入开展反腐倡廉建设情况，同与会人员进行广泛座谈交流。调研组对新乡市反腐倡建设取得的显著成效给予充分肯定和高度评价。下午，调研组一行对凤泉区、卫辉市等地进行实地参观考察。

（谢玉海）

【召开纪念党的纪律检查机关恢复重建30周年大会】 2008年11月11日，新乡市纪念党的纪律检查机关恢复重建30周年大会在新区行政办公大楼一楼报告厅隆重召开。市委常委，市人大主任和党组书记，市政协主席；曾经在市纪委工作过已离退休的班子成员，市纪委委员，市纪委监察局机关全体人员；各县（市、区）党委书记和纪委书记；市委各部委、有关大型企业、各人民团体主要负责人；市直机关有关党组（党委、党工委）书记、纪检组长（纪委书记、纪工委书记）；市直从事纪检监察工作20年以上的纪检监察干部等近300人参加。市委常委、纪委书记王尚胜作了新乡市纪念党的纪律检查机关恢复重建30周年主题报告，市委书记吴天君发表重要讲话，对新乡市纪检监察机关30年的工作给予充分肯定，并就加强全市纪检监察工作，深入推进反腐倡廉建设提出7项具体要求。会议对全市纪检监察系统“做党的忠诚卫士、当群众的贴心人”主题实践活动中涌现出的36个先进集体、60名先进个人进行了表彰，对42名从事纪检监察工作20年以上人员颁发纪念奖章和荣誉证书。

（谢玉海）

【省纪委领导莅临新乡市调研】 2008年11月22、23日，省纪委常委、秘书长万里光一行莅临新乡市调研指导工作。23日，在新乡宾馆召开座谈会，市委常委、纪委书记王尚胜介绍新乡市基本概况和市纪委监察局的人员编制、机构设置情况，汇报2008

年反腐倡廉工作开展情况、基础性重点工作完成情况及下步工作安排，向调研组提出意见和建议。调研组一行就以科学发展观为统领，深入推进权力运行管理监督机制、创建廉洁单位活动、农村基层党风廉政建设等，同与会人员进行座谈和交流。万里光对新乡市稳步扎实推进反腐倡廉建设工作给予充分肯定，对新乡市反腐倡廉建设提出明确要求。

（谢玉海）

【召开全市贯彻落实党风廉政建设责任制工作汇报会】　2008年12月3日，市纪委召开全市2008年贯彻落实党风廉政建设责任制工作汇报会。在认真听取12个县（市、区）和市直部分单位“一把手”落实党风廉政建设责任制和执行廉洁自律规定情况汇报后，市委书记吴天君强调指出，全市各级领导干部要认真履行好“一岗双责”，坚持两手“都要抓，都要硬”，切实以党风廉政建设促进各项工作开展，为新乡经济社会更好更快发展做出新的贡献。

（谢玉海）

【召开全市2008年度党风廉政建设责任制考核述职述廉大会】　2008年12月25日，省委常委、省纪委书记叶青纯，省委组织部常务副部长臧安民带领考核组，对新乡市四大班子和省管干部2008年度落实党风廉政建设责任制及廉政情况进行考核。考核组一行出席了新乡市2008年度党风廉政建设责任制考核述职述廉大会，市委书记吴天君代表市四大班子作述职述廉报告，叶青纯作重要讲话。最后，省考核组现场对新乡市四大班子和省管领导干部进行了民主测评。

（谢玉海）

2008年度全市党风廉政建设责任制工作优秀单位、党风廉政建设和反腐败主要任务牵头工作先进单位

党风廉政建设责任制工作优秀单位

获嘉县　卫辉市　新乡县
辉县市　红旗区　长垣县
市委办公室　市人大办公室
市纪委监察局　市委组织部
市委宣传部　市委统战部
市委政法委　市直工委
市编办　新乡日报社
市档案局　市发展和改革委员会
市民政局　市财政局
市人事局　市城乡规划局
市环境保护局　市交通局
市农业局　市人口和计划生育委员会
市审计局　市安全生产监督管理局
市地震局　市房产管理局
市盐业管理局　市农科院
市物资局　市农办
市机关事务管理局　市海员服务局
市公路管理局　高新技术开发区
新乡工业园区　市社科联
市公共资源交易中心　市检察院
市中级法院　市工商局
市国税局　市质量技术监督局
市烟草专卖局　新乡供电公司
新乡网通公司　市邮政局
新乡移动公司　市地税局
市商业银行　省人民胜利渠管理局
省豫北水利工程管理局
豫新发电有限责任公司
华新电力集团有限责任公司　新航集团

党风廉政建设和反腐败主要任务牵头工作先进单位

市政府办公室　市纪委监察局
市委组织部　市发展和改革委员会
市民政局　市财政局
市教育局　市农办
市食品药品监督管理局

监察工作

【监察工作概况】　2008来，新乡市监察局以邓小平理论和“三个代表”重要思想为指导，全面落实科学发展观，深入贯彻党的十七大及中央纪委十七届二次、三次全会、省纪委八届三次全会精神，按照年初市纪委九届三次全会提出的坚持“一个统揽”、深化“三个重点”、实现“五个突破”的工作思路，全面履行行政监察职能，开拓进取，扎实工作，全市党风廉政建设和反腐败工作取得了显著成

效。　　（叶云峰　王大庆）

新乡市监察局领导成员

局　长　王亚周
副局长　黄小萍（女，壮族）　闫跃平
丁庆春　王学智

【治腐工作】　2008年，市纪委监察局深入推进源头治腐工作。一是继续组织协调各责任单位深化干部人事制度改革、财政管理体制改革、投资体制改革，深化领导干部经济责任审计工作。二是落实政府采购制度。组织开展政府采购专项检查，重点检查各级采购人、采购代理机构2006年和2007年政府采购执行情况。市本级自查自纠单位296个，重点检查单位67个，对14个违规采购单位和8家供应商给予行政处罚，处理有关责任人11人。三是协助有关部门加强市公共资源交易中心建设，完善了公共交易中心运行机制和工作制度，不断提高公共资源管理监督水平。四是加大对抗震救灾资金物资的监督检查，审计救灾款物合计12685.83万元，查处违反程序向灾区捐赠资金案件1起，确保救灾款物正确使用。　　（叶云峰　王大庆）

【治理商业贿赂专项工作】　2008年，市纪委监察局制定出台《关于深入开展治理商业贿赂专项工作的意见》，全面部署专项治理工作，针对自查自纠“回头看”阶段发现的问题，组织全市各有关单位认真制定和完善各项规章制度，新制定各项规章制度221项，修改完善191项。进一步加大商业贿赂案件查处力度，全市查结商业贿赂案件64起，处理涉案人员76人，涉案金额396.2万元。

（叶云峰　王大庆）

【加大反腐倡廉宣传工作力度】　2008年，市纪检监察机关通过新闻舆论，扩大宣传纪检监察工作影响力、促进反腐倡廉工作，并在《新乡日报》开设党风廉政建设和反腐败工作专版——《反腐倡廉园地》。至年底已出版12期。编发《新乡宣教信息》41期，主要报道本地纪检宣教工作的新措施、新成效、新经验等。为纪念改革开放暨党的纪律检查机关恢复重建30周年，深入学习宣传中央《建立健全惩治和预防腐败体系2008～2012年工作规划》及省委《河南省建立健全惩治和预防腐败体系2008～2012年实施办法》，于9月25日在新乡电视台演播大厅成功举办“牧野清风杯”纪检监察业务知识竞赛活动。　　（叶云峰　王大庆）

【执法监察工作】　市纪委监察局按照《监察部关于2008年执法监察和效能监察工作的安排意见》的统一部署和要求，结合新乡实际情况，紧紧围绕“突出重点、整体推进、加强协调、主动配合、强化监督、注重查案”的工作思路，相继开展了节能减排、土地调控、环境保护、工程建设招投标、房地产市场宏观调控政策落实、固定资产投资政策执行情况、安全生产法规政策贯彻落实以及集中清理和查处国家机关工作人员和国有企业负责人投资入股煤矿等多项执法监察，坚决纠正地方保护、滥用职权、自行其是以及各种违法违纪行为，确保国家宏观调控政策的贯彻落实，全市共立案查处44件违法违纪案件，挽回经济损失557万元，给予党政纪处分43人。　　（叶云峰　王大庆）

【纠正行业不正之风】　2008年，新乡市以解决损害群众利益的不正之风为重点，坚持惩防并举、纠建结合的方针，认真开展教育、医疗、公路、涉农负担等纠风专项治理工作。进一步规范对市民拍卖出租车牌照工作，减轻了出租车业主的负担，维护了出租车市场的稳定，被《人民日报》等中央媒体在全国推广，称为“新乡模式”。开展治理教育乱收费工作，重点对41所中小学收费情况进行检查，受理反映学校乱收费问题37件，对22名责任人给予党政纪处分或组织处理。开展执行省药品集中招标采购专项检查和清理整顿违规医药广告活动，进一步规范医药市场和医疗服务行为。开展社保基金、住房公积金和扶贫、救灾专项资金监督检查，审计资金9988.29万元，整改问题109个，查办案件15起，查处违规资金197.9万元，处理相关责任人18名。开展粮食直补和综合直补监督检查工作，确保3.99亿元直补资金兑现到位。继续开展行风评议工作，确定74家部门和行业为评议对象，严密组织问卷调查活动。抓好群众满意的基层站（所）的评议工作，全市确定评议的基层站（所）1248个，对21个群众满意的基层站（所）进行表彰。利用“行风热线”，开展社会监督，行风建设进一步加强。加大各类纠风案件的查处力度，全年全市共受理各类纠风投诉310件，初核调查96件，对30名责任人给予党政纪处分，组织处理34人。（叶云峰　王大庆）

【治超督查工作成效明显】 2008来，新乡市纠风办按照市委常委、纪委书记王尚胜对督查治超工作“严格管理、严格监督、严格追究”的总体要求，在全市治超工作中充分发挥监察与纠风的双重作用，适时进行监督检查，始终保持了治理的高压态势，有力地督促各联席成员单位职责的落实，为新乡市治超工作取得阶段性成效发挥积极作用。一是成立督查领导小组，办公室设在纠风办；二是制定《新乡市治理运输车辆超限超载工作督查方案》；三是制定《新乡市治理车辆非法超限超载工作责任追究办法》；四是适时进行监督检查；五是对在督查中发现的不履行或不正确履行职责的责任人进行责任追究。全年共追究有关责任人13人，其中：处级干部9人、科级干部3人、科以下干部1人。 （张庆祥）

【行政效能投诉】 市监察局围绕群众关注的热点、难点问题开展工作，全年共受理来信来访、电话及效能监察网上投诉共762件（次），其中：网上投诉159件，市本级受理85件，县区受理74件。在受理的投诉案件中，转有关单位处理197件（次），初核了结275件（次），协调处理114件（次），立案查处176件（次），结案169件（次）。在查结的案件中，反映涉及企业四乱问题21起，占总数12%，不作为乱作为问题的50起，占总数30%，反映其他问题的98起，占总数58%，给予党政纪处理170人，其他处理236人。涉案违纪违规资金442.55万元，其中：上缴财政资金37.63万元，退回企业和个人219.95万元。

（叶云峰 王大庆）

【行政效能监察】 2008年，市纪委监察局积极开展行政效能监察工作。一是继续对凤凰山森林公园建设、奶业发展年活动、创建国家卫生城市、封闭城市规划区自备井、小麦高产开发“1346”工程进行效能监察，并对2008～2010年生态文明村建设、2008～2012年林业生态建设、农作物秸秆禁烧及综合利用工作以及庆祝新乡市解放暨建市60周年、“大整治、大绿化、大建设”、秋冬涉农、经济运行四项重点工作予以立项实施效能监察。二是将水系景观工程建设、创建国家森林城市、集体林权制度改革、自备水源污水处理费征收管理、粘土砖瓦窑厂治理整顿、重大动物疾病防控、污水处理稳定运营达标排放、加强和改善物价工作、凤凰山森林公园环境整治纳入到效能督查。至年底，市、县两级效能监察机构共开展效能监察和督查工作86项，共处理干部369人次，处理单位67个次，其中，市本级查办案件5起，办结3起，督办案件2起，处理干部7人。

（叶云峰 王大庆）

【深入推进权力运行管理监督机制建设】 2008年，市纪委监察局采取多种措施推进权力运行管理监督机制建设，一是加强管人、管财、管物、管审批、管执法五类重点人员的监督。从市直70个单位1075个科室（机构）中确定五类重点科室（机构）391个，重点科室（机构）及重点岗位负责人710人，分别建立廉政勤政档案，档案内容包括岗位职责、工作记录、奖惩情况、个人重大事项报告4个方面19个要素，并建立重点岗位人员定期交流、轮岗制度。2008年，对31个单位208个重点岗位任职5年以上人员进行了轮岗交流。二是科室（机构）季评奖惩工作进一步拓展。市直开展科室季评活动单位从上年的53个增加到60个，科室（机构）从802个增加到897个。2008年，对12个连续2次位于末位的科室领导进行岗位交流。三是机关规范化建设进一步拓展。由上年54个单位拓展到法院、检察院和党委机关，总数达到69个单位。组织重新修订了《机关工作规范化管理手册》和《科室（机构）岗位职责手册》，初步搭建起行政权力运行规范化管理体系框架。四是组织开展三项活动。在全市开展机关作风纪律整顿活动，切实解决机关作风纪律方面存在的一些问题，对结果进行全市通报。开展优化投资环境集中活动月，重点整治企业周边治安环境，收集企业和群众意见建议2650条，查处涉企四乱、不作为乱作为案件71件；公安机关共查处案件257起，企业外部环境得到改善。开展规范行政执法行为专项活动，着重解决行政执法队伍中存在的乱作为、不作为、慢作为问题，严格落实执法责任制，提高政府执行力。五是权力运行动态监管步入正常轨道。在依法确权方面，经法制部门审核，市政府决定取消和下放市直单位行政管理事项69项；对市直31个单位的209项行政事业性收费项目予以取消或停止征收、降低收费标准，40项经营服务性收费项目予以取消或降低收费标准。市政府还出台《新乡市行政许可案卷质量规范》、《新乡市行政处罚案卷质量规范》两个基本规范，为各单位依法行政提供重要的质量标准和依据。 （叶云峰 王大庆）

2008年度新乡市监察局荣获奖项

先进集体

河南省查处土地违法违规案件专项行动工作先进集体

新乡市监察局

河南省纪检监察宣传教育工作先进集体

新乡市纪委监察局

2002～2007年度河南省优化经济发展环境工作优秀单位

河南省优化经济发展环境和效能监察案件查处工作先进单位

新乡市优化办

河南省学刊用刊订刊工作二等奖

新乡市奶业发展年活动先进单位

新乡市政务信息工作先进单位

新乡市目标管理优胜单位

新乡市信访工作先进单位

新乡市地方史志工作先进单位

新乡市监察局

2002～2007年度新乡市优化经济发展环境工作先进单位

新乡市纪委监察局

新乡市小麦高产开发“1346工程”先进单位

新乡市监察局

新乡市“五一劳动奖状”

新乡市优化办

全市行政事业单位资产清查工作先进单位

新乡市森林防火责任目标优秀成员单位

新乡市监察局

先进个人

2002～2007年度河南省优化经济发展环境工作先进工作者

黄小萍　张铁牛　刘继民　田民生

河南省查处土地违法违规案件专项行动工作先进工作者

丁庆春　韩朝曙

河南省纪检监察宣传教育工作先进个人

晁文明

河南省车辆超限超载治理工作先进个人

刘金辉

新乡市目标管理优胜单位领导班子集体三等功

王亚周　黄小萍　闫跃平　丁庆春　王学智

新乡市集体林权制度改革工作先进个人

元小林

新乡市奶业发展年活动先进个人

元小林　朱莉萍

新乡市粘土瓦窑治理工作先进个人

和建国　韩朝曙

新乡市政务信息工作先进个人

叶云峰

新乡市目标管理工作先进个人

叶云峰

新乡市地方史志工作先进个人

王大庆

2002～2007年度新乡市优化经济发展环境工作先进个人

王继政　陈宏翔　袁青卫　孟海玲　朱莉萍

新乡市小麦高产开发“1346工程”先进个人

元小林

新乡市行政事业单位资产清查工作先进工作者

王大庆

太行风光

精神文明建设

【精神文明建设概况】 2008年，新乡市精神文明建设工作以争创全国文明城市工作先进城市为中心，不断拓展创建领域，创新活动载体，丰富创建内涵，群众性精神文明创建活动取得新突破，城市文明程度和市民素质得到新提升。按照省有关工作安排，继续全面、深入开展未成年人思想道德建设工作，取得新成效。市文明委积极发挥《全国未成年人思想道德建设测评体系》导向作用，按照中央新出台的《全国未成年人思想道德建设测评体系》进行详细任务分解，下发目标责任书，并对各县（市、区）和有关职能部门工作开展情况进行全面调研，基本掌握了全市未成年人思想道德建设工作的现状和存在的问题。各县（市、区）按照测评体系要求，建立健全“党委统一领导，党政齐抓共管，文明办组织协调，有关部门各司其责，全社会积极参与”的工作网络。9月，积极开展争创未成年人思想道德建设工作先进城市活动。市文明办抽出专人组建迎评办公室，收集整理较完备的档案资料，顺利通过省验收组的测评考核，全市未成年人思想道德建设工作测评名次居全省前列，被评为河南省未成年人思想道德建设工作先进城市。进一步加强“三理”教育工作。制定“铸造一个魂，突出两个根，抓住三条线，落实五个点”的未成年人道德教育工作目标，通过细化教育内容，拓展教育动力，将“三理”教育工作不断引向深入。全市各中小学校已形成全员育人格局，卫滨区已建立较为完备的“三理”教育工作体系。协调文化、工商、公安等部门，采取集中办公、集中处理的方法联合执法，通过开展“春季网吧集中治理”等文化市场秩序集中整治活动，有效遏制网吧等文化市场对青少年的不良危害。同时，以新乡青年网为依托，开办未成年人思想道德建设网站——“共青团教育网”，引导未成年人养成健康文明的网络生活方式。协调团委等部门以青年志愿者行动、青年文明社区创建为重点，组织未成年人积极参与社会公益事业和社区创建活动。

2008年，新乡市扎实开展争创全国文明城市工作先进城市活动，文明城市创建实现新突破。坚持“以创促升”的指导思想，以争创全国文明城市工作先进城市为契机，积极开展工作，城市环境面貌、城市品位得到新的提升。城市建设强力推进，人居环境进一步改善，在实现城市重心东移的基础上，城市功能进一步完善。吸收现代城市建设文化理念，在行政中心区域规划设计的具有标志意义的平原博物院、科技馆、青少年活动中心等十大公共文化建筑群正加紧建设。借鉴北京等地经验，全面加强市容市貌管理，实现数字化城市管理模式。着力解决民生问题，采取多种措施，加强背街小巷、“城中村”改造。积极实施社区创建“六个一”工程，以启明、天太等社区为代表，各种功能完备的40个社区已基本建成。在开发区启明社区建立全省第一家免费提供家政服务、中介、医疗等综合性便民服务中心，开通“一指通”网络服务，成为城市建设与社区创建新亮点，广大市民的生活环境质量大大提高。全年，坚持把创建文明城市工作列入市委、市政府重点工作，进行专题研究、部署；坚持高标准创建，严格按照中央规定的“A级”标准推进创建工作，实施目标任务管理责任制和领导责任追究制；成立市委书记任政委、市长任指挥长的文明城市创建指挥部，设立综合、宣传、资料、督查等专业工作组，制定切实可行的实施方案和年度实施意见；实行市委书记、市长参加的旬例会制，市委、市政府主要领导包“片”、包“段”，经常深入一线，现场办公，推动各项创建任务落实。将所有创建项目逐一分解到70多个主要责任单位，并制发、签订目标责任书、承诺书，组建8

个专业督导组，召开 20 多次督导会，制发 3 次迎检方案，进行 10 多次模拟验收，规划、制作、设置 3 批 200 多块（处）创建文明城市公益广告，全市上下形成横向到边、纵向到底的大创建格局。经过系统征集资料、建档装帧，形成真实全面、科学实用的创建文明城市档案资料体系，得到考评组的好评。至年底，新乡市已顺利通过全国文明城市工作先进城市的考评验收和公示。强化窗口行业文明创建工作，评选一批市级“文明服务示范窗口”和“文明服务优质标兵”，窗口行业服务质量和水平得到提高。按照“抓好延伸辐射、突出县域特色、促进共同发展”的创建思路，积极实行市、县两级互动，努力构建全方位立体创建网络，形成上下联动、市县联动的创建发展态势。全年新乡市在以争创全国文明城市工作先进城市为龙头的“四城联创”暨群众性精神文明系列创建活动中，涌现出一批精神文明建设先进集体。新乡市被中央精神文明建设指导委员会命名为 2008 年度全国创建文明城市工作先进城市，全市 3 个村镇被表彰为全国文明村镇，2 个单位被表彰为全国文明单位，5 个村镇被表彰为全国创建文明村镇工作先进村镇，9 个单位被表彰为全国精神文明建设工作先进单位；8 个村镇被评为全省文明村镇，长垣县、卫辉市被评为全省创建工作先进县城、县级市，9 个村镇被评为全省创建工作先进村镇，新乡市被评为全省未成年人思想道德建设工作先进城市，7 个单位被评为全省未成年人思想道德建设工作先进集体，7 人被评为全省未成年人思想道德建设工作先进个人。新乡市文明办被评为全省精神文明建设工作信息工作先进集体、全省先进文明办。新乡市被评为全省“清洁家园行动”先进市，新乡县被评为全省“清洁家园行动”先进县（区），52 个单位被表彰为 2008 年度省级文明单位；80 个单位被评为 2008 年度市级文明单位，延津县被评为 2008 年度新乡市第一批文明县（市、区），33 个社区被评为市级文明社区（小区），75 个单位被评为 2008 年度市级创建全国文明城市工作先进集体，230 人被表彰为 2008 年市级创建全国文明城市工作先进个人，70 个单位被评为 2008 年度市级“文明服务示范窗口”，75 人被评为 2008 年度市级“文明优质服务标兵”，12 个系统被表彰为 2008 年度市级创建文明单位工作先进系统。（赵忠敏）

新乡市精神文明建设委员会领导成员

主　任　刘建华（市委副书记）
副主任　邢亚平（市委常委、宣传部长）
田庆忠（市人大常委会副主任）
杨书廷（市政府副市长）
王全相（市政协副主席）
吕子林（新乡军分区副政委）

新乡市精神文明建设委员会办公室领导成员

主　任　李忠灿
副主任　原振霞　张卫河

【全市精神文明建设工作会议召开】　2 月 28 日，新乡市召开 2008 年全市宣传思想暨精神文明建设工作会议。会议传达全国、全省精神文明建设工作会议精神，研究部署具体工作，对各类创建典型进行表彰。市委书记吴天君出席会议并作重要讲话，市委常委、宣传部长邢亚平具体安排部署全市精神文明建设工作。（赵忠敏）

【“迎奥运、讲文明、树新风”活动】　2008 年，按照中央、省文明办的统一部署，在全市广泛开展“迎奥运、讲文明、树新风”系列活动，掀起践行文明礼仪、争创文明城市的新高潮。3 月 20 日，组织文明礼仪电视知识竞赛活动，全市共有 24 个代表队参加比赛，其中 6 个代表队进入决赛。选手展示了良好的礼仪和风采，社会宣传效果明显。3 月 12 日至 4 月 20 日开展报纸和网络知识竞赛活动。全市共收回有效答题卡 58 万余份，居于全省前列。通过各种渠道，营造浓厚舆论氛围，开展“我为奥运加油、我为奥运添彩”网上签名留言活动，全市各新闻媒体也纷纷设置专栏、专题，营造学习奥运知识、践行文明礼仪的浓厚氛围。（赵忠敏）

【“春暖行动”】　5 月 13 日，新乡市文明办、市妇联等单位联合举办以“奉献爱心，心系祖国未来”为主题的农村留守流动儿童关爱工程——“春暖行动”启动仪式，市直有关单位及社会各界为春暖行动捐赠“农村留守儿童之家”、“农村留守儿童爱心书屋”、“阳光操场”等共计297137元，捐赠价值5万元书籍。各新闻媒体进行宣传报道，并在《新乡日报》刊发倡议书，结合8个公益项目，发动社会各界为农村留守流动儿童办实事、办好事。（赵忠敏）

【公民思想道德建设活动】 在全市青少年中开展“我承诺：做一个有道德的人”网上签名活动和“知荣辱、树新风、我行动”道德实践活动。开展“全国抗震英雄少年”评选和学习活动。端午节期间，在全市青少年中广泛开展“我们的节日·端午”主题文化活动，收到良好效果。在媒体开设“身边好人”栏目，每月推荐和评选道德模范，全年全市道德模范在全省名列前茅，裴春亮、田桂荣、李江福3人入选《中国好人榜》。（赵忠敏）

【万场“三理”教育知识讲座进学校、进社区】 2008年10月，在全市开展未成年人“三理”教育知识讲座进学校、进社区活动。连续举办3场“三理”教育知识讲座，分别对全市骨干教师及各级文明办、办事处、社区居委会主任进行集中培训，授课人数达470人。市级宣讲组还深入到县（市、区）学校和社区举办讲座14场，为全市开展此项活动打下坚实基础。全市各中小学校、中等职业学校、大专院校普遍设立心理健康咨询室（或悄悄话信箱）。市心理健康咨询服务中心对试点学校进行标准化心理健康测查，并连续举办两期培训班，对心理健康辅导教师或心理咨询员进行专业培训。（赵忠敏）

【全国文明城市工作先进城市争创活动】 2008年5月9日，召开包括各城区在内的80余个责任部门参加的创建全国文明城市工作先进城市目标任务部署会，由各部门一把手签订目标责任承诺书。5月至7月，向50余个责任部门征集创建档案资料，并集中组织人员将创建档案资料进行收集整理装帧（共101册，文字量达500万字）。6月23日，召开创建全国文明城市工作先进城市申报工作会议，重点安排部署全市文明城市创建自测和推荐上报点工作，从技术层面对文明城市创建工作进行安排部署。7月，健全完善文明城市创建工作机构，进一步明确迎检组、效能考核组和指挥部办公室的工作职责，对各迎检点进行3轮模拟考评，集中编发《督办通知》12期，《迎检快报》8期，推动文明城市创建攻坚工作圆满完成。（赵忠敏）

【创建全国文明城市工作先进城市迎检动员会召开】 7月9日，新乡市文明委召开全市创建全国文明城市工作先进城市迎检动员会。市委书记吴天君、市长李庆贵、市人大主任、市政协主席及在新的市委常委、副市长、军分区领导和各城区党政一把手、常委宣传部长、文明办主任、各有关职能部门一把手、各上报点负责人约220人参加会议。会议由市委常委、宣传部长邢亚平主持，会上宣读了中央文明委考评工作通知和新乡市创建全国文明城市工作先进城市迎检方案。市委书记吴天君作重要讲话，要求全市各级各部门、广大干部群众一定要把思想和行动统一到市委、市政府重要决策部署上来，强化责任意识，精心打造迎检亮点，力争实现全国文明城市工作先进城市的创建目标，推动新乡的三个文明建设再上新台阶。（赵忠敏）

【“我推荐、我评议身边好人”暨“中国好人榜”（河南）颁奖仪式在新乡举行】 为配合做好全国道德模范评选表彰工作，2008年4月后，中央文明办依托中国文明网开展“我推荐、我评议身边好人”活动。活动开展后，共有600余人入选“中国好人榜”，其中河南有38人，新乡市裴春亮、田桂荣、李江福3人入选。12月5日晚，由中央文明办主办、中国文明网承办，河南省文明办、中共新乡市委宣传部、新乡市文明办等单位共同协办的“中国好人榜”（河南）颁奖仪式在新乡举行。中央文明办秘书组组长蒋希伟、副组长杨武军，河南省文明办专职副主任郭守占，中共新乡市委书记吴天君、市委副书记刘建华，市委常委、宣传部长邢亚平等人出席颁奖仪式。颁奖晚会隆重热烈，河南省入选“中国好人榜”的38位好人的感人事迹使现场观众深受感动，全省3名全国道德模范和6名全国道德模范提名奖获得者为获奖好人代表颁奖、献花。中央和省内外众多媒体对颁奖晚会进行报道，中国文明网、人民网、央视国际、大河网对颁奖仪式进行现场直播。

（赵忠敏）

全国创建文明城市工作先进城市

新乡市

全国文明村镇

获嘉县照镜镇楼村
凤泉区耿黄乡耿庄村
新乡县七里营镇龙泉村

全国文明单位

新乡市中级人民法院
新乡市公共交通总公司

全国创建文明村镇工作先进村镇

辉县市孟庄镇孟坟村
卫辉市唐庄镇
辉县市上八里镇回龙村
新乡经济开发区张青村
长垣县恼里镇小岸村

全国精神文明建设工作先进单位

新乡市豫新发电有限责任公司
河南师范大学
新乡黄河河务局
新乡市公安局交巡警支队
河南省电力公司新乡供电公司
新乡市公路管理局
中国移动集团河南有限公司新乡分公司
中国银行监督管理委员会新乡监管分局
新乡县国税局

全省文明村镇

卫辉市唐庄镇代庄村
辉县市吴村镇杨起营村
辉县上八里回龙村
新乡小冀镇中街村
延津县石婆固乡集南村
封丘县陈桥镇
长垣县恼里镇小岸村
新乡市红旗区小店镇关屯村

全省创建工作先进县城、县级市

长垣县　卫辉市

全省创建工作先进村镇

卫辉市城郊乡南关村
辉县市孟庄镇高村
新乡县七里营镇刘店村
新乡县小冀镇东街村
获嘉县黄堤镇
原阳县桥北乡马庄村
长垣县南浦办事处杜村
新乡市牧野区王村镇
新乡市凤泉区潞王坟金灯寺村

全省未成年人思想道德建设工作先进城市

新乡市

全省未成年人思想道德建设工作先进集体

新乡市图书馆

红旗区青少年活动中心
新乡市人民路小学
凤泉区耿庄村
新乡市儿童福利院
新乡市启明社区
新乡市第十中学

全省未成年人思想道德建设工作先进个人

赵忠敏　市文明办协调科科长
梁　兵　新乡市教育局团委书记
刘学恩　新乡日报社《法制周刊》部主任
李　晶　新乡市妇联副主席
李淑红　团市委少儿部部长
张新志　市烈士陵园主任
朱瑷华　新乡市卫滨区姜庄街小学大队辅导员

全省先进文明办

新乡市文明办

全省精神文明建设工作信息工作先进集体

新乡市文明办

全省“清洁家园行动”先进市

新乡市

全省“清洁家园行动”先进县（区）

新乡县

2008年度省级文明单位（52个）

新乡市人大常委会机关
中共新乡市纪律检查委员会（监察局）
新乡市农村经济工作领导小组办公室
新乡市红旗区人民检察院
新乡市工商行政管理局
新乡市邮政局
新乡市红旗区地方税务局
新乡市老干部活动中心
河南省女子监狱
新乡市社会福利院
新乡市中心医院
新乡市卫生局
新乡市铁路高级中学
新乡市房屋产权监理处
新乡市林业局
新乡市第五建筑安装工程总公司
新乡市工商行政管理局牧野分局
河南省荣军休养院
新乡市房屋修缮建筑安装工程公司
中国银行股份有限公司新乡分行
河南省新乡监狱
新乡市凤泉区水厂
新乡市凤泉区人民法院
辉县市烟草专卖局
中国农业发展银行辉县市支行
辉县市教育局
卫辉市电业局
卫辉市交通局
中共卫辉市委组织部
卫辉市人口和计划生育委员会
新乡县电业局
新乡县审计局
新乡县人民检察院
中国移动河南有限公司新乡市获嘉分公司
获嘉县工商行政管理局
政协获嘉县委员会机关
原阳县电业局
原阳县工商行政管理局
原阳县国家税务局
延津县人民检察院
延津县人大常委会机关
封丘县农村信用合作联社
封丘县财政局
封丘县交通局

长垣县财政局
长垣县人民法院
新乡高新技术产业开发区管委会
新乡市高等级公路管理处
新乡市工商行政管理局开发区分局
新乡县人大常委会机关
卫华集团有限公司
长垣县工商行政管理局

享受省级文明单位待遇的单位

中国联合网通通信有限公司新乡分公司

2008年度被撤销省级文明单位称号的单位

河南省供电公司获嘉县供电有限公司
辉县市林业局

2008年度市级文明单位(80个)

新乡市实验小学
新乡市公安局红旗分局
新乡医学院第三附属医院
红旗区东街办事处
红旗区西街办事处
中共卫滨区委办公室
卫滨区人口和计划生育委员会
卫滨区解放路办事处
新乡市粮食局
新乡市金环书店
中共卫滨区委组织部
中共卫滨区委宣传部
新乡市社会福利有奖募捐办公室
政协牧野区委员会办公室
新乡市节约用水办公室
牧野区卫北办事处
牧野区交通局
河南师范大学实验中学
新乡市市区农村信用合作联社
新乡市物资局
新乡市博物馆
中共牧野区委宣传部
新乡市质量技术监督局牧野区分局
牧野区新辉路办事处
中共凤泉区委宣传部
凤泉区人事劳动和社会保障局
中国移动通信集团河南有限公司新乡市凤泉区分公司
新乡市恒泰锻造有限公司
新乡市第十一中学
凤泉区审计局
河南国网宝泉抽水蓄能有限公司
辉县市孟庄镇小蒲水学校
新乡市公路局岳村收费站
辉县市卫生局
辉县市矿产资源管理局
新乡市公路局高庙收费站
卫辉市卫生防疫站
中共卫辉市委宣传部
卫辉市邮政局
卫辉市统计局
卫辉市人事局
卫辉市工商行政管理局
中共新乡县委组织部
新乡市监狱
新乡县教育局
新乡县人事劳动和社会保障局
新乡县广播电视局
新乡县邮政局
中共获嘉县委办公室
获嘉县安全生产监督管理局
中共获嘉县委组织部
获嘉县人民检察院
获嘉县质量技术监督局
获嘉县交通规费征稽所
原阳县粮食局
原阳县劳动和社会保障局
中央储备粮河南公司原阳直属库
原阳县审计局
中共原阳县委办公室
原阳县建设局

中共延津县委宣传部
延津县农业机械管理局
中国移动通信集团河南有限公司新乡市延津分公司
延津县质量技术监督局
河南省大丰酒业有限公司
封丘县人民政府办公室
中共封丘县委组织部
封丘县工商行政管理局
封丘县环境保护局
封丘县劳动和社会保障局
封丘县广播电视局
中共长垣县委组织部
河南省中建水电工程局
长垣县烟草局
长垣县质量技术监督局
长垣县交通规费征稽所
中共长垣县委宣传部
新乡市第三十二中学
河南光彩新乡高速公路有限公司
新乡市地方税务局工业园区税务分局

2008年度新乡市第一批文明县（市、区）

延津县

2008年度市级文明社区（小区）

红旗区弘泰社区
红旗区南苑社区
红旗区市黄河河务局生活小区
红旗区新乡师专生活区
红旗区市国税局生活区
红旗区市国家安全局家属院
红旗区河南科技学院生活区
红旗区人民检察院生活区
红旗区华北石油四物大队生活区
红旗区市环卫处保健路生活区
红旗区市人寿保险公司家属院
红旗区新乡医学院康平小区
红旗区市体育中心生活区
红旗区市外国语小学生活区
红旗区市气象局家属院
红旗区市邮政局新延路生活区
卫滨区市公路局沥青一库家属楼院
卫滨区河南省女子监狱家属楼院
卫滨区河南经贸高级技工学校家属楼院
凤泉区宝西社区
凤泉区电力社区南生活区
凤泉区河南平原监狱家属院
原阳县鑫苑花园小区
延津县财政局家属院
新乡市高新区华天社区
新乡市高新区金龙花园
新乡市高新区市高管处家属院
新乡市高新区市技术监督局开发区家属院
新乡市高新区隆基枫桦源
新乡市高新区祥瑞花园
新乡市高新区丽华小区
新乡市高新区富春园A区
新乡市高新区建业绿色家园

2008年度市级“文明服务示范窗口”（70个）

新乡市公安局出入境管理科
新乡市交巡警支队二大队十五中岗
新乡市行政服务中心建委窗口
新乡市住房公积金管理中心
新乡市工商局红旗分局注册股
新乡市高管处新原收费站
新乡市中心血站体检采血科
新乡市第一人民医院体检中心
新乡市中心医院检验科门诊组
新乡市第二人民医院门诊综合服务台
新乡市妇幼保健院儿童保健科
新乡市会计委派管理中心
新乡市劳动保障事务代理服务中心
新乡市牧野区国税局办税服务厅
新乡市卫滨区国税局办税服务厅
新乡市辉县市国税局办税服务厅

新乡市高新区地税局办税服务厅
新乡市地税发票局建筑行业发票窗口
新乡市邮政局八一路储汇网点
新乡市供电公司开发区分理处营业厅
中国移动通信集团河南有限公司新乡县分公司新乡营业厅
中国联通有限公司新乡分公司人民路营业厅
新乡市弘达旅行社有限公司
新乡市行政服务中心财政局窗口
新乡市行政服务中心发改委窗口
新乡市行政服务中心工商局窗口
新乡市行政服务中心质监局窗口
新乡市行政服务中心城管局窗口
新乡市中源水务有限责任公司客服二部
新乡市工商局卫滨分局注册股
新乡市房地产交易登记中心
新乡市红旗区行政服务中心
新乡市红旗区地税局办税服务厅
新乡市红旗区卫生局行政审批窗口
新乡市牧野区行政服务中心
新乡市牧野区交通局征费大厅
新乡市凤泉区国税局办税服务厅
新乡市凤泉区地税局办税服务厅
新乡市高新区启明社区办事大厅
新乡市工商局开发分局企业注册大厅
中国移动通信集团河南有限公司辉县分公司营业厅
辉县市供电局供电营业厅
辉县市地税局吴村中心所办税服务厅
辉县市城区信用社营业部
卫辉市公安局出入境管理科
卫辉市国税局办税服务厅
卫辉市汽车总站
中国网通（集团）有限公司卫辉市分公司建设路营业厅
卫辉市电业局通信调度中心
新乡县国税局办税服务厅
新乡县小冀镇计划生育便民服务大厅
新乡县交通规费征稽所
中国网通（集团）有限公司新乡县分公司朗公庙营业厅
获嘉县国税局办税服务厅
获嘉县地税局照镜镇中心所
获嘉县供电公司太山中心供电所
中国移动通信集团河南有限公司获嘉县分公司凯旋路营业厅
原阳县城管局客运管理处
原阳县地税局福宁集中心税务所
原阳县交通规费征稽所征费大厅
延津县电业局供电营业厅
延津县行政服务中心工商局窗口
延津县国税局办税服务厅
封丘县公路局獐鹿收费站
封丘县电业局客户服务中心
封丘县国税局办税服务厅
长垣县地税局办税服务厅
长垣县行政服务中心工商局窗口
长垣县国税局孟岗分局
中国移动通信集团河南有限公司长垣县分公司宏力大道营业厅

2008 年度市级“文明优质服务标兵”(75 个)

刘晓爱　新乡市公安局交巡警支队车辆管理所
臧中锋　新乡市基本建设标准定额管理站
张　哲　新乡市建筑工程质量监督站
张　鹏　新乡市公交总公司 33 路线
于朝晖　新乡市人民公园动物管理科门岗服务组
杜　刚　新乡市会计委派管理中心
曹　斌　新乡市工商局注册科
郭金有　获嘉县行政服务中心工商局窗口
杜晓晨　新乡市运管处运输许可事项服务科
张郑苹　新乡市第二人民医院门诊部
张智玲　新乡市疾病预防控制中心门诊部药房
任东函　新乡市第一人民医院眼科
冯跃贞　新乡市卫生监督检验所办证室
祁景海　新乡市中医院门诊挂号处
弥　勇　新乡市社保企业退休人员管理服务中心
徐　伟　新乡市职业介绍服务中心
舒世林　新乡市社会医疗保险管理局参保审理科
苏呈民　新乡市社会保险事业管理局服务窗口
刘慧玲　新乡市国税局稽查局涉外税收稽查科
时玉修　原阳县国税局办税服务厅
吴少华　新乡市地税局涉外分局

郑素娟　新乡市邮政局饮马口收投支局
朱会娟　新乡县邮政局营业部营业班
赵　莉　新乡市邮政局北干道储蓄网点
张　毅　新乡市供电公司市郊供电分局平原供电所
朱金立　新乡市供电公司配电服务中心供电值班
张秀燕　新乡市中源水务有限责任公司
张　红　中国移动通信集团河南有限公司新乡市区分公司平原路营业厅
炎利娜　中国联通有限公司新乡分公司人民路营业厅
冯　静　新乡市佳日旅行社
程天英　新乡市行政服务中心财政局窗口
敬如宾　新乡市行政服务中心民政局窗口
赵黎军　新乡市行政服务中心公安局窗口
王　燕　新乡市房屋租赁市场管理办公室
朱小庄　新乡市法律援助中心
张本香　新乡市卫滨区地税局办税服务厅
安　夏　新乡市红旗区地税局办税服务厅
鲁　霞　新乡市公安局渠东派出所
李　梅　新乡市牧野区交通局规费征收科
王　玮　新乡市凤泉区水厂
徐润菁　新乡市凤泉区国税局办税服务厅
吴海燕　新乡市工商局开发区分局
魏　磊　辉县市地税局孟庄税务所
李艳云　辉县市国税局办税服务厅
赵文强　辉县市公安局交警大队
周世盛　辉县市工商局专业工商所
孙玉敏　卫辉市人民医院
卢仲生　卫辉市公安局交警大队
赵志新　卫辉市地税局基层税务所
原玉敏　中国移动通信集团河南有限公司卫辉市分公司客户部
李雪园　新乡县行政服务中心工商局窗口
侯天民　新乡县社会保险事业管理局注册登记股
陈新山　新乡县电业局洪门供电所
郝同笋　新乡县公安局出入境管理科
江亚娜　获嘉县质量技术监督局
王　霞　获嘉县地税局城关税务分局
申丽杰　中国网通（集团）有限公司获嘉县公司中心营业厅
王晓峰　获嘉县照镜国土资源所
孙明瑞　中国网通（集团）有限公司原阳县分公司陡门营业厅
贾立勇　原阳县电业局城区供电所
郭建民　原阳县卫生防疫站
张书会　原阳县劳动和社会保障局
常绍鑫　延津县电业局低压抄收所
王清华　延津县地税局城关分局征收股
李华伟　延津县工商局注册股窗口
赵东洋　延津县国税局办税服务厅
王章慧　封丘县国税局城区分局
秦　静　封丘县地税局办税服务厅
张新凤　封丘县行政服务中心工商局窗口
曹喜东　封丘县桥北超限超载检测站
杨清杰　封丘县电业局赵岗供电所
郭晓龙　长垣县中医院五官科
李玉玲　长垣县邮政局城区投递班
李明奇　长垣县电业局城镇供电所
王　睿　长垣县劳动和社会保障局劳动保障监察大队

2008年度全市创建文明单位工作先进系统（12个）

宣传系统　地税系统　供电系统　工商系统
国税系统　河务系统　民政系统　气象系统
人事系统　审计系统　烟草系统　质监系统

群众文体活动红红火火

军　事

新乡军分区

【新乡军分区概况】 2008年，新乡军分区坚决贯彻党中央、中央军委和军委主席胡锦涛的决策指示，深入贯彻落实科学发展观，按照分区党委年初确定的“确保安全稳定，积极谋求发展”的总体思路，聚精会神搞建设，认认真真抓落实，圆满完成年度各项工作任务，分区部队和民兵预备役建设在科学发展的轨道上迈出新步伐、取得新成绩。

思想政治建设扎实有效。坚持“双带联学”制度，采取有力措施，认真抓科学发展观、中国特色社会主义发展史和30年改革开放史的学习教育，在求深化、求转化、求实效上下功夫，取得明显成效。扎实开展“坚定中国特色社会主义信念，有效履行我军历史使命”主题教育，先进经验先后被省军区转发和总政《宣传简报》、军区《政工简报》刊载。围绕重大事件有针对性的形势政策教育及时有效，预防政治性问题工作坚强有力。结合纪念建军81周年，认真开展国防教育系列活动，全民国防意识进一步增强。

军事斗争准备深入推进。紧贴担负的“五项任务”，按照实战化、实案化要求，认真修订了各类战备方案和保障计划；民兵武器装备仓库和训练基地等基础设施进一步完善；高标准完成“四网合一”（程控电话、监控、军网、电视电话会议）建设，分区战备建设水平有新提高。以贯彻落实新大纲为契机，组织开展民兵挂钩训练，有力推进了民兵军事训练创新发展。深入开展信息化条件下岗位练兵活动，2个单位和3名个人受到省军区以上通报表彰。加强民兵组织整顿工作，按照“五优先”（工作稳定、较少外出、易于抽调、年龄适当、文化素质高）原则编实建强各类民兵组织，应急动员能力明显增强。组织民兵防汛抢险分队实兵拉动，提高了遂行抗洪抢险任务能力，经验做法被省军区转发。圆满完成兵员征集任务，高中以上文化青年比例达到88.6%，其中应届毕业生比例达到67.5%，受到省军区表扬。军事志编纂工作有新进展，经验做法被总部转发。

党委班子和干部队伍建设不断加强。深入开展党纪条规学习教育，有效促进党风廉政建设。坚持按规定、按程序调配使用干部，加大干部培训、考核、讲评、审计和教育管理力度，干部队伍能力素质明显提高。积极做好老干部服务管理工作，军分区被省军区表彰为待安置离退休老干部管理先进单位。扎实抓好计划生育服务工作，经验做法在军区计生工作培训班上作了交流。转业干部和随军家属安置工作取得新成绩。

基层建设全面发展。注重抓基层打基础，扎实开展帮抓帮建活动，有力推动了民兵预备役基层建设。深入贯彻落实中发〔2006〕13号文件精神，指导各人武部协调地方有关部门进一步配齐配强专武干部，较好地保持了基层武装机构和专武干部队伍稳定。着眼提升战斗力和生产力，结合民兵挂钩训练，在民兵队伍中广泛开展争当“训练能手、致富能手”活动，民兵预备役“一线阵地”得到巩固。充分发挥桥梁纽带作用，积极协调驻军和组织民兵预备役人员参加支援抗震救灾行动，受到军地双方好评。支援社会主义新农村建设“五个一”工程，产生了良好的政治和社会效益。

安全稳定工作成效明显。紧紧围绕军委和总部关于安全稳定工作的指示要求，认真学习贯彻新一代《安全条例》，深入开展条令法规学习和百日安全竞赛活动，及时汇编印发《部队安全管理手册》，各级安全发展理念进一步强化，军分区被省军区表彰为“四无”达标先进单位。坚持机关交接班、公勤人员点名、查铺查哨、请销假等一日生活制度，“四个秩序”更加正规。集中开展“四项整治”和安全整顿活动，扎实搞好重大安全隐患排查，下大力抓好奥运会等重要敏感时期安全管理，切实做到了保稳定、多贡献、不添乱。注重瞄准薄弱环节抓落实，全区民兵武器弹药安全顺利收交军分区仓库集中管理，经验做法被省军区转发。警备纠察工作有新进步，经验做法在省军区管理教育集训会议上作了交流。

后勤保障效能稳步提升。进一步修订完善后勤战备和保障方案，加大后勤训练和人才培养力度，后勤战备训练工作不断加强。坚持党委理财，巩固深化集中支付管理改革成果，严格执行财经纪律，充分发挥审计监督职能，从严控制行政消耗性开支，提高经费保障效益，各团级单位家底经费和可动用资金均达到上级规定基数。下大力抓好基础设施建设，新区营建工程进展顺利，办公楼和招待所主体工程已通过上级联合验收。积极开展节约资源活动，分区后勤部被省军区后勤部表彰为“全区资源节约工作先进单位”。职工管理、军交运输、油料供应、营房管理、伙食保障、卫生防疫等工作进一步加强。（李世平）

新乡军分区领导成员

司令员	马传运	大校	
政治委员	岳守平	大校	
副司令员	王根学	上校	（2008年10月任）
副政治委员	昌子林	大校	
	李爱民	大校	
	姬亚峰	大校	（2008年12月任）
参谋长	殷明全	大校	
政治部主任	姬亚峰	大校	（2008年12月离）
	管建敏	大校	（2008年12月任）
后勤部长	吕　源	上校	

【省军区参谋长吴建初莅临军分区检查指导工作】 2008年11月20日，河南省军区参谋长吴建初带领机关工作组，在军分区领导的陪同下，先后对新乡市民兵武器装备仓库等单位检查指导。

【军分区党委跨入省军区先进师级党委行列】 2008年，新乡军分区围绕提高科学发展能力，采取理论学习、以会代训、考核帮抓、指导民主生活会等形式，狠抓师团两级党委班子建设。在全区继续叫响“官无所求，业有所创”的口号，扎实开展讲党性、重品行、作表率教育实践活动。结合军分区实际，研究制定《贯彻落实省军区关于不同类型党委决策实施方法（细则）》，省军区转发了这一做法。经过上下共同努力，军分区党委跨入省军区先进师级党委行列，年初实现分区党委提出的“军事工作要拔尖，政治工作出经验，后勤工作抓营建，管理工作保安全，全面建设要争先”的目标要求。（李世平）

【“三挂钩两技能”训练模式初显成效】 2008年，新乡军分区以贯彻落实新大纲为契机，积极探索揭示民兵训练新特点及规律的方法和路子，全区共完成16个课目的训练演练，编写11个专业74个课目40余万字的训练教案，撰写挂钩训练经验13篇，建立民兵致富信息咨询服务站12个，初步摸索出民兵训练与驻军单位挂钩、与科研单位挂钩、与军内外院校挂钩，提高军事技能、致富技能的“三挂钩两技能”训练模式。（李世平）

【主题教育试点经验在全军转发】 2008年，新乡军分区充分利用“四名”（名人、名企、名村、名镇）社会教育资源，扎实开展“坚定中国特色社会主义信念，有效履行我军历史使命”主题教育，进一步打牢了全区官兵高举旗帜、听党指挥、履行使命的思想根基，经验做法被总政《宣传简报》刊载。（李世平）

【新办公区建设】 2008年1月8日，新区办公楼举行开工奠基仪式，新乡军分区按照质量标准，搞好施工监督。至年末，办公楼和招待所主体工程已通过上级联合验收。分区机关拟在2009年上半年搬入新区办公。（李世平）

【军分区被河南省表彰为“双援建”先进单位】 2008年，新乡军分区积极组织向灾区献爱心活动，交纳的特殊党费数额位居省军区师级单位第一。大力实施支援社会主义新农村建设“五个一”工程，全区共援建贫困村12个，集中力量援建“八一”小学1所，资助贫困大学生50名，产生良好的政治和社会效益。新乡军分区被河南省表彰为“双援建”

先进单位。（李世平）

【资源节约工作】　2008年，新乡军分区协助新乡市科技局在营区举办资源节约展览活动，并自制宣传图版，汇编《资源节约手册》。全面推行水电分类、分户装表计量管理，提倡人走灯灭、关机，最大限度减少待机能耗。还建立了日巡查、月登记分析等制度，杜绝常明灯、常流水，对水、电、油等原材料消耗做到心中有数。与上年度相比节电6.1%，节水4.8%。（李世平）

【军事志编纂工作】　济南军区副司令员冯兆举在年初召开的军事志指导小组会议上，充分肯定了新乡军分区抓编纂业务建设的做法，是两个省军区唯一受表扬的师级单位；2008年7月初，新乡军分区志稿和卫辉市、原阳县人武部志稿接受全军军事志专家组抽审，军分区和原阳县人武部受到表扬。随后，省军区转发了军分区贯彻落实军事志工作座谈会精神的做法；8月底，总部以专版形式，刊载了“军分区做好军事志工作应在‘四个保证’上下功夫”的经验；年末，军分区志稿接受省军区军事志专家组细审，被确定为首批出版的3个师级单位之一。（李世平）

武警新乡市支队

【武警新乡市支队概况】　2008年，武警新乡市支队圆满完成以执勤和处置突发事件为中心的各项任务，全年共出动兵力1400余人次，完成藏区维稳、奥运火炬传递安全保卫、火车站春运执勤和比干诞辰纪念大典安保等重大临时勤务85次，押解犯人514名。加强部队管理，尤其突出重大节日、“两会”和奥运会封闭期间的安全管理工作，加强“小散远直”单位管理和干部、士官、重要岗位人员管控；把车辆、军械、财务安全纳入三级网，落实可视、可查、可控手段；开展安全保密教育和专项治理，加强技术防范，实现“零事故案件”目标。不断加强基层党组织功能，二大队党委、五中队、八中队、封丘县中队党支部被总队表彰为先进基层党组织。进一步提高正、副书记的务党能力，一中队指导员赵怀龙等6名同志被总队表彰为优秀共产党员。加快推进“四配套”（执勤设施、训练设施、生活设施、文体设施）建设。投资50万元，为17个军械、弹药库室安装指纹锁门禁系统，实现多级联管联控。严格车辆管理，被总队评为“车辆管理先进单位”。新建机关分队综合餐厅，拆除支队旧军械库，规整机关营院，装修警通中队营房，为教导队铺设2500米战备公路，支队家属楼定价交工，支队硬件建设取得重大突破。支队被武警河南总队表彰为基层建设先进支队，被武警总部表彰为“安全工作先进单位”。二大队八中队被总队表彰为标兵中队，二大队被总队表彰为先进大队，一大队二中队、一大队四中队、二大队七中队、新乡市中队、封丘县中队被总队表彰为先进中队。（薛　强　赵师豪）

武警新乡市支队领导成员和支队各部门负责人

支队长	张国选	上校	（2008年12月离）
	李春富	上校	（2008年12月任）
第一政治委员	丁保东	（兼）	
政治委员	王国军	上校	
副支队长	王　江	中校	（2008年12月任）
	宋红亮	中校	
	董生文	中校	
	梁　伟	中校	（2008年12月离）
副政治委员	吴焕功	中校	（2008年12月离）
	田顺宏	中校	（2008年12月任）
参谋长	王　江	中校	（2008年12月离）
	孙宏伟	中校	（2008年12月任）
政治处主任	田顺宏	中校	（2008年12月离）
	陆志伟	中校	（2008年12月任）
后勤处处长	龚卫东	中校	（2008年12月离）
	马少卿	少校	（2008年12月任）

【“两会”警卫勤务】　2008年4月23日，新乡市第十届人民代表大会第七次会议、政协第九届新乡市委员会第五次会议隆重召开，按照市公安局部署要求，支队主要担负“两会”代表、委员驻地警卫和会场现场保卫任务。受领任务后，支队党委专题召开会议进行研究部署，选配10名执勤经验丰富、政治思想可靠、军事素质过硬的官兵担负此次任务，副支队长梁伟亲自组织、靠前指挥，确保会议期间

警卫目标的绝对安全。　（薛　强　赵师豪）

【比干诞辰纪念大典安保任务】　2008年5月8日，“比干诞辰3100周年纪念大典”活动在卫辉市隆重举行。省、市领导、海内外文化学者及社会各界群众3万余人参加活动。根据市委、市政府和公安局的统一部署，支队出动70名官兵担负此次现场警卫任务。在执勤时间长、现场人员多、处置环境复杂的条件下，执勤官兵始终牢记职责使命，以过硬的作风、高昂的士气，出色完成此次现场警卫勤务。（薛　强　赵师豪）

【调运专列警戒】　2008年5月15日至16日，支队出动100名官兵担负调运专列在新乡市某车站停靠时的安全警戒任务。支队党委高度重视，严密部署，精挑人员，迅速出动。执行任务过程中，全体官兵严守纪律、严密警卫，树立良好的形象，圆满完成任务。（薛　强　赵师豪）

【向灾区群众捐款捐物和交纳特殊党费】　“5·12”汶川地震发生后，支队党委积极响应上级号召，开展为灾区“送温暖，献爱心”和交纳特殊党费活动，支队全体官兵共捐款7.7万元，交纳特殊党费21.1万元，捐赠衣被1086件（套）。（薛　强　赵师豪）

【奥运圣火传递安保任务】　2008年7月25日至28日，支队出动300余名官兵、车辆14台，行程800余公里，圆满完成奥运火炬在豫传递安全保卫任务。（薛　强　赵师豪）

【反恐紧急出动演练】　2008年8月5日，支队出动100名兵力，参加市公安局统一组织的“牧野卫士”08－2反恐紧急出动演练。演练过程中，副支队长梁伟、参谋长王江始终坚持靠前指挥，参战官兵发扬英勇顽强、连续作战、首战用我、用我必胜的战斗作风，圆满完成任务。（薛　强　赵师豪）

【“两个奥运”期间党委机关蹲点帮建工作】　根据总部、总队统一部署，2008年7月30日至9月25日，支队党委派出由7名党委成员、22名营职干部组成的工作组下基层蹲点指导，确保奥运会和残奥会期间部队安全稳定和中心任务圆满完成。（薛　强　赵师豪）

【新乡市第九届运动会各项勤务】　2008年10月17日，支队出动120人，参加新乡市第九届运动会的开幕式表演和外围警戒任务。遂行任务中，官兵动作标准，精神振作，圆满完成任务。（薛　强　赵师豪）

【欢送赴藏干部】　2008年12月15日，支队集会为增编抽组到西藏总队的2名干部送行。一大队正连职管理员尹刘杰、一大队三中队副中队长罗满欲2名同志积极响应上级号召，踊跃报名，主动申请赴藏工作。支队党委首长为2名赴藏干部送上了鲜花和慰问金，并合影留念。（薛　强　赵师豪）

【完善部队安全工作机制】　2008年，支队结合人员多、哨位多、任务重、管理难的实际，先后开展“双节安全竞赛”、“安全隐患大排查”等活动，全年共组织8次安全检查，进行专项治理和作风纪律整顿4次，确保了抓安全工作的连续性。封闭式管理期间，支队组织召开誓师大会，进行演讲比赛、板报展评、研讨交流等活动，并采取制作警示卡片、制作《封闭式管理措施37条》等有效措施，深化活动效果，推进部队安全发展。（薛　强　赵师豪）

【“四配套”建设】　2008年，支队充分发挥双重领导优势，通过“向上级争取一些，地方政府支持一些，目标单位帮助一些，自己家底挤出一些”多方筹措建设经费，全面推进“四配套”建设。全年，支队本级争取市财政支持220万元，争取交战办支持78万元，争取铁路局支持280万元；10个看守中队争取县（市）财政支持160万元。先后投入80万元装修警通中队楼房；投资12万元，为2个中队改建执勤通道；投资60万元，为二大队六、七中队更换空调、厨具，建成网络学习室；投资45万元铺设教导队2500米战备公路。支队四项设施建设受到总队党委的充分肯定二大队八中队、新乡市中队、获嘉县中队和封丘县中队被总队评为“四配套”建设先进中队。（薛　强　赵师豪）

新乡市公安消防支队

【新乡市公安消防支队概况】　2008年，新乡市公安消防支队以“从严治警、从优待警、安全稳定、内外和谐、争先创优”二十字工作方针为指导，坚持与时俱进，创新发展思路，各项工作取得丰硕的成果，呈现出整体推进、协调发展的良好态势，全市消防工作实现“两个稳定”的总目标，步入历史上又一个发展最快最好的时期。（王相阁　朱海洋）

新乡市公安消防支队领导成员和支队部门负责人

党委书记、政委

李心田　上校

党委副书记、支队长

申家星　上校

党委委员、副支队长

张学义　中校

王晓河　中校（2008 年 4 月离）

王　凡　中校（2008 年 4 月任）

党委委员、司令部参谋长

邵培林　中校

党委委员、政治处主任

王　凡　中校（2008 年 4 月离）

刘士军　中校（2008 年 4 月任）

党委委员、后勤处处长

李存海　中校

党委委员、防火处处长

杨　立　上校

【火灾事故】　2008 年，全市消防部队共接警出动 1862 次，其中：参与火灾扑救 1150 起，参与抢险救援 712 起，出动警力 9300 人次，抢救被困人员 368 人，抢救财产价值达1.5亿元，火灾共造成 2 人死亡，无较大和重特大火灾事故发生。

（王相阁　朱海洋）

【灭火抢险救援】　2008 年，全市消防部队深入开展全员岗位大练兵活动，组织开展灭火演练及“红门利剑”专项行动，升级改造“三台合一”（110、112、119）接处警子系统，部队灭火抢险救援能力明显提升。部队先后成功处置辉县市“9·10”槽车运输危险品泄漏事故、“10·17”凤泉区化工厂甲苯储罐火灾、“11·2”新乡火电厂输油管道火灾等抢险救援事件，部队灭火救援成功率实现100%。完成抗震救灾、奥运安保、新乡比干 3100 周年庆典等重大消防安全保卫任务，市委书记吴天君、市长李庆贵多次给予肯定。

（王相阁　朱海洋）

【社会防控火灾能力增强】　2008 年，市委、市政府将消防工作纳入“平安新乡”创建内容，纳入全年各级政府的绩效考核体系，消防安全责任体系在各级政府、行业部门和社会单位进一步健全，消防安全责任制进一步落实。同时，市政府先后多次对各县（市、区）消防重点工作进行专项督察，对消防目标完成情况进行考评和通报。全市 56 个镇全部完成消防规划编制。在全市 13 个县（市、区）开展“网格化”消防管理试点、社会主义新农村建设试点、消防安全示范街建设，学习参观消防工作“网格化”管理新经验，召开社会主义新农村消防工作现场会，推广新农村消防管理工作新经验在全省新农村建设消防工作会议上做为典型推广新乡经验；加强基层消防安全管理工作，壮大消防管理第四级，消除消防管理盲区。开展消防宣传活动，在媒体开辟消防宣传专栏，建立消防工作定期通报、定期会稿等制度，深入社会单位、学校开展义务消防培训等活动，圆满完成奥运安保“黄河旋风”系列专项行动、“119”消防宣传周、消防宣传车配置等重大宣传任务，群众消防安全意识得到提高。

（王相阁　朱海洋）

【加强社会消防力量】　2008 年，新乡市推动大型企业建立企业专职消防队，全市相继建成新飞企业消防队、宝泉电厂企业消防队、宝山电厂企业消防队以及新乡县合同制消防队伍，新增企业专职消防队员 80 名，新购消防车辆 8 辆。全市新建乡镇多种形式消防队伍 115 支，消防队员 800 多人，购置各类消防车 200 多辆、手抬机动泵 160 台，配备灭火装备器材 5000 多件（套），处于消防队保护范围外的乡镇建队率达到 100%；全市 400 多名保安人员和巡防队员全部接受消防培训，成为社会扑救初期火灾的有生力量；社会消防力量的不断加强，弥补了现役消防力量不足的缺陷。（王相阁　朱海洋）

【消防装备建设】　2008 年，全市消防部队共投入装备建设资金 1800 万元，购买各类消防执勤车辆 11 台和执法车辆，其中 A 类泡沫车 1 台、超大型水罐消防车 2 台、举高类消防车 4 台，抢险救援车 3 台、战勤保障车 1 台以及各类消防特勤器材 3500 件（套），战斗员个人防护装备全部实现更新一遍，装备建设“3211”工程如期完成。（王相阁　朱海洋）

【基层基础设施建设】　2008 年，全市消防工作大力实施固强扶弱工程，加大对基层资金的倾斜，全市消防部队新建塑胶球场 5 个；投入 20 万元建立心理行为训练场；13 个基层大（中）队全部建起封闭式晾衣房、烘干房、桑拿浴房、士官家属来队公寓房；建立卫生室、心理疏导室等心理工作室；所有基层大队实现新工程建设要求；全部解决基层官兵生活中实际问题。支队新区特勤中队重新设计改建为支队指挥中心、战勤保障中队和消防培训中心，市政府划拨 100 万元启动资金用于前期建设，并纳入政府 2009 年预算。（王相阁 朱海洋）

【和谐警营建设】　2008 年，全市消防部队相继建立困难官兵救助基金、重大疾病专项基金、官兵两用人才教育培训基金、遇特事官兵家庭基金等共 8 大类基金 150 万元，对官兵家庭困难、患病就医、学习培训、婚丧嫁娶实行专项补助，充分体现支队党委的关怀。大力开展争创优秀标兵等一系列活动，实施凝聚警心工程，投入 20 万元为所有一线官兵配发了一套防寒衣、床单和被套；投入 10 万元对在抗震救灾、奥运安保等突出的个人和单位进行专项奖励，推动了和谐警营建设的健康发展。

（王相阁 朱海洋）

2008 年度新乡市公安消防支队荣获奖项

先进集体

公安部抗震救灾先进集体

河南省公安厅奥运安保消防安全专项行动先进支队

河南省消防部队岗位练兵先进单位

河南省消防部队社会消防宣传先进支队

河南省消防部队先进支队

先进个人

公安部消防宣传先进个人

张学义

公安部抗震救灾个人三等功

张学义

公安部消防宣传优秀报道员

朱文昌

河南省消防宣传先进个人

朱海洋　李　响

河南省消防部队奥运安保先进个人

申家星　杨　立

荣记二等功个人

梁　宇

荣记三等功个人

朱海洋　蔡小波　常　红　陈　云　陈　熙
杜小超　龚玉辉　郭恒超　侯德晨　李　翀
李　双　廖军华　刘晨阳　卢欣欣　宋代成
孙波波　王志豪　夏佑刚　徐玉龙　杨　杰
殷全奎　翟　刚　张保垒　张贝贝　张德新
赵东龙　赵文涛　郑杨生

人民防空

【人民防空概况】　2008 年，全市人防系统广大干部职工认真学习党的十七大精神，贯彻落实科学发展观，紧紧围绕新时期军事斗争人民防空应急准备，做好各项工作，圆满完成年度目标任务，各项业务建设呈现出良好的发展势头。（蔡晓峰）

新乡市人民防空办公室领导成员

党组书记　路德江
主任　路德江（2008 年 12 月离）
党组副书记、主任　秦芳丽（2008 年 12 月任）
党组成员、副主任　刘　松　许为民
党组成员、纪检组长　杨苏文
副主任　秦东辉

【人防工程建设】　新乡市人防指挥中心工程于 2008 年 4 月开工建设，总建筑面积 20345 平方米，工程预算 8519 万元，项目建设程序合规，年底工程施工进度综合楼已完成土建第 10 层浇筑；地下指挥

所建设完成封顶。全年完成省政府确定的年度人防工程建设任务63050平方米，为年度目标的105%。加强人防工程的维护管理15000平方米，公共人防工程良好率保持90%以上。　（蔡晓峰）

军分区司令员马传运、副市长贯全明在新乡市平原路地下人防工程工地现场

【人防工程平战结合】　2008年新增人防工程开发利用面积1000平方米，人防工程平战结合累计创产值（营业额）1亿元。加强对人防怡园商城的经营管理和组织领导，使商城在激烈的市场竞争中始终保持良好的发展势头，年实现收费达770万元。（蔡晓峰）

【人防组织指挥通信】　2008年，市人防办对参与街道办事处防空袭预案制定工作人员进行专门培训，就制定街道办事处防空袭预案的核心内容、工作重点、工作难点和需把握的几个关键问题进行详细的介绍和分析，保证预案制定的质量，街道办事处防空袭预案制定工作全面完成。积极做好全市人防疏散基地的选址、规划工作，卫辉市唐庄西山人防疏散基地于10月挂牌。投资30万元完成全省（语音网、数据网、视频网合一体）建设任务，实现了语音通信、数据传输、视频会议与省人防办的互通互联，并确保正常使用。全市承担10台警报器建设安装任务。至年底，全市固定警报器达到68台。为确保全市警报设备始终处于良好的使用状态，加大了警报设备维护检修力度。对所辖警报单位的设备逐台自查，发现问题，及时进行维护。全年共维修警报设备20余台，确保了全市警报设备始终处于战备状态。（蔡晓峰）

【人防宣传教育】　2008年6月28日，市人防办在怡园广场举办以“大力宣传人防法律法规”为主题的大型集中宣传活动。《新乡日报》在显著位置刊登市政府副市长王保旺的署名文章，并大篇幅刊登国家、省、市人防法律、法规。新乡电视台连续播放市人防办主任的答记者问，向全市人民展示新乡市人民防空建设取得的成绩，扩大宣传层面。在市区36所初级中学5800人、8县（市）6所初级中学2400人中开展人民防空知识教育；市属5所高等院校5000人、党校200人中开展人民防空知识教育，并在社区逐步开展的基础上，把此项工作扩展到大型厂矿企业。2008年，市人防办被河南省人防办授予全省人防知识教育先进单位。在各类报刊、杂志上发表文章、论文图片15余篇。（蔡晓峰）

【人民防空资金筹措】　2008年，市人防办加大人防法律、法规宣传和政策性收费力度，全年完成人防工程易地建设费2228万元，超额完成年度目标任务。（蔡晓峰）

牧野史料

孟庄遗址

孟庄遗址位于河南省辉县市孟庄镇孟庄村东侧，为新石器时代至商周时期的遗址。

该遗址文化内涵十分丰富，延续时间长。遗址最下层是距今8000～7000年左右的裴李岗文化层，向上依次堆积为仰韶文化层、龙山文化层、二里头文化层等。尤为重要的是遗址内发现了龙山文化、二里头文化及商代晚期三座相叠压的城址。其中龙山文化城址的面积达13余万平方米，包括城垣、城门、护城河和城内一批房基、灰坑和水井等遗迹。孟庄遗址面积大，文化内涵丰富，它的发现第一次在豫北地区建立起一个较系统的考古学编年序列，为研究该地区的古文化提供了依据。

孟庄龙山文化、二里头文化、晚商三叠城的发现，为研究原始社会晚期向阶级社会过渡以及探索中国古代文明起源提供了实物资料。

政　法

政法综述

【政法概况】　2008年，全市政法部门按照中政委、省委政法委和市委的一系列安排部署，围绕建设中原城市群强市目标，抓住维护社会稳定、促进社会和谐这条主线，以“平安新乡”创建工作为龙头，以确保奥运会等重大活动顺利举办为重点，全面加强政法工作，狠抓各项措施的落实，保持全市社会大局持续稳定。新乡市在全省平安建设考评中位居第二，荣获全省“平安建设先进市”称号，在全省政法工作会议上作典型发言。已连续3年获得此殊荣，是当年全省唯一获得“平安建设先进市”的人口大市，被省委、省政府推荐为“全国社会治安综合治理工作优秀市”。

以奥运安保为中心，全力抓好维护稳定各项措施的落实，健全完善司法、行政、人民调解“三位一体”的“四级”(县乡村组）调处网络。县乡两级按标准建立矛盾纠纷调处中心，95%的村（社区）建立调委会。在全市组织开展“大排查、大防范、保稳定”专项行动，共排查出各类不稳定因素3065件，化解2972件，化解率为97%。全市没有发生在全国、全省有重大影响的群体性事件，实现市委、市政府确定的“六个不发生”的工作目标。

围绕平安新乡创建活动，乡镇综治中心、派出所、司法所、基层法庭等基层政法组织的规范化建设水平不断提升。全市已建立各种专职和义务巡逻队2730支，巡逻队员12639人。十类可防性案件下降30.7%。在2008年底省委、省政府开展的5万人公众安全感电话随机抽样调查中，人民群众安全感指数为94.94%，同比上升1.54个百分点，在全省18个省辖市中位居第三，较2007年提升两个位次。

围绕严打整治斗争，全年全市共破获各类刑事案件21723起，批准逮捕各类刑事犯罪嫌疑人3622名，判处4766名；全市现行命案破案率100%，是第一个实现副省长秦玉海提出的命案全破目标的较大省辖市；打掉涉黑团伙8个，一审判决6个，打掉恶势力团伙35个，判决团伙成员208人，全国打黑办批转的6条犯罪线索全部查结；在全省公安机关组织开展的中原卫士杯“破案、追逃、防控”竞赛中，综合打击效能位居全省第二；人民群众对打击“两抢一盗”工作满意度90.18%，位居全省第二。

围绕全市经济发展大局，全市公安机关先后组织开展打击涉税犯罪、侵犯知识产权、地下钱庄、伪造假发票等系列专项行动，破获各类经济犯罪案件297起，挽回经济损失9142.74万元。全市检察机关查办职务犯罪案件168起，查处203人，其中查办反贪污贿赂案件106起，查处137人；查办渎职侵权犯罪案件62起，查处66人；反贪部门立案查处贪污5万元以上、挪用公款10万元以上大案55起。全市审判机关审结各类民商事案件17647起，同比上升14%。

围绕“人要回来、事要解决、案结事了、息诉罢访、群众满意”的标准，市委政法委下发《关于对中央政法委交办涉法涉诉信访案件办理工作的实施方案》，对交办案件以《中共新乡市委工作安排与部署》的方式进行双交，实行半月通报制度、重点案件协调制度。坚持以责任查究推进案件办理工作，先后对7起有问题案件责任人进行查究，处理14人。经省委政法委转交的中央政法委案件95起，全部办结，受到省委政法委通报表彰。

组织开展社会主义法治理念教育、“大学习、大讨论”和“三新”大讨论活动，把政法队伍建设提高到一个新水平。市公安局、市中级法院、市检察院和市司法局向社会作出40项为民办实事承诺，已全部落实到位，群众对政法部门满意度达90%以上。通过开展全市政法干警“进千家户、听万民声”、“万警进社区、警民一家亲”活动，挨家挨户发放150余万份承诺“明白纸”。加强党委政法委执法监督工作，制定《建立政法系统科级以上干部执法工作档案暂行办法》，对全市政法系统523名科级以上人员建立执法工作档案；建立执法重点单位负责人廉政工作档案，实行“三重一大”（即重大政法决策、重要干部任免、重大项目安排、大额资金使用）运行监控机制。（侯俊杰）

中共新乡市委政法委员会领导成员

市委常委、政法委书记　李公乐（2008年9月离）
弋振立（2008年9月任）
副市长兼市委政法委副书记　丁保东
常务副书记　路文忠（2008年12月离）
副　书　记　张新程
肖玉魁（2008年12月离）
王宗山
余湘生

【全市政法工作会议】　2008年1月25日，新乡市政法工作会议在新区报告厅召开。会议学习贯彻全国、全省政法工作会议，总结回顾2008年全市政法工作，安排部署2009年政法工作，并表彰全市平安建设先进单位、先进工作者和践行社会主义法治理念“十佳政法单位”、“十佳政法干警”。市党政军领导吴天君、李庆贵、刘建华、弋振立、刘孟英、丁保东、昌子林及市中级人民法院院长王伯勋，市人民检察院检察长李景彬，市公安局常务副局长朱光辉，市国家安全局局长刘道江出席会议；市综治委委员、市委政法委员会委员、市委各部委、市直机关各单位、各人民团体主要负责同志；各县（市、区）委书记、政法委书记、综治办主任、610办主任、维稳办主任、公检法司“四长”；市直政法部门班子成员等400余人参加会议。市委常委、政法委书记弋振立作《求真务实、开拓进取为新乡经济社会全面发展提供有力政法保障》的工作报告。会上表彰2008年度平安建设先进单位、先进个人和全市政法系统践行社会主义法治理念“十佳政法单位”“十佳政法干警”。各县（市、区）和市直单位代表向市委书记吴天君递交《2009年度平安新乡建设目标责任保证书》，吴天君发表重要讲话。（侯俊杰）

【全市政法系统新任科级以上干部培训班】　3月21日，全市政法系统新任科级以上干部培训班，经过5天的紧张学习在市委党校圆满结束。上年3月以后新进、新提任的市直政法部门副县（处）级、县（市、区）政法机关有职务的正科以上74名干部，其中副县级干部26名参加培训。市委常委、政法委书记李公乐作《加强学习，明确方向，更好地承担起党赋予的重任》的动员讲话。（侯俊杰）

【全市政法综治宣传工作会议】　2008年3月28日，市委政法委召开全市政法综治宣传工作会议。会议传达学习全省政法综治宣传工作会议精神，总结2007年全市政法综治宣传工作，表彰先进，安排部署2008年的工作。会议由市委政法委副书记张新程主持，市委政法委常务副书记路文忠、市委宣传部常务副部长薛祖立出席会议。（侯俊杰）

【全市政法系统“大学习、大讨论”活动动员会召开】　4月30日，全市政法系统“大学习、大讨论”动员暨践行社会主义法治理念先进事迹报告会在市公安局多功能厅举行。市委常委、政法委书记李公乐，市政府副市长、市公安局局长丁保东，市政协副主席张会琴，新乡军分区副政委昌子林，市中级人民法院院长王伯勋，市人民检察院检察长李景彬，市公安局常务副局长朱光辉等出席会议；市委政法委全体委员，县（市、区）委政法委书记，市直政法部门班子成员、科级以上干部660多人参加会议。李公乐作动员，丁保东主持会议。“大学习、大讨论”动员后，全市政法系统践行社会主义法治理念先进事迹报告团作巡回最后一场报告。自4月14日后，先进事迹报告团在全市共巡回报告9场，受教育干警5000余人（次），报告活动取得圆满成功。（侯俊杰）

【政法部门为民办实事新闻发布会召开】　2008年5月16日，市委政法委组织市直政法部门在新区办公楼举行为民办实事新闻发布会。市委政法委常务副书记路文忠、市委政法委副书记张新程、市法院常务副院长李绍君、市检察院常务副检察长张湘衡、市公安局副局长王茂营、市司法局副局长王敬等领导出席，大河报、今日安报、新乡广播电台、新乡日报、新乡电视台、新乡教育台、平原晚报、新乡发展论坛、新乡展望等省、市媒体和市直政法部门部分干警参加会议，路文忠主持发布会。会上，面对九家媒体、与会领导和干警，政法各部门作出为人民群众办实事、做好事等十项承诺，增强工作透明度，让社会各界和广大人民群众监督、督促政法机关认真抓好落实。（侯俊杰）

【打黑除恶专项斗争电视电话会议召开】 2008年5月30日，全省继续深化打黑除恶专项斗争电视电话会议后，新乡市随即召开全市继续深化打黑除恶专项斗争电视电话会议，对全市打黑除恶工作进行再动员、再部署。市委常委、政法委书记李公乐，市中级人民法院院长王伯勋，市人民检察院检察长李景彬，市国家安全局局长刘道江，市公安局常务副局长朱光辉，市委政法委副书记余湘生出席会议。李公乐作重要讲话，要求上级交办、群众举报黑恶犯罪线索查结率达到95%以上；进入立案程序的案件，公安机关移送起诉率达到95%以上；对公安机关移送起诉的案件，检察机关提起公诉率达到90%以上；对检察机关提起公诉的案件，审判机关一审判决率达到80%以上，终审判决要在法定时限内全部判决；对有“保护伞”而没有挖出被群众举报查证属实的，追究政法部门领导和直接责任人的责任；打黑除恶综合成绩进入全省前六名，并力争实现更大的突破；确保不发生因工作不到位而在全国、全省造成重大影响的黑恶犯罪案件。（侯俊杰）

【开展“大讨论”和学习党的十七大、胡锦涛重要讲话精神活动】 2008年7月27日，市委常委、政法委书记李公乐主持召开市委政法委机关工作人员全体会议，专题传达学习市委九届七次全体（扩大）会议精神，就深入开展“新解放、新跨越、新崛起”大讨论活动进行动员。会上，下发《机关“新解放、新跨越、新崛起”大讨论活动实施方案》，明确指导思想、工作原则、主要任务和方法步骤。7月31日至8月1日，市委政法委、市法学会精心组织，聘请4位学者专家组成四个组，分赴全市各县（市、区），对广大基层政法干警开展党的十七大和胡锦涛重要讲话精神大宣讲巡回报告活动，宣讲12场，直接听众达3000余人，通过电视、报纸、电台、网络等媒体覆盖的间接受众达10余万人。这次大宣讲活动，使广大政法干警对党的十七大和胡锦涛重要讲话深刻内涵有了进一步理解，对于做好政法稳定工作起到积极推动作用。（侯俊杰）

【省委政法委莅新调研政法工作】 2008年8月21日至22日，省委政法委副书记杨国文带队的调研组，在市委书记吴天君，市委常委、政法委书记李公乐，副市长、市公安局局长丁保东，市政协副主席付月云，市中级人民法院院长王伯勋，市检察院检察长李景彬，市国家安全局局长刘道江，市公安局常务副局长朱光辉，市司法局局长唐棣陪同下，通过采取听取汇报、召开座谈会、到基层政法部门明查暗访等方式，广泛征求各地各部门和广大人民群众对政法工作的意见建议，了解基层政法部门承诺为民办实事情况。调研结束时，杨国文对新乡市的政法工作给予充分肯定，感谢新乡市各级政府及各级政法部门对全省政法工作提出的建议。（侯俊杰）

【举办政法委系统领导班子成员专题培训班】 2008年8月28日至9月4日，新乡市举办市、县两级政法委领导班子成员学习贯彻党的十七大精神、胡锦涛、周永康、李新民重要讲话专题培训班。动员会上，市委常委、政法委书记李公乐作《深入开展“大学习、大讨论”活动，为全市经济社会又好又快发展提供可靠政法保障》的动员辅导讲话，对全市政法系统“大学习、大讨论”活动进行总结，重点对周永康、李新民重要讲话进行辅导。成员观看录像片《颜色革命警示录》，进行分组讨论，市委政法委机关各业务口征求各县（市、区）委政法委的意见、建议，并就如何加强市、县两级政法委建设进行研讨，撰写发言材料和体会文章，各县（市、区）委政法委书记作了大会发言。（侯俊杰）

【省辖市县级政法委规范化建设座谈会在新召开】 2008年11月7日，河南省部分省辖市县级政法委规范化建设座谈会在新乡市召开。省委政法委副书记李翔，省委政法委政治部副主任魏仲强，郑州市、开封市、焦作市、濮阳市、鹤壁市、安阳市和新乡市分管队伍建设的政法委副书记，规范化建设试点县（区）的政法委书记参加会议。会上，市委常委、政法委书记弋振立表示此次会议在新乡召开，是对新乡市政法工作的支持和促进，也是向兄弟地市学习的好机会。通过这次座谈会，必将提高新乡市县级党委政法委规范化建设水平，从而推动政法队伍建设，为政法工作提供有力保障。会上李翔就党委政法委的九项主要职能和县级政法委规范化建设七项任务进行专题辅导。（侯俊杰）

【组织机关干警到基层政法单位帮助工作】 2008年11月25日，按照市委政法委统一要求，市直政法部门经过培训的77名机关干警，到基层政法部门的科、所、队、庭、室报到，迈出到基层政法单位帮助工作一年的第一步。抽调政法部门机关干警到基层帮助工作，对于缓解基层政法单位警力紧张，提高执法办案水平，加强政法队伍建设，促进政法工作都具有重要意义。（侯俊杰）

【全省政法系统先进事迹报告会在新乡举行】 12月24日，全省政法系统深入学习实践科学发展观先进事迹报告会新乡专场在市公安局多功能大厅举行。市委常委、政法委书记弋振立，市人民政府副市长、市公安局局长丁保东，市政协副主席王炜东，新乡军分区副政委昌子林，市中级人民法院院长王伯勋，市公安局常务副局长朱光辉，市国家安全局局长刘道江出席会议。报告会设主会场1个、电视分会场20个。全市参加和收看报告会的共有2200余名政法干警。报告团的事迹真实生动、感人至深、集中体现了新时期政法机关和政法干警的精神风貌。报告人讲述声情并茂，多媒体画面形象生动，台上台下良性互动，场面感人至深。（侯俊杰）

公　安

【公安概况】 2008年，全市各级公安机关，坚持“固本强基，科学发展，务实创新，改善民生”的基本工作思路，以高度的责任、严谨的战术，确保社会政治大局稳定和治安秩序平稳，公安工作和队伍建设取得全面进步。全市各级公安机关以奥运安保工作为主线，以严打严控各种违法犯罪活动为重点，以构建科学完善、规范高效的社会治安防控体系为支撑，全面加强各项工作的部署和落实，全市大局始终保持总体平稳。反邪教工作连续六年保持法轮功“零进京”、“零聚集”、“零插播”；圆满完成中央领导莅新视察、奥运火炬传递转场等119次重要警卫任务；妥善处置各类群体性事件75起，确保全市社会大局稳定；全年新发65起现行命案全部破获，破案率同比提高4.82个百分点，居全省第一，成为全省唯一实现命案全破的人口大市；中央政法委、省委政法委、省信访局、省公安厅交办的104起信访案件全部按期办结，按期结案率、停访息诉率均达到100%；打击“两抢一盗”犯罪综合成绩排名全省第三，打防业务指数与上年同期相比呈现出“六升三降一无”的良好态势：抓获违法犯罪嫌疑人、刑事拘留、提请逮捕、移送起诉人数分别上升6.4%、12.7%、20.97%和12.95%；抓获网上逃犯2284名，破获毒品犯罪案件55起，分别上升10.87%和57.1%；新发刑事案件下降34.7%；十类可防性案件下降30.7%；现行命案发案数下降21.69%；全年没有发生造成重大影响的恶性案件、系列案件。没有发生涉枪、涉爆、涉及危险品的治安灾害事故；火灾三项指数大幅下降，全市无重大以上火灾事故发生；全力攻坚克难，圆满完成9次集中迎检活动，为创建国家级卫生城市、文明城市、森林城市做出贡献；在2008年省委政法委组织的平安建设公众满意度调查中，全市公众安全感指数为94.94%，较上年提升3.54个百分点，全省排名第三，被省委、省政府推荐为全国社会治安综合治理工作优秀市，连续三年荣获全省平安建设先进市。以警务综合平台应用增效年为推动，出台2008～2010年全市公安信息化建设意见，建立和完善以技术研发、研判应用为龙头，以网络维护、门户管理、质量审核为骨干，以一线实战应用为基础的公安信息化建设体系，全市信息化建设和应用工作达到全省领先，进入全国先进。11月13日，全省公安信息化工作现场会在新乡市召开，在全省推广市公安局的成功做法和建设经验。建成在全国、全省处于领先水平，包括交通智能控制、电视监控、应急指挥等8个主要子系统的综合指挥系统，刑事技术、网络技术、行动技术“三大支柱”建设发展迅速，形成严密的打防控体系，公安机关的指挥调度能力、快速反应能力、联合作战能力、克难攻坚能力得到较大提升。基层基础建设荣获省内三连冠、全国先进桂冠。全市三年累计投入“三基”建设资金3.4亿元，全面加强137个基础设施和警务装备建设，高质高效完成三年建设任务。全市“三基”建设成绩位居全省第一，被评为全国公安“三基”工程建设先进单位。各项业务工作成绩突出，全市有47个单位、168名民警荣立集体或个人三等功以上奖励。纪检督察、催查督办、宣传报道、禁毒戒毒、后勤管理、调查研究、教育培训、保安管理、老干部服务等工作也成绩显著。（王相阁）

新乡市公安局领导成员

副市长兼市公安局党委书记、局长　丁保东
党委副书记、常务副局长　朱光辉（副厅级）
党委副书记、副局长　马大健
田忠东（2008年12月离）
党委委员、副局长　李新成　宗万太
王茂营　刘好生
王国凯　戚绍斌
张中华（2008年7月任）
党委委员、纪委书记　贯德海
党委委员、警令部主任　石秀田
党委委员、政治部主任　张辉国
党委委员、交巡警支队长　秦保明
党委委员、特勤支队长　刘跃江
党委委员、刑侦支队长　冯立宝
党委委员、辉县市公安局局长　郭克广
党委委员　贯海庆（2008年12月离）
耿学华（2008年12月离）

【奥运安保工作】　2008年，全市各级公安机关紧紧围绕奥运安保这一中心，坚持“一切服务奥运、一切服从大局”，全力以赴、严密管控，扎实推进奥运安保工作。以战时状态全面启动各项情报信息工作机制，强化各项公安基础业务，突出抓好对“人、事、物和内部管理”的管控，先后出台71套工作规范，针对性组织开展“迎奥运保安全，打防控夏季攻势”、“大清查、大排查、大巡防”、“绿荫”行动等20余项基础业务攻坚行动。开展不间断、高密度、全覆盖、无缝隙的检查督导活动，确保重点人员稳控、重点物品管理、重点目标保卫等各项奥运安保重点工作不失控漏管，不发生问题。分74批审查奥运会京外注册申请人员，无一差错。全力做好比干诞辰3100周年、奥运火炬传递转场等大型安全保卫任务，实现万无一失，确保奥运会期间没有发生来自新乡治安方面的干扰。市公安局治安支队被公安部授予“全国公安机关奥运治安保卫攻坚战先进集体”荣誉称号。（王相阁）

【“三基”工程建设】　2008年，继续把“三基”工程建设作为推动公安工作全面、协调、可持续发展的战略任务来抓，以部、厅考核验收为契机，围绕基础设施、警务装备、经费保障、机制创新、基础业务等重点工作，在抓问题整改、抓成果巩固、抓措施深化、抓机制完善上狠下功夫，推动“三基”工程建设的深入开展。在硬件建设取得快速发展的基础上，全面规范和明确各警种、各部门的基础业务内容、标准和流程，明确岗位职责，纳入绩效考评，强力推进实施，确保三基建设成果转化为核心战斗力。一年间，全市累计投入“三基”建设资金2900余万元。全市142个派出所办公用房全部达到部颁标准；全市21个交警中队合格率、优秀率分别达到100%、75%，全部达到省厅标准；看守所、拘留所、强制戒毒所达标率分别为88%、55%、100%，分别超过省厅标准15%、10%、35%，基层所队面貌焕然一新。投入810多万元为每名民警配备五大类单警装备，进一步提升全市公安民警的实战能力。（王相阁）

【信息化建设】　出台全市2008～2010年公安信息化建设意见，建立和完善以技术研发、研判应用为龙头，以网络维护、门户管理、质量审核为主体，以警种专业应用为基础的公安信息化建设队伍体系，为全市公安信息化可持续发展奠定坚实的基础。警务平台存储各类数据已达2600余万条，警务平台访问总量已达680余万人次，利用信息化手段破获案件数较平台建设初期上升36%。平台建设和应用工作达到全省领先、全国先进水平。（王相阁）

【治安防控体系建设】　以“平安杯”和“零发案”创建活动为主线，以建立主动型治安防控体系为目标，缜密治安形势研判，创新群防群治机制，加速推进治安防控四色预警评估体系建设、“六道防线”建设、技防建设，全市社会治安防控呈现出预警精确化、体系网络化、模式动态化、主体社会化、手段科技化的“五化”优势，公安机关动态驾驭社会治安局势的能力和水平明显提高。建立健全市区四级和农村三级巡逻防控网络，先后组建各种形式的巡防队971支、2.9万余人，建立治保组织390个。建成包括交通智能控制、电视监控、应急指挥中心等8个主要子系统的综合指挥系统，提升公安机关

的指挥调度能力。由市政府一期投入1000余万元，建成覆盖全市90余条主要街区、广场的视频监控系统，98%的场所特业、内部单位已建立起视频监控平台，全市660家旅馆用户全部安装旅馆业信息管理系统，安装率达到100%。全市农村技防覆盖率达到56.98%，高出省厅目标16.98个百分点，初步形成全面覆盖、重点突出、条块结合的监控格局。全市十类可防性案事件与上年同期相比下降30.7%，爆炸、伤害、强奸、抢劫、盗窃、诈骗、抢夺七类主要刑事案件发案数同比分别下降50%、56.8%、6.1%、42.2%、6.4%、12.8%、35%。群众安全感指数达94.94%，位居全省第三，新乡市被省厅确定为社会治安防控体系建设试点单位。

（王相阁）

【命案侦破工作】 2008年，全市新发命案65起，破获65起，破案率100%。破获往年命案积案29起，同比增加13起。百名民警破获命案积案数居全省第三位；协外抓获外省命案逃犯30人（其中公安部B级通缉逃犯1名）、破获外省命案2起，百名民警协外数位居全省第六位，命案侦破工作综合成绩位居全省第二位。

（王相阁）

【打击“两抢一盗”犯罪专项斗争】 根据省委政法委的统一部署，全市公安机关树立“破小案赢得大民心，积小胜累积大和谐”的理念，与市检、法及其他有关政府职能部门密切合作，开辟六个战场，整合六大资源，制定“提高认识、宣传为先、借风扬帆、突出重点、以打开路、全警动员、以防促打、强化监督、科学统计”的九大工作措施，坚持哪类犯罪突出就重点打击哪类犯罪、哪里犯罪突出就在那里开展集中打击整治，重点打击群众反映强烈的盗抢犯罪。全市公安机关破获“两抢一盗”案件22604起，抓获“两抢一盗”犯罪嫌疑人7337人，起诉“两抢一盗”犯罪嫌疑人2278人，劳教“两抢一盗”违法犯罪人员493人，破获省督“两抢一盗”案件195起，抓获省督“两抢一盗”逃犯147人，打击“两抢一盗”犯罪综合成绩位居全省第二位。行动中，各地紧密结合本地刑事发案实际，强化串并意识，深挖犯罪团伙，打掉一大批系列盗抢犯罪团伙。辉县市局在侦破“4·18”抢劫杀人案件中，相继打掉25个系列盗抢团伙，抓获涉案人员130余人，带破系列盗抢案件350余起，推动当地社会治安形势明显好转。卫辉市局通过准确串并、缜密侦查，成功破获2007年“9·12”特大盗车案，打掉三个特大盗销汽车犯罪团伙，破获2005年以来发生在山西、河北、河南等21个地市的高级轿车被盗案件90余起，同时，该局从一条收赃线索入手，一举打掉一个涉案10余人、盗窃生猪作案140余起的特大盗窃团伙。封丘、长垣、凤泉等地也通过积极串并、主动出击，打掉一批系列盗抢犯罪团伙，对各类多发性侵财犯罪活动进行刹风压势的有力打击。

（王相阁）

【打黑除恶专项斗争】 按照中央政法委的统一部署，全市公安机关与检、法以及其他有关政府职能部门密切合作，加大对各类黑恶犯罪线索的摸排、调查力度，不断把打黑除恶专项斗争引向深入。全市立案侦办，打掉原阳县李某某、红旗区楚某某、牧野区张某某等8个涉黑犯罪团伙，一审判决黑社会性质团伙6个、恶势力团伙43个，判决恶势力团伙成员273人，劳教团伙成员2人，全国“打黑办”批转的6条犯罪线索全部办结。（王相阁）

【打击拐卖妇女儿童犯罪】 全市公安机关按照省厅“金盾一号”的统一部署，结合全市实际，严厉打击拐骗妇女、儿童违法犯罪活动。年初，市、县两级公安机关多警协同，严密排查，顺线追踪，经过5昼夜的连续工作，转战新乡县、原阳、封丘、延津及郑州、山东东明等地，成功破获备受国家领导人、公安部、省委、省政府主要领导和社会各界高度关注的“12·24”南阳淅川县拐卖儿童系列案件，9名被拐儿童全部被安全解救，6名主要涉案犯罪嫌疑人悉数被收入法网。此外，刑侦支队在公安部、省厅的统一指挥下，牵头组织辉县、获嘉等地成功破获公安部督办“9·13”特大系列拐卖儿童案，一举抓获涉案犯罪嫌疑人12名，省公安厅对此专门致电祝贺。12月初，针对新乡市接连接报聋哑人失踪的情况，按照市委、市政府的统一部署，刑侦牵头在全市开展打击组织操纵聋哑人犯罪专项行动，经缜密侦查，迅速打掉涉及20余人的特大组织、操纵、强迫聋哑人犯罪的3个团伙，解救被拐骗聋哑人20名。

（王相阁）

【严厉打击涉毒违法犯罪活动】 按照国家和省禁毒委员会部署，2008年5月至6月、10月至12月，开展大规模的禁毒宣传活动。充分发挥广播电视、报社等新闻媒体的作用，多策并举，大造声势，开展“平安奥运”禁毒宣传教育活动。全市共组织开展宣传教育活动225次，展出宣传版块4517面、悬挂横幅3400条、展出挂图4644幅、办宣传栏和板报1200余个，使禁毒宣传覆盖全市城乡。全市各级公安机关充分发挥主力军作用，加大对毒品违法犯罪的打击力度，有效遏制毒品问题的发展蔓延。全年共查处毒品违法犯罪案件357起，破获毒品刑事案件55起，抓获毒品违法犯罪人员368名。其中逮捕57人，强制戒毒260人，劳教戒毒19人，社区戒毒12人，抓获网上涉毒逃犯6人，缴获毒品海洛因472.87克、冰毒4.57克、k粉114.1克、麻古粉121.89克、麻古片491粒、杜冷丁10支、毒资38万余元，震慑了全市的毒品犯罪活动 。 （王相阁）

【预防特大道路交通事故“百日行动”】 2008年9月27日，市公安局召开全市预防重特大道路交通事故“百日行动”暨“十一”黄金周交通安全工作会议，传达“9·25”全国、全省预防特大道路交通事故“百日行动”工作会议精神。全市各级交警部门认真分析研判往年第四季度发生的道路交通事故规律，结合本辖区的道路交通实际状况，全面加强对事故发生的重点车辆、重点时间、重点路段和重点交通违法行为的管控，开展对校车、客车专项治理，对机动车交通违法行为专项治理，对农村道路交通安全专项治理，对出租车、摩托车、“摩的”和非机动车交通违法行为等专项治理。全市共投入警力13673人次，出动警车3318台次，设置固定测速点16个、流动测速点32个，设置临时检查点41个，登记检查客运车25249辆、校车413辆，卸客转运乘客1361人。检查大型货车20231辆、危险化学品运输车2147辆，查处超速行驶4459起、客车超员48起，查处其他交通违法行为32055起。行政拘留67人。2008年1月至11月，全市共发生交通事故1043起，死亡146人，受伤1127人，经济损失312.8万元，与上年同期相比分别下降34%、29%、25%、和30%，没有发生死亡3人以上的特大道路交通事故。 （王相阁）

【城市环境综合治理】 按照市委、市政府创建国家卫生城市总体部署和副市长丁保东“举全局之力，认真履行公安创卫职能”的工作要求，交巡警支队着眼全市创卫大局，调动一切积极因素 ，利用一切管理手段，穷尽一切工作方法，开展创卫大决战。全年共清理占道经营、店外经营作业6.5万余起，拆除夜市大棚370余处，取缔木炭烧烤1300余起，处罚沿路抛撒车4300余辆，对违停机动车进行非现场处罚和清障拖运8000余辆，查扣违章自行车12000余辆，清理沿街算卦350余起、乞讨300余起，纠正乱鸣喇叭850余人次、处罚210余次，查处商场高音喇叭扰民30余次，清理乱贴小广告1800余处，为市区创卫作出了贡献。 （王相阁）

【控申工作】 市局党委高度重视控申工作，局领导按照分包县（市、区）和分管警种的分工，亲自约见信访人，亲自审阅案卷，亲自研究制定解决方案，亲自参与案件的协调处理。市局领导共接待信访群众59人，涉及56起信访事项，解决55起，另1起未到期，按期结案率达100%。其中丁保东接待信访群众34人，涉及的30起案件全部办结息诉，结案率达到100%；全市公安控申部门共受理人民群众来信来访1430件（次），办结停访1342起，停访息诉率达到94%；中央政法委交办的12起案件，已全部按期办结，按期结案率达100%。省委政法委、省信访局交办的32起案件，已全部按期办结，停访息诉率为100%。省公安厅分三批交办的60起案件已全部办结，停访息诉率为100%。 （王相阁）

【治安管理】 全市治安系统立足打、防、管、建、控、服（务）六大岗位职能，抓住“三基建设、奥运安保、万警进社区”三大历史机遇，做了大量基础性、机制性、针对性工作。全市治安系统业务工作、队伍建设“全面建、整体上”，目标考核连续四个季度在全省18个地市名列前茅，整体绩效跨入全省先进行列。狠抓硬件投入，全面完成派出所三基建设三年规划目标任务。全市142个派出所的警力配置、装备配备、办公用房、经费保障全部达到公安部、省公安厅三基建设验收标准。截至2008年，全市共争创一级所15个，二级所40个，派出所创先创优率达到38.7%，全省领先。社区全部按标准完成警务室规划建设任务；深入开展“三有五好”竞赛和“万警进社区、警民一家亲”活动，群众对公安工作满意度达到90.36%，位居全省第一。长垣县局浦东派出所荣获全国推进社区和农村警务战略先进集体。充分发挥岗位职能，积极参与打击“两抢一盗”等专项斗争，公众对全市打击“两抢一盗”专项斗争满意率达90.18%，位居全省第二。超额完成二代证换发任务，加强和规范户籍服务管理，积极推进城乡一体化建设，下放户口审批权限，为群众办事提供便利。公共娱乐场所、旅馆业、印章业等传统治安管理工作进一步加强；保安服务业有效规范、拓展；破坏“三电”案件同比上年下降；治爆缉抢、打黄打非、打赌专项斗争等热点整治持续深入开展，社会效果显著；中洛输油管线治安整治连续两年被省厅推选为全国先进。不断加强政治思想工作和内部管理力度，深入开展“双争、四无”创建和“两大建设”教育整顿活动，全市治安系统民警违法违纪同比上年下降15%，涉及治安系统的控申案件同比下降23%。年内全市治安系统受到上级表彰，立一等功1人、二等功2人、三等功13人，荣获先进集体称号25个。（王相阁）

【经济侦察】 2008年，全市经侦系统以“多破案、破大案、办精品案”的精神为指导，按照“打、防、管、建”工作机制的要求，积极开展打击各类经济犯罪活动，全力参与整顿和规范市场经济秩序工作，全市全年共立各类经济犯罪案件435起，比上年同期的237起上升83%，对比全年380起的目标，超额完成14%；共破案401起，比上年同期的184起上升118%，比全年380起的破案目标，超额完成6%。涉案价值2.1亿元，挽回经济损失3826万余元。全市经侦系统共抓获逃犯96人，其中外省逃犯35人，本省外市逃犯13人，本市逃犯48人。支队在省厅经侦总队组织的经侦系统计算机技能比武竞赛中，勇夺团体总分第四名，个人成绩全省第一名。同时支队还开展打击传销、打击假发票、打击金融犯罪、打击侵犯知识产权犯罪等专项活动。

（王相阁）

【保安服务】 坚持从严治队、加强内部管理、树立外部形象，实现全面、协调发展。至2008年底，公司共有人防值勤保安员1035人，投保客户135家，拥有运钞车46辆，押运员198名，服务金融网点211个，守护金库5座。全年公司共出动押运车辆3.1万多次，动用枪支6.2万余次，安全行驶160多万公里，达到“人、车、枪、款”四个确保安全的预期目标，赢得金融单位的信任，客户满意率达到99%以上。保安队员在值勤中还抓获、扭送犯罪嫌疑人27名，扑救火灾5起，做好人好事35件，得到广大客户和群众的好评。（王相阁）

【出入境管理】 出入境管理工作坚持依法管理、热情服务、廉洁高效的原则，创新服务手段，拓展服务功能，开展“对照职能、贴近民生、努力为群众办实事好事”为主题的实践活动，全年共办理公民各类出境证件16502证次（其中办理护照11768证次，比上年上升27.3%；办出境证件4734证次）；办理公民各类出境签注手续10824人次；办理境外人员入境手续594人次，比上年上升53.5%；接收群众咨询380余人次，开展紧急办证业务90余人次；查处涉外案事件7起14人；遣送非法入境外国人5名。（王相阁）

【直属分局工作】 2008年，直属分局以规范执法为切入点，牢固树立服务意识，认真履行服务职能，为市局各直属办案单位提供法律咨询和指导。严格按照有关法律法规和《新乡市公安局直属分局办理案件规定》，对各类案件进行审核审批，规范卷宗法律文书制作，积极为市局各直属办案单位打击违法犯罪提供优质法律服务。直属分局自成立到12月31日，共审核刑事案件173起，其中刑事拘留125人，取保候审62人，提请逮捕67人，批捕62人，移送起诉96人。审核行政案件288起，其中行政处罚276人，劳动教养19人，强制戒毒3人，强制隔离戒毒7人，社区戒毒7人，收容教育3人。检察院、法院委托执行15人。（王相阁）

新乡市公安局所属支队主要负责人

交巡警支队

支队长　秦保明

政　委　李化铭

刑侦支队

支队长　冯立宝

政　委　张玉太

治安支队

支队长　王郑宏

政　委　王明新

特勤支队

支队长　刘跃江
政　委　沈树民

经侦支队
支队长　李　健
政　委　李玉萍（女）

国保支队
支队长　安军胜
政　委　苗爱林（2008年8月离）
　　　　张超喜（2008年8月任）

网监支队
支队长　白建平
政　委　田振平

监管支队
支队长　李效群
政　委　徐　凡

禁毒支队
支队长　刘振海
政　委　刘生伟

行动技术支队
支队长　刘玉平
政　委　高　航

警务督察支队
支队长　路　玮
政　委　王志强

反邪教侦察支队
支队长　樊建峰
政　委　苗爱林（2008年8月任）

新乡市人民警察训练学校
校　长　杨连栋
政　委　盖予晋

新乡市看守所
所　长　要宇新（女）
教导员　裴　彤

新乡市保安服务公司
总经理　刘清新
书　记　田　玲（女）

新乡市市区分局及各县（市）公安局主要负责人

卫滨分局
党委书记、局长　刘新征
党委副书记、政委　张亚平

红旗分局
党委书记、局长　王志文
党委副书记、政委　郝靖宇

牧野分局
党委书记、局长　安　锋
党委副书记、政委　崔玉宏

凤泉分局
党委书记、局长　孟凡辉
党委副书记、政委　王智超

车站分局
党委书记、局长　刘继生
党委副书记、政委　刘志远

开发区分局
党委书记、局长　刘鹏建
党委副书记、政委　杨松焕（女）

卫辉市公安局
党委书记、局长　王予生
党委副书记、政委　白　勇

辉县市公安局
党委书记、局长　郭克广
党委副书记、政委　李　勇

新乡县公安局
党委书记、局长　尚东风
党委副书记、政委　李继先

获嘉县公安局
党委书记、局长　任建新
党委副书记、政委　张国防

原阳县公安局
党委书记、局长　董建军（2008年9月离）
党委副书记、政委　张保旺

延津县公安局
党委书记、局长　刘校保
党委副书记、政委　陈红会

封丘县公安局
党委书记、局长　张大卫
党委副书记、政委　陈绍钦

长垣县公安局
党委书记、局长　王宗仁
党委副书记、政委　鲁战勇

2008年度新乡市公安系统荣获奖项

先进集体

全国综合治理先进市

新乡市

全国三基建设先进单位

新乡市公安局

全国文明窗口单位

新乡市公安局出入境管理科

全国公安机关奥运治安保卫攻坚战先进集体

新乡市公安局治安支队

全国公安监管部门深挖犯罪专项行动先进集体

新乡市看守所

全国公安机关公用经费保障标准落实工作先进集体

新乡市公安局财务装备科

全国公安机关创建平安畅通县区工作先进集体

新乡市公安局交巡警支队

全国公安机关奥运道路交通安全攻坚战先进集体

新乡市公安局交巡警支队

全国信息通信运行管理工作先进单位

新乡市公安局通信科

全国100个实施社区和农村警务战略优秀公安派出所

长垣县公安局蒲东派出所

全国公安监管战线苦练基本功活动先进集体

新乡市公安局监管支队

全国追逃工作先进单位

原阳县公安局

全国公安机关二级机要室先进单位

辉县市公安局

全国公安机关一级派出所

辉县市公安局洪洲派出所

全国公安机关出入境管理部门省级文明窗口单位

辉县市公安局出入境管理科

河南省抗震救灾先进青年集体

新乡市公安局交巡警支队

全省优秀公安局

红旗分局

全省优秀公安基层单位

新乡市公安局交巡警支队二大队

长垣县公安局刑侦大队

卫辉市公安局城内派出所

风泉分局国保大队

全省公安监管工作先进集体

新乡市公安局监管支队

全省打击侵犯知识产权先进单位

新乡市公安局经侦支队

全省打击涉税犯罪先进集体

新乡市公安局经侦支队

全省打击“两抢一盗”工作先进单位

辉县市公安局

全省打黑除恶工作先进单位

辉县市公安局

河南省人民群众满意的基层所队

辉县市公安局洪州派出所

全省三级看守所

辉县市看守所

全省二级责任区中队

辉县市公安局刑警大队第二责任区中队

全省集中整治爆炸物品、枪支弹药、管制刀具专项行动先进集体

辉县市公安局治安大队

全省内部治安保卫工作先进集体

辉县市公安局治安大队

全省治理自行车被盗问题专项行动先进集体

辉县市公安局治安大队

全省打击赌博违法犯罪活动专项行动先进集体

新乡市公安局特勤支队

全省政法系统践行社会主义法制理念先进集体

新乡市公安局交巡警支队三大队

全省奥运安保工作先进集体

新乡市公安局国保支队

全省公安机关国保工作先进单位

新乡市公安局国保支队

全省公安机关抗冰雪保畅通先进集体

新乡市公安局交巡警支队二大队

全省五好基层党组织

新乡市公安局机关党委

河南省青年文明号

新乡市公安局警令部指挥中心

河南省维权示范岗

新乡市公安局警令部指挥中心

全省打击文物犯罪成绩突出单位.

长垣县公安局特勤大队

省公安厅荣记集体二等功

新乡市公安局财务装备科

新乡市公安局行动技术支队

新乡市公安局出入境管理科

新乡市公安局反邪教支队"8·18"专案组

先进个人

全国公安机关奥运道路交通安全攻坚战先进个人

宋晓飞

全国交警系统执法标兵

孙丛民

全省公安机关抗冰雪保畅通先进个人

范锡波　宋晓飞

省公安厅荣记个人一等功

马新汉　程英武　张文治

省公安厅荣记个人二等功

吴志刚　李明进　常广杰　左玉英　陆建超
程延池　李新民　贺建国　范锡波　宋晓飞
周宜军　赵爱祖　卢　宵　高秀璞　孙　彬
王　斌　郑向民　李传忠　苗培文　秦亮亮

全省优秀人民警察

王新才　杜长军　仝修华　王凤仙　尚长伟
王新领　王世军　江秀芳　魏长江　孙洪杰
娄晓森　刘长保　刘宪波　崔福海　郭秀田
李　岩　仝方永　逯水松　戴文秀　张文京
张　辉　邢志强　邵大魁　张　斌　张尽峰
邢志刚　李　渤　马晓冬　李　峰　辛　荣
魏　明　崔云龙　王自兴　王　阳　步晓峰
刘　刚　常广杰　陈　新　李智杰　贾　娟
傅卫华　张道仁　郭　歌　杨　昆　张　伟
张鸿军

全省平安建设活动先进个人

郭克广　焦文勇

全省公安机关纪检检查工作先进个人

周延印

全省治理自行车被盗问题专项行动先进个人

魏步顺

全省集中整治爆炸物品、枪支弹药、管制刀具专项行动先进个人

付吉中

新乡市"五一"劳动奖章获得者

秦保明

新乡市"三八"红旗手

左玉英

新乡市技术能手

李　岚

全市信访工作先进个人

刘好生　梁晓霞　李军旗

新乡市征兵工作先进个人

崔红霞

新乡市奥运期间信访工作先进个人

冯永琦　闫自铭　张军胜

全市公安机关奥运安保工作先进个人

宋新利　杨红军　宋振军　徐军涛　项　斌
岳保有　秦安增　侯玉波　陆建超　申家星
杨中奎　张　涛　张玉振

全市处理涉法涉诉信访问题工作先进个人

梁晓霞　李恒军　冯建平

新乡市农村建设帮扶工作先进个人

佘劲光

创建国家卫生城市工作先进个人

杨光辉　王茂营　韩道凯　吉　辉　王灿勇
刘朝辉　赵清军　陆建超　郑金明　刘善东
乔祝哲　张　卓　陈建法　赵　寒

创建国家森林（园林）城市建设工作先进个人

张绍明　孟松涛　张万里　张志辉

创建全国文明城市工作先进个人

王茂营　常建录　孙江林　郑金明　常保柱
蒋文胜　汪　洋　李志军　郭锡广

新乡市地方史志工作先进个人

王相阁

新乡市支援抗震救灾先进个人

于　良　张绍明　王俊峰

新乡市春运工作先进个人

王中全　王立志　冯　景　战怀祥　郭庆利
张　栋　张　斌

新乡市安全生产工作先进个人

李新刚　江智辉

检　察

【检察概况】　2008年，全市检察机关在省院和市委的正确领导下，在市人大、政府、政协的监督支持下，以党的十七大精神和科学发展观为指导，紧紧围绕"强化法律监督，维护公平正义"检察

工作主题，深入贯彻“加大工作力度，提高执法水平和办案质量”的总体要求，全面履行法律监督职责，全市检察工作取得了新的进展。

（巩 华 任 华）

新乡市人民检察院领导成员

检察长　李景彬
副检察长　张湘衡　朱东培　杨胜亮
　王建国　张安民
纪检组长　梁红春
政治部主任　石景东
党组成员、机关党委书记　方 豪
党组成员　张振岭
党组成员、反贪局长　李 俊
党组成员、反渎局长　吴 岩

【反贪污贿赂】 2008年，全市检察机关反贪部门共立案105件137人，人均办案率为17.3%，同比立案件数下降1.87%，立案人数持平。立大要案55件，大要案率为52.4%，同比上升5.6个百分点，其中要案4人，全部为正处级。市院直接立案6件12人，全部为大要案。侦查终结103件131人，同比侦查终结件数持平，人数上升4.8%。撤案18件20人，同比撤案人数上升25%。起诉87件111人，同比起诉件数上升2.4%，人数上升18.1%。不起诉15人，同比上升400%。有罪判决98人，有罪判决率为46.5%，同比上升1.03%，其中，实刑判决26人，实刑率为26.5%；大要案判决40人，大要案判决率为40.8%，同比上升33.3%。没有无罪判决。

（巩 华 任 华）

【反渎职侵权】 2007年12月至2008年11月，全市反渎职侵权部门共受理各类渎职侵权案件线索130件，与上年相比持平。至11月25日，全市共立案侦查各类渎职侵权案件65起69人（另有以事立案1件），立案人数相比上年（72案76人）下降9.2%。重大案件30起，特大案件3起，重特大案件占立案总数的51%。已经侦查终结64起，结案率为98.5%，移送起诉61起，移送起诉率为95.3%。提起公诉案件50人，起诉率为72.5%。经法院审理作出有罪判决53人，判决率为76.8%。

（巩 华 任 华）

【侦查监督】 2008年全市检察机关侦查监督部门共受理提请逮捕犯罪嫌疑人4438人，同比上升46.64%，批准逮捕犯罪嫌疑人4006人，同比上升22.87%，批捕率为90.35%，不批准逮捕428人，同比下降6.35%，不捕率9.65%。其中市院受理46人，批准逮捕44人。批准逮捕的案件中无捕后无罪判决案件和绝对不诉案件。捕后存疑不诉2人。在批准逮捕4006人中，捕后轻刑判决657人，捕后轻刑判决率为16.40%。要求公安机关说明不立案理由17件，上年同期为19件，公安机关主动立案和通知公安机关立案共计17件，判决12人（其中往年立案今年判决的有7人），判决率70.59%。追加逮捕各类犯罪嫌疑人262人，同比上升73.51%，判决率57.98%。

（巩 华 任 华）

【公诉工作】 2008年，全市公诉部门共受理案件3430案5844人，较上年同期分别上升10.5%和12.8%，其中自侦案件166案223人，案件数与上年基本持平，人数上升10.4%。经审查依法提起公诉3049案5035人，较上年分别上升11.1%和13%，其中自侦案件提起公诉132案167人，较上年分别上升5.6%和7.7%。受理死刑二审案件25案，已开庭17案。不起诉109人，其中存疑不起诉7人，绝对不起诉1人，相对不起诉101人；其中自侦案件不起诉20人，不诉率为10.7%，普通刑事案件不起诉89人，不诉率为1.8%。出庭支持公（抗）诉2187案（次）。支持抗诉20案，已改判7案，发回重审3案，维持原判3案，改判率为53.8%，采纳率为76.9%；向侦查机关发纠正违法通知书和检察建议共29份，纠正错案21案，追诉漏犯90人，追诉漏罪47起；向审判机关发纠正违法通知书和检察建议共10份；适用普通程序简化审618件；在省级以上法制类刊物发表信息调研23篇。

（巩 华 任 华）

【控告申诉检察】 2008年，全市检察机关控申检察部门以开展集中处理涉检重信重访专项活动为主线，以争创无涉检进京上访活动为载体，发挥监督制约作用，提高执法水平和办案质量。全年两级院检察机关举报中心共受理各类来信来访1369件，其中受理职务犯罪线索1004件，受理控告申诉共172件，办理刑事赔偿案件9件，办结9件，决定支付赔偿金11.7万余元，已经全部兑付到位。共排查已上访的涉检信访案件7件，已全部办结息诉，办结息诉率为100%。办理要结果案件35件，已全部结案；开展举报宣传周活动，接受群众咨询1758人次，受理举报102件，受理控告67件，出动宣传车30辆，制作宣传版167块，发放宣传资料9290份；在检察长大接访活动中，共受理群众举报59件，申诉96件，均依法处理完毕；全市控申部门在各级媒体发表文章、宣传信息共30余件次。

（巩　华　任　华）

【监所检察】　2008年，依法纠正刑罚执行和监管活动中的各种违法行为14件，提出检察建议的11件，其中市院建议市中级法院在减刑、假释工作中，适时开展听证活动，得到该院的高度重视。全市共立案侦查在刑罚执行和监管活动中职务犯罪案件9件9人，其中徇私枉法案4件4人，失职致使在押人员脱逃2件2人，滥用职权2件2人，贪污案1件1人。以上案件均已侦结，侦结率100%，其中已判决5案5人（均是有罪判决），判决率56%。

（巩　华　任　华）

【民事行政检察】　2008年，全市两级民行检察干警在工作中突出民行抗诉和查办职务犯罪两个重点，积极开展探索创新和理论研讨。全市民行部门共受理民事、行政申诉案件166件，立案103件，息诉56件，不立案11件，不抗（不提抗、终止审查）22件，提请抗诉25件，其中向省院提请抗诉10件，按审判监督程序向法院提出抗诉16件，法院再审改判23件，调解1件，其他处理4件，维持5件，再审改判率84.8%；发出检察建议29件，被采纳23件；发出再审检察建议3件，法院采纳2件；查办职务犯罪12件；撰写调研材料37件，市级24件，省级9件，国家级4件。通过办案挽回经济损失500余万元。

（巩　华　任　华）

【职务犯罪预防】　2008年，全市市、县两级检察院内部预防组织进一步健全，经当地编委批准，12个基层院已全部单列预防机构。配备专职预防干部34人；结合查案，发出预防检察建议128件；通过参与政府采购和重点工程跟踪监督，围绕当地有影响的工程项目开展监督性预防121件次；在重点行业系统，结合查案和预防“五进入”工作，开展预防警示教育102次；在各类媒体上发表预防和惩治职务犯罪宣传稿件53件；在预防过程中书面提出纠正违法事项56件次，帮助有关单位落实预防措施445项；在预防活动中接受有关单位咨询155件次，预防咨询建议被采纳148件次；两级院预防部门在业务部门的配合下开展重点行业预防调查32件，发现并移送举报线索39件（其中贪污贿赂线索32件、渎职侵权线索7件），经移交自侦部门后立案21件。

（巩　华　任　华）

【检察技术】　2008年全市检察机关技术部门积极发展与“侦、捕、诉”等部门协调配合机制，协助办案部门有效提高发现、收集、固定、完善证据的能力，全年共受理各类案件1188件。其中法医检验232件，痕迹检验3件，文件检验29件，司法会计鉴定25件，视听技术608件，文证审查513件，现场勘验3件，提供技术协助628件。全市完成770次共计1437小时12分全程同步录音录像工作任务。通过电视电话会议与高检、省院、县（市）区联合召开培训及会议11次，参加3000余人次，与省院信息中心、各县市区院联调150余次，公诉处远程汇报案件5起。全院干警通过建立在二级、三级专线网平台上的检察内部邮件系统向省院、县区院共传送公文670余份。

（巩　华　任　华）

【法警工作】　全市两级警务部门共执行各项警务活动5031人（次），其中参与保护人民检察院直接受理的犯罪案件的现场10次，执行传唤786人，协助追捕逃犯2人，参与搜查584次，执行拘传和协助执行其他强制措施702次，提押看管犯罪嫌疑人、被告人和罪犯1673次，送达法律文书1215次，参与执行死刑临场监督活动3次，参与处置社会性事件7起，执行检察长交办的其他任务49件，有效地防止了自杀、自残、逃跑等各种事故。

（巩　华　任　华）

【开展“大学习、大讨论”主题教育活动】　根据中央政法委的统一部署，按照省院和市委政法委的具体要求，全市检察机关深入开展党的十七大精神和总书记胡锦涛在全国政法工作会议代表和全国大法官、大检察官座谈会上的重要讲话大学习、大讨论活动。两级院分别成立活动领导小组，制定活动实施方案，市院党组先后3次召开党组扩大会，交流学习心得体会；邀请上级有关领导和专家学者举办专题报告3场，使干警对十七大精神和胡锦涛的讲话有了全面系统地理解和把握。在动员部署、学习培训、组织讨论的基础上，两级院组织干警紧密结合检察工作实际，采取自查互查、上下帮查等形式，认真查找执法思想、执法作风、执法纪律等方面存在的突出问题，市院通过召开新闻发布会、向社会各界作出为民办实事十项承诺、召开征求意见座谈会，广泛征求意见建议。通过多种形式的活动，全市检察干警进一步端正执法思想，规范执法行为，转变执法作风，严肃执法纪律，提高了整体素质，为推动各项检察工作深入发展打下了坚实的思想基础。增强依法履行检察职责的能力，努力建设一支政治坚定、业务精通、作风优良、执法公正的高素质检察队伍。　（巩　华　任　华）

【2008年度“十大精品案件”】　2008年，继续开展全市检察机关“十大精品案件”评选活动，所选出的“精品案件”分别是：新乡市院办理的李某某与人保新乡公司保险合同纠纷抗诉案；辉县市院办理的李某某等15人涉嫌组织、领导、参加黑社会性质组织等犯罪案；原阳县院办理的张某受贿案；封丘县院办理的常某某贪污案；红旗区院办理的王某某、张某某、赵某某3人贪污案；原阳县院办理的赵某某、杨某某、刘某某3人徇私枉法案；延津县院办理的范某某、赵某某、王某3人挪用公款、贪污案；延津县院办理的刘某某、王某某、李某某、郑某4人滥用职权案；新乡县院办理的田某某7人掩饰、隐瞒犯罪所得案；牧野区院办理的米某强奸案，刘某某、崔某某包庇案。　（巩　华　任　华）

2008年度新乡市检察系统荣获奖项

先进集体

全国核查纠正监外执行罪犯脱管漏管专项行动先进集体

新乡市人民检察院

全国“文明接待室”

新乡市人民检察院

封丘县人民检察院

长垣县人民检察院

新乡县人民检察院

全省检察机关计划财务装备工作先进集体

新乡市人民检察院计财处

原阳县人民检察院

全省检察机关检察技术工作先进集体

新乡市人民检察院技术处

全省检察机关查办渎职侵权犯罪工作先进集体

新乡市人民检察院反渎局

全省先进基层检察院

辉县市人民检察院

新乡县人民检察院

河南省“两抢一盗”犯罪专项斗争先进单位

红旗区人民检察院侦监科、公诉科

集体三等功单位

辉县市人民检察院侦监科

获嘉县人民检察院公诉科

牧野区人民检察院民行科

牧野区人民检察院侦监科

延津县人民检察院监所科

长垣县人民检察院控申科

长垣县人民检察院公诉科

新乡县人民检察院法警大队

新乡县人民检察院侦监科

封丘县人民检察院反渎局

全省政法系统执法规范化建设示范单位

封丘县人民检察院

先进个人

全国“优秀接待员”

卫辉市人民检察院控申科　张利香

全省政法系统执法先进个人

新乡市人民检察院反贪局　赵　莉

卫辉市人民检察院控申科　张利香

卫滨区人民检察院公诉科　郭庆生

全省检察机关计划财务装备工作先进个人

邓世金　徐彦明

全省检察机关政治工作先进个人

卫滨区人民检察院政治处　梁丽云

延津县人民检察院政治处　刘凌云

新乡市人民检察院法警支队　冯世锋

全省检察机关查办渎职侵权犯罪工作先进个人

姬素敏　夏　军　冯　炜　谢振伟

河南省委政法委“全省打黑除恶专项斗争先进个人”

全　新　张广华

河南省"两抢一盗"犯罪专项斗争先进个人

牛卫东　熊文丽　邹　琛　岳彩萍　席志峰

个人一等功

吴　岩　卫安钢　王　刚　张广华

个人二等功

闫海顺　苗建平　朱潇雨　李胜武　郭志刚

杨亚林

个人三等功

邢吉顺　张　郁　卫安钢　安新生　李新强

布孝军　蔡　利　任常明　刘　鹰　王　峰

卢玉峰　陈顺芝　孙新建　韩培高　任国祥

王建华　李新领　高　鹏　孔　斌　陈顺峰

丁　华　宋　斌　张　方　马　玲　郭胜华

申成欣　王景彬　陈新红　李　云　周　方

李鲁豫　冯世立　褚予州　聂宏伟　冯　峰

岳　鲲　武水英　刘朝霞　唐　飞　李隆臻

王学国　朱耀旭　曾　瑞　林　明　秦书庆

张淑荣　申丽梅　李春霞　冯　炜　申亚琳

孙国伟　张自锋　杨　阳　李宗江　杨永昌

赵璞华　张阳锋　王锁成　宁　霞　陈秋霞

韩喜群　张广兴　江　萍　王春梅　崔若四

刘晓鸣　王均建　王世峰　张丽香　陈　丽

邓丽娟　李国松　娄学文

审　判

【审判概况】　2008年，新乡市中级人民法院（简称市法院）下辖12个基层人民法院，内设22个职能部门，全市法院共有在职干警1379人，两级法院均设有刑事、民事、行政、立案、审判监督庭以及执行局。市法院全面贯彻落实科学发展观，牢固树立司法为民宗旨，紧扣"公正与效率"主题，继续围绕"建一流班子、带一流队伍、办一流案件、做一流服务、创一流业绩"的工作思路，以深入开展"大学习、大讨论"和"新解放、新跨越、新崛起"活动为契机，认真抓好打击"两抢一盗"、集中接访化解上访案件、为群众办好十件实事、加大民商事案件调解力度和绩效考核五项重点工作，各项工作取得新进展。全年全市法院共受理各类案件40084件，审（执）结39482件，结案率为98.49%，其中市法院受理12336件（含减刑假释案件），审（执）结12211件，结案率为98.99%，为全面建设和谐社会提供了有力的司法保障和法律服务。全年共召开审委会51次，研究重大问题和案件579件次。以开展"新解放、新崛起、新跨越"活动为契机，认真做好记录，决定准确及时，全力做好审委会的会务工作。未出现任何差错，严格遵守保密制度，保障各项审判工作顺利进行。市法院赔偿办坚持社会主义法治理念，100%完成赔偿案件审理任务。坚持公正司法、一心为民，加大力度做好大接访工作。在大接访活动中，坚持接访制度，向群众耐心释明赔偿法有关法律规定。努力化解矛盾，做到案结事了，始终坚持把对法律负责与对党、对人民负责统一起来，严格按照《国家赔偿法》和有关司法解释规定的赔偿原则、程序和标准办案。

（张小涛）

新乡市中级人民法院领导成员

院　　长　王伯勋

副 院 长　李绍君

王如意（2008年12月离）

刘京甫（2008年12月离）

李　猛

何乃祺（2008年3月任）

尚志东

纪检组长　何乃祺（兼）

党组成员　高国爱（政治部主任）

任春平（办公室主任）

程更良（执行局局长，2008年11月离）

张明华（执行局局长，2008年12月任）

【刑事审判】　2008年，全市法院共受理各类刑事案件3482件，审结3465件，同比分别上升24.7%和34.8%，共判处犯罪分子4760人。积极参与打击"两抢一盗"和"打黑除恶"专项活动，集中审判力量，依法从重从快打击抢劫、抢夺、盗窃犯罪和涉黑犯罪，审结"两抢一盗"案件1177件，判处犯罪分子2379人。受理黑社会性质组织犯罪案件1件，一批"两抢一盗"犯罪和黑社会性质犯罪分子得到严惩，狠狠打击了犯罪分子的嚣张气焰。

（张小涛）

【开展"两抢一盗"和"打黑除恶"专项斗争】　2008年，根据省委政法委、省高院、市委政法委关于开展打击"两抢一盗"、"打黑除恶"犯罪专项斗争的精神要求，全市法院成立专项斗争领导小组，制定工作方案，细化目标任务，加强组织领导，抽调骨干力量成立专项斗争合议庭，做到措施到位，责任到人，确保专项斗争扎实有效开展。对省委政法委、省公安厅、市委政法委、市公安局挂牌督办的“两抢一盗”、“打黑除恶”案件，进入审判环节后，坚决快审快结，没有一件超过法定审限。在专项斗争中，针对严重危害人民群众生命财产、严重破坏社会治安稳定的犯罪，通过重拳出击，震慑犯罪，教育群众。同时对各基层法院审理的挂牌督办案件逐案督办，对重大和有影响的案件指定专人跟案指导，确保案件质量。（张小涛）

【刑事附带民事调解】　2008年，市法院共受理一、二审刑事附带民事诉讼案件71件，其中调解结案33件，调解率为46%。一、二审刑事附带民事案件调解结案率均呈逐年上升趋势。在调解工作中，强化调解意识，整合调解力量，扩展调解范围，创新调解方法，积极探索刑附民调解工作的新模式，积极推行多元化纠纷解决机制，充分发挥调解自动履行率高、后遗症少的作用，化消极因素为积极因素，采用法理与情理相结合的方式，努力实现案结事了，群众满意。（张小涛）

【民商事审判】　2008年，全市法院共受理各类民商事案件20187件，审结19903件，结案率98.59%。围绕党和政府的中心工作，发挥审判职能作用，更加关注民生，更加注重调解，为促进社会和谐稳定、优化经济发展环境做出积极贡献。（张小涛）

【关注民生案件】　2008年，市法院出台《学习贯彻落实十七大精神推动法院工作全面开展的意见》，要求全市法院妥善审理和执行好就业、就医、住房、社会保障等有关民生的案件，服务社会和谐建设。在案件办理过程中，重温“马锡五审判方式”，始终做到“关注民生、服务民生、保障民生”，为案件当事人提供一切方便。选择赡养、抚养、家庭婚姻、邻里纠纷等典型案件，深入到企业、乡村、社区、学校等巡回办案，让群众全过程旁听案件庭审，提高案件审理透明度。邀请人大代表、政协委员、村民社区代表以及其他群众旁听，并发表意见和看法，监督和支持法院的工作。（张小涛）

【行政审判】　2008年，市法院行政庭共受理各类行政案件5291件，其中一审诉讼案件3511件，结案3511件，结案率100%；二审行政诉讼案件1708件，结案1708件，结案率100%；受理行政非诉执行案件72件，执结72件，执结率100%。受理案件数量约占全省数量的40%，受到省高院的表扬。（张小涛）

【非诉行政执行】　2008年，全市法院坚持省高院《关于加强非诉行政执行案件工作的通知》规定的管辖原则，对于基层法院因行政干预大而确有困难无法执行的案件，市法院提级管辖，或指定其他法院管辖。全市法院在非诉执行工作中，探求新的工作方法和有效措施，严肃执法，规范程序，灵活运用，根据被执行人的实际情况，采取不同的强制措施，提高案件执结率。（张小涛）

【立案信访工作】　2008年，全市两级法院将做好信访稳定工作作为贯彻中央“稳定压倒一切”工作方针的重中之重来抓，经过周密部署，精心组织，细致排查，包案处理，圆满完成全省法院联合接访、不稳定因素排查、涉诉信访案件的解决处理等工作。全市两级法院完成中央政法委交办信访案件54件、省委政法委交办信访案件153件、市“走进矛盾、破解难题”活动交办案件24件、市信访工作领导小组交办信访积案14件、市联席办交办案件67件、奥运期间组织接访并处理信访案件910件，完成省院接访交办涉诉信访案件260件。（张小涛）

【疏导化解社会矛盾】　2008年，市法院明确“以信访工作规范化、制度化为目标，抓好信访日常工作机制建设，及时化解疏导矛盾”的工作思路。制定《关于进一步加强和完善立案、信访工作管理的暂行办法》、信访工作首问责任制度、院长接待日制度，对信访工作组织领导、工作纪律、操作程序等作详细规定，使信访工作有章可循。建立健全信访工作领导责任制度。确定立案庭负责全院信访工作，院长为全院信访工作第一责任人，分管副院长为分管部门责任人，各部门负责人为本部门责任人，谁主管谁负责，并将领导责任纳入年度工作目标考核和奖惩。不断强化“两个督办”。立案庭督促相关部门或人员在限定时间内办理，在规定时间内不能办理的，相关部门或人员应报请院长批准延长办理时间。未经审批超期办理的，由立案庭报请纪检监察室追究责任。从而从责任上将各部门纳入信访工作网络，充分调动各方积极性。注重信访工作与案件质量相结合。全面实行判前释法、判后答疑制度，狠抓案件质量，构筑“铁案工程”。注重信访工作与诉讼调解相结合。将调解工作贯穿到诉前、诉中、执行等各个阶段，实现法律效果和社会效果的统一。注重信访工作与纪检监察工作相结合。不断增强干警纪律意识，减少信访中群众的不满情绪。（张小涛）

【审判监督】　2008年，市法院审监庭受理案件182起，其中旧存9起，新收173起，结案175起，结案率96.15%，位居全省前列。其中改判28件，改判率16%；发回重审36件，发回重审率20.6%；调解7件，调解率4%；维持85件，维持率48.6%；其他方式结案的19件，占10.9%。省法院指令再审案件37件，占总收案数的20.3%；检察院抗诉案件4件，占总收案数的2.2%；提审案件10件。（张小涛）

【减刑、假释工作】　2008年，市法院审监庭首次在再审案件多、减刑比例不变的情况下，将一年两次的减刑改为一年三次，改变过去报批周期长、短刑犯人没有机会的局面，受到省高院和省监狱管理局等的好评。为了确保案件质量，合议庭严格评议和把关，改变往日机械性审批，对犯罪情节严重，主观恶习深，虽然符合减刑条件，但在一定程度上缩减幅度。为配合省委政法委开展“两抢一盗”犯罪专项斗争，审监庭在全市六所监狱召开会议，明确对这类犯罪人员的减刑从严掌握，对提请对该类罪犯减去余刑的将不予批准。对主犯、累犯的减刑，不仅要间隔时间延长，而且减刑幅度也要从严掌握，尽力减少该类犯罪的再犯机会。（张小涛）

【坚持案件信息录入制，强化执行威慑机制】　2008年，为开展好最高院要求的执行威慑机制建设工作，全市法院深查细挖、全面排查、逐一将案件在信息管理系统录入的基础上，市法院专门成立考评检查组，对全市法院执行案件信息录入情况进行不定期专项检查，确保全市法院执行案件收一案录一案，结一案录一案，录入信息及时全面，案件录入高质高量。全市法院民事执行案件已全部录入系统，促进全市执行案件信息管理的良性发展。

2008年，市法院新收执行案113件，旧存案70件，执结164件，执结率90%。坚持把解决“执行难”问题作为树立司法权威，促进社会和谐的一项重要工作，继续加大清理执行积案工作力度，建立联动制约机制，落实救助基金，实行提级、指定、交叉执行，形成全市法院上下联动，党委政府高度支持，社会各界积极配合的大执行工作格局。（张小涛）

【调查研究】　2008年，完成省院下达的重点调研课题和10项临时交办的调研任务，举办3次专题研讨会，共编发《审判研究》6期，采编调研文章30篇。向省院报送调研文章752篇，被各级报刊、杂志采用各类调研文章126篇，其中，国家级37篇，省级51篇。在调查研究工作中，认真贯彻落实上级法院关于加强调研工作的指示精神，紧密结合全市法院审判工作实际，建章立制，进一步规范管理。确立重点调研课题，明确工作重心。加强互动，积极参与多项临时性调研。充实力量，增强调研工作主动性。（张小涛）

【案例编报】　2008年，全年编发《案例参阅》7期，选用案例23篇，向省高院报送两种体例的案例110篇，其中人民法院案例选76篇，审判案例要览31篇，人民法院公报案例3篇。省高院《案例研究》、《公民与法》采用案例14篇。结合“两抢一盗”、“劳动争议”等专题，编印案例指导专刊，使案例编报工作充分发挥指导审判实践、反映审判工作水平的作用，努力推进全市法院案例编报工作的发展。（张小涛）

【司法统计】　2008年，市法院共向省高院报送统计分析50余篇，被各级信息载体、报刊、杂志采用10余篇。围绕绩效考核规定，狠抓司法统计工作。结合大力开展司法统计工作，注重统计数据的综合利用；加强对基层法院司法统计工作的检查和指导，通过检查发现工作中的不足，帮助基层法院解决工作中的困难和问题；建立统计台账制度，帮助、指导基层法院建立统计台账制度，为两级法院的领导决策提供重要的依据；四是准确、无误的完成短期自由刑、刑事案件量刑规范化等各项临时性填报任务。（张小涛）

【司法鉴定】　2008年，市法院司法技术处共接受各类对外委托案件63件，其中法医鉴定类10件，文检类7件，财产评估案件18件，拍卖16件，工程质量鉴定类7件，财务审计5件，已结案58件，结案率92%，办案数和结案率均居全省司法技术部门前列。（张小涛）

【新闻宣传】　2008年，新闻宣传工作的软、硬件水平达到前所未有的高度，正确把握舆论导向，大力开展宣传工作，密切配合法院中心工作，突出宣传重点，取得显著成效。全市法院共被各类新闻媒体采用稿件

8994篇，其中国家级1745篇，省级3739篇；市法院共被各级新闻媒体采用稿件633篇，其中国家级145篇，省级228篇，圆满完成工作任务。（张小涛）

【司法警察】 2008年，市法院法警支队共完成刑事、民事值庭任务230余次，押解、看管被告人750余人次，动用警力2980余人次。执行死刑9次12人，全部采用注射方式执行，共动用警力350余人次。执行民事强制措施案件23件，执结23件，结案率为100%，比上年增加43%，总标的约1.3亿元。顺利通过2008年度省级“青年文明号”的继续认定。（张小涛）

【纪检监察】 2008年，市法院统一思想，充分熟悉新形势下加强反腐倡廉建设的极端重要性和紧迫性，加强教育引导，筑牢思想防线。完善制度，推进反腐倡廉工作的制度化。规范法官职业行为，构筑法官与律师隔离带，制定《关于规范法官职业行为构筑法官与律师隔离带，维护司法公正的若干规定》。对党风廉政建设实行量化管理。制定《全市法院纪检监察工作考核办法》，实行专门的年终考核评比，形成一个有压力，比争创的工作局面。强化监督，确保权利的正确行使。积极采取内外监督方式，加大监督力度，先后邀请人大代表、政协委员、廉政监督员旁听案件100余人次。对群众关注的重点案件进行汇报，受到社会各界的好评。（张小涛）

【开展“新解放、新跨越、新崛起”活动】 2008年7月，市法院按照省、市委的安排部署，成立组织，制定方案，召开动员大会，深入开展“新解放、新跨越、新崛起”大讨论活动。坚持把开展大讨论活动同绩效考核、为群众办好十件实事等工作结合起来，认真查摆问题，认真整改问题，全面推动法院各项工作，确保活动效果。开展为群众办好涉及审判、执行、涉诉信访、司法救助、接受监督等方面的十件实事活动。发扬马锡五审判方式的优良传统，加大巡回审判工作力度。巡回办案，让群众全过程旁听案件庭审，提高案件审理透明度。强化民生案件审理，更加关注民生，促进社会和谐。强化审判作风，坚持文明司法。认真开展绩效考核活动。进一步提高全体干警的思想认识，改进工作作风，处理和纠正群众反映强烈的案件，争取社会各界对法院工作的理解和支持，树立法院公正司法一心为民的良好形象。（张小涛）

【队伍建设】 2008年，市法院先后深入开展“讲正气，树新风”和社会主义法治理念教育活动。通过举办先进人物事迹报告会、参观党员示范教育基地、大接访、大走访等多种形式的教育活动，广大法官的社会主义法治理念进一步确立，审判指导思想进一步端正，审判作风进一步改进，涌现出一批先进集体和个人。认真贯彻落实《中共中央关于进一步加强人民法院人民检察院工作的决定》，坚持党组中心组学习制度，全面贯彻落实科学发展观，不断提高政治素质和领导能力。坚持实施人才强院的方针，以案件质量年活动为载体，深入开展优秀审判长评选、优秀法律文书评比、庭审记录竞赛、法制宣传稿件评比等多种形式的岗位练兵活动，加强干警业务素质培训工作。

（张小涛）

2008年度新乡市法院系统荣获奖项

先进集体

集体二等功

新乡市中级人民法院行政审判庭

延津县人民法院刑事审判庭

原阳县人民法院研究室

全省优秀基层人民法院

长垣县人民法院

封丘县人民法院

全省法院先进人民法庭

新乡县人民法院七里营法庭

全省司法统计工作先进单位

新乡市中级人民法院

辉县市人民法院

新乡县人民法院

全省调查研究工作先进单位

长垣县人民法院

全省案例指导工作先进单位

长垣县人民法院

新乡县人民法院

全省通联工作先进单位

红旗区人民法院

辉县市人民法院

先进个人

个人二等功

王如意　肖　飞　赵宏伟　刘铁红　王　玲

李　亮　王新恒

全省优秀人民法官

王新德

全省案例指导工作先进个人

张 西 王文信

全省司法统计工作先进个人

张 艳 尚德芳

全省通联工作先进个人

张小涛 王顺广

全省调查研究工作先进个人

王顺广

司法行政

【司法行政概况】 2008年，全市司法行政工作认真贯彻落实上级政法工作和司法行政工作精神，以科学发展观为统领，充分发挥法律保障、法律服务和法制宣传等职能作用，为维护全市社会稳定，优化经济发展环境，构建平安、和谐新乡作出积极贡献。 (曹斐然)

新乡市司法局领导成员

局 长 李双安（2008年12月任）
唐 棣（2008年12月离）

党委书记 唐 棣

党委副书记、副局长 张国栋

副 局 长 王 敬 周胜利 宋 涛
郭国战 郑滋社

纪检委书记 蔡 焱（女）

政治处主任 周培明

【普法依法治理工作】 2008年，认真组织实施“五五”普法规划，提请市人大对市“五五”普法规划和市人大常委会《关于进一步加强法制宣传教育和依法治理工作的决议》贯彻执行情况进行督促检查，有力地推动普法依法治理工作开展，顺利通过全省“五五”普法中期检查。“民主法治村”、“民主法治社区”创建活动，扎实推进，效果明显。凤泉区耿庄村继新乡县龙泉、获嘉县楼村之后，跨入“全国民主法治示范村”行列。深入开展“法律六进”活动，加强农村法制宣传阵地“四个一”建设和法律进社区“六个一”建设，向农村社区免费发放实用法律资料，充实法律图书角，深受农民群众和社区居民的欢迎。 (曹斐然)

组织律师到省女子监狱为服刑人员提供法律咨询

【监狱劳教工作】 2008年，监狱、劳教工作牢固树立首位意识，强化干警责任意识，注重监所安全综合防范体系建设，构筑维护监管安全的坚强防线。市监狱实现第10个监管安全年，市劳教所连续10年安全无事故。严格落实监管安全措施，提高综合防范能力。强化防控、排查、应急处置、领导责任四项机制和人防、物防、技防三道防线。大力加强对重点人员、重点部位和重点环节的管控。严格实行罪犯和劳教人员学习、生活、劳动三大现场警察直接管理和双人值班，认真落实门卫、违禁危险品检查、外协人员管理等制度，进一步规范狱所内部管理。认真落实生活卫生管理制度，严防集体食物中毒和重大传染病疫情的发生。严格执行安全生产制度，杜绝超时、超体力劳动，防止重特大安全事故发生。完善狱所门禁、围墙、电网、监控、报警、消防等设施和警械具配备，强化狱所技术防范手段。“软硬件”结合，不断提高教育改造质量。认真排查危险、重点人员，落实包教、包控措施。严格执行“三类罪犯”管理规定，坚持异地关押、“三个调离”和备案制度，开展“四类矛盾”大排查活动。特别是执法上坚持“三公开、两公示、一监督”制度，加大执法工作透明度的做法，得到中央专项行动领导小组的肯定。健全完善督查机制，彻底整改安全隐患。经常组织监所安全隐患大排查，建立工作台账，责任到人，发现问题及时处理。组成督查组，进驻市监狱、市劳教所对安全稳定工作进行督查，对查出的问题隐患，提出整改措施、整改时限、整改责任人，并整改到位。落实警力下沉，抽调7名机关干警，到监狱、劳教基层岗位挂职，缓解一线警力不足。开展监狱劳教人民警察综合素质教育训练活动，提高监狱、劳教人民警察的政治素质、业务素质和体能素质，提高服务大局能力、教育改造能力、应对各种突发事件和自然灾害能力。在全省组织的综合素质考核中，得到厅领导的好评。

（曹斐然）

【律师工作】　2008年，律师业务领域有所拓宽，服务质量不断提高，积极为各级政府及职能部门担任法律顾问，为其指导经济、管理事务、依法行政提供法律服务。在国有、民营企业、个体工商户中积极建立法律顾问点，指导顾问单位及当事人依法经营、依法管理，帮助调处经济纠纷，代理参与诉讼活动。不断开拓非诉讼业务领域，继续巩固金融、房地产、招投标等业务，积极参与政府、企业招商引资、项目引进等非诉讼法律事务。继续做好刑事辩护和民事代理等基础性律师业务，以事实为依据，以法律为准绳，秉公办案，维护正义，有力地保障国家法律的正确实施，维护当事人的合法权益。全市律师共办理各类诉讼案件10200件，非诉讼法律案件31000件，担任各级政府、企事业单位、公民个人法律顾问1901家，办理法律援助案件535件。

（曹斐然）

【公证工作】　2008年，公证工作牢固树立“公正意识、诚信意识、质量意识、责任意识”，加大公证质量监管力度，努力开拓证源，拓展业务范围，积极为招商引资、招投标项目建设、重点工程、房地产开发、政府采购、企业改制以及社会公益事业提供公证服务。开辟退耕还林、土地复垦、农业贷款等业务。全市公证机关共办理各类公证14214件，公证事项涉及金额达6.2亿元。接待来访和解答法律咨询1.6万余人次，拒绝公证98件，制止不法经济合同57件，为企业法人和公证当事人避免和挽回经济损失约6791.5万元。

（曹斐然）

【法律援助】　2008年，加强法律援助的建章立制工作，市政府办公室转发司法局《关于确定新乡市法律援助经济困难标准的意见》，进一步降低法律援助门槛，放宽经济困难标准。建立和完善法律援助经费使用和监督管理制度，制定《新乡市司法局关于办理法律援助案件补贴标准及相关问题的规定》，使法律援助工作各项制度步入规范化轨道，最大限度满足困难群体对法律援助的基本需求。切实做好农民工法律援助工作。开辟农民工法律援助绿色通道，对农民工申请支付劳动报酬、工伤赔偿和人身损害赔偿法律援助的，直接列入援助对象。针对农民工特点开展法律援助宣传，全市发放宣传材料1.5万余份，接待咨询6400余人次，受理农民工案件178件，受援农民工212人次。编印2万份法律援助指南，利用“法律进社区乡村”活动发放到基层社区、乡村，广泛宣传法律援助，主动接受社会监督。全年全市法律援助机构以及律师、基层法律服务机构共办理各类法律援助案件1606件，受援人数1662人。

（曹斐然）

设立法律咨询台为过往群众提供服务

【司法鉴定】　2008年，全市各县（市、区）均成立了司法鉴定机构。司法会计鉴定、建筑工程质量司法鉴定工作已初步建立起与诉讼程序间的衔接机制。法医临床、法医病理类司法鉴定正在被社会所了解，社会效果日益显现。全市24家司法鉴定机构、146名司法鉴定人全部通过省司法厅审核，成功登录。

（曹斐然）

【人民调解】　2008年，全市集中开展矛盾纠纷排查。在“双节”、“三夏”期间开展大规模矛盾纠纷排查活动，坚持“抓早、抓小、抓苗头”，集中调处一批群众关心的热点、难点矛盾纠纷。有针对性地做好群体性事件和社会热点纠纷的调解工作。把排查延伸到企事业单位、大型集贸市场、经济开发区、商品集散地、流动人口聚居区等，最大限度地把排查覆盖到人群密集的地方，围绕重点、热点进行排查。加强对特殊性群体的摸底调查，准确掌握可能发生的倾向性问题，把问题解决在基层，化解于萌芽状态。机关干警下一线与乡镇司法所人员共同展开拉网式排查，确保“乡不漏村，村不漏户，户不漏人”，充分发挥人民调解在社会治安综合治理第一道防线的作用。全面提高调解人员的业务素质。为各县（市、区）司法局和基层司法所免费发放“优秀人民调解员”演讲光盘200余张，各种教材180余本。指导各县（市、区）司法局对人民调解员开展多种形式的业务培训，受训人员达9894人次。全年共排查出各类纠纷5311件，调成5118件，调成率达96%。（曹斐然）

【基层司法所工作】　2008年，全市加快司法所办公用房建设进度，确保完成司法所建设规划任务。全年上级下达司法所建设项目17个，总投资93.6万元，招标建设如期展开，已有4个项目正在建设中，年底前能够如期完成规范化司法所创建任务。全面活跃基层司法行政工作，切实为基层服务。全市有147个乡镇（街道）司法所及西工区司法所，基层司法所共有工作人员434人。全市基层司法所共担任法律顾问1774家，代理诉讼事务958件，代理非诉讼事务2394件，调解纠纷1776件，协办公证476件，见证1835件，办理法律援助206件，避免和挽回经济损失524.7万元。（曹斐然）

【安置帮教工作】　2008年，认真贯彻落实中央社会治安综治委员会、公安部、民政部、司法部等八部委《关于进一步做好刑满释放、解除劳教人员促进就业和社会保障工作的意见》，明确责任，强化管理，完善制度，化解难题，对全市的“两劳”回归人员澄清底数、登记造册、分类归档，做到人名在册，数目清晰，形成上下联动，齐抓共管，市、县（市、区）、乡（镇、社区）、村（居）四级安置帮教工作网络体系。全年共安置帮教“两劳”回归人员534人。（曹斐然）

【司法考试】　2008年，为确保年度国家司法考试工作顺利完成，建立由公、检、法、司领导组成的司法考试指导小组，指导协调司法考试工作。按照司法部“四最”要求，认真总结经验，不断完善措施，完善考务、保密、监督、勤务等制度，严格工作程序，强化责任追究，保证考试组织工作顺利进行。（曹裴然）

【干警队伍建设与党风廉政建设】　2008年，社会主义法治理念教育活动、“大学习、大讨论”活动、“新解放、新跨越、新崛起”大讨论活动的深入开展，有力地推动各项工作的进步，先后组织实施打击“两抢一盗”犯罪专项斗争、“打黑除恶”专项斗争、“法律服务和法律援助工作为构建社会主义和谐社会服务”等专题活动。根据《监狱劳教人民警察队伍建设规划纲要》，分层、分批、分类对干警进行全员集中轮训，达到科级以下干警业务培训不少于12天的要求。对重点执法岗位的干警和部分乡镇司法所长进行专门培训，全年共办各类培训班47期，参训人员1140余人次，广大干警的宗旨意识、服务意识、专政意识、法制意识显著增强。同时，制定下发《新乡市司法局2008年党风廉政建设责任制工作实施意见》、《新乡市司法局2008年党风廉政建设责任目标》、《党委班子成员2008年度党风廉政建设岗位职责》、《新乡市司法局2008年党风廉政建设责任制考核办法》等文件，建立廉政宣传专栏，公布廉洁从政制度，大力加强党风廉政宣传教育。（曹斐然）

2008年度新乡市司法系统荣获奖项

先进集体

省司法厅集体二等功

　市监狱

全省司法厅政风行风建设单项工作先进单位

全省人民警察综合素质训练宣传先进单位

　市司法局

全省司法行政系统先进集体

　新乡市法律援助中心

全省机关档案工作规范化管理认证一级档案室

　市司法局档案室

全市创建全国文明城市工作先进集体

全市安全生产工作优秀单位

全市纪检监察宣教工作先进集体

全市党风廉政建设责任制工作优秀单位

市直机关先进工会

全市先进基层党组织

全市联通宣传先进单位

全市综治宣传先进单位

全市庆祝建党87周年文艺汇演一等奖

全市第六届职工运动会组织奖

市司法局

全市双拥工作先进单位

新乡市法律援助中心

全市维护妇女儿童工作先进集体

依法治市办公室

全市铁路护路工作先进集体

市司法局基层科

先进个人

全省平安建设先进个人

庞训季

全省人民警察综合素质训练宣传先进个人

全市优秀党务工作者

全市综治宣传先进个人

李爱萍

全市未成年人思想道德建设工作先进工作者

全市优秀共产党员

程鹏文

全市三八红旗手

张 洁

全市平安建设先进个人

庞金光 薛立新

全市行政事业单位资产清查工作先进个人

王 玲

全市人口和计划生育工作先进个人

王文芳

全市铁路护路工作先进个人

刘 嘉

全市创建国家卫生城市先进个人

王世勇

全市政府法制工作先进工作者

新乡市地方志编纂工作先进个人

李 强

社会治安综合治理

【社会治安综合治理概况】 2008年，全市社会治安综合治理工作成绩辉煌。全市未发生在全省有重大危害国家安全和影响社会稳定的案事件，未发生在全省有重大影响的安全生产事故，未发生在全省有重大影响的群体性事件。平安建设整体工作先进位次前移，在全省考评中位居第二，在2006年、2007年连续荣获全省平安建设先进市称号的基础上，再次荣获此称号，是2008年全省唯一获得“平安建设先进市”的人口大市。市委常委、政法委书记弋振立在全省政法工作会议上作典型发言，被省委、省政府推荐为“全国社会治安综合治理工作优秀市”，社会治安综合治理工作得到中央综治委的充分肯定。延津县、长垣县均获得“全省平安建设先进县（市、区）”称号，省委分别给予30万元奖励。全市人民群众对社会治安综合治理工作满意度明显提升，省社情民意调查中心2008年调查显示，全市群众安全感指数为94.94%，超出全省平均数（94.01%）0.93个百分点，在全省综合排名第三位。

（王雪礼）

新乡市社会治安综合治理委员会及办公室领导成员

主　　任　李公乐（2008年9月离）
　　　　　弋振立（2008年9月任）

副 主 任　刘孟英（女）　丁保东
　　　　　张玉峰（2008年12月离）
　　　　　王金相（2008年12月任）
　　　　　李爱民（2008年12月离）
　　　　　昌子林（2008年12月任）
　　　　　王伯勋　李景彬　刘道江

办公室主任　肖玉魁

办公室副主任　于世明

【构建“大平安”工作格局】 2008年，市委、市政府围绕“发展、稳定、廉洁”的工作布局，把维护社会稳定、促进社会和谐作为创建“平安新乡”的工作目标，全市把平安建设列为“一把手”工程，层层签订《平安建设目标责任保证书》。加大责任查究力度，建立完善平安建设述职和责任追究制度，市、县两级分别对河南师范大学生命科学学院等13个工作不力、治安问题较多的地方、部门给予黄牌警告和通报批评。2008年市、县、乡分别按人均0.1元、0.4元、0.5元的标准建立综治专项经费，纳入各级财政年度预算，坚持实施“以奖代补”和财

政“直补”的政策，市财政拨出专款100万元对先进县（市、区）、先进乡（镇、办）、先进集体进行表彰奖励。（王雪礼）

【解决突出问题，维护社会稳定】 2008年，新乡市始终把维护稳定放在首位，认真落实维护社会稳定各项措施。立足“抓小、抓早、抓了”，对排查出的不稳定问题和群体性事件认真梳理，全部建立工作台账。对影响稳定的重大案（事）件，实行领导包案，层层落实责任，加大解决问题的力度，特别注重做好奥运会等重大节日和敏感时期的稳定工作，认真落实对部分企业军转干部等重点人员的稳控措施，妥善处置化解华北石油局驻新企业协解人员赴京集体上访、封丘县尹岗乡与兰考县坝头乡黄河滩地纠纷等群体性事件苗头。有效化解4起省交办、6起自查的不稳定因素，全市没有发生在全省有重大影响的群体性事件。完善信访工作机制，着力解决群众反映集中的问题。建立以信访问责、党政领导预约接待、信访月通报、党委政府责任考核与群众工作积分考核为主要内容的责任机制、运转机制、促进机制和重大决策信访评估机制。7月，全市选调30名督查员派驻各县（市、区）和市直有关单位，进行“百日整治”活动专项督查，着力解决人民群众反映的实际问题。认真办理涉法涉诉案件，不断提高停访息诉率。围绕“人要回来、事要解决、案结事了、息诉罢访、群众满意”的标准，落实责任，强化措施，处理涉法涉诉问题。省委政法委交办新乡市非正常进京赴省上访的14批247起案件，办结241起，结案率97.6%。其中，经省委政法委转交的中央政法委交办案件95起，已全部办结，受到省委政法委通报表彰。加强安全生产工作，预防和减少各类安全事故的发生。以“安全生产月”活动为契机，认真落实安全生产监管制度，组织开展小煤矿、烟花爆竹、旅游、道路交通、建筑等专项整治，有效预防和减少各类事故的发生，保持安全生产形势稳定，交通事故数、死亡人数、受伤人数、损失折款数同比分别下降23.5%、13.3%、20.4%、23.2%；全市无重大以上火灾事故发生，火灾3项指数大幅度下降。加强矛盾纠纷调处机制建设。县、乡两级按照“四室一厅”标准建立矛盾纠纷调处中心，3188个村（社区）建立调委会。全年共排查调处各种矛盾纠纷7097起，调成6837起，调成率96.33%。其中县、乡（镇、办）排查调处矛盾纠纷1032起，调成率100%，村（社区）级共排查调处各种矛盾纠纷6065起，调成5852起，调成率96.5%，化解不稳定因素201起。（王雪礼）

【开展严打整治斗争】 2008年，新乡市坚持“严打”方针不动摇，继续开展严打整治斗争，震慑违法犯罪活动，维护社会长治久安。全市共破获各类刑事案件21723起，批准逮捕各类刑事犯罪嫌疑人3622名，判处4766名；全市现行命案破案率100%，是第一个实现副省长秦玉海提出的命案全破目标的较大省辖市；打掉涉黑团伙8个，一审判决6个，打掉恶势力团伙35个，判决团伙成员208人，全国打黑办批转的6条犯罪线索全部查结；在全省公安机关组织开展的中原卫士杯“破案、追逃、防控”竞赛中，新乡市综合打击效能位居全省第二；通过提高综合打击效能，社会治安大局持续好转，全市共立刑事案件17612起，同比下降34.7%，其中命案发案数同比下降21.69%；全市共查处毒品违法案件20起，抓获毒品违法犯罪人员28名。

以打击“两抢一盗”等多发性犯罪为抓手，建立完善排名通报、有奖举报等工作机制，形成全党动员、全民参与的工作局面，对各类多发性、系列性刑事犯罪活动予以有力打击。全市破获“两抢一盗”案件22604起，抓获犯罪嫌疑人7337名；破获省督破案件195起，破获率100%；抓获省督捕逃犯147名，抓获率98%。全市“两抢一盗”案件呈明显下降趋势，在公众满意度调查中，群众对打击“两抢一盗”犯罪工作满意率居全省第二位。打击“两抢一盗”犯罪的经验做法在全省综治工作会议上进行交流。

2008年4月，按照中央、省综治委要求，开展排查调处矛盾纠纷、排查整治治安混乱地区和突出治安问题活动。全市共排查各种矛盾纠纷3065起，已调成2972起，调成率97%。对确定的14个市级治安混乱地区、28个县级治安混乱地区，采取一个问题、一名领导、一套班子、一个方案、一抓到底的办法，对治安乱点进行集中整治。在集中排查调处的同时，在全市建立融司法调解、行政调解与人民调解为一体的综合调处体系，完善定期排查、归口办理、督促检查、回访调查、责任追究、经费保障等制度，建立矛盾纠纷排查调处的长效机制。

（王雪礼）

【治安防控体系建设】 2008年，创新群防群治建设途径，逐步实现治安巡防队由义务型向专业型转变。在全市建立以专业化巡防队伍为主体，以半专业化巡防队伍为补充，以义务巡防队伍为辅助的新型巡防队伍体制。专业化巡防队伍统一配置服装和巡防器械，管理由综治办负责，业务由派出所指导，工资、待遇、人员固定，实行全天候值班巡逻。半职业化巡防队根据“谁出资、谁受益”的原则，统一服装、统一标识、统一工作台账，付给一定报酬。义务巡防队由村、企业根据情况组建，义务维护社会治安。全年全市共建立专业化、半专业化治安巡防队1767支，巡防队员8126人；义务巡防队963支，巡防队员4513人。全市巡防队抓获各类违法犯罪人员257名，协助公安机关破案127起，调处各类矛盾纠纷1239起，为求助群众提供服务1034次。

建设四大监控系统，强力推进科技防范。把推广技防作为推进社会治安防控体系建设、创建平安新乡的一项重要举措，市委、市政府两办下发《2008年度新乡市安全技术防范建设工作实施方案》，严格按照2006～2008年三年技防安装推广规划组织实施。市综治委下发《县（市、区）技防建设目标考核办法》，将技防建设纳入年度考核，有力促进技防工作开展。1月17日，在延津县召开全市技防建设现场会。8月8日，召开全市技防建设推进会，重点推广“宽视界”、“神眼”、“居家卫士”、“平安互助网”四种技防系统。市政府投入1370万元，在市区统一规划安装监控探头500个，一级监控平台1个，二级监控平台5个，三级监控平台22个，全市已建成覆盖90余条（个）主要街区（广场）的视频监控系统。2008年，全市各级共投入资金4.6亿元，所有县（市、区）在城区主要街道和重点部位安装电子监控系统，80%的乡镇安装电子监控、电子入侵报警系统等不同型号技防设施，70%的村、58%的农户安装视频监控系统、红外线报警、平安互助网、“电子狗”等技防设备。

建立治安防控区段，提高治安防控能力。全市设置三级卡点21个，市指挥中心设卡指令下达后，三级卡点均能够在5分钟布控，人员装备15分钟内全部到位。又在主要出入市口新设11个“查报站”，检查可疑人员、堵截嫌犯、及时接警和出警。在全省较早实行网格化街面巡逻防控机制，市区共建成治安防控区14个，进一步提升专业防范水平。

（王雪礼）

【校园周边环境治安综合治理】 在校园门口设置校园平安岗，确保学生安全，开展以城乡结合部、校园周边环境为重点的网吧治理等专项行动。全年共检查网吧1000多家（次），检查娱乐场所1800多家（次），查处网吧违规行为1500多起，停业整顿300多家（次），未成年人进入网吧现象明显减少。围绕“减少和预防青少年违法犯罪，促进青少年健康成长”这条主线，切实加强预防青少年违法犯罪工作。在全市中小学校配备专职法制副校长和辅导员，确保法制教育的落实。（王雪礼）

【创建“平安铁路示范路段”活动】 以创建“全国平安铁路示范路段”活动为载体，以集中整治铁路沿线突出治安问题为重点，集中开展铁路治安重点区段整治工作，全市共排查铁路沿线内“三小”网点70余家，依法取缔18家，迁出20余家（次），查处各类违法犯罪嫌疑人30余名，确保铁路运输在市境内安全畅通，辖区内没有发生有影响的破坏铁路案件，没有发生有影响的危及铁路安全的刑事治安案件，没有发生围堵、冲击、拦截等影响铁路正常运行的事件，铁路治安整体形势保持平稳，得到中央、省铁路护路联防领导小组的肯定，市护路办被评为全国铁路护路先进单位。（王雪礼）

【健全完善流动人口管理机制】 全市成立13个流动人口治安管理办公室，有142个暂住人口管理服务站，1200余名专兼职协管员。完善管理信息，将外来聘用人员、暂住人口、建筑和娱乐场所的外来人员、流浪乞讨人员纳入流动人口管理网络，实行流动暂住人口、计划生育、劳动就业、兵役状况、子女教育、病疫情况“六位一体”信息化管理，各类预警信息、协查通报的及时处理率动态保持在90%以上。加强经常性清查，采取集中清查与日常清查相结合的办法，每年以各县（市、区）为单位，实行分片包干“拉网式”清查。（王雪礼）

【强化刑释解教人员安置帮教工作】 2008年，抓组织、建制度、强帮教、重安置，使帮教覆盖面不断扩大，安置率逐年提高，形成上下联动、齐抓共管的良好局面，确保刑释解教人员的安置帮教工作落到实处。开展对2005年至2008年刑释解教人员的专项调查摸底，共调查摸排刑释解教人员5009

人，已衔接 3499 人。全市建立安置帮教小组 3830 个，创办实体 5 个，帮教队伍达 13832 人，帮教率 100％，就业安置率达 99％，重新犯罪率控制在 3％以下。

（王雪礼）

牧野史料

历史上的新乡八大景

历史上新乡的八大景，分别为五陵晓色、洪门夜月、司马迷魂、故城络丝、李台晚照、牧野春耕、原庄夏景、卫水金波。出自明正德《新乡县志》孔谔诗。

五陵晓色

牧野春耕

李台晚照

古城洛丝

司马迷魂

洪门夜月

原庄夏景

卫水金波

民 主 党 派

中国国民党革命委员会新乡市委员会

【民革新乡市委概况】　2008 年，中国国民党革命委员会新乡市委员会（简称民革新乡市委）共有党员 327 人，平均年龄 54 岁，主要分布于教育、科技、经济、卫生、文化艺术等领域。其中，100 人具有高级职称，占成员总数的30.6%。民革新乡市委下设 6 个工作委员会（参政议政工作委员会、祖国统一工作委员会、社会服务工作委员会、统战理论研究及宣传工作委员会、妇女工作委员会、老龄工作委员会）和 16 个基层支部（书画艺术支部、医疗支部、中心医院支部、牧野支部、铁路支部、红旗一支部、红旗二支部、文体支部、河师大支部、平原大学支部、农灌所支部、凤泉支部、二中支部、电大支部、企业经济支部、卫辉支部）。全市党员中，有省政协常委 1 人，省政协委员 2 人；市人大常委 1 人，市政协副主席 1 人、常委 4 人、委员 16 人；区人大常委 2 人，县（市、区）政协常委 9 人，县（市、区）政协委员 20 人；各类监督员 10 余人。

2008 年，民革新乡市委在中共新乡市委和民革河南省委的领导下，高举爱国主义和社会主义两面旗帜，切实加强自身建设，围绕新乡市经济建设和社会发展的中心工作，努力搞好参政议政，致力祖国和平统一，广泛开展社会服务，取得可喜成绩。

2008 年是新乡民革发展史上不同寻常的一年。民革中央主席周铁农、副主席厉无畏、副主席钮小明、副秘书长兼办公厅主任叶莉君，民革省委主委李英杰、副主委史小红，先后莅临新乡，考察指导民革新乡市委的工作。　（汪胜涌）

民革新乡市第七届委员会领导成员

主任委员　付月云（女）
副主任委员　刘新民
　　李　新
　　朱云卿
秘　书　长　张东梅（女）

【民革中央主席周铁农莅新视察】　2008 年 10 月 29 日，全国人大副委员长、民革中央主席周铁农来到新乡视察工作，期间专门安排接见民革新乡市委领导班子和机关工作人员。民革河南省委副主委史小红参加会见。市政协副主席、民革新乡市委主委付月云汇报工作情况。周铁农对新乡民革近年来在各方面取得的成绩、积累的经验表示肯定，并欣然提笔写下横幅“新乡民革”。他还勉励新乡民革全体人员，要始终坚持中国共产党的领导，增强大局意识，增强服务意识，始终做中国共产党的亲密友党；要结合当前形势，广泛深入开展学习中共十七届三中全会活动，并围绕当前的中心工作，做好调查研究和参政议政工作，共同为振兴中华而奋斗。

（汪胜涌）

【民革中央副主席厉无畏莅新】　2008 年 5 月 8 日，全国政协副主席、民革中央常务副主席厉无畏到新乡参加“比干诞辰 3100 周年大典”活动。期间，他接见民革新乡市委领导班子，听取新乡民革工作汇报，并勉励新乡民革全体人员，要始终坚持中国共产党的领导，牢牢把握大局意识，继续保持和发扬民革的优良传统，围绕中共新乡市委确定的中心工作，团结带领全体党员，扎实工作，忘我工作，为新乡市的经济建设和社会发展做出贡献。（汪胜涌）

【民革中央副主席钮小明莅新调研】 2008年11月5日至6日，民革中央副主席钮小明率领民革调研组来到新乡，就人口和计划生育专题进行调研。新乡民革借此邀请调研组中的四川、天津等省市的民革组织负责人，召开民革工作交流会，互相介绍工作经验，共同探讨工作方法。（汪胜涌）

【思想政治工作】 2008年，民革新乡市委坚持自我学习和集中学习相结合，通过召开市委会、市委扩大会和支部主委联席会、中青年党员和骨干党员学习培训会，不断学习党的方针政策，重点学习科学发展观和新时期统一战线理论，系统学习民革章程和民革历史，搞好民革优良传统和政治交接学习教育活动，不断提高领导班子和全体党员的政治把握能力、参政议政能力、组织协调能力和合作共事能力，使新乡民革思想政治工作再上新台阶。

同时，民革新乡市委重视舆论阵地，树立良好社会形象。为纪念中共发布“五一口号”60周年，民革党员马抒垠撰写《今昔对比看“五一口号”的力量》，在《团结报》开设的“薪火相传，共创未来”专栏发表，这是新乡市统战系统在《团结报》发表的第一篇活动纪念文章。《为了国家粮食安全——记新乡市粮食局局长、民革新乡市委副主委朱云卿》、《黄河岸边的“七品官”——记河南省原阳县副县长、民革党员周勇》在《团结报》上发表，对朱云卿和周勇的优秀事迹大篇幅予以宣传报道。2008年民革新乡市委先后在《团结报》、《河南民革》、《新乡日报》、《根在中原》、《新乡统战》、《新乡政协》等媒体发表宣传稿件40余篇，及时宣传了新乡民革的重要活动、参政议政成果和党员先进事迹。（汪胜涌）

【组织建设】 民革新乡市委进一步完善领导班子内部议事和决策机制，建立健全集体领导和分工负责相结合的岗位责任制和考核评议制。同时，加强支部建设，支部活动形式多样。医疗支部每月举办一次有计划、有主题的支部活动，并创办QQ群加强联系。红旗一支部以座谈、学习、演讲等多种形式，深入开展“凝心聚力谋发展，同舟共济促和谐”为主题的特色支部活动。河师大支部老龄化严重，但支部主委李波经常与老党员保持联系，与校统战部、体育学院共同举办百岁老人张雪门寿诞宴会，深受学校好评。平大支部、凤泉支部、农灌所支部、电大支部积极创新活动形式，丰富组织生活，加强感情联络。尤其是年过八旬的王明智，经常联系看望老党员，鼓励大家保重身体，关注民革事业发展，争做新乡民革的“活字典”。

2008年6月19日，为了整合牧野区近百名民革党员，更好地发挥合作共事、服务当地建设的作用，民革新乡市委组建牧野支部，选举平军伟为主委。市委统战部原常务副部长杜家武以及牧野区领导应邀出席会议，并提出希望和要求。

2008年，民革新乡市委按照“三个为主”、注重质量、保持特色的原则，积极搞好组织发展，在教育、卫生等系统共发展14名党员。其中，3人具有高级职称，10人具有中级职称，平均年龄35岁。（汪胜涌）

【机关建设呈现新风貌】 市委机关坚持从制度建设入手，努力创建和谐机关，营建积极向上、团结和谐的氛围。机关干部认真做好联系、沟通、协调和服务工作，不断增强全体民革党员的凝聚力。机关还选派人员与市委统战部组队，参加市直机关运动会、市九运会开幕式、拔河比赛、改革开放30周年暨新乡市建市60周年市歌大赛，为统战系统取得优异成绩做出应有贡献。7月22日至23日，民革中央副秘书长兼办公厅主任叶莉君莅新，对民革新乡市委机关工作给予高度评价。（汪胜涌）

【反映社情民意，实施有效监督】 民革新乡市委按照在参与服务中实施监督、在实施监督中支持帮助的思路，坚持上下贯通、横向联动、人人参与的工作机制，通过参加中共新乡市委举办的政情通报会、征求意见会、行风评议会、民主党派人士座谈会等多种形式，积极反映社情民意，有效实施民主监督。民革新乡市委社情民意信息工作小组深入了解社情民意，搜集上报10余条有关信息，引起有关部门重视。民革党员中的“四大员”以及各类监督员、行风评议员，认真开展工作，对各自所联系的单位或部门实施有效民主监督。（汪胜涌）

【开展调查研究，积极建言献策】 2008年，民革新乡市委坚持紧密围绕市委、市政府的中心工作和主要任务，组织党员中的人大代表、政协委员和专家，广泛开展调查研究，积极主动地为新乡市经济社会发展建言献策。

民革新乡市委的集体提案《进一步发展新乡职业教育的建议》，被市政协列为一号重点提案，受到市政府高度重视。李新的《大沙河水污染严重，亟待解决》，被市政协列为重点提案，引起环保部门和社会各界的广泛关注。集体提案《关于保障地方粮食安全的建议》、《加大奶业扶持力度，促进奶业持续健康快速发展》、《建议有关部门新开设跑马岭地质公园公交旅游专线》，朱桂香的《如何让新农合政策更好的为农民服务》、肖俊夫的《关于增加市区连接新行政区公交线路的建议》、李国庆的《更改市内公交站点的建议》等提案，受到市委、市政府的高度重视。

2008年，各级人大代表、政协委员中的民革党员共提交建议和提案90余件。其中《进一步发展新乡职业教育的建议》等提案被市政协评为优秀提案。李新、张泽永、曹广新、吴兆国、刘永哲被评为新乡市优秀政协委员。　（汪胜涌）

【祖统工作取得新进展】　2008年，海峡两岸关系进入新的历史阶段，为民革发挥优势、开展促进和平统一工作提供了新契机。民革新乡市委坚持“和平统一、一国两制”的方针，充分发挥台属多、侨属广的优势，积极拓展对台交流和海外联谊渠道，广泛开展联谊交流活动，努力推进祖国和平统一。

党员何长雷积极与台湾亲属联系，邮寄一批反映中原崛起发展战略的资料，加强与台湾亲友们的交流。王建国、王明智经常与台湾亲人保持书信、电话交流，让他们感受到故乡亲人的温暖，也让他们从中体会到祖国日新月异的变化。中秋节前夕，民革新乡市委举办中秋节台属座谈会，与台属欢聚一堂，畅谈自己的感受和梦想。台属们表示，海峡两岸一脉相承，血浓于水，应当在“九二共识”的基础上，不断强化两岸关系与发展的良好势头，共同构建和平发展新框架，开创和平发展新局面，为两岸同胞谋福祉，为台海地区谋和平，期盼伟大的祖国能够早日实现完全统一，维护中华民族的整体利益和长远利益。　（汪胜涌）

【热衷公益事业，强化社会服务】　医疗支部和中心医院支部多次组织医疗下乡活动，到原阳、长垣、获嘉等县，为1000多人进行义诊。曹广新与几名贫困儿童结成对子，逢年过节都邀请他们到自己家里吃饭。赵承璧被《河南日报》、《漫画杂志》、河南经济新闻研究会评为“首届河南十大慈善书画家”。秦志忠、姬天社向社会各界提供法律援助18起，办理案件100余件，帮助企业和个人维护正当的合法权益。连续接受7年赞助的卫辉市小店河村学生张玉莹考上河南理工大学后，文体支部党员一致表示，继续赞助该同学，直到她大学毕业。王亚轲连续8年资助获嘉县贫困学生，被市委宣传部、市妇联评为“春蕾先进个人”。农灌所支部主委翟国亮，先后赴宁夏、陕西、内蒙等省区，为西部地区节水工程发展和新农村建设提出很好的建议。企业经济支部的许黎，从下岗职工到创办全国知名的万和滤清器厂，时刻不忘为政府分忧，先后吸纳下岗职工100多人。牛发德自主创业，成立新乡市振动机械厂，吸纳下岗职工20多人。他还主动增加30%的纳税额，降低企业利润，为政府和社会做贡献。律师许成才为卫辉市龙头企业银利达公司挽回经济损失1000多万元，受到当事人的一致好评。景志根引进企业资金1200万元，有力推进了当地经济的快速发展。　（汪胜涌）

【抗震救灾】　四川汶川大地震发生后，新乡民革全体党员情系灾区，通过各种途径积极向灾区捐款捐物。桑玉修亲赴汶川灾区，从事营救、援建工作长达44天，受到省、市建委表彰。文体支部于地震发生的次日，向灾区捐献2800元。夏慧明积极组织市豫剧团进行义演，将募集的1.8万元捐往灾区。书画艺术支部连续3天组织举办抗震救灾书画义卖活动，将义卖的2万多元捐给民政部门和慈善协会。医疗支部的张奎斥资20万元在火车站广场等重要场所打出大型公益广告宣传牌7块，动员社会各界力量支援灾区人民。民革新乡市委积极响应民革省委号召，组织党员进行二次捐款。党员焦世忠、张强、刘华、张国重、吴兆国、许黎、田开喜、孙中华，每人都捐款上万元。新乡民革党员捐献的钱物折合人民币达42万元。　（汪胜涌）

【做好本职工作】　2008年，全市民革党员在本职岗位上取得一系列可喜成绩。党员赵承璧创作的六尺隶书获湖南毛体书画展金奖，并获“华夏民族笔魂”称号。石庆骥创作的《万水千山伴君行》入选中国文联《第六届海峡两岸书画展作品集》，《春风几度故乡情》入选《中国画名家邀请展作品集》。崔前进创作的册页参加祝福中华神州圆梦2008邀

“福”活动，入围《全国首届册页展》，被中国奥林匹克委员会收藏。季石泰被文化部授予中国艺术大家和全国著名画家荣誉称号。申发元成功举办“元宵节个人收藏精品展”，撰写的论文在第二届民间国宝评定大会上获二等奖。马忠凤被评为省级“三八”红旗手。李新是2008年残奥冠军范蕾的启蒙教练，被评为省模范教师，荣获市“五一”劳动奖章。贾春梅被评为河南省文明教师、省骨干培育教师。河师大支部有5位研究生导师，公开发表论文8篇，参与完成国家级科研课题1项、省部级和厅级课题3项。靳军带领新乡市排球队，在河南省排球锦标赛上获得男子组、女子组两项冠军。金利尔奶业公司总经理吴兆国代表河南省乳品检验合格企业，在北京与国家质检总局签订“乳品质量安全承诺书”。农灌所支部的党员出版著作3部，在国家级刊物上发表论文13篇，承担省部级项目近10个，新增项目资金和科研经费450万元，申请发明专利2件，实用新型专利2件，多项科技成果转化项目。

（汪胜涌）

中国民主同盟新乡市委员会

【民盟新乡市委概况】　2008年，中国民主同盟新乡市委员会（简称民盟新乡市委）深入贯彻落实科学发展观，广泛开展政治交接主题教育活动，大力加强自身建设，围绕党委、政府中心工作，切实履行参政党职能，努力提高参政能力和水平，积极、创造性地开展各项工作，在政治协商、参政议政、民主监督等方面，取得突出成绩，为坚持和完善中国共产党领导的多党合作和政治协商制度，做出积极贡献。

至年底，民盟新乡市委共有成员619名，其中：博士21人，正高职称39人，副高职称259人，享受国务院津贴7人。这些成员归属于7个基层委员会、39个基层支部（小组），分布在市区、辉县市、卫辉市、新乡县、获嘉县和原阳县的教育、科技、文化、卫生、金融、司法、政府等领域。民盟新乡市委还设有参政议政、社会服务、妇女工作、老龄工作、理论研究和组织发展等6个专委会。全市盟员中，有河南省政协常委1名、委员1名，新乡市人大常委1人、代表2人，市政协副主席1人、常委4人、委员13人，县（区）人大副主任1人、常委1人，县（市、区）政协副主席2人、常委6人、委员17人。另有特约“四大员”（检察员、监察员、审计员、教育督导员）8人，行风评议代表4人，河南师范大学副校长1人。

（杨　杰）

民盟新乡市第七届委员会领导成员

主任委员　庞善起
副主任委员　陈荣鹤
李　晶（女）
刘　玺
秘书长　杨　杰

【支援地震灾区】　5·12汶川大地震后，民盟新乡市委迅速组织机关干部向灾区捐款，并下发文件号召全盟积极捐款赈灾。广大盟员慷慨解囊，通过所在单位、街道社区、人大政协、慈善机构等各种渠道捐款。6月，响应盟中央号召，再次进行爱心捐助。在这次抗震救灾捐助活动中，全市盟员共捐款15万多元，其中民盟新乡市委组织捐款3.6万多元。盟员刘太江、王保全、李培娟个人捐款都在万元以上。在市委、市政府抗震救灾总结表彰大会上，民盟新乡市委荣获全市统战系统唯一的抗震救灾先进单位奖项。刘太江荣获盟省委表彰的抗震救灾先进个人。

（杨　杰）

【思想建设】　2008年，民盟新乡市委围绕政治交接，紧跟政治形势，采取多种措施，组织系列活动，大力加强思想建设。一年中，民盟新乡市委按照政治交接主题教育活动方案，动员各级组织，利用市委主委会、市委会、基层主委会、支部会、专题会、座谈会等形式，号召全体盟员深入学习党的统战政策，贯彻落实中共十七届三中全会精神，同时加强盟章盟史和民盟传统教育，传承民盟前辈的优良传统和高尚风范，自觉维护民盟形象，提高自身素质和各种能力。

3月，全盟掀起学习世界著名植物学家、中国科学院资深院士、全国优秀盟员吴征镒先进事迹的热潮。全市盟员以吴征镒为榜样，立足本职，开拓进取，以工作实绩体现活动效果。4月，民盟新乡市委选送3幅作品，参加市委统战部组织的纪念中共中央“五一口号”发布60周年“大班杯”书画比赛。5月，选送纪念文章2篇，参加中央统战部举办的“薪火相传，共创未来——纪念中共发布‘五一口号’60周年征文活动”。8月13日，围绕“新思想、新跨越、新崛起”大讨论活动，召开七届八次市委会，号召盟员积极参与大讨论活动，用科学发展观武装头脑，继续解放思想，推动盟务工作。

民盟新乡市委在下半年重点开展强心、润心、暖心“三心”活动，即对新盟员加强思想教育的强心活动、关爱基层主委的润心活动和慰问80岁以上老年盟员的暖心活动。7月，民盟新乡市委召开民盟传统教育主题培训会，使与会的50多名新盟员知民盟之历史、爱民盟之传统、思民盟之发展、兴民盟之事业，进一步提高政治素质。8月23日，召开各基层组织主委座谈会，认真总结各基层组织换届以后开展活动的情况，交流基层活动经验，分析当前存在的问题，探讨解决当前困境、问题的出路和办法。10月，市委班子带领部分市委委员分成4组，对全市35名80岁以上的老盟员进行慰问，并征求他们对政治交接活动的意见，使市委委员受到一次生动的政治交接思想教育。（杨　杰）

【组织建设和后备干部队伍建设】　2008年，民盟新乡市委按照《中国民主同盟组织发展暂行条例》要求，严把入盟关，严格入盟程序，着重吸收政治素质过硬、学历层次较高、参政议政潜力较大的人员。一年中，吸收31名优秀中青年知识分子入盟。他们分布于教育、文化、科技、卫生、农业、法律、非公企业等领域，平均年龄为33.5岁，38%的人员为上层人士，其中博士2人。至年底，全市共有盟员619人。

同时，民盟新乡市委充分征求广大盟员的意见，积极与各级党委和统战部沟通协商，继续稳步推进基层组织换届工作，调整妇女工作委员会，完成河南师范大学委员会、农科院支部的换届，并与河南科技学院、新乡医学院统战部多次联系沟通，为其换届奠定基础。

基层组织换届后，民盟新乡市委不断总结经验，探索新路子，研究新办法，调动各基层组织和基层支委的积极性，开展一系列活动。3月，邀请IAMA国际注册营养师、盟员张海燕和王鹏飞，在市二院会议室举办“喜迎三八 普及健康营养知识”讲座。5月，组织老年盟员到延津国家森林公园参观游览。6月，组织市委委员、各基层组织支委60多人参观省博物馆。各基层组织在民盟新乡市委的指导下，在新班子的带领下，组织80多次丰富多彩的活动。

民盟新乡市委始终贯穿“人才兴盟、人才强盟”战略，着力培养基层干部和盟员骨干，尤其是中青年后备干部。4至6月，6名骨干盟员参加省、市社会主义学院党外干部培训班学习。6月，15位盟员参加中央统战部组织的民主党派思想状况问卷调查，为上级部门提供客观真实的基层情况。民盟新乡市委注重调动各级干部和盟务骨干的积极性，给他们压担子、加任务、搭平台、打基础，引导他们投身盟的事业，接受广大盟员的检验。一年中，他们广泛联系各方面，积极组织、联络、参与各项活动200多人次。（杨　杰）

【参政议政和民主监督】　2008年，民盟新乡市委充分发挥党派自身优势，紧紧围绕党委、政府的中心工作，以做好提案、议案为重点，有针对性地开展调查研究，积极参政议政，议案、提案在数量、质量上都有较大提高。

两会期间，市人大代表、政协委员提交议案、提案46份，多数议案、提案得到市政府、市政协及有关部门的认可和重视。在政协全会上，民盟新乡市委的《改善农村生活环境 推进新农村建设》、陆志奇的《提高新乡市最低工资标准 构建和谐新乡》、李军的《加强宠物管理的建议》、段炼的《城市雕塑应付置设计说明》、李晶的《建设资源节约型社会 把新乡建成节水型城市》、贾振辛的《关于辉县市八里沟、万仙山景区环境问题的建议》等提案被市政协评为优秀提案，贾振辛和王海燕被评为优秀政协委员。9月25日，在市政协常委会上，民盟新乡市委做了《关于尽快推进我市东北部区域基础设施建设的调研》的发言，得到市政协领导的充分肯定。

市委会领导、政协委员多次应邀参加市四大班子及有关单位召开的情况通报会、意见征求会、政治协商会等，就重大问题代表民盟建言献策。8月、9月，在市委统战部“三新大讨论”党外人士意见征求会和市政协纪念改革开放30周年座谈会上，民盟新乡市委做典型发言，总结30年来民盟组织在八个方面的长足发展，阐述思想解放和改革开放给全市统一战线工作带来的巨大变化，并对今后政治协商和多党合作事业的发展提出意见和建议。两次发言均引起市领导重视，得到高度评价。

民盟新乡市委协助盟省委参政议政工作处，联系市委统战部，协调长垣和原阳有关部门，在8月到黄河滩区进行实地调研，为盟中央调研课题提供准确可靠的实际数据。

2008年，民盟新乡市委有“四大员”8人、行风评议代表5人。他们都能积极履行自己的职责，关注社会焦点和难点，密切联系相关单位，深入接触公安、交通、工商等行业各个层面的干部群众，听取他们的意见，搜集反映的情况和问题，撰写评论文章，提出中肯意见。由于他们调查认真细致，发言客观实际，所提问题明确突出，建议合理可行，赢得各方一致赞誉。（杨　杰）

【提高社会服务水平】 2008年，民盟新乡市委遵循“把好事做实，把实事做好”的优良传统，突出特色，着重实效，加大社会服务的工作力度，开拓社会服务新渠道。4月，民盟新乡市委推荐19位年龄适当、专业能力较强、有奉献精神的盟员，加入新乡市创业咨询专家志愿团。5月，带领6名农业、医疗专家，参加市委统战部在长垣恼里乡组织的社会服务活动，提供咨询、指导、诊疗近百人次。9月，联络河师大、河南科技学院、农灌所及科研战线上的盟员，推荐8个有实用价值的研究项目和科研成果，参加市政府创业项目推介会。11月，组织18名农业、医疗、教育专家，与市政协驻前渔池村工作队联合，在获嘉县位庄乡前渔池、中渔池、后渔池3个行政村，为村民提供免费服务近200人次。

广大盟员立足本职，服务社会。河南科技学院的盟员潜心科研，应用实践，在延津县、原阳县、新乡县等地开展禽畜疾病防治工作，为市区、新乡县、汤阴县提供奶产品加工、奶牛和肉牛养殖技术服务，到辉县市指导精品园艺花卉种植。医学院的盟员积极服务于新农村建设，送医下乡，提供义诊，开展健康知识讲座。刘根生参加援外医疗队，被省卫生厅评为优秀队员。（杨　杰）

【理论信息宣传和对外盟务交流】 2008年，民盟新乡市委鼓励盟员撰写理论文章、调研报告、活动信息等，积极反映时代巨变、社情民意、党建工作、党派发展情况。民盟盟员在《团结报》、《河南盟讯》、《新乡日报》、《平原晚报》、《新乡政协》、人民网、全国政协网、根在中原网等媒体，共发布各类统战理论文章、活动信息等40余篇。

2008年3月，民盟新乡市委参加焦作民盟市委成立20周年纪念活动，了解焦作民盟的发展历程，学习焦作民盟参政议政工作规范化、基层组织文化生活多样化的先进经验。4月，到淮北参加苏鲁豫皖四省十二市会议，探讨新时期新阶段下党派建设的新特点、新任务，交流盟务工作的先进经验。（杨　杰）

【立足本职岗位，展现民盟风采】 2008年，广大盟员立足本职，爱岗敬业，做出不平凡的成绩。高校的盟员在国内外学术刊物发表论文近300篇，出版著作18部，参编教材16部，撰写学术会议论文30多篇，主持国家自然科学基金和科技部项目6项，承担省级科研项目25项，6人获得2008年省级科技进步奖。河师大盟员中，25人为硕士研究生导师，其中4人为博士研究生导师，3人当选本校学术委员。

盟员王秀强主持完成“系列核苷新产品生产工艺研究”，获得国家科技进步二等奖，并获得新乡市“五一”劳动奖章。王朝平荣获第四届国际少儿艺术大奖赛编剧金奖和编导奖，张新丽获得文化部奖励1项、文化厅奖励2项，朱梅君获得“河南省离退休干部纪念改革开放30周年文艺汇演大赛”戏曲类银奖。杨琳芳的作品《花开六盘岭》得到中组部肯定，被改编为电视剧剧本并准备开拍。马华平获得省妇联授予的省“双学双比”先进工作者称号。刘崇勇获得全国晚报“赵超构新闻奖”二、三等奖各一项。梁声翕老人每年坚持资助贫困学生，2008年又捐款3万元，为22名家境困难的白内障患者支付复明手术费用，被市慈善协会授予“爱心大使”称号。（杨　杰）

中国民主建国会新乡市委员会

【民建新乡市委概况】 2008年，中国民主建国会新乡市委员会（简称民建新乡市委）共有会员436人，下设6个工作委员会（统战理论研究会、经济工作委员会、信息宣传工作委员会、会务工作委员会、妇女工作委员会、老龄工作委员会)，21个基层支部。成员主要由经济界人士和中高级知识分子组成，平均年龄53.1岁，其中，具有中高级职称374人，占会员总数的85.8％；大专以上文化程度317人，占会员总数的72.7％；省政协常委1人、委员2人，市人大常委1人，市政协副主席1人、委员20人（其中常委4人），区政协副主席1人、常委2人，县（区）政协委员13人，特约“四大员”（监察员、检察员、审计员、教育督导员）11人。

2008年，民建新乡市委全体会员努力弘扬优良传统，以建设适应新世纪新阶段要求的参政党为目标，学习贯彻科学发展观，充分发挥密切联系经济界的特色和优势，团结合作，奋发有为，认真做好参政议政、民主监督工作，为新乡市的经济发展、社会进步做出了应有的贡献。　（王新茹）

民建新乡市委第八届委员会领导成员

主任委员　张会琴（女）
副主任委员　阎和华
宋文彦（女）
张怡春（女）
秘书长　李国平

【思想建设】　民建新乡市委以开展政治交接学习教育活动为重心，带领全体会员认真学习党的十七大精神、科学发展观理论和民建会章会史，不断加强自身建设。2008年3月，组织召开市委会和支部主任扩大会议后，各基层支部狠抓思想建设，纷纷撰写学习心得和学习体会，先后上交民建新乡市委关于学教活动工作情况汇报材料30余篇。在这次活动中，各支部收集整理了大量学习材料，铁路支部、三中支部等分别就政治理论、中国政党制度、民建会章会史等拟定百余道试题，由民建新乡市委下发至各支部。

民建河南省委副主委张冬平一行亲临新乡检查指导，对民建新乡市委在学教活动中取得的成绩予以高度评价。民建新乡市委被民建河南省委评为政治交接学教活动先进市委，并在全省大会上作典型发言。三中支部被评选为河南省基层支部政治交接学教活动先进支部。　（王新茹）

【组织建设】　民建新乡市委坚持“人才兴会”的原则，贯彻民建省委提出的“三高两大”（高学历、高职称、高职务；影响大、贡献大）方针，注重从个人素质、政治立场、思想品质、岗位工作表现、社会工作能力、文化知识修养等方面多角度、多渠道发现人才，培养和吸纳一些具有较高层次和有代表性的人士加入组织。2008年，民建新乡市委吸纳17人加入组织，举办新会员培训学习2次。

民建新乡市委努力为民建会员搭建展示才华的舞台，通过创新组织活动方式，激发广大会员主观能动性。2008年2月，民建河南省委举办“迎新年、颂和谐”书画比赛，会员吕砚军、樊希斌、李国平、郭晓光、赵世洋的书画作品参展并获得好评。在市委统战部举办的统战系统摄影比赛中，会员侯振云、崔永斌的摄影作品分别获奖。3月初，民建新乡市委积极参加“五一口号”发表60周年庆祝活动。各支部积极撰写一批纪念文章，回顾中国民主建国会在接受中国共产党领导以来所走过的60年光辉历程，礼赞中国特色政党制度巨大优越性和历史必然性。铁路支部李慧英撰写的《五月的情思》代表新乡到民建省委参加“重温历史，展望未来”庆祝“五一口号”发布60周年演讲比赛，荣获全省第二名。10月，为纪念改革开放30年所取得的巨大成就，民建新乡市委举办会员演讲比赛活动。经过初赛选拔，近30名选手于19日参加决赛。市委统战部高度赞扬此次活动。经新闻媒体播报后，在社会上引起较大反响。　（王新茹）

【参政议政】　民建新乡市委积极、广泛地参与中共新乡市委、市人大、市政府、市政协等举行的多种形式的政治协商活动，把参政议政、履行政党职能，作为首要责任和义务。

2008年2月，民建新乡市委接到市政府《2008年政府工作报告》（征求意见稿）后，围绕新乡市的经济发展、文化教育、医疗卫生、环境保护、节能减排、城市建设等具体问题，提出多条建议和意见，受到市政府高度重视，被直接采纳10余项。

民建新乡市委主委张会琴在省人大、省政协会上就河南省工业产业结构调整、高新技术发展、解决困难企业的医务人员问题、改革事业单位养老保险制度、加大普法教育等问题提出许多有影响、有价值的建议和意见，受到省政府有关职能部门的高度重视，其中《河南省工业结构调整给予新乡倾斜》被省发改委列为1号提案，予以重点办理。

2008年新乡市“两会”召开前夕，民建新乡市委组织召开市委会、基层支部主任会以及会组织中的各级人大代表、政协委员研讨会，号召全体会员认真做好提案、议案的收集、反映工作。“两会”上，民建新乡市委共提交提案、大会发言、议案、调研报告等近50项，内容涉及全市的大政方针、经济发展、民主法制、体制改革、文化教育、社会事业等各个层面，特别是对改善民生、优化经济发展环境、调整产业结构、提高生产效益、创建卫生城市、打造“三位一体”系统工程、整合教育资源、发展人才战略、实现节能减排、强化环境保护以及医疗保险、社会养老等热点和难点问题，提出积极建议和意见，受到政协领导的高度评价。会员阎和华、赵劲峰、李国平等8人被评为市优秀政协委员，民建新乡市委提出的《关于新乡市实行食品蔬菜等产品市场准入制度的建议》等10项提案被评为优秀提案。

（王新茹）

【调研活动】　2008年，民建新乡市委深入调查研究，组织有关成员参与河南省人大、省政协及中共新乡市委、市人大、市政府、市政协等召开的各种政治协商会、情况通报会、征求意见会、恳谈会、座谈会等达20余次，上交有关职能部门调研报告11篇，会议发言、大会提交提案、议案等100余项。其中姬泓的《关于尽快开展我省土地典当，支持中小企业融资的建议》、《关于城市困难老人养老问题的调查和建议》分别被民建中央、河南省政协、民建河南省委采用，崔文军的《河南省突发性污染事故环境监察应急预案》被选为河南省政协大会重点发言材料。崔永斌的《试探构建和谐社会与统一战线》、张会琴的《将四种能力提高的实践意义》、民建新乡市委的《进一步加强民主党派自身建设，为新世纪多党合作事业作贡献》、《充分发挥民建在政协工作中的作用》等分别被上级有关部门采纳和采用。《当地非公有制企业税费负担现状报告》、《进一步发展新乡职业教育》、《关于新乡市经济适用房建设情况的报告》、《关于太阳能热水器应用情况的调研报告》等得到市政府高度评价。中共新乡市委统战部为此专门下发表彰通知，对民建市委的工作予以通报表扬。

2008年3月，在民建新乡市委领导的陪同下，民建河南省委秘书长王家柱等领导莅新，就增强创新能力、实现中原城市群崛起课题，深入县市基层调研。5月中旬，主委张会琴率领部分市委委员、机关工作人员深入凤泉区、卫辉市、延津县、原阳县、封丘县、红旗区的20多个乡村，就城乡一体化建设、生态文明村建设、农村民主政治体制建设以及农村文化大院建设、新农合医疗保险、农村义务教育实施等问题进行调研，并撰写《生态文明建设是新农村建设重要内容》、《关于建立农民养老保险的调查和建议》、《推进新农村建设》等多篇调研报告。5月下旬，组织部分市委委员深入新乡县、卫辉市、延津县等地远离城区的贫困区域，调研农村义务教育落实实施情况，撰写调研报告《加大教育资源整合力度，提高农村义务教育水平》和《加大农村义务教育投入力度，提高农村教育质量》。此外，民建新乡市委撰写的《建立健全长效机制，确保我市减排目标的实现》、《进一步发展新乡职业教育》、《关于企业减负情况调查报告》、《合理配备师资力量，切实推进基础教育均衡发展》等十多篇调研材料，受到民建河南省委、新乡市政府的高度重视和表彰。

（王新茹）

民建河南省委副主委张冬平深入会员企业了解生产状况

【反映社情民意】　在河南省和新乡市“两会”召开前夕，民建新乡市委广泛动员，下发《民建新乡市委关于广泛征集两会提案、议案、社情民意的通知》，号召广大会员积极做好两会提案、议案和反映社情民意工作。民建新乡市委共收集提案、议案、社情民意等100余项。其中三中支部张志国《创建卫生城市，构建和谐社会》、河师大支部邵强《促进产、学、研结合，开发本地高校的智力资源》、吕砚军《关于保留我市历史建筑原貌的建议》和《市属风景区须以新乡市冠名》等建议，受到有关部门重视。还有《在全民范围内打造读书的良好氛围》、《创建卫生城市要建立长效工作机制》、《进一步加强城市文明管理》以及《建立我市“爱国主义教育日”》等建议，反映给政府有关部门。（王新茹）

【做好社会服务】 2008年4月中旬，民建新乡市委组织人员深入长垣县，为农民提供法律援助，开办农业科技培训，宣传党的政策法规等，受到热烈欢迎。

汶川大地震发生后第二天，部分民建会员主动到市民政局、红十字会等社会慈善机构捐款，民建机关一支部捐款2000元送到新乡红十字会（该支部先后共捐款8千余元）。在民建新乡市委的号召下，会员邓志胜到市委捐款1万元，杨勇、杨西宁通过市委统战部捐款2万元。陶榕生已年过八旬，老伴没有工作，平时生活十分简朴，但他毅然拿出家中仅有的2600元现金，捐助灾区。大灾过后，民建会员共捐助灾区资金16.8万余元。（王新茹）

【展现民建会员风采】 2008年，新乡民建成员在各自的工作岗位上做出了突出成绩。会员曾俊道作为法官，在“崔荣自杀赔偿案”中，现场庭审办案，创新司法审判工作方式，中央电视台“今日说法”对此作了专题播报，受到社会广泛关注。王雅阁致力创建富硒食品产业基地。侯振云坚持办好《民声简报》网站，宣传新乡民建。郑新兴在新乡宾馆举办大型扶贫救困“芙之秀”献爱心活动。（王新茹）

中国民主促进会新乡市委员会

【民进新乡市委概况】 2008年，中国民主促进会新乡市委员会（简称民进新乡市委）共有会员205名，其中教育、文化艺术、新闻出版界有119人，医药卫生界有16人，公有制经济界人士20人，党政机关、事业团体中有33人，新的社会阶层有17人。会员平均年龄47.3岁，其中40岁以下会员有56人，占总数的27.9%。会员中有高级职称81人，占总数的40.3%；会员中女会员89人，占总数的44.3%。全年新发展会员6名，发展率为3%。民进新乡市委下设河师大、科技学院、高校、一中、二中、育才、实验高中、卫滨区、红旗区、牧野区、凤泉区、夕阳红、市直机关等13个支部，并建立有统战理论、参政议政、教育工作、文化艺术、科技医卫、社会服务、妇女儿童等7个专门委员会。会员中有省九届政协委员1人，市十届人大常委1人，市九届政协委员9人（其中常委2人），区级政协委员22人（其中副主席2人、常委6人），共计33人，占会员总数的16.4%。另有20多名会员分别被市监察局、检察院、审计局、教育局、法院、公安局、技术监督局等单位聘为特约监察员、检察员、审计员、督导员和执法监督员及行风评议员。

2008年，民进新乡市委在民进省委和中共新乡市委的领导下，在政治交接、抗震救灾、参政议政、社会服务、宣传信息等方面取得了新进展，其中参政议政与社情民意信息工作获得民进省委专项工作先进单位。（郭威）

民进新乡市委第四届委员会领导成员

主任委员 孙克勤（2008年12月离）
　　　　 李瑞霞（女，2008年12月任）
副主任委员 李瑞霞（女，2008年12月离）
　　　　 王玉宇（女）
　　　　 王东英（女）
　　　　 戴宪起（2008年12月任）
秘书长 郭耀仁

【开展政治交接】 2008年3月19日，民进新乡市委举办政治交接学习教育活动报告会，市委委员、各基层支部委员、专门委员会成员以及会员中的市、区级政协委员近60人参加。民进省委正厅级巡视员祁葆珠莅临大会做培训报告，中共新乡市委统战部副部长刘军到会致辞。祁葆珠介绍民进中央第十次全国代表大会概况，传达总书记胡锦涛在接见各民主党派中央新老领导人座谈会上的讲话精神，阐述政治交接的重大意义、内涵、特点以及政治交接的重要性，并对怎样开展好政治交接做详细安排和部署。这是民进新乡市委开展以坚持走中国特色社会主义政治发展道路为主题的“政治交接学习教育活动”的动员会。

12月11日，民进新乡市第四届委员会第七次全体会议召开。民进省委领导祁葆珠、中共新乡市委统战部常务副部长杜家武莅临会议。民进新乡市第四届市委委员共14人全部到会。会议传达民进省委《关于同意民进新乡市第四届委员会调整领导班子的批复》，并在充分酝酿和发扬民主的基础上，选举产生民进新乡市第四届委员会主任委员、副主任委员各1名，顺利完成政治交接任务。（郭　威）

【思想建设】　2008年3月，民进市委组织部分市委委员及支部主任收看中央电视台“两会专题报道”——8家民主党派中央主席答记者问，并通知全体成员收看时政新闻。

4月，民进新乡市委召开四届五次市委扩大会，民进市委委员及各基层支部主任、副主任20余人参加。会议传达民进省委常委会精神，学习全国两会文献，安排部署庆祝“五一口号”发表60周年征文、书画摄影比赛、纪念改革开放30周年征文活动以及新乡市两会提案、议案的准备工作。与会人员结合当前国际国内形势，对西藏分裂分子策划3·14事件及扰乱北京奥运的违法行径表示极大愤慨和谴责。

2008年，全市会员积极参加各类庆典活动，取得骄人成绩。会员吴国梁在市委统战部组织的庆祝“五一口号”60周年书画活动中获得优秀作品二等奖。郭威、张建华各撰写纪念改革开放30周年征文一篇，分别刊登在《团结报》、《新乡展望》、省委统战部“根在中原”网站上。65岁的新乡市知名画家、民进会员李国柱，历时2个月，精心创作一幅长约50米的长卷水墨工笔画《中华龙》，为奥运会加油。这幅画卷首题有仿甲骨文和金文字体的诗词，表达对北京奥运会的企盼和祝福。主体画面由56条形态各异、气势恢宏的巨龙组成，象征着全国56个民族团结一心。这幅作品交给北京奥组委，并由国家博物馆收藏。（郭　威）

【抗震救灾】　5月12日汶川大地震后，民进会员们多次解囊相助，积极为灾区捐款捐物。至6月3日，民进新乡市委全体成员共捐款11.4万元，部分成员捐款在3次以上。其中在民进省委的号召下，各支部自发组织会员再次捐款9160元。河师大支部成员再次捐款2100元，在全市率先将第一批党外人士捐款交到市委统战部。立冬前夕，河师大支部又将10条棉被、51件棉衣捐向灾区。企业界会员发挥较大作用。郭美斌捐款3.1万元，张国士捐款1.21万元，王占来捐款1万元。任有广的新乡新网钢结构有限公司承接地震灾区10万平方米的过渡安置房板材制作任务，相当于建设200套安置房。

（郭　威）

【参政议政】　2008年初，民进新乡市委提交市政协会提案30件，内容包括城市建设规划、基础教育、城市创卫、城市绿化等方面。其中李瑞霞的《关于开通党派直通车建议》被定为重点提案。7月下旬，市委统战部召集各民主党派，发给民主党派成员意见直通车专用稿纸和分别对市委、市政府的直通车专用信封。通过此方式，有关人员可以直接给市委、市政府领导提建议，有关建议各党派市委和中共市委统战部都将备份存档。这是新乡市政治文明和民主化进程的又一举措，得到党外人士的普遍赞誉。

4月，民进新乡市委组织会员20余人开展学习及调研活动。在市畜牧局会议室，就如何写好提案、积极参政议政、活跃基层支部活动、加强会员联系沟通，与会成员展开热烈讨论。之后，与会人员赴开发区实地调研金利尔奶业有限公司，并与企业领导就奶业发展现状及企业管理等方面问题进行交流。

2008年上半年，民进新乡市委到市弱智儿童托管中心实地调研。民进成员与教职员工和弱智儿童进行交流沟通，了解弱智儿童教育和培养中存在的很多薄弱环节。随后，撰写报告《关于国家优惠扶持政策在弱智儿童教育和训练方面的建议》、《弱智儿童的教育及弱智成年人的就业安置等问题的有关建议》。

8月，民进新乡市委到延津县就失地农民的社会保障问题开展社会调研。针对近几年延津县城乡建设中农民土地被征用情况、城区人均土地状况、农民失地后的社会保障、失地农民的转移和就业状况以及失地农民的思想动态等方面问题，调研组分别走访延津县土地局、民政局、信访局等有关负责人。调研后，李瑞霞撰写《关于失地农民社会养老保险问题的调研报告》，于9月提交市政协常委会。

其相关建议作为社情民意信息被民进中央采纳。

（郭　威）

【开展社会服务】　5月15日，民进新乡市委副主委王东英带领会内8名教育界专家，赶赴长垣县苗寨乡，参加市委统战部组织的社会服务活动。当天，服务队累计接受各类中小学及幼儿教育咨询服务80余人次，发放有关开发学生智力、强化阶段性训练资料500余册，发放学生卫生保洁用品（保健牙膏）480余盒，并到苗寨乡中心学校做学生素质教育报告会。

（郭　威）

【支部活动】　2008年，民进新乡市委下属支部活动内容丰富多彩。凤泉区支部开展外出考察、组织学习、参与创卫等各类活动7次；牧野区支部组织外出活动4次，联欢活动2次；卫滨区支部组织外出活动3次，联谊活动2次；红旗区支部组织学习及调研活动3次；一中支部与其他支部联合活动3次。民进省委收集全省会员信息，编写《河南民进会员风采大全》，民进新乡市委积极组织会员上报有关内容，圆满完成任务。

2008年1月，“丁亥年民进会员张硕中国画新作展”在市群艺馆举行，历时5天。民进新乡市委借此对统战政策、党派发展史进行宣传。部分省、市领导前往参观，并给予高度评价。新乡电视台、《新乡日报》、《平原晚报》等新闻媒体对此次画展给予报道。10月，民进新乡市委组织夕阳红支部老年会员和市委委员、各支部委员共40人，赴卫辉比干庙、吕祖阁实地考察，瞻仰忠魂，浏览古迹。

（郭　威）

【立足岗位，展现风姿】　2008年，新乡民进会员在各自的工作岗位上，取得许多优异成绩。科教战线的会员发表各类论文多篇。会员王学雷被提拔为河南师范大学物理与信息工程学院院长。王江宏被提拔为新乡医学院校医院院长。王玉宇荣获第29届奥运会北京奥组委颁发的突出贡献奖、省政府表彰的两基工作先进个人、市政府表彰的先进个人，连续五年获“全国读好书活动”特别组织奖。会员吴琳荣获全国第六届奥林匹克文化节优秀指导教师、中国青少年艺术英才推选活动优秀辅导教师奖、市九运会突出贡献奖。刘曼琪率队参加全国幼儿基本体操“李宁杯”比赛，荣获团体一等奖、最佳编导奖和优秀音乐奖，多次获得省市舞蹈创编个人一等奖。王国玲在体育教研方面获省级特等奖1项，省级一等奖2项。孟波被聘为国家劳动和社会保障部中心教研室成员，并参加全国高职语文教材的编写工作。姚智凤获得国家级一等奖表彰2项、省级一等奖表彰1项、省级三等奖表彰2项、市级各类表彰9项，区级表彰1项。杨开云获得省级优秀论文一等奖。张霄琳荣获市级先进工作者。10月14日，著名影视明星成龙到申学军创办的新乡市弱智儿童托管中心，与智障儿童们一起做游戏、唱歌、包饺子。这一天，中心正式更名为龙子心智障儿童托管中心。老会员苏德荣整理编著的《明孝陵资料汇编》，全书60多万字，由科学出版社出版发行。

（郭　威）

九三学社新乡市委员会

【九三新乡市委概况】　2008年，九三学社新乡市委员会（简称九三新乡市委）共有社员318人，其中高级职称210人，中级职称108人，平均年龄48岁，下设3个基层委员会，4个支社。全市社员中，有省人大代表1人，省政协委员2人；市政府副市长1人，市人大常委1人、代表2人，市政协常委3人、委员12人；县（市、区）人大副主任1人、代表4人，县（市、区）政协委员11人；特邀“四大员”（监察员、检察员、审计员、教育督导员）7人。九三新乡市委深入贯彻落实科学发展观，不断加强自身建设，围绕新乡市的中心工作，认真履行职能，积极参政议政，各项工作取得显著成绩。

（孟小鸣）

九三学社新乡市第六届委员会领导成员

主任委员　杨书廷

副主任委员　程礼来

李汉臣

魏崇一（女）

秘　书　长　宋惠清（女）

【思想建设】　2008年，九三新乡市委坚持以自我教育为主，使学习活动与党的中心工作相结合，与九三学社的实际情况相结合，与增强社的凝聚力相结合。四川汶川特大地震发生后，九三新乡市委积极响应九三学社中央（简称社中央）和九三学社河南省委（简称社省委）的号召，及时下发《关于加强抗震救灾中有关思想宣传工作的通知》，倡导广大社员投入到抗震救灾中去。6月，九三新乡市委积极发动社员参加市委统战部组织的纪念“五一口号”发布60周年书画展和纪念改革开放30周年摄影展并获优秀奖。9月，举行纪念九三学社成立63周年庆典活动，使新社员对社的历史、社的章程有了更加系统、深刻的了解。11月，组织学习《中共中央关于推进农村改革发展若干重大问题的决定》、《社中央关于学习贯彻中共十七届三中全会精神的决议》，号召各基层组织和广大社员精心组织、认真学习、切实贯彻好中共十七届三中全会精神。11月底，贯穿全年的政治交接学习教育活动胜利完成。12月，九三新乡市委被社省委评为政治交接先进市级组织，卫滨支社、河师大基层委员会被社省委评为政治交接先进基层组织。　（孟小鸣）

【组织建设】　九三新乡市委坚持领导班子带头学习的优良传统，坚持定期学习，努力提高政策理论水平，使领导班子在事关大局和根本原则问题上立场坚定，是非分明，始终坚定正确的政治方向。

2008年是九三新乡市委基层组织换届年。九三新乡市委就换届工作的指导思想、总体要求、具体政策、程序原则等做了详细安排。至12月，卫滨支社、市第一人民医院支社、红旗支社、新乡医学院基层委员会在九三新乡市委的协助下，充分发扬民主、严格选举程序，圆满完成换届任务。以卫滨区副区长侯怀青为代表的一批年龄结构更合理、知识层次更高、参政议政意识更强的社的优秀人才走上基层组织领导岗位。同时，九三新乡市委认真学习贯彻《九三学社中央关于加强基层组织建设的若干规定》，进一步加强对基层组织建设的领导力度，密切机关与基层组织的联系，在政治交接学习教育、抗震救灾捐款捐物等活动中，重视基层组织作用的发挥。各基层组织高质量地完成了政治交接学习教育活动，并积极动员和组织社员开展扎实有序、丰富多彩的活动。如抗震救灾，到山西平遥古城和王家大院旅游，召开社纪念日座谈会，多次到社区、农村开展义诊。

2008年，九三新乡市委坚持“人才强社”战略，严把组织发展质量关，从提出申请的32人中确定10人入社。

2008年，九三新乡市委机关在秘书长的主持下，努力做好联系、沟通、协调和服务工作，营造团结和谐、高效有序、规范运作的氛围，得到上级领导和广大社员的肯定和赞扬。九三新乡市委重视宣传工作，先后在《团结报》、《河南九三》、《根在中原》、《新乡统战》等媒体发表宣传稿件数十篇，积极宣传多党合作政策，及时报道新乡九三的工作动态和参政议政的优秀成果。九三新乡市委还在新乡九三网站上及时发布社务动态、社内要闻、参政议政成果、理论研究文章、政治交接进程和总结等信息，在九三新乡市委、社员和社会之间建立起沟通的新渠道，方便社员了解九三新乡市委的工作动态，促进社员和社组织之间的互动，加速九三新乡市委机关工作信息化的进程。　（孟小鸣）

【参政议政与民主监督】　2008年，九三新乡市委围绕中共新乡市委、市政府的中心工作，认真组织调研，积极参政议政，切实履行职能。

2008年新乡市两会期间，九三新乡市委提出集体提案3件，个人提案6件。其中九三新乡市委集体提案《关于加强教育均衡发展的建议》被评为优秀提案。省政协十届一次会议上，九三新乡市委副主委程礼来提出的《认真解决好基层法院已判案件执行难（或不执行）问题的建议》、《关于要求对长垣县黄河滩区综合开发的建议》，社员陈翠玲提出的《高度重视耕地质量，防止土壤污染，保证粮食安全》，姚素梅提出的《节水灌溉机械化技术应用推广的制约因素和对策研究》，侯怀青提出的《完善农村金融体系，促进农业发展农民增收》，陈令军提出的《关于进一步加大对郑州大学创建高水平大学支持力度的若干建议》，周凯提出的《关于改善农村生态环境的几点建议》等被社省委采纳作为集体或个人提案提交。其中《完善农村金融体系，促进农业发展农民增收》提案材料还被社中央采用，作为全国政协十一届一次会议九三学社界别提案。《关注农村生态环境促进和谐农村建设》被选为2008年第一季度社省委上报社中央信息。张翠萍主持完成的《新世纪大学生人文精神培养研究》2008年6月通过省教育厅省级教学成果鉴定，达到国内领先水平。侯怀青撰写的《多策并举发展壮大县域经济》入选社中央第三届"九三论坛"，并于11月2日至3日在武汉市参加研讨和交流。侯怀青被社省委评为参政议政先进个人。（孟小鸣）

【开展社会服务】　2008年，九三新乡市委发挥人才密集的优势，积极组织开展多种形式的社会服务活动。5月15日，九三新乡市委医疗服务队参加市委统战部组织的6党派联合送医药、教育、法律下乡活动。汶川大地震发生以后，全市社员通过各种途径捐款总额达20余万元。其中，河南亚华置业有限公司董事长陈令军一次捐款11万元，河南天泰传媒有限公司董事长张春雨捐款5万元，住在养老院的老社员吴楚方把外孙女汇来的庆祝自己90岁诞辰的1000元全部捐给了灾区。新乡医学院基层委员会的社员主动请缨，要求赶赴地震灾区救援受伤群众。7月，九三新乡市委响应社中央、社省委号召，组织社员为灾区人民重建家园捐款1.08万元。新乡医学院基层委员会、市第一人民医院支社被社省委评为抗震救灾先进集体。社员陈令军被社中央授予抗震救灾先进个人，张春雨、吴楚方被社省委授予抗震救灾先进个人。在第20届"国际科学与和平周"期间，九三新乡市委在铁工房社区开展"健康科学送到家"活动，举办科普知识展览，并组织医疗专家义诊，将健康科学送到居民家中。（孟小鸣）

【立足本职，展现风采】　2008年，河师大基层委员会社员共发表论文54篇，获教育厅科技论文奖8项，出版论著7部，主持项目5项。杨清香获省科技进步二等奖，邹健获市五好文明家庭奖。河南科技学院基层委员会社员共发表论文30余篇，主持科研项目4项。姚素梅的"冬小麦生理特性、产量形成对天达－2116响应的研究与应用"项目，经省科学技术厅鉴定，居国内领先水平。张百俊获省优秀科普著作一等奖，并荣获河南省优秀母亲荣誉称号。新乡医学院基层委员会社员共发表论文32篇。张朝辉的《电生理技术及血、脑脊液生化测定对脑血管病的临床价值研究》项目获省卫生厅2008年科技成果一等奖。医学院三附院社员科研立项6项，获地厅级科研成果5项，发表著作4部。朱金富主编国家级规划教材《医学心理学》，任《精神病学》普通高等教育"十一五"国家级规划教材编委，并当选为河南省监狱系统心理矫治工作专家，受聘为新乡市心理咨询师协会理事长。新乡学院文学院副院长张翠萍在专业核心期刊发表2篇论文，出版学术专著1部。社员张春雨领导的河南天泰传媒有限公司团队，成功举办2008商界精英高端峰会暨中国商业战略合作伙伴签字仪式，创办中国商业联盟，促进不同领域商界精英合作共助，共谋战略发展，保持持久强盛。（孟小鸣）

中国农工民主党新乡市委员会

【农工党新乡市委概况】　2008年，中国农工民主党新乡市委员会（简称农工党新乡市委）共有党员350人，分布在驻新高等院校和医药卫生、政法、经济、文化、教育等领域，分属15个基层组织，即新乡医学院总支、中心医院支部、第一人民医院支部、第二人民医院支部、卫校支部、中医院支部、市直一支部、市直二支部、市直三（新乡县）支部、经济支部、文艺支部、牧野区支部、凤泉区支部、河南省荣康医院支部、中州铝厂（获嘉县）小组。市委下设6个专门工作委员会，即参政议政委员会、医药卫生委员会、社会服务委员会、理论宣传委员会、妇女工作委员会、老龄工作委员会。全市党员平均年龄52岁。其中具有高级职称128人，中级职称212人；担任中级以上职务76人，副县（处）级以上干部14人；硕士生导师11人。党员中，有省人大代表2人，省政协委员1人，市人大常委1人、代表1人，市政协副主席1人，市中级法院副院长1人，市政协常委5人、委员13人，县人大副主任2人，区人大代表1人，县区政协常委7人、委员10人；各类特邀人员9人。（徐新海）

农工党新乡市第五届委员会领导成员

主任委员　张　琴（女）
副主任委员　韩文周
申新生
郭学军

秘　书　长　徐新海

【自身建设】　2008年，农工党新乡市委认真贯彻执行省委关于政治交接学习教育活动的有关安排，号召全体党员以学习十七大精神和全国统战工作会议精神为契机，将政治学习与本职工作结合起来，进一步增强接受中国共产党领导的自觉性和坚定性。

同年，农工党新乡市委共发展20名新党员，举办2期新党员学习班和后备干部学习班，组织部分党员参加省社会主义学院学习，增强农工党员对我国新时期统战工作的认识。同时，组建市直三支部，调整学习宣传专委会和经济支部。

2008年是农工党新乡市委成立20周年，为此安排举办一系列纪念活动，编辑出版《新乡市农工党资料汇编》、《新乡市农工党照片资料集》、《新乡市农工党书画作品集》，歌颂中国共产党领导的多党合作和政治协商制度的优越性。（徐新海）

【参政议政】　2008年两会期间，农工党新乡市委提出有关城市建设、道路交通、医药卫生、生态环保、职业教育等各类提案、建议15件，受到政府有关部门重视，有不少被采纳实施。在市政协全会上，向萍萍、刘森堂、胡塘被评为市优秀政协委员。农工党新乡市委还通过中共新乡市委、市政府举办的情况通报会、民主协商会、恳谈会等形式，就新乡市的经济建设、社会稳定、改革开放、廉政建设向有关部门提出许多有价值的建议和意见。（徐新海）

【社会服务】　农工党党员中大多数是医药卫生界的高中级知识分子，单位的工作骨干，有的是知名的医疗专家。开展医疗服务活动是农工党服务社会的一项重要内容，农工党新乡市委经常组织人员深入到工厂、学校、农村和偏远地区、贫困山区开展送医上门等活动。2008年共开展此项活动60多次，受益人数达5600余人次，受到社会各界的广泛赞誉。

2008年3月，荣康医院支部和市直支部联合，为残疾军人、荣复军人开展学雷锋、献爱心活动。4月，第一人民医院支部到北站区南张门村义诊。5月，市直二支部到卫辉市安部乡下枣庄进行义诊活动，受益群众400余人。8月，荣康医院支部到心连心化肥厂义诊。9月，市第一人民医院支部到获嘉县尹寨义诊，就诊人数350人，做心电图70例。11月，组织“中国环境与健康周”、“国际科学与和平周”等大型宣传活动，文艺支部的李鹏巨、汪丽君、齐国华、郑少强等到光彩大世界、朱召农贸市场，为群众义演义唱，活跃群众文化生活。

农工党新乡市委还与市红十字会联合，到辉县义诊赠药，诊治病人500余人次，赠药近万元。中医院支部到古固寨义诊，诊治病人200余人，赠药2000余元。

汶川大地震当晚，农工党新乡市委便向各基层组织发出通知，号召全市党员积极行动起来，以不同形式表达对灾区人民的支持。党员胡塘、赵扶叶积极捐款，朱俊霞、允正斌主动要求到四川灾区第一线抢救病人。李家珂、李丽成为新乡市第一批奔赴地震灾区一线的医疗人员。姜文杰捐献5000元、10吨大米。据不完全统计，全市农工党员共为灾区捐款捐物13万余元。（徐新海）

【领导视察调研】　2008年5月，全国人大常委会副委员长、农工党中央主席桑国卫、农工党省委主委高体健来新出席比干诞辰3100周年纪念活动。同时，安排与农工党新乡市委领导班子成员座谈，并接见医学院党总支成员和部分老党员。

2008年8月1日，农工党河南省委粮食安全调研组一行14人，针对国际粮食市场安全状况，先后调研原阳、新乡县等地，为省政府提出有价值的建议。（徐新海）

【立足本职工作】　农工党员多是单位的业务骨干，他们立足本职，为新乡市的经济建设和社会发展做出应有贡献。

和瑞芝教授担任医学院教评专家组成员，积极参加学校本科教学水平评估工作，受到教育部专家的一致好评。全国“三八”红旗手、省人大代表、市农科院蔬菜所长原连庄，几十年扎根基层，成为河南省著名的蔬菜专家。市政协常委、市道路开发公司副总经理吴立正在公司分管房屋开发，土地储备，为公司创造了近亿元的收入。他还参加2008年河南省公开选拔省直副厅级和高校校级领导干部考试，被选拔为副厅级后备干部。付艳艳被安排担任市劳动和社会保障局副局长。刘森堂、秦涛、陈小明、杨京豫、徐文涛参加新乡市统战系统纪念改革开放30周年书画展览，获得多个奖项。齐国华获得全国“安全杯”书画、摄影作品优秀奖。刘祯、刘

媛、李家珂参加省政治交接演讲比赛，获得一等奖。梁建军、杨延国培养的两名乒乓球队员被选送到国家队。（徐新海）

2008年度新乡市农工党荣获奖项

先进集体

党工党全国社会服务信息先进单位

农工党新乡市委

农工党中央抗震救灾全国先进组织

农工党新乡市委

农工党市直一支部

农工党省委抗震救灾先进组织

农工党市第一人民医院支部

农工党经济支部

农工党省委政治交接先进组织

农工党新乡市委

农工党省委政治交接先进支部

农工党新乡医学院总支

农工党经济支部

先进个人

农工党全国组织工作先进工作者

徐新海

农工党中央抗震救灾全国先进个人

李家珂　李　丽　姜文杰　孙广琴

郭学梅　赵　华　张淑英　吴立正

农工党省委抗震救灾先进个人

尚志东　杨保胜　郭学军　吴艳芳

徐新海　王志军　孙小敏

农工党省委社情民意先进个人

吴立正　胡　塘

牧野史料

古迹圣地——潞王陵

潞简王陵墓坐落在河南省新乡市北郊13公里处的凤凰山（系太行山余脉）南麓，依山据岭，四周泉壑幽深，景色十分秀丽宜人，是我国目前保存最好、占地面积最大的一座明代藩王陵墓。

墓区的最前部分为一座以高浮雕二龙戏珠为主体纹饰的牌坊，上额刻写楷书“潞藩佳城”四个大字，石坊两侧并列着两座5米余高的浮雕云龙图案石华表，坊之后为200余米长的青石神道，神道两旁分别排列着石雕翁仲和各种石兽16对，有狮子、狻猊、獬豸、角端、麒麟、骆驼、马、羊、象及神化了的怪异瑞兽。随后通过一座汉白玉条石砌成的御河桥，便到了巍峨壮观的石城门。

城垣内占地80余亩，四进大院，所有建筑几乎全用青石垒砌或雕凿而成（人称“中原石头城”）。城门以北依次建有祾恩门、祾恩殿（举行祭祀的享殿）、东西配殿、明楼（内有高大的墓碑）、宝城和地下宫殿（潞王葬所），四周是高大的青石围墙，神密而又威严，建筑装饰多为高浮雕的龙飞狮舞，手法细腻严谨，尽显皇家风范。

群众团体与工商联

新乡市总工会

【新乡市总工会概况】 2008年，新乡市总工会以邓小平理论和“三个代表”重要思想为指导，全面贯彻落实科学发展观，认真学习中央、省、市经济工作会议和中国工会十五大、省工会十三大、市委有关会议精神，围绕全市中心工作，以新乡工会建会60周年系列庆祝活动为主线，以“11361”(围绕全市经济社会发展大局，贯彻“组织起来，切实维权”的工作方针，促发展、办实事、树形象，狠抓“建功、维权、帮扶、建家、宣教、建设”六个方面的工作，全面完成或超额完成市委和省总工会提出的各项目标任务为主要内容)的工作思路为指导，开创工作新局面，全年共获得市级以上荣誉及表彰27项，其中省级13项、国家级2项。 (刘 毅)

新乡市总工会领导成员

党组书记、主席 刘孟英
常务副主席 王坤鹏
副主席 刘运平 王凤贤 刘建中 马景军 王世良(2008年9月任)
党组成员、经审会主任 任泽杰

【开展建功立业活动】 2008年，各级工会组织围绕经济社会发展大局，结合“当好主力军、建功‘十一五’、和谐奔小康”主题竞赛活动，团结动员全市广大职工积极开展多种形式的建功立业活动。一是组织开展多达100个工种的职工技能竞赛，创历年之最，其中砖瓦窑农民工四个工种的技能竞赛在全省尚属首例。以“我为重点工程建设做贡献”为主题，在全市10个投资超亿元的大项目单位开展重点工程项目立功竞赛活动。开展的“建功‘十一五’技术创新竞赛”活动，评选出“十大能工巧匠”、“十大技术创新成果”、“百名一线技术英杰”、“百项职工优秀技术成果”。二是实施“首席员工”制度，开展“工人先锋号”创建、“名师带高徒”活动。全市实施“首席员工”制度的企业达158家，参与职工11万余人；“工人先锋号”创建活动覆盖面172家单位，参赛职工10万余人，获全国“工人先锋号”2个、省级“工人先锋号”2个，市建委系统援建四川灾区活动板房突击队被全国总工会授予“抗震救灾重建家园‘工人先锋号’”旗帜；“名师带高徒”活动覆盖企业达85家。三是会同市环保局、市工业局在全市企事业单位开展节能减排竞赛活动，培养节约标兵600名，其中在32家重点企业开展了“比管理、比技术、降能耗、降排放”双比双降节能减排竞赛活动，推动企业治污降耗，收到较好效果。四是开展“安康杯”竞赛，参赛单位达1346家，覆盖职工38.9万人，同比分别增长28%和12.4%，超额完成省总工会下达的目标任务。 (刘 毅)

【工会维权工作】 2008年，市总工会采取各项措施加强工会维权工作。一是进一步完善源头参与机制。在完善劳动关系三方协商机制，配合人大、政协加大劳动执法检查力度的基础上，建立了《市政府与市总工会联席会议制度》，从源头上维护职工合法权益。二是进一步深化厂务公开民主管理。评比表彰全市“推行厂务公开先进单位”3家、“厂务公开民主管理先进单位”26家、“厂务公开民主管理先进工作者”37人。先后指导电池厂、针织厂等二十余家企事业单位改制工作。扎实做好全国第五次厂务公开调研检查工作，顺利通过省和全国厂务公开调研检查组的调研检查。全市的厂务公开民主管理工作在省总工会作了经验交流。至年底，全市2613户企事业单位中有2215户实行厂务公开，建制率达84.8%，其中国有、集体及其控股企业427户，公开427户，建制率达100%；非公有制企事业单位1695户，公开1368户，建制率达80.7%；事业单位491户，公开443户，建制率达90.2%。三是加强平等协商签订集体合同工作。召开新乡市机砖行业平等协商签订集体合同现场会，签订了全市机砖行业集体合同。受到全国总工会、省总工会的高度关注，《工人日报》、《河南工人日报》分别以头版头条进行报道，李志斌、桑金科、吴天君等省市领导分别作出重要批示。4月22日至26日，在全国总工会与国际劳工局联合举办的工资政策和立法国际研讨会上，新乡市总工会作为全国唯一地市级工会做了工资谈判经验介绍，受到与会人员的一致赞誉。全市已有3678家不同类型企业签订了集体合同，占应建制企业的92.7%，覆盖职工50余万人，其中有1599家企业签订工资专项合同，还签订14份行业性集体合同、152个区域性集体合同。

（刘　毅）

【帮扶工作】　2008年，市总工会通过多项活动，加强帮扶工作。一是实施送温暖工程。“双节”期间，全市共筹集慰问款物820.58万元，其中市本级筹集资金349.11余万元、帮扶物资价值30余万元，对32566户困难职工群众进行帮扶救助。二是开展“关爱生命”——为尿毒症职工献爱心活动，对96名患者发放救助资金39万元。三是开展“金秋助学”活动。各级工会共筹集302万元，对1000余名困难职工大学生子女，其中包括30余名在新就读的四川籍高校学生给予救助。同时，对子女上大学的困难职工进行定向技能培训，提高就业能力；与劳动部门协商，为10名困难大学生的父母安排了公益性岗位。四是全面推进帮扶中心建设。12个县（市、区）已经全部建成帮扶中心，并通过省总工会的验收。完善困难职工档案信息化管理。全市已经为24487名困难职工建立了电子档案，其中县（市、区）16869名。市总工会共争取中央财政和省财政专项帮扶资金245万元。五是开展再就业工作。与有关部门联合举办了“迎五一、送岗位，就业再就业洽谈会”和“2008年民营企业招聘周”活动，累计提供就业岗位6080个，吸引23000余名下岗失业人员参加，达成就业意向书4680份。六是加大对农民工的维权帮扶力度。市总工会专程到北京慰问新乡籍农民工，为他们送去工会组织和家乡人民的关爱。开展以“五送”（送清凉、送法律、送健康、送文化、送安全）为主题的农民工平安消夏活动。会同有关部门在全市开展整治非法用工、打击违法犯罪专项行动，取得明显成效。全市的帮扶工作在全省帮扶工作经验交流会上作经验介绍。　（刘　毅）

【捐款救灾】　2008年，针对年初南方部分地区发生的严重雨雪冰冻灾害和“5·12”四川汶川大地震，全市职工充分发扬工人阶级互助友爱精神和“一方有难、八方支援”的优良传统，支援灾区救灾和灾后重建。特别是汶川大地震发生后，各级工会积极行动，组织职工投身抗震救灾，向灾区群众捐款捐物，帮助灾区恢复生产、重建家园。据不完全统计，全市各级工会组织和广大工会会员累计捐款3532万元，其中工会会员向灾区捐献一元钱活动共捐款71.5万元。　（刘　毅）

【“三工”宣传】　为庆祝新乡工会成立60周年，市总工会全年共筹划完成11项系列庆祝活动。一是利用多种形式弘扬劳模精神。先后在辉县市回龙村举行劳模精神教育基地揭碑暨农民工书屋挂牌仪式，在《新乡日报》开辟“劳模风采”专栏刊登劳模访谈，利用市内广告橱窗宣传劳动模范形象。二是举办庆“五一”表彰大会暨“奋进三工”（工厂、工会、工人）文艺演出。三是编纂《新乡劳模》。四是举办庆祝新乡市总工会成立60周年篮球比赛。五是举办庆祝市总工会成立60周年职工书法和摄影展。六是编纂《新乡市工会60年》大型画册。七是制作《与时代同行——新乡工会工作纪实》电视专题宣传片。八是举办“我与工会”征文活动。九是举办市总工会成立60周年庆祝大会。十是举办市总工会成立60周年成果展。十一是举办庆祝市总工会成立60周年职工技能竞赛。其中编纂《新乡劳模》、《新乡市工会60年》画册和制作《与时代同行——新乡工会工作纪实》专题片在新乡工运史上尚属首创，《新乡劳模》、《新乡市工会60年》画册的编纂对于抢救、保存历史资料具有重要的意义。同时，“职工书屋”建设全面推进，建成全国“职工书屋”示范点2个、省级4个、市级30个。市总工会在各类新闻媒体发表稿件110余篇，其中省级以上30余篇。深入开展“创建学习型组织，争做知识型职工”活

新乡市消防支队

支队长 申家星

政委 于东启

市委书记吴天君慰问消防官兵

市长李庆贵视察节日消防

团结战斗的
支队领导班子

奉献爱心
心系地震灾区

副市长孟钢参加
《消防法》启动仪式

为地震受灾
官兵发放慰问金

冒着生命危险处置化学危险品

新乡市消防支队是一支特别能吃苦、特别能战斗、特别能奉献的英雄部队，组建于 1965 年，前身是新乡市消防大队(营职编制)，1986 年扩编为正团职，成立消防支队，担负着全市防火灭火工作及各类急难险重事故的抢险救援任务。半个多世纪里，一次次风起火起，一次次烟消火灭，记录着这支英雄部队的辉煌业绩，在 8169 平方公里的土地上镌刻着蹈火者的血火警魂。几十年来，支队坚持不懈走从严治警、科技强警、勤俭建警、从优待警之路，在革命化、现代化、正规化建设方面迈出了坚实的步伐，在牧野人民心中树起了威武之师、文明之师的良好形象。支队组建以来，从"打大仗、打恶仗"入手，全面加强执勤备战和灭火救援工作，部队整体战斗力不断提高，做到随时拉得出、打得赢，特别是近几年来，支队先后成功扑救和处置了华侨友谊商厦火灾、第二百货大楼火灾、新飞电器集团有限公司火灾、宏利集团冷库火灾、获嘉"5 · 12"丙烯烃化学危险品泄漏、原阳"5 · 20"氰化钠化学危险品泄漏、辉县市"9 · 10"槽车运输危险品泄漏、"10 · 17"凤泉区化工厂甲苯储罐火灾、"11 · 2"新乡火电厂输油管道火灾等一大批有影响的抢险救援事件，部队灭火救援成功率实现 100%。圆满完成了奥运火炬传递、奥运会、建市 60 周年、比干诞辰等大型安全保卫任务，保护了国家和人民群众生命财产安全，受到了各级领导和社会各界的广泛赞誉。

长立战备观念 浇铸铜墙铁壁

——记新乡市人民防空办公室

市人防办党组书记、主任 秦芳丽

新乡市人防办为市国防动员委员会常设办事机构，是市政府人民防空工作的主管部门，属军地双重领导。内设 4 个职能科室：综合科、工程管理科、指挥通信科、法制室。

其主要职责是：平时贯彻和执行国家人民防空的方针、政策；负责《人民防空法》和《河南省实施〈人民防空法〉办法》等法规、政策的组织实施和监督检查；拟定全市人民防空建设规划、计划；协同有关部门审批与人民防空建设有关的城市建设规划，审核城市总体规划中贯彻落实人民防空要求及人民防空建设规划，依法对城市和经济目标的人民防空建设进行监督检查；组织人民防空工程建设、维护管理及现有人防设施的开发利用；组织人民防空通信、警报建设和管理；制定防空袭预案和各种保障方案；培训人民防空专业队伍并组织演练；开展人民防空宣传教育；管理人民防空经费和资产。战时组织开展城市人民防空袭斗争，配合要地防空和城市防卫作战，协助有关部门恢复生产和生活秩序。承办市政府交办的其他事项。

市级人防指挥中心效果图

市政府、新乡军分区、河南省人防办领导参加平原路地下人防工程开工典礼

军分区司令员马传运、副市长贾全明视察人防指挥中心工程

团结奋进的人防办党组

市领导在平原路地下人防工程工地现场

国家人口计生委副主任张帆莅新调研

国家人口计生委人事司司长金小桃来新调研

牢记国策 统筹人口发展

——新乡市计生委掠影

新乡市人口和计划生育委员会紧紧围绕稳定低生育水平、提高出生人口素质、统筹解决人口问题的主要任务，开拓进取，扎实工作，全面完成省下达的人口工作目标，基本实现计划生育工作思路和工作方法“两个转变”，为全市经济社会发展做出重要贡献。5 年来，人口自然增长率连续控制在 6‰以下，低生育水平保持稳定；开展出生缺陷一级干预和婴幼儿早期教育，出生人口素质不断提高；全面推行计划生育政务公开和便民维权服务，基本实现部门工作法制化；狠抓队伍职业化建设，人口计生系统服务能力不断增强；关注民计民生，各项计划生育利益导向政策得到落实；严厉打击“两非”，出生人口性别比偏高专项治理初见成效；探索建立以流入地为主、流出地与流入地协调配合的服务管理机制，流动人口计划生育管理日趋规范。

省人口计生委主任孟宪臣莅新调研

人口和计划生育工作

先进单位

中共河南省委
河南省人民政府
二〇〇八年五月

主任杨素民下乡调研

前进中的红旗区

区委书记 鹿建宇

区长 李跃勇

新乡市红旗区位于新乡市东南部，辖2镇、5个办事处，43个行政村、29个社区，面积180平方公里，人口36万，是新乡市的政治、经济、商业、文化中心和高新技术、科教文化聚集区，也是国务院命名的科技进步先进区。

红旗区认真贯彻落实科学发展观，立足发挥红旗区的比较优势，抢抓新乡都市区建设机遇，以“引资、项目双带动”为主战略，以工业园区、区域商业服务中心、新农村建设为载体，突出抓好重大工业项目谋划、城市建设和现代服务业，统筹发展各项事业，促进社会和谐，实现经济社会又好又快发展。世界500强美国沃尔玛、日本富士电梯、台湾协裕、澳门宝龙、香港景城、深圳沙河股份、台湾丹尼斯百货、许昌胖东来和郑州大商电器等一批实力型、科技型企业到红旗区投资。区委、区政府倾力打造的新东产业集聚区被省政府列为首批175个重点扶持发展的产业集聚区之一。多项工作受到上级表彰，其中，目标管理工作连续获得“八连冠”，计划生育、信访稳定、社会治安综合治理、对外开放等工作连续5年受到省、市表彰。

市委书记吴天君深入产业集聚区调研

区领导到房地产开发企业帮助解决实际困难

鹿建宇（右一）亲自把捐款送到困难群众手中

区领导陪同市领导到日升数控公司调研

跨越中的牧野区

市委书记吴天君视察牧野区

区领导参加金龙锂动车辆有限公司奠基仪式

牧野区人民在区委、区政府的正确领导下，以科学发展观为统领，牢固树立“团结、创新、高效、廉洁”的宗旨，充分整合政治、经济、人力资源，全面推动“统筹城乡发展、加速工业跨越、打造三产支撑、培育观光农业、推进民生建设、提升党建水平”六项工程，为实现牧野区建设中原城市群强区，实现跨越崛起提供重要保证。

2008 年，全区地区生产总值完成 31.4 亿元，较上年增长 19.7%；全社会固定资产投资完成 33.5 亿元，较上年增长 83%；财政一般预算收入实际完成 18013 万元，较上年增长 30.9%；全区工业总产值完成 95 亿元、增加值 19 亿元、利润 4.2 亿元，较上年分别增长 42%、38%、30%；农民人均纯收入达到 6434 元，较上年增长 15.2%；工业增加值万元能耗降低 11% 左右。

牧野区强力实施工业强区战略，加快推进集聚、集群、集约的新型工业化进程，强势工业群体初步形成。辖区规模企业达到 120 家，其中 8 家企业列入省百户重点企业和省 50 户高成长性企业。电池电源、车辆及汽车零部件两大特色产业和轻钢结构及新型建材、食品加工、包装印刷、白色家电四大支柱产业，优势更加突出。

三产项目加速推进，形成了货运物流、房地产开发、特色市场、现代超市、商业街建设为重点的三产发展格局。农业现代化进程加快，全区无公害蔬菜播种面积达到 1 万亩，全区规模化养殖小区达到 5 个，省级无公害农畜产品基地认证企业 7 家和省级无公害畜产品认证企业 1 家，4 家省、市级重点涉农企业，1 个市级农业标准化示范乡。

区委书记　王玉民

区长　王宁

天丰钢板

天丰公司生产车间

车辆园区产品展示

锂聚合物电池

动力锂离子电池

便携式锂离子电池

服装生产形成品牌

成林包装车间

海宝电器

河南环宇集团锂离子电池

中共中央总书记、国家主席、中央军委主席胡锦涛到龙泉村视察

国务院总理温家宝到七里营视察

科学发展的七里营镇

新乡县七里营镇辖48个行政村，8.6万人，95平方公里。七里营镇始终坚持以科学发展观为指导，着力打造“工业重镇、经济强镇、文明富裕镇”，2005年成为新乡市第一个税收超亿元的乡镇，2007年财政一般预算收入在全市乡镇率先突破亿元大关。2008年实现地区生产总值30.21亿元，上缴国家税金3.12亿元，实现财政一般预算收入1.038亿元，农民人均收入6459元，综合经济实力居新乡市各乡（镇）首位、全省前茅，实现经济社会又好又快发展。涌现出全国劳动模范史来贺、吕书墨、梁修昌等一批英模人物，刘庄、龙泉两个国家级文明村等一批典型群体，曾荣获全国重点镇、全国新农村建设明星镇、全国精神文明建设示范镇、中国最具投资潜力乡镇、中国乡镇综合实力500强、国家首批新农村建设科技示范镇、中国十大和谐乡镇、省“五个好”乡镇党委、省平安建设先进乡镇、省级文明村镇等称号，毛泽东、江泽民、胡锦涛、吴邦国、温家宝等40多位党和国家领导人，150多个国家和地区的国际友人前来视察指导。

新型工业化步伐加快。该镇建成全国最大的青霉素原料药品基地和全省最大的造纸工业基地、铜材加工基地，形成医药、造纸、铜材加工三大支柱产业，工业产值占全镇工农业总产值比例达到97%以上。规划建设的新乡纸制品工业园，被河南省政府确定为“十一五”期间重点扶持的产业集群和省级循环经济试点工业园区。

现代农业格局初步形成。建立三大农业园区（现代生态农业科技园区、肉牛养殖园区、龙泉高效农业观光园区），形成三大农业基地（种子产业化基地、无公害蔬菜基地、无公害瘦肉型商品猪基地），双孢菇等农产品获得无公害农产品标志和中国果菜精品品牌。2009年年初，该镇与中国农科院成功签约《科技合作框架协议》，开发建设万亩科研成果转化试验基地。

新农村建设日新月异。该镇充分发挥刘庄、龙泉、新庄等村的典型示范作用，将全镇48个行政村整合规划成12个中心村（社区），形成典型引路、示范带动、整体推进的新农村建设格局。刘庄村民住上现代化智能化别墅。镇区拥有一座22万伏变电站和5座11万伏变电站，汽车站、敬老院、休闲广场、现代化教育园区、商业区等一应俱全，电话和宽带网覆盖率达100%，成为功能齐全、设施完善、环境优美的现代化小城镇。

社会事业全面发展。健全镇、村医疗卫生服务网络，新型农村合作医疗参合率达到98%以上；大多数村60岁以上的老人每月可领取100-150元的生活补助；整合教育资源，建设现代化教育园区。2008年镇财政拿出资金20万元对七里营籍高考成绩优秀学生予以奖励，拿出30万元对返乡高中毕业生进行大专培训，倡导了尊师重教的社会新风尚。

党委书记　王惠敏

镇长　赵世炎

现代化的调控室

气势宏大生产车间

设计新颖的农村社区

新亚纸业一角

局长、党委副书记 杨新锋

市委书记吴天君（右一）陪同省交通厅厅长董永安（前左二）、省公路局局长蒋晓明（后排右一）视察新乡公路建设

团结协作铺坦途 再奏明日辉煌曲

——新乡市公路管理局纪实

新乡市公路管理局是负责市内国省干线公路规划、建设、养护和管理的单位。至 2009 年上半年，管养国、省干线公路 18 条，其中，国道 1 条。养护总里程 964.362 公里。市局机关设 18 个科室，下辖 7 个直属单位、8 个县（市）公路管理局。全系统共有干部职工近 4000 名。

局党委率领全系统干部职工深入贯彻落实科学发展观，走出一条可持续快速健康发展之路。干线公路里程从少到多，从低等级到高等级，铸就了一个又一个辉煌。全国第一条渣油路、第一架扁壳试验桥、第一条振碾式混凝土路面、第一条 GBM 公路都是从新乡诞生。新乡干线公路宽阔平坦、绿化美化良好，已经成为新乡对外一张靓丽的名片，受到中央、省、市领导和社会各界的广泛赞誉和好评。

局领导班子坚持“发展是硬道理、发展是第一要务”的指导思想，牢固树立服务新乡经济社会发展的意识，克难攻坚，加大项目争取和公路建设力度，强化“唯旗是夺”的理念，紧盯“创建全国文明单位”的目标，确保“业务工作争一流，保证工作见成效，保障工作出特色”，努力为新乡市经济社会发展作出新的更大的贡献。

市长李庆贵（右一）参加新（乡）长（垣）北线开通暨剪彩仪式

副市长贾全明慰问收费员

GONGL

全市12个政府还贷二级公路收费站停止收费

援川勇士凯旋归来

中央政治局常委、国务院副总理李克强（中）曾于二〇〇四年四月在耿庄调研

二〇〇四年十月，中央政治局常委、国家副主席曾庆红（中）到耿庄视察

二〇〇四年五月耿瑞先荣获「中国青年五四奖章」，在北京受到中央政治局委员王兆国（右）接见

二〇〇六年五月，中央政治局委员、国务院副总理回良玉（中）视察耿庄新农村建设

耿庄新貌

GENGZHUANGXINMAO

耿庄村党委书记兼村委会主任 耿瑞先

耿庄村位于新乡市北郊，紧邻京广铁路和济东高速，有农户 720 户，总人口 2538 人，11 个村民小组，耕地面积 1444.5 亩。村党委下设 4 个党支部，140 名党员。拥有凤凰实业、磷化钾肥、明志冷轧、群星彩印、新龙化工、新基房产、锦瑞公司、众邦化工等 11 家控股入股企业。2008 年全村实现总产值 9.1 亿元，实际上缴税金 2166 万元，村集体收入 2560 万元，农民人均纯收入达 14300 元。

耿庄村积极开展党风廉政建设工作，用制度规范一班人的言行，从领导干部自身做起，从点滴做起，严格执行。要求干部要做到政治强、业务精、经济廉、作风硬、纪律严，努力营造清正廉洁的环境。加大村镇规划建设步伐和村民补贴政策。耿庄街道宽广，一街一景，绿化、美化、亮化赏心悦目，各项水、电、气配套设施完备，常年保持专业化的保洁队伍。以土地集中经营为主，耿庄村家家是股东，人人是股民，共同谱写和谐新农村的新风尚和新景观。

党和国家领导人李克强、回良玉、曾庆红等先后亲临耿庄视察，对耿庄的发展予以充分肯定。2007 年，耿庄村被授予全国民主法治示范村荣誉称号，2008 年荣获全国文明村荣誉称号。村党委书记耿瑞先先后荣获全国第八届“五四”青年奖章、全国劳动模范等多项荣誉，2007 年 8 月 1 日在北京参加建军 80 周年全军英雄模范代表大会时，受到总书记胡锦涛等党和国家领导人的亲切接见。

中央扶贫领导小组顾问杨贵多次到耿庄视察

携手共进奔小康

局党组书记、局长　路文忠

市领导巡视『六·五』世界环境日宣传一条街

保护环境　促进人与自然和谐发展

——新乡市环境保护局简介

新乡市环境保护局是市政府唯一的环境保护执法部门。其主要职责是：贯彻执行国家、省环境保护的方针政策和法律法规；负责组织实施全市环境保护政策、法规、规章；组织制定并实施全市环境保护规划；组织开展全市环境保护执法检查，调查处理重大环境污染事故，协调处理县（市、区）间环境污染纠纷；组织实施全市排污申报登记与排污许可证、排污收费、污染限期治理、环境影响评价、污染集中控制、“三同时”等环境管理制度；负责审批市管环境保护建设项目的环境报告书（表），并组织环境工程的验收工作；负责组织全市环境保护宣传；对全市环境保护工作实施统一监督管理等。局机关内设 9 个职能科室和直属机关党办、纪检组，下设9个直属全供事业单位。该局正确处理环境保护与经济发展的辩证关系，认真履行环境保护监督管理职能，团结拼搏，务求实效，克服重重困难，严查环境违法行为，努力改善环境质量，维护人民群众环境权益和促进人与自然的和谐发展，突出重点，整体推进，圆满完成年度工作目标任务，环保局多次被评为省、市先进单位。

局领导走上街头开展环保大接访活动

深入学习实践科学发展观活动收到实效

新乡城区晴空万里

市国税局办税服务厅荣获『全国三八红旗集体』，省妇联主席陈砚秋、市委书记吴天君参加授牌仪式

省国税局党组书记、局长范立新（中）到重点税源企业调研

与时俱进建功业　科学发展谱华章

——新乡市国家税务局剪影

2008 年，全市国税系统认真履行“聚财为国，执法为民”的宗旨，按照“打牢基础，谋划长远，科学发展”的指导思想，服务经济社会发展大局，推进税收事业科学发展，各项工作取得新的突破。全年国税收入突破 40 亿元，达到 402808 万元，同比增长 12.5%，增收 44779 万元。同时取得多项工作创新：升级改版“税收政策法规查询宝典”，被国家税务总局在全国推广；配合省国税局开发“办税导航场景式服务系统”，被国家税务总局评为“第四届全国税法 flash 动漫大赛”特等奖；开发“车辆购置税纳税人短信提醒服务系统”，属全国首创，并在全省得到推广；研发“所得税过渡期优惠政策监控系统”、“非居民税收管理系统”，在全省推广等等。2008 年，全市国税工作硕果累累，市国税局先后荣获全国“三八”红旗集体、全省国税系统目标管理优胜单位、全市“五一”劳动奖状、全市党风廉政建设责任制工作优秀单位、全市优质服务单位等一系列荣誉称号。

五一劳动奖状
新乡市总工会
二〇〇八年四月

2008年度全市政风行风建设
先进单位
新乡市人民政府
二〇〇九年二月

全国三八红旗集体
中华全国妇女联合会
2008年3月

2008年度目标管理
优胜单位
河南省国家税务局
二〇〇九年一月

二〇〇八年度全省国税系统政风行风建设
先进单位
河南省国家税务局
二〇〇九年二月

2008年度新乡市服务对外开放
先进单位
新乡市对外开放领导小组
二〇〇九年三月

新乡市
优质服务单位
中共新乡市委
新乡市人民政府
二〇〇九年一月

新乡市国税局被评为：
新乡市信息化工作先进单位
新乡市人民政府
二〇〇八年

局党组书记、局长　杨国政

杨国政深入基层征管一线进行工作调研

精诚团结、开拓创新、战斗力强的市国税局领导班子

聘请著名京剧表演艺术家迟小秋（左）为税收宣传形象大使

荣获全省国税系统领导干部反腐倡廉知识竞赛一等奖

市领导为全国首批“职工书屋”示范点授牌

局职工田立新获“感动新乡十大人物”

人民邮政为人民

——新乡市邮政局掠影

“唱市歌，迎奥运” 大合唱

“心连心共渡难关，手牵手大爱无边”捐助仪式

2008年，新乡邮政把发展作为第一要务，发挥行业优势，不断提升服务能力，满足社会各界的需求。

在突如其来的冰冻雨雪和地震灾害面前，新乡邮政始终坚持“人民邮政为人民”的宗旨，积极克服各种困难，全力确保政情、民情畅通，有效传递党和政府的声音，开通捐赠汇款和捐赠包裹寄递的绿色通道，传递社会各界人民的爱心。全市邮政干部职工积极向灾区献爱心，累计捐款30余万元。在奥运期间，新乡邮政进一步加大对邮件安全的监控力度，加大安全防范设施资金投资力度，开展安全宣传教育和安全检查活动，确保涉奥邮件的寄递安全。在服务地方经济建设方面，新乡邮政积极响应中央号召，不断拓宽服务“三农”的领域和空间，并凭借网络和多元化的业务优势，帮助中小企业解决市场营销难、产品流通难、结算融资难的“三大难题”。

风雨无情人有情

——新乡市气象局简介

党组书记、局长 周官辉

新乡市气象局成立于1958年，主要负责全市行政区域内气象工作，行使气象行政管理职能。内设3个职能科室、4个直属事业单位，辖1个气象观测站和卫辉、辉县、获嘉、原阳、延津、封丘、长垣7个县（市）气象局。

改革开放以来，市气象局建设及数字化改造711型测雨雷达1部，提升监测预警气象灾害特别是局地突发气象灾害能力；建设自动气象站2个和加密四要素自动气象站7个，基本气象要素实现自动观测、自动编报、自动传输；购置五要素移动气象站1套，提高应急处置和机动观测能力；布设乡（镇）自动雨量站130个，完成自动雨量站数据中心建设；建设酸雨观测站1个，安装闪电定位设备1套，安装紫外线观测系统1套，建立以卫星遥感为主的生态系统监测体系，8人次获250班测报无错情；安装卫星气象资料地面单收站7套和新一代卫星气象资料接收系统DVBS1套，建立微型电子计算机局算机局域网和市、县数字专用通信宽带网，搭建电子政务办公平台实现办公无纸化，开通视频天气预报会商系统，实现省-市-县视频天气预报会商。

市气象局不断拓宽和深化气象服务领域，气象信息在全市防灾减灾、防汛抗旱、秸秆禁烧、苗情墒情监测等方面为领导科学决策提供重要依据；公共气象服务平台逐步做大做强，扩大气象信息的覆盖面，新增的地质灾害气象等级预警预报、空气质量等级预报、森林火险等级预报、“兴农网”等项目丰富了气象信息服务内容；开展电力负荷气象预报、交通安全气象预报、旅游气象预报、生活指数气象预报等多种形式的专业气象服务；建立突发气象灾害预警信号制作、发布系统和气象防灾减灾手机短信预警系统，建立了天气气候事件新闻发布会制度。

市气象局认真履行行业管理、气象探测环境保护、人工影响天气、雷电灾害防御、升空气球施放、气象信息传播等一系列社会管理职能。荣获省级文明单位“四连冠”、全国气象部门局务公开先进单位、省级卫生先进单位、省辖市气象局目标考核第一名和重大气象服务先进集体、市级抗洪抢险先进集体、支持新乡农业发展先进单位、支持服务农业先进单位、支持新农村建设为农村办实事先进单位、支持凤凰山森林公园建设先进单位、依法治理先进单位、市级目标管理先进单位和市级文明系统。

（撰稿 杨卫生）

气象工程人员在会商天气形势

新乡日报

——中共新乡市委机关报

党委书记、社长　刘冬忠

总编辑　尚建军

2008 年，新乡日报社坚持正确的舆论导向，坚持以政治大局为重，坚持以正面报道为主，积极改进报道方式，创新报道手段，唱响主旋律，打好主动仗，为新乡市全面建设小康社会、构建和谐新乡、实现新乡崛起营造了良好的舆论氛围。

2008 年，新乡日报社被评为全国报纸自办发行先进集体；获得省级卫生先进单位、凤凰山省级森林公园建设先进单位、帮扶先进单位、基层和谐社会建设集中教育活动先进单位、河南省广告行业精神文明先进单位；创卫工作报道和构建和谐新乡系列报道先后受到省新闻出版局的肯定；《读者之声》栏目在河南省报纸新闻好栏目评比中被评为名牌栏目；报纸印刷工作在全省报纸印刷质量评比中被评为优质一等奖。

新乡市工程质量检测站

站长　时相卿

新乡市工程质量检测站始建于1987年12月，属全民所有制企业。主要承担全市建筑材料的检验测试和工程质量检测及桩基础、装饰材料、建筑门窗、室内环境检测、建筑节能检测任务，于1996年3月通过计量认证，2001年通过复查认证。

该站是省建设厅审定的一级检测机构，具有独立开展工程质量检测的权利和义务，不受任何外界因素的干预，确保检测数据的准确性、科学性和公正性。内设13个科室，有检测人员55人，专业技术人员52人，其中，高级工程师4人，工程师18人。开展水泥、细骨料、粗骨料、砌体材料、钢材、土工、防水材料、建筑门窗、装饰材料、预制砼构件、混凝土、砂浆、粉煤灰、外加剂、结构检测、外墙面砖粘结强度、基础桩及复合地基检测、民用建筑工程室内环境检测、建筑节能材料检测等项目。该站拥有固定资产200多万元，检测设备200多台(套)，建筑面积1500平方米，其中恒温面积80平方米。为确保检测结果的准确可靠，制定了以《质量手册》为主的一系列管理制度，建立完善的技术责任制和检测工作质量保证体系，实现检测工作科学化、专业化和微机管理。从成立以来，先后对全市数千项建筑工程进行建筑材料、工程质量的检测工作，为新乡市工程质量的提高做出突出贡献，并连年被省建设厅评为建设工程质量检测先进单位。

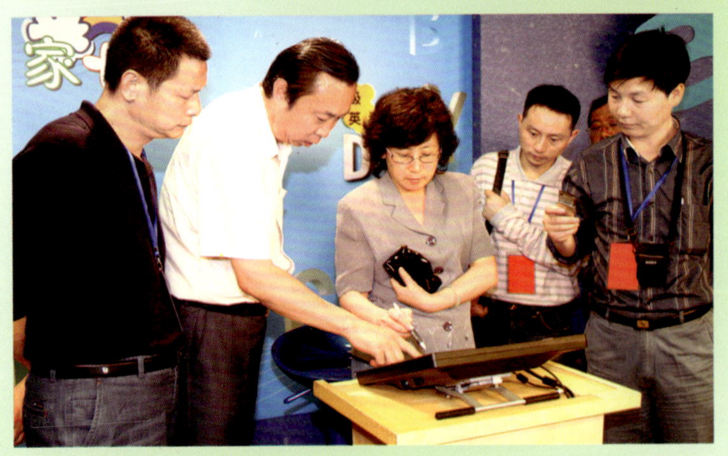
中央电教馆副馆长王珠珠视察远教平台“家+校”

省、市领导视察“家+校”

媒体促教育 网络育英才

——新乡教育电视台 新乡电化教育馆发展纪实

新乡教育电视台、新乡电化教育馆大力开发教育电视的远教功能，积极探索农远工程的拓展模式，为教育信息化做出积极贡献。

2008年11月，“河南省农村中小学现代远程教育工程应用管理现场会”在新乡召开。同年12月，经国家教育部批准，中央电教馆授予新乡电教馆全国电化教育先进单位。

2009年5月，由中国教育电视协会主办的“全国教育电视新乡现场会暨2009年城市教育电视委员会年会”在新乡举办，来自教育部、中国教育电视协会、中央电教馆、中国教育电视台、省教育厅、省电教馆、市人民政府、市委宣传部、市教育局、市广电局等有关领导、专家以及全国71家教育台、电教馆的代表汇聚新乡。代表们考察学习了全国首创的“新乡市基础教育数字互动学习平台”（简称“家+校”）和全国首家开播的市级“数字移动电视播出平台”，大家对新乡的经验给予充分肯定和极高评价。为表彰新乡教育电视台的积极探索和进取精神以及所取得的显著业绩，中国教育电视协会授予其全国创新发展典范荣誉称号。

全国教育电视新乡现场会暨2009年城市教育电视委员会年会

党委书记、院长 张忠臣

市委书记吴天君视察农科院国审水稻新品种展示田

标新农业科研　引领新农风尚

——新乡市农业科学院科技强院述略

新乡市农科院是市政府直属全市唯一的农业科研事业单位。有在职人员 226 人，专业技术人员 172 人。其中正高 11 人，副高 38 人，中级 30 人，初级 39 人。硕士 8 人，知名专家学者 6 人。

市农科院下设办公室、人事处、科研管理处、计划财务处、科技开发处 5 个职能处室和小麦、玉米、秋粮、蔬菜、园艺、食用菌、经济作物、生物技术、植物保护、土壤肥料、农业科技信息、农产品加工 12 个专业研究所，1 个农业科技试验站。参与组建新科种子公司、新科农化公司、新科园艺公司，依托自身培育的农作物新品种、研制的新产品和新技术，进行科技服务和成果转化，为当地农业增效、农民增收提供科技支撑。

农业部农业科技发展中心主任段武德莅临农科院调研

张学舜研究员培育出省审高产抗病玉米品种

以人为本 厚德强能

——新乡学院纪实

新乡学院

新乡学院是2007年3月教育部批准设立的一所公办全日制普通本科院校，由原新乡师范高等专科学校、平原大学、新乡市教育学院3校合并组建而成。

学院占地面积1708亩，建筑面积近80万平方米，教学科研仪器设备总值9850万元，馆藏图书170余万册，电子图书36万种。学院建有完善的计算机网络服务系统，拥有现代化的教学楼、实验楼、图书电教大楼、学生公寓和标准体育场等。校园环境优美，木秀花馨，景色宜人，是市级园林式单位。

学院设有文学、经济学、教育学、理学、工学、管理学、历史学、法学8个学科门类，本、专科专业80余个，其中会计电算化、应用英语为省级教育示范专业，机电一体化、国际经济与贸易、物业管理、心理咨询、建筑工程技术5个专业为省级教学改革试点专业。学院建有无机化学、教育学原理等6门河南省高校精品课程，25门校级精品课程。

校园一角

数控室

歌咏比赛

运动会

图书馆

校园文化生活

校园夜景

学院有教职工1300余人，其中专任教师995名，正副教授271人；具有博士、硕士学位教师405人，享受国务院津贴专家2人。学院高度重视科研工作，走产学研结合道路，为地方经济社会发展服务。近年来，共完成省部级以上科研课题49项，8项科研成果获国家专利，获得地厅级以上各项科研奖励350余项，省部级教学科研成果奖22项。出版专著、教材、译著235部，发表论文近4000篇。

学院积极开展国际教育交流与合作，聘请国外知名学者担任客座教授。2004年与英国东伦敦大学(UNIVERSITY OF EAST LONDON)、2006年与澳大利亚墨尔本博士山学院(Boxhill Institute of Technical and Further Education)分别签订合作办学协议，联合培养外向型人才。

实现跨越发展的新乡职业技术学院

河南省委常委、宣传部长、副省长孔玉芳（右二）视察学校实训基地

学院领导与意大利法拉利汽车公司代表洽谈联合办学

新乡职业技术学院前身为新乡市纺织职工大学，创办于1975年，是经河南省人民政府批准并在教育部备案的全日制普通高等专科学校。

学院位于新乡市工业园区西部，占地面积891.2亩，校舍建筑面积28.3万平方米，仪器设备总值3385.3万元；学院在校内建有实训楼8座、实验楼1座，校外建有实习、实训基地19个。图书馆藏书16.1万册，电子图书4万，中文期刊180种。

学校有教职工527人，其中专任教师319人。具有副高级以上专业技术职务的98名，具有研究生学历的53名，双师素质教师108名。学院开设有数控技术、焊接技术及自动化、机械设计与制造、机电一体化技术、电气自动化技术、计算机网络技术、应用电子技术、会计电算化、电子商务、建筑工程管理、汽车制造与装配技术、餐饮管理与服务、旅游管理等13个专业。学院设有国家职业技能鉴定所，学生通过考试可取得相应专业职业资格证书。

建校30多年来，始终以服务区域经济社会发展为己任，加强高素质技能型人才的培养，突出“校企结合、产学一体、学做合一”的办学特色，“学历＋技能”的培养模式、办学实力和办学水平不断提高，毕业生当年就业率平均98%以上，连年就业率保持100%。

数控车床实习

毕业生在就业招聘会上投档

美丽的校园

第三届全国数控技能大赛（河南赛区）选拔决赛开幕

校长　郭晓华

国家教育部领导到校视察

美丽人生的起点

——新乡市外国语小学掠影

务实创新的校领导班子

中美文化交流

新乡市外国语小学建于1950年，占地面积近30亩，建筑面积为15700余平方米。原名为新乡市师范附属小学，隶属市教育局。2000年9月经省教委批准成为新乡市唯一一所公办民助寄宿制小学。2001年5月，为适应时代发展的需要，增加英语办学特色，学校更名为新乡市外国语小学。有57个教学班，在校生3800余名，教职工152人，95%是大专以上学历，其中国家、省、市级骨干教师20人。该校共承担国家级课题3项，省级课题7项，市级课题26项。

学校环境优美，教学设备先进，建有综合楼、教学楼、微机室、教师电子备课室、多功能电教室、美术画室、音乐教室、国梁乒乓球教室及学生公寓、餐厅、运动场、读者俱乐部和图书阅览室。每个教室都配有空调、暖气与投资350多万建成的数字化校园网，教学班全部实现多媒体教学。

雄厚的师资队伍、先进的教学设施为学校的成功发展奠定了基础，创造了条件。学校坚持全面贯彻党的教育方针，奉行“敬业、博学、爱生、奉献”的教风和“乐学、善思、合作、探究”的学风，坚持“科研兴校、育人为本、突出特色、注重创新”的办学理念，全面实施素质教育，逐步形成了外国语小学艰苦奋斗的创业精神，团结拼搏的协作精神，严谨求实的科研精神，勇于探索的创新精神，争创一流的进取精神，不求索取的奉献精神，努力把学校办成有特色，有核心竞争力，深受学生和家长欢迎的名校。

学校先后荣获全国教育科学“十五”规划课题《学生学习素质构成与培养研究》实验研究先进集体、全国读好书活动特色学校、省文明单位、省教育科研先进单位、省依法治校示范校、省级校园网示范校、省首批语言文字规范化示范校、省教师培训年活动先进单位、省师资培训工作先进单位、省红领巾示范校、省学校卫生工作先进集体、省乒乓球运动传统学校、市级示范学校、市师德先进单位、市双语教学实验学校、市精神文明创建活动文明学校、市示范家长学校等荣誉称号。

校园一角

授予：市级
示范性学校
新乡市教育局
二〇〇四年二月

新乡市中小学师德建设
先进集体
新乡市人事局
新乡市教育局
二〇〇七年十二月

全省“教师培训年”活动
先进单位
中共河南省委高校工委　河南省教育厅
二〇〇九年一月

省级
文明单位
WEN MING DAN WEI
中共河南省委
河南省人民政府
2007.10

国梁乒乓球教室

①第二届全球中华文化经典诵读大会一等奖获奖留影
②教师电子备课室
③小读者俱乐部

勤洒园丁雨 育得桃李芳

——新乡市新区小学简记

新乡市新区小学创建于 2005 年 8 月，是市政府投资兴建、市教育局直接管理的一所全日制小学。该校占地面积 35 亩，建筑面积 13000 平方米，建有含 6 道塑胶跑道及人造草坪足球场的高标准运动场；四层连体综合教学楼可容纳 36 个教学班，内设有计算机教室、多媒体教室和全市一流的美术、手工活动室等先进设施。

该校有 75 名教职工，学历达标率居市属小学之首；有市级骨干教师 7 人、省级骨干教师 4 人、省学术技术带头人 5 人；国家级骨干教师 1 人、特级教师 2 人。

在社会各界关心支持和学校全体教职员工的共同努力下，该校建校以来取得非凡成绩，曾先后获得新乡市教育系统平安建设工作先进单位、2006 年度全市学校行风建设先进单位、3 次获新乡市中小学田径运动会小学组团体总分第六名、语言文字规范化示范校、绿色学校、2008 年度教育系统安全目标管理先进单位、新乡市依法治校示范学校、新乡市学校卫生工作先进单位、教师培训年活动先进单位。

市领导深入学校调研

成长乐园

花朵争艳 桃李吐芳

开中国医改先河 创新乡模式现代典范

——发展中的新乡中原医院管理有限公司

国家发改委副主任张茅（右三）在市长李庆贵（左一）等领导的陪同下到市中心医院视察工作并对该院工作给予充分肯定

国家中医药管理局副局长马建中（前左）在市中心医院视察

河南省卫生厅厅长刘学周（中）到市中心医院视察

新乡中原医院管理有限公司，成立于2004年4月18日，其前身为华源中原医院管理有限公司。2007年底，华源集团退出后，公司和所属5家医院归属市委、市政府管理，并于2008年2月18日更为今名，2008年11月经市政府批准增挂“新乡中原医院管理中心”名称，以彰显公立医院的公益性。公司经营范围包括医疗健康、医药、生命科学、生物技术产业的投资、经营管理及相关技术、产品的研发、推广、应用、咨询、信息服务。公司设有董事会、监事会和经营管理机构。经营管理机构设有综合办公室、医政事务部、保障事务部和财务部。

该公司下辖5家市属医院，分别是新乡市中心医院、新乡市第二人民医院、新乡市妇幼保健院、新乡市中医院、新乡市第三人民医院；同时，公司下设3个后勤管理中心，即药品器械配送中心、洗涤中心、基建中心。

该公司有在职员工3000余人，离退休职工近千人，高级职称专业技术人员600多人；总开放床位2100余张；拥有64排和16排螺旋CT、3.0T核磁共振、直线加速器、E-CT、γ-刀、X-刀、大C臂X光机、数字胃肠机等大中型医疗设备400多台件；年门急诊人次达到100余万人次，年住院总人数近6万人次，年手术量总计2万余例。

该公司以可持续发展观为指导，秉承“以人为本、病人至上”理念，按照“五个坚持、四个完善、三个不变”的原则，有计划、有步骤地推进所属五家医院管理体制和运行机制改革，逐步形成“产权清晰、权责明确、政事分开、管理科学”的公立医院管理体制。

原市委书记连维良（右一）视察市中心医院病房改造工程

市长李庆贵（右一）视察市中心医院

市中心医院外科大楼落成庆典仪式

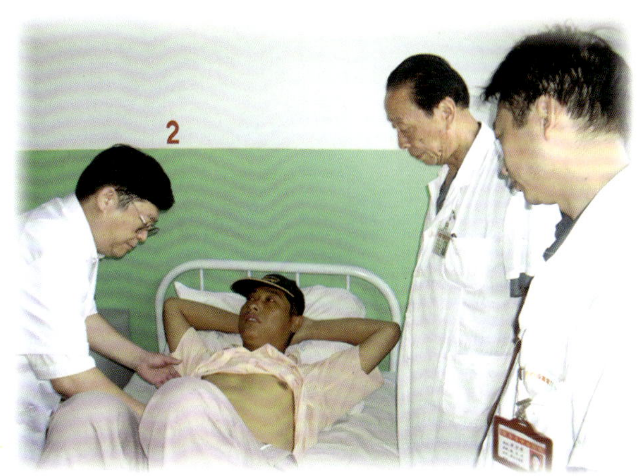

市中心医院党委书记、院长、主任医师谢振斌对病人进行术前检查

领军新乡医疗 关爱大众健康

——记新乡市中心医院

新乡市中心医院始建于 1949 年 11 月，原为平原省人民医院，1953 年更名为河南省第三人民医院，1986 年改名为新乡市中心医院，已发展成为新乡市市属唯一一所集医疗、教学、科研、预防等为一体的综合性三级甲等医院。河南省肿瘤诊断网络新乡分中心、河南省新生儿重症救护网络新乡分中心、新乡市抗癌协会、新乡市肿瘤研究所、新乡市心血管研究所、新乡市泌尿研究所、新乡市法医门诊、新乡德信法医临床司法鉴定所均设在该院，同时又是河南省刑事诉讼、人身伤害、保外就医医学鉴定定点医院，新乡市医疗保险、新型农村合作医疗定点医院，新乡医学院附属医院、郑州大学医学院、新乡医学院等高校教学医院及对外开放的新乡市红十字医院。

医院占地 7.13 万 m^2，医疗建筑面积 10.39 万 m^2，有在职职工 1843 人，开放床位 1425 张，年门诊量 50 万人次，年收治病人 4 万余人次。卫技人员中具有高级职称的 288 人，获博士、硕士学位的 130 人，中级职称的 756 人，其中 4 人被评为国家有突出贡献专家、享受国务院特殊津贴，省管优秀专家 2 人，14 人被命名为新乡市专业技术拔尖人才，5 人被新乡医学院聘为硕士研究生导师。临床医技科室 55 个，其中肿瘤学科、心血管学科系河南省医学临床特色专科，神经学科系新乡市重点医学专科。医院曾荣获国家科技奖 1 项，省科技奖 18 项，市科技奖百余项。现有国际科研协作项目 3 项，省市级科研项目多项。

医院设备先进，拥有全身型 3.0T 磁共振、64 排螺旋 CT、进口双光直线加速器、新型 ECT、直线加速器、大型多功能数字减影血管造影机、数字胃肠机、16 排螺旋 CT、全自动生化分析仪、远程心电监护系统、椎间盘镜手术系统、X 刀、直接数字化 X 线成像系统（DR）、乳腺钼靶 X 光机、乳腺导管镜、四维彩超等进口及国产万元以上的大型医疗设备 400 余台（件）。

医院先后荣获全国计划生育工作先进单位、全国婚育新风进万家活动先进单位、全国巾帼文明示范岗、全国爱婴医院、全国工人先锋号、省级文明单位、省级卫生先进单位、河南省“五一”劳动奖状、河南省双十佳医院、河南省医院管理年先进单位、河南省医院行风建设先进单位、河南省卫生系统先进集体、河南省心脏病介入治疗先进单位、河南省护理达标医院、新乡市创卫先进集体、新乡市质量管理先进单位、新乡市诚信单位、新乡市消费者信得过单位、新乡市社会治安综合治理先进单位等荣誉称号。

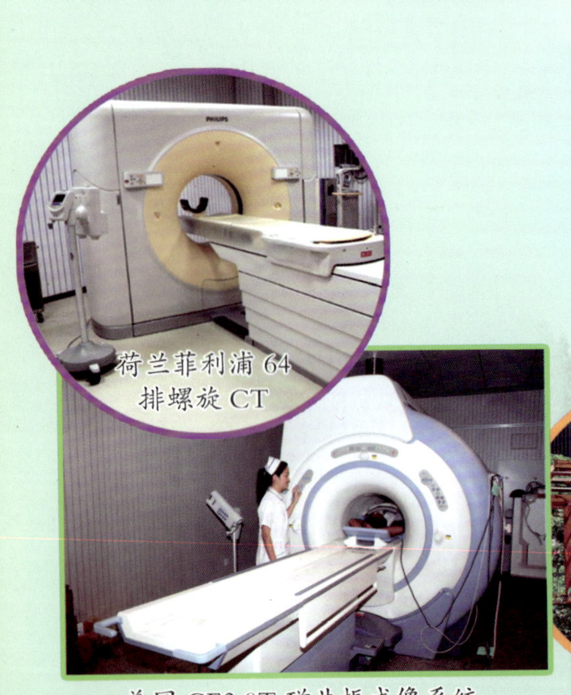
荷兰菲利浦 64 排螺旋 CT

美国 GE3.0T 磁共振成像系统

院内花园一瞥

院长 岳荣喜

政委 闫文斌

病人第一 质量第一 信誉第一

——解放军第三七一中心医院简介

中国人民解放军第三七一中心医院，始建于1946年10月，位于新乡市文化街，占地面积14余万平方米，开放床位1000余张，设置临床、医技等30个科室，是一所集预防、医疗、教学和科研于一体的设备先进、技术精湛、服务优质、管理正规、收费合理、环境优美的现代化综合性军队医院。

该院先后购置和引进西门子64层螺旋CT、西门子1.5T核磁共振、菲利浦iE33彩超、菲利浦数字胃肠机、数字成像系统、直线加速器、光动力治疗仪、双向数字减影机、X刀、多功能全自动生化分析仪、准分子激光治疗仪、板层刀等当代高科尖端医疗设备，成功开展肝种植、肾移植、干细胞生物治疗、复杂心脏病手术、中西医结合治疗肾病等大批新业务、新技术，部分项目在军区乃至全国范围内处于领先水平。

该院实行计算机网络化管理，率先在河南省实行“医疗消费一日清单制”，使病人就诊、消费明明白白，受到社会的广泛赞誉。医院被指定为新乡市社会医疗保险、公费医疗、人寿保险、农村合作医疗、法医鉴定等定点医疗单位。

该院具有较强的技术力量、丰富的实践经验和雄厚的技术人才队伍，有专家、教授、高学历人才200多名，先后获得国家和军队科技奖100多项、专利20项，发表学术论文1000余篇。

该院先后被评为全军环境保护先进单位、科技先进单位；被济南军区、联勤部分别表彰为全面建设先进单位、先进党委、军事斗争准备先进单位；被河南省评定为省级文明单位、卫生文明单位，2004年被中华医学会评为全国百姓放心示范医院，2008年野战医疗队在抗震救灾中表现突出，荣立二等功。

门诊大厅

体检大厅

休闲长廊

院长 朱继先

副厅长黄玮莅院视察

博爱厚尚德 悬壶济苍生

——新乡市第一人民医院剪影

新乡市第一人民医院创建于1936年，设置床位860张，职工1400余名，设有临床、医技科室50个，是一所集医疗、预防、科研、教学、急救和社区服务为一体的大型现代化综合性三级医院。该院先后荣获河南省卫生系统先进集体、河南省巾帼文明示范岗、全国巾帼文明示范岗、河南省帮扶困难职工活动先进单位、河南省文明单位、全国医院感染监控管理先进单位、中国医院协会全国百姓放心示范医院荣誉称号。

医院有正副主任医师160人，中级职称人员365人，硕士研究生60人，享受国务院津贴专家1人，新乡市拔尖人才15人。经河南省卫生厅批准，肾脏内科为河南省特色专科，市呼吸重症治疗中心、市腔镜诊治中心、市高血压病防治中心、市急救中心、市血液净化中心、市急性中毒救治中心、牧野法医临床司法鉴定所、市残疾人鉴定中心均设在该院；院重点专科有心血管内科、消化内科、乳腺外科、耳鼻喉科、脑外科、血液病科、妇产科、泌尿外科、骨科、风湿科。

医院拥有国内外先进的医疗设备。有菲利浦生产的1. 5T磁共振、16排螺旋CT；美国GE生产的双排螺旋CT、大型C形臂、V7、730四维彩超、飞天6000DR；西门子生产的直线加速器、美国伟康公司产多功能呼吸机14台、除颤仪；德国产数字胃肠机、腹腔镜、关节腔镜、椎间盘镜、宫腔镜连续性血液净化机、颈颅多普勒仪；英国产血气分析仪；日本产电子胃镜、支气管镜、全自动生化分析仪；宁波产高压氧仓、上海产多参数中央监护系统、北京产人工肝支持系统、中外合资体外循环机等。

新乡市首届心血管健康月启动仪式暨大型义诊活动

服务人民 奉献社会

——记新乡市第二人民医院

院长、党委副书记 杨继辰

党委书记、副院长 何平

新乡市第二人民医院创建于1950年，是一所集医疗预防、科研、教学、康复、保健、急救为一体的现代化综合性医院。开放床位500余张，开设临床科室21个，医技科室19个，高级、中级卫生技术人员400余人，享受国务院特殊津贴的医疗专家2人，拥有16排螺旋CT、多功能麻醉机、全自动生化分析仪、血液透析机、电子胃镜、胸腔镜、气化电切镜等一批仪器设备，为明确诊断、综合治疗提供了设备保障。年均接诊病人20万人次，收治住院病人12000人次，开展手术3500台次。新乡市烧伤治疗中心、新乡市创伤骨科研究治疗中心、“视觉第一中国行动”白内障复明定点医院与北京大学第一临床医院、北京大学人民医院等国内知名医院建立了诊疗协作中心。

特色专科烧伤科有40年烧伤治疗经验，具有治疗各类严重大面积烧伤的能力，在防治烧伤疤痕增生方面有一整套独到的方法。骨科开展的人工全膝关节表面置换术、肩关节、肘关节及指关节置换术等为病人提供创伤小、效果好、费用低、恢复快的技术服务。心内科有安装人工心脏起搏器十几年的经验，在此基础上，成功开展冠状动脉造型术、经皮冠状动脉腔内成形术等，为广大心脏病人带来了健康。脑外科采用先进的脑立体定向技术治疗帕金森病、顽固性癫痫、三叉神经痛等，吸引了来自全国各地的患者前来就医。

医院领导班子努力建立和完善“一切以病人为中心”的优质服务体系，继续坚持“服务人民、奉献社会”的宗旨，努力拚搏，与时俱进。医院加强科技兴院的力度，大力扶持先进技术，多项研究等均取得显著成绩。

医务人员为患者做心脏手术

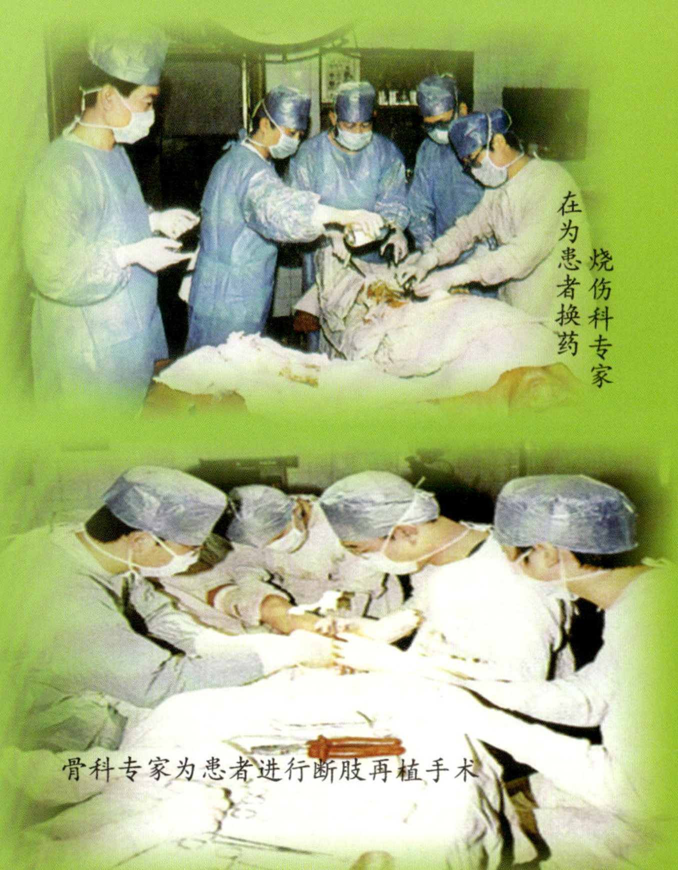

烧伤科专家在为患者换药

骨科专家为患者进行断肢再植手术

副市长杨书廷（左一）到医院调研

院长李雁恩（左）与院党委书记卢进宝（右）共绘医院发展蓝图

朝阳升起的地方

——新乡市妇幼保健院

市妇幼保健院（新乡市孕产妇急救中心）成立于1950年，前身为平原省妇幼保健院。至2009年，在职职工340人，建筑面积15000平方米，年门诊量20万余人次，年收治病人10000余人次。

医院技术力量雄厚，医疗设备先进，拥有世界一流EB彩超及总价值超千万元的独具专科的医疗设备，是联合国儿童基金会河南省新乡市妇幼保健培训基地，承担着新乡市四区八县（市）妇幼保健院（所）业务培训和技术指导任务。医院以产科为龙头，在围产期保健、高危门诊、各种妊娠合并症及产科急症治疗方面独树一帜，确保了母婴安全。妇科在微创技术电视宫腔镜、腹腔镜、治疗妇科良恶性肿瘤、卵巢囊肿方面走在全市前列。儿科在新生儿重症、普儿内科疾病治疗、脑瘫康复治疗方面领先于豫北地区。不孕不育科的夫精人工授精技术填补新乡市生殖医学空白。

社会各界人士被聘为医院社会监督员

团结奋进、拼搏向上的院领导班子

儿科实行新入院病人大查房制度

①医院举办新乡市首届孕妈妈秀大赛
②医院秋季运动会拔河比赛
③电视腹腔镜手术
（开个钥匙孔做妇科大手术）
④豫北地区唯一的家庭分娩一体化病房

强大的产科团队

院长、副书记　丁红战

书记、副院长　王青

新乡市中医院位于新乡市向阳路511号，毗邻市高新技术开发区，创建于1978年，1981年6月正式开诊。编制床位200张，有职工236人，占地面积40余亩，是新乡市唯一一所集中医医疗、教学、科研、预防为一体的二级甲等中医院，现为河南省中医学院、焦作中医药学校教学医院，新乡市医疗保险定点医院，新乡市新型农村合作医疗定点医院。

医院技术力量雄厚，有高级职称30余人，中级职称70余人。设有急诊科、脑血管科、心血管科、外科、颈肩腰腿痛科、妇科、儿科、针灸科、骨伤科、眼科、皮肤科、肛肠科、男科等临床科室和CT室、放射科、检验科、B超室、心电图室、脑电图室、血流图室等医技科室。拥有全身螺旋CT、500MA西门子数字X光机、经颅多普勒、全自动生化分析仪、全血分析仪、彩超等一批先进的诊疗设备。

医院脑血管病、心血管病、糖尿病、骨伤（颈肩腰腿痛）专科特色突出，是医院重点专科。另设有肾病、糖尿病、肿瘤、肝病、胃肠病等专科专病门诊20余个，并开展具有中医特色的体检项目，服务于亚健康人群。医院既注重发挥中医药在防病治病方面的独特优势，又注重将现代医学知识和先进诊疗手段运用于临床，满足不同患者的需求。

用现代科学激扬国粹　发展中医特色治疗

——新乡市中医院

新乡市中医院院区鸟瞰图

动，对“创争”活动进行评比表彰。对市级以上劳模社会责任履行情况进行调研摸底，进一步发挥劳模的表率作用。（刘　毅）

【工会组织建设】　2008年，市总工会采取上门动员、上下联动的方式重点加强了对民营企业、外商投资企业的工会组建工作。在全市非公有制中小企业工会组织探索开展争当优秀工会主席活动，下发《新乡市总工会关于加强基层工会组织规范化建设的意见》，进一步推动基层工会组织的科学化、制度化、规范化建设。全年新建基层工会组织470家，总数达到4059家；新发展会员4.9万人，总数达到59.58万人，均超额完成省总工会下达的全年任务。加大工会干部培训力度，举办工会干部培训班7期，共培训人员500余人，完成全国总工会、省总工会下达的工会干部培训任务。（刘　毅）

出席中国工会十五大新乡代表名单

刘孟英（女）　新乡市人大副主任、总工会主席、党组书记
买世蕊（女）　新乡市糖业烟酒有限责任公司党委书记、董事长、总经理（全国人大代表、全国劳模）
刘东洋　新乡航空工业（集团）有限公司工会主席、总法律顾问
袁鸿安　中国网通（集团）有限公司新乡市分公司副总经理（全国劳模）

出席省工会十三大新乡代表名单

刘孟英（女）　新乡市人大副主任、总工会主席、党组书记
王坤鹏　新乡市总工会常务副主席、党组成员
任泽杰　新乡市总工会经费审查委员会主任、党组成员
王跃进　新乡市总工会组织部部长
安为民　新乡市总工会财贸工会主任
路海吉　辉县市总工会主席
杜　玮　辉县市电业局工会主席
张文丽（女）　辉县市常村镇工会主席
李伍海　辉县市粮食局工会主席
段梅云（女）　辉县市教育局工会副主席
于治中　辉县市汽车配件有限责任公司工会主席
梁国宝　新乡县总工会主席
崔连英（女）　新乡县古固寨镇工会主席
李良国　新乡县四达有限公司董事长兼总经理
赵　静（女）　河南心连心化工有限公司总经办副主任
刘高战　新乡县生物技术中专校长
申玉生　卫辉市总工会主席
张占平　河南卫辉国家粮食储备库、工会主席
张水香（女）　卫辉市第一中学党总支书记、校长
赵子庆　获嘉县总工会主席
吴高明　获嘉县供电有限责任公司纪委书记、工会主席
董利纯　获嘉县交通局工会主席
娄本升　原阳县总工会主席
尚光强　河南宏达木业有限公司董事长
苗兴川　原阳县人民医院工会主席
王明月　延津县总工会主席
孙保国　延津县总工会办公室主任
李法领　河南延化化工有限责任公司工会主席
郎鹏舞　封丘县总工会主席
王金国　封丘县鑫达皮革有限责任公司经理
衡家庆　封丘县荆宫乡工会联合会主席
宋秀兰（女）　长垣县总工会主席
付新善　新乡市矿山起重机有限公司工会主席
王俊杰　卫华集团有限公司行政中心企管副部长
梁翠英（女）　河南九州防腐工程有限公司工会主席
王保礼　卫滨区总工会主席
王来君　新乡市起重运输机械厂有限公司董事长、总经理
李在国　红旗区总工会主席
韩保成　新乡市豫北家具大世界总经理
杨光星　牧野区总工会主席
田金萍（女）　牧野区王村镇工会主席
梁太龙　牧野区新辉路办事处工会主席
田维友　凤泉区总工会主席
杨继山　河南新基房地产开发有限公司工会主席
朱芳龙　新乡高新技术产业开发区工会主席
蔡志敏（女）　市直工委委员、市直工会主任
余丽昌（女）　新乡市第一中学女工委员会主任
任继娟（女）　新乡医学院第一附属医院工会主席

王长海　　中国工商银行新乡分行工会主席
买世蕊(女)　新乡市糖业烟酒有限责任公司党委书记、董事长、总经理
杨文青(女)　新乡白鹭化纤集团有限责任公司第一加工车间筒子档车工
岳喜文　　新乡亚洲啤酒有限公司工会主席
张家平　　新乡白鹭化纤集团有限责任公司工会主席、副总经理
周脉红　　新飞电器有限公司工会主席、党委副书记、纪检委书记
王太平　　新乡华丹电子有限责任公司工会主席
张　轸　　河南第一工具厂工会主席
邓瑞霞(女)　新乡豫新发电有限责任公司职工
郭巧云(女)　河南新城建设有限公司项目工长
袁鸿安　　中国网通（集团）有限公司新乡市分公司副总经理
刘东洋　　新乡航空工业（集团）有限公司工会主席、总法律顾问

当选省总工会十三届委员会委员名单

刘孟英(女)　新乡市人大副主任、总工会主席、党组书记
刘东洋　　新乡航空工业（集团）有限公司工会主席、法律顾问
路海吉　　辉县市总工会主席
张家平　　新乡白鹭化纤集团有限责任公司工会主席、副总经理
周脉红　　新飞电器有限公司工会主席、党委副书记、纪检委书记

2008 年“全国五一劳动奖章”获得者

李江福　　河南新城建设劳务有限公司
谢振斌　　新乡市中心医院

2008 年“全国五一劳动奖状”获得者

河南省电力公司新乡供电公司

2008 年“河南省五一劳动奖章”获得者

罗全高　　新乡新基房地产开发有限公司
侯皓泷　　河南三力碳素制品有限公司
侯晓东　　中国移动通信集团河南有限公司新乡分公司长垣营业部
李　艳　　延津县国家税务局
梁光明　　新乡逐鹿实业股份有限公司
徐　军　　新乡市卫滨区地方税务局健康税务所

2008 年“河南省五一劳动奖状先进单位”获得者

新乡恒力纸品包装有限公司

2008 年“河南省五一劳动奖状先进班组”获得者

新乡市汽车东站客运办

2008年度新乡市总工会荣获奖项

获奖部室	所　获　荣　誉	文　件　号	授奖单位
技协	全国技术协作先进集体	—	全总
基础产业	全国交通建设系统工会工作先进集体	海建工总字〔2008〕12号	中国海员建设工会
市总	河南省工会组织建设先进单位	豫工文〔2008〕99号	省总
市总	河南省工会信息工作先进单位	豫工文〔2008〕12号	省总
文教工会	2007年度创新工作二等奖	—	省文教工会
机电工会	河南省机电系统先进产业工会	豫机电工〔2008〕5号	省机电工会
技协	河南省职工技术进步先进单位	—	省技协
基础产业	河南省建设系统工会工作先进单位	—	省建设工会
财贸工会	财贸金融系统工会工作先进集体	—	省产业工会
轻纺工会	河南省石化医药系统先进产业工会	豫工石化〔2008〕7号	省产业工会
女工部	河南省女工工作先进单位	—	省总
财务部	市级财务会计工作竞赛特等奖	豫工财〔2008〕12号	省总财务部
市总	推进帮扶中心规范化建设先进单位	—	省总
市总	女职工专项集体合同工作先进单位	—	省总
市总	迎奥运职工书画展优秀组织奖	—	省总
市总	新乡市公务员登记工作先进集体	新办文〔2008〕2号	市委
市总	新乡市信访工作先进单位	—	市委
市总	新乡市统筹解决人口问题先进单位	新文〔2008〕75号	市委
市总	支持凤凰山森林建设先进单位	新文〔2008〕15号	市委
机关党委	五好基层党组织	新文〔2008〕79号	市委
市总	新乡市双拥工作先进单位	新文〔2008〕88号	市委
市总	新乡市老干部工作先进集体	—	市委

说明：中华全国总工会（简称全总）；河南省总工会（简称省总）；新乡市总工会（简称市总）。

共青团新乡市委员会

【共青团新乡市委员会概况】 2008年，共青团新乡市委员会（简称团市委）坚持以邓小平理论和“三个代表”重要思想为指导，全面贯彻落实科学发展观，按照团中央十六大、团省委十三次团代会和市委中心工作提出的思路和目标，以“我与祖国共奋进，和谐新乡献青春”为主题，以“青年信仰、青年创业、青年文化、青年服务”为重点，着力提高服务经济社会发展、服务青年和自身建设水平，使全市团的常项工作有成效，重点工作有发展，品牌工作有深化，创新工作有突破，取得可喜成绩。 （王洪伟）

共青团新乡市委员会
领导成员

书　记　孔凡旭

副书记　王　旸（女）　李海潮　高广平

【共青团新乡市十二届五次全委会议召开】 2008年1月24日，共青团新乡市十二届五次全委（扩大）会议在新区办公大楼三楼召开。市委常委赵建军、团市委书记孔凡旭，副书记王旸、李海潮、高广平出席会议，团市委委员和候补委员，各直属单位团委、驻新高校团委和团市委直接联系单位负责人，各县（市、区）少先队总辅导员，以及市直属小学辅导员170多人参加会议。团市委书记孔凡旭对2007年全市团的工作进行总结、对2008年工作进行安排布署。市委常委赵建军作了重要讲话。对2007年度工作先进单位和先进个人进行表彰，审议通过《共青团新乡市十二届五次全会关于团市委委员、候补委员卸职递补确认案》。 （王洪伟）

【百日百乡百万农村青年科技大集】 2008年1月25日，新乡市第十届“乡村青年文化节”暨“百日百乡百万农村青年科技大集”活动启动仪式在辉县市胡桥乡南云门村举行。团市委副书记李海潮、市科技局副局长葛素珍，辉县市委常委、组织部长甘桂玲参加活动。参加本次活动的单位有30多家，农民群众达3千余人。展出科技、卫生、法律、就业、青少年维权等方面的版面200余块，现场发放宣传页及学习材料3万余份，提供青年就业岗位500多个。 （李石橹）

【青年企业家联谊会】 2008年2月20日，市青年企业家联谊会在新乡国际饭店举行。团市委书记孔凡旭、副书记王旸、李海潮、高广平以及新乡市各行业的50余名青年企业家参加联谊会。 （翟会东）

【新乡市第五届青年人才交流会】 2008年2月26日至27日，由团市委联合多家部门举办的新乡市第五届企业风采展示、阳光工程洽谈暨青年人才交流会在市体育中心召开。市领导刘孟英、张玉峰等出席开幕式。进场交流的各类应聘人才达40000人次，达成初步用工意向的有11000余人，其中当场报名的有3790余人。 （翟会东）

【组织青年志愿者开展“学雷锋”服务日活动】 2008年3月1日，团市委在全市范围内开展了以“参与志愿服务，共创美好家园”为主题的志愿服务活动。来自20多家直属单位1000余名志愿者在平原路、怡园社区、弘泰社区集中开展各类志愿者活动，为社区居民送去方便和爱心。 （范士友）

【开展保护母亲河行动】 2008年3月9日，团市委组织来自全市机关、厂矿、高校600余名团员青年和青年志愿者在凤凰山森林公园举行植树活动。当天植树1千余棵，建成了约0.2公顷的共青防护林。 （李石橹）

【新乡市万名青年相亲会暨婚庆博览会】 2008年4月5日至7日，由团市委、新乡电视台共同举办的新乡市万名青年相亲会暨婚庆博览会在市体育中心召开。市政府党组成员、市民政局局长王炜东，团市委书记孔凡旭，市妇联主席张桂香，团市委副书记李海潮，新乡电视台副台长唐勇等出席开幕式。本次活动期间查询资料信息20000余人次，报名应征者近5000人。 （王洪伟）

【召开纪念“五四”运动89周年座谈会】 2008年4月27日，团市委召开纪念“五四”运动89周年座谈会。会议认真学习了省委书记、省人大常委会主任徐光春在共青团河南省第十三次代表大会上的重要讲话和共青团河南省委书记何雄代表共青团河南省第十二届委员会作的工作报告。团市委书记孔凡旭、副书记王旸和市委宣传部、教育局等单位有关领导出席座谈会。各高校团委书记和学生代表共20余人参加座谈会。（王洪伟）

【“唱市歌·迎奥运”城市青年市歌会】 2008年4月29日晚，团市委联合市委宣传部在新星大剧院共同举办“唱市歌·迎奥运”城市青年市歌会。市领导邢亚平、李公乐、张会琴、王炜东出席歌会。共有10支队伍1200多人参加比赛。（范士友）

【新乡市首届大中专学生手工制图大赛】 2008年5月17日，新乡市首届大中专学生手工制图大赛决赛在河南机电高等专科学校举行，来自全市6所大中专院校的82名学生参加决赛。共评出河南机电高等专科学校钱文伟等一等奖5名，新乡市高级技工学校田慧晶等二等奖10名，河南经贸高级技校刘秀娜等三等奖20名，优秀指导教师奖8名。（石艳玲）

【“庆六一、迎奥运”全市少年趣味运动会】 2008年5月24日上午，新乡市“庆六一、迎奥运”全市少年趣味运动会在新区小学隆重开幕，团市委书记孔凡旭，市教育局副调研员葛建国出席开幕式，开幕式由团市委副书记李海潮主持，来自市区小学的200多名少先队员参加开幕式。市新区小学、市外国语小学、市育才小学、市实验小学分列运动会一、二、三、四名。（李淑红）

【大中专学生暑期“三下乡”社会实践活动】 2008年6月24日，由市委宣传部、团市委、市教育局联合开展的2008年新乡市大中专学生志愿者暑期文化科技卫生“三下乡”社会实践活动启动仪式，在新乡医学院隆重举行。人大常委会副主任刘孟英、政协副主席陆志奇等市领导出席启动仪式。新乡市大中专院校500余名暑期“三下乡”社会实践志愿者代表参加启动仪式。（石艳玲）

【“祝福平安奥运，构建和谐社会”签名活动】 2008年7月26日，团市委、新乡市青年志愿者协会、新乡市义务工作者协会在步行街广场联合举办“祝福平安奥运，构建和谐社会”签名活动。新乡市环保志愿者协会、新乡市自行车旅游俱乐部、新乡市骑游协会、新乡市文物协会、新乡市冬泳协会的志愿者参加此次活动。（范士友）

【新乡市基层团组织建设座谈会】 2008年8月28日，新乡市基层团组织建设创新论坛暨基层团组织建设座谈会在新乡县青少年活动中心举行，团市委书记孔凡旭，团市委副书记王旸、李海潮、高广平，新乡县委常委、副县长吕青参加论坛和座谈会。全市各县（市、区）的团委书记和部分乡镇、街道团干部40余人参加座谈会。（范士友）

【新乡秋季大型青年人才交流会】 2008年9月26日至27日，由市委宣传部、团市委等六部门联合举办的新乡秋季大型青年人才交流会在市体育中心召开。来自省内外的200余用人单位共提供工作岗位20000余个，务工青年与用人单位初步达成用工意向的有10300余人，当场报名的有1400余人。（翟会东）

【团中央少年部部长林青莅新调研少先队工作】 2008年10月20日至24日，团中央少年部部长林青在市委副书记刘建华、团省委少年部长杜晓琳、团市委书记孔凡旭等陪同下，到新乡市、新乡县、延津县的乡村、企业、学校、社区进行调研。（李淑红）

【团中央书记处第一书记陆昊莅新调研】 2008年11月12日，团中央书记处第一书记陆昊在中共河南省委常委、统战部长刘怀廉，共青团河南省委书记何雄、中共新乡市委书记吴天君等陪同下深入到长垣县调研共青团和青年创业就业工作。陆昊充分肯定新乡共青团在服务青年创业就业方面的工作，并指出在促进青年创业就业工作中，团组织一方面要发挥思想政治工作的优势，帮助青年树立创业的自信心和职业自豪感，另一方面要发挥团组织的组织体系优势，给创业者提供技术、劳动力等方面支持。（翟会东）

【市政协领导对市年轻创业工作进行调研】 2008年10月29日至30日，市政协副主席王金相带领市政协社会和法制委员会部分市政协委员在团市委书

记孔凡旭、副书记王旸等陪同下，深入到新乡市区和卫辉市6家企业就青年创业问题进行调查研究。（翟会东）

【“共享成才——新乡市杰出青年进校园”报告团走进高校】 2008年11月18日，由团市委、新乡市青年联合会组织的“共享成才——新乡市杰出青年进校园”报告团到河南师范大学，为500多名师生做了首场报告。新乡市青联副主席、第六届新乡市十大杰出青年、辉县市张村乡裴寨村村委会主任裴春亮，全国劳动模范、全国人大代表、河南省新乡市糖业烟酒有限责任公司总经理买世蕊，新乡市十大杰出青年、封丘县邮政局投递员田立新先后为师生们做报告。（范士友）

【开展“志愿服务，青春牧野”活动】 为纪念“12·5”国际志愿者日，团市委2008年12月5日在全市集中开展了志愿服务活动，活动题为“志愿服务，青春牧野”。在12·5国际志愿者日期间，全市共有70余个公益实践项目陆续开展志愿服务活动。（范士友）

【实施希望工程爱心助学活动】 2008年12月6日，新乡市希望工程靖业助学金发放仪式在国际饭店召开。市委副书记刘建华、市政协主席范学贵、市人大副主任刘孟英等领导出席活动，新乡靖业房地产有限公司向市希望工程办公室捐款30万元用于救助新乡市100名在校贫困大学生，帮助他们顺利完成学业。（王洪伟）

新乡市妇女联合会

【新乡市妇女联合会概况】 2008年，新乡市妇女联合会（以下简称市妇联）坚持“一手抓发展、一手抓维权”的工作方针，团结带领全市广大妇女在加快新乡建设步伐的实践中建功立业，各项工作取得新成绩。市妇联先后被评为河南省宣传工作先进单位、省儿童工作先进集体、省维权贡献奖先进集体，新乡市平安建设先进单位、市计划生育工作先进单位、市拥军优属拥政爱民工作先进单位、市未成年人思想道德建设工作先进集体、市直机关迎奥运职工运动会优秀组织奖等荣誉。（鲁洪涛）

新乡市妇女联合会领导成员

主　席　张桂香（女）
副主席　李　晶（女）　汪玉景（女）　张亚萍（女）

【纪念“三八”国际劳动妇女节98周年暨表彰大会】 2008年3月5日，市妇联组织召开纪念“三八”国际劳动妇女节98周年表彰大会。市领导吴天君、宋丽萍等出席会议并讲话。会议表彰了市会计委派管理中心等“巾帼文明示范岗”12个、董兰敏等平安家庭100户、王新玲等五好文明家庭90户、任慧珠等维权先进个人30名。（鲁洪涛）

【召开传达学习中国妇女“十大”精神大会】 2008年11月7日，市妇联组织召开传达学习中国妇女“十大”精神大会。市领导刘建华、刘志华、王金相、张会琴等出席会议，全市各行业优秀妇女代表等150余人参加会议。市委副书记刘建华在会议上作重要讲话。市妇联主席张桂香传达中国妇女第十次全国代表大会精神。（鲁洪涛）

【召开十一届四次执委扩大会】 2008年1月24日，市妇联召开第十一届四次执委（扩大）会议。市领导赵建军、刘孟英、张玉峰等出席会议。各县（市、区）委分管领导、市妇联第十一届执委和市直机关妇委会主任等150余人参加会议。市委常委赵建军对妇女工作提出要求，市妇联主席张桂香作了工作报告。（鲁洪涛）

【召开全市妇女儿童工作会议】 2008年4月21日，市政府妇儿工委召开新乡市妇女儿童工作会议，回顾总结近两年全市妇女儿童工作，表彰全市实施妇女儿童“两规划”（新乡市妇女发展规划、新乡市儿童发展规划）先进县（市、区）3个、先进集体40个、先进个人60个，对下步工作进行安排部署。（茹　雯）

【创建妇女儿童工作网页】 2008年5月，市妇儿工委办公室在新乡市政府工作网站上创建妇女儿童工作网页。该网页全年共发布50余条信息，被国务院妇儿工委《两纲》通讯采纳5篇、省妇儿工委采

纳3篇。（茹　雯）

【妇女宣传工作】　2008年，市妇联采取多种形式，引领全市广大妇女积极参与群众性精神文明建设和道德实践活动。先后组织开展廉政文化进家庭、节能减排家庭社区行动、“清洁家园——从我做起”、“五好文明家庭”创建、“伦理、生理、心理”三理教育以及“感动河南十佳母亲”评选等群众性精神文明创建活动，努力营造和谐氛围。（李庆平）

【组织创建“国家森林城市、环保模范城市”电视知识大赛】　2008年9月18日晚上，在市电视台演播大厅组织新乡市创建“国家森林城市、环保模范城市”电视知识大赛。参赛的11个家庭，通过必答题、风险题、才艺展示、现场互动等环节，向现场观众展现丰富的环保节能知识和精彩活泼的自编节目，展示新乡和谐家庭的丰采。（李庆平）

【拥军优属工作】　“八一”建军节前夕，市妇联开展了新乡市“优秀兵妈妈”、“好军嫂”评选活动，共评出新乡市“优秀兵妈妈”13人、“好军嫂”27人，同时授予她们新乡市“三八”红旗手荣誉称号。“八一”期间，全市妇联系统共捐献拥军物品10万多件，组织义务服务队273个，为驻军办好事420件。（李庆平）

【表彰实施“春蕾计划”先进集体和个人】　“六一”前夕，市妇联对在实施“春蕾计划”工作中涌现出的先进集体、先进个人及优秀春蕾女童进行表彰。授予新乡县妇联等11个单位实施“春蕾计划”工作先进集体，黄爱琴等30人实施“春蕾计划”工作先进个人。新乡县获得省妇儿工委表彰的省儿童工作先进县；市妇儿工委办公室、延津县文教体局、新乡市关工委荣获省儿童工作先进集体。（张小红）

【实施“留守儿童关爱工程”——“春暖行动”】　2008年初，市妇联与市委组织部等16个部门在全市联合推出农村留守流动儿童关爱工程——“春暖行动”。此活动得到市直有关单位和社会爱心人士的广泛关注和支持，市教育局、市移动公司，新乡澳达有限公司董事长吴夏青、市人大副主任刘志华及京华公司、市卫生局等单位和爱心人士捐赠现金29.71万元及价值5万元书籍。已建成农村留守儿童之家1所、爱心书屋4所、阳光操场3所。（张小红）

【多渠道开展“三优”知识普及活动】　2008年，市妇联在《新乡日报》开设“宝贝健康成长大家谈”栏目，向广大读者介绍婴幼儿营养健康、科学育儿和家庭教育等知识；每月举办1期培训班，邀请专家深入各县（市、区）幼儿园为婴幼儿家长讲课；组织了首届“孕妈妈秀”大赛、“金色童年”健康宝贝大赛、幼儿才艺展示大赛，使广大家长和儿童在参与中丰富知识、提高素质。（张小红）

【第六届村“两委”换届选举中女性参选】　2008年10月至12月，在第六届村“两委”换届选举中，市妇联根据省、市文件精神和有关要求，积极向有关部门建议，提出了具体措施。协调各督导小组对换届选举工作进行全程监督、跟踪指导，督促各县（市、区）严格按照省、市提出的目标要求，认真落实女性参选工作。截至年底，全市3575个行政村女性进“两委”人数4032人，进“两委”比例100%。（吕爱民）

【妇女干部教育培训】　2008年4月至9月，市妇联与市委组织部分别在市委党校、郑州大学举办2期妇女干部培训班，培训女干部119人。按照市委组织部、市人事局有关要求，编印下发2期《学习资料》，组织妇联机关干部认真学习业务知识，熟悉本职业务，提高能力素质。（吕爱民）

【举办第三期巾帼科技致富带头人培训班】　2008年11月3日至7日，市妇联组织第三期巾帼科技致富带头人培训班。聘请专家、教授，对社会主义新农村建设政策，农村产业结构调整，农村秸秆利用等新技术进行了培训。培训期间，组织学员到辉县市上八里镇回龙村参观学习。（高蕴秀）

【举办再就业培训班】　2008年，市妇联充分发挥再就业培训中心的作用，与市劳动部门密切配合，举办3期再就业培训班，共培训200人。培训内容有职业指导、中式烹饪等。各县（市、区）妇联也根据各自的情况，积极开展就业培训。（高蕴秀）

【开展“迎奥运、促改造”法律宣传进监狱活动】

2008年4月30日，市妇联与河南省女子监狱联合举办法律宣传进监狱活动。服刑人员对经济纠纷、民事、财产分割等方面的法律知识向律师进行了咨询，律师一一做了解答。活动结束后，向服刑人员发放了普法宣传资料。（娄渊菊）

【开展普法宣传活动】　2008年3月5日，市维护妇女儿童权益协调办公室组织24家成员单位，开展以“千万妇女学法律、家庭平安促和谐”为主题的“三八”妇女维权周宣传服务一条街活动。市领导宋丽萍等现场视察并对活动开展情况进行指导。（娄渊菊）

【抗震救灾工作】　四川汶川大地震发生后，市妇联倡导大家主动向受灾群众伸出援助之手。市妇联及各类妇女典型为地震灾区捐款、捐物总计113.72万元。其中各级妇联组织捐款12.50万元；各级各类妇女典型捐款、捐物92.22万元；为救助地震灾区孤残儿童捐款9万元。（鲁洪涛）

新乡市社会科学联合会

【新乡市社会科学联合会概况】　2008年，新乡市社会科学联合会（以下简称市社科联）深入学习党的十七大和十七届三中全会精神，全面贯彻落实科学发展观，以“新解放、新跨越、新崛起”大讨论活动为动力，团结带领全市广大社科工作者，积极开展理论研究和学术交流活动，各项工作取得新进展，为繁荣发展哲学社会科学事业、推动全市经济社会又好又快发展做出积极贡献。（李　冬）

新乡市社会科学联合会领导成员

党组书记、主席　刘文新
副　主　席　苗建新（2008年7月离）　王新文

【完成2007年度重点调研课题结项工作】　2008年3月，市社科联对2007年度调研课题进行收集登记，组织专家进行评审。通过评审，共对49个课题进行结项。（李　冬）

【组织开展“社科研究奖”评选活动】　2008年，为落实中央“三贴近”（贴近实际、贴近生活、贴近群众）的原则，体现社科工作面向基层，为经济社会发展服务的宗旨，市社科联设置新乡市社科研究奖并进行首次评奖。评选活动共收到市内高校、县（市、区）社科调研课题、调研报告、学术文章90多项，评出特等奖5项、一等奖32项、二等奖44项。长垣县委书记刘森撰写的《关于加快长垣县滩区老区背河洼地区发展的调查报告》，长垣县副县长李湘豫撰写的《浅谈美国地方政府的招商引资》等5项社科研究成果获特等奖。（李　冬）

【召开全市社科工作会议】　2008年5月14日，在新乡市长城宾馆召开全市社科工作会议。会议回顾总结上年工作，并对2008年工作进行布置和安排。会议传达了省委常委、宣传部长、副省长孔玉芳在省社科联七届二次全会上的讲话。各县（市、区）分管社科工作的领导、专职人员，市内各高校科研处负责人，各社科学会主要负责人参加会议。（李　冬）

【重点课题调研】　2008年4月，市社科联在广泛征集市领导和有关职能部门意见的基础上，从构建社会主义和谐社会、城市经济建设、社会主义新农村建设、文化产业建设、党风廉政建设等方面，研究确定60项社科重点调研课题，通过课题指南下发到各社科学会及有关单位进行申报。经专家评审，对83项重点调研课题进行立项。（李　冬）

【开展社科工作向县（市、区）延伸】　2008年，为拓宽社科工作领域，社科工作向县（市、区）延伸。鉴于县（市、区）未成立社科联机构，市社科联在各县（市、区）设立分管领导和专职人员，社科工作的框架已基本形成，为有效开展社科工作奠定基础。（李　冬）

【学会管理指导工作】　2008年，市社科联为市纪检监察学会成立提供服务指导；推荐市尊老爱幼协会参加全国先进社科学会评比，并派代表参加全国大中城市社科联第十九次工作会议；在全市社科骨干培训班上，邀请市民政局民间组织管理办公室主任杨绍钦为大家讲解《社会团体建设与管理》，强化对学会的管理。（李　冬）

【《新乡展望》办刊走出困境】　《新乡展望》是新乡市委市政府的理论刊物，是新乡市各级领导干部和广大学者论剑的平台。2008年，市社科联借助“新解放、新跨越、新崛起”活动，创新思维，大胆引进外力办刊，筹备成立《新乡展望》理事会，使办刊资金得到极大缓解，保证6期刊物的按时出版。理事会的成立为刊物走出困境开辟一条新路，也是刊物以后发展的成功借鉴。（李　冬）

【举办首届社科骨干培训班】　2008年12月，新乡市社科联主办首届社科骨干培训班。参加培训班的有各县（市、区）、高校、学会、协会、研究会社科骨干近百人。省社科联主席王耀、省社科联副主席孟繁华、省社科联普及处处长李同新等领导亲临授课，同时授课的还有张占仓、肖占中两位专家。大家对培训班的举办给予高度评价。（李　冬）

【帮助安玻化工维稳和李固水泥厂改制工作】　新乡市安玻化工材料有限公司（简称安玻化工）是合资企业，它的大股东是安阳安彩集团。此企业2004年停产，无人管理，职工生活出现一系列问题。市社科联人员多次与企业职工沟通、协商，取得职工的理解。至年底，此企业职工情绪稳定，处于稳控状态。同时，市社科联积极协助做好李固水泥厂改制工作，多次深入企业，指导企业进行清产核资，及时向有关部门汇报，并积极建议，拿出解决问题的办法。使李固水泥厂改制工作取得重大进展。（李　冬）

【“新解放、新跨越、新崛起”大讨论活动】　2008年，在“三新”大讨论活动中，市社科联结合工作实际，认真查摆存在的问题，进一步落实科学发展观。8月11日，举办全市社科界“新解放、新跨越、新崛起”大讨论活动学习交流会。与会专家学者围绕对十七大精神、科学发展观、省委八届八次全会和市委九届七次全会精神，特别是省委书记徐光春、市委书记吴天君重要讲话精神的学习，结合各自工作实际，从理论高度交流对开展“新解放、新跨越、新崛起”大讨论活动的认识和体会。（李　冬）

2008年度新乡市社会科学联合会荣获奖项

河南省社科联系统先进单位

新乡市党风廉政建设责任制工作优秀单位

新乡市归国华侨联合会

【新乡市归国华侨联合会概况】　2008年，新乡市归国华侨联合会（简称市侨联）以邓小平理论和“三个代表”重要思想为指导，深入贯彻落实科学发展观，紧紧围绕市委、市政府的中心工作，结合侨联工作实际，遵照《中华全国归国华侨联合会章程》和《河南省归国华侨联合会工作细则》，在参政议政、招商引资、为侨服务、维护权益等方面做了大量工作，为全市的经济发展和社会稳定做出积极贡献。（王裴裴）

新乡市归国华侨联合会领导成员

党组书记、主席　孙晓燕（女）
党组成员、副主席　姜文魁
副　主　席　樊爱新（女）　杨　勇
　　　　　　李克滨（女）　陈　贞　吴小平

【慰问归侨侨眷家庭】　2008年1月底，市侨联主席孙晓燕、副主席姜文魁等，分别到有关县（市、区）慰问归侨、侨眷50余户。每到一户，都详细询问他们的生产生活情况，并鼓励他们解放思想，教育子女转变择业观念，并带来了大米、食用油、鸡蛋、水果等慰问品。

1月30日，省侨联主席张亚洲、办公室副主任刘智良等，在市侨联有关人员的陪同下看望、慰问市老归侨，为他们送去党的关怀，并带去慰问品和慰问金。（王裴裴）

【参加中国百泉药交会】　2008年4月8日至9日，市侨联主席孙晓燕应邀参加在辉县市举行的2008年中国百泉药交会。在开幕式上，孙晓燕同与会嘉宾进行了亲切交谈，向他们详细介绍新乡的市情概况及招商项目。世界中医药事务委员会、北美华人华侨（客属）社团联合总会主席张子夫应新乡市侨联的邀请，于4月9日到辉县市百泉药都广场会展中心为辉县市占城乡、胡桥乡等40多个贫困群众进行义诊很受欢迎。

（王裴裴）

【搭桥牵线，招商引资】 2008年，经市侨联联系，多次来过辉县市的台商李铭森，在把辉县市的木糖醇销往台湾的同时，又计划每月将200吨原阳大米销往台湾，这对新乡的经济发展起到促进作用。

（王裴裴）

【寻根问祖活动】 2008年5月6日，香港中华总商会、香港福州十邑同乡会代表团一行应邀参加在卫辉市举行的比干诞辰3100周年纪念大典及系列经贸文化活动。省委书记、省人大常委会主任徐光春在郑州会见了香港中华总商会、香港福州十邑同乡会代表团一行。中国侨联副秘书长、海外联谊部部长林佑辉，河南省侨联党组书记邹文珠、主席董锦燕，福建省侨联副主席林泽春陪同会见。会见结束后，市侨联副主席姜文魁同代表团成员就活动安排进一步沟通，并向客人介绍新乡的地位优势和良好的投资政策、投资环境，介绍新乡悠久的历史，深厚的文化和知名企业情况。双方就加强合作，进行文化交流活动进行了探讨。

5月8日，比干诞辰3100周年纪念大典在卫辉市比干广场举行。中央候补委员、中国侨联党组书记、主席林军，省侨联党组书记邹文珠，省侨联主席董锦燕等领导出席比干诞辰3100周年纪念大典活动。市侨联副主席姜文魁陪同中国侨联、省侨联领导参加此次活动。

（王裴裴）

【侨界向四川地震灾区捐款】 四川省汶川县发生强烈地震后，市侨联立即行动、快速部署，组织新乡市侨界开展募捐活动，广大归侨侨眷和侨属企业积极响应，纷纷伸出援助之手。新乡市侨属企业通过市民政部门捐款11.3万元，同时，归侨侨眷也在辖区内进行了捐款。

（王裴裴）

【深入侨属侨资企业调研】 2008年7月中旬，市侨联主席孙晓燕在辉县市侨联主席樊爱新、辉县市有关领导和辉县市侨联常委、委员们的陪同下，深入新乡市承金钢球有限公司、辉县市机械制造有限公司、辉县水上乐园、河南金马蓄电池有限公司、河南省三力碳素有限公司进行实地考察和专题调研。

（王裴裴）

【六届四次常委（扩大）会议】 2008年8月1日，市侨联召开第六届四次常委（扩大）会议。市侨联主席孙晓燕，副主席姜文魁、樊爱新、杨勇、李克滨和市侨联常委及各县（市、区）负责人参加会议。会议传达全国侨联文化宣传工作会议精神和省侨联八届三次全委会议精神，组织学习省委八届八次全委会议精神及开展“新跨越、新解放、新崛起”大讨论活动方案，并对市侨联开展大讨论活动进行部署。会议对2007年度市侨联系统先进单位和先进个人进行表彰。

（王裴裴）

【归侨侨眷中秋座谈会】 2008年9月12日，市侨联在辉县市召开归侨侨眷中秋座谈会。市侨联主席孙晓燕，副主席姜文魁、樊爱新、杨勇和辉县市有关领导参加会议。归侨侨眷代表在会上发言，对新乡进一步的发展提出许多好的意见和建议。会后，市侨联组织归侨侨眷参观河南孟电集团、辉县市百泉大乙风光园。在大乙风光园齐王建墓前，“陈、王”姓后裔共同拜祭了“陈、田、王”三姓分姓始祖齐王建。

（王裴裴）

【参加世界客属第二十二届恳亲大会】 2008年10月15日至19日，市侨联主席孙晓燕、副主席樊爱新等组团赴西安参加世界客属第二十二届恳亲大会。会议期间，孙晓燕向与会人员介绍了新乡市的区位优势、重点招商项目及优惠政策，并邀请一些海内外知名商界人士到新乡考察访问，洽谈投资事宜。

（王裴裴）

【世界华人慈善基金会秘书长王琦一行莅新考察】 2008年10月22日，世界华人慈善基金会秘书长兼全国巡回捐赠大型公益活动组委会副主任王琦，组委会总执行王倩等一行4人，在市侨联主席孙晓燕、副主席姜文魁、辉县市侨联主席樊爱新等的陪同下，参观考察辉县市百泉小学和城北小学，商洽关于在全国开展的“关爱儿童，弘扬国学”巡回捐赠大型公益活动事宜，组委会计划给辉县市的10所小学捐赠教材。市侨联受王琦的委托向市妇联转交1套《疯狂背古诗》系列识字阅读教材，并与妇联就下一步活动安排进行了研讨。（王裴裴）

【参加“齐王建文化研究协会”成立大会】 2008年10月29日，市侨联主席孙晓燕出席辉县市“齐王建文化研究协会”成立大会，辉县市副市长张文亮，政协副主席、侨联主席樊爱新参加了此次会议。为了最广泛地团结国内外陈、田、王的传人，辉县市侨联从8月起筹备齐王建文化研究会的各项事宜，10月底获得民政部门的批准。会议讨论通过《齐王建文化研究会章程》，选举产生研究会名誉会长，荣誉会长、顾问、会长等。（王裴裴）

【维护归侨侨眷权益】 2008年11月19日，市侨联主席孙晓燕，辉县市政协副主席、侨联主席樊爱新专程赴北京，先后到中国侨联权益部、北京市侨联、朝阳区侨联，就侨眷吴志超生意纠纷问题进行协调。在侨联的积极帮助下，归侨侨眷的权益得到保障。（王裴裴）

新乡市工商业联合会

【新乡市工商业联合会概况】 2008年，新乡市工商联认真贯彻党的十七大、十七届三中全会精神，以邓小平理论和“三个代表”重要思想为指导，深入落实科学发展观，积极开展“新解放、新跨越、新崛起”主题教育活动，以经济建设为中心，围绕市中心工作，与时俱进，开拓进取，圆满地完成年度各项工作任务，为新乡市的经济发展和社会稳定做出积极贡献。（赵春洲）

新乡市工商业联合会领导成员

主　　席　张　林（2008年7月离）
　　　　　王平双（2008年7月任）
党组书记　陈汝锦
第一副主席　张　林（2008年7月任）
常务副主席　刘亚平
副　主　席　崔向海　张延年　杜学德
　　　　　范海涛　刘兴旭　孙正忠
　　　　　程清丰　韩宪保　刘　勇
　　　　　周世连　罗全起　许全堂
　　　　　李续禄　王树安　闫银凤
　　　　　朱连良　李文平　田冬梅（女）
　　　　　徐胜杰　刘忠山　李新福
　　　　　焦世忠　邓志军　李新海
　　　　　陈令军　郭章先　袁志毅
　　　　　郭新富　杨阿众（2008年12离）
　　　　　赵　麒　秦向林
党组成员　秘书长　程保义

【开展社会调研】 为充分发挥市工商联参政议政的职能，深入了解市民营经济发展现状，进一步引导非公有制经济健康快速发展，市工商联积极开展调研活动，形成《我市民营企业科学发展情况调查》、《新乡市城市道路交通建设与管理的情况调查》等8篇具有较强指导作用的调研报告，为工商联参政议政和上级领导决策提供参考依据。（赵春洲）

【行业商会建设工作】 至2008年底，全市已成立行业商会24家，其中，新成立行业商会3家。行业商会的建立，对规范行业行为，加强行业自律，促进行业发展等方面，发挥了行业商会应有的职能和作用。（赵春洲）

【会员组织管理】 至2008年底，全市工商联新增会员企业340家；9月开展对基层组织建设工作调查，对各县（市、区）工商联基层组织乡、镇、街道商分会建立情况进行登记，为强化基层组织建设打下基础。（赵春洲）

【服务企业】 2008年，市工商联采取广泛动员，积极组织，典型引导等方式，推荐一批企业参与“30年30人河南省最受尊敬民营企业家和河南省最具影响力民营企业家”评选活动。借助媒体广泛宣传民营企业家创业发展的精神，树立宣传一批为民营经济发展做出贡献的优秀民营企业和企业家典型。

为帮助会员企业提高自身的信用水平，改善企业信用评估“低、乱、差”的状况，确保企业在管理、金融信用、纳税情况、经营情况、产品质量、资产管理和劳动保障等方面得到全面评估。8月开始，组织推荐75家工商联会员企业参加全市开展的信用示范单位评选活动，其中，60余家通过评审，

荣获新乡市信用示范企业称号。（赵春洲）

【光彩事业】 2008年3月，世利公司的“土地复垦及特色种、养殖综合项目”，正式被确定为全国光彩事业重点项目。市工商联推荐该项目的扶贫贷款资金1500万元。同时，又申报了一项全国重点光彩事项目“河南省跑马岭地质公园开发建设项目”。省工商联对“亿隆集团”、“百泉药贸”两家全国重点光彩事业项目实施企业，颁发2008年度全省光彩事业先进单位荣誉奖牌。（赵春洲）

【开展优化环境和优秀窗口评选活动】 2008年，在全市开展集中整治经济发展环境活动月中，市工商联组织不同行业的民营企业代表参加市纪委、市监察局召开的优化环境座谈会，分别就水、电、气等垄断行业的收费不合理、服务不到位，有关职能部门仍把执法当成创收的手段等情况发表意见，受到市领导的充分肯定。12月，组织30余家市直会员企业参加新乡市评创“优秀服务窗口”的评选活动，公平公开对16个窗口单位的规范管理、优质服务、办事公开、环境优良等方面进行综合评价，并对评议窗口提出改进意见和建议。（赵春洲）

【第五届企业风采展示和人才招聘会】 2008年2月26日，市工商联联合团市委等单位在新乡市体育中心举办第五届企业风采展示和人才招聘会。参会企业有200余家，参会人员达3万余人，主办单位共筹措用工岗位6万多个。（赵春洲）

【举办民营企业招聘周活动】 2008年5月28日，市工商联联合市劳动和社会保障局、市教育局、市总工会等单位在市人才交流中心举办“新乡市民营企业招聘周”活动。市政协主席范学贵等领导现场指导工作。参加招聘活动的企业有200余家，提供近6000个岗位，签订用工协议的有4500余人。同时还开展政策咨询服务，现场解答群众的提问，受到民营企业和应聘者的欢迎。（赵春洲）

【筹备比干诞辰纪念活动】 2008年5月8日是比干诞辰3100周年纪念日。为促进文化资源向文化产业的转变，建设文化强市，市委、市政府于5月7日至9日在卫辉市比干庙举办比干诞辰3100周年纪念活动。市工商联作为成员单位，认真落实市委指示精神，专门召开会议对纪念活动进行部署，充分发挥工商联优势，广泛联络国内外知名企业和人士来新乡参观考察、指导工作，为市招商引资、经济建设服务。（赵春洲）

【市工商联第十一届三次执委会议】 2008年7月18日，新乡市工商联第十一届三次执委会议在黄河宾馆召开，市委常委、统战部部长杨崇林，市政协副主席王平双出席会议并讲话，市工商联执委150余人参加会议。大会选举王平双担任市工商联主席，张林为第一副主席。（赵春洲）

【市工商联第十一届四次执委会议】 2008年12月20日，新乡市工商联十一届四次执委会召开。大会由市政协副主席、市工商联主席王平双主持。

会议讨论并通过《新乡市工商业联合会执行委员会全体会议制度》、《新乡市工商业联合会常务委员会全体会议制度》、《新乡市工商业联合会主席（会长）会议制度》、《新乡市工商业联合会主席（会长）办公会议制度》、《新乡市工商业联合会兼职副主席（副会长）轮流值日工作制度》、《新乡市工商业联合会直属会员会费收缴、使用和管理工作制度》6项规章制度，讨论通过《新乡市工商联关于2008年度和2009年度直属会员年度会费标准有关问题的决定》。同时表彰辉县市、新乡县、延津县、红旗区为工商联系统先进单位。（赵春洲）

【省政协副主席梁静视察抗震救灾生产企业】 2008年6月2日，省政协副主席、省工商联主席梁静随省政协常委视察团视察工商联会员抗震救灾生产企业。新乡市委书记吴天君、市长李庆贵等领导和市工商联主席张林陪同视察。

梁静对新乡市前一阶段援助抗震救灾时所做的工作给予充分肯定，同时，对下一步工作提出要求。（赵春洲）

【省工商联在新乡首站组织高端经营论坛】 2008年4月10日，由河南省工商联主办、新乡市工商联承办的2008智博——高端经营论坛在市政府办公大楼一楼报告厅举行，省工商联副主席段君海，市委常委、常务副市长范学贵，市政协副主席张会琴等市领导亲临现场祝贺。市委统战部副部长、市工商联党组书记陈汝锦，市工商联副主席崔向海、张延

年等领导与市工商联会员近500人参加论坛。市工商联主席张林代表市工商联致辞。（赵春洲）

【市工商联组织会员为地震灾区捐款】 2008年5月12日，四川省汶川县发生地震。市工商联积极组织会员企业发扬“一方有难，八方支援”的精神向灾区捐款捐物。全市工商联系统捐款捐物达1000余万元。（赵春洲）

【“百企帮百村”活动经验交流会】 2008年6月24日上午，市委统战部、市新农村建设领导小组办公室、市工商联联合召开新乡市新农村建设“百企帮百村”活动经验交流会。市委常委、统战部长杨崇林，副市长贾全明等领导出席会议。会议由市委常委、统战部长杨崇林主持。各县（市、区）委统战部长、主管副县长、新农村办主任、工商联负责人、民营企业代表等130余人参加会议。（赵春洲）

【“百千万工程”】 2008年，市工商联通过引导百家民营企业开展“走出去”活动，“千企帮千村”、“千企进河南”活动，“帮扶万人创业”活动。全市一批企业被列入境外上市辅导期企业；签订合资合作项目7个；促成了5000余人与企业签订就业协议（或意向）；举办创业报告会52场，培训各类人员29200人。（赵春洲）

【全国工商联新农村建设采访组莅新采访】 2008年9月22日下午，由全国工商联扶贫与社会服务部光彩事业处处长郑克俭率领的中国工商时报、人民政协报新农村建设采访组一行3人，在省工商联经联部副部长陈占亭、市工商联副主席崔向海等陪同下，到辉县市张村乡裴寨村采访。

采访组认真听取了农民企业家裴春亮的先进事迹介绍，与村委会部分干部及村民进行座谈交流。通过对裴寨新、老村容村貌情况的对比，他们对裴春亮出资3000万元，积极投身新农村建设，造福乡里的义举表示赞叹。（赵春洲）

【参与行风评议工作】 2008年，市工商联与有关人大代表和政协委员沟通、联系，在有关部门统一安排下，对全市46家政府部门，28家公共服务行业，开展政风、行风建设广泛征求意见工作。其中，对省、市确定的重点评议的10个系统进行了重点调查。（赵春洲）

获嘉县楼村盘鼓活跃在乡村

经济管理与监督

经济管理与监督综述

2008年，面对年初以来的特大自然灾害、生产要素供应趋紧、世界金融危机冲击、社会需求减弱等突出矛盾和问题，新乡市根据形势变化及时调整经济调控调节的方向和重点，着力破解经济发展中的难题，实施了一系列促进经济平稳较快发展的政策措施，经济社会发展呈现出增长较快、价格回稳、结构优化、民生改善的良好势头。

2008年，全市生产总值达到949.49亿元，比上年增长13.9%，高于计划0.9个百分点。全市一般预算收入48.77亿元，增长18.6%，在经济环境复杂，金融危机影响逐步加深的情况下，财政一般预算收入占GDP的比重仍然保持在5.1%以上。规模以上工业企业实现利润、利税分别达到88.7亿元、126.4亿元，分别增长8.6%、8.3%，金融机构存、贷款余额分别达到759.57亿元、506.15亿元，比年初分别增长16.4%、17%。

经济结构进一步优化。三次产业结构调整为13.8：54.9：31.3，二、三产业增加值所占比重小幅增长，比上年同期提高0.4个百分点。农业结构继续向优质高效转变，全年粮食总产量达到374.88万吨，增产8.13万吨，连续五年创历史新高，畜牧业产值占农业总产值比重达到42.2%，肉、蛋、奶产量分别达到31万吨、30.6万吨和25万吨。工业经济保持较快增长，全部工业增加值达到455.45亿元，增长18.9%，其中规模以上工业增加值达到377.88亿元，增长21.6%；自主创新能力继续增强，新组建博士后科研工作站1家、省级工程技术研究中心1家、省级企业技术中心15家。生物产业被授予河南省高技术产业基地，高技术产业增加值占规模以上工业增加值的比重达到9.9%。服务业保持良好发展势头，文化、旅游、金融、现代物流等新型服务业快速发展，第三产业增加值达到297.5亿元，增长11.7%。全年接待国内游客880万人次，增长15.1%，国内旅游收入达到29.6亿元，增长24%。

内需拉动作用进一步增强。全社会固定资产投资完成767.4亿元，增长32%，其中城镇投资完成686.2亿元，增长34%。全市实施千万元以上项目1781个，增加331个，完成投资589.9亿元，增长38.8%。160项市重点项目全年完成投资163.15亿元，超额完成年度投资计划。孟电集团2×30万千瓦热电机组、中石化成品油管道二期工程等60个项目开工建设，新东输变电扩建、新飞200万台冰箱生产线、河师大东校区扩建等49个项目竣工。全年实现社会消费品零售总额277.79亿元，增长23.7%；“万村千乡市场工程”和“家电下乡”试点工作取得新进展，新建农家店599家，销售家电下乡产品6.04万台（部）。

生态新乡建设持续推进。《新乡市循环经济发展规划》编制工作积极推进，新乡纸制品工业园区、河南恒友牧业纳入省级循环经济试点。新中益2×21万千瓦机组脱硫项目正式投运。卫河流域污染专项整治成效明显，深度治理的31家企业中27家工程已完工，4家企业停产治理。所有污水处理厂均实现达标排放、稳定运营；八县（市）生活垃圾无害化处理场均通过省无害化等级评定；5条省控河流出境断面水质化学需氧量平均达标率为84.5%，氨氮平均达标率为90.1%，集中式饮用水源地水质达标率继续保持100%。大力开展土地“三项整治”，盘活存量土地6024.1亩；新建成标准化厂房91.85万平方米。单位生产总值能耗下降5.1%，化学需氧量和二氧化硫排放量分别下降3.32万吨、4.49万吨。

改革开放不断深化。稳步推进7户特困国有企业改革，整合4家政府性投资公司组建新乡投资集团，积极推进市区教育资源整合工作，文化产业投资公司挂牌成立。新增市第一人民医院、市第二人民医院、市妇幼保健院3家医院为按病种付费试点医院，取消、停止或降低行政事业性收费209项和经营服务性收费40项。对外开放取得积极成效，完成外贸进出口总额12.58亿美元，招商引资取得新成绩，全年新批外商投资企业22家，实际利用外资2.29亿美元，利用市外资金121亿元。

统筹城乡发展迈出坚实步伐。新农村建设持续推进，农业和农村基础设施建设进一步加强，生态文明村和新型农村住宅社区建设进展顺利，1367个村达到市级生态文明村建设标准，127个社区全部完成总体规划；继续完善农村路网，新建、改造农村公路924.8公里；沼气入户率达到39.5%，解决25.3万农村人口饮水安全问题。县域经济蓬勃发展，县域生产总值、财政一般预算收入占全市的比重分别达到71.2%和50.8%。聚集区建设成效显著，新乡高新区、新乡工业园区、新乡经济开发区等13家进入全省首批175家产业集聚区规划范围，全市37个产业聚集区共完成基础设施及标准化厂房投资22.1亿元，新上千万元以上项目480个。

改善民生取得积极成效。城乡居民收入持续增加，城镇居民人均可支配收入达到13000元，实际增长8.3%；农民人均纯收入达到5038元，实际增长8%。市政府承诺10件实事全部完成。全面落实全民创业意见，全年新增城镇就业17.1万人，下岗失业人员再就业6.66万人。提高企业退休人员养老金、城市与农村低保对象人均月补差标准和五保对象集中供养、分散供养标准，解决并巩固4.54万贫困人口的温饱问题。全面启动城镇居民基本医疗保险试点工作，参保人数达到42.2万人，参加工伤保险农民工人数达到9.84万。新型农村合作医疗参合率达到99.1%，单病种最高限价由30种扩大到100种。改建、新建1162所标准化村卫生室。全面落实农村中小学生“两免一补”工作，完成6所农村初中校舍改造、192个农村中小学危房改造。经济适用房新开工27.21万平方米、竣工18.62万平方米，廉租房新开工2万平方米。206个广播电视村村通工程全部建成。县、乡、村三级食品药品监管网络初步建立。对口支援江油市敬元乡提灌站重建、安全饮水工程和马角镇提灌站重建等项目已开工建设。

2008年，全市经济社会发展中还面临着一些突出矛盾和问题。主要是：工业生产和效益出现下滑，投资增速放缓，农业生产和农民增收形势不容乐观，就业形势严峻。

（渠长振）

发展和改革

【发展和改革概况】 2008年，市发展改革委员会加强组织协调，努力发挥参谋助手作用。全年共向市委、市政府汇报经济运行分析10余次，及时提出“高度重视主要经济指标呈现回落态势”等可行性建议。为扼制全市主要经济指标下滑势头，代市委、市政府起草印发了《关于贯彻“三新”大讨论活动促进全市经济平稳较快发展的意见》、《关于做好当前新增中央投资争取工作的意见》、《关于进一步做好中央投资争取和实施工作的意见》和《关于加强新增中央投资项目监督检查工作的通知》等文件，制定了《新乡市城市基础设施配套费征收管理办法》，出台《新乡市人民政府办公室关于促进服务业发展的意见》。开展对全市主体功能区具体功能定位研究、“十一五”规划中期评估、冷谷和生物医药产业发展研究，编制《新乡市冷谷发展规划纲要》、《新乡市生物医药产业发展纲要》，为市委、市政府应对危机、果断决策提供了依据。

顺应宏观调控，积极落实引资项目双带动战略。2008年，中央先后对宏观调控导向作了两次重大调整。面对中央宏观调控政策的适时调整，发改系统坚持以引资为项目建设的主渠道，以项目建设为增强发展后劲的主要抓手，使国家宏观调控真正成为全市调整经济结构、转变发展方式的重大机遇。一是积极争取国家、省资金支持。在市直有关部门的配合下，全年共争取国家、省各类资金10.05亿元，其中无偿资金9.59亿元。争取省承诺全市中央第四季度新增1000亿元投资资金6.09亿元（含南水北调新乡段2.2亿元、石武客专0.8亿元），占全省规模1/11强。二是坚持项目谋划和实施。全市谋划投资千万元以上项目达到2340个，总投资3412亿元，其中取得实质性进展项目1784个，已开工项目1015个；共安排市重点项目160项，累计完成投资163.15亿元，超额完成年度投资计划。三是多渠道筹集建设资金。全年参与组织召开4次银企洽谈会，共签约145.94亿元，其中合同金额65.52亿元，承诺

80.42亿元。

积极推进产业结构调整和增长方式转变。一是狠抓工业结构调整。争取金龙集团企业信息化、新航集团30万套汽车空调等11个项目获得4480万元上级资金支持。二是加快农业结构调整。争取资金扶持7县（市）优质粮食产业工程标准粮田项目，建设标准粮田18.9万亩；争取资金建设47座生猪规模养殖场、7座标准化奶牛小区。三是积极推动服务业发展。争取国家服务业发展引导资金600万元支持全市制造业服务平台建设，建立全市服务业重点项目库和重点企业库。四是节能减排工作成效明显。积极争取淘汰小火电落后产能资金9436万元；新乡化纤能量系统节能改造工程、永胜化工年产10万吨清洁燃料等19个项目获得国家1.04亿元节能资金支持，资金总量居全省第二位；新中益2×21万千瓦机组脱硫项目已正式投运。五是积极推进循环经济发展。新乡纸制品工业园区、河南恒友牧业纳入省级循环经济试点。焦煤集团新乡工业园区、亚洲电源年处理15万吨废旧蓄电池综合再利用等15个循环经济项目进展顺利。

着力加强基础设施和产业聚集区建设。一是城市基础设施建设得到加强。全市县级污水处理厂配套管网全部建成，所有污水处理厂均实现达标排放、稳定运营；小店污水处理工程、小尚庄污水处理厂升级改造工程和长垣、延津、原阳三县垃圾处理场二期工程开工建设；贾屯污水处理厂、骆驼湾污水处理厂升级改造、城市供水管网工程等重点城市基础设施项目可研已批复。二是农业和农村基础设施建设进一步加强。实施了大功、石头庄、韩董庄、祥符朱等灌区建设；农村饮水安全工程使25.29万农村人口受益；封丘县、长垣县等一批动物防疫项目建成；利用以工代赈资金修建农村道路60.3公里、建设支渠进水闸5座、新打机井10眼、修建渠道2.5公里，10万农民受益。三是交通运输体系进一步完善。郑州公铁两用黄河大桥北连接线、S308家沁线石婆固至京珠高速段改建等一级公路项目可研已通过省发改委评审；新月铁路增建第二双线项目已完成预可研；新晋高速、鹤辉高速、济东高速、东明黄河大桥项目前期工作已基本完成。四是电网建设进展顺利。500千伏塔铺变扩建、卫辉220千伏变改造、原阳110千伏城北变等工程竣工。五是聚集区建设成效显著。新乡高新区、新乡工业园区、新乡经济开发区等13家进入全省首批175家产业集聚区规划范围。

着力深化改革开放。积极推动投资体制改革，制定出台《新乡市市级政府投资项目代建制管理办法（试行）》；完善企业投资项目核准制、备案制，进一步确立企业的投资主体地位；深化行政审批制度改革，将发改委职权范围内的行政审批事项由原来的67项调整规范为32项。推动金龙集团墨西哥内螺纹铜管项目增资；中非洋皮业有限公司赴埃塞俄比亚建设项目省发改委已批复；全年为外商投资企业办理国产设备退税16件，涉税金额3.4亿元；办理进口设备免税24件，用汇额1.1亿美元，促进了全市外向型经济的发展。

公共服务体系进一步完善。11所农村初中校舍改造、4所职业教育基础能力建设、3所县级医疗机构基础设施建设和设备购置、21个乡镇卫生院、41个村卫生室、省精神病医院综合病房楼等项目获国家资金支持；45个乡镇计划生育服务站项目获国家支持；先后实施32个乡镇综合文化站项目；流浪未成年人救助保护设施和卫辉市残疾人服务设施获国家支持；安排实施150个村体育场项目；为206个自然村接通广播电视信号。

价格管理水平不断提高。一是价格监管工作不断加强。贯彻落实国家差别电价、天然气、药品、粮食最低收购价、公路客运燃油附加标准、成品油、电力价格调整政策及煤炭价格临时干预措施在全市顺利实施；依法制定和调整新乡工业园区、豫新发电工业用热价格和部分医疗机构自配制剂价格；积极参与药品和医用耗材集中招标采购，降低药品和耗材价格虚高；推进全市城乡用电同网同价工作。二是收费行为进一步规范。集中开展涉农价格和收费、社团和中介组织收费、旅游门票价格，以及行政事业性收费和经营服务性收费等专项清理整顿工作，对209项行政事业性收费项目予以取消、停止征收或降低收费标准，40项经营服务性收费项目予以取消或降低收费标准；建议省发改委、省卫生厅降低200项医疗服务价格；新增市第一人民医院、市第二人民医院、市妇幼保健院3家医院为按病种付费试点医院。三是价格检查和价格基础工作进一步加强。组织开展化肥价格、电力价格、电信邮政资费、教育收费等专项检查以及市场检查、药品和医疗服务价格检查，共查处价格违法案件710件，查处违法所得349.62万元，没收违法所得172万元；受理价格举报案件98件，价格举报案件办结率达

100%，退还多收消费者价款14.8万元；投放1200万元价格调节基金用于城市低保人群副食品补助和卫滨鑫诚养殖场、向阳农贸集市改超市、外环海鲜市场建设等；全年核减不合理成本1.5亿元。

（刘保方）

新乡市发展和改革委员会领导成员

党组书记、主任 邓　琳（2008年12月离）
贾生祥（2008年12月任）

党组副书记 任世平

副主任 徐建普（2008年7月离）
王雁伦　张　平
谢如庆　李　峰

纪检组长 戚向群

大项目办副主任 郭凌超

【开展全市“十一五”规划中期评估】 为促进“十一五”规划的全面有效实施，新乡市发改委组织开展了全市“十一五”规划中期评估工作，按照“十一五”规划纲要确定的发展目标、重点任务、政策措施，对“十一五”实施两年半以来取得的成效和存在的问题进行了总结回顾，对当前的经济和社会发展形势进行了分析判断，提出了推动规划顺利实施的对策和建议，形成了评估报告，报经市十届人大常委会第四十次会议审议。总的来看，“十一五”规划确定的目标任务多数完成的比较好，进度比预期的要快，为全面实现预期目标奠定坚实的基础。

（张长河　林晓月）

【重点流域水污染防治项目资金争取】 2008年初，为获嘉县污水处理工程争取“三河三湖”流域水污染防治资金860万元，至年底，该项目已争取国家补助资金2810万元，占总投资的35%。四季度，国家发改委年新增1000亿元中央投资，其中安排下达小店污水处理工程2008年度投资计划3050万元，中央投资1040万元，占年度计划的34.1%。

（张长河　林晓月）

【项目带动战略成效显著】 2008年全市共谋划投资千万元以上项目1865个，总投资2344亿元。其中亿元以上项目466个，总投资1915亿元；工业项目924个，总投资1345亿元。项目谋划工作对全市实施引资项目双带动战略、建设中原城市群经济强市产生积极的支撑和引领带动作用。2008年全市共施工项目2197个，总投资1027.6亿元；其中新开工项目1862个，总投资605.2亿元。施工项目及新开工项目个数、投资规模均居全省第四位。全年共实施投资千万元以上项目1781个，同比增加331个，计划总投资1001亿元，同比增长16.2%，累计完成投资589.9亿元，同比增长38.8%。其中新开工项目1469个，同比增加391个，总投资583.2亿元。

（王正声）

【固定资产投资连续六年保持全省领先地位】 2008年，全市全社会固定资产投资累计完成767.4亿元，同比增长31.9%，高于全省平均增速1.2个百分点。其中城镇固定资产投资累计完成686.2亿元，同比增长34%，高于全省平均增速2.4个百分点。全社会固定资产投资和城镇投资均连续六年居全省第四位。全年工业投资累计完成468.2亿元，总量居全省第三位，同比增长39.3%，高于全省工业平均增速4.7个百分点；工业投资占城镇投资的比重为68.2%，同比提高2.6个百分点，对城镇投资的贡献率达到76%，拉动城镇投资增长25.8个百分点。（王正声）

【争取国家、省投资项目资金超过10亿元】 2008年，市发改委在国家投资重点转向东北老工业基地和西部地区、省投资重点转向黄淮四市的不利情况下，想方设法，全力以赴，超前谋划，积极对接，特别是紧紧抓住第四季度中央新增投资的机遇，全力做好争取国家、省项目资金工作。全年共争取国家、省资金100622.04万元，同比增长58.2%。其中无偿资金95853.94万元。项目涵盖农林水利、社会事业、工业结构调整、高技术产业化、交通、城镇基础设施、廉租住房建设、服务业发展、能源及资源综合利用、公检法司、以工代赈等多个方面，为改善群众生产生活条件、促进全市经济平稳较快发展作出了积极贡献，受到市委、市政府通报表彰。

（王正声）

【投资体制改革工作稳步推进】 根据国务院、省政府投资体制改革决定精神，严格执行各类投资项目的审批制、核准制和备案制。2008年，市发改委共审批项目132个，核准企业投资项目32个，备案企业投资项目448个。起草出台《新乡市市级政府投资项目代建制管理办法（试行）》（新政〔2008〕11号），对进一步深化全市投资体制改革，提高非经营性政府投资项目的建设管理水平和投资效益，严格控制投资概算，保证工程质量和工期，具有重要意义。继续加强和规范新开工项目管理，建立全市总投资5000万元及以上拟建固定资产投资项目信息报送制度。（王正声）

【全市利用外资工作良好】 外商投资企业购买进口和国产设备减免退税工作成绩显著。新乡市发展和改革委员会认真做好外商投资项目的跟踪服务，协调解决外商投资项目在建设中的困难，帮助外商投资企业享受应该享受的政策。为了招商稳商安商，促进三资企业发展，按照上级有关政策规定，2008年共为13家外商投资企业办理采购国产设备退税，采购国产设备涉税金额3.4亿元，占全省外资企业采购国产设备涉税金额的21.2%；为9家外商投资企业办理采购进口设备免税，用汇额0.95亿美元，占全省外资企业采购进口设备用汇额的32%，均居全省第一位。（刘慧 黄涛）

【推进银企合作，积极争取建设资金】 2008年，全市把拓展融资渠道作为服务企业各项工作的重中之重。先后组织召开了4次银企洽谈会，到位资金63亿元，金融机构新增贷款74亿元，仅次于郑州、洛阳，名列全省第三，增长17.04%，存贷比达到66.64%。帮助资金缺口较大的新乡白鹭化纤、飘安集团、太行振动等15户重点骨干企业和4户亏损大户渡过了难关。建立企业贷款监测预警机制，高度关注企业流资运行情况，有效防止环宇、宇安3家骨干企业的资金链断裂。（周岸林）

【积极推动利用资本市场直接融资】 华兰生物成功发行800万股融资2.8亿元；金龙铜管引进渣打投资、高盛投资和雷曼兄弟等外资9000万美元；太行振动引进上海等战略投资者资金4000万元人民币；新乡市起重机厂有限公司、河南新乡华宇电磁线有限公司（均为重点上市后备企业）发行1亿元债券已上报国家发改委。2008年，全市已培育21家主板上市后备企业和30家创业板上市后备企业，初步形成“储备、培育、申报”梯队式上市后备资源，太行振动在会待审，金龙铜管等8家企业被列为2009年省定重点上市后备企业。（周岸林）

【农业项目资金争取】 新乡市国家大型商品粮生产基地续建项目全省第一，项目总投资3000万元，其中国家投资2000万元。延津县优质红花栽培示范项目和封丘县金银花产业化项目分别获得国家中央预算内投资150万元支持。2008年，国家投资河南省现代农业项目仅此2个，均落户新乡。大型灌区节水续建投资历年之最，全年共争取7座大型灌区续建配套和节水改造项目省以上投资10240万元，居全省前列，并创历年之最。项目的建设使全市引黄灌溉能力大大提高，经济和社会效益巨大。争取安全饮水项目上级投资5912万元，解决全市25.29万人饮水安全问题，有效改善了全市农村居民饮水状况。争取沿黄奶牛小区项目7个，省基建投资210万元，项目数量及投资额均位列全省第一，创历年最高水平。全市7个县（市）分别获得两批优质粮食产业工程标准粮田建设项目，共争取省以上投资4151.5万元，建设规模18.9万亩，为历年之最。狮豹头和塔岗两座病险水库于同一年争取获得国家投资扶持，共争取省以上投资3744万元，创历年之最。（卢峰现 娄新永）

【农村经济动态监测全国优秀】 2008年，市发改委加强农村经济动态监测，圆满完成了国家发改委下达的年度农村经济重大问题调研任务，上报高质量调研成果20余项，被评为“全国优秀农村经济动态监测点”，为河南省唯一。（卢峰现 娄新永）

【城市基础设施与廉租住房项目争取中央资金支持】

2008年，全市污水、垃圾处理、县城及小城镇供水等城市基础设施项目和廉租住房建设项目共争取中央中央预算内投资8738万元。其中2008年中央新增1000亿元投资，全市城镇基础设施项目争取到1800万元，争取额度居全省首位。

（苗庆梅 杨俊涛）

【产业聚集区建设】 2008年，各级聚集区基础设施累计完成投资15.25亿元，标准化厂房累计完成投资6.86亿元，新引进千万元以上企业及原有企业新上千万元以上项目453家（个），完成投资109.7亿元，其中：新引进入驻企业252家，完成投资64.1亿元；新上项目201个，完成投资45.6亿元。

（苗庆梅 杨俊涛）

【郑新产业带建设】 2008年8月6日，市发改委向省政府作名为“加快新郑产业带建设，促进中原城市群崛起”的专题报告，汇报新乡市推进新郑产业带建设的基本思路、具备条件、目前所做工程以及今后工作重点，并向省政府提出建议要求，全力争取省政府对新郑产业带的支持。9月28日，在新乡国际饭店举办新乡市新郑产业带规划建设研讨会。会议邀请国内区域经济知名专家参加，市领导王治通等出席，对新郑产业带的规划建设提出建设性建议，初步构筑了新郑产业带的发展框架。

（苗庆梅　杨俊涛）

【各县级污水处理厂配套管网工程全部完成】 2008年，在各县级污水处理厂建成运行的基础上，强力推进配套管网建设，配合省政府督导组实施督查，全部完成各县级污水处理厂配套管网工程。

（苗庆梅　杨俊涛）

【工业项目资金争取有新突破】 2008年，市发改委积极研究国家政策导向，提前谋划包装项目争取国家和省支持。全年共争取中央预算内资金、淘汰落后产能补助资金、省工业结构调整资金共计10958万元，通过系列项目的申报实施，拉动银行贷款近10亿元，进一步提升全市的产业层次，特别是优势产业进一步壮大，支撑能力进一步显现。

（许万银）

【产业集聚区申报】 组织全市产业集聚区修改完善相关资料，争取进入省规划盘子，经过努力争取，共有新乡高新区、新乡工业园区、新乡经济开发区等13家产业集聚区进入全省首批175家规划范围，13个产业集聚区总规划面积165.8平方公里。产业集聚区的重新规划布局，对促进产城融合及与二、三产业协调发展有着重要意义。（许万银）

【交通项目】 2008年，共争取交通项目上级补助资金14448.97万元，其中：农村道路补助资金8758万元，场站项目补助资金2000万元，高速公路补助资金3690.97万元。公路建设项目实施情况良好，京港澳高速公路安新段拓宽改造项目已开工，新晋高速公路块村营至营盘段、鹤辉高速前期工作已基本完成；完成干线公路投资4.05亿元，铺修道路158公里；共改造农村道路648.085公里：其中乡道156公里，村道492.085公里；新改建汽车运输场站项目9个，总投资9529万元。铁路建设项目进展顺利，石武客运新乡段、新菏铁路电气化改造项目已开工建设；新月铁路增建第二双线项目前期工作进展顺利，可研报告已完成评审。

（崔东军）

【能源资源项目资金争取喜获丰收】 全年共争取到2008年农村电网完善工程投资7210万元，争取到淘汰落后产能（小火电）资金9436万元，争取到国家资源节约与环境保护专项资金10406万元，争取的资金数量位居全省第二。完成2008年补偿发电量计划交易72954万千瓦时，达成合同金额4692.7万元。7月，赵固二矿年产180万吨原煤项目获国家发改委核准；8月，辉县市生物质能热电工程项目获省发改委核准，全市获得核准的生物质能热电项目达到3个，位居全省第一；9月，河南孟电集团2×30万千瓦热电联产项目获国家发展改革委核准，并开工建设，这是全市贯彻落实国家电力工业上大压小节能减排政策的集中体现和重要成果，是在投资体制改革后，取得国家核准时间最短的电源项目。

（郭晓昱）

【华兰生物工程股份有限公司获得国家高技术产业化十年成就奖】 国家发展和改革委员会在2008年10月12日深圳召开的第十届中国国际高新技术成果交易会上，对实施高技术产业化十年来成就显著的百家企业授予“国家高技术产业化十年成就奖”称号并授牌。在河南省获奖的3家企业中，华兰生物工程股份有限公司成为全市唯一获此殊荣的企业。

（郜俊洪）

【全市新增15家省级企业技术中心】 在省发改委、省财政厅、省地方税务局及郑州海关联合认定的第12批104家省级企业技术中心中，新乡市有15家入选，分别是：新乡市新粮粮油加工有限责任公司、河南省新乡六通实业有限公司、卫辉熔金耐火材料有限责任公司、河南心连心化肥有限公司、新乡市神舟晶体科技发展有限公司、新乡起重机器有限责任公司、河南宏宇特铸股份有限公司、豫北（新乡）汽车动力转向器有限公司、新乡市卓威电源有限责任公司、新乡市新航机械科技有限公司、河南瑞华管业有限公司、河南新乡华宇电磁线有限公司、河南新乡华洋漆包线有限公司、河南新友公路技术有限公司、河南省新乡市矿山起重机有限公司。

（郜俊洪）

【全市争取省高新贴息资金再列第一】 2008年，在省安排的20项高新贴息项目中，新乡市有3个项目，共获得省高新贴息资金711万元，连续4年居全省第一。（郜俊洪）

【召开全市服务业发展大会】 为认真贯彻落实《国务院关于加快发展服务业的若干意见》(国发〔2007〕7号)、省委省政府《关于加快发展服务业的若干意见》精神，2008年8月，由市发展改革委员会牵头召开了全市服务业发展大会，市四大班子领导、各县（市、区）主要领导、市直各部门及相关企业单位参加大会。会上下发了市委市政府《关于表彰服务业先进单位和先进企业的决定》，对全市5家服务业先进单位和25家服务业先进企业进行表彰。随后，又出台《新乡市人民政府办公室关于促进服务业发展的意见》。（郭胜利　刘洁君）

【社会公益事业建设】 2008年，争取中央预算内资金1487万元支持11所农村初中校舍改造，争取中央预算内资金1180万元支持4所职业教育基础能力建设，争取中央预算内资金280万元支持封丘县特殊教育学校建设（占全省项目个数的1/4）。争取中央预算内资金585万元支持3所县级医疗机构基础设施建设和设备购置，争取中央预算内资金1040万元支持21个乡镇卫生院建设，争取中央预算内资金455万元支持51个乡镇卫生院设备购置，争取中央预算内资金123万元支持41个村卫生室基础建设，争取省基建投资1000万元支持省精神病医院综合病房楼建设，使全市公共卫生和治疗防疫体系得到进一步改善，综合服务能力得到提升。

争取中央预算内资金908万元用于45个乡镇计划生育服务站建设（占全省总投资额度的11%），进一步加强计生服务体系建设，提升计生服务水平。争取中央预算内资金500万元用于32个乡镇综合文化站建设，进一步完善全市农村文化设施，有效地丰富群众文化生活。争取中央预算内资金150万元支持全市150个农民体育建设项目建设，争取省基建投资26.25万元支持全市农民体育健身工程试点项目建设，有效地丰富群众的体育生活，增强了身体素质。争取省基建投资103万元为全市206个自然村接通广播电视卫星信号。争取中央预算内资金210万元支持全市流浪未成年人救助保护设施建设（全省4个同类项目），争取中央预算内资金支持卫辉市残疾人服务设施建设，加强全市未成年人的救助能力和社会保障服务能力。（张　生　王永超）

【以工代赈资金争取工作全省第一】 2008年，上级共安排封丘县、原阳县以工代赈项目36个，计划总投资1656万元，其中，国家财政资金（国债）447万元，国家以工代赈资金710万元，省财政资金213万元，省交通配套150万元（省以上资金合计1520万元，比上年增长28.9%），自筹136万元。建设水泥道路32条，53.3公里，柏油路1条7公里；建设支渠进水闸5座，新打机井10眼，修建渠道2.5公里，改善6万亩耕地灌溉条件，受益群众达10万人次。按全省31个国家贫困县对比，全市争取项目资金全省第一，超额完成全年目标任务。

（史跃东）

【公共资源交易管理】 2008年2月16日，新乡市公共资源交易管理委员会（简称市资管委）以2008年1号文件印发《新乡市公共资源交易联席会议制度》，确立全市公共资源交易管理的基本模式，是全市公共资源交易市场整合后各职能部门参与市场监督管理的基础性文件。该制度明确了联席会议的主要职责、工作范围、方法、原则以及会议召开方式等内容，提出加强公共资源交易成员单位及有关部门的沟通联系，促进公共资源交易行政法规、部门规章及政策规定的统一，保证公共资源交易活动规范有序进行。这也是全市资管委及其办公室自组建以来首次发文和履行职能。5月4日，市资管委以2008年的2号文件印发《新乡市公共资源交易项目目录（2008)》，进一步明确全市公共资源交易项目的范围和规模标准，为全市各类公共资源交易项目统一进入平台交易和各相关监督部门统一进入平台进行监督执法提供了文件依据。7月4日，市政府办公室印发《新乡市公共资源交易信息公告发布管理办法（试行)》和《新乡市公共资源交易专家库和评审专家管理办法（试行)》，为全市统一公共资源交易信息公告发布渠道和统一公共资源交易评审专家库提供了文件依据，对公共资源交易平台的规范有效动作提供了强力支撑。2008年度，市公共资源交易中心共计完成交易项目1239项，实现进场交易额253806.98万元，为市财政增收14301.64万元，节支10676.36万元，为市委市政府的重点工作和重要项目提供优质服务。　　（秦江堂）

【行政管理审批事项】　根据《关于进一步深化全市行政审批制度改革的通知》市发改委对现行的行政审批事项进行了归类和整合，行政审批事项主要集中在投资项目管理和收费价格管理等方面，将投资项目管理中的一个管理事项的不同环节不再作为单独的管理事项进行整合，将收费和价格管理事项涉及的每一个具体事项进行归类整合，市发改委将原定的67项行政管理审批事项规范为32项，其中行政许可3项：企业投资项目核准，外商投资项目核准，必须进行招标项目的招标方案核准。非行政许可审批23项：政府投资项目审批，政府投资项目审核，企业投资项目审核，外商投资项目审核，境外投资项目审核，国际金融组织和外国政府贷款投资项目审核，外商投资项目进口和采购国产设备办理免退税确认书审核，内资企业投资项目进口设备办理免税确认书审核，必须进行招标项目的招标方案审核，重点建设项目监督管理，汽车、摩托车、电石、铁合金、焦化等生产准入审核，发行股票并上市审核，创业投资公司设立审核，发行企业债券审核，经营服务性收费审批，经营服务性收费审核，经营服务性收费备案，行政事业性收费审批，行政事业性收费审核，行政事业性收费备案，重要商品和服务价格审批，政府制定价格（商品和服务）成本监审，价格认证。行政征收1项：价格调节基金征收。其他5项：企业投资项目备案，内资企业申请国产设备抵免增值税项目备案，重要商品和服务价格备案，涉案财物价格鉴定，商品和服务明码标价签监制。　　（许　红）

【公路客运票价调整】　为应对成品油价格调整对公路客运的影响，根据省发改委、省交通厅《关于农村公路客运实行燃油附加政策的通知》、《关于调整全省公路客运燃油附加标准的通知》，2008年1月1日起，全省公路客运燃油附加标准由每人公里0.017元调整为0.03元；当年8月1日起，又由每人公里0.03元调整为0.04元。据此，对新乡市新运交通运输有限公司302条市际线路、新乡汽车东站47条县际线路和全市城乡公路客运147条线路近万个站点客运票价在逐一进行审核基础上，重新核定全市公路客运价格，有效地规范了全市公路客运价格秩序。　　（徐宝记　王中伟）

【城市集中供热价格调整】　根据国家发展改革委、住房和城乡建设部、财政部《关于做好冬季采暖工作有关问题的指导意见的通知》，参照河南省部分城市价格水平，以及用热企业的承受能力，对新乡豫新发电有限责任公司2×300MW机组热力出厂、销售价格进行了适当调整，即：热力出厂价格由现行24.5元/吉焦调整为31.0元/吉焦，非居民采暖价格由0.23元/平方米日调整为0.27元/平方米 日（按建筑面积计算）。采暖期为2008年11月15日至2009年3月15日。室内温度达到18℃（±2℃）。　　（徐宝记　王中伟）

【完善收费政策，规范收费行为】　2008年，出台《新乡市物业服务收费管理实施办法》和《新乡市城市基础设施配套费征收管理办法》。取消行政事业性收费项目132项，停止征收行政事业性收费项目21项，降低行政事业性收费标准56项；取消经营服务性收费项目22项，降低经营服务性收费标准18项；降低200项医疗服务价格，新增市第一人民医院、市第二人民医院、市妇幼保健院等3家医院为按病种付费试点医院，全市按病种付费试点医院达到4家。2008年9月开始免费向农村义务教育阶段学生提供教科书，免除城市义务教育阶段学杂费。　　（何健友　王东峰）

【建设项目初步设计】　市发改委积极参与项目初步设计公开招标监督工作，按时、规范审批或上报符合国家政策的建设项目初步设计，2008年，共审批或上报新乡市青少年活动中心（三合一）、济东高速新获段新乡东互通立交连接线、新乡市惠民院儿童福利中心和社会福利院及附属设施、新乡市惠民院老年公寓和部分附属设施、新乡市一职专新建教学楼等21项建设项目，总投资约9亿元左右。　　（秦占伟）

【重点项目建设】　2008年，共安排市重点项目160项，总投资548亿元，年度计划投资150亿元，全年累计完成投资163.15亿元，占计划投资的108.18%，确保了超额完成年度目标；完成投资较

2007年同比净增14.69亿元，完成年度计划同比增加5.93个百分点。实现开工60项，超出计划开工9个；实现竣工49个项目，超出计划竣工9个。在全市的160个重点项目中，有省重点42项，较2007年同期增加5项，占全省签订责任目标数量的14.58%，居全省第三位。全年纳入省政府考核的28个在建重点项目共计完成投资71.52亿元，占年度考核目标68.44亿元的104.5%。全年计划新开工项目11个，已全部实现开工建设，计划竣工项目13个，也都实现竣工；所有在建项目都能完成或超额完成节点计划。省重点项目月度考核，全市每月都是先进地市。在省政府年终综合考评中，新乡市居全省第二位，重点项目工作继续保持在全省领先地位。　（曹芳仁）

【价格成本调查】　2008年，新乡市价格成本调查队共深入农调户和市场调查20次，累计完成《成本简报》7期。根据企业申请，共完成成本监审14项，总核减不得计入价格成本15742.08万元，占总申报成本的12.42%。5月初，圆满完成国家发改委、国家商业部在新乡市开展的小麦生产、加工、运输等成本专项调查工作；“5·12”四川汶川大地震发生后，集中半个多月时间，高质量地完成镁菱简易过渡房、“PU”活动板房、“EPS”活动板房价格成本及运抵灾区的运输成本等4项成本监审任务，为各级政府科学决策提供可靠依据。　（陶静波）

【价格检测工作】　2008年3月3日，成立新乡市价格信息服务工作领导小组（新发改价调〔2008〕76号文），以《河南省价格信息网》和《新乡价格信息网》为平台，通过网络发布价格监测信息、宣传价格政策、正确引导市场走向。3月28日，出台《新乡市价格监测预警制度》（新发改监测〔2008〕113号），初步构建全市价格监测预警体系。8月18日，根据省《关于核发价格监测调查证有关问题的通知》，下发新发改价调〔2008〕411号文件，完成了《价格监测调查证》在全市的核发工作。8月22日，根据省发改委安排，下发新发改监测〔2008〕424号文件，为各县价格监测机构配发价格监测预警硬件设备，实现全市价格监测信息网上报送。

（薛世明）

【价调基金运用】　2008年，市本级征收基金2343.52万元，比2007年同期增加358.57万元。先后投放200万元用于向阳实业公司农贸市场改超市建设，投资200万元用于牧野区海鲜市场建设，对卫辉太行实业发展公司和卫滨鑫诚养殖厂各投放200万元用于扩大生猪养殖，在“双节”来临之际，使用价格调节基金133.09万元对市区13200户低保家庭进行副食品价格专项补贴。　（张志成）

2008年度新乡市发展和改革委员会系统荣获奖项

市委、市政府表彰事项

（一）争取资金成效显著的事项

1、争取各类项目资金100622.04万元，同比增长58.2%。

2、争取农林水利方面31309万元，其中大型灌区续建配套和节水改造项目省以上资金10240万元，为历年之最。

3、社会事业方面8654万元。

4、工业结构调整方面4480万元。

5、高技术产业化方面2033万元。

6、交通方面17283万元。

7、城镇基础设施及廉租住房方面10638万元。

8、服务业发展方面600万元。

9、能源及资源综合利用20691万元，其中国家资源节约与环境保护专项资金10406万元，争取的资金数量位居全省第二。

10、公检法司方面1664万元。

11、以工代赈1520万元，全省第一。

12、商贸流通方面850万元。

13、黄淮四市专项资金900万元。

（二）争取项目成效显著的事项

1、争取到延津县优质红花栽培、封丘县金银花产业化2个现代农业示范项目（中央资金300万元）和国家大型商品粮生产基地续建项目并落户新乡。

2、争取到沿黄奶牛小区项目7个、省资金210万元，项目数量及争取资金均居全省第一。

3、沼气用户累计达到40万户，占全市农户的39%，入户率居全省首位。

4、孟电集团2×30万千瓦热电机组、赵固二矿和辉县生物质能热电工程等项目相继获得核准。

5、俊华专汽获得专用汽车生产资格，进入国家公告管理，至此全市共有7家企业进入国家公告管理，产品涵盖厢式车、罐式车、搅拌车、工程车、半挂车、三轮摩托车等系列产品，河南省重要的专用车生产基地初步形成。

6、新乡纸制品工业园区、河南恒友牧业有限公司等两个单位纳入第二批省级循环经济试点范围。

（三）全省单项工作位次

1、省重点项目建设年终综合考评，新乡市居全省第二位。重点项目工作继续保持在全省领先地位。

2、辉县市生物质能热电工程项目获得省发改委核准。至2008年底，全市共有三个生物质能发电项目获得省发改委核准，项目个数居全省第一。

3、全市生物产业被省发改委认定为河南省高技术产业基地，并获得授牌，全省五个。

4、华兰公司获得国家发改委“国家高技术产业化十年成就奖”，全国100家，河南省3家。

5、全市15家企业技术中心通过省评审认定为省级企业技术中心，数量居全省第二。至2008年底，全市共有省级以上企业技术中心54家。其中，国家级企业技术中心2家，省级企业技术中心52家，省级以上企业技术中心数量居全省第二位。

6、全市13个聚集区获得省认定，数量并列居全省第四。

7、全市4家企业进入全省主板重点上市后备企业，6家企业进入省定创业板重点上市后备企业，数量居全省第二位。

8、价格监管和价格检查工作在全省整体评比中居前三名。

先进集体

全国优秀农村经济动态监测点

新乡市农村经济动态监测点

全国农产品成本调查先进集体

新乡市价格成本调查队

全国价格监测工作优秀单位

省价格监测与信息服务工作先进单位

新乡市价格监测中心

河南省“优秀服务窗口”

新乡市行政服务中心发改委窗口

新乡市创建国家森林城市工作先进单位

新乡市凤凰山森林公园建设工作先进单位

2008年度新乡市农业农村经济工作落实支农办实事先进单位

2008年度新乡市支持统筹城乡发展先进单位

新乡市奶业发展年活动先进单位

新乡市学习型机关（单位）

新乡市党风廉政建设责任制工作优秀单位

新乡市党风廉政建设和反腐败牵头工作先进单位

新乡市发展和改革委员会

新乡市文明服务示范窗口

新乡市行政服务中心发改委窗口

新乡市优化经济发展环境工作先进单位

全市未成年人思想道德建设先进集体

2008年度新乡市政府信息公开工作优秀单位

2008年新乡市统筹解决人口问题先进单位

2008年度新乡市服务对外开放先进单位

全市创建全国文明城市工作先进单位

新乡市目标管理优胜单位

新乡市档案管理先进单位

新乡市档案评估先进单位

2008年度政府法制工作先进集体

新乡市发展和改革委员会

新乡市“优质服务窗口”

新乡市行政服务中心发改委窗口

新乡市新农村建设结对帮建先进工作队

新乡市发改委驻村工作队

2008年新乡市政务信息工作先进单位

新乡市发展和改革委员会

先进个人

全国农产品成本调查先进个人

宋树河

全国农产品成本调查先进工作者称号

杜新菊

全省价格监测与信息服务工作先进个人

谢如庆　徐建普

新乡市凤凰山森林公园建设先进个人

市政府记三等功一次

任世平

2008年在关停小火电机组及职工稳定工作中成绩突出，市政府记三等功一次

张明强

新乡市信访工作先进个人

郭凌超

新乡市新农村建设先进工作者

新乡市奶业发展年活动先进个人

卢峰现

新乡市创建国家森林城市工作先进个人

卢峰现　娄新永

2008年度全市政府法制工作先进工作者

闫树增　许　红

全市优秀思想政治工作者和奥运期间下访督查先进个人

逯恒春

新乡市创建全国文明城市工作先进个人

新乡市维护稳定工作先进个人

刘保方

新乡市平安建设先进工作者

李　斐

新乡市政务信息工作先进个人

新乡市计划生育先进个人

原　苑

全市未成年人思想道德建设先进个人

张　生

新乡市行政审批工作先进个人

许　红　张虎田

新乡市行政服务“优质服务标兵”、“文明标兵”

张虎田

工商行政管理

【工商行政管理概况】 2008年，全市工商系统深化实施兴企强市、兴农富民“两大工程”，服务经济社会发展取得了显著成绩，全市企业总量在全省排名靠前，内资企业、私营企业均位居第三位，外商投资企业居第四位，个体工商户居第六位；强化监管执法，维护消费安全，办理的行政执法案件实现新突破，是历年来数量最多的一年，较好地维护了市场经济秩序；市工商局机关和5个县（市、区）分局被省委、省政府命名为省级文明单位，被省工商局评为全省工商系统创建省级文明单位先进单位；政风行风建设全年继续保持满意率第一的位次；基层建设任务超额完成，有2个县局和16个工商所受到省局表彰奖励；目标管理工作连续7年被市委、市政府评为目标管理先进单位；全系统有1个分局、1个工商所、2名个人分别受到人力资源和社会保障部、国家工商总局的表彰；市工商局和2个县局驻行政服务中心窗口被评为河南省优质服务窗口、12个县（市、区）分局被评为市级优质服务单位，9个县（市、区）分局驻行政服务中心窗口被评为市级示范性服务窗口。（赵虎山）

新乡市工商局领导成员

党组书记、局长　宋树欣（2008年3月离）
王船起（2008年3月任）

副　局　长　白存玉　白保国　张贤云
王海成（2008年8月离）

纪检组长　刘安山（2008年8月离）
徐延杰（2008年8月任）

【实施“兴企强市”和“兴农富民”工程】 受世界金融危机影响，全市一些企业发展面临诸多困难。市工商局研究制定《新乡市工商系统深化“兴企强市、兴农富民”两大工程，促进经济跨越发展主题实践活动工作方案》，立足职能，创新措施，服务发展。实施商标带动战略，促进企业自主创新。制定《新乡市品牌战略“十一五规划”》，建立知名商标后备库和驰名、著名商标培育计划。35件商标被认定为“河南省著名商标”，组织认定了115件“新乡市知名商标”。至年底，全市共有4个中国驰名商标，97个“河南省著名商标”，著名商标数量在全省排第二位。

按照市委、市政府确定的科技园区、工业园区、产业聚集区发展规划，前移服务窗口，向长垣起重工业园区等5个园区派驻业务骨干，设立工商服务窗口，对招商引资项目实行上门登记、预约年检、上门年检，为企业入驻园区提供便捷服务。全市工商系统共预约年检918家，上门年检1587户，集中年检1380户，申请延期年检96家。全市工商系统积极创新服务措施，促进全民创业，以创业带动就业，不断完善准入服务体系，依法放宽准入门槛，出台以“放宽、减免、服务和首次不罚”为主要内容的工作措施，促进各类所有制经济的发展。2008年，全市共有内资企业18314户、私营企业12732户，均位居全省第三位；外商投资企业及其分支机构708户，居全省第四位；个体工商户92227户，居全省第六位。加强市场信用体系建设，广泛开展诚信兴商宣传，进行“反欺诈、打假冒、树诚信”专项治理，以实施企业信用分类监管为抓手，开展信用兴企活动，利用企业登记信息、分类监管信息、

12315投诉举报信息，及时发布企业信用信息，促进“信用新乡”建设。全系统积极受理企业的维权诉求，与企业建立联合打假维权机制。共与卫华集团、长河种业、恒达科技等企业联合打假174次，挽回或避免经济损失305.5万元。全系统以市委、市政府确定的80家重点工业企业和295家高成长性企业为重点，建立企业联络员制度，开展大走访、大服务活动，进行“一对一”帮扶，在企业登记、重组改制、商标注册、打假维权等方面，提供全方位的咨询、指导、服务。针对受世界金融危机影响，全市企业融资困难的情况，全市工商系统发挥职能，办理动产抵押登记226件，帮助企业融资15.5亿元，解决企业的燃眉之急，促进了企业的发展。认真落实商标富农、合同帮农、经纪活农、红盾护农、市场助农、维权保农、政策爱农“七项机制”，大力发展农民专业合作社，发展订单农业、品牌农业，支持涉农企业做大做强，提高农产品的附加值和市场竞争力。全市涉农企业发展到2465家，农民专业合作社达523家，农村经纪人共5285户，拥有“原阳大米”地理标志商标、延津“金粒”小麦、封丘“金银花”、长垣“长远”面等319件涉农商标，为新农村建设注入了新的活力。2008年，企业和农民为工商部门送来锦旗（牌匾）36面（块）、感谢信53封。此做法先后得到《中国工商报》、《新乡日报》、新乡电视台等媒体的报道。（赵虎山　马富春）

【维护市场经济秩序】　2008年，全市工商系统把维护消费安全作为关注民生、促进和谐的重要举措，强化规范管理，加大监管执法力度，整顿和规范市场经济秩序。在食品安全监管中，根据食品市场监管的规律和特点，开展节日食品市场、农村食品市场、奥运食品安全监管等一系列专项整治行动，取得明显成效。各县（市、区）分局积极探索食品安全监管长效机制，进一步完善食品市场准入、退市办法，对食品安全实行全方位动态监管。延津县局积极探索食品集中备案长效监管机制，得到副市长王岚涛的充分肯定，并作出重要批示，要求认真进行总结，在全市推广。在清查问题奶粉专项行动中，全市工商系统高度重视，快速反应，加班加点组织对辖区商场、超市、批发市场、食杂店进行全面清查，责令商家迅速将不合格奶制品下架、退市。共责令下架、退市不合格三鹿奶粉5904公斤、液态奶8917公斤，各种婴幼儿配方奶粉和普通奶粉27347.8公斤，销毁问题液态奶427吨。在打击传销工作中，市政府成立由副市长丁保东、副市长王岚涛任组长，有关部门负责人为成员的打传专项行动领导小组，在市政府的统一领导下，会同公安机关联合行动，查处了一批大要案件，取缔传销窝点127个。在红盾护农工作中，查处涉农案件146起，端掉农资制假售假窝点5个，取缔无照经营户18家，为农民挽回经济损失313.2万元。在整治虚假违法广告工作中，共监测各类广告10268条次，发布监测报告4次，下发停止发布广告通知书53件，立案查处17件。在12315行政执法体系建设工作中，与各有关行业协会建立联合维权工作机制，共接受消费者咨询12133人次，受理申诉举报案件3578起，转化为经济执法案件212起，成功调解消费者纠纷1576起，为消费者挽回经济损失488万元。在成品油市场监管中，行动迅速，成效显著。副省长徐济超作出重要批示：“目前对加油站点的数量、质量有反映，进货渠道存在问题，新乡做的很好，工商要检查评估全省情况，必须时进行专项整治。”市长李庆贵、副市长王岚涛也先后做出批示给予充分肯定。

（赵虎山　宋光辉　张玉环　秦润清　郭如刚　周　钢）

【落实行政执法责任制】　2008年，市工商局下发《2008年度行政执法责任制考核标准》，实行执法责任追究月报告制度；全面梳理执法依据，制作各种业务工作流程图30幅，为基层编印《新乡市工商局常见违法行为处罚依据》一书，方便基层行政执法；严格执行立案备案制度，市工商局共审批备案422起，核审行政处罚案件53起，抽查行政处罚案卷、行政许可档案292份，并率先在全市实行行政处罚自由裁量阶次制度，避免执法办案的随意性，提高了依法行政水平。市工商局被市政府评为依法行政先进单位。（赵虎山　陈大更）

【信息化建设】　2008年，市工商局下发《2008年度信息化工作任务分解》，把信息化建设与中心工商所建设同步规划、同步实施，着力扩大信息网络在基层监管执法中的推广应用；完成对网络结构的升级改造；加强市工商局网站建设，“新乡市工商行政管理局”网站被评为市政府系统网站绩效评估第二名。加强信息化人才队伍培训工作，对基层人员进行了8次计算机知识培训；组织全系统1778人参加全国工商行政管理系统信息化知识竞赛在线答题，取得了全省平均分第三名；参加全省工商系统信息化知识竞赛，获得三等奖。（赵虎山）

【加强精神文明建设】 2008年，市工商局把精神文明建设作为加强干部队伍建设的重要举措，在全系统广泛深入开展文明单位创建活动，激发干部队伍干事创业的激情。先后夺得全市《唱响市歌纪念改革开放三十周年》文艺汇演金奖，“迎奥运文明礼仪知识竞赛”和市直机关迎奥运职工运动会的组织奖。包括市局机关在内的6个单位被命名为省级文明单位，被省工商局评为2008年度创建省级文明单位先进单位。至年底，全市工商系统共有1个全国精神文明建设行业先进单位，11个省级文明单位，3个市级文明单位，文明单位率100%，其中省级文明单位达80%。（赵虎山　杨　磊　郭德胜）

【加强政风行风建设】 市工商局在2007年取得民主评议政风行风第一名的基础上，加强对政风行风建设工作的领导，进一步完善工作机制，抓住行政审批、行政处罚、行政收费等环节，加强效能监察、执法监察和风纪纠察，切实纠正损害企业、群众利益行为；深入开展“群众满意的基层站所”评选活动，推行基层工商所长向监管服务对象述职述廉制度，共有190多个正副工商所长向监管服务对象进行了述职述廉；扎实开展清理规范社团收费工作，还利于民，树立和展示了工商机关队伍建设的良好形象。市纪委、市优化办专门刊发《通报》，对市工商局清理规范社团收费工作在全市通报表扬，并在2008年全市政风行风评议中保持满意率第一名的位次。（赵虎山）

【干部队伍教育培训】 市工商局以执法办案、计算机应用等内容为重点，采取集中培训、岗位练兵、学历教育、业务竞赛以及聘请专家和科（股）长轮流上台讲课等方法，狠抓干部队伍整体素质和能力的培养和提高。至年底，全系统大专以上学历公务员1410名，占总数的81%，有50%以上的基层人员能够熟练掌握计算机操作和日常执法办案知识，培养了一支能适应新时期市场监管执法需要的干部队伍。（赵虎山）

统　计

【统计概况】 2008年，全市各级统计部门以提高统计服务水平为主线，以做好第二次全国经济普查、能源统计工作为重点，全面加快乡镇统计基层基础建设，强化依法统计，确保数据质量的意识，不断提高统计数据的准确性、科学性、及时性和统计工作的权威性，为全市经济社会又好又快发展做出新的贡献。（钟　刚）

新乡市统计局领导成员

局长、党组书记　薛永宏（2008年12月离）
副　局　长　王炎明　侯永昌　郭桂林

【经济普查工作】 2008年，新乡市统计局按照“统一领导、分工协作、分级负责、共同参与”的原则，认真落实第二次经济普查的组织实施工作。于6月18日下发《新乡市人民政府关于认真做好第二次全国经济普查工作的通知》，完成经济普查机构、场所、人员、经费的“四落实”。9月2日，成立以常务副市长王战营为组长的第二次全国经济普查领导小组及其办公室；7月10日前，全市所有县（市、区）也陆续成立普查办公室；9月4日前，全市160个乡（镇、街道）全部完成普查机构的组建工作。普查人员全部到位，至2008年9月19日，全市共选调普查指导员1602人、普查员4650人；经济普查所需经费由市和乡镇、街道共同负担，分别列入相应年度的财政预算，按时拨付，确保普查工作顺利开展。建立经济普查相关制度。分别制定成员单位工作职责及督查工作小组工作职责、成员单位挂钩制度、成员单位督查制度、成员单位联络员制度、经济普查工作考核评比和工作情况通报等制度，使经济普查工作有章可循、有据可依。开展形式多样的经济普查宣传活动。市经普办会同市委宣传部制订经济普查宣传工作方案，下发《关于认真做好第二次全国经济普查宣传工作的通知》。召开市直主要新闻媒体经普宣传工作协调会。9月25日，市经普办下发《关于认真组织经济普查宣传周的通知》，对各县（市、区）经普办在宣传周期间的宣传活动提出具体要求。在宣传周期间，市经普办通过撰写经济普查信息 140 余条、印刷经济普查和统计普法宣传手册 1 万余份、开通全部统计机关电话及小灵通彩铃、在《新乡日报》、《平原晚报》上刊登宣传文章、在全市繁华路段举办声势浩大的宣传活动等形式，全方位、多角度的对全市第二次经济普查活动进行宣传和造势。做好第二次经济普查 2008 年各项工作任务。8 月 26 日至 9 月 1 日，按照全省的统一要求，市经普办经过充分考察论证，确立以红旗区西街办事处为全市经济普查试点单位，模拟经济普查的全过程，为完善普查方案、发现问题、探索经验、锻炼队伍、指导全市经济普查工作奠定良好基础。至 9 月 10 日前，完成普查指导员和普查员共 6357 人的选调与聘用工作。于 9 月 18 日至 19 日，召开全市经济普查单位清查工作部署暨业务培训会议，各县（市、区）经普办主任以及全市 190 多个乡镇近 400 余人参加培训。市经济经普办公室各业务组负责人分别就单位清查办法、单位划分规定、清查表指标解释、填报要求和相关专业清查说明以及单位清查具体实施方案的要求进行跨级培训。期间，各县（市、区）共分批培训普查区地图绘制人员 2441 人、培训单位清查人员 3361 人，为下一步单位清查奠定基础。　（钟　刚）

【统计服务】　2008 年，市统计局充分发挥统计反映发展、宣传发展、评价发展、促进发展的职能作用，大力开发统计信息，拓宽统计服务领域，全面提升统计服务水平。在统计监测上求优。围绕政府工作报告，分解任务，层层落实责任制。在统计产品上求精。全年，市统计局坚持完善统计服务，努力做到“三个紧贴”，充分发挥统计的信息、咨询、监督三大职能，在各类统计产品上突出“快、精、准”三个字，为各级党政领导提供快速、有效、可靠的决策依据和建议。在统计宣传上求广。市统计局在树立大服务、大宣传意识指导下，以第二次全国经济普查为契机，充分利用统计信息发布平台，大力开展统计门户网站建设，在服务党委、政府的同时更加注重对统计工作的宣传与反映。（钟　刚）

【建立联席会议制度】　2008 年，市统计局坚持量化经济指标，强化统计指标在经济社会发展评价体系中的作用，建立了国民经济核算和县域经济社会发展评价各项主要指标的预测预报联席会议制度。全年，市统计局将政府工作报告中提出的重点经济指标，采取按进度量化，跟踪监测定期发展目标的方法，使之能够及时反馈和解决经济运行中存在的问题，促进全市经济正常的运行发展。同时，市统计局以“两办”名义下发《关于认真做好县域经济社会发展评价工作的通知》和以市政府名义下发《关于国民经济核算和县域经济社会发展评价统计指标责任单位目标分解的通知》，明确监测目标，确定按月检查进度，再按月度（季度）定期通报的制度，加强对全市经济运行情况的监测和预警。市统计局坚持召开全市统计工作联席会议制度，完善与部门数据的衔接和共享机制。联席会议由市统计局牵头，全市各经济综合部门负责人参加，确定在每月 25 日左右召开。通过召开联席会议，组织有关人员对本部门的统计数据进行科学评估，使各部门的统计数据都能客观、准确地反映全市各行业的发展情况及趋势，为市委、市政府决策提供依据。　（钟　刚）

【提高统计数据质量】　2008 年，市统计局以信息化为抓手，加强统计基层基础建设。为切实加强乡镇联网直报工作，市统计局根据省政府办公厅《关于进一步加强乡级统计工作的通知》要求，结合实际，增加相关设备，为全市各乡镇通过互联网访问“新乡市统计信息网”提供平台。下发《关于对乡镇联网上报工作进行督查的通知》，明确要求各县（市、区）统计局按季度将乡镇联网工作进展情况上报市局。通过加强对乡镇、街道、部门和企业统计机构、设备落实情况的督查，维护了乡镇联网直报工作的稳定开展。为从源头上确保数据质量，严把数据搜集关、汇总关、审核关，尽最大努力把工作做细、做实、做好，市统计局坚持按照“下管一级”原则，设置了“核算数据质量评估”、“核算报表审核”及“核算报表查询”三项记录，对基层上报的原始数据实行审核制度，发现问题迅速反馈；对汇总上报的数据进行严格评估。同时，加强各项工作制度建设，严格落实“核算资料收集、核算数据审核评估、核算资料管理和发布、核算资料档案管理”等多项制度，从源头上确保了数据质量，真正做到层层有责任，层层抓落实，做到“来之有据，据之可查，查之可信”。三是加强业务培训，促进统计规范化发展。2008 年，制定《统计系统 2008－2010 年全员业务培训规划》，确保了人员培训的科学性和计划性。全年，全市共组织新进入统计岗位人员参加统计资格培训850人，并组织参训人员参加全国统一考试，合格率达到99%以上。同时，组织统计从业人员1700人进行统计从业继续教育，并针对全市统计系统干部没有配备“行政执法证”和“统计执法检查证”进行执法的情况，制定《新乡市统计局2008年行政执法人员素质培训工作方案》，组织各县（市、区）统计系统干部100余人集中进行统计法律法规知识的培训和考试，规范了基层统计人员的执法行为，提高基层统计人员业务素质。

（钟　刚）

2008年度新乡市统计局荣获奖项

省级卫生先进单位
新乡市平安建设先进集体
全市行政事业单位资产清查工作先进集体
全国投入产出调查先进集体
创建国家卫生城市工作先进单位
创建国家园林城市先进单位
创建国家文明城市工作先进城市先进集体
河南省统计系统先进集体
爱国卫生先进单位

审　计

【审计概况】　2008年，全市审计机关紧紧围绕党委、政府经济工作重点，进一步加大审计监督力度。全市共开展审计（调查）单位963个，查出各类违规金额76154万元，损失浪费资金15757万元，移交案件4起。通过审计，给各级领导提供综合性报告134篇，被审计单位采纳审计建议464条，超额完成市委、市政府和上级审计机关交办的各项工作任务。市审计局被新乡市委、市政府评为目标完成优胜单位，服务县域经济发展先进单位，党风廉政建设先进单位，人口与计划生育先进单位，学习型机关和教育培训先进单位等。（徐君红）

新乡市审计局领导成员

党组书记、局长　邓立章（2008年12月离）
党组副书记、局长　李红旗（2008年12月任）
副　局　长　王显生　牟振斌　李瑞霞（女）
纪检组长　何录良
总审计师　周彦斌

【预算执行审计】　2008年，本级预算执行审计将预算执行情况和转移支付资金的管理使用情况作为审计的重点，延伸审计了部分预算执行单位，并加强对教育、科技、农业、社保等专项资金以及重点建设资金、上级转移支付资金等审计和审计调查。共查出各类违规资金8363万元，管理不规范资金19584万元。审计表明，全市财政收入在较高的基数上继续保持增长态势；财政支出在保证正常运转的前提下，较好地支持了新乡城市发展和重点建设；保持了收支平衡，收支结构更趋合理；各项财税改革向纵深推进，管理水平进一步提高。存在的主要问题：超范围使用专项经费、改变资金用途、滞留专项资金、配套资金不到位等。在抓好预算执行审计的同时，坚持把揭露问题与规范管理、促进改革结合起来，注重从体制、机制、制度建设和管理层面分析原因、提出建议，促使政府部门严格按照法定权限和程序行使权力、履行职责，推动职能转变和深化体制改革，促进完善公共财政制度。

（徐君红）

【效益审计】　2008年，新乡市审计局重点开展了新乡市科技项目经费审计调查，新乡市政府外债还贷准备金提取、使用情况审计专项调查，新乡市盐业公司财务收支审计，新乡学院资产负债损益审计，新乡市世界银行贷款结核病控制项目和亚行贷款污水处理项目异地交叉审计，市经济投资有限责任公司、市建设投资有限公司、市交通道路开发有限责任公司和市城市建设投资开发有限责任公司的资产、负债和损益情况审计，新乡市交通规费资金审计，卫辉市电业局财务收支审计，新乡市郊区供电分局财务收支审计，新乡市政府债务管理使用情况专项审计调查，新乡市红旗区土地专项资金征收、使用情况审计，新乡市水利勘测院设计院专项审计，新乡市房管理系统财务收支审计，新乡电视台财务收支审计等效益审计。通过审计，重点检查国家政策法规执行中存在的问题和重大决策事项的程序与效果以及落实情况，查处有无擅自决策或因决策失误造成管理严重缺位、资金损失浪费、效益低下和国

有资产流失以及其他违法违规问题等，促进提高财政资金使用效益和管理水平　（徐君红）

【经济责任审计】　2008 年，全市共开展经济责任审计单位 77 个，责任人 82 人。通过审计，共查出违规资金 16701 万元，管理不规范资金 881 万元，移送纪检监察机关 3 人。其中，在对市机电工程学校原任校长经济责任审计过程中，发现该校未经有关部门批准，擅自将学生综合宿舍楼改为职工集资家属房，且将核定的总投资 200 万元突破为总造价 449.42万元。　（徐君红）

【民生相关事项审计】　关注群众利益，注重改善民生，积极反映和促进解决影响群众切身利益的问题，解决好农业、农村、农民问题，事关全面建设小康社会大局，是全党工作的重中之重。2008 年，全市共开展与人民群众利益相关专项审计（调查）单位 455 个，审计专项资金总额 69529 万元，查出各类违规资金 1700 万元。其中，对全市农村沼气国债项目建设资金和农业补贴情况审计，为提高效率，市审计局把两个项目合并进行，统一安排布置，统一审计范围、统一处理标准、统一上报时间。市审计局向市政府提交的《新乡市审计局关于全市 2007 年度农村广播电视村村通工程建设专项资金的审计调查报告》，揭示该项资金筹措、拨付、管理、使用以及工程建设中存在的问题，分析其中带有普遍性、倾向性问题产生的原因，提出加强和改进工作的建议。报告引起市政府的高度重视，并被《政府工作通报》（第四十九期）全文转发。审计要情反映的《目前农村中小学课桌凳配置工作中存在的问题》和《目前清理化解农村义务教育债务存在的问题亟待解决》以及《全市农村电影公益性放映工作存在诸多问题》被市委《每日汇报》采用，另外，汶川特大地震发生以后，新乡社会各界纷纷捐款捐物，为确保救灾资金和物资规范管理、正确使用，市审计局立即组织人员对捐赠款物进行跟踪审计。（徐君红）

【重点投资项目审计】　市审计局对重点建设项目进行审计，对重点投资项目投资结构的合理性，投资规模的适当性，资金使用方向的正确性、使用效果的综合性、使用过程的公平性等进行审计，对项目建设的经济性、效益性以及效果性进行评价，收到良好效果。

2008 年，全市共开展投资项目审计 16 个，查出各类违规资金2.1亿元，管理不规范资金2.3亿元，核减工程造价 1000 万元。其中，市审计局开展的东二环一期工程决算审计，核减工程造价 107.3 万元。为结算所欠中国太平洋建设集团公司工程款提供详实情况和数字，为该集团公司重新进入全市进行基础设施建设扫清障碍。新乡县审计局争取设立新乡县基本建设投资审计中心机构，专门出台《新乡县政府投资建设项目审计监督暂行办法》，组织开展的劳动路、和平路、冀中路、县城生活垃圾处理场、小冀镇供水管网工程 5 项工程，审减工程造价 431 万元，增加税收 18 万元。获嘉县审计局开展的政府投资项目竣工决算审计成效显著，全年共查出工程款 346 万元，审减工程造价 314 万元。凤泉区审计局在对某公路审计工程决算审计中，审减工程资金 148 万元，发现重大违规问题，并将有关责任人进行移交立案查处。辉县市出台《辉县市政府固定资产投资建设项目审计监督办法》，加大对重点投资项目审计，全年审计 7 个项目，审减 1016 万元，平均审减工程造价 36％。　（徐君红）

【精神文明创建活动】　围绕打造一支“政治过硬，业务精湛、作风优良、廉洁自律、文明和谐”的审计队伍，为审计事业的科学发展提供人才保证，全市审计机关把精神文明创建工作纳入年度责任目标管理，开展争创“学习型机关”、“人民满意公务员集体”、“学习审计执法依据”、“行政执法示范单位”等活动，贯彻落实“文明审计”和“审计机关文明礼仪公约”一系列要求，狠抓人员素质的提高，组织各类教育培训 230 多人次，报考高级审计师人员明显增多，市审计局和辉县市审计局、延津县审计局、卫辉市审计局、新乡县审计有 80％审计人员参加了“AO”审计软件培训与考试。新乡县审计局、获嘉县审计局、长垣县审计局、延津县审计局加大对文化建设、环境建设、设施建设投资力度，开展系列文明创建活动，使全市审计机关争创市级文明系统有望获得成功，新乡县审计局争创省级文明单位获得成功，凤泉区争创市级文明单位顺利通过验收。　（徐君红）

【党风廉政建设工作】　按照市委、市政府和上级审计机关有关党风廉政建设、反腐败抓源头及领导干部廉洁自律工作的总体部署，审计局党组始终把党风廉政建设当作审计工作的生命线，常抓不懈。全局以健全和完善党风廉政建设工作机制为目标，以规范审计执法行为为核心，以提高审计人员的政治、纪律和道德素养为目标，围绕审计抓廉政，抓好廉政促审计，全局的党风廉政建设和反腐败工作取得显著成效。（徐君红）

质量技术监督

【质量技术监督概况】 2008年，新乡市质量技术监督局认真落实“服务、发展、和谐、建设”的工作方针，以“服务建设年”活动为抓手，以“新解放、新跨越、新崛起”大讨论活动为契机，以服务重点工业企业跨越发展活动为载体，围绕加快事业发展、建设服务型质监的工作思路，积极服务地方经济社会科学发展，服务企业产品质量水平提升，服务人民群众生命健康安全，各项工作取得了新成效。（凌　波　娄凯贞）

新乡市质量技术监督局领导成员

党组书记、局长　徐　光
副　局　长　张栓林　马新民
李清芳　牛小领
马连军（2008年4月任）
纪 检 组 长　马连军
党 组 成 员　刘兴洲
稽查大队长　陈启义（2008年5月任）

【服务经济发展，实施名牌战略】 2008年，市质监局始终坚持把名牌战略作为促进质监工作全面发展和推动新乡经济社会跨越发展的重要突破口，强化质量培训和新一轮全面质量管理基本知识普及教育，组织和动员全市168名质量工作者参加质量工程师资格考试，创历年来之最。继续推进企业质量建档，对842家企业进行质量档案数据补充和完善。进一步完善获证企业数据库信息，配合省质监局做好对获证企业的巡查回访、定期检查和信息上报工作，指导118家获证企业顺利通过年检。强化监督检查，对969家企业的1100个批次产品实施市定检，批次合格率为94.2%，较2007年提高3个百分点；完成棉花公检任务281批次，11474吨，经上级抽验，品级、长度相符率均为100%。组织丰富多彩的质量宣传活动，联合七星铜业有限公司举办新乡市“七星铜杯”全面质量管理基本知识竞赛，30余家企业报名参赛，提高了社会各界质量意识。开展名牌战略分析研究，编报《关于实施名牌战略对推动全市经济发展的报告》，探索名牌战略工作重点。积极做好名优产品培育工作，以全市80户重点企业为重点，组织召开名优、免检产品申报会议，推荐中国名牌2个、省名牌25个、省优质产品32家。至2008年底，全市有86种产品被评为省优质，其中25个已培育成省名牌产品。（凌　波　娄凯贞）

【标准化工作】 2008年，新乡市工业标准化水平得到全面提高。指导金龙铜业等龙头企业申请组建全国专业标准化技术委员会，新鸽公司承担的《电动三轮车标准体系》科研项目已顺利完成。飘安集团通过3A级标准化良好行为企业考核。加强标准备案管理，清理家具等56家企业标准。会同科技局建立“新乡市技术标准专家库”。帮助企业制定标准50个，标准备案120个，新增采标企业9个。全市主要工业产品采标率达到70%以上。加强农业标准化体系建设，建立农产品标准体系2个，企业标准体系4个，制修订农业地方标准20个。加强示范体系建设，长垣县被批准为农业标准化示范县创建单位；凤泉区高分通过示范县创建工作验收；原阳速生林等4个省级项目通过验收；新申报国家级、省级示范区和示范项目10个；召开农业标准化工作会议，公布25个“农业标准化示范乡（镇）”。《地理标志产品原阳大米》国家标准通过国家批准发布，填补了全市国家标准制订工作空白。服务业标准化工作领域得到进一步拓展。出台《关于促进服务业发展的意见》，积极推进“全国服务标准化试点”和“河南省服务标准化示范试点单位”创建工作。长垣县移动公司通过河南省服务标准化示范单位验收和命名，全市服务标准化示范单位增至5家。全市代码年检率42％，新增条码系统成员81家、续展165家。（凌　波　娄凯贞）

【计量管理工作】 积极推进“民生计量”工程。开展“关注民生、计量惠民”专项行动，依法对77个集贸市场强检计量器具进行监督检查，检查计量器具2154台件。开展米、面、油等定量包装商品计量监管，监督抽查691家生产销售企业，907个批次。开展加油机计量专项检查，检查加油站249家、加油机871台；开展保障奥运计量等专项检查，检查出租车计价器1042台；检查超市、宾馆、眼镜店672家，计量器具1745台（件）；开展强检计量器具备案录入系统操作培训，完成雷达测速等计量器具的备案工作，网上录入工作顺利推进。全年共强检计量器具35万台（件）。组织“民生计量进社区”活动，免费检测维修电能表、水表等434台（只）。开展《节约能源法》和《用能单位能源计量器具配备和管理通则》宣贯；组织召开重点耗能企业能源计量评定动员会；开展用能单位节能和能源效率标识执法检查；推进检测体系认证和计量合格确认工作，现场指导50余家，通过B级合格确认45家、A级合格确认3家。（凌　波　娄凯贞）

【食品安全监管】　汶川地震后，组织救灾食品专项检查，对全市食品企业逐个排查，摸清产品质量状况和销售情况；对方便面等重点食品抽查346个批次，保证销往地震灾区的食品100%合格。同时，严把捐赠关，主动与民政等部门沟通，及时掌握食品企业捐赠信息，联合把好食品质量验收关，对捐赠食品实施免费检验。开展奥运食品安全专项检查，完善食品安全动态监管系统奥运食品数据信息，绘制企业分布示意图；明确领导责任、监管责任，认真落实驻厂监管措施，严防死守；制定专项抽查计划，对16家企业的18种产品进行加严检验，确保出厂产品合格。开展“三聚氰胺”乳制品处置工作，成立专项工作领导小组，出台乳制品监管工作方案，派驻20多名驻厂监管人员，实施挂牌在岗、监管记录、巡查登记等措施，确保无缝隙监控，监督企业把好原料进厂关和产品出厂关，认真推行四级巡查，保证监管到位。积极推进食品市场准入，严把市场准入关。严格落实许可受理、审查员委派、现场核查等13项制度。全市有486家企业取得食品生产许可证，年内新取证企业115家，换证50家，全年巡查回访企业4436家次，对符合必备条件的252家食品小作坊全部录入食品安全动态监管系统，推行区域限售。严格食品定检及不合格企业的后处理工作，对737家企业的802批次产品进行监督检查，对103批次不合格产品进行后处理工作。开展溯源工作专项检查，完善食品企业质量安全溯源体系。组织开展9次专项整治行动，出动执法人员8769人次，检查企业3420家次。（凌　波　娄凯贞）

【特种设备安全监察】　严把安全准入关，加强现场监察。对6家特种设备生产企业的行政许可情况、生产环节评审情况进行现场监督；对56家安装工程进行现场安全监察，及时纠正无证上岗、安全措施不到位等违规行为；开展特种设备使用单位的现场检查，累计检查使用单位350家、设备789台（套），下达安全监察指令书350份；加强特种设备安装、改造、维修环节的安全监察，查处违规单位76家。印发了《关于实施特种设备行政处罚工作的意见》，建立特种设备行政执法联席会议制度。组织开展特种设备隐患排查行动和百日安全督查工作，成立专项行动领导小组，印发排查治理方案、督查专项行动方案。共排查特种设备使用单位1211个，查出事故隐患1106处，整改1106处，整改率达100%。加大“五一”、“十一”、抗震救灾、奥运会等重点时期重点监控特种设备安全监管，防止重特大事故发生。扎实做好特种设备监督检验，努力降低超期未检率。实施网上监察，以简报形式公布各县（市）区使用登记、定检情况。全年共监督检验锅炉1220台，压力容器3624台，各类气瓶19.6万只，封头14600批，压力管道18500米，起重机械18000台；定期检验锅炉1812台，压力容器2549台，电梯1286台，起重机械2363台。加大培训力度，全年累计培训考核特种设备作业人员4408人，提高了特种设备作业人员持证上岗率。

（凌　波　娄凯贞）

【执法打假工作】　2008年，市质监局充分发挥打假主力军作用，相继组织食品安全、农资、抗震救灾物资等13次专项整治行动，全市系统共出动执法人员9370人次，出动车辆3170台次，查处各类案件677起，其中立案455起，结案454起，查获假冒伪劣产品货值500余万元，查处制假窝点40余个，取缔违规企业72家。原阳农药、辉县小水泥等违法生产行为得到整治。明确心连心化工等企业作为重点打假保优单位，建立联系网络和服务制度，组织三次联合打假保优行动，保护了名优企业的合法权益。在开展的新亚集团维权行动中，为企业挽回直接经济损失1300多万元。建设开通“12365”投诉举报系统，畅通投诉渠道，积极为消费者、举报者提供全方位服务。全年共受理各类投诉案件30

起，省转办案件8起，均做到事事有落实，件件有回音，达到了受理及时、查处及时、反馈及时。

（凌　波　娄凯贞）

【技术机构建设】　国家级技术机构建设进展顺利。经过积极有效运作，相继完成工程选址、用地规划、方案论证、施工图设计、环评、可研报告、工程概算、招标等工作，市政府落实一期工程预算资金700万元，并于2008年9月18日举行开工奠基。二期工程建设资金和设备采购资金预算完成编报，争取省政府补助的设备资金500万元已经到账，缺口部分资金筹集预案已经确定。通过广泛调研论证，主要检测设备采购方案基本确定。高素质专业技术人才引进工作得到有效推进。河南省振动机械质检站项目通过省质量技术监督局批准，落户新乡县，11月底举行奠基仪式。该项目将对新乡振动产业提供质量检测、研究设计等技术服务，对提升科技创新能力、聚集特色产业产生重要影响。市锅检所、特检所分别投资增购检验仪器设备，升级改造实验室，双双通过国家质检总局检验资格核准换证。市检测中心投资50余万元新增仪器设备和环境改造，顺利通过实验室资质认定和法定计量机构考核，授权建立社会公用计量标准达到56项，产品质量检验授权项目747项。8个县级食品实验室升级改造工作基本完成，检测能力和水平明显提高。聘请专家举办《监督抽查规范》宣贯培训班2期；开展实验室间的白酒及钙镁磷肥产品的比对试验；组织参加省质监局专业技术比武活动。（凌　波　娄凯贞）

【班子和队伍建设】　认真组织开展“三新”大讨论和“两转两提”活动；坚持中心组学习制度；严格执行民主集中制，凡属重大决策、干部使用奖惩、重大项目安排，坚持班子集体研究决定。认真做好干部选拔任用工作，经过民主推荐、严格考察、反复酝酿，对42人进行提拔任用和职务调整，为干部队伍建设注入新的活力。以提高业务水平为目标，着力建设充满战斗力的质监队伍。组织开展“弘扬秦跃进精神 争当人民满意的公仆”主题实践活动。坚持教育培训工作常规化，举办依法行政培训、工人技术等级考核培训、12365咨询服务人员培训、县（市、区）局长培训、检测中心主任培训；组织了领导干部法律知识考试、百领导百试题法律知识考试、行政执法人员执法证件换发考试、技术机构工作人员“五五”普法考试、岗位资格考试、行政执法人员业务知识考试等。大力推进在职学历教育，全系统59人被中国计量学院、河南工业大学录取。以推进依法行政为目标，不断加强法制建设。出台《进一步加强领导干部学法用法提高依法行政水平的意见》等一系列规范性文件；修订并试行新的行政处罚、行政许可文书；积极推行“自由裁量权”阶次制度，实行行政处罚案件“三审”把关；组织开展行政执法监督检查；积极开展“依法行政示范单位”创建活动，市质量技术监督局等5个单位被评为依法行政示范单位。精神文明建设连创佳绩。认真贯彻省质监局服务经济跨越发展的实施意见，全面落实有关服务措施，全力推进“四项工程”，精心打造服务型质监。明确全市系统文明单位升级晋档的总体要求，重新申报省级文明单位，积极争创文明单位先进工作系统；高标准完成国家卫生城市创建任务；组织全市系统迎奥运广播体操大赛；积极参与市直机关迎奥运职工运动会、全省系统职工运动会。组织干部职工向四川地震灾区捐款129748元，交纳“特殊党费”248475元，捐赠棉衣棉被3000多件；委派5人先后参与地震灾区特种设备抢险救援和安置房援建工作，出色地完成了任务，受到灾区群众和各级领导的普遍好评。

（凌　波　娄凯贞）

2008年度新乡市荣获河南省优质企业产品名单

新乡市中原起重机制造有限公司生产的中原昇起牌通用桥、门式起重机

河南中州起重集团有限公司生产的中州牌通用桥、门式起重机

河南省恒远起重机械有限公司生产的恒山牌通用桥、门式起重机

河南省飞马起重机械有限公司生产的长飞牌钢丝绳电动葫芦

河南省东风起重机械有限公司生产的东起牌车轮组

河南省宏远起重机械有限公司生产的宏远宏亿牌行车大轮

辉县市汽车配件有限责任公司生产的HQ牌循环球汽车动力转向器壳体

河南胜华电缆有限公司生产的悟空牌电线电缆

河南瑞华管业有限公司生产的 RHGY 牌结构用无缝钢管

新乡县敦留店水泥有限公司生产的灯笼牌复合硅酸盐水泥

新乡市黄河精细化工有限公司生产的靠山牌无水工业氟化钾

河南省延化化工有限责任公司生产的延化牌尿素

获嘉县青岭包装有限公司生产的 QINGLING 牌多层牛皮纸包装袋

新乡市天意新能源科技开发有限公司生产的 Yi 牌太阳能路灯

河南省新乡市新星交通器材有限公司生产的豫星牌道路交通信号灯

新乡黑田明亮制革有限公司生产的黑田明亮牌生态皮革

新乡市步云鞋垫有限公司生产的步云牌药物鞋垫

延津县威兰纺织有限公司生产的威兰牌棉纱

河南金粒食品有限责任公司生产的六月雨牌小麦粉

卫辉市龙升面业有限公司生产的卫丰牌小麦粉

辉县市健发油脂有限责任公司生产的健发牌花生油

华兰生物工程股份有限公司生产的华兰牌静注人免疫球蛋白（PH_4）

河南东升重型机械有限公司生产的中州牌通用桥、门式起重机

新乡泵厂有限责任公司生产的鲸龙牌多级离心泵、水环真空泵

河南省龙泉集团实业有限公司豫北分公司生产的龙泉村牌文化用纸

河南省百泉春酒业有限公司生产的百泉春牌长寿酒（复评）

河南省奥博纸业有限公司生产的奥博牌生活用纸（复评）

获嘉县青岭包装有限公司生产的青岭牌低熔点环保型新型包装膜（复评）

新乡天丰钢板开发有限公司生产的天丰牌 TF 系列彩色压型钢板、复合板（复评）

食品药品监督管理

【食品药品监督管理概况】　2008 年，全市食品药品监督管理系统紧紧围绕年初确定的工作思路和总体要求，全系统干部职工坚持科学监管，依法行政，齐心协力，攻坚克难，坚持整体推进，突出重点，开拓进取，狠抓落实，年度目标任务圆满完成，各项工作取得显著成效。（冯耀武）

新乡市食品药品监督管理局领导成员

党组书记、局长	黄守家	
副局长	张新文	（2008 年 10 月离）
	宁月杰	
	李增民	（2008 年 10 月任）
	李明安	（2008 年 10 月任）
纪检组长	李增民	（2008 年 10 月离）
	刘学洲	（2008 年 10 月任）
稽查大队长	李明安	（2008 年 10 月离）
	刘法云	（2008 年 10 月任）

【食品综合监管】　新乡市食品药品监督管理局按照“依靠政府、协调部门、健全机制、完善网络、宣传引导、全民参与”的工作思路，进一步完善“全市统一领导，地方政府负责，部门指导协调，各方联合行动”的工作机制。通过强力推进“无公害食品行动计划”，全面实施食品放心工程，全市食品质量稳步提高。“努力保障食品药品安全”是 2008 年省委、省政府承诺的为人民群众办好的十大实事之一。按照省委、省政府的工作部署和市委、市政府的要求，全市对食品安全工作进行年度责任分解，印发《新乡市落实省委省政府 2008 年承诺十大实事责任分解意见》，并结合新乡实际，制定《新乡市保障食品药品安全工作目标》和《新乡市保障食品药品安全实施方案》，按照方案要求，各县（市、区）政府认真开展督查督导和目标考核，指导各地加强监管、强化整治，市食品药品安全委员会各成员单位积极开展食品安全检查，定期抽样检测，发现问题，督促整改，消除隐患，确保全市元旦春节、奥运会、抗震救灾、“三夏”、高考中考、中秋国庆时期等重

点时段、重点区域、重点品种的饮食安全。全年对城乡重点食品暗访抽验1020批次，检验结果显示：城市、乡村食品合格率分别较上年提高5.37和11.29个百分点，圆满完成了城乡食品合格率分别提高1个和2个百分点的“十大实事”责任目标。按照《2008年新乡市食品药品安全知识宣讲活动方案》，全系统克服人员紧张、经费缺乏等种种困难，多措并举，深入到各乡镇农村开展各具特色的宣传教育活动和协管员（信息员）培训活动，全市共张贴标语8000余条，制作宣传展板近940块，发放宣传资料30万余份，接受宣传教育和咨询的群众近400万人次，努力营造不生产、不销售、不购买、不使用假冒伪劣食品的社会环境，增强了消费者尤其是农民群众的食品安全意识和自我保护能力，进一步强化企业负责人首责意识、诚信意识和自律意识，全面提高了监管能力和水平，受到广大群众和社会各界的好评，省食品安全督查组对全市食品安全宣传活动也给予充分肯定。三鹿牌婴幼儿配方奶粉事件发生后，积极牵头组织开展三鹿牌婴幼儿奶粉专项整治。成立由质监、工商、卫生、畜牧、公安等部门组成的三鹿奶粉事件处置工作领导小组。对辖区内三鹿牌婴幼儿配方奶粉进行抽样检查，对问题产品采取封存、召回等措施，积极开展患儿的救治工作，势态得到及时有效的控制。全市累计确认患儿1369例，无一例患儿死亡，问题奶制品全部妥善处置，保证了全市奶制品的安全和市场供应，维护了社会稳定。国务院婴幼儿奶粉事件处置工作督导组和省政府领导对全市的婴幼儿奶粉事件处置工作给予高度评价。按照全省进一步加强食品安全工作电视电话会议精神和省委副书记陈全国“巩固一项成果、抓好一项活动、建立一个机制、实现一个目标”的总体要求，成立由市委副书记刘建华任组长的市食品安全工作领导小组，市食品药品监督管理局作为领导小组办公室，负责全市食品安全工作的组织领导。按照市委部署，以市政府名义印发《新乡市食品安全专项整治行动方案》，在全市开展为期2个月的食品安全大检查活动。食品生产企业抽检总合格率由2005年的60%上升到2008年的88.7%，全市未发生一起群体性食物中毒事件。同时，促进食品产业的发展，2008年，全市食品工业销售收入125.42亿元，同比增长32.8%。 （冯耀武）

【药品医疗器械监管】 新乡市食品药品管理局从制度建设入手，进一步完善药品安全监管工作机制，印发《关于进一步加强药品生产企业物料供应商审计管理工作的通知》，制定《推行以品种为单元实施GMP（药品生产质量管理规范）及落实质量责任制度》、《实施GMP现场座谈会制度》等6项制度，为规范企业以品种为单元实施GMP行为提供制度保障。按照《新乡市实施以品种为单元GMP工作检查验收方案》，对药品生产企业实施以品种为单元GMP工作开展情况进行检查督导和质量评估，共制修订各类文件5876份，其中新增文件842份，修订文件5034份。全市26家通过GMP认证企业的265个在线品种全部建立以品种为单元GMP文件体系，并试行实施。按照《2008年度药品安全监管日常监督检查实施方案》，先后组织开展麻黄碱生产使用、肝素钠、小容量注射剂处方工艺核查等6次专项检查，提出问题和建议1093项次，对有严重缺陷或问题较多的2家企业，采取暂扣《药品GMP证书》、责令停产整改和给予警告等行政处罚措施，对7家小容量注射剂生产企业申报的共计237个品种的资料进行初审，配合省局对2家大容量注射剂生产企业的9个品种进行现场核查。以监督实施GSP（药品经营质量管理规范）为重点，强化措施，确保批发企业经营的药品100%进入质量保证体系。积极开展GSP跟踪检查，对有严重缺陷项目的13家企业监督整改，296家剥离药店中已有218家进行认证。积极推进医疗机构药房规范化建设，市、县局分别建立相应组织，制定了医疗机构规范化药房建设标准和实施方案，全市县级以上医疗机构100%达到“规范药房”标准，乡级医疗机构93.4%达标，农村基层诊所66.5%达标。继续巩固和深化农村药品“两网”建设工作，全市8个县（市）的142个乡镇已全部建立起较为完善的食品药品监督协管站，共聘任乡级食品药品监督协管员326名，村级信息员3505名。所有乡镇均设有药品供应网点，3569个行政村中98%实现药品供应配送进村。2008年，全市农村药品评价性抽验不合格率为2.19%，农民群众用药安全切实得到保障；基层协管队伍的协管员、信息员共举报假劣药品案件35起，其中25起符合立案条件并予以立案查处。共帮助企业组织医疗器械产品标准专家评审会4次，评定、修订和复核一类医疗器械产品标准47个，注册审批一类医疗器械产品154个，严格注册审批程序，严格现场核查，保证了医疗器械产品标准的科学性和可控性。

积极开展医疗器械安全专项检查，相继组织开展电疗磁疗光疗物理治疗设备和隐形眼镜市场专项检查、一次性使用静脉输液针专项检查等，共下达责令改正通知书37份，建立不良行为记录21份，提出整改意见4000余条。对6家自愿退出市场的企业和4家无法监管的企业，向省局提出了注销申请。在加强兴奋剂专项治理宣传培训工作的同时，对各相关企业实施拉网式检查，并对重点企业实施重点监管，向2家蛋白同化制剂生产企业派驻监督员，对存在问题进行跟踪督办。共检查相关药品生产企业51家次、药品批发经营企业27家次、药品零售企业828家次，检查涉兴奋剂药品3368个品种次，29281个批次，检查覆盖面100%。在整个奥运会期间，全市没有出现药源性兴奋剂事件，国家、省兴奋剂专项治理工作督查组对全市兴奋剂专项治理工作给予肯定。2008年，全市ADR监测网点由2007年的947家增加到1377家，全市共上报药品不良反应报告5103例，其中，医疗机构2584例，药品经营企业2283例，药品生产企业236例。新的一般的报告1059例，新的严重的报告32例，每百万人口平均病例报告数量923例，共上报医疗器械不良事件636起，移交工商部门违法药品广告69起，违法医疗器械广告5起。药品稽查抽验工作有效开展。全市共开展药品针对性抽验1323个批次，其中不合格979批，命中率74%。完成农村评价性抽验320批，其中不合格7批。完成省局确定的化学药品、中成药发生ADR涉及品种抽验任务15批，连续两年以上不合格品种较多的企业专项抽验15批。完成中药制剂非法添加化学物质专项抽验50批，医疗器械专项抽验130批。药品检测车共检查涉药单位391家，现场筛查药品900个批次，其中近红外鉴别系统筛查707批，检测车运行水平明显提高。全市共查处药品医疗器械案件2476件，涉案物品总值57.72万元，没收货值7.98万元，没收违法所得48.3万元，罚没款入库166.97万元。共受理群众举报、投诉119余起，符合立案条件的26起，已全部立案查处。同心药厂涉嫌违法销售盐酸克伦特罗案件已移交司法机关。全年共收到案件协查函372份，其中符合立案条件并立案133起，发出协查函505件。2008年全市医药工业产值96.52亿元、销售收入72.14亿元、实现利润12.56亿元，同比分别增长40.3%、19.78%和22.27%。

（冯耀武）

【依法行政科学监管】　按照食品药品监管队伍培训计划，开展以提高依法行政能力、监管能力、创新能力和应对突发事件能力为主要内容的各类培训，取得良好效果。在2008年全省系统公务员执法资格考试中，全市参考的公务人员合格率为100%，名列全省前茅，受到省局的好评；食品药品监督管理局药品安全监管工作机制被省政府办公厅以要闻和快报形式转发全省，《延津县努力构筑食品安全监管网络确保饮食安全》被省政府办公厅全文登载，并对新乡的制药产业和食品药品安全监管工作给予较高评价，要求认真总结经验，加以推广，发挥示范作用。按照省局“统一受理、受办分离、限期办结、全程监督”的行政许可工作运作模式，及时梳理行政许可事项，明确办理时限，严格落实工作程序和“受理、审评、审批三分离”工作机制，杜绝了体外循环和暗箱操作。全年共受理各类行政许可事项370件，无无故不予受理和延期受理、超期许可现象，按时办结率达100%。按照省局关于县级药品检验和办公用房建设工作安排，全市8县（市）局通过新建、购买、联建等不同方式，基本解决了检验办公用房问题，至年底，已有7个县局入驻新的办公楼，各种配套设施也已基本到位，长垣县局行政和检验办公楼主体建设已经完工。全年在全市范围内开展2次大型的食品药品安全宣传活动，进一步普及食品药品安全知识，营造食品药品全社会齐抓共管的良好氛围。通过政务信息和政府信息公开工作的深入开展，进一步完善市局网站，同时电子显示屏也为公众提供了透明、高效的公共信息服务。全年共编发食品药品监管信息86期，被省局和市委、市政府采用32期，向各类新闻媒体报送信息31篇，采用22篇。全年，国家和省局共为全市调拨固定资产4批、385台（件），价值5百余万元，其中：执法车辆23辆、计算机295台、其他固定资产14台（件），这些装备都及时配备到位，并在日常监管工作中发挥了积极的作用，为监管工作提供了物资保障。

（冯耀武）

【党风廉政建设】　2008年，食品药品监管系统认真落实“一岗双责”，按照市局惩治和预防腐败体系建设工作方案，年初对党风廉政建设工作进行目标分解，党组成员人事变动后，及时调整了工作分工。认真贯彻落实中纪委党风廉政责任制电视电话会议精神，结合“两转两提”工作部署，深入学习党的十七大精神和科学发展观等重要论述，学习《惩治和预防腐败 2008—2012 年工作规划》。修订完善局长接待日制度，行政处罚案件审核、集体讨论制度，行政审批内部监督及责任追究办法，行政执法责任制度，行政执法过错责任追究办法，“收支两条线”制度，行政执法督察制度，行政执法案卷评查制度，季度考核奖惩制度等，强化广大干部职工的大局意识、责任意识、廉政意识和忧患意识。广泛开展社会评议活动，征求社会各界对食品药品监管系统的意见和建议，听取人大代表、政协委员的倡议和呼声，认真查找在思想建设、制度建设、工作作风、工作效能、执法为民等方面存在的问题和不足，制定有效措施，抓好整改提高。“行风热线”栏目“一把手”上线率 100%，并认真解决该节目反馈问题 68 件，树立药监系统的良好形象，赢得社会各界的好评。2008 年度被评为优化经济发展环境工作先进单位，党风廉政建设和反腐败牵头工作先进单位，受到市委市政府的表彰。积极开展学习实践科学发展观活动，认真学习调研，着力解决监管工作中存在的突出问题。扎实开展“新解放、新跨越、新崛起”大讨论活动，开阔了视野，更新了观念，促进了工作。加强局机关和直属单位的党组织建设，深入开展“五好”创建活动，市药监局评选并向市直工委推荐 2 个先进党支部和 1 名优秀党务工作者，表彰 12 名优秀共产党员。在抗震救灾工作中，切实加强救灾药品医疗器械的监管，积极为地震灾区献爱心。全市系统干部职工共捐款 19 万元，其中“特殊党费”15.8万元，位列全省系统第一；积极引导和发动企业捐款捐物，按照灾区急需药品、医疗器械目录，捐款捐物达 900 余万元，位列全省第一，展示了全市医药企业的良好形象。（冯耀武）

安全生产监督管理

【安全生产监督管理概况】　2008 年，全市共发生各类伤亡事故 2131 起，死亡 186 人，同比减少 303 起、70 人，分别下降12.5%和27.3%。其中，较大事故 1 起，死亡 3 人，同比持平。全市各类死亡人数为全年控制指标（367 人）的50.68%，低于省政府下达控制指标49.32个百分点，减少死亡 181 人。2008 年全市工矿商贸企业共发生伤亡事故 19 起，死亡 23 人，同比事故起数减少 8 起，死亡人数减少 7 人，分别下降29.6%和23.3%。其中，发生一次性死亡 3 至 9 人的伤亡事故 1 起，死亡 3 人，同比持平。事故起数占总比的0.89%，死亡人数占总比的12.37%。2008 年全市共发生道路交通事故 1081 起，死亡 160 人，同比减少 674 起、66 人，分别下降38.4%和29.2%。其中，未发生较大事故。事故起数占总比的50.73%，死亡人数占总比的86.02%；全市共发生消防火灾事故 1031 起，死亡 3 人，事故起数同比增加 379 起，增加 158%，死亡人数同比增加 3 人。其中，未发生较大以上事故，同比持平。事故起数占总比的 48.38%，死亡人数占总比的 1.61%。在 2008 年河南省安全生产目标考核中，新乡市被确定为五个优秀格次省辖市之一，新乡市安全生产监督管理局被评为优秀单位。新乡市安全生产监督管理局被市委、市政府评为“2008 年度党风廉政建设责任制工作优秀单位”，新乡市安全生产监督管理局党组荣获“平安建设工作先进单位”，“信访工作先进单位”等荣誉称号。（马振明　石恩波）

新乡市安全生产监督管理局领导成员

局　　长　张有甫（2008 年 12 月离）
局长、党组副书记　刘　军（2008 年 12 月任）
党组书记　张有甫
纪检组长　张延明
副局长　马　琪　冯继红
　　　　乔相龙　牛好明

【安全生产工作】　2008 年，新乡市安全生产监督管理局（简称市安监局）采取以下措施进行安全生产宣传、教育和培训：一是积极组织各类活动和“安全生产月”活动。在全市范围内深入开展“安全生产月”、“全国职工安全卫生健康知识普及教育活动”和“创建安全合格班组 争当优秀群监员”竞赛活动，结合实际组织开展“一封安全家书”讲演活动。举办首届“安全杯”书画摄影大赛作品展览，收到 500 多幅作品。在“安康杯”中，全市共有 1346 家企事业单位报名参赛，参赛职工达 389253 人，分别比 2007 年增加 28%和12.4%。受到各级党政领导及社会各界的广泛关注。“安全生产月”活动期间，全市共出动宣传车 260 余辆，悬挂各种安全标语 17321 条，展出板报、展板 1600 余块，发放安全资料 60000 多册（份），安全生产月活动的开展，达到“以日促月、以月促年”的效果。12 月 4 日，在新乡市体育中心组织开展“法制宣传日”活动，宣传安全生产相关法律法规，收到较好的效果。二是充分发挥新闻媒体的舆论导向作用。并利用广播电台等大力宣传安全生产法律法规。2008 年，市安监局在市级以上新闻媒体上共刊播安全生产相关报道 60 余篇，其中国家级 10 篇，省级 3 篇，其它 50 余篇，超出省政府下达的全年安全生产相关报道 35 篇任务。三是加强各类人员培训。按照年初目标承诺要求，大力加强生产经营单位从业人员安全培训。为确保各类人员持证上岗率，市安监局全年共组织各类培训 101 期，共培训 14458 人，其中特种作业人员 11414 人，安全管理和企业负责人 2814 人，治安部门在辉县、卫辉两市组织民爆系统从业人员集中培训教育，共培训 230 余人。四是切实做好中小学安全教育工作。为做好安全基础教育工作，市安监局开展安全教育进课堂的实施工程，由市教育局牵头，在新乡县京华园对全市县（市、区）教育局长、中、小学校长 330 人进行为期 3 天的安全培训。为市属各学校、各县（市、区）学校免费配发《河南省中小学安全教育手册》2 万余册，并与交巡警联合，组织市属学校进行道路交通安全教育，还举办第二届“平安校园杯”新乡市中小学生安全教育知识竞赛。通过广泛的宣传、教育、培训和一系列活动的开展，既营造了良好的安全环境，全民安全意识得到普遍提高。（马振明　石恩波）

【隐患治理活动】　2008 年，新乡市制定《新乡市安全生产隐患排查治理工作方案》，全市参加排查治理隐患企业共 5427 家，共排查出一般隐患 9302 项，已整改 8714 项，整改率为93.7%，排查治理重大隐患 74 项，已整改销号 53 项，有 21 项已列入整改治理计划。打击非法建设企业 14 家，已经取缔 5 家；打击非法生产企业 7 家，已经取缔 6 家；打击非法经营企业 10 家，已经取缔 6 家。检查建筑工程项目 375 项，审查塔吊安装手续 30 个、塔吊拆卸手续 9 个、龙门架安全手续 22 个，对施工企业下达安全隐患整改通知书 128 份。共查出“三超”227 起，处理 169 人次，罚款 20 余万元，有效减少了因超限、超载、超速引发的各类交通事故。根据排查出的隐患，市委、市政府将其中的 10 项隐患，列为第十三批治理重点，至 2008 年底，“10 大隐患”已整改 7 项，其余 3 项正在整改中。（马振明　石恩波）

【煤矿安全监管】　根据《河南省人民政府关于对全省小煤矿进行停工停产整顿的紧急通知》（豫政明电〔2008〕5 号）精神，新乡市于 2008 年 9 月 16 日召开煤矿停工停产整顿会议，要求各煤矿企业从 9 月 15 日到 10 月 10 日期间一律停工停产整顿。全省、全市安全生产电视电话会议后，市工业局、市安监局会同有关部门组织对煤矿停工停产整顿情况进行不间断的明察暗访，各小煤矿按要求都进行停工停产整顿，未发现私自施工和私自生产现象。为防止已关闭小煤矿死灰复燃，加大巡回检查监督力度，对各类煤矿派驻安全监管员，实行 24 小时驻矿监管。公安部门对停工停产整顿煤矿的民爆物品予以暂扣集中封存。供电部门加强煤矿供电管理，对停工停产整顿煤矿采取限电措施。（马振明　石恩波）

【矿山安全生产监管和专项整治】　2008 年，全市共有非煤矿山企业约 98 家，其中持有安全生产许可证的企业 6 家。正在办理安全生产许可证的 12 家，未办理安全生产许可证的 80 家。其中采石企业 87 家（辉县市 74 家，卫辉市 13 家），其他企业 11 家。采石企业主要分布在卫辉市、辉县市，其他企业有地热井开采、矿泉水生产、采沙等，主要分布在牧野区、延津县和长垣县。全年共检查非煤矿山企业 100 余家（次），排查出事故隐患 400 余条，当场整改 380 余条，事故整改率 95%，督促各县（市、区）下达整改指令书 90 余份，要求企业按“五定”原则认真整改到位。辉县市对 22 家无安全生产许可证违法生产的企业，提请政府采取停止生产措施，有效地预防了事故的发生。

按照《小型露天采石厂安全生产暂行规定》（国家安监总局令第 19 号）、《省局关于印发河南省小型露天采石场推广应用中深孔爆破开采技术工作方案的通知》（豫安监管一〔2007〕127 号）的要求，全市的采石企业全部使用中深孔爆破技术。认真开展金属非金属矿山安全生产监管和专项整治工作。加强对建材、冶金及相关行业的监管。督促非煤矿山企业办理安全生产许可证。（马振明　石恩波）

【危险化学品和烟花爆竹安全监管】　市安监局根据

新乡危险化学品生产企业和危险化学品经营单位多的特点，开展高危行业专项大检查。2008年7月31日，下发《关于在全市高危行业开展安全生产大检查的紧急通知》，对高危行业企业进行全覆盖检查，重点检查危险化学品和烟花爆竹等生产经营单位，并要求辅之以行政处罚手段。派出8个工作组对1139家危险化学品生产经营单位开展检查，把非法生产经营烟花爆竹作为重点，加大打击力度。共排查一般隐患1767项，下达整改通知543份，发出行政执法文书68份，停工停产整顿企业1家。全市高危行业企业单位的安全状况不断稳定好转。

（马振明　石恩波）

【建筑施工安全监管】　市安监局结合新乡实际，分别开展建筑施工高处坠落、起重伤害、脚手架搭设（拆卸）、深基坑和临时施工用电等重点专项治理，对全市320项在建工程，以项目为单位，对施工现场存在的安全隐患逐一登记建档，共下达隐患整改通知682份，停工整改通知78份，对25家施工企业进行约谈，4家施工企业的不良行为进行记录，14个建设单位、施工单位实施行政处罚。"8·5"华中首座深基坑坍塌事故发生后，从2008年8月6日开始，部署了为期一个月的安全生产大检查活动，对全市建筑施工现场重大安全隐患和危险源进行全面排查，防范类似事故再度发生。

（马振明　石恩波）

【市属工业企业安全监管】　市安监局按照国家、省、市关于加强安全生产的一系列法律法规、政策措施，紧扣年度事故控制指标，从抓源头、强教育、打基础、除隐患入手，加强对市管工业企业的的日常监管，积极开展三同时工作，大力推进安全质量标准化建设，依法落实安全培训。根据全市市管工业企业老企业多、设备设施陈旧、安全投入不足、隐患整改难度大等特点，对49家生产的市管工业企业进行了多次全面检查，对检查出企业安全生产责任制不够健全、员工不遵守操作规程、安全管理和特种操作人员无证上岗及无安全警示标志等隐患，通过督促和限期整改，均已整改完毕。

（马振明　石恩波）

【开展"百日安全活动"】　按照河南省人民政府办公厅有关通知精神，市政府安委会召开扩大会议，对"百日安全活动"和专项督查行动进行动员和部署，从2008年4月22日开始，在全市范围内开展主题为"强意识、反违章、查隐患、压事故、保安全"的"百日安全活动"。从5月1日开始，全市组成14个督查组，由领导带队在全市范围内开展百日安全专项督查和检查。督查组认真负责，深入基层检查安全生产情况，对发现和排查出的隐患，责令限期整改，并对整改情况进行"回头看"。为及时反映全市百日安全督查活动进展情况，14个督查组定期汇报活动开展情况，并以《百日安全督查专报》的形式向市委、市人大、市政府、市政协领导及有关部门反馈。印发《专报》43期，对活动开展起到了很好的推动作用。8月6日，市政府安委会召开第三次扩大会议，回顾总结上半年工作，对奥运会和残奥会期间的安全生产工作做出全面部署。会议对市政府14个督查组开展百日安全活动、百日安全督查和隐患治理年"回头看"同时做出再安排。市长李庆贵在国庆节前亲自带工作组到企业、危险品仓库、人员密集场所进行安全检查。常务副市长王战营带队深入煤矿，检查煤矿停产整顿情况。副市长赵海燕带队深入市管工业企业检查事故隐患排查治理情况。有力推动了全市百日安全活动和百日安全专项督查行动顺利开展。（马振明　石恩波）

【事故调查，责任追究】　在强化安全监管的同时，全市加强了对各类安全生产事故的查处。2008年，全市工矿商贸企业共发生生产安全事故19起，其中17起已经按时结案，其余2起正在调查处理中。31人受到党纪政纪处分，3人受到刑事责任追究。消防安全集中整治中，处罚单位245家，处罚个人236人，责令"三停"单位512家，拘留131人。在道路交通安全专项整治中，查获涉牌涉证交通违法行为124962起，查处危化运输车辆违法117起，处罚非法"摩的"600余辆次，交通违法行为77626起，拘留831人。对11起各县（市、区）所报的事故处理请示进行了批复，关闭非法生产企业6家。

（马振明　石恩波）

【安全生产应急救援体系建设】　至2008年底，全市安全生产应急救援机构人员3人。根据国务院、省安监局有关要求，结合新乡市安全生产工作实际，全市及时修订完善了《新乡市特大生产安全事故（险情）应急救援预案》，抓好应急预案编制与管理，抓好应急管理培训的筹划与实施。根据省政府安委会要求，市政府研究加强和完善应急救援机构建设问题。为提高企业、生产经营单位安全生产管理人员应急管理水平，2008年全市共举办2期安全生产应急管理培训班，全市各行业的195个单位、220余人参加培训。建立安全生产应急管理工作联席会议制度，组织14家成员单位召开联席会议。为了建立和完善市县两级安全生产应急救援指挥中心，抓好应急救援体系的建设，抓好应急管理培训，根据行业特点有针对性地组织好应急救援演练，增强全市人民防范重特大事故的安全意识。市政府投入资金50余万元，配置应急救援车辆、通讯器材、援救设备等，保障开展应急救援工作的基本需要。坚持以企业为载体，通过集中力量、资源共享的方式，11月在新乡县成功举办1次较大规模的危化运输事故演练，共出动各类车辆20余部、人员60余人，全市20余家危险品运输企业的负责人、100余名企业安全管理人员参加了现场观摩。

（马振明　石恩波）

【建设项目“三同时”和安全质量标准化工作】　市安监局一是持续将建设项目安全设施“三同时”（同时设计、同时施工、同时投入使用）工作作为年度责任目标考核内容，督促各类生产经营单位按规定申请验收。2008年，共组织对17个建设项目的“三同时”工作进行验收，提高了这些企业的本质安全水平。二是财政、安监等部门联合起草新乡市的高危行业风险抵押金储存暂行办法，区分生产经营单位的规模和行业类别，划定了不同的储存标准，加之前期推进的高危行业雇主责任险和提取安全费用政策，形成了较为完整的安全生产经济保障体系。三是将安全质量标准化评审工作，列入政府的考核内容，各县（市、区）都确定了目标并积极推进。全年共有16家企业通过市级评审，达到安全质量标准化，20余家企业进入评审阶段。四是根据河南省政府关于农村、社区安全两个《指导意见》精神，全市积极推进城市社区和农村安全的建设。所有县（市、区）政府都 完成了年初向市政府递交的安全生产目标承诺书中的达标数额，达标率在40%以上。五是联合组织对作业场所职业病危害的申报工作。以劳动者在作业场所接触到的各种可能导致职业病的有害因素申报为切入点，推进作业场所职业卫生监督检查，至年底已有13家企业进行申报。

（马振明　石恩波）

【党风廉政建设工作】　2008年，市安监局认真贯彻《建立健全惩治和预防腐败体系2008－2012年工作规划》，在深化教育、制度、监督并重的惩防腐败体系的同时，突出创新行政权力运行管理监督机制，创新廉洁单位创建活动长效机制。一是深入贯彻落实科学发展观，用十七大精神统揽党风廉政建设工作全局。二是学习贯彻《工作规划》，进一步加强党组班子作风建设。结合安监系统实际情况，制定《新乡市安监局学习贯彻〈工作规划〉实施方案》。三是认真开展创建廉洁单位，进一步加强领导干部廉洁自律工作。四是规范权力运行，建立健全科级以上廉政档案。对全局15名科级干部和7名县处级干部廉洁自律情况进行登记造册，建立个人廉政档案，并按时上报市廉自办。五是加大违纪违法案件的查处力度，严肃查处生产安全事故背后的腐败行为。六是深化民主评议政风行风，坚决纠正部门和行业不正之风 。制定《新乡市安监局关于进一步规范行政执法行为的工作方案》，重点解决行政执法队伍中存在的乱作为、不作为和不会作为问题。聘请市人大代表、政协委员、市纪检监察、公安、检察、大型企业等领域代表为新乡市安全生产行政执法特邀监督员，对市安监局的行政执法状况和生产经营单位落实安全生产责任制的情况进行监督指导。

（马振明　石恩波）

海员服务

【海员服务概况】　2008年，新乡市海员服务局共招收各类海员732人，外派海员1886人次，创劳务收入2亿元人民币。至2008年底，全市海员队伍发展到6800人，新乡成为中西部地区最大的海员基地。

（张景立）

新乡市海员服务局领导成员

局长、党支部书记　石砚印

【新乡船员发展受交通运输部表彰】　2008年4月

12 日，交通运输部在深圳召开全国船员发展大会，会议对“新乡市政府将船员发展作为扩大就业和推进社会主义新农村建设的一项重要举措，打造了全国第一个海员城”的作法给予表彰。新华社、《人民日报》、中央电视台、《中国交通报》予以报道。

（张景立）

【创新招生模式，扩大委培院校】 2008 年，新乡市海员服务局坚持以高级海员为主，通过各县（市）教育部门和招生办公室组织招收的办法，共招收海员 732 人，其中高级海员 709 人，占招生总数的 96.8%，是海员局建制以来适应市场需求招收高级海员最多的一年。（张景立）

【认真落实《劳动合同法》】 2008 年，新乡市海员服务局集中力量认真落实《劳动合同法》，共为 3100 多名外派海员签定劳动合同，为 1000 多名海员办理四项社会保险，维护了海员的合法权益。（张景立）

【国务院参事郭廷洁、傅正恺莅新考察】 2008 年 10 月 24 日，国务院参事郭廷洁、傅正恺来新乡市考察内陆地区海员外派事业发展工作，对新乡做法给予肯定。（张景立）

牧野史料

新乡书画名人——许志超

许志超，艺名致超，河南省西平人，1941 年生，现为国际中国书法家协会理事、中国名人书画院名誉院长、中国书画学会名誉主席、中国文学艺术家联合会副主席。书法作品在国内外书法大赛中荣获“共和国 1949～2009 文化艺术最高荣誉奖金奖”、首届全球华人“百花奖”书法美术评选大赛金奖。曾被中国艺术学院、国际中国书法家协会等 6 家文化艺术机构评为“2006～2007 年度中国百位杰出书法家”，被中国国学会、中国书法名家研究会授予“鼎盛中国—100 位最具影响力艺术家”称号。许志超书法作品和艺术传略入编国家级出版社出版的大型书画典集多部。著作有《致超书法摄影集》、《许志超行书作品选集》。

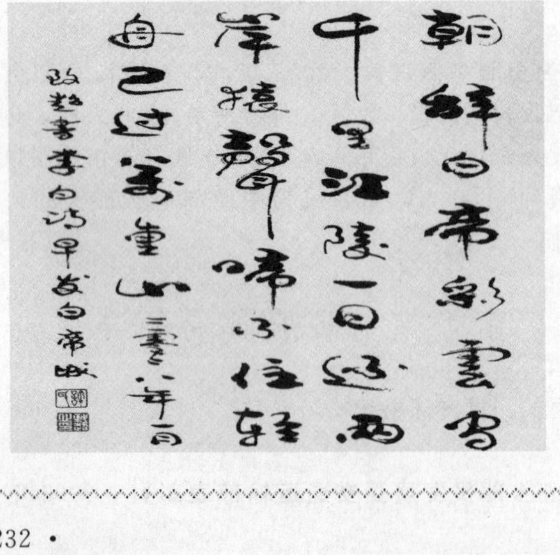

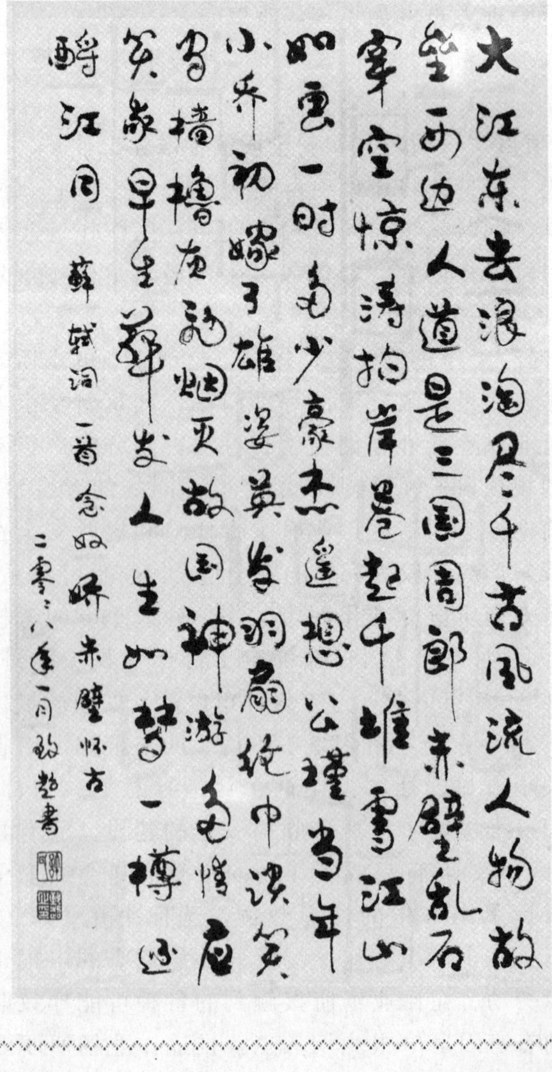

财政·金融

财　政

【财政概况】　2008年，受宏观调控和国际金融危机影响，新乡市经济运行和企业运转受到前所未有的挑战，财政收入不确定因素增加，改善民生和扩大市场需求等增支压力加大，预算执行十分困难。面对复杂的经济形势，财政工作积极应对挑战，奋力克难攻坚，财政经济保持平稳发展态势。全市一般预算收入完成48.8亿元，增长18.6%，比全省平均水平高0.5个百分点。在依法组织收入的同时，抢抓机遇，主动出击，全市累计争取上级各类资金45亿元，同比净增14亿元，增长45%，是2003年的3.7倍，为经济社会健康发展提供了财力支撑。全市一般预算支出完成99.2亿元，增长21.2%，是2003年的2.8倍，各项重点支出得到较好保障。（张　伟）

新乡市财政局领导成员

党组书记、局长　熊西庆
党组副书记、副局长　孟繁荣（女）
党组成员、副局长　李分顺　张新民　牛守军
党组成员、纪检组长　苏建平

【转变方式，服务发展】　2008年，市财政局适时调整财政支持经济的方向、重点和力度，从政策、资金等方面充分发挥引导作用，支持经济发展方式转变，推进产业结构调整，促进城乡协调发展。扶持企业发展，助推产业转型升级。筹措资金1.4亿元，扶持六大主导产业发展，保障重点工业园区和产业聚集区建设顺利推进。主动参与研究制定企业改革改制有关政策，筹措资金7亿元，帮助10户企业完成改制任务。投入资金4027万元，重点支持企业科技创新、科技成果转化、高新技术产业化贴息和重大科技项目等。支持组建新乡投资集团和文化投资公司，搭建地方融资平台。筹措资金1.2亿元，进一步扩大现有中小企业担保公司融资规模，支持县（市）成立中小企业信用担保机构。投入资金450万元，支持全市招商引资活动开展。落实促进房地产业发展税收政策，按规定下调契税税率，暂免征收个人购销住房印花税，免征销房土地增值税。取消和降低行政事业性收费84项，减轻企业和群众负担1.2亿元。及时办理减税、免税、退税，兑现落实有关优惠政策5666.3万元。增加转移支付，推进县域加速发展。筹措资金1.2亿元，对8个产粮大县给予奖励；集中资金5232.1万元，支持原阳县等5个农业综合开发重点县土地治理、改造中低产田和农业产业化发展等；落实资金1333万元，对2个生猪调出大县给予奖励；实施“食用植物油倍增计划”，支持油料生产，提高油脂加工能力；推进城乡一体化建设进程，促进生产要素向新型农村住宅社区集中。2008年，市财政用于支持县域经济和社会事业的资金达3.5亿元，较2007年增长15.1%，是2003年的4.7倍。财政引导作用的发挥，为全市经济平稳较快发展提供了有力支持。（张　伟）

【扩大补助规模】　全市筹措落实粮食直补、综合直补、良种补贴等惠农补贴资金5.7亿元，比上年增加2.6亿元。筹措资金19.7亿元，使15.2万名企业退休人员基本养老金人均增加103元，11.9万名城镇低保对象人均补差标准提高到125元，14万名农村低保对象人均补差标准提高到50元，2万名五保供养对象集中和分散供养标准分别提高

到1400元和1100元，集中供养率提高到40%，农村计划生育家庭奖励扶助标准由年人均600元提高到840元，22万名优抚对象抚恤和生活补助标准平均提高20%。筹措资金1.1亿元，为各类有就业创业愿望和条件的人员提供培训补贴、职业介绍补贴、社会保险补贴等。筹措落实小额担保贷款贴息、奖励699万元，支持自主创业和自谋职业。筹措成品油价格补贴资金5807.6万元，缓解价格调整对出租车、公交等关系民生行业的影响。从10月1日起，对全市事业单位人员预增发补贴，提高事业单位人员收入水平。（张　伟）

【提高公共服务水平】　增加教育投入。落实资金3.6亿元，对城乡中小学生继续实施“两免一补”（免学杂费、免课本费、补助贫困寄宿生生活费），大幅提高农村中小学生均公用经费标准，免除城市义务教育阶段学生学杂费，义务教育经费保障机制进一步完善；筹措资金5290万元，对190所农村中小学校舍进行维修改造；全面启动农村义务教育“普九”债务清理化解工作，清理拖欠教师工资，解决历史遗留问题；落实奖、助学金5600万元，帮助9200名本专科学生和5.6万名中职学生完成学业。增加公益性文化投入。落实资金2856.6万元，支持乡镇文化站建设和实施农村广播电视村村通、文化信息资源共享、电影放映、农民体育健身等工程，促进繁荣农村文化事业；投入资金1.5亿元，支持平原博物院、“三位一体”工程（科技馆、青少年活动中心、妇女活动中心）等文化基础设施建设；投入1150万元，支持中国财文化节暨纪念比干诞辰3100周年大典活动、市九运会等大型文体活动顺利进行。增加公共卫生服务体系投入。筹措资金3.3亿元支持新型农村合作医疗制度，财政补助标准由每人每年40元提高到80元，农民参合率达99.1%；财政补助3566万元，全面推行城镇居民医疗保险制度试点；筹措资金9545万元，帮助1.3万名政策性关闭破产企业退休职工参加医疗保险。增加城乡基础设施投入。筹措资金1.9亿元，支持解决农村安全饮水、新建农村沼气、改造农村道路和实施“万村千乡市场工程”，改善农村基本生活条件；筹措资金3091.5万元，确保创建国家级卫生城市、园林城市、林业生态市等重点工作实施。支持保障性安居工程建设。筹措廉租住房保障资金8410.3万元，支持缓解城镇居民住房困难问题。此外，还筹措资金1847万元，帮助支持抗震救灾和对口援建；落实资金2054.8万元，对奶粉事件婴幼儿实施免费筛查救治，并对奶牛养殖场（户）给予补贴。支持环境保护和节能减排。投入资金1.1亿元，重点支持污水治理、生活垃圾处理、卫河流域企业深度治理、西孟截污工程等重点工程建设，全市人居环境进一步得到改善。（张　伟）

【健全公共财政体系】　按照建立科学、规范、高效、透明的公共财政体系要求，着力推进财政改革创新，健全公共财政体系。深化预算管理制度改革。进一步细化市本级部门预算编制，在全省率先建立市直单位基础信息数据库，完善市与县（市、区）财政管理体制，在市本级实施公务卡试点，继续简化国库集中支付程序，提高财政资金支付效率。强化财政监督。先后开展会计信息质量、行政事业单位“小金库”清理检查、省市“20件实事”财政资金落实和管理情况检查等，市财政共查出并纠正违规违纪资金9833万元。全年全市评审项目448个，评审金额13.6亿元，节约财政资金1.8亿元。全市完成政府采购预算18.2亿元，实际采购15.6亿元，节约资金2.6亿元，节支率14.2%。规范行政事业单位资产管理。完成全市行政事业单位资产清查，完善行政事业单位资产管理、购置、处置办法，初步实现对行政事业单位国有资产的科学有序管理。推进政府购买公共服务改革。积极推进乡镇政府购买公共服务和政府购买城市社区公共卫生服务工作，为进一步转变政府职能提供经验。（张　伟）

国有资产管理

【国有资产管理概况】　2008年，新乡市国有资产监督管理委员会（简称市国资委）以提高国有资本运营质量和国资监管效能为中心，进一步深化国有企业改革，加快转变经济发展方式，大力推进国有经济布局结构调整和企业战略重组，认真履行出资人职责，积极推进党风廉政建设，各项工作取得明显成效。（李　军）

新乡市国有资产监督管理委员会领导成员

党委书记、主任　王援朝（2008年12月离）
　杜家武（2008年12月任）
党委委员、副主任　牛伯兴　李　安
　朱丽珍　陈保成
　谢现民（2008年12月任）
党委委员、纪检书记　李玉光

【深化国企改革】　积极推进产权制度改革。2008年，市国资委会同有关部门启动6户特困企业的改制工作，至年底，全部进入破产程序。按照积极稳妥方针，会同各主管部门推进委局属企业的改制工作。做好改制方案的审查把关工作，从资产评估、改制思路、资产剥离到职工安置等方面进行严格审核把关，针对存在问题提出意见和建议，规范改制行为。配合做好新飞公司国有股权上市工作。为做大做强新飞，维护国有股权益，配合有关部门，积极与丰隆公司沟通协调，向国家有关部门报告情况、咨询政策，并就知识产权、土地租赁等问题进行谈判。同时，围绕优化新飞集团股权结构和稳妥处理内部职工股问题，做了大量数据测算与思想沟通等工作。做好企业改制后的跟踪服务工作。为解决电光机械厂改制后遗留问题，支持佑昌公司发展，市国资委和电光机械厂与佑昌公司多次协商，对佑昌公司归还银行贷款和收购电光机械厂土地等问题达成一致。加强对政府投资公司重大事项的监管。对市建投公司与河南新世家公司合作、市建投公司转让热网供热锅炉设施、市经投公司拟拍卖平原路176号房产、市经投公司持有平原同力水泥有限公司股权置换上市、市经投公司退出万象通信50万元股权、市经投公司投资平原同力水泥余热发电项目、市城投公司与河南建业集团合作、新乡投资集团所属的市城投房产公司个人股退出、市文投公司拟投资的新乡广电数字电视公司等事项进行审核、批复，从程序上规范政府投资公司的决策行为，促进公司运行机制的制度化、规范化。对政府投资公司实施资源整合，对各公司的人员、资产及法人治理结构情况进行清查核实，拟订资源整合方案。至年底，有关部门对原4户政府投资公司的审计工作基本结束，新成立的投资集团有限公司已经开始运作。出台《关于完善市属国有及国有控股公司法人治理结构及运行机制的意见》，并抓好落实工作。做好跨越工程企业及央企主业与新乡市企业资源项目对接服务工作。对新飞集团、华兰生物、华电公司、豫新发电、宝泉电站等5户分包企业，定期收集企业生产经营、项目实施进度等情况，及时总结上报，为领导决策提供依据，并做好跟踪服务工作。根据对中央企业主业状况和全市资源及企业的调查研究，初步拟定在以煤化工、粮食加工和流转、化纤为重点的14个项目中寻求与中央企业的对接，争取引进中央企业投资、组建一些有规模、有实力的企业集团。2008年，国家开发投资公司郑州煤化工有限公司考察辉县市煤化工项目，就有关资源和参股控股问题进行洽谈；市粮食局与中粮集团的粮食物流项目已有实质性进展。　（李　军）

【强化产权管理】　2008年，市国资委落实和完善公开招聘审计评估机构等制度，按照规定程序办理资产评估委托、核准或备案手续。全年共委托国有、集体资产评估10项，办理核准9项、备案11项。清查调整后账面资产总额112275.14万元，负债总额68218.05万元，净资产44057.09万元；评估后资产总额138797.64万元，负债总额68218.05万元，净资产70579.59万元。净资产评估增值26522.5万元，增值率60.2%。坚持资产损失五级审核制度，严格资产损失认定。2008年共受理改制企业资产损失申报19户，审核完成批复19户，19户企业申报资产损失9689.61万元，共批复资产损失1489.55万元，建议中介机构按制度进行审计调整5518.81万元，不予认定损失2681.25万元，占申报数28%。加强对产权交易机构的监管指导，规范产权交易行为。年初，研究出台《新乡市国资委2008年度产权交易管理工作实施方案》，监督指导产权交易中心规范操作程序，提高执业水平和人员素质。产权交易中心在2005年后两次被选定为全省国有产权交易试点单位的基础上，再次被确定为2008年度全省从事企业国有产权交易正式类机构，全年共受理产权交易项目15宗，交易完成9宗，涉及转让资产39215.83万元，交易价款20万元。　（李　军）

【完善业绩考核】　2008年，市国资委修订经营业绩考核指标体系，进一步修订企业负责人业绩考核与企业薪酬分配两个办法（讨论稿）。对市经投、市建投、城投、交通道路4户政府投资公司2007年经营业绩责任目标完成情况进行考核。对政府各投资公司2007年底的资产、负债、人员、工资分配等情况进行细致整理汇总，完成市政府投资公司和市属重点企业2008年经营业绩责任目标值确定及签订工作的基础资料审核。（李　军）

【加强和完善基础管理工作】　做好2007年度国有资产统计工作，加强数据分析利用，为领导决策提供依据。2007年度国有资产统计共汇总企业260户，其中，市本级企业110户，县属企业150户。市国资委被评为全省企业国有资产统计工作先进单位。对重点国有企业实行财务快报制度。将白鹭化纤、新飞集团、经投公司、公交总公司、陈召煤矿等市属重点企业纳入财务快报统计，为及时掌握国资运营动态提供基本手段。深入开展企业清产核资工作。实行一次性告知制度和限时办结制度，拟订改制企业进行清产核资告知清单和改制企业申报资产损失告知清单；落实定期催报制度；做好协调和沟通工作。全年共有17户企业开展清产核资，涉及资产额40970.64万元，已完成10户。做好2007年度产权登记年检工作，全面了解和及时掌握全市国有资产分布变动情况。（李　军）

【建立完善监事会当期监督运行机制】　2008年，市国资委按照《新乡市国有企业监事会当期监督实施意见》，建立完善重点联系人制度，要求联系人每月至少一次到企业监督检查，查验企业上月会计账薄及记账凭证，了解企业上月“三重一大”（重大决策、重大事项、重要活动、大额资金使用）及其他有关情况。监事会主席每月听取联系人工作汇报，决定实施必要的监督措施。还要求企业内部由市政府任命的监事会主席（监事长）和职工监事，在履行自身职责加强内部监督的同时，加强与监事会联系人的联系和交流，逐步形成和不断完善年度检查与当期检查相统一、检查问题与督导整改相结合的工作机制，实现监督检查规范化、程序化和标准化。全年共完成对21户企业的监督检查，并撰写出监督检查报告；共发现问题127项，向企业发出监督建议104条、整改建议书21份，至年底，企业已经整改问题104项。（李　军）

【加强和完善集体资产管理】　2008年，市国资委对拟改制集体企业清产核资、审计、资产评估等行为认真把关，严格落实进场交易制度；根据集体企业改制的需要，依据有关法规和借鉴外地经验研究起草集体企业改制中的资产管理办法（讨论稿）；委托中介机构对联社资产开展资产清查工作，理顺联社财务以及联社与相关企业的债权债务关系；加强联社资产管理，提高资产效益。（李　军）

【推行企业法律顾问制度】　2008年，市国资委在新飞、白鹭化纤等企业推行企业法律顾问试点工作的基础上，起草《新乡市国资委关于进一步加强企业法制工作的意见》，在相关企业组织开展企业法律法规知识竞赛，进一步提高企业管理人员法律素质，为全面推行企业法律顾问制度，建立企业风险防范机制奠定了基础，被评为全省先进单位，受到表彰。（李　军）

【信访稳定工作】　2008年，市国资委建立完善的信访接访制度，实行委领导轮流值班接访；落实领导包案制度；建立情况报告制度，对每日的信访工作按照规定逐级报告；建立信访台账登记制度，对上级转发和本级来访的信访案件，进行及时登记、报告、分解，落实责任人；建立应急值班制度，确保24小时通信联络畅通。全年共处理信访案件15件，其中上级重要信访督办件5件。在“走进矛盾、破解难题”和“两奥会”期间成绩突出，为维护全市社会稳定做出了积极贡献，被评为市信访稳定先进单位。（李　军）

2008年度新乡市国有资产监督管理委员会荣获奖项

全省国有资产监管法制工作先进单位

新乡市优化经济发展环境先进单位

新乡市信访稳定先进单位

国家税务

【国家税务概况】 2008 年，新乡市国家税务局（简称市国税局）按照“打牢基础，谋划长远，科学发展”的税收工作指导思想，始终坚持以组织收入为中心，以和谐国税建设为主线，税源管理、纳税服务、队伍建设、机关和基层规范化建设、党风廉政和政风行风建设协调发展，圆满完成年初确定的各项工作目标。全年全市国税收入突破 40 亿元，达到402808万元，同比增长12.5%，增收44779万元。其中完成地方级收入99527万元，同比增长10.8%。市委书记吴天君批示：“感谢国税战线同志们过去一年对新乡的贡献，望认真总结经验，查找薄弱环节，坚持依法征税，取得 2009 年更好的成绩。”市委常委、常务副市长王战营专门发来贺信，对全市国税系统组织收入突破 40 亿元，审批减免税13.3亿元，同时做到严格执法，依法治税表示充分肯定。市政府对组织收入工作给予通报表彰。市国税局被省国税局和市政府分别评为全省目标考核优胜单位和全市目标管理优胜单位，并获得新乡市“五一”劳动奖状、全国“三八”红旗集体等荣誉称号。（刘志娜）

新乡市国家税务局领导成员

党组书记、局长 杨国政
副　局　长 常凤林　曾昭利　高利洲
纪检组长 卫全中
总会计师 孙晓黎（女）
总经济师 高建国

【提高税收执法水平】 2008 年，市国税局坚持“依法征税，应收尽收，坚决不收过头税，坚决防止和制止越权减免税”的组织收入原则，要求各基层单位既要做到依法征税、应收尽收，又要坚决避免收过头税，寅吃卯粮。推行税收执法责任制考核系统，加大责任追究力度，市国税局执法考核一直处于全省第一位。有重点、有步骤地开展对“转、引、买卖”税款专项检查和出口货物退（免）税执法检查，提高规范执法意识。在税收宣传月活动中，市国税局围绕“税收·发展·民生”这一主题，与省国税局联合研发税收政策移动查询系统——《智能税务通》，开展“共铸诚信、共谋发展”宣传示范活动，并由市政府牵头召开全市 2004～2005 年度纳税信用等级 A 级纳税人表彰大会。《智能税务通》荣获全省税收宣传月最佳活动项目，被国家税务总局作为全国项目进一步开发。（刘志娜）

【税收征管】 2008 年，市国税局将税收专项整治与税收分析监控管理系统推广应用紧密结合，确定工作目标，制定考核办法，实行项目管理，充分调动基层单位的积极性和主动性。至 12 月底，全市“五行业一重点”（涉农行业〈企业〉、商业、电器机械业、器材制造业、建筑业汇总〈统一〉纳税行业〈企业〉，市级以上重点税源企业）专项整治共入库税款 4.6 亿元，占全年收入的 11.59 %。同时，完成省国税局交付的税收分析监控管理系统试点任务，在此基础上探索税收管理员和纳税服务绩效考评办法，深化“系统”应用。积极推广个体工商户计算机定额核定系统，不断完善数据分析应用平台和政府涉税信息交换平台，改进税收征管档案管理系统，加强数据检测和监控。增值税抵扣凭证审核检查系统顺利、稳定运行。车购税管理经验被纳入《河南省国家税务局车购税业务管理规范》。深入开展企业所得税管理年活动，确立“三步走”（税源清查、纳税评估、建章立制）管理理念，进行所得税税源清查，全年企业所得税增幅达到37.7%。承担省国税局所得税过渡期优惠政策监控系统、非居民税收管理系统等研发任务，编写《出口退（免）税管理操作规范》及《出口退（免）税业务实用手册》，在全省专项会议上交流经验，省电视台进行了采访；大力争取出口退税指标，受到市委、市政府表彰。强化税务稽查，被评为河南省打击涉税犯罪先进单位。（刘志娜）

【纳税服务】 2008 年，市国税局制定下发《关于进一步强化税源管理优化纳税服务工作的意见》，提出 10 种核心服务理念（征纳双方法律地位平等、公正执法是最佳服务、纳税人正当需求应予满足、以纳税人为中心、全员服务、依法服务、在最短时间为纳税人办最多的事、用心服务、管理服务并重、“两个减负”），将其贯穿于税收征管全过程。落实国家税务总局、省国税局一系列减轻纳税人负担、改进纳税服务的制度和办法，减少纳税人报送资料，一般纳税人税收资料调查全部实现网上直报；加强多元化申报和网上申报的指导和日常监控，研发车辆购置税纳税人短信提醒服务系统，尝试专用发票认证逾期提醒服务。充分发挥12366纳税服务功能，完成12366集中＋远程座席式呼叫中心系统省国税局试点任务，规范12366受理、转办等业务程序，12366热线和网络咨询服务在新所得税法实施、网上申报软件升级等工作中发挥了重要作用，同时建立新乡市国家税务局12366纳税服务网站。认真落实各项税收优惠政策，全年办理出口退税4.3亿元，审批各项流转税、所得税减免退税13.3亿元。为纳税人解决因冰冻雪灾影响的发票超期无法认证等问题，为纳税人提供政策支持。　（刘志娜）

【基层建设】　2008年，市国税局下发《关于进一步加强机关规范化管理和基层规范化建设的意见》，编制《基层规范化建设手册》，制定《基层税务分局（所）规范化建设达标验收方案》，指导基层税务分局建设。加强基层税务分局（所）硬件建设，改善基层办公条件。首次尝试运用电子试卷，进行基本操作能力达标验收考试，基层一线人员业务素质、税收管理系统应用水平和计算机操作能力得到提升。对全系统58个分局（所）规范化建设达标工作进行验收，全市有3个税务分局（所）被评为全省国税系统基层规范化建设先进单位。　（刘志娜）

【队伍建设】　市国税局制定《2008年～2010年干部教育培训规划》和《2008年教育培训计划》，明确培训目标和任务，构建分级、分层次教育培训体系。在全市深入开展“业务能手技能竞赛”活动和全市国税系统科级领导干部更新知识培训，推行远程教育平台，贯彻学时学分制，举办企业所得税、流转税、出口退税等各类业务短期培训班20余期。开展“两分析一讲评”，每月召开队伍建设分析会和机关“讲评”工作会，及时掌握人员思想状况、主要诉求，认真解决相关问题，理顺干部职工情绪。举办全市国税系统“迎奥运，勇拼搏，兴国税”运动会、“读好书，比贡献，增辉国税”演讲比赛；组建国税合唱团，参加“唱响市歌 庆祝改革开放三十周年文艺汇演”，夺得金奖；组织国税运动员代表队，参加市九运会，取得市属团体总分第三名的成绩。同时，市国税局在全省党建和思想政治工作会议上第一个作典型发言。　（刘志娜）

【党风廉政建设和政风行风建设】　市国税系统深入贯彻党风廉政建设责任制，“一岗两责”意识得到强化；开展廉政教育月活动，市国税局荣获“全省国税系统领导干部反腐倡廉知识竞赛”一等奖，多幅廉政文化作品被国家税务总局、省国税局采用，廉政文化建设得到加强；贯彻《工作规程》和《实施办法》，加强领导干部廉洁从政；强化监督管理，规范行政和执法行为；巩固成果，政风行风建设向纵深开展，全市国税系统党风廉政建设工作保持平稳健康态势。　（刘志娜）

【“新解放、新跨越、新崛起”大讨论活动】　2008年，市国税局成立“三新”大讨论活动领导小组，制定大讨论活动方案，深入开展大讨论活动。组织机关全体人员学习大讨论活动相关学习读本，为每个支部订购《解放思想论纲》。将“三新”大讨论作为8月份“两分析，一讲评”的内容，在分析讲评中解放思想、提高认识。将大讨论活动与党组民主生活会相结合，与政风行风评议相结合，多层面征求意见和建议。根据干部职工与纳税人所提的相关意见，结合自身实际，查找出税收征管、队伍建设、作风建设等方面存在的问题，并分析原因，剖析思想根源，积极整改。　（刘志娜）

2008年度新乡市国家税务局系统荣获奖项

先进集体

全国“三八”红旗集体

新乡市国税局办税服务厅

全国巾帼文明岗

牧野区局办税服务厅

国家税务总局“全国税收宣传优秀活动奖”

新乡市国家税务局

牧野区国家税务局

全国国税系统精神文明建设先进单位

新乡县国家税务局

河南省优质服务窗口

牧野区国家税务局

长垣县国家税务局

卫辉市国家税务局

延津县国家税务局

河南省科学技术成果奖

河南省园林单位

河南省国税系统目标管理优胜单位

河南省国税系统领导干部反腐倡廉知识竞赛集体一等奖

河南省国税系统税收科研先进单位

河南省外商投资企业联合年检工作先进单位

新乡市国家税务局

河南省卫生先进单位

新乡市国家税务局

凤泉区国家税务局

牧野区国家税务局

卫辉市国家税务局

全省机关档案工作“省一级档案室”

新乡市国家税务局

辉县市国家税务局

省级“群众满意的基层站所”

卫辉市局办税服务厅

河南省国税系统优秀领导班子

新乡县国家税务局

河南省税收专项整治工作先进单位

卫滨区国家税务局

全省国税系统政风行风建设先进单位

新乡县国家税务局

卫滨区国家税务局

河南省国家税务局青年文明号

封丘县国家税务局城区分局

河南省国税局打击涉税犯罪工作先进集体

新乡市国家税务局稽查局

全市目标管理优胜单位

全市政风行风建设先进单位

全市党风廉政建设责任制工作优秀单位

新乡市双拥工作先进单位

新乡市学习型组织标兵单位

新乡市“五一”劳动奖状

全市创建文明单位工作先进系统

2008年度新乡市平安建设先进单位

新乡市2008年度优质服务单位

新乡市行政审批先进单位

2008年度政府信息公开工作优秀单位

新乡市信息化工作先进单位

新乡市国家税务局

市级“群众满意的基层站所”

牧野区局办税服务厅

封丘县局办税服务厅

辉县市局峪河分局

长垣县局魏庄分局

新乡市优化经济发展环境工作先进单位

新乡市国家税务局

获嘉县国家税务局

封丘县国家税务局

新乡市“五好”先进基层党组织

新乡市国家税务局

卫辉市国家税务局

获嘉县国家税务局

延津县国家税务局

新乡市“做党的忠诚卫士、当群众的贴心人”主题实践活动先进集体

新乡市国家税务局

封丘县国家税务局

新乡市示范性服务窗口

卫滨区国家税务局

延津县国家税务局

先进个人

河南省委、河南省国家税务局第五届“河南省优秀青年卫士”

崔成斌　李　杰

河南省国税系统“增辉国税十大杰出人物”

陈华营

河南省国家税务局青年岗位能手

王世杰

河南省国税系统优秀女税务工作者

李　艳　黄小萌

河南省国税系统企业所得税法知识竞赛个人三等奖

刘　雷

2007年度新乡市政府法制工作先进工作者

张晓华

地方税务

【地方税务概况】 2008 年，新乡市地方税务局（简称市地税局）坚持“夯实基础，创新管理，提升水平，形成亮点”的指导思想，按照“抓机关带基层，抓基层促落实，抓落实促质效”的工作思路，坚持依法治税原则，切实加强税源监控，不断完善行业、税种管理，认真落实各项税收政策，积极推进征管信息化建设，着力加强机关规范化管理，全面启动地税文化建设，地税事业扎实稳步向前推进。全年共组织各项税收 252720 万元，同比增长13.05％。其中，地方级收入完成 205443 万元，同比增长18.66％，增收 32306 万元，收入总量排名全省第八位。完成地方一般预算收入 214392 万元，占全市一般预算收入比重的43.96％；完成市本级收入 55539 万元，占全市市本级收入比重的34.19％。17 个征收单位全部较同期实现增收。其中市区税收收入同比增长11.21％，县域税收同比增长14.96％。市地税局在省地税局目标管理考核综合评比中获得全省第四名，在全市 56 个部门参加的民主评议政风行风活动中获得全市第一名，被省局、市政府评为目标管理优胜单位。直属分局被推荐为河南省人民满意的公务员集体，辉县市地税局城关税务分局被命名为河南省工人先锋号，卫滨区局平原税务所被命名为河南省青年文明号，1 人当选全省十大优秀税官，1 人荣获河南省青年岗位能手荣誉称号。

（李延峰）

新乡市地方税务局领导成员

党组书记、局长 赵文场

党组副书记、副局长 陈若云

党组成员、副局长 周长泽

张克红

党组成员、纪检组长 景松涛

【加强税源管理】 市地税局结合实际提出以“两册一会一报告”（管户手册、工作手册，税收征管分析会，税收情况分析报告）为载体、以“五清一会”（管户及相应行业基本情况清，纳税人生产经营和资金运行情况清，申报纳税及欠税情况清，发票领购和使用情况清，适用税收政策情况清；会运用“五清”的资料进行纳税评估）为主要内容的税收管理员制度落实机制，强化管理机关和人员的责任。与国税、工商部门逐月开展管户信息比对，比对信息 9132 条，清理漏征漏管户 812 户。地税税源管理质量明显提高，其中易漏难征的个体私营和餐饮业税收增幅连续两年高于全省平均水平。

（李延峰）

【强化行业、税种管理】 加强建筑、房地产行业管理。进一步完善税源管理电子动态图，实现动态图的管理升级和全面推广。积极推广不动产、建筑业项目管理软件，上调建筑、房地产业应税所得率 2 个百分点，制定建筑业营业税代扣代缴管理办法，组织开展建筑、房地产业纳税情况专项分析评估。2008 年，建筑房地产行业在销售量下降的情况下，税收同比增长18.7％。加强货运业税收管理。制定下发《关于进一步加强货运业税收管理的通知》，组织开展对代开货运发票纳税人的全面检查，规范货运业税收管理秩序。全年实现交通运输业税收 12927 万元，同比增长49.2％，高出全省平均增幅16.7个百分点。加强餐饮业税收管理。继续开展发票“三奖”活动，制定下发《关于进一步加强餐饮业税收管理的通知》，加大抽查巡查力度，对餐饮户定额标准进行评估，餐饮业营业税完成 3489 万元，同比增长22.2％，总量和增幅均居全省第四位。加强房屋租赁业税收管理。积极探索房屋租赁业综合治理办法，提请市政府下发《新乡市人民政府关于进一步加强房屋租赁业税收管理的通知》，依靠政府强力领导和公安、房管部门密切配合，房屋租赁业管理取得实质性进展。2008 年，全市征收房屋租赁业税收 3023 万元，同比增长22.5％。大力推进企业所得税核定征收。对成本核算不实、管理难度较大的建筑、房地产、餐饮业和部分中小企业加大核定征收力度，对长期亏损、低零申报企业所得税征收方式进行重新鉴定，共治理亏损企业 289 户，减亏比例38％，增收税款 617 万元，治理低零申报企业 913 户，增收税款 2054 万元。积极开展年所得 12 万元以上个税自行申报和后续检查工作。通过加强税法宣传、上门动员、督导检查等措施，全系统共受理849名纳税人自行申报纳税，比上年同期增加454人，补征税款423万元。认真落实车船税代收代缴工作。对保险公司代收代缴车船税进行统一管理，规范车船税代征管理秩序。组织力量对车船税定额税票领用存情况进行专项检查，加强代收工作监管。全市11万辆车辆纳入代征体系，征收车船税2879万元，同比增长101.89%，增收1453万元。协调国税部门建立城建税代征机制。与国税部门联合下发《关于国税局为小规模纳税人代开发票代征城建税和教育费附加有关问题的通知》，全面启动代征工作。与国税计会、征管、出口退税科等部门建立协作机制，开展增值税城建税配比比对，查补城建税、教育费附加2137万元。（李延峰）

【整顿规范税收秩序】　市地税局深入开展建筑房地产行业、烟草行业、餐饮业以及平安保险集团等专项检查，进一步加大大要案查处力度，查补入库税、滞、罚合计3050万元。对建筑、房地产等行业使用、倒卖假发票问题开展专项检查清理，查处1起倒卖假发票案件，累计检查建筑、房地产等行业纳税人1872户，查处假发票65份，补征税款673.98万元，加收滞纳金、罚款104.3万元。（李延峰）

【征管信息化建设】　市地税局组织推广应用“一窗式”服务，税收管理员平台，个人所得税、销售不动产、建筑安装营业税管理，国、地税信息交换等信息系统，促进征管信息化发展。加强内外网站建设，实现网站改版，加强内容更新维护，进一步发挥内外网站学习、交流、宣传的平台作用。加强信息技术培训，全年，组织各项技术培训5期，培训260多人次，并组织技术人员深入基层现场辅导，提高一线人员计算机操作应用水平。（李延峰）

【规范执法行为】　完善税收执法责任制实施细则，严格落实税收执法奖惩办法，坚持要求基层所每月对执法情况自查，县（市、区）局每季度对基层执法情况检查，市局半年考评，并对税收政策执行和执法责任制考核落实情况督导检查，强化执法责任追究，切实提高税收执法水平。全局执法正确率始终保持在99%以上，居全省前列，被省局评为依法治税工作先进单位，被市政府命名为新乡市第一批依法行政示范单位。（李延峰）

【税法宣传】　市地税局以“税收、发展、民生”为主题，开展第十七个税收宣传月活动，举办各类税收宣传活动222次，制作并在电视台播出税收宣传公益广告片2个、电视短剧1个、新闻宣传片2个，印发各类宣传资料2.7万余份，其中举办的新《企业所得税法》电视知识竞赛活动被省局评为“优秀项目一等奖”。与国税部门联合开展纳税信用等级评定，对纳税100强纳税人通报表彰，提高了社会依法纳税意识。（李延峰）

新乡市地税局电视知识竞赛竞争激烈

【落实优惠政策】　市地税局贯彻实施新的企业所得税法，落实企业所得税税率由33%下调为25%、小型微利企业实行20%、高新技术企业实行15%的优惠税率等，从4月1日起调高营业税起征点后，全市有3109户个体工商户不再缴纳营业税、个人所得税。全年依法办理各类企业减免税收3012.6万元，办理下岗职工再就业税收减免560.98万元，服务了全市经济发展大局。（李延峰）

【机关和基层建设】　市地税局推行市局机关管理“季评”考核制度，定期通报制度检查落实情况。加强基层税务机关管理，制定《进一步规范税务所管理的意见》，并组织检查组深入基层明查暗访。加强硬件建设，不断改善各级地税机关工作条件。依照规定程序，坚持公开招标、阳光透明原则，组织对市局机关办公楼的修缮工作。投资180万元，新建、改造基层税务所8个，集中采购计算机、打印机80多台。实行局领导班子成员一周工作预安排、科室工作月安排、季讲评制度。

建立《亮点工作申报评估办法》，促进重点工作创亮点，上水平。倡导深入基层、调查研究的工作作风。9月，市地税局党组利用一个月的时间深入到17个基层局和40多个基层税务所现场办公，加强对基层工作的指导。市局机关科室实行"蹲点"调研制度，每季度深入到基层联系点进行调研不少于一周，共写出调研报告60余篇。

（李延峰）

【队伍建设】 2008年，市地税局党组明确提出以文化建设统领地税队伍建设的指导思想，全面组织启动地税文化建设，在组织全市地税干部广泛讨论的基础上，制定《新乡市地税系统实施文化建设的意见》，将全市地税精神概括为"忠诚、团结、勤奋、创造"，并提出"责任成就事业，友爱构建和谐"的团队发展理念，开展"实践地税精神"演讲比赛和有奖征文、征集新乡地税标识等活动，着力营造地税文化氛围，引导全系统以实践地税精神为动力，增强凝聚力，激发工作热情。扎实开展"三新"大讨论活动，提出"两个集中、三个加强、四个结合"的总体工作要求，建立组织，制定方案，组织全体干部职工认真开展大讨论活动，认真查摆改进工作、生活、廉政等方面存在的问题，促进工作作风转变。加强队伍教育培训，制定《加强培训工作的实施意见》，加大培训力度，组织50名地税干部到大专院校进行专业培训，100多名科级以上干部到清华大学、长沙税务培训中心学习，鼓励地税人员参加学历教育、业务资格考试，邀请专家教授举办各种讲座5次，听讲干部2800多人次。累计举办各类培训班11期，培训人员750人次。组织"三员一手"培训竞赛，在全省地税业务竞赛中，取得集体成绩第五名的突破，8人进入全省前30名，荣获省局岗位能手称号。

（李延峰）

【廉政建设】 市地税局大力开展廉政文化建设，以廉政文化为载体，切实加强廉政教育。组织举办廉政书画摄影展、传唱廉政歌曲、组织观看廉政演出等活动，利用内部网站每日推荐一篇廉政短文或一句廉政警语，制作廉政宣传版面、廉政警示教育牌，悬挂廉政字画，向全系统1000多名干部职工每人征集一句廉政格言、一幅廉政漫画、一个廉政故事，汇编成《修身 养廉 励志》一书，省局局长赵亚平亲自题写书名，在全系统形成浓厚的廉政文化氛围，巩固了廉政思想和文化防线。全面加强政风行风建设，强化执法监督，查纠存在问题，着力提高执法水平和廉洁办税效能。贯彻《纳税服务工作规范》，全面落实服务承诺制、首问责任制、限时服务制、延时服务制、纳税提醒服务制，优化征管流程，缩短服务周期，提高服务效率，不断优化纳税服务。广泛征求社会意见，发放征求意见表8000多份，走访各级人大代表、政协委员和纳税人8582人次，征求各种意见和建议1028条。对纠风办和社会各界反馈的意见和建议，认真进行整理归类和剖析研究，逐项分解到人，限期整改。市地税系统在2008年度全市民主评议政风行风活动中获得全市第一名，市地税局被评为全省政风行风建设先进单位、全省优化经济发展环境工作先进单位，4个单位被市委、市政府授予新乡市廉洁示范单位称号，市地税局办税服务厅被命名为河南省百家文明服务标兵，卫滨区局办税厅等7个单位被命名为河南省优质服务窗口。

（李延峰）

【工业园区税务分局挂牌成立】 2008年1月9日，工业园区税务分局举行成立挂牌仪式，省局党组成员、副局长楚新民，市委常委、常务副市长范学贵，市局领导赵文场、周长泽等人以及工业园区200多名纳税人代表参加挂牌仪式。工业园区税务分局局长王守顺代表分局作表态发言。市局党组书记、局长赵文场代表市局党组对园区管委会、各部门和广大纳税人对地税部门的大力支持表示感谢，并就工业园区分局做好地税工作提出明确要求。工业园区管委会主任李跃勇代表园区对税务分局成立表示热烈祝贺。楚新民和范学贵为分局成立进行揭牌。

（李延峰）

【省地税局涉外税收工作座谈会在新乡召开】 2008年3月18日，全省部分地市涉外税收工作座谈会在新乡召开，省局国际税收管理处和郑州市局、洛阳市局、新乡市局等10个省辖市局涉外局（科）长和业务骨干及30余人参加会议。会议对全省地税国际税收工作会议上的工作报告《完善制度 培养人才 努力推动国际税收工作新发展》（征求意见稿）进行讨论，提出修改建议，并对全省地税国际税收管理工作存在的主要问题及对策进行深入探讨和广泛交流。省局国际税收管理处处长王苏惠对进一步完善国际税源监控机制、加强非居民税收、国际税务事项管理、国际税收理论研究和国际税收队伍建设等工作提出具体要求。

（李延峰）

【保险公司代收代缴车船税工作正式启动】 2008年4月1日，市财产保险公司营业大厅工作人员向前来办理车辆保险手续的纳税人开具出全市第一张含车船税的交强险保单，代扣税款270元，标志着新乡市保险公司代收代缴车船税工作正式启动。（李延峰）

【全省地税系统政策法规工作会议在新乡召开】 2008年5月13日，全省地税系统政策法规工作会议在新乡宾馆召开，各省辖市局主管局长、法规科科长和省局政策法规处有关人员参加会议。省局党组成员、副局长智勐和常务副市长、市政协主席范学贵出席会议。范学贵介绍了全市经济发展状况，对地税部门积极工作为新乡经济发展做出的贡献表示感谢。会议总结回顾2007年度全省地税政策法规工作情况，对2008年工作进行安排部署；组织与会人员对进一步做好全省地税法制工作进行讨论。智勐作重要讲话，就做好当前政策法规工作提出五点要求。会上，部分单位作典型发言，介绍法制工作经验。会议还对在2007年度法制工作中取得优异成绩的单位进行表彰。

（李延峰）

【召开打击制售假发票新闻发布会】 2008年9月1日，市公安局经侦支队、市国税稽查局、市地税稽查局3家联合召开打击制售假发票新闻发布会暨联席会议。市公安局副局长宗万太、市地税局副局长陈若云、市国税局纪检组长卫全中出席会议，市公安局经侦支队、市国地税稽查局、地税发票局领导及市检察院、市财政局、新乡日报社、新乡电视台等部门人员参加会议。会议宣布成立新乡市打击制售假发票联合办公室，曝光近期处理的偷税、假发票犯罪案件，传达省公安厅经侦总队、省国税稽查局、省地税稽查局联合印发的《关于开展打击制售假发票第三次集中整治行动的通知》，公布市经侦支队、市国税稽查局、市地税稽查局联合印发的《新乡市关于开展9月份打击制售假发票专项整治突击行动实施方案》。与会人员还对建立重大案件联合督办机制、打击涉税违法犯罪经费保障工作制度、打击涉税违法犯罪办公室人员配备及职能、专项整治行动和督办案件表彰及奖励等有关事项进行讨论和研究。

（李延峰）

【定额发票真伪网络查询系统开通】 为方便消费者辨别发票真伪，加大假发票打击力度，规范地税发票管理，市地税局研制开发地税定额发票真伪网络查询系统，从11月开始在市局外部网站正式对外运行。该发票查询系统使用后台数据库系统，配合动态网页技术，利用外网查询定额发票真伪，保证数据的安全性与真实性。具体操作办法：查询人如需鉴别取得的发票真伪，只需登陆市地税局外部网站，点击进入新乡市地方税务局发票真伪系统，按照系统提示输入鉴别发票的代码、号码，输入查询密码和验证码，点击查询就可知道发票真伪。系统规定每张发票只允许查询3次，如果刮开密码区进行查询，发现该发票已超过查询次数，系统自动提示与当地税务机关联系或拨打举报电话91551，杜绝套号发票出现。另外，该系统会提示查询人保管好发票原件，参加发票抽奖活动。

（李延峰）

中国人民银行

【人行概况】 2008年，中国人民银行新乡市中心支行（简称市人行），认真贯彻国家宏观调控的一系列政策和措施，全年贷款稳定增长，确保辖区金融业的稳健运行，促进整体经济的健康发展。至年底，新乡市金融机构本外币存款余额764.60亿元，比年初增加106.72亿元，其中人民币存款余额759.57亿元，比年初增加106.99亿元。全市金融机构本外币贷款余额506.99亿元，比年初增加74.22亿元，其中人民币贷款余额506.15亿元，比年初增加73.70亿元。新乡市金融机构本外币全年盈利11.70亿元，比上年同期增盈2.24亿元。其中，4家国有独资商业银行本外币盈利6.40亿元，市商行盈利2.36亿元，农信社盈利0.49亿元。

（张克军）

中国人民银行新乡市中心支行领导成员

党委书记、行长　刘贵珍
副　　行　　长　王晓莉（女，2008年12月离）
　　　　　　　　郭建英（女）梁志宏
纪　委　书　记　刘华忠
工　会　主　任　李金堂

【贯彻执行国家宏观调控政策】 2008年，国内外经济金融形势复杂多变，上半年市人行实行从紧的货币政策，严格控制信贷增长。9月后，人民银行开始实施适度宽松的货币政策，连续降息和降低存款准备金率。市人行认真贯彻执行国家不同时期的宏观调控政策，制定新乡市信贷政策导向效果评估办法，引导金融机构坚持“有保有压，区别对待”的原则，严格限制向“两高一资”（高污染、高能耗和资源性）等国家限制发展行业贷款，增加对中小企业、新农村建设贷款。召开新乡市信贷政策导向效果外部评估座谈会，邀请市政府金融办、发改委、农委、工业局、科技局、劳动局、民营局等相关部门负责人参加会议，完善信贷政策外部评估体系。（张克军）

【召开银企洽谈会】 2008年4月16日，市人行配合市政府召开一季度金融形势分析暨银企合作成果签约会。会上各金融机构与企业就一季度部分洽谈合作成果举行签约仪式，签订贷款承诺和合同15.5亿元。8月1日，配合人民银行郑州市人行协办河南新乡银企洽谈会，会议达成银企合作项目370项，涉及贷款126亿元。（张克军）

【落实信贷政策】 市人行联合劳动、财政部门，协调经办金融机构，继续推进小额担保贷款的发放，扩大贷款范围，将大学生和复转军人纳入支持范围。2008年，累计发放下岗职工小额担保贷款7893万元，其中，对个人贷款3337万元，获得支持的下岗职工1271人；对企业贷款4556万元，支持42户企业，带动就业1885人，超额完成省市政府年初下达的目标。（张克军）

【加大对农村支持力度】 市人行完成全市8县（市）及市区农联社共9家农联社的票据兑付工作，共兑付资金85937万元。制定《2008年新乡市金融支农工作计划》，从加强农村信用工程建设、建立农村贷款担保体系、继续加强贷款定价机制建设、推进信用评级系统建设、加强对三农信贷产品创新、发挥支农再贷款激励机制等6个方面进行安排。指导辉县农信社开展中小企业信用评级工作。对延津县农村专业合作社发展模式进行研究，推进利用农行小额贷款进行支持。5月14日，总行、财政部、发改委、证监会等6部委领导对延津县开展实地调查，对新乡市金融创新支农的做法给予肯定，并要求市人行结合本地实际，开展农村信贷产品和服务方式创新试点调查，为出台相关政策提供依据，延津县被定为河南省农村金融产品创新试点。11月，总行金融市场司司长穆怀朋到延津开展实地调研，对延津县金融产品和金融服务创新给予充分肯定。

（张克军）

【新乡荣获“中国金融生态城市”】 2008年，市人行以原阳、延津、长垣县为试点，将金融生态环境建设工作的重点由城市转移到农村，成效明显。在2008年金融市长年会上，新乡喜获“中国金融生态城市”称号。（张克军）

【金融统计数据集中工作】 2008年，全国人民银行系统金融统计工作实行重大改革，金融统计数据集中到人民银行总行进行统一管理。市人行积极做好新金融统计监测管理信息系统运行的反馈工作，确保新老系统双轨运行期间的金融统计数据准确无误，为系统进一步完善做出贡献。期间，市中心支行1人被人民银行总行抽调参与数据集中工作，得到人民银行总行领导的肯定。

（张克军）

【信息工作】 市人行围绕宏观经济金融形势和人民银行履职过程中遇到的各类热点、难点、焦点问题，深入调研，积极报送信息宣传稿件，取得明显成效。全年共上报各类信息400多篇，其中被国办采用3篇，被总行采用16篇、批示1篇，被省政府采用1篇，被分行采用74篇，被郑州中支采用126篇，被市政府采用32篇。在上级行获奖文章13篇，在公开刊物发表调研文章20篇、发表宣传文章17篇。（张克军）

【征信体系建设】 2008年，市人行广泛利用报纸和网络媒体宣传等多种方式普及征信知识，成功举办新乡市金融系统征信知识竞赛，组织对金融机构个人信用信息管理工作进行检查，开展非银行信用信息的收集管理。至年底，新乡市信贷登记咨询系统数据库入库企业达18763家，不良信用信息2496条，良好信用信息252条。（张克军）

【监督检查金融机构】 2008年，市人行对辖内农业银行和中国银行分支机构及市商业银行、农信社共17家机构进行金融业务现场检查，规范基层金融业务存在的不足和问题。（张克军）

【开展学习实践科学发展观活动】 市人行成立学习实践科学发展观活动领导小组，召开动员大会，制订实施方案和学习调研阶段配档表，按时上报市人行领导班子讨论材料、调研计划、调研报告等材料。举办辖区学习实践活动骨干培训班、党员干部学习实践活动培训班，副行长王晓莉作题为《以科学发展观为指导，沉着应对复杂多变的经济金融形势》的培训讲座，系统全面地介绍世界金融危机现状，深入浅出地讲解次贷危机的产生扩散，受到干部职工的好评。组织科级干部到林州学习红旗渠精神。编发学习活动简报17期，被人民银行济南分行学习实践活动简报采用2篇；收集整理县支行领导班子调研报告及中支科室履职调研报告48篇，科室负责人心得17篇，建言献策17篇，并组织调研报告、心得和建言评比。（张克军）

【向四川地震灾区献爱心】 2008年，市人行组织开展对地震灾区的爱心捐助，全辖区干部职工向四川地震灾区捐款85575元，全体党员交纳特殊党费23万元，组织机关干部职工捐献八成新以上衣被337件。开展“我们在一起”抗震救灾征文活动，市人行党委书记、行长刘贵珍的诗二首《汶川灾祭》和《为汶川大地震遇难者致哀》，被济南分行《党建通讯》第三期刊载。（张克军）

【文明单位创建活动】 2008年，市人行开展形式多样、内容丰富的创建活动，创建工作深入人心，形成齐抓共建的良好氛围。市人行党委书记、行长刘贵珍获2004～2007年度全国人民银行系统先进工作者，调查统计科被人民银行总行授予2004～2007年度全国人民银行系统调查统计工作先进集体，团委被评为济南分行五四红旗团委，国库科、办公室被评为总、分行级青年文明号，1人被评为分行级青年岗位能手。（张克军）

2008年新乡市本外币存贷款余额表

单位：万元

项　目	金融机构	国有独资商业银行	工　行	农　行	中　行	建　行
一、各项存款	7646046	3653812	847477	1101277	825343	879716
1. 企业存款	1201275	781816	132585	252419	240191	156621
（1）活期存款	959091	606907	96991	198366	161727	149823
（2）定期存款	242184	174909	35594	54053	78464	6798
2. 储蓄存款	5463939	2433134	596757	758671	521737	555968
（1）活期储蓄	1743660	924054	202531	340288	151254	229982

项　　目	金融机构	国有独资商业银行	工　行	农　行	中　行	建　行
(2) 定期储蓄	3720279	1509080	394227	418384	370483	325986
二、各项贷款	5069927	2198722	646868	653749	444605	453500
1. 短期贷款	3024171	565403	106818	216538	157672	84375
2. 中长期贷款	1485385	1157041	525086	130535	180919	320502
3. 票据融资	550135	472034	14964	306677	101770	48623
三、当年结益	116977	64033	16611	11058	17530	18835

注：1、本表中“金融机构”统计范围包括人行、农发行、工行、农行、中行、建行、广发行、市商业银行、农村信用社、邮政储蓄银行。

2、本表中“国有独资商业银行”统计范围包括工行、农行、中行、建行四大国有商业银行。

2008 年新乡市人民币存贷款余额表

单位：万元

县区 \ 项目	金融机构		国有独资商业银行		城乡居民储蓄存款	
	各项存款	各项贷款	各项存款	各项贷款	余额	其中：定期
合　计	7595711	5061453	3603325	2194013	5439878	3701977
新乡县	617117	484743	263786	183513	465575	272750
卫辉市	376261	239429	96345	10282	318632	228847
获嘉县	344791	196664	87583	8722	293063	206227
辉县市	815809	357559	319183	122665	682967	492321
原阳县	335475	288179	141538	11177	271219	1803261
延津县	250512	246950	87437	20106	207052	135304
封丘县	424150	157821	147155	8819	347603	247070
长垣县	971702	562066	521950	260371	809766	524854
市　区	3459895	2528040	1938347	1568358	2044001	1414278

注：1、本表中“金融机构”统计范围包括人行、农发行、工行、农行、中行、建行、广发行、市商业银行、农村信用社、邮政储蓄银行。

2、本表中“国有独资商业银行”统计范围包括工行、农行、中行、建行四大国有商业银行。

银行监督管理

【银行监督管理概况】 2008年，中国银行业监督管理委员会新乡监管分局（简称新乡银监分局），按照“固基、提效、改革、发展”的总体工作思路，以提高监管有效性和银行业竞争力为主线，深化完善监管运行机制，探索改进监管工作方式，大力引导贷款投放，提升银行业经济渗透力，全面加强风险管控，提升银行业稳健运行力，加速推进法人改革，提升银行业综合竞争力，积极履行社会责任，提升银行业社会服务力，促进全市银行业与地方经济的持续健康发展。新乡银行业各项改革进展顺利，竞争力不断提升，发展环境进一步优化。至12月末，全市银行业金融机构存款余额764.6亿元，较年初增长16.2%；贷款余额507亿元，比年初增长17.1%；不良贷款余额63.4亿元，比年初下降30.8亿元，不良率12.51%，较年初下降9.25个百分点。全市银行业金融机构盈利11.7亿元，同比增盈2.2亿元。法人机构资本充足率提高明显，农村信用社资本充足率－6.04%，较年初提高2.46个百分点，市商行资本充足率10.52%，超出监管指标2.52个百分点。2008年，新乡银监分局被中国金融工会授予全国金融“五一”劳动奖状，被中国银监会授予学习型组织标兵单位。 （平 云）

中国银行业监督管理委员会新乡监管分局领导成员

党委书记、局长 晁志斌
党委委员、监管调研员 杨达然
党委委员、副局长 黄守惠 李新军

【提高银行业监管绩效】 2008年，国家宏观调控政策不断加大，新乡银监分局立足新乡实际，切实加强对国家宏观经济金融形势的跟踪分析和调查研究，不断提高科学应对国家宏观调控的能力。同时发挥监管引导作用，通过定期召开金融形势及监管通报会、加强风险预警和提示、开展现场检查等方式，督促银行业机构全面有效贯彻宏观调控政策。新乡银监分局将不良贷款“双下降”作为监管的重中之重，采取“控制基数、防止新增”的工作思路，通过对各行社建立不良资产监测台账等措施，严格监管指标落实。以市政府创建“信用新乡”建设为契机，加大银行业清收不良贷款的政策宣传，争取政府相关部门的大力支持，形成合力。

新乡银监分局指导市商业银行实现银银合作、评级提升、跨区经营三大成果。其中与兴业银行在银行业务信息管理系统上的合作，有效提升了市商行业务管理水平和风险控制能力，其风险评级由4级提升到3级，为其跨区经营创造有利条件；长垣支行的挂牌开业标志着新乡市商业银行开始走向跨区经营、规模扩张的道路。

新乡银监分局出台并印发《新乡市农村合作金融机构2008～2010年主要风险指标和监管评级达标升级规划》，出台并上报市政府新乡农村信用社改革规划及建议，市政府下发《关于成立新乡市农村综合改革领导小组办公室的通知》，成立农村综合改革领导小组。在全面匡算、准确定位、明确目标的基础上，积极辅导辉县、长垣、新乡县3家农村信用联社进行农村商业银行试点，以点带面，重点突破，确保成效，其中，辉县联社年底前进入筹备期。

新乡银监分局促成中国邮政储蓄银行新乡分行成为邮储系统“商易通”电话自助转账业务首批试点单位。

新乡银监分局制定“政策引路、政府引导、银监统筹、部门协调、点面结合、务求实效”的工作方针，出台《新乡市推动银行业深化小企业金融服务工作指导意见》和《新乡市推动小企业金融服务实施方案》，在省政府举办的“新乡银企洽谈会”上，共有小企业41户签约贷款19460万元。

在对市农发行、市农行、市农村信用社3家银行业机构支农情况进行摸底调查基础上，新乡银监分局促成市政府出台《农村信用工程创建活动实施意见》。7月25日，在长垣县召开“支持新农村建设暨小企业银企洽谈会”，共签约项目总数110个，项目总金额32.9亿元，其中合同贷款5.32亿元、承诺贷款9.11亿元、意向贷款18.4亿元。

汶川地震后，新乡银监分局召开抗震救灾信

贷支持工作会议，安排部署各行抗震救灾工作。督促辖内银行业迅速行动，特事特办，为企业开辟“绿色通道”。全辖共有3.5亿元抗震救灾贷款发放到位。

积极与市委、市政府加强监管信息沟通。定期报送银行业运行报表和分析报告，编发《银监动态》，向市委、市政府、人大等部门主要领导宣传银行业监管政策，提出工作建议。

配合市政府建立健全新乡市非法集资联席会议工作程序及工作制度和非法集资日常咨询登记制度、信息报送制度，并督促各县成立专门机构，形成上下联动的工作体系。稳妥地对延津日升粮食银行违规使用“银行”名称、违法宣传进行处置，维护全市银行业安全稳健运行。（平　云）

【政策性银行监管】 2008年，新乡银监分局制定《新乡市农业发展银行实施分类差别化监管的指导意见》，把市农发行9家支行具体划分为正常、关注和重点3个监管类别，针对不同类别机构的不同风险分别实施差别化的监管措施。年内共对市农发行3名由银监局部门直接考核的高管人员进行评定。至年末，市农发行不良贷款较年初下降10238万元，不良贷款比率较年初下降6.04个百分点。组织开展农发行“贷款三查”自查情况的现场抽查和贷款五级分类发现问题整改情况的后续跟踪检查。共投入人员26人次，267个工作日，检查信贷业务549笔，涉及金额42084.39万元，发现问题13个，提出整改建议16条。督促层层签订案件防控目标责任书，案件防控工作做到“横到边，竖到底，不留死角”，确保辖区农发行案件防控的零发案率。（平　云）

【国有商业银行监管】 2008年，新乡银监分局制定《新乡市国有银行实施分类差别化监管的指导意见》，根据经营状况、风险程度、合法、合规等情况对辖内国有商业银行71家分支机构进行分类，将银行业机构划分为正常类、关注类、重点类，其中：市工行正常类12家、关注类6家，市农行正常类5家、关注类4家、重点类5家，市中行正常类18家，市建行正常类18家、关注类2家、重点类1家。对辖区大型银行应考核的108名高管人员进行“三考”工作，考核结果均为称职以上。按规定严格审核批准迁址开业12个，升格2个，撤销1个。办理高管人员任职资格核准24人，取消高管人员任职资格1人。至年末，工行不良贷款余额、占比分别较年初减少1.87亿元和3.75个百分点，市农行不良贷款余额、占比分别较年初减少28.7亿元和36.82个百分点，市中行不良贷款余额、占比分别较年初减少0.4亿元和1.23个百分点，市建行不良贷款余额、占比分别较年初减少2395万元和0.6个百分点。组成5个检查组，抽调检查人员28名，累计投入836个工作日，对辖区4家国有商业银行的高管人员履职和市农行风险管理体系建设运转等情况进行5次现场检查。共发现各类问题70个，发出整改建议书5份，提出政策建议和整改意见75条，并督促各行切实采取措施，将内控制度落到实处。督促层层签订案件防控目标责任书，对基层网点进行走访、查看和人员座谈，并就案件防控提出监管建议和要求，及时给予风险提示，推动案件和操作风险防控工作有效开展，案件防控工作做到“横到边，竖到底，不留死角”。年内，辖内4家国有商业银行各类案件的防控工作取得明显成效。（平　云）

【股份制银行机构监管】 2008年，新乡银监分局制定《新乡市广东发展银行实施分类差别化监管的指导意见》，在客观评价和准确把握银行总体风险状况和风险管控能力的基础上，按照标准把广发行新乡支行、劳动路支行分为正常类机构，开发区支行、平原路支行分为关注类机构。对广东发展银行应考核的4名高管人员进行“三考”工作，考核结果均为称职以上。共完成对辖区股份制商业银行非现场分析报告11期，其中不良资产监测分析报告4期，业务经营情况及财务收支分析报告4期；下发监管通报4期，发现问题18个，提出监管建议22条，收到反馈意见4份。至12月末，广东发展银行新乡支行不良贷款比年初减少81万元，不良贷款率比年初下降0.41个百分点。及时召开广发行新乡支行案件防控会议，层层签订案件防控承诺书，督促广发银行新乡支行扎实做好“三项活动”，全年广东发展银行新乡支行无各类案件发生。（平　云）

【邮政储蓄银行监管】 2008年，新乡银监分局制定《新乡市邮政储蓄银行实施分类差别化监管的指导意见》，按照标准把新乡市邮政储蓄银行8家支行具体划分正常类5家，关注类3家。完成对邮政储蓄银行新乡辖区100家二级支行的机构改革、开业资料审查和批复工作。对新乡市邮政储蓄银行申报的二级支行高管人员有关资料进行审核，并组织金融业务知识考试。对符合任职资格条件的35名高管人员予以核准；对2名未达到规定要求的高管人员，不予核准。共下发监管通报4期，发现问题12个，提出监管建议15条，收到反馈意见4份。对20%的邮政储蓄银行新乡市分行及所辖市区分支机构及邮政储蓄代理机构所开展的全部业务及管理和操作流程进行操作风险排查现场检查。根据《河南省邮政金融机构监管走访制度》，对辖区机构进行走访。共派出检查组2个，派出人员15人，累计投入120个工作日，查看文件资料2160份，查阅规章制度79份，检查业务量56384笔，检查金额累计139630万元。共发现问题33个，提出监管建议15条。在安排布置新乡市邮政储蓄银行案件防控工作中，强化案件风险的排查与抽查工作，切实改变案件防控“上热下冷、外紧内松、有章不循、重业务轻内控”等问题，通过发挥制度、科技、文化、法规4种力量，建立案件防控的长效机制。层层签订案件防控承诺书，防范风险发生。同时督促新乡市邮政储蓄银行扎实做好“三项活动”，推动案件防控工作继续向纵深开展。全年无各类案件发生。

（平　云）

【农村信用社监管】　2008年，新乡银监分局制定《新乡市农村合作金融机构2008～2010年主要风险指标和监管评级达标升级规划》，并按季编制分类进度排名情况，及时将风险状况和达标情况通报给省联社新乡市办公室和各家联社。针对全辖农信社存在的具有代表性、突出性的问题，如统一法人、央行票据兑付、冒名贷款、案件事后督促及卫辉联社经营风险情况等项工作，适时对省联社新乡市办及相关县联社负责人进行戒勉、约见谈话。新乡银监分局对卫辉市联社不良贷款反弹情况、各联社存贷款比例情况及10家联社三季度经营和风险情况进行通报。至12月末，新乡市农村信用社不良贷款较年初增加1.15亿元，不良贷款率较年初下降2.46个百分点。分别对辉县市、新乡县、获嘉县、长垣县4家联社新增不良贷款、增资扩股及政府承诺资产置换真实性、新开办业务风险和合规性、农村中小金融机构个人消费贷款、新增贷款投向和风险状况、监管评级主要指标真实性6个项目有针对性地进行现场检查。全年共组成6个检查组，抽调监管人员33人次，累计投入588个现场检查工作日，检查金额248841.2万元，62439笔，共发现问题48个，违规金额11574.4万元，提出整改建议19条。农村信用社反馈已整改到位19条，处理人员13人，整改率100%。督请市政府成立以市长李庆贵为组长，市委常委、副市长赵海燕为副组长的新乡市农村商业银行组建工作领导小组，下发《新乡市农村信用社改革三年规划》。同时，新乡银监分局分别与10家联社签订《改革发展暨监管目标责任书》。至年末，辉县市农商行组建改革工作取得突破性进展，已清收处置不良贷款5311万元，政府收购不良贷款3.18万元，不良贷款指标顺利达标。新乡市10家联社中，8家已实行一级法人体制，2家联社因领导缺位，统一法人工作被省局否决。年初全辖6家尚未兑付央行票据的县联社，有5家联社已实现票据兑付，兑付金额52862万元，兑付率为100%。新乡市10家联社中已有9家实现票据兑付，金额达85937万元，占应兑付金额的93.91%。同时，新乡银监分局在全市农村信用社深入开展以“诚信廉洁、求真务实、依法经营”为主要内容的作风大整顿和案件大排查专项活动。共排查出案件3起，其中千万元以上案件1起，2起未形成资金损失。

（平　云）

【城市商业银行监管】　2008年，新乡银监分局制定《新乡市商业银行实施分类差别化监管的指导意见》，按照标准把新乡市商业银行30家支行划分为正常类19家，关注类8家，重点类3家。对市商行应考核33名高管人员进行“三考”工作，考核结果均为称职以上。按规定严格审核批准迁址开业3个。办理高管人员任职资格核准4人，取消高管人员任职资格1人。核准长垣县支行挂牌开业。至年底，市商行不良贷款较年初增加0.5亿元，不良贷款率较年初上升0.57个百分点。全年，共下发监管通报4期，上报非现场监管报表及分析报告20份，约13万字。发现问题15个，提出监管建议26条，收到反馈意见4份。7月4日，市商行与兴业银行签订《新乡商业银行信息系统建设工程合同书》、《新乡商业银行信息系统软件维护合同书》，双方的合作正式开始。组织对市商行下属新获支行、卫北支行、解放路支行截至2008年6月末资金及现金业务、存款及柜台业务、有价证券及重要空白凭证、账外经营、其他业务及环节、员工行为等情况进行抽查。对城市商业银行管辖的6个支行在2007年1月1日至2008年6月30日期间所办理银行承兑汇票业务进行现场检查。两项现场检查共派出检查组2个，派出人员16人次，累计投入352个工作日，调阅文件资料48份，查阅规章制度163份，检查业务量1241笔，检查金额累计296303万元。共发现问题554笔，涉及金额117119万元。及时召开市商行案件防控专项会议，签订案件防控承诺书。全年市商行无各类案件发生。

（平　云）

工商银行

【工行概况】　2008年，中国工商银行股份有限公司新乡分行（简称市工行），牢固树立科学发展观和现代商业银行的经营理念，坚持效益、质量、规模协调发展的方针，围绕“管理与发展并重，内控优先”的经营指导思想，以提升经济效益和实现经济增加值为核心，以提升服务能力和服务质量为突破口，以提升风险管理水平和改革创新能力为保障，倡导合规文化建设，加速业务发展，抢占优质客户市场和资源，增强核心竞争力；强化领导班子的组织和作风建设，开展丰富多彩的企业文化建设活动，全行干部员工团结一致，经营实现根本性好转。至年末，全行实现拨备前利润19197万元，拨备后利润16611万元，税后净利润12950万元，各项存款新增132500万元，各项贷款新增79507万元，个人住房信贷业务余额和投放量同业占比持续第一，为全市工商企业的发展和社会大众生活的改善提供金融支持。

（赵文建）

中国工商银行股份有限公司新乡分行领导成员

党委书记、行长　冯军伏（2008年5月任）
副　行　长　张天福　王志刚
　　刘明辉（2008年5月任）
纪委书记　孔凡萍（女）
工会主席　王长海

【支持经济发展】　2008年，市工行围绕全市经济发展战略目标，重点对国家和地方重点项目和基础产业设施建设、城市建设和社会事业类、外商投资和高新技术类、优秀中小企业和民营企业等四大领域加大资金投放力度，满足全市基础设施建设、城市建设和工商企业生产经营对资金的多层次、多元化需求。继续加大优质项目贷款的营销、审批及投放力度，实施项目带动，重点抓好电力、能源、高速公路及高端客户、大型优质项目的贷款投放。加快投放节奏，坚持“综合营销、团队营销、创新营销、差别营销、点评营销”5个原则，充分发挥高层营销和基层服务相结合的优势，严格落实营销问责制，促进重点项目营销的顺利开展，全年每一个季度市工行的贷款投放量均走在全省前列。逐户制定投放计划，定时间，定进度，定责任人，紧盯评估、紧盯审批、紧盯投放，力争贷款早投放、早到位。进一步加大票据贴现力度，加强与票源丰富企业的沟通，加大票据贴现总量，既增加对全市的融资额度，又增加全行的收益。积极增加个人贷款投放的力度，以信用度高、贡献度大的目标客户为重点，大力开展以不动产抵押和质押为担保方式的个人贷款品种，围绕“重点客户、重点地区、重点业务”的发展战略，住房开发贷款、个人住房贷款、个人消费贷款、汽车消费贷款、外汇贷款等均大幅度增加。

（赵文建）

【增强竞争力和可持续发展能力】　2008年，市工行根据省分行《关于全面加强新时期员工思想政治工作的指导意见》，定期对员工思想状况进行调查，有针对性地做好教育疏导工作，为全行的改革发展提供思想保证。加强在岗培训，努力建设学习型银行。制定分层次的全员培训计划和方案，全面加强对管理人员现代金融企业经营理念、发展战略、公司治理等方面的综合培训，加强对专业骨干新业务、新制度、新流程的专业管理培训，加强对业务操作人员操作规范、操作制度、操作流程的服务技能培训。在传统业务经营上，围绕做大做强，大力优化

省工行行长明柱亮到新乡金龙集团考察

公司业务，积极拓展个金业务，整合提升机构业务；在新兴业务上，围绕做精做优、打造精品，保持和扩大同业领先优势；在改善资产质量上，强化不良贷款资源意识，实行不良贷款集中管理、集中处置。坚持“营销服务创新化、营销体系高效化、营销机制科学化、营销队伍专业化”的营销工作方针，开创全行营销工作新局面。全行两级班子进一步更新观念，强化营销意识，确立了营销工作的重要地位和作用，调动员工推介金融产品的积极性，营造全行抓营销的氛围。为把握竞争主动权，以灵活多变的策略应对竞争，根据全行各项业务进展情况，及时调整全行工作重心，先后打响“大干一季度，争取开门红”、“大干 60 天，争创比贡献”等阶段性攻坚战，并坚持每季度召开支行行长工作会议，分析差距，明确主攻方向，不断用新目标激励全行的斗志，增强员工对全行持续良性发展的信心。

（赵文建）

【推进制度改革和机制创新】 2008 年，市工行坚持以“综合绩效考评”为核心的评价机制改革，充分发挥机制的导向作用，推动各项业务发展。以行长目标考核办法、绩效考评办法和配套奖惩办法为主线，突出强调行长经营目标、党风廉政建设责任制和案件防范责任制“三位一体”，促进“两手抓，两手都要硬”，强化责任意识，推动全行的经营工作。强化经济资本管理，实行动态补充机制。在全行积极推进全行经济资本管理工作，充分应用经济资本管理的手段和途径，有效指导全行和支行的资产结构调整，努力提高经济资本回报率和经济增加值水平。按照总、省行对人力资源提升项目实施的整体部署，在深入开展岗位梳理、岗位分析和岗位评估等工作的基础上，积极实施人力资源管理提升项目。加强对员工工资的日常性管理，监督落实《新乡分行人力费用分配办法》，按时拨付员工工资，准时上报省行各项报表，保证全行在职、内退、离退休等人员工资及时、准确发放，切实维护员工利益。在干部管理上，认真分析各个班子的工作、思想、生活等情况，在干部调整和任用工作中，认真贯彻执行《党政领导干部选拔任用工作暂行条例》及《中国工商银行领导干部选拔任用工作暂行条例》，严把任用关，严格按照工作程序调整、交流干部。

（赵文建）

【组织建设】 市工行党委中心组学习贯彻党的十七大及中央经济、金融工作会议精神，围绕上市后新形势、新目标和新任务的要求，以培育和提升核心竞争力为中心，求真务实，勇于创新，增强领导工行改革发展的能力。党委按时组织召开党委中心组学习例会、各基层党支部的民主生活会，开诚布公地进行思想交流，坦诚地开展批评和自我批评，增进相互理解。全行广大党员通过多种形式，在认真学习有关党的理论知识，不断提高思想认识的基础上，开展形式多样的主题实践活动，提高党员素质，促进工作开展。同时，认真学习和贯彻执行党和国家的各项金融方针政策，开拓创新，党组织和领导班子的凝聚力、战斗力得到增强。强化党风廉政建设，认真落实“两个责任制”。在全行组织开展“学习贯彻十七大精神，努力践行科学发展观”网上知识竞赛活动、“学党章、见行动”主题实践等活动，广大干部员工写心得、谈体会，知荣明耻，提高党性修养和党员意识，进一步树立讲道德、重修养、尚清廉的良好风气。在党风廉政建设中，完善反腐倡廉领导体制和工作机制，不断增强和提高各级管理干部党风廉政建设和案件防范工作的责任意识和工作执行力，推动“两个责任制”的贯彻落实。在班子建设上，倡导扎实严谨、求真务实的工作作风，坚持民主集中制原则，广泛听取群众意见，形成全行干部各司其职、各负其责、各尽所能、各展其才的良好氛围。不断完善和加强党风廉政建设责任制工作，坚持贯彻从严治党、从严治行方针，对广大党员干部进行形式多样、内容丰富的廉洁自律教育，对员工进行案例警示教育，在完善制度、督促落实、检查监督、行务公开等方面做了一系列工作，促使干部员工努力做到自重、自省、自警、自励，廉政勤政。树立大局意识，增强执行各项金融方针政策的自觉性。认真贯彻中央金融工委、中国人民银行和总省行的各项规定，多次统筹安排全体员工进行金融法律法规知识竞赛、知识讲座和答题活动，强化全行员工守法经营、依法办事的意识，增强班子和干部员工对工商银行经营发展的大局观念。

（赵文建）

【企业文化建设】 市工行充分发挥两级党组织的带头作用，努力提高党员干部和广大员工的思想水平，稳定思想，稳定大局，以统一的思想和稳定的局面促进各项事业的发展。组织驻村工作队，深入乡村帮助农民解决实际问题，赢得村民的拥护和当地政府的好评。坚持围绕“工行核心竞争力建设”和“以人为本”两个中心，企业文化建设坚持“小型化、多样化、经常化、兴趣化”的工作理念，让员工在愉悦的精神文化中陶冶人格、升华境界；党政工团齐动手，发挥整体优势，先后组织开展新春联欢会、“三八”拔河比赛、游泳比赛、书法、摄影作品征集展览等文体活动，活跃员工业余生活，提升企业凝聚力；组织全行员工进行健康体检，并对全行近500名女工进行专项妇科体检；制定完善的创建规划，不断提高员工的创建意识和文明意识。全面打造执行力文化，与驻新部队联合在全行开展“学铁军、强执行”活动，以强势执行确保各项业务快速发展。热心社会公益事业，在抗震救灾活动中，全行以个人自愿捐助、群体自发捐助、缴纳“特殊党费”等形式为灾区捐款30多万元，凝聚了全行上下众志成城、克难攻坚、奋发向上的热情和信念，全行的凝聚力和向心力显著增强。同时，积极参加市委政府、行政区和办事处组织的爱国卫生运动、“五城”创建、防汛防洪及“爱心助残”等各项活动，为新乡市环境优化、美化等做出积极贡献。

（赵文建）

中国银行

【中行概况】 2008年，中国银行股份有限公司新乡分行（简称市中行）积极应对国际金融风暴带来的冲击与挑战，围绕市场竞争力主题，打破传统思维惯性，不断提升服务水平，完善经营管理机制，加快业务战略转型。通过全行员工的努力和拼搏，资源配置渐趋合理、资产质量不断提高、内控建设不断完善、综合效益大幅提升。至年底，全辖本外币净收入同比增加3998万元，增长14.99%；本外币净利润同比增加4799万元，增长53.76%，创历史最好水平。人均利润较上年增加8万元，增幅为62.16%，居全市同业首位。主营业务产品结构不断改善，市场竞争力稳步提升。各项人民币存款首次突破80亿元，较年初增加14.03亿元，增幅21.17%；外币存款余额在全市金融机构中市场占有率位居第一位；授信规模稳中有升，年末各项人民币贷款较年初增加5.58亿元，增幅14.52%；中间业务快速发展，净收入同比增加915万元，增长19.39%。国际经济金融风暴爆发后，新乡中行及时采取措施，加强风险防范，对部分企业开展压力测试。年末，全辖本外币不良授信资产下降43.29%，本外币授信资产不良率为1.19%，较年初下降1.22个百分点，低于全省3.65%的平均水平，继续保持不良双降态势。

（朱文彬）

中国银行股份有限公司新乡分行领导成员

党委书记、行长　付连晔

副　行　长　张　真（女）　程　飞
程德洲　张东升

纪委书记　高建林

【举办“2008中国银行新年音乐会”】 2008年1月21日晚，新乡中行举办“2008中国银行新年音乐会”。中央音乐学院副院长周海宏率队为广大新乡市民奉献一场精彩的艺术大餐。市委副书记宋丽萍出席并观看演出，新乡电视台、《新乡日报》、《平原晚报》等新乡媒体对音乐会进行报道。

（朱文彬）

【叙做首笔组合购汇业务】 随着人民币不断升值及美联储的一再降息，美元与人民币之间的利差进一步缩小，为组合购汇业务提供了良好的市场机遇。1月24日，市中行成功叙做首笔组合购汇业务，通过该理财产品，为企业节约124万元财务费用支出，同时为该行带来可观的公司存款及相应外汇贷款利

息收益，拓展了公司业务营销手段，实现银企双赢。（朱文彬）

【与金龙集团签署战略合作协议】 2008年，市中行秉承中国银行良好信誉和服务宗旨，依托中国银行强大全球网络优势，为金龙集团提供全方位的金融服务，特别是在国际结算业务、授信及融资业务、现金管理服务等方面给予大力支持。4月1日上午，中国银行股份有限公司河南省分行与金龙精密铜管集团股份有限公司在新乡市签署战略合作协议。省分行行长白树屏与金龙精密铜管集团董事长李长杰就进一步加强全方位战略合作关系达成广泛共识，并分别代表双方在协议上签字。市政府副市长赵海燕出席签字仪式并作重要讲话。新乡银监分局局长晁志斌、人民银行新乡中支行长刘贵珍和多家媒体一同见证签字仪式。（朱文彬）

【中国银行总行外汇管理工作研讨会在新乡召开】 2008年5月25日至30日，中国银行总行在新乡市召开外汇管理工作研讨会。总行主管周徽带队，总行相关部门及上海、浙江、深圳、广东、山东、江苏、福建、北京、河南等分行的外汇管理主管和经理参加会议。会议对当前我国外汇管理形势和中行国际结算业务及外汇管理工作现状进行了分析。代表们讨论拟修订出台对公结售汇管理办法、对公结售汇操作指引、对公外汇账户申报管理办法等制度，对进一步完善外汇管理各项制度和工作内容，提出许多切实可行的建议。（朱文彬）

【金库实现社会化值守】 市中行认真贯彻中国银行"服务规范、保障全面、规避风险、确保安全、降低成本"的保卫工作指导方针，积极推动守押工作社会化管理。2008年，在押运工作社会化基础上，新乡中行与新乡市保安服务公司积极接洽、磋商金库社会化守卫事宜。经过十余次缜密协商，在着眼当前、照顾将来、长期合作、互惠双赢的原则基础上，双方就金库值守达成共识，并签定《守卫服务合同》。6月3日，市中行金库值守工作和枪支弹药在市公安局有关部门的监督下正式交接，结束了新乡中行自建行以来自行守库的历史，实现守库、押运、枪弹管理三大风险点的有效转移，新乡中行正式跨入无枪弹行列。（朱文彬）

【爱心献灾区】 四川汶川地震发生后，市中行广大干部员工迅速行动起来，踊跃向灾区捐款捐物。短短几天时间，51100元员工捐款、20000元工会捐款及全行党员31620元"特殊党费"迅速送到赈灾办公室。灾难发生后，应灾区卫生部门的请求，华兰生物股份有限公司承担起灾区急需药品生产任务。由于该公司调整生产计划，致使生产资金出现紧张。新乡中行特事特办，连夜部署，跨多个部门组织工作团队，开辟抗震救灾"授信绿色通道"，仅半天时间就完成平时需要数周才能完成的工作，3000万元抗震救灾专项贷款及时转入华兰生物股份有限公司账户，成为全国中行系统第一笔抗震救灾专项贷款。市中行此举先后被《金融时报》、《中行职工报》等多家中央级媒体连续转载报导，受到社会广泛好评。（朱文彬）

【实现扁平化管理】 2008年，中国银行为了消除经营当中存在的管理层次多、链条长，信息传导不畅，前中后台职责不明确，基层支行定位不准确，部分业务流程设计不合理等现实问题，建立体现以客户为中心的营销服务运营体系，确立实施扁平化管理、前中后台分离的目标。6月3日至5日，在网点完成扁平化并账工作基础上，将全辖35个网点分为全功能性网点、销售服务型网点、交易服务型网点和对公服务型网点。通过扁平化管理，市中行构建了新型的管理运作机制、市场营销体制、信息沟通机制和考核激励机制。架构设置更加精简高效，内控和风险管理体系更加健全。建立起以客户为中心、以市场为导向的经营体制，促进各项业务的全面、协调、可持续发展。（朱文彬）

【中行"模范职工之家暨劳动关系和谐单位"现场推进及表彰会在新召开】 2008年9月24日，中国银行总行"模范职工之家暨劳动关系和谐单位"现场推进及表彰会议在新乡市召开。中国银行总行工会常务副主任康美，中央金融工会经济工作部部长陶跃进及来自全国各省、市分行的工会领导、工会工作先进单位代表140余人出席会议。市委书记吴天君到会并代表新乡市委、市政府对会议的召开致辞表示祝贺。会上，代表们观看了市中行、北京市中行、天津市中行劳动关系和谐单位创建活动宣传片，并就创建活动的有关经验进行交流。代表们一致认为新乡中行荣获"全国金融系统劳动关系和谐

企业”称号是名至实归。（朱文彬）

【举办“奥运特许商品冠军签售”活动】 新乡市不是奥运圣火的传递城市，市中行不失时机地为广大市民弥补了这一缺憾。2008年7月27日和11月8日，市中行先后邀请两届奥运会羽毛球冠军顾俊和两届奥运会射击冠军杜丽两度成功举办“奥运特许商品冠军签售”大型活动。广大市民在珍藏奥运商品的同时，亲眼目睹了冠军风采，既亲身接触了“祥云”火炬，又有机会与奥运冠军合影留念。（朱文彬）

顾俊在奥运特许商品奥运冠军签售现场

【完成奥运金融服务任务】 北京奥运会、残奥会期间，市中行对奥运安保工作极为重视，要求将奥运金融服务安保工作以反恐防爆标准来对待，全面加强奥运安稳工作。加强领导，明确目标，强化意识，落实责任，全力做好奥运金融服务安保维稳工作。补充和完善各项安保应急预案，提高突发事件应对处置能力。全面落实各项安全防护措施，继续做好重要安保环节的隐患排查工作。认真做好全辖的维护稳定工作。加强风险控制，严防奥运期间银行卡案件发生。积极行动，认真落实公安部门的安全大检查。由于认识到位，措施得力，整个奥运会期间没有发生任何影响安全稳定的事件和安全事故，确保了奥运会、残奥会期间奥运金融服务的顺利进行和全行系统的安全运行。（朱文彬）

【业务创新能力增强】 2008年，市中行实现组合购汇、对公基金、结构性理财、中银货币委托理财、C保理、同业存放等业务零的突破，自创产品“医保通”已申报总行创新产品奖。作为河南省中行系统首家中小企业授信试点单位，与新乡市担保公司合作向中小企业发放委托贷款，和信用联社合作、通过代签同业银行承兑汇票为中小企业融资。市中行的创新性做法先后被《金融时报》、《中行职工报》及中国银行网站多次报导。（朱文彬）

【企业文化建设和员工思想教育工作】 市中行全年在中央级刊物上发表作品13篇，稿件水平和发稿量均排在全省同行前列。与《平原晚报》合作的奥运专题宣传社会反响良好，获得省行“奥运宣传工作先进单位”。深入开展“解放思想与提高竞争力”大讨论活动，认真学习和深刻领会实践科学发展观的丰富内涵，党风、行风、政风、精神文明建设取得新的成果。2008年，市中行荣获新乡市金融系统唯一一家学习型组织标兵单位称号；被省委、省政府命名为省级文明单位。新市区支行被总行授予中国银行精神文明建设工作先进单位，市中行营业部荣获河南省文明服务示范窗口。市中行行长付连晔获河南省“五一”劳动奖章。（朱文彬）

建设银行

【建行概况】 2008年，中国建设银行股份有限公司新乡分行（简称市建行）准确把握“稳中求进，好学优先”的宏观调控背景，正确分析判断当前面临的形势，积极推进战略转型、突出精细化管理和服务，围绕“冲刺08，勇争一流”的工作目标，抓住战略转型这个关键，深入践行“以客户为中心”的经营理念，开展“杀毒工程”，各项工作又好又快地健康发展，实现经济效益和社会效益双丰收。主要经营指标在当地同业处于领先水平，实现一般性存款新增、贷款累计发放、信用卡客户数新增市场占比等6项同业第一，15项核心指标实现系统跨越。全年实现考核利润15295万元，比上年增加814万元；经济增加值7859万元，比上年增加1958万元；全口径存款余额893658万元，各项贷款余额453499万元；不良贷款余额2317.79万元，不良率0.51%。（刘雪雁）

中国建设银行股份有限公司新乡分行领导成员

党委书记、行长　徐大公
副　行　长　赵庆波　柴宝龙（兼纪委书记）
　　　　　　鲁建伟　王　刚　董　琦
工会主任　文　芹（女，2008年5月任）
风险主管　孙长代
行长助理　薛颖骁（2008年6月任）

【建行河南省分行“共创辉煌”春节慰问演出在新举行】　2008年1月14日晚，中国建设银行河南省分行“共创辉煌”2008新春文艺演出在新乡新星大剧院隆重举行。省分行副行长石永拴与市委常委、副市长赵海燕、客户代表以及新乡分行的员工1300余人欢聚一堂，共叙情谊。新乡分行行长徐大公在演出开幕前致欢迎词。演出场面宏大，主题突出，格调高雅，形式多样，受到广大员工和社会各界的高度评价。新乡多家电视台、《新乡日报》、新乡广播电台、《平原晚报》等多家新闻媒体都到场对晚会盛况进行报道。　（刘雪雁）

【全面落实科学发展观】　市建行党委制定详细周密的活动实施方案和推进计划，准确把握活动的指导思想、基本原则和目标，把握好5个阶段16个环节的关键点和基本要求，做到“三戒”（戒虚、戒假、戒浮）、“四求”（求实、求真、求深、求实效），扎扎实实开展活动，力求达到领导干部受教育、科学发展上水平、广大员工得实惠的活动目的。市建行深入基层一线员工和客户进行调查研究，就发展中的热点和难点问题找准症结，寻求有效的解决办法和措施。组织召开民主生活会，按照科学发展观要求对照检查自身存在的不足并深刻分析原因，积极与员工坦诚谈心，严肃认真开展批评与自我批评，认真查找工作作风、党的建设、班子和队伍建设、经营决策、经营管理能力和风险防范能力等方面存在的问题。组织行内外征求意见建议活动，虚心听取员工、客户、政府及监管部门对市建行业务发展、服务能力、风险防范和内控建设、激励约束机制建设、员工职业生涯规划等方面的意见建议，切实找准影响和制约科学发展、和谐稳定等方面的突出问题。牢记“立党为公、执政为民”的执政理念和“权为民所用、情为民所系、利为民所谋”的以民为本的指导原则，努力提高自身科学发展观的思想水平、政策水平和执行能力，做科学发展观的忠实实践者。　（刘雪雁）

【蝉联新乡市政风行风建设先进单位】　2008年，市建行制定实施方案，持续深化“以客户为中心，以市场为导向”的服务理念，进一步转变作风、优化流程、提高工作效率，从大处着眼，从小处着手，既抓网点硬件建设，又抓人员整体素质，整体服务水准有了质的提高，在2008年政风行风评议活动中，获得全市公共服务行业排名第二、同业排名第一的成绩，并蝉联新乡市政风行风建设先进单位。　（刘雪雁）

【举办招商引资项目对接会】　2008年1月28日，市建行举办与新乡市政府部门及商务系统招商引资项目对接会。市建行相关领导，全市商务局系统主要负责人参加这次活动。新乡市副市长李公乐出席对接会并致辞。对接会以加强招商引资客户营销、实现当地大项目与该行营销重点的对接为核心，以迎新春答谢酒会的形式在新乡市国际饭店隆重举行。会议充分肯定多年来的合作成果，探讨进一步加强合作的思路和措施，畅想“银政携手、共创辉煌”的广阔前景。　（刘雪雁）

【为困难员工排忧解难】　为使困难员工过上一个祥和、快乐的春节，市建行成立6个困难员工春节慰问组，分别由行领导带队走访慰问22名困难员工，将困难救助金4.29万元和慰问信送到困难员工家中，这是近年该行救助范围最广和救助金额最大的一次活动。市建行全年募集救助慰问金高达22余万元，其中救助困难职工17名1.83万元，为白血病患者牛磊募集救助资金63796元，开展社会救助捐款4次73390元，对员工生日、婚嫁生育、有病住院、父母病故等进行慰问，金额58233.9元，慰问高校录取的21名员工子女6300元，从而营造建行和谐的人本文化，增强建行的凝聚力和向心力，促进全行各项工作健康、快速发展，树立良好的社会形象。　（刘雪雁）

【开展“客户接待日”活动】　市建行从2008年1月开始，将每月第二周的第一个工作日定为“客户接待日”，由行级领导面对面接待客户，倾听客户心声、了解客户需求，努力提高客户满意度。3月10日，建行河南省分行副行长张志军带领个人金融部、公司业务部、电子银行部、住房金融与个人信贷部、银行卡中心的负责人，参加新乡分行的“客户接待日”。他们聆听了5位高端客户对创新对公业务产品、完善电子银行服务功能、开发拓展新产品等方面的意见和建议，并对客户反映的问题、意见或建议进行详细记录，明确时限，尽快整改落实，反馈给客户。（刘雪雁）

【荣获河南省财贸金融系统2007年度先进工会集体称号】 2008年3月4日，新乡市财贸工会召开表彰大会，市建行工会被河南省财贸金融工会授予2007年度先进工会集体称号，这是该行连续两次获此项荣誉称号。（刘雪雁）

【办理全省首笔“乾图理财”产品】 市建行积极创新，为客户量身定做保值增值产品，大力发展对公理财业务。2008年2月2日，办理全省首笔保本浮动收益型“乾图理财”产品，为融资客户成功发行期限3个月、金额3500万元的“乾图理财”一对一信托理财产品，实现双赢，受到省分行通报表扬。（刘雪雁）

【举办“2008基金投资论坛”】 市建行与国内著名的3家基金公司联手，于2008年1月5日举办大型“‘建行·财富’巅峰对话”活动。本次活动主题是“2008基金投资论坛”，针对投资热点对VIP客户进行基金投资教育，丰富客户理财知识，提高理财技能。活动邀请交银施罗德、长信、富国等国内知名的3家基金管理公司的专家作为嘉宾，以访谈、演讲和手机短信互动平台问答的方式进行。来自各界的1200余名建行VIP客户参加活动。这次“巅峰对话”活动，是针对中、高端目标客户不断丰富和完善差别式服务内涵的又一次尝试，受到广大客户的赞许和欢迎。（刘雪雁）

【“中国红十字总会”向小冀支行表示感谢】 2008年5月13日下午2点左右，一名女士拿着一本建设银行的存折来到小冀支行要求向四川地震灾区捐款。该行员工了解到这名客户的捐赠意愿后，马上协助客户查找接受捐款机构的账号和开户银行。由于四川省汶川县通讯全部中断，无法联系。小冀支行员工详细耐心向捐款人进行解释，征求捐款人是否愿意向“中国红十字总会”捐款，由他们向四川省汶川县地震重灾区转交捐款。捐款人欣然答应。由114查号台直接连通的“中国红十字总会”热线捐助电话接通后，“中国红十字总会”的工作人员详细向小冀支行员工介绍了捐款账号、开户银行、单位名称等等，高度赞扬市建行员工对灾区人民、对捐款人认真、负责的态度以及精细的工作作风，充分肯定该行员工高度的政治责任感，并通过建行小冀支行员工向捐款人表示感谢。（刘雪雁）

【奥运火炬手、环保大使田桂荣走进银行】 2008年7月24日，奥运火炬手、环保大使田桂荣走进市建行，共同开展“激情盛夏 共迎奥运”VIP客户联谊活动。田桂荣是新乡市环保志愿者协会会长，国际知名环保志愿者，是全亚洲唯一同时获得福特国际环保奖和美国格雷特曼两项大奖的获得者，是本届奥运会火炬手。田桂荣对市建行不断提高服务水平，积极履行社会责任，大力支持环保事业表示感谢，希望与建行携手，使更多的人支持环保、参与环保，共同打造“绿色环保、蓝色建行、和谐奥运”。活动中，客户纷纷与田桂荣高举奥运火炬合影留念。（刘雪雁）

【“中国贫困英模母亲”首批资助资金发放】 2008年7月22日，市建行在驻市某部队举办“中国贫困英模母亲”资助资金发放仪式。15名因公牺牲、因公致残或在一线工作表现突出且生活困难的现役军人的妻子或母亲，领到市建行用于帮助她们减轻家庭经济负担，改善生活条件的首批资助金。市建行是全省建设银行系统资助对象最多的市分行，以后该行将逐年确定英模母亲或家属的资助对象，连续资助10年。此次资助活动是迄今为止国内银行业对贫困英模母亲单笔捐款金额最大的一次。（刘雪雁）

【“建行·财富”VIP客户子女暑期夏令营】 暑期来临之际，市建行为VIP客户子女安排生动有趣的暑期夏令营活动。“万仙山拓展训练营”既培养了孩子们的团队精神，又提高了他们的自信心。“我到上海看世界”通过参观上海、苏州、杭州等城市历史文化古迹、现代化的高科技场馆等一系列活动，感受中国的经济前沿、科技前沿和文化教育前沿，培训孩子们热爱科学、献身科学的理想。通过活动，该行拓宽了VIP客户的服务范围，提升了建行·财富俱乐部的品牌形象，赢得了VIP客户对差别化服务的满意度。（刘雪雁）

【公开征求意见】 10月16日，市建行从服务评价、产品评价、客户选择银行主要因素、对改进银行工作的建议等几个方面入手，自制金融产品客户服务意见征求表，在繁华区域客户流量大、客户类型多的支行开展意见征询，并对收回的问卷及时进行梳理分类，进行分析研究，逐条分解落实到位，以进一步提升服务内涵，提升服务满意度。

（刘雪雁）

【荣获新乡市创和谐劳动关系模范企业称号】 2008年，市建行被授予新乡市创和谐劳动关系模范企业称号，是全市金融系统唯一获此殊荣的单位。

（刘雪雁）

【城南支行被授予新乡市“五一”劳动奖状】 2008年，建行新乡城南支行被新乡市创争活动指导委员会授予新乡市学习型标兵班组称号，荣获市总工会颁发的新乡市“五一”劳动奖状，这是全市金融系统唯一获此殊荣的单位。城南支行把“建设学习型组织，打造创新性团队”作为推进网点转型的重要举措，在改革思路、经营理念、制度创新、流程管理、风险防范、队伍建设等方面都取得显著成效，成为市建行第一个顺利通过总行网点转型验收的支行，各项业务指标名列前茅。（刘雪雁）

【举办迎奥运趣味运动会】 6月1日，市建行在市体育中心举办迎奥运趣味运动会。运动会设跳绳、绑腿跑、迎面运球接力、拔河4个男女混合团体项目，参赛运动员870人次，裁判员及工作人员36人。广大运动员发扬顽强拼搏、奋发进取的精神，经过激烈角逐，14个代表队脱颖而出，取得20个单项的好成绩。（刘雪雁）

农业银行

【农行概况】 2008年，中国农业银行新乡市分行（简称市农行）加快经营转型，强化基础管理，完善内部机制，落实股改要求，各项工作难中求进，快中求效，创造出集约化程度较高、价值创造力较强、经营转型效果较佳、同业市场占有率较为领先、产品带动辐射面较宽、风险防控水平较强的内涵式、可持续、效益型的发展态势。（张　智）

中国农业银行新乡市分行领导成员

党委书记、行长　耿富欣

党委委员、副行长　许忠诚　陈　洪　任宏伟　于红丽　高海军

【主要业务指标取得新突破】 2008年，市农行经营利润累创新高，实现拨备前利润12700万元，总额和绝对额均居全省农行第三位，创历史同期最好水平。各项存款稳步攀升。各项存款余额达到110亿元，较年初净增4.5亿元。市场占有率居全市各家金融机构第二位，居全市四大国有商业银行第一位。其中储蓄存款较年初净增11.46亿元，完成省分行年度计划的194.96%，存量与增量均居四大行第一位。中间业务迅速飙升，全行实现中间业务收入5799万元，同比多增1501万元，完成省分行年度计划的84.04%，计划完成率居全省各二级分行首位。实现投行业务项下的常年财务顾问业务收入1263万元，任务完成率和实现收入绝对额均位居全省农行首位。“三农”业务发展迅速。至年底，累计发放小额农户贷款2090户，金额5693万元，完成省分行下达计划的115%。累计发放大额农户贷款7户，金额110万元。完成小企业筛选入项目库55户。新增小企业贷款27户，金额6520万元，完成省分行下达计划的217%。

（张　智）

【风险防控力度加强】 2008年，市农行加大风险防控的重视程度，坚持内控优先，坚持管理和发展“两手抓”，并将其作为新乡农行的“生命工程”和“基础工程”，不断加大风险防控制度建设，致力在全行打造一个立体化、全覆盖、零缺陷的风险防控体系。下半年，市农行重新审视案件防控工作，强化“人防”、“物防”、“技防”等手段，构筑多维风险防控体系。同时，扎实做好员工行为排查工作，

认真做好各类问题整改回头看工作，全力做好总行集中审计问题整改工作，力求营造案件防控工作的高压态势，坚决杜绝各类“不合规”、“不作为”、“不尽责”等行为。全面推行财会风险防范分析会制度、风险信息联络员制度、财会监管听证会制度。全年共接受银监局、总行集中审计等内外部综合检查十余次，均未发现大的问题。（张　智）

【行风行貌不断改善】　2008年，市农行从倡导厉行节约，杜绝跑冒滴漏抓起，进一步健全工作督导机制，进一步加强和规范市县两级行机关管理行为，机关工作作风明显好转，工作效率显著提高。在市县两级行机关初步形成“领导服务员工、机关服务基层”的良好风气。不断加大硬件投入，对市行机关大楼进行美化，对市区所有营业网点进行规范化改造，对城区支行、辉县支行、长垣支行、向阳支行、新市区支行营业大厅进行高标准装修，全市农行营业网点的面貌基本实现“焕然一新”的目标。不断优化服务质量。有效规范员工服务行为，提升服务质量，受到市政府、市银监局等部门的多次表扬。在技能培训方面着重营销和推介水平的提高。在市、县两级行机关推广“每周一课”的培训方式，经常性开展一线员工岗位练兵活动，在2008年全省农行业务技术比赛中，市农行取得团体第一名的好成绩。注重履行社会责任，外部形象不断提升，汶川大地震发生后，新乡市农行捐款总额达40多万元，并高效率地为3家企业发放抗震救灾贷款，受到上级行和地方党委政府及社会各界的高度赞扬和充分肯定。高考期间，市农行组织的“关爱学子，农行在行动”活动，受到社会的广泛好评。

（张　智）

【股改基础工作全面完成】　2008年后，全市农行各行干部员工，有效推进不良贷款尽职调查和责任人认定处理、不良贷款档案组卷、抵债资产和自办实体处置、土地物业确权和评估、不良贷款剥离、股改建账等基础工作，顺利完成股改任务。

（张　智）

农业发展银行

【农发行概况】　2008年，中国农业发展银行新乡市分行（简称市农发行）认真贯彻落实上级行工作会议和市委市政府经济工作会议、农村工作会议精神，解放思想，立足实际，因地制宜，科学谋划，精心实施“三大战略”，推动业务科学发展，全行上下呈现发展步伐明显加快、客户基础持续优化、贷款结构显著改善、信贷风险得到控制、经营效益大幅提高、和谐银行建设初见成效的可喜局面。至年底，该行各项贷款余额75.98亿元，较年初增加11.46亿元，增幅17.76%；实现盈利19560万元，同比增盈9093万元，增幅86.79%；人均盈利97.8万元；圆满完成市委、市政府和省分行下达的各项任务。（毛予贤　汪　涛）

中国农业发展银行新乡市分行领导成员

党委书记、行长　刘盛林
纪委书记、副行长　刘华全
党委委员、副行长　申法伟
高级业务经理　吕文中

【支农力度强劲】　2008年，市农发行稳健实施以支持粮棉购销业务为主体、以农业开发和农村基础设施建设为两翼、以产业化生产加工企业为龙头、以农业中小企业为凤尾的“一体两翼、龙头凤尾”业务发展战略，取得显著成效。主体业务健康发展。针对国家连续第三年在小麦主产区实行托市粮收购政策，为确保将国家惠农政策落到实处，该行坚持把支持夏粮收购作为基本职责，提前动手，配合协调，做好收购前账户开设、资金测算，确保收购资金供应工作。全年共投放粮棉油收购贷款43.14亿元，同比增加14.06亿元；支持企业收购粮油48.27亿斤，同比增加16.86亿斤；支持企业收购棉花96.8万担，同比增加5.2万担。其中投放托市粮收购贷款32.13亿元，较上年净增17.13亿元，支持企业收购小麦38.47亿斤，同比增加18.56亿斤。“两翼”业务持续拓展。针对农村市场主体缺乏、信用环境不佳、农村金融市场发育不健全等问题，提出建设农业政策性投资公司的构想，采取“政府注资、企业运作、流动发展”的模式，由政府独资设立政策性农业投资公司，并以投资公司为载体，财政承诺分期还款，搭建农业产业发展和农村社会事业建设的融资平台。

以财政资金作为还本付息的来源，体现项目的公益性、运作的商业性，有稳定的现金流和较高的回报，同时还能规避一般商业性贷款所面临的信贷风险。全年调查上报农村基础设施和农业开发贷款项目12个，金额7.5亿元，其中：已实施项目5个，投放信贷资金2.97亿元；待实施项目7个，计4.53亿元。带动新农村建设的中长期贷款项目已成为市农发行业务发展新的增长点。“龙头、凤尾”客户稳步进展。全行累计支持产业化龙头加工企业、农业小企业达76家，商业性贷款余额达15.62亿元，占比20.56%，较年初增加5.86亿元。市农发行支持的项目已覆盖粮油加工、棉花纺织、制药造纸、种子培育、化肥储备、畜禽养殖、苗木花卉、农业生态观光等诸多领域，推动了国家强农惠农政策的落实。

（毛予贤　汪　涛）

【盈利水平再攀新高】　市农发行着眼全行稳步持续发展、9个县级支行均衡协调发展的战略目标，适时调整完善“813”业务经营战略，即：到2009年各项贷款余额达到80亿元以上、实现利润1亿元以上、不良贷款控制在3%以下。市分行各部门、各县行思想统一、目标明确，激发了谋发展、抓经营的工作热情。至2008年末，各项贷款余额75.98亿元，较年初增长11.46亿元，增幅17.75%。全行全年实现盈利19560万元，同比增盈9093万元，增幅86.79%，人均盈利97.8万元；资产利润率2.72%，收入成本率6.15%。这是市农发行连续9年总体盈利，持续3年全面盈利，年度盈利水平创建行以来新高。（毛予贤　汪　涛）

【信贷资产质量持续优化】　随着农村基础设施和农业开发贷款的开办，市农发行因势利导，适时推出“一贷双挂”业务带动战略，即：农村基础设施贷款与不良贷款处置相挂钩，与吸收财政性存款相挂钩。“一贷双挂”业务带动战略首先在封丘、延津、原阳和新乡县支行开展，引起当地政府的高度重视与支持。强力推进盘活清收和组织存款工作，取得显著效果。2008年，市农发行现金清收不良贷款1757万元，核销不良贷款8497万元，剥离挂账贷款1604万元，不良贷款余额降至43967万元，较年初下降11859万元，不良贷款占比5.79%，较年初下降2.87个百分点，实现不良贷款余额和比例“双降”的良好态势。至年末，全行各项存款余额9.18亿元，较年初增加2.37亿元，其中新吸收财政性存款达2.2亿元，全行日均存款9.04亿元，日人均存款449.75万元，较年初人均增加200万元。实现中间业务收入84.9万元，其中代理保险费收入65.2万元。

（毛予贤　汪　涛）

【努力践行科学发展观】　作为第一批深入开展学习实践科学发展观活动单位，市农发行领导带头，推动学习实践活动深入扎实地开展。班子成员在学习实践活动的各个阶段、各个环节充分发挥表率作用，积极动脑筋、想办法，紧密联系实际，认真组织完成好各项“规定动作”，精心设计“自选动作”，积极探索新思路、新方法，确保学习实践活动在联系实际、解决问题、推进发展上取得实效。切实从思想上摆正活动与工作的关系，把学习实践活动融入到各项工作中，合理调配时间，确保学习实践活动与当前工作“两不误、两促进”，用工作成绩作为检验学习实践活动的成效。把解决突出问题贯穿始终，有针对性地进行教育引导，有针对性地开展调查研究，切实解决在思想认识、业务发展、体制机制、基础管理、队伍建设和内部和谐、领导班子建设和党风党纪等方面存在的突出问题，为推动全行业务又好又快发展奠定坚实基础。（毛予贤　汪　涛）

2008年度中国农业发展银行新乡市分行荣获奖项

河南省银监局“迎奥运、庆国庆”安全活动先进单位

河南省分行“四无”创建活动达标单位

河南省分行不良贷款清收处置工作先进单位

河南省分行推进粮改工作先进单位

新乡市支持城乡统筹发展先进单位

商业银行

【商业银行概况】　2008年，新乡市商业银行（简称市商行）认真贯彻执行国家宏观经济调控政策和各项金融方针政策，紧密围绕全市经济工作部署，坚持以支持地方经济建设为己任，全力支持全市经

济发展。按照“调整年”的总体部署，积极实践科学发展观，坚持依法合规、稳健经营的原则，加快调整步伐，强化内部管理，严格风险控制，全面提升经营管理水平，促进规模、质量、效益的协调可持续发展。至年底，全行各项存款余额878088万元，较上年增加58705万元，增长7.16%；各项贷款余额630198万元，较上年增加53826万元，增长9.33%；实现利润23578万元；不良贷款率控制在3.41%；资本充足率达到10.43%；拨备覆盖率达到104%。（王秀婷）

新乡市商业银行领导成员

党委书记、董事长　张建斌
监事长　樊庆华（女）
行长　崔章安
副行长　任同国　师郑绍
纪委书记　赵佩（女）
工会主席　李久明

【支持全市经济发展】 2008年，市商行面对营运资金紧张的局面，克服最大困难，在确保支付的前提下，通过多种有效途径，积极筹措资金，重点支持城市基础设施建设和公用事业，尤其是对已经开工或即将启动的项目，加大信贷投放力度，先后向新乡化纤、天丰钢板等近十家企业投放新增贷款2.16亿元。大力支持循环经济、环境保护和节能减排项目，推进全市产业升级和自主创新。全力为广大县域企业建立起“绿色金融服务通道”，扩大对县域经济的支持力度，全年共向长垣县、辉县市发放新增贷款2.6亿元。（王秀婷）

【支持中小企业发展】 2008年，市商行积极为中小企业提供差异化和高效服务，大力支持有市场、经营管理规范的中小企业以及高科技和创新型的中小企业。对中小企业信贷额度单独安排，争取到人民银行1.4亿元再贷款用于支持中小企业，并保证新增贷款的45%以上投向中小企业。高度重视下岗失业人员小额担保贷款的发放工作，努力为政府排忧解难，累计发放个人再就业小额贷款2754万元，提前完成市政府下达的再就业小额贷款发放任务。（王秀婷）

【经营利润快速增长】 2008年，市商行继续推行经济资本管理，强化资源配置，促进效益的提高，高度重视成本费用管理，加强费用审批开支的过程管理，提高全行成本管理水平，降低营运成本，超额完成全年利润目标。全行净资产收益率、资产收益率均高于全国平均值，被《银行家》评为“超强盈利城市商业银行”，被《金融时报》和中国社会科学院金融研究所评为“最佳效益中小银行”，全年上缴税金达到11348万元。（王秀婷）

【推进银银合作】 按照与兴业银行签订的信息建设合作备忘录，积极推进与兴业银行的科技合作项目，2008年11月28日，市商行新的综合业务系统一期成功上线运行，这标志着市商行成为河南省首家进行“科技输入”的地方金融机构，也是全国首家与兴业银行同时签署科技输出建设合同和运行维护合同的地方性商业银行。通过银银合作，市商行将实现快速提升自身的信息化建设水平，共享兴业银行先进的业务处理流程和业务管理模式，减少科技设备和人力资源的投入，为提升综合竞争能力和可持续发展奠定坚实基础。（王秀婷）

【长垣支行开业运营】 2008年9月26日，市商行长垣县支行顺利开业运营。这是市商行延伸金融服务、加快规模扩张的一项战略决策，也是支持全市县域经济发展的一项重要举措，同时也为市商行实现跨区域经营积累了经验。（王秀婷）

【优化人力资源配置】 2008年，市商行坚持民主推荐，强化组织考察，调整增补县处级后备干部3名和优秀年轻干部2名。规范高级管理人员的管理，逐步将高级管理人员及关键岗位工作人员纳入总部及分支机构的人事管理计划之中，实施动态管理。引进劳务外包，整合人力资源，优化人力资源结构。强化业务培训，提高业务素质，为全行业务稳健快速发展提供强有力的人力资源支持。建立企业年金制度，为全行员工提高退休后的生活质量提供有效保障，调动了全行员工的积极性，增强了凝聚力。（王秀婷）

【新区综合营业大楼封顶】 市商行新区综合营业大楼工程自2008年年初开工建设后，始终坚持质量第一的原则，严格按照国家工程建设有关规定，精心组织、精心施工、精心管理，严格要求，严格把关，确保工程质量、工程进度和施工的安全，2008年12月12日圆满封顶。（王秀婷）

【支援抗震救灾】　“5·12”汶川大地震灾情发生后，市商行迅速开展抗震救灾工作，开设“抗震救灾捐款服务窗口”，方便社会群众向灾区捐款；开辟金融服务灾区绿色通道，优先向抗震救灾急需的药品、医疗用品、消毒剂等生产企业信贷倾斜，给予急事急办，特事特办，全力支持企业完成赈灾物资生产。市商行先后共计向地震灾区捐款118.2万余元，被市委表彰并授予“支援抗震救灾先进单位”荣誉称号。（王秀婷）

中国人民财产保险股份有限公司新乡市分公司

【人保财险概况】　2008年，中国人民财产保险股份有限公司新乡市分公司（简称人保财险新乡市分公司），认真贯彻落实“促发展、保效益、防风险”的工作主基调，取得业务发展和业务管理的新进步。全年保费收入达1.41亿元，同比增长0.33%；实收保费收入1.31亿元，同比下降3.96%；上缴税金731万元。公司本着“人民保险、造福于民”的经营宗旨，积极协助市政府有关部门开展安全生产管理检查工作，督促存有安全隐患的企业、商场、公共娱乐场所等领域加强安全防范，并积极动员参加责任意外保险。坚持快捷周到的理赔服务，全年完成现场查勘、理赔案件27378件，支付赔款10489万元，有效保障了企事业单位和个人因灾害、意外事故导致的经济损失补偿，为全市经济发展及和谐社会建设做出了积极贡献。（默　丛）

中国人民财产保险股份有限公司新乡市分公司领导成员

党委书记、总经理　关龙照

党委委员、副总经理　孙宣昌（2008年3月任）
甄希军（2008年3月任）
牛　强（2008年3月任）

【2008年工作会议】　2008年2月19日，人保财险新乡市分公司隆重召开2008年工作会议，基层班子成员、受表彰人员、机关全体员工共计113人参加会议。会议主题是“创新拼搏，锐意进取，努力实现公司又好又快发展新跨越”。会议认真传达学习省公司会议精神，对上年工作进行总结表彰，重点安排部署2008年的工作。（孟宪刚）

【业务持续快速发展】　人保财险新乡市分公司坚持利用月例会、周例会、分片会、现场会等多种形式推动业务发展。通过形势分析、典型引路给大家压担子、教方法、指方向。相继出台《车险续保业务考核办法》、《车险竞回业务奖励办法》、《五小车辆奖励办法》、《新车业务奖励办法》、《第四季度冲刺年度车险目标补充奖励办法》等措施，促进车险业务的发展。先后组织开展非车险“开拓新市场，抢抓新项目”、“中小企业、个体工商户”“家财一卡通业务”等展业竞赛活动。市公司机关采取包片、包点的办法，实施面对面帮扶，收到良好成效。（孟宪刚）

【加强经营风险防范】　为了加大对理赔关键环节工作的调查力度，人保财险新乡市分公司在全省第一个成立理赔稽查大队，全年共稽核、审理案件2172个，挤压案件水份266.7万元。在案件理赔中，推行案件理赔与客户缴费比例挂钩，控制理赔风险。进一步加大对疑难大案和诉讼案件的工作力度，挽回经济损失360余万元。实现代位追偿收入86万元，受到省公司的通报奖励。针对部分单位能繁母猪保险出险报案异常情况，及时采取聘请畜牧技术人员参与查勘、出险公示、公布举报电话等措施，使能繁母猪赔付趋于稳定。2008年，凤泉、获嘉、平原路营销部、新华、新乡县、和平路营销部、原阳等7家单位简单赔付率控制在60%以下。（孟宪刚）

【落实政策性保险】　为了繁荣稳定新乡市生猪市场，人保财险新乡市分公司积极落实市委市政府关于大力为农民办实事办好事的要求，正确处理企业经济效益与社会效益的关系，及时开展能繁母猪保险工作，经过广泛发动、一场一户的统计，共承保能繁母猪37.2万头。全年为养殖户处理母猪案件15800余起，支付给养殖户赔款1547万元。

（孟宪刚）

【公益活动】　人保财险新乡市分公司大力支持以社会主教育为重点的新农村建设，选派高素质领导干部，长期驻村开展系列帮扶活动，结合实际提供技术、财力、信息等支持，帮助包点村致富奔小康取得明显成效，被新乡市评为结对帮扶工作先进单位。积极参与以创建卫生城、森林城为主题的创建活动，出资20余万元绿化凤凰山、清理市区河渠，向汶川地震灾区捐款18.2万元、捐物4107件等，受到各级领导和群众高度赞扬。（孟宪刚）

【规范保险市场秩序】　人保财险新乡市分公司积极贯彻中国保监会《关于进一步规范财产保险市场秩序》文件精神，在《新乡日报》、《平原晚报》分别登载“坚持带头规范保险市场，积极维护客户切身利益”宣传文章，公布公司的规范服务承诺、举报电话，产生良好社会影响。发起制订新乡财险同业《自律公约》，定期召开联席会议，开展相互检查，推进财险市场规范化。组织开展业务、财务检查活动，依法合规经营意识进一步增强。（孟宪刚）

【企业文化】　人保财险新乡市分公司积极开展学习型组织建设活动，聘请省保险协会主要领导为中层以上干部讲课。积极开展关爱送温暖活动，仲夏时节为一线员工送上营养品，为全员定制工装，为员工和老干部进行体检。组团参加全市第九届职工运动会，展示公司风采。（孟宪刚）

【加强品牌宣传】　人保财险新乡市分公司继续加大对外宣传力度，续签户外广告合同。2008年8月，组织新乡中奖客户赴北京观看奥运会。先后9次在《新乡日报》、《平原晚报》以“服务奥运 共享五环”、“为新乡经济建设保驾护航，为全市人民提供金牌服务”、“积极拓展保险领域，努力服务县域经济”等专题进行报道。组织参加新乡市改革开放30周年十大贡献企业评选活动。各单位积极通过产品介绍、制作理赔案件展板等形式加强宣传，产生了良好社会影响。（孟宪刚）

2008年度中国人民财产保险股份有限公司新乡市分公司系统荣获奖项

先进集体

中国人民财产保险股份有限公司河南省分公司“奋进奖杯”获得者

原阳县支公司

中共新乡市委、新乡市人民政府凤凰山森林公园建设义务植树先进单位

人保财险新乡市分公司

先进个人

中国人民财产保险股份有限公司河南省分公司“卓越奖章”获得者

范洪波

中国人民财产保险股份有限公司河南省分公司“精英奖章”获得者

张　伟　贾文革（女）　张安民

中国人寿保险股份有限公司新乡分公司

【新乡国寿概况】　2008年，中国人寿保险股份有限公司新乡分公司（简称新乡国寿）以为全市人民提供专业、高效、全面的人身保险服务为目标，坚持依法合规经营，坚持防范化解风险，积极创新，强化执行，提升服务，取得各项业务发展和经营管理等方面的新辉煌。全年完成保费总收入8.96亿元。实现长期险首年保费5.97亿元，完成全年任务的141.68%。各项指标都较上年同期有较大幅度增长，主要经营考核指标在全省系统排名中名列前茅。共为全市146.58万新增客户提供各种人身保险保障（不含新农合），承担495.73亿元的风险保障。为25.9万人次支付养老、子女婚嫁、意外伤害、医疗费等各类保险金4.37亿元。全年上缴税金618.02万元，完成市政府下达全年

计划的206%。（林龙梅）

中国人寿保险股份有限公司新乡分公司领导成员

党委书记、总经理	李宏向
党委成员、副总经理	范清洲　郝国胜
	徐耀华（2008年12月离）
党委成员、总经理助理	陈世旗（2008年12月任）
	张明新（2008年12月任）
纪委书记	范清洲

【参与新农合和城镇居民医保业务】 新乡国寿主动参与新乡市社会医疗保障三大支柱中的新型农村合作医疗（简称新农合）业务和城镇居民医保业务（城镇职工基本医疗保险业务由社保承办）。2008年，全市新农合累计支付3.05亿元，其中大额住院支付2.68亿元，小额门诊报销3565万元，累计支付人次超过300万人。3月，接受市审计局、省审计厅对新农合业务的审计。6月，国家审计署对新农合业务进行专项审计，受到地方各级政府及参观单位的好评，实现整体运行平稳、基金适度节余、"政府、农民、保险公司"三方合作满意的预期目标。参保农民参合的积极性不断提高，2005年至2009年，参保率依次为：76.9%、82.17%、89.05%、96.17%、99.06%。启动于2008年7月的城镇居民基本医疗业务也是受政府委托管理的一项业务，新乡国寿负责承办城镇居民医疗费用报销手续的受理、审核、汇总业务。国寿河南省分公司为此开发新的"医保通"软件，新乡国寿设立新乡市城镇居民医疗服务大厅，配备6名专职工作人员，首批15万参保人员的信息已全部录入系统。参保居民住院患者的报销工作已于2008年12月开始进行。（林龙梅）

【市纪委书记王尚胜到新乡国寿慰问】 2008年1月21日下午，新乡市委常委、纪委书记王尚胜，市纪委常务副书记、监察局局长王亚周到新乡国寿公司走访慰问。新乡国寿党委书记、总经理李宏向带领全体班子成员和资深主管刘西三热烈欢迎王尚胜一行的光临。在听完总经理李宏向针对新乡国寿总体情况的工作汇报后，王尚胜对新乡国寿的工作给予充分肯定。（林龙梅）

【新乡市四大班子慰问组到新乡国寿慰问】 2008年1月31日，新乡市四大班子慰问组在市人大副主任唐中法的带领下一行9人到中国人寿新乡分公司慰问。总经理李宏向向慰问组汇报公司的总体情况。唐中法对新乡国寿为新乡经济社会发展做出的贡献表示感谢。唐中法还代表四大班子对新乡国寿承办新农合、城市职工大额医疗补充保险、城市低保对象保险等社会公益性业务给予高度评价。（林龙梅）

【2008年保险工作会议暨首届二次职代会】 2008年2月26日上午，中国人寿新乡分公司召开全市系统2008年保险工作会议暨首届二次职工代表大会，深入贯彻落实省公司全年工作会暨首届二次职代会精神。市公司总经理室成员、机关包点科长和员工代表，各基层单位班子成员、农村营销服务部经理和城区团队主管，全市系统职工代表共计180余人参加会议。总经理李宏向做题为《科学发展 合规经营 强化执行 和谐共荣》的报告，副总经理范清洲传达省公司工作会议暨首届二次职代会精神，并做工会工作报告。副总经理郝国胜通报2007年度经营管理目标考核结果。会议还宣读了各类表彰决定，对先进单位和个人进行表彰，并对行政报告、工会报告、财务报告、工会经费审查报告进行表决通过。总经理李宏向最后解答职工提案并作总结讲话。（林龙梅）

【"诚信·沟通·责任"客户服务座谈会召开】 在"3·15"消费者权益保护日前夕，新乡国寿召开2008年"诚信·沟通·责任"客户服务座谈会，并邀请新乡市政府、人大、有关局委领导、VIP客户代表和媒体共20余人参加座谈。总经理李宏向在致辞中感谢社会各界对新乡国寿的支持和关爱，并介绍公司的客户服务情况。市人大副主任王长胜代表对新乡国寿的工作给予肯定。同时，监督员们也向公司提出许多中肯意见。总经理李宏向在总结讲话中表示，对于监督员所提出的意见和建议，公司一定会一一落实改进，希望监督员们继续严格监督，使新乡国寿做到更大更强。会上，公司向聘任的服务质量监督员颁发了聘书。

（林龙梅）

【中国人寿保险（集团）公司总裁杨超莅临新乡调研指导工作】　2008年4月17日，中国人寿保险（集团）公司总裁杨超在寿险股份公司副总裁刘英齐、集团公司办公室主任蒲彦君及河南省公司总经理蒯同文等陪同下莅临新乡视察，并出席河南省中国人寿保险系统在新乡举行的英雄宴和"2008辉煌有我"总结表彰暨"挥师中原"城区会战誓师大会。新乡市委书记吴天君，市长李庆贵，市委常委、秘书长杨晓捷，市委常委、副市长赵海燕会见杨超一行。在与新乡国寿中层以上干部座谈中，杨超听取新乡国寿总经理李宏向的汇报，对新乡分公司的工作给予全面肯定，认为新乡国寿今天的发展与中国人寿世界500强的地位是相符合的，"新乡模式"的新农合对全保险行业起到了引领作用。（林龙梅）

"2008辉煌有我"总结表彰暨
"挥师中原"城区会战誓师大会现场

【新乡国寿纪检监察工作会议召开】　2008年4月30日，新乡国寿召开2008年纪检监察工作会议，市公司机关科级以上干部、各基层单位班子成员和全市系统兼职纪检监察员近100人参加会议。副总经理、纪委书记范清洲做了《认真履行纪检监察职责 努力做好服务保障工作》的工作报告，回顾了新乡分公司2007年纪检监察工作取得的成绩，客观分析存在的问题，对2008年纪检监察工作进行安排部署。副总经理徐耀华宣读《新乡分公司关于表彰2007年党风廉政建设责任制优秀单位和纪检监察工作先进个人的决定》。总经理李宏向在讲话中对如何抓好2008年纪检监察工作提出三点具体意见。会中，总经理室领导对获奖单位和个人进行表彰，总经理李宏向与各基层单位一把手和市公司机关部室负责人签定党风廉政建设责任书和案件防范责任书。（林龙梅）

【总经理李宏向被授予三等功】　新乡国寿在和谐社会建设中，发挥保险的社会管理和保障职能，开拓创新，为新乡人民提供全面的保险保障，先后为贫困村民进行免费体检、为农村小学捐赠桌椅和图书、为小学生提供免费体检、为优秀教育工作者赠送保险、对红旗区优抚对象进行慰问等，受到各级地方党委、政府的好评，受到人民群众的欢迎和赞扬。2008年5月初，新乡市委、市政府授予中国人寿新乡分公司2007年度工作优胜单位，给总经理李宏向荣记三等功奖励。（林龙梅）

【向汶川地震灾区捐款】　在向汶川地震灾区捐款救助的活动中，新乡国寿全市系统员工继第一次捐款70558元之后，广大员工和共产党员、共青团员积极进行第二次捐款和缴纳"特殊党费"、"特殊团费"。至5月28日，全市系统员工、党员、团员先后共捐款169528元，创新乡国寿捐款历史之最。（林龙梅）

【"金彩牧野，爱心奉献"抗震救灾大行动】　为支持灾区重建，新乡国寿于6月初组织以"情系灾区、关爱生命、奉献爱心、重建家园"为主题的业务竞赛活动，携手广大客户发起一场"金彩牧野，爱心奉献"抗震救灾大行动。活动期间，客户每购买1张期交保单都将以客户个人的名义向灾区捐赠6元钱，每购买1张卡折保单都将以客户名义向灾区捐赠3元钱，用以帮助灾区的同胞重建家园。活动一经推出，立即受到广大营销员和客户的热烈拥护和积极响应。此项活动在1个月内为灾区同胞筹集善款31659元。（林龙梅）

【长垣支公司被授予双拥工作先进单位】　在新乡市荣获双拥工作模范城市"四连冠"总结表彰暨争创"五连冠"动员大会上，市委、市政府、新乡军分区授予中国人寿长垣支公司双拥工作先进单位荣誉称号，并颁发奖牌，这是受表彰的79个先进单位中，金融系统唯一的一家。（林龙梅）

【中国人寿集团公司巡视组到新乡国寿巡视指导】
2008年7月30日，中国人寿集团公司监察部副总经理阎如璋率巡视组一行3人，在省公司纪委书记丁兰军、监察部总经理陈伟建陪同下，到新乡国寿巡视指导工作。巡视组对新乡分公司的工作给予充分肯定和高度评价。（林龙梅）

【省政府调研组到新乡调研新农合工作】 2008年8月4日至5日，由省财政厅副厅长李荃、财政厅社保处处长安保新和省编办、省卫生厅有关领导组成的省政府新型农村合作医疗调研组一行4人到新乡调研新农合有关工作。副市长杨书廷，新乡国寿总经理李宏向、副总经理范清洲和市政府、市财政局、市卫生局等有关领导陪同调研。调研组先后到新乡县七里营卫生院、小冀卫生院、中国人寿新乡县支公司和辉县市孟庄镇卫生院、中国人寿辉县支公司、北云门镇卫生院进行实地调研。（林龙梅）

【举办企业年金业务推介会】 为完善新乡市社会保障体系，推进企业年金制度的落实，9月10日，由市政府牵头组织的中国人寿企业专项业务推介会在国际饭店隆重举行。金龙精密铜管集团股份有限公司、河南新飞电器（集团）股份有限公司等17家重点企业的负责人参加会议。市长李庆贵、常务副市长赵海燕、市委秘书长张健东和市金融办、国资委、劳动局、烟草局等有关领导出席会议。中国人寿河南省公司总经理蒯同文、新乡国寿总经理李宏向出席会议并致词，中国人寿养老保险总公司业务拓展部副总经理钱江到会做了精彩推介，赵海燕作重要讲话。（林龙梅）

【为对口扶贫村捐款修路】 长垣县蒲东区丹庙村是新乡国寿支持新农村建设的对口扶贫村。为早日解决村民们出行难的问题，新乡国寿驻该村的帮扶人员配合村委会多方努力，向市交通局申请拨付一部分资金，组织村中群众自筹一部分款项，但修路资金还有缺口。公司总经理室组织发动市公司机关全体员工为丹庙村进行捐款，总经理李宏向带头捐款500元，共捐款万余元，弥补了修路资金缺口。（林龙梅）

【参与新乡市“生育关怀行动”】 2008年11月20日上午，总经理李宏向、副总经理郝国胜在团险部经理李素斌陪同下，带领全市12个县区支公司的基层经理，参加由市计生协组织召开的“生育关怀行动”启动大会。新乡国寿是新乡市唯一一家参与此项活动的保险公司。会上，公司向市计生委捐款1万元用于资助计划生育的贫困户及困难户，还为实行计划生育的困难户、贫困户办理鸿泰卡保险和全家福保险。（林龙梅）

【销售人员作风纪律整顿活动】 2008年12月6日至10日，新乡国寿在全市系统集中开展全体销售人员思想作风纪律整顿活动。公司成立以党委书记、总经理李宏向为组长，其他班子成员为副组长的领导小组。领导小组下设4个巡视组，每天巡视督导各单位的活动开展情况，市公司包点科长全部深入到所包单位，全程参与和指导基层单位按照市公司统一部署做好各阶段的工作。在12月6日上午的视频动员大会上，总经理李宏向做题为《诚信经营 规范展业 转变作风 赢得尊重》的动员报告，详细阐述开展本次活动的重要现实意义，要求各单位要加强领导，狠抓落实，确保本次活动取得实效。动员会后，各单位高度重视，快速行动，组建领导小组和工作小组，对本单位的作风纪律整顿活动进行扎实安排部署。各单位班子成员率先垂范，带头深入到各自所包的乡镇网点开展整顿活动。通过活动，基本解决了销售人员在思想、工作、纪律、作风等方面存在的共性和个性问题，增强了销售人员的大局意识、责任意识、法制意识、执行意识和服务意识，销售队伍在思想作风纪律方面有明显转变。（林龙梅）

【中央党校省部级干部进修班调研组莅临新乡调研新农合工作】 2008年12月11日，中央党校省部级干部进修班调研组一行7人在组长徐海斌的带领下，到新乡调研新型农村合作医疗工作。市领导吴天君、李庆贵、邢亚平、杨书廷和新乡国寿公司总经理李宏向、副总经理范清洲等陪同调研。调研组先后到辉县市、新乡县，听取两地新型农村合作医疗的工作汇报，详细询问新农合的运行模式、服务网络、如何监管及农民参合人数、现状。实地考察了部分乡镇卫生院、村卫生所。调研组认为，新乡市积极探索新农合运作模式，不仅满足了参合农民看病就医的需要，极大地缓解了广大农民“小病拖、大病扛”的困境，促进乡村医疗机构发展和服务水平提高，并且在创新管理、规范管理、优化监督机制等方面创造出许多

好经验。　（林龙梅）

2008年度中国人寿保险股份有限公司新乡分公司系统荣获奖项

先进集体

中国人寿河南省分公司2008年财务工作质量考核综合奖银奖

中国人寿河南省分公司2008年信息上报工作先进单位二等奖

中国人寿河南省分公司2008年柜面人员服务技能大练兵活动组织优胜奖

中国人寿河南省分公司2008年二季度“挥师中原”城区会战团险优胜单位奖

中国人寿河南省分公司2008年全省系统先进工会组织

中国人寿保险股份有限公司新乡分公司

中国人寿河南省分公司2008年创建保险先进县（市）先进支公司奖

中国人寿保险股份有限公司新乡分公司辉县支公司

中国人寿河南省分公司2008年“柜面之星”评选活动十佳示范柜面

中国人寿保险股份有限公司新乡分公司卫滨客户服务中心

中国人寿河南省分公司2008年柜面人员服务技能大练兵活动先进柜面奖

中国人寿保险股份有限公司新乡分公司胜利客户服务中心

先进个人

中国人寿保险股份有限公司2008年“十佳柜员之星”评选活动优秀柜员之星

苏　祎

中国人寿河南省分公司2008年全省系统优秀团干部

荆铭恩

中国人寿河南省分公司2008年“柜面之星”评选活动最佳柜员之星

苏　祎

中国人寿河南省分公司2008年“柜面之星”评选活动优秀柜面经理之星

刑　丹

中国人寿河南省分公司2008年柜面人员服务技能大练兵活动明星柜员奖

朱俊兰　刘小娟

中国人寿河南省分公司2008年度“感知奥运跨越巅峰”竞赛活动个险渠道优秀营销员

李明君　高　萍　杨俊立　赵新华

中国人寿河南省分公司2008年度“感知奥运跨越巅峰”竞赛活动个险渠道优秀组训

张素香

中国人寿河南省分公司2008年度“感知奥运跨越巅峰”竞赛活动团险渠道团险销售精英

张海民　郭媛媛　李佩敏

中国人寿河南省分公司2008年度“感知奥运跨越巅峰”竞赛活动银行保险渠道优秀客户经理

刘明俐　邢良英

中国人寿河南省分公司2008年度“感知奥运跨越巅峰”竞赛活动健康险渠道健康险销售精英

闫武兴　张庆杰　王曙光

中国人寿河南省分公司2008年度“感知奥运跨越巅峰”竞赛活动健康险渠道优秀管理干部

曹国良

中国太平洋人寿保险股份有限公司新乡中心支公司

【太平洋寿险概况】　2008年，中国太平洋人寿保险股份有限公司新乡中心支公司（简称太平洋寿险新支公司）围绕市委、市政府年初制定的各项目标任务，努力发展业务，坚持结合行业特点和自身实际的方针，以“诚信天下，稳健一生，追求卓越”的核心价值观为指导，以“一切以客户的感觉良好”为服务标准，为新乡的发展建设做出了应有贡献。全年共实现保费收入4.22亿元，较上年增长139.74%，完成计划任务的115.33%。其中，个人营销业务实现收入2.77亿元，直销业务实现收入1896.77万元，银行保险业务实现收入1.26亿元，较好完成年初制定的保费目标。至年底，公司在册个人营销人力2982人，给付10814笔，金额达到

6833.34万元；接到报案2702件，立案1659件，赔付1512件，赔付金额780.95万元。（樊蓉蓉）

中国太平洋人寿保险股份有限公司新乡中心支公司领导成员

党委书记、总经理　尚铁生
党委委员、副总经理　王新清
党委委员、总经理助理　张慧群（女，2008年1月任）
总经理助理　陈　磊（2008年1月任）

【公司成立十周年，立足服务开展活动】　2008年，太平洋寿险新支公司成立十周年。期间，各支公司、营销服务部开展了丰富多彩的宣传活动。公司立足于服务群众、服务社会，始终把客户服务放在重要位置来抓，落实“一切以客户感觉良好为标准”的行为准则。公司制定政风行风评议工作实施方案和理赔服务年主题实践活动方案。公司以及各营销机构，开展“自主明白消费、3·15消费者维权活动”；根据政风行风考评工作要求，制订《“创一流服务，树行业新风”主题活动实施方案》、落实保险“三进入”、理赔服务年等大型咨询服务活动；利用暑期学生放假期间，在社区、乡镇开展安全知识讲座，提高人们的安全意识；结合送电影下乡活动，在乡镇开展保险知识培训，以及理赔案例分析，帮助群众提高对保险的认知。同时，公司开展“抗震救灾——太平洋保险关爱书屋”捐书活动，组织广大干部员工为灾区捐款活动，总捐款额度超过4万元。借助客户座谈会、保险咨询活动，在客户中广泛征集意见和建议，进一步改进服务质量，提高工作效率，更好地为客户服务。（樊蓉蓉）

【合规经营，防范风险】　2008年，太平洋寿险新支公司高度重视内控管理工作以及内控的自我评估工作，强化对内控工作的管理，组织学习内控工作要点，深入学习内部控制评价要求，做好内控自我评价的培训宣导，进一步提高全员的内控意识和风险防范意识。公司多次召开内控评价碰头会，落实整改工作，并对整改情况进行追踪。为进一步加强资金管理，有效防范资金管理风险，优化业务操作流程，确保客户和公司的资金安全，公司2008年全面实现“收付费零现金”制度，与农行、邮政局、工行、建行等建立合作关系，利用银行网点优势方便群众。（樊蓉蓉）

【封丘营销服务部开展“迎奥运、展风采”活动】　2008年7月28日，封丘营销服务部组织百余名营销员隆重举行“迎北京奥运、展太保风采”主题活动。参与活动的营销员身着印有活动主题的T恤，在门前列成整齐的方队，参加誓师仪式。县体委主任杜杰到会讲话，并对封丘营销服务部以实际行动关注体育事业、弘扬奥运精神给予高度赞扬。营销服务部经理姚建强在仪式上发言。仪式之后，出动6辆汽车、近百辆电动车和摩托车，组成整齐的队伍，走上县城主要街道，展示保险企业特有的精神风貌。（樊蓉蓉）

【思想教育和党建工作】　太平洋寿险新支公司党委以科学发展观为统领，坚持“诚信天下、稳健一生、追求卓越”的企业核心价值观，结合公司实际，认真开展全员思想道德教育工作，要求党员干部认真学习党的路线、方针、政策，随时掌握员工的思想动态，号召广大干部员工加强学习，从思想上、从业务技能上不断提高，要为建立学习型企业做出自己的贡献。2008年，新乡中心支公司党委组织各党支部认真学习贯彻科学发展观，召开民主生活会，了解业务一线员工的思想动态，为一线员工解决实际问题，积极发展思想进步的员工，培养入党积极分子。（樊蓉蓉）

【工会工作】　2008年6月，太平洋寿险新支公司召开第三届工会职工代表大会，完善工会组织，改选工会委员，并派职工代表参加分公司职工代表大会，就职工关心的问题提出意见和建议。1月，组织优秀员工代表参加河南分公司表彰大会暨河南电视台《大河秀典》的演出活动；7月，工会组织员工进行郊游；10月，组织运动员团队参加河南分公司组织的运动会，取得精神文明奖；11月，组织员工体检，使得员工感受到公司的温暖，提升员工的归属感、凝聚力。（樊蓉蓉）

2008年度中国太平洋人寿保险股份有限公司新乡中心支公司系统荣获奖项

先进集体

中国太平洋人寿保险股份有限公司河南分公司先进集体

中国太平洋人寿保险股份有限公司新乡中心支公司

中国太平洋人寿保险股份有限公司新乡中心支公司辉县支公司

中国太平洋人寿保险股份有限公司新乡中心支公司牧野支公司

先进个人

中国太平洋人寿保险股份有限公司河南分公司个险展业能手

孟家帆　田凤荣

中国太平洋人寿保险股份有限公司河南分公司团险销售季军

苑湘涛

中国太平洋人寿保险股份有限公司河南分公司续期展业能手

杜　贞

中国太平洋人寿保险股份有限公司河南分公司优秀管理干部

尚铁生　陈　磊

中国太平洋人寿保险股份有限公司河南分公司优秀县区负责人

程好喆　姚建强

中国太平洋人寿保险股份有限公司河南分公司优秀员工

李景丽　张　芳

中国太平洋财产保险股份有限公司新乡中心支公司

【太平洋产险概况】　2008年，中国太平洋财产保险股份有限公司新乡中心支公司（简称太平洋产险新乡公司）依靠公司员工不畏困难、团结拼搏的精神，在经营主体增多，竞争日趋激烈的市场环境下，实现保费收入3862万元，同比增长25.88%；立案9290件，已决案件6851件，注销1567件，结案率84.04%；累计赔款支出1456万元，综合赔付率为66.91%。　（谢少奎）

中国太平洋财产保险股份有限公司新乡中心支公司领导成员

党委书记、总经理　杨　冀

副　总　经　理　姜　南（女）

【团队建设】　2008年初，太平洋产险新乡公司经过认真研究，对现有公司资源进行重组，制定配套考核方案，方案着力突出调动业务团队的主观能动性，使之具备更加灵活的市场反应速度和团结协作能力。同时，借助分公司业务竞赛，公司适时推出一系列业务激励活动，调动员工的展业积极性，在公司内掀起一股勇于挑战、你追我赶的业务竞赛高潮。　（谢少奎）

【推动龙头险种业务发展】　新乡市场2004年的保费规模仅为1.2亿元，随着2006年交强险的实施，带动本地财险保费市场迅速活跃起来，2007年全年保费规模3.38亿元，2008年达到3.7～3.8亿元，增幅10.36%，其中车险业务占比为82%，达到3.05亿元左右。公司制定交强险活动方案，加大投入并取得较好的效果。2008年公司交强险保费收入1349万元，业务占比34.95%，带动整个车险业务沿着健康轨道发展。　（谢少奎）

【发展县区机构】　新乡地区3亿多元的保费中，有接近60%的业务量在六县二市。公司在新乡县、辉县市、封丘县、长垣县设有分支机构，2008年完成保费1054万元，平均每家263万元，县区业务的占比上升到27.29%。11月，长垣县营销服务部升级为支公司。　（谢少奎）

【续签大客户】　金龙集团、新飞电器、华兰生物等一批重要客户不仅带给太平洋产险新乡公司可观的保费，更重要的是在当地保险市场的影响力。公司始终把大客户服务当成一项重要工作来抓，配备专人负责从签单承保到理赔售后的一系列工作，使客户真正享受到优质、高效的服务，并建立牢固的合作关系。2008年，公司大客户基本上顺利续签，公司业务稳定发展。　　（谢少奎）

【加强内控管理】　太平洋产险新乡公司在应收保费管理上实行每月定期发放各部门应收保费明细，责任到经办人及其部门经理。此举加强了员工的责任心，做到以制度管理员工，减少违反规定情况发生。9月1日，机动车辆险业务实施见费出单后，公司严格执行相关规定，加强引导，帮助业务员从不适应的情绪中走出来，高峰期业务没有出现波动。12月31日，应收保费总计9.6万元，占比为0.25%，应收保费管控效果良好。以保监局合规经营大检查为契机，全面落实上级公司关于合规经营的各项要求，认真对待每次自查自纠工作，及时上报并针对不足提出整改方案，加以落实。5月后，公司共进行保监局产险市场整顿自查、分公司车险合规经营自查、总公司代理业务自查等多项工作，对提高员工队伍合规经营意识，防范经营风险起到积极作用。　　（谢少奎）

【控制理赔环节】　理赔工作提升服务品质的关键在于对理赔各环节的控制，一个环节发生问题，影响的就是整个理赔工作，太平洋产险新乡公司为应对业务量大幅度增加，查勘排班由原来的一主一副改为两个主班，确保第一现场查勘率。对简易赔案安排专人缮制，提高工作效率。同时加强防灾防损工作及大案要案的跟踪、调查，争取挤干理赔水分，降低赔付率。　　（谢少奎）

【思想建设工作】　随着公司新员工占比大幅度增加，太平洋产险新乡公司除了进行必要的岗位技能培训外，特别规定每周二、五下午政治学习，将保险行业赖以生存的诚信经营理念植入到每一个员工心中。另外，公司定期组织党团员召开民主生活会，号召大家开展批评与自我批评，向不良风气做斗争，组织全员学习熊大勇、孔琳的感人事迹，通过对先进人物的成长轨迹了解和探索，引发党团员关于什么是正确的人生观、价值观的讨论热潮。　　（谢少奎）

牧野人物

金融巨子王晏卿

王晏卿，名静澜，晏卿是他的字，以字行世。世居新乡市，解放后曾任新乡市政协副主席和新乡市工商联副主任委员。1912年，王晏卿与赵安侯、姜含清各出资4200元现洋，在新乡市顺河街（今北关大街）成立同和裕银号，由王晏卿任经理，经营货币兑换及存、放款业务。至1933年，同和裕银号业务机构已扩展到北平、天津、哈尔滨、上海、南京、武汉、新浦（连云港）、青岛、济南、西安及河南境内的广大地区。银号分设43处，接办大中银行4处，员工多达850余人，股金按现洋计算达120万元，尚有50万元公积金，1000多万元的活、定期存款，其经济实力在中原银号中首屈一指，被称为河南银钱业的巨擘。

同和裕银号20多年中开办了火电厂、纺织厂、砖瓦厂、食品厂、出口公司、百货店、中药店、粮行、布铺、棉花行、五金店、杂货行等20余家企业，有的还形成垄断经营。主要经营对日、英、法、德、意等国出口棉花、蛋制品、地毯、牛、羊、马皮、羊毛、胡麻籽等业务，一时成为无人能与之竞争的龙头老大。

王晏卿十分注重在家乡发展。1931年他出资20万元现洋，在新乡保安街（今中同街京广线东侧）购地40亩，筹建水电公司、纺织厂和机器厂。1933年水电公司建成，使新乡的工商业用上了电动力，也使新乡马路第一次用上电灯照明。他先后在新乡创办9家工业企业，奠定了新乡的早期工业基础，人称王晏卿为新乡工业之父。

王晏卿积极投资社会公益事业。1925年他与郭泉林创办私立静泉小学，1928年出资12万元扩建中学部，使新乡有了第一所现代化教育的学校。1930年王晏卿又出资1.9万元，在新乡开办中国人办的第一所西医院。1931年在新乡首先建了电话交换所（即电话局），并创办了社会福利院。

工　业

工业综述

【工业概况】　2008 年，全市 904 家限额以上工业企业完成工业增加值377.87亿元，居全省第八位，同比增长21.6%，超出全省平均水平1.8个百分点，居全省第三位；全市完成工业总产值1382.73亿元，同比增长21.1%；产销形势较好，产销率达到98.9%，高出上年0.9个百分点；实现销售收入1239.16亿元、利润88.74亿元、利税126.38亿元，较上年分别增长29.7%、8.6%、8.3%。全市限额以上工业企业中，亏损企业 28 家，比上年同期减少13 家，同比下降31.7%；亏损企业亏损额6.36亿元，同比增加亏损5.17亿元，增亏434%，亏损额居全省第七位，增幅居全省第十位，亏损企业亏损额占利税总额的比重为5.03%，比上年同期增加4.53个百分点。全市完成工业投资468.23亿元，占全市城镇固定资产投资的68.2%，同比增长39.3%，绝对值居全省第三位，增速居全省第七位。全市万元GDP 能耗下降6.4%，超出省政府下达的节能目标1.3百分点，降低率居全省第三位。　（曹友仁）

新乡市工业经济发展局领导成员

党委书记、局长	刘庆宇
党委副书记、副局长	谢有才
党委副书记	王春燕（女）
党委委员、副局长	钱永恺　王相恩　张如意 张广军（2008 年 8 月任）
总工程师	呼继增
党委委员、纪检书记	张新河

【经济运行的预警、预测和监测分析】　2008 年，市政府加强对重点行业、重点企业的监测，做好工业经济运行中的重大问题的调研，强化事前预测、预警，认真做好月度形势监测和季度经济形势分析工作。对 12 户省重点企业和 6 户高成长型企业实行重点监控，每月将企业当月生产经营情况及时上报省发改委经济运行局。积极做好纺织专项资金的组织和管理工作。每月对新乡白鹭化纤集团和新乡联达纺织股份有限公司 2 个纺织专项资金项目的实施情况进行督查和监管。

对资金缺口较大的 15 户重点企业和 4 户亏损大户进行分包，建立台账，定期对各分包企业进行调研和沟通，及时了解掌握企业存在的主要困难和问题，进行跟踪服务。对效益下滑较大企业和亏损大户，逐户分析亏损原因，采取措施，引导企业走出困境。

建立重点企业旬报制度，每旬对重点企业生产、销售、库存情况，两项资金占用及开工率，产品销售合同订单变化，出口创汇及出口量，企业贷款及流资缺口情况，原材料价格和产成品价格变化情况，职工待业、待岗、裁员情况等进行调研。（郭淑华）

【解决煤电油运等生产要素对企业的影响】　2008年，企业在煤电油运等生产要素方面出现较大困难，市政府向省政府和郑州铁路局申请，及时协调解决华电新乡发电有限责任公司和河南延化化工有限责任公司的铁路外运困难问题；对新乡市重点企业物资铁路运输情况进行调研，并将调研结果及急需解决的问题形成书面材料上报省发改委；向省发改委推荐 2008 年急需流动资金企业，省发改委将新飞集团、新亚纸业、卫华集团、延化化工等 7 户企业列入 2008 年省各金融单位重点支持企业名单，7 户企业共申请流动资金贷款3.3亿元。

积极协调豫新发电和新中益电力公司电煤供应，

通过省政府和省发改委协调郑煤集团每月供应豫新发电和新中益电力公司各10列火车的电煤，并协调铁路运输部门及时发运，保证全市电力企业正常运转，为全市电力供应争取更多供电计划，缓解新乡市的供电紧张局面。做好迎峰度夏和奥运期间居民生活用电和企业生产用电工作，协调发电企业的电煤运输及电煤合同的按期兑现。调查了解豫新发电有限责任公司、华电新乡宝山电厂电煤封闭贷款及政策性贴息到位情况，协调宝山电厂燃煤供应紧张问题，上报省发改委协调落实2009年度的煤炭订货工作。

对全市限额以上工业企业流资缺口情况进行调研，对部分重点企业的生产经营及效益、两项资金占用、产品订单、停产限产、企业裁员、轮岗、待岗情况进行调研。（郭淑华）

【物流园区建设】 2008年，新乡市积极推进小店综合物流园区、粮食物流园区、南环物流园区等物流园区项目建设，对各大物流园区和专业物流市场等重点项目进行督查，重点协调解决在建设、发展过程中存在的突出问题。

新运小店物流中心的一号仓库、二号仓库完成，已具备使用条件，信息交易大厅、道路、管网施工10月底交付使用。新乡粮食现代物流中心项目列为2008年省、市重点建设项目和国家粮食现代物流通道规划节点投资补助项目，计划投资1.5亿元，主要建设符合粮食“四散”化浅圆仓、工作塔、接收发放设施和物流信息平台等工程，项目备案、规划、土地、环评、招标、设计等准备工作基本完毕。南环综合物流园区建设全面启动，一期规划范围东边界劳动大街南段已建成，南边界午阳路全面动工，园区内投资100余万元新修一条长1公里的道路，园区内水、电、燃气等配套设施基本完备。

（周 海）

【春运工作】 2008年，新乡市春运工作坚持“以客为主、安全为先、方便有序、服务满意”的指导原则，以保证春运期间广大旅客出行安全、顺畅为目标，各部门切实把春运的每一项工作抓实、抓细、抓好，提前准备，周密部署，落实各项安全措施，在恶劣的雨雪灾害条件下圆满完成春运工作任务。春运期间，全市共运送旅客692.5万人次，同比增长28.1%，没有发生任何重大安全伤亡和责任事故。

（申红新）

【落实电煤供应计划和发电量计划】 2008年8月，全市出现电力供应极度紧张的严峻形势，省政府煤电运应急指挥中心确定由郑煤集团向新乡市3个发电企业当月供应电煤12万吨，同时下达新乡市3个发电企业完成发电量11.61亿千瓦时的任务。各发电企业克服困难，积极组织电煤供应，郑煤集团电煤供应计划全部落实，发电企业机组安全稳定运行，全部完成发电量计划。（赵宏林）

【整顿30万吨以下煤矿】 2008年，新乡市贯彻落实省政府精神，制订《新乡市煤矿停工停产整顿工作方案》，抓好小煤矿以及30万吨以下矿井停工停产整顿工作，强化停工停产煤矿的日常监管，进一步落实县级领导包矿、乡镇领导驻矿制度，对停工停产煤矿实施24小时监管，同时实行县煤管部门日巡查、市工业局不定期抽查制度。2次停工停产整顿期间，市工业局督查组先后进行8次督查，查出隐患119条，下达整改指令73份，保证全市30万吨以下煤矿停工停产整顿工作落实到位。（娄先领）

【市属国有（集体）企业改革】 2008年，新乡市积极推进市电池厂、针织厂、保温瓶厂、水泵厂、新乡钢厂、755厂6户企业破产工作，职工安置工作基本完成，6户企业全部进入破产程序，并成功召开债权人会议。为1198名距法定退休年龄不足5年的职工办理提前退休手续，并全部纳入2008年退休范畴，享受有关政策；向1.8万名职工陆续发放安置费（经济补偿金）、职工内欠等款项。

市建筑设计研究院、新乡百货集团有限责任公司、新乡专用汽车厂、包装纸箱厂、市建筑工程公司、毛纺厂等市属企业完成改制审批工作。

积极做好织袜厂、有机化工厂、橡胶厂、钢铁制品公司、万通公司、新乡水泥厂6户企业的稳定脱困工作。至年底，市财政共支出特困企业医疗救助资金490.9万元，解决特困企业全部在职职工和退休人员住院医疗保险问题，保持了企业稳定。

（赵学政）

【培育战略支撑产业】 2008年，根据省政府加快发展战略支撑产业的总体思路，按照“竞争力最强、成长性最好、关联度最大”的选择标准，新乡市将制冷、生物制药与新医药、电池及新型电池材料、特色装备、汽车及零部件、煤化工等6个产业（简称一谷五基地）列为经济发展的战略支撑产业，并编制6个产业的发展规划纲要，争取纳入全省战略支撑产业发展的大格局之中。其总体发展目标是：到2012年，力争6大产业实现销售收入突破2200亿元，利税突破330亿元，新增投资800亿元。

（朱艳祯）

【企业战略重组工作取得突破性进展】 新乡市建立推进企业战略重组联席办公会议制度，制定鼓励企业战略重组的优惠政策和具体操作办法，召开全市产业战略重组工作会议，依托行业龙头、骨干企业，重点推进起重装备、振动机械、大型装备、煤化工、电池、制冷等行业整合、重组，取得突破性进展。2008年初，金龙集团引进渣打直接投资有限公司、美国雷曼兄弟亚洲商业有限公司和GS Direct GD Limited外资9000万美元，认购金龙集团增发的25%股份，企业变更为外商投资公司。4月，新乡专用汽车厂引进重型汽车及底盘占有率全国第一的中国重汽集团、全国最大的重型汽车经销商——山东时代天成公司等战略投资方参与企业重组，引进资金3000万元，成立新飞专用汽车有限公司，在新飞专用汽车产业园联合研发、生产、销售专用汽车，走出一条“集聚、集群、集约”的集团化发展道路。河南起重机器有限公司收购市塑料机械厂后，6月又与新乡起重设备厂强强联合，实施战略重组，实现技术研发、营销网络等方面的优势互补。6月，华兰生物定向增发股票项目的申请获得中国证监会发审委有条件通过，于8月非公开增发800万股有限售条件流通股，发行价格35.00元/股，募集资金2.8亿元。9月18日，新飞集团与深圳市嘉铭仁电子有限公司（中国汽车电子行业前三强企业）牵手合作，签署在新乡市建设汽车电子基地的协议，计划整体规模150万台/年，销售收入超过40亿元。一期规模50万台/年，销售收入超过15亿元的建设工程在次年初开工。11月5日，卫华集团与大方重机、东泰齿轮、奔宇电机举行战略重组签字仪式，标志着长垣起重装备产业战略航母组建工作正式启动。

（赵学政）

【参评“河南企业100强”、“改革开放30年河南功勋企业”】 2008年，新乡市组织大型企业参加“河南企业100强”和“改革开放30年河南功勋企业、功勋企业家”的申报和评选活动。经过认真推荐、评选，全市进入“河南企业100强”的企业共有3家，即金龙精密铜管集团股份有限公司（第10位）、河南新飞电器有限公司（第41位）、新乡航空工业（集团）有限公司（第60位）。新乡白鹭化纤集团有限责任公司、金龙精密铜管集团股份有限公司荣获“功勋企业”称号，陈玉林、李长杰、韩宪保荣获“功勋企业家”称号。

（宋光旭）

【争取国家补贴与国外节能减排援助资金】 2008年，新乡市大力淘汰落后产能，组织水泥、造纸、酒精等企业申报享受淘汰落后产能国家补贴，为10家水泥企业、2家造纸企业、2家酒精企业与1家电厂争取国家补贴6478万元。同时，帮助水泥企业争取国外节能减排援助资金。辉县太阳石水泥公司、辉县振新水泥厂和卫辉春江水泥厂等水泥企业达成初步意向，拟建纯低温余热发电工程。

（李　莉　李松建）

【实施工业跨越工程】 2007年11月，市委、市政府提出旨在推动工业快速发展的工业跨越工程，其核心内容是：集中政府掌握的一切资源，强力支持2010年市值超5亿元、县（市、区）超10亿元的80户企业快速成长，带动新乡工业实现跨越式发展。

2008年1月8日，新乡市推进工业跨越工程工作汇报会召开，市领导分别对各自分包联系企业的推进情况做了汇报。4月7日，全市2007年度重点工业企业表彰奖励暨推进工业跨越工程大会召开，新飞、金龙、化纤、新亚、卫华等13家重点企业受到表彰奖励，新亚纸业、中科化工、卫华集团做典型发言，会议印发了《市政府关于实施工业跨越工程的意见》、《市政府关于新乡市工业跨越工程优势企业评比奖励办法》等文件。

2008年，80户重点企业实施项目共130项，计划总投资310亿元，累计完成投资149亿元，当年完成投资80亿元。其中：续建项目60项，总投资140亿元，当年完成投资41亿元；新开项目70项，总投资171亿元，当年完成投资39亿元。

全年项目竣工45项，已竣工项目累计完成投资60亿元，当年完成投资30亿元。竣工项目分别是：

金龙精密铜管股份有限公司总投资1.8亿多元的年新增6000万平方米新型锂离子电池隔膜材料项目、总投资6000万元的年产5000吨镀锡毛细管项目、总投资7000万元的铜管件技改项目，河南科隆集团总投资1.5亿元年产6000吨各类电源材料项目、总投资5000万元年产60万台（套）汽车水箱、空调两器项目，新航集团总投资9500万元年产20万台动力转向器生产线项目、总投资1.4亿元年产30万套轿车空调系统生产线项目，新飞电器有限公司总投资6.61亿元年产200万台冰箱生产线项目，新飞电器集团股份有限公司总投资2.3亿元年产30万台太阳能热水器项目，新乡平原同力水泥有限责任公司总投资5868万元余热发电项目，耿庄集团总投资1500万元1万吨/年短丝加工项目，华兰生物工程股份有限公司总投资6846万元年产8000万单位人乙型肝炎免疫球蛋白项目、总投资6871万元年产1亿单位冻干人凝血酶项目、总投资6509万元年产70万支人破伤风免疫球蛋白项目，新乡市亨利实业有限公司总投资7600万元年产8万吨高强度瓦楞纸项目、总投资1.5亿元年产25万吨高档文化纸项目，焦煤集团赵固煤矿总投资16.85亿元续建赵固一矿2.4Mt/a项目，新乡新亚纸业集团股份有限公司总投资3797万元余热综合利用系统优化工程项目，河南省新乡鸿达纸业有限公司总投资4881万元废水综合利用项目，中联集团总投资3000万元年产1.25万吨封头油压机项目，河南延化化工有限责任公司总投资2亿元合成氨扩产改造一期工程（年产10万吨氨醇）项目，新乡博凯生物技术有限公司总投资2500万元金银花深加工项目，河南省新乡市矿山起重机有限公司总投资1.8亿元年产20台高速铁路客运线专用超大型架桥机项目，河南省矿山起重机有限公司总投资1000万元250t以下冶金起重机项目、总投资1500万元320t以下门式起重机项目，河南省克瑞实业集团总投资9861万元年产1500台智能塔机项目，中原圣起集团总投资3亿元年产300台多功能机械手项目，辉县汽车配件有限责任公司总投资1.8亿元年产10万套驱动桥项目，新乡化纤股份有限公司总投资3500万元差别化黏胶长丝技术改造项目、总投资4950万元高性能黏胶纤维技术改造项目，河南中科化工有限责任公司总投资2950万元生产系统完善优化工程项目、总投资2900万元三废锅炉余热余压利用节能项目，耿庄集团总投资1500万元年产2万吨乌洛托品生产线项目，新乡娃哈哈昌盛饮料有限公司总投资7200万元热灌装生产线项目、总投资7200万元果奶生产线项目，河南省新乡鸿达纸业有限公司总投资2898万元废水处理系统改造项目，河南万向系统制动器有限公司总投资8500万元年产2万吨铸件项目，卫辉市天瑞水泥有限公司总投资1亿余元2×9MW余热发电项目，河南金天化工有限公司总投资1.3亿元年产30万吨联碱项目、总投资7000万元年产40万吨联碱扩建项目，新乡市黄河化工有限公司总投资8亿元年产25万吨合成氨项目，新乡市亚洲电源股份有限公司总投资4800万元铅酸电池生产线项目，华瑞（新乡）化工有限公司总投资8500万元年产精苯5万吨、二硫化物6000吨项目，吉恩镍业总投资1.5亿多元万吨硫酸镍项目。

（朱艳祯）

【出台新上工业项目优惠政策】　2008年，新乡市对企业新上符合国家产业政策，符合国家、省、市鼓励的产业投资方向，符合新乡市产业发展重点的生产性建设项目，自投产之日起，新项目形成企业所得税地方留成的，按年度由市政府予以资金支持，鼓励企业加大投入，增强企业发展后劲。（朱艳祯）

【建立动态工业项目库】　2008年，市工业局围绕新乡市支柱产业、战略支撑产业和重点企业，积极谋划储备一批市场前景好、科技含量高、产业关联度大的重大产业化升级、战略支撑性大项目，特别是符合国家产业政策、资源深度转化和节约型循环经济的大项目、好项目，建立动态项目库，及时更新上报，形成竣工一批、开工一批、储备一批的梯次推进格局，为向上争取资金和招商引资奠定基础。80户重点企业2008～2010年共计划实施项目281个，总投资718.2亿元，3年计划完成投资454.7亿元。制冷、特色装备、汽车及零部件、生物医药战略支撑产业2008～2012年共谋划实施项目268个，总投资447.4亿元，项目建成后年新增销售收入1727.1亿元，利税253亿元。

（朱艳祯）

【全市节能减排工作会议】　2008年2月15日，市政府召开全市节能减排工作会议，市长李庆贵等市领导出席。会议全面总结2007年全市节能减排工作，对2008年节能减排工作进行具体部署。会上，各县（市、区）主要领导向市长李庆贵递交2008年度节能减排目标责任书，辉县市政府、孟电集团、心连心有限公司做典型发言。会议印发了《新乡市人民政府关于成立新乡市节能减排工作领导小组的通知》、《新乡市人民政府关于印发新乡市节能减排工作部门职责分工的通知》、《新乡市人民政府关于印发〈新乡市单位GDP能耗统计指标体系实施办法〉等六个办法的通知》、《新乡市人民政府办公室关于印发新乡市节能减排工作目标分解表的通知》。新乡市节能减排工作领导小组由市长李庆贵任组长，副市长范学贵、赵海燕、王保旺任副组长，领导小组下设节能办公室和减排办公室，节能办公室设在市工业局，刘庆宇兼任办公室主任，减排办公室设在市环保局，唐艳青兼任办公室主任，发改委、统计局、财政局、建委、供电公司等18个单位为成员单位。

（赵　钢）

【引进合同能源管理机制，培育节能服务产业】 2008年，新乡市积极引进合同能源管理机制，借助大集团在资金技术及综合服务等方面的优势，在全市开展节能技术改造工作。9月27日，市政府与新奥燃气签订节能合作框架协议。合作采用合同能源管理运作模式，即需要节能技改的单位无需投资，就能享受新奥集团提供的包括能源审计、项目设计、项目融资、设备采购、工程施工、设备安装调试、人员培训等一整套的节能服务；新奥燃气按照合同约定分享客户的节能效益回收资金，从而实现企业、政府、服务机构多方共赢。

（张成珂）

【重点耗能企业节能技术改造】 2008年，全市重点耗能企业积极申报节能项目，全市14个节能项目获得国家节能奖励资金7450万元，可节能29.8万吨标煤。孟电、天瑞、平原同力3家企业的水泥生产线低温余热电站建成投产，干法水泥生产线全部实现窑尾余热发电。

（张成珂）

【资源综合利用】 2008年，新乡中电龙源水泥有限公司、河南省翔宇建材科技有限公司、新乡市晨光建材有限公司、河南丰博天瑞水泥有限公司、河南新乡华星药厂与卫辉市天瑞水泥有限公司6家企业，深入开展资源综合利用，被省发改委认定为综合利用企业。全市综合利用企业达到25家，全年可利用粉煤灰等固体废弃物464万吨，利用废气8600万立方米，废液720万立方米，创造产值27.5亿元。

（赵　刚）

电力工业

【电力工业概况】 河南省电力公司新乡供电公司（简称新乡供电公司）是河南省电力公司直属的国家大型企业，担负着新乡市辖区内的电网建设和供售电任务。至2008年年底，新乡供电公司拥有固定资产原值35.22亿元，管辖变电站52座，全供电区初步形成以500千伏网架为主干、以220千伏单双混合环网运行的电网运行方式。

2008年，新乡供电公司完成援湘抗冰抢险、援川抗震救灾、奥运保电、迎峰度夏等多项急难险重任务，安全生产平稳，电网建设快速，多种经营健康发展，年初制定的各项目标和省电力公司下达的各项任务圆满或超额完成。全年，全社会用电量完成117.88亿千瓦时，同比增长20%。公司供售电量实现“双百亿”：供电量105.39亿千瓦时，同比增长29.43%；售电量100.5亿千瓦时，同比增长29.22%。电压合格率99.525%；负荷率86.53%，网电最高有功负荷178.5万千瓦。全员劳动生产率366.6830万元/人·年，实现安全生产4415天，创历史最高纪录，电费回收实现连续35年双结零。公司先后获得全国“五一”劳动奖状、全国精神文明建设先进单位、全国“安康杯”竞赛优胜企业四连冠、国家电网抗震救灾工作先进集体、国家电网抗灾救灾恢复重建功勋集体、省级文明单位、河南省人民政府“纳税贡献大户”、全省“五好”基层党组织称号，被新乡市人民政府授予“集体二等功”，同时，荣获中共新乡市委、新乡市人民政府党风廉政建设责任制工作优秀单位、结对帮扶工作先进单位、目标管理先进单位，实现新乡市行风评议四连冠。

（张恒元）

新乡供电公司领导成员

总经理　李贵臣（2008年12月离）
　　　　张　明（2008年12月任）
党委书记　赵世安
副总经理　刘全利（2008年12月离）
　　　　卢兴远（2008年12月任）

赵善俊
吴加新
郭良敏（2008 年 12 月离）
张军安（2008 年 12 月任）
纪委书记　陈　军
工会主席　王五星
总工程师　王　圉（2008 年 12 月离）
沈黎明（2008 年 12 月任）
总会计师　刘　明

【安全生产】　2008 年，新乡供电公司以“保人身、保电网、保设备”为主题，落实“个人保班组、班组保工区、工区保公司”的三级安保制度。深化“百问百查”活动，消除人身、电网、设备、二次系统安全隐患，加大对高危客户安全隐患治理力度。在基建任务重、生产技改项目多、电网运行方式变化大、奥运保电和迎峰度夏高度重合的情况下，电网障碍率较同期仍有下降，公司整体安全局面稳定。至 2008 年 12 月 31 日 24 时，实现连续安全生产 4415 天。（张　怡）

【电网建设】　2008 年，新乡供电公司克服各种自然灾害和设备材料供应严重滞后带来的影响，完成在建和开工新建项目 35 项，其中 220 千伏项目 8 项，110 千伏项目 25 项，省电力公司配合项目 2 项。新投主变容量 2465 兆伏安，其中仅 220 千伏就新投主变容量 120 万千伏安，同比增加 58%；投产输电线路约324.4千米。

2008 年，新乡地区电力供应不足，加上小火电关停，电力出现严重短缺，拉闸限电频繁。公司经过认真组织、科学安排，提前 4 个月完成塔铺 500 千伏扩建工程，有效缓解了新乡、焦作电力短缺局面，受到省委、省政府和省电力公司的高度表扬。朱桥 220 千伏输变电工程，是第一个由公司自行设计、施工和建设管理的工程，提前 4 个月投产，标志着公司基建管理水平跃上新台阶。至年底，变电总容量 8850 兆伏安，线路总长度2383.614千米，变电站 52 座，其中 500 千伏变电站 2 座，220 千伏变电站 11 座，110 千伏变电站 38 座，35 千伏变电站 1 座。（张恒元）

【创建学习型组织】　2008 年，新乡供电公司大力创建企业文化，将快乐、进取、孝悌等传统文化精髓与企业实践相结合，掀起国学文化热；组建 10 个文体协会，丰富职工文化生活；支持基层员工学历教育，提高公司人才密度；发挥三级培训网作用，组织新技术、新设备培训讲座。全年，24 个专业 490 人参加岗位考评升级考试，提高员工岗位技能。（张　怡）

【科技创新成果】　2008 年，新乡供电公司产学研合作取得成果 7 项，承担纵向课题 8 项，申请发明专利 6 项、适用新型专利 5 项，完成《电网无功优化规划方法的研究与图形化软件的开发》、《计算机防病毒免疫系统》、《PT 二次输出电压光纤数字化转换装置》、《变电站高压电气设备状态检修支撑系统》、《负荷特性综合分析系统》、《SF6 密度继电器修校技术的开发》6 个项目在省电力公司的鉴定工作，完成《变压器直流电阻快速测量系统》、《内部过电压在线监测系统》、《移动办公应用系统》3 个项目在市科技局的鉴定工作。（张　怡）

【电力营销服务】　2008 年，新乡供电公司坚持科学调度，加强电力需求侧管理，编制并实施《新乡供电区 2008 年有序用电方案》，努力增供扩销，营业户数达 25 万余户，市场占有率为99.09%，同比提高4.56个百分点。同时，深化优质服务，在 125 个乡站进行供电所评议活动，八县（市）电业局在当地行风评议中均名列前茅。在全市行风评议中，公司位居公共服务行业第一名，实现行风评议“四连冠”，赢得市委、市政府和社会各界的理解和赞誉。（张　怡）

【农电工作】　2008 年，新乡农电系统购省网电量 55.443亿千瓦时，同比增长29%，占公司网供电量的52.6%。全年保持安全稳定的良好局面，圆满完成各项经济技术指标。新农村电气化建设稳步推进，全省电气化县建设现场会在新乡县召开。农田机井通电示范工程提前一个月完成，可灌溉耕地近 15 万亩，在季节性农田灌溉中发挥了巨大作用。同时，新乡供电公司高度重视农电队伍素质建设，多次组织农电工技能竞赛。为农电工办理 3 种保险，农电工积极性明显增强，维护了农电队伍的和谐稳定。辉县市电业局和卫辉市电业局通过全国一流县供电企业验收。至此，8 个县（市）局中已有 5 个全国

“一流县供电企业”和1个省“一流县供电企业”。

（张　怡）

【抗冰抗震救灾和奥运保电】　面对南方冰灾和汶川地震，新乡供电公司迅速成立抢险队，先后有190多人投入第一线，完成应急保电发电、线路抢修、输变电设备重建等任务。公司成立奥运会保电工作领导小组和应急指挥中心，制订迎峰度夏及奥运保电、防汛方案，做好奥运会期间应急值班和抢修工作，并组织演练，建立应急常态机制，同时安排2名运行人员赴京保电。整个奥运会期间，新乡电网运行平稳，电力供应充足。　（张　怡）

【精神文明建设】　2008年，新乡供电公司全面加强党建、思想政治工作和新闻宣传工作，制定《精神文明建设规划》，把文明单位创建与公司内质外形建设和创建和谐企业相结合，不断丰富创建活动内容。加强县供电企业文明创建工作指导力度，所属县局有7个获得省级以上文明单位称号。制定《党风廉政教育工作计划》，与新乡市人民检察院签署预防职务犯罪共建协议书，开展检企共建活动，邀请市检察院预防职务犯罪处监察员，结合典型案例以案说法，对全体中层干部和重点岗位人员进行警示教育，力促预防职务犯罪工作规范化、系统化。公司被评为新乡市政风行风建设先进单位、省电力公司行风建设先进单位、党风廉政建设先进单位。

（张恒元）

【民主管理和监督】　2008年，新乡供电公司支持工会和团组织依法独立开展工作和行使权利，召开一届一次团代会，选举产生第一届委员会。同时，加强民主管理和民主监督，落实职代会权利，拓展民主管理渠道，开创平等协商集体合同和厂务公开工作新局面。对离退休职工，开展“送温暖”活动，关心其生活和健康，并在春节前夕对他们进行走访慰问。（张　怡）

大型企业选介

金龙精密铜管集团股份有限公司

【金龙精密铜管集团股份有限公司概况】　金龙精密铜管集团股份有限公司（简称金龙集团）自1987年5月8日成立，历经新乡无氧铜材总厂、凯虹集团、河南金龙精密铜管股份有限公司，至2004年9月29日，正式更名。

金龙集团主营产品有空调与制冷行业用各类高精高效铜盘管系列产品，制冷用精密铝管、微通道铝扁管及锂动车辆用铝材系列产品，锂电隔膜、锂离子动力电池及正负极材料系列产品，大功率锂动车辆系列产品，铅、锌、锰、金、镍等矿产资源系列产品等，形成上下游与跨行业相互关联及延伸的五大支柱性产业链，供应中国以及世界市场。

2008年，集团实现销售收入160亿元，经济规模位列中国有色金属行业20强、河南工业企业10强、中国企业500强和中国制造业500强行列。金龙集团董事长李长杰入选30位中国改革开放30年全国有色金属行业有影响力人物、河南省功勋企业家。金龙集团以良好的经营业绩，优秀的企业文化，成为世界上最大的精密铜管生产厂家和最具实力的科研开发创新基地，领军国际制冷精密铜管制造业，国家领导人曾多次莅临金龙集团视察。　（岳振廷）

金龙精密铜管集团股份有限公司领导成员

董事长、党委书记　李长杰
总经理、党委副书记　周永利
常务副总经理　徐　明
副总经理、党委副书记　冯　方
副总经理、工会主席　冀学峰
副总经理、铝事业部经理　张金利
副总经理、技术中心主任　王世中
副总经理、驻京办主任　孙朝中

【金龙集团荣膺全国模范劳动关系和谐先进单位】2008年1月，河南省总工会的领导到金龙集团，将“全国模范劳动关系和谐先进单位”荣誉匾牌授给金龙集团。

（岳振廷）

【李长杰当选全国人大代表】　2008年3月，董事长李长杰第二次当选全国人大代表。他在人代会上提出关于内螺纹铜管的出口退税问题及建立国内废铜收购基地的议案，得到国务院总理温家宝的肯定

并予以解决。（岳振廷）

【内地高校澳门学生参观金龙集团】　2008年1月25日，由国务院港澳事务办公室顾问闫正茂、省侨办领导和澳门学联理事长翁少鸿带领，30余名在暨南大学、中山大学、东北大学等内地高校就读的优秀澳门大学生，到金龙集团参观，受到集团副总经理张金利的热情接待。（岳振廷）

【省高院院长张立勇参观金龙集团】　2008年2月28日，在中共新乡市委书记吴天君等的陪同下，省高级人民法院院长张立勇一行20多人到金龙参观访问，董事长李长杰接待并陪同。（岳振廷）

【与中国银行签订战略合作协议】　2008年4月1日，金龙集团与中国银行战略合作协议签字仪式举行，市领导赵海燕等出席。金龙集团董事长李长杰与中行河南分行行长白树屏在协议书上签字，标志着金龙集团与中行的银企合作关系进一步加深。（岳振廷）

【龙腾公司奠基】　2008年4月18日，金龙集团跨行业发展的合金铜管项目企业——龙腾公司在原阳工业园区正式奠基。这是该集团在跨行业发展锂电及材料、生态养殖、制冷管件、废铜回收等行业之后的又一次有益尝试，是该集团抵御市场风险，多元化发展创业的开始。（岳振廷）

【引进外资9000万美元】　2008年，金龙集团共引进英国渣打银行、高盛集团、雷曼兄弟投资资金9000万美元，占金龙集团股份的25%。引资项目新闻发布会在北京、郑州召开，新一届董事会正式亮相。（岳振廷）

【向四川地震灾区捐款1300万元】　汶川大地震后，金龙集团积极施以援助之手，向地震灾区献爱心。在员工、党员等捐款300万之后，该集团携手国际资本，为灾区人民重建捐款1000万元。（岳振廷）

【代省长郭庚茂到金龙集团视察】　2008年5月14日，河南省代省长郭庚茂到金龙集团视察，总经理周永利等热情接待并陪同参观。（岳振廷）

代省长郭庚茂（中）视察金龙集团

【省委书记徐光春到集团视察】　2008年7月15日，中共河南省委书记徐光春到金龙集团视察，中共新乡市委书记吴天君、市长李庆贵陪同，重点参观了该集团独有知识产权的世界第一条四辊轧机生产线及铝管中试车间。（岳振廷）

省委书记徐光春（右二）到金龙集团调研

【入选2008中国500强企业】　2008年8月30日，在银川举行的中国500强企业评选新闻发布会上宣布，金龙集团入选2008中国500强企业，位居第300位，比2007年的第361位上升61位。同时，集团位列中国制造业500强企业的第164位，比2007年的202位上升38位。（岳振廷）

【全国第五次厂务公开检查组莅临调研】　2008年9月26日，全国第五次厂务公开检查组一行6人在中共新乡市委副书记王尚胜，市委常委、副市长赵海燕等的陪同下，就金龙集团厂务公开的举措、制度管理及落实情况全方位深入调研。检查组一致认为，金龙集团是创造国内和谐企业的典范。（岳振廷）

【李长杰参加全国有色金属行业社会责任启动大会】

2008年11月24日上午，金龙集团董事长李长杰参加全国有色金属行业社会责任启动大会并发言，引起全国人大副委员长顾秀莲、有色协会会长康义的高度重视及新闻媒体界的广泛关注。（岳振廷）

【总理温家宝视察金龙重庆龙煜公司】 2008年12月21日，国务院总理温家宝在国家工信部部长李毅中、重庆市委书记薄熙来、市长王鸿举等的陪同下，视察金龙重庆龙煜公司，董事长李长杰详细介绍金龙集团迎击经济危机的重要举措。（岳振廷）

国务院总理温家宝（左二）视察龙煜公司

【入选省首批干部教育培训现场教学基地】 2008年，金龙集团入选河南省首批干部教育培训现场教学基地，成为河南省干部教育工作领导小组办公室在省内确立的40个教育培训现场教学基地之一，其类别是改革开放与现代化建设成果教学基地。

（岳振廷）

【金龙集团厂史初稿完成】 2008年，经过一年多的努力，记载金龙集团历史的《金龙的故事》完成初稿。该书以金龙成长的历史过程为脉络，以历史的眼光对金龙曲折的发展过程给予记载，意义重大。

（岳振廷）

河南新飞电器有限公司

【河南新飞电器有限公司概况】 河南新飞电器有限公司（简称新飞公司）是以冰箱、冷柜、空调为主导产品的现代化家电企业，冰箱、冷柜产品销量双双稳居行业前两强。因出色的无氟与节能技术而被公认为中国家电绿色品牌，是中国最大的绿色冰箱生产基地，也是冰箱、冷柜、空调产品的家电下乡中标品牌。自1984年建立后，新飞公司已拥有1个中国驰名商标和2个中国名牌产品，成为中部六省首家进出口免验企业，产品远销全球50多个国家和地区。公司的产销量、利润等主要经济指标连年呈两位数递增，成为同行业效益最好，发展最快、最稳健的企业之一。凭借杰出的绿色科技，新飞公司正以家用制冷产业为重点，致力于成为绿色制冷产品的领航者。

2008年，新飞公司积极实行“新思路，新想法”，电器经营业绩逆势飘红，新飞冰箱、冷柜、空调总销量同比增长15%、销售收入同比增长19%，再创历史新高。（李鸣升　杨　蕾）

河南新飞电器有限公司
领导成员

总裁、董事长　张冬贵

副　总　裁　李　根　王建华　尹浩恩　李立华　周国云

【总书记胡锦涛考察新飞公司三周年专记】 2008年8月19日，是中共中央总书记、国家主席胡锦涛考察新飞公司三周年的日子，河南电视台、河南广播电台、东方今报、新乡电视台、新乡广播电台等先后到新飞公司采访。当年向总书记汇报生产经营情况的公司党委书记、董事总经理李根接受媒体专访。

新飞人牢记总书记嘱托，按照一流的产品要有一流的管理，一流的管理才能有一流的效益，最关键的是要有一流的人才的发展目标，依托科技、人才优势，与中科院及著名学府等科研机构联合成立研究所，开发健康、环保、节能冰箱，推动冰箱技术的进步，继1996年在全国率先推出无氟冰箱后，在环保、节能冰箱的开发上又率先迈出一大步。

李根详细介绍了公司3年来的发展。新飞公司3年来生产经营业绩连年创新高，总书记关心的环保、节能、健康产品和农村市场的开发取得很大进展。2005年公司的销售收入不足38亿元，2008年超过50亿元。2007年，公司作为中国家电行业的代表企业，颁布中国第一部杀菌冰箱标准，开创了

中国冰箱业杀菌保鲜的新纪元。（李鸣升）

【为四川地震灾区捐赠款物】　2008年5月12日，汶川大地震发生24小时内，新飞公司率先在冰箱行业捐出首批善款。3天后，新飞万名员工自发捐款101万元。15日，又追加300多万元款物捐赠灾区。

在得知灾区气温升高急需制冷家电存放食品后，新飞电器立即决定捐赠1550台优质冰柜（折合201.8万元）。5月30日，首批200台新飞冰柜运抵四川绵阳剑南镇，并通过中华慈善总会，分发给灾民帐篷营和医务室、敬老院等。另有1350台分发到四川广元、绵阳、德阳、眉山、成都的儿童福利院、学校、敬老院等公共福利单位。

31日，新飞公司45名志愿者抵达四川安县，夜以继日为灾民搭建活动板房300套。至年底，新飞公司多年累计用于社会公益事业资金物品达6500多万元。（李鸣升）

【家电下乡中标】　2007年底至2008年5月，商务部、财政部在山东、河南和四川，选择冰箱（冷柜）、彩电和手机三类产品开展“家电下乡”试点工作。国家对购买试点家电产品的农民给予售价13%的补贴。新飞冰箱、冷柜以名列前茅的成绩全线中标。（李鸣升　杨　蕾）

【以专利产品开拓市场】　2008年，在冰箱行业原材料和人工成本上升，地震、洪涝等灾情频发的多重不利因素干扰下，新飞电器通过挖潜降耗有效控制成本、调整产品结构，以专利产品开拓市场，有效化解负面因素影响，企业的经营能力进一步增强。2008年全年，新飞冰箱（柜）总销量同比增长15%，销售收入同比增长19%，创历史新高。

新飞公司加强开发节能时尚的专利技术产品。2月份开发上市的0.29度节能王冰箱，采用新型专利密封技术和航天材料真空绝热板做隔热材料，并采用国际名牌高效压缩机等一系列新型节能技术与新材料，使该款冰箱达到冰箱节能的国际领先水平，取得良好的市场效果。2008年，新飞节能王系列冰箱销量突破100万台，占新飞冰箱总销量的近30%。具有14项国家专利的水晶双冠王冰箱集节能、杀菌、保鲜为一身，成为国内冰箱获专利最多的产品之一。新飞冰箱100%的产品达到国家能效等级2级以上，均为国家节能产品；90%的产品达到国家能效等级1级，成为中国顶级节能冰箱。专利差异化产品已成为新飞公司拓展市场的利器和重要的经济增长支柱，使新飞公司在竞争加剧的冰箱（柜）行业，稳居前两强。（李鸣升）

【荣获2008年度能效标识先进企业】　由国家质检总局、国家发改委牵头，中国标准化研究院能效标识管理中心评比“2008年度能效标识先进企业”称号，33家家电企业入选。其中，家用电冰箱生产企业12家，电动洗衣机生产企业8家，房间空气调节器生产企业10家，单元式空气调节机生产企业3家。河南新飞电器有限公司榜上有名。（何菊鹰）

【2008新飞泛珠三角超级赛车节】　2008年3月15日，新飞泛珠三角超级赛车节在珠海国际赛车场热烈开赛。从2006年6月新飞公司勇为天下先，成为珠海国际赛车场——ZIC的第一个国内知名企业冠名赞助商，到2008年成为中国当年的第一场汽车赛事，经过新飞公司与ZIC双方的不懈努力，新飞泛珠三角超级赛车节已经成为时尚和激情的代名词。众多有实力的著名品牌也纷纷被吸引过来，奥迪汽车、道达尔润滑油等国际知名企业先后加入赛事，成为新飞泛珠超级赛车节的合作伙伴，品牌集优效应日趋显现。（李鸣升）

【新飞新丝路世界模特大赛】　2008年4月23日，“2008新飞电器、新丝路世界模特大赛”暨中国区选手选拔启动仪式新闻发布会在北京召开，200余人出席。大赛由中国国际贸易促进委员会纺织分会和新丝路模特机构共同主办，河南新飞电器有限公司独家冠名赞助。

这次大赛突破传统的选拔模式，对参加中国区选拔赛的15名职业选手进行全方位的专业考核，即在全国5大城市巡演中体现选手的现场表现力。5月1日，15名选手在郑州、大连、长沙、杭州、深圳5大城市巡演，展示风采，演绎新飞电器绿色环保、关切民生的企业理念和节能、绿色、健康的品质。巡演历时2个月。通过考核，最终选出10名优秀者，代表中国参加10月26日的总决赛。

10月26日晚，在北京富力万丽酒店，40个国家和地区的50位选手参加“2008美丽看新飞——新飞电器　新丝路世界模特大赛”，15位驻华使节及50多家中外媒体应邀出席。经过角逐，50号中国选手卢心彤夺得大赛冠军，33号俄罗斯选手Bayguzina leyla获得亚军，38号中国选手李依依获得季军。另外，大赛还评比出“十佳模特”、新飞爱心大使奖、万力最佳风采奖、新浪最具网络人气奖以及北青报社最佳新闻奖等。（李鸣升　胡　英）

【西安交大与新飞公司合作项目启动】　2007年9月，新飞公司与西安交大建立战略合作关系，组建西安交大新飞研究中心，研究中心下设两个技术合作机构：西安交大新飞节能技术研究所和西安交大新飞产品设计所。联合研究所还成立了技术委员会，由交大教授和新飞公司专家共同组成，制定出项目申请指南和研究基金管理办法。技术委员会对交大能动学院提出的8个研究项目、机械学院提出的5个项目进行认真评审，最后确认7个项目立项研究，项目涉及纳米技术、超声技术、节能技术、环保技术等世界最前沿的制冷新技术。

2008年5月30日，西安交通大学新飞产品设计所、节能技术研究所的7个研究项目正式启动，启动仪式在西安交大举行，标志着新飞公司与西安交大全面进入技术攻关与研发新阶段。（何菊鹰）

【新飞2008赛扶中国全国总决赛】　2008年6月，新飞2008赛扶中国全国赛总决赛在上海世博会议大酒店举行。来自北京、上海、东北、西部和华南赛区的32支赛扶团队参加比赛，其中包括北京大学、清华大学、复旦大学、浙江大学、南京大学、重庆大学、中山大学、香港大学等高校。大赛由近100位来自工商业界的企业高层管理人员担任评委，近千名大学生前来观摩。经过开幕赛、半决赛和决赛，上海理工大学，南京工业大学，上海财经大学和上海对外贸易学院成为中国赛扶4强团队，其中上海理工大学获得全国总冠军，并于10月1日至3日代表中国赴新加坡参加赛扶全球总决赛。

（李鸣升　何菊鹰）

【新飞公司网站改版升级】　2008年，新飞公司网站进行全面改版。新网站在栏目规划上，将原有的信息加以整合，有效归类，并在该基础上增设许多亮点性的内容和较多的互动栏目，且将浏览者进行有序分流，使得网站的可用性更强，更好地体现用户体验至上的准则。新网站增设呼应绿色生活的主题，以较大篇幅宣扬“新飞畅享绿色生活”的理念，有效地传播了新飞公司的企业形象和文化内涵。改版后的网站设计规范，页面整齐大方，更加时尚和国际化。2008年10月，由《互联网周刊》主办的“2008中国商业网站500强排名榜”评选活动揭晓，2000多家候选参评网站中，新飞公司网站被评为中国企业网站百强“电器类”第三名（前两名为国外品牌索尼、三星的网站）。（何菊鹰）

【新飞公司获得“全国质量管理小组活动优秀企业”等多项殊荣】　2008年8月，全国轻工业优秀质量管理小组交流会在湖南长沙隆重举行。来自全国15个省的120个QC小组参加交流会，其中78个小组参加现场发布，是轻工行业历年来规模最大的一次。家电行业海尔、海信、格力、美的，压缩机行业恩布拉科、松下万宝、广东美芝，酿酒行业茅台、五粮液等知名公司均派出参赛队。新飞公司选派3个QAT小组、3个质量信得过班组参赛。经过专家组的材料评审和现场评审，新飞公司派出的班组获得全国轻工业优秀QC小组、国优质量信得过班组和优秀代表队等多项荣誉称号。新飞公司被中国质量协会评为全国质量管理小组活动优秀企业。

（李鸣升　何菊鹰）

【新飞品牌经典案例录入清华企业领导力网站】　2008年11月，清华企业领导力网站精选《新飞“软硬兼施”造品牌》一文作为案例，刊登在网站上。这是对新飞公司品牌成功创新的充分肯定，也是一个高品位的宣传。（李鸣升）

新乡豫新发电有限责任公司

【新乡豫新发电有限责任公司概况】　新乡豫新发电有限责任公司（简称豫新发电公司）是在原新乡火电厂基础上按照现代企业制度组建的有限责任公司，属大型国有控股企业。2008年，总装机容量为870MW（2×135MW机组和2×300MW机组），在职在岗员工962人（含233名内退），其中高级职称34人。公司注册资本金6.5亿元，股本结构为中国电力投资集团公司控股61.92％，新乡市建设投资有限公司参股26.73％，河南电力实业集团有限公司参股7.5％，河南省第二建筑工程有限责任公司参股3.85％。独资设立了新乡热力有限责任公司，实现由电源企业向网源合一的现代热电企业的战略转型。

2008年，面对电煤价格高涨、电价不到位、经营形势急剧恶化等严峻形势，豫新发电公司全体干部员工按照年初职代会确定的总体思路，坚持以经济效益为中心，开拓电力、燃料两大市场，强化五项基础管理，注重战略研究，加快机制创新，推进项目发展，公司经营管理水平稳步提升，并圆满完成抗击冰冻雪灾、迎峰度夏和奥运保电的任务。至年底，实现连续安全生产1992天。豫新发电公司已先后获得全国文明单位、全国模范职工之家、全国电力系统环境监测网络先进单位、省“安康杯”优胜企业、全省模范劳动关系和谐企业、省“五好”基层党组织、新乡市大气综合治理工作先进单位等荣誉称号。

(时增峰)

新乡豫新发电有限责任公司领导成员

总经理	翟金梁	(2008年2月任)
党委书记	王庆德	(2008年2月离)
	赵朝科	(2008年2月任)
副总经理	李　刚	(2008年6月离)
	李成忠	(2008年6月离)
	张振江	(2008年6月任)
	谢国强	
	杨万军	(2008年6月任)
财务总监	张志辉	(2008年5月离)
	郭新明	(2008年5月任)
工会主席、纪委书记	荆　涛	(2008年6月离)
	平　岗	(2008年6月任)
总工程师	刘全山	(2008年6月离)
	张　涛	(2008年6月任)

【2×300MW热电联产技改项目通过国家环保验收】　豫新发电公司2×300MW热电联产技改项目于2006年建成投产，是用于城市居民供热的配套热网工程。工程总投资24.8亿元，其中3.53亿元用于环保设施建设。机组配套双室四电场卧式电除尘器，电除尘器电场全投运时除尘效率达到99.6%。项目工业废灰处理采用国内先进的脱硫设备及高端的石灰石—石膏湿式脱硫工艺，工业产生的灰渣和脱硫石膏石被全部综合利用。为防止粉尘的二次污染，机组还安装喷水装置、粉尘冲洗设备，其工业废水经处理后可重复利用。

2008年7月11日，国家环境保护部以及省、市环保部门，中电投集团公司组成环保验收专家组，对此项目进行环保验收。经过实地勘测、现场检查以及数据采集，专家组认为，公司2×300MW热电联产技改项目废气、废水、噪声及污染物排放总量均达到国家验收标准和设计标准，符合建设项目竣工环境保护验收条件。

(时增峰)

【省发改委领导莅临调研】　2008年6月25日，省发改委纪检书记杨学斌一行，莅临豫新发电公司调研工作。

北京奥运会和残奥会期间，面对煤价一路飙升，生产成本大幅上涨的不利局面，公司从讲政治、顾大局、保稳定的大局出发，积极履行国有企业肩负的社会责任，不计成本、不惜代价购煤发电，保证全市居民的正常用电，圆满完成奥运保电的任务。

省发改委领导肯定豫新发电公司在迎奥运、保发电等方面所做的努力，并表示，对于公司面临的燃料供应、资金、电价结算等问题，政府一定会认真研究，加快解决，维护发电企业的利益，促进全省经济社会的健康发展。

(时增峰)

【解决水源地线路挂电问题】　由于历史问题、地理位置等原因，卫辉市汲城二村等沿线个别村庄多年来挂用公司300MW机组水源地专用线路，曾多次造成水源地线路跳闸断电，威胁机组的正常供水和安全运行，导致豫新发电公司经济利益蒙受巨大损失。对挂电问题，豫新发电公司多次请求市有关部门协调解决，但屡禁不止。为彻底解决这一问题，公司秉持“尊重历史、化解矛盾、建和谐村企”的思路，先是与沿线乡村积极交涉磋商，取得当地政府支持配合，而后开展政策宣传，并配合特殊时段间断式停电等方法，打掉多个挂电点。

2008年11月11日，卫辉市汲城二村变压器被拆除，标志着公司打击盗电窃电专项行动取得决定性胜利，彻底根除困扰公司多年的顽疾，稳定公司的安全生产，维护了企业的自身利益。

(时增峰)

【驻新全国政协委员视察节能减排工作】　2008年10月14日，驻新全国政协委员在市政协主席范学贵的带领下，莅临豫新发电公司视察节能减排工作。

公司领导介绍了节能减排工作的基本情况，公司2008年在设备管理部设立脱硫专业小组，专门负责除尘、脱硫设备。同时，分别与新乡市政府和市环保局签订污染减排目标责任书，定期召开环保脱硫工作会议，分析减排任务完成情况，解决协调环保脱硫设备存在问题。各项环保绩效指标达到国家同行业先进水平。

之后，委员们视察了300MW机组运行和脱硫设备工作情况，对公司节能减排工作表示肯定。

（时增峰）

【践行社会责任】　在新乡市总工会2008年金秋爱心助学资助仪式上，豫新发电公司为新乡市困难职工子女送去救助资金，帮助他们顺利步入大学。

豫新发电公司全年自筹特重病救助基金11.9万元，发放慰问金2.33万元，粮油60份，救助困难职工30户。四川汶川特大地震发生后，豫新发电公司交纳捐款和特殊党费19.94万元，衣物1200件。

（时增峰）

【荣获全国“安康杯”竞赛优胜企业】　2008年5月6日，在市总工会举办的“全国安康杯竞赛优胜企业”授牌仪式上，市人大副主任、总工会主席刘孟英亲自为公司授牌，豫新发电公司实现从市级（2005年）、省级（2006年）到全国竞赛优胜企业（2007年）的连续三年跨跃式发展，成为全市获此殊荣的3家企业之一。

（时增峰）

新乡白鹭化纤集团有限责任公司

【新乡白鹭化纤集团有限责任公司概况】　新乡白鹭化纤集团有限责任公司（简称新乡白鹭集团）是生产化纤纺织原料的大型国有独资企业，拥有新乡化纤股份有限公司、北京双鹭药业股份有限公司2个上市公司，占地面积310多万平方米，员工1.2万多名。已通过ISO9001：2000质量管理体系、ISO14000环境管理体系、OHSAS18000职业健康安全体系和OeKo－TexStandard100生态纺织品认证，产品畅销国内外市场。

公司始建于1960年，至2008年，化学纤维年生产能力达到13万多吨，其中黏胶人造丝6万吨，黏胶短纤维6万吨，氨纶8千吨，合成纤维5千吨，并拥有世界最大的黏胶长丝连续纺生产线和当今世界最先进的氨纶连续聚合干法纺丝生产线。主要产品有半连续纺黏胶人造丝、连续纺黏胶人造丝、黏胶短纤维、涤纶民用长丝、氨纶共5大系列300多个品种。企业的主导产品“白鹭”牌黏胶长丝、短丝双双荣获“中国名牌产品”称号。其中黏胶人造丝生产能力居世界之首。公司生产规模、经济效益在中国黏胶纤维行业中名列前茅，连续5年跻身中国化纤行业综合竞争力十强企业、河南省工业企业100强。2008年，该集团公司被评为改革开放30年河南省功勋企业，董事长陈玉林被评为改革开放30年河南省功勋企业家。

（周建华）

新乡白鹭化纤集团有限责任公司领导成员

党委书记、董事长、总经理　陈玉林
党委副书记、副总经理　文秀江
副总经理、工会主席　张家平

【中国军事科学院政委刘源莅临视察】　2008年2月21日，中共中央委员、中国人民解放军军事科学院政委刘源、副政委查金路一行20余人在市委书记吴天君、秘书长杨晓捷等领导的陪同下，到新乡白鹭集团小店新区视察。公司领导陈玉林、邵长金、文秀江、贾保良陪同。

刘源一行视察了公司新区第一长丝车间及黏胶短纤维一期工程。在新区第一长丝车间，陈玉林简要介绍公司的产品结构、市场规模和连续纺生产线纺丝工艺，并陪同参观纺丝生产现场。在黏胶短纤维一期工程施工工地，陈玉林向刘源、吴天君等介绍了公司新实施的差别化黏胶短纤维项目进展情况、产品特性、工艺流程和企业的前景规划。刘源对新乡白鹭集团予以肯定。

（周建华）

【代省长郭庚茂莅临白鹭集团调研】　2008年5月14日上午，中共河南省委副书记、代省长郭庚茂，省长助理、省政府秘书长安惠元一行20余人在新乡市委书记吴天君、市长李庆贵等市领导的陪同下，莅临新乡白鹭集团的小店新区调研。公司领导陈玉林、文秀江、贾保良陪同。

陈玉林简要介绍公司基本情况，包括现有规模、产业结构、产品应用及公司去年生产经营情况和未来的发展战略等。在新区第一长丝车间纺丝机旁，

郭庚茂认真听取对连续纺纺丝装置的介绍，系统了解连续纺生产线的工艺流程。走出车间，郭庚茂又视察了高品质黏胶短纤维一期工程。郭庚茂对公司近年来所取得的成绩表示赞赏，勉励企业不断提高产品质量，为省、市经济发展再做新贡献。

（周建华）

【市委书记吴天君到新乡白鹭集团调研】 2008年2月26日，市委书记吴天君到公司，深入工地和车间，了解企业年度发展规划、项目建设和生产经营情况，认真听取企业领导的汇报，要求企业围绕更高目标做好项目谋划实施，创新企业经营管理机制，努力促进企业跨越发展。（周建华）

【市长李庆贵到新乡白鹭集团调研】 2008年5月23日和11月20日，市长李庆贵到公司调研，深入了解公司的经济运行情况及遇到的困难和问题，对公司给予高度评价，并对公司的下步发展提出具体要求。同时，协调市政府相关部门，积极为企业排忧解难，帮助解决存在的问题。（周建华）

【新乡白鹭集团再次跻身中国化纤行业竞争力10强企业】 由中国纺织工业协会主办的“2007～2008年度中国纺织服装企业竞争力500强”发布会在上海举行。会上评比出“2007～2008年度中国化纤行业竞争力10强”，新乡白鹭集团再次跻身10强。这是该公司自2004年以来第四次获此殊荣。

竞争力测评是以2007年企业经营数据为基础，根据已确立的测评体系，将企业数据进行模型测算，确定各行业竞争力强势企业。本次评定范围在往年的基础上又有扩大，并首次将企业社会责任指标、节能减排、社会保障、税收贡献等包含在内，还在无形资产综合指标中增加了中国名牌、驰名商标等单项指标。全行业竞争力500强企业中，前150家优秀企业被评定为中国纺织服装企业竞争力500强五星企业，新乡白鹭集团位居第48位。同时在“2007～2008年度中国纺织各行业主营业务收入100强、出口100强”名单中位列第64位和第43位。

（朱翠平　周建华）

【新乡白鹭集团获省“五一”劳动奖状】 2008年9月17日，河南省2007年度小组成果发布会在新乡百泉大酒店召开，来自全省各行业的300个小组代表500多人参加会议。会上，新乡白鹭集团荣获省“五一”劳动奖状。该公司氨纶分厂QC小组通过决赛被推荐为全国优秀质量管理小组，第一长丝车间金白鹭QC小组和一动车间五长电仪QC小组荣获全国纺织行业优秀质量管理小组，第一长丝车间金白鹭QC小组被行业推荐为全国优秀质量管理小组。

（李　峥）

【省总工会常务副主席桑金科到公司调研】 2008年8月6日，省总工会党组书记、常务副主席桑金科在新乡市委常委赵建军和市人大常委会副主任、市总工会主席刘孟英的陪同下，到新乡白鹭集团调研工作。公司领导陪同参观白鹭文化中心。

在听取公司推行集体合同制和民主管理方面的经验做法汇报后，桑金科给予充分肯定。（周建华）

【职代会高票通过职工奖励方案】 2008年10月28日，新乡白鹭集团召开第五届十六次职工代表大会。大会以无记名投票的方式，对公司提出的对职工奖励的方案予以表决。与会代表492人（应到514人），投赞同票489票，反对票2票，弃权1票，高票通过奖励方案。（周建华）

【新乡白鹭集团成为新乡第一纳税大户】 新乡白鹭集团2007年缴纳税款3.4444亿元，成为新乡市依法纳税第一大户。在全国独立企业属地纳税500强排序中，新乡白鹭集团榜上有名。在全国化学纤维制造业纳税百强企业排序中，新乡白鹭集团的子公司——新乡化纤股份公司排名第三。（周　选　周建华）

太行牧歌　　赵运虎作

农　　业

农村经济工作综述

【农村经济工作概况】　2008年，全市农业和农村工作取得新成绩，破解农业发展难题实现新突破，促进城乡统筹实现新跨越。统筹城乡、粮食生产、农民增收、奶业发展、老区脱贫等多项工作取得重大突破，农业综合开发、林业生态建设、农业产业化经营、沼气建设等工作继续保持全省领先地位，全市“三农”工作取得显著成绩。

粮食生产再创新高。全市粮食播种面积900万亩，总产374.87万吨，比上年增长2.2%，连续5年创历史新高。

农民收入有新提高。农民人均纯收入首次突破5000元，达到5038元，同比增长15.7%，连续5年保持两位数快速增长。

统筹城乡发展取得新突破。一是确立发展思路。即以“三位一体（社会主义新农村建设、县域经济发展、中原城市群新乡都市区建设）”系统工程为载体，实施“六个一体化（发展规划、产业布局、基础设施、公共服务、劳动就业、社会管理）”，构筑“四大体系（城乡一体的统筹发展体系、可持续发展的产业体系、以人为本的社会治理体系、科学发展的保障体系）”，逐步实现“四个城市化（居住环境、公共服务、就业结构、消费方式）”，走以不牺牲农业和环境为代价的新型工业化、新型城镇化和农业现代化道路。二是完善政策体制。在新乡县试点的基础上，制定《关于统筹城乡经济社会发展，推进城乡一体化的意见》、《新乡市推进城乡一体化若干政策规定》（试行）和相关配套文件，初步建立统筹城乡发展的政策体制。三是启动新型农村住宅社区建设。首批确立的127个新型农村住宅社区，上年已启动建设101个，累计完成投资21.6亿元，50个已入住农户10292户，房屋竣工面积250万平方米。四是改善农村生活环境。全市实现乡村公路“村村通”；38%以上的行政村建立了卫生保洁长效机制，达到市级生态文明村建设标准；近30%的行政村建成较完善的排水设施，20%以上的行政村通了自来水；近40%的农户用上了沼气，入户率居全省第一。五是提高农村公共服务水平。全市实现电话、光缆、宽带村村通，实现农村中小学远程教育网络和新型农村合作医疗全覆盖；35%以上的行政村建有标准卫生室，27%的行政村建有文化大院；享受低保农民达14万人。六是加快农村城镇化步伐。城镇化率达到39.16%，同比提高1.83个百分点。

农业基础设施建设取得新进展。重大水利工程项目进展顺利，农田水利建设连续第四年夺取省“红旗渠精神杯”；凤凰山森林公园雏形已现，森林城市创建成功夺牌；全市农机总动力达635.02万千瓦，亩均动力1.05千瓦；国家首批现代农业产业技术体系小麦、玉米综合试验站落户，农业科技创新和推广能力进一步增强；农业综合开发继续保持全省领先，原阳县继封丘之后进入省重点县行列；扶贫开发、移民工作稳步推进，新乡粮食现代物流中心顺利启动。

农业产业化经营取得新成绩。全市农业产业化市以上重点龙头企业达149家，其中国家级2家，省级23家（数量位居全省第四，豫北第一），市级124家。新发展农民专业合作社426家，达527家，数量和质量均名列全省前茅。全市农民专业合作组织已发展到821家，成员8.1万户，带动农户24万户，占全市农户总数的30%。

农业结构调整有新突破。以优质强筋小麦为主的优质粮面积占粮食总面积的85%，优质小麦面积达到400万亩以上，粮经比由70：30提高到65：35；“奶业发展年”活动成效突出，新建奶牛养殖小区

20个，总数达到81个，存栏达6.6万头，畜牧业产值达到85亿元；无公害农产品和绿色食品基地达到224.84万亩，认证产品达到222个，无公害畜产品产地认定183家，产品认证25个，在全省均名列前茅。

争取项目资金有新收获。农口各单位抢抓国家加大支农投入机遇，强力实施引资项目双带动战略，积极包装项目，共争取项目资金83227万元，同比增长76.9%。

（岳新强）

新乡市农村经济工作领导小组办公室领导成员

党委书记、主任　刘思江
副　主　任　曹长俊　罗子敬　卜法平
　　　　　　卢越美　杨晓岩
纪委书记　陈晓琰

【农村工作会议】　2008年2月25日，市委农村工作会议在新区行政办公大楼一楼报告厅召开。市领导吴天君、李庆贵、宋丽萍、王富均、赵胜修、杨晓捷、贾全明出席会议。市委书记吴天君主持会议，市长李庆贵作重要讲话，市委副书记宋丽萍宣读《中共新乡市委、新乡市人民政府关于表彰2007年农村经济工作先进单位的决定》，副市长贾全明作工作报告。会议回顾总结2007年农业农村工作，传达贯彻中央、省委农村工作会议精神，宣讲支农惠农政策，出台《中共新乡市委 新乡市人民政府关于加强农业基础建设、进一步促进农业发展农民增收的实施意见》，确定2008年要办的65件支农实事。

（岳新强）

【落实支农实事】　2008年，市委农村工作会议上确定的65件支农实事全部落实，其中超额完成36件。财政支农专项资金较上年增加1155万元，建设用地税费收入用于“三农”1518万元；金融系统新增农业贷款19.29亿元；发放粮食直补、良种补贴、农机具购置补贴、农资综合直补等资金4.65亿元；兑现“两免一补”资金12588万元；投入资金2498万元，改造维修校舍11万平方米；完成农村劳动力转移就业103.7万人，其中培训27.9万人。（岳新强）

【“三农”宣传】　2008年，市农办及时更新新乡“三农”网站内容，编辑《新乡农村》2期，《涉农政策信息参考》62期，报送信息5条，被市领导批注信息5条，发表《新乡市农民人均纯收入突破4000元》等宣传文章5篇。完成《东浮庄土地流转情况调研》和《关于加快新乡城乡统筹发展的调研报告》等起草任务。

（岳新强）

【生态文明村建设督查例会】　2008年1月4日，召开全市生态文明村建设第一次督查例会。市委书记吴天君主持会议。会议听取各县（市、区）生态文明村建设工作开展情况汇报；市农办主任刘思江汇报本年度生态文明村建设工作意见、近期工作打算及需要会议研究的问题；副市长贾全明通报全市生态文明村建设动员会后的进展情况和今冬植树造林情况；市长李庆贵作重要讲话。1月25日，召开生态文明村建设第二次督查例会。市委书记吴天君主持会议。副市长贾全明通报情况，市委副书记宋丽萍对下一步工作进行整体部署。2月15日，在收看省村容村貌环境整治电视电话会后，随即召开市生态文明村建设第三次督查例会，市长李庆贵结合省现场会精神，对全市生态文明村建设工作做进一步安排部署。

（李存伟）

【新农村建设总结表彰】　2008年2月19日，省委、省政府下发《关于表彰社会主义新农村建设先进单位先进工作者和省级农民致富能手的决定》，新乡市的新乡县、长垣县2个县、卫辉市唐庄镇等8个乡镇、卫辉市汲水镇石庄村等22个村和刘思江、邵长征等31名先进个人受到表彰。8月15日，新乡市委、新乡市人民政府下发《关于表彰社会主义新农村建设先进单位先进工作者和市级农民致富能手的决定》，授予新乡县等97个单位“新乡市新农村建设先进单位”荣誉称号，授予陈兴金等303人“新乡市新农村建设先进工作者称号”，授予王俊胜等300人“新乡市农民致富能手”荣誉称号。

（李存伟）

【生态文明村建设现场推进会】　2008年3月7日，在卫辉市召开新乡市生态文明村暨“新城杯”建设现场推进会。市委副书记宋丽萍主持会议，副市长王保旺、贾全明分别点评“新城杯”和生态文明村建设工作，市委书记吴天君作重要讲话。4月17

日，全市生态文明村暨“新城杯”旧城改造现场推进会在新乡县召开，市长李庆贵主持会议，市领导吴天君、王富均、周海深、冯昕、王尚胜、杨晓捷、赵海燕、李公乐、王保旺、贾全明等出席会议。会议听取新乡县、长垣县新型农村住宅社区建设、城中村改造的经验介绍，副市长王保旺、贾全明分别对城中村、旧城改造和生态文明村建设情况进行点评。吴天君进一步明确了推进新型农村住宅社区建设的工作思路，并就具体工作进行安排部署。

（李存伟）

【启动新型农村住宅社区建设】　根据2008年4月17日会议精神，全市划定4个城区及高新区、新乡工业园区、新乡县全县、辉县市孟庄镇全镇、县城规划区、镇区、产业聚集区和干线公路两侧村庄等重点区域范围，共涉及920个行政村，规划整合为329个新型农村住宅社区，2008年重点启动区域范围内127个新型农村住宅社区。截至年底，首批127个新型农村住宅社区全面启动建设101个，累计完成投资21.6亿元，50个已搬迁入住农户10292户，房屋竣工面积达到250万平方米。　（李存伟）

【举办生态文明村建设规划和文化专题培训班】　2008年5月16日至17日，由市新农村办、市委组织部、市规划局、市文化局联合举办的生态文明村建设专题培训班（分规划和文化两个班，规划班209人，文化班170人）在辉县市国际大酒店举行。培训采用集中授课、参观学习、经验介绍、讨论交流等形式。各县（市、区）新农村办公室、规划局、文化局负责人及各乡（镇）分管规划、文化工作的副乡（镇）长和启动新型农村住宅社区建设的127个村党支部书记共400多人参加培训。　（李存伟）

【生态文明村建设抽查验收】　2008年12月23日至25日，市新农村暨生态文明村建设办公室组织市直有关成员单位，对2008年第一批1374个行政村生态文明村建设（包括主动参与建设的13个行政村）进行抽查验收。综合评定全市2008年第一批参与创建的1374个行政村基本达到了不同层次的生态文明村建设标准。其中，682个行政村达到一类生态文明村建设标准，464个行政村达到二类生态文明村建设标准，228个行政村达到三类生态文明村建设标准。

（李存伟）

【副省长刘满仓莅新调研新农村建设】　2008年6月18日，河南省副省长刘满仓带领省交通厅、农业厅、水利厅、农发行等部门负责人到新乡市调研新农村建设工作。市长李庆贵、副市长贾全明及市直有关部门主要负责人、新乡县县委、县政府主要领导陪同调研。刘满仓一行先后到新乡县兴宁村、沟王村、刘庄村、京华村、张青社区，实地察看了解经济发展情况，并在张青社区同市、县、乡、村干部进行座谈，听取新乡县及部分村干部的汇报，鼓励基层干部抓住大好机遇，突出建设重点，大力发展经济，推动新农村建设又好又快发展。在座谈中，副省长刘满仓对新乡市新农村建设工作给予充分肯定，指出新乡市行动早、措施实、效果好，工作处于全省领先水平。

（李存伟）

【统筹城乡发展】　2008年4月，市委决定在新乡县进行统筹城乡试点，出台《中共新乡市委 市人民政府关于贯彻落实党的十七届三中全会、胡锦涛总书记视察河南时重要讲话和省委全委（扩大）会议精神，统筹城乡经济社会发展、推进城乡一体化的意见》（新发〔2008〕11号），确立“以科学发展观为指导，以‘三位一体’系统工程为载体，推进城乡‘发展规划、产业布局、基础设施、公共服务、劳动就业、社会管理’六个一体化，构筑‘城乡一体的统筹发展体系、可持续发展的产业体系、以人为本的社会治理体系、科学发展的保障体系’四大体系，建设‘新型农村管理体制、新型农村经济组织形式、新型农村住宅社区’三新农村，加快人口、产业、生产要素聚集步伐，逐步实现‘居住环境、公共服务、就业结构、消费方式’四个城市化，破解城乡二元体制，努力走以不牺牲农业和环境为代价的新型工业化、新型城镇化和农业现代化道路”的城乡统筹发展思路。市直有关职能部门起草了23个与《意见》相配套的政策文件，并根据配套文件核心政策进一步提炼，形成《新乡市推进城乡一体化若干政策规定（试行）》（新农村办〔2008〕28号）。

（李存伟）

【新农村建设理论与实践高层论坛】　2008年10月30日至31日，全国统筹城乡发展加快新农村建设理论与实践高层论坛在新乡国际饭店成功举办。全国人大常委会副委员长、民革中央主席周铁农，中央党校原副校长刘海藩，外经贸部原副部长刘向东，中央政策研究室研究员艾云航，国务院发展研究中心研究员黄道霞，农业部农业发展研究中心副主任关锐捷，中国专家学者协会常务副会长安卫华，中华全国农民报协会秘书长魏小兵，河南省人大常委会副主任铁代生，省政协副主席李英杰等数十名领导、专家、学者出席论坛并发言。　（李存伟）

【赴蓉举办城乡统筹培训班】　2008 年 11 月 9 日至 12 日，新乡市在成都市举办城乡统筹培训班。市委常委、副市长王晓然带领新乡市各县（市、区）及市直相关各部门负责人先后考察成都市的邛崃市、郫县、青羊区、龙泉驿区、锦江区以及成都市城乡规划展览馆等地。王晓然在考察总结会上指出，成都市产业布局合理，发展氛围浓厚，成绩斐然，对新乡市的城乡统筹发展工作有很强的启发和借鉴意义。各县（市、区）和市直相关职能部门要认真总结“成都经验”，查找自身存在的差距。　（李存伟）

【中央政策研究室原副主任肖万钧莅新调研】　2008 年 11 月 14 日至 15 日，中央政策研究室原副主任肖万钧、经济日报县域经济研究中心主任、中国县域经济报社社长许宝健、中国经济报刊协会秘书长单恒伟莅新调研城乡一体化工作。肖万钧指出，新乡市城乡统筹发展的路子是破解“三农”难题的一个重大创新，破解了一个重大历史问题，探索了一条农村城市化的路子，在全国具有重要的借鉴和推广意义。　（李存伟）

【统筹城乡发展领导小组第一次会议】　2008 年 11 月 19 日，全市统筹城乡发展领导小组第一次会议召开。市领导吴天君、李庆贵、杨崇林、王晓然、王保旺、贾全明和市直有关单位主要负责人参加会议。会议由市委书记吴天君主持。会议学习传达中央政策研究室原副主任肖万钧在新调研统筹城乡发展期间的讲话精神，听取市农办关于进一步推进统筹城乡发展工作和市直部门关于贯彻落实《新乡市推进城乡一体化若干政策规定》情况的汇报。（李存伟）

【国务院研究室副主任李炳坤莅新调研】　2008 年 11 月 30 日，国务院研究室副主任李炳坤，全国政协常委、国务院参事任玉岭，经济日报社县域经济研究中心主任、中国县域经济报社社长许宝健，中国县域经济报副总编辑吴永亮，中国经济报刊协会秘书长单恒伟等领导莅新调研新乡市统筹城乡发展工作。市领导吴天君、李庆贵、王晓然、王保旺、吴金印出席座谈并陪同调研。李炳坤一行 6 人在新期间同有关市直单位和部分县、乡、村的负责人进行座谈，并实地参观了新乡县祥和新村、裕泰新村、华丰新村、张青社区等新型农村住宅社区建设。李炳坤充分肯定新乡市统筹城乡发展的探索和实践，指出新乡市的做法很值得研究，有进一步推广的价值。　（李存伟）

【县域经济工作会议】　2008 年 8 月 18 日，新乡市召开县域经济工作会议，贯彻落实全省县域经济工作会议精神，回顾总结 2006～2007 年度新乡市县域经济发展情况，交流经验，表彰先进，谋划下一步发展。市领导吴天君、李庆贵等出席会议。新乡县、辉县市分别进行典型发言；市委常委、副市长王战营宣读《新乡市委新乡市人民政府关于表彰奖励 2006～2007 年度发展县域经济先进单位的决定》。市长李庆贵对全市县域经济工作进行了安排部署。吴天君最后指出，产业聚集区建设是拉动县域经济跨越崛起的有力支撑，是调整产业结构、转变发展方式的重要载体，各地务必高度重视，切实加大投资力度，尽快完善基础设施，为新乡经济社会的可持续发展奠定坚实基础。会上，还印发《新乡市委新乡市人民政府关于促进县域经济又好又快发展的实施意见》。　（王春江）

【县域经济发展】　2008 年，全市县域生产总值完成676.3亿元，同比增长17.1％，占全市生产总值的比重达71.2％；县域实现地方财政一般预算收入24.8亿元，同比增长23.8％，占全市财政一般预算收入48.8亿元的50.8％。全市 8 个县（市）财政一般预算收入全部实现超亿元，其中超 4 亿元以上的有辉县市、新乡县、长垣县；县域限额以上工业增加值完成270.1亿元，同比增长31.9％，占全市限额工业增加值377.9亿元的71.5％；县域城镇以上固定资产投资528.1亿元，同比增长37.5％，占全市城镇以上固定资产投资686.2亿元的77％；农民人均纯收入 5038 元，同比增长15.7％。　（王春江）

【完成扶贫开发年度目标】　顺利完成 2008 年省政府下达新乡市 944 元以下4.54万贫困人口脱贫任务，

全市实际解决并巩固4.57万贫困人口的温饱问题，超额完成省政府下达新乡市的目标任务。（刘万钧）

【完成扶贫开发整村推进任务】　2008年，新乡市共确定整村推进村60个，涉及6个县21个乡镇。共投入资金8945万元，其中上级财政扶贫资金2190万元，市、县财政配套资金848万元，整合部门资金3279万元，群众自筹资金2628万元。建设各类项目380个。其中：新修道路160公里；新打饮水井17眼，修建水池4座，铺设地埋管道11.9公里；新打机井320眼；完成围村林及村内景观植树59.11万棵；建设文化墙10万平方米、安装路灯3100盏等。截至11月底，全市60个整村推进村建设项目全部竣工，在全省建设进度中名列前茅。（刘万钧）

【贫困地区劳动力转移培训】　2008年，共争取劳务培训资金302万元，省下达新乡市培训任务0.99万人。截至年底，共培训贫困地区农村剩余劳动力10030人，转移输出率90%以上，实现劳务收入3600余万元，超额完成省定贫困地区劳动力转移培训任务。（崔洪亮）

【科技扶贫项目】　2007年共争取科技项目8个，资金114万元。截至2008年10月底，所有项目按时完成。通过实施科技扶贫项目，贫困户生产经营项目得到了较快发展，带动农户1152户，户均增收400元。（王中兴）

【扶贫搬迁试点项目】　2007年共争取省扶贫搬迁资金150万元，市配套225万元，完成250户1014人搬迁扶贫任务。2008年11月底主体工程全部完成。2008年度计划完成125户532人的搬迁扶贫任务。（刘万钧）

【扶贫贴息贷款项目】　2008年，完成小额扶贫贴息贷款投放任务，为封丘县和原阳县两个省级扶贫小额信贷试点贷款1654万元，贴息95万元。重点用于贫困群众的种养业扶持，受益农户达702户。为原阳宏达木业有限公司、福源奶业公司和长垣长远集团有限公司三家企业争取扶贫贷款1.3亿元，财政扶贫贷款贴息104万元。（刘万钧）

【河南省、市老促会会长新乡座谈会】　2008年11月4日至6日，河南省、市老促会会长座谈会在辉县市百泉国际大酒店召开。会议由省老促会会长胡悌云主持，市长李庆贵到会致辞，市委副书记刘建华代表新乡市委、新乡市人民政府汇报新乡市革命老区建设和发展情况，新乡市革命老区代表作典型发言。全省市老促会会长还观看新乡市革命老区建设电视片，实地考察新乡市革命老区建设，并对新乡市革命老区建设工作取得的成绩给予高度评价。（王中兴）

【老区3年脱贫行动计划取得新成效】　2008年是实施老区3年脱贫行动计划的第二年，完成老区脱贫人口16.68万人，是计划目标任务3万人的5.2倍，累计完成脱贫人口27.62万人，占全市42.76万贫困人口的64.6%。老区农民人均纯收入达到2700元。（王中兴）

【农业产业化经营】　2008年底，全市农业产业化经营组织达1386家，带动农户57万户，占全市农户总数的53%，连接种植基地315万亩，牲畜310万头，禽类2300万只，农户从产业化经营中增收5.6亿元。（曹雪霞）

【优势农产品生产基地初具规模】　全市已形成优质小麦、优质水稻、优质花生、精细蔬菜、优质林果、优质中药材、花卉苗木、绿色奶业、无公害生猪和蛋禽等10多个优势农产品生产基地。其中，优质小麦面积402万亩，占全市麦播总面积的80%，为"国家优质专用小麦基地市"；优质水稻基地面积70万亩，为黄河中下游最大的优质粳稻生产基地；优质花生面积110万亩，为豫北重要的优质花生生产基地；蔬菜面积80万亩；以封丘金银花、辉县柴胡为主的中药材面积达30多万亩，封丘为全国人工种植面积最大的金银花生产基地；花卉苗木10万亩，为豫北最大的花卉苗木生产基地；奶牛存栏6.5万头。（曹雪霞）

【龙头企业建设】　一是龙头企业的带动能力显著提高。2008年，全市农业产业化龙头企业395家，实现销售收入256亿元。其中，市级以上重点龙头企业实现销售收入184亿元，创利税19.5亿元。带动农户43万户，其中，订单农户31万户，连接种植基地265万亩，带动农户增收3.9亿元。二是重点龙头企业的群体显著扩大。2008年，全市农业产业化市以上重点龙头企业已达149家，其中，国家级重点龙头企业2家；省级重点龙头企业23家，数量位居全省第四，豫北第一；市级重点龙头企业124家。全市年销售收入超1亿元的龙头企业达53家，其中新亚、华星、飘安等4家企业的年销售收入超10亿元。省农业产业化优秀龙头企业7家，数量位居全省第三，豫北第一。三是龙头企业招商引资取得重大突破。敦煌种业、五得利面粉、雨润肉品、克明面业、云鹤食品等一批国内大型知名的农产品精深加工和畜产品企业先后来新投资兴建龙头企业，提升了新乡市农业产业化经营层次和水平。（曹雪霞）

【发展农民专业合作社】　2007年7月1日《农民专业合作社法》实施后，新乡市加大对农民专业合作社的宣传、指导、支持和服务力度，共印发各类宣传资料5.6万份，发放《农民专业合作社实用手册》1000本。邀请国内著名知名学者和专家来新讲课，共举办各种类型的培训班53期，其中大型培训班4期，累计培训业务骨干和农民3.9万人次。2008年全市新发展农民专业合作社426家，达527家，数量和质量均名列全省前茅。2008年新乡市确定市级示范合作社20家。截至年底，全市市级示范合作社达30家，农民专业合作组织已发展到821家，成员8.1万户，带动农户24万户，占全市农户总数的30%，实现经营收入13.6亿元。加入农民专业合作组织的农户成员年收入，普遍比非成员农户高20%以上。（曹雪霞）

【农业品牌创建】　通过实施名牌战略，实现“创一个品牌，兴一个产业，富一方经济”。“原阳大米”、“金粒”小麦、“豫绿”金银花、“贡参”胡萝卜、“新科”小麦种子、“陈桥”石榴、“新科”白菜种子和“仙灵”灵芝等9个农产品被评为省名牌农产品。“航空”啤酒、“新良”植物油、“光强”胶合板、“长远”挂面、“亚兰”方便面等6个农产品加工类被评为省名牌产品。“卫丰”面粉、“世魁”牛肉、“牧野”麦芽等24个农产品加工类被评为河南省著名商标。全市已建设无公害农产品、绿色食品基地面积205万亩，绿色食品基地面积位居全省首位，为农业品牌建设打下坚实基础。（曹雪霞）

【优势农产品产业基地建设】　全市已形成较大规模的面粉、大米、油脂、棉纺、饮品、方便食品、速冻食品七大农产品加工基地。面粉加工业：新乡市面粉加工业已基本走出初级加工阶段，加工设备、生产工艺均已达到国内先进水平。小麦年加工转化能力已突破400万吨，位居河南省前三位。其中专用粉和等级粉精加工能力达250万吨。其中日处理能力200吨以上企业达18家，五得利集团新乡面粉有限公司日加工能力2000吨，为国内加工规模最大的面粉企业；新良公司日加工能力1100吨，专用粉产量河南第一，全国第三。大米加工业：全市日加工能力100吨以上大型稻米加工企业有9家，中型企业40多家。全市年稻米加工能力达80多万吨，远远超过全市水稻产量。食用油加工业：全市共有食用油加工企业40多家，年设计原料处理能力160万吨，2008年实际油料加工量50万吨，食用油产量16万吨，产值15亿元。全市日处理油料能力1000吨以上油脂加工企业有1家，日加工能力500吨以上油脂加工企业有5家。棉纺工业：全市共有棉纺企业80多家，纱产量25万吨，总产值34亿元。全市棉纺企业纱锭拥有量近300万锭，为河南省第一，涌现出辉县市太阳石纺织有限公司、新乡县联达纺织有限公司、延津棉纺等一批拥有10万纱锭以上，设备先进、产品技术含量高的棉纺企业。饮品加工业：主要包括白酒、啤酒和乳制品的生产。全市有白酒生产企业8家，总资产6亿元，销售收入6.5亿元。全市有啤酒生产企业3家，总资产3亿元，销售收入3.5亿元，实现利税5565万元。全市有乳制品生产企业8家，总资产3.2亿元，产量4.5万吨，销售收入3.3亿元，实现利税3905万元。方便食品加工业：方便食品加工以方便面、挂面和雪米饼为主。全市现有国内先进的方便面生产线38条，年生产能力25亿包，生产能力位于河南省前三位。共有方便面生产企业6家，总产值8.5亿元，产量24.2万吨，实现利税1.2亿元。新乡市亚特兰食品有限公司在河南省方便面行业十强企业中排名第五名，在全国方便面十五强企业中排名第十三名。挂面生产是新乡市的优势产业，全市各种系列挂面生产能力30万吨，实际加工量15.6万吨。新乡市米多奇食品有限公司是以生产雪米饼为主的方便食品加工企业，加工规模位于河南省第二。新乡市长远实业集团绿色食品发展有限公司是河南省规模最大的绿色挂面生产企业。（曹雪霞）

【群众来信（来电）来访】　各级农监部门对农民负担信访案件，安排专人负责填报，并将季报制度的执行情况作为年终考核的一项重要参考依据，切实作到发现一起，查结一起。全年，市农监办共收到群众来信（来电）来访举报和问询121起，共立案9起，已全部查结。（郅利民）

【农民负担监督与审计】　2008年7月和12月，市政府组织有关职能部门对全市农民负担情况进行全面督查和暗访，并对惠农政策落实较差、群众反映强烈、农民负担问题多发易发的2个乡和2个县直职能部门实施重点监控。继续推行农民负担监督卡制度。共下发《农民负担监督卡》116万份，入户率达98%以上。市农监办组织开展农民负担专项审计，共审计资金18491.2万元，发现违纪资金42.6万元，针对发现的问题，及时向违纪部门下达《整改意见通知书》，并责令限期整改。年底，市农监办组织有关单位对各县（市、区）分别进行考核，辉县市、获嘉县、延津县分获综合排序前三名。并对全市32个减轻农民负担工作先进集体和55名先进个人进行了表彰。（郅利民）

【丹江口库区移民工作动员会】　2008年11月13日，全市南水北调中线工程丹江口库区移民安置工作动员会召开。副市长王晓然全面安排部署南水北调中线工程移民安置工作，并代表市政府与辉县市、原阳县、延津县、封丘县、获嘉县等5个县（市）政府签订了南水北调丹江口库区移民安置工作目标责任书；市长助理、市南水北调办主任崔卫新传达党中央国务院、省委省政府以及市主要领导有关南水北调工程的重要指示精神；辉县市和原阳县就南水北调工程建设和丹江口库区移民安置工作分别作了表态发言。全市有关县（市）、市直有关单位以及移民安置所涉及乡（镇）和企业单位的主要负责人100余人参加会议。（陈　刚）

【全省丹江口库区移民试点现场会在新召开】　2008年12月30日，省移民办在原阳县召开河南省丹江口库区移民安置试点工作现场会。承担丹江口库区移民安置试点任务的淅川县、邓州市、社旗县、新野县、临颍县、许昌县、宝丰县、唐河县、荥阳市、中牟县和原阳县11个县（市）的政府主管领导和移民办主任参加会议。会议由省移民办副主任王小平主持；新乡市市长助理、南水北调办主任崔卫新致欢迎词；省移民办调研员党基群宣读丹江口库区移民工作第二次督查通报；郑州、漯河、许昌、南阳、平顶山、新乡六地市移民主管部门汇报了各市移民工作进展情况；省移民办主任王树山到会并作重要讲话，对新乡市围绕“早、好、实、和”四字方针，以及“扎实、精细、只争朝夕”的精神给予高度评价和赞扬，号召大家学习“新乡经验”，并就做好下步工作做出重要批示。（陈　刚）

【副市长王晓然到原阳检查指导移民试点工作】　2008年12月17日，市委常委、市政府副市长王晓然在市委常委、原阳县委书记孙国富、市政府副秘书长闫玉福、市农办主任刘思江以及原阳县县长魏刘宝等市、县有关单位负责人陪同下，到原阳县丹江口库区移民安置试点施工现场检查指导工作。副市长王晓然在查看了施工现场、听取了移民部门的工作汇报后，对试点工作进展情况表示满意，并就下一步工作如何开展提出具体要求。（陈　刚）

【李连栋等到新乡调研移民试点工作】　2008年12月26日，省水利厅原副厅长、省政府移民办原主任李连栋一行3人，到原阳县丹江口库区移民安置试点进行考察调研，李连栋一行听取新乡市、原阳县移民主管部门的情况汇报，之后对试点施工现场进行实地考察，了解生产生活用地划拨情况及施工过程中存在的问题与困难，对原阳县试点工作进展情况给予高度评价。（陈　刚）

【大中型水库移民人口核对】　2008年，市移民办先后两次召开全市各县（市、区）移民、农口及分管部门负责人工作会议，对2007年下半年及2008年上半年的移民人口核对工作进行专题动员部署，经两次核对确认，共核减51人，其中，不符合政策2人，死亡49人。（陈　刚）

【后登记移民纳入国家扶持范围】　由于各种原因，新乡市有1024人错过移民登记时间。市移民办多次到省移民办进行汇报沟通，最终将这部分移民纳入国家扶持范围，其后扶资金从第三季度开始正式下发，为新乡市移民多争取后扶资金1200余万元。（陈　刚）

【大中型水库移民后扶资金发放及督查】　在完成移民人口核对的基础上，按照市移民办向财政、邮政储蓄部门提供的移民资金发放底册，财政部门按照移民发放底册将后扶资金拨付到邮政储蓄部门，邮政储蓄部门将后扶资金发放到移民个人手中的程序，圆满完成2007年下半年及2008年前三季度的后扶资金共1204.035万元的发放任务。2008年10月中下旬，市移民办下发《新乡市大中型水库移民后扶资金发放情况专项效能监察实施方案》，协同市监察局对水库移民集中的辉县市、卫辉市、原阳县，通过走访移民、抽查档案、查看资金下达拨汇时间等方式进行专项效能监察，结果未发现违法违纪问题。（陈　刚）

【小型水库移民扶持项目规划编制】　省政府批复新乡市小型水库共16座，其中辉县市14座，卫辉市1座，凤泉区1座。10月，完成全市小型水库项目规划编制工作，并上报省移民办审批。（陈　刚）

【丹江口库区移民试点村前期建设】　2008年1月，省政府分配给新乡市丹江口库区移民试点安置250户915人。试点确定在原阳县原武镇，移民为南阳市淅川县老城乡狮子岗村民。3月，完成老城乡狮子岗村与原阳县原武镇的初步对接工作，5月完成试点的实施规划工作，11月底开始施工。12月底，河南省丹江口库区移民试点现场会在原阳县召开。新乡市试点工作受到国务院南水北调办公室副主任张野、副省长刘满仓的高度评价和赞扬。（陈　刚）

【丹江口库区移民规划修订】　2008年11月下旬至12月上旬，长江委设计院对丹江口库区移民规划进行修订。新乡市对移民安置点存在的地类界定、村台垫高取土费用、安全饮水等9个问题提出意见和建议并被上级采纳，为新乡市多争取资金300多万元。（陈　刚）

【全市移民稳定工作会议】　2008年7月，全市移民稳定工作会议召开，传达《河南省政府移民办公室关于转发水利部移民开发局〈关于认真贯彻落实中央反恐精神做好移民反恐工作的紧急通知〉的通知》，就新乡市水库移民稳定工作进行安排部署。会后，市移民办及各县（市、区）成立移民矛盾排查化解工作领导小组，对大中型水库移民稳定工作开展全面排查化解。（陈　刚）

【文明创建工作】　市农办党委高度重视机关文明单位创建工作，把文明创建纳入党委的重要议事内容。成立以党委书记、主任刘思江为组长，各分管主任为副组长、业务科室负责人为成员的省级文明单位创建活动领导小组。制定《新乡市农办创建省级文明单位实施方案》、机关《规范化管理手册》、《文明服务规范准则》、《文明用语和忌语》、《精神文明建设检查评比标准和奖罚办法》、《文明建设档案与管理规定》等配套制度。开展文明科室、文明职工、文明家庭和贤内助评选活动。全体干部职工为四川地震灾区、困难企业、山区贫困群众、企业困难职工奉献爱心捐款近8万元。围绕市委、市政府中心工作，全面推进，积极协调涉农各项工作，为新乡市城乡统筹发展建设和谐社会做出积极的贡献。积极参与凤凰山森林公园建设、全国文明城市、卫生城市创建等全市性的大型活动。11月，被河南省委、省人民政府命名为“省级文明单位”。（李红心）

2008年度新乡市农办荣获奖项

先进集体

被省委、省政府命名为“省级文明单位”
河南省减轻农民负担工作优秀单位
河南省扶贫开发信息宣传先进单位
河南省农业综合开发先进单位
新乡市小麦高产开发“1346工程”先进单位
新乡市党风廉政建设责任制优秀单位
新乡市党风廉政建设和反腐败牵头工作先进单位
新乡市平安建设先进单位
新乡市落实老区三年脱贫行动计划先进单位
新乡市先进基层党组织
新乡市市级卫生先进单位
新乡市创建国家森林城市工作先进单位
新乡市创建全国文明城市工作先进集体

先进个人

河南省新农村建设先进工作者
　　刘思江　邵长征
河南省农业综合开发先进工作者

苗春蓬

河南省扶贫开发先进工作者

王小平

新乡市小麦高产开发“1346工程”先进个人

花建明

新乡市新农村建设“结对帮扶”先进工作者

李永梅　李存伟

新乡市发展研究二等奖

刘思江　陈晓琰　巫晓杰　李存伟

新乡市发展研究三等奖

康卫平　巫晓杰　张克永

农业综合开发

【农业综合开发概况】　2008年，全市农业综合开发土地治理中低产田共改造11.76万亩，其中。省下达10.3万亩；追加0.36万亩；市本级1.1万亩。分别安排在封丘县曹岗乡和潘店乡、原阳县葛埠口乡和官厂乡、长垣县佘家乡、新乡县合河乡、延津县司寨乡、辉县市峪河镇、卫辉市唐庄镇7个县（市）的9个乡（镇）。扶持产业化经营项目6个。其中，重点产业化经营项目1个——长垣县2万头种猪培育新建项目；一般产业化经营项目4个，分别是延津县10万吨饲草饲料加工扩建项目、卫辉市15万吨小麦专用面粉加工扩建项目、获嘉县3.5万头生猪养殖扩建项目和原阳县260头奶牛养殖扩建项目；中央财政贷款贴息项目1个——长垣县亿隆苗木基地2300万元贷款贴息项目。新乡市农业综合开发工作连续3年被省评为先进单位。在全省第二轮24个农业综合开发重点县竞争中，继封丘县后，原阳县又进入重点县行列，圆满完成项目争取任务。

（罗晓波）

新乡市农业综合开发办公室主要负责人

主任　陈艺平

【土地治理项目】　2008年，土地治理项目面积11.76万亩。其中，重点县封丘县3.96万亩；原阳县2.9万亩；长垣县、延津县、新乡县各1万亩；卫辉市0.6万亩；辉县市0.5万亩。项目总投资7375.7万元，其中，财政资金2114万元；地方财政资金2024.4万元；群众自筹1530.3万元；整合资金1707万元，所有项目全部按计划完成投资任务。中低产田改造项目共新打和修复机井1036眼，输变电线路配套185.35公里，衬砌渠道37.73公里，开挖疏浚渠道254公里，埋设管道106公里，渠系建筑物760座。新建排灌站1座；改良土壤0.58万亩，建设良种基地0.3万亩，购良种42万公斤，新建、整修机耕路315.65公里，购置农业机械19台；营造防护林0.71万亩，种植苗圃500亩；培训专业技术人员和农民技术人员11400人次，购买仪器设备5台，示范推广新技术3.75万亩。通过开发治理，使项目区建成了旱能浇、涝能排、沟相通、路相连，沟、渠、路、林、桥综合配套的高产稳产田。项目区新增改善灌溉面积9.48万亩，新增改善除涝面积9.75万亩，新增节水面积3.34万亩，年节约用水量314.62万立方米，增加农田林网防护面积7.43万亩，新增机耕面积2.61万亩，新增农机总动力800千瓦，扩大良种种植面积3.56万亩，优质农产品种植面积10.36万亩。年新增粮食生产能力2105.51万公斤，棉花16.9万公斤，油料39.75万公斤，项目区农民纯收入增加3134.51万元，人均增收862元，人均纯收入5266元，高于全市人均纯收入228元。

（罗晓波）

全国人大副委员长、中科院院长路甬祥（右二）在封丘视察

【产业化经营项目】　2008年，新乡市共争取产业化经营项目6个，即：重点产业化经营项目1个——长垣县2万头种猪培育新建项目；一般产业化

经营项目4个，分别是延津县10万吨饲草饲料加工扩建项目、卫辉市15万吨小麦专用面粉加工扩建项目、获嘉县3.5万头生猪养殖扩建项目和原阳县260头奶牛养殖扩建项目；中央财政贷款贴息项目1个——长垣县亿隆苗木基地2300万元贷款贴息项目。项目总投资8799.31万元。其中，中央财政资金822万元；地方财政资金380万元；自筹资金5297.31万元；银行贷款2300万元。主要用于新建扩建厂房40149平方米，购置设备11910台（套），引进奶牛260头、种猪60头。项目建成后，可加工转化农产品16.4万公斤，年新增总产值15986.58万元，年新增增加值10755万元，年新增利税2053.41万元，直接受益农户8800户，直接受益人口2.9万人，直接受益农民年收入增加总额3995万元，年人均纯收入6415元，高于全市人均纯收入1377元，年新增就业人数1370人。（罗晓波）

【中低产田改造项目】 2008年9月，根据河南省打造全国粮食核心区的规划要求，新乡市已被省农业综合开发办公室认定的粮食核心区中低产田面积355.7万亩，占新乡市总耕地面积的59%。2009年，省定新乡市粮食核心区规划面积36万亩，先行启动11万亩，项目总投资8470万元。其中：中央财政资金4235万元，省财政资金1471万元。（罗晓波）

【国家调研考察组莅新调研】 2008年7月，国家调研考察组到新乡市考察“河南粮食核心区建设项目”筹备工作，并先后查看封丘县曹岗乡中低产田情况和荆笼宫农业综合开发项目区。调研组充分肯定新乡市农业综合开发工作取得的巨大成就和蕴藏的巨大潜力，并对新乡市的农业综合开发工作给予高度评价。（罗晓波）

【争取财政投入加快中低产田改造进度】 2008年，新乡市农业综合开发受省均衡安排项目的影响，有3个县（市）没有安排开发任务。为充分调动轮休县（市）加大对农业综合开发投入的积极性，本着“谁积极、能配套、支持谁”和集中连片的原则，分别对卫辉市和辉县市实施地级中低产田改造项目，市政府从市级财政预算农业开发配套资金中安排324万元，两个县（市）财政配套200万元，群众筹资投劳160万元，按照现行国家农业综合开发中低产田改造投资标准安排卫辉市0.6万亩、辉县市0.5万亩开发任务。（罗晓波）

【新乡市农业综合开发工作获省表彰】 在全省农业综合开发贯彻落实省委、省政府抗旱夺丰收工作会议精神暨提前开工项目培训会议上，新乡市再次被省农业综合开发领导小组授予2008年度河南省农业综合开发先进单位称号，位居全省第三，新乡市重点县封丘县获得县级农业综合开发先进单位称号，原阳县获专项工作先进单位称号。（罗晓波）

种植业

【种植业概况】 2008年，全市农业以粮食增产、农业增效、农民增收为目标，以科技为支撑，以项目为抓手，大力开展大宗农作物高产攻关示范活动，调整优化农业经济结构，提高农产品质量安全水平，全面增强农业综合发展能力，积极推进现代农业进程，实现了农业经济又好又快发展。粮食等大宗农作物持续丰产丰收，粮食总产达到388.98万吨，连续5年创历史新高；种植业结构、品种进一步优化，经济作物总面积347.7万亩，总产量397.14万吨，总产值53亿元，粮经比达到65∶35；农产品质量安全水平持续提高，农业品牌创建工作顺利启动，无公害农产品和绿色食品基地达到220.89万亩，占全市耕地面积的38%，认证产品达到157个；争取上级项目资金取得突破，全年共计9846.825万元，沼气建设、阳光工程培训等惠民实事进展顺利；农村基本经营制度进一步完善，土地流转总面积15.39万亩，占全市农村家庭承包经营面积的2.94%，推动农户联合与合作，加快农业产业化进程；区域农业技术服务、农产品质量安全检验检测、良种繁育、沃土工程、植物保护、农业信息、农民培训、农业执法等八大农业体系建设成效显著，现代农业科技支撑得到强化，农业综合服务能力不断增强。（支发强）

新乡市农业局领导成员

党组书记、局长 聂　聚
党组副书记 苗鸿杰

党组成员、副局长　王建设　李长勇
　　　　　　　　　刘咸民　张志安
党组成员、纪检组长　何　洪
党组成员、总农艺师　杨胜利
党　组　成　员　曹存义

省委副书记陈全国（右二）视察新乡农业

【小麦高产开发“1346工程”】　2008年5月下旬，新乡市小麦高产开发“1346工程”指挥部效能监察组，组织市监察局、市农业局、市统计局、市农科院、河南师范大学、河南科技学院等单位有关领导和专家，成立4个验收小组，对全市小麦高产开发“1346工程”进行全面检查验收。结果表明，各项目标均超额完成。在辉县市的平原地区、新乡县、获嘉县全部建立的110.2万亩连片高产示范区，平均亩产达到527.5公斤；全市建成千亩示范方43个，平均亩产达到559公斤；高产乡镇42个，平均亩产达到522.5公斤；高产攻关田91块，平均亩产达到610.8公斤。（李卫国）

【水稻良种补贴项目首次实施】　2008年，水稻良种补贴项目实行普惠制，按照实际种植面积，每亩补贴15元。通过制定供种清册、张榜公布，财政部门将补贴资金直接发放到户，共落实水稻良种补贴面积52.4万亩，发放补贴资金786万元。（李卫国）

【农业部领导莅新调研】　2008年6月19日至20日，农业部农村经济研究中心主任宋洪远一行3人在省农业厅综合处处长李明、市农业局局长聂聚及有关科站负责人的陪同下，先后到封丘县黄德镇前老岸村、新乡县七里营镇龙泉村等地就粮食生产问题开展专题调研，并与正在田间施肥和喷药的农民进行亲切交谈，了解粮食的单产、价格、成本、效益、种粮行为变化、农村劳动力转移对粮食生产的影响、农民对粮食生产的要求和建议及畜牧业生产等方面的问题。10月29日，农业部粮棉油高产创建活动领导小组办公室副主任李立秋研究员，在省农业厅总农艺师夏长安、市农业局总农艺师杨胜利、延津县副县长王建、赵宏亮等陪同下，调研延津县区域站建设、小麦高产万亩示范片和卫辉市柳庄乡的万亩高产示范片，并听取简要汇报，对全市的小麦高产创建工作给予充分肯定。（李卫国）

【省委副书记陈全国莅新视察麦田管理】　2008年3月21日，省委副书记陈全国、副省长刘满仓带领省农业厅、省农科院、省农开办、省林业厅等单位的负责人在市长李庆贵的陪同下到获嘉县、新乡县视察了麦田管理和社会主义新农村建设情况。视察结束后，在新乡召开了由新乡、焦作、安阳、鹤壁、濮阳主管市长参加的豫北五市春季麦田管理和抗旱保麦工作座谈会。（李卫国）

【温室蔬菜遭受冻害】　2008年1月11日，全市气温骤降，当日出现零下6度到零下7度的低温。1月13日、14日温度最低，达到零下9度到零下10度。由于温度低、光照差且持续时间长，对温室黄瓜、西红柿等蔬菜生产造成极为不利的影响，主要出现在卫辉市、辉县市。全市温室蔬菜冻害面积0.15万亩，成灾面积0.1万亩，绝收面积0.03万亩。（李卫国）

【玉米、棉花遭受冰雹袭击】　2008年6月25日，辉县市、获嘉县突遭冰雹袭击，玉米、棉花等作物受灾较重。玉米倒伏，茎部被冰雹砸伤，叶片被打烂，许多棉花被打成光杆。受灾区域主要分布在辉县市峪河镇、占城镇，获嘉县位庄乡等。其中峪河镇、占城镇受灾最重。全市受灾12.0万亩，成灾8.8万亩，绝收2.02万亩。（李卫国）

【部分麦田发生金针虫危害】　2008年10月下旬，由于气温较常年同期偏高、秸秆还田面积较大等原因，长垣县芦岗乡、孟岗乡和封丘县李庄乡、黄陵乡等部分麦田发生金针虫危害麦苗现象，发生面积41万亩，较重5万亩。部分地块因虫害造成缺苗断

垄，严重影响麦苗的正常生长。（李卫国）

【刘庄被确定为全国农村实用人才培训基地】“农业部农村实用人才培训基地”是由农业部直接牵头组织实施农村实用人才带头人素质提升计划和基层组织负责人示范性培训的主要场所，是培养社会主义新农村建设带头人的重要基地。新乡县七里营镇刘庄村各类培训设施完备，保障条件优越，符合设为培训基地的条件和要求。2008年，刘庄被农业部确定为全国农村实用人才培训基地后，按照农业部的要求，承担河南省及周边省的农村基层组织负责人、农村实用人才带头人的培训任务。（王甦生）

【延津被农业部确定为农情基点县】为加快推进“数字农情”体系建设，农业部着手组织建立、完善全国县级种植业生产历史数据库。2008年在全省选择20个基点县开展试点，延津县被确定为其中之一，也是新乡市唯一一个。（李卫国）

【沼气建设】2008年，新乡市新建户用沼气池30356个，大中小型沼气工程49处，池容20300立方米，供气2537户。沼气用户新增32893户，完成省政府下达的3万户沼气建设任务，是目标任务的109.6%。市政府投资150万元，购置100辆进出料车发放到各农村沼气服务网点，使广大沼气用户不出村就可享受到便捷周到的服务。（吕宝仓）

【国家发改委领导莅新调研农村沼气服务体系建设】2008年9月，国家发改委农村经济司司长高俊才、农业部发展计划司副司长隋斌等一行7人来新乡市调研农村沼气服务体系建设，省发改委副主任张远达、省农业厅副厅长郭鹏亮及市有关领导陪同。重点考察延津县南郑庄户用秸秆沼气使用情况和卫辉市沼气服务体系建设开展情况，对他们的做法给予充分肯定。（吕宝仓）

【农业污染源普查】2008年，对种植业、养殖业、水产业污染源进行普查，涉及对象31904个。其中种植业6610个，养殖业24570个，水产业724个；填写各类表格4万余份；培训普查员620人。（吕宝仓）

【“河南省生态农业示范村”和“河南省生态农业示范园（场）”命名】省农业厅依据普及沼气、综合利用、排放达标等10项指标进行推选。2008年新乡市有25个村、7个园（场）荣获“河南省生态农业示范村”和“河南省生态农业示范园（场）”称号。全市已有37个村、11个园（场）获此殊荣。（吕宝仓）

【玉米高产攻关田创历史最高纪录】2008年，市农技站在获嘉县照镜镇前李村试验的玉米高产攻关田，面积15.3亩，品种为“新单26号”。市科技局、河南农大、河南科技学院、市农业局、市农科院的玉米生产权威专家教授对其按6点随机取样测产验收，结果亩株数4782.2，亩穗数4782.2，平均穗粒数596.9，千粒重360克，亩产1027.7公斤，9折后亩产为924.8公斤，创造了新乡市最高纪录，比当年全市玉米平均亩产421.4公斤高出503.5公斤。（张东升）

【种子工程与种子产业体制改革】引进优质特色专用新品种59个，安排试验点25处，展示点8处，大区示范20余处，筛选出苗头品种7个。强筋小麦品种郑麦366、西农979、新麦19、藁麦9415推广面积成倍扩大，中筋品种矮抗58、衡观35、豫农202、周麦18的种植面积增幅显著；玉米品种郑单958、新单系列品种、济单系列品种保持相对稳定、浚单系列品种得到大力推广、中科系列品种和先玉系列品种开始推广。全市建立种子生产基地87.27万亩。其中优质专用小麦种子基地81万亩，秋作物种子基地6.27万亩。按国发办〔2006〕40号、豫政办〔2007〕29号文件要求，国有种子企业从农业行政主管部门剥离，建立新型种业体系。全市持证种子企业股份制达到20%左右，民营企业达70%以上。（孔祥云）

【加强种子行政执法】2008年3月，新乡市组织开展的种子法律法规宣传月活动，共出动执法人员1760人次，各类车辆1530余辆次，悬挂条幅900条，张贴标语5600余条，举办电视讲座26次，电台讲话43次，报纸刊登宣传材料35篇。春秋两季分别组织开展种子市场大检查和种子包装标识、品种假冒侵权等专项治理活动，共检查种子企业220个次，种子经营门店3500个次，查处种子违法案件3起，调解种子质量纠纷15起，罚款1.22万元。全年市种子质量监督检测中心组织开展种子质量田间检验70余万亩次，监督检验种子样品500多份，接受委托检验种子样品1500多份。（孔祥云）

【土壤养分监测工作获奖】 2008年3月30日，在农业部、司法部、中国消协和中央电视台共同举办的“共筑诚信”维护农民权益特别节目上，新乡市坚持20年进行的土壤养分监测工作荣获特别贡献奖。副市长贾全明亲临现场领取奖杯。（王向前）

【延津、长垣被定为“省食用植物油生产倍增计划”实施县】 为促进食用植物油产业发展，省政府决定2008年至2010年实施“河南省食用植物油生产倍增计划”。计划到2010年，全省油料作物种植面积比2007年增长6%，单产提高20%，总产超过700万吨，含油率提高3～5个百分点；油脂加工能力达到180万吨，再打造2～3个知名品牌。经过严格筛选，延津县、长垣县被确定为项目实施县。（刘自欢）

【省级定点农产品批发市场增至3个】 2008年1月，原阳大米市场被评选为“河南省第二批省级定点市场”，至此，全市省级定点农产品批发市场已增至3个。原阳大米市场、新乡农贸综合批发大市场、新乡市牧野蔬菜批发大市场均荣获“农业部定点市场”和“省级定点市场”双称号。（高　建）

【卫辉入围“全国无公害农产品标志推广与监管示范县”】 7月初，卫辉市被农业部农产品质量安全中心确定为“全国无公害农产品标志推广与监管示范县”创建单位，是全省4个创建示范县之一，也是新乡市首个创建示范县。（高　建）

【“金粒”小麦等获河南名牌农产品称号】 2008年8月，省农业厅评出2008年河南省名牌农产品。新乡市的河南金粒麦业有限公司“金粒”牌小麦、河南绿色农业有限公司“豫绿”牌金银花、长垣县喜顺粮油有限公司“喜顺”牌小麦粉3个农产品榜上有名。（高　建）

【省级农业标准化示范基地达7个】 2008年12月底，省农业厅公布了2008年河南省农业标准化生产示范基地名单，新乡市新申报的的长垣县喜顺粮油有限公司小麦标准化生产基地、新乡县大召营龙山农业开发有限公司蔬菜标准化生产基地、延津县贡参果蔬专业合作社胡萝卜标准化生产基地名列其中。全市省级农业标准化示范基地已达7个。（高　建）

【组织参加第二届中国郑州农业博览会】 2008年10月11日至13日，以“绿色品牌·现代农业”为主题的2008第二届中国·郑州农业博览会在郑州国际会展中心举行。新乡市组成由市长李庆贵任团长，市直有关单位领导和各县（市、区）主管农业的县（市、区）长为成员，共计130人的参观学习团。全市共有25家企业54种产品参展。会上发布招商项目20个，招商金额23.8亿元；签订合同项目4个，金额近6.4亿元；荣获“精装设计金奖”、“优秀组织奖”等5项大奖。（高　建）

渔　业

【渔业概况】 2008年，新乡市渔业依靠科技进步，调整优化结构，推进体制创新，强化渔政执法，养护渔业资源，加大渔业宣传力度，狠抓渔业安全生产，整体发展水平不断提高。全市水产养殖面积3397.3公顷，水产品总产量37441吨，其中养殖产量37196吨，分别较上年同期增长2.9%、10.8%和10.9%。（王义东）

【水产养殖业专项执法活动】 对全市无公害水产品基地、健康养殖示范区进行了检查，重点对养殖生产记录，用药记录、销售记录进行检查，并对其渔药、饲料仓库以及规章制度的完善情况进行实地执法，对养殖户发放《无公害养殖生产记录簿》以及《渔业法》、《农产品质量安全法》等宣传单。在全国水产品质量安全例行监测活动中，抽取新乡市3个养殖场6个水产样品，合格率达100%。（王义东）

【无公害水产品基地建设】 2008年，全市已认定无公害水产品产地10个，无公害水产养殖面积达到9390亩，占全市养殖面积的18%，已认证无公害水产品13个，另有14个产品已经申报。“荷叶”牌鲫鱼、“中圆”牌中华鳖、“国人绿盟”牌鲳鱼相继上市，卫滨区贾屯兄弟渔场、封丘县大里薛农民经济合作社、新乡市永盛渔业科技有限公司通过农业部组织的健康养殖示范场考核验收并获得水产健康养殖示范场称号。制定了无公害鲫鱼、鲤鱼、草鱼、团头鲂、泥鳅等养殖技术操作规程地方标准。（王义东）

【农业部“豫选黄河鲤”跨越计划在延津启动】 2008年3月21日，农业部“豫选黄河鲤”跨越计划在延津县正式启动。省水产局局长姬广闻、省水产科学院副院长李志勋、总工冯建新、高级工程师贾滔，市农业局副局长李长勇和延津县副县长王健、赵宏亮等省市领导及县农业局有关负责人出席启动仪式。（王义东）

【黄河、淇河新乡段实施禁渔期】 为保护和合理利用天然水域渔业资源，促进天然水域渔业经济可持续发展，新乡市从4月1日12时起至6月30日12时止，对黄河干流新乡段、淇河新乡段实行3个月的全面禁渔。渔政部门发放禁渔通告及宣传单，采取媒体报道、出动宣传车、发放宣传资料等形式，加大禁渔宣传力度。（王义东）

【黄河渔业资源增殖放流仪式举行】 2008年10月29日，新乡市在封丘县柳园口黄河浮桥处举行“新乡市2008年黄河渔业资源增殖放流启动仪式”，共向黄河放流黄河鲤鱼、鲢鱼、泥鳅等鱼种共100万尾。省渔政渔船检验监督管理局副局长陈会克、市农业局局长聂聚、副局长李长勇、封丘县副县长史学军以及沿黄封丘、长垣、原阳县农业局负责人和市新闻媒体工作者应邀参加了放流活动。（王义东）

2008年度新乡市农业局系统荣获奖项

全省农产品质量安全例行监测工作先进单位
　新乡市农业局
河南省种子管理工作先进单位
　新乡市种子管理站
全市落实支农办实事先进单位
全市落实老区三年脱贫行动计划先进单位
全市小麦高产开发“1346工程”工作先进单位
全市服务县域经济先进单位
全市创建国家卫生城市工作集体三等功
全市创建国家森林城市先进单位
　新乡市农业局

畜牧业

【畜牧业概况】 2008年，新乡市畜牧系统以农民增收为目标，以奶业发展、重大动物疫病防控和畜产品质量安全为重点，大力实施科技兴牧、依法治牧、以工强牧“三大战略”和“养殖富群众，加工富财政”的“双富工程”，积极推进区域化布局、规模化饲养、标准化生产、产业化经营，全市畜牧业实现持续快速健康发展，肉、蛋、奶总产分别达31.2万吨、31.5万吨、23.5万吨，较上年分别增长7.4%、8%和27.8%。猪、牛、羊、禽出栏分别达286万头、23.5万头、100万只和3562万只，较上年分别增长6.2%、1%、11.2%和5%。畜牧业产值达到95亿元，为农业总产值的42%。优质高产奶源基地建设初具规模，奶牛存栏达6.63万头，奶牛养殖小区达到81个。重大动物疫病防控扎实有效，基本实现动物防疫经常化、制度化、规范化，没有发生重大动物疫情。畜牧业生产方式实现重大转变，各类养殖小区达到351个，生猪、蛋鸡规模养殖比重分别达到83%和80%。畜牧产业化经营实现新突破，建成市级以上畜牧龙头企业26家，全市畜牧专业合作组织达136家，带动会员达4100多户。无公害畜产品生产稳步推进，产地认定企业、认证产品总数分别达到183家和25个，两项指标连续5年位居全省第一。（张文强）

新乡市畜牧局领导成员

党组书记、局长　郭其祯
党组副书记、副局长　曲当良
党组成员、副局长　张喜孝　崔保平
　肖海潮（2008年11月任）
党组成员、纪检组长　宋文佳
党组成员　宋贻亮

【市畜牧局2007年度政风行风评议跃居第八位】 2008年1月16日，市政府对2007年度全市政风行风建设排序前10位的先进单位进行表彰，市畜牧局名列其中，综合考核成绩由2006年的第十七位跃至第八位，上升9个位次。（张文强）

【春季重大动物疫病防控】 2008年3月7日，新乡市召开全市重大动物疫病防控工作会议，部署2008年重大动物疫病防控工作。会议强调，春季是重大动物疫病的高发季节，疫情形势严峻，防控任务艰巨，对防控工作要求越来越高。要进一步增强责任感和紧迫感，坚持预防为主、防控结合，按照“全覆盖、无缝隙，应免尽免、不留空挡，经常检查、月月补防”的要求，完善防控措施，扎实做好重大动物疫病防控工作。（马明仑）

【省重大动物疫情检查验收组莅新检查】 2008年5月13日至15日，省重大动物疫情应急指挥部检查验收组，采取省里直接定县、随机抽取乡村的方式，对新乡市春季重大动物疫病防控工作进行检查验收。省检查验收组听取新乡市重大动物疫病防控工作汇报，现场检查市重大动物疫情应急物资储备库、市动物疾病预防控制中心生物实验室，检查了新乡市肉联厂的屠宰检疫情况、新乡市安居市场畜产品的监管情况。抽查了新乡市乡镇防疫检疫中心站建设及部分乡村、养殖企业的防疫工作开展情况。省检查验收组对新乡市春季重大动物疫病防控工作给予充分肯定，认为新乡市重大动物疫病防控工作领导重视、责任明确、措施到位、防控有力、成效显著。（马明仑）

【国家基层动物防疫体系建设资金争取】 2008年，新乡市积极争取到国家基层动物防疫体系建设资金324.4万元，主要用于卫辉市、新乡县、封丘县、长垣县4个县（市）的38个乡镇兽医站和红旗、卫滨2个区的检疫监督基础设施建设。至此，新乡市累计争取到12个县级动物检疫监督和73个乡镇兽医站基础设施建设项目，国家投资达1772.7万元。（常守海）

【兽药市场集中整治】 2008年6月20日至9月30日，新乡市集中人力，集中时间，在全市范围内开展“迎奥运、保安全兽药市场百日集中整治活动”。在这次整治活动中，全市畜牧行政部门共出动执法人员520人次，检查兽药生产企业8家，检查兽药经营企业510家（次），查处违法经营企业22家，整顿兽药市场41个，收缴假劣兽药56.2公斤，货值10700元。有力的打击了非法研制、生产、经营、使用兽药等行为，规范新乡市兽药市场秩序。（常守海）

【封丘福润禽类加工项目开工】 2008年7月18日，江苏雨润集团在封丘县举行肉鸡加工项目开工仪式，封丘县福润禽类加工有限公司正式挂牌成立，结束了封丘县无大型畜产品加工企业的历史。该项目占地面积200亩，计划总投资1.6亿元，设计生产规模为年屠宰肉鸡3000万只、加工鸡肉10万吨，年产值可达到7亿元。项目建成后，可带动肉鸡养殖户3000多户，年出栏肉鸡3000万只以上。（张文强）

【举办首届动物疫病防控知识竞赛】 2008年8月7日，新乡市举办新乡市首届动物疫病防控知识竞赛。本届竞赛分团体赛和个人单项竞赛，县（市、区）各选派3名代表组成12支代表队参加。经过激烈的角逐，卫辉市代表队获得团体一等奖，长垣县、封丘县获得团体二等奖，获嘉县、凤泉区、红旗区获得团体三等奖。卫辉市张立恩、红旗区程灵均、卫滨区朱魁元分获个人一、二、三名。（马明仑）

【动物卫生监督人员执法培训】 2008年，新乡市把加强畜牧执法人员业务知识学习，规范执法行为，提升执法素质，转变畜牧队伍工作作风，提高工作效率作为重点，积极探索长效培训机制。全市举办执法座谈和案情分析会10多场次，培训讲座80多场次，培训执法人员1000多人次，印发学习资料500多份。（陈　同）

【生态养猪法推广】 生态环保养猪法是以饲养过程不清粪尿、提高冬季猪舍温度、增加生猪抵抗能力、节约成本、提高效率和生产优质健康猪肉为主要特点的综合养猪技术。5月，新乡市下发《关于大力推广生态养猪技术的意见》，将开展生态养猪技术试点工作纳入畜牧年度考核内容，要求各县（市、区）采取有力措施，积极推广生态环保养猪技术。全市开展生态养猪法的规模猪场已达31个，其中13个已经建成，18个正在建设中。全市建立生态养猪技术指导组13个，各县（市、区）已累计举办不同规模培训班近30次，有效推动了生态养猪技术工作的开展。　（袁凯红）

【长垣被确定为国家级秸秆养牛示范县】　2008年，省财政厅、省畜牧局联合下发《关于下达2008年农业综合开发农业部专项项目计划的通知》（豫牧计〔2008〕63号），长垣县被农业部批准为2008年国家级秸秆养牛示范县，占全省总数的四分之一。该项目总投资450万元。其中，中央投资140万元；省投资56万元；地方配套14万元；企业自筹240万元。项目实施后，将加快新乡市青贮氨化技术、良种奶牛繁育技术推广步伐，有力推动全市养牛业快速发展。　（常守海）

【生猪标准化规模养殖场获国家补贴】　2008年，河南省发展和改革委员会下发《关于新乡市生猪标准化规模养殖场（小区）建设项目实施方案的批复》（豫发改农经〔2008〕337号），新乡市47座生猪标准化规模养殖场（小区）建设项目获农业部批复，获国家补贴资金1200万元。其中，申请中央投资补助20万元的35个；40万元的11个；60万元的1个。　（张文强）

【生猪良种获国家补贴】　2008年8月22日，省财政厅、省畜牧局下发《关于下达2008年生猪良种补贴资金的通知》（豫财办农〔2008〕168号），下拨新乡市120万元中央补贴资金，按照每头40元的标准对卫辉市3万头母猪进行补助。2008年豫北共有4个县（市）获得此项目。　（张文强）

【泰国正大集团现代化养殖基地落户新乡】　2008年9月12日，延津县政府与泰国正大集团河南正大畜禽有限公司正式签订生猪养殖项目建设协议书，省人大常委会副主任铁代生、省畜牧局局长谢振生、省商务厅副厅长高章法、省政府驻新加坡首席代表陈汉申、省发改委农经处处长马雁，市领导吴天君、李公乐、贾全明等出席会议。该项目总投资4085万美元，工程分2期进行，一期拟投资2050万美元，项目建成后每年将出栏10万头生猪。泰国正大集团是全球500强企业，业务涉及农牧、电信、商业零售、石化、房地产、国际贸易、金融等行业。集团在中国投资近50亿美元，年销售额超过300亿元人民币。　（马明仑）

原阳县桥北马庄奶牛养殖小区

【省奶业生产和生鲜牛奶质量安全督导组莅新调研】

2008年9月21日，河南省奶业生产和生鲜牛奶质量安全调研督导组一行3人，在省畜牧局副局长冯卫民的带领下莅临新乡市，对新乡市牛奶生产形势、乳品加工销售形势、奶站管理情况、奶牛饲料基本情况等进行调研。在市政府副市长贾全明、副秘书长闫玉福、市畜牧局局长郭其祯的陪同下，省督导组实地察看新乡市伟杰奶牛养殖小区，与部分县（市、区）政府分管领导、畜牧局局长以及部分奶牛养殖小区负责人进行座谈，市畜牧局局长郭其祯汇报了新乡市奶业生产现状以及应对三鹿奶粉事件情况。督导组组长冯卫民对新乡市应对三鹿奶粉事件情况的思路和做法给予充分肯定，认为新乡市领导重视，思路明确，行动迅速，成效较好。　（常守海）

【江苏雨润集团生猪屠宰加工冷鲜肉项目落户新乡】

2008年11月21日，辉县市政府与江苏雨润集团正式签订200万头生猪屠宰加工冷鲜肉项目协议书。该项目位于辉县市北云门镇，占地面积150亩，总投资3.8亿元，设计年屠宰生猪200万头，销售收入达35亿元，年利税9000万元。雨润集团副总裁葛玉琪、发展部总经理张德刚与市长李庆贵、副市长王治通以及市商务局、市畜牧局、辉县市政府负责人出席签约仪式。　（张文强）

【规模化养殖】　新乡市坚持开展“抓小区、带农户，促增收”行动，大力推进标准化养殖小区建设，引导、扶持畜禽饲养企业加大资金投入，扩大生产规模，延长产业链条，提高市场竞争力。2008 年，全市规范各类养殖小区 20 个，新建小区 29 个，养殖小区总数达 351 个。全市各类规模养殖场（户）达到2.26万个。猪、鸡规模养殖比重分别达到83%和80%，较全省分别高出 28 和 11 个百分点。

（常守海）

【兽药饲料监管】　2008 年，新乡市全面开展兽药饲料生产、经营、使用监管和危害控制等活动，全市共出动畜牧行政执法人员 1000 余人次，检查兽药饲料生产企业 25 家，经营企业及动物诊疗机构 372 家，养殖企业 1200 余家，查处案件 60 余起，没收非法所得0.9万元，有效规范兽药饲料经营秩序，净化兽药饲料市场。

（马明仑）

【畜产品质量安全实现新突破】　2008 年，全市新增无公害畜产品产地认定企业 54 家，产品认证 7 个，全市产地认定企业、认证产品总数分别达到 183 家和 25 个，两项指标连续 5 年位居全省第一。奥运期间，新乡市共向奥运举办城市供应1.39万头生猪，全部合格。市畜产品质量监测检验中心获得省质量技术监督局颁发的计量认证证书，标志新乡市畜产品质量监测检验工作迈上新台阶。（马明仑）

【青贮秸秆】　截至 2008 年 10 月 22 日，新乡市青贮玉米秸秆量达 190 万吨，占全市玉米秸秆种植面积的 36%，创历史新高，新增 100 立方以上青贮池 216 个，新购铡草机 413 台。伟杰奶业玉米带穗全株青贮 550 亩，中源农牧全株青贮 5000 吨，豫牛乳业公司玉米带穗全株青贮 6000 吨。全市全株玉米青贮已达4.3万吨，较上年新增 3 万吨，增长300%。全市 71 个奶牛小区、19 个肉牛小区和养殖场均建立了与畜位相配套的青贮池。各类养殖小区青贮秸秆达 120 多万吨。

（袁凯红）

【省畜牧局副局长杨文明莅新督查】　2008 年 9 月 27 日，省畜牧局副局长杨文明带领省奶站清理整顿督察组莅临新乡市，督查新乡市奶站清理整顿情况。省督查组实地察看了新乡市大北农饲料有限公司和辉县市兴发奶牛养殖公司。杨文明充分肯定新乡市前一阶段的工作，认为新乡市应对三鹿奶粉事件积极认真、卓有成效。要抓好三个方面工作。一是认真落实好国家、省、市的扶持政策，按照每头奶牛 500 元的标准尽快将资金发放到奶农手中。二是强化奶站管理。要制定制度，派驻专人负责。要强化牛奶的质量监测，每月至少监测 1～2 次。三是加强饲料监管，尤其要加强对蛋白源性饲料生产企业的监管，确保奶牛饲养投入品质量安全。（张文强）

【广州农科畜牧种业公司高产奶牛示范基地落户封丘】　2008 年 8 月 26 日，在河南省第三届国际贸易洽谈会上，封丘县人民政府与广州农科畜牧种业有限公司在封丘县建立万头高产奶牛示范基地项目签定协议。市领导吴天君、李庆贵、李公乐、贾全明等和封丘县主要领导出席签字仪式。广州农科畜牧种业有限公司将注册成立“封丘县三元奶牛养殖（中心）有限公司”，计划投资 5 亿元，5 年内在封丘县建成占地 2000 亩，养殖奶牛 1 万头以上，集奶牛饲养、饲草种植、奶牛育种、乳制品加工于一体的综合性奶牛示范基地。项目首期投资 1 亿元，2 年内建成占地 300 亩、存栏 3000 头的高产奶牛养殖示范场。

（张文强）

【高温季节查源和消毒灭源】　2008 年，新乡市利用 7、8 两个月的时间，强化四项关键措施，狠抓高温季节查源和消毒灭源工作。一是落实工作责任。7 月 2 日，下发了《关于开展高温季节查源和消毒灭源工作的通知》，严格落实动物防疫责任制和责任追究制。二是扎实开展流行病学调查。截至 7 月 28 日，全市组织 13 个调查小组，抽调专业技术人员 130 多人次，深入各村镇开展流行病学调查，共调查 650 多个行政村、5800 多个养殖场。三是科学规范消毒。以规模养殖场（户）、屠宰场（厂、点）、动物及动物产品交易市场、动物中转站、冷库等关键部位为重点全面开展消毒工作。全市累计使用液体消毒剂 550 多公斤、固体消毒剂 500 多公斤，累计消毒面积达 180 多万平方米。四是加强督查。市、县两级畜牧部门及时组织人员深入到村、场、户督导检查。重点检查消毒药的使用情况和消毒档案建立情况，并对查源和消毒灭源工作进行实效评估，有力地推动了全市高温季节查源和消毒灭源工作。

（马明仑）

【卫辉被列为国家级生猪调出大县】　2008 年 9 月 22 日，省财政厅下发《关于拨付 2008 年生猪调出大县奖励资金的通知》（豫财办金〔2008〕77号），卫辉市被列为2008年国家级生猪调出大县，获奖励资金597万元。其中，中央财政奖励资金459万元；省财政奖励资金138万元。至此，新乡市有卫辉市、辉县市两个国家级生猪调出大县。（常守海）

【召开禽病和猪病研讨会】 2008年4月13至14日，市动物疫病预防控制中心组织召开新乡市禽病和猪病研讨会。全市156个规模养鸡场、120个规模猪场的场长，市动物疫病防控中心的技术人员，部分兽用生物制品厂技术总监以及华南农业大学、南京农业大学、中国农业科学院等教学科研单位的专家教授共400多人参加会议。研讨会就近两年来新乡市重大动物疫病防控监测网的运行情况、存在的问题及下一步工作规划进行了介绍。华南农业大学罗开健博士和南京农业大学王荣祥博士针对当前复杂的禽病流行形势为广大养禽户分析了发病原因，指明成功免疫的方法以及综合防控措施。中国农业科学院李新华博士对猪高热病的防控做全面报告。

（马明仑）

【良种奶牛国家补贴项目】 2008年新乡市共争取高产优质奶牛补贴冻精5.54万剂，改良奶牛3万头，改良后奶牛平均单产提高1吨以上。每剂冻精财政补贴15元，共为奶农节省资金83.1万元，提高了奶农使用良种冻精的积极性。新乡市畜牧局投入6万多元购置液氮罐21个，保障了补贴项目的顺利实施。（袁凯红）

2008年度新乡市畜牧局荣获奖项

全省畜牧目标管理优秀单位
全省重大动物疫病防控优秀单位
新乡市农业农村工作先进单位
新乡市安全生产工作先进单位
新乡市爱国卫生先进单位
创建国家卫生城市工作集体三等功

林　业

【林业概况】 2008年是新乡市创建国家森林城市的验收之年，是实施《新乡市林业生态建设规划》的开局之年，是凤凰山森林公园建设的“决战之年”。全市林业系统牢固树立现代林业发展理念，以创建国家森林城市为载体，以凤凰山森林公园建设为突破口，以林业生态建设工程为主体，以集体林权制度改革为抓手，进一步加强领导，落实责任，强化措施，全力推进林业生态市建设，为推进社会主义新农村建设、构建和谐社会、建设生态新乡做出了积极贡献。新乡市荣获国家森林城市、河南省绿化模范市称号，市林业局获得省级文明单位和新乡市行政执法示范单位称号。原阳县省级林业生态县顺利通过省政府验收。（杨富琴）

新乡市林业局领导成员

党组书记、局长	闫玉福（2008年12月任）
	赵秀志（2008年12月离）
党组成员	楚军英（2008年12月离）
	徐泽民（2008年12月离）
党组成员、副局长	李建新
	冯跃东（2008年3月离）
	闫玉信　李中昆
	郝晓渝（2008年11月任）
党组成员、纪检组长	寇明选

【完成造林目标任务】 2008年，全市完成营造林32.42万亩，完成率102%。其中，山区生态体系建设工程2.04万亩；农田防护林体系改扩建工程4.33万亩；防沙治沙工程8.71万亩；生态廊道网络建设工程2.6万亩；环城防护林及城郊森林工程1.22万亩；村镇绿化工程6.47万亩；林业产业工程2.42万亩；森林抚育和改造工程4.63万亩。完成育苗1.92万亩。年度林业产值24.2亿元。（董胜林）

【新乡市荣获“国家森林城市”称号】 2008年11月17日至18日，第五届中国城市森林论坛在广州白云国际会议中心召开。市委书记吴天君到会并就

新乡森林城市建设做专题演讲。会上，全国绿化委员会、国家林业局正式授予新乡市“国家森林城市”称号。 （杨富琴）

国家林业局局长贾志邦（左）向市委书记吴天君颁发国家森林城市牌匾

【全面启动林业生态文明村建设】 2008年，新乡市全面启动林业生态文明村建设工程，按照围村林、入村口主干道两侧绿化带宽度20米以上，村内有行道树，房前屋后院内有树木花草，村内每2平方米空地至少有一棵树的标准，圆满完成1474个林业生态文明村的植树造林任务，占年度任务的108%；完成植树1766万株，占任务的128%。 （茹清龙）

【凤凰山森林公园建设】 按照凤凰山森林公园建设决战年实施方案要求，通过精心组织，狠抓落实，各项目标任务基本完成。2008年，共植树646.67万株，完成率107%，收缴义务植树以资代劳费1536万元。曾经满目疮痍的凤凰山已是绿意葱茏，生机盎然，一个集生态、旅游、观光、科普为一体的新乡后花园已初见雏型。 （茹清龙）

【项目争取工作】 2008年，始终坚持以项目统揽林业工作全局，强化项目支撑，不断完善项目争取工作的激励机制，共争取各类资金26934.94万元，其中无偿资金7600万元。 （茹清龙）

【全民义务植树活动】 2008年，各级领导率先垂范，各部门密切配合，全社会积极参与，鼓励和倡导认管认养绿地、保护古树名木、植纪念树、造纪念林、“以资代劳”等多种形式履行植树义务，多点建立义务植树基地。全年完成义务植树任务1236.8万株，完成率110%，参加义务植树260万人次，尽责率达到95%以上。凤凰山森林公园义务植树基地建设3年来，参与干部职工达53万人次，共植树159.25万株，收缴义务植树以资代劳费4836万元。 （董胜林）

【集体林权制度改革】 2008年，新乡市出台《新乡市2008年度集体林权制度改革实施方案》和《新乡市2008年度集体林权制度改革工作考核办法》，将林改工作纳入2008年度政府目标考核体系。年度确定的750个村的林改任务全部完成。继辉县市成立林业要素市场后，延津县成立活立木交易市场，正在试运行。7月25日，国家林业局组织人民日报、新华社、中央电视台、中央人民广播电台、经济日报、科技日报、农民日报、人民政协报、中国经济导报、中国经济时报、中国绿色时报、经济杂志、中国林业杂志13家新闻媒体组成的采访团莅新采访新乡市林改工作。采访团一行观摩了全省最早建立运行的辉县市林业要素市场，现场参观冀屯乡宪录村和赵固乡高庙村林改情况。 （杨富琴）

【森林资源保护】 一是全市森林公安机关通过开展“春季严厉打击破坏森林资源违法犯罪专项行动”、“排查整治林区突出治安问题活动”、“林区禁毒行动”、“保护幼树专项行动”等一系列严打专项行动，确保了新乡市林区生产和社会治安稳定，巩固了造林绿化成果。全年共受理各类林业案件338起。其中，刑事案件38起；林业行政案件300起；处理违法人员320人；刑事拘留46人；逮捕14人；行政处罚274人。二是在抓好林业有害生物虫情测报和人工防治森林病虫害的同时，圆满完成了飞防任务，共安全飞行51架次，飞防作业面积15.3万亩。飞防重点为凤凰山森林公园、国道、省道两侧通道林、河渠护岸林、速生丰产林和国有延津林场的刺槐林，飞防区防治效果达到93.6%，有虫株率由13%下降到0.5%，遏制了虫情发展。 （茹清龙）

【林业科技服务】 2008年，引进经济林新品种黄金甜、大白沙大杏2个，用材林新品种杂交构树、银芽柳2个。推广ABT、GGR生根粉、抗蒸腾剂、抗旱保水剂、容器育苗等林业新技术5项，引进巨玫瑰、无核甜柿等名优经济林新品种8个。举办科技培训班25场次，培训林果农3200人次，编印科普资料和明白纸6种8000份，解答林果技术咨询3100人次，发布林业科技信息20条，受教育人数

4000人次。（杨富琴）

【生态文明村及秋冬季林业生态建设汇报会】 2008年1月4日，市委、市政府召开生态文明村建设和秋冬季林业生态建设汇报会议，市委书记吴天君、市长李庆贵、常务副市长范学贵、副市长贾全明出席会议，各县（市、区）领导及主管副职、市直单位的负责人参加了会议。会上观看了林业生态建设新闻督导专题片，并安排部署了生态文明村建设工作。（董胜林）

【创建国家森林城市、林业生态市暨凤凰山森林公园建设动员大会召开】 2008年2月13日，市委、市政府召开创建国家森林城市、林业生态市暨凤凰山森林公园建设动员大会，市四大班子和军分区领导出席会议，各县（市、区）党政领导及主管副职，市委各部委、市直机关各单位和各驻新单位主要负责人，以及各大型企业、大专院校和人民团体负责人参加会议。市委书记吴天君、市长李庆贵、副市长贾全明分别讲话。（茹清龙）

【林业生态文明村建设现场会】 2008年3月7日，市委、市政府召开林业生态文明村建设现场会。市五大班子领导，市委各部委、市直各单位负责人，各县（市、区）党政领导、主管林业和城建的副职、林业局长、新农办主任、“新城杯”主任及部分乡镇党委书记参加会议。会议由市委副书记宋丽萍主持，市委书记吴天君要求认清形势，克难攻坚，再夺林业生态建设新胜利。（董胜林）

【举办“3·12”植树节大型宣传活动】 2008年3月11日，新乡市在市人民公园东门举办“3·12”植树节大型宣传活动。共展出图片800余幅、展出版面90多块，发放明白纸1000多张，现场向过往行人耐心地解答林业政策、法规、技术等各类问题，受到广大市民的欢迎。（董胜林）

【市四大班子领导参加义务植树活动】 2008年3月12日，市领导吴天君、宋丽萍、王富均、赵胜修、周海深、范学贵、王尚胜、杨晓捷、邢亚平、史本国、刘孟英、田庆忠、贾全明、张玉峰、王平双，凤泉区区委书记郭清春，市长助理职伟等到凤凰山参加义务植树。当天共栽植女贞、香花槐、栾树、桧柏、侧柏等各种树木1700余株。（杨富琴）

【日本国际协力银行有关人士来新考察】 2008年3月12日，来自日本国际协力银行和省林业厅、财政厅及中日合资企业、留学生代表一行30余人到新乡市原阳县、延津县参加义务植树，并考察指导日元贷款造林项目，对新乡市2007年已植及2008年新植项目林给予充分肯定和高度评价。（茹清龙）

【辉县秋沟发生森林火灾】 2008年4月2日14点40分，位于山西省壶关县、林州市和辉县市南寨镇两省三县交界处的秋沟村、营寺沟村发生森林火灾。4月2日晚，新乡市副市长贾全明受市长李庆贵委托在辉县市南寨镇政府组织召开森林防火紧急现场会，专题研究森林火灾扑救方案，要求科学扑救，夺取胜利。4月3日9时30分火灾全部扑灭，过火面积28.2公顷，烧毁25年油松、侧柏飞播林共29874株，直接经济损失19.44万元。（杨富琴）

【副市长贾全明做客人民网】 2008年4月10日，副市长贾全明受人民网邀请，做客“强国论坛”，以“中国城市居民生态需求状况”为主题与网友进行在线交流。中国生态道德教育促进会副会长、中国林业文联副主席、北京大学生态文明研究中心副主任鄂云龙教授参加此次访谈。当日共有43万余人与副市长贾全明和鄂云龙教授进行在线交流。（董胜林）

【国家林业局领导莅新考察调研】 2008年4月13日，国家林业局宣传办主任、新闻发言人曹清尧莅新考察创建国家森林城市及生态文化建设工作。市委书记吴天君、市长李庆贵会见曹清尧一行，市政府常务副市长范学贵、副市长贾全明、副秘书长闫玉福、市林业局局长赵秀志等陪同考察。（董胜林）

【省冬春季植树造林现场观摩团莅新考察】 2008年4月15日，省冬春季植树造林现场观摩团莅临新乡市考察指导林业工作。观摩团由省林业厅副厅长王德启带队，郑州、开封、安阳、濮阳、周口、商丘、漯河、许昌、驻马店等10个市林业局及省林业厅7个处室的负责人参加。市领导吴天君、王尚胜、贾全明等陪同考察。（茹清龙）

【辉县市成立专业森林消防队】 2008年4月16

日，辉县市召开市政府常务会议，专题研究森林消防专业队建设工作。会议决定成立“辉县市专业森林消防队”，辉县市财政每年预算35万元经费用于森林消防专业队伍建设。森林消防队成立当天，即对新录用的森林消防队员进行封闭式、军事化培训。（茹清龙）

【《新乡市创建国家森林城市暨现代林业发展总体规划》通过评审】　2008年5月17日，新乡市举行《新乡市创建国家森林城市暨现代林业发展总体规划》评审会。中国林科院林科所所长孟平、国家林业局宣传办副主任叶智、省政府参事赵体顺、河南农业大学园林学院院长杨秋生、省林科院院长朱延林、中国林科院泡桐研究中心副主任李芳东、北京林业大学教授徐程扬组成的评审专家组，和市长李庆贵、副市长贾全明、市政府秘书长刘林成、副秘书长闫玉福、刘庆贵等，及市创建国家森林城市指挥部成员单位的负责人参加会议，评审专家对规划进行评审，一致同意通过该规划。（杨富琴）

【积极参与抗震救灾】　2008年，汶川地震发生后，市林业局积极响应上级号召，高度关注救灾进展情况，及时传达学习中央、省、市要求，动员全系统职工奉献爱心，支援灾区重建。共向四川地震灾区捐款86180元。（茹清龙）

【新亚纸业集团原料林基地项目批复立项】　2008年6月5日，省林业厅批复了市林业局《关于建设新亚纸集团30万亩造纸原料林基地项目的请示》。批准新亚纸业集团新造工业原料林30万亩，建设地点为辉县、卫辉、新乡、原阳、延津、封丘和长垣县7个县（市），项目建设期为6年（2007～2012年），项目总投资50521万元。（杨富琴）

【全省林业党风廉政建设工作会议在新召开】　2008年6月17日，全省林业党风廉政建设工作会议在新乡召开。省纪委驻省林业厅纪检组长、党组成员乔大伟，市委常委、纪委书记王尚胜，副市长贾全明，省检察院反渎职侵权局副局长耿全红，省监察厅驻林业厅监察室主任任朴，市林业局局长赵秀志，省林业厅有关处室领导、各省辖市林业局纪检组长、监察室主任参加会议。（茹清龙）

【省林业厅领导莅新考察创建国家森林城市工作】　2008年6月18日至19日，省林业厅副厅长张胜炎、造林处处长师永全莅新考察创建国家森林城市工作，副市长贾全明、市林业局局长赵秀志等陪同。（杨富琴）

【日元贷款河南造林项目财务管理培训会在新召开】　2008年7月2日至3日，日元贷款河南造林项目财务管理培训会在新乡市召开，省各辖市林业（农林）局项目办负责人、会计参加培训。省林业厅项目办领导就日元贷款项目报账验收、年终决算编制及汇总、年度审计等工作做讲解、答疑，与会人员还参观延津县日元贷款工程造林现场。（董胜林）

【中国林科院、国家林业局专家莅新调研林业信息化建设】　2008年7月5日，中国林科院研究员唐小明博士、国家林业局信息处副处长李应国、国家林业局林业调查规划院专家刘振英、张龙昌在省林业厅办公室副主任杨文培等有关人员陪同下，对新乡市林业信息化建设情况进行调研。新乡市作为全国林业信息化建设先进单位，是此次调研的唯一一个地级市。调研组听取汇报后参观了新乡市森林资源信息化管理中心，并给予高度评价。调研组还考察了原阳县森林资源信息化管理中心。（茹清龙）

【第七次全国森林资源清查】　按上级要求，新乡市成立第七次全国森林资源清查工作领导小组，落实专项经费34.59万元，培训专业技术人员21名，完成了全市519个样地的调查任务。7月14日至18日，国家林业局华东林业调查规划设计院对新乡市第七次全国森林资源连续清查工作进行检查验收。验收组对新乡市519个固定样地进行认真审查，按规定比例随机抽查辉县市、卫辉市、获嘉县、延津县、封丘县、原阳县的8个样地，并对外业调查结果进行实地复测，经逐项检查核对，抽查样地全部合格。（杨富琴）

【马庄木材检查站被评为“全国林业系统文明窗口单位”】　2008年7月，原阳县马庄木材检查站被国家林业局评为“全国林业系统文明窗口单位”，是河南省获此荣誉的两个木材检查站之一。马庄木材检查站是经省政府批准的豫北最大的木材检查站。该站先后荣获省“规范化执法、标准化建设先进单

位”、“全省文明执法热情服务十佳站”等荣誉。（杨富琴）

【召开创建国家森林城市迎检动员会】 2008年8月7日，新乡市召开创建国家森林城市迎检动员会，市领导吴天君、李庆贵、王富均、周海深、范学贵、冯昕、王尚胜、王战营、邢亚平、贾全明等出席会议。会议要求各级各部门要坚定创建国家森林城市必胜的决心和信心，对创建国家森林城市的重要性要认识到位，任务要落实到位，机遇要把握到位，全力以赴做好迎接国家森林城市评估验收的各项准备工作。（董胜林）

【市级林业科技示范园（区）命名】 2008年9月2日，市政府命名河南亿隆高效农林业开发有限公司、上八里镇杨和寺村、祥鹿山生态林果试验园、辉县市三庆农庄林果试验园、卫辉市唐庄西山生态园、获嘉县史庄镇大清村、龙泉苑高效林业示范园区、新乡县合河乡卫源林业科技示范园、原阳县福宁集乡后堤村油桃基地、延津县新兴农场、封丘县青堆树莓专业合作社、河南正昊风景园林工程有限公司、宏力高科技农业发展有限公司、河南宜耕园生态农林有限公司、新乡北大河生态园、世利农业科技有限公司16个单位为市级林业科技示范园（区）。（杨富琴）

【创建国家森林城市考察组莅新考察】 2008年10月13日至16日，国家林业局宣传办公室副主任金志成、中国科学院院士蒋有绪带领创建国家森林城市考察组一行7人，对新乡市森林城市创建工作进行考察验收。考察组听取新乡市创建国家森林城市工作汇报，观看《绿色神韵 生态新乡》创森专题片，实地查看城郊绿化、城区绿化、农村绿化等建设情况，查阅森林城市建设的技术资料和指标体系，并对考察结果进行反馈。考察组对新乡市创建国家森林城市工作给予高度评价。（杨富琴）

【新乡荣获河南省绿化模范城市荣誉称号】 2008年10月中旬，省创建绿化模范城市验收组对新乡市进行考察验收，市委常委、副市长王晓然陪同。12月，省绿化委员会正式授予新乡市为全省绿化模范城市，新乡市是本次受表彰的3个地级市之一。同时，原阳县荣获“河南省绿化模范县（市、区）”称号。（董胜林）

【全市森林公安机关政法专项编制核定】 2008年12月2日，省机构编制委员会下发《河南机构编制委员会关于市县森林公安机构设置和核定政法专项编制问题的通知》，核定新乡市森林公安机关政法专项编制130名。核定政法专项编制后，市森林公安局为市林业部门的直属机构，列入市公安局建制序列，继续实行林业和公安部门双重领导的体制，党政工作以林业部门管理为主，公安业务工作以公安部门管理为主。（茹清龙）

2008年度新乡市林业局荣获奖项

2008年度省级文明单位

河南省双十佳文明服务窗口

全省林业目标管理优秀单位

全省林业统计工作先进单位

全省林业有害生物目标考核先进单位

2008年度森林公安工作集体三等功（省森林公安局表彰）

新乡市创建国家森林城市集体二等功（市政府表彰）

新乡市创建国家园林城市集体二等功（市政府表彰）

全市平安建设先进单位

水　利

【水利概况】 2008年，全市水利建设围绕全市中心工作和市政府下达的各项目标，坚持全面规划、统筹兼顾、标本兼治、综合治理的原则，实行兴利除害结合，开源节流并重，防洪抗旱并举，以保障全市用水安全，提高农业综合生产能力和可持续发展能力，保护和改善水环境为目标，以防洪除涝、灌区配套、农村饮水安全、水土保持工程和水管体制改革工作为重点，继续巩固和加强水利基础设施，不断推进新乡市水利事业又好又快发展，圆满完成了全年各项工作任务。全年共争取上级水利投入资金18621万元，是新乡市争取到的水利建设资金最多的年份之一，这些资金为全市水利事业的发展提供了强足的后劲。再夺河南省农田水利基本建设——“红旗渠精神杯”，实现四连冠。（张　璐）

新乡市水利局领导成员

党组书记、局长　李志铭
党组副书记　田伟强　郭树东
党组成员、副局长　郭树东　王树忠　申明贵　张林岭　王国强
党组成员、总工程师　郭新生
党组成员、纪检组长　张书亭
党组成员　谭广智

【防汛】　2008年，新乡市水利系统围绕“安全第一、常备不懈、以防为主、全力抢险”的防汛工作方针，深刻汲取历次抗洪抢险工作的经验教训，周密部署，狠抓落实，科学防控，防汛减灾工作扎实开展。实现了最大限度地减轻灾害损失的目标，确保新乡市安全度汛。一是及早安排部署防汛工作。按照“抓早、抓实、抓好”的原则，市防办于2月25日和28日分别下发《关于2008年防汛抗旱工作的安排意见》、《关于开展全市汛前准备与大检查工作的通知》，对全市的防汛工作提出了具体要求，做出了详细部署。二是完善和落实以行政首长负责制为核心的各项防汛责任制。按照《防洪法》的要求，对防汛抗旱指挥部领导、市领导的防汛责任分工进行了调整，重新明确了有关防指成员单位的防汛职责。三是做好防汛料物储备和补充工作。按照“分级储备、分级管理、统一调用”的原则，对防汛物资及时进行了更新和补充。全市共储备麻袋12.4万条、编织袋278万条、铅丝146吨、麻绳46.2吨、救生衣3071件、橡皮船和冲锋舟9艘、木桩3.6万根、彩条布8.1万平方米。四是切实抓好抢险队伍建设。组建专业抢险队伍53支3000余人，群防队伍63万多人。对抢险骨干进行抢险技术培训及综合性模拟演练。五是加强防汛信息系统建设。自筹资金对防汛视频会议系统进行升级改造，完善了省、市共享的计算机网络、远程视频会商系统，为防汛信息的快速传递提供有力的保障，确保通信畅通。六是修订完善各类防洪预案。对《新乡市卫河、共产主义渠流域防洪预案》和《新乡市天然文岩渠防洪预案》进行修改完善，新制订《通讯应急保障方案》、《防御山洪灾害方案》、《蓄滞洪区运用预案》、《中型水库防洪预案》等。七是积极迎战调水调沙。制定下发《2008年新乡黄河调水调沙生产运行方案》，从组织、制度、方案等方面做好了充分准备。7月1日花园口站发生的4610立方米每秒最大流量洪水顺利出境，未发生漫滩、塌滩险情。八是全力抗衡暴雨洪水。7月，新乡市先后发生两次明显降雨过程，7月13至15日，新乡市普降大到暴雨，局部降了特大暴雨，最大降雨量达267毫米。7月17日，全市又降大雨，最大降雨量96毫米。降雨发生后，市防汛抗旱指挥部及时启动应急机制，迅速向有关县（市）区发出预警通知，要求做好强降雨防范工作。由于及早防范、措施得力，确保了人民生命财产安全。（张　璐）

【安全饮水工程】　解决农村群众饮水安全问题是省委、省政府和市委、市政府承诺的实事之一。2008年上级共下达新乡市两批农村饮水安全项目，涉及12个县（市、区）189个行政村，解决饮水不安全人口25.29万人，项目总投资11016万元。争取计划远超过年初市政府确定的17万人目标任务。其中第一批项目涉及11个县（市、区）109个行政村，计划解决饮水不安全人口16.29万人，实际解决人数18.3万人。建设各类工程75处，打深水井61眼，铺设干支管网约160万米。工程投资额6516万元。第二批项目为中央第四季度新增1000亿元中的投资项目，涉及9个县（市、区）80个村，计划解决饮水不安全人口9万人，需要建设各类工程12处，铺设干支管网约90万米，工程投资额4500万元。2008年12月底，第一批项目建设任务全部完成，第二批中央新增项目计划于2009年3月底全部完工。（张　璐）

【抗旱】　2008年，新乡市主要受旱时段为2～5月份。特别是4月下旬至5月中旬，全市基本无有效降雨，且气温比常年偏高，造成全市有226万亩农作物受旱，其中重旱面积达60万亩，因旱造成山丘区0.4万人、1万头大牲畜饮水发生困难，造成地下水位下降，2300余眼机井出水不足，全市7座中型水库仅蓄水7100万立方米，占总蓄水能力的32%，16座小型水库有5座干枯。秋季，全市又有106余万亩秋作物受旱，其中重旱15万亩。2008年，新

乡市实际播种面积662.7千公顷，受旱面积144.95千公顷，受灾面积77.33千公顷，其中，成灾45.92千公顷；绝收0.5千公顷。因旱减收粮食12.6万吨，经济作物损失1.21亿元；林业受旱面积0.4万亩，损失40万元；水产养殖因旱减产55吨，损失80万元。各级党委、政府高度重视各个时段出现的旱情，迅速组织群众和抗旱服务队，全力投入抗旱。全市日最高投入抗旱人数达20.9万人，投入各类抗旱设备4.12万台套、资金9675.7万元、用电7504万度、用油6969.7吨、行动机电井4.96万眼、抗旱浇地923.2万亩次，其中，引黄灌区引水4.3亿立方米、浇地315万亩次。抗旱挽回粮食44.97万吨，减少经济作物损失2.75亿元。　（张　璐）

副省长刘满仓（右四）在原阳抗旱应急工程视察

【农田水利】　2008年，全市农田水利基本建设以省“红旗渠精神杯”和市“大禹杯”竞赛为动力，围绕社会主义新农村建设，以保障全市用水安全、增强农业综合生产能力和可持续发展能力为目标，重点抓好防洪除涝、病险水库除险加固、农村饮水安全、节水灌溉、灌区配套、水土保持等工程建设，取得显著成效。全市农田水利基本建设共完成各类工程890项，开挖、延伸、清淤、整修各类灌排渠道280条长度520公里，新增有效灌溉面积2万亩，旱涝保收田面积2万亩，节水灌溉面积10万亩，治理水土流失面积52平方公里。　（张　璐）

【防洪除涝工程】　一是完成水库除险加固工程建设。三郊口水库除险加固工程，于2006年开工建设，工期为2年，至2008年6月份全部完工，共完成土石方3.6万立方米，浆砌石3.57万立方米，砼及钢筋砼1.5万立方米。工程于年底前完成验收并投入使用。三郊口水库防洪标准从原来的不足50年一遇提高到500年一遇，经济社会及防洪发电效益得到显著提高。二是搞好除涝工程建设。2008年2月份，市委、市政府组织原阳、延津、封丘、长垣四县，对天然文岩渠长垣县堰南至新乡濮阳交界处河段继续进行清淤疏浚。参建单位克服重重困难，精心组织，科学施工，于5月10日圆满完成天然文岩渠清淤疏浚任务，共清淤疏浚河道28.9公里，完成清淤土方278万立方米。持续三年的天然文岩渠清淤疏浚工程建设任务全面完工，累计清淤疏浚河道长度83.4公里，完成土方830万立方米，使天然文岩渠流域的防洪除涝标准得到极大提高，有效地缓解了东四县的内涝问题。　（张　璐）

【引黄灌溉】　2008年，引黄灌溉工作以灌区节水配套建设和末级渠系建设为重点，促进灌区效益发挥为中心，加快引黄灌区建设步伐，坚持建管并重，进一步强化服务意识，提高工程管理水平。全市共组织实施祥符朱、韩董庄、石头庄、大功4个灌区的年度节水续建配套工程，总投资3067万元，工程已按计划全部完成。共新建桥、涵、闸等各类建筑物141座，衬砌渠道28.22公里，改善灌溉面积9.66万亩。共争取到中央财政小型农田水利建设资金1500万元，其中，封丘县大功灌区末级渠系投资600万元；原阳县韩董庄灌区农业水价综合改革试点项目900万元。全年共引水5亿立方米，灌溉面积达208万亩。　（张　璐）

【水管体制改革】　2008年9月，按照国家和省关于水利工程管理体制改革实施意见，出台《新乡市水利工程管理体制改革实施方案》，并会同发改委、财政、编办、人事、劳动保障等部门，进行经费测算和人员定编定岗。截至年底，全市27个水管单位共批复事业编制1271名，公益性人员经费全部落实。　（张　璐）

【水土保持】　2008年，全市共完成水土流失治理面积52平方公里。其中，坡改梯田面积0.5万亩；封禁治理5000亩；水保造林6800亩；经济林2111亩；建水窖15座，修水池1座，共完成土石方20.6万方，投工17.5万个。并在全市组织开展水土保持监督执法专项行动，重点查处2003年以来完建的未开展水土保持设施验收的开发建设项目和未编制水土保持方案、编制水土保持方案未落实的项目，对

建设项目中存在的水土保持违法违规案件，依照法定程序进行处理。　（张　璐）

【水政水资源】　加大水政执法力度，依法开展规费征收。各级水政监察部门共查处水事违法案件263余起，现场处理130起，申请法院执行16起，有力地维护了正常水事秩序。实施了集中封闭自备井工作，全年共封闭自备井102眼。加强对水资源费、南水北调工程基金等各类规费的征收。全市共征收水资源费2407万元。积极开展水政监察服务文明窗口的创建工作，2008年新乡县、卫辉市被省水利厅命名为全省水利监察队伍文明执法示范窗口。

扎实有效做好水资源管理工作。一是做好建设项目水资源论证工作。2008年先后为市政府重点工程渠东2×30万千瓦热电项目、豫新电厂2×100万千瓦火电项目、宝山电厂二期2×100万千瓦火电项目、新中益1×100万千瓦火电项目的水资源论证做了大量的协调配合工作，有力的支持了这些项目的前期申报。二是做好工业园区引水补源工作。市政府正式启动小店工业园区引黄补源工作。多次协调人民胜利渠管理局东三干分局、财政局、水文局和有关县（市、区），积极做好补源方案制定、资金落实、水量计量、地下水位监测等工作。全年补源水量超过1000万立方米，小店工业园区地下水位与往年同期相比有明显上升，补源工作取得初步效果。三是做好节能减排工作。提出新的用水定额修订意见，并制定了《新乡市推进节水型社会建设实施意见》。参加政府组织的节能减排宣传月活动，受到市政府节能减排办的好评。四是继续抓好节水型灌区、节水型社区、节水型企业（单位）等节水型社会的创建活动，推进水资源的高效利用。　（张　璐）

新乡市水利系统主要事业单位负　责　人

新乡市水利勘测设计院

党支部书记　刘洪波

院　　　长　贾树宝

新乡市卫河共产主义渠管理处

党支部书记　刘建乐

处　　　长　王聚祥

新乡市水利科技推广中心

主　　　任　翟敬栓

新乡市天然文岩渠管理处

党支部书记　王随希

处　　　长　孙文贺

新乡市大功引黄工程管理处

党支部书记　陈新春

处　　　长　屈培源

2008年度新乡市水利局荣获奖项

河南省农田水利基本建设“红旗渠精神杯”

新乡市目标管理优胜单位

新乡市先进基层党组织

新乡市创建国家森林城市工作先进单位

新乡市平安建设先进单位

新乡市法制工作先进集体

新乡市凤凰山森林公园建设先进单位

新乡市综合治理先进单位

新乡市计划生育先进单位

新乡市安全生产先进单位

黄河河务

【黄河河务概况】　2008年，新乡河务局围绕河南河务局党组提出的“四位一体”工作新理念，坚持“四个加强，八个确保”的总体目标，围绕“基层为本，民生为重”的新要求，严格按照年初工作会议确定的总体思路和工作目标，全局干部职工团结协作，扎实工作，圆满完成各项工作任务。强化防汛责任制落实，扎实开展各项防汛准备，沿黄3县全面进行了迁安救护演练，实现了区内黄河安全度汛，长垣河务局连续两次被评为河南河务局防汛工作第一名；全力推进防洪工程建设，在全河率先将防洪工程建设纳入政府年度目标考核体系，全年完成投资4.92亿元，土方2474.81万立方米；制订了三年工程管理规划，在全局范围内开展了“爱岗位、比奉献、强素质、促工管”活动，提高了全局工程管理水平，原阳河务局以948分顺利通过国家一级水管单位复核验收，长垣河务局被评为黄委工管检查第一名，新乡河务局被评为河南河务局工管检查第一名；水政水资源管理不断加强，拆除黄河大桥违章广告牌 20 处，对河道采淘铁砂现象进行了治理，受到黄委通令嘉奖；拓宽供水市场，成功实现了利用红旗闸向滑县供水，全年累计引水量达2.66亿立方米，供水收入455.9万元；不断加大科技创新工作力度，2 项成果获国家专利，2 项科技成果申报水利部重点推广项目，新乡河务局被评为黄委创新工作先进集体；强化“基层为本，民生为重”意识，为职工办实事事项全部得到落实；开展了形式多样的党风廉政建设教育活动，有力推进了新乡黄河惩防体系建设；认真落实党建工作责任制和各项党建制度，建立健全党员教育管理长效机制，全面推进基层党组织建设，新乡河务局局直党委被省委组织部评为“全省五好基层党组织”；巩固精神文明建设成果，新乡河务局机关“全国精神文明建设工作先进单位”通过中央文明委公示，长垣河务局等 4 个省级文明单位均以优异成绩顺利通过复验，封丘河务局被评为黄委文明单位和县级文明系统。（徐　啸）

新乡河务局领导成员

党组书记、局长　刘培中
副　局　长　冯利海　宋广生　高永传
吕锐捷（2008 年 5 月离）
工 会 主 席　任瑞伍
纪 检 组 长　赵宗喜（2008 年 5 月离）
总 工 程 师　张　昭（2008 年 5 月任）
高永传（2008 年 5 月不再兼职）
局 长 助 理　温红杰

【防汛】　2008 年，新乡河务局按照“坚持治河第一要务，确保黄河度汛安全”的总体要求，对防汛重点工作进行细化、分工，逐项落实责任，相继开展了工程普查、根石探测、通信检修、河道清障、物资清查、预案修订等基础性工作。认真落实以行政首长负责制为核心的各项防汛责任制，按照区域、任务、目标明确到市级领导、市直有关部门和县、乡（镇）行政负责人，通过电视、报纸、公示碑（牌）等形式进行广泛公示。汛期各级党政军领导先后深入工程一线，检查指导黄河防汛工作。对国家储备防汛物资进行清查核实，汛前共落实石料27.3万立方米、铅丝 40 吨、大型抢险机械 160 台（套），并对防汛设备进行维修和调试，完好率达100%。认真编制黄河滩区蓄滞洪区运用、滚河防护等 17 类 87 项预案，沿黄三县全面进行滩区迁安救护演练。对防汛抢险队伍开展技能培训和练兵活动，配合预备役高炮师 300 多名官兵在封丘大宫举行黄河抢险指挥骨干集训。长垣河务局组建“大型企业机械抢险队”，有效挖掘了社会抢险资源。精心组织，积极参与，完成河南黄河防汛综合演练任务。周密部署，确保第八次调水调沙的安全运行，新乡河务局受到黄委通令嘉奖。年内 132 次险情均得到及时有效抢护，耗费石料1.46万立方米。通过各方协同作战，全面完成了防汛任务，实现黄河新乡段安全度汛。在河南河务局年度防汛工作考评中，长垣河务局连续第二次被评为防汛工作第一名，原阳河务局、封丘河务局被评为先进单位，新乡河务局获综合第二名。（徐　啸）

副省长孔玉芳（中）在封丘县检查黄河防汛工作

【工程建设】　2008 年，新乡河务局在建工程项目 21 项，总投资7.84亿元。河南河务局辖区的黄河十大重点防洪工程建设项目，涉及新乡河务局就有 6 项，建设管理任务十分繁重。为确保按要求完成工程建设任务，新乡河务局召开建设管理专题会议，对全年建设管理工作进行总体安排，将工程完成情况纳入全年目标任务考核体系。为各县防洪建设工地配备 1 名市局领导，加强领导力量。针对房屋拆迁数量多、难度大的情况，积极向市政府汇报，市政府采取强有力的措施并与沿黄三县签订《黄河防洪工程建设目标任务书》，在全河率先将防洪工程建设纳入政府年度目标考核体系。根据市政府要求，沿黄三县均成立县防洪工程建设领导小组，定期召开现场工作会，协调解决施工中遇到的问题。根据工程进度，新乡河务局及早开展工程验收相关工作，共有 14 项工程通过竣工验收，封丘堤防帮宽工程被黄委评为文明工地。全年共计完成土方2474.81万方，投资4.92亿元，顺利完成2008年度防洪工程建设目标任务。（徐　啸）

【工程管理】　2008年，新乡河务局根据河南河务局“四位一体”工作新理念，制订三年工程管理规划，明确今后三年工程管理工作思路，加大工程日常管理力度。一是深入开展工程管理月活动，对工程管理、植树绿化及人员上岗等情况进行动态检查；二是明确养护人员的防汛责任，对养护人员实施绩效考核；三是印发《新乡河务局植树绿化管理办法》，共植树45.09万棵，圆满完成植树绿化任务；四是启动原阳国道107处、长垣0公里处、封丘大功168＋800处等黄河堤防景点建设；五是从9月份开始，开展为期3个月的“爱岗位、比奉献、强素质、促工管”活动，提升工程管理水平。原阳河务局以948分顺利通过国家一级水管单位复核验收，长垣河务局被评为黄委工管检查第一名，新乡河务局被评为河南河务局工管检查第一名。（徐　啸）

【水政水资源】　2008年，不断强化水行政职能，切实做好水资源管理与调度。一是充分发挥水行政执法职能，对违犯水法规的行为进行有力的打击。全年共查处水事违法案件49起，拆除黄河大桥违章广告牌20处；二是加大河道巡查力度，开展河道巡查8次，有效遏制水事违法案件的发生；三是加强对原阳公铁两用桥等河道建设项目的管理工作；四是配合当地政府，开展河道禁止采淘铁砂活动；五是积极开展“水法规在我身边”征文、《河南省黄河工程管理条例》学习宣传、水周宣传等活动；六是加强水量调度管理，严格执行上级调水指令，精心实施水量调度，加强水调督查；七是加强取水许可管理。（徐　啸）

【科技创新】　2008年，新乡河务局完成科技项目申报14项，3项通过专家论证；6项科技成果通过专家评审；2项成果获黄委科技进步三等奖，6项成果获河南河务局科技进步一等奖；6项成果通过黄委“三新”认定，12项成果获河南河务局科技火花奖；2项成果获国家专利；2项成果在河南河务局推广，2项科技成果申报水利部重点推广项目。新乡河务局被评为河南河务局科技工作先进单位，新乡黄河河务局科技与信息科、原阳河务局、封丘河务局被河南河务局评为科技与“数字黄河”建设管理先进集体。编制《新乡河务局2008年重点创新项目实施计划》，开展28项创新成果的研制与应用，12项创新成果参加黄委创新成果展示，新乡河务局被评为黄委创新工作先进集体，冯月忠等10人被评为黄委创新工作先进个人。（徐　啸）

【抗震救灾】　汶川地震后，新乡河务局先后组织45名抢险队员赴地震灾区抗震抢险，出色完成抗震救灾任务。8人被授予黄委抗震救灾先进个人；3人火线入党；12人被推荐为入党积极分子。全局党员干部职工积极参与抗震救灾活动，共向灾区捐款32.9万元，其中特殊党费18.55万元。（徐　啸）

【深入贯彻“基层为本、民生为重”治黄新要求】2008年，新乡河务局积极贯彻落实河南河务局提出的“基层为本，民生为重”的新要求。一是局党组高度重视，强调增强为基层、为一线服务的意识，特别是要为局属单位的对口部门做好业务指导工作。二是局领导班子成员多次深入一线调研指导，帮助基层解决工作中存在的难题。投资20多万元开展一线班组建设，改善一线班组生产、生活条件。三是丰富为基层服务的方法，切实解决基层的实际问题。由局领导带队到局属河务局现场办公，对财政资金支付手续集中审核签字，加快财政资金支付进度；在经费不足的情况下，保证基层离退休职工“两费”按时发放；关心困难职工的生活，节日看望慰问困难职工，对患重病的职工及时提供救助。（徐　啸）

【新乡黄河河务局水上抢险队成立】　2008年8月26日，经河南河务局批复，依托河南金龙水利水电工程有限公司组建的新乡黄河河务局水上抢险队成立。揭牌仪式在长垣县的河南金龙水利水电工程有限公司举行，河南河务局副局长李国繁、新乡河务局局长刘培中共同为新乡黄河河务局水上抢险队揭牌。河南金龙水利水电工程有限公司是黄河系统唯一的以疏浚、吹填作业为主的机械化施工专业队伍，在多年的疏竣施工积累了丰富的水上作业经验，组建于1980年初，现有挖泥船11艘。（徐　啸）

【原阳河务局通过国家一级水管单位复核验收】2008年10月12日至13日，受水利部委托，中国水利工程协会组成复核专家组对原阳河务局进行了

国家一级水管单位复核验收，验收得分948分，达到国家一级水管单位要求，顺利通过国家一级水管单位复验。（徐　啸）

【水利部领导慰问原阳河务局困难职工】　2008年1月8日，水利部副部长周英一行专程来到原阳河务局，慰问该局困难职工，并送去慰问金。（徐　啸）

【副省长刘满仓考察新乡黄河防洪工程】　2008年4月6日，副省长刘满仓在河南河务局局长牛玉国、副局长李国繁，市委书记吴天君、市长李庆贵、副市长贾全明、新乡河务局局长刘培中等陪同下，对新乡黄河防洪工程建设工作进行考察。刘满仓先后实地考察了原阳小大宾村、鲁庄、长垣太行堤堤防加高帮宽施工现场、孟岗村搬迁现场及长垣机淤固堤施工现场，分别听取原阳、长垣县主要领导、河务部门主要负责人关于工程进展情况和移民搬迁工作的汇报。刘满仓指出，黄河二期标准化堤防建设，既是国家重点水利建设项目，更是河南全省的重点工程，事关黄河防洪大局，事关沿黄人民群众切身利益，事关河南经济社会的可持续发展。（徐　啸）

【黄委主任李国英专题调研水管体制改革】　2008年4月9日，黄委主任李国英到新乡河务局就水管体制改革进行专题调研。在河南河务局局长牛玉国、副局长李国繁等陪同下，李国英一行首先在新乡河务局机关听取新乡河务局局长刘培中关于水管体制改革工作总体汇报，并重点就运行中存在的防汛备石区域分配不均衡、机动抢险队“一岗双责”等问题，与新乡河务局领导班子成员及相关科室负责人进行交流。李国英一行又驱车赶赴长垣。在长垣，李国英一行先后察看了大留寺控导工程养护班、孟岗堤防养护班和长垣河务局机关，并分别在大留寺控导工程养护班和长垣河务局机关召开座谈会。李国英还专门就如何解决机动抢险队“一岗双责”问题与省、市、县级河务局人员交换意见。李国英强调黄委将在充分调研水管体制改革的基础上，找准运行中发现的问题，争取水管体制改革后新的运行体制运行健康，达到改革的最终目标。（徐　啸）

【水利部纪检组长张印忠视察新乡黄河防洪工程】　2008年4月14日，水利部党组成员、纪检组长张印忠一行，在黄委纪检组长李春安，河南河务局局长牛玉国、纪检组长商家文，新乡河务局局长刘培中等陪同下，深入长垣临黄堤14+800—15+700等施工一线，对工程建设管理现场进行检查指导，并要求各级切实抓好黄河汛前各项准备工作。（徐　啸）

【国家防总检查组莅新检查黄河防汛】　2008年5月6日至7日，财政部副部长丁学东、黄委主任李国英率国家防总黄河流域防汛抗旱检查组深入一线，实地检查了新乡黄河防汛准备工作。副省长刘满仓、河南河务局局长牛玉国，市长李庆贵、副市长贾全明、新乡河务局局长刘培中等陪同检查。在长垣县芦岗乡王寨村，丁学东一行首先听取该县县长李刚关于长垣黄河滩区安全建设情况及迁安救护存在问题和建议。丁学东指出，要积极推进黄河滩区避水连台建设，有效解决群众安居问题，建设好、维护好群众撤退道路，为群众生命财产安全转移提供坚强保障。李国英简要阐述“二级悬河”的形成和调水调沙的成效，表示近期滩区安全建设将集中资金把房台变成连台、把村内低洼的道路修到标准高度，确保滩区人民生命财产安全。（徐　啸）

【省委常委、宣传部长、副省长孔玉芳检查新乡黄河防汛】　2008年6月25日，省委常委、省委宣传部长、副省长孔玉芳率省黄河防汛督察组深入黄河防洪工程一线，检查指导新乡市黄河防汛工作。新乡市防汛抗旱指挥部指挥长、市长李庆贵，市委常委、宣传部部长邢亚平，市委常委、新乡军分区政委岳守平，新乡市防汛抗旱指挥部副指挥长、副市长贾全明以及河务局、水利局和封丘县委、县政府主要负责人参与检查。孔玉芳一行先后视察封丘古城控导工程、曹岗险工和共产主义渠等防洪工程，仔细了解河势、险点、险段的基本情况及防守措施。在随后召开的新乡市防汛工作汇报会上，李庆贵就新乡市防汛形势及2008年防汛工作情况、存在问题、下步工作安排进行了全面汇报。河南河务局原局长、顾问王渭泾和省水利厅副厅长谷来勋就防汛工作重点防守措施和如何解决存在问题提出指导意见。孔玉芳听取汇报后指出，一要强化组织领导；二要科学制订防汛工作预案；三要加强水文预报预测和险情监测；四要坚持“防”重于“抢”的原则，充分做好抗洪救灾的准备工作；五要严格落实防汛工作责任制。（徐　啸）

【水利部副部长胡四一调研新乡黄河滩区安全治理】 2008年11月4日，水利部副部长、部科技委主任胡四一，民盟中央副主席、部科技委名誉主任索丽生以及水利部科技委委员、民盟中央成员、大学教授等20多位专家学者，深入新乡黄河滩区调研滩区治理发展重大问题。黄委副主任廖义伟、河南河务局局长牛玉国、市长李庆贵、新乡河务局局长刘培中等陪同考察调研。调研组一行实地考察封丘古城控导工程、长垣周营上延控导工程和苗寨乡避水村台，了解新乡黄河防汛形势、滩区社会经济状况，询问近年来滩区安全治理及农村发展情况，并就下步黄河滩区治理开发规划与相关人员进行交流。

（徐 啸）

【精神文明建设】 2008年，新乡河务局加大对文明创建工作的指导力度，实施文明单位经常化管理，增强各级抓创建的责任意识，促进创建管理工作的落实。大力宣传抗震救灾精神，组织6名赴川抢险队员代表，到所属单位进行抗震救灾先进事迹巡回报告。原阳河务局、长垣河务局、河南中原黄河工程有限公司和河南金龙水利水电工程有限公司4个省级文明单位，均以优异成绩顺利通过复验。新乡河务局机关“全国精神文明建设工作先进单位”顺利通过中央文明委公示。完成新乡河务局机关市级文明系统、河南中建水电工程有限公司市级文明单位届满再申报，并顺利通过验收。封丘河务局被评为黄委文明单位和县级文明系统。 （徐 啸）

2008年度新乡河务系统荣获奖项

黄委创新工作先进集体

新乡河务局

黄委文明单位

封丘河务局

全省五好基层党组织

2008年度黄河报（网）优秀通联站

河南黄河河务局2007年度目标管理先进单位一等奖

河南黄河河务局2008年防汛工作先进单位

河南黄河河务局2007年度工程建设管理先进集体

河南黄河河务局2008年度工程管理先进单位

河南黄河河务局2007年度经济工作先进单位

河南黄河河务局水资源管理与调度工作先进单位

河南黄河河务局2007年度安全生产先进单位

河南黄河河务局2007年度创新开展一线班组建设先进单位

河南黄河河务局2007年度先进工会

河南黄河河务局2006～2007年度科技工作先进单位

河南黄河河务局信息通信工作先进单位

新乡河务局

河南省思想政治工作先进单位

2008～2012年省级卫生先进单位

河南黄河河务局2007年度创新开展一线班组建设先进集体

河南黄河河务局2008年防汛工作先进单位

河南黄河河务局2008年工程管理先进单位

封丘河务局

河南黄河河务局2008年防汛工作先进单位

河南黄河河务局2007年度创新开展一线班组建设先进集体

河南黄河河务局2008年科技工作先进集体

原阳河务局

河南黄河河务局2008年防汛工作先进单位第一名

长垣河务局

新乡市“五一”劳动奖状

新乡市先进基层党组织

新乡市人民政府2007年度安全生产工作先进单位

新乡市双拥工作先进单位

新乡河务局

农业机械管理

【农业机械管理概况】 2008年，全市农机系统以提高粮食综合生产能力、增加农民收入、建设现代农业为目标，认真落实农机购置补贴政策，积极组织重要农时的机械化生产，大力实施薄弱环节机械化水平提升行动，切实推进农机社会化服务体系建设，不断提高农机管理水平，各项工作都取得了较好的成绩。农机装备能力进一步增强。截至年底，全市农机固定资产总值达到35.06亿元，较上年增长6.04%。农机总动力达到635.02万千瓦，增长

2.03%；拖拉机拥有量18.82万台，其中大中型拖拉机1.21万台，增长8.04%；大中型配套农具2.51万部，增长2.87%；联合收获机0.94万台，增长1.08%，其中，玉米联合收获机251台，增幅达151%；秸秆还田机0.87万台，增长8.75%。农机作业面积进一步扩大。2008年全市耕种收综合机械化水平超过66%，比全省平均水平高3个百分点。全年共完成机耕作业面积532.89万亩，较上年增长4.64%。完成机播面积699.26万亩，增长12.18%，其中小麦机播面积468.93万亩，机播率达95%。完成机收面积523.41万亩，增长2.61%，其中小麦收面积477.24万亩，机收率达97%。完成农作物机械化秸秆还田面积348.6万亩，增长22.35%。全年共完成机电灌溉519.78万亩次，机械化植保490.41万亩次。（李文明）

新乡市农业机械管理局领导成员

党委书记、局长　徐明俭
副　局　长　程玉民　殷国际　朱芳德
纪　委　书　记　马俊玲（女）

【落实农机购置补贴】　2008年，农机部门争取上级农机购置补贴资金1556万元，比上年增加676万元，增长76.8%。补贴范围扩大到全市12个县（市、区）。补贴机具种类由上年的7大类20种增加到9大类33种。共补贴大中型拖拉机342台、水稻联合收割机59台、水稻插秧机9台、玉米收获机101台，其他机械1949台，受益农户达2582户。补贴机具“三秋”期间全部投入农业生产，有效增强了机械作业能力。（蒋炜立）

【组织重要农时季节机械化生产】　2008年“三夏”、“三秋”期间，全市农机部门分别组织15万多台（套）和17万多台（套）机械投入农业生产，为粮食颗粒归仓做出了贡献。“三夏”期间组织签订机收作业合同3029份，引进外省市小麦联合收割机2290台，输出2090台。投入“三夏”生产的联合收割机日最高达10450台，共完成小麦机收面积477.24万亩。“三秋”工作以秸秆综合利用为重点，着力提高玉米、水稻、花生机械化收获水平。共完成玉米秸秆还田面积268.92万亩，比上年增长8.15%。完成玉米机收面积31.19万亩，增长9.25%。秋季完成机耕作业面积482.6万亩，占小麦种植面积的97.3%。（曹志勇）

【扶持发展农机服务组织】　2008年，为加快新乡市农机服务社会化进程，加大农机专业合作组织建设力度。上半年，市局组织相关人员到焦作、山东等地对当地农机合作组织的建设发展情况进行考察学习。同时，积极向省里争取农机合作组织扶持项目，共争取到扶持资金89万元，对新乡市8个县（市）的18个农机专业合作社进行扶持，主要用于农机场院、库棚建设，购置维修设备、信息服务设备等。年底，全市农机服务组织已达748个，其中初具规模的农机服务组织58个，登记注册的农机专业合作社38个。（李文明）

【农机新技术推广】　2008年，农机部门大力推广普及保护性耕作、秸秆综合利用、水稻育插秧以及玉米、水稻收获机械化等农民急需的节本增效新技术，共争取到水稻机械化育插秧、花生机械收获试验示范推广资金21万元，项目分别在原阳县、封丘县、辉县市实施。全市共完成水稻机插试验示范面积0.28万亩，花生机收面积4.98万亩，水稻机收面积10.01万亩，作业面积较上年均有明显增加。争取保护性耕作项目资金10万元投入新乡县，至此该县保护性耕作面积达到0.21万亩。（董纯梅）

【农机管理】　各级农机部门以开展“百日安全生产专项行动”为契机，深入开展“平安农机”创建活动。农机管理部门积极会同工商、质监部门开展农机打假执法行动，规范农机销售和维修市场，维护了农民和企业的利益。争取农业机械安全技术检测项目资金5万元，在延津县建成县级固定式农业机械安全技术检测线1条。农机监理部门派监理人员深入乡村对机车进行检测，2008年全市共检验拖拉机、联合收割机1230台，临时检验联合收割机760台，检验率比上年同期上升2%。认真做好拖拉机驾驶培训学校和教学人员的资格审定、管理工作，有针对性地规范了拖拉机驾驶培训市场，全市拖拉机驾校共培训各类拖拉机、联合收割机驾驶学员500余人。（李文明）

气 象

【气象概况】 新乡市气象局是全市的气象主管机构，负责新乡市行政区域内的气象工作，承担气象工作的行政管理职能，辖卫辉、辉县、获嘉、原阳、延津、封丘、长垣7个县（市）气象局。截至2008年底，在职职工103人。全年发布灾害性天气预警信号128次，提供重要天气预报92期，提供冬小麦苗情、墒情气象卫星遥感监测报告和分析材料10多次，制作和发布每周农业气象情报预报服务材料。气象影视服务增加节目套数和总时长，更新电视《天气预报》栏目，召开“春节”、“三夏”等气象新闻发布会10次，开展“12121”气象信息电话宣传，加强气象科普宣传，“3·23”世界气象日接待参观群众2000多人次。积极为本市防汛抗旱、国家级卫生城市和园林城市创建、第九届运动会召开以及“南水北调”、宝泉水库电站、郑州黄河公路铁路两用桥建设等提供气象服务。出台《新乡市防雷安全隐患排查治理工作方案》，与市安监局联合下发《关于开展防雷安全专项检查的通知》，与市教育局联合下发《关于进一步加强学校防雷安全工作的通知》。制作防雷专题电视节目，发放气象灾害应急避险常识宣传资料，对全市中小学防雷设施进行普查，为10所农村中小学安装防雷设施减免有关费用5.6万多元。牵头编制《新乡市气象灾害预警与发布系统建设方案》，参与《新乡市突发公共事件应急平台体系建设方案》编制，配置应急指挥车、移动天气预报服务平台和移动气象站设备，组建200多人的气象灾害应急联系人和乡镇气象灾害信息员队伍，开展应急气象服务演练，为突发公共事件提供气象服务多次，2次为辉县市森林火灾扑救提供现场气象服务。出台《新乡市气象灾害预警短信平台管理办法》，短信用户达48万，所辖7个县（市）气象局全部建成气象防灾减灾手机短信预警系统，覆盖县（市、区）、乡（镇）科级以上领导、大中型企业领导、村主任和全市中小学校长等近万人。出台《2008年观测、预报业务考核奖励办法》和《汛期气象台预报服务奖惩办法》，地面气象测报错情率0.05‰，农业气象和酸雨测报错情率0.00‰，创1个“250班无错”和20个“百班无错”。升级改造VOIP通信网络系统，实施地面宽带备份线路和实景监控系统建设。下发《2008年科技发展计划》、《气象科学优秀学术论文奖励办法》和《科研课题管理办法》，投入科技专项经费5万元，科研项目自立4项、市科技局列立3项并划拨科研经费1.5万元，与市农业局、河南师范大学等合作2项，获市科技进步一等奖1项，被省气象局列立1项并划拨科研经费1万元和推广项目0.5万元，在各级各类科技期刊发表论文22篇。在职学历教育34人，非学历教育241人次，举办各类业务培训4期，参加远程教育和短期培训267人次，新增硕士学位1人，引进本科毕业生2人。开展气象法规宣传月和气象观测环境保护年活动，签订气象观测环境保护责任书，制止影响气象探测环境行为4起，举办首届气象法律知识竞赛。开展纪念改革开放30周年、“三新”大讨论、“两转两提”、“整顿机关作风严肃机关纪律强化机关管理”、“科室季评”、“党风廉政宣传教育月”、抗震救灾献爱心和创建全国文明气象台站标兵评选等活动。积极与有关单位帮扶共建，认真落实社会治安综合治理措施和安全生产责任制。

（杨卫生）

新乡市气象局领导成员

党组书记、局长 周官辉
副　局　长 赵百胜　高正庆
纪 检 组 长 宋培玲（女）

【人工影响天气】 2008年2月28日，组织培训市凤凰山森林公园增雨火箭作业手8人、指挥员1人。3月7日，举办人工增雨火箭知识培训班1期，新乡市及各县（市）气象局参加40多人。1月19日，在辉县市、卫辉市、长垣县实施人工增雨作业，发射火箭弹9枚，增水6.4万吨，影响660平方公里；4月8日，在卫辉市、原阳县、延津县、封丘县和凤泉区凤凰山实施人工增雨作业，发射火箭弹48枚，增水630万吨，影响1260平方公里。4月18日，全市实施人工增雨作业，出动人工增雨火箭发射架15架次、人工增雨高炮2门次，发射火箭弹36枚、炮弹60发，影响3000多平方公里，增加降水1500万吨。6月30日，在凤泉区凤凰山、长垣县实施人工增雨作业，出动人工增雨火箭发射架6

架次，发射火箭弹8枚，影响500平方公里，增加降水200万吨。全年累计作业4日次，出动人工增雨火箭发射架50架次、人工增雨高炮2门次，发射火箭弹101枚、炮弹60发，增加降水2336.4万吨，影响5420平方公里，经济效益1000多万元。

（杨卫生）

市气象局在平原地区进行人工增雨火箭发射作业

【天气气候】　新乡市地处中纬度地带，为暖温带大陆性季风型气候。四季分明，降水集中，雨热同季。冬季寒冷少雨雪，春季干旱多大风，夏季炎热多雨，秋季天气爽朗。年平均气温14.0℃，最冷月1月，平均气温－0.5℃，最热月7月，平均气温27.0℃。极端最高气温42.0℃（1972年6月11日），极端最低气温－19.2℃（1971年12月27日）。年降水量573.4毫米，多集中在7、8月间。年蒸发量1748.4毫米。最多风向为东北风，年平均风速2.3米/秒。年无霜期205天。年日照时数2323.9小时。冬季长140天左右（12月～2月），多寒潮，季降水量占年降水量的3.2%；春季长55天左右（3月～5月），气温回升快，多风沙，季降水量占年降水量的15.9%。夏季长113天左右（6月～8月），多暴雨，季降水量占年降水量的59.5%，常有伏旱发生，影响秋作物。秋季长55天左右（9月～11月），降温迅速，雨水日趋减少，季降水量占年降水量的21.3%。

2008年，新乡市气候基本特点是：冬季气温前期偏高，中后期偏低，降水时空分布不均，光照明显不足；春季气温明显偏高，降水时空分布不均，光照较为充足；夏季气温略低于常年，降水时空分布不均，光照明显不足；秋季气温明显偏高，降水偏少，光照基本正常。

气温：全市年平均气温14.0℃～15.1℃，较均值相比距平0.0℃～1.0℃。冬季平均气温0.4℃～1.5℃，距平－0.7℃～0.6℃。春季平均气温15.6℃～17.1℃，距平1.2℃～2.6℃。夏季平均气温25.1℃～26.3℃，距平－0.9℃～0.1℃。秋季平均气温14.8℃～16.1℃，距平0.3℃～1.6℃。年极端最高气温36.8℃，出现在6月25日（获嘉县）；年极端最低气温－16.6℃，出现在12月22日（封丘县）。

降水：年总降水量为468.6～716.9毫米，其中获嘉县偏多3成，新乡市、辉县市、原阳县、卫辉市与均值基本持平，延津县、封丘县和长垣县较均值偏少约1～2成。冬季降水总量为13.9～23.4毫米，其中原阳县、辉县市较均值偏多1成左右，卫辉市和长垣县与均值基本持平，其它县（市）偏少约1～3成。春季降水总量107.8～188.5毫米，各县（市）较均值偏多2～8成。夏季降水总量179.0～476.4毫米，长垣县最少，获嘉县最多。封丘县和长垣县分别偏少3和4成，获嘉县偏多约4成。秋季降水总量64.4～89.2毫米，较均值偏少约2～4成。全年一日最大降水量150.9毫米，出现在7月15日（获嘉县）。

日照时数：年总日照时数为1616.1～2229.6小时，各县（市）较均值偏少21.3～404.0小时。冬季日照总时数为264.5～423.1小时，较均值偏少30.8～180.9小时。春季日照总时数为522.9～723.9小时，距平－56.3～73.0小时。夏季日照总时数333.5～513.5小时，各县（市）较均值偏少94.2～236.2小时。秋季日照总时数382.9～503.6小时，各县（市）较均值偏少27.6～129.9小时。

【主要天气气候事件】　低温。上年入冬至当年1月上旬，新乡市气温一直偏高，1月9～10日，受强冷空气和大雪天气的影响，市区最高气温下降4.6℃，东北风5～6级，1月份平均气温较历年值偏低1.0℃，中、下旬平均气温分别偏低了2.0℃和2.6℃。其中封丘县1月24日极端最低气温达－11.6℃。12月22日，受较强西北气流影响，封丘县极端最低气温达到－16.6℃。是该县有记录以来的次低值（仅次于1990年1月31日的－17.7℃）。当月最低气温≤0.0℃的日数有5天。

雷电。春季，新乡市初雷暴日为4月8日，雷暴日数5天，其中4月份1天、5月份4天。5月17

日，新乡市受低槽东移影响出现雷雨大风强对流天气，零时16分，红旗区洪门镇申店村一乔姓村民住房遭雷击，房屋倒塌3间，死亡2人。6月13日5时51分至9时23分，获嘉县出现强雷暴天气并伴有阵性降水，7时左右，在农田喷施农药的史庄镇史庄村李某（男）和在农田接听手机的照镜镇彦当村冯某（女）遭雷击当场身亡，史庄镇张翟庄村的十几部电话机、电视机和5台电脑被雷电击毁，直接经济损失8000多元。

冰雹。5月3日14时，获嘉县境内出现强对流天气，城关镇、照镜镇有暴雨伴大风冰雹，最大风速20.6米/秒，冰雹最大直径20毫米，该县小麦遭受不同程度灾害，受灾面积7000亩，小麦减产约135万公斤，直接经济损失108万元。6月3日14时41分至17时40分，受东北冷涡和地面冷锋共同影响，新乡市部分地区出现大风、冰雹，并伴有短时阵雨，涉及获嘉县、原阳县、新乡县、卫滨区的10个乡（镇）。原阳县降冰雹持续约5分钟，最大冰雹直径达40毫米，新乡县降冰雹直径在20至30毫米，卫滨区降冰雹持续15分钟，最大冰雹直径达30毫米。获嘉县最大冰雹直径20毫米。使获嘉县、新乡县和原阳县的部分乡镇小麦受灾21.72万亩绝收0.18万亩，损毁蔬菜大棚400余座，直接经济损失5873.6万元（其中农业直接经济损失5006.6万元），受灾17万余人。6月25日傍晚至26日夜间，辉县市北云门、峪河镇出现30分钟冰雹伴有雷雨大风，冰雹大的如鸡蛋，小的如枣，农作物受灾11.52万亩绝收2万亩，农业经济损失1686万元，受灾9.87万人。

暴雨。6月29日至30日，新乡市大部分地区出现降水天气，其中辉县市23个乡（镇）普降中到大雨，局部出现暴雨、飑线、大风，过程降水量112.1毫米，有6个乡镇降水量在50毫米以上，拍石头、张村、城关和高庄等4个乡（镇）降水量在100毫米以上（拍石头乡最大为135.6毫米），共造成6.2万亩农作物受灾5.4万亩成灾，受灾人口5.2万人，刮倒树木2.4万棵，冲毁公路10公里和农田230亩，倒塌房屋1间，损坏房屋15间，折断电线杆12根，死亡1人，1座供水站被毁，直接经济损失约798万元，其中农业经济损失580万元。7月13～15日，受西南暖湿气流和东移冷空气共同影响，新乡市大部分地区出现暴雨过程，局部地区大暴雨。其中辉县市过程降水量138.9毫米（北云门镇最大为192.7毫米），共有9个雨量站在100～150毫米之间13个雨量站在50～100毫米之间，造成部分农田积水，最深达80厘米，农作物受灾1.2万亩成灾1万亩，绝收2000亩，受灾人口2万多人，倒塌房屋33间，直接经济损失380万元，其中农业经济损失350万元。7月14日凌晨至15日凌晨，获嘉县降暴雨、大暴雨，所辖11个乡（镇）降水量都在100毫米以上，其中8个在150毫米以上（徐营镇最大为267毫米），造成11个乡镇全部受灾，受灾人口1 2.9万人，农作物受灾10.1万亩成灾3.9万亩，受灾作物主要为玉米和水稻。倒塌房屋104间，损坏房屋20间，直接经济损失841.4万元。

【气候影响】　小麦。冬季前期气温偏高，中期出现低温寡照和雨雪天气，但对小麦越冬影响不大。2月以后温度适宜，光照充足，对小麦返青生长十分有利，但部分地区出现了轻旱。3月平均气温偏高，日照时数偏多，对小麦迅速返青、起身和拔节期生长有利，且拔节期光照充足，抑制植株旺长，并降低了株高，既防止了倒伏又增强对晚霜冻的抵抗力，为小麦高产、稳产、优质打下良好基础。4月两次降水过程不仅有效缓解了前期旱情，且有效地补充了地下水分，对小麦孕穗、抽穗和后期生长发育都十分有利。5月3日的降水对小麦灌浆十分有利。

玉米。夏玉米播种和苗期气温略偏高、日照接近常年，大部分地区降水较少，部分农田出现旱情，6月上、中旬多数农田得到灌溉，墒情有效缓解。玉米拔节期温度正常，日照较常年同期相比略偏少，大部地区降水偏多，对玉米生长十分有利。7月中旬降水过于集中，造成部分地段土壤湿度过大，辉县市、获嘉县、新乡县以及牧野区的部分农田受灾，但受灾面积相对较小，对产量无太大影响。8月降水偏多，大部分地区墒情适宜，但日照稍偏少，对玉米灌浆攻籽稍有影响。

棉花。6月降水偏少，气温偏高，旱情逐渐显现，对夏棉播种不利，但对水浇田影响不大。6月下旬棉花长势良好。7月至8月气温接近常年，日照较常年偏少1～2成，降水量较常年偏多3～4成，对棉花生长略有影响。

2008年度新乡市气象系统荣获奖项

受奖集体（个人）		荣誉称号	授奖单位
先进集体	新乡市气象局	目标考核优秀单位	河南省气象局
	获嘉县气象局	精神文明建设先进单位	
	新乡市气象局	支持凤凰山森林公园建设先进单位	新乡市委 新乡市人民政府
		小麦高产开发“1346工程”先进市直单位	
先进个人	赵百胜	小麦高产开发“1346工程”市直单位先进个人	
	叶　东	春运工作先进工作者	新乡市人民政府
	任洪宾	法制工作先进工作者	
	宋培玲	优秀党务工作者	新乡市委
	王金兰	优秀值班预报员	中国气象局
	王新红	学会工作先进个人	河南省科学技术协会
	路宏伟	气象科技服务先进个人	河南省气象局
	李玉萍	精神文明建设先进工作者	
	魏新中	优秀县（市）气象局局长	
	袁向春	质量优秀测报员	
	张贵霞	气象测报连续百班无错情测报员	
	袁向春		
	张玉欣		
	杜黎君		
	段　磊		
	王　兵		
	王润清		
	王廷文		
	张凤洲		
	李俊芬		
	麻合荣		
	王帮立		
	张秀华		
	李　静		
	刘茂松		
	张彦利		

林业。冬季气温低对树木造成了一定冻害，特别是对新植幼树的影响更大，不利于其越冬。同时低温还抑制了地下害虫的越冬存活，有效遏制了森林病虫害的发生。春季4月至5月降水偏多，提高了春季新植幼树的成活率，但因气温偏高降水少，造成部分地区森林病虫害发生较重，同时增加了火险等级，4月2日至3日，辉县市南寨镇西部山区发生森林火灾，造成过火面积28.2公顷，烧毁树木2.8万棵，直接经济损失16万元。夏季气候条件对山区开展雨季造林活动十分有利，但8月少雨天气加速了病虫害的发生和蔓延，加大森林病虫害防治难度。秋季气象条件推迟了秋冬季植树造林时间，影响了新植幼树的成活率，由于气温高天气干燥，植物生长茂盛，增加了火险等级，11月26日中午

辉县市沙窑乡石门郊村附近发生森林火灾，过火面积约400亩。

蔬菜。冬季气温偏低不利于大棚蔬菜越冬生长，不仅使黄瓜减产，还造成大棚蔬菜育苗成本增高，上市推迟7～10天，菜价也居高不下。5月雨水偏多，湿度较大，造成西红柿晚疫病比往年严重。夏季雨水较为充足，对陆地蔬菜生长十分有利。

交通。冬季大雾天气对交通运输影响较大，增大了交通事故的发生几率。1月中下旬的两次降雪过程，虽然量不大，但由于形成较为严重的道路积冰，仍给交通运输、春运工作带来一些不利影响。

居民生活。大雾不但给人们的出行以及户外活动带来很大不便，而且不利于空气中的污染物扩散，使可吸入颗粒物增多，造成空气质量明显下降，容易诱发哮喘、支气管炎等呼吸道传染病，对人们健康极为不利。雨雪天气造成农产品价格上涨，居民生活受到一定影响。

旅游。2008年是第一个"五一"小长假，天气比较适宜出游，家人一起到附近景区走一走成为时尚，不少短途游市场火爆，虽有充分准备，很多景区仍出现往年大景区常见的"人山人海"情形。

农业科学研究

【农业科学研究概况】　2008年，市农业科学院各项事业得到进一步加强，科技创新能力实现又好又快发展，科研综合实力继续位居全国农业科研百强院（所）行列。省级文明单位实现顺利保级。获得"全省五好科研院（所）"、"全省农业科技创新先进单位"、"全省服务'三农'活动先进单位"、"全市目标管理优胜单位"、"全市学习型单位"、"全市新农村建设结对帮建先进单位"、"全市森林公园建设义务植树先进单位"、"全市小麦高产开发1346工程先进单位"等10余项荣誉称号。（李习军）

新乡市农业科学院领导成员

党委书记、院长　张忠臣
党委副书记、副院长　唐振海
副院长　陈万先　赵启学
张长顺　赵宗武

【科学研究】　科研综合实力不断增强，科技创新能力继续保持全省、全国先进水平，居全国综合科研能力百强院（所）先进行列。小麦、玉米科研工作跻身国家队，国家首批现代农业产业技术体系小麦、玉米综合试验站落户市农科院。培育的国审小麦新品种新麦18推广应用面积居全国第4名。市农科院是全省地市级农业科研单位唯一一家进入前4名的科研育种单位。

2008年，共设32个研究课题，其中国家级课题9个、省级课题14个。承担省级以上课题数量和档次继续保持全省先进水平。取得科研成果4项，其中获省科技进步奖2项。一次获得2项省科技成果奖属近五年以来首次。再获市重大贡献奖。通过审（鉴）定农（蔬菜）作物新品种4个。审（鉴）定品种数量居河南省地市级农科院（所）首位。水稻新品种新稻18号通过国审。大白菜新品种新早58通过国家鉴定。玉米新品种新单26、新单29通过省审。新单206已申请国家新品种保护。实用技术研究方面，高防效、低残留麦田除草剂E1011WP研制成功，该产品具有活性高、选择性强、杀草谱广、对当季小麦和下茬作物安全等特性。玉米田苗后除草剂C968－42研制成功，该产品具有防除效果高、杀草速度快，对玉米田的恶性禾本科和阔叶杂草有比较突出的防除效果。麦田除草剂35%杀拉殃可湿性粉剂研制成功，该产品对麦田阔叶杂草防除效果达90%以上。食用菌方面，培育出适合本地区栽培的高产、优质、抗病平菇品种7个。其中中温品种有4个，低温品种有3个。培育出适宜本地区种植的高产、优质、抗逆性强的香菇品种4个。

（李习军）

【成果转化效益明显】　全年建立农作物繁育基地11.5万亩，为农民提供优质农作物种子4600万公斤；示范推广新型化学除草剂、高效植物生长调节剂面积达110余万亩；推广木耳种植近30万袋，建立食用菌示范棚500个。新品种、新产品的推广应用，年新增社会经济效益3亿多元。（李习军）

【项目资金实现突破】　2008年，加大项目争取力度，共争取到位项目资金421.6万元，其中省部级以上项目资金291.2万元（较上年同比增长144.2%）。省地市级农业科研单位中，独家承担农业部农业科技跨越计划项目。新乡市国家大型商品粮生产基地续建项目农科院已立项。"优质强筋高产多抗高效新麦19种子产业化项目"获国家发改委立项。成果转化资金项目"高产优质高抗玉米新品种新单29及高效安全生产集成配套技术"获科技部立项。优质高产多抗棉花杂交种新品种选育、游离小孢子培养技术在大白菜育种中的应用研究、大葱雄性不育系选育及利用研究、优质抗逆超级粳稻新品种选育，被列为新乡市科技发展计划项目。　（李习军）

【人才队伍建设】　2008年，通过引进和培养充实专技人员队伍，为市农科院各项事业发展提供了强有力的人才支撑。被授予"全市学习型先进单位"。4名在职科技人员取得本科文凭，有2名取得硕士学位，有3名科技人员正在攻读硕士学位，有1人攻读博士研究生，有2人聘为副研，3人取得正研、2人取得副研资格；陆续有10多名青年干部走上了中层领导岗位；原连庄荣获全国三八红旗手、省第十一届人大代表；副院长赵宗武荣获省第七批优秀专家、市第二届重大科技贡献奖、享受国务院特殊津贴；被授予第二届"河南省自主创新十大杰出青年1人，省第六届"十大杰出青年"1人，省农村科技致富带头人3人，市优秀专家5人，市优秀共产党员1人，市编制工作先进个人1人，市信访稳定先进工作者1人，市新农村建设结对帮建先进个人1人，推荐省学术带头人1人，省农村科普先进工作者4人，省第十届政协委员2人，市十大杰出人物2人，市十大英模1人，市三八红旗手2人，市第六届青年科技奖3人；受到各级党委、政府表彰的科技人员有20多人。　（李习军）

【科技服务】　2008年，围绕新乡市新农村建设，为促进农业增效、农民增收、经济发展和农村稳定，市农科院科技人员坚持送科技下乡，开展技术培训53场次，印发技术资料2.9万余份，培训农民14500人次，农民的综合素质得到了提高，从而解决农村技术棚架问题，促进了农业生产的快速发展。在全市开展的新农村结对帮建活动中，市农科院派驻辉县市冀屯乡的工作队，紧密联系农村实际，借助市农科院的科技优势，先后邀请和组织科技专家多次深入到田间地头和蔬菜大棚内，将有关科学技术传授给该村农民，收到很好的效果。　（李习军）

2008年度新乡市农科院荣获奖项

受奖集体（个人）	荣誉称号	授奖单位
新乡市农业科学院	全省五好科研院（所）	河南省委
	全省农业科技创新先进单位	河南省农科院
	全省服务"三农"活动先进单位	河南省服务"三农"活动领导小组
	全市目标管理优胜单位	新乡市人民政府
	全市学习型单位	
	全市新农村建设结对帮建先进单位	新乡市委、市政府
	全市森林公园建设义务植树先进单位	新乡市人民政府
	全市小麦高产开发"1346工程"先进单位	
赵宗武	国务院特殊津贴获得者	国务院
赵宗武	河南省优秀专家	河南省委、省政府
蒋志凯	河南省粮食生产先进工作者	河南省政府
马华平	河南省自主创新十大杰出青年	团省委宣传部

受奖集体（个人）	荣誉称号	授奖单位
张学舜	河南省农村科普工作先进个人	河南省科协、省农科院
王书玉		
原连庄		
原连庄	河南省农村科技致富带头人	河南省科协
蒋志凯		
李　峰		
陈菊霞	新乡市信访稳定先进工作者	新乡市委
陈菊霞	新乡市新农村建设结对帮建先进个人	
李习军	新乡市优秀共产党员	
赵启学	新乡市专业技术拔尖人才	新乡市人民政府
夏瑛光		
原连庄		
蒋志凯		
李　峰		

牧野史料

传统节日——**腊八节**

农历十二月初八，是我国汉族传统的腊八节，这天我国大多数地区都有吃腊八粥的习俗。腊八粥是用八种当年收获的新鲜粮食和瓜果煮成，一般都为甜味粥。而中原地区的许多农家却喜欢吃腊八咸粥，粥内除大米、小米、绿豆、豇豆、花生、大枣等原料外，还要加萝卜、白菜、粉条、海带、豆腐等。在豫北，腊月初八早上，天刚蒙蒙亮，人们就赶快起床熬粥。粥熬好后，第一件要做的事情不是自己吃饭，而是先将熬好的粥喂给枣树，将枣树树身上砍一些小口子，再虔诚地把粥抹在树痕上，这就算是枣树把饭吃掉了。人们这样做的原因，据老人们讲，原来中原地区的枣树不结果，人们都不愿意种枣树。枣神见人们都不尊敬她，便变成一个老太婆来到人间。她在离村不远的地方画了一片果园，满园枣树，红枣满枝。人们摘下一尝，又酸又甜，好吃极了，就纷纷跑到管理枣树的老太婆那里讨教。老太婆告诉大家，只要每年腊月初八给枣树喂顿米饭，枣树就会结果。人们按照她说的方法去做，果然棵棵树上都结出了红枣。这不过是一个传说而已，其实这里面包含着许多科学道理：在枣树上砍些口子，可以调节枣树的营养增长，阻止养分向地下输送，好集中力量供应地上部分，从而保证了果实的营养需求。至于把粥抹在树痕上，其实不过是一种保护伤口愈合的土措施罢了。直到现在，豫北还保留有腊月初八让枣树吃米饭的风俗。当地流传有这样一句民谣："腊八枣树吃米饭，枣儿结得干连蛋。""干连蛋"，是河南土语，意即枣树硕果累累，果稠个大。

旅游业

【旅游业概况】 2008年，市旅游局围绕完成市委、市政府年初确定的工作目标，以市场为导向，以改革为动力，大力优化产业结构，不断配套完善基础设施，强力开展宣传促销，狠抓行业管理，较好推动了全市旅游工作开展，促进全市旅游业的协调、持续、健康发展。全年全市旅游接待人数约为880万人次，旅游综合收入达到29.6亿元，分别增长15.1%和24.0%，旅游投诉率控制在0.5‰以下，未发生重特大旅游安全生产事故。 （王 勇）

新乡市旅游局领导成员

党组书记、局长 段志霞（女）
党组副书记、副局长 史晓玲（女）
党组成员、副局长 马中强 张新战 王红昌

【旅游宣传推介】 2008年，以“壮美太行 丰采新乡”为主题的南太行旅游品牌，得以进一步巩固和提升。新乡市先后在北京、郑州、延吉、石家庄、无锡、深圳、西安、晋城、安阳等10多个城市举行“壮美太行、丰采新乡”旅游推介会。同时积极参加2008中国国际、国内旅游交易会、中国北方旅游交易会暨延边朝鲜族民俗文化旅游博览会等推介会议。组织八里沟景区在中央电视台和河南卫视天气预告栏目中做形象广告宣传。与《大河报》、《河南日报》签订全年套餐宣传促销合同。先后邀请中央电视台、部分地市电视台、各地方报纸如北京、山西、山东、安徽等地的新闻媒体160家来新乡采风；山西、山东、河北等地的120余家旅行社来新踩线。在以上推介会和旅交会活动中，全市共签订旅游协议1000余份，发放新乡旅游宣传资料22.7万余份，接收咨询超过10万人次。同时，拍摄制作高清新乡旅游宣传片。由于新乡旅游起步晚，没有一个能够全面反映新乡旅游的形象宣传片，在精心创意策划下，委托国内著名的传媒公司来新拍摄高清《新乡旅游宣传片》，已完成拍摄剪集工作，进入样片的审核阶段。《新乡旅游宣传片》内容丰富，涵盖新乡旅游的各大要素。

由于不间断的叠加促销和出台《新乡市对组织包机专列大巴来新旅游的奖励办法》等优惠政策，充分激励和调动了各旅行商组团来新旅游的积极性，新乡市引来山东淄博广电国际旅行社有限公司来新旅游500人以上的大巴团队1个。

4月19日，在国家旅游协会主办的“一城一标”城市旅游推介挑战赛中，市旅游局的推介荣获大会金奖。9月19日，在中国旅游品牌年会上，新乡市被评为“中国最具影响力旅游名城”。（王 勇）

【旅游规划编制】 为进一步完善旅游基础设施，打造精品旅游景区，市旅游局以景区备案为契机，指导景区补充完善旅游规划，并按照规划进行开发建设。由中国科学院地理研究所旅游规划设计院编制的区域性旅游规划——《辉县市南太行旅游总体规划》，于2007年12月通过最终评审，根据评审专家意见，规划编制组对规划进一步修改完善，2008年6月，辉县市政府正式下文批复实施。由深圳麟德旅游规划顾问有限公司编制的《河南跑马岭旅游区总体规划》和由河南省社科院编制的《辉县市秋沟景区旅游总体规划》通过专家正式评审。 （王 勇）

【项目建设】 2008年，市旅游局继续深入贯彻市委、市政府提出的“引资、项目”双带动战略，通过多种渠道，积极筹措资金，加大旅游资源开发建设力度。全年全市旅游项目投资额近8000万元，其中完工的重点旅游项目有：关山地质广场绿化、硬化，售票大厅及其他配套设施建设投入使用；回龙景区完成张沟度假村及十字岭步道建设；万仙山、八里沟对景区的安全设施、引导标识等进行改造；

比干庙建成文化广场、林坚诞生地，维修整治林氏祖厅；跑马岭休闲生态园完成南坡绿化，山洞宾馆主体工程已经完成，正在装修；姜太公故里建设景区大门，一座综合性酒店的主体工程已经完成，正在修建旅游商店等基础服务设施。（王　勇）

【安全管理工作】　市旅游局高度重视旅游安全工作，把旅游安全放在各项工作的重中之重，精心组织，周密安排，采取多种形式，扎实有效地开展旅游安全隐患排查治理工作。2008年，组织排查、督查旅游安全隐患整治工作7次，联合督查4次，先后出动50多人次，督查检查旅游企业50多（家）次，先后排查出隐患180多处，大部分得到有效整改，整改率为98%。全年全市未发生一起旅游安全责任事故。（王　勇）

【景区管理】　2008年，市旅游局圆满完成A级旅游景区复核工作。根据省旅游局的工作安排，依照《旅游景区质量等级的划分与评定》，对全市7家A级旅游景区进行复核，对复核中发现的问题和不足进行书面反馈，并要求受检景区根据等级评定标准限期做好整改。年初，根据新乡县龙泉苑申请AAA级景区的要求，市旅游局工作人员多次深入景区现场察看，针对景区存在的问题提出整改意见，特别是对景区的游客中心、导游全景图、导览图、标识牌、垃圾箱等景区设施建设提出建设性意见，并督促景区全面落实，完善景区软、硬件服务功能。同时积极与省旅游局汇报沟通，经过省旅游局验收，龙泉苑景区被省旅游局正式评为国家AAA级景区。（王　勇）

【旅行社年检】　2008年，市旅游局在年检过程中，结合“诚信旅游活动”和“创建诚信旅行社”，制定严格详细的考核标准，对旅行社进行实地检查考核，体现公平、公正的原则，圆满完成旅行社业务年检工作；对新申报的旅行社把好入口关，严格按照《旅行社管理条例》的规定对新报旅行社申报材料、场地等进行认真检查把关，全年新报批国内旅行社8家，新报批国际分社2家。（王　勇）

【导游员注册、年审】　2008年，市旅游局按照省旅游局的部署，采取灵活多样、贴近实战的注册导游员岗前培训，培训后的问卷调查表明，很多导游员对此次培训采取的形式和讲解的内容表示满意。（王　勇）

【旅游星级饭店评定】　2008年，市旅游局积极开展旅游企业质量等级评定工作，对新申报的旅游星级饭店，规范程序，严格把关。经过培育和指导，长垣县亿苑大酒店、凤泉区世利山庄、新乡市北大河生态园、封丘县东部乡情宾馆、长垣县鹅家庄大酒店5家饭店通过市星评委组织专家评定验收，被评定为三星级饭店，辉县市翠崖仙居评定为二星级饭店。同时对旅游星级饭店不断强化日常管理，规范程序。组织星级评定机构和星级评定检查员，对全市星级饭店的管理与服务等软件方面和硬件设施的情况采取明查暗访的形式进行访查，访查工作突出重点，强化服务，规范程序，严格把关，并从提高管理与服务水平的高度向饭店提出指导性建议和意见。（王　勇）

【旅游执法检查】　2008年，市旅游局依法开展旅游市场检查、旅游投诉处理、旅游质监队伍建设等工作，进一步树立旅游执法新形象，切实保障旅游消费者和旅游经营者的合法权益。规范旅游投诉工作程序。一是按照旅游投诉快速反映、快速出击、快速处理、快速反馈的机制，全面及时地做到有诉必接、有接必查、有查必果，简化手续，缩短时间，提高工作效率。二是建立旅游投诉反馈制度，对每月、每季的旅游投诉进行定期整理与分析，对投诉较为集中的部分旅行社进行现场检查、指导，以座谈会形式反馈投诉情况，帮助其制定整改措施。建立南太行旅游质监联动机制，与南太行6个旅游城市建立质监互动关系，按照“地方协同、各方联动”的原则，实现旅游投诉处理区域联动体系。实现南太行无障碍旅游区，形成区域性的旅游投诉受理、旅游市场治理联盟。2008年，市旅游局累计检查106家次旅行社，出动执法人员150多人次。全年共接到各类旅游咨询和投诉电话（网上投诉、咨询）100多起，按照简易程序处理旅游投诉30起，立案受理10起，结案率为100%，其中为当事人追回经济损失近5万元，游客对处理结果的满意率达到98%以上。（王　勇）

2008年新乡市旅行社一览表

序号	旅行社名称	地　址	负责人	电　话	传　真
1	河南新飞国际旅行社	新乡市宏力大道370号（新飞大酒店）	刘铁鹏	0373-3389991	0373-3389993
2	新乡市鸿雁旅行社	新乡市解放路249号	郭保兴	0373-2022233	0373-2022219
3	新乡市新新旅行社	新乡市平原路33号（新乡宾馆院内）	钦　虹	0373-2088688	0373-2088998
4	新乡市新龙旅行社	新乡市平原路508号（新龙宾馆大厅）	李喜平	0373-3726288	0373-3726566
5	新乡市九州宾馆旅行社	新乡市平原路12号（九州宾馆大厅）	王　燕	0373-2783401	0373-2027575
6	新乡市新运旅行社	新乡市自由街155号客运总站南厅	朱长青	0373-2023500	0373-2026488
7	新乡市大黄河旅行社	新乡市解放大道鼎新公司姜庄小区12号楼1层南数第10间	王素琴	0373-2067878	0373-2067766
8	新乡市黄河宾馆旅行社	新乡市荣校路22号（黄河宾馆大厅）	王　刚	0373-3062605	0373-3065752
9	新乡市佳日旅行社	新乡市劳动中街238号（原北大街4号）	冯　静	0373-3075668	0373-3075698
10	新乡市东方旅行社	新乡市金穗大道309号（东方宾馆）	张胜利	0373-5085341	0373-5085341
11	新乡市神州旅行社	新乡市平原路260号	郑国崭	0373-3026789	0373-3052268
12	新乡市大中原旅行社	新乡市金穗大道53号	张　毅	0373-2072000	0373-6310345
13	新乡市太行旅行社	新乡市平原路2号（太行饭店大厅）	赵新胜	0373-2089290	0373-2032468
14	新乡市铁通旅行社	新乡市自由路13号（长城宾馆）	彭　鹏	0373-2021111	0373-2033396
15	新乡市天地旅行社	新乡市劳动街与平原路口南100米	姬云权	0373-3044444	0373-3077770
16	新乡市友谊旅行社	新乡市金穗大道461号（国际饭店）	韩玉萍	0373-5088808	0373-5088808

序号	旅行社名称	地址	负责人	电话	传真
17	新乡市新鹏旅行社	新乡市人民路158号（富达花园）	刘彩云	0373-3053816	0373-3053826
18	新乡市海峡旅行社	新乡市自由路68号（蓝天宾馆）	王学清	0373-2033953	0373-2033930
19	新乡市平原江山旅行社	新乡市解放大道270号	李霞	0373-2031234	0373-2067543
20	新乡市天天假日旅行社	新乡市宏力大道329号	王伟中	0373-2031288	0373-2031088
21	新乡市友好旅行社	新乡市人民路195号金桂大厦801室	李了凡	0373-3033200	0373-3051100
22	新乡市青年旅行社	新乡市健康路中段28号	张月利	0373-2817187	0373-2039338
23	新乡市弘达旅行社	新乡市金穗大道电池厂东邻	杨涛	0373-2139000	0373-2139030
24	新乡市曦情旅行社	新乡市宏力大道（东）28号	张杰	0373-3358800	0373-5832002
25	新乡市纵横旅行社	新乡市新飞大道93号	王蕊	0373-3079221	0373-3079220
26	新乡市隆鑫旅行社	新乡市开发区振中路南段富春园A区1楼	采云鹏	0373-3512723	0373-3522982
27	新乡市方圆旅行社	新乡市金穗大道461号（国际饭店院内）	张新梅	0373-3718388	0373-3718388
28	新乡市天程公交旅行社	新乡市火车站广场	吴金中	0373-2032266	0373-2076076
29	新乡市芳草旅行社	新乡市金穗大道70号1层西1号	潘建昌	0373-2197988	0373-2197986
30	新乡市夏日风情旅行社	新乡市西华大道89号（鑫源宾馆）	闫小利	0373-2636111	0373-2636222
31	新乡市荧火旅行社	新乡市解放大道135号	王忠伟	0373-5805880	0373-5805885
32	新乡市景城旅行社	新乡市解放路17号院1号楼1层南数第5号	贾卫蕾	0373-3050600	0373-3055500
33	新乡市锦绣旅行社	新乡市解放大道36号	尚涛	0373-2721288	0373-2721488

序号	旅行社名称	地址	负责人	电话	传真
34	新乡市和平旅行社	新乡市解放路人民路小学营业房	杨俊明	0373-2027980	0373-2027380
35	新乡市海伦假日旅行社	新乡市解放大道33号锦绣花园营住楼2层	陶　慧	0373-2055774	0373-2055773
36	新乡市千江月旅行社	新乡市解放路284号	雷俊峰	0373-2055930	0373-2055930
37	河南省中青旅新乡分社	新乡市平原路22号	谢艳梅	0373-2048811	0373-2048822
38	金城国旅新乡分社	新乡市解放大道239号	冯　丹	0373-2036458	0373-2030176
39	河南旅游集团新乡分社	新乡市解放路249号	郭保兴	0373-2029512	0373-2029513
40	省中国国际旅行社新乡分社	新乡市和平路322号	郑秋艳	0373-5020011	0373-5031626
41	河南省中国旅行社新乡分社	新乡市人民路245号	杨正道	0373-2061110	0373-2062123
42	河南康辉国际旅行社新乡分社	新乡市解放大道姜庄小区10号	王　燕	0373-2023777	0373-2027575
43	新乡市天马旅行社	新乡市凤泉区区府路凤泉区旅游局1楼	宋福丽	0373-3096607	0373-3096617
44	新乡市星光旅行社	新乡市凤泉区区府路115号1楼	耿素英	0373-3099336	0373-3099336
45	新乡市白鹭旅行社	新乡市白鹭化纤集团公司文化中心	陈龙坦	0373-2192808	0373-2192599
46	辉县市共城旅行社	辉县市中心路13号辉县宾馆	郭保兴	0373-6252080	0373-6287017
47	辉县假日旅行社	辉县市药都路辉县市假日大酒店1楼	李志国	0373-6266622	0373-6231339
48	辉县市阳光旅行社	辉县市西关十字向北50米	原清富	0373-6132612	0373-6258889
49	辉县市太行旅行社	辉县百泉镇药都路辉县市假日大酒店	杨　琳	0373-6288261	0373-6288162
50	辉县市飞扬假期旅行社	辉县市中心路16号（共城公园内）	张泽许	0373-6265000	0373-6360333

序号	旅行社名称	地址	负责人	电话	传真
51	辉县市正大旅行社	辉县市东大街商业6号楼	龚子叶	0373-6280607	0373-6280607
52	辉县市飞行旅行社	辉县市城内东大街东段路北	任永东	0373-6299899	0373-6299899
53	辉县市宏宇旅行社	辉县市城北街十字东路南	孙继宏	0373-6238666	0373-6297112
54	辉县市鑫鑫旅行社	辉县市城北街（光明大酒店大厅）	张贝菊	0373-6295918	0373-6295918
55	新乡市行知旅行社	原阳县新时代广场11号	张文秀	0373-7287608	0373-7287608
56	原阳县博浪天涯旅行社	原阳县广播电视局南楼下	娄翠珍	0373-7292102	0373-7292530
57	河南新乡刘庄华星旅行社	新乡县刘庄（刘庄大酒店大厅）	师书忠	0373-5681888	—
58	获嘉县同盟旅行社	获嘉县胜利路南段13排1号	苏军国	0373-4591711	—
59	长垣县环宇旅行社	长垣县建设路61号	闫向川	0373-8856718	0373-8857382
60	长垣县吉祥旅行社	长垣县长城大道汽车站西侧	卓建树	0373-8176359	—
61	长垣县华夏旅行社	长垣县人民路中段	孔　维	0373-8851899	—
62	新乡市山水旅行社	卫辉市白天鹅宾馆东200米	张军玲	0373-4499419	—
63	卫辉市华夏旅行社	卫辉市建设路供销社西50米路南	王金良	0373-4486286	0373-4486307
64	卫辉市交通旅行社	卫辉市建设路中段	李建筑	0373-4499369	0373-4499369

2008年新乡市旅游星级饭店一览表

序号	单位名称	星级	办公电话	传真	总经理	电话
1	国际饭店	四	0373-5088888（总机） 0373-5069372（办）	0373-5069165	孙丙毅	0373-5069169
2	新乡宾馆	四	0373-2088888（总机） 0373-2088698（办）	0373-2032124	刘林安	0373-2088690
3	金龙大酒店	四	0373-2699116（总台） 0373-2699219（办）	0373-2699139	李永焕 金　彩	—
4	黄河宾馆	三	0373-3723889（办）	0373-3050824	郑向辉	0373-3723881
5	九州宾馆	三	0373-2788888（总机） 0373-2782007（办）	0373-2020121	赵素娟	0373-2782004
6	天泉宾馆	三	0373-3728868（办）	0373-3728222	赵学春 周荣合	0373-3728218
7	电力宾馆	三	0373-2888888（总台） 0373-2884269（办）	0373-2884443	部清君	0373-2882446
8	新飞大酒店	三	0373-3371888（总台） 0373-3371559（办）	0373-3371567	王　浩	0373-3371660
9	长城宾馆	三	0373-2021120（总机） 0373-3157003（办）	0373-2065496	王国发	0373-2021108
10	刘庄大酒店	三	0373-5681888（总台） 0373-5681898（办）	0373-5681999	师书忠	0373-5681898
11	卫辉宾馆	三	0373-4472345（总台） 0373-4472299（办）	0373-4472338	袁增新	4491172转 3012 3009
12	宏力大酒店	三	0373-8856666（总机）	0373-8856666	朱正光	0373-8856666
13	假日大酒店	三	0373-6231111（总台） 0373-6231228（办）	0373-6231116	郭士会	0373-6231209
14	京华矿泉疗养度假村	三	0373-5583186（总台） 0373-5583123（办）	0373-5598868	黄晓东	0373-5583188
15	康鑫源宾馆	三	0373-7522222（总台） 0373-7522269（办）	0373-7522555	殷瑞华	0373-7522268
16	亿苑大酒店	三	0373-8858555	0373-8854555	徐小龙	—

序号	单位名称	星级	办公电话	传真	总经理	电话
17	新龙宾馆	二	0373-3726222（总台） 0373-3726316（办）	0373-3726566	宋　伟	0373- 3726528
18	东方宾馆	二	0373-5085338（总台） 0373-5085340（办）	0373-5085222	李武臣	0373- 5085335
19	光明大酒店	二	0373-6292037（总台）	0373-6232300	杨修成	0373- 6283639
20	华艺宾馆	二	0373-6297135（总台） 0373-6282862（办）	0373-6297089	郭士会	0373- 6282862
21	新乡宾馆 辉县大酒店	二	0373-6264712 0373-6279419（办）	—	靳运玺	0373- 6264723
22	盛和大酒店	二	0373-6597218（总台）	0373-6597218	赵　婷	—

牧野史料

新乡书画名人——李跃红

李跃红，1982 年毕业于河南大学艺术系油画专业。现为河南机电高等专科学校艺术设计系主任、副教授。河南省美术家协会会员，新乡市美术家协会副主席兼秘书长。作品多次入选全国、省、市美展并获奖，出版多部著作及十余篇学术论文发表于全国各专业刊物。

山花（油画）

高原情（油画）

商业贸易

商务工作

【商务工作概况】　2008年，新乡市商务系统大力实施引资项目双带动战略，加快转变外贸发展方式，积极实施“走出去”战略，加强市场体系建设，推进商贸企业改革，全市商务工作保持了平稳较快的发展态势。全年新批外商投资企业23家，实际利用外资2.29亿美元，同比增长49.27％，完成目标的138.6％，提前7个月完成全年目标。利用市外资金成绩显著：实际到位市外资金121.1亿元，同比增长32.2％，完成目标的121％。其中，省外资金90.6亿元，同比增长24.55％，完成目标的113.3％。进出口贸易整体运行平稳：全市新增进出口经营权企业315家。受国际金融危机影响，外贸进出口完成12.6亿美元，同比下降8.99％，进出口总额居全省第六位。对外经济技术合作取得新进展：全市对外承包工程和劳务合作完成合同额2634.4万美元，完成目标的263％；营业额完成1708.6万美元，完成目标的214％；外派国（境）外劳务人员1764人，完成目标的147％。国内贸易发展进一步提速：2008年全市社会消费品零售总额完成277.79亿元，同比增长23.7％。在全省商务工作会议上，新乡市的招商引资工作受到省政府的表彰和奖励，“万村千乡”市场工程被省商务厅评为先进单位。在市委经济工作会议上，市商务局获得2008年度全市利用外资先进单位、全市招商引资重点项目引荐承办服务先进单位和全市争取资金争取项目单项工作成绩突出单位，受到市委、市政府的通报表彰和奖励。市商务局还荣获了市政府安全生产目标管理优秀单位、消防目标管理先进单位、森林防火目标管理优秀单位、创建国家卫生城市先进单位、创建全国文明城市先进单位、优化经济发展环境先进单位等荣誉称号。

（张建民）

新乡市商务局领导成员

党委书记、局长	李　实
党委副书记、副局长	李泽宙　李国钧
副局长	高　弘（女）
党委委员、副局长	陈　宏　王贵滨 徐　琳（女）
党委委员、纪工委书记	张喜忠

【健全对外开放工作机制，完善招商引资政策体系】　一是根据全市对外开放新形势的需要，进一步加强对外开放工作的领导，继续坚持每月对外开放工作例会制度，每月对重点招商引资项目进展情况和存在问题进行通报。二是对市级重点招商引资项目实行首席服务官制度和“绿色通道”制度，简化程序，提高效率，为投资主体提供优质服务和工作便利。三是认真落实对外开放“党政一把手”工程，把发展开放型经济纳入党委、政府及有关部门的责任目标，作为年终政绩考核的重要内容。四是进一步修改完善促进招商引资的政策，基本上形成了具有新乡特色的对外开放和招商引资的政策体系，促进了招商引资工作的有效开展。

（张建民）

【扩大招商引资规模，提高利用外资水平】　市商务局依托新乡骨干企业和重大项目，着力引进重大战略投资者，加快产业集群的建设步伐。美国高盛集团、泰国正大集团、意大利爱思福公司、新加坡联熹水务等知名企业落户新乡。至年底，已经引进英国联合营养、法国达能、日本伊藤忠、日本丸红、麦当劳、肯德基、沃尔玛、上海宝钢等13家世界500强企业；新加坡丰隆集团、新奥集团、蒙牛集团等3家华商500强企业；杭州娃哈哈、浙江万向、上海胜华、平顶山神马、国美电器、华电集团、辽宁大商、中电投、安彩集团、江苏国泰、永煤集团等21家国内500强企业。

（张建民）

【加快园区建设，为招商引资构筑平台】 2008年，市商务局会同有关部门研究制订了支持产业集群招商引资实施意见和全市汽车零配件、造纸、医药、专用汽车、电池电源、化纤纺织等产业的发展规划，谋划一批重点项目，增强招商引资的针对性。配合帮助国家级的新乡化学与物理电源产业园、省级的新乡高新技术产业园区、新乡工业园区、河南长垣起重工业园区、新乡经济技术开发区和桥北新区研究有关优惠政策，明确产业聚集方向，吸引相关企业入驻发展。围绕新乡的产业发展规划和园区建设，针对广东、福建、浙江、上海、港澳台等重点地区和纺织、服装加工、食品加工、电池及原材料、建材、医药等重点产业，积极谋划定向专业招商活动，提高招商引资项目的对接成功率。（张建民）

【创新招商引资方式，扩大招商引资活动】 2008年，市商务局大力推进小分队招商，先后组织20支招商小分队，开展面向“500强”企业的登门招商活动，拜访了上海实业集团、泰国正大、菲律宾SM公司、中国铝业公司、天正集团、新加坡淡马锡控股集团、上汽集团、英格索兰等一批国内外500强企业，取得较好效果；家乐福、麦德龙、中建七局等一批知名企业来新考察，已达成合作意向。在做好传统招商的同时，还积极通过境外上市、并购，利用外资。渣打银行、高盛集团、雷曼兄弟公司并购河南金龙集团增资项目，引进外资9000万美元；新科隆公司、中源水务公司已做好在新加坡上市的准备。同时，秉承“走出去，请进来”的招商理念，先后组织参加中原文化港澳行、第三届中国中部投资贸易洽谈会、第五届中国河南国际投资贸易洽谈会、第三届豫商大会、第十二届中国贸易投资洽谈会等国家、省重点招商活动。成功举办“（深圳）创新新乡发展论坛”和纪念“比干诞辰3100周年”经贸洽谈活动，并在香港、深圳、杭州、佛山等地举办新乡投资环境说明会暨项目签约仪式，取得丰硕成果。

（张建民）

【实施全民外经贸战略，壮大对外贸易主体队伍】 2008年，市商务局加快赋予全市企业进出口经营权，壮大获权企业队伍，重点抓好获权企业的后期培育和服务，加强外贸人员培训和政策引导，推动更多企业自营出口。全年共登记备案进出口经营企业315家，至年底，全市获进出口经营权的内资企业达到1560家。（张建民）

【实施科技兴贸战略，推进高新技术出口】 2008年，市商务局进一步优化出口商品结构，大力发展高新技术产品出口，加快运用高新技术改造传统出口产业的步伐，提高出口产品的科技含量和附加值。全年高新技术产品出口63260万美元，占全市出口总额的79%。高新技术产品出口额居全省第一位，成为全市第一大类出口产品。

（张建民）

【大力发展加工贸易】 2008年，市商务局充分利用新乡作为全国加工贸易发展重点地区及自身优势，积极承接加工贸易梯度转移，促进加工贸易快速发展。全年加工贸易出口38933万美元，出口额居全省第二位。（张建民）

【积极实施市场多元化战略】 2008年，市商务局积极组团参加广交会、深圳高交会、东盟博览会、大连软件交易会等专业展会，在继续重点拓展主要贸易发达国家（地区）市场的同时，有步骤、有选择地积极开拓有前景的新兴市场，使出口市场形成合理的、有层次的多元化格局。至年底，全市产品出口至世界130多个国家和地区，主要出口市场有美国、印度、香港、韩国、日本等地。同时，拉美、非洲、大洋洲等新兴市场也呈现出较大的潜力。（张建民）

【大力推进新乡“大通关”建设】 按照新乡市政府与郑州海关、河南出入境检验检疫局签订的《关于进一步扩大新乡市对外开放战略合作框架协议》要求，市政府成立新乡市“大通关”建设领导小组，全面推进“大通关”建设步伐，促进进出口通关便利化。新乡的“大通关”建设得到省政府、郑州海关、河南出入境检验检疫局的大力支持。郑州海关、河南出入境检验检疫局同意在新乡设立机构，已向中央编制部门申请机构编制。

（张建民）

【跟踪服务，把“走出去”措施落到实处】 2008年，市商务局进一步加强服务意识，对大企业、重点企业实行送政策上门、送服务上门、送信息上门，积极鼓励有实力的企业走出国门，参与国际经济合作和竞争。做好项目库建设，做好为企业服务的基础性工作。开展网络建设，逐步做到实时掌握外经工作动态、企业网上申报、信息传递、资源共享。全市企业境外投资取得突破性进展，直接对外投资累计首次突破1亿美元，其中河南金龙集团投资9980万美元在墨西哥建设铜管厂；黑田明亮制鞋公司利用中非发展基金3500万元在埃塞俄比亚建设加工厂。全年共批准外经经营企业3家。

（张建民）

【积极扩大农村消费】 2008年，市商务局扎实推进“万村千乡市场工程”建设工作，全年新建和改造标准化农家店599家，基本实现了农民“方便消费、放心消费、实惠消费”的目的，受到广大农民和社会各界的好评。努力做好“家电下乡”试点工作。至年底，全市共销售各类补贴家电下乡产品60367台（部），销售金额9150余万元，给农民消费者发放补贴985万元。

（张建民）

【努力扩大城市居民消费】 2008年，市商务局按照《商业网点规划（2006～2020年）》，引导和规范全市8条特殊商业街（区）和4条商业步行街的建设工作。至年底沃尔玛、大商新玛特、千盛百货、丹尼斯百货等重点商贸项目已开业或竣工投入使用。大力改造提升批发、零售、餐饮、洗浴、美容美发等传统行业，加强引导、重组整合和管理力度，使其做大做强，增强市场竞争力。建立市、区、街道、社区4级信息网络系统，整合社区资源，建设“早餐工程”、便民超市、社区菜市场、家政服务平台等社区服务网点，方便社区居民购物消费。

（张建民）

【加强市场运行调控】 2008年，市商务局认真抓好市场运行检测工作。加强对生活必需品市场供求状况及价格的检测，及时了解和掌握生活必需品市场动向，做出预测预警，为政府科学决策提供依据。加快信息成果转化，做好“商务预报”信息发布工作，全年发布各类市场信息10000余条，服务企业经营，方便居民生活，取得了良好社会效果。全面落实《新乡市生活必需品市场供应应急预案》，建立市级猪肉储备制度，颁布实施了《新乡市市级猪肉储备实施意见》，为突发事件发生情况下保障市场供应、满足居民基本生活需要提供重要保证。全年，全市生活必需品总体情况运行良好，市场供需基本平衡，价格相对稳定。加强成品油、拍卖、典当、旧货、租赁等特种行业的监督管理力度，受到广大市民的欢迎。切实做好《生猪屠宰管理条例》落实工作，进一步加强生猪定点屠宰管理工作，严厉打击私屠滥宰和制售病害肉、注水肉等不法行为。全面落实《关于做好生猪屠宰专项整治“回头看”活动的通知》精神，加强定点屠宰企业制度建设，规范生产经营行为，严肃查处陈堡等地的私屠滥宰窝点，威慑了不法分子。

（张建民）

【加大企业改制工作力度】 2008年，市商务局认真贯彻《新乡市局委属企业改制工作实施方案意见》，制定《新乡市商务局2008年改制工作方案》。新乡百货集团、市华侨友谊公司、新乡药材采购供应站、新乡医药采购供应站、新乡化玻站、市饮食服务总公司等8家市属企业的改制工作取得实质性推进；市调味品厂、市食品厂、市外运公司、市罐头厂等局属企业均已摘牌，完成年初确定的工作目标。积极帮助已完成改制任务的企业，尽快走上良性循环的轨道。新乡市平原商场有限责任公司、新乡文化用品批发公司、新乡五金批发有限公司、新乡市糖业烟酒有限公司、新乡市谊联商贸有限公司、新乡市富达食品有限公司等改制企业，资产质量得以明显提高，企业活力和市场竞争力进一步增强，企业增收，职工满意，改制使企业焕发了生机。

（张建民）

【贸促会（外投中心）加大招商力度】 一是联系泰国正大集团来新投资生猪养殖项目，该项目总投资2亿元人民币。二是促成菲律宾SM集团中国首席运营官何家华一行3人于2008年6月来新乡

实地考察。三是筹办泰国、菲律宾商务考察活动。（张建民）

【商务系统自身建设】 2008年，全市商务系统深入学习实践科学发展观，认真开展“新解放、新跨越、新崛起”大讨论活动。以“服务百姓，服务企业，服务经济社会发展”为主题，集中一个月时间，开展“商务服务月”活动。认真落实市委、市政府“两转两提”要求，强化服务意识，市商务局被评为全市优化经济发展环境先进单位。认真落实党风廉政建设责任制，与下属企业签订《党风廉政建设目标责任书》。在机关作风和纪律整顿工作中，以“优良作风、优质服务、优化环境”为主题，以规范机关工作人员行为、提高工作效率为目的，认真查找和解决机关干部在作风和纪律方面存在的突出问题，全面提高干部队伍整体素质。妥善解决了部分企业军转干部生活困难、拖欠工资、医药费和保险金等问题。认真办理企业信访工作，努力为企业职工解决实际困难。及时妥善处理各种突发事件，工作大局保持稳定。认真做好安全生产、消防、森林防火、城市创建工作。（张建民）

供销合作

【供销合作概况】 2008年，新乡市供销社通过“四项改造”（以参与农业产业化经营改造基层社；以实行产权多元化改造社有企业；以实现社企分开，开放办社，改造联合社；以发展现代经营方式改造经营网络），实施“新网工程”（新农村现代流通网络工程），坚持走稳定、改革、发展之路，体制更顺，机制更活。基层社、联合社、社有企业充满了生机与活力，经济实力明显增强。全年完成购销总额59.7亿元，同比增长14.2%，完成社会消费品零售额13.96亿元，较上年同期增加1.84亿元，增长15.1%。2008年实现利润1163万元，较上年同期增加202万元，增幅21.02%，上交税费2028万元，较上年同期增加201万元，增幅11.40%。新发展社区服务中心37个。在全市500个生态文明村建设比较规范的村级综合服务社500余个，全系统招商引资13127万元。2008年，市供销社获全省供销合作社系统综合业绩考核优胜奖。（韩建华）

新乡市供销社领导成员

党委书记、主任 李同标
副　　主　　任 侯福明　杨沁生　杨泽斌
纪　检　书　记 范敬民

【发展农村合作经济组织】 2008年，全系统发展各类专业合作社161个，其中注册专业合作社46个，入社农户60359户。红旗区小店棉花专业合作社被批准为全国农业标准化示范生产基地，延津王楼养殖专业合作社被新乡市政府命名为“全市示范专业合作社”。全市申报“千社千品”富农工程专业社15个。全系统组建农村合作经济组织联合会5个，各类行业协会81个，共发展会员6211个，发展村级综合服务社2892个，树立示范村级综合服务社726个。（韩建华）

【全力打造“新网工程”】 一是培育龙头企业。通过产权重组、控股参股、企业并购、投资融资等多种形式组建龙头企业10个，带动农户2090户，销售收入73348万元，帮助农民实现收入3716万元。二是搞好配送中心建设。全系统共组建配送中心24个，发展连锁店2559个，连锁金额8.2亿元。超市品种由过去的2000种增加到1.2万余种。三是抓住“万村千乡”工程机遇，发展农家店。全市共新建、改建拥有农资、消费品的农家店685家。改造后的农家店平均营业额增长50%以上。四是一网多用，综合服务。服务范围从传统的化肥、农药、生活用品供应，拓展到农业技术、信息中介以及民间礼仪、家电维修、报刊代订等方方面面。辉县市供销社近年来先后投资6000多万元，建成1个日用工业品经营总店、13家直营店、228家乡村连锁店，建成农资连锁店104家。通过超市网络年销售农产品1500多万元。全系统经营服务网络共安排农民子弟1800多人，为闲置农村劳动力提供了就业机会。（韩建华）

【基层社建设】 在基层社改造工作中，各级社以重组和改造基层社为重点，因社制宜，加快了基层社经营网点的改造、升级、延伸和服务功能。

树立示范基层社17个。新乡县小冀供销社，古固寨供销社、辉县市城关供销社被列入全国“双百强基层社（利润、总销售）”。凤泉区基层社被列入全国“利润百强基层社”。改造的主要模式：一是股份制改造基层社。由供销社管理人员、职工和农民重新入股，对基层社进行改制，组成新的商贸合作社，成立社员代表大会、理事会、监事会。二是兴办领办专业合作社改造基层社，组建中心社。至年底全系统基层社发展专业合作社161个，入社农户6万余户，带动农户163985户，助农增收5645万元。三是充分利用闲置的资产，多方开发保值增值。基层社通过引资改造，联合开发闲置大院、场地，焕发了生机。四是引入现代流通方式，将基层社发展成为“三农”服务的综合服务组织或网络终端。五是开放办社。积极吸收一切愿意加盟的专业合作社、种养大户、经销大户参加，参与到基层社改造，开展农资供应、信息、运销等为农服务业务。全市实行开放办社总数已达27个。（韩建华）

【创新管理模式，抓好企业改制】　市供销社11个直属企业除3个新建公司外，其它企业全部完成了企业改制。市社企业改制工作共分为三个阶段：第一阶段为申报审批阶段，第二阶段为职工安置阶段，第三阶段为新公司组建阶段。至年底，在职工安置方面，参加改制的企业职工共计2663人。已解除劳动合同职工384人，占申报劳动部门核准解除合同人数477人的80%；安置企业内退人员459人；安置离退休人员1072人；安置上岗人员755人。基本达到了企业改制职工安置的预期目标。（韩建华）

【招商引资工作】　2008年全系统引进资金1.31亿元，引进项目17个。首先是强化领导。各级社成立了专门的班子，组织专门人员，全力以赴抓新项目，抓好项目，抓大项目。其次是强化责任意识，培育招商引资载体，创新招商引资方式，拓宽招商引资领域。招商引资工作做到了与企业改制相结合，与项目开发相结合，与用足用好政策相结合。市社统筹资金开发筹建近2万平方米的新日大厦。市棉麻公司纺织厂新厂区建设被新乡市列为重点项目，3000平方米的综合楼、5000平方米的厂房已经竣工。（韩建华）

【诚信经营，重塑供销形象】　一是积极开展“社兴我荣、社衰我耻”教育活动。公开向社会承诺：诚信经营，无假冒伪劣。各级社完善了商品“三不进、三不出”制度，即假冒伪劣不购进，“三证”不全不购进，渠道不正不购进，降效变质不出库，包装破损不出店，数量不足不出售。二是零距离为“三农”服务。全市建立庄稼医院119个，帮助农民测土配方施肥50万亩，提供技术培训咨询服务80736人次，印发技术资料258.7万份。三是科学管理，规范运作。超市、量贩、连锁店、直营店、配送中心等现代营销组织坚持“四统一”，即统一规范管理、统一标准配送、统一销售价格、统一服务承诺，以加强对商品销售的管理，确保了商品质量。四是统一标识，重塑形象。根据全国总社和省社加快推广和规范使用“中国供销合作社标识”的要求，市供销合作社多次召开会议，研究部署，狠抓落实，根据门头大小与所处位置的不同，设计了合理的门头标识，悬挂工作进展迅速。（韩建华）

【抓稳定，促进系统和谐】　在安全稳定工作上，市供销社树立“三个观念”：安全稳定只有起点没有终点的观念、宁可经营受影响不让安全出问题的观念、作风上又细又实的工作观念，建立了安全稳定工作的长效机制，全系统没有出现任何安全事故。在军转干部待遇问题上，按照上级政策要求，解决了78名军转干部的实际困难，系统的军转干部工作得到了市委、市政府的肯定，也得到了军转干部的认可。在下岗及困难职工帮扶救助工作上，牢固树立“职工利益无小事”的思想，满怀一个“情”字，能帮助的帮助，能救济的救济，能申请加入城市低保的申请加入。确保困难职工“五个有”即：有衣穿、有饭吃、子女有学上、病了有医治、有就业岗位，全系统新增就业人数达3000余人。2008年5月12日，汶川地震发生后，全系统共捐款110665元。在信访工作上，坚持“三个原则”即：碰到问题不回避、遇到矛盾不激化、该负责任不推卸的工作原则，认真落实“三个凡是”即：凡是每一封职工来信都认真对待，凡是每一位职工来访都认真接待，凡是职工反映的每一个问题都认真解决。（韩建华）

【机关作风建设】 市供销社党委在市社机关和直属单位党员干部中开展“三新”大讨论和“四讲四比”（讲学习，比素能；讲工作，比业绩；讲纪律，比作风；讲正气，比团结）学习教育活动。通过开展“三新”大讨论和“四讲四比”活动，干部职工思想观念有了新变化，精神面貌有了新气象，各项作风有了新转变。在党风廉政建设工作中，开展了廉政承诺，实行党政齐抓共管，领导班子的正职是第一责任人，担负既抓经营工作，又抓党风廉政建设工作的双重责任，把党风廉政建设与企业经营结合起来，同经营业务一起谋划，一起部署，一起落实，一起检查，一起考核。加强对“三重一大”（重大决策、重要干部任免、重大项目安排、大额资金使用）领域的管理监督。通过完善制度建设，改进党风廉政建设考核办法，从资金管理、资产管理、经营管理上防范腐败的产生，杜绝重大违法违纪案件发生。（韩建华）

新乡市供销社系统市直企业单位负责人

新乡市棉麻公司
经　理　牛新峰

新乡市农业生产资料公司
党委书记、经理　郝晋涛

新乡储运贸易总公司
党委副书记、经理　余庚生
党委书记、副经理　李广平

新乡市日用杂品公司
党委书记、经理　刘高升

新乡市物资回收管理总公司
党委书记　田福学
经　理　刘新毅

新乡市果品食杂公司
党总支书记　李文斌
经　理　郭正堂

新乡市日杂废旧物资公司
党总支书记　许超新
经　理　马卫军

新乡市土产公司
党总支书记　赵秀兰
经　理　王荣庆

新乡市源丰物资回收有限责任公司
党支部书记、经理　薛太成

新乡市新合资产管理有限公司
经　理　张　鹏

粮油购销

【粮油购销概况】 2008年，新乡市粮食局着力加强和改善粮食宏观调控，保障粮油市场基本稳定，确保国家粮食安全。以服务“三农”为重点，做好粮食购销、国有粮食企业改革、产业化经营和依法管粮等工作，切实转变粮食经济发展方式，推进粮食现代流通业发展，提高粮食行业管理水平和企业经济效益。着力加强党风、政风、行风、精神文明建设，努力构建和谐粮食行业，全面推进粮食工作再上新台阶。全市累计收购粮食22.24亿公斤，其中按最低收购价收购小麦19.24亿公斤，创历史新高；累计销售粮食18.44亿公斤，其中最低收购价小麦销售15.03亿公斤，有效缓解全市粮食仓容紧张压力。全市国有及国有控股粮食企业剔除政策及历史包袱等影响，实现利润3773万元，占目标的209.6%。全市“四无”粮油率（指粮食企业库存粮油实现“无虫害、无鼠害、无变质、无事故”的比例）和储备粮“一符、三专、四落实”（“一符”即账实相符；“三专”即专仓储存，专人保管，专账记载；“四落实”即数量落实，质量落实，品种落实，地点落实）达到100%，科学储粮率保持在80%以上。全市54家国有粮食非购销企业全部实施改制，改制面达到100%，超目标10个百分点，其中局属20家国有粮食企业捆绑改制工作取得重大突破，基本完成改制任务。新增农村服务网点96个，占目标的192.0%。继市质检所取得国家粮食局第一批国家级粮食质量监测机构资格后，辉县市粮食质检站在省内县（市）级中首家被确定为国家级粮食质检站。截至2008年底，全市粮食系统机构总数为106个，共有在职人员3725人。其中行政管理部门8个，人员410人；事业单位8个，人员276人；粮食经营企业146个，其中国有及国有控股企业90个，人员3039人。粮食有效仓容17.43亿公斤，库存粮食22.93亿公斤。（李　琦）

新乡市粮食局领导成员

党委书记　褚原新（女）
局　　长　朱云卿
党委副书记　刁法顺
副 局 长　李培光　马东方　孙保平（女）
　　　　　赵　森
纪检书记　吴明霞（女）

【加强和改善粮食宏观调控，维护市场基本稳定】
一是加强粮食宏观调控体系建设，提高宏观调控的预见性和科学性。争取政府和有关部门支持，新增市级储备粮小麦4000万公斤、市级储备油100万公斤，增强了地方政府调控粮食市场的物质基础。二是加快粮食应急保障机制建设。按照《河南省粮食应急预案》要求，制定《新乡市粮食应急预案》，指导督促县（市）建立粮食应急预警系统。三是加强粮油价格监测和调控。完善粮油供求、质量、价格信息监测体系，加强对粮油市场供求变化、市场价格的监测分析，实时掌握规模以上企业的收购、加工、销售、库存及价格波动情况，并根据市场动态，及时采取应对措施，确保粮食市场价格不大涨、不大落、合理稳定。

（李　琦）

【创新粮食购销方式，切实保护粮农利益】　一是扎实做好粮食收购，圆满完成小麦最低价收购工作。督促指导粮食收购企业严格执行国家粮食收购政策，坚持以质论价，创新粮食收购方式，完善各项服务措施，积极组织开展粮食收购工作。2008年，全市共收购粮食22.24亿公斤，其中按最低收购价收购小麦19.24亿公斤，创历史新高。二是积极组织粮食销售。指导企业根据自身经营能力和市场行情，采取灵活多样的销售方式，在做好政策性小麦购销业务的同时，扩大玉米、稻谷等其它品种粮食经营，巩固发展粮食产销衔接，努力建立多形式、深层次、长期稳定的粮食产销合作关系，扩大粮食销售。2008年，全市粮食销售量18.44亿公斤，其中最低收购价小麦销售15.03亿公斤，全年完成粮食购销总量超40亿公斤。三是做好政策性粮食保障工作。严格政策，认真做好最低价收购小麦竞价销售工作。加强国家骨干军粮供应站建设，投资近百万元新建扩建的新乡市军粮供应站投入使用。妥善安排粮源，认真做好灾区、贫困区等粮食保障工作，确保口粮和生活需要。

（李　琦）

【深化企业改革，巩固改制成果】　一是继续规范和完善国有粮食购销企业改革。以建立明晰的产权制度为重点，继续规范和完善国有粮食购销企业改革，转换企业经营机制，巩固已取得的改革改制成果。延津金粒公司国有资本退出民营化步入正常发展，局属东郊粮库、第五粮库、洪门粮库3家企业依法破产工作已基本完成。二是加快推进国有非粮食购销企业改革。根据有关改制政策，按照程序，结合各自的实际情况，因地因企制宜，采取股份合作制、兼并、租赁、破产、出售等多种形式，明确工作目标和任务，加大推进国有非粮食购销企业改革力度。2008年，全市54家国有粮食非购销企业全部实施了改制，改制面达到100%，其中局属20家国有粮食企业捆绑改制工作取得重大突破，部分企业改制已基本结束。

（李　琦）

【加快粮食督查体系建设，提高依法管粮能力】
一是加快粮食行政职能转变。继续深入宣传贯彻《粮食流通管理条例》和河南省《实施办法》，提高粮食行政执法能力和社会认知度，切实履行粮食行政管理职责，把工作重心转移到调控监管、政策指导和协调服务上，推进依法行政。二是加快粮食监督检查机构体系建设。全市9个粮食行政管理部门全部设立了监督检查机构，其中经编办批准成立6个，其余3个待当地政府批复。加强粮食行政执法队伍建设，共有121人参加了省粮食局、市政府组织的执法业务知识培训，队伍整体素质和监管能力得到提高。三是组织开展粮食流通执法监管活动。全年共开展执法检查146次，行政处罚89例，其中责令整改44例、取消粮食收购资格1例、暂停收购资格1例，维护了正常的粮食流通秩序。四是加强粮食质量安全监管体系建设。在市质检所取得国家粮食局第一批国家级粮食质量监测机构资格后，辉县市粮食质检站2008年在省内县（市）级中首家被确定为国家级粮食质检站。

（李　琦）

【发展产业化经营，多形式服务“三农”】 一是发展订单农业，提高粮食产业组织化程度。继续推广延津经验，坚持农民与企业自愿互利的原则，创新体制机制，调整农企关系，积极领办专业合作社、粮食专业协会等新型农村经济合作组织。鼓励农企发展合同契约、订单粮食、股份合作等利益联结形式，真正结成紧密的利益共同体，提高粮食产业组织化程度。2008年5月，全省粮食产业化经验交流现场会在新乡召开，促进了各项工作的开展。二是扩大农村粮油服务网点建设，服务农民生产生活。围绕新农村建设，扩大农村粮油服务网点建设，服务农民生产生活，继续开展“放心粮油”活动，积极发展农产品、农业生产资料和消费品连锁经营，全市新增农村服务网点96个，努力满足农村消费需求，多形式为“三农”服务。 （李 琦）

【加强与中粮合作，推进粮食物流园区建设】 一是推进粮食物流园区建设。全年争取国家粮食现代物流通道重点项目建设补助中央预算内资金500万元，省服务业发展奖励资金70万元，新乡粮食现代物流中心项目开工建设。至年底，新乡粮食物流园区初具规模，占地400亩；仓房38座，总容量20万吨；铁路专用线2条，长2108米，年货物周转量可达50万吨。二是加强与中粮集团的合作。在2007年12月市政府与中粮集团签订投资框架协议基础上，2008年，中粮集团两次召开投审会，通过了中粮新乡粮食收储物流中心项目可行性报告，新乡市粮食局为中粮项目入住办理了项目备案、土地、规划、环评等相关手续。该项目总投资11.8亿元，占地420亩，将成为全国最大的粮食物流项目。三是做好项目申报争取工作。结合国家拉动内需政策和国家粮食战略工程河南粮食核心区建设，加强与上级有关部门的联系和项目衔接，积极组织申报了粮食物流、粮食加工、粮食仓储体系等建设项目。 （李 琦）

【健全完善储粮责任制，确保储粮安全】 一是抓好粮食安全生产工作。落实责任，强化督促检查，保证系统不出现人为安全生产和储粮重特大事故。二是保证储粮安全。组织开展粮油安全大普查，强化粮情检查，完善粮食安全储存技术标准，提高科学储粮水平。全市“四无”粮油率和储备粮“一符三专四落实”达到100%，科学储粮率保持在80%以上。 （李 琦）

【加强国有资产管理，提高企业经济效益】 2008年，市粮食局继续实行扭亏增盈目标管理责任制，健全完善内部责任考核制度和管理制度，加强对国有及国有控股粮食企业资产监管，协调有关部门妥善解决政策性财务挂帐剥离中的遗留问题，及时足额拨补相关费用，积极争取财政、税收、信贷等方面的优惠政策，努力为企业经营创造良好环境。2008年，全市国有及国有控股粮食企业剔除政策及历史包袱等影响，实现利润3773万元。 （李 琦）

【加强机关作风建设，构建和谐粮食行业】 一是贯彻落实科学发展观，切实加强领导班子建设。坚持以邓小平理论和“三个代表”重要思想为指导，用科学发展观统揽全局，切实加强各级基层党组织建设和领导班子建设，着眼于粮食改革发展稳定大局，促进了各项工作开展。二是组织开展以“新解放、新跨越、新崛起”为主题的解放思想大讨论活动。树立求真务实的工作作风，切实增强了事业心、责任感和进取意识。三是加强党风廉政建设。认真落实中共中央《工作规划》，中纪委《关于严格禁止利用职务上的便利谋取不正当利益的若干规定》和领导干部廉洁从政的各项规定，加强重点岗位廉政建设，促进领导干部廉洁自律和企事业单位人员廉洁从业、依法经营。四是切实做好信访稳定。针对强力推进国有粮食企业改革改制工作一系列政策措施的出台，及时化解粮食工作改革、发展中存在的突出问题，落实各项政策措施，确保了“两会”、“双节”及“奥运”期间系统的基本稳定，平安建设获市先进集体。五是加强政风行风和机关建设工作。开展“两转两提”，深入推进服务型机关建设，完善机关规范化管理，粮食行政管理服务水平和工作效率有了提高。六是加强系统精神文明建设。2008年，新乡市粮食局、原阳县粮食局机关成功创建市级文明单位。至年底，全市粮食系统共有省级文明单位2个、市级文明单位8个、县级文明单位21个。 （李 琦）

【完成市委、市政府中心工作】 一是明确责任，攻难克坚，配合市创卫指挥部和辖区创卫办，完成创卫工作任务。创卫工作获市先进集体和市卫生先进单位。二是积极组织开展向四川汶川地震灾区捐助活动。全市粮食系统向四川灾区捐款（物）总额超过30万元。三是开展政府信息公开工作。学习宣传贯彻落实《政府信息公开条例》，梳理规范政府信息公开内容，完成了政府信息公开工作部署的目录、指南编制，信息录入等相关工作。四是争创档案管理工作优秀系统。截至2008年底，所属8个县（市）粮食局及局属单位，档案管理工作1家为国家二级论证、2家为省一级、12家为省二级标准，创建了档案管理工作优秀系统。（李　琦）

新乡市粮食局局属单位主要负责人

新乡市粮油购销公司

党委书记　王忠宪

经　　理　荣　春

新乡市粮油饲料工业总公司

党委书记、总经理　高荣银

新乡市议价粮油公司

经　　理　刘建民

新乡市榨油厂

党支部书记、厂长　岳中山

新乡市新大饲料厂

党支部书记　郑双牛

厂　　长　褚建设

新乡市军粮供应站

党支部书记　翟丽静（女）

主　　任　耿成三

新乡市粮油饲料产品质量监督检验所

党支部书记、所长　芦梦香（女）

物资流通

【物资流通概况】　2008年，物资系统以企业改制为动力，抢抓机遇，激活流通，积极探索经营、服务和适应市场新形势、新要求的经营路子，全面提升服务经济的综合功能，完成或超额完成了政府下达的各项目标任务。

2008年市政府下达物资系统工作目标13项，其中量化经济目标6项。2008年全系统完成销售总额7亿元，占市政府下达目标6.5亿元的107%，超目标7%，较上年同期减少12.5%；完成利润总额－993万元，较上年同期减亏34.2%，超目标32.2%；旧机动车交易量完成3486辆，占市政府下达目标3000辆的116%，超目标16%；完成报废汽车328辆，占市政府下达目标280辆的117%，超目标17%；完成民用爆破器材销售150万元，占市政府下达目标200万元的75%；上交税利427万元，占市政府下达目标400万元的106.75%，超目标6.75%。2008年物资局机关被授予新乡市“党风廉政建设责任工作优秀单位”、“市级文明单位”、“新乡市平安建设先进单位”荣誉称号。（刘　军）

新乡市物资局领导成员

党委书记、局长　苏加强

党委委员、副局长　袁　健　何延敏

党委委员、纪委书记　靳庆莉（女）

党　委　委　员　李文亮（2008年9月任）

【强化物资系统党风廉政建设】　在抓好全系统党风廉政建设方面，物资局党委、纪委重点抓好以下重点：一是强化经常性教育。主要采取以会代训、学习讨论、开办专栏、观看电教片及知识竞答等多种形式宣传党风廉政建设和反腐败工作的一系列规定，使党员干部深受教育。2008年每次重要会议都安排党风廉政建设方面的内容，组织开展党风廉政建设宣传月活动，发放廉政教材60余本，增强了党员干部学习的针对性和实用性，真正使党员干部都能够接受经常性的廉政教育。二是抓示范、警示两个教育。积极组织机关干部、企业领导班子成员共80余人次，到获嘉楼村、革命老区井冈山参观学习。对照先进找差距，学先进，见行动，在全局形成了风清气正，干事创业的良好风气。三是抓廉政文化建设。重点抓了廉政文化进机关、进企业，局纪委在机关统一制作了宣传版画、廉政标语16余幅，以点带面，全面

推进，在全系统营造了以廉为荣，以贪为耻的良好氛围。四是把贯彻落实党风廉政建设责任制作为全局性工作，摆上了重要日程，认真抓好。抓责任分解，抓制度落实，抓责任考核，抓责任追究。五是结合贯彻落实《实施纲要》，落实五年规划，提高党员干部反腐倡廉的自觉性。采取多种形式组织党员干部学习，总结廉政建设正反两方面的经验、教训，通过学习增强防腐拒变能力，增强广大党员干部反腐倡廉的自觉性。六是认真落实厂务公开制度，落实民主管理，促进企业党风建设，为企业经营发展提供了良好的环境。通过采取以上措施，有效地促进了物资系统党风廉政建设工作的开展，为全面完成全年各项工作任务提供了良好的内部环境。（刘　军）

【企业改革】　2008年，各企业按照“借助外力，增资减债，安置职工，加快改制”的总原则。在改制过程中，明确任务，落实责任。市物资局重新调整局改制领导小组，抽调专人，加强对改制工作的具体指导。各企业逐一进行清产核资，完成了全系统改制工作的预评估。在预评估的基础上，初步制定了不同企业的改制方案。在改制工作中，市物资局党委坚持善破难题，多策并举，一企一策的工作方针，与四大国有金融公司及新乡市国有资产经营公司积极开展资产打包减债工作。2008年，物资系统国有企业改制工作取得较大进展：市燃料公司、市一机电公司、市二建材公司已完成评估、审计、清产核资工作，管理人已经进驻，已进入破产程序；市一建材公司、市一木材公司、市燃建中心积极引进外力进行改制，现已完成评估、审计、清产核资工作，正在办理各项相关手续；市二机电公司、市金属回收公司正在积极做好清产核资、资产评估等各项前期准备工作，努力探索改制最佳方案。（刘　军）

【主营业务持续发展】　2008年，物资系统的主营业务取得新的突破和发展。进一步完善旧汽车经营评估、交易、服务一体化经营，全年完成旧车交易3486辆，交易额1.3亿元，占全市交易总量的50%以上。联办新乡市公安局车管所服务站和摩托车监测站，开辟新的业务渠道，培育新的经济增长点。化工产品经营在保持原有势头的基础上，购销触角进一步向纵深延伸，扩张力进一步增强，全年化工产品经营突破4亿元大关，较上年同期增长70%。仓储运输企业充分发挥设施优势，从加强管理入手，加大外联力度，不断增加设施，提升、完善功能，扩大业务范围，2008年实现服务收入成倍增长。市木材公司、金属公司、燃建经营中心三家储运企业收入近600万元。（刘　军）

【加大特殊商品管理力度】　在民用爆破器材管理上，2008年民爆行业由于受到产品结构调整、原材料价格大幅上涨以及产品销售价格已无上涨空间三大不利条件的影响，使得经营状况有所下滑。市物资局将重点放在了理顺渠道，协调关系，扩大经营规模上来，保持了民爆器材销售的稳定态势；进一步加大旧汽车的报废拆解监管力度，协调交通、工商部门，加大对超期汽车上路的治理整顿，全年回收拆解、报废汽车328辆，为促进全市交通安全起到重要作用。（刘　军）

【加强企业管理，引领物资行业科学发展】　2008年，市物资局在企业管理工作方面突出四大重点：一是加强安全生产（经营）的管理，杜绝重大生产（经营）事故发生。为切实加强全系统安全生产（经营），专门成立安全生产工作领导小组，并先后两次组织全系统安全生产（经营）的检查和抽查，结合正常经营情况，落实责任，对排查出的安全隐患及时提出建议，确保正常经营活动的开展，全年未发生重大安全责任事故。二是抓好全系统的平安建设工作，制定工作方案，完善管理机制，加大综治力度，2008年全系统未出现集体赴省、赴京上访群体事件，综合治理工作卓有成效。被市委、市政府授予“2008年度新乡市平安建设先进单位”，确保了全系统的和谐、稳定局面。三是健全管理机制，完善管理制度，不断提高经营管理水平。从加快建立现代企业制度入手，建立一套与之相适应的内部机制。通过产权制度的改革，逐步向企业管理现代化迈进。通过建立合理的分配机制，调动企业职工的积极性，增强企业凝聚力。四是加强责任追究和问责制的落实。尤其对各项经营目标管理，局党委从目标体系建立、目标管理、责任追究等几个方面，建立起较为完善的考核制度。（刘　军）

【旧机动车交易市场新增摩托车检测线】　新乡市公安局交巡警支队及车管所经过慎重筛选，于2008年8月经交巡警支队党委决定，与新乡市金属回收公司旧机动车交易市场联办摩托车检测线，成立新乡市南环旧机动车交易市场摩托车检测有限公司，并于2008年11月15日举行揭牌仪式。该检测线建成后既方便广大摩托车检测客户，又为企业开辟新的经济增长点。　（刘　军）

新乡市物资系统所属企业主要负责人

新乡市金属材料有限责任公司

董　事　长　王金民

党委书记　李　红

总　经　理　刘占旺

新乡市第一机电设备总公司

总　经　理　李全新

党总支书记　贾魁增

新乡市第二机电设备总公司

党总支副书记、总经理　王建军

新乡市燃料总公司

总经理、党总支副书记　张援朝

新乡市煤建有限责任公司

董事长、经理、党总支副书记　周冠英

新乡市木材总公司

总　经　理　任建红

党总支书记　赵龙海

新乡市第一木材总公司

总　经　理　白进杰

党总支书记　吴秀丽

河南建材总公司

总　经　理　于东宁

党总支书记　孙保林

新乡市第二建材总公司

总　经　理　可建新

党总支书记　王建设

新乡市金属回收管理总公司

总　经　理　李国文

党总支书记　崔荣校

新乡市煤炭经销中心

经　　理　王吉甫

总支书记　程　业

新乡市燃建经营中心

经　　理　李　红

总支书记　王伟勇

新乡市物资贸易中心

经　　理　王予超

党委书记　赵金源

新乡市静安民用爆破器材有限公司

经　　理　楚铁章

新乡市生产资料总公司

党总支书记、董事长、总经理　刘培新

新乡市化工轻工总公司

副经理主持工作　王新光

烟草专卖

【烟草专卖概况】　2008年，新乡市烟草专卖局（公司），紧紧围绕“两高一低”（销量增长幅度略高于全省平均增长水平，略高于新乡烟草三年的平均增长水平；费用率略低于全省平均水平）目标，突出一个中心（营销工作中心），狠抓一个深化（深化网建），强化两个管理（专卖管理和企业管理），做到三个促进（促进销量结构明显提升，促进税利大幅增加，促进队伍建设、党风廉政建设和企业文化建设深入发展），各项工作取得了新成绩。销售卷烟152505箱，同比增长5911箱，增幅4.03%，超额完成省局提出的“保三争四”目标；实现税利3.24亿元，同比增长1.05亿元，增幅48.11%；实现利润2.57亿元，同比增长9313万元，增幅56.81%，圆满完成省局下达的主要经济责任目标，新乡市政府专门做出对全市烟草系统进行表彰的决定。先后被评为2008年度中国优秀企业形象单位和全市目标管理先进单位、党风廉政建设责任制工作优秀单位、政风行风建设先进单位、平安建设先进单位等。（吴海青　翟自伟）

新乡市烟草专卖局（公司）领导成员

党组书记、局长、经理　连豫民

党组成员、副经理　尹宏伟
党组成员、副局长　姜业春
党组成员、纪检组长　闫　捷（女）

【卷烟销售稳定增长】　2008年，市烟草专卖局突出营销重点，促进销量提升。牢牢扭住销量增长这个重点，做到“六抓六促”：抓好服务促销售，巩固完善指导商户理财工作，进一步调动商户卖烟积极性；抓好货源促销售，搞好工商衔接，保障货源有效供给；抓好考核促销售，对重点价区卷烟，采取旬通报、月考核、与薪酬挂钩等方法，提升销量；抓好旺季促销售，着力抓住元旦春节、国庆中秋等重点时段，提升销售结构；抓好农村市场促销售，农村市场销量增长占总销售增长量的60%以上；抓好创新促销售，在全区重点乡镇建立了客户管理服务站，客户经理从县城到现场，贴近市场，深化服务，促进了销量增长。同时，狠抓了订单供货工作，下发《订单供货操作规范》，先后6次集中培训客户经理，为销量增长和结构提升提供了有力保障。（吴海青　翟自伟）

【网络建设不断深化】　市烟草专卖局坚持把网络建设作为重要任务，网络运行质量和服务客户水平进一步提升。2008年，全区电子结算率达到98.29%，电子结算成功率达到99.29%；网上订货率达到26.70%，分别较上年提升10余个百分点。积极探索网上配货工作，精心选择45名商户作为试点，安装客户终端设备和软件，组织培训，10月底转换订货模式，取得了初步成效。在上年投资20余万元为“村村通”商户统一制作、免费安装柜台和门头的基础上，又按照省局“延伸服务”的要求，在300人以下自然村，新发展商户64户。累计投入269万元，初步建成了“三G”监控系统，实现了对送货、专卖车辆以及重要工作场所的实时监控。进一步优化送货线路，由年初的57条减少到52条，单车年均送货量达到2933箱。认真落实《烟草商业卷烟物流成本费用核算管理办法》，实行物流成本单独核算，单箱同比降低2元。（吴海青　翟自伟）

【专卖管理创新发展】　2008年，市烟草专卖局按照“内管外打，重心下移，创新机制，强化管理，优化服务”的指导思想，进一步落实“区域管理，责任到人，队所建设，点面结合，两级稽查，三级考核”的专卖管理模式，积极创新工作思路，建立烟草、公安、交通联合驻货运、客运中心执法检查站，对全市366家货运、客运集散地实施日常监控，取得明显成效。在全区开展“春雷行动”、“金秋行动”、“亮剑行动”等一系列集中整治卷烟市场活动，进一步净化卷烟市场。全年共查处违法案件1935起，查获违法卷烟32586条，毛烟（丝）3.49吨，拘留26人，逮捕7人，判刑7人。破获“1·2”制售假网络案件，完成了省局下达的破网任务。以巩固内部专卖管理监督检查成果为重点，严格执行八项长效机制，突出节点监管，全面推行规范经营明示承诺制度，干部职工自律意识进一步增强，杜绝了卷烟经营违规问题发生。（吴海青　翟自伟）

【企业管理规范高效】　扎实开展“三项检查”，按照“依事项查制度、依制度查规程、依规程查痕迹”的要求，组织专门人员对物资采购、项目投资、广告促销等进行了逐项、逐笔、逐人清理，制定完善了12项工作制度，明确程序，规范行为。加强财务管理，严格控制招待费支出，克服了物价上涨等不利因素，招待费同比下降55万元。圆满完成清理规范劳动关系工作，依法依规与94名清理规范劳动关系对象解除了劳动关系，理顺了141名人员的劳动关系。开展卷烟配送中心“健全机构、竞争上岗、双向选择”工作，在全区选拔人才，充实配送中心管理力量。强化专卖、营销基础，做到了双“十有”（零售商户“十有”，即：有服务承诺、有商户须知、有业态分类表、有月度货源明白卡、有月度销售情况分析表、有客户经理拜访登记表和专管员检查登记表、有订单供货宣传单、有温馨提示卡、有专卖管理宣传卡、有《新烟信息》报；客户管理服务站和专卖管理所“十有”，即：有汽车、有相机、有电脑、有空调、有电视、有热水器、有煤气灶、有电冰箱、有饮水机、有健身器材），营造拴心留人、干事创业的良好环境。制定《加强机关劳动管理和严格考勤办法》，实行指纹签到，强化劳动纪律。（吴海青　翟自伟）

【行业形象持续提升】　加强领导班子建设，坚持党组中心组学习、民主生活会和周一例会制度，

“三重一大”问题集体研究，做到了科学决策、民主决策。市局领导带头深入基层调查研究，做到了“四个一”（送一次货，住一次专卖管理所，与基层班子谈一次心，召开一次座谈会）。在全市行业开展以“思想新解放，推动新发展”为主题的解放思想大讨论活动，促进了思想新解放，作风新转变，目标新突破，发展新跨越。开展“三整顿一贡献”和“抓住机遇、加快发展、奋力赶超、多做贡献”主题教育等活动，进一步统一思想，推动了工作。大力开展“三懂六会”教育培训和“每月一课”、“每季一书”活动，员工素质进一步提高。认真落实廉洁自律有关规定，明确提出领导干部做好“五个表率”和“以五化促五力”等要求，认真执行省局（公司）党组提出的“四不准”规定，推进党风廉政建设深入开展，受到省、市领导的高度赞扬，市烟草专卖局（公司）抓党风廉政建设的经验在《新乡日报》上重点刊发。按照“全员参与、上下联动、左右互动、纠建并举、塑好形象”的要求，扎实开展行风建设，2008年行风评议排名继续保持全市前10名的好成绩。实施企业文化建设“五个一”工程（即：编辑一本企业文化宣传画册、拍摄一部企业形象宣传片、创作一首企业之歌、打造一个服务品牌、营造一个良好的企业文化氛围），受到国家局企业文化建设调研组和市委书记吴天君的表扬，并在全市企业文化现场会上作典型发言。投资160余万元对市局办公楼进行外装修，3个县局（原阳、获嘉、延津）新建办公楼，提升了外部形象。组织向四川地震灾区捐款22万余元，受到社会广泛赞誉。开展市、县两级局长大接访活动，加强信访稳定督查，行业大局保持稳定，为北京奥运会的顺利举办做出积极贡献。此外，机关行政管理、党团建设、后勤保障、离退休人员管理、三产经营及驻村帮扶等项工作都有了新进步。

（吴海青　翟自伟）

石油购销

【石油购销概况】　2008年，新乡石油公司共销售成品油39万吨，同比增加1.2万吨。增幅3%，实现利税2.1亿元。油库吞吐85万吨。主要采取了以下工作措施：在经营工作中，国内成品油市场经历了“前紧后松”、“先涨后降”的剧烈变化，在资源持续紧张、批零倒挂的情况下，采取多种措施提高配置资源兑现率，同时利用不同渠道组织自采资源补充市场供应；在资源逐步缓解，市场竞争异常激烈情况下，合理摆布资源，优化加油站配送，确保市场供应。在管理工作中，始终坚持安全第一、预防为主的方针，以落实安全生产责任制，全面实施HSE管理体系和HSE风险抵押金制度，重点加强现场和设备管理，结合数质量管理，确保经营安全；提前动手，搞好网络和硬件环境的建设，对加油卡、ERP、二次物流优化、电子帐表等信息系统的网络线路进行集成优化，实现一线多用，成功推广使用了零售电子帐表系统。在改革工作中，开展小站委托管理试点，为全面推广奠定了基础；落实群体利益调整方案，调动员工积极性；规范劳动关系，实现拴心留人；认真做好清理整顿工作，实现存续管理转型。在党建和思想政治工作中，健全制度，深入开展“四好”班子创建活动；积极开展“深入群众促和谐，凝心聚力促发展”活动和“抓源头，促清廉”主题活动，促进和谐企业建设；积极组织参加技能鉴定和技术比武活动，提高员工素质；积极开展体育文艺活动，加强企业文化建设。在发展工作中，抓住有利时机，完善网络布局，提升企业可持续发展能力；加大加油站改造和隐患治理力度，提升企业形象；克服各种困难，加快成品油管道建设和油库迁建工作；依法清理非法使用或假冒中国石化标志的加油站，强化员工的认同感和责任意识，建立突发事件快速反应机制，提高外界对中石化的认可度。　（戴　斌）

中石化新乡公司举行“三夏保供”志愿者誓师大会

新乡石油公司领导成员

总经理　周　建（2008年1月离）
　　　　杨　志（2008年1月任）
党委书记兼纪检书记、工会主席
　　　　张兆华（2008年1月离）
　　　　程聚有（2008年1月任）
副总经理　雪志军
　　　　程聚有（2008年1月离）
　　　　刘桂玲（女，2008年1月离）
总会计师　刘桂玲（女，2008年1月任）

【勇担社会责任，彰显中石化品牌形象】　2008年，成品油市场变化剧烈，国际油价持续攀升，国内成品油价格进销、批零严重倒挂，资源供需矛盾突出，社会加油站纷纷停供、歇业，新乡石油公司承担了全区90%以上的市场保供任务，尤其是“三夏”期间，加油站排队抢购、员工挨打受骂现象时有发生，甚至出现了歹徒袭击、员工受到人身伤害的情况。面对这样的困难，新乡石油公司发扬中石化“讲政治、负责任、顾大局”的优良传统，精心组织、周密安排，克服重重困难，取得了雪灾、“三夏”、“三秋”、抗震救灾和奥运期间市场保供工作的全面胜利，受到省、市各级政府和社会各界的一致好评，各级媒体正面报道90余篇，新乡石油公司分别被省公司和市政府授予“三夏”先进单位和抗震救灾先进单位荣誉称号，彰显了中石化的品牌形象。

（戴　斌）

【加强安全数质量管理，确保企业安全平稳运行】　2008年，新乡石油公司层层落实安全生产责任制，全员签订HSE安全承包责任书，做到以安全保经营，以经营促发展。通过抓“三基”（基层建设、基础工作、基本功训练）、反“三违”（违章指挥、违章操作、违反劳动纪律），深入开展“我要安全”活动，转变职工观念，变“要我安全”为“我要安全”，加强员工安全知识和应急技能培训。加强现场管理和设备管理，加大隐患治理力度，做好油库、加油站各项预案的演练，确保油库、加油站现场实现本质安全，保证企业各项工作顺利进行。严把油品数质量关，继续实行加油站超耗实赔制，有效降低油品损耗。新乡公司被省公司评为全省系统安全数质量管理先进单位，被新乡市人民政府评为消防安全先进单位。

（戴　斌）

【加强信息技术运用，服务企业现代化管理】　按照总部、省公司的部署，新乡石油公司以ERP建设为主线，整合资源，在信息化建设方面取得了长足发展，对信息系统的网络线路进行集成优化，实现一线多用，在保证各系统正常数据上传的基础上，节约了费用和成本。为保证零售电子帐表系统的推广使用，新乡石油公司分4期进行集中脱产培训，有效提升实际操作人员的操作技能，为电子帐表册系统的顺利上线奠定了良好的基础。成立网络技术小组和系统应用小组，集中并整合分散在公司各部门的信息技术力量，定期进行技术交流，共同参与网络和信息管理系统日常管理和维护，为一线员工提供技术支持和技能操作培训，确保了各管理系统的推广使用和平稳运行。

（戴　斌）

盐业管理

【盐业管理概况】　2008年，新乡市盐业管理局主要经济指标实现新突破，非盐产业经营迈出新步伐，精神文明建设和党风廉政建设取得新成效，行业经济运行的质量和效益显著提高，保持了全市盐行业稳定、持续、健康发展的良好态势。全市全年完成食盐购进32732吨，占年计划的108%，同比增长19%；食盐实际销售34114吨，占年计划的112%，同比增长21%。工业盐购进完成34161吨，占年计划的190%；工业盐实际销售32156吨，占年计划的179%，提前1个季度超额完成全年任务。全年共查处盐业违法案件542起，其中重大案件4起，捣毁制假贩私窝点3个，查获各类私盐200余吨，查处贩私车辆4部。圆满完成上级下达的各项任务指标，在全省18个地市位列第六，被省局授予“河南省食盐专营先进单位”和“河南省盐业工作目标管理先进单位”荣誉称号，局长廖峰被评为河南省盐业工作先进个人，并受到新乡市人民政府通报表彰。

（孔彦玲）

新乡市盐业管理局领导成员

党委书记、局长　翟桂利（2008年6月离）

廖　峰（2008 年 6 月任）

副　局　长　李定国

纪 委 书 记　宋炳新

【以“三新”大讨论活动为切入点，开创盐业工作新局面】　在“新解放、新跨越、新崛起”大讨论活动中，市盐业局紧紧围绕解放思想大讨论活动主题，结合盐业工作实际，提出“抓班子、带队伍、抓党建、谋发展”的工作目标，以思想的解放突破阻碍盐业发展的思想禁锢。一是注重民主决策，增强科学发展的能力，打造“善谋大事、善于创新、善聚人心、善于发展”的新一届领导班子。事关盐业发展壮大的事情，坚持用科学发展观来衡量、审视、谋划，班子成员充分交流看法，集思广益。先后研究决定了威龙公司破产、发展非盐产业经营等加快行业发展的决策。二是深入调查研究，创新发展思路。充分发扬调查研究是破解难题、探求发展良策的优良传统，组织了层层深入的 4 次调研。首先是深入到产盐企业、豫北兄弟市盐业局，针对食盐计划执行、营销策略、体制创新、盐业发展方向等问题进行深入调研；其次是市盐业局领导带领八县（市）盐业局局长和该局相关科室负责人，到 500 克食盐纸塑小包装推广好的洛阳市盐业局学习交流；三是认真对江苏省苏南盐业有限公司物流配送和非盐产业经营的先进经验和做法进行考察；四是针对非盐产业经营中的重点——糖业，到广西、北京等地深入、细化调研。坚持把落实科学发展观与盐业发展相结合、创新思维与求是态度相结合的原则，在维护食盐专营的同时，加大力度发展非盐产业经营，积极培育盐业跨越发展新的经济增长点。五是加大对县局的管理力度，凝聚行业力量。强调大局意识、危机意识，树立新乡盐业是一家的思想，以整体利益为重，协调发展步伐；完善目标考核，各县（市）局指标完成情况在《工作动态》上公布，建立目标任务的刚性，以实绩论英雄。　（孔彦玲）

【食盐专营能力显著提高】　2008 年，市盐业局坚持以计划为核心，以强化销售为重点，积极采取有效措施，确保全市合格碘盐供应。一是增强责任感和使命感。提高对计划执行严肃性的认识，上升到防治碘缺乏病、提高民族素质的高度，强调政治责任，巩固专营基础。二是深化食盐计划管理，实施计划管理的动态监测和调控，超前谋划，强化措施，努力做到见之于未萌、制之于未发。三是实行月报表制度和季审计制度。每月对各县（市）局的购进、销售、库存、盐款回笼等指标完成情况进行汇总，每季度对目标经营情况进行审计，发现问题及时破解，保证了经济运行的平稳发展。四是积极推广纸塑包装 500 克食盐。以 9 月在新乡召开的豫北六市盐行业经验交流会为契机，与安阳、濮阳、鹤壁、焦作、济源五市达成协议，于 12 月 1 日起全面推广纸塑 500 克小袋食盐。经过积极消化 500 克复合膜包装的小袋食盐，全市食盐市场已全面更换为纸塑 500 克小袋食盐。五是成立食盐终端配送中心。通过竞争上岗的方式，把业务精、素质高的人员充实到配送队伍中，配备统一标识的车辆，对市区周边的 120 多个村庄实行终端配送，逐步形成了“配送、访销、宣传、稽查”为一体的运行格局。　（孔彦玲）

【维护盐款安全推出新举措】　市盐业局对各县（市）的经营状况和盐款回笼能力进行了摸底分析，实施分类管理，完善了盐款回笼预警机制。借鉴南阳、焦作等市的先进经验，在全市盐行业实行了网上银行结算盐款制度，制定《新乡市网上银行结算管理规定》，加强了对各县（市）局食盐销售、盐价执行、盐款汇入等情况的管理，对保证盐款安全、加速资金周转、确保盐款按时回笼起到了积极的作用。

（孔彦玲）

【全面构建食盐安全体系】　一是扎实开展“食盐安全访万家”和食盐安全村创建工作。2008 年 4 月 1 日到 6 月 31 日，市盐业局继续抽调机关人员组成 12 个专访小组，坚持领导带队，分区负责，坚持逐村逐户、建档登记，坚持宣传与服务相结合，对销售所辖的 150 个村庄的 2833 个居民户，437 家零售商店，186 家小型饭店进行实地调查、入户访谈，达到了村村进、户户访，真正掌握了群众食用碘盐、农村盐业市场的第一手资料，切切实实做到耐心解答、热心宣传、真诚引导，有效抵制不合格碘盐流入农村食盐市场，危害群众身体健康。以“食盐安全村”创建活动为载体，全力服务民生，坚持“精选目标、真抓实干、务求实效”的原则，着重选出 53 个自然村作为创建对象。积极取得当地县、乡政府的支持，深入实地详细调查了解，对群众反映的问题有登记、有落实、有反馈，切实把盐业的优质服务贯穿于创建活动的全过程，有效提高群众自觉抵制私盐的觉悟，达到创建一个村、带动周边村、影响临近乡的效应。二是专项整治活动成效显著。以保障人民群众食盐安全为工作的重中之重，从加强盐政执法入手，以“打团伙、端窝点、堵源头”为工作思路，抓好城乡结合部、高速公路下站口、货运中心等重点地区、重点部位的监督管理，狠抓大案、要案，严厉打击各类贩销私盐的违法行为，取得了明显成效。5月底6月初，新乡市盐业局根据群众举报的线索，盐政稽查人员顺藤摸瓜，通过昼夜监控、认真排查，在一天内查获2起特大贩运窝藏私盐案件，查获从湖北等地贩运过来的私盐100余吨，有效遏制了私盐流入食盐市场、危害群众身体健康，切实维护了食盐安全。（孔彦玲）

【大力规范内部管理程序】 市盐业局建立重大项目开支报告制度，凡资金投入数额较大的经费支出，由党政联席会集体研究决定；建立日常开支层层审核报批制度，逐级把关，层层负责，“多支笔”制约，“一支笔”审批，2008年下半年各项间接费用较2007年同期降低18%，节约了费用开支，增加了经济效益。严格办文程序，对文件的核发、督办程序进一步规范，落实到具体科室，责权明晰，使工作秩序更加科学合理。以制度规范人、以制度优化管理工作机制，形成了“责任、有序、高效”的工作运行机制。（孔彦玲）

【积极培育行业壮大的新支柱】 2008年下半年，市盐业局紧紧围绕“保专项、谋多项、看长远”工作思路，积极走出去，到全国盐行业发展步伐快的江苏省苏南盐业有限公司，针对物流配送和非盐产业经营的先进经验和做法进行考察学习，形成《触动 深思 奋进——关于赴苏南盐业有限公司考察学习的调研报告》，并通过党政联席会多次探讨、研究，决定大力发展非盐产业经营。经过对市场的深入调研，并通过党政联席会研究决定引进白糖分装生产线。经过2个月紧锣密鼓的筹备，现已在工商局注册“金石榴”商标，条行代码和质量认证体系手续已办理完毕，分装白糖的半自动生产线正在组装，非盐产业经营迈出了新步伐。（孔彦玲）

【解放思想大讨论活动成效明显】 按照市委的安排部署，新乡市盐业局在全市盐业系统深入组织开展“新解放、新跨越、新崛起”大讨论活动。在活动中，通过抓学习、查问题、定措施、促整改，广大干部职工在解放思想中开阔了视野，在学习调研中创新了发展思路，在查找问题中找到了影响盐业跨越发展的制约因素，在整改提高中提升了工作标杆，全市盐行业达成了谋发展、求发展，共创盐业新辉煌的共识，广大干部职工爱岗敬业的热情高涨，创新发展理念深入人心，全力解决了观念陈旧、思想保守、作风不实等制约和影响盐业发展壮大的问题。由于工作扎实认真，该局受到市委大讨论督导组的高度肯定。（孔彦玲）

【党风廉政建设持续深化】 市盐业局认真落实党风廉政建设责任制，坚持“一岗双责”，确保党风廉政建设与食盐专营工作同部署、同落实、同检查、同考核。进一步明确各县（市）盐业局“一把手”为党风廉政建设的第一责任人，加强对县局领导廉洁从政的监督，形成了以廉为荣、以腐为耻的道德风尚。认真开展“节日病”和治理商业贿赂专项工作，营造良好的廉政氛围。加强政风行风建设，按照市政府“两转两提”的工作部署，切实转变工作作风，提高盐业服务质量，注重倾听群众呼声，开展“食盐安全访万家”和“食盐安全村”创建工作。完善政务公开制度，对重大决策、经营管理、社会保障、领导班子建设等干部职工关心的热点问题，自觉接受群众监督。加大信访工作力度，实行“一把手”负责制，对有不稳定因素的重点人员采取“保包制”，在思想上多交心，生活、工作上多关心，以实际行动解除思想矛盾，切实维护大局稳定。（孔彦玲）

【发展成果普惠性日益显现】 2008年，随着行业发展和经济效益的提升，市盐业局在职人员工资和奖金都有了不同程度的增长，人均工资增幅达19%。在3月、12月分别组织了市局妇女和全体职工参加的体检。同时，积极开展“送温暖”活动，主动关心照顾困难职工、弱势群体和离退休人员的生活，使他们也能享受到改革发展的成果。（孔彦玲）

【精神文明建设】 市盐业局先后组织开展新春元宵联欢会、全员军训等大型活动，成功举办全市盐业系统“迎奥运”首届职工篮球赛和省盐务局的篮球友谊赛；组织参加新乡市第九届运动会，篮球队获得市直篮球组冠军，该局被授予新乡市第九届运动会“优秀组织奖”，奖牌总数位列全市第三。以发放公开信、召开“八一”座谈会的形式，充分肯定军转干部和复员军人为落实食盐专营、维护食盐安全、提高全民整体素质作出的贡献，并邀请功勋卓著的老军人讲述战争年代的艰辛经历和现在生活的和谐美满，鼓励鞭策干部职工忠心爱党、爱祖国、爱盐业，为建设盐行业美好明天而努力奋斗。这些活动的开展活跃了职工文化生活，展示了盐业系统职工团结、拼搏、奋进的精神风貌，有力增强了盐行业的向心力和凝聚力。 (孔彦玲)

【救灾捐赠工作】 汶川大地震发生后，盐业系统干部职工积极捐款捐物，以实际行动向灾区人民伸出援助之手。党员干部更是发挥模范带头作用，在第一次捐款捐物后，再次交纳“特殊党费”，表达了同灾区人民共同抗击灾难的坚强决心。全市盐业系统累计向灾区捐款85246元，捐献棉衣棉被500余件。

(孔彦玲)

牧野史料

新乡第一任市长　李毅之

李毅之（1907～1955），字玉涵，原名九臣、震宇，新乡县小块村人，是新乡早期革命活动者之一。

李毅之幼年在县城小学读书，1924年考入汲县淇泉中学。1926年冬，加入共青团。

1927年夏，他中学毕业后由汲县回到新乡，组建新乡县第一个共青团支部，并任支部书记。同时，他遵照党的指示，协助国民党建立新乡县党部，任执行委员、农工部长。不久国民党破坏了国共合作的统一战线，李毅之等进步人士被迫离开县党部。1928年春，他到鲁堡小学任校长，带领学生毁土神、办夜校，宣传进步思想，发展共青团员。同年10月，中共汲县党组织遭到破坏，李毅之转移到北平，先后在北方学院、弘达学院补习功课，继续进行革命活动。

1930年秋，李毅之考入北京大学。寒假时他由北平回到新乡，在桥北小学与共青团员和进步青年十几人聚会，共商同国民党当局的斗争策略。1931年2月11日凌晨，国民党县保安队包围了桥北小学，李毅之机智脱险。几天后返回北平。国民党当局在《河南民报》刊登启事，悬赏千元缉拿李毅之，未能得逞。“九一八”事变后，李毅之积极投身抗日救亡运动，参加左翼团体反帝大同盟。同年12月，他随中国大学学生南下示威请愿，抗议日本帝国主义侵略罪行和国民党政府的不抵抗政策。

1932年春，李毅之在北平加入中国共产党。1933年5月，党组织派其到张家口察绥抗日同盟军吉鸿昌部教导队任政治教官。1934年调中共河北省委秘书处做平津间政治交通工作。1935年5月，被派到国民党六十三军做兵运工作。在北平火车站被叛徒认出，当即被捕，押运苏州反省院监禁半年。1937年“七七”事变爆发后，李毅之返回新乡。9月，通过中共中央北方局军委书记朱瑞与上级党组织接上关系。在朱瑞的直接领导下，积极奔走，发动民众抗日。

1938年2月，日本侵略军进逼新乡，国民党守军弃城溃逃。李毅之遵照上级指示，集合新、辉、获等县百余名青年，组成平汉抗日游击支队，任司令员。部队出没在新、辉、获、汲等县的广大地区，破铁路、炸桥梁，袭击日军，在豫北抗日斗争史册上，留下了光辉一页。

1939年2月，平汉抗日游击支队编入八路军一二九师晋东南独立游击支队。李毅之任支队民运股长，后任一一五师教七旅统战科长等职，随军转战平汉铁路以东，开辟冀鲁豫根据地。1945年，任太行行政公署第五专署专员。期间，在扩军支前、筹钱备粮、兴办教育、土地改革、整党整风等各项工作中，他都能正确地贯彻党的政策。由于经验丰富，忠厚诚恳，关心同志，平易近人，在五专署享有“长者风度”美誉。

1948年11月至1949年1月，李毅之任太行第五专署专员兼任新乡市首任市长职务。4月，随军南下解放江南，支援新区建政。先后任湖南省农林厅副厅长、中共湖南省委委员、湖南省农林水办公室主任等职。1954年冬，在治理洞庭湖水患工作中，任工程第一副指挥和工程指挥部党委书记。他置个人的健康于不顾，率领80万民工，冒着风雪严寒，夜以继日地奋战在工地上，完成了洞庭湖堤修复工程，保障了湖区人民的生产和生活安全。

1955年11月17日，李毅之因操劳过度，猝发脑溢血症逝世，时年48岁。

非公有制经济

民营经济

【民营经济概况】 2008年，新乡市民营经济发展促进局（以下简称民营局）深入贯彻落实党的十七大精神，认真开展“三新”大讨论主题教育活动，坚持科学发展观，积极实施招商引资、项目建设双带动战略，指导企业转变经济增长方式，调整产业产品结构，培育和发展产业集群，引导企业自主创新，加快服务体系建设，有力地推动了民营经济发展。全市民营经济单位达8.45万个，从业人数75.8万人，增加值完成654.5亿元，同比增长23.3%，占GDP的比重68.9%，其中工业企业增加值完成472亿元，同比增长21.6%；实交税金34.2亿元，同比增长4.1%；利润总额完成131.4亿元，同比增长17.2%。 （王志媛 马 利）

新乡市民营经济发展促进局领导成员

局 长 秦芳丽（2008年12月离）
副局长 申书印 刘万良 张德予
郭予建 张怡春（2008年12月离）

【民营经济的主要特点】 一是企业自主创新能力及产品科技含量提高。2008年全市获得国家名牌2个，获省名牌20个，获省优质产品18个，省免检产品17个，省科技成果奖19项，高新技术企业6家，高新技术产品13个 。新增“国家火炬计划”2项，分别是：华兰生物工程股份有限公司“年产1亿单位外用冻干人凝血酶”，新乡市起重机厂有限公司“50吨多用途旋转铝铸锭夹钳起重机”。二是产业集群发展步伐加快。市委、市政府对产业集群发展非常重视，采取了一系列办法和措施，有效地推动全市产业集群的发展。至年底，全市共有年销售收入亿元以上的21个，其中10亿元以上的12个，30亿元以上的7个，100亿元以上的2个。制冷、起重装备、振动机械、医疗器械、汽车及零部件、电池、纺织等七大产业集群发展势头良好。全年销售收入622亿元，同比增长30%；利税76.8亿元，同比增长28%。其中：制冷销售收入214亿元，利税15亿元；电池销售收入62亿元，利税9.2亿元；起重装备销售收入120亿元，利税15亿元；汽车及零部件销售收入59亿元，利税5.9亿元；振动机械销售收入64亿元，利税10.6亿元；医疗器械销售收入46亿元，利税5.9亿元；纺织销售收入57亿元，利税15.8亿元。三是服务体系进一步健全完善。全市已组建中小、民营企业融资担保公司16家，注册资金达4.5亿元，为民营企业融资发挥了较好作用；全市中小企业实现网络一体化办公，中小企业网站8县（市、区）民营局基本上都建立，并与“中国中小企业河南网”和“中国中小企业网”实现联网；创建省级创业基地7家，组建民营企业电脑培训学校，成立国家级职业技能鉴定所为创业者提供全方位就业培训；成立民营企业投诉中心，保护民营企业的合法权益。 （王志媛 马 利）

【制定措施，落实工作】 根据新办〔2008〕5号文件、新政办〔2008〕27号文件、新政办〔2008〕162号文件分解到市民营局的各项重点工作及全年目标任务，市民营局及时召开科级以上干部会议，理清工作思路，制定落实措施，将目标量化、细化、分解，落实到每个局长、科室和有关人员。签订责任目标，规定上报时间，确定专人督促检查，以确保各项工作任务圆满完成。全局人员紧紧围绕市委、市政府下达的工作目标，齐心协力，努力工作，从而使各项目标和重点工作得以贯彻落实。

（王志媛　马　利）

【采取措施，应对危机】　2008年，新乡市民营经济发展促进局对民营企业、中小企业而言，可谓是危机重重，企业成本提高、劳动力成本上升、原材料价格上涨，同时，受国际金融风暴的影响，消费需求下降、经济增速放缓，这些因素都给中小企业发展带来前所未有的挑战，面对诸多困难和问题，市民营局领导高度重视，连续召开会议，分析形势，研究对策，深入基层，调查研究，广泛听取企业的意见和建议，同时召开各县（市、区）民营局局长会，制订应对措施。（王志媛　马　利）

【积极引导企业重组】　2008年11月，卫华集团有限公司与河南省大方重型机器有限公司、河南省东泰齿轮有限公司、河南奔宇电机有限公司签署战略合作伙伴协议。这次起重装备产业战略重组活动对推动全市起重机产业健康发展、减少不良竞争，增加企业效益，进一步提高市场竞争力和起重行业的影响力具有十分重要的战略意义。重组后的企业依托卫华集团有限公司的品牌优势、管理优势、科研优势和人才优势，共同发展，生产经营已经初见成效。（王志媛　马　利）

【加快产业集群发展】　2008年，新乡市委、市政府对产业集群发展非常重视，成立了新乡市产业集群领导小组，下设产业集群办公室，建立了例会制度、统计体系、考核和奖励办法，加快园区软硬件建设，制定优惠政策和激励措施，鼓励零散企业入住产业园区，实行水、电、路、研发中心等资源共享，降低企业成本，扩大利润空间。为推动产业集群发展，市政府召开了产业集群表彰大会，对部分企业进行表彰和奖励。至年底，全市共有年销售收入亿元以上的21个，其中10亿元以上的12个，30亿元以上的7个，100亿元以上的2个。制冷、起重装备、振动机械、医疗器械、汽车及零部件、电池、纺织等七大产业集群发展势头良好。全年销售收入622亿元，同比增长30%；利税76.8亿元，同比增长28%。其中：制冷销售收入214亿元，利税15亿元；电池销售收入62亿元，利税9.2亿元；起重装备销售收入120亿元，利税15亿元；汽车及零部件销售收入59亿元，利税5.9亿元；振动机械销售收入64亿元，利税10.6亿元；医疗器械销售收入46亿元，利税5.9亿元；纺织销售收入57亿元，利税15.8亿元。（王志媛　马　利）

【重点项目的谋划和建设】　2008年，全市续建、新建1000万元以上项目200个，开工项目60个，竣工项目30个，为农民工提供就业岗位1万个。200个项目计划总投资165亿元，全部投产后，预计可创年产值480亿元，利税42亿元，提供就业岗位10万个。全年新上1000万元以上项目85个，续建1000万元以上项目130个，开工项目60个，竣工项目35个。

（王志媛　马　利）

【解决民营企业融资难问题】　2008年，市民营局采取多项措施，解决民营企业融资难问题。一是制订《新乡市推动小企业金融服务实施方案》，成立了新乡市推动小企业金融服务联席会议，联席会议下设办公室，定期研究中小企业融资问题；二是会同有关部门促进《新乡市推动银行业深化小企业金融服务工作指导意见的通知》（新政办〔2008〕91号）出台，该文件根据小企业生命周期和贷款需求“短、小、频、急”的特点，提供可循环使用贷款、封闭贷款、专用权质押贷款、贸易融资、银行承兑和票据贴现等多层次的金融产品。对全市中小企业发展起到了较好的推动作用。三是会同有关部门召开由金融部门、中小企业、担保机构参加的洽谈会，加强银企、银担、担企之间的沟通与合作，为企业融资创造机会和条件。四是帮助和指导企业申报国家2400亿元扶持资金。五是与中行联合按要求、按条件、评定、审查上报50家河南省诚信民营企业，已有40家企业获省级诚信民营企业称号。六是加强融资担保体系建设。一方面对现有的融资担保机构加大监管和指导力度，使其合法经营，为中小企业融资发挥更大作用；另一方面加快推进新的融资担保机构建设，全年新发展融资担保公司4家，累计达16家，注册资金4.5亿元，为中小企业担保融资10亿元，有效地缓解了企业融资难问题。

（王志媛　马　利）

【招商引资】　2008年，市民营局参加各类经贸洽谈会、产品博览会、项目发布会达6次，取得明显效果。尤其是驻马店全国东西部经贸洽谈会。省政府全国农产品加工业博览会暨东西合作投资贸易洽谈会筹备工作动员会议后，市委、市政府高度重视，多次召开由各县（市、区）主管领导、市直有关部门主要领导参加的筹备动员会，并按照省政府〔2008〕34号文要求，进行全面布置，市政府办公室专门下发《关于组团参加2008年全国农产品加工业博览会暨东西合作投资贸易洽谈会的通知》，并拨出专项经费，积极做好会议筹备工作。此次洽谈会由市委书记吴天君任团长，副市长王治通任副团长，组成150人参会的代表团，参会企业110家，邀请客商100人，设特色展示展位2个，设室外展销展位15个，展示各种产品150余个系列2000多个品种，展销贸易额20万元，会上签约项目58个，合同金额505620万元，推出对外招商项目61个。长垣县的新浦秸秆发电项目参加了省政府重点签约仪式。河南省新乡市长远实业集团绿色食品发展有限公司大长远牌（菠菜）挂面获2008年全国农产品加工业博览会金奖，新乡市黑王食品有限公司的“黑王牌”黑花生获2008年全国农产品加工业博览会优质产品奖，新乡市代表团获得大会组委会颁发的组织奖、成果奖、展示展销奖，圆满完成省政府下达的各项任务指标。（王志媛　马　利）

个体私营经济

【个体私营经济概况】　至2008年12月底，全市个体工商户达92227户，比上年同期增长4.7%；从业人数192589人，比上年同期增长7.8%，注册资金164278.41万元，比上年同期增长19%。私营企业12732户，比上年同期增长21%，投资人数31630人，比上年同期增长26%，雇工人数120058人，比上年同期增长15%，注册资本2312260万元，比上年同期增长95%。（赵虎山）

【私营企业快速发展，个体工商户增长速度较快】
2008年，全市个体工商户户数较上年同期增长4.7%，私营企业的增长则历史性地超过了20%的快速发展势头。主要原因：一是全市城市建设步伐加快，市区一批新的商场如胖东来商场、丹尼斯百货等投入使用，为个体私营经营者提供了新的场地和商机。二是无照经营查处力度加大。三是个体私营经济发展的环境更加宽松。从中央到地方出台了鼓励非公有制企业发展的一系列新举措和优惠政策，加大了对个体私营经济发展的支持力度。各级党委政府抓个体私营经济的欲望和手段越来越强，政策越来越宽，经营环境和市场环境越来越好。同时，各有关职能部门转变观念，加强服务，如工商部门采取的“红盾帮扶工程”、“支持下岗职业再就业工程”，招商引资服务，降低登记门槛，取缔无照经营等措施，以及国有集体企业改制，都使全体个体私营经济出现了较快的发展速度。（赵虎山）

【私营企业规模扩大，有限责任公司发展较快】
2008年，私营企业规模扩大，有限责任公司继续保持较快发展速度。私营企业户均注册资本达181.6万元，比上年同期增加41.2万元，增幅达29.3%；全市私营企业中，有限责任公司共有9591，比上年同期增加1142户，占全市私营企业总数的75.3%，与上年同期相比，全市私营企业新增1824户，仅有限责任公司就占63%。（赵虎山）

【个体私营经济已成为更多人创业和就业的重要途径】　2008年，全市工商系统共为下岗失业人员办理个体营业执照833份，累计减免工商行政性收费20.7万元；由于有国家鼓励下岗失业人员从事个体经营的优惠政策，下岗失业人员申办个体工商户也成为全市个体工商户总量增长的一个增长点。另外，全市工商系统还为高校毕业生、城镇退役士兵以及返乡农民提供了许多优惠政策，促进了个体私营经济的发展。（赵虎山）

【私营企业、个体工商户注销情况】　至2008年底，私营企业共注销240户、吊销63户，个体工商户注销12090户。个体工商户大量注销的主要原因是：一是个别县（市、区）老市场改造、搬迁，造成个体工商户大量注销；二是因新办证经营户对市场环境不够了解，经营不善，导致歇业注销。（赵虎山）

城市建设·环境保护

城市建设

【城市建设概况】 2008年，市建委系统干部职工以“新解放、新跨越、新崛起”活动为强大动力，坚持“突出重点，强力推进市政园林工程建设；关注民生，努力提高服务经济和市民生活的水平；讲法制、重安全，为建设工作保驾护航；重视信访稳定，创建和谐系统；积极包装筹划项目，为城市建设发展蓄足后劲”工作思路，强力推动市政道路建设，在成功创建国家园林城市的基础上绿化景观建设再上台阶，快速推进核心区代建项目建设，县（市）污水处理厂全部通过环保验收，新农村建设步伐不断加快，建筑业持续快速发展，房地产开发市场由热趋冷保持稳定，公用事业均衡安全运行，“新城杯”竞赛活动蓬勃开展，墙改和建筑节能工作有序推进，援建四川地震灾区活动板房建设受到全国总工会表彰，圆满完成了市委、市政府赋予建委的各项工作任务，新乡市各项建设事业继续保持健康发展态势。（高远爱）

新乡市建设委员会领导成员

党委书记、主任	原建国
党委副书记、副主任	李　凯　于进亮
党委副书记	侯文先（女）
党委副书记、河渠办主任	杨新峰（2008年2月任）
党委委员、副主任	职基成　李守敏
	窦　敬　程广宝
党委委员、纪检书记	李国英（女）

【市政道路建设】 2008年，新乡市市政道路和污水管网工程采取BT模式，按照“区拆市建”原则，不断加大协调力度，克服各种困难，科学组织施工，完成了鸿源路、纺织路、建设路等11条道路的建设和改造任务，完成了卫河暗涵至小尚庄污水处理厂污水管道工程，解放大道、宏力大道、新四街、劳动路4条道路快车道建成通车。累计完成投资1.8亿元。（高远爱）

【绿化景观建设】 在国家园林城市成功创建后，2008年新乡市再投入7500万元进行绿化景观建设，新增绿地面积32.3万平方米，建成区绿地率已达36.28%，城市绿化覆盖率达38.75%，人均公共绿地面积达8.56平方米。新区市政公园6月1日开工建设，至年底地形塑造和景观工程已基本完成，各种管线和设备正在铺设安装，公园树木正在栽植，已完成投资4000万元。道路绿化投资1300万元，完成了新中大道、牧野大道、新二街等9条道路花坛及行道树绿化工程11项，新增绿地面积21.3万平方米。牧野湖一期工程克服了知音幼儿园拆迁、土方外运等困难，已完成工程量的60%，完成投资2200万元。牧野湖二期工程正在抓紧做施工图设计。（高远爱）

【核心区代建项目建设快速推进】 核心区代建项目包括平原博物院、“三合一”项目和文化艺术中心，是新区建设的重要组成部分，也是建市60周年献礼工程。为此，市建委不断加大协调力度，科学组织，快速推进。新乡市平原博物院项目，2007年11月5日开工建设，至2008年底主体工程已完工，分部分项目工程正在施工，完成投资7000万元。新乡市青少年活动中心（三合一）项目分两个标段同时施工，2008年4月主体基本完工。新乡市文化艺术中心项目正由北京设计研究院进行扩初和施工图

设计。（高远爱）

【县（市）污水处理厂全部通过环保验收】 为确保县（市）污水处理厂尽快进入稳定规范运营，市建委牵头组成由环保局、发改委等单位参加的新乡市污水处理厂稳定运营工作督察组，先后7次到各县（市）对污水处理厂运营和管网建设工作进行督察。2008年7月，7个县的污水处理厂配套管网工程全部完成，共铺设管网183.9公里，完成投资1.9亿元。8月22日，原阳县污水处理厂最后一个通过省环保验收，标志着新乡市污水处理厂建设省定环保目标提前完成。（高远爱）

【新农村基础设施建设】 2008年初，按照省委、省政府工作安排，新乡市启动"村镇垃圾收集处理设施建设"工程。通过积极指导服务，采取有效措施，11月初，省厅下达新乡市108个村庄垃圾站（池）、10个村庄垃圾简易处理设施、5个乡镇垃圾集中处理设施的目标任务全部完成。（高远爱）

【建筑业持续快速发展】 2008年，市建委以做大做强建筑业为目标，努力创新管理机制，强化建筑市场监管，切实推进信用体系建设，加大建筑安全监督力度，着力创建精品工程。对26家工程建设单位、施工单位未办理建筑施工许可证擅自施工的违法违规行为进行了立案处理。全市建筑业继续呈现出快速发展的态势，全年实现建筑业总产值184亿元，同比增长28.4%；实现建筑业增加值65.2亿元，占GDP的7.1%，成为拉动国民经济快速增长的重要力量，支柱地位更加突出。（高远爱）

【房地产开发市场由热趋冷保持稳定】 由于全球性的金融经济危机，新乡市房地产开发市场下半年以来受到了一定影响，开发后劲明显不足，销售面积同比有所下降。新乡市全年完成房地产开发投资60亿元，房屋施工面积550万平方米，新开工面积230万平方米，竣工面积110万平方米。（高远爱）

【公用事业均衡安全运行】 全年销售自来水4360万立方米，水质综合合格率为100%。铺设了宏力大道、新二街、牧野路等12条新建路段的供水管网。城市燃气铺设中低压管网62.9公里，发展管道气民用户1.7万户，销售天然气6300万方，完成改装天然气出租车、公交车472台。城市公交服务不断优化，公交场站建设进一步加快，新购车辆105台，24条线路加密运营，行车间隔平均缩短1～2分钟，全年营运收入6205万元，营运里程2721万公里，客运量6807万人次。城市集中供热，卫河以北区域供热主管网全部铺设完成，供热能力达到640万平方米，2008年供热收费面积达230万平方米，全市热化率达到38%。（高远爱）

【"新城杯"竞赛活动】 为改善城市面貌，完善功能、提升品位，市委、市政府决定在全市开展"新城杯"竞赛活动，掀起新一轮城市建设高潮。先后4次在辉县市、卫辉市、新乡县和长垣县召开现场会，强力推进各县（市）重点项目建设，8个县（市）确定年内完成的81个建设项目已基本完成。市区围绕城中村和旧城改造，积极协调，全力推进。2008年，列入重点改造的城中村21个，其中16个村完成了控规，6个村完成土地出让，10个村开始拆迁，拆迁面积达67.5万平方米；4个村开工建设，开工面积达11.9万平方米。列入考核的旧城改造项目10个，火车站区域、太阳城等8个项目已启动。（高远爱）

【墙改和建筑节能工作】 2008年，新型墙材的推广力度不断加大。市建委通过新型墙材专项基金的杠杆作用，引导新乡市新型墙材的推广应用，努力发展黏土砖替代墙材，上半年新乡市全部实现"禁实"。至年底，全市共有40多家建筑节能企业通过省建设厅认证，30家新型墙材企业获得省建设厅确认证书。同时认真抓好建筑节能试点示范工程，完成了"维多利亚城"、"国际饭店公寓楼"两项建设科技示范工程，完成了河南天丰公司总部3号楼绿色节能建筑示范工程。以生态文明村建设为契机，积极推进新型墙材在农村房屋建设中的应用，推动农村节能房示范户建设。年初印发了《新乡市2008年生态文明村节能示范户建设实施方案》，将152户节能房建设任务分解到各县（市）区，提出了有关鼓励政策，编印了《农村节能房建设工作指导服务手册》，免费提供10套优秀住宅图纸，并全部发放至3000多个村庄。（高远爱）

【援建四川地震灾区活动板房受全总表彰】 "5·12"四川汶川大地震以后，按照市委、市政府的部署，市建委牵头承担新乡市援建四川活动板房的建设任务，成立了新乡市援建四川灾区活动板房指挥部。市建委党委对援建四川灾区活动板房建设高度重视，周密安排，精心组织，从5月22日到7月9日，经过50多天的艰苦奋战，新乡市援建四川安县河清镇的1829套、总建筑面积3.6万平方米的活动板房全部一次通过省建设厅和当地政府的质量验收，圆满完成了新乡市的援建任务，受到灾区政府、群众和河南省委、省政府及省建设厅领导的充分肯定。市建委被市委、市政府评为“新乡市支援抗震救灾先进单位”，被全国总工会评为抗震救灾、恢复重建“工人先锋号”。（高远爱）

【机构职能变化】 根据新乡市人民政府市长办公会纪要，自2008年8月1日起，由市建委负责管理的新乡市排水公司和下属的小尚庄污水处理厂的现有资产、人员和债权债务整体划转给新乡投资集团有限公司，作为下属子公司。（高远爱）

2008年度新乡市建委荣获奖项

全国抗震救灾“工人先锋号”
河南省抗震救灾先进单位
河南省新型墙材完成责任目标先进单位
河南省市政公用工程质量管理先进单位
全省村镇规划建设先进单位
新乡市拥军优属拥政爱民先进单位
全市信访工作先进单位
新乡市党风廉政和反腐败牵头工作先进单位
新乡市优化经济发展环境工作先进单位
新乡市奥运期间信访工作先进单位
全市“五好”基层党组织
新乡市政风行风建设先进单位

城乡规划

【城乡规划概况】 2008年，是《中华人民共和国城乡规划法》颁布实施的第一年，新乡市城乡规划局以《城乡规划法》的颁布实施为契机，以科学发展观为统领，深入贯彻党的十七大三中全会及省建设工作会议精神，认真落实新乡市“扩内需、保增长”，促进经济平稳较快发展的各项决策部署，充分发挥城乡规划的引导调控作用，进一步推进社会主义新农村村庄规划与整治，高度关注和妥善解决事关群众切身利益的民生问题，组织完成《新乡市城市总体规划（2008～2020）纲要》成果的市、省、部级专家审核；组织完成新乡市区27个地块的控制性详细规划及4个城中村改造的规划编制工作；组织完成新乡市对口援建四川地震灾区安县、江油两县（市）的测绘与规划工作；组织完成牧野湖城市景观设计、卫源湖景观等城市重要节点城市景观设计；完成城市建设配套费3063.86万元，超额完成市财政下达给城乡规划局征收任务的39.3%；配合建设部城市规划管理监测中心完成2008年新乡市规划动态监测工作；组织完成市“新城杯”竞赛活动中城乡规划方面的暗访调查、督促指导工作；与监察、土地、审计、财政等部门密切配合，完成2008年土地出让专项清查和《新乡市规划条件变更通报制度》的运行工作；组织完成市区外围1000平方公里卫星影像数据库基础数据建设、市区基础测量控制点埋石、城区修补测量、市区外围控制点测量、规划网站更新等工作；结合“新解放、新跨越、新崛起”大讨论和“两转两提”活动，科学地制订和修正了《新乡市城乡规划局关于加强和完善干部理论学习实施暂行办法》、《新乡市城乡规划局建设工程规划验收管理办法》等9项制度，并始终把破除思想观念障碍、破解科学发展难题、克服机制弊端贯穿城乡规划工作始末，以促进全市规划事业的蓬勃发展。（杨　玲）

新乡市城乡规划局领导成员

党组书记、局长	杨利明
党组副书记、总规划师	田子超
副局长	汪　洋
	贺海晨（2008年7月离）
	李照森　曹顺勇
	汪　晓（2008年7月任）
纪检组长	田慧芳（女）

【规划编制】 2008年，市城乡规划局继续深入开展新乡市总体规划纲要的修编和各种控制性详规、专项规划的编制工作，为全市社会与经济持续健康

发展做好先导性服务工作。一是《新乡市城市总体规划（2008～2020）纲要》成果已分别经市人大常委会、省人民政府、建设部等专家评审组审核，成果正在修改完善中。二是组织完成新乡市区27个地块的控制性详细规划及4个城中村改造的规划编制工作。三是组织完成牧野湖城市景观设计、卫源湖景观等城市重要节点城市景观设计。四是配合建设部城市规划管理监测中心完成2008年新乡市规划动态监测工作。利用现代科学技术，更新了城乡规划网站软硬件配置，完成了网站改版升级。完善了城市规划监督管理系统，增加了网络报建、网络在线公示、红绿灯提醒等多项重要功能。邀请到洛阳智软公司专家对市城乡规划局业务人员进行了电子报建培训，随着各项系统不断的应用和完善，规划审批网上工作流程已基本形成。五是组织完成“新城杯”竞赛活动中城乡规划方面的暗访调查、督促指导工作。六是与监察、土地、审计、财政等部门密切配合，完成2008年土地出让专项清查和《新乡市规划条件变更通报制度》的运行工作。七是组织完成市区外围1000平方公里卫星影像数据库基础数据建设、市区基础测量控制点埋石、城区修补测量、市区外围控制点测量等工作。（杨　玲）

【村镇规划】　为贯彻党中央统筹城乡发展，建设社会主义新农村的战略目标和要求，推进社会主义新农村、县域经济、新乡都市区“三位一体”系统工程，切实提升农村居住环境，改善农民生活水平。新乡市启动了以127个中心村为试点的新型农村住宅社区建设工作。分别于2008年3月和5月，组织专家对各县（市、区）规划管理工作人员进行专业知识培训，为下一步的规划编制和审查奠定理论基础；先后研究制定了《新乡市村庄规划建设指导意见》、《新乡市城乡规划局生态文明村规划编制管理实施方案》、《关于加强城乡规划建设管理的意见》等规定，为规范新乡市新农村规划管理工作进行了有益的探索；为配合“中心城市——县城——乡（镇）政府所在地——产业聚集区——中心村”5个层面的新型城乡体系建设。市城乡规划局主动编制完成了《新乡市中心村布局规划图》、《新乡市产业聚集区布局规划图》（2008～2020）。同时免费给卫辉市唐庄镇编制了“四合新村规划”、“盆窑新村规划”、“唐庄镇107国道沿线整治规划”，为县区农村新型住宅社区建设起到良好的示范作用；以新乡县为试点，有力推进城乡规划一体化工作。将新乡市区的道路、市政管线、污水处理厂、汽车站等基础设施的规划、选址与新乡县进行对接；加强监督检查，市城乡规划局每月要组织对各县（市、区）的规划编制工作进行督导和暗访，成立由市监察局、房管局、文化局等单位参加的城乡规划效能督导组，对各县（市）城乡规划管理与规划编制情况进行检查，及时将检查中发现的问题进行反馈，对各县（市、区）规划工作起到了促进作用。2008年，新乡市建制镇总体规划已编制完成40个，占53个建制镇总数的75.5%；乡规划编制完成30个，占69个乡总数的43.4%，村庄规划编制完成1247个，占任务总数的87.5%；新型农村住宅社区规划编制完成115个。（杨　玲）

杨利明带领市规划局干部冒雪考察长垣小区建设

【规划审批】　2008年，市城乡规划局着力于完善各项工作制度，优化办事程序，提高工作效率，以“两转两提”活动的开展为契机，认真落实限时办结制、联合审批制，把审批时限压缩了20%以上，进一步提高了行政审批效率，降低了审批成本。坚持规划委员会审批制度、局业务初审制度，使报建项目的规划审批进一步科学化、法制化。全年组织召开市规划委员会会议7次，局业务会议37次，共受理报建项目187个，其中，核发建设项目规划《选址意见书》20份，108.7万平方米；核发《规划用地许可证》79份，面积约为210.3万平方米；核发《规划工程许可证》手续88份，面积为190.1万平方米；建设项目规划竣工验槽152栋楼房，面积93万平方米。对争取中央投资的一批事关民生的基础建设项目，采取特事特办原则，优先为项目承办单位办理《选址意见书》20份，《建设用地规划许可证》

30份，《建设工程规划许可证》1份。城市规划审批执行率达100%。（杨　玲）

【执法监察】　2008年，市城乡规划局以大力渲染《城乡规划法》宣传氛围为形式，以有效遏制违法建设蔓延为手段，打造上下联动、齐抓共管、宣传到位、社会监督新局面，创下违法建设发生量与上年相比减少41起、降幅35%，立案查处起数减少21起、降幅60%的佳绩。一是法律法规宣传到位。2008年1月1日《中华人民共和国城乡规划法》开始实施，市城乡规划局，通过制作电视短片、新乡电视台《沟通》栏目进行《城乡规划法》相关内容知识竞赛、在新闻媒体上采取消息、通讯、评论、专题、解读等多种形式，高密度、全方位、多角度、深层次、立体式报道。通过电视直播，向听众、观众讲解规划法的内容，回答干部群众关心的热点问题，有声势、有力度、有深度的广泛宣传了《城乡规划法》。二是高标准完成"创卫"任务。多方协调，先后完成赵定排（孟营段）拆迁整治，拆迁16户，房屋6416平方米，简易房239平方米，围墙663米。从监察支队抽调7人，做了大量的测量、动迁、赔付、催办工作，历时40余天，圆满完成市"创卫"指挥部下达的督办事项。三是有效遏制违法建设蔓延。完成年度城市违法建设查处工作目标任务。全年查处违法建设83起，拆除56起，立案查处9起。与上年相比，违法建设发生量减少41起，降幅为35%，立案查处起数减少21起，降幅为60%；加大建设项目规划批后跟踪管理和建筑立面查处力度。对城市规划区范围内经规划批准的各类建设工程，从现场验槽开始，到竣工后的规划验收，根据建设工程进度，每一个环节都进行跟踪检查。不仅对工程项目的使用性质、总建筑面积、建筑层数、建筑高度、绿地率、容积率等内容进行监察，对项目地下工程、标准层、平面变化层、屋顶、总高度、外墙装饰材料和色彩等环节也进行跟踪检查。仅下半年，就重点对正隆置业有限公司的尚东鑫城小区工地、进达公司工程工地、银星公司工程工地等10余个工地66个项目进行了跟踪检查。查处并督促国土大厦、东站的富达商住楼、大景城等20余个大项目进行立面立案整改；接收城管指挥中心转入案件7件次，通过监察支队"110"举报电话受理75件次，全部办结。（杨　玲）

【机关效能建设】　2008年，市城乡规划局认真贯彻落实省委、市委的决策部署，在全局党员干部队伍中扎实开展了"新解放、新跨越、新崛起"大讨论活动。一是通过召开党组班子会、专题讨论会等形式，采取边学边议、边学边改的方式，科学地制订和修正了《新乡市城乡规划局关于加强和完善干部理论学习实施暂行办法》、《新乡市城乡规划局建设工程规划验收管理办法》等9项制度。二是立足规划工作实际，通过召开客户评议会、科室座谈会、民主生活会及发放征求意见表等多种活动形式，共搜集意见和建议76条。这些意见和建议为查摆问题"细、透、严"寻求了广泛的群众支持。三是积极组织规划系统干部职工参加市直机关迎奥运职工运动会和市第九届运动会，获得"新乡市直机关迎奥运职工运动会优秀组织奖"和"新乡市第九届运动会道德风尚奖"。四是坚持依法公开、真实公正、注重实效、有利监督四个原则，采取规划展示、市民听证、媒体公示、网上公示等方式，扩大覆盖面，提高城乡规划的民主参与度。在机构信息、收费项目依据、法规文件、办事指南、规划公示等栏目上，发布43条政府公开信息，网站更新信息368条，网站受理信息163条。五是认真组织学习《党内监督条例》、《中共中央关于加强和改进党的作风建设的决定》等法律法规。制定了《2008年新乡市城乡规划局党风廉政建设工作安排意见》等文件。六是注重抓好民主评议，改善政风行风。从人大代表、政协委员、街道村组和市民代表中聘请了30名评议代表和监督员。市城乡规划局领导坚持做到五个"亲自"（亲自参加行评代表座谈会，当面听取代表的意见和建议；亲自审阅行评有关文件；亲自听取工作进展情况汇报；亲自督导安排发放征求群众意见和建议表；亲自"上线"与群众沟通，解答群众提出的问题）。全年有6位领导参加行风热线的直播活动，共计12次，其中主要领导参加9次。书面回答群众来电来信反映的问题60条。（杨　玲）

【灾区援建】　四川汶川"5·12"特大地震发生后，市城乡规划局快速反应，立即启动应急预案，全力开展救灾工作。全局共向灾区捐款29200元，党员交纳特殊党费62850元，捐衣物200余件。根据市委、市政府的工作部署，市城乡规划局委派规划技术业务骨干10余人，分两批随同市援川人员对四川省绵阳市安县实施对口援建。组织完成新乡市对口援建四川地震灾区安县、江油两县（市）的测绘与规划工作。由市城乡规划局下属机构新乡市规划设计研究院编制的四川省江油市马角镇和敬元乡2个乡镇的灾后重建总体规划，2008年12月30日，在四川省江油市通过了绵阳市规划局组织的专家评审。专家评审组和当地乡镇政府，对马角镇和敬元乡两个乡镇的灾后重建总体规划成果给予了高度评价，在由绵阳市规划院、重庆大学规划院等规划设计单位同时参加的36个乡镇规划中，起到示范带动作用。规划完成了清新家园、河清安置小区、河清中小学、河清镇政府、乐兴安置小区、乐兴中学等8处安置区及中小学校设计方案，受到当地县、镇政府及省厅领导的认可。（杨　玲）

2008年度新乡市城乡规划局系统荣获奖项

河南省城乡规划管理先进单位

新乡市城乡规划局

全省城市管理执法队伍规范化建设验收达标单位

全省城市管理执法队伍规范化建设十佳单位

全省建设法制工作先进单位

新乡市城乡规划监察支队

新乡市党风廉政建设优秀单位

新乡市创建国家森林城市建设先进单位

新乡市创建国家园林城市先进单位

新乡市创建全国文明城市工作先进集体

新农村建设结对帮建先进单位

新乡市城乡规划局

新乡市创建国家卫生城市工作先进单位

新乡市城乡规划监察支队

城市管理

【城市管理概况】　2008年，新乡市城市管理工作以科学发展观为指针，坚持解放思想、实事求是和以人为本工作理念，紧紧围绕全市经济社会又好又快发展战略和各项城市创建活动，按照“全覆盖、无缝隙、精细化”的工作要求，求真务实、克难攻坚、抢抓机遇、开拓创新，不断完善城管长效机制，着力强化城管指挥、监督工作职能，切实抓好环卫事业，精心打造户外广告、户外宣传活动亮点工程，依法维护出租汽车行业经营秩序，努力提高城市管理整体水平，为全市经济社会跨越发展做出了贡献。（马鑫磊　赵　耀）

新乡市城市管理局领导成员

党组书记	崔修祯（2008年2月离） 王惠民（2008年2月任）
局长	崔修祯（2008年3月离） 王惠民（2008年3月任）
党组副书记	王国凯（2008年2月离）
党组成员、副局长	张海江　岳占明　胥　洪 汪　晓（2008年5月离） 黄显智（2008年11月任）
党组成员	付明珍
党组成员、纪检组长	李卫东

【城市管理指挥中心规格升级】　为切实强化城管指挥中心地位和作用，2008年7月，新乡市印发《加强和调整新乡市城市管理指挥中心职能和组织机构的意见》（新政文〔2008〕131号），将原来依托市城管局建立的指挥中心，提升为由市委副书记兼任政委、主管副市长任指挥长的高规格指挥中心。指挥中心办公室设在市城管局，市城管局局长兼任办公室主任。（马鑫磊　赵　耀）

【“数字城管”信息化建设】　为加速新乡市城管工作信息化建设，打造新乡市“数字城管”新亮点，2008年，市城管局突出抓好“数字城管”与29家责任单位联网、提高“数字城管”办结率等工作重点，强力推进新乡市“数字城管”优化升级。新乡市累计投入300多万，建立了数字化城市管理指挥、督导系统，完成了“城管110”硬件升级和与29家责任单位的联网对接，健全了“数字城管”日查工作机制和受理市民投诉及应急处理工作机制，并及时将“城管通”手机拍摄的城管问题派送至相关责任单位整改，基本形成了城市管理指挥、监督、考核和评价工作的信息化，城市管理数字化、信息化工作走在了全省前列。对新乡市“数字城管”取得的成效，河南电视台、《河南日报》、新乡电视台、

《新乡日报》、《平原晚报》均进行了大篇幅的报道。河南省副省长张大卫、省建设厅厅长查敏、省委宣传部常务副部长兼省文明办主任马正跃等领导也专程视察指导两个“中心”工作。在全省建设工作会议上，省建设厅厅长查敏要求全省各地市大力推广新乡市“数字城管”建设经验。7 月，省建设厅确定新乡市为全省“数字城管”建设试点城市。

（马鑫磊　赵　耀）

【城市管理“网格化”督查】　新城管长效机制推行后，两个“中心”坚持“全面、真实、及时、精细”工作的原则，在市区 100 多平方公里的范围内开展“网格化”督查。2008 年前 10 个月共督查出各类城市管理问题15.86万件次，“数字城管”立案派遣 47822 个，结案率 96%；下达督办通知 295 期，下达整改通知 46 期，98%的督办整改问题得到落实，100%的督办整改问题得到及时答复。与上年同期相比，城市管理问题下降54.2%，下降趋势十分明显。城管指挥、监督工作职责的切实履行，有力地促进了新乡市城市管理水平不断提升，确保新乡市国家旅游城市、园林城市、卫生城市和省级文明城市各项创建活动顺利开展。（马鑫磊　赵　耀）

【市容管理】　2008 年，市城管局采取多项措施，加强市容管理。做好生活垃圾中转工作。新乡市市区居民生活垃圾年产量达到 30 多万吨，平均每天清运生活垃圾 200 余车次，最高记录达到 400 余车次，日均总运距 8000 公里。在经费十分紧张的情况下，城管系统实现了生活垃圾日产日清。抓好清扫保洁工作。从健全完善人员、经费、制度、运行机制“四项保障措施”入手，以辖区为单位，大力开展街巷、村庄保洁队伍建设。红旗区率先实现了街巷清扫保洁专业化，开发区实行了清扫保洁市场化运作方式，卫滨区、牧野区、凤泉区也都结合各自实际完善了清扫保洁模式，为实现市区清扫保洁全覆盖、无缝隙工作目标奠定了坚实基础。强化市区公厕管理。市环卫处和各区城管部门认真落实公厕管理制度，市管公厕保洁水平不断提升，区管公厕基本实现常态化管理。

大力保障“三场”运转。城市生活垃圾无害化处理场、粪便无害化处理场、医疗废物处置中心是新乡市创卫的关键点，具有一票否决权。市城管部门在积极争取财政资金大幅倾斜的同时，大力组织开展生活垃圾处理费、医疗废物处置费代征工作，多策并举，保障“三场”正常运转。1 月至 10 月，新乡市共征收生活垃圾处理费 738 万元，征收医疗处置费 124 万元，较好保障了生活垃圾无害化处理场的正常运转。严格规范户外广告设置行为。印发《新乡市户外广告设施设置技术规范》（新城管〔2008〕59 号）、修订完善了《治理小广告对外承包工作管理办法》，明确户外广告设置原则、区域、形式、使用材质和禁止行为，确定户外广告设置术语、定义、技术要求、施工技术标准，以及质量检查验收和日常维护办法，进一步强化户外广告设置管理，集中开展规范整治户外广告匾牌和临时性户外宣传活动，切实加强小广告（牛皮癣）清理市场化运作。市城管部门共下达违章整改通知书 129 份，取缔违规广告匾牌 30 多块，规范整治广告牌 70 多块，清理各类小广告 11 万余处，沿街门头招牌整治一新，奖励举报人 5 人次合计 1500 元，确保了公共安全和市容市貌整洁。严厉打击非法营运。1 月至 10 月，市城市客运管理部门共查处非法营运车辆 267 台、违规出租汽车 67 台，上缴罚款 38 万余元，有力地打击了非法客运行为，净化了客运市场。抓好客运司机技能培训。先后举办培训班 19 期，培训人员达 1160 名。通过培训考试，出租汽车驾驶人员较好掌握了行业特点、管理法规、服务标准、交通安全知识，提高了服务质量。积极推进便民摊点设置工作。按照“规范、有序、卫生、利民、便民”的原则，对摊贩区、便民服务点重新进行规划设置。至年底，已确定 16 个试点临时摊贩区。（马鑫磊　赵　耀）

【协调设置公益广告】　2008 年，市城管局积极协调社会力量，在市区内设置 45 块（近 9000 平方米）大型公益广告、750 对（3000 面）道旗式公益广告、80 块护栏式公益广告、150 个出租汽车临时停靠牌公益广告和 326 处阅报栏公益广告，尽力搞好创卫宣传活动。

（马鑫磊　赵　耀）

【城乡管理一体化建设】　2008 年，市城管局围绕“惠民工程”建设，强化技术指导，如期完成县（市）生活垃圾处理场建设任务。专门制定县（市）市容市貌、环境卫生、户外广告、门头招牌、出租汽车管理等检查考核标准和考核办法，并定期组织业务骨干对各县（市）“新城杯”竞赛活动进行督导检查。起草印发《新乡市人民政府办公室关于做好农村生活垃圾收集处理工作的实施意见》（新政办〔2008〕83 号），成立技术指导组，定期对各县（市、区）生态文明村建设进展情况进行技术指导和工作督导。至年底，各县（市、区）生态文明村建设都取得了一定进展，新乡县和辉县市都将城市管理局更名为城乡管理局。新乡县各乡镇都设立了环境卫生管理机构，建立了乡村卫生保洁资金保障和监督检查考核机制，基本形成了城乡一体化的环境卫生管理格局，有力地促进了村镇环境卫生秩序的好转。

（马鑫磊　赵　耀）

新乡市城市管理局系统企事业单位负责人

新乡市环境卫生管理处

党委书记　李广富

处长、副书记　张京川

新乡市城市客运管理处

副书记、处长　王晓昌

党支部副书记　杜国建

新乡市城市管理监督中心

党支部书记　史向成

主　　任　李培亮

2008 年度新乡市城市管理局系统荣获奖项

先进集体

河南省城市市容环境卫生行业先进集体

河南省机关档案工作规范化管理先进单位

新乡市创建国家卫生城市集体二等功

新乡市创建全国文明城市工作集体三等功

新乡市创建国家园林城市集体三等功

新乡市创建国家森林城市工作先进单位

新乡市 2008 年安全生产优秀单位

新乡市城市管理局

新乡市“三八”红旗集体称号

环卫处女工委员会

新乡市“五一”劳动奖章

新乡市环境卫生管理处

全市法制工作先进集体

新乡市城市客运管理处

新乡市创建国家级卫生城市先进集体

新乡市城市管理监督中心

先进个人

全省治理自行车被盗问题专项行动先进个人

贺承生

河南省 2008 年度城市市容环境卫生行业先进个人

吴振海

新乡市创建国家卫生城市个人二等功

岳占明

新乡市创建国家卫生城市个人三等功

王国占　张京川

新乡市创建国家园林城市个人三等功

岳占明

新乡市创建全国文明城市工作个人三等功

赵　耀

新乡市创建国家卫生城市嘉奖

吴振海　贺承生　王晓昌　杨思斌

新乡市创建国家卫生城市先进个人

李培亮　鲁　杰　马鑫磊　杜国建　张振生　张卫东

新乡市创建全国文明城市工作先进个人

王国占　李　宁　杜国建　史向成

新乡市创建国家森林城市工作先进个人

贺承生

新乡市创建国家园林城市先进个人

张海路

全市安全生产先进个人

鲁　杰

全市政协提案办理先进个人

马鑫磊

新乡市直优秀共产党员

贺承生　王晓昌　沈壮新

全市“三八”红旗手、优秀妇女干部

赵　耀　安新平

国土资源管理

【国土资源管理概况】　2008 年，市国土资源局牢固树立和落实科学发展观，针对国土资源管理工作面临的新形势和新情况，着力破解信访执法难、项目用地难、项目监管难问题，努力提高资源管理和保障能力，初步构建了保护耕地的新机制、土地宏观调控机制、节约集约用地的约束机制、执法监察的共同责任机制、制度建设的长效机制。全年共争取用地指标25696亩，为省分配指标的3.5倍；新一轮土地利用规划修编核减基本农田11.7万亩，用地规模和核减基本农田数位居全省前列；耕地保护连续10年实现占补平衡，200万亩基本农田示范区项目正式启动；建立国土资源执法监察六级巡查机制，土地违法案件下降66%，信访总量下降40%；处理历史遗留违法用地4万余亩，争取各类资金2亿元，为促进新乡市经济社会发展发挥了重要的支撑和保障作用，得到了国土部、省政府、济南督察局、省国土资源厅及新乡市委、市政府的充分肯定。

（王瑞峰）

新乡市国土资源局领导成员

局　　长　于树森（2008年3月任）
　　　　　　赵世军（2008年3月离）
党组书记　赵世军
党组副书记　于树森（2008年3月任）
副 局 长　刘传伟　李世成　裴部之
　　　　　　李宇方　范玉岭
纪检组长　张保成

【耕地保护】　2008年，耕地保护目标责任层层落实，全市耕地保有量和基本农田面积稳定在681万亩和593万亩，连续10年实现耕地“占补平衡”。全年全市共争取耕地开垦项目资金4203.89万元，实施完工（含验收）国家级、市级和县级土地开发整理及占补平衡项目46个，实现新增耕地54043.1亩。原阳15万亩和封丘、辉县各10万亩基本农田示范区建设已全面启动。（王瑞峰）

【200万亩基本农田示范区建设】　根据新乡市实际情况，市国土资源局在充分调研、论证的基础上，依托原阳县15万亩、封丘县10万亩基本农田示范区和延津县全国小麦生产基地，积极谋划新乡市200万亩基本农田示范区项目。项目实施后可新增耕地7.58万亩，每年可增收粮食9.35亿斤，农民年收入可增加7.48亿元。国家粮食战略工程河南粮食生产核心区建设国土政策调研组在考察此项目后向省委、省政府反馈意见时，对新乡市200万亩基本农田示范区项目给予了充分肯定。（王瑞峰）

【重点项目用地】　2008年，市国土资源局出台《关于成立重点项目建设用地协调服务领导小组的通知》，成立了市长李庆贵任组长，主管土地和招商的副市长任副组长的领导小组。同时开辟重点项目建设用地审查报批“绿色通道”，压缩办理周期。全年上报用地38个批次，占地面积15438亩；单独选址项目4个，占地10258亩。共保障国家、省重点项目宝泉蓄能电站、新晋高速公路、新乡工业园区污水处理厂、京港澳高速新乡服务区等项目用地10258.24亩。确保了石家庄至武汉铁路专线新乡段建设征地拆迁等阶段性重点工作顺利进展，实现该项目“第一个向省国土资源厅上报报件，第一个在沿线启动拆迁”两个“第一”，受到河南省政府表彰。（王瑞峰）

【土地规划管理】　2008年，河南省政府下达新乡市年度用地计划为7365亩，为破解指标不足问题，全力保障经济社会发展需求，市国土资源局着力在加强项目用地引导、计划调控方面做文章。经过多方努力，共争取用地指标30144亩，是河南省分配新乡市指标的4倍。其中省国土资源厅砖瓦窑治理奖励计划指标1530亩，争取使用国家和省留计划指标10258亩，不占新乡市用地计划。（王瑞峰）

【土地节约集约利用】　2008年，市国土资源局组织起草了《关于大力推进节约集约用地的通知》和《关于加快处置闲置土地工作的通知》，进一步明确节约集约用地目标任务，为提高节约集约用地水平提供了政策支撑。制定下发了《新乡市闲置土地清理处置实施方案》，多次组织召开全市有关会议，督促工作落实。全市共清理处置闲置土地30宗1407.5亩，正在实施3宗62.4亩，处置率达100%。抓好存量建设用地盘活挖潜，全市共盘活挖潜存量建设用地2462.96亩。全市建成标准厂房62.8万平方米，在建34.7万平方米，解决了158家中小企业用地问题。全年共审查改制企业土地资产处置方案60余家，为35家改制企业办理了土地评估结果备案（初审），涉及土地58宗784.3亩，帮助企业盘活土地600余亩。

（王瑞峰）

【规划修编】　2008 年，市国土资源局围绕新一轮土地规划修编和二次土地调查工作，合理调整基本农田布局和建设用地布局，想方设法破解用地难的问题。经过多方努力，初步完成《新乡市土地利用总体规划纲要》(2006～2020)(征求意见稿)的编写及各项用地指标的测算工作。规划期内耕地保有量为681.38万亩，基本农田实际核减11.7万亩，基本农田保有量由原来的593.4万亩减少为581.7万亩，基本农田保护率从上一轮规划的87.1%下降为85.37%，到 2020 年，城镇建设用地增量达到22.5万亩，总增量位居全省第四。　(王瑞峰)

【举办国土资源政策法规讲座】　从 2008 年 6 月起，市国土资源局在全市范围内开展了国土资源政策法规讲座。市委、市政府以两办名义下发《关于举办领导干部国土资源政策讲座的通知》，市直各单位主要领导，各县(市、区)委书记、县(市、区)长及四大班子领导，县(市、区)直属各单位负责人，重点企业负责人，各乡(镇、办事处)党委书记、乡(镇)长，主管土地的副乡(镇)长，国土系统全体干部职工参加，讲座由市国土资源局局长于树森主讲，共举办讲座 14 场，授课 6800 余人，授课时间 36 小时。10 月 7 日和 20 日，又在市检察院和市委党校作了专题讲座，宣讲国土资源政策法规。通过授课，各级领导对依法管地、依法用地和节约集约用地观念明显转变，节约集约用地氛围日渐形成。　(王瑞峰)

【土地执法监察】　市国土资源局召开了 800 余人参加的全市国土资源系统信访稳定暨执法监察工作会议，出台了《国土资源执法监察责任追究和奖励暂行办法》，建立了从巡查人员、办案人员、执法监察队伍负责人到局包片领导、分管领导、主要领导的国土资源六级巡查机制。2008 年，全市共发现土地违法 257 起，较上年下降 66%；在及时制止情况下，共立案查处土地违法案件 168 起，较上年下降 72.46%，涉及土地面积 1354 亩，收缴罚款 1130 万元，查处率达到 100%。　(王瑞峰)

【信访工作】　2008 年，全市国土系统共接待来访群众 316 批(市局接待 125 批 324 人次)，办理各级人民群众来信 30 件，接听信访热线电话 160 余次。办理省国土资源厅和新乡市委、市政府交办信访案件 30 起，已全部结案。受理复查复核案件 31 起。信访总量与上年同期相比下降了 40%，赴省访 3 起，较上年下降 63%。六级巡查制度实施以来因违法占地引发的上访量下降了 39%。圆满完成了北京奥运会、残奥会期间信访稳定工作。　(王瑞峰)

【集中整治违法违规用地】　根据全省集中整治违法违规用地工作会议部署，2008 年 12 月 16 日，市国土资源局迅速召开了全市集中整治违法违规用地工作动员誓师大会。制定出台《集中整治违法违规用地的通知》，成立了 9 个督察组，采取日报告、零报告制度，推进集中整治行动顺利开展。截至 12 月 30 日，全市共拆除违法违规用地 169 宗，涉及土地面积 1584 亩，拆除建筑物 46395 平方米。(王瑞峰)

【二次土地调查】　市国土资源局配合省督导组对二调工作进行多次督查，2008 年 9 月 10 日，召开全市第二次土地调查工作会议，对第二次土地调查工作进行再动员、再部署。至年底，全市争取资金1983.5万元，各县(市、区)农村外业调查完成67%，部分县(市、区)城镇调查全面启动。　(王瑞峰)

【土地招拍挂】　2008 年，全市共举行招拍挂活动 9 次，出让土地 26 宗，出让面积1516.7亩，成交价款63610.2万元。工业用地出让开始实施招拍挂，共出让 4 宗，面积305.6亩，成交价款3556.9万元。　(王瑞峰)

【土地收购储备】　2008 年，市国土资源局完成 1626 亩新增储备用地报批工作，完成东牧村、沙河集团东侧、孟二预制厂、煤厂和“大三角”区域段村的土地整合及拆迁工作，征收土地 66 亩，拆迁各类建筑物 8000 平方米。精心谋划土地储备资金运作，多渠道开展融资工作，争取银行信贷支持。全年融资土地储备资金 17732 万元，收回 3 个单位欠款 1500 万元。　(王瑞峰)

【基准地价更新】　2008 年，市国土资源局首次对公共管理和公共服务用地、交通运输用地、水利设施用地、特殊用地及城镇国有划拨用地进行级别划分和基准地价评估。12 月 29 日，通过了河南省城

镇土地级别与基准地价调整更新领导小组对新乡市新一轮土地级别与基准地价调整更新成果进行的验收。（王瑞峰）

【矿产管理】 2008年，市国土资源局开展整顿和规范矿产资源开发秩序"回头看"行动，严厉打击各类违法违规行为。大力推进矿产资源储量动态监督管理工作。进一步完善落实汛期各项地质灾害防治措施，全力防治地质灾害。地质勘查项目持证率、年检率均达100%。关山国家地质公园正式揭碑开园，市凤凰山获得河南省矿山公园称号，地质环境治理、地质遗迹保护、矿山环境治理工作扎实推进。（王瑞峰）

【地籍管理】 2008年，市国土资源局对全市土地变更调查工作进行了统一部署，查清实际新增建设用地情况和实际耕地变化情况，完成全市数据复审、汇总和上报。依法进行土地确权登记，全年共办理土地登记1401宗，国有土地使用权抵押登记59宗，融资金额达到了9.3亿元。（王瑞峰）

【测绘管理】 2008年，市国土资源局积极实施基础测绘，完成了1：1000地形图测绘项目。做好全市31家测绘单位年度注册工作，基本消除了无证测绘、测绘项目非法转包等问题。不断普及测绘法律知识，2008年"8·29"测绘法宣传日，采用多种形式宣传测绘的法律法规，提高全社会的测绘法律意识。（王瑞峰）

【队伍建设】 2008年，市国土资源局认真开展"三新"大讨论和"两转两提"活动。出台了公务接待、财务管理、车辆管理、新进人员管理等一系列机关管理制度。组织局机关副科级以上以及各县（市、区）局主要领导共71人，开展了为期3天的拓展训练。参加市直单位纪念改革开放30周年大合唱，获得金奖。组织对全市2400余名干部职工进行法律知识测试，带动了全系统学习法律法规的热情，干部职工业务素质有了一定提高。（王瑞峰）

【党风廉政建设】 进一步健全完善党风廉政建设责任制内容，落实"一岗双责"，抓好责任分解、责任考核、责任追究三个环节，全面推动反腐倡廉建设；将党风廉政建设工作纳入全系统目标管理体系，制订了党风廉政建设和反腐败工作十年规划实施意见；结合贯彻落实省厅警示诫勉实施办法，组织对系统147名副科以上干部逐个进行了警示诫勉教育；深入开展廉政文化进机关活动，在获嘉县国土局召开了现场会，推广该单位经验，努力形成潜移默化的教育氛围；结合实际，制定了"三重一大"监督办法，对重大决策、重要干部任免、重大项目安排、大额资金使用实行重点管理，集体决策。加强对重点工作、重点岗位、重要环节的监督管理，有效增强了全系统廉洁自律意识。（王瑞峰）

2008年度新乡市国土资源局荣获奖项

先进集体

河南省查处土地违法违规案件专项行动先进集体

河南省信访稳定工作先进单位

河南省国土资源系统宣传信息工作先进单位

河南省国土资源科学技术二等奖

新乡市政府嘉奖

新乡市凤凰山省级森林公园建设集体三等功

新乡市国家园林城市建设先进单位

新乡市国家森林城市建设先进单位

新乡市法制工作先进集体

新乡市新农村建设"结对帮建"先进工作队

新乡市爱国卫生先进单位

先进个人

全国县市乡镇村干部国土资源法律知识宣传教育培训先进个人

于树森

河南省信访稳定工作先进个人

冯　辉

河南省查处土地违法违规案件专项行动工作先进工作者

王运福　施晓磊　许存蕊

河南省国土资源系统宣传工作先进个人

王瑞峰

河南省"三新"大讨论活动知识竞赛一等奖

高　磊

河南省"三新"大讨论活动知识竞赛二等奖

傅小彬　宋治华　杨百顺

新乡市政府记个人二等功

于树森

新乡市双拥工作先进个人

赵世军

新乡市凤凰山森林公园建设个人三等功

李世成

房地产管理

【房地产管理概况】　2008年，新乡市房产管理局深入学习贯彻党的十七届三中全会精神，扎扎实实以省委、省政府和市委、市政府重点工作为主线，按照求真务实、开拓创新、科学发展、狠抓落实、振兴房产的总体工作思路，认真落实“便民、高效、廉洁、规范”的工作目标，积极采取有效措施，全面推进各项工作，着力打造和谐服务窗口，提供高效房产服务，圆满完成了年度各项工作任务，为推动全市住房保障和房地产业的跨越发展取得了显著成效，得到了省委副书记、代省长郭庚茂的充分肯定。　（王凤民　罗　文）

新乡市房产管理局领导成员

党委书记、局长	魏尚志（兼市政府副秘书长）
党委副书记、副局长	于旭磊
纪委书记	李新茹（女）
副局长	刘培然　魏立新　杨家发 吴钦昌

【廉租住房保障】　2008年，市房产管理局制定出台《新乡市市区2008年度廉租住房实施方案》，保障范围由原来的人均建筑面积10平方米以下的城市最低收入（低保）住房困难家庭，扩大到人均住房面积12平方米以下的低收入（人均月收入低于320元）住房困难家庭，并由市区一级保障扩大到市县两级保障。租赁补贴标准由原来的每人每月每平方米建筑面积2.6元提高到4.1元，每人按16平方米保障，每人每月补贴66元，每年补贴792元。廉租住房共保障家庭14239户，市本级保障3817户，各县（市）保障10422户，其中市本级补贴906.9192万元，各县（市）补贴922.0808万元。在经济适用住房小区中开工建设廉租住房2万平方米，在全市范围内对符合条件的申请廉租住房租赁补贴的城市低收入家庭做到了应保尽保。　（王凤民　罗　文）

【经济适用房建设】　2008年，市房产管理局加大对经济适用房政策和建设项目的宣传力度。通过新乡电视台、《新乡日报》等媒体相继播报、刊登“20万平方米经济适用房”进展情况及申请购买经济适用房的条件、程序等内容。全市经济适用住房建设共完成新开工27.21万平方米，竣工18.62万平方米，完成投资28193万元；其中市区共完成新开工22.31万平方米、竣工18.62万平方米，分别是年目标20万平方米的112%和15万平方米的124%。12月17日，代省长郭庚茂带领省建设厅厅长查敏等省直有关部门负责人，到新乡康泰嘉苑经济适用房小区视察经济适用房和廉租住房建设情况，并对新乡市的保障住房建设情况表示肯定。　（王凤民　罗　文）

代省长郭庚茂在新乡康泰嘉苑经济适用房小区视察

【房地产市场管理】　2008年，市房产管理局以贯彻新的《房屋登记办法》和提升便民服务为重点，定期组织干部职工对《物权法》和《房屋登记办法》等相关法规进行学习，聘请专家为全体干部职工解读《物权法》和《房屋登记办法》中的重点内容，不断提高全体干部职工为民服务的本领，运用《新乡房地产导刊》宣传房产法规政策，每月发布《新乡市房地产市场运行情况快报》，为政府调控、企业投资、居民消费提供参考和依据。及时起草并报请市政府出台了《关于促进新乡市房地产业持续健康发展的若干意见》，从强化政府协调服务职能、大力发展住房保障、降低税费标准、加大金融信贷支持、积极推进城市旧城改造和新型农村住宅建设、加强政策调控等六个方面，提出了22项具体措施，充分发挥宏观调控和微观监管能力，推动新乡市房地产产业持续健康发展。成功举办春、秋两届房产展销会，成交房屋239套，面积2.40万平方米，金额5850.80万元，推动了住房消费和经济增长。全年共办理各类房地产权属登记20127件，承办房地产交易11820件，协征契税1.64亿元，地税1100万元。市房产管理局被授予市“优质服务单位”，市房地产交易中心被授予省“示范性服务窗口”。

（王凤民　罗　文）

【房屋产权产籍管理】　2008年，随着新的《房屋登记办法》的出台，新乡市在全省率先实施规范统一的电子“登记簿”制度。市房产管理局加快产权交易计算机信息系统的建设和管理，对业务软件进行升级，增加了电子登记簿及各类登记的工作模块，试行建立了产权产籍分布式信息管理业务的综合管理系统，建立了全市统一的房屋登记簿，规范了产权产籍管理，提高了工作效率，极大方便了企业及群众办理房产登记事项。单位还采取与各分支机构远程同进行计算机联网的模式，开展房屋登记及商品房预（销）售及商品房买卖合同网上备案工作。利用网络平台，实行网上商品房预售登记，至年底，已实现对全市60余家房地产开发企业的商品房预（销）售及商品房合同进行网上备案，有效地实施对商品房的监管，保障了群众的合法利益。

（王凤民　罗　文）

【房屋租赁市场管理】　2008年，市房产管理局加大对房屋租赁综合管理和房地产市场秩序专项整治工作，利用房展会、“3·15”宣传和“110联动”房产监察等形式先后解答政策及法律、法规咨询1500多人次，受理房屋租赁纠纷78起；检查房产开发企业98家；检查物业服务企业40家；检查中介公司60余家；查处住宅室内装饰装修2起、经济适用房4起。协助购房者退房款9起，涉及金额26万余元；做出行政处罚15起；查处直管公房房屋转租2起，增加公房收入近6万元。通过加大对房屋租赁综合管理和房地产市场秩序专项治理，有效地阻止重大案件的发生，消除了由此带来的社会不安定因素，进一步规范了新乡市房地产市场秩序。

（王凤民　罗　文）

【住房制度改革】　2008年，市房产管理局不断深化住房制度改革，全年为参加房改购房的职工建档3304户，完成房改售房评估2521户，评估发证率100%。规范集资建房76套，面积9960.59平方米，收缴集资建房综合规费55.38万元。（王凤民　罗　文）

【物业管理】　2008年，市房产管理局积极宣传《物权法》和新修改的《物业管理条例》，并把相关内容刊登在《新乡物业》上发给各物业管理企业。报请市政府出台了《新乡市住宅专项维修资金管理办法》，现已全面组织实施。全年办理物业服务公司资质34家，换证、更名15家，新创建市级以上示范小区6个，复验满三年市级以上优秀示范小区17个，新纳入物业管理面积40万平方米。针对新乡市《无主管小区（庭院）社会化管理实施意见》市房产管理局领导与相关科室多次下小区对无主管庭院的具体情况进行调研。

（王凤民　罗　文）

【直管公房管理】　2008年，市房产管理局加强国有直管公房转租检查和租金竞标工作，汛前对直管公房进行了拉网式排查，根据不同情况制定了切实可行的排险预案；修订了《新乡市房产管理局防汛工作方案》，确保了防汛器材的及时到位。全年完成房租收入170多万元，投入防汛专项资金47.98万元，完成中修以上面积3772平方米，确保了直管公房安全渡汛。

（王凤民　罗　文）

【驻村帮扶工作】　2008年，市房产管理局积极开展向困难群众、困难职工“送温暖、献爱心”活动，组织全体干部职工捐款2万多元，帮扶困难群众、困难职工、老干部100多户。认真做好新农村建设结对帮建工作，积极筹措资金11万元，为马庄、刘店、康庄、杏庄等更换变压器、新建文化广场、维修学校，得到当地群众的一致好评，市房产管理局连续两年被市委、市政府授予“新农村建设结对帮建先进单位”和“先进工作队”。（王凤民　罗　文）

【精神文明建设】　2008年，市房产管理局精神文明建设稳步推进，组织开展丰富多彩的群众性文体活动，开展了歌颂改革开放30年“诗歌朗诵会”、跳绳、拔河、跳棋、象棋、扑克牌等多种室内外比赛活动；组织房产系统干部职工举行“高歌颂辉煌”纪念改革开放30周年文艺汇演；深入开展了“新解放、新跨越、新崛起”大讨论活动，制定下发了活动实施方案及四个阶段的工作，制作标语31条，办板报25块，编发专题工作简报23期780余份，被各信息、媒体采用稿件10余篇，“三新”大讨论活动硕果累累；广泛开展拥军优属活动，“八一”建军节前夕组织系统干部职工开展了国防知识教育和参观驻新陆航团军事装备，并为驻军捐赠慰问品，进一步增进了军爱民、民拥军的情谊；四川汶川发生大地震后，局系统干部职工积极响应号召，为地震灾区捐款和交纳特殊党费，共计258014.5元，得到市委、市政府的充分肯定，先后被市委、市政府授予“市级文明单位”、“双拥工作先进单位”等荣誉。

（王凤民　罗　文）

【党风廉政建设】　2008年，市房产管理局把深入贯彻落实党风廉政建设责任制作为促进行业发展、促进行风转变的有力抓手，坚持标本兼治、纠建并举的方针，深入开展机关作风和纪律整顿，努力实现工作新突破。邀请特邀监察员、行风评议代表、有关部门领导和新闻媒体等召开“大讨论活动暨政风行风征求意见和建议座谈会”，广泛征求意见和建议；坚持抓好元旦、春节期间党风廉政建设；坚持开展警示教育，多次邀请有关领导作辅导报告和案例剖析，参观教育基地，做到警钟长鸣；强化责任倒查和追究，严格工作质量和工作纪律，对发生错案、脱岗等违规、违纪人员严肃处理；印发征求意见表646份，从思想观念、履行职责、工作作风、服务质量、廉政建设等五个方面开门评议，满意和基本满意率达97%以上，局党委荣获市“党风廉政建设责任制工作优秀单位”、“廉洁示范单位”称号。

（王凤民　罗　文）

【行风建设】　2008年，市房产管理局作为全市的窗口单位，着力于更新服务理念，创新服务模式，优化服务环境，提高服务质量，以“快、简、优”为原则，大力加强基础建设，简化和压缩办事程序，完善各项规章制度，推行政务公开措施，形成了面向社会、面向群众，多层次、全方位、高质量的管理服务体系，在服务上真正做到了“四个一样”（受理、咨询一样热情；生人、熟人一样和气；干部、群众一样尊重；忙时、闲时一样耐心）、“四个转变”（变被动服务为主动服务，变管理群众为服务群众，变单一服务为多元服务，变用力服务为用心服务），真正做到了以民为本，服务为民，受到了群众的广泛赞誉，确保了社会满意度不低于90%，2008年政风行风民主评议中，市房产管理局位居全市第13名。局党委始终坚持“面向社会、面向群众、服务社会、服务群众”为宗旨，先后12次参加市广播电台《行风热线》直播，现场答疑86（人）次，解决群众实际问题22件，荣获市“行风热线工作先进单位”。

（王凤民　罗　文）

2008年新乡市房产管理局系统荣获奖项

先进集体

河南省治理自行车被盗问题专项行动先进集体

河南省建设法制工作先进单位

河南省房地产管理先进单位

　新乡市房产管理局

河南省房屋租赁规范化管理单位

　新乡市房屋租赁市场管理办公室

河南省优质服务窗口

　新乡市房地产交易所

　新乡市房屋产权监理处

河南省省级文明单位

　新乡市房屋产权监理处

　新乡市房屋修缮建筑安装工程公司

河南省房地产市场管理先进单位

　新乡市房屋产权监理处

河南省房地产交易与登记规范化管理单位

　新乡市洪门房产管理所

河南省房屋租赁管理先进单位

　新乡市房屋租赁市场管理办公室

　新乡市洪门房产管理所

河南省安全文明工地

河南结构中州杯工程

　河南正大建筑有限公司

新乡市拥军优属拥政爱民工作先进单位

新乡市信访工作先进单位

新乡市新农村建设结对帮建先进单位

新乡市奥运期间信访工作先进单位

新乡市《行风热线》节目先进单位

新乡市完成重点工作先进单位

新乡市政务信息工作先进单位

新乡市政风行风建设先进单位

新乡市行政事业单位资产清查工作先进集体

新乡市争取资金争取项目工作成绩突出单位

新乡市优质服务单位

新乡市房产管理局

新乡市法制工作先进集体

新乡市房产管理局

新乡市房屋租赁市场管理办公室

新乡市厂务公开民主管理先进单位

新乡市优秀行政执法案卷单位

新乡市房屋租赁市场管理办公室

新乡市学习型组织标兵单位

新乡市“五一”劳动奖状

新乡市五好基层党组织

2006～2007 年度纳税信用等级 A 级单位

新乡市房屋产权监理处

新乡市市级文明单位

新乡市房地产交易所

新乡市优质服务窗口

新乡市房地产管理中心

先进个人

河南省建设法制工作先进个人

魏立新　郭雁军　许明军　祁继承　贾役兵

河南省房屋租赁管理先进个人

贾役兵　茹美菊（女）

河南省治理自行车被盗问题专项行动先进个人

毛玉琴（女）

新乡市法制工作先进个人

魏立新　祁继承

新乡市新农村建设先进工作者

李季香（女）

新乡市优秀党务工作者

郭　荣（女）

新乡市《行风热线》直播节目先进个人

王风民

新乡市优秀党员

蒿廷栋　赵光海

2008 年度新乡市物业管理住宅小区创优达标情况

河南省省级物业管理优秀住宅小区

鑫源小区（新乡市嘉禾物业管理有限公司）

辉龙阳光城名苑（河南辉龙物业管理有限公司）

亿隆国际城（长垣县嘉和物业管理有限公司）

河南省物业管理先进企业

新乡市新电物业管理有限公司

河南辉龙物业管理有限公司

新乡市物业管理优秀住宅小区

长垣县天诚物业管理有限公司“锦绣钻石城”（长垣县）

长垣县长城物业管理有限公司“长城人家”（长垣县）

长垣县长城物业管理有限公司“盛世人家”（长垣县）

新乡市现代物业管理有限公司“溥城花园”（红旗区）

新乡市安康物业管理有限公司“安康新城”（红旗区）

新乡市旭日物业管理有限公司“锦绣国际花园”（获嘉县）

新乡市物业管理先进单位

深圳世纪开元新乡分公司

长垣县房管所

新乡市卫滨区城建局

新乡市开发区房管办

新乡市电业局物业管理公司

河南建业物业管理公司新乡分公司

河南辉龙物业管理公司

新乡市倍思特物业服务有限公司

新乡市博筑房产物业管理公司

原阳嘉禾物业管理公司

新乡市广厦物业管理公司

新乡市安康物业管理公司

新乡市美大物业管理公司

新乡市公安局生活服务中心

新乡市物业管理先进个人

闫耀宪　王国勇　赵　方　岳林峰　李同社
高　瞻　李　丽　刘慧俊　常生菊　齐秀云
杨继山　徐艳红　李双强　李海鸥　吴　泰
荆　旭　逯海滨　王运州　耿秀珍　苑春平
李家祥　刘　勇

房地产开发

【房地产开发概况】 2008年，新乡中房统建（集团）有限公司党委以邓小平理论和“三个代表”重要思想为指导，以实践“新解放、新跨越、新崛起”为主题，继续解放思想，坚持科学发展，破解制约发展的难题，积极探索，大胆创新，使改制后的公司步入了良性发展轨道，职工素质得到了进一步提高，公司业绩得到了进一步的提升，全年在建工程30万平方米，开发工作量2.3亿元，为新乡市房地产事业做出了突出贡献。（张春杰）

新乡中房统建（集团）有限公司领导成员

董事长、党委书记、主任（总经理）　王节臣
副总经理　杨顺堂　马永胜
党委副书记　杨红霞
总会计师　徐泽智

【维多利亚城项目交工】 2008年，由于国家实行紧缩的经济政策，全国房地产市场陷入了困境，主体已竣工的维多利亚城项目在后期水、电等配套设备建设上遇到了前所未有的困难，房屋滞销，购房户大都在观望房地产市场的走势，企盼房价下降，同时由于前期与北京建谊公司合作，中途北京建谊公司退出合作，又必须按期归还其投资款。在这种内外交加的困境下，新乡中房统建公司全体职工群策群力，想方设法加大融资力度，建设的8栋高层楼终于在10月份全部竣工。（张春杰）

【抗震救灾】 2008年5月12日，四川汶川发生8级大地震。灾情发生后，新乡中房统建（集团）公司及时召开职工大会，号召全体职工捐款10270元，全体党员积极响应市委号召，缴纳特殊党费23800元，维多利亚城项目在资金困难的情况下，捐款10万元。（张春杰）

【开展“新解放、新跨越、新崛起”大讨论活动】 2008年，根据市委要求，新乡中房统建（集团）有限公司党委对“新解放、新跨越、新崛起”大讨论活动进行认真部署，要求全体职工思想上高度重视，学习讨论不走过场，查找问题准确到位，落实整改富有成效。活动中结合单位实际，认真总结单位改制以来存在的思想观念陈旧落后、作风不硬、标准不高、相互攀比、不思进取、疲沓拖拉、纪律观念差、工作效率低等方面问题和不足。针对以上不足，划分责任，进行了限期整改，并就整改情况进行了群众评议，效果反映良好。通过大讨论活动的开展，公司面貌焕然一新，形成了“心齐、风正、气顺、劲足”的干事创业氛围。（张春杰）

【信访稳定工作】 2008年，新乡中房统建集团有限公司将信访稳定工作列入党委工作的重要议程，认真落实信访工作领导责任制，定期排查不稳定因素，着眼及早发现矛盾和化解矛盾，突出办结信访案件，注重完善信访稳定工作的长效机制，全年共收到信访案件14件，其中12件得到解决，另外2件通过法律诉讼正在解决。全年没有发生恶性上访和影响全市形象的问题，为维护全市的社会稳定做出了积极贡献。（张春杰）

城市园林绿化

【城市园林绿化概况】 2008年，新乡市园林绿化管理局以科学发展观统领全局，以园林建设和管理为主要目标，认真学习贯彻党的十七大精神，开展“新解放、新跨越、新崛起”大讨论和“讲奉献、树新风”主题教育活动，围绕“创建国家卫生城市、国家森林城市、国家文明城市”三创中心工作任务，狠抓管理，确保国家园林城市标准不下降，园林系统全体干部职工扎实工作，克服困难，努力拼搏，圆满完成了与市建委签订的责任目标和上级交办的各项任务，为新乡市城市建设和经济发展做出了积极的贡献。2008年2月建设部授予新乡市为国家园林城市，市园林绿化管理局曾多次受到省建设厅、市委、市政府和建委的表彰。（杨柳成）

新乡市园林绿化管理局领导成员

党委书记 张新明
党委副书记、局长 王金虎

【社会绿化】 2008年，各城区按照市政府的工作部署，抓住春季义务植树大好时机，大力开展春季绿化植树活动。红旗区完成了赵定排、东孟河、南环路、骆驼湾林带及东大街、驿后街等15条街巷绿化任务，新植、补植乔木3万株，灌木3万株；卫滨区在赵定排、四干渠、西环路新植、补植乔木5.2万株、灌木0.2万株；牧野区在共渠北岸、新辉立交桥、北环路新植补植乔木6.7万株，灌木2.2万株；开发区在化工路、振中路、赵定排新植、补植乔木1609株，灌木2.3万株；凤泉区在锦园路、宝山路、团结路新植补植乔木2万株，灌木3.1万株。共完成义务植树乔木17.06万株，灌木10.7万株，草坪2.5万平方米，绿篱2110米。同时，市园林绿化管理局组织专业技术人员到卫辉市、长垣县对其创建省级园林城市（县城）工作进行技术指导，配合建委对卫辉市、长垣县的园林单位、园林小区、达标公园、达标道路进行了验收，帮助他们在2008年11月顺利通过了省级园林城市（县城）检查验收，有力地推动了新乡市创建省级园林城市（县城）工作的进程。为迎接国家林业总局对新乡市创建国家森林城市工作的验收，市园林绿化管理局克服了管理面积大、分布广、绿地督察任务重等困难，坚持每天不间断在各区管绿地督察巡视，发现问题及时督促整改，共发出“绿地管理整改督办通知”20件次。为迎接“三创”验收和北京奥运会的成功举办，组织各区及园林系统各单位举办花展。共布展6个区，22个景点，鲜花33.64万盆。 （杨柳成）

【道路绿化】 2008年，市园林绿化管理局组织市绿化工程管理处等单位，实施了新飞大道道路西侧绿地的改造，新飞大道南段杨村西侧绿地改造及行道树花坛、绿篱的补植补栽等工作。共完成种植乔木1109株，花灌木3.1万株，草坪2万平方米，季节性草花、美人蕉等1.2万株，清运垃圾杂物废土等2000立方，回填土方300立方。全年应急处理倒伏树木30余株，扶正行道树80余株。配合道路改造，将北干道西段167株近40年树龄的悬铃木东移。在向阳路，通过土层改造新植金叶女贞8800株。配合市政府投资评审中心，完成对市区新移交道路绿化面积的实地普查和新移交的52万平方米道路绿地的招标工作；组织完成新中大道、牧野大道、新二街等6条道路的绿化工程和新中大道道路花坛管道安装工程的招标工作；组织完成市区19条道路绿地养护管理的招标及新建道路绿化工程设计、监理的招标工作。 （杨柳成）

【公园游园管理】 2008年，新乡市区各公园以巩固创建成果，提升公园档次和品位为目标，进一步加强综合整治和建设。市人民公园抓住春季有利时机，在公园内栽植乔木269株，花灌木6000株；在办公院东侧，沿河等地段栽植麦冬、常青草、白三叶等草坪5450平方米。“五一”、“十一”花展期间，分别在东、西、南门广场和园内花坛等地段摆放黄金盏、三色堇、紫罗兰、虞美人等花卉3万余盆。同时还在体育休闲广场补植补栽月季230株，金叶女贞600株，龙柏330株，常青草、白三叶等草坪2600平方米，新植和补植红叶李、剑麻778株，黄杨球、法桐、大叶女贞等21株，更新草坪350平方米，高标准精修细剪植物模纹，使其充分体现出园艺品位。广场卫生全天保洁，垃圾日产日清。为解决公园大环境卫生保洁问题，人民公园组织人力及时清理卫生死角，打捞河面漂浮物，更换和清洗垃圾箱，清理东南门迭水池。对全园的下水管道内、公厕等进行药物消杀；对有蚊蝇滋生的水源投撒药物，彻底消除了蚊蝇幼虫，确保顺利通过了国家卫生城市的验收。市平原公园充分发挥本单位的优势和公园特点，举办了公园国庆花展和第十届菊花展，在公园门前广场围绕主题雕塑，采用菊花、时令花草、盆景、花钵，组成“和谐新乡”图案，歌颂伟大祖国改革开放30年人民安定祥和的幸福生活。菊源全部由平原公园自己培育，整体布展新颖、美观，为新乡市民提供了一个环境优雅的场所。市牧野公园进一步完善各项管理制度，逐步走上规范化、制度化、科学化的管理轨道。2008年，完成春季移栽美人蕉4050株，葱兰400平方米，红花咋浆草1617平方米，补栽绿篱3600株，月季300株；全年音乐喷泉表演230次，配合新乡市创卫全年迎接各类检查59次。卫河公园、向阳公园、夏荷公园、儿童公园根据本单位工作实际，加强和完善各项管理制度，及时进行乔灌木、花草等植物的补植补栽工作，并做好各类植物的浇水、施肥、锄草等管理工作。（杨柳成）

【圃地管理】 2008年，坚持科学繁殖、科学育苗，充分利用现有的土地多育苗，育好苗，圆满完成了当年各项繁育任务，全年共繁殖悬玲木、红叶李、木槿、垂柳、棕榈等22个品种8.6万株，引进五角枫、木瓜、红叶碧桃、雪松15个品种1.9万棵，竹子5个品种30株，鸢尾4个品种100株。引种麦冬6000平方米。繁育草花一串红、万寿菊、长春花等7个品种10.2万盆，浇灌改造土地80亩。盆景园引进培育法桐、栾树、国槐等5个品种5000株，大叶女贞、金叶女贞、黄杨2万株，扦插月季3万株，引进培育高档花卉盆景6000盆，孔雀草和服鸡冠3万盆，羽衣甘兰2万株。归并圃地苗木2000株。花圃对大田、花房、两个草花组定岗定任务，全年共完成繁殖扦插苗木10个品种5万株，培育苗木10个品种1.1万株，培育草花10个品种12万株。（杨柳成）

【园林科技】 根据城市道路绿化建设要求和以人为本的原则，市园林绿化管理局完成了市区解放路、宏力大道、区府路、新一街、人民东路5条新建道路绿化方案设计与施工图设计；完成了东出入市口（107环岛、金穗大道）、新中大道（华兰大道—南环路）、新长北线（京珠高速—东三干渠）、西出入市口（西环路—西孟河）的绿化改造（新建）方案。完成了新中大道（北环路—济东立交桥）、牧野路（荣校路—建设路）等6条新招标道路的标前答疑及施工现场指导、质量监理、验收等工作。（杨柳成）

2008年度新乡市园林绿化管理局荣获奖项

新乡市创建全国文明城市先进集体

全市未成年人思想道德建设工作先进集体

新乡市创全国卫生城市先进集体

河渠管理

【河渠管理概况】 2008年，新乡市河渠办深入学习贯彻党的十七大精神，全面落实科学发展观，以管理精细化、工程精品化、队伍规范化为目标，开拓创新，锐意进取，全面提升河渠管理水平，积极实施水系景观工程建设，努力建设高素质的干部队伍，开创了河渠管理、治理工作的新局面，为全市经济发展、构建和谐社会做出了重要贡献。（张玉莲）

新乡市市区河渠综合管理办公室领导成员

主　任　杨新锋（2008年3月任）

　　　　　侯文先（女，2008年3月离）

副主任　李国忠　苏建功

【河渠管理工作】 2008年，河渠办紧紧围绕精细化管理工作目标，明确标准，规范管理，使河渠管理的品位和档次显著提高。一是全面部署，精细管理。（一）召开了河渠精细化管理工作动员大会，使大家提高了认识，明确了任务；（二）制定下发了《创建国家卫生城市长效管理实施意见》、《市河渠办绿地、水面、广场道路及设施养护管理考核办法》、《市河渠办4050河管员管理暂行办法》，使河渠精细化、规范化管理有章可循、有据可依；（三）对照标准，从严从细开展工作，对政府网和“数字城管”通报的问题，积极行动，认真整改，结案率基本保持为100%。二是建立长效管理机制。办公室上至领导下到一般工作人员，人人都有责任段，都有明确的任务。各管理处根据各自的实际情况，制订出了相应管理细则，确保每一片绿地、岸坡、水面都有人负责管理，切实做到了横向到边，纵向到底，全覆盖、无缝隙。三是严格考核，奖惩兑现。按照一切工作联责任，一切责任联奖罚的原则，出台《日检查、周督查、月评比方案》，加大了日常督查和管理力度，建立督查工作台帐，每月组织人员认真考核评比，考核结果直接与各处正副处长的工资

挂钩，鼓励先进，鞭策落后，充分调动大家的积极性，促使河渠管理再上新台阶。（张玉莲）

【牧野湖一期工程建设】 牧野湖是新乡市水系景观建设的一项重点工程，该工程西起牧野拱桥东至牧野路，北以现有的防洪通道为界南至平原路，总占地面积334亩，水面面积167亩，总投资3300万元。市委书记吴天君要求：要把这一工程建设成为新乡市水系景观工程的一个重要节点、亮点。按照市领导的指示，河渠办全力以赴，强力攻坚，各方面工作进展顺利。投入资金600万元，完成知音幼儿园的拆迁；基本完成Ⅰ期工程70余万方多余土方外运任务；修订完成了牧野湖的总体规划和施工图设计；完成了左岸景观工程招标，并于6月中旬开工建设，至年底，已完成工程量的75%；完成了牧野湖右岸排水工程的招标，并于7月中旬开工建设，已完成工程量的95%；右岸景观工程三个标段于10月底完成招标，其中具备条件的一标段已进场施工。至年底，完成投资约1500万元。（张玉莲）

【卫河西高村枢纽景观工程】 此工程位于卫河、西孟姜女河交汇处，在已建船闸、橡胶坝、卫河与西孟水系连通等工程的基础上，进行景观建设，打造新的卫河景观亮点，为市区西部居民提供了高档休闲娱乐场所。工程于3月开工，9月主体工程完工，完成投资350余万元。（张玉莲）

【赵定排（人民胜利渠—东孟姜女河）开挖整治工程】 此工程总长14.8公里。按照市政府工作部署，以每公里市政府补助30万元的方式，分别由卫滨区、开发区、红旗区、牧野区作为责任单位按照各辖区所占长度进行开挖整治。各责任单位克服土地、拆迁以及资金短缺等重重困难，于2008年6月全部完成开挖整治任务，并保证了两次“创卫”验收时施放清水任务的圆满完成，完成投资补助资金441万元。（张玉莲）

【人民胜利渠五孔闸改造工程】 此工程3月开工，5月竣工，完成投资50余万元。工程的完成，实现了人民胜利渠五孔闸上下游水位控制的功能，为向赵定排和西孟姜女河输送清水奠定了基础。（张玉莲）

【人民胜利渠护栏改造工程】 此工程北起双洋灰桥南至解放桥，全长4公里，2007年11月开工，2008年5月竣工，总投资230余万元。（张玉莲）

【安全生产工作】 2008年，河渠办对安全生产工作非常重视，把它作为一项经常性工作常抓不懈。一是经常进行安全普查，在沿河要害部位书写警示标语439条、悬挂警示牌23块；二是投资4万余元对东闸屋顶及配电设施进行维修，投资2万余元对5座橡胶坝进行了改造，消除了安全隐患；三是汛前对所辖河渠进行全面排查，对险工进行维修，对闸、坝、泵站进行检修调试，确保上游来水和市区涝水及时下泄，为新乡市安全渡汛作出了贡献。（张玉莲）

环境保护

【环境保护概况】 2008年，新乡市环境保护工作坚持以科学发展观为指导，以开展“新解放、新跨越、新崛起”大讨论活动和落实“两转两提”为契机，以污染物总量减排为主线，以解决危害群众健康和影响科学发展的突出环境问题为重点，积极采取重点流域区域行业环境综合整治、加强环保基础设施建设、严格环境准入、加强生态环境保护、强化环保执法等多项措施，齐心协力，努力拼搏，圆满完成了各项目标任务，环境质量得到持续改善。（杨济公）

新乡市环境保护局领导成员

党组书记	唐艳青（女）
局长	唐艳青（女，2008年12月离）
局长、党组副书记	路文忠（2008年12月任）
党组副书记	陈　奇
党组成员、副局长	张广武　周建民　张念钊 李纯茂　陈　科　任春明 田红星（2008年4月任）
党组成员、纪检书记	魏传英（女，2008年12月离） 郝慧新（女，2008年12月任）
副局长	刘　浩

【污染减排稳定达标】　2008年，全市上下高度重视污染减排工作，团结一心，齐抓共管，确保污染减排稳定达标。领导重视。市委、市政府和市环保局领导高度重视污染减排工作，多次召开会议进行专题研究部署。2月15日，召开全市节能减排大会，各县（市、区）长向市长李庆贵递交主要污染物总量减排目标责任书；3月20日，市长李庆贵专门听取节能减排工作汇报，认真分析节能减排工作的形势和任务；4月15日，召开全市节能减排督察工作会议，通报一季度减排工作进展情况；7月2日，召开"迎奥运 促减排"严厉打击环境违法专项行动动员会；12月2日，召开环境目标及减排工作督查会，市环保局局长唐艳青就2008年新乡市的减排任务完成情况作详细通报，并对减排工作遇到的困难和矛盾以及存在的问题提出解决办法，有力地促进减排工作的落实。加强督导。6月12日和13日，市长李庆贵、副市长王保旺亲临减排工程一线，分别对污水处理厂建设和运行情况进行督查。超常举措。为加强对减排工作的统计、监测和考核，3月22日主要污染物总量减排培训班开课，环保部总量减排综合处处长黄小赠、副处长张震宇、副研究员田自强博士应邀为参加的学员进行授课；8月26日，经市政府批准，市环保局增设全省唯一的主任为副处级领导干部担任的污染物总量控制办公室。强化指导。新乡市先后印发《新乡市人民政府关于印发〈新乡市单位GDP能耗统计指标体系实施办法〉等六个办法的通知》（新政〔2008〕4号）；《新乡市人民政府关于印发新乡市节能减排工作部门职责分工的通知》（新政〔2008〕29号）；《新乡市人民政府关于印发新乡市2008年度主要污染物总量减排实施方案的通知》（新政〔2008〕79号）；《新乡市人民政府办公室关于印发新乡市节能减排工作目标分解表的通知》（新政办〔2008〕15号）等文件。确保完成。至年底，全市完成COD减排量3.35万吨，SO_2减排量4.49万吨，分别占年度任务的155.4%和143.6%。（杨济公）

【责任目标全面落实】　一是地表水环境质量。据《河南省环境质量目标监测通报》，至12月31日，新乡市5条省控河流出境断面水质COD、氨氮综合达标率分别为84.5%、90.1%，达到70%以上达标率的目标要求。二是城市集中饮用水源地水质。2008年新乡市城市集中饮用水源地水质达标率保持100%，达到96%以上达标率的目标要求。三是城市大气环境质量。新乡市城市空气环境质量全年优良天数为335天，占总天数的91.5%，超额完成293天以上优良天数的目标要求。（杨济公）

【综合整治】　2008年，市环保局领导高度重视全市环境的综合整治工作，切实加强领导，采取有效措施，进行综合整治。突出卫河流域综合整治。2月底，市政府批准了市环保局编制的《2008～2010年新乡市卫河流域整治方案》。列入关闭的卫辉市稻香纸业有限公司、新乡市双友纸业有限公司、新乡县七里营二村第二造纸厂、辉县市罗召纸业有限公司4家企业已全部关闭到位；河南新乡刘店纸业有限公司4月份已停产，其亚铵法麦草制浆生产线和新乡新亚纸业集团股份有限公司6.85万吨半化学制浆生产线已拆除到位。进行深度治理的31家企业中27家工程完工，4家企业停产治理。强化饮用水源保护区管理。新乡市列入"十一五"海河和黄河中上游流域水污染防治规划的38个项目，完成26个，完成率达到68.4%；编制完成《新乡市饮用水水源地环境保护区划》、《城市饮用水水源地保护规划》；列入整治任务的西郊沉沙池周围养殖场已全部搬迁；新乡市监狱排污口改建工程已完成；贾太湖东侧餐馆已取缔；贾太湖北侧赵村陵园已拆除，提前完成饮用水源保护区各项整治任务。狠抓大气污染防治。突出完成小石渣企业的关闭整治工作，辉县市61家小石渣企业按要求分别在破碎、筛分和石粉料仓处安装有袋式收尘器和喷淋设施，15家企业断电停产；卫辉市36家小石渣企业中21家进入规划区内，没有进入规划区内的15家企业已停产到位；牧野区12家小石渣企业，全部整治到位。加快燃煤机组脱硫改造。2008年，关闭新乡市新星水泥厂等企业的自备电厂火电机组；完成新乡市河南新中益电力有限公司和未列入关停计划的自备电厂脱硫工程建设，形成二氧化硫减排能力16200吨。同时，加大对已建成脱硫设施运行情况的全过程监管，确保二氧化硫减排任务的完成。（杨济公）

【环保专项行动】　2008年，市环保局以省政府52号令为指导，根据市政府安排，4月16日至6月5日，在全市范围内开展为期50天的整治违法排污企业"利剑"行动。行动中，出动人员3600人次，检查企业3819家，查出违法企业318家，依法关闭取缔违法排污企业146家，责令停产整顿32家，并处经济处罚，限期治理132家，深度治理8家。此外，还相继开展了“环境综合整治回头看”、“敏感区域环境污染整治”、“整治违法排污企业保障群众健康”等环保专项行动，严厉打击违法排污企业，确保环保质量不断提高。（杨济公）

【环境影响评价】 2008年，市环保局严格执行建设项目环境影响评价和“三同时”（同时设计、同时施工、同时投产）制度，严格限制“两高一资”（高耗能、高污染和资源性）项目，积极推进规划环评工作落实。全年审批建设项目638个，否决或调整不符合产业政策和环保要求的建设项目15个，查处未批先建的建设项目217个；验收竣工项目180个，“三同时”执行率100%；13个产业聚集区被列入省政府规划中，其中1个产业聚集区规划环评已被省局审批，6个正在编制环评报告书。（杨济公）

【污染源普查】 按照国家和省普查办的统一部署，2008年1月，新乡市选聘培训1528名普查员和普查指导员，做到持证上岗；3月开始全面入户登记调查。落实普查经费279万元，完成4319家工业源、3030家生活源、8家集中式污染治理设施、29468家农业源的数据填报、审核、录入和汇总上报工作。（杨济公）

【重大项目服务有力】 2008年，新乡市争取国家、省环保专项资金2184万元，资金总额居全省前列；市本级投入治理资金1000余万元；坚持“有限指标保重点、一般项目靠挖潜”的原则，先后深入省100户重点工业企业、50户高成长企业和市80户重点工业企业，主动了解企业的环保需求，现场办公，跟踪服务；积极推进市重点项目申报、建设和资金争取工作，全年全市争取新增1000亿元中央资金3.26亿元。（杨济公）

【生态环保】 2008年，市环保局认真落实全国、全省农村环境保护会议精神，继续实施农村小康环保行动计划，加大农村环境保护工作力度。完成辉县市国家级生态示范区建设；6个乡镇编制完成环境优美小城镇规划；12家畜禽养殖企业完成污染治理任务；11个省级生态文明村创建成功；按照省环保局印发的《河南省土壤污染状况调查实施方案》要求，完成土壤样品分析，充实农村环保基础数据库；秸秆禁烧工作全面展开，秸秆综合利用率达92.14%。（杨济公）

【城市创建】 2008年，市环保局按照市委、市政府的要求，积极推动“创建国家环境保护模范城市”工作，广泛征求意见，年底前完成“创模”规划编制工作，标志市“创模”工作正式启动；以创卫、创园林、创森林、创文明、创旅游城市为载体，采取有力措施，切实解决城市环境保护工作的重点和难点问题。（杨济公）

【辐射管理】 2008年，市环保局组织完成40家涉源辐射单位辐射安全许可证的办理和140家射线装置单位辐射安全许可证的办理，当年产生的放射性废源、废物全部安全送贮，共送贮废源67枚。加大对全市200多家辐射工作单位的安全监管，确保新乡市辐射环境安全。（杨济公）

【固体废物管理】 2008年，市环保局对60家产生危险废物和从事贮存、利用、处置危险废物经营活动的单位建立台账；严格执行季报、年报制度和危险废物转移联单管理办法，全年转移危险废物共计3家6批91吨；加强污泥的管理，对全市所有城市污水处理厂和96家企业污水处理设施产生污泥情况进行了全面调查和妥善处置，防止发生二次污染；完成61家二恶英持久性有机污染物排放源的调查；开展医疗废物处置专项检查，确保医废处置中心的稳定运行。（杨济公）

【监管体系日渐完善】 2008年，新乡市建成4个大气环境质量自动监测站，3个省控河流断面和两个市控河流断面在线监控站，基本完成市级和两个县级在线监控平台建设；56家国控、省控重点企业和污水处理厂排污口安装了自动在线监测装置，并与省、市环保部门联网；39家重点企业完成在线监测设备比对并通过验收。（杨济公）

【环境信访办复率高】 2008年，市环保局办理人大建议2件、政协提案8件、领导重要批示件和上级批转件126件、行风热线52条，办复率均为100%；接待群众来访47批54人次、受理来信22封、举报、投诉（含创卫指挥部督办、110和12369

投诉电话）673件，办复率均为98%；组织了7次环境大接访活动，参加接访1500余人次，其中省环保局领导28人次，市（县、区）领导35人次，市环保局领导80人次；出动执法车辆90余台次，现场执法140余件，移交其他部门40余件，处理率达100%。（杨济公）

【环保宣传】 2008年，市环保局组织开展纪念“6·5”世界环境日活动；制作展板215块，标语横幅50条，散发宣传资料1.5万余份，免费向市民发放环保购物袋1万个；启动2008年度“新乡环保行”活动；开展了“绿色创建”活动；命名32家市级“绿色学校”和1家“绿色社区”。（杨济公）

【环保队伍建设】 2008年，市环保局强化党风廉政建设，始终坚持把党风廉政建设和反腐败工作纳入整体工作格局，同环保工作一起谋划、一起部署、一起落实、一起检查、一起考核；扎实开展“新思想、新跨越、新崛起”大讨论活动和反腐倡廉教育月活动；组织党员以促进污染物减排、“创模”等为主题的经常性思想教育活动，党风廉政建设成效显著，市环保局被市委、政府授予党风廉政建设责任制优秀单位称号。加强政风行风建设。实行政风行风建设责任制，加强行政服务大厅“窗口”建设，公开行政许可事项的工作流程，明确受理条件、审查过程、承诺时限、监管措施等，规范管理，接受监督，树立环保部门的良好形象。大力推进精神文明建设活动。在“5·12”四川省汶川地区发生特大地震灾害后，积极组织广大干部职工向地震灾区捐款捐物，为灾区捐款13.1万元（其中含交纳“特殊党费”10.2万元）。（杨济公）

2008年度新乡市环境保护局荣获奖项

先进集体

新乡市凤凰山森林公园建设义务植树先进单位

新乡市新农村建设结对帮建先进单位

创建国家卫生城市工作集体二等功

凤凰山森林公园建设工作先进单位称号

先进个人

新乡市创卫工作二等功

唐艳青

新乡市创卫工作三等功

张广武　李纯茂

新乡市凤凰山森林公园建设三等功

张念钊　王永艳

创建园林城市工作三等功

刘浩

创建园林城市工作先进个人

高锦柏

新乡市平安建设先进个人

陈玲玲

摄于1993年

摄于2007年

清淤治污——卫河巨变

交通·邮电

铁路运输

【铁路运输概况】　新乡车站位于新乡市健康路367号，中心里程为京广线K598＋271，新焦线及新菏线K0＋000处，是京广、新焦和新菏3条铁路线交会处，是亿吨通道与京广干线相交的支点，是晋煤外运的南通道咽喉。站场布局为客场、北运转场、南运转场纵列，货场在北运转场东侧，车站全长8.7公里。技术性质为区段站，业务性质为客、货运站，等级为一等站甲，归新乡车务段管理。主要担负着京广、新焦、新菏4个方向的客、货列车的接发、解编作业等技术作业和客、货运输任务。机关设有综合办公室、安全技术室2个行政科室，下属客运、货运、南运转、北运转、装卸、行包、旅服、多经、集经、运输代理公司共10个车间部门，全站共有生产班组22个。下属党支部12个，其中代管1个、党小组56个。工会下属支会10个、工会小组49个，团总支下属支部5个。

2008年末职工总数1605人，其中女职工469人，干部103人，工人1502人；共产党员510人，共青团员85人。干部文化程度：本科17人，大专82人，中专5人，高中及以下8人。职工文化程度：大专以上211人，中专52人，技校50人，高中636人，初中及以下705人。主要工种：车站值班员16人，助理值班员97人，调度员18人，调车长20人，连结员28人，制动员97人，扳道员（长）60人，信号员（长）23人，驼峰作业员18人。　（郭　倩）

新乡车站领导成员

站　　长　郑彦武
副 站 长　薛功炜（2008年5月离）
朱坤山（2008年5月离）
武宗保（2008年5月离）
朱北江（2008年5月离）
薛梅英（女，2008年6月任）
郑新军（2008年5月任）
冯东升（2008年6月任）
党总支书记　李跃进
工会主席　王　勇（2008年5月离）
薛梅英（女，代）

【安全生产】　2008年，面对冰冻灾害、抗震救灾、奥运安保、集中修施工等严峻考验，新乡车站始终坚持“安全第一”的思想，围绕黄金周、暑运、冬春运、军运、专特运等重点任务，强化干部包保和现场盯控；认真落实安全逐级负责制，实行安全“差点”公示，完善安全管理、监督考核、责任追究制度；加强高站台旅客乘降组织，确保旅客乘降安全；严把非正常情况下接发列车、调车作业、货物装载加固、施工安全、职工人身安全以及路外安全关键；重点抓好站区更换道岔等大型施工，制定严密的施工安全技术组织措施，全部安排业务技术过硬的干部上岗盯控，主要行车工种实行双岗，确保了施工的绝对安全；全面加强客场平过道、消防、季节性等各项安全工作，定期组织职工开展非正常接发列车模拟演练，深入开展春秋检、安全生产月、安全生产隐患排查治理和安全大检查大整治活动，抓好督查督办，多次组织夜巡和突击检查，及时发现、解决问题，确保了提速安全持续稳定。截至2008年12月17日，车站顺利实现安全生产5000天，取得安全历史最好成绩。新乡车站北运转车间职工于安庆被郑州铁路局评为“安全功臣”。

（郭　倩）

【运输收入超额完成】　2008年，新乡车站的运输经营指标起点高、增幅大，面对艰巨的增收任务，一方面大力实施以“客”补“货”战略，紧紧抓住“两运两节”增开临客的有利时机，加大宣传力度，增加售票窗口，鼓励职工多发售异地票和复用车票，积极组织开行棉农专列，认真做好新老兵运输组织，千方百计挖潜扩能，增加客运收入。另一方面，克服停办、运能不足、去向受限等不利因素，大力实施运输旺季抓大宗，淡季抓季节性物资的经营思路，密切与运输大户联系，积极拓展新增货源，优先保证高运价、远距离的货物运输，为重点物资开设专运通道，如抗震救灾物资及救援部队的运输。加强与上级有关部门联系，落实装车计划，合理编制调车作业计划，实行快取快送，提高运输效率；签订路风包保责任状，设立路风举报电话，主动接受旅客、货主的监督，为吸引客流、增加货源创造良好的外部环境。2008年全站共完成运输收入3.4亿元，同比增幅24.8%。其中客运收入1.87亿元，货运收入1.53亿元；发送旅客437.43万人，发送货物140.93万吨。　（郭　倩）

【运输组织】　2008年4月1日，提速调图后，列车的追踪间隔时间缩短，动车组的开行，客货列车速差加大，列车对数增加，其中车站相邻的新乡—月山、新乡—郑州两个区段的列车对数分别达到147对、135对，成为全路运输最繁忙的运行区段之一。针对运能饱和、任务高负荷的情况，职能部门深入现场调查研究，加强对制约车站能力关键环节的攻关，及时清理影响运输效率的土政策，提出多项提高车站通过能力的好建议；严格按照要求落实《侯月通道运输畅通有关问题的会议纪要》，认真抓好运输分析，并把畅通做为每天交班分析会的重要内容，对影响效率的问题进行追踪调查，落实到人，并做好各车间之间的协调配合，及时制定整改措施，优化作业方案，大力提高作业计划质量和兑现质量，最大限度地挖掘运输潜力。2008年，车站日均办理车达到22856车。　（郭　倩）

新乡车站抢装绵阳地震灾区安置点救灾物资

【职工队伍保持稳定】　2008年，新乡车站各级组织紧密围绕构建和谐车站的宗旨，牢固树立为生产、为职工服务的意识，坚持为职工办好事、办实事，解决职工群众的后顾之忧。一是实施暖心工程。车站领导主动与困难职工结对子，定期进行家访、谈心、帮困、解难；认真落实“三不让”（不让一名职工家庭生活在贫困线以下，不让一名职工子女上不起学，不让一名职工看不起病）承诺，发放救助金，解决职工“生活难、看病难、子女上学难”等问题；二是改善现场环境。对现场部分岗点老化的电线路进行改造，对老化的暖气管道进行维修更换，对站区环境进行整治；及时组织有关人员对防暑降温、防寒过冬设备进行全面检查维修，努力为现场营造良好工作环境。三是加强人文关怀。在炎热夏季，为现场职工送去饮料、白糖等清凉物品，在寒冷冬季，走访慰问困难职工，送去慰问品、慰问金；客流高峰期，每天中午定时为售票员送上可口的饭菜；组织职工外出参观学习及定期举办职工运动会，进一步增强企业凝聚力、向心力、和谐力，职工队伍保持持续稳定。　（郭　倩）

新乡车站旅客列车到开时刻表

（自2009年7月1日起实行，以车站公布为准）

京广下行		全程（公里）	始发	新乡		郑州	终到
车次	区段			到	开	到	
T69	北京西-乌鲁木齐	3768	18：36	0：03	0：14	1：00	10：42

京广下行		全程（公里）	始发	新乡		郑州	终到
车次	区段			到	开	到	
T75	北京西-兰州	1876	18：30	0：24	0：26	1：10	14：19
T189	北京西-南宁	2576	18：46	0：40	0：42	1：31	22：59
K49	北京西-宜昌	1432	13：53	0：34	0：53	1：51	11：25
K919	天津-武昌	1347	15：25	1：37	2：32	3：32	10：45
K521	太原-汉口	1038	18：01	2：43	2：45	3：44	10：10
K157	北京西-湛江	2767	19：01	3：12	3：14	4：13	8：29
K213	天津-西安	1342	16：52	3：26	3：36	4：35	11：25
K471	北京西-昆明	3174	19：20	3：40	3：49	4：48	17：18
1389	北京西-重庆	2087	19：28	3：47	3：57	4：56	6：44
1481	包头-汉口	2063	7：29	4：00	4：03	5：02	12：15
K269	北京西-洛阳	806	21：42	4：16	4：31	不停	6：51
1363	北京西-成都	2042	21：48	4：45	4：47	5：47	5：01
T181	哈尔滨-汉口	2590	8：38	5：06	5：08	5：58	12：09
1551	太原-连云港东	1179	19：42	5：05	5：17	6：16	14：02
K507	北京西-遵义	2499	22：16	5：29	5：31	6：22	10：13
K179	北京西-郑州	609	22：38	6：02	6：07	7：06	7：06
4745	新乡-郑州	80	9：54	始发	9：54	10：53	10：53
K369	大连-汉口	2312	13：51	10：22	10：24	11：20	17：17
D133	北京西-郑州	609	6：54	11：16	11：17	11：58	11：58
K125	长春-西安	2250	12：26	11：56	11：58	13：00	20：14
K385	沈阳北-成都	2909	18：00	12：07	12：19	13：18	11：52
K7951	新乡-南阳	450	12：40	始发	12：40	13：39	19：28
K599	包头-广州	3118	16：26	13：11	13：13	14：12	10：17
T89	石家庄-广州	2017	10：51	13：56	13：58	15：00	6：56
4725	新乡-商丘	283	14：25	始发	14：25	15：38	18：16
4717	安阳-郑州	187	14：29	16：04	16：06	17：05	17：05
K401	北京西-周口	895	8：28	16：18	16：23	17：20	20：55
K21	北京西-桂林	2135	9：10	16：35	16：37	18：00	12：29
D135	北京西-郑州	609	12：46	17：08	17：09	17：50	17：50
2163	北京西-长治北	841	9：13	17：25	17：36	西开	22：12

京广下行		全程（公里）	始发	新乡		郑州	终到
车次	区段			到	开	到	
K233	石家庄-上海	1404	13：40	17：49	17：51	18：56	10：12
D121	北京西-汉口	1205	14：30	18：49	18：50	19：31	23：32
T145	北京西-南昌	1706	12：17	19：02	19：04	19：51	10：16
4749	新乡-郑州	80	19：18	始发	19：18	20：20	20：20
2501	太原-商丘	780	9：43	19：17	19：29	20：28	23：21
K117	北京西-攀枝花	2791	11：20	19：36	19：38	20：36	6：01
2611	安阳-西安	698	18：16	19：42	19：44	20：43	6：17
K7953	安阳-新乡	107	19：34	20：37	终到	—	20：37
4715	新乡-郑州	80	20：46	始发	20：46	21：58	21：58
4747	新乡-郑州	80	20：53	始发	20：53	23：06	23：06
K925	哈尔滨-郑州	2062	18：52	20：55	20：59	23：14	23：14
D167	太原-郑州	643	17：24	21：08	21：09	21：50	21：50
T167	北京西-南昌	1584	15：01	21：18	21：20	22：08	8：10
D131	北京西-郑州	609	17：47	21：59	22：00	22：40	22：40
T87	北京西-贵阳	2536	16：00	22：07	22：09	22：58	20：21
1161	济南-西安	1061	12：53	22：23	22：47	0：20	7：26
K183	北京西-南阳	1058	12：52	22：54	23：07	西开	7：32
T55	北京西-宝鸡	1373	15：38	23：29	23：31	不停	8：06
T231	北京西-西安	2300	16：55	23：50	23：55	不停	6：42

京广上行		始发	郑州		新乡		终到
车次	区段		到	开	到	开	
K522	汉口-太原	16：20	22：50	22：56	23：50	0：00	6：20
1482	汉口-包头	16：36	23：02	23：12	0：06	0：08	22：04
K750	信阳-北京西	18：21	23：14	23：20	0：13	0：19	9：00
2150	郑州-日照	23：33	—	23：33	0：27	0：36	9：04
K472	昆明-北京西	10：32	0：00	0：05	0：59	1：11	10：48
1152	连云港东-太原	16：25	0：34	0：42	1：36	西开	12：00
K184	南阳-北京西	18：00	—	西到	2：43	2：51	11：21
1162	西安-济南	17：46	0：31	0：48	3：00	3：09	10：13
T56	宝鸡-北京西	19：14	—	不停	3：56	3：58	9：59
K126	西安-长春	21：28	3：58	4：14	5：08	5：10	5：36

京广上行		始发	郑州		新乡		终到
车次	区段		到	开	到	开	
T88	贵阳-北京西	8：00	5：10	5：23	6：08	6：10	12：00
T168	南昌-北京西	19：29	5：17	5：35	6：20	6：22	13：06
K508	遵义-北京西	21：09	5：30	5：41	6：35	6：37	16：47
K262	汉中-北京西	11：57	5：34	5：47	7：10	7：12	15：42
2612	西安-新乡	23：28	6：44	6：52	7：41	终到	7：41
D134	郑州-北京西	7：22	—	7：22	8：02	8：03	12：26
T70	乌鲁木齐-北京西	20：03	7：03	7：11	8：08	8：09	13：50
4746	郑州-新乡	6：35	—	6：35	8：41	终到	8：41
D168	郑州-太原	8：51	—	8：51	9：32	9：33	13：26
4716	郑州-新乡	8：39	—	8：39	9：46	终到	9：46
T76	兰州-北京西	19：21	9：16	9：27	10：12	10：14	16：23
4750	郑州-新乡	9：33	—	9：33	10：27	终到	10：27
4718	郑州-安阳	9：40	—	9：40	10：41	10：44	12：04
T236	广州东-哈尔滨	18：21	10：49	10：55	11：40	11：50	7：40
T90	广州-石家庄	18：45	10：57	11：14	11：59	12：01	15：45
T124	广州-长春	19：04	11：20	11：26	12：11	12：13	6：47
K600	广州-包头	14：57	10：24	10：30	11：24	12：20	8：38
D126	汉口-北京西	8：11	12：08	12：10	12：50	12：51	17：15
D136	郑州-北京西	12：19	—	12：19	12：58	12：59	17：22
K22	桂林-北京西	19：02	13：46	13：58	14：50	14：52	22：20
K370	汉口-大连	8：36	15：19	15：27	16：19	16：21	12：23
4726	商丘-新乡	12：03	15：00	15：20	16：28	终到	16：28
4704	新乡-安阳	16：39	—	—	始发	16：39	17：58
K926	郑州-哈尔滨	15：59	—	15：59	16：53	16：55	17：52
K7952	南阳-安阳	10：20	16：23	16：47	17：41	17：49	19：08
T182	汉口-哈尔滨	15：42	21：25	21：31	22：15	22：17	19：05
1390	重庆-北京西	19：53	21：04	21：16	22：10	22：24	5：42
1364	成都-北京西	22：00	21：12	21：24	22：29	22：31	5：49
K214	西安-天津	14：08	21：30	21：44	22：37	22：39	8：18
2164	长治北-北京西	18：22	—	西到	22：36	22：46	8：13
2502	商丘-太原	18：51	21：21	21：38	22：44	往西	8：22
K118	攀枝花-北京西	12：01	21：54	22：04	22：57	22：59	5：35
K270	洛阳-北京西	20：21	—	不停	22：51	23：06	5：57
K180	郑州-北京西	22：16	—	22：16	23：10	23：15	6：16
K402	周口-北京西	19：05	22：11	22：25	23：19	23：21	6：04
K158	湛江-北京西	17：30	22：17	22：34	23：28	23：30	6：28

京广上行		始发	郑州		新乡		终到
车次	区段		到	开	到	开	

备用线（开行另电通知）		始发	郑州		新乡		终到
车次	区段		到	开	到	开	
D170	汉口-太原	9：20	13：21	13：23	14：04	14：05	18：30
D169	太原-汉口	13：35	—	—	17：31	17：32	22：18

新焦下行		全程（公里）	始发	新乡		郑州	终到
车次	区段			到	开	到	
1553	连云港东-太原	1179	16：25	1：36	1：48	—	12：00
6901	新乡-洛阳	—	5：38	始发	5：38	—	11：25
6905	新乡-长治北	232	10：52	始发	10：52	—	17：11
2163	北京西-长治北	841	9：13	17：25	17：36	—	22：12
2503	商丘-太原	780	18：51	22：44	22：56	—	8：22
K183	北京西-南阳	1058	12：52	22：54	23：07	—	7：32

新焦上行		始发	郑州		新乡		终到
车次	区段		到	开	到	开	
K184	南阳-北京西	18：00	焦作开	1：13	2：43	2：51	11：21
1554	太原-连云港东	19：42	焦作开	4：09	5：05	5：17	14：02
6906	长治北-新乡	9：30	焦作开	14：01	15：23	终到	15：23
6902	洛阳-新乡	13：13	焦作开	17：13	18：30	终到	18：30
2504	太原-商丘	9：43	焦作开	18：16	19：17	19：29	23：21
2164	长治北-北京西	18：22	焦作开	21：39	22：36	22：46	8：13

新石下行		全程（公里）	始发	新乡		郑州	终到
车次	区段			到	开	到	
2149	日照-郑州	710	19：23	4：24	终到	—	4：24
6903	算王庄-新乡	155	11：51	14：43	终到	—	14：43
1161	济南-西安	1061	12：53	22：23	22：47	—	7：26

新石上行		始发	郑州		新乡		终到
车次	区段		到	开	到	开	
2150	郑州-日照	23：33	—	—	0：27	0：36	9：04
1162	西安-济南	17：46	—	—	3：00	3：09	10：13
6904	新乡-算王庄	8：35	—	—	始发	8：35	11：24

说明：K926次、K126次、T182次、K386次、T236次、K214次经石德线、京九线，T167次经京广、武九、京九线。4749次郑州变2596次到杭州，4715次郑州变2914次到合肥，2149次到郑州备用线。

交通运输

【交通运输概况】 2008年，新乡交通系统按照市委、市政府部署，认真开展“新解放、新跨越、新崛起”大讨论，交通建设继续实现大投入、大发展，年内全市完成交通基础设施建设投资26.4亿元，超额完成了目标任务。至年底，全市公路通车里程12622公里。其中，高速公路306公里，干线公路978公里，农村公路11339公里；运输管理工作取得新进展，年内实现了全市所有行政村通客运班车；新乡市公路运输枢纽总体规划中的1个信息中心、7个客运站和8个货运站已通过国家交通运输部、省政府的联合评审；全市交通规费征收完成3.96亿元，同比增长7.99%；年内共争取交通运输部、省交通厅项目资金3.5亿元；交通抗震救灾工作圆满完成任务，交通系统共组织25家运输企业430部车辆向四川地震灾区运送救灾物资21批，参运人员9000余人。车辆超限超载治理年内共出动交通行政执法人员8.6万人次，公安交警3180人次，检查货运车辆30.4万辆，开展治超专项行动120余次，全市公路运输车辆超限超载现象得到有效遏制。 （王运庆）

新乡市交通局领导成员

党委书记 卢湘原（2008年11月离）
张　和（2008年12月任）
局　　长 卢湘原（2008年12月离）
张　和（2008年12月任）
党委副书记 付书堂（2008年2月离）
张　和（2008年2月任，12月离）
党委委员、副局长 付吉远（正处级）
王留匡　蔡胜林
郑长武　周联云
党委委员、纪委书记 崔树文
党委委员 刘慧忠

【交通基础设施建设】 2008年，计划完成交通基础设施建设投资25.1亿元，实际完成26.4亿元，超额完成计划任务。其中，高速公路建设完成投资16.3亿元，干线公路建设完成投资5亿元，农村公路建设完成投资4亿元，场站建设完成投资1.1亿元。至年底，全市交通公路网络趋于完善，全市公路通车总里程12622公里，其中，高速公路306公里，干线公路里程978公里，农村公路11339公里，公路密度154.51公里/百平方公里，2008年实现所有行政村全部通班车。 （王运庆）

【高速公路建设】 2008年，新晋高速勘界权属清查工作已经完成，土地报件手续正在办理；济东高速公路东明黄河公路大桥签订路线对接协议，《项目申请报告》上报国家发改委并进入核准程序；鹤辉高速公路完成工程修改报告的编制与评估工作和地质灾害危险性评估、水土保持方案、工程场地地震灾害评估，正进行环评报告完善与补充工作。土地用地预审报件上报省国土资源厅待批，工程可行性报告待省发改委核准，初步设计已经完成上报；京港澳高速改扩建工程新乡段累计完成投资3.3亿元；黄河公铁两用桥完成投资13亿元。 （王运庆）

【干线公路建设】 2008年共实施干线公路重点建设项目18个，完成投资5亿元。S229三原线向阳隧道加固工程经过8个月的紧张施工，按时完成了施工任务。新长北线加宽改造工程，第一期15公里，采取了多元化的投资方式，按时完成了任务。G107线2个重点加宽项目，马村立交到南环、农科院到黄河大堤段投资8000万元，完成了干线公路建设任务。由高管处组织施工的G107线牧野特大桥改造工程，仅用3个月时间就圆满完成任务。

（王运庆）

【农村公路建设】 2008年，市交通局强力推进“村村通”工程，加快山区、滩区、贫困乡村和粮食主产区公路建设步伐，全年共实施农村公路建设项目326个，规模达到了810公里，总投资4亿元。其中通村公路项目完成242个，千亿元乡道通乡油路项目完成54个，战备公路、大外环、原阳科教园区等省补的小项目完成了30个，新改造危桥34座。有路无桥、宽路窄桥、断头路现象得到改善。市大外环建设总长110公里，涉及到新乡县、辉县市、原阳县、延津县等县（市），地面附着物和青苗赔偿全部到位，地面清表工作已经开始。 （王运庆）

【公路建设质量监督管理】 2008年，市交通局全面落实质量监督目标责任制和质量终身责任追究制。所有在建项目质量监督率100%，高速和干线公路工程质量优良率分别为100%、90%以上。

（王运庆）

【公路管理和养护】 2008年，干线公路和农村公路养护坚持“文明示范路”建设和日常管理相结合的方针，全年干线公路挖补坑槽4.2万平方米，处理网裂8万平方米，灌缝10万米。S311线、S229线全长70公里的干线公路“文明示范路”，高起点规划，高标准实施，已完成创建任务。按照“乔灌结合，花草搭配”、“三季有花，四季常绿”的绿化标准，切实抓好干线公路路肩整治和绿化补植任务的落实。全年修复整修路肩750万平方米，补植补种乔灌树5.6万株。实施安保工程，搞好危桥加固。对境内所有桥梁建立档案，共投资2860万元，改造危桥6座，已全部竣工。干线公路好路率达到96.77%，超计划4.77个百分点。农村公路完成“文明示范路”138.67公里，创建安保工程30公里，补设警示墩3000个，农村公路工作受到“好路杯”检查组的一致好评。

（王运庆）

【运输管理】 2008年，市交通局认真做好国家公路运输枢纽城市项目的谋划和报批工作。新乡市公路运输枢纽总体规划中的1个交通枢纽信息中心、7个客运站和8个货运站通过交通运输部、省政府联合评审；继续抓好道路运输市场整顿工作，开展客、货运市场专项整顿、危险货物运输专项整治、驾培市场整顿等活动，规范驾驶员培训学校经营行为，提高培训质量；开展维修市场治理整顿和道路运输企业质量信誉考核；进一步加强水上运输安全监管，签订四级承包责任书，严格船只动态管理，确保水上运输安全；2008年全市完成公路客运量6325万人，同比增长14%；客运周转量40.01亿人公里，同比增长18%；货运量7704万吨，同比增长15%；货运周转量81.50亿吨公里，同比增长23%；以服务社会主义新农村建设为重点，强力推进农村客运网络化工作。全市已发展农村客运车辆1116部，开辟农村客运线路239条，建设农村客运站137个、招呼站510个，全市乡镇通车率达到100%，行政村通车率100%，基本形成以县城为中心、连接各乡镇、辐射广大农村的城乡道路运输网。（王运庆）

【交通规费和通行费征收实现新增长】 2008年，全市交通规费征收完成3.96亿元，完成年计划的101.03%，同比增长7.99%。道路通行费征收完成2.04亿元，同比增收1045万元。为确保交通规费征收做到应征不漏，推行网格化管理，实行包干缴费，进行联合执法。各县（市、区）按照市委、市政府专门工作会议要求，采取有效措施堵塞规费征收漏洞。

（王运庆）

【争取项目资金】 2008年共争取交通运输部、省交通厅项目资金近3.5亿元，其中争取干线公路资金1.74亿元，农村公路资金1.2亿元，场站建设和国防建设资金8000万元。市交通局和市公路局争取项目资金工作受到市委、市政府的通报表彰。（王运庆）

【圆满完成抗震救灾物资运输工作】 2008年“5·12”四川汶川特大地震发生后，市交通局承担向地震灾区运送救灾物资的任务。由于领导重视，组织严密，措施得力，准备充分，确保了第一时间将地震灾区急需的物资送到灾区人民群众手中，新乡车队成为河南省第一个到达灾区的大型救灾物资运输车队。全市交通系统共组织25家运输企业430部车辆运送抗震救灾物资21批，参运人员9000多人，向四川省绵阳市平武县、江油市、安县等地震灾区运送货物5千多吨，运送各类工作人员2000人次，运送简易活动房4.1万平方米、彩色钢板房3.5万平方米，大型建筑设备28台，小型建筑设备800多件，各类生活物资74吨，柴油142吨，出色地完成上级下达的抗震救灾物资运输任务。市交通局被市委、市政府授予“抗震救灾工作先进单位”荣誉称号，并有25人先后受到市委、市政府和省交通厅的表彰。

（王运庆）

【安全生产管理】 2008年，市交通局制订新乡市交通系统安全生产管理规章制度，重点开展交通基本建设、消防安全、道路交通运输、水上安全和危险化学品运输等专项整治工作，认真开展交通安全知识“百千万工程”活动，开展百日安全生产活动和百日安全督查活动，行车事故率、死亡率、受伤率和经济损失率等安全指标均控制在国家安全生产标准之内，确保全系统安全形势保持平稳。

（王运庆）

【**车辆超限超载现象得到有效遏制**】　2008年，市交通局坚持"疏堵结合、依法治超、科学治超"的工作方针，采取多种有效措施，全市共出动交通执法人员8.6万人次，公安交警3180人次，检查货运车辆30.4万辆，其中超载超限8.2万辆，卸货卸载5.4万辆，卸货13.6万吨，开展专项行动120余次，现场卸货5400吨，拆解非法改装运输车辆85台。全市车辆超限超载现象得到有效遏制，道路交通安全形势明显好转，在省政府召开的"全省干线公路统贷资金分责偿还暨治理车辆超限超载工作"会议上，新乡市名列全省第一名。省政府治超办对新乡市的做法给予通报表彰。　（王运庆）

【**精神文明建设和党风廉政建设**】　2008年，市交通局积极开展"新解放、新跨越、新崛起"主题教育活动。大力推进机关精神文明建设，认真组织唱市歌活动，积极组织人员参加市直机关运动会和全市第九届运动会，开展全市交通系统"迎奥运、颂交通、促和谐"书法、绘画、摄影比赛活动。在凤凰山森林公园建设中成绩突出，市政府为市交通局记集体三等功。卫辉市交通局被授予全国交通企业文化建设优秀单位。不断加强党风廉政建设和反腐败工作，继续学习、贯彻《建立健全教育、制度、监督并重的惩治和预防腐败体系实施纲要》，完善惩防并举的长效机制。继续开展治理商业贿赂专项工作，坚决杜绝在工程招投标等领域出现不廉洁行为。进一步加强公路"三乱"治理工作，形成治理公路"三乱"的有效防范机制。　（王运庆）

【**交通系统赈灾捐款**】　2008年5月16日，四川汶川发生8.0级地震后，市交通局组织局机关、市农村公路管理处、市交通规费征稽处、市地方海事局、市质监站和局离退休干部向灾区捐款3.22万元；全体党员交纳了特殊党费。　（王运庆）

公路管理

【**公路管理概况**】　2008年，新乡市公路局围绕服务国民经济和社会发展全局，深入开展"新解放、新跨越、新崛起"大讨论活动，强化队伍建设，规范内部管理，廉洁勤政，开拓创新，为新乡经济社会的发展做出应有的贡献，受到市委、市政府和省交通厅、省公路局的充分肯定和高度评价。

2008年，全市共有干线公路重点建设项目18个，其中，续建项目7个，新开工项目9个，谋划项目2个。18个项目总投资28亿元，全年完成投资5亿元，其中，续建项目完成投资2.4亿元，新开工项目完成投资2.6亿元。省公路局下达新乡市好路率计划为92%，实际完成96.77%，超计划4.77个百分点。全年干线公路挖补坑槽4.2万平方米、处理网裂8万平方米、灌缝10万米。创建了S311线、S229线全长共70公里的"文明示范路"。对新乡境内所有桥梁建立档案，投资2860万元，改造危桥6座。通行费征收完成2.04亿元，同比增收1045万元。路政治超取得新突破，全市共检测车辆40万辆，查处超限车6.6万辆，拆解非法改装车68辆，装卸超限货物11万吨，卸货率达到80%，干线公路超限车辆行驶率下降到4%以下，成功经验在全省进行推广。积极向灾区奉献爱心，全局共向灾区捐款近40万元，捐献棉衣棉被300套。先后荣获全国精神文明建设先进单位、全省交通公路系统最高奖——"金杯"单位、全国先进基层党组织等荣誉。　（杨士英　高培衍）

新长北线开通剪彩仪式

新乡市公路管理局领导成员

局　　长　张　和（2008年2月任）
付书堂（2008年2月离）

副 局 长　牛长友　刘宝贵　杨青来
吴晓东　原喜民
王　强（2008年6月离）
范士富

工会主席　吕随坡

【**赴湖南除雪抗灾受表彰**】　2008年2月28日，新乡市公路管理局市郊公路管理处下属晨旭公路工程有限公司，按照省委、省政府和厅党组的部署，迅速组织机械人员赶赴湖南京珠高速公路一线投入除雪抗灾战斗，受到了厅党组和湖南人民的充分肯定和高度评价。河南中原高速公路股份有限公司对市郊公路管理处新乡市晨旭公路工程有限公司予以通报表彰。（杨士英　高培衍）

【河南省公路局领导莅新调研】 2008年3月10日，由省公路局副局长宋华东带队的省公路局专题调研组到新乡市进行调研。宋华东率领调研组来到S308家沁线长垣至新乡段“文明示范路”、S319永定线、S311赵原线、S229三原线、S225山詹线进行实地调研，行程近500公里。宋华东听取完汇报后，充分肯定新乡市各项公路工作，表扬新乡市公路局在通行费征收等方面取得的突出成绩。宋华东要求新乡市公路局积极拓展思路，增强忧患意识，拓宽融资渠道，确保公路工作稳定快速发展。（杨士英　高培衍）

【公路系统党风廉政暨精神文明建设工作会议】 2008年3月12日，新乡市公路管理局召开全市公路系统党风廉政暨精神文明建设工作会议。副市长王保旺，市纪委领导干部廉洁自律办公室主任李光顺，市交通局局长卢湘原等出席会议。与会人员150余人首先来到新乡市党风廉政教育基地获嘉楼村进行参观学习并听取全国劳模、获嘉县楼村书记徐福卿介绍经验。会议重点学习中纪委十七届二次全会、省纪委八届三次全会、市纪委三次会议和上级交通公路廉政工作会议精神，回顾总结2007年工作，研究部署2008年全市公路系统党风廉政建设和反腐败工作。（杨士英　高培衍）

【河南省公路局领导到北郑庄超限站调研】 2008年3月11日，省公路局路政处处长张鸣在市公路局有关领导的陪同下，到北郑庄超限站调研，详细询问近期超限车辆过往情况和超限治理开展情况，跟踪观看超限超载车辆检测、处理全程，实地查看站区、卸货场和办公生活区，对该站的基础设施建设和规范执法给予充分肯定。（杨士英　高培衍）

【获“唱市歌，迎奥运”城市青年歌会金奖】 2008年4月29日，新乡市“唱市歌，迎奥运”城市青年歌会在新星剧场举行，来自公路局6个县（市）局的120名收费员参加比赛。比赛中，新乡市公路局参赛队为大家演唱了《新乡市市歌》和新乡市公路局自己创作的《收费员之歌》。经过激烈角逐，公路局在10个参赛队中脱颖而出，以9.778分的好成绩名列榜首，获得金奖。（杨士英　高培衍）

【向四川地震灾区捐款】 2008年，四川汶川大地震发生之后，新乡公路系统干部职工心系灾区，各县（市）公路局的干部职工积极响应当地党委、政府的号召，积极开展捐款活动，支援抗震救灾。全市公路系统共向灾区捐款近40万元，捐献棉衣棉被300套。（杨士英　高培衍）

【公路系统广大党员积极缴纳“特殊党费”】 2008年，市公路系统党员响应上级党委的号召，在为四川灾区踊跃捐款后，又纷纷以缴纳“特殊党费”的形式支援抗震救灾工作。全市公路系统党员共缴纳“特殊党费”20余万元，其中局机关和直属单位共缴纳“特殊党费”近12万元。（杨士英　高培衍）

【庆祝建党87周年座谈会】 2008年7月1日，新乡市公路局举办庆祝建党87周年座谈会。各直属单位书记、机关各支部书记、优秀党务工作者代表、优秀共产党员代表欢聚一堂，畅谈在新形势下如何发挥基层党组织的战斗堡垒作用，如何发挥党员的模范带头作用，交流基层组织建设和党员教育管理的经验，市公路局工会主席吕随坡宣读了《关于表彰先进基层党组织、优秀共产党员和优秀党务工作者的决定》，对3个先进基层党组织，17位优秀共产党员和3位优秀党务工作者进行表彰。（杨士英　高培衍）

【“新解放、新跨越、新崛起”大讨论】 2008年7月28日，新乡市公路管理局召开“新解放、新跨越、新崛起”大讨论动员会。副局长范士富传达市委关于在全市开展“新解放、新跨越、新崛起”大讨论活动的方案。决定从7月29日开始，至9月30日结束，集中两个月时间，在全系统开展以“新解放、新跨越、新崛起”为主题，紧紧围绕建设“创新新乡、效益新乡、生态新乡、和谐新乡”这一总体目标的大讨论活动。（杨士英　高培衍）

【干线公路养护技能竞赛】 2008年8月6日至8

日，新乡市干线公路养护技能竞赛在市黄河宾馆举行。比赛延续以往的理论、量验、挖补三项比赛内容，各个代表队都做了充分的准备。由于2008年是新的《公路技术状况评定标准》颁布的第一年，所以，无论从理论知识还是道路量验都与以往有了改变，从比赛中不难看出，新《标准》的培训和宣贯仍须加大力度，为以后养护工作奠定扎实基础。经过两天的紧张角逐，辉县市公路局、延津县公路局和获嘉县公路局分别获集体第一、二、三名。荣获个人一至五名的分别为辉县公路局任爱民、张卫华、郭章林，延津公路局王平仿，封丘公路局张爱爱。其中第一名任爱民将代表新乡公路系统申报新乡市“五一劳动奖章”。　(杨士英　高培衍)

【公路收费员职业技能竞赛】　2008年9月27日，新乡市公路管理局举办“新乡市干线公路收费员职业技能竞赛”，省公路局副局长洪立发，省公路局通管处徐汇元，市总工会技协主任张玉军等出席。来自8个县（市）的9支参赛队27名选手参赛，经过笔试与现场竞技两个环节的激烈竞争，团体前三名分别由封丘县獐鹿收费站、长垣县聂店收费站，延津县魏庄收费站夺得。个人前五名分别由辉县市杜玉梅，封丘县鹿永辉，延津县杨静，长垣县刘百灵，延津县李阳后获得。　(杨士英　高培衍)

【市公路管理局老干部参观公路建设】　2008年10月14日，新乡市公路局老干部一行60余人，参观新长北线拓宽工程、牧野大桥改建工程和辉县市岳村收费站。在牧野大桥工地，老干部中有许多当年参加牧野大桥的设计者和建设者，面对即将改建完成的新牧野大桥，他们感慨现在公路设计和施工技术的快速发展，从一个侧面见证了改革开放30年的公路事业的发展成果。在辉县岳村收费站，老干部参观了准军事化管理的办公区和生活区，观看了收费员队列表演，充分感受到新时期收费员队伍的良好形象。　(杨士英　高培衍)

【纪念改革开放30周年书法摄影展】　2008年10月27日，为纪念改革开放30周年，宣传新乡市公路系统三个文明建设取得的成就，展示公路职工风采，新乡市公路局举办公路系统改革开放30周年书法、摄影展。作品内容活泼、健康、积极向上，充分反映新乡市公路系统改革开放30年来公路建设、养护生产、路政管理、通行费征收和精神文明建设等方面的成就。记录新乡公路的重大事件和重大活动，展示新乡公路人的精神面貌。

(杨士英　高培衍)

新乡市公路管理局直属单位负责人

市郊公路管理处

处长　赵光明

工程处

处长　郦　明

书记　张成杰

沥青一库

主任　于春永

书记　冯立军

设计院

院长　魏新根

科研所

所长　赵亚峰

书记　杨中强

监理公司

经理　李　翔

书记　吴桂金

路桥公司

经理　云德义

2008年度新乡市公路管理局系统荣获奖项

先进集体

全国精神文明建设工作先进单位

新乡市公路管理局

全国先进基层党组织

新乡市公路管理局

辉县市公路管理局

河南省思想道德建设先进单位

河南省交通系统通行费征收职业技能竞赛第二名

河南省干线公路路政管理及治超工作竞赛第三名

河南省交通系统养护职业技能竞赛三等奖

河南省交通系统工人先锋号

河南省车辆超限超载治理工作先进单位

河南省小麦跨区作业先进集体

河南省通行费征收先进单位

新乡市完成责任目标先进单位

新乡市争取项目资金工作成绩突出单位

新乡市创建全国文明城市工作先进集体

新乡市创建国家森林城市先进单位

新乡市“唱市歌、迎奥运”城市青年歌会金奖第一名

新乡市九运会女子乒乓球团体第一名

新乡市公路管理局

先进个人

新乡市优秀专家

郑向东　赵化强

新乡市交通系统先进个人

齐太金　华海涛　韩欣玲

新乡市老干部工作先进工作者

贾利华

新乡市创建国家级园林城市先进个人

郭　继

新乡市政府政务信息先进个人

荆怀军

新乡市平安建设先进个人

高有景

新乡市档案管理先进个人

张国华

新乡市总工会书法摄影比赛绘画一等奖

裴宝印

新乡市年鉴工作先进个人

刘　艳

管道运输

【管道运输概况】　2008年，新乡输油处按照年初“双代会”确定的“实施三大战略、推进四个创新、做好五篇文章”的工作部署，团结全体干部职工，抢抓机遇，顽强拚搏，圆满完成各项工作任务，为新乡输油处的发展谱写了新的篇章。　（李岩丽）

新乡输油处领导成员

处　　长　罗会玖

党委书记　徐国梁

纪委书记兼工会主席　刘淑君（女）

副 处 长　齐世明　张继忠

【生产经营管理】　2008年，新乡输油处不断建立完善内部控制体系，规范业务流程管理，强化内控体系的运行监督，落实风险管理措施，各项经营指标有效控制在计划之内。

生产管理部门坚持每周召开输油生产视频会议，通报生产情况，优化运行方案，加强参数分析，全年共输油356万吨，完成计划的101%。以降低能耗为重点，严格控制运行成本，全年共节电339万千瓦时，比计划指标下降10%，节燃料油735.2吨，比计划指标下降11%。规范原油计量交接程序，强化计量监督管理，及时处理原油计量交接工作中的争议和纠纷，输差损耗控制在1.8‰。

定期开展经济活动分析，强化预算管理，全年输油成本费用支出1.04亿元，管理处净支出2023万元，完成了上级下达的考核指标。内控管理连续两年在管道储运分公司检查评比中获第一名，财务管理获管道储运公司（分公司）2007年先进单位荣誉称号。

强化合同管理，审查各类经济合同99份，累计金额达1223.67万元。在管道储运公司内控工作检查中，合同管理流程获得满分。

按照“归口管理、集中采购、统一储备、统一结算”的要求，努力提高上网采购率和ERP上线率，加大采购计划考核力度，圆满完成了采购任务。强化物资报废审批程序，按规定处置废旧资产，回收资金2万余元。　（李岩丽）

【安全管理】　2008年，新乡输油处坚持“安全第一、预防为主、综合治理”的方针，认真落实安全生产责任制，安全管理措施得力，保持安全生产整体稳定，确保安全平稳输油。一是坚持把安全工作摆到“高于一切、先于一切、重于一切、影响一切”的位置。在实际工作中，充分发挥电视、网络、报纸、图板等媒介的作用，加强对安全生产法律法规、方针政策的宣传报道，推广先进典型和经验，提高了宣传教育的针对性和实效性；二是严格执行各项直接作业许可证的审批手续，共签订安全协议18份，办理直接作业许可证72份，增强了制度的严肃性；三是全年共开展处级安全检查12次，对检查出的70个问题进行整改，消灭了事故隐患。严格执行奖惩兑现制度，对及时发现安全隐患的2名职工进

行奖励，对 9 名违章人员进行经济处罚；四是对锅炉、压力容器等特种设备进行定期检验，合格率达 100%。对特殊工种按期培训复审，复审率达 100%，持证上岗率达到 100%；五是根据 HSE 管理体系的要求，举行处、站两级应急预案演练 30 次，提高职工的事故应急能力；六是严格派车单制度，坚持开展司机每周安全教育，抓好车辆日常维护和保养，基本上杜绝违章开车，全年共安全行驶 118 万公里，被储运公司评为先进车队；七是在“安全生产月”和“百日安全无事故”活动期间，党政工团齐心协力，广泛开展安全文化建设系列活动，营造了浓厚的安全环保氛围。滑县站、新乡站被储运公司评为安全“三标”标杆站队，濮阳、卫辉、武陟、温县、洛阳五站和物业管理站、通信站被评为安全“三标”先进站队，新乡输油处再次被储运公司评为安全生产先进单位，实现第六个安全生产年。

（李岩丽）

【管道管理及“反打”工作】　2008 年，新乡输油处坚持企地警联合反打孔盗油的思路不动摇，及时转移“反打”工作重点，打防结合，推进管道保护工作的开展，有效控制打孔盗油案件的发生，确保了输油大动脉的畅通。一是完善制度，强化落实。根据《2008 年河南省整治油气田及输油气管道生产治安秩序专项行动工作方案》的通知要求，出台《新乡处 2008 年管道管理及“反打”工作要点》，并强化执行。完善“反打”工作组织网络，与沿线公安机关续签《承包巡护协议》16 份，与沿线村庄、单位签订《管道保护责任书》2000 余份。为了增强协议的执行力，新乡输油处经常对沿线派出所的管道巡护工作进行检查，发现问题及时处理。二是加大破积案、追逃犯力度。充分依靠公安部门，加大打孔盗油案件的查办和司法跟踪力度，积极主动向公安机关出具有效证据 80 余份，为及时抓捕盗油分子提供相关信息。企地警多方联动，统筹安排，严密布控，共打掉 10 个盗油团伙，抓捕涉油在逃犯 80 名，53 人被判刑。在威严的法律震慑下，许多盗油分子投案自首。三是强化管道保护宣传，提高群众法律意识。为了进一步提高沿线群众的管道保护意识，震慑盗油犯罪，在管道沿线放映《梦断黑金》、《油耗子的忏悔》、《死刑逼近油耗子》等管道保护宣传片 108 场。采取中介代理形式与沿线 9 个县级电视台合作，开辟了管道保护法制专栏，定期播放。先后 6 次深入到沿线的 200 多个村庄发放管道保护传单、联系卡、作业本等宣传品 2 万余份，增强群众的法律意识，筑牢坚实的管道保护网。全年发生一起盗油案件，再次获得河南省整治输油气管道专项行动先进集体的荣誉称号。

（李岩丽）

【“三基”建设】　2008 年，新乡输油处大力开展“三基”（基层建设、基础工作、基本功训练）工作，使基层的凝聚力、战斗力和执行力得到明显提升，精细化管理水平不断提高。一是“三基”工作立足于安全，确保安全平稳输油。严格执行各项生产标准和《十大禁令》，做到生产现场安全标识清楚，物品摆放整齐，员工操作文明规范。对濮阳站 2# 输油罐、首末站收发球筒、濮阳站金堤河护坡等进行大修，排除安全隐患。购置抢维修设备，为管道和设备抢修提供了保证。认真落实 HSE 管理体系的各项要求，建立基层单位 HSE 组织网络，健全 HSE 岗位责任制，强化危害因素识别、风险评估和防范措施，确保 HSE 管理全面达标。二是“三基”工作立足于基层，不断提高基层管理水平。举办 2 期班、组长培训班，对来自基层的 73 名班、组长和机关干部进行培训，提高班、组民主管理、安全管理的能力。开展多种形式的岗位练兵，不断提高岗位职工操作技能和处理突发事件的能力。三是“三基”工作立足于制度建设，夯实企业管理基础。修订完善《新乡输油处经济责任制及“三基”工作考核标准》和《新乡输油处机关经济责任制及“三基”工作考核管理办法》，每季度进行考核，考核结果作为年终评比“双文明”单位的依据之一，促进基层单位的管理水平不断提高。在储运公司“三基”标杆站队评比中，滑县站、新乡站受到检查组成员的好评。

（李岩丽）

【职工培训】　2008 年，新乡输油处坚持“围绕生产中心、突出培训重点、注重实际效果、完善考核体系”的培训方针，加强职工培训。一是制定切实可行的培训计划，先后举办信息技术知识、计算机网络、管道保护、合同管理、内部控制、电焊工、SCADA 站控系统维护等培训班 11 期，参培 420 人次，提高了全员的技术水平。及时选派 30 名各专业技术人员外出观摩学习，开拓视野；二是举办第五届职工技能大赛，为广大职工营造展示才能、提高技艺的平台。在储运公司第四届技术大比武活动中，新乡输油处参赛队员，取得了总分第一的好成绩。在2008年储运公司技师评定工作中，新乡输油处参评的12名职工全部取得了技师资格；三是配合储运公司做好技能鉴定与验收工作，141名职工取得职业资格证书；四是建立和完善职工岗位成才表彰奖励机制。在干部聘用和技师考评推荐工作中，技术比赛获得名次的职工，均得到加分奖励，激发了广大职工的学习热情。　（李岩丽）

【数字化管道建设】　2008年，新乡输油处遵循“整体规划，分步实施，重点突破，务求实效”的指导方针，加快数字化管道建设的步伐，实现了中心调度远程控制。一是借助光纤通信系统，对7个输油站实现数据采集监视，提高现场管理水平和生产效率。完善计算机智能巡检系统，极大提高了泵站巡检工作的规范化管理。二是通过SCADA系统的不断完善，进一步完善生产信息化网络，提高全线密闭输油的安全性。完善输油设备的连锁保护，实现对全线输油设备的远程操作。三是建立工业电视监控系统。处领导及主要生产管理人员可以通过工业电视系统，随时检查生产运行情况。四是对管道泄漏定位系统进行升级，做到处站两级调度均可随时根据压力的变化，及时、准确进行泄漏定位，为管道保护工作提供科学的依据。

2008年11月22日，随着新乡输油处调度中心与输油站工艺流程的成功切换，中洛管道远程控制启动成功，运行24年的老管线告别传统管理模式，受到集团公司和储运公司各级领导的高度评价。远程控制的成功，使新乡处的生产管理有了质的飞跃。一是输油生产指挥及时准确，生产部门可以通过视频同各输油站队进行面对面的交流、沟通，及时解决生产中存在的问题，提高了工作效率和管理水平；二是降低劳动强度，减少岗位人员，泵站人员由过去的近400人下降到240人，精减人员外出劳务参加管道储运公司新管线的建设和管理，为石化管道的发展做出贡献。　（李岩丽）

【基层党组织建设】　2008年，新乡输油处党委始终把基层组织建设放在首要地位，认真贯彻落实党建工作的有关制度，切实把学习理论与企业发展紧密结合起来，推动各项工作稳步向前发展。一是坚持把理论学习作为加强政治思想教育的突破口，坚持和完善中心组学习等制度，健全党的组织生活，提高领导干部的政治理论水平。组织开展“干事创业、科学发展”解放思想大讨论活动，增强两级党组织的战斗力，从根本上保证新乡处的稳步发展；二是按照《新乡处开展“双促”主题活动的实施意见》的要求，成立活动领导小组，明确分工，责任到人。在“双促”主题活动中，处领导深入基层进行调研，征集意见74条，全部进行整改，提高了群众的满意度。扎实开展党员先进性教育活动和庆“七一”系列活动，激发基层党组织的工作活力；三是创新党员培训渠道，组织新党员参加管道宣传、观看“双促”专题片等，培养党员积极分子的责任意识、思想认识和党性修养，使新发展的10名党员和转正的10名党员成为岗位骨干和技术能手。认真开展党建活动，增强各党支部的创造力、凝聚力和战斗力，实现“五好”（领导班子好、党员队伍好、工作机制好、工作业绩好、群众反映好）党支部百分之百达标。

加强廉洁文化建设，按照“抓源头、促清廉”活动的要求，签订党风廉政责任书，强化责任，抓好落实，不断推进党风廉政建设和反腐败工作深入。组织科级干部及人、财、物等关键部门、重要岗位的管理人员到河南警示教育基地和卫辉市狮豹头乡进行警示教育和参观学习，增强领导干部的廉政意识。经常召开廉洁文化建设座谈会，广泛听取广大党员群众的意见和建议，营造浓厚的廉洁文化氛围，使全处251名党员干部无一例违纪现象发生。

团组织围绕党建抓团建，以“青春献管道，建功十一五”为主线，认真开展青年岗位能手、青年文明号、创建青年安全生产示范岗等活动，充分调动青年职工岗位成才、岗位奉献的积极性。围绕中心工作献计献策，提合理化建议126条。积极参加处里举办的“反打”宣传、安全教育、文明建设等活动，增强青年团组织的生机与活力。2008年分别被集团公司和管道储运公司评为“直属机关五·四红旗团委”。　（李岩丽）

【精神文明创建活动】　2008年，新乡输油处从构建和谐社会的高度出发，广泛开展精神文明创建活动，促进了企业的和谐稳定。一是工会、宣传等部门深入基层开展“讲形势、明任务、促发展”为主题的形势任务教育，努力把全体职工的思想统一到正确认识形势、应对挑战上来。坚持开展“好人好事好风尚”评比活动，倡导职业道德、社会公德、家庭美德，营造了和谐的社会氛围。二是积极开展“送温暖、献爱心”捐助活动。为四川汶川地震灾区捐款22万余元，捐助衣物1868件。开展弘扬和学习抗震救灾精神系列活动，教育和引导广大干部职工大力发扬和衷共济、友爱互助的传统美德。三是积极开展形式多样的文体活动。举办第三届“和谐杯”排球赛、迎奥运“建功杯”篮球赛、迎新年长跑、迎春游园活动、远程控制启动仪式文艺表演等，引领健康向上的生活情趣。积极参加储运公司第四届职工篮球比赛，取得第三名的好成绩。四是将离退休工作纳入到经济责任制考核中，使离退休管理更加规范。为职工之家配备电脑，订阅报刊、杂志，使老干部能够及时了解国家大事和企业的发展情况。组织离退休干部召开座谈会，通报新乡输油处发展情况，听取老干部的意见和建议。组建合唱团、门球队、空竹队、秧歌队等，丰富离退休人员的文化生活，保持离退休队伍的整体稳定。五是坚持“送温暖，献爱心”活动，诚心诚意帮助社区职工解决实际困难。新乡输油处领导还利用节日走访困难和重病号家庭72户，发放慰问金5.04万元，帮其解决实际困难。六是加强社区建设。对社区进行美化、亮化。对暖气支线、路灯等设施进行维修，配备休闲设施、健身器材等，为职工家属营造良好的生活环境，连续9年获得国家级物业小区的荣誉称号。

（李岩丽）

2008年度新乡输油处荣获奖项

国家级优秀物业管理小区

全国整治油气田及输油气管道生产治安秩序专项行动先进集体

管道储运公司、分公司双文明单位

管道储运公司、分公司安全生产先进单位

管道储运公司、分公司廉政建设先进单位

邮　政

【邮政概况】　2008年，新乡市邮政局面对着复杂多变的社会经济形势和繁重的邮政改革发展任务，始终坚持以科学发展观统领全局，不断深化改革，加快发展，强化管理，提升能力，使全市邮政保持了快速健康发展的良好势头。全市邮政实现业务收入3.45亿元，较上年增长14.05％，完成省公司预算目标的109.06％，绝对值居全省第三位。

改革取得新突破。全面完成邮储银行县级分支机构的组建工作。顺利完成邮政企业和邮储银行的分账核算工作，建立完善了邮政企业与邮储银行长期稳定的协调机制，为金融业务的长远发展奠定基础。按照省公司关于速递物流专业化经营改革部署，顺利实现市、县一体化专业经营。积极稳妥地推进薪酬制度改革，完成岗位职级体系建设工作，打破按行政级别认定岗位价值的模式，建立以岗位管理为基础的一岗多薪的宽带薪酬体系。

能力建设实现新跨越。大力推进“旗舰店、精品窗口、示范窗口”建设，全年共建成1个省级旗舰店、2个县（市）局示范窗口，完善了服务设施，改善了服务环境。城市局所营投窗口达标率达100％，农村支局所达标率达97.85％。为全区252名投递员更换电动自行车，大大减轻投递员的劳动强度，提升投递效率。邮政信报箱建设得到市人大、市政府的高度重视，市、县政府下发文件把邮政信报箱建设纳入城市总体规划。优化整合全区网路资源，调整部分区内汽车邮路，组开新乡至郑州夜班快速汽车邮路，进一步提高网路运行时限与质量，速递邮件传递进一步加快。

管理取得新成绩。全年投资3000余万元用于对营投网改造、市县局综合生产楼和支局所建设等项目，提升业务发展能力和企业形象，改善了用邮环境。规范用工管理，各类人员合同签订率达到100％。加大安全防范建设资金投入力度，开展一系列安全宣传教育和安全检查活动，认真落实奥运安全“五个100％”的要求，圆满完成奥运邮政安全生产任务。

社会形象得到新提升。深入开展农村支局（所）“职工小家”建设活动，建成省级模范职工小家19个、合格职工小家30个，进一步改善基层员工生产生活条件。强化邮政通信服务质量监督检查，全市邮政通信服务质量稳步提高，全年邮政省级以上有理由投诉为零，省公司组织的邮政服务质量用户评价满意度达到90.62分，列全省地市局第二位，并被市政府评为“2008年度优质服务单位”。筹办邮政服务“三农”（农业、农村、农民）促进会，开展“送金融知识下乡”活动，大力开展支农、惠农服务，树立新乡邮政服务型企业形象。（丰丽方）

新乡市邮政局领导成员

党委书记、局长　冯国旺
党委成员、中国邮政储蓄银行新乡市分行行长
杨海军
党委成员、副局长　王雪琴（女）
李永辉（2008年11月离）
牛甲辰（2008年11月任）
党委成员、工会主席　原培举

【"三保证三关爱"活动受到高度重视】　2008年，市邮政局认真开展"三保证三关爱"（保证所有职工家庭生活水平高于当地居民最低生活保障标准，保证所有职工子女都能上起学，保证所有职工都能看起病；关爱职工家庭，关爱先进人物，关爱特殊工种职工）活动，有效解决了困难员工家庭看不起病、子女上不起学等问题。至年底，累计兑付"三保证三关爱"活动资金37.55万元，受益员工总人数达到576人次。市长李庆贵，人大副主任、市总工会主席刘孟英，副市长杨书廷等领导都做出亲笔批示，对活动给予充分肯定，并要求总结推广新乡邮政的典型经验。全市8个县（市）委、县（市）政府都对邮政企业"三保证三关爱"活动做出批示。省委与省总工会组成的联合调研组，对新乡邮政贯彻落实情况给予高度评价。　（丰丽方）

【全市邮政干部职工踊跃为灾区捐款】　2008年5月12日，四川汶川大地震发生后，市邮政局全体干部职工积极发扬"一方有难，八方支援"的精神，组织了"心连心共度难关，手牵手大爱无边"抗震救灾捐款活动，积极向灾区人民献爱心，全市邮政职工共向灾区捐款18.47万元，缴纳"特殊党费"、"特殊团费"12.87万元，受到了社会各界的赞扬，树立了新乡邮政责任性企业形象。在年初抗击雨雪冰冻灾害工作中，全市各级邮政部门和广大员工发扬特别能吃苦、特别能战斗的精神，确保了邮政通信畅通。　（丰丽方）

【多措并举服务奥运安全】　从2008年5月开始，新乡市邮政局按照"奥运邮政服务压倒一切"的工作方针，成立了以局长为组长的奥运期间安全生产工作领导小组，实行统一指挥、分级管理；投资7万余元用于安装报警装置、监控、安全用具、增设保安人员等，确保奥运期间物品安全寄递；规范流程、严格安全管理规章，切实保证邮政通信安全；积极开展多种培训和各种竞赛活动，增强窗口人员服务意识，提升邮政服务能力。圆满完成奥运安全"五个100%"、"三个确保"的工作要求，保障了通信通畅，为服务奥运安全做出应有的贡献。　（丰丽方）

【全市首家省级邮政营业旗舰店开业】　2008年，新乡市邮政局全面实施"省级旗舰店、市级精品窗口、县级示范窗口"建设，全面提升邮政服务社会能力，投资98万元，在和平大道营业厅建成1064平方米的全市首家省级邮政综合营业旗舰店，并于10月9日开业。店内根据邮政业务性质进行分区设置，设有邮政综合业务区、金融综合业务区、函件直复营销中心区、集邮文化礼品展示区、邮政图书报刊展示区、邮政物流形象展示区和一个商务休闲区。同时精心选聘"形象佳、气质好、技能优"的高标准旗舰店员工，进行英语、手语、专业术语的服务培训，使旗舰店每位员工都具备了为外国用户和聋哑用户提供无障碍特殊服务能力。该店已成为新乡市营业面积最大、服务设施最全、服务环境最佳、开办邮政业务最全的邮政营业场所。　（丰丽方）

市长李庆贵（中）到市邮政局旗舰店视察

【新乡邮政"三到位"服务中小企业】　继2007年10月9日全面启动服务中小企业工作后，新乡市邮政局充分发挥实物流、信息流、资金流"三流合一"的优势，以打造广告媒体的理念，大力发展邮政数据库商函，利用数据库商函针对性强、保密性好、回馈率高、成本低等特点，通过宣传到位（通过电视、报纸等多种渠道，宣传推介邮政业务，让中小企业更全面、深入了解邮政企业）、走访到位（通过走访，掌握中小企业在经营、营销等方面的第一手资料，有的放矢地开展宣传推介工作）、服务到位（建立直复营销中心，为中小企业提供集“现场咨询、现场参观、现场洽谈”等一站式服务）等措施，破解了中小企业拓展市场、销售产品的营销难题，成为助推中小企业腾飞的好帮手。2008 年，共为新乡市 526 家中小企业拓宽市场。（丰丽方）

【小额贷款业务全面开办】 继 2007 年中国邮政储蓄银行长垣县支行、辉县市支行、新乡县支行和市局分行开办小额贷款之后，2008 年 1 月 16 日，其余 5 县（市）支行同时正式开办小额贷款业务，新乡市分行成为全省第一个全面开办小额贷款业务的地级市分行。为有效缓解“三农”和中小企业融资难问题，中国邮储银行新乡市分行通过积极开展“送贷款下乡”活动、召开“小额贷款推介会”等形式，大力发展小额质押贷款和小额信用贷款等业务，全年质押贷款累计放款2.35亿元，排全省第二位，小额贷款累计放款5.2亿元，居全省第一位，为新乡经济发展做出积极贡献。（丰丽方）

【邮政信报箱建设】 邮政信报箱承载着党报党刊和居民个人信件、报刊投递等功能，是有效保障公民通信自由和通信秘密，保障邮政普遍服务的基础设施。信报箱覆盖水平已成为衡量城市文明发达程度的重要标志之一。2008 年 3 月 15 日，市建委、市规划局、市邮政局联合下发《关于加强城镇居民楼房住宅区邮政信报箱群（间）建设的通知》，对全市信报箱建设工作进行具体部署，成立由局长冯国旺直接领导的新乡市邮政局信报箱建设工作办公室。11 月 21 日，市政府召开首次信报箱建设工作协调会，成立由副市长杨书廷任组长，市建委、市规划局、市政府大项目办、市房管局、市邮政局等单位主要领导任副组长，各县（市、区）分管领导作为主要成员参与的新乡市信报箱建设工作领导小组。自此，新乡市居民楼房、住宅区邮政信报箱建设工作全面展开。（丰丽方）

2008 年度新乡邮政系统荣获奖项

先进集体

全国青年文明号

新乡邮政北干道邮政支局

新乡邮政分转科转运站

全国巾帼文明示范岗

新乡邮政饮马口邮政储蓄营业部

全国银行业文明规范服务示范窗口

新乡邮政北干道邮政支局储蓄专柜

全国首批“职工书屋”示范点

新乡市邮政局图书阅览室

全国邮政系统“优秀营销团队”

新乡邮政代理保险阳光畅想队

全国函件业务发展百强县局

辉县市邮政局

长垣县邮政局

全国邮政系统“优秀营销项目”

新乡邮政函件局争创省级文明城市幸运卡答题明信片项目

省级文明单位

河南省卫生先进单位

河南省模范职工之家

河南省企业档案目标管理先进单位

河南省邮政营销体系建设组织一等奖

河南省邮政营销体系建设及大客户开发一等奖

河南省邮政系统模范职工之家

河南省邮政储汇稽查绩效考核第一名

河南省邮政三级视检体系运行质量先进单位

河南省邮政系统量收系统综合评比第一名

河南省邮政会计工作第一名

河南省邮政信息工作先进单位

河南省邮政新闻宣传工作先进单位

河南省邮政工会系统“工会工作先进单位”

河南省邮政服务质量先进单位

河南省邮政邮务类业务经营管理二等奖

新乡市邮政局

河南省邮政优秀企业

新乡市邮政局

辉县市邮政局

长垣县邮政局
新乡县邮政局
河南省邮政先进企业
封丘县邮政局
原阳县邮政局
卫辉市邮政局
获嘉县邮政局
延津县邮政局
河南省优秀营销团队
新乡邮政函件团队
新乡邮政代理保险团队
新乡邮政集邮团队
河南省文明服务示范窗口
新乡邮政旗舰店
新乡市政风行风建设先进单位
新乡市党风廉政建设责任制工作优秀单位
新乡市安全生产优秀单位
新乡市地方史志先进集体
新乡市邮政局
新乡市"五一"劳动奖状
新乡市单位内部治安保卫工作先进集体
新乡县邮政局
新乡市工人先锋号
新乡市邮政局北干道储汇支局
延津县邮政局城关邮政支局
封丘县邮政局城关投递班
新乡市劳动关系和谐企业
卫辉市邮政局
新乡市平安建设先进单位
长垣县邮政局
辉县市邮政局
新乡邮政凤泉分局
新乡市安康杯竞赛优胜企业
长垣县邮政局

先进个人

河南邮政 2008 年度突出贡献奖
郭培东
河南省 2008 年度县（市）邮政优秀企业管理者
邵正超　徐红静　李玉文
河南省 2008 年度县（市）邮政先进企业管理者
郭培东　聂　周　赛晓萍　王　静　姚东莉
河南省企业档案目标管理先进个人
段季锋
河南省邮政新闻宣传工作先进个人
梁怀庆
河南省邮政信息工作先进个人
丰丽方
河南省邮政先进女职工
侯艳丽
河南省邮政文明家庭
薛爱芳　尚　炜　王永强
河南省邮政优秀营业员
冯　艳　荆娓娓　李金娟　杜　平
王　燕　时彩红　魏国红　刘晶晶
宋文娟　李　雪
河南省金融安全保卫工作先进个人
王文杰
新乡市"五一"劳动奖章
陈秋琴　荆娓娓　薛宏伟　任万琴
雷胜德　郭培东　王　静
2008 年度感动新乡十大人物
田立新
新乡市优秀共产党员
薛爱芳
新乡市优秀工会积极分子
陈红斌　原增魁

网　通

【网通概况】　中国网通（集团）有限公司新乡市分公司辖辉县、卫辉、新乡、封丘、原阳、长垣、延津、获嘉 8 个县（市）分公司，2008 年有员工 1013 人，其中，市分公司 455 人，8 个县市分公司 558 人，具有大专以上学历的 466 人，占员工总数的 46%，聘任职称人员 221 人，其中高级职称 35 人。市公司内部设 12 个职能部门和 21 个生产部门，全市营业网点 296 个。固网电话交换机容量 123 万门，电话用户 106 万户；拥有宽带端口10.8万个，宽带用户 9 万多户。无线市话容量达32.1万门、无线市话网络覆盖全市，现拥有用户 33 万余户，固定资产 35 亿。

2008 年，面对国际金融危机、国内雪灾地震、同行竞争无序、企业融合重组，中国网通新乡分公司全体员工齐心协力，巩固发展主要业务，狠抓客户服务，确保维护质量，全面完成预算目标，取得了来之不易的业绩。12月7日，按照省公司要求，完成了网通、联通的融合重组工作。（纪金鹏）

中国网通（集团）有限公司新乡市分公司领导成员

总经理、党委书记　娄升友
副总经理、纪委书记、工会主席　王东旭
副总经理、党委委员　张建明（2008年4月离）
周本汉
杜国峰（2008年4月任）

【预算指标】　2008年，公司上下以收入为导向，以发展促增收，确保了预算目标的完成。全年完成业务收入7.7亿元，占预算的100%；完成营业额7.45亿元，占预算的100%；实现利润6780万元，占预算的100%；收入EBITDA率达到50.16%，占预算的100%；完成资本性支出2.7亿元，占预算的100%。（纪金鹏）

【主要业务】　2008年，公司传统业务有效巩固，新型业务较快发展。全年净增固话5.1万户，净增宽带6.5万户，净增移动电话2.5万户，净增小灵通4.8万户，净增神眼317户，净增电话悦铃30万户。其中，固话、神眼净增绝对数全省第一，宽带、小灵通净增绝对数全省第三。（纪金鹏）

【通信能力】　2008年，建设部门按照工作要求，积极开展工作，全年完成建设投资2.7亿元，新增固话、移动交换17.2万门，新增光缆线路1923芯公里，新增ADSL127000线，新增管道479孔公里，新增千兆以太网交换机200台，新增移动基站95个，新增移动室内覆盖24个，通信能力进一步增强。（纪金鹏）

【客户服务】　2008年，各单位认真落实“客户的事比我的家事更重要”、“您把需求告诉我，剩下的事我来做”、“只要您选择了我，您就不愿离开我”的服务承诺，主动做好服务工作，进一步提高了服务水平。客户障碍率比上年减少4%，客户投诉率比上年降低0.1‰，障碍修复及时率比上年提高5%，各种装机及时率比上年提高10%，服务质量的提高，受到各界好评。（纪金鹏）

【维护质量】　2008年，各级维护部门消除维护隐患，确保维护质量，提供支撑保障，较好地完成了各项运维指标。干线传输网电路可用率完成100%，长途交换网电路接通率完成99.4%，大客户故障恢复及故障报告提供及时率完成100%，移网业务信道分配成功率完成98.9%，多项指标处于全省领先地位。（纪金鹏）

【管理工作】　2008年，各单位按照精确管理，履行流程，提高效率的工作要求，规范有效地开展工作，加强了预算管理、内控管理、稽核管理、审计管理、考核管理，完善了物流管理、资产管理、培训管理、电子合同管理、制度流程管理，使企业管理工作继续加强。（纪金鹏）

【员工培训】　2008年，公司关注员工成长，重视员工培训，全年共进行管理培训、营销培训、维护培训、业务培训、外派培训等470期，受培人数达10800人次，培训合格率为95%以上，员工队伍素质明显提高。（纪金鹏）

【企业融合】　2008年，按照省公司要求，新乡网通完成了与联通的融合重组工作。在重组工作中，广大干部员工识大体、顾大局，不计个人得失，听从组织分配，充分体现企业的高度凝聚和个人品质。新公司的顺利融合，使公司实力更强大，业务更全面，发展前景更广阔。（纪金鹏）

【精神文明】　2008年，公司上下互动，弘扬企业文化，创造企业和谐，在加强班子建设、队伍建设、廉政建设和精神文明建设的同时，重视民主管理、员工生活、思想工作和企业文化的培养，促进了企业的文明与和谐，使企业呈现出党员带头、干部表率、员工向上的和谐进步局面。2008年，在省公司开展的各项竞赛活动中，公司次次榜上有名，获得一、二、三等奖16项；26人获省公司先进个人，33人获市级先进个人，8个单位分别获省、市先进集体；市公司被授予部、省、市级26个不同内容的先进称号。（纪金鹏）

2008年度中国网通（集团）有限公司新乡市分公司系统荣获奖项

先进集体

中国网络通信集团公司先进基层党组织

全省五好基层党组织

河南省邮电国防工会授予“工人先锋号”

河南省通信行业宽带数据服务技能大赛优秀组织单位

全省网通系统2007年度信息工作优秀单位

河南网通系统2007年度工会财务工作竞赛一等奖

新乡市2006～2007年度思想政治工作先进单位

新乡市平安建设先进单位

新乡市《行风热线》节目先进单位

2007年度支持人口和计划生育工作先进企业

中国网通新乡市分公司

先进个人

河南网通女职工标兵

胡文秀　张　娜

河南省通信行业宽带数据服务技能大赛优秀选手

陈艳芳　宋　川　吴克峰　张　鹏

移动通信

【移动通信概况】　2008年，中国移动通信集团河南有限公司新乡分公司以“好字优先、加快发展”为主题，突出“发展、创新、和谐”工作特色，立足“主动培育和满足客户需求”增长方式，以加快两个转变、创新发展模式为主线，深度实施品牌营销，大力优化资源配置，做到发展速度与质量并重、高效益与低成本兼顾、精细化营销与专业化运作相结合，保持了快速健康的发展态势，各项工作取得优异成绩。全年净增客户45.4万户，期末客户总量达到236.8万户。全年运营收入较上年增长20.8%，完成年度目标的102.6%；资产总额达到10.5亿元，较上年增长8.39%；全年上缴税金2亿元。全年新建基站276个，新增交换容量120万户，新增光缆长度1250公里。公司党委被授予省级“五好基层党组织”，工会荣获全国“模范职工之家”，团委被评为省级“五四红旗团委”。　（崔　静）

中国移动通信集团河南有限公司新乡分公司领导成员

党委书记、总经理　夏　红

副总经理　赵保君　黄　宇

副总经理、纪委书记、工会主席　刘党生

总经理助理　王德中（2008年4月任）

【企业管理】　2008年，公司全面实施财务集中核算管理，通过财务管理与会计核算职能的适度分离，为财务转型奠定扎实的基础。注重加强企业内控管理，持续优化全面预算管理，坚持稳健的财务策略，较好地落实高效低成本发展战略。完善物流管理工作，加强集中采购管理和仓储物资管理，物流管理水平得到提升。建立法律风险管理体系，企业风险防范能力得到增强。　（崔　静）

【员工管理】　2008年，公司着力开展人力资源再提升工作，加快由身份管理向岗位管理转变，企业活力进一步增强。积极发挥薪酬激励作用，对全区831位符合晋升条件的员工进行了职段晋升，对17位高级专业人才予以聘任。加大员工培训力度，创新培训方式，丰富培训内容，为提高员工队伍素质提供了良好支撑。　（崔　静）

【企业创新】　2008年，公司积极构建创新型企业，建立健全创新管理体系，调动广大员工积极参与企业创新及QC小组质量管理活动，全年共提出各类创新提案50余项，被省公司采纳12项，完成QC课题研究11项，并通过对优秀创新提案、创新成果实施转化，进一步提高企业各方面的管理水平，促进公司又好又快发展。　（崔　静）

【市场经营】　2008年，公司积极应对竞争格局和市场形势变化，持续加快业务发展步伐，经营工作早谋划、早部署，一季度净增客户25万户，同比增幅11%，顺利实现了首季“开门红”。全年净增客户45.4万户，期末客户总量达到236.8万户。深化农村市场区域化管理，农村市场净增客户23.7万户，占全年总净增量的52.2%。加快各级渠道建设，拥有实体渠道5624个，其中城区1446个、农村4178个，移动专营渠道市场份额达80%以上。（崔　静）

【新乡移动客户突破200万】 2008年1月30日，公司计费客户规模顺利突破200万。同时，公司客户整体普及率达到了35.5%，在全省客户规模超200万的移动公司中，仅次于郑州位居全省第二位。得知该消息后，河南移动董事长、党组书记、总经理原建国发来贺电。（崔　静）

【集团业务】 2008年，公司多措并举做好集团客户稳定和维系工作。落实首席客户代表制，开展核心集团客户走访，针对部分核心集团实施客户经理派驻制。大力开拓集团信息化市场，加大基础传输等设施的投入力度，筹建核心集团信息化应用传输接入工程，推出了“数字城管”、“移动水务”、“电力故障自动提醒”、“电视彩信手机报”、“公共信息发布平台”等一批信息化应用项目，不仅荣获“新乡市信息化建设先进单位”，还被授予省级“信息化与工业化融合试点单位”。（崔　静）

【客户服务】 2008年，公司以服务北京奥运会为契机，以“金牌服务，满意100”活动为主线，对外全面落实“五心”服务举措，对内全方位提升“服务窗口”、“全球通VIP”和“支撑端口”工作成效，进一步改善服务短板，扩大服务领先优势。先后推出了“服务金钥匙”客户意见征集、“总经理接待日”、“全球通大讲堂”系列讲座、“走近奥运，走进中国移动”客户体验等活动，受到广大客户好评；坚持实施压力传递、流程穿越、月度分析例会和投诉预处理机制，加强营业厅基础服务监督，加大垃圾短信治理力度，通过服务人员分包及派驻制、窗口短信评价系统、一键录入、网上考试等措施，不断提升服务队伍的整体素质，推进营业厅服务工作的标准化、规范化、系统化，公司荣获“新乡市服务业先进企业”荣誉称号。（崔　静）

【网络建设和通信保障】 2008年，公司克服各种困难，全力加快网络建设，提前完成了GSM12B、13A工程、自然村“村村通电话”工程，超前满足了业务发展需求。着力提高网络支撑保障能力，深入开展网络整治专项活动，顺利实施动车组京广铁路沿线、奥运火炬传递沿线的优化工作，较好地完成了新乡“两会”、奥运期间和全市防汛，以及辉县山林火灾、“纪念比干诞辰3100周年”等突发事件和大型活动的通信保障任务。（崔　静）

【顺利完成自然村“村村通电话”工程】 2008年，全省确定首批共560个自然村“村村通电话”工程的建设目标，新乡市有67个，分布在辉县市和卫辉市偏远山区。市委、市政府不仅将该工程列为“2008年承诺十件实事”之一，市政府办公室还专门下发新政办〔2008〕100号文件，对工程进行全面部署。在施工过程中，公司上下齐心协力、周密部署，集中最优秀的人才、利用最先进的技术、采用最可靠的设备，将此项工程打造成一项精品工程、放心工程、优质工程。9月底，公司圆满完成2008年自然村“村村通电话”工程，新建宏蜂窝基站20个，投资达2000万元，使67个偏远自然村实现了中国移动通信网络的优质覆盖。（崔　静）

【移动生产楼建设】 公司第三代移动通信生产楼是继郑州移动生产楼之后，全省系统内投资规模和建设规模最大的一项工程，被纳入新乡重点工程建设项目。至2008年年底，该项目综合生产楼正在加快建设，机房生产楼已封顶并装机运行，办公楼主体工程正加紧施工。（崔　静）

【企业责任】 2008年，公司积极履行企业社会责任，积极参与农村留守、流动儿童关爱工程“春暖行动”；四川汶川地震发生后，积极组织开展赈灾募捐活动向地震灾区献爱心；六一儿童节向福利院儿童捐款捐物；11月初继为灾区捐款后，再次为灾区人民捐赠价值3万元的全新羊绒被。同时，公司还广泛发动员工踊跃参加市民政局、市总工会组织开展的各种“送温暖”活动，向社会贫困家庭、困难大学生、农村留守儿童捐赠款（物）达数万元。（崔　静）

【积极开展创建国家级卫生城市工作】 2008年，公司大力支持新乡创建国家卫生城市工作，除抽派人员予以协助外，还利用公司的大型户外广告牌进行创卫宣传，通过网络平台向市民发送健康知识短信，累计出资45万元开展创卫“帮扶”改造工作，同时借助移动信息化“数字城管”项目，在全市创卫中发挥出积极重要的作用，被省、市领导赞誉为“开创了中小城市数字化管理新模式”。（崔　静）

【行风建设】 2008年，公司把民主评议行风工作列入重要议事日程，目标明确、措施到位、责任到人。积极创新服务手段，加大宣传力度，针对评议内容和问卷调查反映出来的问题，自查自纠，通过扎扎实实的评议、整改，进一步规范各项从业行为，得到广大群众的一致好评。在2008年行风评议活动中，公司取得通信行业第一名、服务行业第三名的佳绩，并被市委、市政府授予“行风建设先进单位”荣誉称号。（崔　静）

【工会工作】 2008年，公司加强工会组织建设，创新劳动竞赛形式，有效激发员工投身企业发展的积极性。积极开展企业文化建设，公司作为全市通信行业惟一入选企业，在全市企业文化建设工作交流大会上做了经验汇报。广泛开展精神文明建设，充分发挥工会组织的桥梁纽带作用，通过举办“迎奥运，强素质——健康快乐行”、“金色之旅”秋令营等活动，有效活跃企业氛围，促进内部和谐。（崔　静）

【党风廉政建设】 2008年，公司深入开展“新解放、新跨越、新崛起”大讨论活动，广大党员思想政治素质进一步提高。注重加强企业党建工作，加大效能监察力度，不断营造廉洁氛围，党风廉政建设工作受到集团公司、省公司巡视组的充分肯定。（崔　静）

【手机电视】 手机电视（移动网络方式）是通过移动网络流媒体和文件下载方式，为用户提供以语音视频为主要形式的节目体验，用户可以通过手机观看电视直播，进行视频点播和下载，向好友推荐节目和发表观感。（崔　静）

【手机导航】 手机导航业务是指在手机上安装手机导航客户端软件，以多种方式获取必要的路径信息和其他交通信息，由手机导航客户端在地图上标识路径、根据GPS/AGPS信号动态标识用户位置，实现行车、行路导航功能的产品。（崔　静）

【手机地图】 手机地图业务指以客户端软件、WAP、短/彩信等形式，通过图形或文字界面为客户提供定位自己或他人、搜索地图信息、交通路线指引等功能的位置服务业务。（崔　静）

【移动民生】 “移动民生”业务是公司与政府相关部门合作，整合了包括住房公积金、养老保险金、医疗保险金、水费、电费、车辆交通违章、车辆审验、驾照审验等涉及民生的公共数据信息，新乡移动客户通过申请与移动手机号码绑定，可免费获取相关信息服务。（崔　静）

【全曲下载】 全曲下载业务是指把正版的数字音乐经过压缩、DRM打包处理后，放到网络服务器端，供用户使用移动终端下载的无线音乐服务，为用户打造“无线音乐，无处不在”的全新音乐消费方式。

DRM即“数字版权管理”，是指使用技术手段对数字产品进行保护并在分发、传输和使用等各个环节控制；全曲下载业务通过DRM技术可以实现对用户所下载的全曲歌曲进行按播放次数、按播放时长或永久播放的权限控制。全曲下载业务通过音频压缩技术使下载的音乐文件在保证了高音质的情况下使文件大小保持在1M左右。（崔　静）

【飞信】 飞信是中国移动的综合通信服务，即融合语音（IVR）、GPRS、短信等多种通信方式，覆盖三种不同形态（完全实时的语音服务、准实时的文字和小数据量通信服务、非实时的通信服务）的客户通信需求，实现互联网和移动网间的无缝通信服务。（崔　静）

联　通

【联通概况】 2008年，中国联通新乡分公司继续坚持效益领先的科学发展观，精心组织，精细经营，精准营销、精确管理，围绕大事做细、难事做简、急事做顺的要求，运用科学方法，快速，有效、协调发展，通过实施岗位创新，全面提升企业核心竞争力。

同时根据国家电信体制改革要求，新乡联通公司本着对国家、公司、购买方负责的态度，在10月1日之前顺利完成和新乡电信公司的C网出售、资产清查交接、人员划转等交割工作。

经国务院国有资产监督管理委员会批准，中国联合通信有限公司（中国联通）于2008年10月15日和中国网络通信有限公司（中国网通）成功合并，中国联合网络通信有限公司（简称“中国联通”）正式成立。新乡联通公司在年底之前顺利完成和新乡网通公司的人员、资产重组融合工作。以中国联合网络通信有限公司的挂牌成立为标志，中国网通、中国联通的历史翻开新的一页，企业发展迈入新的时期。（王　琨）

中国联合通信有限公司新乡分公司领导成员

总　经　理　李德军
党委书记、副总经理　韩建洲（2008年5月任，10月离）
副总经理、纪委书记　高　军
副总经理、工会主席　陈海涛（2008年10月离）
副　总　经　理　周新文（2008年10月任）

【企业管理】　2008年，新乡联通采取多项措施，加强企业管理。一是加强干部队伍建设，提升干部队伍素质。干部调整突出业绩导向，对成绩突出的干部进行提拔，提高干部队伍的积极性和稳定性，保证公司业务健康发展。二是加强多维人才队伍的建设，提升员工队伍素质。制定激励政策，鼓励中间层人才向乡镇办等经营一线流动；鼓励优秀人才到县区经营一线，拓宽县、区经理身份转换通道；执行客户经理人职业成长机制；根据工作业绩、岗位贡献等多项指标对公司员工进行主办、主管的晋升；加强有用人才队伍的建设，引入淘汰机制，实行动态管理，人员能进能出，能上能下，提高队伍的业务能力与营销能力，稳定了重组期间员工的思想状态和工作状态。三是完善公司考核评价体系。围绕公司总体指导思想，建立以能力、业绩论英雄的考核体系。充分利用公平、公正、公开的考核评价体系，利用效益工资、奖金、佣金、奖励等激励广大员工尤其是营销一线员工的工作积极性，鼓励岗位创新，发辉聪明才智。四是创新公司的激励体系。配合省分公司不断完善优化薪酬分配制度，使薪酬的分配更能体现出多劳多得、兼顾公平的分配原则；奖励薪酬用在生产一线，开展各种劳动竞赛，提高业务部门的绩效考核系数，进一步完善收入增长激励办法和措施；充分体现岗位价值、工作能力、业绩贡献在薪酬分配上的作用，有限的薪酬额运用在市场营销一线的岗位与关键的业务发展时刻，形式多样化，鼓励业务、技术、管理创新，以促使业务更好更快的发展。五是加强培训管理工作与岗位创新工作。调查各单位培训需求，组织更贴近市场与业务发展需求的培训工作，建立内部培训师队伍和培训中心，使公司的培训工作能够为业务发展增添力量。结合劳动竞赛活动加强各级人员的培训，挖掘先进典型，推动公司岗位创新工作，在实际工作中及时发现工作亮点、闪光点进行立项上报。（王　琨）

【企业改革】　2008年，新乡联通积极配合国家电信体制改革工作，在电信重组工作进程中，新乡联通公司本着对国家、公司、购买方负责的态度，严格按照国家和总部的各项工作要求，在10月1日之前顺利完成和新乡电信公司的C网出售、资产清查交接、人员划转等交割工作。10月15日，经国务院国有资产监督管理委员会批准，中国联合通信有限公司（中国联通）和中国网络通信有限公司（中国网通）成功合并，中国联合网络通信有限公司（简称“中国联通”）正式成立。新乡联通公司在2008年12月底之前顺利完成和新乡网通公司的人员、资产重组融合工作。（王　琨）

【市场经营】　2008年，新乡联通采取多项措施，加强市场营销。一是根据市场特征，精细化开展主题营销活动和季度劳动竞赛活动。

G网方面：首先主抓返乡市场，围绕城乡大众市场，劳务输出、输入市场，开展返乡促销活动，创新小区域促销模式。其次强化空闲基站营销和渠道营销两大措施，提升新增市场占有率。其三细分用户需求，抓实、抓细世界风主题营销。根据市场情况，确定好世界风目标市场，通过156产品的卖点组合营销，带动中高端用户发展。同时根据5月、6月农机用户特征，确定了渠道队伍组织形式，在用户聚集的农机站、加油站区域重点开展面对面促销，并与农机部门联系，将联通卡与农机作业证进行组合，取得良好的发展效果，其四做好高校市场的校园营销活动。

C网方面：首先通过有效组织开展劳动竞赛，做好旺季营销，实现用户快速发展，收入同比增长45.6%；其次认真组织落实“百姓通促销”、“中高端突破”两项主题营销活动，确保收入稳步提升。

其三转变营销节奏、做好四项保障（政策保障、终端保障、激励保障、人员保障），快速发展中高端，扩大用户、收入规模。

二是创新运用模式，推广区域先进典型，实施落后帮扶，促进区域协调发展，取得了显著成效。

（王　琨）

【客户服务】 2008 年，新乡联通在服务方面，推出“红逗号”（为你做的更多，为你做的更好，服务无止境）服务品牌，并创新为客户推出“客户屏服务”。客户在办理业务时，可以通过为客户专门提供的液晶屏幕——客户屏，清晰、准确、全面、通俗易懂的看到自己的个性化信息，更舒心、方便地享受服务。

联通在全区 207 个渠道均安装了双屏显示器，更加方便用户的消费自主权和消费透明化，这是联通的一大创举，它不仅能让用户对联通各种产品、套餐、促销信息一目了然，从而更加方便快捷做出最佳选择，还能让营业员迅速了解客户需求，提供个性化推荐服务。

为给用户提供更加周到的服务，新乡联通在全省率先推出了渠道营业员队伍建立机制，进行专门培训，提高营业员素质，明显提升了渠道服务满意度。

同时根据国资委“金牌服务迎奥运”和信产部“通信服务与社会责任”的相关要求，公司还推出“联通 2008 专属服务”、“开通网上营业厅”等 10 项服务举措，倾力做到“消费请客户放心，服务让社会满意”。

在特殊时期，新乡联通重点做好相关的通信服务及通信保障工作。在四川汶川地震后，新乡联通公司一是立即启动了“应急通信保障预案”，部署通信保障和抗灾救援工作，全天候密切关注网络运行状态，确保通信畅通；二是持续不断地开展抗震救灾捐款活动，共计捐款56985.5元；三是加强 10010 客户服务热线的值班工作，对涉及抗震救灾的投诉开辟绿色通道，优先解决；四是免收 5 月 12 日至 31 日身在四川成都、德阳、广元、绵阳、阿坝 5 个市（州）及其下属乡（镇）的河南联通用户使用手机所产生的长途费、漫游费及点对点短信费用，还编发了告知慰问短信；五是提高其信用额度，确保震区漫游用户和抗震救灾人员不停机，保持通信联络畅通无阻；六是 10010 客服热线和 10198 联通秘书热线向公众提供“地震灾区寻亲查询”服务，提供灾情信息、灾区救灾及援助电话号码等公共信息查询，及政府提供并确认的寻亲信息查询；七是与新乡慈善会联合开展“心心联通”抗震救灾爱心募捐活动。凡是捐款的联通用户均可享受一定额度的话费赠送或新业务赠送。八是开展短信捐款活动，向联通所有用户多次发送短信捐款倡议，截至 5 月底就有 18000 多用户参与了短信捐款活动，共募集抗震救灾捐款 75870 元。

2008 年，新乡联通建立的乡级以上营业网点有 449 个，村级服务网点有 1167 个，营业员有 378 个，为全市用户提供优质便利的服务。（王　琨）

【党群工作】 2008 年，新乡联通注重加强企业文化建设和精神文明建设。一是学习贯彻企业文化体系纲要，把“十七大”精神和联通特色的企业文化结合进行宣讲贯彻，塑造企业文化氛围。二是开展“创建学习性组织，争做知识型职工”活动，组织开展灵活多样的学习活动，培养员工道德情操，使团队精神融入到企业经营中去。三是开展一系列的技术创新、业务创新、岗位练兵和技能竞赛等活动，激发调动员工学新知识，提高技能的积极性和创造性。四是开展群众性的精神文明创建活动，加大争创文明单位的力度；同时积极参加市创建国家卫生城市工作，借助大环境做好文明单位的创建工作。五是落实员工关心的创建职工之家、职工小家，兴建文化娱乐设施等各项工作。

在企业发展和效益提高的同时，2008 年新乡联通精神文明和企业文化建设跨上新的台阶，获得创建国家卫生城市先进单位、优秀基层党组织、省级“安康杯”竞赛优胜单位、新乡市“五一”劳动奖状、市级优秀团委、诚信单位、省分营帐系统技能比赛团体二等奖等多项荣誉，还在四好班子、党风廉政、廉洁自律测评中取得优异成绩。总经理李德军获得“市优秀共产党员”称号。（王　琨）

【特色业务】 如意邮箱：如意邮箱是专署联通手机用户的专署邮箱，手机号即为邮箱号，方便好记。标准邮箱 100M 大容量，支持 20M 的大附件，更有 3G 超大邮箱。免费的邮件到达短信通知。强大的防病毒，防垃圾邮件的功能，安全可靠。通过手机短信收发邮件。

联通新时空：联通新时空业务是基于 CDMA 先

进通信技术的新一代移动通信网络，它具有绿色环保、保密性强、高速上网、业务丰富的特点。

宝视通：宝视通宽带视讯业务是中国联通采用先进的IP技术，向单位用户和家庭用户的一项公用的视讯业务。它的服务特色是：接入简单方面、音像同步，沟通更充分、画面清晰，性能稳定、界面友好，自主控制。（王　琨）

铁　通

【铁通概况】 2008年，中国铁通新乡分公司（简称新乡铁通），按照“奉献创业、学习创新、竞合创效、诚信创牌 ”的经营理念，秉承“为用户创造价值、为用户降低成本、为用户提供长期优质服务”的发展方针，坚持“专业品质、卓越服务”的服务理念，在社会各界的大力支持和全体员工的共同努力下，实现了公司的快速稳步发展，对促进新乡市的经济发展，方便和降低用户信息需求成本等都起到积极的促进作用，为新乡市经济全面提速和社会全面进步做出应有的贡献。至年底，中国铁通新乡分公司在新乡地区已经构成完整、统一、先进和覆盖市区的通信网络，拥有一支技术力量雄厚、维护体系完备、高度统一指挥、服务经验丰富的电信运营管理维护队伍。（李德强）

中国铁通集团有限公司新乡分公司领导成员

总 经 理　陈铁水

党委书记兼工会主席、副总经理　张星军

副总经理　张松前　靳祥祺

【基础管理】 2008年初，新乡铁通通过机构改革、全员竞聘上岗，完成对公司各级管理机构、市话局岗位和人员的调整，重新对各部门的职责权限、岗位分工进行界定，完善和补充涉及各专业口方面的管理制度、业务流程和考核办法，使公司的基础管理水平得到进一步的提升。在2008年铁通河南公司开展的规范管理“诊断检查”工作中，新乡分公司科学规范的管理工作得到检查组的充分肯定。为压缩成本，提高盈利水平，在强化内控管理、减少成本支出的基础上，又加快公司“经营资产责任制”的推行，完成管内各市话局和局点的资产经营数据统计和分析工作。为提高公司人力资源管理水平，每月定期对员工信息库进行更新，每年末定期对人事档案进行清整，并按照集团公司薪酬制度改革实施方案，推行新的薪酬管理办法。为提高广大员工业务技术能力，培养员工学业务、学技术的自觉性，又先后制定下发《员工培训管理制度》、《年度培训学习计划和考试考评管理办法》、《岗位考级考试与岗位工资变动挂钩实施管理办法》等文件，至年底，公司全年共举办各类业务培训班35期，培训员工达1009人次，各专业口员工取得各类级别技能资格证书和取得技术职务资格231人。为加强财务工作的管理，公司按照全年财务预算，严格用款计划，合理使用资金，着重安排重点项目资金落实，满足经营工作的需要。公司财务工作连续多次荣获铁通河南公司财务季度综合评比一等奖，财务部被铁通河南公司授予“巾帼文明岗”称号。为规范物资管理，公司加大对涉及物资发放、台帐、采购以及出入库等管理工作，本着合理使用、科学分配、节约成本的原则适时调配物资的使用，并认真做好物资回收、盘活和再利用工作，减少和杜绝物资的闲置和浪费。为提高公司形象，积极营造良好的经营环境，公司一方面加大与当地政府、社会各界的沟通和联系，积极组织和参加本地运营商间的互联互通和总经理联系会，拓展与行业伙伴的交流。一方面积极参与各种社会公益活动，如高考期间开设的便民服务站、宽带服务站以及投资数万余元用于贯穿全年的新乡市创建国家卫生城市、为四川汶川地震捐款等。与此同时，还充分利用电视、报纸、网络媒介及时将公司在树立企业形象、展现企业文化、开展市场营销、提高网络维护等方面的工作宣传出去。并先后在铁通内部信息、人民邮电报、河南日报等平面媒体，搜狐网、通信世界网、人民网等网络媒体刊登新闻信息稿件百余篇，这些都为树立分公司良好的对外形象做出了努力。2008年，新乡铁通被铁通河南公司授予“新闻宣传先进单位”。（李德强）

【市场经营】 2008年，新乡铁通面对激烈的市场竞争环境，积极采取主动出击、科学分析、灵活多变的营销策略，保持市场稳步发展。一是为适应市场发展，公司及时对市场组织机构进行改组，重新明确各级市场部门的工作职能权限、业务流程和工

作方向，这对于理顺各级营销组织，调动人员积极性和激发市场热情都起到促进作用。二是积极发挥各专业口客户经理作用，细化服务细则，强化综合素质培训、工作流程监督和终端服务考核，并积极推行专业对口、服务到户、责任到人的全方位服务方式，满足不同客户群体的服务需求。三是结合本地市场的需求和自身优势，积极策划开展一系列多层次、多种类、多范围面向客户的营销宣传活动，并利用客户经理服务公告牌、宣传栏、海报、车贴等方式，加大铁通业务广告宣传的投放力度。与此同时，坚持做好市场分析，加强上下之间的信息沟通与交流，确保各种信息资源在有效时间内上通下达，为确保市场的稳步发展提供保障。　（李德强）

【网络建设】　2008年，新乡铁通在网络建设上，认真做好既有资源的调查、统计和分析工作，制定和明确优化盘活既有资源的思路，加快网络布局和结构的调整，并通过一年的努力，先后完成对辖区内不同局点电源、交接箱、光电缆线路等8个项目的更新和7个项目的工程改造工作，使网络资源利用率得到科学合理的调配。先后完成80个项目的通信建设工程工作，使网络建设满足市场的发展。同时按照铁通集团公司和铁通河南公司的要求，进一步加强对各类建设项目、设计评审、合同签认、施工资质、建设资金、物资支出以及工程质量的管理，使公司建设管理水平得到提高。　（李德强）

【运行维护】　2008年，新乡铁通按照“加强管理、保证质量、降低成本、提高效益、深化改革、强化支撑”的网络运维方针，积极开展工作。一方面按照年度工作目标，完善各级运维作业组织机构，健全网络维护标准、制度和作业流程，明确各类通信设备的检修内容和质量标准，细化各种网络设备的应急预案，强化障碍处理流程和网络统计分析以及二线值班制度，积极发挥网管网络实时监控、资源动态调配和数据统计分析职能，实现网络的集中监控和专业化维护能力，降低网络故障的影响程度，使网络末梢维护管理效率得到提高。为确保汛期、奥运期间的网络安全，及时组织人力对机房、线路和关键设备进行排查，投资数万元加装通信楼视频监控器、电子狗等人防、物防和技防设备。为应对各种网络危急事件，先后制定专网设备电路、地区光缆、新业务、大客户交换机等应急预案，完善在人力配备调动、应急物资储备、应急预警发布、紧急调度指挥等方面的管理措施。在2008年配合河南铁通、郑州铁路局联合组织的“黄河大桥反恐演练”活动中，新乡铁通快速反应、冷静处理、安全高效的作风赢得反恐指挥部的高度评价。另一方面结合网络结构，加强路由优化和流量调控，积极发挥各类出口作用，并利用综合测试系统和管理系统，实现对故障的统一受理，提高故障恢复及时率和解决率。同时，积极协调与行业伙伴处理网间障碍，加强相互间的沟通，确保通信网络始终处于安全运行状态。至年底，公司基础传输网安全、网络质量等主要安全目标顺利完成。　（李德强）

【客户服务】　2008年，新乡铁通按照铁通集团公司、铁通河南公司关于开展“通信服务与社会责任”和“金牌服务”活动的总体部署，以规范服务为中心，以完善服务体系为保证，以互检评比为手段，使新乡铁通的服务质量得到进一步的提升。一是加强窗口营业人员业务综合素质的培训，提高窗口人员的业务技能，并在年内先后组织举办涉及业务技术、服务标准、行为规范、服务礼仪等方面的知识培训12期，使服务人员的综合业务技能得到普遍提高。二是狠抓现场服务监督、管理与考核，及时对专项检查和暗访工作检查的共性问题进行解决，并依靠服务质量分析会等工作方法，把可能影响服务质量的潜在问题解决在初期阶段。三是以“金牌服务”主题活动为载体，结合实际认真在所属营业厅开展争创“明星班组”、“服务明星”、“微笑天使”等竞赛活动，涌现出一批先进班组和个人。在铁通河南公司“金牌服务”评比活动中，新乡铁通客户服务工作月评总成绩连续名列全省前茅。客服中心也先后被铁通集团公司、铁通河南公司授予“巾帼文明岗”和先进集体荣誉称号。全年，铁通新乡分公司10050客服中心共回访用户57731人次，客户咨询31619件，客服平台接通率达到97%，人工接通率达到95%，客户回访率达到97%，故障处理及时率达到98%，新装机及时率达到99%。这些指标都远远高于工信部下发的《电信服务标准》。

（李德强）

【党群工作】　2008年，新乡铁通党政工团各级组织以党的十七大精神为指导，紧紧围绕市场中心任务，不断加强党的建设和思想政治工作。面对激烈的市场竞争和公司改革等突出矛盾，公司党委始终围绕工作中的重点难点和员工容易产生思想问题的波动点，有的放矢地做好员工的思想政治工作，并通过不同形式的主题活动教育引导大家转变思想、提高认识，为市场的发展注入活力。

在工会工作方面，为保障员工参政议政的权利，3月9日，公司工会如期召开新乡铁通工会第二次会员代表大会和三届一次职工代表大会，来自不同岗位的职工代表，认真听取、审议并通过了提交大会讨论的各项事项，签定2008集体合同，认真听取领导班子的述职述廉报告，并对班子成员进行客观公正的评价。选举产生新乡铁通第二届工会委员会委员、主席和经费审查委员会委员、主任，选举了出席铁通河南公司的“两会”代表。为推进“文化城、生活城”建设，工会投资数万元建起了工会阅览室，更新了活动室音响，为一线配备了小冰柜、洗衣机、太阳能等物品，适时组织开展“迎新春文艺晚会”、“运动会”等活动，进一步激发了员工拼搏市场的积极性。为做好帮扶救困工作，工会在落实新乡分公司《救急济难保险基金实施细则》和铁通河南公司《员工互助合作保险暂行办法》的基础上，定期对特、重困员工进行走访，建立健全特、重困员工档案，加强领导干部同特、重困员工的包保联系，并坚持做好每季度困难员工的救济补助工作。为保障全体员工的身体健康，工会在年内组织员工进行健康体检，同时还为女员工安排妇科专项检查，并在员工过生日的时候，为每位员工送去生日蛋糕和祝福。这对于稳定员工队伍、激发工作热情和促进公司发展都起到积极的作用。

在共青团工作方面，新乡铁通团委积极开展“让共青团称号更响亮”、“增强共青团意识主题教育”、“我与祖国共奋进，我与铁通同发展”等活动，并按照“五四红旗团委”的标准，积极开展形式多样、健康有益、富有青年特点的活动，动员广大团员青年参与到“争当青年安全标兵、争当青年营销状元、争当青年服务明星”立功竞赛活动中去，有效地发挥共青团组织的生力军和突击队作用，为新乡铁通的改革发展做出积极贡献。2008年，公司健康营业厅被铁通集团公司授予“青年文明号”营业厅。

（李德强）

电　信

【电信概况】　2008年，新乡市电信分公司（简称新乡电信）认真执行省公司下达的各项经营方针与政策，以市场为导向、以客户为中心、以效益为目标，紧密围绕省公司实现全年预算目标；积极拓展存量业务市场、社会综合信息服务市场；重点发展好宽带业务、增值业务、话音业务，认真搞好市场经营、网络建设维护、服务、精确化管理、精神文明建设，顺利完成C网承接工作。

（屈　丽）

新乡市电信分公司领导成员

党委书记、总经理　蔡长安

副　总　经　理　王建国　段文鸿

韩建洲（2008年10月任）

【企业管理】　2008年，新乡电信加强财务管理工作，严格流程，以收入定成本，通过成本帐期控制，实现成本均衡，收支配比。优化成本配置。同时大力开展增收节支活动，通过出台各项制度，严格做到向管理要效益。加强人力资源管理工作，激发员工的工作积极性和主动性。调整组织机构，建立面向前端的营销体系。加大人员的培训力度，通过“两个体系两类考核机制”的建立和客户经理队伍的建设，有效支撑新乡电信各项业务的发展。

（屈　丽）

【市场经营】　2008年，新乡电信全面完成省公司下达的各项收入预算目标。完成年度计划的97.6%，较上年同期增长16.5%。收入完成率居全省第4名，比上年高出11名，累计收入居全省第10名。全年市场经营管理绩效考核居全省第1名。转型业务收入保持了较快增长，新乡电信整体收入结构不断优化，企业转型初显效果。全年县公司收入占比为13%，较上年基本持平。

（屈　丽）

【C网承接】　电信重组自2008年5月启动后，新乡电信克服重重困难，不仅很好地完成尽职调查工作，并顺利完成人员、网络、业务、资产的交割结转工作。所有人员的岗位对接工作于10月全部完成，并完成相应的劳动合同签订和社会保险关系转移工作。就整体而言，本次划转人员无论是年龄结构还是知识层次都很优异。经过3个月的适应和调整，至年底绝大多数转职人员都保持良好的工作状态，并在各自岗位上做出优异成绩。（屈　丽）

【客户服务】 2008年，新乡电信采取多项措施，不断提高客户服务水平。一是强化首问责任制。在落实“机关为基层，后台为前台，一切为客户”的服务导向的同时，继续强化首问负责制，客户服务水平不断提高，全省全年服务考核和绩效考核中服务单元考核名列全省前茅。二是把对客户的服务做到实处。移动业务加入服务以后，客户投诉增加，特别是IT系统割接期间，新乡电信及时调整服务策略，通过实行24小时不间断服务，重点客户跟踪回访等人性化、真情化的服务来消除广大消费者的不满情绪，支持新乡电信移动客户维系工作。三是通过活动提升服务。结合“创建文明城市”活动，面向用户推出服务承诺，全面接受社会监督，制定规范化服务流程和考核管理等制度，使“用户至上、用心服务”的服务得到提升。（屈　丽）

【工程建设】 2008年，新乡电信立项投资规模（包含结转工程）共计为1000余万元。其中光、电缆接入类立项300多个，使用资金500余万元，立项资金使用率95%。大客户接应率达到100%。（屈　丽）

【网络维护】 2008年，新乡电信机房数量比上年增加8个；语音容量比上年增加1072线，语音用户实装比上年减少321线。机房宽带能力比上年增加8160线。DSLAM设备能力比上年增加2977线。主干电缆长度、主干线对长度、主干电缆线对数、配线电缆长度、配线电缆线对数、配线电缆线对数均比上年有了较大提高。（屈　丽）

【安全生产】 2008年，新乡电信企业安全管理工作得到加强。认真落实“安全第一，预防为主”的方针，狠抓安全生产责任制的落实，积极开展“全国安全生产月”活动，不断加强安全生产教育和管理，确保安全生产全年无事故。（屈　丽）

牧野史料

传统节日——**中秋节**

中秋节是我国的传统佳节。根据史籍的记载，“中秋”一词最早出现在《周礼》一书中。到魏晋时，有“谕尚书镇牛淆，中秋夕与左右微服泛江”的记载。直到唐朝初年，中秋节才成为固定的节日。《唐书·太宗记》记载有“八月十五中秋节”。中秋节的盛行始于宋朝，至明清时，已与元旦齐名，成为我国的主要节日之一。这也是我国仅次于春节的第二大传统节日。根据我国的历法，农历八月在秋季中间，为秋季的第二个月，称为“仲秋”，而八月十五又在“仲秋”之中，所以称“中秋”。中秋节有许多别称：因节期在八月十五，所以称“八月节”、“八月半”；因中秋节的主要活动都是围绕“月”进行的，所以又俗称“月节”“月夕”；中秋节月亮圆满，象征团圆，因而又叫“团圆节”。在唐朝，中秋节还被称为“端正月”。关于“团圆节”的记载最早见于明代。《西湖游览志余》中说：“八月十五谓中秋，民间以月饼相送，取团圆之意”。《帝京景物略》中也说：“八月十五祭月，其饼必圆，分瓜必牙错，瓣刻如莲花。……其有妇归宁者，是日必返夫家，曰团圆节也”。中秋晚上，我国大部分地区还有烙“团圆”的习俗，即烙一种象征团圆、类似月饼的小饼子，饼内包糖、芝麻、桂花和蔬菜等，外压月亮、桂树、兔子等图案。祭月之后，由家中长者将饼按人数分切成块，每人一块，如有人不在家即为其留下一份，表示合家团圆。中秋节起源的另一个说法是：农历八月十五这一天恰好是稻子成熟的时刻，各家都拜土地神。中秋可能就是秋报的遗俗。

教育·科技

教 育

【教育概况】 2008年，全市共有各级各类学校2217所，在校生1090425人，教职工64874人，专任教师55456人。其中，幼儿园525所，在园幼儿97799人，学前三年入园率为86%，教职工5904人，其中专任教师4102人，学历达标率91.74%。小学1698所，在校生549095人，校均规模323人，平均班额39.9人，学龄儿童入学率100%，辍学率0.31%，教职工26169人，专任教师24314人，专任教师学历达标率99.71%，生师比22∶1。初中353所（其中九年一贯制学校56所），在校生225040人，校均规模638人，平均班额53人，适龄人口入学率99%，辍学率0.90%，教职工26245人，专任教师16149人，专任教师学历达标率97.8%，生师比14∶1。普通高中71所（其中完中33所），在校生121451人，校均规模1711人，平均班额60人，专任教师6403人，学历达标率90.2%，生师比19∶1。中等职业学校73所（其中：普通中专10所，成人中专10所，职业高中53所），在校生69711人，教职工4527人，其中专任教师3326人，高中阶段毛入学率为76.6%。特殊教育学校6所，在校生1000人，教职工146人，其中专任教师105人。高等院校5所，在校生129692人，教职工7787人，专任教师5159人。

全市小学占地面积1017.90万平方米，建筑面积259.92万平方米；中学占地面积1152.62万平方米，建筑面积371.97万平方米；幼儿园占地面积80.98万平方米，建筑面积35.78万平方米；特殊教育学校占地面积3.22万平方米，建筑面积1.10万平方米；中等职业学校占地面积265.82万平方米，建筑面积92.22万平方米。

（郝伟杰）

新乡市教育局领导成员

党委书记、局长 王舜书

党委副书记、副局长 茹海芝 刘玫琳（女）

党委委员、市政府教育督导室主任 张迎菊（女）

党委委员、副局长 张 林（2008年7月任）

副局长 王玉宇（女）

党委委员、纪检委书记 唐晓根

党委委员、副局长 段新和

党委委员、新乡市招生办公室主任 冯树正

【“三新”大讨论活动】 2008年7月29日起，组织教育系统领导干部认真开展“新解放、新跨越、新崛起”大讨论活动，全面贯彻落实科学发展观，紧紧围绕深化教育改革，深入抓好基层党组织建设，全面推进素质教育和学校教育教学工作的开展。

（郝伟杰）

【基层党组织建设】 2008年5月，按照市委组织部《关于做好部分党员缴纳“特殊党费”用于支援抗震救灾工作的通知》要求，认真组织教育系统广大党员捐款，教育系统广大党员共捐款461392元，为支援四川抗震救灾做出积极贡献。6月，为活跃党员生活，激发广大党员学习热情，组织机关全体党员干部参加贯彻落实《党章》知识竞赛和奥运知识竞赛。开展争创“五好”（领导班子好，党员队伍好，工作机制好，工作业绩好，群众反映好）基层党组织、优秀共产党员和优秀党务工作者活动，3所学校获河南省“五好”基层党组织荣誉称号，5所学校获新乡市“五好”基层党组织荣誉称号，2人获新乡市优秀共产党员荣誉称号，1人获新乡市优秀党务工作者荣誉称号。“七一”前夕，对教育系

统136名优秀共产党员进行表彰。全年共发展新党员56名，预备党员转正74人，党员队伍的生机和活力明显增强，进一步增强了基层党组织的凝聚力和战斗力。（郝伟杰）

【召开全市教育工作会议】 2008年2月28日，全市教育工作会议在市政府三楼会议室召开。会议的主要任务是认真贯彻落实2008年全省教育工作会议精神，总结2007年全市教育工作，部署2008年教育工作。会议由市政府副秘书长赵举水主持，市教育局党委书记、局长王舜书作了《坚持科学发展观，努力建设教育强市》的主题报告。新乡市人民政府副市长杨书廷出席会议并讲话。会上，副市长杨书廷还与各县（市、区）政府签订普及高中阶段教育目标责任书。各县（市、区）主管教育工作的县（市、区）长、教育局长，市教育局各行政事业科室的科长（主任），局属学校的书记、校长，市直幼儿园园长，市区中等职业学校书记、校长，市区厂办学校、民办中学校长参加会议。（郝伟杰）

【中小学现代远程教育效果显著】 2008年11月，全省“农村中小学现代远程教育工程应用管理现场会”在新乡市召开，教育部授予新乡市“全国电化教育先进单位”称号。“新乡市远程教育数字互动平台”建设列入全市2009年重点建设项目，并已争取省级立项。（郝伟杰）

【推进教育资源整合】 2008年，新乡市教育局加快推进教育资源整合。一是按照市政府工作要求，结合全市职业教育发展的实际情况，经过大量深入细致的调研，参与起草《新乡市区教育资源整合方案》，并积极指导市职业中心的组建工作。二是围绕城乡一体化发展规划，优化农村中小学校布局，全年共撤并农村中小学59所，新建改造125所。（郝伟杰）

【资金争取工作】 市教育局始终把资金争取工作作为一项重要的日常工作，密切关注上级支持发展教育事业的优惠政策，主要领导和主管领导多次亲赴教育部、省政府、省教育厅、省财政厅和省发改委了解信息，千方百计做工作。全年共争取上级无偿资金3.84亿元，较上年增加1.67亿元，高于省平均水平，为新乡市教育事业的发展做出积极的贡献。（郝伟杰）

【农村义务教育经费保障机制】 2008年，全市共安排9526.6万元用于全面免除农村义务教育阶段课本费，130万人次农村学生受益；安排21011.5万元用于弥补农村中小学公用经费不足，提高农村中小学生生均公用经费标准，小学提高到230元，初中提高到375元；安排3061.4万元用于农村贫困家庭寄宿生补助生活费。2008年秋季学期开始，全市城市义务教育阶段全面免除杂费，继续对市区义务教育阶段低保家庭学生实施免课本费和补助贫困寄宿生生活费政策，资助学生4185人，资助资金31.57万元。（郝伟杰）

【农村中小学校舍维修和改造仪器设备充实工程】 新乡市教育局督促各县（市、区）建立健全农村中小学校舍维修改造长效机制，加强对新增危房的核查和统计工作，确保中小学危房能够及时消除。2008年全市争取到农村中小学校舍维修改造项目185个，争取到资金4700万元，改造D级危房面积3.3万平方米，新建和改扩建校舍面积9.5万平方米。争取到农村义务教育阶段学校仪器设备充实工程资金400万元，其中：初中教学仪器230万元，小学体育器材170万元，惠及全市336所中小学校，缓解了农村初中、小学仪器设备短缺问题，改善了农村中小学的办学条件，促进了义务教育的均衡发展。（郝伟杰）

【明德工程】 做好台商台塑集团捐资助学的明德项目的申请和管理工作。2008年争取到辉县市冀屯乡褚邱明德小学和长垣县芦岗乡滑店明德小学项目，各争取资金45万元，年内完成并投入使用。（郝伟杰）

【教育督导】 2008年，对12个县（市、区）的13个乡（镇）的86所学校进行督导检查，特别是督促政府拨付生均公用经费共3451万元，拨付教育费附加4954.3万元，督促3个县拨付往年节余的教育费附加379万元，为教育事业发展提供资金支持。（郝伟杰）

【严格规范学校收费行为】 2008年3月和10月，

市教育局先后召开全市教育系统治理教育违规收费工作会议和迎接全国收费专项检查会议，全面部署2008年度的治理工作。要求中小学校收费做到四个必须：即必须按规定收费、必须按程序报批、必须按要求公开、必须按制度管理。一是建立健全收费公示制度，大力开展“阳光收费”工程。各学校都在校内明显位置设置校务公开栏暨收费公示栏，从教育收费、政（校）务公开、财务管理等方面进行长期公示。二是实行收费承诺制度。教育行政部门和各学校结合本地学校实际，制定收费承诺书，在开学前一周向社会公布，并报同级教育行政部门备案。三是完善监督机制。开学前，市教育局在《新乡日报》、《平原晚报》等媒体上公布中小学收费项目、标准和各级举报投诉电话，接受群众监督。四是落实责任保障制度。治理教育乱收费校长是第一责任人，为使治理工作责任制落到实处，市教育局坚持层层签订治理教育乱收费目标责任书。明确各级行政“一把手”对治理教育乱收费工作负总责。同时，对存在乱收费的学校启动问责制，发现一起，处理一起，在评优、评先、评估市级以上示范校、先进校、年终考核等工作中，实行“一票否决”。五是建立联席会议制度，分解治理教育乱收费责任目标。充分发挥治理教育乱收费联席会议的作用，明确各级治理教育乱收费联席会议单位的责任制范围。根据各自的职能，把治理教育乱收费的责任细化在日常工作之中，形成合力，加强社会监督，切实从源头上有效遏制教育乱收费行为。全年共接到群众来信、来电、来访245次，查处案件61起，31人受到党政纪处理，规范清退资金160.2万元，保证了教育系统良好的环境，形成了治理教育违规收费的高压态势，教育违规收费行为得到一定的遏制。

（郝伟杰）

基础教育

【加强未成年人思想道德建设】　一是落实育人为本、德育为先、注重实效的德育要求。把民族精神教育、“三理”（心理、生理、伦理）教育纳入各单位的工作计划，把社会主义荣辱观教育与弘扬、培育民族精神紧密结合起来，扎实开展以爱国主义教育为核心的民族精神教育、文明礼仪教育、诚信教育、感恩教育等系列主题教育活动。2008年1月以文字和图片形式总结上报“形势教育大课堂”收看情况，免费向农村教学点发放“形势教育大课堂”光盘，全市掀起中小学生学习“十七大”精神新高潮；2月在全市开展中小学德育优秀科研成果暨工作创新案例评选活动，分别评出一、二、三等奖和优秀组织奖若干名；3月中旬下发《关于开展未成年人思想道德建设工作调研的通知》(新教基〔2008〕105号)，在全市范围内开展未成年人思想道德建设调研工作，收到调研报告和典型材料68篇，向省教育厅推荐45篇；3月下旬开展以“奥运精神伴我成长”为主题的“新乡市第十五届青少年爱国主义读书活动”读书征文、演讲比赛，分别评出一、二、三等奖和优秀辅导教师奖若干名。4月下发《新乡市教育局关于举办2008年科技活动周的通知》，5月17日至23日举办以“创新科技在我身边”为主题的2008年度科技活动周活动。6月在全市范围内组织开展“抗震救灾英雄少年”评选投票工作和群体留言活动，网上投票18.5万次；短信2.2万条；感人留言6247篇。全市广大师生积极捐款捐书，参加捐助师生1058945名，共计捐款845万余元，捐书104329本。6月1日至15日在全市组织开展以“同一个世界，同一个梦想”为主题的“北京2008奥运会系列教育活动”。抓住中国举办奥运会这一契机，在中小学生中弘扬奥林匹克精神，激发爱国热情，增加民族自信心和自豪感。9月周密部署第五个“中小学生弘扬和培育民族精神月”活动，在全市开展“学习英雄少年，弘扬奥运精神，做有道德的人”征文比赛活动，共收到优秀征文600余篇。二是加强学校德育工作队伍建设，进一步建立和完善对班主任、学生工作的表彰奖励制度。2008年3月分别下发《新乡市教育局关于评选2008年新乡市普通中小学模范班主任的通知》（新教基〔2008〕61号）和《新乡市教育局关于评选2007～2008学年度市级“三好学生”和“优秀学生干部”的通知》（新教基〔2008〕35号）文件，共评出模范班主任362人、三好学生3809人、优秀学生干部1141人。三是大力加强校园文化建设，创建和谐校园，营造良好的育人氛围。建立健全校园文化建设机构，抓好校风、教风、学风的建设，优化、美化学校的文化环境，认真组织开展形式多样、丰富多彩的校园文化活动，倡导和培养广大中小学生孝敬父母、尊敬长辈、关爱弱者的高尚情操，努力提高校园文化建设档次。

（郝伟杰）

【规范办学行为】　一是强化管理意识，创新管理模式。在学校行政、教育教学、教师、学生、总务后勤、校园文化等方面实施精细管理，提高各项工作的执行力。二是加强学籍管理。“中小学电子学籍管理系统”的使用和管理进一步完善，中小学学籍管理信息化和网络化建设全面推进。进一步加强班级管理和规范学籍管理，严格控制大班额和学生流失。认真组织2008年初、高中毕业生毕业证书验印工作，发放普通高中毕业证30800本，市区发放初中毕业证书10165本。三是清理规范改制学校。根据《河南省人民政府办公厅关于规范义务教育阶段办学体制改革试验工作的意见》（豫政办〔2008〕48号）和《新乡市人民政府办公室关于规范义务教育阶段办学体制改革试验工作的意见》（新政办〔2008〕133号）文件精神和资产评估结果，市教育局对市区义务教育阶段改制学校逐一进行核查规范，并要求新乡市二中分校初中部、新乡市三中分校初中部、新乡市十中分校、新乡市十一中分校初中部、新乡市铁一中分校初中部、新乡市育才小学分校、新乡市铁一小分校、河师大实验中学分校、新乡市一师附小、新乡市三十三中等10所学校从2008年秋季转为公办学校。按要求卫辉市实验中学、延津县一中分校初中部、辉县市一中分校初中部、辉县市实验学校分校、长垣县一中分校初中部、新乡市牧野区陵园小学分校、新乡市红旗区和平路小学分校、新乡市卫滨区人民路小学分校等8所学校也从2008年秋季转为公办学校。四是强化落实《河南省义务教育阶段办学行为十不准》，严格控制中小学校学生在校活动时间总量，切实减轻学生学业负担。

（郝伟杰）

【新课程改革实验】　一是继续深化义务教育课程改革。认真研究落实课程改革政策和实施方案，总结推广新课程改革优秀成果和成功典型。积极推行初中学生综合素质评价制度，建立学生成长记录和综合素质评价的运行机制，力求全面反映学生的综合素质状况，有效地突破了制约课程改革的瓶颈，推动了素质教育的全面实施。二是做好高中新课程改革工作。市教育局分别下发《关于成立新乡市普通高中新课程实验工作领导小组的通知》（新教基〔2008〕165号）和转发《河南省教育厅〈河南省普通高中新课程实验工作方案〉》（新教基〔2008〕193号）文件，指导和推动课改实验做好准备工作。积极组织全市高中学校教师申报普通高中新课程实验研究项目，共推荐150余课题申请立项。（郝伟杰）

【创建义务教育均衡发展示范县】　根据《河南省教育厅关于在全省开展义务教育均衡发展示范县（市、区）创建活动的意见》精神，2008年4月中旬，在辉县市组织全市义务教育均衡发展座谈会，各县（市、区）教育局长出席会议。会上，辉县市作了典型发言，辉县市的经验对启发、引导各县（市、区）进一步加强城乡薄弱学校建设，缩小县域内城乡之间、学校之间办学条件、师资水平、管理水平等方面的差距起到积极作用。新乡市成立专项工作领导小组，年内完成《新乡市教育局、新乡市人事局、新乡市财政局关于在全市开展义务教育均衡发展先进县（市、区）创建活动的意见》的起草任务，为全市深入开展新乡市义务教育均衡发展先进县（市、区）创建活动做好充分准备。（郝伟杰）

【薄弱学校改造】　2008年，认真贯彻落实政府实施义务教育的要求，努力促进全市义务教育均衡发展。6月初，根据省委、省政府及省教育厅有关文件精神，下发《新乡市教育局关于分解下达2008年度城镇薄弱学校改造任务的通知》（新教基〔2008〕204号），确定对11所薄弱学校进行改造。年内完成两所学校（辉县市城内初中、延津县实验小学）的改造任务，其余9所学校的改造工作有序进行。11所城镇薄弱学校改造计划投资6046.55万元（基建投资4894.5万元，补充仪器设备投资1101.05万元）。计划改造面积51021.6平方米、补充仪器设备2699台，2008年全部完成改造和补充任务。有力地促进了区域内学校办学条件的基本均衡。此外，市教育局还制订《新乡市义务教育阶段学校结对帮扶工作方案》，积极探索“以强带弱”“捆绑发展”等发展模式，充分发挥优质学校对薄弱学校的帮带作用，促进薄弱学校管理水平的提高，整体提升义务教育质量和水平。市教育局局属学校确定8所帮扶学校，于2008年秋季开学开始帮扶。（郝伟杰）

【关注弱势群体，关爱农村留守流动儿童】　一是做好进城务工就业农民子女入学工作。继续落实“以输入地政府为主、以全日制公办学校为主”、免收借读费等政策措施，指导和督促公办中小学认真做好农民工同住子女接受义务教育工作，保障进城务工就业农民子女受教育权利。进一步清理和取消一切不利于进城务工农民子女入学的不合理限制，简化入学手续，做到了“应入尽入，同城同待遇”。2008年新乡市区确定25所小学、24所初中为农民工子女接收学校，接收农民工子女入学3457人。二是做好留守儿童关爱工作。4月制定下发《新乡市教育局关于印发新乡市农村留守流动儿童关爱工程——“春暖行动”工作方案的通知》（新教基〔2008〕164号），5月初“春暖行动”正式启动，“春暖行动”受到新闻界和社会有识之士的热切关注和大力支持，大家纷纷为农村留守流动儿童奉献爱心，办好事、办实事。三是加强特殊教育工作。进一步改善现有特殊教育学校办学条件，为保障残疾儿童受教育的权利，建立特殊教育学生学籍档案，切实做好特殊教育随班就读工作。为全面增强特殊教育学校学生的身心素质，于4月25日在新乡市一中举办新乡市第八届特殊教育学校学生田径运动会，共有6所学校145名运动员参加36个项目的比赛。9月召开全市特殊教育学校会议，确定了市盲聋哑学校为全市推广中国手语试点学校。四是积极做好四川灾区学生来新就读安置工作。要求各学校无条件接收，对经济困难的学生，学校在学习和生活上予以特别资助，对灾区学生进行适当的心理调适，抚慰他们受伤的心灵，帮助他们尽快恢复正常的学习和生活，切实为灾区学生来新乡就读开启“绿色通道”。

（郝伟杰）

【推进中招改革，做好中小学招生工作】　一是不断完善义务教育入学制度。新乡市教育局对全市义务教育阶段适龄儿童、少年就学情况、学生分布情况进行了较系统的摸底调研，结合新乡市实际情况，合理划分学区，严格执行义务教育阶段免试就近入学政策。二是深化高中招生制度改革。5月中旬印发《新乡市教育局关于2008年中等学校招生工作的实施意见》，继续实施普通高中招生录取学业考试成绩加综合素质评定结果的办法。进一步完善“分配生”制度，扩大“分配生”比例，推进素质教育进程，推动义务教育均衡发展。2008年市区将原来的省级示范性高中统招计划的50％提高到现在的55％作为“分配生”计划；将市级示范性高中统招计划的30％提高到现在的40％作为“分配生”计划，分配到各初中学校。这些措施有效的保证薄弱学校学生的利益，对促进薄弱学校的发展起到积极作用。三是举办中招艺术加试。5月20日至21日在市三中举办2008年中招艺术加试。共有768人参加美术、音乐、播音、书法专业的测试，成绩以等级呈现，作为中招艺术类考生的录取依据，为特色学校输送了艺术人才苗子，推进了学校素质教育工作。

（郝伟杰）

【高中教育教学质量提升】　一是高中新课改稳步推进。2008年秋季河南省普通高中起始年级全部进入新课程改革。市教育局成立普通高中新课程实验工作领导小组，加强对此项工作的领导与管理。积极研究制定工作措施，协调工作落实，指导和推动实验改革工作。至年底，改革的各项工作有序进行。二是积极开展以培养学生创新精神和实践能力为主的学科竞赛活动和综合实践活动，广泛开展了青少年法制教育活动和优秀教育报刊学、用、评活动，广大学生的综合素质得到全面提高。2008年新乡市共有8300余人次学生在各类学科竞赛中获省以上奖励。三是普通高考成绩连续5年稳中有升。2008年，新乡市参加普通高考考生61519人，专科一批以上上线人25294人，较上年增加693人。其中，被北大、清华录取21人，较上年增加4人。

（郝伟杰）

【培养学生创新精神和实践能力】　新乡市教育局积极开展学科竞赛活动和综合实践活动。全市分别组织中学数、理、化、英语、生物等学科竞赛。其中初中数学组和高中数学组分别有6人和16人获国家级一等奖，24人和20人获国家级二等奖，高中数学28人获国家级三等奖；组织参加全国中学生物理、化学竞赛河南省预赛、全国复赛。其中，1名学生获得全国一等奖（河南赛区），22名学生获得全国二等奖（河南赛区），7名学生获得全国三等奖（河南赛区），93名学生获得河南省预赛一等奖，198名学生获得河南省预赛二等奖。153余名教师获得国家级、省级优秀辅导教师奖。在河南省“我的家乡纵横行”主题系列活动中，新乡选手获一等奖1个，二等奖2个，三等奖2个，教师奖1个，辅导奖3个，其中新乡市第三十一中学的姜仁梦获初中组第一名，并在北京表彰大会上作现场演示。

（郝伟杰）

职业与成人教育

【完成全年招生任务】 2008年，为完成全市职业与成人教育招生任务，采取一系列强有力的措施。一是统一管理，加大对高中阶段招生工作的组织领导。下发了《新乡市教育局关于2008年新乡市中等学校招生工作的实施意见》（新教〔2008〕180号）文件，成立以党委书记、局长王舜书为组长的中等职业教育招生工作领导小组，各县（市、区）教育行政部门按要求也成立了相应的组织。二是明确任务，落实招生工作责任目标。根据各县（市、区）人口数及招生能力，将任务分解到县（市、区）和市区各学校。王舜书与各县（市、区）教育局和市区各中职学校的主要领导签订了招生工作目标责任书，确保完成招生任务。三是加大招生宣传工作力度，努力营造中等职业教育招生良好氛围。为加大宣传力度，印制《新乡职业教育》（第二期）和宣传海报5000套，向初三毕业生免费发放，为学生选报职业学校提供便捷服务。四是做好中职学校贫困生资助工作，增强中等职业教育的吸引力。为做好中职贫困学生资助工作，全年发放助学金3984.825万元，共有27005名农村学生和城市困难家庭学生受益，资助标准为生均1500元。五是表彰先进、促进招生。下发《新乡市教育局关于表彰2007年新乡市中等职业学校基础能力建设先进单位的通知》（新教职成〔2008〕77号）和《新乡市教育局关于表彰2007年新乡市职业教育工作量化管理及中等职业学校招生工作先进单位和先进个人的通知》（新教职成〔2008〕76号）。对2007年中职招生任务完成比较好的市信息工程学校等20个单位和92名招生先进个人进行表彰，有力地促进了全市中职招生工作的顺利进行。2008年职业教育完成招生3.4万人，较上年增加近800人，全面推动全市中等职业教育的持续健康快速发展。

（郝伟杰）

【职业学校校长、教师继续教育工作】 2008年，按照省教育厅要求，全市组织1144名中职教师进行了各级各类培训。其中，3月至6月，组织453名中职教师在河南科技学院成人教育学院进行继续教育培训；5月20日至29日，与上海华东师范大学职业技术学院联合举办中职学校管理干部高级研修班，对全市45名县（市）教育局分管局长、职教科（股）长、中职学校校长、副校长、教务主任进行为期10天的培训。7月19日至8月7日分别在新乡市信息工程学校、新乡市工业学校、新乡市第一职业中等专业学校三所学校组织全市中职教师进行教育技术能力培训，圆满完成省教育厅下达的500人培训任务；7月至8月，组织122名中职教师参加省教育厅开展的省级专业骨干教师培训；8月至12月，组织参加省教育厅开展的国家级中职教师专业骨干教师培训，参加培训人员24人。

（郝伟杰）

【国家级、省级中等职业学校技能大赛】 2008年，根据省教育厅安排，新乡市于5月11日至30日举行10个专业的技能大赛，同时选拔选手参加全省中职技能大赛。参赛的9个专业中有8个专业获河南省教育厅优秀组织奖，一职专等7个学校获9个团体奖，全市参加省赛68名选手，其中58名获省级奖励。新乡市第一职业中专张瑞林老师在计算机专业的比赛中获全省第一名，代表河南省参加全国技能大赛，并获得第11名的成绩，为新乡市争得荣誉。

（郝伟杰）

【三好学生、优秀学生干部、模范班主任及教育教学专家评选】 2008年，一是认真做好三好学生、优秀学生干部评选活动。1月20日，下发《新乡市教育局关于公布2008年度新乡市中等职业学校市级三好学生、优秀学生干部及推荐省级优秀学生及省、市级三好学生、优秀学生干部和先进班集体名单的通知》（新教职成〔2008〕24号）。评出省级优秀学生2名、省级三好学生51名，优秀学生干部17名，先进班集体7个；市级三好学生169名，市级优秀学生干部61名，提高职校学生奋发向上的学习积极性。二是积极开展模范班主任评选工作。4月8日下发《新乡市教育局关于评选2008年新乡市中等职业学校模范班主任的通知》（新教职成〔2008〕125号），评审认定74名为模范班主任，激发了班主任工作的积极性。三是积极做好教育教学专家评选工作。根据《河南省教育厅关于申报河南省职业教学专家的通知》（教职成〔2008〕627号）文件安排，在全市深入开展推荐河南省职业教育教学专家备选工作，2008年推荐1人参评教育教学专家。

（郝伟杰）

【紧缺人才培养培训基地和县级职教中心建设】

2008年，一是积极实施紧缺人才培养培训基地建设工程。新乡市第一职业中专和新乡县职业中专被确定为国家财政支持的中等职业学校基础能力建设单位，每校获得国家财政支持资金约300万元。二是认真抓好县（市）职教中心建设。各县（市）均已成立了职业教育中心，市教育局督促各县（市）进一步加大资金投入，加快推进职业教育中心建设步伐。其中，新乡县投资1.08亿元，占地15.33万平方米的职教中心，年内完成大部分项目建设任务。（郝伟杰）

【中等职业学校学籍备案、毕业证办理及职业技能鉴定】 2008年5月9日下发《新乡市教育局关于做好2008年新乡市中等职业学校学生毕业证验印工作的通知》，为中等职业学校12000多名毕业生办理了毕业证，为20000名新生进行了学籍注册和备案工作。积极开展中等职业学校职业技能鉴定工作。召开专门会议部署职业技能鉴定工作，下发《职业技能鉴定考试办法》（新教推职办〔2008〕3号）和《关于2008年下半年职业鉴定工作安排的通知》（新教推职办〔2008〕2号），大力推进中等职业学校学生技能鉴定工作。（郝伟杰）

【成人职业培训】 按照省教育厅下达的指导性培训任务数，市教育局下发《关于做好2008年成人职业培训工作的通知》（新教职成〔2008〕90号），要求继续发挥职业教育、成人教育的主阵地作用，充分利用各类教育资源，以就业为导向，以转移前的引导培训和职业技能培训为重点，积极努力做好成人培训工作。全年共完成各类成人培训432404人次（全年任务数431723人）。其中，农村实用人才培训150183人次，引导性培训26673人次，职业技能培训17885人次，务工岗位培训66535人次，下岗失业人员再就业培训26703人次，城镇职工培训144425人次，超额完成全年培训任务。（郝伟杰）

【省级示范乡（镇）成人教育学校创建】 2008年，根据教育部和省教育厅从2007年开始“再用四年时间集中力量重点建设100所示范性乡（镇）成人学校”的工作要求，市教育局深入学校检查指导，努力改善办学条件，提高教学质量和办学效益，积极开展争创省级示范乡（镇）成人教育学校创建工作。10月，确定4所争创备选学校，年内，按照工作计划，在学校自评的基础上，认真组织复评。（郝伟杰）

【组织对全市民办学校进行年检】 一是严格民办学校审批工作。根据《新乡市人民政府关于进一步提高行政效率的意见》（新政〔2007〕16号）相关要求，规范审批程序，提高办事效率，2008年，全市共审批民办学校和民办教育机构20所。其中，县（市、区）教育行政部门审批学历教育学校12所（小学6所、初中6所），民办教育机构8所；变更学校名称2所。二是抓好民办学校规范办学管理工作。为规范办学行为，按照省教育厅有关通知要求，7月17日至8月15日分三个阶段对市教育局直接管理的251所民办学历教育机构和非学历民办教育机构进行换发办学许可证审核检查工作。通过审核验收，216所民办学校（机构）合格，12所民办学校（机构）存在问题需要整改，20所民办学校（机构）予以取缔，3所民办学校（机构）自行申请终止办学资格。对检查中出现的问题进行规范，并通报年检情况。（郝伟杰）

【行政事项服务】 2008年9月，根据市政府“两转两提”（转变政府职能，转变工作作风；提高行政效能，提高公务员素质）工作领导小组办公室的文件《关于进一步深化全市行政审批制度改革的通知》（新转提发〔2008〕2号）和《关于进一步清理行政事业性收费项目的通知》（新转提发〔2008〕3号）文件的精神要求，市教育局对新设定的行政审批项目进行了重新清理，8个行政审批项目内容中行政许可6项，非许可类行政审批1项，其它类1项。对26项行政事业性收费项目及处置意见进行了重新申报。进一步规范收费行为。按照市政府非税收项目的清理结果，对没有收费依据或已被上级取消的收费项目一律停止收费。对已确定纳入市财政局“以票控费”监管系统的收费项目要按规范落实到位。（郝伟杰）

师资和干部队伍建设

【继续抓好干部管理、培训工作】 一是组织全市30名中小学校长参加省教育厅举办的校长任职资格培训和提高培训。推荐1名初中校长参加全国初中校长高级研修班。推荐1名小学校长参加全国小学校长高级研修班。二是选派1名地市级教育局长、3名县区级教育局长分别参加全国第23期地市级教育局长培训班、第15～16期县区级教育局长培训班。三是按期完成市委组织部门下达的教育干部培训任务，选派1名科级干部参加全市后备干部培训，1名科级干部到省教育厅上挂锻炼。四是继续推动“名校长”工程建设，进一步提升新乡市中小学校长政策水平、理论素养和领导管理能力。五是组织市区13名校长参加国家教育行政学院第60期“基础教育改革动态”专题研修班。9月，举办第八期“全市中小学校长高级研修班”，组织56名中小学校长到西南大学参加学习。六是举办新乡市初中校长任职资格培训班和小学校长任职资格培训班1期，分别培训初中校长50名、校长60名；举办新乡市初中校长提高培训班1期和小学校长提高培训班4期，培训初中校长40名，小学校长200名，逐步提高广大校长的教育理论和管理水平。（郝伟杰）

【开展师德教育活动】　新乡市教育局以“大爱无声铸师魂”为主题，开展师德教育活动。全市教育系统各单位组织广大教师认真学习地震灾区广大教师的感人事迹，并围绕这一主题开展师德征文、演讲比赛、座谈会、报告会等活动。在层层选拔推荐的基础上，新乡市教育局共征集优秀师德论文400篇，演讲稿50篇。（郝伟杰）

【加大教研培训力度，提高教师教学水平】　一是高中骨干教师通识培训、教材跟进培训、新课程远程培训圆满完成。7月，各高中学校教师、学科教研员3023人参加全省高中新课程培训，693名高一年级教师参加河南省教研室人教版教材跟进培训，为实施新课程打下了良好基础。二是以课题引领广大教师的培训和提高。4月8日至9日，新乡市基础教育教学研究室举办“新乡市有效教学与教师专业发展”报告会。8月19日至21日举办了第二期教务主任暑期研修班，促进教师转变教学方式，真正实现了专家引领，提高课堂教学实效，推进全市课程改革。（郝伟杰）

【积极开展多学科教师技能竞赛活动】　为更好的落实省教育厅开展的“教师培训年”活动，新乡市教育局积极开展教师竞赛活动。一是组织全市青年体育、音乐教师参加第二届河南省农村青年教师技能大赛。其中，参加县级预赛1500人，市级复赛172名。新乡市选拔推荐的16名教师在全省决赛中全部获得一等奖，其中，1人获全省第一名，3人获全省第二名，总成绩全省第一，被省教育厅授予组织优胜单位。二是组织全市8000余名语文、英语老师开展技能竞赛活动，激发教师参加岗位大练兵活动的激情，督促广大教师不断学习提高。（郝伟杰）

【认真开展骨干教师培训与送教下乡活动】　一是完成骨干教师评选与培训任务。2008年选拔推荐省级中小学幼儿园骨干教师362人，评选市级中小学幼儿园骨干教师790人，评选县级中小学幼儿园骨干教师1405名。组织完成县级培训1179人，市级培训470人，省级培训75人。二是做好省级骨干教师的选拔与推荐工作。全市69人被定为省级骨干教师，其中，26名教师入选了河南省首届名师，总人数居全省第三位。其中，5个名师开通了博客。三是认真开展结对帮扶与送教下乡活动。新乡市教育局从各县（市）筛选5所农村学校与名师工作站结成对子进行帮扶，定期开展送教下乡活动。2008年，全市名师工作站下乡交流达20余工作日，作示范课12人次，培训教师近400人。（郝伟杰）

【深入开展教师培训工作】　一是教师教育技术能力培训正式启动，全年完成教师培训3500余人，并组织700余名教师首次参加全国统考，过关率达90%以上。二是开展教师知识拓展培训。邀请魏书生、王文湛、肖家芸、高林生、郑丹娜等多位全国知名的教育教学专家莅新讲学，进一步开阔教师的知识广度与深度。参加培训人员达6000余人次，收到学习心得3000余篇。三是顺利完成新课程教师培训。其中高中新课程培训为首次进行，全市按区域划分共设9个培训点，126个培训班，14个学科，共培训专业教师5223人。义务教育阶段新课程培训教师1000余人。四是完成初中岗位培训1200人，小学岗位培训1500人，组织高中远程继续教育513人；完成中小学班主任培训4100余人。（郝伟杰）

【教师资格认定】　2008年，按照省教育厅的统一部署，4月至6月对应届师范类毕业生认定高中、中等职业学校（含实习指导教师）教师资格。正式申请者4337人，通过4271人，通过率98.48%。7月至11月面向社会认定高中、中等职业学校（含实习指导教师）教师资格，全市共1265人报名申请，经过教育理论考试、教育教学技能测试等环节，通过认定685人，通过率为54.15%。（郝伟杰）

【教师招聘及对口支教】 2008年初，根据新乡市教育局局属学校超缺编情况，向市编委申请争取了65个事业编制使用计划，6月至9月面向社会进行公开招聘了65名优秀大中专毕业生，及时为局属学校补充新鲜血液。积极开展支教工作。2008年暑假期间，按照有关要求以超编学校3%、缺编学校1%的支教派出计划，全市共派出支教人员448人，其中局属学校派出74人。（郝伟杰）

新乡市属县（市、区）教育行政简况

单位名称	局长	办公地址	邮编	电话
红旗区教科文体局	陈学勇	新乡市平原路251号	453000	0373－5291801
卫滨区教文体局	焦红琴	新乡市中同大街同庆里20号	453000	0373－2628058
牧野区教科文体局	谢东宏	新乡市和平路83号	453002	0373－3385342
凤泉区教科文体局	杨爱香	新乡市北站区区府路	453011	0373－3090505
卫辉市教育局	王华阳	卫辉市太公路	453100	0373－4420678
辉县市教育局	崔满园	辉县市城后东街40号	453600	0373－6266228
新乡县教育局	夏平刚	新乡市引黄路53号	453003	0373－5086582
获嘉县教育局	王灿业	获嘉县城东环路南端	453800	0373－4595168
原阳县教体局	李世宗	原阳县衙前街17号	453500	0373－7299155
延津县文教体局	张运民	延津县后北大街56号	453200	0373－7695887
封丘县教育局	杜孝顺	封丘县振兴路东段	453300	0373－8299703
长垣县教育局	连怀军	长垣县向阳路北端	453400	0373－8867358

院校选介

河南师范大学

【河南师范大学概况】 河南师范大学是一所综合性师范大学，占地面积128万平方米，建筑面积70余万平方米，教学科研仪器设备总值近2亿元。学校现有18个学院，26个研究所（中心），4个省级一级重点学科、16个省级二级重点学科，53个本科专业；有4个博士学位授权点，6个硕士学位授权一级学科，75个硕士学位授权二级学科点，3个硕士专业学位授权点；设有省部共建细胞分化调控国家重点实验室、黄淮水污染与防治教育部重点实验室、河南省环境污染控制重点实验室、河南省生物工程重点实验室、河南省生物工程研究应用中心、河南省光伏材料重点实验室，科技与社会研究所、邓小平理论与“三个代表”重要思想研究中心、青少年问题研究中心等省级人文社科研究基地，河南省高校环境科学与工程重点学科开放实验室、河南省高校绿色化学与技术重点学科开放实验室、河南省高校新能源工程技术研究中心、河南省高校道地中药材保育及利用工程技术研究中心；设有生命科学和化学2个国家级实验教学示范中心，物理、计算机、经济与管理3个省级实验教学示范中心；学校为国家大学生创新性实验计划项目实施单位、教育部教育硕士专业学位试点单位和河南省教师教育综合改革试验基地；河南省高校师资培训中心和河南省高中校长培训基地挂靠此校，拥有河南省规模最大、种类最多的生物标本馆。学校图书馆纸质文献资源230余万册，电子图书44万余册。至2008年10月，全校教职工2103人，专业技术人员1700余人，其中，中国科学院、中国工程院双聘院士6人，设立省级特聘教授岗12个，教授、副教授等高级职称518人；国家有突出贡献的中青年专家、教育部新世纪优秀人才支持计划入选者5人，享受国务院政府特殊津贴专家26人，教育部教学指导委员会委员3人，中原学者计划1人，河南省优秀专家29人，河南省教学名师3人，聘有英、美、日、韩等外籍教师8人。学校连续19年被中宣部、中央文明办、教育部、共青团中央、全国学联授予“三下乡”社会实践活动先进单位。2008年普通本专科、博硕士研究生招生6464人，毕业5281人，各类在校学生31319人。

2008年，学校以邓小平理论和“三个代表”重要思想为指导，全面贯彻落实科学发展观，进一步解放思想、更新观念，围绕“建设在国内影响较大的具有教师教育特色的综合性教学研究型大学”的发展目标，认真落实“十一五”发展规划，继续推进和落实“管理年”活动及其成果，不断加强学科“山峰”建设和教师教育特色建设，稳步提高学校核心竞争力，全校师生员工积极进取、开拓创新，推动了各项事业又好又快发展。（任永利）

河南师范大学领导成员

党委书记　张亚伟

党委副书记、校长　焦留成

党委副书记　刘纯献

党委副书记、校工会主席　王海旺

党委常委、副校长　王桂兰（女）

副校长　徐存拴　王新生
杨　林（2008年7月任）
黑建敏（2008年7月任）
孙先科（2008年11月任）

纪委书记　刘纯献（2008年7月任）
杨素英（女，2008年7月离）

党委常委　杨素英（女）

【河南省人大副主任夏清成来校调研】　2008年11月24日，河南省人大副主任夏清成一行莅临河南师范大学调研。校党委书记张亚伟，副校长徐存拴、黑建敏等参加座谈会。张亚伟简要介绍学校的历史和概况，重点汇报了学校的办学特色和目前师范教育向教师教育转型、高校债务负担化解和新形势下高校自主办学等方面存在的问题和建议。副主任夏清成指出，河南师范大学作为师范性院校，教育教学必须强化实践性，科学研究要注重后期的应用性。实践性强，培养的教师才更接近教学实际，注重后期的应用，科学研究发展才有后劲。高校科研工作要多和上级主管部门沟通，可以采取直接承担项目、合作研究等多种有效形式，争取更多项目、政策和经费支持，同时要注意加强人才梯队建设和学术团队建设。副主任夏清成一行还参观了生物标本馆，深入省部共建细胞分化调控国家重点实验室进行调研。（任永利）

河南省人大副主任夏清成一行来校调研

【中层干部换届工作】　按照精简、统一、效能的总要求，结合高等教育快速发展的现状和学校的实际需要，经过大量的调研和反复征求意见，9月至10月学校优化设置了全校处级机构，解决职责交叉、权责脱节、推诿扯皮等问题，转变了职能，强化责任，理顺关系，做到权责一致、分工合理、决策科学、运行顺畅。在此基础上，完成处级干部换届工作。贯彻“大组织”理念，换届前进行换届政策大调研、换届工作大接访，充分听取民意；换届中，采取委任聘任和竞争上岗等多种方式，适当下放选人用人权限，推行干部票决制，坚持政策公开、过程公开、结果公开，用“岗位符合度、群众满意度和班子认可度”标准选人用人，共提拔正处级领导干部23人，副处级领导干部37人。40岁以下干部所占比例较换届前提升12个百分点，具有研究生学历、硕士以上学位干部所占比例较换届前均提升10个以上百分点，干部队伍的生机和活力进一步增强。加强干部教育，通过常态培训与重点指导相结合，集中培训与分散自学相结合，校内多岗交流与校外实践锻炼相结合，思想教育与制度建设相结合，加强干部教育培训。抓住任前谈话的有利时机，分别对新一届正、副处级干部从“六要”（一要有正确的事业追求，二要有好的工作思路，三要懂全局、谋全局，四是工作要重过程、更要重效果，五要处理好行政权力、学术权力、人格魅力的关系，六要抓班子、带队伍、树正气）和五个“正确对待”（一要正确对待历史的选择，二要正确对待事业追求，三要正确对待自己，四要正确地做事、做正确的事，五要正确对待全局）等方面提出具体要求，加强了教育培训的针对性，保证教育培训的质量，提高干部队伍素质。 （任永利）

【落实和巩固管理年活动成果】 河南师范大学向着“规范、科学、和谐、高效”的目标，继续推进和落实“管理年”活动及其成果，“管理年”活动各项工作基本完成，为进一步提高管理水平和管理效益奠定了基础。修订学校三大规划、院系规划，对“十一五”目标任务进行调整和分解，并与各单位签订责任书；完成人事分配制度改革方案，2008年试运行；修订校内收入分配管理办法；合理配置校内资源，试运行资源配置与绩效量化评价办法；制定本科专业建设与发展规划；优化内设机构；初步完成教师教育改革方案；修订完善各项规章制度；办公自动化系统运转良好；健全民主管理和监督机制，制定并执行教职工代表大会民主评议领导干部工作规程，教学单位、管理服务部门、处级干部考核办法等。 （任永利）

【学科建设和科学研究】 2008年，河南师范大学获得4个一级、16个二级省级重点学科；加大国家级、省部级重点实验室、研究基地的培育建设力度，省光伏材料重点实验室、省高校新能源工程技术研究中心、道地中药材保育及利用工程技术研究中心获准立项建设。获得各类科研项目429项，其中国家级27项，省部级97项；科研奖励295项，其中省部级9项；省科技成果鉴定9项；发表学术论文1918篇，其中SCI、EI源期刊上发表论文225篇，CSSCI213篇，核心678篇；被SCIE收录论文170篇，较上年增加33篇，在全国高校排名由上年的89名提升至81名，SCI论文被引用167篇、393次，较上年分别提升25篇、78次；申报发明专利6项，获得授权5项。继学报哲社版跻身CSSCI来源期刊后，自然科学版被评为中国高校特色科技期刊，双双蝉联2008版中文核心期刊，同时进入河南省20佳期刊行列。学术交流进一步加强，共举办全国性学术会议7次，邀请国内外知名专家讲学117次。 （任永利）

【教学质量工程建设】 河南师范大学制定建设方案，启动教师教育特色建设工作；实验教学中心建设成效显著，新获准化学国家级实验教学示范中心、经济与管理省级实验教学示范中心、1个省级教学名师；获准化学国家级特色专业、遗传学和排球2门国家级精品课程，出版2部国家级规划教材，建设1个省级教学团队、3个省级特色专业、3门省级精品课程；师范生教学技能稳步提高，在第六届河南省高校毕业生教学技能大赛中，荣获本科院校团体一等奖及优秀组织奖，15人获得一等奖。 （任永利）

【师资队伍建设和创新团队建设规划】 以实施新一轮人事分配制度改革为契机，大力培养、引进高层次人才，新增双聘院士1人，3人受聘担任河南省特聘教授，完成3个校级特聘教授的推荐工作；引进和培养各类专业技术人才106人，其中博士42人，高级职称3人；扎实推进人才创新团队培育规划，积极建设省级创新团队，获得高层次科技人才项目11项，其中教育部新世纪优秀人才支持计划1项，中原学者计划1人，河南省科技创新团队1个，河南省高校科技创新团队支持计划1个，河南省杰出青年计划3项，河南省高校创新人才支持计划4项。 （任永利）

【大学生科技创新能力增强】 河南师范大学成功入选国家大学生创新性实验计划项目学校；连续19年荣获全国大学生暑期社会实践活动先进单位；荣获全国高校校园文化建设优秀成果奖和第六届“挑战杯”中国大学生创业计划竞赛优秀组织奖；1名学生获得中国青少年科技创新奖，这是此校学生第3

次荣获该奖项；获得全国大学生数学建模竞赛一等奖1项、二等奖6项。（任永利）

【对外交流力度加大】 河南师范大学聘请包括国际知名专家意大利钢琴教授马克·贝雷依在内的外国专家9人；接待德国、日本、韩国、荷兰、台湾等代表团42人次，世界科学计量学学会主席卢梭教授等国外知名专家12人来访。（任永利）

【入选全国大学生创新性实验计划项目实施学校】 2008年9月24日，国家教育部、财政部公布了国家大学生创新性实验计划项目实施高校名单，河南师范大学成为全国第二批入围的60所高校之一，与郑州大学一起名列其中，全国仅有10所师范大学入围。国家大学生创新性实验计划直接面向大学生，注重自主性、探索性、过程性和协作性的创新训练项目，旨在培养大学生从事科学研究和探索未知的兴趣，激发大学生的创新思维和创新意识，锻炼大学生思考问题、解决问题的能力，培养学生从事科学研究和创造发明的素质。10月启动2008年大学生创新性实验计划项目申报、评审工作，两千余学生参加项目申报，学校分别评选出国家级、校级大学生创新性实验计划项目35项、400项，国家、学校分别给予经费支持。（任永利）

【校工会获“全国模范职工之家”称号】 2008年6月，校工会获“全国模范职工之家”荣誉称号。学校各级工会紧紧围绕校党委中心工作，服务学校大局，不断探索工会工作的新路子；认真履行工会四项职能，全方位开展工作，以“教工之家”创建为龙头，增强基层工会活力；完善以教代会为基本形式的学校民主管理制度，规范校务公开工作；全面推进二级教代会建设、开展“三育人”活动、师德建设和丰富多彩的业余文化活动，为学校的改革发展稳定积极做贡献。（任永利）

【获准河南省光伏材料重点实验室立项建设】 2008年11月，学校投标申报的河南省光伏材料重点实验室获准河南省科技厅立项建设，并于2008年12月正式进入建设期。此实验室由河南师范大学和河南大学联合组建，学校为实验室牵头单位，实验室主任由物理与信息工程学院常方高教授担任。实验室合作双方将本着团结协作、优势互补的原则，充分发挥学科优势和特点，以单晶硅和多晶硅等晶体光伏材料、薄膜材料及其他新型光伏材料制备与性能研究为突破口，坚持边建设、边研究、边开放，努力把实验室建成为河南省光伏材料研究开发提供服务的科研试验基地、人才培养基地和学术活动中心。（任永利）

【教育部对英语专业本科教学进行评估】 2008年10月8日至11日，教育部对河南师范大学英语专业本科教学进行评估。10月9日，评估汇报会在勤政楼第四会议室举行。教育部英语专业本科教学评估专家组成员、校长焦留成、副校长徐存拴等出席大会。专家组听取了英语专业自评报告并对所涉内容进行提问，实地考察图书馆、语音实验室、资料室及其它公共教学设施，深入课堂听课，调阅毕业论文和相关试卷，走访学校职能部门，检查学生英语口语技能，召开学生代表座谈会，对英语专业现状与发展规划进行全面考察。在此基础上，专家组经过认真研究和讨论，形成了评估反馈意见。11日评估专家组组长、教育部高校外语专业教学指导委员会委员虞建华教授在评估意见反馈会上代表专家组通报了反馈意见，并对英语专业学科建设和教学中存在的问题提出意见和建议。校长焦留成代表学校表示，将根据专家组提出的意见和建议，抓住评估机遇，制定科学的整改方案，采取切实措施，以高度负责的态度，尽快完成整改，努力把英语专业建成特色鲜明、实力雄厚的优势专业，把英语教学工作提升到一个新的水平。（任永利）

【河南省教育厅对成人高等教育进行检查评估】 2008年10月23日至25日，河南省教育厅成人高等教育工作评估专家组对河南师范大学成人高等教育工作进行全面检查评估。10月23日，在勤政楼第三会议室举行评估汇报会。评估专家组成员、校长焦留成、副校长黑建敏等参加汇报会。评估专家组以《河南省普通高校成人教育检查指标体系实施细则》为依据，通过实地考察、审阅材料、召开座谈会等方式对评估指标、观测点进行系统了解，形成全面正确的评价。10月25日，评估专家组组长尹雷方在评估反馈会上宣读反馈意见。副校长黑建敏代表学校表示将认真学习专家组提出的意见，积极面对学习型社会的新形势、新要求，确定成人高等教育下一步发展的思路和规划，充分发挥主观能动性，努力开拓成人高等教育的新局面。根据河南省教育厅教高〔2008〕837号文件通知，学校成人高等教育评估结论为优秀。（任永利）

【王键吉教授入选“中原学者”计划】 化学与环境科学学院王键吉教授入选2009年度河南省“中原学者”（河南省创新型科技人才队伍建设工程的重要组成部分，通过对在豫工作科技人才的发现、选拔，培养和造就一批河南省的院士后备人才）计划。根据创新型科技人才队伍建设工程目标，河南省人民政府将对“中原学者”在人才、基地、项目统筹等方面优先给予经费支持。（任永利）

【举办第三届全国高校生命科学基础课程报告论坛】 2008年11月29日至30日，第三届高校生命科学基础课程报告论坛在此校召开，中国科学院施蕴渝院士、高等教育出版社张增顺总编辑等来自全国150余所高校的近400名生命科学教育专家参加了论坛。论坛由高等教育出版社发起，教育部高等学校生物科学与工程教学指导委员会主办，河南师范大学承办，共设10个大会报告并分5组进行报告与讨论。与会专家从不同角度，结合各校教学实际，围绕生物学学科发展和技术进步对专业教育带来的影响、生物学课程体系的优化与教学内容的整合重建等进行深入分析并形成新的共识，促进各高校在学科建设、教学资源建设与应用等方面的交流。（任永利）

【全国数学奥赛附中成绩斐然】 2008年1月22日，从“2008年中国数学奥林匹克暨第23届全国中学生数学冬令营”传来喜讯，河南省参赛的9名选手在竞赛中夺得3金、3银、3铜的优异成绩，金牌数仅次于上海市，居全国第二位，创历史最好成绩。其中河南师范大学附中学生获得2金、2银、3铜。河南省获得金牌、银牌的6位选手已分别被北京大学和清华大学提前录取。（任永利）

【优化处级机构】 2008年10月，河南师范大学成立教师教育学院、国际交流与教育学院（筹，正处级）、学科建设办公室（挂靠科研处，副处级）、档案馆（副处级）；网络中心升格为正处级；招生办公室独立设置（副处级）；党委政策研究室、校改革发展研究中心更名为发展规划处；研究生处更名为研究生学院；设备管理处更名为实验室建设与设备管理处；军事教研室更名为国防教育教研室；外国语学院党总支更名为外国语学院党委；教育科学学院党总支更名为教育科学学院党委；计算机与信息技术学院党总支更名为计算机与信息技术学院党委；公共事务学院党总支更名为公共事务学院党委；附中党总支更名为附中党委；新联学院直属党支部更名为新联学院党委；软件职业技术学院挂靠计算机与信息技术学院；撤销校办产业办公室、校办综合档案室、人事处档案室；取消教育科学研究所、体育教育科学研究所的行政级别。（任永利）

新乡医学院

【新乡医学院概况】 2008年，新乡医学院拥有医、理、工、文、教育、管理等6个学科门类，21个本科专业或专业方向，外科学、儿科学、神经病学等20个硕士点。1个博士后科研工作站，2个省级重点实验室，2个省级实验教学示范中心，拥有10个省级重点学科、7个河南省医学重点学科、6个河南省医学临床特色专科、2个国家级特色专业、11门省级精品课程；拥有1个省级优秀教学团队；设有10个研究所（中心）、6个研究室、2个中心实验室，建有11个计算机教学中心、9个多媒体语音教学中心。公开发行学术刊物4种。建有网络信息中心、司法鉴定中心、现代教育技术中心。至年底，有教职工3991人（含附院），其中专业技术人员3534人（正高级人员200人、副高级人员493人）。有各类在校生28907人，其中研究生358人、普通本科学生7136人（含中外合作办学学生816人）、成人学历教育学生18758人、留学生295人、5年制“3＋2”（分段制高等职业教育）专科生2360人。学校创建有独立学院——三全学院，独立学院在校生7602人。

新乡医学院本部教职工1418人，其中专任教师732人。占地面积77.1万平方米。固定资产总值5.63亿元，其中教学、科研仪器设备总值1.03亿元。（郜　佩）

新乡医学院领导成员

党委书记　周铁项
院　　长　邢　莹

副书记　郑怀庆　朱广贤（2008年7月任）
副院长　朱广贤（2008年7月离）
　　　　毛兰芝
　　　　陈兴华（2008年7月任）
　　　　刘东亮（2008年7月任）
　　　　郭志坤（2008年7月任）
　　　　原志庆（2008年7月任）
纪委书记　郑怀庆（兼，2008年7月任）
　　　　来纯正（2008年7月离）
工会主席　朱广贤（兼，2008年7月任）
　　　　陈兴华（2008年7月离）

【全国人大常委会副委员长桑国卫莅校视察】 2008年5月8日，全国人大常委会副委员长、农工党中央主席桑国卫在省人大常委会副主任张程锋，全国政协常委、农工党河南省委主委、省食品药品监管局副局长高体健，新乡市委书记吴天君等省、市有关领导陪同下，来新乡医学院视察工作。校领导周铁项、邢莹、朱广贤、毛兰芝、来纯正、陈兴华以及学校相关部门、院系负责人、农工党新乡医学院党员代表等参加了汇报座谈会。（郜　佩）

【本科教育】 2008年，学校本科专业或专业方向达到21个，生源范围覆盖到全国28个省（市、区）；考生第一志愿申报和实际录取率、新生入学报到率和毕业生一次性就业率继续稳居全省理科类高校前列，录取分数居河南省理工类第二批本科高校之首；学生大学英语四、六级统考累计通过率、考研上线率等多项教学质量指标持续攀升。本科教学“质量工程”建设成效显著，制订实施《新乡医学院关于贯彻落实“质量工程”的若干意见》等文件。法医学、公共事业管理专业顺利通过省新增专业评估，医学检验专业成为省级、国家级特色专业；护理学实验教学中心被确定为“河南省实验教学示范中心建设点”；《药理学》、《医学细胞生物学》成为省级精品课程；基础医学教学团队获省级优秀教学团队；英语教学改革稳步推进并取得显著成绩，开展了国家双语教学示范课程和国家人才培养模式创新试验区申报工作；全面修订《新乡医学院教学计划》，试行学分制教学管理，修订完善学分制管理各项规章制度，自2008级开始推行学分制，开展网上选课；人才培养模式和教学管理机制进一步优化。（郜　佩）

【研究生教育】 2008年，学校圆满完成159名硕士学位授予工作；进一步加强硕士点建设工作，投入100万元改善了新增硕士点实验室基本条件；招生名额逐年增加，计划招生132人，实际录取137人，超额完成任务；成功举办学校第二届研究生英语演讲比赛，参加河南省第二届硕士研究生英语演讲比赛并取得佳绩。（郜　佩）

【留学生教育】 2008年，学校有75名留学生顺利毕业并获得学士学位，90%的毕业生获得尼泊尔国家医师资格证书，为学校在尼泊尔赢得良好声誉。全年共聘请17人次专业外籍教师来院教学，英语外籍教师奥拉泽尔·安·古音图作为新乡高校唯一外国专家荣获2008年“牧野友谊奖”，这是对学校聘请外国文教专家工作的充分肯定和激励。（郜　佩）

【合作办学】 2008年，中外合作办学在二本招生350人，共报到245人，报到率达到70%以上。至年底，中外合作办学项目学生共计816人。成立新乡医学院雅斯培训中心，加强合作办学项目英语培训工作。（郜　佩）

【成人教育】 成人学历教育发展态势良好。教育教学质量不断增强，办学渠道有效拓宽，生源市场稳步扩展，品牌形象良好建立，社会声誉显著提高。2008年成人教育计划招生3410人，实际录取5079人，超计划完成48.9%，在校生规模达18758人；部分专业教学计划得以修订，成人教育管理改革日趋深入，继续医学教育有效加强，联合办学项目规范开展。（郜　佩）

【独立学院】 2008年，学校完成了麻醉学等4个本科专业和护理学等6个专科专业的申报工作，独立学院本科专业达到20个以上，形成了拥有5个完整的教学年级，7个学生管理部，在校生人数达到7600多人的办学规模。理工类考生第一志愿报考率、录取分数线和报到率继续稳居河南省独立学院前列。2008届本科毕业生就业率达到93.7%，考研率达到31.46%，均居全省前列。新校区24.68公顷土地已获得政府土地规划许可。（郜　佩）

【师资队伍建设】 新乡医学院实施“人才强校工

程”，全年新增硕士 52 人，新增博士 22 人。专任教师由 699 人增加至 732 人，硕士以上学位比例由 58%增加至 64%。启动高层次人才推荐评选工作，获国家留学基金委河南地方合作项目赴国外留学资格 2 人，获省高等学校资助计划资助 2 人，推荐省级特聘教授候选人 2 人、省特聘教授咨询专家 4 人、省骨干教师咨询专家 2 人、省级学术技术带头人 1 人，推荐省级教学名师 1 人。为优秀人才提供科研项目启动资助资金；认真做好师资培训工作，先后选送 9 名高层次人才到国外进修学习，16 人次到国内知名高校和科研院（所）进修学习，选派 40 多人次参加各种高级研讨班、短期培训班学习。（部　佩）

【行政系统目标管理工作】　正式推行行政系统目标管理工作。学校制订《新乡医学院行政系统目标管理考核办法（试行）》等规章制度，初步实现行政管理由粗放型向精细型，由离散型、随机型向集成型、系统型，由过程管理向目标管理的转变，各单位主观能动性得到充分调动，规范、高效的行政管理机制初步形成。（部　佩）

【学科建设】　2008 年，省级重点学科建设取得重大突破，在第七批河南省重点学科评审中，新申报 8 个学科和送审 2 个学科全部顺利通过，省级重点学科达到 10 个；医学重点学科和临床特色专科建设进展顺利；进一步加大省级重点实验室建设力度，生物精神病学实验室、组织再生实验室建设有序开展；博士后科研工作站、河南省精神病学研究所工作进展顺利；严格校级重点学科管理，加大督导力度，促进科学化、规范化发展；学科建设团队不断壮大，结构更趋合理，素质全面提高，科技攻关能力不断增强，科研团队获得首届省高校科技创新团队支持计划资助。医学实验中心、省生物精神病学实验室、省神经病学实验室硬件建设基本完成，“一体两翼”的科研平台框架已经显现。（部　佩）

【科研工作】　2008 年，学校共申报各级各类科研课题 274 项，取得厅（局）级以上立项课题 131 项，其中国家自然科学基金 1 项，省级重点项目 4 项，省部级以上项目 16 项，厅级项目 115 项，横向课题 2 项。全年到位科研经费372.6万元。2008 年度共获得各级各类成果奖 58 项，发表论文 679 篇，出版著作 35 部。（部　佩）

【申博工作启动】　博士学位授权立项建设规划工作全面启动。成立申博立项建设规划领导小组，完善申博工作机制，整合学校学科优势，明确申博工作着力点与突破口，确定精神病与精神卫生学、人体解剖与组织胚胎学、神经病学等 3 个学科为首批申报学科；应用心理学、免疫学、遗传学、生理学、生物化学与分子生物学、细胞生物学等 6 个学科为支撑学科。（部　佩）

【对外交流】　2008 年，学校开展各种学术活动 100 余次，先后邀请多位国内外知名专家来校进行学术交流，与澳大利亚伊迪斯·科文大学达成合作开展“6＋6”（12 门课程）公共管理专业硕士项目，与美国纽约健康学院达成合作开展“护理本科毕业生赴美培训工作项目”，与日本关西外国语大学初步达成开展“两校学生互派交流项目”。同时，积极促成与德国耶拿大学、与美国范德堡大学的科研交流与合作工作。学校被评为 2008 年度河南省卫生外事先进集体。（部　佩）

【学生管理】　学校以培养高素质人才为中心，深入实践科学发展观，与时俱进，开拓创新，积极探索新形势下学生教育和学生管理工作的新途径、新方法，开创学生教育工作新局面。建立多元化贫困生资助体系，认真做好扶贫助学工作。加强银校合作，全年共办理564.49万元助学贷款，学校连续四年荣获“河南省国家助学贷款先进单位”称号；全年发放国家奖学金、国家励志奖学金、国家助学金等各类奖学金、助学金及贫困生救助金共计531.94万元；接收社会资助捐款4.25万元；积极对 19 名四川灾区困难学生进行救助；帮助 194 名困难新生通过“绿色通道”顺利入学；成功承办“诚信校园行知识竞赛”F 赛区赛事，学校代表队获得赛区第一名，并获得总决赛银奖。就业指导服务工作得到加强，本科生就业率达到93.53%。（部　佩）

【期刊管理】　新乡医学院的《新乡医学院学报》、《实用儿科临床杂志》和《眼科新进展》继续被中国科技部收录为统计源期刊，被俄罗斯《文摘杂志》收录；在 2008 年度河南省期刊评比中以上三个期刊均被评为一级期刊，其中《眼科新进展》被评为河南省科技期刊二十佳；《眼科新进展》和《实用儿科临床杂志》同时被《中文核心期刊要目总览》收录为核心期刊；《实用儿科临床杂志》获准加入WHO西太平洋地区医学索引；各期刊均被国内外十余种重要数据库及权威性文献期刊作为长期固定收录对象，杂志影响因子大幅提高。（郜　佩）

【社团活动】　2008年，学校共获得省级以上各级各类奖项37项，省级优秀社团称号达到9个；大学生作品分获第六届“挑战杯”河南省大学生创业计划竞赛银奖、优秀奖；积极参与抗震救灾专项行动、奥运会志愿服务等社会活动，社会责任感切实增强，社会实践活动成绩显著，新乡医学院被授予全省大学生暑期“三下乡”社会实践先进单位。（郜　佩）

【基础设施建设】　学校完成基建项目的清理和决算；学生公寓、学生餐厅已批准立项；制订校园绿化美化建设方案；完成人工湖景区设计规划工作并提上建设日程；学生浴池改扩建工程设计规划工作已完成，正在积极组织实施。同时，大力推进校区绿化、美化、物业管理等工作，改善了师生学习、工作和生活环境。（郜　佩）

【后勤保障】　按照学校《深化后勤服务社会化改革实施方案（暂行）》，加大后勤服务社会化改革的推进力度，高效、低耗、节约、规范的后勤服务局面逐步形成。顺利完成教学条件准备、院系楼和公共教学楼维修改造等工作；在全校范围内实现社会集中供暖，促进了节能减排；引入市场专业物业管理服务，提升后勤管理水平；积极启动校园一卡通系统建设工程，促进了校园管理和服务手段的现代化；进一步强化主动服务意识，开展24小时后勤业务受理，提供高质量跟踪服务，后勤服务质量持续提升，师生满意度不断提高。（郜　佩）

【附院工作】　第一附属医院积极开展新业务、新技术，医院医疗水平持续提高，社会影响力不断扩大；博士后工作站运转顺利，河南省神精病学研究所工作稳步推进，学科建设能力进一步提高，科研工作实力不断增强；积极组队参加四川地震灾区医疗支援，医院获评抗震救灾、重建家园“工人先锋号”。本年度医院还荣获“全国卫生系统先进集体”、“全国综合医院中医药工作示范单位”等荣誉称号。2008年，全年收入3.78亿元，同比增长29.64%，其中业务收入3.49亿元，同比增长29.26%。

第二附属医院突出特色优势，强化内涵建设，坚持特色引导、平衡发展，管理机制进一步优化，各项工作取得显著成效。以省级重点实验室生物精神病学实验室为平台，积极完善学科建设环境，为博士授权申报工作创造积极条件；科研水平大幅提高，申报获得国家自然科学基金1项、河南省高校科技创新团队支持计划项目1项；学术交流日益增多；人才队伍建设水平不断提高；积极参与并顺利完成四川地震灾区伤员救治工作，荣获“河南省救治四川灾区伤员工作先进单位”荣誉称号。2008年，全年收入9384.72万元，同比增长46.64%，其中业务收入5736.52万元，同比增长27.45%。

第三附属医院立足新起点，坚持服务转向，强化外联功能，充分发挥特色人才优势，坚持走综合发展之路，各项工作均取得较大进展。李嘉诚基金会“人间有情”全国宁养医疗服务计划新乡医学院第三附属医院宁养院正式揭牌开业，填补了河南省在临终关怀医疗服务领域空白；规范执业行为，服务水平进一步提升，便民措施更加完善；学科建设能力持续增强，省医学临床特色专科建设稳步推进；积极开展“送健康到社区”活动，为老百姓办好事、做实事。2008年，全年收入3919.5万元，同比增长9.6%，其中业务收入3087.3万元，同比增长2.4%。（郜　佩）

【党建和思想政治工作】　以深入学习贯彻党的十七大精神为重点，以加强党的执政能力和先进性建设为主线，全面加强党员干部思想教育，认真组织召开领导干部民主生活会，各级领导班子的向心力、凝聚力和战斗力明显增强。配合完成学校党政领导班子换届、调整工作。调整了部分处科级机构，完成了处级干部调整轮换和选拔任用工作。选派7名处级干部到教育部、省委党校、省高校工委等举办的干部培训中心参加学习或到高校和地方挂职锻炼。做好基层党组织建设和党员发展工作。全年举办两期入党积极分子培训班，培养入党积极分子1000余名；严把党员发展“入口”关，不断为党员队伍注入新鲜血液。全年共发展新党员937人，其中职工新党员42人、大学生新党员895人，全校党员队伍规模达到4080人。加强党风廉政建设责任制和规章制度建设，健全和完善领导干部廉政电子档案管理制度，完成副科级以上领导干部廉政档案信息采集录用工作；全面贯彻惩、防腐败体系《实施纲要》，建立健全反腐倡廉“大宣教”格局。“新解放、新跨越、新崛起”主题教育活动取得实效。思想政治工作全面加强。精神文明建设卓有成效，大学文化氛围日趋浓厚。积极参加抗震救灾活动，全校师生员工踊跃为四川地震灾区捐款50.9万元，党员交纳特殊党费61.7万元，团员交纳特殊团费4.5万元。

（郜　佩）

【民主法制建设】　认真落实党和国家全心全意依靠教职工办学方针，坚持依法治校，认真规范各种办学行为；积极推行校务公开，进一步深化校领导接待日、教学巡查日、教学联席会议、领导信箱等制度建设，切实尊重和落实广大教职工的知情权、参与权、监督权，充分发挥教职工在民主决策、民主管理和民主监督中的重要作用；健全和完善统战工作机制；坚持民主管理，科学决策，为教职工办实事、做好事。（郜　佩）

河南科技学院

【河南科技学院概况】　2008年，河南科技学院设12个二级学院、3个直属系，43个本科专业，其中农学专业为国家级特色专业，生物工程、食品工程、动物医学3个专业为河南省特色专业，农学、园艺2个专业为河南省名牌专业。有2个河南省重点学科和河南省作物分子育种重点学科开放实验室，5个硕士学位授权学科，3个学科联合招生、单独培养硕士研究生。当年毕业各类学生3462人，其中全日制本科生2593人，成人教育学历学生869人。招收新生5803人，其中全日制本科生3696人，专科生604人，成人教育学历学生1503人。各类在校学生达到18292人，其中全日制本科生14238人，专科生804人，成人教育学历学生3250人。全院教职工1315人，其中专任教师832人。专任教师中，有教授89人，副教授及其它高级专业技术职务239人，博士、硕士506人；博士、硕士生导师50名；国家有突出贡献中青年专家1人，享受政府特殊津贴专家10人，河南省优秀专家5人。设有河南省职业技术教育科学研究中心，13个研究所，1个国家职业技能鉴定所。现有新乡、百泉两个校区，占地面积91公顷，建筑面积54万平方米。图书文献资源总量177.2万册，教学仪器设备总值1.20亿元，固定资产总值7.08亿元。建有全国职教师资培训重点建设基地和全国高职高专教育师资培训基地。办有一个独立学院——新科学院，设23个专业，2008年招收全日制本科生1724人，在校生6034人，毕业生人数522人。

（杨永生）

河南科技学院领导成员

党委书记　严全治
院　　长　王清连
党委副书记　王清连　张玉珍（女）　郭海波
副 院 长　梁　赖　王文鹏　刘兴友
刘荣增（2008年11月任）
窦玉玺
纪委书记　张民校
工会主席　郭海山

【校级领导班子调整】　2008年11月，在河南省面向全国公开选拔省直副厅级和高校校级领导干部中，郑州市旅游局副局长刘荣增被选拔任命为河南科技学院副院长，进一步充实了校级领导班子。

（杨永生）

【“新解放、新跨越、新崛起”大讨论活动】　按照省委部署，河南科技学院从7月下旬开始，历时四个多月，在全校科级以上党员干部中，开展“以思想大解放推动新跨越”为鲜明特征的“三新”大讨论活动。学校把在继续解放思想上迈出新步伐、在坚持改革开放上实现新突破、在推动科学发展上取得新进展、在促进和谐稳定上见到新成效，作为“三新”大讨论活动的出发点和落脚点。党委成员和中层干部带头加强学习，带头查摆问题，带头制定和落实整改措施，带头转变思想工作作风，以模范行动影响和带动师生。全校党员干部放弃暑假休息，认真学习，热情参与，积极为学校发展献计献策，表现了高度的事业心和责任心。通过全校广大党员干部的共同努力，“三新”大讨论活动取得明显成效。一是理清了发展思路，进一步明确了办学指导思想、定位。二是确定了争取博士授予单位和办成一所名至实归大学的新的发展目标。三是围绕征地、新科学院规范建设、百泉校区发展、联合办学等制约学校发展的难题进行了调研论证。四是深化人事分配、教育教学、后勤管理改革，健全科学的约束和激励机制等。五是积极解决师生员工关心的难点问题，进一步改善了教职工待遇。（杨永生）

【本科教学工作水平评估获“优秀”】 2008年4月8日，《教育部关于公布北京大学、清华大学等198所普通高等学校本科教学工作水平评估结论的通知》（教高函〔2008〕8号）正式公布2007年度198所普通高等学校本科教学工作水平评估的结论，河南科技学院是河南省3所“优秀”学校之一。为巩固评建成果，延展评建效应，建立本科教学质量保障长效机制，学校及时召开本科教学工作水平评估总结暨整改会议，肯定成绩，总结经验，查找不足，明确目标任务，全面部署教学整改工作。各教学单位及相关职能部门积极行动，根据学校教学整改工作方案，分别制定具体整改措施，分步实施、扎实推进，取得显著成效。（杨永生）

【教学基本建设】 河南科技学院进一步优化学科专业结构，加强传统专业改造，实施特色专业和新专业建设项目，带动学科专业建设整体上水平。动物医学专业被评为省级特色专业，省级特色专业达到5个。加强课程与教材建设，基因工程和公共关系学两门课程被评为省级精品课程；组织教师编写有特色的精品专业课教材6部、实验指导书9部。强化实践教学和创新教育体系建设，生物学实验示范中心被推荐参加国家级示范中心评选，食品科学实验示范中心被评为省级实验示范中心，建成了教学科研实验中心；新增5个校外实习基地。加强教学改革项目研究工作，组织遴选校级教学改革项目42项，通过省级教学改革研究项目鉴定32项。（杨永生）

【农学专业获国家级特色专业】 2008年10月，河南科技学院农学专业获批国家高等学校特色专业建设点，并获得国家教育部20万元经费资助。此专业是学校成立最早的专业之一，以农作物新品种选育、高产优质栽培技术及耕作制度改革等研究为主，先后承担国家和省级教学改革研究项目48项，获得国家教学成果二等奖1项、优秀奖1项，省级教学成果28项。（杨永生）

【语言文字工作】 河南科技学院不断强化语言文字工作，取得明显成效。在2008年全国语言文字大赛中，有15人分获一、二、三等奖。9月，学校以第三名的优异成绩被省教育厅、省语委评为“河南省首批语言文字规范化示范校”，是驻新高校中唯一获此殊荣的院校。（杨永生）

【研究生工作】 河南科技学院完成了2008年研究招生录取工作，经具备硕士生导师资格的教师与研究生双向选择，为2008级研究生选聘了指导教师。召开了研究生教育教学工作会议，出台《硕士研究生奖学金暂行办法》、《研究生教育创新计划实施细则》等规章制度。“联合招生、独立培养”的11名硕士研究生顺利完成学业，全部取得硕士学位，1人考取博士继续深造。加强研究生招生工作，2009年硕士研究生报考人数较上年增长173.3%。作物遗传育种学、预防兽医学、蔬菜学、农产品加工及贮藏工程、农业昆虫与害虫防治5个学科获批“高等学校教师在职攻读硕士学位研究生”授予权，2008年计划招生25人，实际报考人数在全省硕士学位授权单位中最多。（杨永生）

【重点学科建设】 2008年，学校坚持以学科建设为龙头，进一步加强重点学科建设，作物遗传育种、预防兽医学被评为河南省重点学科；兽医学、食品科学与工程2个一级学科参加了全国第二轮第二批硕士点评估工作，取得良好成绩。积极准备全国新一轮硕士学位授权申报工作，启动了20个硕士学位点培育学科，列出专项经费重点建设。积极参加申请新增博士学位授予单位立项建设工作，创造条件推动研究生工作向更高的目标迈进。（杨永生）

【国家级培训基地】 加强国家级职教师资培训基地建设，以基地项目建设为核心，承担的教育部“全国中职教师素质提高计划”2个重大项目进展顺利。其中“中等职业学校园林专业师资培养培训方案、课程和教材开发项目”在全国项目中期评审会上作了典型经验交流。举办生物技术等4个专业的国家级高职高专教师培训班，对来自20余个省市、30余所高职高专院校的64名教师进行了培训；举办国家级中等职业学校专业骨干教师培训班、新乡市中等职业学校教师继续教育培训班，培训学员900余人。（杨永生）

同舟共济　息息相连

——中国工商银行新乡分行简述

新乡分行党委书记、行长　邢卫勇

行长邢卫勇深入基层支行网点调研

工行新乡分行成立于1984年11月，开办的主要业务已经从成立之初单纯的存贷汇业务，发展到能够提供包含存贷款在内的结算、电子银行、国际金融、代理基金和保险、企业年金、资产托管、个人住房贷款等众多琳琅满目的金融产品，至2009年上半年，各项存款余额达到102亿元，各项贷款余额达到70亿元，实现净利润5000多万元，已发展成为新乡市实力雄厚、信誉卓著的综合性现代国有商业银行。

从成立之日起，工行新乡分行根植牧野沃土，以服务和支持全市经济发展为己任，与地方经济同繁荣、共发展。积极支持关系国计民生的财政支柱产业、高新技术企业、优质中小民营企业、基础设施建设、医院和大专院校等企事业单位及与百姓生活息息相关的工商贸易、个人消费业务的发展，全力满足全市经济发展和人民生活对金融产品的多层次、多元化需求，已经成为鼎力支持新乡市经济发展的主力军。

新乡分行荣获新乡市「五一劳动奖状」

表彰暨慰问员工文艺晚会

新乡分行办公大楼夜景

平原路支行贵宾理财中心开业庆典

拓展服务 贴近民生

——中国银行新乡分行掠影

2008年，中国银行股份有限公司新乡分行（简称新乡中行）积极应对国际金融风暴带来的冲击与挑战，以学习实践科学发展观为动力，紧紧围绕市场竞争力主题，打破传统思维惯性，不断提升服务水平，完善经营管理机制，加快业务战略转型。通过全行员工的共同努力和奋力拼搏，资源配置渐趋合理、资产质量不断提高、内控建设不断完善、综合效益大幅提升，各项业务指标创历史最好水平，市场竞争力稳步提升。全球性金融风暴爆发后，新乡中行及时采取措施，加强风险防范，对部分企业开展压力测试。年末，全辖本、外币不良授信资产下降43.29%。本、外币授信资产不良率为1.19%，较年初下降1.22个百分点，大大低于全省3.65%的平均水平，继续保持不良双降态势。

上级领导参加中行荣获全国金融系统荣誉称号授牌仪式

中行现场会在新乡召开

新乡分行存款突破百亿纪念

行长付连畔在企业调研

党委书记、行长 刘盛林

行领导在新乡县龙泉村调研新农村建设

保基础 促增长 支农惠农

——中国农业发展银行新乡市分行

农发行新乡市分行成立于1996年12月，有正式员工201人，下设1个营业部和8个县（市）支行，是全市唯一一家国家政策性银行。建行以来，已累计向全市投放农业政策性信贷资金245亿元，支持粮棉购销企业收购粮油297亿斤，棉花265多万担，投放商业性贷款达40多亿元，支持产业化龙头及粮棉油加工企业、农业小企业共80多家。截至2008年底，该行各项贷款余额75.98亿元，累计实现盈利近4亿元，人均盈利200万元。该行4次荣获市政府通令嘉奖，连年被市政府评为目标管理先进单位，多次被省行授予先进单位，荣获河南省思想政治工作先进单位等殊荣。

副行长刘华全、申法伟在农业产业化龙头企业调研

整洁明亮的营业大厅

总经理李宏向带头缴纳抗震救灾特殊党费

中国人寿总裁杨超亲自为新乡国寿授旗

阴晴圆缺　风雨同舟

——中国人寿新乡分公司简介

中国人寿新乡分公司是中国人寿在新乡地区的分支机构，全市共有营业服务大厅和新农合服务中心12个，城镇居民医保中心1个，设立县（区）、乡级新农合服务站154个。多年来，公司积极承担社会责任，先后举办过为优秀教育工作者捐赠人身保险、为贫困农村小学捐赠桌椅和图书、多次协办新乡市的中小学生运动会、多次为保险村村民进行健康义诊等活动。自1996年以来向各困难群体捐款超过100万元，累计上缴税金近3600万元。连续三届被评为省级文明单位，连年被市政府授予“目标管理先进单位”，2007年被市政府授予“目标管理优胜单位”，总经理李宏向被市政府荣记三等功，是新乡保险业中首次获此殊荣的保险公司。

新乡国寿2008年全年完成保费总收入8.96亿元。实现长期险首年保费5.97亿元，完成全年任务的141.68%。主要经营考核指标在全省系统排名中名列前茅。行风评议工作2008年取得公共服务行业并列第五名（保险行业第一名）的好成绩，被市政府评为新乡市2008年度政风行风建设先进单位；荣获新乡建市60周年暨改革开放30年“十大贡献企业”系列活动评选中的“十大人气企业”第一名。

支持教育，教师节时为优秀教育工作者捐赠保险

每年9月份举行的“国寿相伴诚信服务”宣传活动.

丰富多彩的企业文化

新农合大额补助支付送上门温暖人心

为对口扶贫村捐款修建村中水泥路

参与城市创卫，公司领导带头参加共产主义渠垃圾清运

开展声势浩大的保险知识下乡宣传活动

党委书记、总经理 李志恒

李志恒代表公司接受"新乡十大企业"颁奖

同舟共济 服务民生

——中国人民财产保险股份有限公司新乡分公司剪影

中国人民财产保险股份有限公司是由中国人民保险集团公司发起设立的中国内地最大的非寿险公司，注册资本111.418亿元。其前身是1949年10月20日经政务院批准成立的中国人民保险公司。在60多年的卓越历程里，中国人保财险始终坚持"人民保险、服务人民"为使命，秉承"以人为本、诚信服务、价值至上、永续经营"的经营理念，弘扬"求实、诚信、拼搏、创新"的企业精神，充分发挥品牌、人才、产品、技术和服务等优势，为促进改革、保障经济、稳定社会、造福人民提供强大的保险保障。凭借综合实力，公司相继成为北京2008年奥运会、2010年上海世博会保险合作伙伴，为北京奥运会和上海世博会提供全面的保险保障服务。

中国人民财产保险股份有限公司新乡市分公司下辖14个基层单位，78个乡村网点，是新乡市非寿险同业中业务规模最大、市场份额占有率最高、经济偿付实力最强的一家国家控股财产保险公司，30年来累计为国家经营创利6.68亿元，上缴税金2.13亿元。公司积极发挥保险经济补偿和社会管理的职能作用，共处理各类理赔案件达31.07万件，理赔金额21.37亿元，使受灾企业及时得以恢复生产和经营，使遭受意外事故的个人和单位得到经济补偿，为新乡市的经济繁荣发展、人民生活安定、和谐社会创建做出积极贡献。多次获得民众信赖的保险公司、精神文明先进单位、社会帮扶先进单位、社会治安综合治理先进单位、消费维权守信单位、最佳诚信企业、新乡建市60周年暨改革开放30年新乡十大贡献企业等荣誉称号。

查勘理赔车辆

人保财险大楼

整洁明亮的营业大厅

中共中央总书记胡锦涛亲临公司视察，员工受到巨大鼓舞

2004年6月25日，作为中小企业“新八股”的华兰生物在深圳证券交易所成功上市

研发尖端产品 造福芸芸众生

——华兰生物工程股份有限公司掠影

华兰生物工程股份有限公司成立于1992年，是从事血液制品、疫苗、基因工程等生物制品研究、开发和生产的国家级重点高新技术企业、国家创新型试点企业、最大的流感疫苗生产基地。2004年6月，公司在深圳中小企业板成功上市。公司已拥有分布5省市17家控股子公司，总市值超100亿元。上市以来，华兰生物主要财务指标连续多年高速增长，已连续6次入选深交所中小板指样本，平均流通市值在100个样本股中排名第二、综合排名第六，连续两年被评为中国上市公司市值管理百佳企业。

公司血液制品年投浆能力2200吨，居亚洲首位。公司能从一袋血浆中连续分离人血白蛋白、人免疫球蛋白、人凝血因子Ⅷ、人凝血酶原复合物等11个品种，38个规格，国内其他企业仅能分离2至3个品种。公司无论从规模，还是从品种和市场占有率，均为国内最大的血液制品企业，在国内、国际市场上树立了优势品牌。

公司上市后一期工程投资4亿多元，征地270亩，建立集病毒性、细菌性、基因工程疫苗研发与生产于一体的具备国际标准化的大型疫苗生产基地。主要从事季节性流感裂解疫苗、流脑疫苗、重组乙型肝炎疫苗、百白破疫苗、吸附破伤风疫苗、冻干人狂犬病疫苗、人用禽流感疫苗、治疗性乙肝疫苗、手足口病疫苗、甲型H1N1流感疫苗等10多种疫苗的研发、生产。公司季节性流感裂解疫苗已于2008年上市，ACYW135群脑膜炎球菌多糖疫苗已取得生产文号，重组乙型肝炎疫苗也报批生产文号，甲型H1N1流感疫苗已进入临床阶段。

2008年公司流感疫苗上市元年即实现年生产500万人份，市场占有率达到国内流感疫苗总量的20%，居国内首位。2008年11月16日至25日，公司在四川灾区完成175万人份的华兰流感疫苗接种工作，创造中国流感疫苗使用单一厂家、接种人群密度最大、接种时间最短历史、无一例严重不良反应发生四项纪录。温家宝总理视察四川安县茶坪乡流感疫苗接种现场时，对公司给予高度评价。

正德厚生　臻于至善

——中国移动通信集团河

市长李庆贵、常务副市长王战营到公司视察

中国移动通信集团河南有限公司，是中国移动集团公司控股、中央直接管理的国家特大型企业，并在香港、纽约成功上市。新乡分公司于1999年10月26日正式挂牌成立。

公司自成立以来，坚持以促进全市信息化建设和经济发展为己任，秉承"正德厚生，臻于至善"的企业核心价值观，以"创无限通信世界，做信息社会栋梁"为历史使命，以做世界一流通信企业为目标，大力推进"服务与业务领先"战略，打造精品网络，丰富业务种类，提高服务水平，取得超常规、跨越式发展。客户规模突破266万户（至2009年7月底），"全球通"、"神州行"、"动感地带"三大品牌家喻户晓，营业网点遍布全市城乡，服务满意度始终居于本地领先地位。不断致力于推动新乡市信息化建设，相继推出"集团彩铃"、"移动总机"、"移动办公室"、"企业之窗"等标准

副市长杨书廷成功打通新乡第一个3G视频电话

特邀著名作家刘墉做客全球通VIP大讲堂

新乡移动公司将新乡打通的第一部3G视频电话转交市档案局永久收藏

举办客户座谈会倾听客户心声

有限公司新乡分公司

信息化应用产品以及适合政府和行业特点的“城管通”、“物流通”、“警务通”、“农信通”、“校信通”等精品信息化工程，先后投资10多亿元用于全市移动通信网络的基础设施建设。网络容量达到450万户，全市网络覆盖率将近100%，并为新乡市重大活动、突发事件及防汛抢险提供应急移动通信保障。

公司多次受到新乡市通报嘉奖，并先后获得河南省青年文明号、河南省“五一”劳动奖状、河南省文明单位、全国诚信上榜单位、全国模范职工之家、全国精神文明建设先进单位等荣誉。2007年，公司党委书记、总经理夏红被授予全国“五一”劳动奖章。

偏远山区群众畅享移动新生活

办元宵节猜灯谜活动丰富员工文体生活

移动 改变生活

成功举办动感地带2009年街舞挑战赛

新乡移动公司“村村通电话”网络覆盖城乡

国务院副总理（原河南省委书记）李克强曾于2004年到该公司开发区便民呼叫中心视察

市委书记吴天君与新乡联通公司总经理娄升友在交谈

国庆市庆六十周年同华诞
庆祝中国联通集团公司新乡市分公司成立

中国联合网络通信集团公司新乡市分公司（原新乡市电信局、电信公司、联通公司、通信公司、网通公司重组）位于新乡市平原路319号（饮马口），辖辉县、卫辉、新乡、封丘、原阳、长垣、延津、获嘉8个县（市）分公司，现有员工1093人。公司内部设15个职能部门和39个生产部门，全市营业网点229个。拥有移动电话用户65万多户，固网电话用户近百万户，宽带用户近30万户，无线市话用户近40万户。固定资产45亿。是新乡市历史延续最悠久、员工最多、业务最全、技术最优、覆盖最广、服务最好的国营主导电信运营商，公司为全国文明单位，获全国“五一”劳动奖章。

联通公司固定电话150多万门程控机房

联通公司员工苦练电话分线箱接续技术

XINXIANG

中国联合网络通信集团公司新乡市分公司团队宣言

心相连，情相通，

为了目标与梦想，我们风雨同舟；

知重托，行归一，

为了客户与企业，我们用心尽力。

我们崇尚：创新、诚信、激情、坚持！

我们牢记：“七讲七要”的精髓！

我们明白：只为成功想办法，不为失败找借口！

我们坚信：成功之道就是立即行动！

立即行动!!立即行动!!!

全国创建文明行业工作

先进单位

中央精神文明建设指导委员会
中华人民共和国信息产业部

CNC 中国网通 新乡通信

——新乡供电公司剪影

新乡供电公司是河南省电力公司直属的国家大型企业，担负着新乡市四区八县的电网建设和供售电任务。至2008年底，新乡供电公司拥有固定资产原值35.22亿元，管辖变电站52座。全供电区初步形成以500千伏网架为主干、以220千伏单双混合环网运行的电网运行方式。

2008年以来，新乡供电公司紧扣“一强三优”现代公司发展目标和“三抓一创”工作思路，以开展“责任铸金牌”活动为载体，完成援湘抗冰抢险、援川抗震救灾、奥运保电、迎峰度夏等多项急难险重任务。安全生产平稳，电网建设快速，多经发展健康，年初制定的各项目标和省公司下达的各项任务圆满或超额完成。至年底，全社会用电量完成117.88亿千瓦时，同比增长20%；公司供售电量实现“双百亿”：供电量105.39亿千瓦时，同比增长29.43%，售电量100.5亿千瓦时，同比增长29.22%；电压合格 率99.525%；负荷率86.53%，网电最高有功负荷178.5万千瓦。全员劳动生产率3666830元/人·年。实现安全生产4415天，创历史最高纪录，电费回收实现连续35年双结零。

新乡供电公司先后荣获全国“五一”劳动奖状、全国精神文明建设先进单位、全国“安康杯”竞赛优胜企业四连冠、国家电网抗震救灾工作先进集体、国家电网抗灾救灾恢复重建功勋集体、省级文明单位、河南省人民政府“纳税贡献大户”、全省五好基层党组织；被新乡市人民政府授予集体二等功；获市委、市政府党风廉政建设责任制工作优秀单位、结对帮扶工作先进单位、目标管理先进单位以及省电力公司多项荣誉称号，实现新乡市行风评议四连冠。

电力调度中心

酷暑中，电力职工挥汗如雨为群众抢修

到大山深处架设供电线路

220千伏洪门变电站集中检修现场

兼容致和　求实拓新

——华电新乡发电有限公司纪实

华电集团公司党组成员、华电国际公司总经理陈建华莅临指导工作

市委书记吴天君莅临公司调研指导工作

团结奋进的领导班子

公司成立五周年庆典员工大合唱

公司全景图

强大电力助推中原崛起

华电新乡发电有限公司位于河南省新乡市辉县市境内，于2003年8月28日注册成立，由华电国际电力股份有限公司和新乡投资集团有限公司按9：1的比例共同出资组建，是中国华电集团公司在河南省投资建设的第一个电源项目，规划装机容量为3320MW，其中一期工程建设2台660MW超临界燃煤发电机组，二期工程拟建设2台1000MW超临界燃煤发电机组。2005年3月11日，一期工程通过国家发改委核准，并于同年8月28日开工建设。#1、#2机组分别于2007年4月19日和8月22日投产发电。公司有员工325人，其中大学本科及以上学历132人，大专学历106人，具有高级职称11人，中级职称50人。

2008年，公司夯实安全生产基础，强化经营管理，深入开展“对标管理年”活动，狠抓职工培训，着力推进基建尾工建设，全体干部员工以高度的政治责任感和使命感，扎实工作，攻坚破难，确保安全生产局面稳定，圆满完成抗冰保电和迎峰度夏任务。截至2008年底，公司实现投产后连续安全生产622天，被华电集团公司、郑州电监办评为安全生产先进单位，被新乡市授予财政贡献显著企业荣誉称号。公司党委被河南省委和新乡市委评为“五好”基层党组织。

公司成立5年来，秉承“兼容致和，求实拓新”的企业精神，内强管理，外塑形象，团结拼搏，锐意进取，踏实履行经济、政治、社会责任，为地方经济发展做出积极贡献。

公司#1机组首次大修

丰富多彩的业余生活

公司纪念建党 88 周年“七一”表彰暨学习实践科学发展观活动总结大会

公司为四川地震灾区捐款

坚定信心强管理 创立亮点增效益

——新乡华新电力集团股份公司掠影

新乡华新电力集团股份公司隶属中国电力投资集团公司，注册资金 5000 万元，总资产 2.59 亿元。本部设 6 个职能管理部门，下辖 13 个分（子）公司。主要从事电力设备检修安装与调试、汽车运输、电厂化工、热力保温管道加工制作和环保脱硫剂生产等。该公司具有电力设备承修（承装）企业甲级一等资质和建筑安装三级资质，可承接 600MW 及以下发电机组的整体检修、安装及继电保护技术开发与推广应用；能提供各种高低压电动机及大型发电机组的修理服务；提供电厂化学产品；提供各种型号城市供热管道；为火电厂燃煤发电机组提供烟气脱硫剂产品。

该公司领导班子带领全体员工坚持“质量第一、科学管理、最佳服务”的方针，大力实施精细化管理，积极开拓市场，提高服务质量，加强成本控制，严格落实党风廉政建设责任制，坚持依法治企。该公司内部结构日益合理，管理日趋科学规范，经济效益稳步增长，实现了物质文明、精神文明双丰收。该公司先后被授予新乡市质量管理先进单位和新乡市职业道德建设十佳单位，连续 5 年被评为市级 AAA 信用单位；2007 年荣获中电投集团公司首批“文明单位”，荣获中电投河南分公司“四好班子”、河南分公司先进集体；2008 年荣获河南省“安康杯”优胜企业，被授予河南省“五一”劳动奖状，公司“凝石”（粉煤灰）复合水泥项目应用荣获河南省十大创新成果奖。

公司学习实践科学发展观活动动员大会暨党风廉政建设承诺书签订仪式

党员代表到西柏坡革命圣地参观学习

用诚信创市场　以素质铸业绩

——记中国石油河南新乡销售分公司

省公司总经理陈长青（左一）带领员工送油到田间地头抗旱救灾

中国石油河南新乡销售分公司成立于 2001 年 4 月，承担着中国石油进入新乡市的成品油资源配置、销售网络的开发和管理等职能。公司设 6 部 1 室，机关人员 42 人，加油站员工 445 人。

该公司成立 8 年来，发扬“爱国、创业、求实、奉献”的企业精神和“诚信、创新、业绩、和谐、安全”的企业理念，通过全体员工的努力，从无到有，从小到大，在豫北大地形成一道靓丽的中国石油风景线。该公司拥有全资加油站 47 座、租赁加油站 10 座，为新乡经济发展做出积极贡献。

该公司积极践行企业精神和企业理念，培养一支热爱中石油、忠于中石油，具有强烈事业心和高度责任感的高素质员工队伍。随着新乡市各项事业的快速发展，该公司定会迎来更加辉煌的未来。

公司领导带领送油小分队奔赴农业生产第一线

中石油员工不辞辛劳为受灾群众加油

落实科学发展观　打造数字化管道

——记中石化管道储运分公司新乡输油管理处

新乡输油处隶属于中国石油化工股份有限公司管道储运分公司，所辖中洛输油管道 286 公里。担负着将中原油及进口原油输送至洛阳石化总厂的任务，自投产以来，已累计输油一亿余吨，为河南经济持续发展做出积极贡献。

按照中国石化集团“落实科学发展，做强石化管道”的要求，新乡处遵循“整体规划，分步实施，重点突破，务求实效”的指导方针，紧紧围绕输油生产组织科技攻关，在生产和经营各环节推广应用信息技术，从而提高企业生产、经营决策和管理水平，提高输油管道的核心技术，实现跨越式发展。

2001 年至 2008 年，先后对输油管网、热力系统、电气设备及通讯设备进行更新改造。原油输送方式不断更新，从投产初期的旁接油罐输送方式到密闭原油输送，年输量也从投产初期的 240 万吨增到现在的 500 万吨。2008 年 11 月，新乡处中心调度远程控制正式启动，生产管理由站控转变成中心调度远程控制，实现全线生产数据实时发布、泵站站控与调度中心控制权限交接、紧急停车、生产运行联锁保护、综合调度报表和生产日报表的自动生成与打印、实时生产参数总览、生产参数趋势浏览、各站工艺流程查看等 11 大功能。同时，还实现输油泵的安全运行保护、管线超压等联锁保护功能。

远程控制启动仪式

处长罗会玖、党支部书记徐国梁检查设备情况

对职工进行进口火嘴知识培训

先进的管道绝缘法兰检测

多功能调度中心

输油站生产区

总经理 于崇升

公司职工向灾区人民捐款

造福民生 与社会和谐共生

——新乡新奥燃气有限公司

公司荣获全省先进基层党组织称号

合作框架协议签字仪式

集中供热项目签约仪式

新乡新奥燃气有限公司是2002年9月20日由新乡市燃气总公司与新奥河南投资有限公司共同出资成立的中外合资企业，开创了全市乃至全省公用事业领域改制的先河。7年来，公司经营状况发生翻天覆地的变化，为全市经济发展和市民生活品质的提高发挥了不可替代的作用，被誉为全市改制标杆企业。公司有员工367人，设有市场开发部等8部1室1个中心2个分公司。其中，液化气分公司主营瓶装液化气业务，拥有民用户及商业用户20000户，年销售收入1400万元；CNG业务部主营天然气汽车改装和车用天然气供应，年车辆改装能力500辆，拥有汽车加气标准站2座，加气撬装子站1座；北站分公司主营管输天然气市场开发，兼营天然气售后服务。

7年来，新奥为改善空气质量做出了积极贡献，全市2000辆油改气出租车和245辆油改气公交车投入运营，极大减少汽车尾气排放，新乡已成为华北地区第一个无汽油出租车城市，全市空气质量得到明显改善。全市10多家工业用户改用天然气后，加快了企业发展。特别是华兰生物、恒泰锻造和娃哈哈等企业都创造了可观的经济效益。合资公司成立以来，上缴国税、地税共计3948.85万元。公司以城市燃气开发利用为主营业务，致力于管输天然气的开发利用，推进城市燃气管道化进程。为了提高服务质量，公司投资建成国内燃气行业最先进的电话服务系统——客户服务呼叫中心（call-center），开通全国统一客户服务号码95158，电话一打服务到家，极大地方便了用户；新建的SCADA系统和GIS系统，提升了管网安全运行系数，彻底扭转合资前水煤气经常发生事故的被动局面，提高了全市人民的生活质量。几年来，共投资2.52亿元用于城市燃气发展。公司现有资产总额3.32亿元，是公司成立初期的4.25倍，固定资产1.42亿元，流动资产1.45亿元，无形资产1236万元，商誉599万元。

公司先后荣获国家民政部颁发的爱心捐助奖状、国家信息部地理信息系统工程评选银奖、国家统计局统计工作先进单位等称号，连续两年荣获中华全国总工会和国家安全总局联合评选的“安康杯”竞赛优胜企业。

卫华集团有限公司始建于1988年，经过21年不懈努力，已发展成为集起重机械研发、设计、制造、销售、安装、服务、进出口业务为一体的大型企业集团。形成强大的综合技术创新体系，具备机械加工、热处理、焊接、装配、检测计量和包装发运等配套齐全的先进生产装备和规模生产能力。主要产品有桥、门式起重机，港口机械，电动葫芦，钢结构建筑等九大系列200多个品种，广泛应用于机械、冶金、电力、铁路、水利、港口等多种行业。在全国近30个省、市、自治区建有营销、服务经营点，产品远销欧洲、中亚、南亚、非洲等国家和地区。

卫华集团是中国重型机械工业协会副理事长单位、桥式起重机分会副理事长单位和中国物料搬运机械协会副理事长单位。集团下设河南卫华重型机械股份有限公司、上海宏岸港口机械有限公司、河南省中杰起重机有限公司、郑州卫华钢结构有限公司等9家子公司。占地面积100万平方米，总资产21亿元，各种生产检测设备3000多台套，员工5000余人，2008年销售收入25.6亿元。

卫华集团是河南省科技厅授予的省内唯一一家起重机械装备工程技术研究中心。公司高度重视产品质量，拥有先进的产品质量检测手段，建立科学的质量保障体系。1999年在同行业率先通过了ISO9001质量体系认证，并于2005年通过质量、环境、职业健康安全管理体系整合认证，产品质量始终保持行业领先水平。2007年“卫华集团有限公司技术检验测试中心”通过国家实验室认可。

卫华集团综合实力位居全国同行业前列。单、双梁起重机产销量全国第一。2002年以来，公司先后荣获中国机械500强、中国民营企业500强、中国名牌产品、中国驰名商标、全国守合同重信用企业、全国质量管理先进企业、全国诚信守法企业等荣誉称号。

40t 400m 起升高度门式起重机

门座起重机

300t 双梁桥式起重机

GLQ40 双驱动交流变频港口轮胎起重机

450t 提梁机

董事长兼总经理 宋敬志

副省长张大为(前中)、市委书记吴天君在新亚调研

高效集约 多业并举 滚动发展

——新乡新亚纸业集团股份有限公司简介

新乡新亚纸业集团股份有限公司在董事长兼总经理宋敬志的带领下，从一个总投资不足 8 万元的造纸小作坊以滚雪球的方式发展成为河南造纸龙头、全国著名企业。宋敬志本人荣膺中国优秀企业家、中国造纸行业十大领袖人物、中国企业改革十大杰出人物、河南省劳动模范等荣誉称号，并兼任全国工商联纸业商会副会长、中国造纸协会副理事长。

办公楼

该公司以制浆造纸为主，集热电、医药、化工、物流、林基地建设、环保综合治理为一体的大型企业集团，拥有总资产 22.8 亿元，员工 6000 名，各种型号的造纸生产线 20 多条，年造纸能力 70 万吨。2006、2007、2008 连续 3 年纳税超亿元，是新乡市重点纳税企业、十大贡献企业、河南省造纸行业龙头企业、省百户重点企业、省优秀民营企业、中国造纸行业十大杰出企业、中国企业改革示范单位。

25 万吨涂布白卡纸生产线

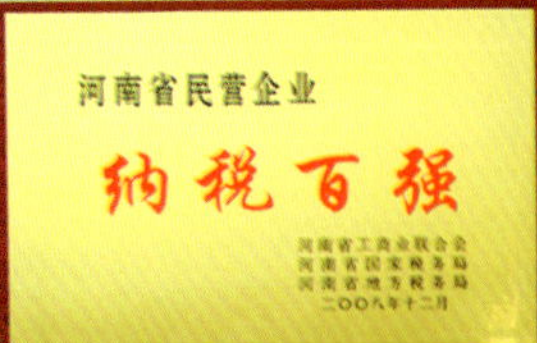

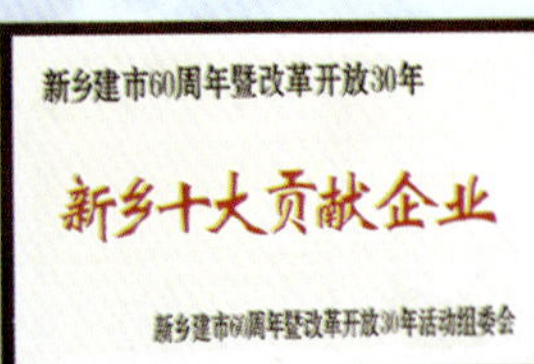

以品质赢市场　以真诚待客户　担当社会责任　铸就航空精品

——河南新乡亚洲啤酒有限公司

河南新乡亚洲啤酒有限公司是1994年8月1日由新乡市航空啤酒厂与亚洲啤酒集团（菲律宾）共同投资组建，总资产近两亿元，有员工652人，各类中高级技术人员175人，占员工总数比例四分之一。

该公司主要经营航空牌系列啤酒，年生产能力20万吨，居全省前5名，产品连年荣获“河南名牌产品”及“国家优质新品”等称号。公司拥有3条啤酒生产线及1条苏打水饮料生产线，整体设备水平国内领先，2002年以来，航空牌啤酒先后顺利通过ISO9001质量体系、QS质量安全、HACCP食品安全体系等多项认证。

该公司一贯坚持“以品质赢市场、以真诚待客户，担当社会责任、铸就航空精品”的质量方针，优质的航空啤酒不仅领军河南，而且还远销山西、陕西、河北等地。在总经理张新林的带领下，新乡亚啤公司步入快速发展轨道，销量以20%以上的速度递增，每年为国家上缴税金3000多万元，为新乡市经济发展做出突出贡献。

总经理
新乡市人大代表
高级会计师
河南省酿酒大师
张新林

河南省政府副省长史济春亲切会见亚啤集团领导

市委书记吴天君与亚啤集团董事长陈永栽博士交谈

公司产品获得“河南省名牌产品”及“金爵奖”

自动化控制的发酵罐群

国内一流的现代化灌装线

环境优美的厂区一角

赵固一矿实现跨越式发展

——全力打造"五型"矿井纪实

矿长、党委书记　白云来

河南省省委书记徐光春视察赵固一矿

国家重点建设项目河南煤化集团焦煤公司赵固一矿是河南煤化集团焦煤公司在新乡地区开发建设的第一座大型现代化矿井。2005年6月19日开工建设，2009年5月10日竣工投产，是一座年设计生产能力240万吨的现代化矿井。矿井地质储量3.7亿吨，可采储量1.6亿吨，矿井服务年限49年。煤质属低中灰、特低硫的优质无烟煤。工程包括矿井、洗煤厂和铁路专用线，工程总概算16.85亿元。

赵固一矿竣工投产仪式

赵固一矿井筒深度634.8米，主井井架高65米，单箕斗提升能力25吨。工程采用国内先进的冻结法凿井工艺，在施工中创造"深厚冻结井壁高强高性能混凝土"、"复合井壁壁间快速注浆技术"、"冻结法凿井壁间多点快速注浆装置"等3项国家专利技术。

井下工作面采用分层综采、煤巷综掘、岩巷炮掘工艺。煤巷掘进采用国产EBZ160掘进机，采煤工作面使用支撑力达6800KN的液压支架支护，采用大型交流变频电牵引采煤机。矿井巷道采用高强度锚杆（索）+U型钢支护方式，有效地解决了深井高应力、大断面煤巷支护问题。

井下中央变电所

年入洗能力350万吨的洗煤厂采用重介质洗选技术及配套工艺，主要设备采用国外先进的脱泥脱介香蕉筛、主再选浅槽重介分选机、磁选机、VM离心机、密控系统、集控系统等设备，保证洗选的质量和效率。

按照河南煤化集团确保稳居中国企业500强前100位、煤炭行业前三甲，力争进入世界500强战略目标要求，赵固一矿以质量标准化创建为抓手，秉承河南煤化集团"用心做事，追求卓越"的企业文化，秉承"从零开始，向零奋斗"的安全零理念，在管理上推行内部市场化管理、安全结构工资制度和"双基"（基础和基层）管理制度。努力把赵固一矿打造成为本质安全型、质量效益型、科技创新型、资源节约型、和谐发展型的"五型"现代化矿井。

赵固一矿火车开通

综采机械化

井下综掘机在工作

全国人大常委会副委员长周铁农（左）接见人民代表李全顺

原全国政协副主席王中禹（右）接见厂长李全顺

以人为本 和谐治厂

——新乡市全顺线材总厂

新乡市全顺线材总厂始建于1984年，位于新乡市八一路西段，占地面积20000平方米。设16个分厂，固定资产达6500多万元，职工200多人。以生产优质镀锌丝、圆钉和冷拔丝为主，资信等级为“AAA”。年生产能力：冷拔丝30000吨、镀锌丝17000吨、圆钉13000吨，产品远销福建、浙江、江苏、安徽、湖北等10余个省、市、自治区。2008年，该厂又筹资1.6亿元，投资扩建年产1.6万吨的铜扁线、铜排、铜箔项目，产品可广泛应用于输变电设施及其他方面，市场前景良好。

中国书法泰斗张瑞龄大师为爱民村官李全顺题字

该厂以“质量信誉，胜似生命”为企业宗旨，产品质量深受用户好评，在市场上有着极好的口碑，先后被中国质量检验协会评定为“质量合格单位”，被中国质量万里行确定为“定点单位”、“无投诉单位”、“先进单位”，被国家质量技术监督局列为“质量信誉跟踪产品”，被国家技术监督局、中国质量检验协会认定列为“产品质量信得过企业”、“国家权威检测达标品牌——国家质量检验连续合格产品”、“质量合格好产品”等多项荣誉。2003年通过ISO9001体系认证，成为我国进出口企业之一。

该厂一贯坚持“以人为本，和谐治厂”的原则，对待员工就像兄弟姐妹一样，全厂职工平均月工资达1000元以上，连续25年每月10号准时开工资，并承诺拖欠1天按1%的利息补发；正常工作时间为8小时；按国家规定为职工交纳养老、失业、医疗、工伤等保险，并对提拔到中层以上领导岗位的人员和在总厂连续工作5年以上的工人，总厂全额免费为其办理养老保险。对其他合同工人按照不同工龄给予相应的补助和合同奖励。

镀锌丝

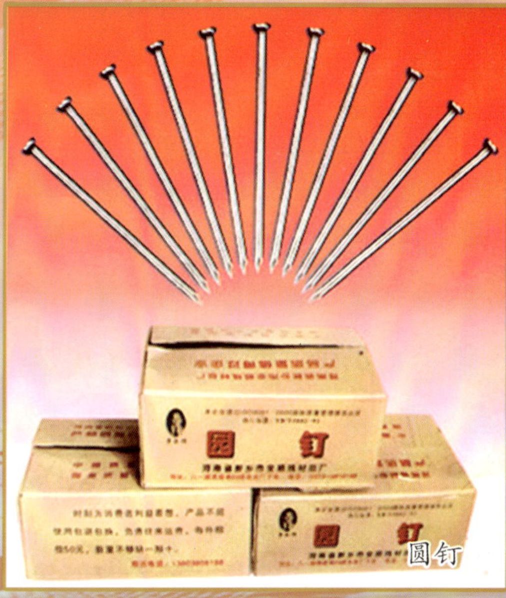

圆钉

建得广厦千万间

——河南都城房地产开发有限公司

河南都城房地产开发有限公司成立于2004年6月，注册资金2135万元，资质等级2级。有员工45人，其中，中级专业技术职称人员26人。

该公司投资建设温州商业街及瑞封花园，总建筑面积30多万平方米，总投资5.28亿元，是封丘县唯一有7级防震的商住建筑。温州商业街是一条集休闲、娱乐、购物为一体的综合性商业街，被誉为“豫东北第一街”。瑞封花园采用现代住宅最为超前的园林式和生态型设计，将成为封丘县第一个现代化、生态型、园林式、全封闭管理的高档住宅小区。

该公司多次赞助和捐赠县妇联、贫困学校、贫困大学生、大型体育活动等，为封丘的公益事业、慈善事业和体育事业做出贡献。公司被河南省发展和改革委员会评为河南省最佳（先进）企业，被封丘县人民政府评为先进企业，被封丘县委、县人民政府评为利用外资先进企业，被共青团封丘县委、县文明办、县教育局评为先进单位、爱心单位，被封丘县委、县人民政府评为纳税先进单位，被封丘县人民政府评为消防先进单位，被河南省电视台评为百姓放心房产。

雏凤翼翅掠长空

——河南省新乡六通实业有限公司剪影

新乡六通是一家集生产原料药、中间体和化工产品、道路工程、印刷为一体的综合性实业公司。公司下设两个分厂和研发中心、华理药业、新仁公司等。总资产 8624 万元，职工 500 余人。2008 年实现销售收入 1.57 亿元，税金 790 万元。

分厂主要产品为苯乙酸、四氮唑乙酸，其中苯乙酸年产量达 10000 吨，规模居国内首位，占国内市场的 60%，主要销往哈药集团、石药集团、鲁抗等药厂；道路工程主要承揽护栏、隔离栅、标志、标线、防眩设施等，其中标线工程居国内同行业首位；研发中心占地 9133 平方米，设备先进，技术力量雄厚，检测手段齐全；华理药业是六通公司、华东理工大学和美国科博三方合资项目，生产盐酸地尔硫卓；新仁公司位于乌鲁木齐市米泉东区，占地 15 万平方米，总投资 2 亿元，主要产品水合肼，一期年产 1.2 万吨。2009 年新增 ADC 发泡剂、叠氮化钠、化工纯碱等项目。

公司以人为本，诚信创业，注重创新，通过整合资源，调整思路，开发特色产品，形成以华理药业为龙头的科技创新型企业。2003 年通过 ISO9001—2002 国际质量体系认证，2004 年省科技厅颁发“科技企业证书”，2007 年省科技厅颁发“高新技术企业”、“高新技术产品证书”，2008 年被认定为“省级企业技术中心”。连年被评为纳税递增先进单位、“AAA”银行信用单位，荣获新乡市民营百强企业、科技创新先进单位、对外协作先进单位等荣誉称号。

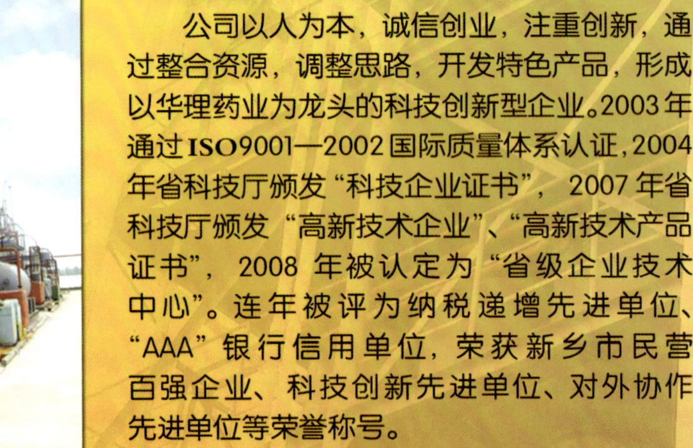

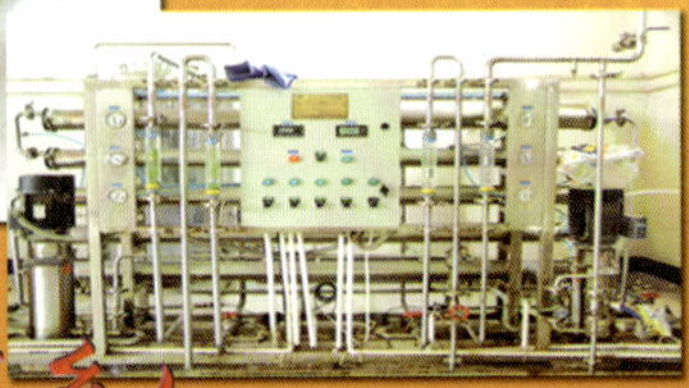

惧者幸存 信者永胜

——河南永胜能源化工有限公司简介

董事长兼总经理 刘军海

河南永胜能源化工有限公司成立于 2005 年，注册资金 3130 万元，总资产 7000 万元。主要经营燃料油的生产、加工和销售。企业位于河南省辉县市，濒临京珠高速和京广铁路，济东高速和新晋高速穿境而过，地理位置十分优越，交通极为便利。企业有员工 200 名，其中大中专以上学历的占 33%。

企业依托中国科学院先进的高科技技术支持，投资 6500 万元建设的“10 万吨/年煤焦油转化清洁燃油项目”为国家首创，该项目符合国家重点支持的十大重点领域之循环经济工程。目前该项目的发明专利正处于公示期。同时，该项目获得国家 2009 年新增 1000 亿元国债资金中的第一批国债资金支持和新乡市中小企业科技创新奖。

企业主营各类燃料油，自主研发的 YS 系列（YS-4、YS-4 轻、YS-5、YS-7）和工业萘、轻油、酚油、重苯等产品各类指标均达到行业标准，产品畅销河南、山东、河北、辽宁和浙江等地，广泛用于电厂、铝厂、玻璃厂、水泥厂、船舶、公路（冷喷）、工业窑炉等各方面，产品质量均得到客户一致好评。

随着企业的蓬勃发展，2009 年企业拟建总投资 58201 万元的“60 万吨煤焦油及废油生产清洁燃油改扩建项目”，目前该项目已通过备案，征地、环评、安评等前期工作正在顺利进行。项目的顺利实施和正常运营，将为我国寻找石油替代品探索一条有效之路，也会对实现能源多元化起到积极的促进作用。

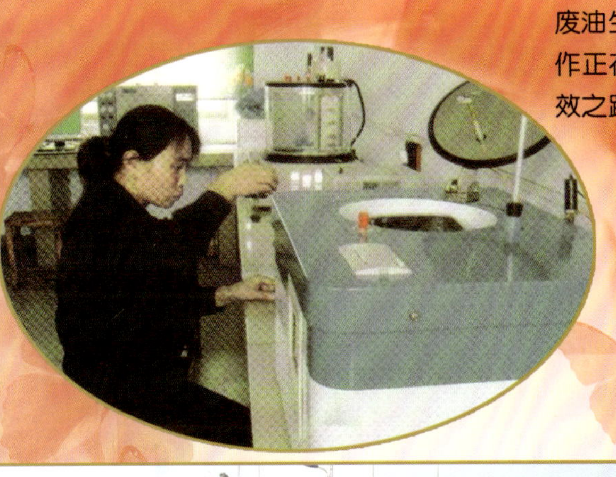

永胜精神：敬业、爱国、团结、奋进、学习、创新

生存理念：惧者幸存、信者永胜

经营理念：产品合格是标准，用户满意是目的

管理理念：把企业办成一所学校
把团队带成一支部队

永胜使命：造就人才、创造财富、回报社会

彩练当空舞世界

——新乡景弘印染有限公司简介

新乡景弘印染有限公司是马来西亚外商投资的外资独资企业。拥有员工 750 余名，各类专业技术人员 92 人，高、中级职称 30 余人，为市工业跨越工程重点企业、市 80 家重点企业之一。公司前身新乡印染厂是国家大型二类企业，以生产纯棉、涤棉、混纺等各类印染布为主的大型印染厂。

该公司充分利用国家产业政策和新乡市良好投资环境，不断加大投资力度、扩大企业规模、完善企业经营机制、调整产品结构、实现产品的升级换代。公司通过 ISO9001：2000 国际质量体系认证，拥有自营进出口权。

该公司有各种印染专用生产设备 191 台套，4 条完整的新型宽幅轧染线、两条圆网印花线、两条普鲁苯专业阻燃生产线。具备漂、印、染、整等全套印染加工手段，有完整的质量控制体系，年生产能力在 8000 万米以上，可以生产门幅在 1.8 米以内的各种规格和纱支的纯棉、混纺、麻类的薄、中、厚织物。产品包括各种漂白、染色、印花布、军用民用迷彩布，主要有服装面料、装饰布、家纺产品用布、工业用布、特种行业用布和卫生材料用布。公司技术力量雄厚，产品检测手段齐全。尤其是各种功能性工装面料已广泛应用于国防、交通、石油化工、冶金、建筑等各个领域，并呈现出强劲增长趋势。产品除满足国内市场需求外，还销往欧洲、北美、俄罗斯、日本及东南亚、港澳等 40 多个国家和地区，产品深受广大用户的青睐。

发展中的
河南宏宇特铸股份有限公司

河南宏宇特铸股份有限公司是专业生产大功率风力发电设备金属零部件及特种钢铁铸件零件的高新技术企业，占地面积160000平方米，有员工500余人，年生产能力25000~30000吨，单件重量最大可达50吨。产品采用中频电炉熔炼、树脂砂或水玻璃砂工艺造型制芯，采用CDA辅助设计和华铸CAE模拟凝固分析，直读光谱仪炉前快速成分分析，高精度CNC加工中心等先进设备生产以保证质量。主要产品有大型风力发电机用轮毂、力矩支撑、星形架、齿轮箱等；磨煤机辊芯、辊架、不锈钢水泵铸件零件及水轮机叶片等。

公司通过ISO9001及PED97/23-EC认证，产品主要供应国内大中型骨干企业，并有近50%的产品出口德国、法国、意大利、美国、英国、日本等10多个国家。

与意大利客人业务洽谈

正在熔炼浇注30吨大型铸件

北京爱你·宝贝儿童摄影
新乡连锁总店
授予：新乡市红旗爱你宝贝专业儿童摄影中心
（2009年度）
消费者信得过单位
新乡市红旗区消费者协会
二00九年三月
艺术总监 朱命祥
北京爱你·宝贝儿童摄影新乡连锁总店位于新乡市双桥步行街北口，自成立至今已有10年发展历程。该店本着“服务第一，质量第一”的宗旨，以诚爱服务社会。多年来，受到新乡市宝宝家长的信任和喜爱，曾荣获新乡市消费者信得过单位。
中国国家摄影杂志社记者、新乡摄影家协会会员朱命祥热心公益事业，资助贫困学生，为汶川地震受灾群众献爱心，免费为困难家庭多胞胎宝宝跟踪拍照。
普特尔国际大酒店
贺新乡建市60周年

【科研工作】　河南科技学院坚持“一主两进”（即坚持以应用型研究为主，积极推进应用性基础理论研究、推进应用技术研究和成果转化研究）的科研工作思路，科技创新取得比较突出的成绩。学校主持的“BNS（百农杂交）小麦研究”获国家“863”、国家支撑计划资助，前期投入200万元；棉花研究获国家转基因重大专项资助；获河南省教育厅科技创新人才基金资助计划3项。全年共主持厅级以上项目160项，出版著作182部，发表学术论文1800篇，被SCI、EI、ISTP收录171篇；通过省级科研成果鉴定30项。2008年，学校作为第二完成单位完成的“生猪主要违禁药物残留免疫试纸快速检测技术”获国家科技进步二等奖；主持完成的高产优质早熟短季杂交棉花新品种百棉3号获河南省科技进步一等奖，D－核糖发酵工艺研究等4项成果获河南省科技进步二等奖；获河南省政府发展研究三等奖2项。“动物病毒致病及免疫机制”研究团队被评为河南省高校科技创新团队，“动物疫病和残留物防控中心”被评为河南省高校工程技术研究中心。

（杨永生）

【科技成果转化】　河南科技学院立足“三农”（农村、农业、农民），打造品牌，积极探索农业科技成果转化新途径。百农矮抗58小麦被农业部定为2008年全国主导品种，秋播种面积1800万亩，河南省科技厅发布消息称该品种已成为河南省及黄淮南部麦区的第一大小麦品种。12月5日，《科技日报》以“黄淮麦区第一大小麦品种发布”为题进行报道；12月17日，《科学时报》在头版以“‘百农矮抗58’跃居黄淮南部麦区种植面积首位”为题专题报道。温敏不育系杂交小麦研究取得重要进展，学校举办了BNS杂交小麦联合攻关协作组第三次全国协作会议。举行“百农矮抗58”高产示范基地建设技术培训会。百棉1号获农业部农业转基因生物安全证书，并作为河南省2008年棉花良种补贴中标的首选品种，在黄淮流域、新疆棉区播种，并推广到吉尔吉斯斯坦等中亚各国，累计增产效益超过20亿元。有2个玉米品种、2个小麦品种、2个棉花品种分别参加了国家生产试验区试，增产显著。

（杨永生）

【小麦新品种“百农矮抗58”入选河南省重大科技专项】　2008年，河南省政府确定两个小麦品种为省重大科技专项，其中，学校培育的小麦新品种“百农矮抗58”入选，获资助500万元。该品种的推广应用，显著提高了河南省及黄淮南部麦区的小麦生产水平和品质质量，有力地推动了河南省的小麦产业升级，对实现河南省小麦增产目标，保障国家粮食安全发挥了重要的科技支撑作用。（杨永生）

【师资队伍建设】　河南科技学院引进教师33人，其中博士生导师、教授1人，博士、硕士32人；新增教授6人、副教授等27人；选派15人外出进修培训；有160余名教师在职申请和攻读硕士、博士学位。1人入选河南省“555人才工程”，4人为河南省教育厅学术技术带头人。有8人获河南省中青年骨干教师资助计划资助。评选校第二届教学名师3名。

（杨永生）

【“教师培训年”活动】　2008年为全省教育系统“教师培训年”，学校成立“教师培训年”活动领导小组，制定活动方案，周密部署，结合学校实际，开展了“铸师魂”演讲比赛，青年教师讲课大赛、现代教育技术培训、青年教师学历提高计划，新进教师进行岗前培训，教师国内外进修培训等多种形式的培训。12月，河南省高校工委、教育厅专家组对此校师资培训情况进行检查评估，对学校的创建工作给予充分肯定。学校被授予河南省“教师培训年”活动先进单位。

（杨永生）

【学生工作】　河南科技学院进一步加强学生管理，修订了《学生德育评定办法》、《学生评先办法》等制度，制定学生突发事件预防及应急处置预案。坚持辅导员例会、辅导员进公寓和重要时期值周检查制度，形成了应对学生突发事件的快速反应机制。不断完善学生资助体系和服务体系，为4528名学生建立了困难生档案，为2000多名学生申请到了助学贷款，安排勤工助学岗位200多个，建立毕业生就业服务平台，开辟了新生入学“绿色通道”，516名新生通过“绿色通道”办理了入学手续。进一步加强心理健康教育，通过电话咨询、网上咨询、团体咨询和预约服务等，多形式开展心理咨询工作。进一步加强学风建设，深入开展考风考纪教育，组织学生管理干部每周定期对学生上课情况进行检查，继续开展“校风校纪建设月”活动，学风状况明显好转，违纪率不断下降。全年共有13个先进班级、

132名先进个人受到省级表彰，30名先进个人受到市级表彰；4073名学生获得国家奖、助学金，510名学生获国家励志奖学金，2000余名学生获校内奖学金。（杨永生）

【招生就业工作】 河南科技学院招生工作取得新突破，第一志愿报考率达96%，比2006年、2007年分别提高47和7个百分点；一志愿报考上线率达92%，分别提高84和67个百分点。就业工作形成了以学校为主导，以院系为主体的毕业生就业管理服务格局。初步建立了毕业生就业工作的约束和激励机制，出台导向明确、指标具体的毕业生就业考核与评估体系。在就业形势严峻、压力增大的背景下，本科毕业生一次性就业率仍然稳定在96.49%，就业质量呈上升趋势。（杨永生）

【参加第二十九届北京奥运会餐饮服务】 2007年12月，经北京奥组委遴选，学校为奥运餐饮服务参加单位。经过面试和实践考核，烹饪与营养教育专业的66名学生被选拔参加第二十九届北京奥运会餐饮服务，参加学生人数在全国高校中名列第四，在河南位居第一。奥运会期间，学生的表现得到了奥运餐饮承包商爱玛客和中国烹饪协会的肯定，学校被授予“奥运餐饮服务最佳管理奖”。2008年7月17日，《河南日报》以“新乡：大学生服务奥运餐饮”为题予以报道。（杨永生）

【在省部级以上大学生竞赛中获多项奖励】 2008年，在全国大学生数学建模竞赛中，获全国一等奖2个、二等奖5个，河南省一等奖22个、二等奖10个、三等奖5个，总成绩在省属高校排名第一。在第四届全国ITAT教育工程就业技能大赛中获全国二等奖1个、优秀奖五个。在全国大学生电子竞赛河南赛区竞赛中，获一等奖1个、二等奖1个、三等奖2个。1幅学生作品获CCTV“武林大会”服装设计大赛总决赛铜奖，1幅学生作品获全国丝绸服装设计大赛四川赛区预选赛二等奖，2幅学生作品分获“挑战杯”河南省第六届大学生创业计划竞赛金、铜奖；1位学生获第35届国际比基尼小姐大赛河南赛区总决赛季军，4位学生获2008年首届全国高等学校烹饪技能大赛铜奖，2位学生包揽了2008年河南省第二届模特人才资源库选拔赛冠、亚军，2位学生分获2008东方美少女模特大赛河南赛区总决赛亚、季军；有3幅作品入选国际性设计大赛。在河南省第15届大学生田径运动会上获2块银牌。（杨永生）

【校园基本建设】 河南科技学院严格基建工程招投标程序，狠抓施工管理，确保工程质量，各项工程均按时保质完成施工任务，工程一次交工验收合格率达100%。完成基建投资约7000万元，建成了教工活动中心、小学教学楼、东区塑胶田径运动场等建筑工程，竣工建筑面积4500平方米。在建工程主要有图书馆楼、综合楼、南区教学楼等，建筑面积10万平方米。暑假期间，对西区教学实验楼ABC段的给水管和暖气管进行了改造；对百泉校区部分建筑进行了全面维护，改善了百泉校区办学条件，满足了高职学院教学需求。校园网三期工程通过专家验收，学校所有家属区和东区新建教学楼联通校园网，论证并提出了四期工程建设方案。（杨永生）

【后勤保障】 河南科技学院加强后勤联动服务中心“100”建设，水电暖等维修维护工作的服务质量明显提高。完成外语系、食品学院等教学院系的搬迁调整工作和2栋高层住宅楼的分配工作；为引进和返校的63名博士、硕士安排了住房。抓好饮食管理，在食品原料不断涨价的情况下，制定一系列稳定饭菜价格、保证饭菜质量的措施。加强校园绿化、美化、文化建设，栽植各类花卉苗木17万棵，校园绿化面积达到34万平方米，绿化覆盖率37.4%，学校被列入省级园林式花园单位。改善医院条件，提高服务质量，较好完成全校师生员工医疗保健任务。学校被评为“河南省高校后勤管理文明单位”。（杨永生）

【中层干部换届】 2008年10月上旬至12月上旬，对处级领导班子和处级领导干部进行了换届。换届后，40岁以下处级领导干部占总数的23.3%，比换届前提升5.3个百分点；具有研究生以上学历、学位的比例从换届前的37.6%增加到45.3%，增长近8个百分点。平级轮岗交流54人，占现职干部总数的42.2%；提拔交流15人，占提拔干部总数的48.4%。（杨永生）

【党建和思想政治工作】 河南科技学院新建党支部85个。3个党总支被评为全省高校先进党组织，1

个党总支被评为全省先进党组织。发展党员2043人，确定入党积极分子3000余名，本科生党员占在校生总数的比例达到23.8%。制定实施《党内定期谈心制度》、《党员思想汇报制度》，进一步严格了组织生活制度。在抗震救灾捐款活动中，广大党员干部和师生通过交纳特殊党费和捐款等形式，支援灾区共计118.5万元。加强对干部和人才的教育培训，举办处级干部和高知人员读书班，培训人员1300余人次；选派10名处级领导干部到各类干部培训中心学习培训；选派3名处级干部到省外重点大学和省市党政部门挂职锻炼。积极推荐优秀青年干部参加全省厅级干部公选，有2名进入面试，1名通过选拔走上了副厅级岗位。深入开展精神文明创建活动，顺利通过"省级文明单位"复查，申报并通过新乡市"文明小区"验收。创新大学生思想政治教育方法，把思想政治工作延伸到班级、宿舍，细化到个人，着力推进学生思想政治工作进课堂、进宿舍、进网络，增强了思想政治教育的说服力、感染力和号召力。推进思想政治理论课新方案的实施，1名教师在全省高校德育教学技能竞赛活动中获一等奖，学校获"全省思想道德建设先进单位"。　（杨永生）

新乡学院

【新乡学院概况】　2008年，新乡学院设有18个院系、2个教学部、3个教学中心、1个继续教学学院和1个基础教育培训中心，11个本科专业、68个专科专业；招收普通本专科学生8596人，毕业普通大专生7319人，在校生达25642人。在职教职工1297人，其中专业技术人员1007人，专任教师中享有国务院特殊津贴2人，省级学科带头人4人，省级骨干教师23人，外籍教师4人；具有高级技术职务教师357人、中级技术职务教师444人。学校占地面积127万平方米（共4个校区），建筑面积73.09万平方米。馆藏纸质图书130万册，电子图书52万种，教学仪器设备达9299.8万元，固定资产总值5.93亿元。　（赵文阁）

新乡学院领导成员

党委书记　陈兴民

院　　长　杨宏志

党委副书记　马国良　陈贞忠

副 院 长　韩先喜　吴　中　阎宏斌

郭爱先（女）　刘　翔

王选年（2008年10月任）

纪委书记　张少华

工会主席　郜家顺

【完成"四大整合"】　由于新乡学院是在原新乡师范高等专科学校、平原大学、新乡市教育学院三校合并基础上组建而成，原三校在工作运行模式、工作方法和程序上不统一，在一定程度上影响到学院工作的正常开展，学院党委经过认真研究和分析，确定2008年为新乡学院的整合年，努力实现原三校软、硬件的整合，由原来的多种模式变为一种模式，多个标准变为一个标准，建立起新乡学院的新秩序。为此，学院专门成立了整合工作领导小组，下设规章制度整合、学科专业整合、教学和后勤基本设施整合、人员整合四个工作组，本着"求同存异、保持稳定，发挥优势、有序整合"的原则，科学制订方案，有步骤地对原三校软硬件资源进行整合。

学科专业整合。按照"夯实基础学科，加强应用学科，发展交叉学科，培育优势学科"的学科专业定位，本着"发挥优势，合理布局"的原则，制定学科专业整合方案，合理设置教学单位，科学调配教育教学资源。设置了文学院、商学院、化学与化工学院、计算机工程学院、建筑工程系、生命科学与技术系、音乐系、管理学院、数学系、教育科学系、物理系、艺术系、政法系、历史系、体育系、新闻与传媒系、外国语学院、机电工程学院、国际教育与交流中心等19个教学院系，初步形成了涉及文、理、工、管、经、教、法、史等10个学科门类协调发展的学科专业格局框架。

教学基本设施和后勤设施整合。成立教学基本设施和后勤服务设施整合领导小组，结合学科专业整合方案，制定包括实验室、图书仪器设备、校园网、教学单位教学实验和办公用房、学生宿舍等教学基本设施和后勤服务设施在内的总体整合方案，完成了硬件设施的全面整合。

人员整合。经过深入细致的调查研究和反复的修改论证，学院党委、行政印发《新乡学院干部人事改革实施意见》、《新乡学院处级干部选拔任用实施办法》、《关于对我院中层干部选拔任用工作全过程实施监督的意见》等一系列文件，公开竞聘岗位、竞聘程序和竞聘结果，经过民主评议和组织考察，顺利完成处级、副处级干部的竞聘工作，共聘任处级干部179名。根据学院三校合并的实际情况，制定学院机构设置和人员编制方案，明确各岗位的工作职责，实行全员聘任制。把教职工自主报岗和单位选聘有机结合，顺利完成了全院教职员工的岗位聘任。

管理制度整合。至年底，学院先后制订出台行政、教学、科研、人事、财务、学生、后勤、保卫等规章制度38项，初步建立起新乡学院规章制度体系。（赵文阁）

【思想建设】 2008年，新乡学院制定《新乡学院思想建设活动方案》，成立学院思想建设领导小组，从3月下旬起，集中三个月时间，在全院开展了一系列思想建设活动。以摆正个人发展与学院发展的关系，提高个人思想素质，加强党性修养或职业道德修养为着眼点，以树立“校荣我荣、校衰我耻”的主人翁意识为落脚点，以达到统一思想、凝聚力量、保持稳定、构建和谐、促进发展的目的。期间，举办了思想建设理论研讨会、本科办学经验报告会，举行“我与新乡学院同行”教职工歌咏比赛、教职工拔河比赛等活动。（赵文阁）

【队伍建设】 师资队伍建设。扎实开展“教师培训年”的各项活动，实施“硕士化工程”和“教师培训工程”。2008年，共安排83名教师到国内知名高校进行课程进修和访学。继续实施“硕士化工程”，鼓励、支持中青年教师尽快提高学历层次。加大对学科带头人、学术骨干等高层次人才的引进，落实引进人才待遇，全年，学院共引进高学历人才39人，其中博士3人。高度重视学科（学术）带头人、教学团队、科研团队的培养，以队伍建设带动科研和学术水平的提高。本着公平、公正、竞争、择优的原则，科学制订职称评审推荐办法，全年共有27名教师晋升为副教授，9名教师晋升为教授。

管理队伍建设。9月23日至10月30日，举办新乡学院第一期中层干部培训班，共11讲，由学院领导讲授，全体中层干部参加。并有计划地安排领导干部外出学习，先后选派干部赴国家教育行政学院、教育部中南干部培训中心和省高校干部培训中心参加培训学习。

后勤服务队伍建设 。明确提出教辅和后勤服务岗位工作条件和服务标准，加强服务人员队伍的管理和培训，努力提高服务人员的业务素质和服务能力，增强服务意识。坚持为教学、科研和师生员工服务的宗旨，认真处理好后勤服务商业性与公益性、经济性与服务性的关系，提高后勤服务的质量和水平。（赵文阁）

【资金建设】 2008年，通过各种渠道开源节流，多渠道筹措办学经费，克服资金困难，保证学院各项工作的顺利开展。成立老校区置换工作组，12月，在市委市政府的指导和协调下，完成了文化路西校区（原师专老校区）的土地置换工作。严格财务管理，完成了三校会计账目的合并；严肃财经纪律，加强预算执行管理，控制预算外支出；严格执行基建工程、设备采购等的招投标制度和审计制度，降低成本，提高资金使用效益；严格落实固定资产、水电管理等制度，对现有水、电、管网进行技术改造。（赵文阁）

【校园建设】 2008年，新乡学院制定《新乡学院校园建设规划》，按照前瞻性、继承性、先进性、节约性的原则，多方筹措资金实施学校大门、中心道路及人工湖的建设；打通道路，实现了东西校区主要道路的贯通；建设两栋新的学生宿舍楼，结束了多校区办学局面。加强校区的绿化、美化，营造了良好的校园环境。（赵文阁）

【教学工作】 新乡学院坚持育人为本，确保教学工作的中心地位。加强教学管理的制度建设，规范教学常规管理。出台《新乡学院学籍管理实施细则》等6项基本教学管理规章制度；实施本科教学授课教师准入制度；加强本科课堂教学质量检查；健全教学质量评价体系，保证本科教学质量。改革人才培养模式，努力构建实践育人体系，着力培养和提高学生的实践能力和技术创新能力。成立实践教学中心，具体负责学生的实习、实训等实践教学的组织、协调和实施工作；成立素质教育中心，根据学生的需要，开设全院公共选修课，培养和提高大学生综合文化素质，2008年开设选修课55门，7000余名学生上网选课。鼓励教师积极开展教学研究，全面开展省、校两级教学改革项目研究。2008年，学院共有11项教育教学成果通过省级鉴定。（赵文阁）

【科研工作】　学校制定科研工作发展规划、科研项目管理办法及奖励、资助等配套政策，加大科研在岗位津贴发放、职称评定等工作中的权重，提高广大教师的科研意识。积极参与企业技术创新，走产学科研结合道路，提升科研工作水平。2008 年，获国家专利 4 项；组织申报了省级工程技术研究中心 1 项；获河南省科学技术进步三等奖成果 1 项。搭建科研平台，成功注册国家自然科学基金和社会科学基金项目。争取国家和省部级重点项目，获省哲学社会科学规划项目立项 1 项、省科技厅重点项目立项 1 项；获省教育厅“十一五”规划课题立项 21 项、市科技局立项 8 项；省内社科类结项课题共 45 项。全年教职工共发表学术论文 642 篇，其中在核心期刊上发表论文 200 篇，10 篇论文被 SCI、EI 收录。共出版专著教材 94 部。3 月，《新乡学院学报》社会科学版和自然科学版成功改刊。　（赵文阁）

【学术交流】　2008 年，新乡学院积极开展学术交流活动。与国内兄弟院校、科研院所、企事业单位等开展交流与合作，邀请国内外知名学者、教授、学术带头人来校作学术报告或进行学术交流活动，全年共举办学术讲座和学术报告 40 余场。（赵文阁）

【学生管理】　2008 年，健全学生教育和管理制度，制订出台了《新乡学院学生管理暂行规定（修订）》等 8 项与学生管理有关的规章制度，学生管理工作进一步科学化、制度化、规范化。针对在校大学生的思想政治教育和思想状况，通过开展扎实有效的社会实践活动、社团活动，调动学生服务社会、参与学校管理的积极性和主动性，帮助广大学生树立正确的成才观、择业观。重视大学生心理健康教育，认真做好大学生心理调查工作，对 2008 级新生做了 UPI 测量，建立了心理档案，引导学生养成健全的人格特征和良好的心理素质。关爱贫困大学生，开通“绿色通道”，认真落实国家助学贷款政策，做好对贫困大学生的奖、贷、助、补、减工作。2008 年 4 月，成功举办新乡学院第一届运动会。10 月，举办了首届啦啦操大赛。　（赵文阁）

【学生获奖】　2008 年，新乡学院的 7 名选手参加河南省第六届师范专业毕业生教学技能竞赛，4 名学生获得一等奖，3 名学生获得二等奖。在 2008 届高教社杯全国大学生数学建模竞赛中，学院共有 10 支队伍参赛，其中 2 个队荣获得河南省一等奖，3 个队荣获二等奖，5 个队荣获三等奖。选拔选手参加“河南省第十届大学生英语演讲比赛暨 CCTV 杯全国英语演讲比赛”、“河南省第二届日语演讲比赛”，均荣获优秀奖。在河南省大学生“我眼中的改革开放三十年”征文比赛中，新乡学院学生共有 9 篇文章全部获奖，其中一等奖 6 篇，二等奖 1 篇，三等奖 2 篇。“改革开放 30 年”2008 河南省青少年书法美术摄影大赛，2 名学生获优秀奖。　（赵文阁）

【招生就业】　2008 年，全院共有 70 个本专科专业招收新生，生源遍布 26 个省（市、自治区），报到率为87.51％。其中，本科报到率90.79％，专科报到率87.05％。

实施毕业生就业“一把手”工程，开展毕业生就业工作评估，完善就业激励机制。努力建立以就业需求为导向的专业设置和人才培养模式，拓展毕业生实习就业基地，提高人才培养的针对性和就业能力，共建立长期稳定的实习基地 116 个，实现教学院系的全覆盖。探索校企合作，开门办学，实施“订单式”培养模式。做好毕业生就业信息服务，与“河南省毕业生就业信息网”实现了资源共享，与“新乡人才网”、“东方最佳酒店门户网站”等建立了合作关系。3 月，举办 2008 届毕业生就业双向选择洽谈会。2008 年学生就业率为90.3％。　（赵文阁）

【后勤管理】　2008 年，新乡学院改革后勤服务管理体制，理顺后勤服务总公司和学院的关系，对后勤服务实行经费包干。认真落实《新乡学院固定资产管理办法》，对原三校固定资产进行全面清理、登记、贴标、建账，严格学校各项资产的管理，提高了使用效益和回报率。　（赵文阁）

【“平安校园”建设】　2008 年，新乡学院出台《新乡学院校园管理暂行规定》；按照“谁主管，谁负责”的原则，建立健全安全管理责任制和责任追究制，建立健全新乡学院突发事件应急预案机制；明确安全责任，实行安全责任追究制、安全责任一票否决制；定期或不定期组织对学院及周边环境存在的不安全因素和学生外宿情况进行大排查，对存在的安全隐患及时进行整改；推进学院突发事件应急预案机制的建设与完善，防止安全事故发生。

（赵文阁）

河南机电高等专科学校

【河南机电高等专科学校概况】 2008年，河南机电高等专科学校设12个系，2个本科专业，41个专科专业。毕业学生3200人，其中普招生3097人，成教生103人；招收新生3537人，其中普招生3298人，成教生239人；在校生10745人，其中普招生10039人，成教生706人。全校教职员工763人，专任教师543人，其中教授26人，副教授149人，讲师247人。学校占地面积64.57公顷，建筑面积33.44万平方米，固定资产3.5亿元，教学仪器设备总值6134.7万元，馆藏图书66.8万册。

（黄永正　文永林　崔冠华）

河南机电高等专科学校领导成员

党委书记　王修书
校　　长　任中普
副 书 记　任中普　刘云兵　贾国强
副 校 长　李贵敏　郭京普　王学让
纪委书记　刘云兵（兼）
工会主席　贾国强（兼）

【开展“新解放、新跨越、新崛起”大讨论活动】 2008年7月下旬开始，河南机电高等专科学校党委按照省委和省委高校工委的统一安排和部署，组织全校党员、干部，集中半年时间深入开展了“新解放、新跨越、新崛起”大讨论活动。活动期间，全校党员、干部深入学习，把大讨论活动与为师生员工办好事、办实事结合起来，认真查摆问题，切实抓好整改，进一步密切党群和干群关系，全校教职员工的精神面貌有了较大改变。

（黄永正　文永林　崔冠华）

【全校领导干部换届调整及干部选拔任用】 2008年初，学校党委按照《党政领导干部选拔任用工作条例》和《关于全校中层领导班子换届工作的实施意见》，圆满完成全校中层领导班子、中层领导干部的换届调整及科级干部选拔任用工作，新提拔校内正处级干部24名、校内副处级干部24名。7月，重新选拔任用了71名科级干部。

（黄永正　文永林　崔冠华）

【教育行风评议活动】 按照省委高校工委和省教育厅的统一部署，学校制定《2008年民主评议行风工作实施方案》，本着标本兼治、纠建并举的方针，以解决校内乱收费和违规招生为重点，深入开展教育行风民主评议活动。严格执行上级有关收费政策，所有收费项目与收费标准都在校务公开栏和校园网上进行公示。严格执行招生政策，实施“阳光招生”，强化招生工作全程监督。积极推进校务公开，对职称评聘、干部任免、新区生活园区住房分配、评先评优、党员发展等涉及师生员工切身利益的重大事项，一律进行公示，自觉接受全校师生员工的监督，切实维护广大师生员工的合法权益。

（黄永正　文永林　崔冠华）

【干部教育培训】 河南机电高等专科学校推荐和选派青年干部脱产外出培训和挂职锻炼，提升干部素质。2008年，派出1名处级领导干部到河南大学干部培训中心参加学习培训，派出1名处级领导干部到河南理工大学挂职锻炼，派出2名干部（其中1名为处级领导干部）驻村帮扶社会主义新农村建设。积极组织参与并大力支持校内符合条件的处级领导干部公开竞考省直单位和高校副厅级领导干部岗位，学校科外处处长孙爱芳被选任为省科学院党委委员、副院长。（黄永正　文永林　崔冠华）

【完善党校工作实施办法】 2008年1月，为切实加强学校党的建设，根据《中共河南省委高校工委、中共河南省教育厅党组关于进一步加强和改进河南省普通高等学校党校工作的意见》的要求，学校党委制定《关于进一步加强和改进党校工作的实施办法》，建立了党校系统的组织结构和工作机制，明确校、系两级党校的职责和任务。

（黄永正　文永林　崔冠华）

【工会各分会换届选举】 2008年5月，校工会根据工会换届选举工作办法，经过精心组织和充分宣传和发动，各分工会顺利完成换届选举工作，全校20个分会分别选出了分会主席和分会委员。

（黄永正　文永林　崔冠华）

【党建工作】 2008年10月，根据中共中央组织部《关于中国共产党党费收缴、使用和管理的规定的通知》和中共河南省委组织部《关于党费收缴、使用和管理的实施细则的通知》精神，学校制定《党费收缴、使用和管理办法》，加强对党费的收缴使用和管理，使党费工作更加规范化、制度化。学校举办了第17期入党积极分子培训班，对2621名入党积极分子进行了培训。全年发展新党员841人，预备党员转正582人。学校党委直属一支部被省委评为全省“五好”（领导班子好、党员队伍好、工作机制好、工作业绩好、群众反映好）基层党组织，计算机科学系党总支被评为全省高校先进基层党组织。全校党员、干部和师生员工为汶川地震灾区累计捐款37.8万多元。（黄永正　文永林　崔冠华）

【第一次团代会和学生代表大会召开】　2008年，为认真总结校共青团和学生会工作情况，肯定成绩，总结经验，查找不足，明确下一个时期共青团和学生会工作的基本思路和主要任务，学校于12月5日至6日，召开第一次团员代表大会和第一次学生代表大会。（黄永正　文永林　崔冠华）

【校风建设月活动】　2008年4月，学校开展第十四个校风建设月活动。各相关部门组织开展“学习经验交流会”、“爱国、明礼、诚信”演讲比赛、“校风校纪”知识竞赛、师德标兵评选等丰富多彩的活动，举办了第五届社团文化节和第七届大学生科技文化艺术节，丰富了学生的课余文化生活。结合现实生活，组织开展了“迎奥运”火炬传递活动、理想与信念演讲比赛等一系列健康向上的校园文化活动，教风、学风和工作作风建设得到进一步加强。积极开展大学生暑期社会实践活动，认真落实大学生志愿服务西部计划、“三支一扶”（支农、支教、支医和扶贫）和支援贫困县计划，层层选拔出8名毕业生到西部和省内贫困地区建功立业。组织制定《省级文明单位精神文明建设奖金发放管理办法》，建立奖惩激励机制，进一步调动全校教职员工参与精神文明创建活动的积极性和主动性。

（黄永正　文永林　崔冠华）

【扎实做好提高办学层次各项准备工作】　2008年初，河南机电高等专科学校成立了提高办学层次工作领导小组办公室，抽调骨干力量具体负责组织、协调全校提高办学层次的各项工作。加大对外宣传力度，光明日报、河南日报、大河网、大河报、中国高等教育等媒体对学校进行了报道，为升本工作营造良好的舆论氛围。5月，学校被评为“河南公众最满意的十佳高职高专院校”。

（黄永正　文永林　崔冠华）

【召开学校首次学生工作会议】　2008年，为认真总结建校33年来的学生工作，深入分析学校学生工作面临的新情况、新问题，进一步明确下一个时期学校学生工作的指导思想和主要任务，7月4日，召开第一次学生工作会议，通过与会人员的学习和讨论，大会对学生思想政治教育、学生工作制度、政工队伍和校园文化建设等方面提出诸多可行的创造性的建议，为推动学生工作起到了积极的作用。

（黄永正　文永林　崔冠华）

【师资队伍建设】　2008年，学校以“教师培训年”活动为载体，组织开展一系列培训、进修活动，有力促进了全校教师素质的提升。全年引进硕士以上研究生19人；职称评审通过正高4人，副高21人；聘任中初级专业技术职务51人；53名教师通过教师资格认定；培养博士研究生2人，硕士研究生9人，另有19人通过硕士论文答辩；3名教师被确定为省教育厅学术技术带头人，1人被确定为省教育厅中青年骨干教师，师资队伍结构进一步优化。

（黄永正　文永林　崔冠华）

【教学管理】　2008年，修订完善教学管理规章制度，形成比较完善的教学管理体系。加强对教学质量的监控和教学流程的管理，稳步推进教学管理的制度化和规范化。制定《河南机电高等专科学校特色专业建设规划》，积极组织电线电缆制造技术专业申报河南省特色专业。扎实推进精品课程建设和教材建设，对2006年度校级精品课程组织了验收，对2007年度校级精品课程开展中期检查，积极组织申报省级精品课程和优秀课程，《毛泽东思想、邓小平理论和“三个代表”重要思想概论》课程被评为河南省高校思想政治理论课优秀课程，并获得2万元资助经费。《冲压模具图册》教材被确定为全国“2008年度普通高等教育精品教材”。强化实践教学环节管理，积极推动实践教学改革，成功举办了第一届青年教师实践技能比赛。制定了《职业技能培训与鉴定管理办法》，对各种职业技能培训和鉴定实行统一管理，全年共有2160名学生取得各类职业资格证书。圆满完成人才培养工作状态数据采集工作。

模具设计与制造教学团队被确定为省级优秀专业教学团队。高度重视学生实践技能与创新能力的培养，此校学生在多项竞赛中获得优异成绩，在全国大学生数学建模竞赛中，获得河南赛区乙组唯一的国家一等奖，并获得国家二等奖1个、河南赛区一等奖4个、二等奖1个；在全国职业院校技能大赛选拔赛中获得河南赛区二等奖和三等奖各2个，并荣获优秀组织奖；在河南省高职高专院校学生实用英语口语竞赛中，此校参赛学生荣获一等奖。

（黄永正　文永林　崔冠华）

【科研工作】　2008年初，学校为进一步加强学校的科研能力，制定《横向课题管理办法》，强化横向课题管理，充分调动教师参与横向课题研究的积极性。全校全年获准立项厅级以上科研项目44项，其中省科技厅5项，省教育厅9项，市科技局9项，省社科联21项，争取项目资助经费31.5万元。完成厅级以上科研项目39项，其中省级鉴定（结项）项目15项，厅级结项项目18项。荣获省、厅级成果奖34项，其中河南省科技进步三等奖1项。获得专利4项，其中发明专利1项。发表科研和教研论文352篇，其中核心期刊发表99篇，6篇论文被EI全文收录，1篇论文被ISTP全文收录。出版学术专著和教材43部，其中有4部为国家级“十一五”规划教材，1部为国家级精品教材。

（黄永正　文永林　崔冠华）

【产学合作】　2008年，学校在继续推行三年制“2＋1”（两年在学校学习文化理论知识，一年在工厂、企业等实习基地实践）产学合作人才培养模式的基础上，积极探索“产学合作，工学结合”的新途径、新模式，大力实施“订单培养”，促进校企深度融合。学校先后与金龙集团、华北石油五普钻井公司、中达电子有限公司、许继仪表有限公司、远东电缆集团、河南豫飞重工集团等6家企业签订了“订单培养”合作协议。积极寻求与大企业的合作，分别与美国罗克韦尔和许继集团联建了自动化实验室和电力综合自动化实验室。新增新乡市百货大楼、宏宇特钢公司等8家董事单位。加强与联合办学董事单位的沟通与交流，积极为董事单位提供技术服务，密切与董事单位的合作关系，推动产学合作教育健康发展。新乡市亚洲电源有限公司、新乡市新马电动车辆有限公司、北京三维力控科技公司分别向学校捐赠部分实验设备、软件。远东电缆奖学金和卫华奖扶金如期发放，与卫华集团续签了3年奖扶金协议。

（黄永正　文永林　崔冠华）

【招生就业】　2008年，学校41个专业面向全国20个省、自治区录取本、专科新生4520人，圆满完成招生计划。成人教育继续保持良好发展势头，成人教育的办学效益进一步提高。成功举办了2008届、2009届毕业生供需洽谈会，开好专场招聘会，积极为毕业生搭建就业平台。学校毕业生就业工作取得了较好成绩，年终就业率为96.02%，继续位居全省同类高校前列。

（黄永正　文永林　崔冠华）

【困难学生资助】　2008年，学校进一步完善校系两级学生管理工作体系，加强学生工作辅导员和班主任队伍建设，努力做好学生教育、管理、服务工作。充分发挥奖、助学金的激励、导向作用，进一步完善扶贫助学工作机制，认真做好奖、贷、助、补的评定与发放工作。全年共发放国家励志奖学金和国家助学金605.25万元、校综合奖学金99.21万元，为1087名经济困难学生申请到国家助学贷款416.04万元。

（黄永正　文永林　崔冠华）

【财务管理】　2008年，为确保学校正常的建设与发展需要，争取到国家开发银行重大建设项目贷款1亿元，用于学校新校区建设。争取商业银行贷款和省教育厅与省财政厅财政支持，共争取到商业银行贷款2300万元、省财政预算外专项经费拨款643.45万元。认真执行财务“收支两条线”规定，严格资金的管理和使用。严格收费项目审批和票据管理。学生收费、退费工作进一步规范。认真执行资产购置审核标准和报批程序，积极推进资产管理与预算管理相结合，资产管理工作进一步强化。

（黄永正　文永林　崔冠华）

【后勤保障】　2008年，学校不断强化后勤保障服务意识，提高服务质量和服务水平。修订完善公务用车使用管理办法，进一步加强了对公务用车的管理。积极做好水、电、暖的供应及设备维护，对老校区供暖管道进行彻底维修改造，供暖效果显著改善。对老校区图书馆报告厅、学生宿舍楼、教学楼等房屋屋面防水进行彻底翻修，对阶梯教室和学生公寓卫生间进行彻底改造，学生的学习、生活环境明显改善。妥善解决新进教师的住宿问题。加强新、老校区学生食堂管理，严把进货渠道，确保学生饮食安全和饭菜价格的基本稳定。

（黄永正　文永林　崔冠华）

【新校区一期建设工程再次被列为年度全省重点建设项目】　2008年，新校区教学办公区与职工生活园区建设。坚持实行阳光工程，严格招投标制度，强化基建人员廉洁自律教育，加强对工程的全程监管，确保了各建设项目的顺利进行。5月，建筑面积20991平方米的1号实验楼竣工交付使用；7月，建筑面积15200平方米的3号、4号学生宿舍楼及配套设施竣工交付使用，并通过了市大项目办的验收。11月，新校区教学办公园区总建筑面积10万平方米的2号实验楼、D1～D3实习楼、2号餐厅、6号～9号学生宿舍楼等建筑工程全面开工建设，新区职工生活园区建设全面施工，各项工程建设有条不紊进行。（黄永正　文永林　崔冠华）

科学技术

【科学技术概况】　2008年，是全面实施“十一五”计划承上启下的关键一年。新乡市科技局始终坚持科学发展观，以“新解放、新跨越、新崛起”活动为契机，以增强自主创新能力为目标，以发展高新技术产业为重点，以企业研发中心建设为突破口，不断强化科技与经济相结合，充分发挥科技的引领支撑作用。全年组织实施各类科技计划项目386项、培育高新技术企业9家、新创建企业研发中心50家、申报专利1275件。（蒋丽君）

新乡市科学技术局领导成员

党组书记、局长	秦　英
党组副书记	卢俊英（女）
党组成员、副局长	丁恒亮　顾崇豪
	李红兵　李　新
副局长	葛素珍（女）
纪检组长	周国学

【开展“新解放 新跨越 新崛起”大讨论活动】　2008年，科技局组织开展以“新解放、新跨越、新崛起”为主题的大讨论活动，确立了“以大讨论的思想引领科技工作，以优异的工作业绩验证大讨论成果”的指导思想，把大讨论活动与科技工作紧密结合起来，从机构建设、人员配置、活动安排等方面入手，认真做好大讨论活动各个阶段的工作。活动期间，科技局党组、机关党委、各支部认真组织学习省委八届八次全会、市委九届七次全会精神和市委下发的“新解放、新跨越、新崛起”大讨论活动等学习书目，撰写心得体会、畅谈学习收获。同时，科技局党组把握查摆阶段的工作着力点，从思想认识、体制机制、精神状态、自身素质、工作作风等方面入手，认真查摆在深化改革、开拓创新、实现科学发展和加强党的建设等方面存在的问题，广泛征求意见，认真梳理、归纳、制定整改措施，扎实开展整改工作。结合大讨论活动，科技局对照职能、贴近民生为群众办实事办好事，研究确定“加强知识产权工作”、“加快企业研发中心建设”两项重大专题，为科技创新工作的顺利开展奠定了思想基础。（贺虎群）

【营造自主创新氛围】　2008年，科技局为营造良好的自主创新氛围，一是自主创新工作体系进一步完善。科技部、财政部、国家税务总局新出台《高新技术企业认定管理办法》，为做好高新技术企业的重新认定工作，贯彻落实《企业所得税法》有关高新技术企业的优惠政策，科技局联合市财政局、国税局、地税局等部门建立新乡市高新技术企业认定管理领导小组，为新乡市高新技术企业认定工作提供组织保障；二是科技投入继续加大。市本级科技经费投入达1643万元，较上年增长19.8%，科技经费保持持续较大幅度增长。在科技投入中，尤其注重突出重点、加强集成，进一步加大市级科技重大专项的资金投入，经过专家严格评审，确定市级科技重大专项5项，支持资金500万元，较上年增长一倍；三是做好科技奖励工作。新乡市共有15个项目荣获河南省科技进步奖，其中：二等奖4项、三等奖11项；50个项目荣获新乡市科技进步奖，其中：一等奖12项、二等奖38项。（叶　帆　李　育）

【重大科技项目实施工作】　2008年，科技局共争取到国家、省科技计划立项目75项（其中：国家级13项、省级62项），争取国家、省到位科技支持资金1323万元。组织实施市级重大科技专项5项、市级科技专项项目59项、市级科技计划项目247项。科技局以组织实施重大科技项目为重点，力争突破一批产业发展中的关键技术，提升企业自主创新能力。一是组织实施国家重点新产品4项、国家火炬计划6项、国家星火计划2项、国家农业科技成果转化资金项目1项，其中：国家农业科技成果转化资金项目“高产优质高抗玉米新品种新单29及高效安全生产集成配套技术”获得国家经费支持50万元；二是承担的河南省重大科技专项进展顺利。新乡金龙集团实施的精密铜管四辊旋轧和四联拉装备及关键技术研究专项已开发成功并试运行，生产效率是原有的3倍，成品率大幅提高，吨能耗降低20%以上，综合技术水平居国际领先地位，采用该项技术一条生产线即可形成年产6万吨精密铜管的产能，年新增销售额近40亿元，年利税2亿多元。华兰生物公司承担的治疗性乙肝疫苗研究开发专项，研发的“预防性基因重组乙肝疫苗”已获得国家新药证书，并批量生产，有望形成近百亿元的市场份额；三是市级重大科技专项实施力度进一步加大，组织实施“TF系列绝热阻燃复合板”等5个市级重大科技专项。（李来山）

【高新技术产业发展】 2008年，高新技术发展促进产业结构优化升级。一是做好高新技术企业的申报和认定工作。上半年组织省上市后备企业申报了省级高新技术企业，河南省中威金属制品有限公司等3家企业被认定为省级高新技术企业。下半年根据国家新出台的《高新技术企业认定管理办法》，组织推荐科隆电器等13家企业申报高新技术企业，华兰生物等9家企业被新认定为高新技术企业；二是培育创新型企业和高新技术产业基地。华兰生物有限公司被认定为国家创新型试点企业。组织河南宏宇特铸股份有限公司等3家企业申报省级创新型试点企业。创建“新乡市新型电池及材料特色产业基地”，并顺利通过省科技厅组织的专家验收，被省科技厅认定为河南省高新技术产业基地；三是不断提高中小企业的创新能力。组织推荐新乡太行工程技术有限公司的“振动机械行业标准制定”项目申报国家中小企业公共服务机构补助资金项目，组织卫辉熔金“炼钢连铸新型快换水口砖”等11家项目申报国家创新基金项目。组织新乡市荣泰电器有限公司的“中央电器控制盒”等23个项目申报省2009年度科技型中小企业技术创新资金项目，新乡市9个项目获得立项，立项数位居全省前三位。组织实施市级科技型中小企业技术创新资金和成果转化资金项目59项，累计支持资金700万元。四是组织开展节能减排工作。在全市范围内组织开展了节能减排科技项目的调研、收集、筛选工作，并联合市发改委、市环保局制定出台《新乡市节能减排科技工程实施计划》，制定《关于科技资金支持节能减排关键技术研发及应用的意见》。结合新乡市实际，实施“关于支持秸杆综合利用”等科技攻关项目。组织河南省伯马股份有限公司“新型特种功能耐火材料节能减排清洁生产技术应用”等3个项目申报国家工业领域节能减排重大科技项目。天丰集团被河南省科技厅评定为全省首批节能减排科技创新示范企业。

2008年，新乡市高新技术产业工业总产值达到412亿元；高新技术产业增加值达到128亿元；高新技术产业出口创汇达到4.66亿美元；高新技术产业增加值占全市工业增加值的比重达28%，较上年提高了1个百分点。（叶　帆）

【企业研发中心建设】 2008年，以企业研发中心建设为载体的区域自主创新体系取得新进展。科技局围绕电子信息、新材料与新能源、生物与新医药、汽车及零部件、特色机械装备、农副产品深加工等新乡市产业发展的特色和优势，逐步探索科技与经济结合的新途径。共组织推荐新乡航空工业（集团）有限公司等8家企业申报河南省工程技术研究中心，河南天丰集团组建的“河南省钢结构节能建筑工程技术研究中心”被河南省科技厅新认定为省级工程技术研究中心；新创建河南心连心化肥有限公司等15家企业省级技术中心；新组建、认定市级工程技术研究中心34家。至年底，新乡市共建立市级以上企业研发中心146家，其中：国家级企业技术中心2家、国家级实验室2家、省工程技术研究中心11家、省级企业技术中心52家、省工程研究中心8家、省部级实验室3家、博士后科研工作站8家、市级工程技术研究中心60家。全市12家省百户重点企业和6家省高成长型高新技术企业已全部建立省级以上企业研发中心。（李来山）

【国家知识产权试点城市建设】 2008年，新乡市积极开展国家知识产权试点城市建设，深入实施专利战略推进工程，大力发展知识产权经济。一是专利申请量稳中有升。完成专利申请1275件，其中发明专利255件，占专利申请量的比例达20%；二是知识产权保护力度加大。经过积极争取，2008年10月9日，中国（新乡）知识产权维权援助中心授牌成立（全省仅4家）。1月16日，正式启动新乡市“雷雨”、“天网”保护知识产权专项行动。全年紧紧围绕保护知识产权专项行动，查处假冒、冒充专利行为12件，受理专利侵权纠纷案件18件，出动执法人员320余人次，有效地维护了企业和专利权人的合法权益；三是知识产权促进企业发展。卫华集团有限公司、河南太行振动机械股份有限公司被确定为河南省第二批知识产权优势企业，至年底，新乡市共建立知识产权优势企业5家。知识产权优势企业建立和完善知识产权管理制度，逐步创建知识产权专业数据库、WTO/TBT技术标准数据库和自主知识产权管理数据库。金龙公司设立了负责专利信息收集和分析的专业人员。长垣县的卫材、起重设备行业和康大等公司先后建立起专利数据库。新飞集团专利战略研究办公室制定了专利实施战略；河南科隆公司、新机股份有限公司等9家企业制定并实施了知识产权战略，为企业的创新发展、提高产品的核心竞争力打下坚实的基础。（罗占新）

【实施农业科技项目】　2008年，科技局共组织实施各类农业科技计划项目79项（其中省级以上项目10项），累计支持科技资金427.50万元。

实施科技富民工程取得新进展。一是新乡县被确定为省级科技富民强县试点县，争取到位科技资金支持50万元，新乡县组织实施的“主要农作物优质种子选育引进及产业化开发”项目被确定为河南省科技富民强县专项行动计划；二是组织实施首个市级重大农业科技专项，河南中原中农良种有限责任公司的“应用矮败小麦育种技术选育小麦高优新品种研究与示范”项目获科技重大项目经费支持100万元；三是着力推进农产品无公害生产战略，深入实施绿色农业科技富民工程。2008年，在示范推广“智能太阳能灭虫器无公害灭虫示范和应用”项目9338公顷的基础上，在辉县市和延津县再选择4000公顷花生田，进一步扩大智能太阳能灭虫器的示范与应用，该项目的顺利实施为示范区农民增加经济收入近2100万元。

组织实施新农村建设科技示范工程。一是新乡县七里营镇被国家科技部确定为“国家首批新农村建设科技示范（试点）”（全省共7家），卫辉市后河镇被确定为河南省第二批新农村建设科技示范乡（镇）（全省仅6家）。2008年3月底和4月初，国家科技部副部长杜占元和农村司的有关领导曾两次到七里营镇和此镇刘庄村、龙泉村等考察和调研，对此镇新农村建设科技示范工作给予高度评价；二是按照河南省新农村建设科技示范工程农村科技培训基地和示范单位的有关要求，组织建立“封丘县职业中专”、“红旗区洪门镇农业综合服务中心”2家培训示范单位。（赵祥勇）

【科普宣传】　2008年，全市共开展科普宣传活动154场（次），先后参加新乡市第十一届“百乡百村百万青年科技大集”活动和“三下乡”活动4次、举办各类科普培训班123期、开展科普进校园活动40次，发放各类科普宣传书籍及宣传资料15余万册（份），直接受益干部群众达16.6万人次；5月17日至23日，成功举办主题为“携手共建创新型河南”的新乡市第八届科技活动周。活动周期间，全市共举办科普讲座229次、举办科技论坛及报告会29次、悬挂科普展板挂图3897块（张）、开放科普基地45个、组织科技下乡182次、下发各类宣传资料49.30万份、直接参与群众达42.36万人。（郭新润）

【科技宣传】　根据科技工作进展情况，积极与报社、电视台等媒体沟通联系，先后提供反映新乡市自主创新工作进展情况的宣传材料10余篇，经济日报、人民日报（观察版）等多家媒体报道了新乡市开展自主创新工作情况。同时，全年累计向省科技厅、市委、政府办公室组织报送信息100余条，其中：“发挥政府引导作用，促进产学研结合，新乡市加快企业研发中心体系建设”被省政府办公厅作为重要情况专报在《政务要闻》上予以刊发，副省长徐济超、市委书记吴天君、市长李庆贵等领导作了批示。2008年，科技局在全市信息工作一类局（委）中排名第3位，科技信息工作多次受到市委、政府两办的肯定与表扬。（曹　军）

【科技培训】　2008年，科技局为加强科技培训，一是组织开展形式多样的星火培训工作，全年共举办星火培训班575期，培训人员达6.9万人次（其中，培训老区农民1.9万余人次），印发技术资料12

余万份，培养农村科技带头人1009人；二是于11月5日至17日，科技局和市委组织部联合举办3期“大学生村官科技培训班”，邀请6位教授讲授了“农业标准化生产、食用菌生产技术”等农村适用技术，培训大学生村官达300余人；三是为培养科技领军人才，建立勇于创新的发展性团队，快速提高企业核心竞争力，科技局与河南澎湃动力管理咨询有限公司合作组织开展以“突破性领导力与科技创新发展”为主题的企业家素质管理培训研讨会，共培训重点企业、高新技术企业负责人50余名；四是为进一步做好高新技术企业重新申报和认定工作，加强市级专项资金的管理，科技局面向各县（市、区）及相关企业组织开展科技专项业务培训6期，累计培训人员达300余人；五是为提高全市企事业单位知识产权创造、管理、保护及运用水平，先后举办3期“新乡市企事业单位知识产权管理培训班”、1期“新乡市县处级领导干部知识产权战略专题研究班”、12期“知识产权工作专题培训”，发放《中国区域自主创新研究报告》、《区域知识产权战略》、《企业知识产权战略》等多种学习资料，累计培训的人员达到1800余人次。

（赵祥勇　郭新润　叶　帆　罗占新）

【科技服务业】　科技局的科技服务业发展加快。一是积极做好技术贸易服务工作。2008年，新审批科研单位3家、技术贸易机构13家，组织申报河南省科技企业20家，完成技术合同认定登记9项，技术合同认定交易额达450.6万元。全市拥有注册技术贸易机构64家，从业人员1118人，年收入达1.79亿元。民营科技企业156家，从业人员达41872人，年收入达191.96亿元；二是积极开展科技成果项目转化交易、专利转让等工作。通过充分发挥“新乡市科技成果转化与人才交流中心”、“专利技术展示交易中心”的作用，不断完善科技中介服务平台，累计录入“仪器设备”、“检测机构”等公共科技资源信息70余项，发布“技术供给”、“技术需求”等科技项目信息2000余条，发布“人才需求”、“科研人员”等信息100余项，发布专利转让信息3500余条，展示项目板块100余块，接待咨询人员500余人，达成初步合作意向项目18项；三是做好科技情报服务工作。充分利用电子阅览室数据库资源，积极开展科技情报收集、分析等工作。全年，共接待科技信息查询人员1000余人，编辑印发《科技发展动态》20期；四是发挥生产力促进中心的咨询服务作用。2008年，为30余家企业进行项目申报培训、网络注册等服务工作，编制项目可行性研究报告4项。组织完成河南省注册咨询师的申报、审核工作，新增注册高级咨询师56人，咨询专家7人。

（杨新生　原兵法　任保成）

【机关规范化建设】　2008年，科技局按照市委、市政府开展“两转两提”（转变政府职能，转变工作作风；提高行政效能，提高公务员素质）的工作要求，进一步加强机关作风和纪律整顿。一是以提高企业和群众的满意度为标准，以推进机关规范化建设为保障，切实转变工作观念、工作作风，提高公务员素质和工作效能，促进自主创新环境不断优化。严格执行各项规章制度和工作纪律，重点强化机关考勤制度、请假制度、考评制度，认真落实首问负责制、一次性告知制度、窗口应急服务工作规定、窗口服务承诺制、无缺位制度、责任追究制、窗口档案管理规定、窗口服务对象评议和举报投诉办法等。与此同时，对涉及科技局的行政管理事项（行政许可1项，非行政许可11项）逐环节进行研究梳理，缩短办理期限，精简工作流程，规范服务措施，牢固树立起全心全意为人民服务的意识；二是开展部分岗位干部交流工作，推进政府管理创新。为加快政府职能和作风转变，大力推进政府管理创新，积极开展部分岗位干部交流工作。结合科技工作实际，根据干部交流的有关规定，制定出台《新乡市科技局部分岗位干部交流工作方案》，对本系统内高新技术及产业化科、农村科技科等重要岗位的任职干部进行交流轮岗，并做好轮岗后的衔接工作，进一步深化干部人事制度改革，推进领导班子和干部队伍管理创新；三是逐步完善电子政务建设，推进政府信息公开。2008年，为进一步提高政府工作的透明度，逐步完善了“新乡市科技成果网”和“新乡科技成果转化网”，在此基础上，新创建新乡市科技局门户网站“新乡科技（www.xxkjj.gov.cn）”。建立并落实市科技局政府信息公开工作责任制，制定并完善《新乡市科学技术局信息公开指南》、《新乡市科学技术局信息公开目录》、《新乡市科学技术局信息公开保密审查制度》、《新乡市科技局政府信息公开登记表》、《新乡市科学技术局政府信息公开审批表》等，保障群众的知情权、参与权和监督权。全年，科技局共公开信息36条；四是认真开展规范性文件清理，建立健全规范性文件发布、备案和定期清理制度。2008年，为创造良好的法制环境，科技局按照《新乡市政府规范性文件清理工作方案》要求，积极做好规范性文件清理工作。认真梳理了从2007年12月30日至2008年年底科技方面的规范性文件，在对本部门下发的规范性文件进行清理的同时，也对涉及本部门工作开展排查，做到准确、彻底，逐步建立健全规范性文件发布、备案和定期清理制度；五是认真开展机关内部建设。2008年，按照全市的统一部署，积极开展“国家卫生城市、国家园林城市”等活动的创建工作，组织集中义务劳动20余次，圆满完成市、辖区及办事处下达的各项任务。先后开展局办公大楼供电设施改造、冬季取暖锅炉大修等工程。与此同时，进一步做好了安全生产、社会治安综合治理、信访稳定、节约型机关建设、档案管理、科技保密等工作。科技局被评为省级卫生先进单位，档案管理达到省级二级档案认证，机关内部建设取得显著成效。

（贺虎群　曹　军）

【扶贫帮困工作】　2008年，四川省汶川县发生8级地震后，科技局组织动员全体党员干部职工为灾区捐款。在募捐活动中，科技局全体职工积极踊跃参加，一些离退休老干部、临时职工也纷纷主动解囊，为灾区人民献爱心。全局为灾区捐款累计达5.29万元，捐赠衣物112件。同时，按照市委的安排，先后派出3人进驻卫辉市安都乡王二庄村和凤泉区耿黄乡尚介村开展驻村帮扶工作，通过组织开展农村适用技术培训、配合做好“两委”（村党支部委员会、村民委员会）换届选举等工作。（贺虎群）

【组织参加第十届中国科协年会】　2008年9月，科技局积极组织科技成果引进、推广、转化和项目参加第十届中国科协年会。经过精心组织，在规定时间内高标准、高质量完成各项工作任务，得到河南省科技厅的充分肯定。在年会举办过程中，新乡市企业、科研单位和高校，签约科技成果转化、交易、合作项目92项，交易额48.55亿元，签约资金额居全省第四；4项科技成果转化、交易、合作项目参加第十届科协年会河南省科技成果签约仪式，成交额13.52亿元，签约项目数居全省第一。新乡市科技局荣获“第十届中国科协年会优秀组织奖”、“第十届中国科协年会科技成果参展先进单位”、“第十届中国科协年会优秀科技成果转化交易奖”。金龙精密铜管集团股份有限公司开发研究的“精密铜管四辊旋轧和四联拉装备及关键技术研究”、华兰生物工程股份有限公司研究的“治疗性乙肝疫苗研究与开发”和新乡拓新生物科技有限公司研究的“年产8吨2′—脱氧胞苷项目”等三项科技成果荣获“第十届中国科协年会优秀科技成果奖”。　（李　育）

【华兰公司被确定为国家级创新型试点企业】　2008年，国家科技部组织开展第二批创新型试点企业评审工作。全国共有184家企业被确定为第二批创新型试点企业，其中新乡市华兰生物工程股份有限公司被确定为国家级创新型试点企业（全省共6家）。

（叶　帆）

【2008年被认定的省级高新特色产业基地】　2008年12月31日，省科技厅经地市推荐、实地考察、专家论证等程序，认定7家省高新技术特色产业基地，新乡市新乡新型电池及材料特色产业基地位列其中。　（叶　帆）

2008年度新增国家创新型试点企业

华兰生物有限公司

2008年度新增高新技术企业

华兰生物工程股份有限公司
河南省新谊药业股份有限公司
河南新飞科隆电源有限公司
新乡市中科科技有限公司
河南太行振动机械股份有限公司
新乡拓新生化科技有限公司
卫辉熔金高温材料有限责任公司
河南新飞电器有限公司
新乡市起重机厂有限公司

2008年度新组建工程技术研究中心

序号	中心名称	依托单位
	一、河南省工程技术研究中心	
1	河南省钢结构节能建筑工程技术研究中心	河南天丰集团
	二、市级工程技术研究中心	
1	新乡市食用菌工程技术研究中心	新乡市新科园艺有限公司
2	新乡市玉米工程技术研究中心	河南敦煌种业新科种子有限公司
3	新乡市棉花抗病虫育种工程技术研究中心	河南科林种业有限公司
4	新乡市高档速食面工程技术研究中心	新乡市亚特兰食品有限责任公司
5	新乡市药用菌工程技术研究中心	新乡市仙灵生物科技有限公司
6	新乡市功能性小麦面粉与制品工程技术研究中心	卫辉市龙升面业有限公司
7	新乡市膨化食品工程技术研究中心	新乡市米多奇食品有限公司
8	新乡市绿色面制品工程技术研究中心	新乡市长远实业集团绿色食品发展有限公司
9	新乡市发酵乳制品工程技术研究中心	新乡市奶业有限公司
10	新乡市金银花啤酒工程技术研究中心	河南省新乡市寒山啤酒有限公司
11	新乡市再生橡胶工程技术研究中心	新乡市橡塑工业有限公司
12	新乡市塑料印刷包装材料工程技术研究中心	河南省银利达彩印有限公司
13	新乡市抗过敏药物工程技术研究中心	河南九势制药有限公司
14	新乡市道路材料工程技术研究中心	河南省高远公路养护技术有限公司
15	新乡市心脑血管药物制剂工程技术研究中心	新乡同心药业有限公司
16	新乡市立体商标工程技术研究中心	河南省事达科技有限公司
17	新乡市金银花综合开发工程技术研究中心	新乡博凯生物技术有限公司
18	新乡市化肥生产优化节能工程技术研究中心	河南心连心化肥有限公司
19	新乡市微细球形铝粉工程技术研究中心	河南省远洋铝业有限公司
20	新乡市滚子装备工程技术研究中心	新乡市派美柯精密机械有限公司
21	新乡市矿山机械工程技术研究中心	河南省平原矿山机械有限公司
22	新乡市港口机械工程技术研究中心	河南起重机器有限公司
23	新乡市流体净化工程技术研究中心	新乡市东风过滤技术有限公司
24	新乡市新能源动力摩托车工程技术研究中心	河南新鸽摩托车有限公司
25	新乡市抗震楼板机械工程技术研究中心	河南省四达仙龙实业有限公司

序号	中心名称	依托单位
26	新乡市特种涂覆工程技术研究中心	新乡市达克罗金属涂覆有限公司
27	新乡市动力环控工程技术研究中心	新乡市远航动力环控机械有限公司
28	新乡市精纺纱工程技术研究中心	新乡市康华精纺有限公司
29	新乡市锅炉工程技术研究中心	河南新封热力有限公司
30	新乡市柴油机免摇启动器工程技术研究中心	新乡市恒达科技有限公司
31	新乡市汽车制动器工程技术研究中心	河南万向系统制动器有限公司
32	新乡市民爆器材工程技术研究中心	新乡市宇隆机械制造有限责任公司
33	新乡市孔加工刀具工程技术研究中心	河南一工工具有限公司
34	新乡市过滤净化工程技术研究中心	新乡市胜达过滤净化技术有限公司

2008年度新乡市获河南省科技进步奖（15项）

序号	奖励等级	项目名称	获奖单位
1	二等	2YK3380大型环保智能双轴圆振动筛	河南太行振动机械股份有限公司
2	二等	全自动反冲洗过滤器的研制	中国农业科学院农田灌溉研究所
3	二等	高速铁路客运专线建设用2×MG450t门式起重机	河南省新乡市矿山起重机有限公司
4	二等	黄疸型肝癌的影像学检查及手术治疗	解放军371中心医院
5	三等	高产优质抗病玉米杂交种新单23	河南省新乡市农业科学院
6	三等	水资源联合调控与保护技术研究	中国农业科学院农田灌溉研究所
7	三等	中间包镁钙半重质干振料的研制	新乡学院
8	三等	RKDS多轴可变等厚筛	新乡市瑞丰机械设备有限公司
9	三等	转鼓式黑液提取机	新乡市蓝海环保机械有限公司
10	三等	高速公路煤矸石路基填筑技术研究	河南省龙腾高速公路有限责任公司
11	三等	多煤种立式环保锅炉	河南省新封热力有限公司
12	三等	抗病虫早熟大白菜新早56的选育与推广	河南省新乡市农业科学院
13	三等	柴油机免摇启动器初绕贮能装置	新乡市恒达科技有限公司
14	三等	比亚迪F3前后制动器总成的研发	河南万向系统制动器有限公司
15	三等	JW—120×500/600KS型快速混凝土空心楼板机	河南省四达仙龙实业有限公司

2008年度新乡市科技进步奖获奖项目

（一等奖12项）

序号	项目名称	获奖单位
1	2TTDLS40100大型环保智能三轴椭圆等厚振动筛	河南太行振动机械股份有限公司
2	“玉神”牌4YT—1B玉米收割机	获嘉县环宇机械有限公司
3	XKC5317GFL型粉粒物料运输车	河南机电高等专科学校
4	GLQ40双驱动交流变频港口轮胎起重机	卫华集团有限公司
5	美罗培南医药中间体F9生产工艺技术研究	新乡海滨药业有限公司
6	市地气象服务决策意见库研发	河南省新乡市气象局
7	重组（酵母）乙型肝炎疫苗	华兰生物工程股份有限公司
8	TF—PUR系列绝热阻燃复合板	河南天丰钢结构有限公司
9	优质高产早熟抗病香稻新品种原稻1号	河南省原阳县农科所
	水稻品种“豫粳6号”选育及应用	河南省新乡市农业科学院
10	众麦2号小麦新品种	河南省天宁种业有限公司
11	山楂无公害生产技术及产品深加工研究	新乡市大明饮品有限公司
12	小麦大田用种原种化理论与技术的应用研究	河南科技学院

（二等奖38项）

序号	项目名称	获奖单位
1	挠性传动单轴振动放矿机	新乡市瑞丰机械设备有限公司
2	JW—120×500/600KS型快速混凝土空心楼板挤压成型机	河南省四达仙龙实业有限公司
3	BLQ系列板翅式机油冷却器	新乡市远航动力环控机械有限公司
4	转鼓式黑液提取机	新乡市蓝海环保机械有限公司
5	车用平面涡卷簧数字控制柔性精密成型技术	新乡辉簧弹簧有限公司
6	DSXY—3090液控双马达自适应同步振动筛	河南省新乡县四达有限公司
7	组合型推流式多功能厌氧反应器新技术研究应用	获嘉县楼村巨源养殖有限公司
8	柴油机免摇启动器初绕贮能装置	新乡市恒达科技有限公司
9	SZH4—1.25—T型锅炉	新乡锅炉制造有限公司

序号	项 目 名 称	获 奖 单 位
10	绿色蔬菜挂面生产工艺技术研究	新乡市长远实业集团绿色食品发展有限公司
11	一种新型医用心电监测记录仪的研究与开发	河南机电高等专科学校
	液晶柱式血压计	新乡金象科技有限责任公司
12	植物源环保型杀虫剂苦皮藤素系列新剂型的研制与推广应用	河南科技学院
13	环保型新工艺合成对硝基苄醇	新乡市长城博大化工有限公司
14	长螺旋取土配合静力压桩工程施工的分析研究	新乡学院
	超载对农村公路使用寿命的影响及对策研究	新乡学院
15	一种含金属钨连铸滑板砖	河南省伯马股份有限公司
16	流延镀铝环保食品包装材料	河南省银利达彩印有限公司
17	环保型多阶梯式封口包装袋	获嘉县青岭包装有限公司
18	复合磺酸钙基润滑脂研究开发	新乡市恒星化工有限责任公司
19	连拱复合支护结构工作性状的数值模拟及应用研究	新乡学院
20	新疆无核白葡萄的引种评价及示范栽培	新乡市百泉特色种植科普示范基地
21	高产,优质,转基因抗虫,抗病杂交棉花新品种“新植杂2号”的选育研究	新乡县七里营新植原种场
	新审棉新陆中30号棉花新品种的选育与研究	新乡市锦科棉花研究所
22	香菇反季节栽培及推广	新乡市仙灵生物科技有限公司
	丁村93—1药黑豆	获嘉县丁村乡农业技术推广站
23	农作物品种选育及优质高产栽培模拟模型的研究	河南科技学院
24	苏柳172,苏柳799引种栽培与技术推广	新乡市林业技术推广站
25	内镜下机械碎石与药物联合治疗胃石症临床研究	新乡市第二人民医院
26	新乡市疾病预防控制优先性分析	河南省新乡市疾病预防控制中心
	急性磷化氢中毒研究	新乡市职业病防治研究所
27	自身免疫溶血性贫血患者安全有效配血的研究	新乡市中心血站
28	改良留置注药管防治儿童创伤手术后屈指肌腱粘连	新乡市第一人民医院
	自制双套管负压冲洗引流技术在肝癌手术中的应用	新乡市中心医院

序号	项目名称	获奖单位
29	美托洛尔静脉注射对急性心肌梗死并心力衰竭的临床疗效及安全性研究	原阳县人民医院
	缺血性脑卒中OCSP分型分布及其与预后关系的研究	新乡市中心医院
30	龙达韩氏牌《中华神痛消》	新乡市寿康生物科技有限公司
31	乳腺癌腋窝淋巴结清扫术中保留肋间臂神经及胸前神经的临床研究	新乡市中心医院
32	新生儿坏死性小肠结肠炎流行病学调查	新乡市中心医院
	新生儿重症监护室院内细菌感染现状及耐药性研究	新乡市中心医院
33	食管癌术前碘染色与术后复发率相关性研究	新乡市中心医院
34	脑电图在昏迷病人中的应用与预后分析	新乡市中心医院
35	CDFI观察宫壁血流变化对恶性滋养细胞肿瘤的诊断及疗效研究	新乡市中心医院
	阴道延长术对子宫肿瘤根治术后患者性功能恢复的应用研究	新乡市中心医院
36	直肠癌放疗应用有孔泡沫板降低小肠剂量的研究	新乡市中心医院
37	神经干细胞的实验研究	新乡医学院第一附属医院
38	自凝消融术配合中药治疗子宫肌瘤的临床研究	新乡医学院三附院

2008年度中国知识产权维权援助中心

中国（新乡）知识产权维权援助中心

2008年度国家新农村建设科技示范点

新乡县七里营镇

2008年度新认定河南省高新技术产业基地

新乡市新型电池及材料特色产业基地

2008年度河南省首批节能减排科技创新示范企业

河南天丰集团

2008年度新增河南省第二批知识产权优势企业

卫华集团有限公司

河南太行振动机械股份有限公司

2008年度河南省科技富民强县试点县

新乡县

2008年度河南省新农村建设科技示范乡镇

卫辉市后河镇

2008年度河南省新农村建设科技示范工程农村科技培训示范单位

红旗区洪门镇农业综合服务中心

封丘县职业中等专业学校

2008年度新乡市科技局荣获奖项

河南省“十五”制造业信息化先进组织单位

河南省科技统计先进集体

河南省知识产权工作先进集体

河南省知识产权行政执法先进集体

新乡市目标管理先进单位

新乡市信息化先进单位

新乡市提案办理先进单位

新乡市安全生产先进单位

新乡市双拥工作先进单位

新乡市人口和计划生育责任目标先进单位

《牧野风·新乡文典》编撰工作先进集体

新乡市落实老区三年脱贫行动计划先进单位

新乡市小麦高产开发“1346 工程”先进单位

新乡市党员干部现代远程教育教育资源建设先进单位

科协工作

【科协工作概况】 2008 年，全市各级科协组织及所属团体，全面贯彻落实科学发展观，按照“荟萃精英、服务大局、弘扬科学、推动创新”的工作方针，团结带领广大科技工作者，围绕全市工作大局，解放思想，开拓创新，为推动新乡市的社会、经济、科学发展做出积极贡献。（吴静漪）

新乡市科学技术协会领导成员

党组书记、主席　韩随意

副　主　席　庞燕玲（女）　王飞（女）　宗桂山

党　组　成　员　聂百林

【服务全市中心工作】 2008 年 9 月，第十届中国科协年会暨河南省人才交流和经济技术合作博览会在河南郑州举办前。市科协作为新乡市年会筹委会成员单位和筹委会办公室责任单位，积极行动，全体动员，认真做好年会的组织、参谋、协调、联络和服务工作，圆满完成市委、市政府、市年会筹委会和上级科协下达的各项工作任务，为全市各单位顺利参展参会打下了良好基础，取得参展参会单位和人数全省第一的好成绩。新乡市被河南省年会组委会授予综合成果奖，市科协被新乡筹委会授予优秀组织奖。

市科协切实履行“三城”（创建国家卫生城市、创建全国文明城市先进城市、创建国家森林城市）创建指挥部的成员单位和主创责任单位的职责，多次召开主席办公会议、机关全体会议进行反复讨论和动员，更新科普宣传橱窗，建立科普宣传网站，举办社区科普讲座，开展社区科普宣传，设立社区科普小报，建立媒体科普阵地，举办大型科普活动，进行科普工作督查等，圆满完成“三城”创建指挥部下达给科协的各项科普任务，为市“三城”创建并成功挂牌做出应有的贡献。（吴静漪）

【学术活动】 2008 年，市科协认真开展以推动企事业科技创新、促进新乡经济跨越发展为主题的“围绕主题、办好实事”活动。全年共实施办实事项目 72 项，内容涉及学术交流、技术创新、技术攻关、技术服务、成果展示、技术推广、调查研究、科普宣传、示范创建等。

认真组织第三届综合学术年会论文评审工作。年会中共收到各行业撰写的论文 170 篇，通过专家评审委员会科学严谨、客观公正的评审，共评出一等奖论文 58 篇，二等奖论文 98 篇。

市科协积极开展学术交流，联合市健康与保健学会举办《营养健康科技讲坛》。全年共开展学术活动 26 次，参加人数达 5080 人，共交流论文 2345 篇，提高了学术交流的质量和实效。

积极探索学会开展科技服务的有效形式，围绕增强企业的创新能力，在强强联合的原则上，开展了促使有条件的学会与企业建立长期稳定、互惠互利的经济合作关系的“厂会协作”行动，2008 年共有 12 个学会与有关企业建立协作关系，对企业进行服务 420 次。

按照中国科协和省科协的要求，市科协联合市人事局、教育局、科技局、国资委五部门联合下发新乡市《关于在全市企事业单位深入开展“讲科学、讲创新、讲道德、比贡献”活动意见》，要求企事业广大工程技术人员以创新为主题，紧紧围绕技术引进、技术改造和新产品开发，深入开展“三讲一比”活动，为企事业发展做出一定贡献。（吴静漪）

【城区科普】 2008 年 5 月和 9 月，新乡市科协分别组织开展“全国科技周”和“全国科普日”大型科普宣传活动，以“节约能源资源，保护生态环境，保障安全健康”为主题，以科普互动展示，科普展板宣传，科普资料发放等形式，向广大市民进行科普教育。

市科协联合市老科协、地震、气象、消防、医院等单位，按照贴近生活、贴近群众、贴近实际的原则，组织专家深入城市各社区开展科普讲座、科普宣传共 35 次，编印发放《社区科普》小报 3000 余份。至年底，新乡市已有 12 个社区被省科协命名为省级科普示范社区。树立了星湖科普示范社区等一批典型。

新乡市科协建好、管好、用好城区科普橱窗，共更新科普橱窗 12 期，共计 200 余块，近 600 平方米，充分发挥科普橱窗普及科学知识。

进一步实施《全民科学素质行动计划纲要》，制定新乡市 2008 年实施《纲要》工作要点，确立上报了重点人群示范点，组团参加了第二届河南省公众素质电视竞赛活动，取得全省第三名和多个单项第一的好成绩。

做好科普网站的建设工作，更新充实网站内容，加强网站的管理，开通网站上传信息的渠道，扩展网站科普信息，努力使新乡科普网站成为新形势下普及科学知识。开展“捍卫科学尊严、破除封建迷信、抵制邪教污染”系列科普宣传活动，坚定不移地通过各种形式同“法轮功”等邪教组织进行斗争。

（吴静漪）

【农村科普】　2008 年，新乡市科协组织实施“科普惠农兴村计划”，通过市科协的积极推荐，原阳县中原三樱椒科普示范基地、延津县僧固乡小布村科普示范带头人孟庆玲、长垣县满村乡前满村科普示范带头人韩裕然受到中国科协和国家财政部的表彰奖励，获嘉县太山蔬菜协会、延津县金粒小麦协会、新乡百泉特色种植科普示范基地、原阳县桥北乡盐店村科普示范带头人关永才、新乡县翟坡镇杨任旺村科普示范带头人王桂凤受到省科协、省财政厅表彰奖励，共获得奖补资金 58 万元。

按照省科协的《关于在全省农村开展“三创一带”活动的通知》要求，市科协在全市农村开展了“三创一促”活动，即创建科普示范县、乡（镇），创建先进农民专业技术协会，创建先进科普示范基地，促新农村建设和农民增收，新乡市有 4 个县成功创建全国科普示范县、67 个乡（镇）被省科协命名为河南省科普示范乡（镇），296 个农民专业技术协会、241 个农村科普示范基地进入河南省“三创一带”数据库。

市科协联合市农办、农业局、畜牧局组织专家对审报创建的 27 个农村科普示范基地进行检查验收的基础上，对 18 个农村科普示范基地进行命名表彰，完成了市政府下达市科协创建 15 个农村科普示范基地的任务。

积极开展农村科普大篷车行县区、进乡镇、入农户活动，全年共深入农村进行科普宣传、技术服务、农技培训 19 次。在省科协的支持下，市科协在农村开展“一站、一栏、一员”建设，全年共为全市 476 个行政村的科普宣传栏配备各类科普挂图 6000 余套，近 2.4 万张。

（吴静漪）

【青少年科普活动】　2008 年 2 月，围绕“节约、创新、发展”的主题，组织开展新乡市第二十二届青少年科技创新大赛。共收到青少年创新作品、实践活动作品和科幻画作品 654 件，在全省第二十二届青少年科技创新大赛中新乡市荣获一等奖 1 项、二等奖 4 项、三等奖 23 项。

8 月，市科协组织开展“节约粮食——从我做起”英特尔求知计划主题科普夏令营活动，来自 10 所学校 50 多名少年儿童通过节粮辅导讲座，自己动手制作，走进田间地头，深入社区、饭店调查，节粮画设计，了解了粮食的种类、生长过程、浪费的现象，从而确立节粮意识，其做法被中国科协通过网站进行推广。

在省科协和市政府的大力支持下，市科协自筹资金 30 余万元，争取中国科协补助资金 35 万元，购置了新型实用、配置先进的科普大篷车，9 月举行“科学普及你我共参与，科普大篷车与你同行，共享科普乐趣”——科普大篷车进校园、进社区活动启动仪式，并开展了科普大篷车校园行活动，为市区、辉县市、新乡县、延津县的中小学生送去科普套餐，2 万多名中小学生在活动中享受到流动科技馆带来的科普乐趣。

2008 年，市科协承担的河南省“英特尔求知计划”项目的实施工作取得新进展，近 400 名小学生接受自己动手动脑的新型学习方法的培训，取得良好的效果。

（吴静漪）

【机关建设】　2008 年，新乡市科协认真贯彻中国科协加强基层组织建设的部署，按照组织覆盖、工作覆盖和服务覆盖有机结合的原则，逐步完善纵横交错、条块结合、覆盖城乡的基层组织网络，加强企业、社区、高校、乡镇等科协基层组织建设。

市科协与市民政局积极协调，联合印发《社会团体登记管理条例》，对市科协所属部分学会进行整顿，进一步完善制度，逐步建立学会秘书长联席会议机制，加强会员管理，突出民主办会，推进了学会组织发展的制度化、规范化。

积极开展“新解放、新跨越、新崛起”大讨论活动，切实加强自身建设，工作整体水平有了进一步提高。

市科协深入开展“创先争优”活动，学习型、服务型、创新型机关建设取得新的成绩。组织机关干部参加省科协组织的公文处理和政务信息工作培训班、学会干部培训班和宣传干部培训班，提高了科协组织干部队伍的政治素质和业务素质。

（吴静漪）

2008年度新乡市科学技术协会荣获奖项

全国科普日、科普大篷车联合行动优秀组织奖

河南省学会工作先进集体

第二十二届河南省青少年科技创新大赛优秀组织单位

河南省“三创一带”活动优秀组织单位

2007～2008年度河南省科协系统信息工作先进单位

地震工作

【地震工作概况】　2008年，国务院连续第六年把新乡市所处的豫鲁冀交界地区确定为“可能发生破坏性地震值得注意地区”。1月3日至3月20日，在新乡市封丘县发生3次大于ML 4.0级强有感地震，这在新乡历史上极为少见。其中3月10日5时45分，在新乡市封丘县（北纬34°56′，东经114°43′）发生的ML4.8级地震，致使河南新乡、焦作、开封、商丘、濮阳和山东菏泽等6市13县（市）受到波及。位于震中区的封丘县尹岗乡、李庄乡、黄陵乡和长垣县恼里乡等地震感强烈，有地声如雷，墙体裂缝，房顶掉土，门窗异响，卧床晃动，震中区烈度Ⅵ⁻（6度）。5月12日14时28分，在四川省汶川县（北纬31°00′，东经103°24′）发生了历史罕见、震惊世界的特大地震灾害，新乡市普遍受到波及和影响。

面对严峻复杂的震情形势，新乡市地震局采取措施，积极应对，稳定社会，服务新乡。认真落实震情短临跟踪措施，积极应对突发地震灾害，深入开展防震减灾宣传，大力推进抗震设防管理，为新乡市的社会稳定、经济发展和“四个新乡”建设做出了积极的贡献。

（常永安）

新乡市地震局领导成员

党组书记、局长　郝建平

党组成员、副局长　李　伟

党　组　成　员　常永安

【震情短临跟踪】　2008年，市地震局面对严峻、复杂的震情形势，努力抓好震情短临跟踪这一主线，落实各项工作措施。

制定方案，明确责任。制定《2008年新乡市震情短临跟踪工作方案》、《新乡市震情短临跟踪加密观测方案》，指导全市的监测预报与震情短临跟踪工作。与各县（市）地震局（办）签订《新乡市2008年震情短临跟踪目标责任书》，明确责任，确保短临跟踪工作落实到位。

强化震情值班和震情会商。市地震局和各县（市）局（办）坚持每天24小时值班，确保震情值班全天候、不断线。保持震情值班人员的稳定，严格外出请销假制度。加强节假日期间的震情值班，强化了元旦、春节等节假日期间的震情值班责任。加强震情会商，调整各县（市）数据上报时间，加密市地震局震情会商次数。共召开周、月震情会商会128次，紧急会商会4次，网络会商会15次。

创建视频网络震情会商模式。投入资金购置软件、硬件装备，在新乡市防震减灾指挥中心的基础上，建立市县（市）网络视频会商系统，对前兆观测数据进行实时、快速有效地分析、处理、会商。制定《新乡市监测预报视频会商制度》。全年共处理各类观测数据约40余万个，其中电磁波数据约21万个，地电数据约14万个，地温数据约5万个，断层气、地下水、地磁数据近7千个。编写《新乡市2009年度地震趋势研究报告》，对新乡市及邻区的地震形势、未来震情发展趋势进行综合分析研究，提出震情趋势判定意见，并参加河南省2009年度震情趋势会商会。2次参加晋冀鲁豫交界区震情联防会议。

增加震情短临跟踪手段。8月，市地震局在新乡市域布设19个二氧化碳观测项目，购置二氧化碳观测设备，打井19口，培训一批素质好的观测人员。二氧化碳观测已形成网络并正式运行观测。

建立监测预报协作区。新乡市所辖8县（市）划分为东部与西部两个监测预报协作区。东部协作区由原阳、延津、封丘、长垣县组成，西部协作区由新乡县、获嘉县、辉县市、卫辉市四县（市）组成。协作区设主任1名，首席预报员1名，预报员4名，实施观测、分析、预报的协作联动。5月16日、6月3日、7月8日分别对东部区和西部区的预报员进行培训。

异常信息报告和宏观异常落实。认真执行震情异常和地震谣传日报告制度，坚持执行异常信息处置与零报告制度，全年共上报360余次。制定“新乡市地震局宏观异常落实工作要求”，建立市、县、点三级宏观异常梯次排查与落实机制，按照测点在半小时内、县级地震部门在1小时内、市级地震部门在2小时内迅速赶赴异常现场进行排查落实。全年共落实前兆异常21次，宏观异常22起，结论意见报省地震局和市委、市政府。全年上报《地震信息》共20期。

观测质量管理。2008年4月30日组织召开2007年度全市观测资料评比会，对各县（市）地震（局）办的前兆资料的观测质量、数据报送、资料整理及日常工作完成等内容进行评比，激励并确保前兆观测资料的连续、及时、可靠。

坚持每月对全市的观测仪器进行巡检维护，确保观测网络正常运转，对各县（市）的宏观观测点（哨）进行1次认真检查、清理和补充，确保宏观观测点、宏观观测哨的正常运转。　（常永安）

【积极应对地震突发事件】　新乡市地震局面对2008年初封丘发生的3次大于ML4.0级地震，迅速启动地震应急预案，现场工作队在第一时间赶往震中开展工作，调查灾情，了解民情，考察震中，研究地震发展趋势。现场工作队和后方指挥中心及时联络，密切配合，积极、有序、有效应当和处置突发地震事件。同时，河南省地震局地震现场工作队、山东省菏泽市地震局现场工作队，以及豫北地震快速应急联队所属的开封、濮阳、安阳、焦作、郑州、商丘等应急分队，先后达到震中地区，省、市地震局协同作战，较快完成震害调查、地震烈度划分、监测台站布设，对震后地震趋势作出了快速判定。实现了最先到达现场、最先传出信息、最先投入抗震救灾、最先为政府提出决策建议的应急目标。

“5·12”四川汶川特大地震发生后，市地震局新闻发言人通过新乡电视台发表电视讲话，说明情况，安定民心，稳定社会。通过市电视台、电台、新乡日报宣传地震知识。同时，市地震局机关干部通过走出去、请进来的办法，把防震减灾知识送进机关、社区、学校、农村和党校。　（常永安）

【市领导高度重视封丘地震事件】　2008年初，封丘地震发生后，市委书记吴天君、市长李庆贵等领导高度重视，立即做出指示，要求市地震局、民政局和封丘县委、县政府，加强监测、密切跟踪震情发展趋势；对震区老旧房屋进行全方位的排查，对居住在因余震可能倒塌的危房中的群众实施必要的搬迁；科学应对、认真做好宣传解释工作，避免造成社会恐慌，确保震区群众生产生活秩序稳定；对防震减灾工作进行针对性的安排、部署，有情况及时上报。

3月20日，参加全国“两会”的市长李庆贵刚回到新乡，专门听取市地震局的工作汇报，做出7条重要指示。

3月22日，市长李庆贵、副市长杨书廷带领市地震、民政、建设等部门以及封丘县委、县政府的领导，到位于震中地区的尹岗、李庄、黄陵三个乡镇了解情况，慰问受灾群众，提出“预防第一、科学应对、注重安全、适度宣传”的16字原则。

3月24日，市长李庆贵召开防震减灾工作会议，对防震减灾工作进行安排部署，要求把防御地震灾害作为重点，切实树立震情观念；提高科学应对地震灾害的能力，设计一整套应对方略；要把群众的安全放在重要的位置，切实做好抗震设防工作；要在宣传问题上掌握好“度”，把握正确舆论导向。

副市长、市防震抗震指挥部指挥长杨书廷在地震发生后的第一时间赶往震中了解情况，现场指挥，并对具体工作进行部署。　（常永安）

【重新修订《新乡市地震应急预案》】　根据全市防震减灾工作会议精神和河南省地震应急预案的要求，市地震局协助市政府重新修订《新乡市地震应急预案》，并以新政办〔2008〕150号文件正式印发，督促、指导市防震抗震指挥部各成员单位修订本地区、

本部门的地震应急预案，提高地震应急预案的针对性和可操作性。（常永安）

【抗震设防管理】　2008年，新乡市地震局认真贯彻落实防震减灾法律法规和《新乡市建设工程项目抗震设防管理办法》，依法对新建、扩建、改建重大建设工程和可能发生严重次生灾害建设工程进行监督和管理。市地震局执法人员对星湖花园、天隆城二期工程等52个建设工程项目实施监督管理，对18家建设工程单位下发抗震设防管理通知书，对28家建设工程单位下发责令改正通知书，13家重大建设工程根据地震安全性评价结果确定了抗震设防要求。市地震局与市建委联合下发《关于对我市建设工程排查的通知》。5月29日至6月30日，市地震局震害防御科与市建委抗震办、建设工程质量检测站，联合对新乡市的在建工程进行拉网式排查，尤其是重大建设工程、生命线工程和易产生次生灾害工程。对30个在建建设工程重点进行排查。依法要求建设单位限期到市行政服务中心地震局窗口办理抗震设防要求手续。

推进地震安全农居工程。贯彻落实《《河南省人民政府办公厅关于推进农村民居地震安全工程的实施意见》和《新乡市人民政府关于实施农村民居地震安全工程的意见》，积极主动与市农业局联系、协商并达成共识，联合印发《关于将农村建筑工匠防震抗震技术培训纳入阳光工程培训计划的通知》，充分利用“阳光培训”机制，为农民工匠抗震设防知识培训提供平台。12月，省地震局震防处领导到新乡县调研地震安全农居工程，听取县政府的工作汇报，查看了祥和新村建设。

中小学校舍排查工作。根据市政府安排，市地震局抽调8名领导和业务骨干（包括市、县地震机构人员），分别参加市政府组织的8个中小学校舍检查工作组，到12个县（市、区）进行中小学校舍检查。市地震局带队，教育、建设、房管等6部门参加的第七检查组，对获嘉县、卫滨区的数百所中小学校舍进行为期一周的检查，并将检查情况和有关建议按时向市政府汇报。（常永安）

【市行政服务中心地震局窗口工作】　按照市政府要求，市地震局窗口进一步规范和清理行政许可、行政服务事项，精减行政许可1项。行政服务中心地震局窗口积极与市发展改革、规划、建设等部门窗口沟通协商，力争做好抗震设防把关工作。全年受理行政许可、行政服务事项26件，办结26件，办结率100%。其中承诺件16件，提前办结16件，提前率100%；对群众来访、来电咨询的事项热情答复，受理群众咨询100余次，群众满意率100%。按照市行政服务中心的要求，重新整理窗口一次性告知单，做到“便民、高效、廉洁、规范”的服务宗旨。（常永安）

【防震减灾科普示范学校建设】　2008年1月24日，市地震局组织召开新乡市创建防震减灾科普示范学校表彰大会，对9所省市级（包括4所省级）防震减灾科普示范学校和12个优秀组织单位进行表彰。

10月13日至24日，市地震局和市教育局，联合对新乡市9所省、市级防震减灾科普示范学校进行检查。创建防震减灾科普示范学校一年多来，成效显著。一是各级领导及学校领导重视，二是不少学校创办了自己的特色，三是广大中小学生的防震减灾意识和自救互救能力大大提高。11月，河南省地震局、河南省教育厅、河南省科技厅组织的防震减灾科普示范学校检查组，到新乡市进行为期2天的检查。检查组先后到辉县市、长垣县、延津县、凤泉区、红旗区的5所示范学校进行实地检查。通过听、看、查，省检查组对新乡市防震减灾示范学校建设给予充分肯定，随后受到省三厅局的通报表扬。

新乡市第十中学努力创建防震减灾科普示范学校，经考核、验收，2008年12月，被河南省地震局、河南省教育厅、河南省科技厅命名为“2008年河南省防震减灾科普示范学校”。（常永安）

【防震减灾宣传】　2008年，新乡市地震局采取多项措施，加强防震减灾宣传工作。发挥新闻媒体的宣传优势。四川汶川大地震发生以后，进一步加强与新闻媒体的沟通、配合，通过新闻媒体增加宣传力度。新乡电视台连续3周多次播出《科学面对地震》、《地震揭秘》、《直面地震》、《未雨绸缪》、《预防与自救》等视频光盘。市教育电视台12次播出针对青少年的防震减灾科普知识光盘《地震揭秘》。《新乡日报》刊登近20篇防震减灾科普文章。新乡人民广播电台多次播出防震减灾科普知识。全市防震减灾知识宣传的广度、深度进一步提高。

集中宣传活动。3月1日，纪念《中华人民共和国防震减灾法》实施30周年之际，副市长杨书廷通过《新乡日报》，发表纪念防震减灾法的文章；市地震局在牧野广场举行集中宣传活动。“7·28”唐山大地震纪念日到来之际，市地震局紧密围绕转变农民建房抗震设防观念、普及避震和自救互救知识，安排部署“7·28”宣传工作。5月，市地震局在市人民公园东大门，布设防震减灾宣传站，布置展板20余块，发放各类地震科普知识手册2000余份。积极参加新乡市第八届科技活动周。9月20日，正值全国科普日宣传活动，市地震局在市体育馆设立宣传站，布置展板20余块，发放各类地震科普知识手册500余份；设立咨询台，现场接受群众询问，讲解抗震防震有关知识。共组织编制并印发防震减灾知识手册5000份。

深入基层开展宣传。市地震局震防科工作人员9次走出机关，先后来到新乡市星湖花园社区、曙光社区、健东社区、新乡县赵堤中学等单位，向广大群众、学生宣讲地震科普知识。4月29日和12月8日，市地震局领导2次走进市委党校，分别向县级班（含科乡班、青干班）、市应急培训班学员进行“走近地震，了解震灾，最大限度减轻地震灾害损失”与“如何应对地震灾害”知识讲座。6月4日，市旅游局干部职工来到市地震局，聆听防震减灾知识介绍。（常永安）

【县（市）工作】 2008年，辉县市地震办公室被中国地震局评为县（市）防震减灾工作先进单位。延津县地震局、新乡县地震办公室被河南省地震局评为县（市）防震减灾工作先进单位。延津县僧固乡李僧固学校、长垣县浦东第二初级中学分校，在省防震减灾科普示范学校检查中，受到省地震局、教育厅、科技厅的通报表扬。（常永安）

【新乡市域有感地震】 2008年1月3日10时18分，在河南省封丘县（北纬34°57′，东经114°44′）发生ML4.3级地震。

3月10日5时45分，在河南省封丘县（北纬34°56′，东经114°43′）发生ML4.8级地震。

3月20日4时01分，在河南封丘（北纬34°56′，东经114°45′）发生ML4.0级地震。

上述3次地震事件中，震级最大的是3月10日5时45分发生的ML4.8级地震，震感范围东至山东菏泽、西至河南焦作、南至河南开封和商丘北部、北至河南濮阳，六市十三县（市）受到不同程度波及。位于震中区的封丘县尹岗乡、李庄乡、黄陵乡和长垣恼里乡，群众普遍有较为强烈的震感，有地声如雷、墙体裂缝、房顶掉土、门窗异响、睡床明显晃动等现象。震中区烈度Ⅵ⁻（6度），范围17平方公里，Ⅴ（5度）区范围750平方公里，Ⅳ（4度）区范围2400平方公里。地震未造成人员伤亡和房屋倒塌，但尹岗乡西蒿寨村有6米长2米高的院墙（干茬）倒塌，彭庄村的封山墙脊瓦在地震中脱落，并有多处房屋出现裂缝。据市民政部门统计，此次地震共造成封丘县尹岗、李庄、黄陵3个乡镇共843户、2661间房屋明显裂缝，转移29户危房中的101人，直接经济损失532万，受灾人口达3977人。（常永安）

【新乡市受到四川汶川大地震波及】 2008年5月12日14时28分，在四川省汶川县（北纬31°00′，东经103°24′）发生8.0级特大地震，极震区烈度达11度。新乡市及辖区受到地震波及，多数人有明显震感，如头晕恶心，心悸发慌，房屋晃动，水池里的水大幅摆动等，高层建筑震感尤为明显，没有房屋倒塌和人员伤亡。（常永安）

新乡市第一中学新校区夜景

文化·卫生·体育

文　化

【文化概况】 2008年，新乡市文化系统认真贯彻党的十七大精神，实践科学发展观，各项工作取得显著成绩。市文化局被评为2008年度全省文化系统依法行政示范单位和全省文化文物统计工作先进集体。市新闻出版局被评为河南省连续性内部资料管理先进单位。在创建国家卫生城市工作中，市文化局被市政府记集体三等功。市文化局被评为全市平安建设先进单位、全市创建全国文明城市工作先进城市先进集体、全市创建国家森林城市建设先进单位、全市凤凰山省级森林公园建设先进单位、全市纠正行业不正之风工作先进单位、全市档案工作优秀单位。新乡市“7·24”非法图书案专案组被评为全国“扫黄打非”有功集体。新乡市文化稽查队被团中央等部门评为全国优秀青少年维权岗。新乡县张青社区等9个社区被评为河南省群众文化活动先进社区。原阳县太平镇等4个乡镇被命名为第一批河南省民间文化艺术之乡。辉县市赵固乡等6个乡镇被命名为第四批河南省文化先进乡镇。卫辉市城郊乡、新乡县小冀镇京华村、辉县市沙窑乡郭亮村分别被评为“河南省十佳文化产业乡镇”、“河南省十佳文化产业村”。

（杜彤华）

新乡市文化局领导成员

党委书记、局长	范　禄
党委委员	王广德
副局长	吴忆平　王永新（女）　苏万钦 杨道献　牛翊洁（女） 张　实（女）　杨年超

【文艺创作及演出】 2008年，市文化局共举办5次文艺演出，组织省、市、县艺术团体到各乡镇演出122场。完成大型音乐舞蹈史诗剧《牧野雄风》剧本创作。开展第二届农村题材小戏剧本创作活动。市戏工室王国毅创作的广播剧《强扭的瓜也甜》和电视连续剧《走向金海岸》双获省“五个一”工程奖；市杂技团参加第七届河南省杂技大赛，夺得铜奖；大型现代豫剧《新月》，参加第十一届河南省戏剧大赛，获得文华奖，并获得7个单项奖。

（杜彤华）

【公共文化服务体系建设】 2008年，市文化局深入开展创建文化先进县、文化先进乡镇活动，并将创建标准编印成册下发各县（市、区）和各乡镇。举办全市乡镇领导干部文化工作培训班，200余人参加培训。文化基础设施建设加快：新乡县文化馆在建，延津县文化馆、图书馆新馆主体竣工；上级扶持建设的7个乡镇综合文化站，竣工6个，在建1个；为6个县（市）图书馆配送图书价值12万元；市群艺馆（河朔图书馆）维修工程完工。全市新建文化大院93个，组织文化下乡集中活动2次，举办节庆广场文化活动5次。市群艺馆组织“阳光照大墙”文艺演出活动。市文化局组织参加河南省第三届少儿艺术节，获一等奖2个、二等奖1个。新乡市红石榴女子合唱团代表新乡市参加第三届河南省合唱节，获得金奖。

（杜彤华）

【非物质文化遗产保护】 2008年，市文化局积极组织整理非物质文化遗产项目材料。市政府公布第一批市级非遗项目47个。新乡市推荐的2个非遗社会传承基地（长垣博大烹饪学校、河南师范大学）被省厅命名。新乡市申报的7个国家民间艺术之乡（辉县赵固乡，原阳韩董庄乡，新乡县七里营镇、小

冀镇、大召营镇和延津县城关镇、司寨乡）在《文化报》公示。（杜彤华）

【争取文化项目资金】 全年争取上级资金2344.82万元。其中，2008年乡镇综合文化站中央预算内投资64万元；省财政厅、省文物局补助市本级数据处理费2万元、封丘县田野调查补助费4.32万元；省财政厅、省文物局补助新乡市省级文物保护费45万元；省财政厅、省文化厅补助新乡市县级文化馆和图书馆建设专项补助资金130万元；省扫黄办补助3万元；省文化厅配备新乡市两部流动舞台车（价值为61.8万元）；省财政厅、省文化厅下达2008年农村电影公益性放映场次补贴297.36万元；省财政厅、省文化厅下达2008年“舞台艺术送农民”财政补贴20万元；国家文物局下达潞简王墓维修经费132万元；省文化厅下达2008年度向基层配送图书指标12万元；省文物局下达长城资料调查经费15万元；省发改委下达新乡市乡镇综合文化站建设项目新增中央预算内投资计划540万元；省财政厅、省文化厅下达文化信息资源共享工程专项资金624.34万元；省财政厅、省文化厅下达非物质文化遗产保护专项经费10万元；省财政厅、省新闻出版局下达2008年农家书屋工程专项资金294万元；省财政厅、省文化厅下达新乡市图书馆设备购置资金90万元。（杜彤华）

【文化市场管理】 2008年，市文化局开展9次专项行动，查处网吧违规行为260多起，查处娱乐场所违规行为9家，查处违规音像制品经营单位2家，收缴盗版音像制品3800余张。同时，积极利用新闻媒体，引导家长和全社会教育未成年人远离网吧、远离网络游戏；利用“净网先锋”监控平台，严密监控网吧经营情况。全年接到举报150多起，查处率100％。（杜彤华）

【农村文化工作】 2008年，市文化局完成210家农家书屋建设。共放映农村电影42480场，全市3540个行政村都进行了农村电影公益性放映，行政村覆盖率达100％。新乡县小宋佛村筹资60多万元建成村文化大院，该大院设有图书阅览室、老年活动室、青年活动室、文化科技综合教室、文化广场和健身器材等系列设施。5月16日至17日，新乡市生态文明村文化建设专题培训班在辉县市百泉宾馆举办。参加培训人员为全市各县（市、区）的乡镇分管文化的副乡镇长、66名第一批建设生态文明村的村党支部书记和县文化局等有关部门的领导，共计167人。（杜彤华）

【文物管理】 2008年，市文化局积极推进潞简王墓申遗工作，完成潞简王墓次妃墓墓前广场、享殿遗址的清理工程；出版潞简王墓学术研讨会论文集；对次妃墓门楼及宝顶等项目进行维修保护。推进国保、省保单位保护规划和维修方案编制工作，完成孟庄遗址、香泉寺、白云寺和百泉保护规划的编制；完成平原省委旧址、延津县广唐寺塔维修方案的编制工作。全面开展第三次全国文物普查工作。新发现文物500余处。积极推进大运河申遗，对大运河新乡段沿岸遗存进行初步调查。开展文物保护和文物普查宣传活动，组织举办3次文物宣传活动。加强文物安全工作，实现第36个馆藏文物安全年。完成全市四级文物保护单位业余文物保护员发证工作。完成文物勘探工地57个，勘探面积19万平方米；发掘古墓葬10余座，出土文物50余件。开展南水北调工程新乡段文物巡查，基本完成2005年至2007年南水北调工程新乡段考古发掘资料整理工作。（杜彤华）

【开展“扫黄打非”，规范出版管理】 市文化局按照《新乡市2008“扫黄打非”行动方案》，开展4次“扫黄打非”集中行动。行政处罚印刷企业26家，处罚取缔游商摊点105个，收缴非法出版物46209册（盘），移交司法机关追究刑事责任案件1起。开展打击互联网淫秽色情等有害信息及互联网非法转播奥运赛事等专项行动6次。取缔关闭非法网站9家；清理删除淫秽色情信息132条，带有诱惑、不雅标题信息213个；搜集上报异地网上涉嫌色情信息117条。开展“全民阅读示范点活动”，龙泉村等3个先进村受到省里表彰。开展“反盗版天天行动”，打击各类侵权盗版非法活动。查缴各类非法出版物15000余册（盘），取缔游商、地摊20余个，行政处罚违规经营单位30余家。加强版权保护，开展“打击网络侵权盗版专项行动”。组织4·26“世界知识产权保护日”宣传活动，受到市整规办的通报表扬。全市156种出版物被评为省优印刷产品。（杜彤华）

【文化产业】 2008年5月30日，新乡市中原图书文化产品大世界开业；新乡梦工场和新乡市成林纸品包装有限公司被命名为“河南省第三批文化产业示范基地”；新乡市的文化产品搬上了网上商城；市文化局组织新乡市甲骨文等相关工艺品参加“河南省特色文化产品推介会”；新乡市12家工艺礼品生产企业参加河南文化产业成果展示暨项目推介会。（杜彤华）

【复仿产品《天圆地方尊》等获“河南省知名文化产品”称号】 省文化厅组织开展第二届“河南省知名文化产品”评选活动，新乡市5种产品入围。即市博物馆青铜器复仿制品《天圆地方尊》、殷商古文化商社仿真甲骨文《四方风》、市恒力工艺美术厂麦秸工艺画《春之声》、长垣县东方工艺绣品有限公司的汴绣长卷《清明上河图》、市雕刻工艺厂石材《盘古砚》。（杜彤华）

【凤泉区文化网站建成】 2008年，新乡市第一家县（区）级文化网站——凤泉区文化网站建成，网站包括生态文化、历史文化、文化活动、文化市场、文艺天地、文化产业6个版块，详细介绍了该区近年文化事业、文化产业发展状况，对宣传本地区的文化事业和提升文化部门的对外形象起到了积极的作用。（杜彤华）

【文化文物统计年报】 2008年，市文化局对2007年度文化文物进行统计。艺术表演团体单位10个，从业人员537人，当年新排上演剧目109个，演出场次3340场；艺术表演场馆单位为11个，从业人员447人；公共图书馆11个，从业人员166人，总藏书962771册；群众艺术馆、文化馆单位13个，从业人员192人，藏书11500册，举办训练班406次，培训6058人次；文化站单位122个，从业人员218个，固定资产原值161.3万元；文化活动用房10596平方米；文化部门教育机构2个，从业人员为17人，毕业生168人，在校生426人；文物保护管理机构7个，从业人员107人，具有专业资质5人，文物藏品为4676件；博物馆5个，从业人员111人，文物藏品28079件。（杜彤华）

【省南水北调办公室领导和文物专家莅新验收】 2008年1月，河南省南水北调办公室领导和文物专家对新乡市文物考古研究所南水北调新乡段考古工作进行验收。专家组对南水北调工程中的辉县百泉和卫辉郭柳村两个墓地的发掘工作和资料整理进行验收，对新乡市文物考古研究所的工作给予充分肯定。（杜彤华）

【抗震救灾献爱心活动】 2008年5月18日，由市文化局、市红十字会联合举办、市豫剧团承办的“赈灾义演戏曲专场”活动在新乡市体育中心举行。现场为四川地震灾区募捐善款5.6万元。（杜彤华）

【入选省首批非物质文化遗产及代表性传承人】 省文化厅公布的河南省首批221名省级非物质文化遗产代表性传承人名单中，新乡市推荐的民间剪纸（辉县市）、中州大鼓（新乡县）、大平调（延津县）、落腔（长垣县、辉县市）、长垣烹饪技艺等5个非物质文化遗产项目，以及代表性传承人李爱荣、李星光、杜学周、曹秀枝、杜印圭、王广太、张明、侯瑞轩、吕长海、徐书振、李志顺等11人入选。（杜彤华）

【新乡市中原图书文化产品大世界开业】 2008年5月30日，市中原图书文化产品大世界开业。省文化厅、市四大班子相关领导参加开业仪式。省文化厅副厅长郭书城、市政府副市长杨书廷在仪式上发表讲话。市人大主任王富均，市政协主席范学贵，市委常委、宣传部长邢亚平等领导为“新乡市中原图书文化产品大世界”揭牌。新乡市中原图书文化产品大世界，是新乡市重点文化产业项目之一，也是新乡市印刷包装文化产业基地的一个展示窗口。该项目于2006年12月29日奠基，总投资5000余万元，建筑面积1.8万平方米，经营面积1.2万平方米，是新乡市乃至豫北地区规模最大的图书及文化产品批零市场，同时也是新乡市民休闲的好去处。（杜彤华）

【新乡市省级文物保护单位增至52处】 2008年，省政府公布全省第五批文物保护单位名单，新乡市有11处文物单位名列其中，新乡市的省级文物保护单位达到52处。增加的11处文物保护单位是：近现代重要史迹及代表性建筑类1处，位于辉县市牌坊街的徐世昌公馆（近代）。石窟寺及石刻类1处，位于卫滨区平原乡李村的高永乐造像碑（东魏时期）。古建筑类7处，位于辉县市书院街西段共城百泉书院（明、清时期）；位于辉县市沙窑乡南湖村的南湖寺（清代）；位于辉县市文昌路东段的文昌阁（清代）；位于辉县市上八里镇鸭口村的白鹿山寺院群旧址（明、清时期）；位于市红旗区东台头村的东宁寺（明、清时期）；位于原阳县阳阿乡阳阿中村的陈平祠（清代）；位于封丘县东大街西段的封丘城隍庙（清代）。古遗址类2处，位于延津县胙城乡沙门村的沙门城址；位于辉县市北云门镇凡城村的凡城遗址（西周时期）。（杜彤华）

【辉县市成立民间艺术展览馆】 2008年5月，新乡市首家民间艺术展览馆——辉县市民间艺术展览馆开馆仪式暨辉县市首届民间艺术展成功举办，标志辉县民间艺术工作迈上一个新台阶。（杜彤华）

【卫辉香泉寺《保护规划》顺利通过省专家评审】 8月7日，卫辉市在郑州召开省级重点文物保护单位——香泉寺《保护规划》论证评审会。评审会上，专家们一致认为香泉寺具有极高的历史文物价值，是中原大地上唯一完整的古代寺院遗址，《保护规划》保护现状分析透彻，基础资料翔实，保护措施得当，具有一定的可操作性，基本符合省保护规划的要求，会议原则通过。省文物管理局副局长孙英民，省文物局专家组组长杨焕成，省古代建筑保护研究所研究员杜启明，省建设厅规划师曾祥志，省城市规划设计院高级工程师黄向球等出席此次评审会。（杜彤华）

【中国社会科学院专家莅新考察】 中国社会科学院古典文学研究所研究员范子烨莅临新乡市，就非物质文化遗产项目——啸乐，对辉县市百泉风景区的啸台进行文化考察。此次考察是为了完成中宣部通过的国家社科基金项目——《啸史》，即口哨音乐的历史。（杜彤华）

【获奖节目】 2008年9月在省文化厅、教育厅主办的第三届全省少儿艺术节上，新乡市选送了20多个节目，经初赛和复赛，有3个节目进入决赛。对口快板《祖国颂》和儿童组舞蹈《拍拍舞》荣获一等奖；少儿组群口山东快板《一乘一等于儿》荣获二等奖；市群众艺术馆获组织奖。新乡市艺术研究所创作、市豫剧团排演的大型现代戏《新月》，参加第十一届河南省戏剧大赛，经过激烈角逐，最终获得文华奖，并获得文华剧作奖、文华表演奖1金1银3铜和组织奖等7个单项奖。新乡市群艺馆精心选送的口哨伴舞《我像雪花天上来》节目，在第六届全国“四进社区”文艺展演活动中获得铜奖。新乡市群艺馆干部王朝平创作的群舞《春韵》获第四届国际少儿艺术大展金奖。（杜彤华）

【文化交流】 2008年年初，日本油山会会长、画家田嶋诚一、小仓次雄莅临新乡市群艺馆进行文化交流访问活动。期间，与新乡市群艺馆书法美术摄影部负责人进行深入探讨和交流，并就今后的交流合作项目达成初步意向；5月初，受国家文物局和中国文物交流中心委派，由市博物馆馆长汪秀峰率领的中国赴日《大三国志》展第二工作组一行3人（湖南博物馆1人，天津博物馆1人）赴日执行布展任务。该展览由国务院批准，国家文物局主办，中国文物交流中心承办。共集中全国数十个博物馆的138件（套）与《三国志》、《三国演义》有关的文物，其中国家一级文物50件；5月，新乡市杂技团三队一行11人，在土耳其演出，受到了当地社会各界的好评，土耳其演出商做出继续与市杂技团合作的承诺，为新乡市继续开拓国外演出市场打下良好基础。（杜彤华）

文学艺术

【文学艺术概况】 2008年，新乡市文联系统认真贯彻落实“百花齐放，百家争鸣”文艺方针，围绕迎奥运、抗震救灾、惠民文艺活动等工作重心，充分发挥“联络、协调、服务、指导”职能和文艺特有的社会职能，继续深化“抓基础、抓队伍、抓精品”意识，开拓创新，务实苦干，为打造文化强市，服务新乡经济社会发展做出了积极贡献。全年共举办各种大型展演活动近40余场（次），获得省级以上奖项160多个，发展各级会员200余人。新乡美术馆、新乡书画院建成并投入使用，有效地推动了全市文艺事业的快速发展。（李绍君）

新乡市文学艺术界联合会
领导成员

党组书记、主席　陈乃旗（2008年12月离）
副　主　席　焦国梅（女）　卢光文

【文艺活动】　2008年，市文联参加纪念比干诞辰3100周年大型纪念活动，并在卫辉比干庙进行大型书画展览、美术书法摄影展；组织以迎奥运为主题的集体创作活动；参加市春节期间文化庙会，并组织美术、书法、摄影、民间工艺展览及鼓舞艺术表演；先后举办新乡市首届临书展、“爱我新乡”第十一届摄影展、侯德昌书画展、李霞生诞辰百年书画展、朱韶新书画展、阎正书画展、周明新临书展、鲍国增国画展、首届“卫华杯”书法大赛、“京华杯”少儿书画展、森林杯书法大赛、走进凤凰山摄影大赛、“玉兰花杯”摄影大赛等。（李绍君）

【理论研讨和艺术交流】　在新乡美术馆开馆之际，举办豫北六市文艺协作区系列活动，省市有关领导及各地市800余名艺术家参加活动。本次系列活动共分“豫北六市书画大型展览”、“豫北六市文艺协作区文艺座谈会”和“南太行文艺采风”3项内容，受到与会代表和观众的一致好评。市作协承办“2008·中国小小说青春笔会”，接待了来自17个省市自治区的小小说作家。市作协与省文学院联合举办“河南省中短篇小说研讨培训会”，在全国全省引起广泛关注。市民协组织新乡市稀有剧种传承人和多名艺术家参加“首届中国郑州炎黄艺术节”，并获组织奖。民间艺术家常爱英参加在长沙举办的中国旅游文化节获铜奖。市舞协创作的寸跷《秧歌》参加河南省“中原文化澳洲行”澳大利亚民间演出活动，《春韵》、《拍拍手》等节目分获第四届国际少儿艺术节大赛金奖、省第三届艺术节一等奖。市杂协先后赴土耳其、北京、秦皇岛等地区演出，提升新乡杂技在国内外的知名度。为提高美术创作水平，邀请省美协主要领导到新乡市进行观摩点评。接待铜川十多位艺术家来新乡采风。市音协承办省音协五届二次会议，并共同举办音乐创作研讨会。（李绍君）

【惠民文艺活动】　市文联与市委宣传部联合在声光广场举办“迎奥运千人葫芦丝演奏会”；市音协举办庆七一、迎奥运摇滚之夜声光广场活动，演出小分队赴心连心化肥有限公司开展以“迎七一、迎奥运、送欢乐下基层”为主题的慰问演出；市书协走进乡村为农民书写春联；市剧协分别到市干休所、社区、黄河古道森林公园组织演出10余场；市诗词学会在新乡县朗公庙镇举办仓颉造字诗词朗诵会等，深受基层群众欢迎。（李绍君）

【抗震救灾】　2008年，“5·12”汶川大地震后，文联机关干部、党员先后捐款，并缴纳特殊党费，共8800元；市书协、美协、长垣县书协、凤泉区书协以不同形式向灾区捐款2万多元。市书画家们在平原商场广场隆重举办新乡书画家抗震救灾书画义卖活动，共义卖作品33幅，所得善款27669元全部转交新乡市红十字会。全市文联系统为灾区共捐款近10万元。（李绍君）

【文艺创作】　文学创作继续保持旺盛势头，进一步巩固“南有南阳，北有新乡”的豫军劲旅地位。编辑出版《牧野作家丛书》第四辑、《牧野》文学杂志双月刊6期，举办我爱家园“中行杯”征文活动，不同题材作品分获各类奖项。戴来获“庄重文文学奖”，冯杰、安庆等一批中青年作家分获各类奖项。书画创作态势良好，王乃勇、范子阳、王永峰、任国锋等一批中青年书画家分别在全国、全省各类大赛中分获各类奖项。在平遥国际摄影节、辽宁国际摄影展中，张金贵、张伟元、王树洲、郑敏锐等参展。赵丙元、程少光获全省“新农村摄影大赛”一等奖。市影视协、市曲协与有关部门联合举办“新乡远教”文学剧本征文活动。市诗词学会创办“时代印痕”诗词网站，并编辑出版诗词楹联。市曲协、杂协、音协、舞协、剧协等创作的文艺作品也获各类大奖。各县（市）文联也积极开展丰富多彩的文化艺术活动。（李绍君）

【新乡美术馆开馆】　9月25日，位于新乡市人民公园内的新乡美术馆正式开馆，这是全省继郑州、洛阳之后的第三家地市级美术馆。它的建成开馆，为新乡市乃至更大范围的文化艺术展示和交流提供良好的平台。（李绍君）

2008 年新乡市文联各协会概况一览表

协会名称	主席	副主席（人）	国家级会员（人）	省级会员（人）	市级会员（人）
市作家协会	王斯平	12	12	161	656
市书法家协会	周云峰	8	37	203	661
市美术家协会	杨　森	9	7	121	502
市影视家协会	孟祥乐	8	9	56	115
市戏剧家协会	李继才	9	4	48	133
市摄影家协会	郑敏锐	10	18	62	318
市音乐家协会	胡新华	12	10	18	218
市民间艺术家协会	申法海	6	15	57	132
市曲艺家协会	申之珉	7	7	65	90
市舞蹈家协会	袁文红	6	4	23	164
市杂技家协会	付卫华	4	11	46	97
市诗词学会	荆贵生	3	5	27	216

新乡日报社

【新乡日报社概况】　2008 年，新乡日报社认真贯彻党的十七大以及十七届三中全会精神，以邓小平理论和“三个代表”重要思想为指导，全面贯彻落实科学发展观，紧紧围绕市委、市政府中心工作，结合报社工作实际，坚持以人为本，坚持改革创新，较好地完成目标任务，实现社会效益和经济效益双丰收。　（祖绍光）

新乡日报社领导成员

党委书记、社长　刘尽忠
总　编　辑　尚建军
党委委员　陈　曦（2008 年 12 月离）
副总编辑　史国新　卢太卫　廖海泳
纪委书记　许建设（2008 年 7 月离）

市委书记吴天君在日报社网站视察

【开展“新解放、新跨越、新崛起”大讨论活动】从 2008 年 7 月开始，新乡日报社认真组织开展“新解放、新跨越、新崛起”大讨论活动。在活动中，强化理论学习，坚持以思想作风建设为突破口，推动思想解放和观念更新。社党委通过摆问题、找差距、转观念、理思路等措施，从队伍素质、报纸质量、整体形象等 5 个方面为报社的发展求计问策，共收到 12 个方面的建议、意见 100 余条，并有计划、有步骤、有重点地狠抓整改落实。　（祖绍光）

【坚持正确舆论导向】 坚持正面宣传为主的方针，及时报道重大时政新闻和市委、市政府的工作思路和部署，以及全市各条战线落实科学发展观取得的新成就和新经验；发挥新闻宣传的特有功能，认真做好党和国家重要政策、重要法规的解析工作，在新闻宣传上做到有思路、有策划、有重点、有效果。围绕服务市委、市政府工作部署和重点，狠抓重点报道。配合全市“三位一体”、“四个新乡”、招商引资、项目带动建设，围绕宣传新乡“厚善、崇文、敬业、图强”的城市精神，组织系列先进典型和精神文明创建活动报道，鼓舞了全市人民的士气，营造了全市人民“心齐、风正、气顺、劲足”的干事创业氛围。（祖绍光）

【新闻策划工作】 结合不同时期市委的中心工作和要求精心组织策划有深度、有价值的系列报道，加大宣传力度。《新乡日报》、《平原晚报》相继组织策划“新乡改革开放30年”、“社会主义新农村建设”、“创建国家级卫生城市”、“创建国家园林城市”、“创建国家森林城市”等系列专题报道；《平原网》开通“创建卫生城市”、“创建园林城市”、“创建森林城市”等专题网站配合全市创建工作；《新乡日报》策划并开辟《知青30年》等系列报道，配合全市纪念改革开放30年专题活动。利用“两报一网”组织全市重大活动、重大成就、重点工程、重要典型等重点报道策划50多个。同时进行了维护消费者权益的“3·15维权”、比干诞辰3100周年系列报道活动。（祖绍光）

【弘扬民族精神】 一是认真组织进行抗震救灾报道活动。“5·12”汶川大地震后，按照市委的总体部署，投入大量版面和人力，充分发挥新闻媒体的职能优势，从不同侧面及时客观地报道四川地震灾情动态和社会各界抗震救灾工作的进展情况，及时传递市委、市政府抗震救灾坚强决心和具体行动，宣传抗震救灾中涌现出的先进人物和感人事迹及受灾地区灾后重建、社会各界捐款捐物情况，弘扬民族精神，凝聚党心民心。有9名记者直接参与支援地震灾区建设一线采访，共编发稿件1600余篇（幅），较好地引导了社会舆论。报社积极开展为四川灾区捐助活动，共捐款6万余元。二是认真组织策划奥运专题报道。奥运期间，围绕“同一个世界、同一个梦想”以及“更高、更快、更强”等奥运主题，开展一系列新闻宣传活动。《新乡日报》和《平原晚报》共推出近200块奥运专版，平原网开通“奥运”专题网站，对奥运赛场内外的新闻进行全方位报道，圆满完成奥运会的宣传报道任务。（祖绍光）

【注重外宣报道】 2008年，新乡日报社在《河南日报》等省级以上媒体发表作品共60余篇（幅），同比增长150%。其中在中央级媒体发表作品13篇，被市委宣传部授予对外宣传报道先进集体。（祖绍光）

【发挥舆论监督】 2008年，新乡日报社认真抓好舆论引导和监督工作，积极发挥党的喉舌作用，共刊发各类批评稿件100多篇，一些批评报道引起很大的社会反响，《读者之声》和《党报热线》栏目，成为群众联系党和政府的桥梁，受到社会各界的好评。（祖绍光）

【报纸改革】 一是进一步改进会议和领导活动的宣传报道。从会议中抓新闻，把会议中与群众生活、群众利益密切相关的信息单独予以处理；要求记者多写现场新闻，增强报道的可读性和吸引力。二是从2008年1月1日起，对《新乡日报》进行改版，恢复并创办《教育周刊》、《法制周刊》、《文化周刊》和《道德周刊》4个周刊，报纸版面由每周的36个版扩展为40个版。三是从2008年9月26日起，《平原晚报》全新改版。改版后的《平原晚报》增加社会新闻版面，扩容本地新闻信息量，加大服务民生的资讯信息，开设社区新闻、民生热线、县域传真、图说新乡等栏目；创办《成长周刊》、《老年周刊》；重新规划版式设计，更换报头。（祖绍光）

【提高报纸质量】 在2008年上半年揭晓的全省2007年度报纸编校质量评比中，《新乡日报》差错率达到和超过了国家新闻出版总署规定的要求，仅为万分之一点一七，在全省排列第三名，比上届提升14个位次。在全省2008年报纸综合质量评比中，《新乡日报》从前几届的二级报纸一跃成为一级报纸，并进入全省十佳报纸行列，实现了历史性突破。（祖绍光）

【创新经营方式】　狠抓经营管理体制和广告工作的创新。与重庆日报报业集团签订广告合作协议。积极创新广告策划活动，深度挖掘广告资源。成立广告策划部，并组织策划“新乡首届汽车文化节”、“清华学子新乡行”、“新乡市十大贡献企业”、“影响新乡的十大品牌评选”、“改革开放30年，新乡发展风云录”、“新乡市十大贡献企业”、地震特刊《爱，在新乡蔓延》等系列宣传活动，收到良好的社会效益和经济效益。通过创办、充实《第一楼市》、《商业财富》、《消费周刊》、《汽车周刊》、《旅游周刊》等专刊，为广告经营创收奠定了良好基础。2008年底对《教育周刊》、《法制周刊》、《文化周刊》进行重新整合，确定经营性周刊的市场定位，成立《教育专刊》、《文化副刊》、《卫生周刊》、《金融专刊》、《财税专刊》、《政务专刊》等10个经营性周刊，不仅提升报纸的美誉度和影响力，广告收入也大幅增长。　（祖绍光）

【印刷发行】　强化印刷质量管理，确保报纸全省印刷质量“优质一等奖”荣誉。明确报纸出版各环节时间划分，确保报纸印刷和投递效率。全员抓发行，零售促发行，确保报纸发行总量稳中有升。至2008年底，晚报发行达到4万余份，首次超过日报，创历史新高。积极开展读者俱乐部活动，不断拓宽报纸的覆盖面和影响力。与三七一医院联合举办新乡市首届“三七一杯”阳光少年、百名优秀小记者和百篇优秀作品评选活动；举办首届小记者四季同达生态园夏令营等活动；举行“小记者与老年记者携手徒步看新乡”活动；小记者已发展到2000多名。借鉴《河南日报》的成功经验，从2008年9月开始，在新乡市区和县（市）分期分批建立300个零售网点，进一步扩大报社影响力。　（祖绍光）

【谋化长远】　通过成立多种形式的发展公司，为报业集团化、规模化经营作准备。先后注册成立新乡市新报网络传媒有限公司、新乡市新报广告有限公司、新乡市新报报刊发行有限公司、新乡平原晚报社有限公司、新乡市新报商务彩印有限公司等5个公司。注重加强员工的学习和培训。开办新乡日报社改革创新发展论坛，先后7次邀请专家教授到报社，就报业创新发展问题进行专题讲座。同时组织党委成员和部分中层干部到嘉兴、宁波、温州、盐城、许昌等地市报社考察学习，进一步转变思想观念，增强建设报社、发展报社的责任感、紧迫感。（祖绍光）

【机关建设】　2008年，新乡日报社保持了“省级卫生先进单位”荣誉；荣获省“思想道德建设先进单位”、“全省职工迎奥运健身活动月先进单位”荣誉称号；美摄部荣获省“五一劳动奖状”；广告中心荣获“河南省广告行业文明单位”荣誉称号；2008年报社还荣获市创建国家卫生城市集体三等功、市对外宣传工作先进集体、市党风廉政建设责任制工作优秀单位、市平安建设先进单位、内部单位安全保卫先进单位；发行中心荣获市“五一劳动奖状”，并连续13年荣获全国自办发行先进集体。（祖绍光）

广播电视

【广播电视概况】　2008年，全市广电系统坚持以邓小平理论和“三个代表”重要思想为指导，全面贯彻落实科学发展观，认真落实党的路线方针政策和上级关于做好广播电视工作的指示精神，按照年度工作安排和部署，围绕大局，服务人民，改革创新，真抓实干，克难攻坚，圆满完成各项工作任务和目标，取得显著成绩。　（赵越）

新乡市广播电视局领导成员

党组书记、局长　刘良恩
党组副书记、副局长　陈虹（女）
副局长　宋荣英（女，2008年9月离）
王军　夏振宇　张牧童
郑学玉（2008年9月任）
纪检书记　刘明师

【发挥“喉舌”作用】　2008年，全市广播电视紧紧围绕全党工作大局和各级党委、政府的中心工作，坚持团结、稳定、鼓劲和正面宣传为主的方针，抓好全市经济发展成就、社会建设、文化建设发展成果和招商引资、“三位一体”建设、城市系列创建为重点的宣传报道，收到良好的社会效果。汶川地震发生后，新乡电视台及时举办抗震救灾慈善晚会，并派多路记者到灾区采访，发回大量新闻报道，该台记者赵东华和刘洋分别获得全国抗震救灾模范和全省抗震救灾先进个人，新乡电视台被评为市抗震救灾先进集体。（赵　越）

【外宣和创优力度加大】　2008年，全市广电系统被省以上新闻媒体采播的宣传稿件达1000多件，其中被中央级媒体采播的稿件达100多件，超额完成市政府下达的外宣目标任务。全市广电系统在省、市级广播电视作品评选中有159件作品获奖，其中，省级10件。新乡人民广播电台创作广播剧《强扭的瓜也甜》荣获省第八届精神文明建设和新乡市第七届精神文明建设“五个一工程”奖，新闻专题《新乡市给土地把脉20年》荣获省委、省政府好新闻特别奖。（赵　越）

【新闻宣传管理】　进一步健全新闻宣传管理制度，完善相关措施，从源头上把好导向关；继续抓好境外卫星电视传播秩序的专项整治，对非法销售、安装、使用卫星电视广播地面接收设施进行查处；积极开展抵制低俗之风行动，治理涉性节目和情感类节目；加大对广告播出监管和对违规广告查处力度，进一步规范广告播放秩序；认真落实《互联网视听节目服务管理规定》，加强对互联网视听节目管理；确保各级广播电视机构完整转播中央一套、河南一套广播电视节目。（赵　越）

【技术维护】　面对突发事件和重大宣传报道，能够完善安全播出指挥调度体系、技术防范和保障体系，健全制度，强化措施，落实责任，充实预案，加强安全保卫和巡查防范，开展“三电”专项斗争，圆满完成奥运会等重大宣传的安全播出任务，没有发生任何责任事故。（赵　越）

【事业发展】　全年完成206个村的“村村通”建设任务，解决近6万农民群众收听收看广播电视难的问题；建设卫辉市唐庄西山广播电视发射塔及辅助设施，使全市电视覆盖率达到98%；市电台筹资装备随行直播车，市电视台投入150万元对原直播车改造升级，新乡县广电局投资近600万元建成800平方米综合演播大厅和传媒中心；农村有线电视也有新发展，新乡县农村有线电视入户率达70%，延津县和原阳县入户率有较大突破，其他各县（市、区）农村有线电视发展也有不同程度进展。2008年全市广电系统新增农村有线电视用户1.8万户。（赵　越）

【队伍建设】　组织开展以“新解放、新跨越、新崛起”为主题的大讨论活动，加强领导班子建设和队伍思想作风建设；组织公务员参加市组织的科级和县（处）级领导干部、县（处）级后备干部基本素质和业务学习考试，并取得良好成绩。继续开展季评活动，不断增强干部职工责任心，转变作风，提高机关工作效率；加强党风廉政建设和反腐败工作，落实党风廉政建设责任制，没有发生违法乱纪现象；加强行风建设，对行风评议中提出的问题进行认真整改，行风管理得到进一步规范。（赵　越）

档案工作

【档案工作概况】　2008年，全市档案工作认真贯彻落实新乡九届市委第33次常委会议关于加强档案工作的意见精神，通过开展“新解放、新跨越、新崛起”大讨论活动、迎接省档案事业发展综合评估工作和档案行政执法监督检查，全市档案干部队伍建设、档案基础业务建设、档案资源建设、档案创新服务等方面都取得了明显成绩。

思想教育工作深入开展。开展“新解放、新跨越、新崛起”大讨论活动，召开专题座谈会，认真分析影响档案事业科学发展的问题，在活动中提高发展档案事业的思想认识；完善《季评工作标准》，激发单位内部活力；开展向四川地震灾区捐款捐物和文明村帮扶等活动，把文明创建工作引向深入；加强党风廉政建设，把反腐败教育寓于档案事业发展各项规定之中。

落实省“两办”《关于进一步做好新时期档案工作的意见》取得新进展。市委、市政府“两办”印发《关于进一步做好新时期档案工作的意见》（新办〔2008〕12号）（以下简称《意见》），对档案馆舍建设、档案事业经费、档案信息化建设、档案资源建设与保护等方面提出明确要求。档案事业发展综合评估列入重要工作日程，并列入市政府目标考核体系，档案业务工作扎实开展。通过协作组活动开展2007年度文件归档整理工作；开展机关、企事业单

新乡市档案局赴广东省档案局考察学习

位档案室复查、认证工作，提高档案工作规范化水平；规范100个社会主义新农村建设示范村档案工作；指导破产企业开展档案整理移交工作。档案行政执法监督检查采取新举措。成立以市委常委、秘书长杨晓捷为组长，市纪委、政法委等11个单位领导为成员的档案行政执法监督检查领导小组，对39个单位档案工作进行执法检查，成效显著。档案学术交流、教育工作取得新成绩。组织参加中国档案学会开展的档案工作者年会征文，4篇文章入选；成功举办新乡市第十七期档案专业岗位培训班，培训学员81名。档案接收征集工作有新突破。征集到抗战实物、部队抗震救灾实物档案，寄存书法家作品，收集市徽、市歌有关档案资料，接收婚姻、预审、征兵、军转等专门档案以及领导干部公务活动照片档案，改善馆藏结构，提升档案馆服务功能。

（梁艳丽）

新乡市档案局（馆）领导成员

局　　长　刘智勇

副 局 长　徐宪萍（女）　毛卫兵

档案馆馆长　梁永萍（女）

【落实河南省“两办”《意见》扎实有效】　2008年，新乡市“两办”《意见》下发后，全市各级档案行政管理部门结合各自工作实际，认真查摆、客观分析本地区档案事业发展的有利条件和不利因素，有力促进各项档案工作的开展。市委书记吴天君、市长李庆贵亲自督导新档案大楼建设；市委、市政府为市档案局增配两部轿车方便档案接收、征集等业务工作开展；市委常委、宣传部长邢亚平亲临档案局（馆）指导工作并对档案展览等项工作提出指导性意见；市人大、市纪委、市政法委等11位市直单位领导亲自参加全市档案行政执法检查和复查；获嘉县协调10多万元整修档案库房，购置密集架，改善档案保管条件，档案局（馆）工作环境有较大改变，是全市档案工作明显进步的单位；卫辉市调整档案局（馆）用房，面积由180平方米增加到2000余平方米；辉县市投资6万元扩建档案馆用房，并将每卷档案每年2元保护费列入政府年度财政预算；封丘县先后为档案局（馆）购买了密集架、电脑、复印机、数码照相机、去湿机等设备，硬件设施得到极大改善；获嘉县、延津县、封丘县、辉县市购置密集架共计63列378组，扩大馆库容量；原阳县、凤泉区成立档案工作领导小组，将档案规范化管理列入县（区）政府目标管理；卫滨区、红旗区、牧野区建立健全档案局（馆）；新乡县、辉县市增加档案馆的人员编制 。

（梁艳丽）

【档案评估准备工作】　2008年，市档案局制定印发《新乡市档案事业发展综合评估办法》，采取月计划、季小结的方式，推动此项工作开展。开展市直机关考评划类工作，实施机关、企事业单位档案规范化管理认证，机关档案室达到省级标准已验收98个；企事业单位档案管理达省部级以上标准7家；档案馆达国家二级1个（待省局验收）；认真贯彻落实国家档案局“8号令”，指导各单位编制新的《机关文件材料归档范围和文书档案保管期限表》，12个县（市、区）档案行政管理部门审批备案462个单位，市直审批备案52个单位；在市委办、市纪委、市安监局等36个市直单位、部分县（市、区）单位进行科怡档案管理软件的培训、推广和使用，档案信息化程度和管理水平明显提升；制定《新乡市社会主义新农村建设示范村档案分类归档保管期限表》，对100个行政村档案管理进行规范；印发《破产企业档案整理基本要求》，指导15家破产企业开展档案整理并及时移交；加大对涉及民生单位档案工作监督指导力度，整合资源，方便民生档案利用；开展档案管理登记和备案工作，91个市直单位、12个建设单位25个项目进行登记。（梁艳丽）

【档案执法检查】　2008年，市委、市政府印发《新乡市档案行政执法监督检查工作方案》，成立档案行政执法监督检查领导小组，分四组对12个县

(市、区)、27个市直单位档案工作进行执法检查和整改情况复查。被检单位对检查组提出的反馈意见认真记录、研究解决。新乡县以执法检查促进档案室规范化管理认证工作，取得较好效果；辉县市配合省、市档案局对辉县市公路局、房管局、水利局、工商局进行档案行政执法检查，严格把关，提高档案管理水平。　　(梁艳丽)

【档案教育培训工作】　2008年，市档案局举办“第十七期档案专业岗位培训班”、“学习贯彻国家档案局8号令”培训班、电子档案及软件使用学习培训班各1期，培训各县(市、区)档案局(馆)长、市直、新乡县、卫辉市机关档案人员400余名，档案队伍素质得到提高；参加中国档案学会组织的档案工作者年会征文，《如何提高重大建设项目档案的案卷质量》等4篇论文入选；完成《凤凰山省级森林公园建档规范研究》等2个科研项目的申报和1个科研项目计划任务；档案热点工作受到媒体关注：康熙年间两帧圣旨复印件亮相2008年度全市档案工作大会，新乡电视台对此进行了报道，全国多家网站予以转载；颁发聘书聘请参与档案行政执法检查的11位领导为“新乡市档案执法监督顾问”，受到“中国档案网”的关注；市档案局首次征集驻军抗震救灾档案资料实物，《中国档案》兰台快讯进行了登载。　　(梁艳丽)

【档案服务工作】　2008年，市档案馆接收8162卷档案，寄存书法对联4幅；新乡县档案馆接收县民政局及各乡镇民政所婚姻档案，保证婚姻档案的安全；延津县、卫滨区接收预审、征兵等专门档案20777卷；新乡县、封丘县、牧野区征集书画名人、劳模荣誉证书、《书法集》、照片等名人档案；凤泉区接收区四大班子领导公务活动照片档案、“成就展”、“摄影展”展板小样及电子文档。市馆、牧野区开展重大活动、重要事项活动现场征集。市“两办”下发《关于集中保管市级和市直各单位荣誉实物、礼品档案的通知》(新办文〔2008〕46号)，进一步规范全市重要实物档案移交进馆工作。至年底，市馆落实各单位保存奖牌23块，奖杯2个，证书2本，接收进馆国家级奖牌7块。馆藏档案规范化管理程度得到提高。辉县市完成重点档案库房的档案标准化整理和报刊、资料库房的规范化管理；封丘县开展馆藏档案普查工作，补充完善案卷目录和文件目录，更换部分档案装具，提高档案规范化整体水平；延津县对馆藏干部档案、纪检档案等进行重新整理、编目，并统一更换档案装具15000多个，新编目录43册。档案利用方便高效受称赞。全市13个国家综合档案馆全年输入案卷级、文件级目录近26万条，全年接待档案利用7000余人次，为学术研究、展览提供原始依据、为经济建设提供参考、为职工办理退休手续、为单位维护自身权益等方面发挥积极作用。市行政服务中心档案局窗口全年接待查阅咨询3000余人次，收到群众表扬信80余封。受市委、市政府委托，筹办新乡建市60周年暨改革开放30年大型展览，完成大纲的撰写和论证，通过筹办展览，征集了大量资料、实物。全市编研成果25种，18万余字，编辑《新乡市市徽、市歌诞生纪实》、《新乡土特产专辑》等，参与《新乡60年》画册、《新乡市纪检监察机关恢复重建30周年》等的编写、提供材料工作。　　(梁艳丽)

【文件归档工作】　2008年，市档案局通过协作组会议开展2007年度归档文件整理工作，为各单位档案员提供交流、学习的平台，提高文件归档质量。全市共整理归档文件186845件，其中永久80480件，汇集4489册。　　(梁艳丽)

卫　生

【卫生概况】　2008年，新乡市卫生局大力加强公共卫生、农村卫生和社区卫生体系建设，突出重大疾病防治，强化卫生执法监督，提高应急反应能力，促进中医事业发展，加强行风建设，努力解决群众关注的热点、难点问题，各项工作取得显著成效。

卫生基础设施建设进一步加强。县、乡医疗单位实施建设项目17个；自筹资金新建、改建标准化村卫生所1162个；市中心医院投资2600万元，收购东临市22中校区；市中医院争取国债资金1500万元，政府债券1000万元，用于综合病房楼的建设；市二院投资1000余万元，购买原市酱菜厂土地，用于门诊大楼建设。

新型农村合作医疗制度健康运行。2008年，全市共有412.9万农民参加新农合，全年共有221.2万人次享受新农合补助，补助资金为2.96亿元，大额资金使用率为76.36%。圆满完成2009年的筹资工作，参合率为99.07%。

便民惠民措施更加完善。各医疗机构实行门诊一站式服务，进一步规范服务标识，优化服务流程，服务效率明显提高；积极开展医疗救助活动；继续推行抗生素分级管理、用药双十制度、住院费用一日清单、门诊辅助检查结果互认等制度；进一步规范药品及医用耗材集中招标采购工作，努力降低药品价格；加大卫生支农力度，市、县两级医院共派出85名卫生技术人员，到乡镇卫生院开展对口支援。

重大疾病防治取得明显成效。加强艾滋病初筛实验室规范化管理，全市54家艾滋病初筛实验室全部达标。加强结核病防治，全年共发现并治疗管理结核病患者1638例，结核病治疗覆盖率100%，痰菌阴转率85%；强化高致病性禽流感、霍乱、流行性出血热、流脑等传染病的综合防治措施；加强规范化预防接种门诊建设。

卫生监督执法工作再上新台阶。加强卫生监督体系建设，积极探索农村卫生监督工作新机制，在辉县市开展农村卫生监督长效机制试点工作；以创建国家卫生城市为契机，食品、公共场所、饮用水、医疗机构等卫生监督工作实现新突破。职业病防治进一步加强。

重大公共卫生事件处理及时高效。加强手足口病防控，实现“无患者死亡、无疫情扩散、无社会恐慌”的防控总目标；在“问题奶粉”事件中，食用“问题奶粉”婴幼儿全部落实免费筛查、免费门诊治疗、免费住院治疗的“三免规定”；“5·12”汶川大地震发生后，市直各医疗卫生单位共捐款58.4万元，缴纳特殊党费59.5万元。先后派出60名卫生监督、疾病控制、医疗救治专家和9辆救护车奔赴灾区，圆满完成救灾防病任务。

创建国家卫生城市成绩突出。圆满完成市创卫指挥部技术指导、卫生督导、健康教育及外联等工作。认真完成卫生系统承担的创卫目标任务，各医疗卫生单位共投入资金1187万元，建设污水处理站10个，改建公共厕所57座，建立感染性疾病控制科8个、计划免疫门诊8个，改造职工食堂16个，设立健康教育宣传专栏796个，印制健康教育材料、处方799万份，硬化地面1.2万平方米，为确保新乡市创卫成功摘牌做出突出贡献。另外，连续6次荣获“全国无偿献血先进城市”称号。顺利完成新乡市第一卫生学校、新乡市卫生学校的整合工作。

（高　巧　王贵兰）

新乡市卫生局领导成员

党委书记　张　杰
局　　长　张　杰（2008年12月离）
　　　　　　贾共卫（2008年12月任）
党委副书记　李湘淑（女，2008年12月离）
副 局 长　李前民　孙　立　陈有科
纪检书记　王青梅（女，2008年12月离）

【新农合基本情况】　2008年度，共有412.9万人参合新乡市新农合，参合率96.17%，共筹集资金3.7亿元；共有221.2万人次享受农合补助，共计补助资金2.96亿元。基金历年节余23%，当年节余14.7%。基金管理、使用实现了“两高一低”的目标，即补偿比例明显提高，由2007年的28.31%提高到37.44%；人均补助费用提高，由2007年人均补助723.73元提高到942.45元，提高30.22%，农民得到更大的实惠；全市人均医疗费用降低，由2007年的2556.88元降为2517.12元。病人流向、基金流向实现两个80%，即80%的病人和新农合基金流向县、乡、村三级医疗机构。

（任晓宇　杜慧芳）

【调整新农合补偿办法】　2008年，新乡市不断增强县（市、区）自主调节能力，科学调整补偿办法。2008年国家参合农民的筹资标准由50元提高到100元。科学调整补偿办法：一是封顶线由原来的1万元提高到3万元。二是针对儿童住院费用相对较低的特点，报销起付线在同级定点医疗机构规定的报销起付线基础上降低50%。三是对参合孕产妇计划内住院分娩补助由60元提高到100元～150元。四是鼓励和引导参合农民利用中医药服务。县级以上（包括县级）中医医院报销起付线在规定的同级医疗机构报销起付线基础上降低100元，同时，中医药服务费用报销比例提高10%。五是进一步解决部分参合农民患特殊病种大额门诊医疗费用负担过重问题。将门诊慢病报补比例由20%提高到30%，同时扩大门诊慢病范围到14种。

完善结核病人补偿办法。对城区参合结核病人门诊就医实行定额补助。城区参合结核病人每年门诊总费用（免费项目除外）超过400元时，定补

400元；400元以内，按实际费用补助。

制定基金财务管理办法。市卫生局和市财政局联合出台《新乡市新农合基金财务管理办法》，规范基金管理拨付。（任晓宇　杜慧芳）

【规范监督管理】 2008年，规范监管部门工作。细划、量化对县（市、区）各部门考核的标准。加强医疗机构监管。规范乡级医疗机构管理，出台5项措施：一是规范乡镇卫生院服务站人员管理；二是规范服务站操作程序；三是规范乡镇卫生院质量管理体系，控制住院费用上涨；四是规范病历、处方管理；五是规范“一日清单制”。加强城市医疗机构管理。把控制医疗费用作为加强城市医疗机构监管的重点，采取了10项措施。规范承办机构行为。制定下发对承办机构的百分考核标准，抽查各县（市、区）50%以上的县、乡级医疗机构报补网点和服务站。进一步明确参合农民报销程序，公示报补结果，细化量化承办机构服务质量。

（任晓宇　杜慧芳）

【惠民病房、单病种最高限价和抗生素合理应用】 2008年，在继续实行各级医院各种影像、医技检测结果相互认可的同时，着力开展惠民病房、单病种最高限价、抗生素合理应用工作，在部分二级以上医院设立惠民病房（床），对残疾军人、烈士父母城市低保人员、农村五保户执行医疗费用减免政策等。全市共设置惠民病床433张，共收治济困对象4855人次，减免医疗费用205.32万元。限价病种由88种扩展到100种，全年共收治病人3957人次，为患者节约医疗费用136.98万元。加强抗生素药物合理应用督导检查。先后对22家医院抗生素药物临床不合理应用进行检查，共查病例650份，对不合理用药的医务人员按规定进行处罚和教育。（张　印）

【食用含三聚氰胺三鹿奶粉婴幼儿泌尿系统结石症医疗救治】 2008年，食用含三聚氰胺三鹿奶粉导致婴幼儿泌尿系统结石重大事件发生后，市卫生局立即启动应急预案，安排部署新乡市的筛查和医疗救治工作，加强领导，明确任务，强化措施，督导检查，确保此项工作有序高效开展，并按政策严格落实免费筛查、免费门诊治疗、免费住院治疗的“三免规定”。全市食用“问题奶粉”婴幼儿全部都得到筛查。严格执行省卫生厅零报告和日报告制度，没有重症病例和死亡病例。（张　印）

【采供血工作】 2008年，采供血服务能力提高。全年采血32479人次，比2007年增长6.75%，采血量69485单位，增长6.9%，其中机采成分血1650个治疗量，增长9.7%，100%来自无偿自愿献血。农村无偿献血24345人次，占采血总人次的77%；400毫升采血31386人次，占采血总人次的99%。向医疗临床供血总量141820单位，增长11%。血液分离率99%；完善质量管理体系，血液质量得到保证；创新无偿献血宣传教育机制，营造全市“奉献热血、关爱社会”的良好的献血氛围。利用各类媒体对无偿献血知识和无偿献血的典型人物和事例及时进行报道和宣传，开展农村普法教育无偿献血送电影到农村活动，对全市2518个无偿献血奉献奖先进个人和29个先进单位进行表彰。积极开展无偿献血者志愿服务工作，建立2支新的应急大学生无偿献血队伍。巩固稀有血型队伍和机采队伍及无偿献血应急单位的发展，在新乡市平安公司举办“新乡市首家无偿献血应急单位挂牌仪式”。认真做好无偿献血者信息反馈工作，反馈率达到100%。落实季度无偿献血者满意度调查工作制度，做到收集及时、整理到位，分析深刻，报告及时。2008年12月，新乡市第六次荣获由国家卫生部、红十字总会授予的“全国无偿献血先进城市”奖，全市348名无偿献血者同时获得“全国无偿献血奉献奖金、银、铜奖”，其中金奖116名。（张　印）

【120急救网络建设】 2008年，新乡市所辖八县（市）均已建成120急救指挥中心。八县（市）120急救指挥系统中心高度设备升级软硬件改造全部完成，并实现全市系统联网；加强急救技能培训和竞赛，提高院前急救水平。举办“新乡市厂矿企事业单位急诊急救培训班”，培训急诊急救医护人员百余人，使新乡市实现从市级医院到乡村卫生院、厂矿医院、社区服务站均有医护人员接受过规范的急救知识、技能培训，培训辐射“纵向到底、横向到边”；定期组织检查，促进急救工作的开展。定期组织专家，对全市加入120网络的29个急救站进行检查考评，及时发现并整改存在的问题，使新乡市的急救服务体系进一步规范，医疗救治水平进一步提高，增强对突发卫生事件的应急救治能力。

（张　印）

【艾滋病医疗救治】 2008年，市卫生局加强艾滋病救治信息管理工作，定期对各县（市、区）信息员开展培训，认真填写核对艾滋病救治信息，保证及时、准确、可靠上报，为领导、决策提供科学依据。组派医疗队深入农村帮助开展艾滋病诊疗工作。全市共组织6支城市医院对口帮助单位和19支县（市、区）级巡诊医疗队，对口帮助县（市、区）和乡（镇）开展艾滋病诊疗工作，进驻艾滋病定点救治乡（镇）卫生院开展诊疗工作。加强在定点机构接收治疗的艾滋病病人的管理。加强艾滋病医疗救治专家和定点医疗机构救治人员的培训。定期组织专家对县（市、区）卫生局和各级艾滋病定点救治医疗机构的组织机构管理、医疗治疗管理、护理质量管理、感染预防与控制管理、医疗救治终末质量管理进行督导检查，及时发现存在问题并督促整改，促进艾滋病医疗救治工作科学、规范、有序开展。

（张　印）

【全省卫生法制与监督工作会议在新召开】 2008年，新乡市卫生监督工作取得显著成绩。辉县市率先在全省开展农村卫生监督工作长效机制试点工作（辉县市卫生监督所在7个乡镇设立卫生监督派驻站）；新乡市县城以上餐饮单位实施了卫生监督公示制度。为推广新乡市经验，2008年4月11日，全省卫生法制与监督工作会议在新乡市召开，河南省卫生厅副厅长黄玮、新乡市政府副市长杨书廷参加会议。黄玮对新乡市开展的农村卫生监督长效机制试点工作和餐饮业实施卫生监督公示制度给予充分肯定。

（闫建明）

【卫生监督执法案件获奖】 在省卫生厅组织的2008年全省卫生监督执法查办案件“百案评奖”中，新乡市的“河南华能氟业有限公司职业卫生违法案”获二等奖，“某门诊部超范围执业和使用非卫生技术人员案”获三等奖。

（闫建明）

【医疗机构年度校验】 2008年，市卫生监察大队组织医疗、护理、院内感染控制专家组成评审组，严把医疗机构评审标准、对全市范围内的152家乡镇卫生院，114家个体诊所及5家民营医院进行评审校验，换发《医疗机构执业许可证》，并对新乡县、长垣县两个扩权县的乡镇卫生院管理情况进行督导。按照《麻醉药品和精神药品管理条例》的规定，对7家符合条件的医疗机构颁发麻醉药品、精神药品购用印鉴卡。

（王　悦）

【卫生违法案件查处】 2008年，市卫生监察大队共接到上级批办的涉及医疗机构违法执业的案件17起，其中省厅批转件4件，“市长信箱”来访件3件，信访件3件，其它7件。对违法违规严重的4家医疗机构进行立案查处，罚款。

（王　悦）

【手足口病疫情控制】 2008年4月26日，安徽阜阳发生手足口病疫情后，新乡市及时成立了新乡市手足口病防控工作政府领导小组，加强全市的防控领导工作。在防控工作中，市卫生局采取病例排查、定点治疗、分类救治及个案流调、现场消杀、技术培训、健康教育等10项措施有效控制了疫情。全市共报告手足口病病例320例，均为散发，在全省位于低发水平，达到了“无患者死亡、无疫情扩散、无社会恐慌”的防控总目标。手足口病防控期间，全市各级财政投入55万元，印制宣传单89.3万份，指定11家医院为手足口病定点医院，培训各级技术人员11100人次，排查发热出疹病人1289人，累计为28万户居民家庭进行了消毒处理，消毒面积达8400万平方米。

（司国安　李学玲）

【结核病纳入新型农村合作医疗补偿范围】 5月1日，新乡市新型农村合作医疗领导小组办公室下发《关于新乡市城区门诊结核病人实行定额补助的通知》，将市区参合农民在市结核病防治所门诊就医所发生的费用纳入补偿范围，实行定额补助：每例结核病人每年门诊总费用（免费项目除外）超过400元时，定补400元；400元以内，按实际费用报销。

（司国安　李学玲）

【流感疫苗群体接种】 保护易感人群，防止因流感流行引起人群住院率和死亡率升高，按照“预防为主，减少疾病”的原则，11月份，在市区公务员、职工、老人、幼儿和学生中开展流感疫苗接种工作。对享受公务员医疗补助的全体人员、参加城镇职工及居民基本医疗保险的65岁以上（含65岁）人员进行免费接种，对参加城镇居民基本医疗保险的3～15岁幼儿和学生进行优惠价接种。

（司国安　李学玲）

【农村乡（镇）卫生院、室建设】 2008年，乡（镇）卫生院争取建设项目20个，总建筑面积17790平方米，投资1215万元。乡镇卫生院装备项目51个，总投资455万元；先后有卫生技术人员528人参加省级培训，极大提高乡镇卫生院医疗技术水平。争取上级财政专项补助资金120元，每个村卫生室补助1万元，市、县配套资金120元，在新乡县、辉县各建60所标准化村卫生室，共计120所。10月底前已全面完成建设任务，并通过省厅基层卫生工作专项检查，已全部投入使用。2008年新增中央预算投资计划新建标准化村卫生室28个，总投资84万元，建筑面积1680平方米，正在施工建设中。（刘红霞　乔红艳）

【城市社区卫生服务建设】 2008年的社区卫生服务的重点是加强内涵建设，增强服务质量。经检查评审，牧野区北干道办事处、花园办事处社区卫生服务中心，红旗区向阳办事处南苑社区卫生服务站，被推荐为市示范社区卫生服务中心（站）。各社区卫生服务中心（站）为居民上门服务4.54万人次；建立家庭健康档案16.52万份、居民个人档案49.56万份；举办“社区健康大讲堂”，倡导健康生活方式，进行社区健康教育讲座614次，参加人数为5.18万人。争取国家和省级补助资金共计696万元，用于社区卫生医疗机构的建设和公共卫生服务，一定程度上缓解社区卫生服务机构的人员培训、设施建设、设备购置等资金短缺问题。9月22日，举办社区卫生服务管理培训班，聘请全国知名的社区卫生服务专家张晓林教授进行专题讲座。（刘红霞　乔红艳）

【基层妇幼保健工作】 2008年，市卫生局争取项目资金146万元，在封丘县、原阳县进行试点，加强对农村贫困的孕产妇家庭的医疗救助；并争取到2008年新增中央预算内投资计划35万元，用于两个县的妇幼保健院购置设备。至年底，两县共救助孕产妇13998人，补助金额共计125.16万。2008年，婴儿死亡率、5岁以下儿童死亡率、孕产妇死亡率分别由2005年的12.16‰、13.26‰、41.12/10万下降至4.54‰、5.16‰、6.79/10万；7岁以下儿童保健管理率、住院分娩率、农村孕产妇住院分娩率、孕妇产前医学检查率、孕产妇系统管理率分别由2005年的84％、89％、89％、85％、85％上升至86％、96％、94％、94％、87％；农村高危孕产妇住院分娩率已持续三年为100％。卡介苗、脊灰疫苗、百白破三联制剂、麻疹、乙肝等疫苗接种率已接近100％。（刘红霞　乔红艳）

【中医基础建设】 2008年，辉县市中医院投资2500万元、建筑面积10152平方米的新病房大楼投入使用；长垣县中医院征地64亩总建筑面积20000平方米的门诊楼、病房楼、医技楼全部竣工并已整体搬迁使用；延津县中医院完成整体搬迁，新的中医院病房楼设计规模3层半，建筑面积4180多平方米，投资220多万元，完工投入使用；封丘县中医院进行基础设施改造和设备配备，进一步提高服务能力。积极争取第二批中央补助地方中医药部门公共卫生专项建设项目。新乡市在中医特色专科、急诊急救、中药房及适宜技术推广4个项目中共有14个项目单位立项。（李学玲　徐　慧）

【医院管理水平提高】 2008年，市卫生局贯彻落实卫生部、国家中医管理局“以病人为中心，以提高医疗服务为主题”的医院管理年活动。依据《河南省中医医院管理评价标准》和省中医管理局统一部署，10月，省专家组对新乡市中医医院进行评价验收。在2008年年度管理评价中，长垣县中医院、辉县市中医院综合得分在900分以上，原阳县中医院、获嘉县中医院综合得分在800分以上。辉县市中医院中医特色得分在市级以下二级中医院中排名第一。（李学玲　徐　慧）

【医药人才培养】 2008年，市卫生局组织完成第四批全国名老中医药专家学术经验继承指导老师及继承人遴选工作，新乡市2位学术继承人进岗学习。全省15名主任医师入选第二批全国优秀中医临床人才研修项目新乡市入选1名。积极参与全省名中医评选工作，新乡市3名专家入围。开展全市中医药知识技能大比武活动，55名复赛选手参加全市中医药知识竞赛，11个代表队参加4个项目的中医药技能比武，经过比赛对优胜者进行表彰。完成127名乡镇卫生院中医人员培训、11名全科医师培训及86名中医住院医师规范化培训等工作，全年共培训中医人员321名。（李学玲　徐　慧）

【医学科研】 2008年，新乡市卫生系统共承担科研课题46项，获科研成果奖15项，参与科技计划项目活动的总人数达到1000余人次，大部分科研项目的研究水平达到省内先进水平。全市卫生系统共发表学术论文431篇，其中国家级307篇，省级124篇。新乡市妇幼保健院生殖医学中心开展的“夫精人工授精”技术于2008年12月通过河南省卫生厅专家组的验收，成为新乡市被批准从事“夫精人工授精”工作的第一家市级医院。　（王晓飞）

【整合卫生资源】　2008年，根据《新乡市市区教育资源整合方案》文件精神，筹备设立新乡医学高等专科学校，打造中原高级卫生技术人才培训基地，按照“优化配置、优势互补、合理布局、积极稳妥”的原则，整合新乡市卫生学校与新乡市第一卫生学校。新整合的新乡卫生学校以培养农村卫生人才为方向，以提高办学层次为目标，以增强综合实力为核心，以促进学生全面发展为根本，培养高素质卫生技术人才，努力争取实现2010年升入医学高等专科学校的目标。　（王晓飞）

【加强医学会组织建设】　2008年，成立泌尿外科专业委员会，对呼吸专业委员会进行换届。为省医学会推荐各专业委员会委员40名，所涉及的专业委员会有微生物与免疫学、检验学、放射学、医学教育、医学工程、卫生学、老年医学、肾脏病、普通外科、麻醉、消化、口腔、创伤、感染病、肝脏病、耳鼻喉、影像、内科、麻醉、泌尿外科、医学科学普及、呼吸、医院药学。为省医师协会推荐麻醉、病理、儿科、放射、急诊复苏、胸外科等专业委员会委员12人。为省护理学会推荐消毒、护理管理、血液净化、传染病、介入、造口、伤口失禁等专业委员会委员7人。11月18日，新乡市医学会第八届会员代表大会召开，选举产生了八届理事会、常务理事会，审议通过《新乡市医学会会员管理办法》、《新乡市医学会专业委员会管理办法》。

（刘纪青）

【医学学术活动和专题培训】　2008年，举办国家级（Ⅰ类）继续医学教育项目：内分泌与代谢临床进展学习班（Ⅱ期）；省级（Ⅰ类）继续医学教育项目：第二届呼吸专业委员会会议及学术研讨会、第一届泌尿外科及男科专业委员会会议及学术研讨会、急诊医学新进展与急救技术培训班、心血管疾病新进展学术研讨会、风湿病诊治新进展学术研讨会等各类学术研讨会、学习班。邀请中华医学会泌尿外科分会腔内学组副组长、解放军301总医院张旭教授；中华医学会内分泌专业委员会委员、河南省内分泌专业委员会主任委员赵志刚教授；河南省医学会心血管专业委员会主任委员黄振文教授；河南省医学会呼吸专业委员会主任委员马利军教授等国内、省内各专业委员会主委、副主委，知名专家、教授50余人次，本市专家90余人次开展讲座、授课，培训医务人员14500余人次。　（刘纪青）

【继续医学教育工作】　2008年，新乡市申报国家级（国Ⅰ类）项目1期、专家评审通过（国Ⅰ类）1项，申报省级继续医学教育项目16项，省专家评审通过（Ⅰ类）11项，申报市级继续医学教育26项，市专家评审通过（Ⅱ类）23项。共举办学术会议60期，省级（Ⅰ类）项目12期、市级（Ⅱ类）项目48期。参加继续医学教育培训人员国家级（Ⅰ类）项目850余人，省级项目（Ⅰ类）3000人次，市级项目（Ⅱ类）12850人次。新乡市继续医学教育目标人群市级总人数4264人，经审核1566人完成继续医学教育学分。县级总人数5296人，经审核3482人完成继续医学教育学分。　（刘纪青）

【医疗事故技术鉴定】　2008年，全年共收到医疗事故技术鉴定委托70例。其中，卫生行政部门委托31例（县级11例、市级20例）；法院委托33例；医患双方共同委托6例。依条例共鉴定47例（不含07年转鉴定8例），中止9例、终止5例、待鉴定9例。医疗事故技术鉴定中，不属于医疗事故37例，属于医疗事故10例，其中，一级甲等3例；一级乙等1例；三级乙等1例；三级丙等1例；三级戊等1例；四级3例。责任程度分别为：主要责任2例，次要责任5例，轻微责任3例。　（刘纪青）

【市红十字会开展抗震募捐工作】　“5·12”汶川地震发生后，市红十字会迅速制定并启动募捐应急预案，在全市大力开展抗震救灾募捐活动。共募集资金1081万元，物资560余万元，款物合计1640余万元。同时登记建立一支救灾应急队伍约800余人，无偿献血应急队伍3000余人。募集款物数额位列全省红十字系统第三名。7月1日，新乡市红十字会获得市委、市政府颁发的“新乡市抗震救灾工

作先进集体”称号。 （马 云）

【新乡市被命名为国家卫生城市】 创建国家卫生城市工作，是市委、市政府2008年的中心工作。一是健全组织，加强领导。调整创建国家卫生城市领导小组，成立创建国家卫生城市指挥部，由市委副书记、市长李庆贵任指挥长。成立综合协调组、技术指导外联组、宣传及健康教育组、效能监察组、督导组（包括：城建组、卫生组、涉农组等），全面协调、指导、督察创卫工作。市爱卫办由副处级升格为正处级规格，各区爱卫办升格为正科级规格。二是按照标准，细化责任。市爱卫办根据《国家卫生城市标准》，把创卫任务分解到各个成员单位，各成员单位主要领导分别和市政府签订创卫目标责任书，使各责任单位工作有目标，任务有时限。三是提高认识，吃透标准。市爱卫办通过聘请省专家对《国家卫生城市标准指导手册》释义讲解及参与国家卫生城市考核验收的经验交流，使参与创卫的工作者对《标准》有了更清晰的认识。四是加大技术指导，制定达标要求。市爱卫办印制《新乡市创建国家卫生城市工作手册》2000本，制定《新乡市行业达标要求》等，下发到各有关部门和行业。市爱卫办还邀请省专家组多次到新乡指导创卫工作。五是加强督导，强力推进。市创卫指挥部督导组，对各区、各单位、各行业的创卫目标进行全方位、无缝隙、全覆盖的督导检查，并实例会制。下发《督办通知》、《警示通知》，并跟踪检查，对不能按时整改到位的单位进行曝光。新乡市创建国家卫生城市工作，于2008年7月30日通过全国爱卫办组织的技术评估；10月28日通过全国爱卫办组织的考核鉴定；12月15日被全国爱卫办命名为国家卫生城市。

（张 强）

【开展第二十个爱国卫生月活动】 2008年4月是第二十个爱国卫生月，新乡市爱卫会及时下发《新乡市爱卫会关于开展2008年爱国卫生月活动的通知》，对全市的爱国卫生月活动进行安排部署，以“创建国家卫生城市，改善人居环境”为活动主题，以治理环境卫生、控制病媒生物、确保群众身体健康、促进和谐社会建设为目标，以争创国家卫生城市为契机，利用电视、报刊、黑板报、橱窗、横幅等形式开展多种多样的宣传活动，广泛发动群众，营造浓厚氛围，再一次掀起环境综合治理新高潮，并延伸到县乡、村镇。市内各区广泛开展全民参与的义务卫生大扫除活动，对车站、铁路沿线、河渠坡岸、街道、公园广场、集贸市场、居民楼院、背街小巷、城乡结合部、城中村及周边的环境极其房屋顶部卫生进行彻底清理，重点整治背街小巷、集贸市场、城中村和城乡结合部的卫生死角。同时做好卫生宣传工作，做到人人讲卫生，人人爱卫生，有效落实“门前三包”和门内卫生达标责任制，创造良好宜人的工作和生活环境。在1个月的时间内，参加义务劳动约65万人次，清运垃圾约12万吨，整治背街小巷635条，整治集贸市场52个，治理城中村95个，清理卫生死角4350处，城市的卫生面貌得到极大改善。 （祁新明 张 强）

【健康教育活动】 2008年，市卫生局把提高居民健康知识知晓率和健康行为形成率作为健康教育的出发点和落脚点。爱卫办以创建国家卫生城市为契机，充分利用电视台、广播电台、各大报纸等，广泛开展全民健康教育活动，各机关、团体、学校、企、事业等单位，利用影视媒体、讲座、宣传专栏、宣传页、板报等形式宣传各种健康知识和卫生防病知识，努力提高全市人民的健康知识知晓率，促进健康行为的形成。大力推进中央文明委和全国爱卫会联合开展的“讲文明、讲卫生、讲科学、树新风”活动，促进广大群众逐步养成良好的卫生习惯和健康文明的生活方式。市爱卫办指导新乡电视台每周播1期“生活与健康”、新乡教育电视台每周播2次《卫生与健康》节目、新乡广播电台开办《创建国家卫生城市》和《家庭医生》专栏。新乡日报社、新乡电视台、新乡广播电台共刊登播放卫生知识稿件3000余篇；在各社区、公共场所、主次干道、繁华地段设立健康教育宣传栏6000余块，每月更换内容；各区、各单位编印《健康知识问答》20多万本，宣传页100万张，免费发放到广大居民手中。

（李新荣）

【加大环境整治，降低病媒生物密度】 2008年，市卫生局制定《新乡市病媒生物防治管理办法》，明确病媒生物防治工作的责任、义务、权力，为病媒生物防治提供法规依据。进行养殖场、废品收购站搬迁，旱厕改造提升、沟渠治理、封闭垃圾道、清除积存垃圾等，整治病媒生物孳生地。通过病媒生物孳生地的有效治理和大量的药械投入，病媒生物密度得到有效控制，并顺利通过全国爱卫办对新乡市创建国家卫生城市的考核验收。

（祁新明　张　强）

【农村改厕工作】　2008年，新乡市改厕工作围绕国家卫生城市创建这一中心，在长垣县、获嘉县的农村广泛展开。争取改厕项目2000户，中央改厕资金70万元。下发《新乡市爱卫办关于开展农村改水改厕工作的通知》，制定新乡市农村改厕技术方案，同时加强对两县农村改厕工作的督导检查。

（祁新明　张　强）

【卫生先进创建工作】　2008年，以创建国家卫生城市为载体，将各项创建活动不断引向深入。全市200多个单位提出申请，要求申请创建省级或市级卫生先进单位，经过考核验收，有112个单位基本符合省级卫生先进单位标准，推荐到省爱卫办进行表彰命名，成为省级卫生先进单位，49个单位被命名为市级卫生先进单位。至年底，新乡市共有省级卫生先进单位616个，国家卫生县城1个，省级卫生城市1个，省级卫生乡（镇）3个，市级卫生先进单位237个。

（祁新明　张　强）

2008年新乡市卫生系统荣获奖项

先进集体

全省卫生监督工作先进集体

新乡市卫生监督检验所

辉县市卫生监督所

红旗区卫生监督所

河南省卫生系统职业卫生技术服务工作先进集体

新乡市职业病防治研究所

河南省卫生系统职业健康检查工作先进集体

辉县市疾病预防控制中心

新乡县疾病预防控制中心

先进个人

河南省卫生系统职业病防治工作先进工作者

周世义　崔守明

全省卫生监督工作先进工作者

闫建明　张之毅　周　伟　刘　伟　徐文华

张冰洁　杨玉新　王明文　郭俊云　李　黎

王治国　勾启鹏　牛长青　付善勇

体　育

【体育概况】　2008年，体育工作以中共中央、国务院《关于进一步加强和改进新时期体育工作的意见》精神为指导，贯彻落实科学发展观，充分发挥体育在四个文明建设中的作用，努力抓好体育训练和竞赛工作，认真搞好全民健身活动，较好地完成各项工作任务。

认真落实《全民健身计划纲要》工作任务，大力开展全民健身活动，以此带动“五个百万人群”活动的深入开展，把科学文明、健康向上的体育健身活动做为先进文化的重要载体，积极建立社会化群众体育组织网络，深入开展“全民健身周”活动，致力于建设“全民健身工程”，在全市城乡广泛开展“新时尚”全民健身活动，群众健身环境不断得到改善。结合生态文明村建设，积极推进生态文明村的健身园建设，实施农民体育健身工程，做好生态文明村公共体育场地设施建设工作。

坚持“全民健身与奥运同行”，积极宣传和普及奥林匹克知识和体育科普知识，组织开展2008年新年群众登高长跑健身活动。组织举办新乡市第九届运动会，组织开展新乡市“全民健身月”开幕式暨新乡市第八届老年人运动会，市县级干部篮球、乒乓球赛，市青少年航空模型锦标赛，市周末篮球联赛，市直工委运动会等。2008年举办各级社会体育指导员培训班6期，培训国家二级社会体育指导员157人。在新乡市实施的150个农民体育健身工程和500个生态文明村建设中，每个行政村均发展培养了2至3名社会体育指导员。

积极组织、组队参加全国、省各项目青少年比赛，扎实推进年度各项竞赛工作。组织承办2008年全国中学生女子排球锦标赛，组队参加河南省各项目少年锦标赛、冠军赛以及苗子赛等比赛，并在比赛中取得良好成绩，新乡市少年男女子排球队取得前三名的好成绩。全年共获金牌21枚，银牌13枚，铜牌31枚，同时向省专业运动队输送11名优秀运动员。

充分利用现有场馆，积极培育体育健身娱乐市场，将场馆公开对社会开放，组织吸引更多的人参加体育锻炼和娱乐。各运动场馆长期坚持“体育竞技为龙头，全民健身为基础，商业市场为依托，第三产业为补充”的发展思路，以体养体，面向社会，走入市场，创办电子大市场和下岗职工解困市场，推动新乡经济发展。搞好体育产业开发，不断开拓体育市场，扩大体育消费需求。组织协办比干诞辰3100周年演唱会、2008年新乡市春（秋）两季房地产交易会、2008年春（秋）季车展、秋季人才交流会、知名企业的产品展销会等等，通过对活动主办方高质量的服务，使得场地租赁费相应提高，促进新乡市体育产业的发展。2008年新乡市体育彩票抓住机遇，以服务为基础、市场为导向，全年销售体育彩票1.4亿元，排全省第二位，单机销量排全省第一位。　（闫　勇　董文轩）

新乡市体育局领导成员

党组书记　局长　刘贵生（2008年12月离）
南国良（2008年12月任）
党组副书记　武小功
副　局　长　王建华　贯　君　魏延军
张惠敏　赵朝阳
纪检组长　熊星火

【新乡市体育工作会议召开】　3月14日，新乡市体育工作会议召开。各县（市、区）体育（教文体）局长和主管体育工作有关负责人，以及市体育局直属二级机构代表近百人参加会议。市体育局局长刘贵生总结回顾了2007年体育工作，分析了体育战线面临的形势和任务，并对2008年全市体育工作进行部署。　（闫　勇　董文轩）

【新乡市体育代表队取得好成绩】　2008年，新乡市体育局根据省体育局2008年竞赛计划工作安排和2010年省十一运会总则的要求，组织人力对新乡市参赛省十一运会项目各年龄组的运动员资格进行参赛资格认定。全市200名运动员被省体育局确认为省十一运会运动员资格。2008年，新乡市体育代表队参加河南省各项目少年锦标赛、冠军赛以及苗子赛等比赛，少年男女子排球队取得前三名的好成绩。全年共获金牌21枚，银牌13枚，铜牌31枚，同时向省专业运动队输送11名优秀运动员。

（闫　勇　董文轩）

【新乡市第九届运动会召开】　新乡市第九届运动会于10月17日召开。市九运会比赛共设篮球、排球、男子足球、田径、乒乓球、游泳、羽毛球、射击、中国象棋、武术、拔河等11个比赛项目。全市各条战线50多个代表团3000多名运动员参加本次运动会。封丘县获县（市、区）成年团体组总分第一名，市教育局获市属成年团体总分第一名，红旗区获青少年金牌榜第一名；并授予新乡市委办公室等15个代表团“优秀组织奖”，辉县市等10个代表团“体育道德风尚奖”称号，新乡市公安局等12个单位“特殊贡献奖”。　（闫　勇　董文轩）

【体育传统项目学校基础工作】　2008年，深化体教结合，拓宽后备人才培养渠道，抓好体育传统项目学校基础工作，充分发挥竞赛的杠杆作用，全面推进业训工作。与市教育局结合，共同研究对全市体育项目布局、结构，使传校管理工作规范化、制度化、科学化，推动学校体育健康发展。为全面贯彻落实“以训促赛、以赛带训、赛训结合”的工作思路，举办迎奥运“体彩杯”中小学生田径、乒乓球、篮球、排球、足球竞标赛及选拔赛，推动学校体育的健康发展。　（闫　勇　董文轩）

【2008年全国中学生女子排球锦标赛在新举行】
2008年全国中学生女子排球锦标赛在新乡市举行。来自香港、北京、上海、重庆等26支省、市代表队近400人参加比赛。这次全国中学生女子排球锦标赛在新乡市举办，提高了新乡市的知名度，为新乡市创建全国文明城市锦上添花。（闫　勇　董文轩）

【**群众体育工作**】　2008年，新乡市群众体育工作按照《全民健身计划纲要》总体要求，加大群体工作力度，大力开展以“全民健身与奥运同行”为主题的系列群众体育活动。年初，组织开展“全民健身与奥运同行”2008年新乡市新年群众登高长跑健身活动。市区组织万人长跑比赛，各县（市）体育（教文体）局分别组织长跑、登山、冬泳、健步走、太极拳（剑、扇）篮球等丰富多彩的特色体育活动。春节期间，市体育局与市文明办、市农业局联合在全市城乡广泛开展“全民健身与奥运同行”活动。元宵节期间，在万仙山景区举办市登山滑雪健身活动，参与活动3000余人次。

组织开展“全民健身月”活动。为继续唱响“全民健身与奥运同行”主题，促进新乡市实施《全民健身计划纲要》二期工程第一阶段各项目标任务实现，营造“迎奥运、讲文明、树新风”的浓郁社会氛围，充分发挥群众体育在构建社会主义和谐社会中的主要作用，组织开展一系列大型群众体育活动。市县级干部篮球、乒乓球赛，市“全民健身月”开幕式暨新乡市第八届老年人运动会，市青少年航空模型锦标赛，市周末篮球联赛，市直机关运动会先后举办。

大力开展具有地方特色的群体活动。组织封丘县朱元寨村、新乡县京华村参加首届中国小康村篮球赛华东区比赛，朱元寨村获得亚军，组队参加CBO中国业余篮球公开赛，新乡代表队获得冀翼组第四名。组织举办封丘县朱元寨村篮球馆开馆暨河南省篮球邀请赛。组织举办全国百县千村健身气功展示活动。

举办新乡市“移动杯”乒乓球赛和“行长杯”乒乓球赛。组队参加省体育局主办的车模、海模和无线电定向锦标赛。　（闫　勇　董文轩）

【**农村体育工作**】　2008年，新乡市农村体育工作以“全民健身与奥运同行”为主线，以“活动与建设并举，重在建设”为原则，以实施“农民体育健身工程”为重点，紧紧抓住社会主义新农村建设良机，落实“农民体育健身工程”项目，成立“农民体育健身工程”领导小组，明确有关部门的责任分工，采取检查、评比、评估、建档等有效手段，发挥地方政府实施主题作用，将“农民体育健身工程”纳入新乡市建设和谐生态新农村的总体规划，会同有关部门加强农村体育组织建设和农村体育活动的开展，推动全市农村体育工作的发展。市体育局出资150万元为500个行政村每个村配套3000元购置室外篮球架1副。要求各行政村根据自身情况自建1个篮球场。市体育局出资450万元对150个有条件的行政村扶持建设公共体育场地设施。新乡市高度重视农民体育健身工程，年底省体育局在下拨河南省农民体育健身工程“以奖代补”体育器材中，给予新乡市50套“一场两台”农民体育健身工程的奖励。　（闫　勇　董文轩）

【**体育设施建设和全民健身活动**】　2008年，新乡市加大对公益性文化体育事业投入，加强重大体育基础设施建设。着重搞好体育进社区活动，为社区建设安装配套健身器材。新建社区建成一个，投入一个，每个新建社区投入资金2万元。对原有健身场地和器材进行维护和整修，提高其完好率和使用率。全年对前期全省安装的路径工程器材淘汰更新36件，价值15万元，为农村场馆建设解决50万元建设经费。

搞好国民体质测试和社会体育指导员工作。建立和完善社区国民体质测试站（点），有计划的组织市民开展体质测试，指导科学健身，按照国家、省颁布的国民体质监测指标，全市国民体质测定人数达19960人。

加强社会体育指导员培训工作，大力发展社会体育指导员，不断壮大市体育骨干队伍。举办各级社会体育指导员培训班3期，培训国家二级社会体育指导员157人，全市二级社会体育指导员已达3000余人。在全市实施的150个农民体育健身工程和500个生态文明村建设中，每个行政村均发展培养2至3名社会体育指导员。全市已基本形成以政府为主导，各级各类体协为主线，社会体育指导员、活动辅导员为主体的全民健身组织网络。

（闫　勇　董文轩）

【开放公共体育设施】　按照《新乡市人民政府办公室关于公共体育设施对公众开放的实施意见》，要求机关、企业、事业单位、社会团体和其他组织的公共体育设施应当开放。2008年，市体育局要求各部门的公共体育设施以及其他对外开放的体育健身设施，体育健身器材质量符合国家规定的标准并建立维修、保养制度，保持体育健身设施完好，加大体育资源共享，提高体育场馆资源利用率，切实为群众服好务。（闫　勇　董文轩）

2008度新乡市体育系统荣获奖项

先进集体

2008年全国全民健身活动先进单位

新乡市体育局

新乡市老年人体育协会

全国百大公园和百县千村健身气功系列展示活动河南省优秀组织奖

新乡市体育局

河南省全民健身先进单位

新乡市体育中心

长垣县体委

河南省健身气功优秀活动站点

新乡市长虹健身气功辅导站

新乡市常青树健身气功辅导站

2008年春节期间“全民健身与奥运同行”活动先进单位

长垣县体委

封丘县体委

先进个人

全国深受群众喜爱的社会体育指导员

张　静　武桂芳

文化产业投资

【文化产业投资概况】　新乡文化产业投资有限公司是根据新乡市投资体制改革的需要和省八次党代会关于实施文化强省战略的要求，于2008年1月16日成立的政府性投资公司。公司注册资本2亿元，系按照《公司法》有关规定设立的国有独资公司。公司主要承担新乡文化产业发展的融资服务、项目建设、资产经营、资本运营等职能。公司突出投融资主体功能，使金融资本和产业资本有机结合，通过资金投入和改造提升引领新乡文化产业上规模、上水平，实现又好又快发展。新乡文化产业投资有限公司遵循“依法、规范、务实、求效”的发展理念，以文化强市为目标，积极开展投融资业务，对多家企业进行股权投资，平台效应初步显现。2008年7月，省文产办发简报对新乡文化产业投资有限公司经验进行详细介绍。9月，新乡文化产业投资有限公司被市委、市政府评为新乡文化产业发展先进单位。（李慧敏）

新乡文化产业投资有限公司领导成员

董　事　长　李宝琴（女）

总　经　理　焦祥贵

监事会主席　李小旗

【公司组建】　2008年，市政府通过两次注资向公司划拨资本金共8860万元。公司制定董事会、经理层、监事会等3个层面的9项基本制度。建立公司网站。同时面向社会公开招聘员工，至2008年底，公司共有员工50人，其中大专学历1人，本科学历15人，硕士学历1人。公司按照现代企业制度要求，建立较为规范的法人治理结构。公司内设资本运营部、产业发展部、计划财务部、综合管理部4个部门。设立投资决策委员会和风险控制委员会，以提高决策的科学性，规范投资风险。（李慧敏）

【规划数字电视公司两个项目】　2008年，新乡文化产业投资有限公司规划了“新乡无线数字广播电视地面覆盖工程”和“县域有线广播电视网络升级改造”两个项目。由子公司新乡广电数字电视有限公司承担具体的建设、管理和经营。“新乡无线数字广播电视地面覆盖工程”是市政府确定的一项重大文化产业项目。至年底，已经完成数字电视地面广播发射站的建设及发射机的调试工作，同时在有效覆盖范围内进行信号测试和布点。“县域有线广播电视网络升级改造”项目是在整合县域有线广播电视网络的基础上，按照“统一领导、统一建设、统一经营、统一管理”的原则，对全市县域有线广播电视网络进行升级改造，实现有线广播电视网络由模拟向数字化整体转换，使用户能够看到更清晰、更丰富的数字电视节目。该项目已经入选国家开发银行首批直接投资项目库。（李慧敏）

【参股电视剧《大长垣》】　电视剧《大长垣》是一部全新反映中国餐饮历史文化的巨作，具有明显的新乡文化元素。新乡文化产业投资有限公司对该项目进行参股投资300万元。（李慧敏）

【出版发行《牧野风》丛书】　2008年，为宣传牧野精神，弘扬新乡文化，新乡文化产业投资有限公司投资150万元出版发行《牧野风》丛书，共出版发行7000套，获得良好的社会效益。（李慧敏）

【组建“中原文产创业投资基金”】　中原文产创业投资基金是全省首只专业从事文化产业投融资的基金，2008年9月经国家工商总局核名，建立相关的运行规则，初步选定投资项目。中原文产创业投资基金由中原文产创业投资有限公司为发起人。（李慧敏）

牧野史料

传统节日——祭灶节

农历腊月二十三，是春节前的一个重要民间节日，人们称它为“祭灶节”。每到这个时候，人们按捺不住迎接新年的喜悦心情，停下手中各种活计，忙忙碌碌地例行年前的祭灶送神活动。河南腊月二十三祭灶的习俗，伴有一则凄凉的民间传说。古代的时候，一对老夫妇仅有一子，两人视儿子如掌上明珠，十分疼爱。但因家中贫困，无以糊口，只得忍痛让儿子到煤矿去挖煤。儿子久去不归，老人格外想念。这天，老太婆嘱老汉到煤矿看看。路上，老汉遇到一个光脚片的同路人，两人越走越熟，相处十分融洽。闲谈之中，老汉得知光脚片是受阎王指使，来矿上收回一百名矿工。老汉心急如焚，乞求光脚片留下自己的儿子。光脚片慷慨应允，嘱他不要告诉别人。见了儿子，老汉佯装害病，儿子侍奉左右，一直无法下井。不久，煤矿出了事故，老汉赶忙把儿子领回家里。转眼三年过去了，这年腊月二十二夜里，老汉想起当年的风险，忍不住对老伴说了。谁知此话被灶君听走了，二十三晚上，灶君上天后，对玉帝讲了这件事。玉帝恼羞成怒，立即惩罚了光脚片，并收走了老汉的儿子。为此，每到腊月二十三这天，人们敬灶君吃灶糖，希望他到天宫后，不要再搬弄人间是非。久而久之，人们都在腊月二十三祭灶。每到腊月二十三这天，中原城乡噼噼叭叭燃放起新年的第一轮鞭炮。城镇居民忙于购买麻糖、火烧等祭灶食品。而在广大农村，祭灶的准备活动和隆重的祭灶仪式便在震耳欲聋的炮声中渐渐拉开了帷幕。祭灶仪式多在晚上进行。祭灶时，祭灶人跪在灶爷像前，怀抱公鸡。也有人让孩子抱鸡跪于大人之后。据说鸡是灶爷升天所骑之马，故鸡不称为鸡，而称为马。若是红公鸡，俗称“红马”，白公鸡，俗称“白马”。焚烧香表后，屋内香烟缭绕，充满神秘的色彩。祭灶仪式结束后，人们开始食用灶糖和火烧等祭灶食品，有的地方还要吃糖糕、油饼，喝豆腐汤。在河南，典型的祭灶食品要首推灶糖。灶糖，是一种又粘嘴又粘牙的麦芽糖。祭灶供灶糖的原因，是为了粘住灶爷的嘴巴。传说灶爷是玉帝派往人间监督善恶之神，它有上通下达，联络天上人间感情，传递仙境与凡间信息的职责。在它上天之时，人们供它灶糖，希望它吃过甜食，在玉帝面前多进好言。也有人说，祭灶用灶糖，并非粘灶爷的嘴，而是粘嘴馋好事、爱说闲话的灶君奶奶的嘴。

祭灶这天除吃灶糖之外，火烧也是很有特色的节令食品。每到腊月二十三祭灶这天，城市中的烧饼摊点生意非常兴隆。人们挤拥不动，争买祭灶火烧。农村大多是自己动手，发面、炕制，一家人热热闹闹，很有过小年的味道。在河南，人们把祭灶节看作仅次于中秋的团圆节。凡在外地工作、经商、上学的人，都争取在腊月二十三之前赶回家里。能吃到家里做的祭灶火烧，便会得到灶神的保护，来年家人就能平安无事。

社会生活

人口和计划生育

【人口和计划生育概况】 2008年，新乡市认真贯彻落实《中共中央国务院关于全面加强人口和计划生育工作统筹解决人口问题的决定》和省委、省政府《实施意见》精神，围绕"以宣传教育为先导，依法管理、村（居）民自治、优质服务、政策推动、综合治理"新机制建设和稳定低生育水平、提高出生人口素质、统筹解决人口问题的主要任务，突出政策抓导向，突出服务抓质量，突出法治抓管理，全市人口和计划生育工作取得明显成绩和进步。

低生育水平保持稳定。2008年全市出生5.72万人，出生率为10.20‰，政策生育率为94.1%，出生统计准确率为94.1%，避孕落实率为96.42%。

高度重视人口和计划生育工作。市委、市政府和市人口计生工作领导小组先后出台《关于统筹解决人口问题做好出生缺陷干预工作的意见》、《新乡市关于深入开展关爱女孩行动综合治理出生人口性别比偏高问题的实施意见》、《关于在全市进一步深化计划生育优质服务先进县、乡、村三级联创活动的意见》等15份政策性文件。

认真落实人口和计划生育目标管理责任制。市委、市政府召开2007年度人口和计划生育奖惩大会，对15个县（市、区）、68个乡（镇、办事处）、40个市直单位、30个大型企业、40名先进个人进行表彰，对3个乡（镇）给予黄牌警告、3个乡（镇）通报批评。

完善计划生育利益导向机制。计划生育免费基本服务项目100%得到落实；全市共有5905名农村部分计划生育家庭奖励扶助对象，454名困难计划生育家庭特别扶助对象，奖励扶助金和特别扶助金全部发放到位；2039名计划生育家庭子女享受中招加10分政策；3181户实施绝育手术的计划生育双女户得到一次性奖励500元；63254名农村计划生育家庭成员享受农村合作医疗减免参合费；30112名政策内分娩产妇每人得到60元补助。

综合治理出生人口性别比偏高问题。成立新乡市出生人口性别比偏高综合治理办公室，建立性别比治理联席会制度，全市共查办"两非"（非医学需要的胎儿性别鉴定，非医学需要的选择性别人工终止妊娠）案件251起，经济处罚91.85万余元，没收B超64台，没收药品231盒，注销二胎生育证19张。

着力解决流动人口管理难问题。开展以关爱人、理解人、尊重人为主题的流动人口"五个一"（为流动人口送一份宣传品、发一份避孕药具、做一次免费生殖健康检查、免费办理一本《流动人口婚育证明》、免费提供一次维权服务）服务活动；各类流动人口计划生育协会相继成立，通过开展流动人口联谊会等形式，及时为流动人口已婚育龄妇女提供生殖健康服务，实现流动人口与常住人口"同宣传、同管理、同服务"；开展对封闭住宅小区、倒闭破产企业计划生育情况清理清查，全市共清查出漏管理育龄妇女4201名，全部纳入管理。

人口计生干部队伍建设进一步加强。全面开展全员培训和岗位练兵技术比武活动，举办县、乡两级计生干部培训班10期，培训2953人；深入乡镇对乡镇机关干部、村支书、村长、妇女小组长进行培训，共计培训14989人。

宣传教育有新特色。以社会宣传吸引人，创编500余个计划生育文艺节目，开展演讲比赛、知识竞赛、书画展览、文艺演出等活动900余场次；以阵地宣传教育人，建设180个高标准人口文化大院、100支婚育新风志愿者宣传队、125个人口学校讲师团；以新闻宣传鼓舞人，坚持办好广播、电视、报纸、网络等各种媒体的专题栏目，在市级以上媒体发表稿件1800余篇；以典型宣传激励人，组织编印1万套约60万字的《幸福家庭行动》系列丛书，发放到育龄妇女小组，以身边事激励群众少生快富。

计划生育技术服务质量和水平进一步提高。深入开展“生殖健康进家庭”优质服务活动，全年共落实避孕节育手术8万余例；积极为育龄妇女搞好妇科病普查普治，全市共查环查孕400万人次，妇科病普查493651例，查出患病157828人，治疗149057人。

政风行风建设取得明显成效。大力推行政务公开，开通12356阳光热线。行风评议群众满意率由2007年的96.62%上升到98.10%，在全市45个单位行风评议排名中位列第四，分别受到省人口计生委和市政府的表彰。

计生协会发挥桥梁和纽带作用。以自我教育、自我管理、自我服务的方式，教育和带领广大群众自觉、自愿地实行晚婚晚育、少生优生，为新乡市稳定低生育水平做出贡献。全面开展“生育关怀行动”。11月20日，在原阳县举行“生育关怀行动”启动仪式。

市人口计生委党组发动机关党员向汶川大地震灾区群众伸出援手，共缴纳“特殊党费”49750元。

2008年，市人口计生委被市委、市政府评为安全生产工作先进单位、目标管理先进单位、信息工作先进单位、党风廉政建设责任制工作优秀单位、农业农村经济工作先进单位、全市创建全国文明城市先进集体、全市政风行风建设先进单位、爱国卫生运动先进单位。　（商德波）

新乡市人口和计划生育委员会领导成员

党组书记、主任　杨素民（女）
副主任　朱义顺　胡广勤　史德祥　费思伟　张安嵩
纪检组长　刘振良

【上级领导莅新督导、调研计划生育工作】 2008年1月9日至11日，省计生协会名誉会长林晓莅新调研。

2月26日至27日，省人口计生委副主任刘绍杰到新乡市调研计划生育“三项清查”（党员干部清查、社会公众人物清查、落后乡村清查）工作。

4月20日，国家人口计生委、国家计生协会联合调研组到辉县市调研计划生育手术并发症情况。

7月14日，国家人口计生委政策法规司司长于学军、省人口计生委副主任刘绍杰到辉县市调研计划生育村民自治工作。

7月26日，国家人口计生委副主任江帆、科技司司长张世琨、省人口计生委主任孟宪臣、副主任陈若黎到新乡市调研计划生育优质服务县、乡、村“三级联创”活动，考察新乡县七里营刘庄村的新农村建设。

10月18日至19日，省委办公厅、省政府办公厅督查组一行5人对新乡市的人口和计划生育工作进行调研督查。省督查组肯定了市人口和计划生育工作取得的成绩和进步，同时指出工作中存在的不足和问题。

11月18日至19日，省人口计生委巡视员侯文翰到辉县市调研人口文化大院建设工作。（商德波）

【市领导研究人口计生工作】 2008年5月26日，市委召开常委扩大会议，听取全市人口计生工作奖惩会议筹备情况，研究受表彰单位和通报批评、黄牌警告的单位。市长李庆贵强调：对2007年全市人口计生工作取得的成绩应当充分肯定，全市要坚持贯彻基本国策不动摇，抓紧人口和计划生育各项工作不放松，确保全年人口工作目标的实现。7月28日，市政府召开第55次常务会议，听取贯彻全省人口形势分析会有关情况汇报，讨论研究人口计生工作。市长李庆贵针对人口和计划生育工作提出8项具体要求。　（商德波）

【市人大常委会研究人口计生工作】 2008年6月5日，市人大常委会党组书记、副主任周海深带队视察计划生育基层网络建设和农村计划生育奖励优惠政策落实情况。副市长杨书廷、市人口计生委主任杨素民陪同视察。6月27日，新乡市第十届人大常委会第38次会议听取并审议市政府关于人口和计划生育工作的报告。　（商德波）

【全市人口和计划生育工作会议】 2008年2月1日，新乡市召开各县（市、区）分管领导和人口计生委主任会议，副市长杨书廷、市政府副秘书长赵举水听取各县（市、区）分管领导关于2007年人口计生工作情况汇报，安排部署2008年各项重点工作。

2月20日，新乡市召开各县（市、区）分管领导和人口计生委主任会议，安排部署3月生殖健康检查工作。

2月29日，新乡市召开全市“生殖健康进家庭”优质服务活动动员大会。各县（市、区）分管领导和人口计生委领导成员，各乡（镇、办事处）分管领导、计生办主任，市人口计生委科以上干部300余人参加会议。市委副书记宋丽萍、副市长杨书廷分别讲话。

4月3日，新乡市召开“基本国策在河南”宣传教育动员会，各县（市、区）人口计生委主任、分管主任和宣教科（股）长参加会议。

4月15日，新乡市召开综合治理出生人口性别比工作会议，市人口计生委、卫生局、药监局的分管领导，各县（市、区）人口计生委分管领导参加会议。

4月17日，新乡市召开新乡市计划生育协会第四次会员代表大会，选举产生新乡市计划生育协会第四届理事会71名理事。市委组织部、市妇联、团市委、市总工会、市科协到会祝贺，市政府副市长杨书廷出席会议并作重要讲话。随后召开的第四届理事会第一次会议选举产生11名常务理事，副市长杨书廷当选为第四届会长，市人口计生委主任杨素民为常务副会长，栗仁学为专职副会长。

8月21日，市政府召开人口发展“十一五”规划中期评估工作会议，市人口计生委主任杨素民通报前一阶段“十一五”规划中期评估准备工作进展情况，副市长杨书廷作重要讲话，市公安局、市统计局、市卫生局、市教育局、市人口计生委和各县（市、区）政府主管领导做表态发言。

9月25日，新乡市召开全市第三季度人口和计划生育工作形势分析会议，交流经验，查找不足，安排部署第四季度的工作任务。副市长杨书廷出席会议，并作重要讲话。

12月8日，新乡市召开全市关爱女孩综合治理出生人口性别比偏高电视电话会议。市委副书记刘建华作重要讲话。会议由副市长杨书廷主持。

（商德波）

【全市人口计生工作奖惩电视电话会议】 2008年6月2日，新乡市召开全市人口计生工作奖惩电视电话会议，对15个县（市、区）、68个乡（镇、办事处）、40个市直单位、30个大型企业、40名先进个人进行表彰，对3个乡（镇）给予黄牌警告、3个乡（镇）通报批评。市政府与各县（市、区）、市直50个部门签订计划生育目标责任书。副市长杨书廷做工作报告，市长李庆贵作重要讲话。会议由市委常委、组织部长冯昕主持。

（商德波）

【全市人口计生系统党风廉政建设会议】 2008年3月28日，新乡市召开全市人口计生系统党风廉政建设暨纠正行业不正之风工作会议，传达全省人口计生系统反腐倡廉工作会议精神，安排部署2008年党风廉政建设工作。

（商德波）

【经验交流】 2008年1月14日，新乡市举办流动人口计划生育新年联谊会，副市长杨书廷、省人口计生委处长孙恒英、市人口计生委主任杨素民、各区分管领导与170名流动人口代表欢聚一堂，共话新春。

3月6日，省人口计生委副主任刘绍杰在延津县主持召开全省人口计生系统“三项清理”工作座谈会。副市长杨书廷参加会议并致辞。

4月20日，上海计划生育科研所、重庆计划生育科研所、省科研院等专家以及有关项目县领导在新乡县召开“十一五”科研项目“常用避孕节育技术临床应用规范研究”研讨会。

4月22日，市人口计生委组织新乡市9名科技干部到上海参加生殖技术国际学术研讨会。

4月23日，新乡市“计划生育基本国策在河南”宣传教育活动现场观摩会在获嘉县召开。各县（市、区）人口计生委主任、分管宣传教育工作的副主任、宣传科（股）长等100余人参加会议。与会人员现场观摩史庄镇十里铺村的人口文化大院、人口文化大集、娱乐室、康检室、人口学校、早教室、新家庭文化屋。

8月28日至9月2日，市人口计生委全体领导成员带领各科科长、各县（市、区）人口计生委主任，对各县（市、区）人口计生工作进行剖析，每个县（市、区）调研一个先进乡和一个落后乡，并对其进行综合评估、排队，相互交流经验、查找问题，为全面完成全年工作目标制定2008年后4个月的工作措施。

（商德波）

2008年度人口和计划生育工作先进单位和个人

先进集体

一、全国计划生育优质服务先进县（市、区）

新乡县

对2008年荣获“全国计划生育优质服务先进县（市、区）”称号的新乡县由市政府给予通令嘉奖，对县委、县政府主要领导、分管领导、人口计生委主任由市政府各记二等功一次，对新乡县人口计生委由市政府记集体二等功一次。

二、人口和计划生育工作优秀县（市、区）

辉县市　新乡县　长垣县

红旗区　卫辉市

三、人口和计划生育单项工作先进县（市、区）

人口和计划生育宣传教育与技术服务工作

获嘉县

计划生育利益导向机制建设

原阳县　开发区

人口和计划生育“三项治理”工作

延津县

计划生育国债项目建设

封丘县

流动人口计划生育服务管理工作

卫滨区　牧野区

企业计划生育服务管理工作

凤泉区　新乡工业园区

四、人口和计划生育优质服务先进乡（镇）、办事处

卫辉市　后河镇　安都乡　孙杏村镇　汲水镇
柳庄乡

辉县市　常村镇　冀屯乡　孟庄镇　高庄乡
城关镇　百泉镇　北云门镇　吴村镇
胡桥乡　峪河镇　南寨镇

新乡县　小冀镇　翟坡镇　朗公庙镇
新乡经济开发区　大召营镇

获嘉县　史庄镇　照镜镇　城关镇　黄堤镇

原阳县　福宁集乡　葛埠口乡　城关镇
大宾乡　祝楼乡　太平镇乡

延津县　小谭乡　僧固乡　石婆固乡　司寨乡
榆林乡

封丘县　城关乡　黄德镇　鲁岗乡　陈桥镇
城关镇　潘店乡　李庄乡

长垣县　蒲西办事处　南蒲办事处　魏庄镇
蒲东办事处　张三寨乡　满村乡
恼里镇

卫滨区　健康路办事处　南桥办事处
中同街办事处　自由路办事处
铁西办事处

红旗区　洪门镇　小店镇　东街办事处
渠东办事处　向阳办事处
西街办事处　南干道办事处

牧野区　东干道办事处　卫北办事处
荣校路办事处　花园办事处　牧野乡
王村镇

凤泉区　耿黄乡　潞王坟乡　大块镇
电力社区办事处　宝中社区办事处
白鹭社区办事处

开发区　关堤乡

对上述排在各县（市、区）前三名的“人口和计划生育优质服务先进乡（镇）、办事处”给予每个乡（镇）、办事处1万元的奖金，奖金与往年一样从计划生育专项经费中支出。对连续三年受到市委、市政府表彰的乡（镇）、办事处任职三年以上的党政主要领导、分管领导、人口计生办主任，由市政府各记三等功一次。

五、统筹解决人口问题先进单位

市委办公室
市人大办公室
市政府办公室
市政协办公室
市纪检委（监察局）
市委组织部
市委宣传部
市委政法委
市中级人民法院
市人民检察院
市公安局
市发改委
市总工会
市财政局
市工商局
市编办
市教育局

市广电局
市文化局
市机关事务管理局

六、完成人口和计划生育责任目标先进单位

市民政局
市农办
市人事局
市审计局
市卫生局
市食品药品监督管理局
市劳动和社会保障局
市科技局
市交通局
市水利局
市妇联
市科协
新乡日报社
中国人寿保险新乡分公司
市农业银行
河南省移动新乡分公司

七、人口和计划生育工作先进企业

卫辉市
卫辉市电业局
卫辉市熔金耐火有限公司

新乡县
新乡市诚达纺织有限公司
河南心连心化肥有限公司

辉县市
辉县市人民医院
河南省百泉制药有限公司

长垣县
河南矿山起重机有限公司
河南一重起重机有限公司

封丘县
封丘县盐业公司
封丘县自来水公司

原阳县
原阳县公路局
原阳县新华书店

延津县
河南延化化工有限责任公司
中国联合网络通信有限公司延津分公司

获嘉县
获嘉县供电有限责任公司
获嘉县医药总公司

红旗区
新乡市起重设备有限公司
河南省新机（集团）有限责任公司

卫滨区
新乡市中心医院
河南中科化工有限责任公司

牧野区
河南省电力公司新乡供电公司
河南亚洲啤酒有限公司

凤泉区
新乡市豫新发电有限责任公司
新乡市白鹭化纤集团公司

开发区
新乡市华源护神有限责任公司
新乡佐今明制药股份有限公司

西工区
中国铝业公司中州分公司
新乡市三众实业有限公司

工业园区
新乡市新飞专用汽车有限公司
新乡职业技术学院

先进个人

谢菊芳　任雪兰　刘　蓉　田　英　郑　毅
崔卫华　李　玲　段文梅　毕世玉　刘　萌
王　强　原　苑　王凤贤　徐延杰　秦　旭
巴福杰　李雁玲　李毅君　靳月华　李永梅
尹秀丽　尚　燕　陈有科　郭志勇　王贵安
安　莉　梅　琳　刘　芳　范清洲　许忠诚
孙　琳　王永纯　徐宗珍　张燕军　郭利民
张　璐　杨桂红　陈咏梅

劳动和社会保障

【劳动和社会保障概况】 2008年，新乡市劳动和社会保障局围绕科学发展观和构建和谐社会的目标，全面贯彻落实省、市劳动和社会保障工作会议精神，深入开展“新解放、新跨越、新崛起”大讨论和“两转两提”（转变政府职能，转变工作作风；提高行政效能，提高公务员素质）活动，以促进就业再就业、完善社会保障体系、维护劳动者合法权益为重点，自我加压，开拓创新，全面完成劳动保障目标；顺利完成省政府和市政府向社会承诺的实事；争取上级资金创历史新高；就业工作向纵深延伸；社会保障能力日益增强；劳动关系协调发展；基层基础建设稳步推进，各项工作取得长足发展，劳动保障工作呈现出持续健康协调发展的良好态势。分别荣获河南省就业工作先进单位、河南省优质服务窗口单位、全市维护稳定工作先进单位、新乡市目标管理先进单位、党风廉政建设责任制工作优秀单位和争取资金工作成绩突出单位等荣誉。（陈小平）

新乡市劳动和社会保障局领导成员

党委书记、局长	郜建军
党委副书记	牛玉新（女）
党委委员、副局长	孟照秀　刘文艺　王贵安 张　泉　解玉录
党委委员、纪检书记	姚臣元
副局长	付艳艳（女，2008年7月任）

【确保企业离退休人员养老金按时足额发放】 2008年，全市共为15.5万名企业离退休人员发放养老金17.4亿元，确保全市企业离退休人员养老金按时足额发放，养老保险金发放率和社会化发放率均保持在100%。（陈小平）

【就业工作】 2008年，全市城镇新增就业人数17.1万人，完成年度目标任务7.35万人的232.6%，同比增加3.24万人，同比增长23.3%。失业人员再就业6.66万人，完成全年目标任务2.5万人的266.4%，同比增加0.96万人，同比增长16.8%。其中就业困难人员再就业2.57万人，完成全年目标任务0.92万人的279.3%，同比增加0.53万人，同比增长26%。全市各类培训机构组织再就业培训共计6.2万人，完成政府目标2.6万人的238.4%，同比增加2.5万人，同比增长67.6%。积极开展全民创业活动，完成创业培训57期、培训学员1710人，完成目标任务1600人的106.9%，同比增加240人，同比增长16.3%。完成中高级技师培养1342人，完成全年目标任务的113.8%，同比增加60人，同比增长4.7%。各级劳动保障部门还通过广泛开展再就业援助，提高再就业率，控制城镇登记失业率，新乡市城镇登记失业率为3.33%，控制在年度目标4%以内。被评为“省就业工作先进单位”、“新乡市发展县域经济先进单位”。（陈小平）

【养老保险】 2008年，养老保险以民营企业和灵活就业人员为扩面重点，开展“社会保险进民企”专项扩面活动，摸清民营企业底数，建立数据库。全年全市净增参保人数3.1万人，完成目标任务1.5万人的206.7%，同比增加1.7万人，同比增长121%；全市养老保险参保人数达到57.75万人，完成目标任务53.6万人的107.7%，同比增加4.06万人，同比增长7.6%；完成基本养老保险费征收10.07亿元，完成目标任务9亿元的111.9%，同比增加10219万元，同比增长11.3%；养老保险费综合征缴率117%。确保全市15.5万名企业离退休职工的养老金按时足额发放和2008年的调整待遇工作的顺利开展。此外，在新乡县祥和新村、新亚社区等3个中心村开展城乡居民社会基本养老保险试点工作。（陈小平）

【失业保险】 2008年，失业保险部门在做好扩面征缴的同时，积极联合税务、工商、劳动监察等部门成立扩面征缴清欠小组，加大检查力度，促使198家单位7632参加失业保险。全市参加失业保险人数45.1万人，完成政府目标44.3万人的102%，同比减少0.2万人，降低0.4%；征收失业保险费1.12亿元，完成目标任务5800万元的193.1%，同比增加1951.8万元，同比增长21.1%。失业保险综合征缴率达到193.2%。（陈小平）

【医疗保险】 2008年，市劳动和社会保障局全力推进城镇居民基本医疗保险试点工作，全市参保居民达到42.2万人，争取上级财政补助资金3013万元。着力解决关闭破产和困难企业退休人员的医保问题，争取上级财政补助资金6333万元。全市医疗保险参保人数达到55.59万人，完成政府目标54万人的102.9%，同比增加1.42万人，同比增长2.6%。其中农民工参保3.57万人，完成政府目标3.3万人的108.2%，同比增加0.99万人，同比增长38.3%。医疗保险基金征收3.21亿元，完

成政府目标2.93亿元的109.7%，同比增加3740万元，同比增长13.2%。（陈小平）

【工伤保险】 2008年，工伤保险部门全力推进以高风险行业参保为重点的扩面工作。提前完成“平安计划”三年的目标任务，113家单位72894名职工和18971名农民工参加工伤保险，2821名老工伤职工（人员）纳入工伤保险统筹管理。同时推进合资、独资、私营企业参加生育保险工作，切实提高社会保险的覆盖面。全市工伤保险参保人数达到43.2万人，完成政府目标43.05万人的100.3%，同比增加3.6万人，同比增长9.1%。其中农民工参保9.84万人，完成政府目标8.18万人的120.3%，同比增加1.59万人，同比增长19.3%。工伤保险基金征收2691万元，完成政府目标2277万元的118.2%，同比增加528万元，同比增长24.4%。（陈小平）

【生育保险】 2008年，生育保险部门健全各项管理机制，保持良好发展势头，工作平稳推进。全市生育保险参保人数达到23.74万人，完成政府目标23万人的103.2%，同比增加2.24万人，同比增长10.4%。生育保险基金征收1981万元，完成政府目标1360万元的145.7%，同比增加519万元，同比增长35.5%。（陈小平）

【劳动保障监察】 2008年，市劳动和社会保障局进一步加大劳动保障监察执法力度，先后开展农民工工资支付专项检查、清理整顿劳动力市场秩序等专项行动，全市共检查用人单位9028户（次），涉及劳动者47.15万人，补签劳动合同9.49万份，为5.57万名劳动者追发工资1970.71万元，其中为5.45万名农民工追发工资1596.23万元。同时开展劳动保障年检和诚信等级评定工作，对全市2687家用人单位进行年检，对评为五星级的44家用人单位进行表彰。（陈小平）

【劳动工资】 2008年，市劳动和社会保障局全力实施劳动合同三年行动计划，加强企业劳动合同管理，推动和完善集体合同制度，重点加强农民工的合同管理，全市各类企业劳动合同签订人数达35.82万人，签订率达到100%，签订集体合同3510份，工资专项集体合同9634份，审核备案率达到100%。同时，依法调整新乡市最低工资标准。及时发布工资指导线、劳动力市场工资指导价位和行业人工成本信息。建立《欠薪报告制度》，提前完成企业拖欠工资的清欠工作。（陈小平）

【职业技能开发】 2008年，市劳动和社会保障局积极实施“职业资格证书导航计划”，建立完善技能人才评价体系，落实就业准入制度，扩大职业资格证书覆盖面。全年完成职业技能鉴定2.27万人，完成目标任务1.9万人的119.6%，同比增加1273人，同比增长5.9%；民办职业培训机构培训3.82万人，完成目标任务3.15万人的121.3%，同比增加0.52万人，同比增长15.8%。企业在职职工培训4.5万人，完成年度目标3.99万人的113%，同比增加0.4万人，同比增长8.9%。（陈小平）

【职业介绍】 2008年，市职业介绍服务机构发挥市人力资源市场的“龙头”作用，组织召开“下岗失业人员交流大会”168次，开发就业岗位5.78万个，开展职业指导4.1万人次，介绍安置各类人员就业再就业5.38万人次。同时开展“春风行动”、“再就业援助月”活动、“高校毕业生专场招聘洽谈会”和“民营企业招聘周”活动，切实促进了全市的就业再就业工作。（陈小平）

【劳动仲裁】 2008年，市劳动和社会保障局以《劳动争议仲裁调解法》实施为契机，完善仲裁调解体系，规范仲裁程序，建立维稳工作长效机制，服务企业改制，创建平安奥运。全市共受理劳动争议案件1198起，法定时效内结案1175起，法定时效内结案率100%。（陈小平）

【劳动信访】 2008年，市劳动信访部门接待来访群众1.7万人次，群众来信89件，集体上访39起，涉及职工671人。信访结案率和复信率均为100%，同时，超前介入，消除集体上访苗头8起，有效控制新乡市劳动信访案件的发生，被市委、市政府评为奥运期间信访工作先进单位。（陈小平）

【劳务输出】 2008年，劳务品牌带动输出效应明显，形成了“层次带规模、规模建基地、基地创品牌”的工作格局。全年全市完成农村劳动力转移就业109.8万人，完成政府目标105万人的104.6%，比上年增加6万人，同比增长5.8%。实现劳务收入67.32亿元，完成政府目标60亿元的112.2%，同比增加8.33亿元，同比增长13.9%。完成农村劳动力培训35.2万人，完成政府目标26万人的135.4%，同比减少7.1万人，同比降低16.8%。其中，完成引导性培训27.7万人，完成政府目标20万人的138.5%，同比增加1.5万人，同比增长5.7%；完成技能性培训7.5万人，完成政府目标6万人的125%，同比减少8.6万人，同比降低53.4%。（陈小平）

【劳动合同鉴证】 2008年，全市以《劳动合同法》实施为契机，在封丘县开展全市机砖行业工资集体协商现场会，全力推行劳动合同三年行动计划。全市各类企业共签订劳动合同35.82万人，全部建立了劳动合同基础管理台账；签订集体合同3510份，工资专项集体合同9634份，审核备案率达到100%。保证劳动合同的合法性、公平性和可行性。（陈小平）

【新乡市高级技工学校新校区建设】 2008年，新乡市高级技工学校新校区完成投资4000多万元，累计总投资3.8亿元，新校区已经全部启用，顺利完成二期征地工作。全市技校招生完成7419人，完成目标任务7000人的106%，由于生源的减少，同比减少3594人，同比降低32.6%。同时积极开展地震灾区技工学校转移就学工作，接受35名来自四川东汽技校学生到新乡市高级技工学校免费就读。（陈小平）

【“金保工程”建设】 2008年，“金保工程”（劳动保障信息化建设和应用工程）实施全省统一软件上线，完成了市区和各县（市）全省统一软件上线工作。同时积极协调软件供应商等多家单位，及时解决全省统一软件应用中出现的问题，系统运行日趋正常。此外新制社会保障卡3.97万张，全市33万名参保职工实现“一卡通”。（陈小平）

【再就业小额担保贷款发放】 2008年，全市共发放再就业小额贷款1.12亿元，完成政府目标6000万元的186.3%，同比增加2439万元，同比增长27.9%。贷款回收率达到96%，不良率4%。获得奖励担保资金699万元，扶持创业人员1.8万人，累计发放4.1亿元。（陈小平）

【精神文明和党风廉政建设】 2008年，市劳动和社会保障局集中组织学习中纪委、国务院及省、市党风廉政会议精神，增强落实党风廉政建设责任制的自觉性，深入开展“新解放、新跨越、新崛起”大讨论和“两转两提”活动及党纪、政纪警示教育，筑牢拒腐防变的思想道德防线，被评为全市首批“学习型机关”。狠抓精神文明创建工作，以精神文明创建促进业务发展，以业务工作检验精神文明创建成果，顺利通过省级精神文明单位的复查验收。做好政府信息公开工作，充分发挥劳动保障门户网站、12333电脑语音服务电话的作用，促进依法行政和服务型机关的建设。加强服务窗口建设和管理，推行“四个经常化”（思想教育经常化，人员管理经常化，设施设备管理经常化，规章制度落实经常化）管理制度，被评为省百家文明服务示范窗口，被省劳动保障厅评为优质服务文明窗口单位。积极开展对四川地震灾区的援助活动，组织全局系统干部职工为四川地震受灾群众捐款38.7万元，其中缴纳特殊党费12万元。全局还发起新乡市自主创业者募集捐款7.7万余元，并帮助29名四川籍农民工和5名大中专学生就业。在新乡市对口援建四川安县后，市劳动和社会保障局迅速派出4批20名烹饪专业师生组成抗震救灾后勤服务小分队，奔赴抗震一线，为新乡市赴川援建人员提供饮食服务，并接收来自四川东汽高级技工学校的35名学生，为其免费提供三年的培训援助。（陈小平）

【豫北大厦】 2008年，豫北大厦共完成商品销售额和服务业营业额3000万元，完成全年目标任务的100%；上缴税金50万元，完成全年目标任务的100%。（陈小平）

新乡市劳动和社会保障局系统主要企事业单位负责人

新乡市劳动就业局

党总支书记　王立奎

局　　长　王忠印

新乡市社会保险事业管理局

党总支书记　岳增勇

局　　长　康学昌

新乡市社会医疗保险管理局

局　　长　陈　勇

新乡市失业保险管理中心

主　　任　李保成

党总支副书记、副主任　王旭（女）

新乡市劳动保障监察支队

党支部书记　郭平均

支　队　长　全有河

新乡市职业技术培训教研室

主　　任　郭志刚

新乡市劳动就业训练中心（市第四技工学校）

主　　任　曹喜盈

新乡市劳务输出服务局

党支部书记　王明山

党支部副书记、局长　张振河

新乡市下岗失业人员再就业小额贷款担保中心

主　　任　张新德

新乡市职业介绍服务中心

主　　任　孟小山

党支部副书记、副主任　刘洪云

新乡市劳动和社会保障信息中心

党支部书记　马胜常

主　　任　程富文

新乡市劳动保障事务代理服务中心

主　　任　李军雷

新乡市社保企业退休人员管理服务中心

主　　任　弥　勇

新乡市豫北大厦

党委书记、总经理　闫建业

民政工作

【民政工作概况】　2008 年，全市民政部门坚持“以人为本，为民解困，为民服务”的工作理念，扎实履行社会管理和公共服务职能，严格落实党风廉政“一岗双责”责任制，深入开展“新解放、新跨越、新崛起”大讨论活动，圆满完成省委、省政府承诺十件实事中的民政任务，各项工作整体推进，创新发展。市民政局连续 8 年荣获全市“目标管理优胜单位”；在援川抗震救灾斗争中成绩突出，被市委、市政府授予支援抗震救灾先进单位荣誉称号。　（靳玥华　夏宝莲）

新乡市民政局领导成员

党委书记、局长　王炜东（2008 年 12 月离）
张红彦（2008 年 12 月任）

党委成员、副局长　马若稚（女）　李和信
李　杰　张　宏
李东升（2008 年 9 月任）

党委成员、纪委书记　赵华建

【城乡救助】　2008 年 1 月至 12 月，城市低保部门共保障11.8万人，人均月补差由 95 元提高到 125 元。市区保障标准由 160 元提高到 190 元，全年累计发放低保资金1.71亿元。农村低保保障 14 万人，补助标准由每人每月 40 元提高到 50 元，全年累计发放低保金 7673 万元。城乡医疗救助工作全面展开，调整保费、保额和起付线，使广大参保群众得到更多实惠。资助9.2万名城市低保对象参加住院医疗保险，代缴资金320.7万元；资助农村低保对象、五保对象14.9万人参加新型农村合作医疗，代缴资金 183 万元。实施大病医疗救助 2464 人次，支出资金 401 万元，有效缓解了城乡困难群众看病难看病贵问题。（靳玥华　夏宝莲）

【救灾救济】　2008 年，市民政局全力做好四川救灾捐赠款物接收管理工作，全市累计接收捐赠款物1.26亿元（其中民政部门接收捐款7527.7万元，物资折款629.8万元），在全省位居第二，仅次于省会郑州。积极组织协调好简易活动板房援建任务，共完成援建活动板房 4 万平方米，可安置灾区群众 2 万余人。全市共下拨上级救灾资金665.8 万元，累计救助灾民 32 万人次，确保受灾群众度过灾荒。全年全市累计发放五保供养资金 2443 万元，全市共有五保对象 19719 人。其中，集中供养 7905 人；分散供养 11814 人。集中供养率达 40.04%。全市新建 16 所敬老院，改建 16 所敬老院，至年底主体工程已全部完工，项目完成后新

增床位1958张，确保实现集中供养率达到40%的目标。（靳玥华 夏宝莲）

【社区建设】 2008年，和谐社区创建活动取得阶段性成果。有45个社区达到一类社区，占全市社区总数的50%以上，星湖、启明等10个社区被命名为河南省和谐示范社区。对城市社区管理体制改革进行调研论证，提出社区管理体制改革的初步设想，推进基层社会管理转型，建立较为完善的社区服务体系。至年底，全市城区已建成高标准的社区服务中心76个，老年活动中心29个，社会办养老服务机构28家，社区超市200余个，有社区志愿者3万余人，打造新乡市家政服务、养老服务和商业服务三大社区服务业品牌。开展农村社区建设，新乡县被确定为全国农村社区建设实验县。（靳玥华 夏宝莲）

【基层政权】 2008年，市民政局扎实推进全市第六届村委会换届选举工作。全市3575个行政村中有3573个村委会开展换届选举工作，占全市所有行政村的99.9%。村务公开工作健康发展，各县（市、区）创建村务公开和民主管理示范乡镇达到30%以上，全市村规民约修订完善率达到95%以上。全市确定49个村改居试点村，至年底已有33个村完成村改居工作，16个正在积极推进。

（靳玥华 夏宝莲）

【双拥优抚安置工作】 全年下拨抚恤事业费6344万元，全市6150名重点优抚对象参加住院医疗保险，理赔金额72万余元；在乡重点优抚对象“三位一体”（医疗减免、“双保险”、大病救助）医疗保障制度基本建立；对全市认定的参战、参核军队退役人员7380人进行数据更新；全年共接收冬季退役士兵2687人，符合安置条件的998人基本得到妥善安置，安置率达99%。全市518人申请自谋职业，自谋职业率52%，退役士兵“三项经费”（自谋职业经费、教育培训经费、待安置期间生活补助经费）全面落实；首次组织对各县（市）城镇退役士兵进行集中培训，培训合格率达到98%以上；安全接待转运新兵72批次10193人；做好军休安置服务管理工作，2008年接收军休干部75人；双拥共建深入开展，“5·12”四川汶川特大地震灾害发生后，积极协调驻新部队抗震救灾所需器材，协调高速交警等部门保障驻新部队赴四川抗灾救灾道路通畅。7月31日，新乡市举行荣获全国双拥模范城“四连冠”总结表彰暨争创“五连冠”动员大会，对“五连冠”创建工作进行动员。

（靳玥华 夏宝莲）

【社会福利】 2008年，市民政局继续推进社会福利社会化进程，鼓励社会力量兴办养老机构，全年新增社会办养老床位600张。认真做好“蓝天计划”和“明天计划”，完成33名孤残儿童手术任务，争取“蓝天计划”项目国家投资780万元，省配套资金390万元，争取上级项目资金列全省第一。优化规范基层投注站建设，全年福利彩票销售收入突破亿元，达到1.05亿元。以敬老模范城十件实事为载体，进一步细化强化敬老模范城创建工作，推进全市老龄事业的整体进步。慈善事业进一步发展，四川特大地震发生后，市慈善协会积极行动，募集善款44.8万元，物资折款9.8万元，取得了良好的社会效益。“成龙爱心中原行”承诺拍卖款255.6万元。加强流浪乞讨人员救助管理，不断拓展和完善救助途径，规范救助服务，全年救助2700余人，其中未成年人300人，有效配合了创建国家卫生城市和省级文明城市活动。

（靳玥华 夏宝莲）

【民间组织管理】 2008年，全市新成立登记社会组织89个（市级社会团体7个，民办非企业单位18个，县级社会团体41个，民办非企业单位23个）。开展对全市行业协会收费情况及政社分离情况检查工作，对60个行业协会进行普查，对20家行业协会和15个中介组织进行重点抽查。5月，组织全市社会组织开展支援四川抗震救灾献爱心活动，全市社团组织会员单位和民办非企业单位共向灾区捐款3000余万元，捐物20万元。

（靳玥华 夏宝莲）

【社会行政事务管理】 2008年，市民政局认真做好区划调整工作。完成原阳县太平镇乡、齐街乡撤乡建镇和卫辉市太公泉镇更名工作；对小店园区区划调整进行调研；完成长垣县撤县建市的资料准备；对新乡县撤县设区提出建议方案；圆满完成2条市级边界线和4条县级边界线的联检工作，完成新乡市行政区划调整后的17条边界线勘定工作；解决封丘县尹岗乡与兰考县坝头乡黄河滩地种植权群体性纠纷事件；全市设置街路牌4310块，村标1804个，完成省定60%乡镇驻地和50%村庄设标任务；认真贯彻落实《婚姻登记条例》，全市婚姻登记合格率100%。殡葬改革平稳推进，全市平均火化率达65%。（新玥华 夏宝莲）

【项目资金争取】 2008年10月，“新乡市儿童福利中心、社会福利院”项目开工建设。“新乡市流浪儿童救助保护中心”项目已争取中央预算内建设投资210万元。积极做好争取中央投资工作，确定30个优势项目；全年争取省以上资金3.57亿元，为推进民政事业长足发展奠定基础。

（新玥华 夏宝莲）

新乡市民政局系统主要企事业单位负责人

新乡市精神病康复医院
党支部书记　张凤林
院　　长　张建辉

新乡市盲聋哑学校
党支部书记　张百生
校　　长　李克仁

新乡市军队离退休干部服务管理中心
党委书记、主任　周华勇

新乡市军队离退休干部第一休养所
党支部书记、所长　袁宗刚

新乡市军队离退休干部第二休养所
党支部书记、所长　周建兵

新乡市军队离退休干部第三休养所
党支部书记、所长　张永兴

新乡市康复医院
党支部书记、院长　白新中

新乡市烈士陵园
党支部书记　臧守智
主　　任　张新志

新乡市军人转运站
党支部书记、站长　张桂芬

新乡市退伍培训中心
党支部书记、主任　周万平

新乡市救助管理站
党支部书记、站长　刘东成

新乡市老年公寓管理中心
主　　任　孙惠林

新乡市地名办公室
党支部书记、主任　朱性有

新乡市社会福利院
党支部书记、院长　程秀琴

新乡市募捐办公室
党支部书记、主任　徐　眉

新乡市殡仪馆
党支部书记、主任　王忠洲

新乡市殡葬管理所
党支部书记　李　宏
主　　任　李长中

新乡市福泰公墓管理所
党支部书记、主任　蔡明志

新乡市民政工业公司
副 经 理　任加林

新乡市八一塑料厂
党支部书记　胡新生
厂　　长　姚卫星

新乡市螺钉厂
党支部书记、厂长　李开新

新乡市标牌厂
厂　　长　尹建良

新乡市荣军精细化工厂
党支部书记、厂长　蒯明山

新乡市正达电机电器厂
（暂缺）

残疾人事业

【残疾人事业概况】 2008年，市残联党组、理事会坚持以邓小平理论和“三个代表”重要思想为指导，认真贯彻落实科学发展观。以市委、市政府中心工作为主线，以改善残疾人生存状况为目标，以推进残疾人事业新发展为己任，着力解决贫困残疾人的基本需求，推进残疾人参与社会，提高残联服务能力，着力维护社会稳定，团结一致，全面完成了年度工作任务。（张雪涵嵩）

新乡市残疾人联合会领导成员

党组书记、理事长　吕书文
副　理　事　长　朱生森　毛克勤

【残疾人教育就业培训】　2008年，市残联协调市地税局解决由于地税征收软件升级给征收残疾人就业保障金带来的问题，安装与市地税局对接的年审软件，并在《新乡日报》刊登年审公告，全年共年审用人单位7342家，市本级及8县（市）共入库残疾人就业保障金963万元。

组织开展城镇残疾人职业技能培训和农村残疾人实用技术培训工作，全市完成培训4181人，新安置残疾人就业4692人。

落实国家彩票公益金助学贷款10.2万元。分别在辉县市、延津县、封丘县资助盲、聋、哑特教学校在校贫困学生170人；争取省残联资助款1.2万元，资助新乡市6名贫困残疾人大学生每人2000元；会同市慈善协会，筹集善款4.3万元，资助43名残疾人大学新生每人1000元。争取省危房改造资金17.2万元，为新乡县45户贫困残疾人家庭、获嘉县45户贫困残疾人家庭进行危房改造。

为卫辉市、新乡县争取残疾人扶贫贷款260万元。其中，新乡县180万元，卫辉市80万元，分别扶持40户贫困残疾人创业；为新乡县华洋电器公司争取项目扶贫贷款100万元，新安置残疾人就业37人。　（张雪涵嵩）

【残疾人康复服务】　2008年，市残联积极开展创建“白内障无障碍市”活动，成立以市领导为首的领导小组，下发《新乡市创建“白内障无障碍市”工作方案》。同时，向全市人民公布白内障患者手术普查报名电话，并通过电视、广播、宣传栏、报纸等形式宣传“创建白内障无障碍市”的意义，全市共普查出白内障患者4625人，已做手术600多例。

实施“长江新里程计划”二期康复项目。全市共普查需装配假肢233人。市残联利用残疾人就业保障金8万元，与慈善协会共同募捐资金1.7万元，共计9.7万元，为符合安装假肢的58名残疾人安装小腿假肢，为79名残疾人安装大腿假肢，受助残疾人137人。

3月始，市残联对免费住院的精神病患者进行重新筛查，认真指导红旗区、牧野区和长垣县对精神病患者开展有效监控，配合家属做好病情的复查工作，使每个患者能有一个好疗效。

认真做好国家彩票公益金二期用品用具助残项目。市残联5月开始组织各县（市、区）对残疾人的需求做普查登记工作；6月初，接收省残联下发的部分辅助用品用具。

认真做好贫困聋儿康复项目。全市贫困聋儿的筛查工作于3月开始，对符合条件的填写《贫困聋儿救助申请审批表》，确定救助对象，共争取国家彩票公益金7.1万元，使80名残疾聋儿得到资助。12月3日，在国际残疾人日的当天，为新乡市城乡40名聋哑儿童捐赠先进的全数字助听器、电池等。

完成各项康复指标任务。盲人定向行走30人，完成任务的125%；收训听障儿童96人，完成任务的109%；智力残疾儿童康复训练396人，完成任务的104%；肢体残疾儿童康复训练40人，完成任务的250%；肢体残疾人社区、家庭康复训练94人，完成任务的127%；低视力配用助视器64人，完成任务的100%。

完成市本级托养服务机构的基础建设。5月，新乡市“龙之心智障儿童托管中心”新建教学楼落成，建筑面积1500平方米，有教职工23人，至年底收托管智障儿童80多人。　（张雪涵嵩）

【残疾人组织建设和服务设施建设】　2008年，全市12个县（市、区）均已完成残疾人综合服务设施建设任务，内部配套设施、设备、器材正在完善中。

召开全市残联换届工作会议，对市、县、乡残联换届进行统一部署，至年底，7个县（市）残联已完成换届工作，全市95个乡级残联换届完毕。

组织联系《新乡日报》、《平原晚报》、电视台等媒体参与河南好新闻评选活动。市残联自筹资金1.6万元建立盲人有声读物图书室。（张雪涵嵩）

【残疾人维权工作】　2008年，市残联发挥残疾人法律援助促进会的协调作用，新增一批基层残疾人维权法庭（工作站、联络点）；司法系统发挥残疾人法律援助工作站的作用，依托市法律援助中心和律师事务所、律师协会为残疾人提供更多的法律援助；劳动和社会保障部门将残疾职工纳入救助对象，在劳动仲裁、企业职工社会保障等方面切实保障残疾职工权益。

积极推荐残疾人、残疾人工作者、残疾人亲属进入各级人大、政协，反映残疾人群体的呼声，行使政治权利。积极与残疾人、残疾人亲属及残疾人工作者中的人大代表、政协委员加强联系，协助其提出相关议案、提案，为残疾人事业发展和残疾人权益保障建言献策。

至年底，新乡市城市主干道路新建道路缘石坡道设置率平均100%，已建道路改造率平均99%，已建盲道45公里；新建公共建筑物无障碍建设率平均80%，已建小区居住建筑无障碍建筑改造率平均50%。（张雪涵嵩）

【范蕾、茹德成获残奥会大奖】 新乡市残疾人运动员范蕾在2008年北京残奥会女子F6—10级乒乓球团体比赛中获得金牌，在F10单打比赛中获得银牌，成为新乡市历史上在残疾人奥运会上获得金牌的第一人。射击运动员茹德成在残奥会男子50米自选手枪比赛中获得第四名，在男子10米气手枪中获得第五名。市政府残工委授予范蕾、茹德成“新乡市自强模范”称号；团市委授予范蕾“新长征突击手标兵”称号；市妇联授予范蕾“新乡市三八红旗手”称号。（张雪涵嵩）

新乡市残联系统主要事业单位负责人

新乡市聋儿语训中心

主　任　杨玉芳（女）

新乡市残疾人劳动就业服务中心

主　任　刘振芳（女，兼）

新乡市残疾人用品用具服务站

副站长　王　炜

2008年度新乡市残联荣获奖项

新乡市卫生先进单位

城乡人民生活

【城乡人民生活概况】 2008年，全市深入贯彻科学发展观，认真落实国家宏观调控政策，积极克服国内外多种不利因素影响，着力解决经济运行中的突出矛盾和问题，全市经济保持在较高平台上平稳发展态势。农业生产健康发展，工业生产增长较快，固定资产投资高位运行，消费市场繁荣兴旺，财政收入继续增加，城乡居民收入稳步增长。2008年全市生产总值949.49亿元，同比增长13.9%。其中，第一产业增加值130.77亿元，增长5.3%；第二产业增加值521.20亿元，增长17.3%，在第二产业中工业增加值455.45亿元，增长18.9%；第三产业增加值297.52亿元，增长11.7%。三次产业结构继续优化，由2007年的14.2∶53.5∶32.3调整为13.8∶54.9∶31.3，二、三产业增加值占GDP的比重比上年同期提高0.4个百分点。（陈　伟　潘仁林）

【农村居民收入稳步增加】 2008年，新乡市认真贯彻落实中央、省委一号文件和农村工作会议精神，农村经济运行态势良好，农村居民收入稳步增加。

各项惠农政策的逐步实施为农民增收提供可靠保障。2008年，市委、市政府继续实施粮食直补和农业生产资料综合补贴政策，加大支农、惠农力度，为农民增收提供坚强的政治保证。全市全年共安排两项补贴资金4.4亿元。亩均补贴标准达85.03元，比全省平均水平高3.03元。

第一产业的稳步发展为农民增收打下坚实基础。种植业方面，2008年农民人均出售玉米数量增长40.7%，金额增长53.9%；出售小麦数量增长40.3%，金额增长54.3%；出售稻谷数量增长1.9倍，金额增长1.9倍。畜牧业方面，国家推出的能繁母猪补贴和保险、生猪良种补贴、生猪标准化规模养殖建设等政策逐步落实实施，激发了生产者的养殖积极性。2008年，农民人均畜牧业纯收入481元，同比增长15.6%。

务工收入的快速增长为农民增收提供有力支撑。2008年，全市完成农村劳动力培训35.2万人。

其中，完成引导性培训27.7万人；完成技能性培训7.5万人。全年农村劳动力转移就业109.8万人，同比增长5.8%。这些措施的施行，促进了全市农民的增收。2008年，农民在非企业组织中人均劳动收入205元，在本乡地域劳动收入794元，外出从业收入671元，同比分别增长11.2%、15.1%、27.6%。

2008年，全市农民人均纯收入5038元，比全省平均水平高584元，比全国平均水平高277元，同比增长15.7%，比全省平均水平高0.1个百分点，比全国平均水平高0.7个百分点。

（陈　伟　潘仁林）

【城镇居民可支配收入显著增长】　2008年，新乡市进一步改善投资环境，调整产业结构，深化国企改革，经济效益不断提高；提供优惠政策，鼓励无业人员自主创业，个体经济迅速发展；不断完善社会保障体系，提高最低工资标准和低保收入，给零就业家庭提供工作岗位；各县（市）落实国家政策，调整行政事业单位职工工资，使新乡市城镇居民可支配收入保持较快增长。2008年新乡市城镇居民人均可支配收入为13000元，同比增长15.7%，比全国的15781元低2781元，比全省的13231元低231元。在城镇居民收入大幅增长的同时，居民消费支出也全面增加，各类消费支出均呈增长态势，2008年城镇居民人均消费性支出9322.73元，同比增长17.4%，消费结构趋于优化，向发展型、享受型升级。

（国家统计局新乡调查队）

牧野史料

新乡书画名人——赵运虎

赵运虎，中国美术家协会会员，河南师范大学美术学院教授、硕士生导师，河南国画家协会常务理事。

其作品多次在省及全国美术大展中展出、获奖并被收藏。作品《豫西记事》入选全国第八届美展，《踏月行》入选《毛泽东同志在延安文艺座谈会上的讲话》发表50周年；《金秋》在建国50周年全国书画大展中获成就奖；《世纪行》在中、日、韩水墨邀请展中获金奖，《林间疏雨》在首届中国水墨小品大展中获银奖；《黄原秋歌》在纪念孔子诞辰2550周年全国美术大展中获优秀奖；《霜秋》获首届河南省山水画艺术大展金奖。作品被送往日本、韩国、新加坡等国展出，部分作品被毛主席纪念堂、中南海、中外美术馆、博物馆、艺术馆收藏。

山村夜景

驻新单位选介

中国石化集团
华北石油局
地球物理勘探公司

【物探公司概况】　2008 年，中国石化集团华北石油局第四物探大队变更为中国石化集团华北石油局地球物理勘探公司（简称物探公司）。物探公司广大干部职工围绕“适应形势、创优市场、以人为本、强化管理”的工作方针，团结一致，共度难关，保证了公司正常运行和职工利益。全年共承担 3 个地震采集项目，完成二维工作量1334.67千米，物理点 25350 个（不含也门项目）；完成 VSP 测井 2 口，物理点 1328 个；综合物探队完成勘探项目 19 个，物理点 82160 个；综合研究共完成生产、科研项目 24 个，处理工作量 6226 千米；全年实现经营总收入 10027 万元，所有项目质量均得到甲方肯定，赢得了市场信誉。仪器服务中心在野外生产服务、新技术引进消化等方面取得较好成绩。（赵　军）

地球物理勘探公司领导成员

经　　理　康怀军
党委书记　冯建波
副 经 理　孙军生　何海元
总工程师　庄熙勤
工会主席、纪委书记　王勃然

【新技术研究与应用】　技术工作：针对鄂尔多斯地区地震采集、处理、解释与综合研究进行攻关与创新，成果显著。多体判别预测、有利反射结构分析预测、模式识别等一批新技术的应用，为宏观定性储层空间展布规律、开发井位部署提供有力依据；匹配处理技术、静校正处理技术的运用，较好的解决复杂地表地震资料处理和连片解释难题，在麻黄山西区块二维地震资料处理项目中取得良好效果；AVO 特征研究取得进展；黄土塬区地震勘探技术逐渐完善，较好的解决了地震波能量下传和静校正等诸多技术难题，较大地提高了复杂断裂带的成像质量，为鄂南规模勘探奠定基础；可变面元观测系统在西藏工区得到较好的应用，为公司外拓市场提供了技术保障。（赵　军）

【市场形象提升】　2008 年，物探公司通过提高全员市场意识、加强工程项目管理和新技术新方法应用，使队伍作业能力和技术水平得到充分发挥，公司市场形象得以较大提升。新疆阿克库勒二维项目，广大干部职工克服天气寒冷、地形复杂、穿越油区管线、外事协调难度大等不利因素，精心组织、严格施工，生产效率连创新高，最高日效达到 536 炮，以提前 30 天和100％质量合格率通过验收，甲方对施工组织、生产质量、外事协调等以“零意见”给予最高评价；在西北油田分公司 2008 年度施工队伍业绩排名中，物探公司综合业绩排名第一；杭锦旗阿镇二维项目实际出工 54 天，创下最高日效 357 炮、平均日效179.7炮两项杭锦旗工区地震采集新记录，被华北分公司评价为“优秀”工程；也门项目中，人员技术素质和可控震源作业能力得到合作方的充分肯定；首次承担的西藏羌塘盆地二维地震方法攻关试验项目，面对高原高寒的气候环境、复杂的地下地质条件和激烈的市场竞争形势，施工队伍顽强奋战，圆满完成生产任务，得到甲方的高度赞誉；综合物探队自我加压，不等不靠，积极拓展市

场，产值和效益再创新高。（赵　军）

【经济管理工作】　一是对野外采集项目实行总承包责任制，加大成本费用控制和考核力度。通过两个项目的试运行，总体效果较为明显。二是认真执行新版内控制度。及时开展新增流程的培训，重新修订内控制度工作手册，进一步完善与内控制度相关的管理制度，严格开展内部检查和测试。上级检查组对物探公司内控管理工作给予较好评价。三是制定科学合理的施工方案，对设备、人员等资源进行优化组合、合理配置。2008年，西北油田分公司阿克库勒二维项目仅野外作业78天，平均日效193.23个物理点；华北分公司阿镇二维项目仅野外作业54天，平均日效179.75个物理点。四是深入开展节能减排活动。根据物探工作特点，对野外施工车辆实行单车核算，加大考核力度，更新节能设备。5月，在全公司范围内开展“节能减排宣传月”活动，通过印发节能减排知识宣传手册、板报比赛和问卷答题等形式，使职工的节能意识明显增强，万元产值能耗0.2058吨标准煤，完成年度目标任务。（赵　军）

【装备水平提高】　2008年，物探公司充分把握集团公司加大物探装备投入的时机，加大设备投入的力度，总装备水平得到很大提高。新增428主机3套，采集链14200道，沙漠运输车辆15部，沙漠钻机4台，卫星定位系统16台套，野外监控处理系统2套，解释工作站4套。全年非安装设备投资达9304.17万元，为公司资产保值增值和持续发展打下坚实基础。（赵　军）

【安全管理】　一是按照“强化意识，完善制度，重在现场，严格监管”的工作思路，进一步深化HSE管理体系运行，提高HSE管理水平；二是高度重视奥运期间安全生产和安全保卫工作，动员一切力量，采取有效措施，确保特殊时期公司安全运行；三是严格执行中石化《安全生产禁令》，加强监督管理；四是狠抓隐患治理整改，注重实效；五是也门项目按照IAGC的要求和标准，不断摸索积累境外作业HSE管理经验，得到国际HSE监督的肯定；六是成功举办“安全发展，和谐四物”为主题的首届安全环保知识竞赛，推进了企业安全文化建设。（赵　军）

【人才队伍建设】　充分利用队伍休整的时机，广泛深入开展岗位技能培训、管理和技术交流，三支人才队伍建设得到整体推进，职工素质有了新的提升。2008年9月，成功举办物探技术暨生产管理交流会，对物探技术进步成果和生产管理所取得的一系列经验进行梳理总结，并对以后的工作重点和难点进行深入研讨。先后组织监控处理、测量、地震仪器操作等10个科目16个班次的专业技术人员培训，员工基础理论和操作能力得到很大提高。举办钻工、爆炸工和检波器工3个工种的技能比赛活动，培训总量达755人次，取得明显效果。（赵　军）

【基地服务】　以新乡市创建全国文明卫生城市为契机，进一步对基地环境进行治理和美化，为改善职工的居住条件，新建住宅楼2栋；对机关办公楼、会议室进行装修改造，工作环境得到改善。2008年，物探公司在新乡市全国文明卫生城市创建中，成绩显著，被红旗区政府授予先进创建单位称号。（赵　军）

【党建和稳定工作】　一是以高度的政治责任感和使命感，把“动员一切可动员的力量，采取一切可以采取的措施”落在实处，通过大量、深入、艰苦、耐心、细致的工作，全力维护奥运会“特殊时期”的企业稳定。二是以开展“四项主题”活动为契机推动干部职工队伍建设，促进政治思想工作。通过“双促”、“抓促”、“形势任务教育”和“员工守则”学习活动，干部作风建设和职工爱企敬业意识得到加强。广泛开展学习、谈心和深入基层听取职工意见活动，解决工作中遇到的24个实际问题，干群关系、群体关系得到进一步改善，干部的群众观念得到切实转变，在“双促”主题教育活动测评中，群众满意度达97%，干部的群众观念和队伍的凝聚力得到进一步加强。在“抓促”活动中，通过“四个一（建设廉政文化一条街、制作一块廉政警示牌、发起一次廉政征文、组织一次廉政之旅）”活动的开展，增强了干部廉洁自律意识。在开展向汶川地震灾区捐款活动中，党组织的号召力、党员的先进性和职工队伍的凝聚力得到充分体现。三是积极发挥工会、共青团的作用。开展技术创新、贯彻《员工守则》以及节能减排等活动，坚持队务公开，不断推进民主管理、民主决策和民主监督等体制机制建设。共青团发挥在生产、管理等工作中的生力军作用，持续开展青年安全、质量监督岗、“双争双创”等多项活动。四是成功承办局和分公司第 23 届职工运动会。公司党委高度重视，精心组织，认真筹备，广大干部职工积极参与、热情服务，使本届运动会最终取得圆满成功，促进基地各个群体间的融洽和谐，增进了物探公司与局、分公司及兄弟单位的了解交流，充分展现了职工队伍良好的精神风貌。

（赵　军）

中国石化集团
华北石油局
五普钻井公司

【五普钻井公司概况】 2008 年，中国石化集团华北石油局第五普查勘探大队迎来了建队 50 周年，实现了三年建成专业化钻井公司的奋斗目标。8 月，大队更名为中国石化集团华北石油局五普钻井公司（简称五普钻井公司）。截至年底，公司有钻井队 17 支，完成钻井进尺24.2万米，经营总收入 50020 万元税利 5650 万元，创公司 50 年发展史新记录。

（陈　欣）

五普钻井公司领导成员

经理、党委书记	常兴浩
副经理	解　超
总工程师	杨成超
党委副书记、纪委书记	李志雄
工会主席	李广建

【硬件建设】 2008 年新增钻机 3 台套，进口 MWD、LWD 无线随钻测量仪各 1 套，购置顶部驱动装置 1 套。五普钻机达到 17 台，继 2001 年专业化重组后，首次拥有了 7000 米深钻；技术服务装备在华北石油局钻井工程队伍中居一流水平；管具中心初步具备井控检测能力。

（陈　欣）

【技术进步促进钻井整体提速】 在镇泾工区成功应用“四合一”钻具组合技术，大大减少起下钻时间，20509HB 钻井队先后在定向开发井 ZJ25－5 井、ZJ25－6井施工中，分别以10.88天、10.27天创同类井钻井周期最短记录；40678HB 钻井队在ZJ18－1井施工中，以9.42天创同类井钻井周期最短记录；20509HB 钻井队在定向开发井ZJ25－9井施工中，以钻井周期8.21天创镇泾工区塬上 2000 米以上井钻井周期最短记录，实现将单井钻井周期控制在 10 天以内的目标，促进了工区钻井全面提速。在麻黄山工区成功应用防斜防漏技术，40675HB 钻井队施工的ND17－3井以钻井周期9.83天，机械钻速22.38米/小时，打破该井队 2007 年在ND3－8井创造的11.65天工区纪录，并取得较好的推广应用效果，使2008 年开发井平均钻井周期得到较大幅度的压缩，达到17.25天（原来为26.90天）。40837HB 钻井队施工的柳北1—37井二开使用的 PDC 钻头完成进尺1785 米，创冀东工区单只钻头最高记录；50790HB 钻井队施工的 DP5 井，以1094.18米创鄂北工区大直径井眼（Φ311.1mm）单只钻头进尺最高记录；40675HB 钻井队单只 PDC 钻头进尺2047.73米，创麻黄山工区单只钻头进尺最高记录。成功完成中国石化集团在鄂尔多斯部署的第一口重点深探井“定北 8 井”钻井施工，有效实施长裸眼段防斜打直技术，创下技套下深3947.50米工区记录。

（陈　欣）

【技术实力持续增强】 2008 年，公司同时为 NP1 井、DP8 井、DP15 井提供水平井技术服务，在 DP8 井中，克服了油层薄等诸多困难，实钻水平段长1485.91米，超过公司 2007 年在 DP3 井创造的水平段长1220.79米的中国石化记录。在麻黄山第一口水平井 NP1 井服务中，克服地层不稳定、造斜率不好掌握，地层容易坍塌、目的层垂深变化较大、侧钻等复杂情况，保证该井顺利完钻。为 36 口普通定向井和大位移定向井提供技术服务，其中 D1－4－151 井以靶点位移1939.51米，井底位移 2060 米，创鄂北工区定向井最大位移记录。钻井液技术日臻完善，在麻黄山工区施工的定向井ND17—2井中，采用“屏蔽暂堵”钻井液体系，使原油产量获得重大突破，经测试，日产油量是该地区以往单井最高日产油量的 3 倍以上。在定北 8 井成功应用抗高温非渗透钻井液体系技术，有效防止了在井底高温度条件下的钻井液失效，防塌效果明显，对防止井径扩大和储层保护非常有利。

（陈　欣）

【管理工作】　2008年，猛虎队精神加精细化管理成果得到有效发挥。安全管理上突出了一个“硬”字。实行专职安全员集中管理与分散管理相结合制度、关键生产作业环节安全许可制度；推行师傅带徒弟合同制；落实安全责任制，实现钻井零事故。经济管理上突出一个“严”字，严格执行内控制度，对公司内控管理所涉及的13个流程执行情况进行全面梳理、检查、整改，保证各流程按内控制度有效执行。严格成本控制，摸索、总结出一套降本增效经验。创新设备管理模式，利用网络与野外进行远程视频沟通，及时指导野外井队排除设备故障，保障设备正常运行。队伍管理上，强化人才培养的计划性；提高新招劳务工的标准；加大现场培训力度；进一步健全了人才激励机制；在选拔使用干部上，看资历更看贡献、重学历更重能力，选拔了一批优秀劳务工充实到中层干部队伍之中。在奥运期间，开展稳定工作大排查、大下访活动，围绕“真”字做文章，动真格，用真心，真正学习、理解、把握政策，真做工作，真困难真帮助，真正守住政策底线，直面问题，化解矛盾，把不稳定因素消除在萌芽中，确保队伍的和谐稳定。（陈　欣）

【精神文明和企业文化建设】　2008年，五普钻井公司认真开展“双促”、“抓促”活动，公司领导多次深入基层，解决生产经营和职工生活中的实际问题，及时疏导员工的思想情绪，确保思想统一。个性鲜明、有着浓厚猛虎队精神的公司50周年庆典活动，体现节俭、热烈、庄重、祥和的宗旨，是公司向外界充分展示企业文化、协调能力、管理能力、策划能力的大舞台，是在职职工、离退休职工、协解人员、社会力量的大协作，是老、中、青几代五普人的大聚会，达到展示成就、展示文化、凝聚人心、扩大影响的目的。通过向四川地震灾区献爱心活动，强化了猛虎队在逆境与挑战面前顽强拼搏、永不言败，只要有一线希望就要付出百倍努力的精神实质。以公司职工余中岳被华北石油局推荐为“北京残奥会”火炬手为契机，号召广大职工发扬“更快、更高、更强”的奥林匹克精神，以实际行动担当起企业生产“火炬手”的重任。关心离退休人员的生活待遇。优先保证离退休人员工资的按时发放、医疗费的按时报销等。重视老年大学建设，及时调整、充实授课内容，不断提高老年大学的参与人数与教学质量。认真做好协解职工再就业安置以及帮扶工作；对公司家属院绿化工作进行整体规划，使职工家属的生活环境得到进一步改善；针对物价上涨因素，连续两次增加野外职工的伙食补贴；在洪门基地建起职工食堂，使单身职工就餐难问题得以解决；对群众关心的住宅楼建设等热点问题，及时进行监察和监督，确保阳光工程。（陈　欣）

河南省新乡水文水资源勘测局

【水文水资源勘测概况】　河南省新乡水文水资源勘测局成立于1993年6月，隶属于河南省水利厅，负责新乡、焦作、济源三市行政区域内的水文、水资源工作，是公益性事业单位，承担水文工作的行政管理职能。辖区西至济源东到长垣，管理新乡、焦作、济源三市行政区域内的地方水文站网，主要职能是负责降雨量、地表水、地下水及墒情的信息采集与数据整理工作，防汛工作中的水文、降雨的情报与预报工作，水资源分析评价与水资源公报的编制发布工作。2008年在职职工64人，下设1个科级局，6个内部科室，10个水文测站，管理57个群众雨量站和400多眼地下水观测井。具有水文水资源调查评价乙级资质、建设项目水资源论证乙级资质、水文测验、水文预报等专业技术资质。配备有水文测验、测绘、自动化办公等仪器设备，建有地下水自动测报系统及防汛指挥系统信息网络。为地方建设项目的水资源论证和防洪评价工作及水资源规划工作做出了贡献。2008年7月，被河南省水利厅正式命名为河南省水利厅文明单位。（孙孝波）

河南省新乡水文水资源勘测局领导成员

局　　长　朱玉祥
副 局 长　王小国
总工程师　孙孝波
工会主席　郭有明

【水资源】　新乡市境内水资源总量年际分配很不

均匀，常旱涝交替，连旱连涝现象比较多见。多年平均水资源总量为16.97亿立方米，其中地表水为7.43亿立方米。地下水为11.23亿立方米（内含地表水与地下水重复计算量1.69亿立方米）。2008年地表水为4.36亿立方米，地下水为9.85亿立方米，扣除地表水与地下水重复计算量1.96亿立方米，2008年市境水资源总量为12.25亿立方米，开发利用总量为16.43亿立方米。在年降水量偏少的情况下，由于干旱，农业用水量与上年相比，由9.07亿立方米增加到11.56亿立方米。2008年，全市平均降水量546.3毫米，比上年的522.6毫米增加23.7毫米，比多年平均值621.3毫米少12.1％。（孙孝波）

新乡水文局测洪演习

【水文及水情】 2008年，汛期降水场次多，但降水量不大，雷阵雨、小雨、中雨较多。范围较大的降水过程有2次，7月13日至15日降水过程最为集中，全市普降中到大雨，局部暴雨、大暴雨。卫河、共产主义渠等河道形成了明显的洪水过程。受本次降水过程影响，共产主义渠合河水文站水位7月15日0时开始上涨，7月16日1时出现最高水位74.17米，洪峰流量105立方米/秒；共产主义渠黄土岗水文站7月16日8时达到洪峰水位68.56米，洪峰流量为106立方米/秒；卫河汲县水文站7月16日8时最高水位68.92米，最大流量44.0立方米/秒。在汛期水情测报工作中，广大职工能很好运用各种水情报讯设施及计算机应用技术，熟练掌握信息接收及处理方法，认真对待每个汛情信息，反复核对监测数据，确保测得到、报得出，预报分析准确及时，圆满完成防汛测报任务。（孙孝波）

【国家防汛抗旱指挥系统新乡水情分中心通过初步验收】 国家防汛抗旱指挥系统一期工程新乡水情分中心（包括新、济、焦三市）建设项目包括17处中央报汛站、24处省级报汛站的雨量、水位信息采集、报汛通信设备及水情分中心系统集成、焦作信息接收点等。2008年1月，省防办对该工程进行初步验收。在该项工作中，水文局认真准备验收所需的工程施工管理报告、工程建设管理报告、试运行报告等，受到验收组的好评。（孙孝波）

【建设好水质化验室，增强水环境监测能力】 水文局水环境监测中心成立多年，没有水质化验室，水样一直要送到外地进行化验。2008年，经河南省水文水资源局与河南省水环境境监测中心批准，新乡水文局正式建立水质化验室。人员、设备均已到位，化验人员培训工作基本结束，资质认证工作已全面展开，水质化验工作准备就绪。（孙孝波）

【水文服务】 一是对海河流域40多个污染严重、排污量大的入河排污口重新调查，通过摄像、GPS定位后监测取样，为水环境保护治理工作打下基础。二是再续2年合同，为国家重点工程宝泉抽水蓄能电站防洪提供水情服务。三是对新乡火电厂水源地地下水动态进行监测，服务企业、服务农村地下水生态环境。四是承担新乡市小店工业区引黄补源区地下水监测工作，为恢复小店工业区地下水生态环境做出了贡献。五是完成新乡新奥燃气有限公司新乡门站向新乡东区输送天燃气主管网工程防洪评价工作，通过了省水利厅组织的专家评审。六是合作完成新乡市渠东热电厂水资源论证工作。七是承担济源市企业水平衡测试工作，为建成节约水型企业和城市可持续发展作出了贡献。八是编制发布2008年新乡、焦作、济源三市的水资源公报。（孙孝波）

牧野风

县（市、区）概览

辉县市

【辉县市概况】　2008年，辉县市经济又好又快发展，速度效益更加协调，人民生活更加富足，社会大局更加稳定。

主要经济指标高位运行，综合实力再度提升。全市生产总值完成151.6亿元，增长20.6%；财政一般预算收入完成7.02亿元，增长32.3%；全社会固定资产投资突破100亿元，完成126.5亿元，增长41.7%；规模以上工业企业增加值完成65.4亿元，增长38.2%，实现利润10.2亿元，增长64.2%；城镇居民人均可支配收入11293元，增长17%；农民人均纯收入5090元，增长16.1%；城乡居民储蓄存款余额68.3亿元，增长17.4%。

项目引资“双带动”战略成效突出，经济内生动力更加强劲。全年共实施千万元以上项目96个，总投资180.3亿元。投资26.6亿元的孟电集团2×30万千瓦热电机组等39个项目开工建设，程村矿井45万吨原煤、长城矿山3.5万吨铸钢件、天邦集团5万吨高档文化纸等23个项目竣工投产。加大项目储备力度，全年新谋划千万元以上重大项目103个。此外，抢抓国家扩大内需政策机遇，集中上报争取资金项目95个，申报项目、争取资金数额均居新乡各县（市、区）首位。招商引资成效明显，全年实际利用市外资金12.3亿元，到位外资1185万美元，完成进出口总额1500万美元。上海宝钢资源有限公司等知名企业正式入驻，江苏雨润集团200万头生猪屠宰加工项目顺利签约。进一步优化投资环境，各产业聚集区共实施基础设施项目21个，新入千万元以上工业项目15个。洪洲产业聚集区被确定为省级产业聚集区。

城市建设力度空前，攻坚计划全面实施。全年城市建设投资超过20亿元，拆迁面积突破100万平方米。城市路网更加通达。高标准完成南环路、城北街东延和东环路、西外环路南延等道路升级改造工程；东西大街延伸路基成型，部分路段已经通车；小屯转盘北延及军民共建路部分路段主体完工。百泉复兴工程突破坚冰。3个安置小区已开工2个，面积达9.4万平方米。小区开发强势推进。新开工小区10处，开工面积120万平方米，竣工面积54万平方米。精品工程增添城市新亮点。灶君庙商贸城、电影院改造、图书大厦、城北中学相继投入使用，灶君庙广场建成开放，文昌广场正在加紧建设。完成稻香路花池改造。全年新增绿地面积4万平方米。城中村改造启动。东关、东石河等首批改造的6个城中村，已完成拆迁36万平方米，安置楼建设动工。城市管理力度加大。依法强制拆除违法占地91宗312.5亩，收购、收回国有土地使用权8宗762亩，实现土地收入2.3亿元。垃圾处理场一期工程投入使用，新建垃圾中转站4座，城区道路保洁权市场化率达到80%，所有城中村全部建立垃圾清运制度，城市综合环境明显改善。

新农村建设进程加快，城乡统筹趋向明显。全年粮食总产5.15亿公斤，实现连续5年增产。现代畜牧业发展迅速，规模养殖场（户）达到7922个，畜牧业总产值达到16.5亿元。农业组织化程度进一步提高，全市龙头企业达到52家，带动农户7.5万户，辐射种植基地35万亩、饲养规模240万头（只）。农民专业合作组织会员达到6.2万户。完成劳务输出12.7万人次，实现劳务收入7.7亿元。以生态文明村和新型农村住宅社区建设为载体，加快推进农村城市化进程。高标准完成第一批180个生态文明村造林绿化任务。完成农村公路建设项目38个89.3公里。新增农村沼气用户8000户。三郊口水库除险加固工程全面完工。解决饮水安全1.63万人。

完成19个村电气化改造，朱桥220千伏输变电站建成投运。35个新型农村住宅社区建设规划全部完成，孟庄镇涧头、吴村镇杨启营等12个试点社区全面启动，已建成住宅面积15.6万平方米。进一步改善城乡基础设施条件。开工建设交通公路项目46个115公里。辉张公路常村至裴寨段、三原线绕城改造一期、向阳隧道拓宽改造等重点道路竣工通车。

现代服务业迅猛发展，居民消费水平不断提高。辉县市南太行旅游景区总体规划启动实施，关山国家地质公园揭碑开园。各景区共接待游客262万人次，实现直接经济收入4000万元，社会综合效益9.6亿元。大力发展连锁超市、物流配送等现代商贸流通业，新建“万村千乡市场工程”农家店40家，农村连锁超市发展到480家。全年社会消费品零售总额达到38.9亿元，同比增长23.9%。房地产市场充满活力，社区服务日趋完善，全年办理房地产交易525宗。

节能减排纵深推进，生态环境明显优化。狠抓节能技术改造，单位生产总值能耗同比下降5.1%。加强重点环保设施建设，环境质量明显改善。圆满完成COD和SO_2减排任务，出境断面水质稳定达标，城区空气质量保持良好水平。扎实开展林业生态市创建活动，完成凤凰山森林公园年度建设任务，国家级生态示范区创建工程基本完工。

民生改善扩面提标，社会事业全面进步。省、市确定的20件实事在辉县市圆满落实到位。全年实现城镇新增就业2.1万人，下岗失业人员再就业5278人，47户零就业家庭实现稳定就业。启动城镇居民基本医疗保险试点工作，已参保52699人。新农合筹资水平由每人每年50元增加到100元。开展家电下乡活动，累计补贴销售家电13000余台。高度关注弱势群体，城镇和农村低保标准均按要求提高到位。6万平方米的经济适用住房、廉租住房已经开工，建成扶贫搬迁住宅53座。积极开展特困老人救助活动。全面做好生产自救工作。大力发展各项社会事业。城区中小学校顺利完成资源整合，实现标准化办学，荣获全省“两基教育”先进集体、义务教育均衡发展先进县（市）等称号；高中阶段教育基本普及，高招上线人数和上线率继续位居新乡各县（市）首位。新建、改扩建村级标准化卫生室180所，中医院改造一期主体完工。新建农村文化大院127个、广播电视“村村通”工程206个。圆满完成《辉县市志》续编工作。完善计划生育利益导向机制，人口自然增长率控制在6‰以内。民兵预备役工作扎实推进，“双拥”工作进一步加强。

民主法制建设扎实推进，社会大局和谐稳定。自觉接受人大及其常委会的监督，支持政协参政议政，人大代表议案、建议和政协委员提案得到较好落实。进一步规范行政执法行为，政府法制工作不断加强。深化政务公开，市、乡、村三级行政（便民）服务网络进一步健全，行政效率不断提升。纠正部门和行业不正之风，勤政廉政建设取得新成效。严格落实安全生产责任制，安全生产形势稳定。深入开展平安辉县创建活动，荣获全省打击“两抢一盗”先进集体，公众安全指数明显提升。高度关注人民群众生命健康安全，食品药品监管网络更加健全，突发公共事件应急能力进一步提高。加大信访排查调处力度，实行领导干部“大接访”制度，多年来的信访被动局面明显扭转。（郭　宇　李　涛）

2008年度辉县市各项基本数字统计表

项　　目	2008年	较上年增长%
总面积(平方公里)	2007	—
总人口(万人)	80.9	0.537
农业人口(万人)	61.2	0.12
非农业人口(万人)	19.7	0.01
粮食总产量(万吨)	51.5	2.0
农民人均纯收入(元)	5090	16.1

项　目	2008年	较上年增长%
城镇居民人均可支配收入(元)	11293	17.0
生产总值(亿元)	151.1	20.5
限额以上工业增加值(亿元)	65.4	38.2
社会消费品零售总额(亿元)	38.9	23.9
地方财政收入(亿元)	7.02	32.3
中小学在校学生(万人)	9.6	-6.3
医院病床(张)	1784	0.14

（郭　宇　李　涛）

辉县市领导成员

中共辉县市委员会

书　　记　贾生祥（2008年2月离）
　　　　　崔学勇（2008年2月任）
副 书 记　崔学勇（2008年2月离）
　　　　　王学胜
　　　　　郑援越（2008年2月任）
常　　委　甘桂玲（女）
　　　　　杨新锋（2008年2月离）
　　　　　王　颖（女）
　　　　　李东方（2008年2月离）
　　　　　刘　坚（2008年2月离）
　　　　　武胜军
　　　　　许光敏
　　　　　王献臣
　　　　　阮清献
　　　　　段新国
　　　　　汪庆平（2008年2月任）
　　　　　张星吉（2008年2月任）

市人大常委会

主　　任　王可明
副书记、副主任　李子军
副 主 任　张　玲（女）
　　　　　郭长义
　　　　　赵路根
　　　　　贺成亮
　　　　　黄金平
　　　　　张有新

市人民政府

市　　长　崔学勇（2008年2月离）
　　　　　王学胜（2008年3月任）
副 市 长　王学胜（2008年2月离）
　　　　　刘　坚（2008年2月离）
　　　　　武胜军
　　　　　张星吉（2008年3月任）
　　　　　汪庆平（2008年2月离）
　　　　　高家轩
　　　　　邓智敏（女）
　　　　　张文亮（2008年3月任）

政协辉县市委员会

主　　席　郭清怀
党组书记、副主席　耿梦杰
副 主 席　范爱新（女）
　　　　　张　唐
　　　　　郭新富
　　　　　宋天顺
　　　　　徐长宽
　　　　　章汎生

中共辉县市纪律检查委员会

书　　记　杨新锋（2008年2月离）
　　　　　王　颖（女，2008年2月任）

市人民武装部

部　　长　谢晓东
政　　委　段新国

市人民法院

院　　长　刘　挺

市人民检察院

检 察 长　布孝军

（郭　宇　李　涛）

【辉县连续入围中国中部百强县行列】 2008年，全国第八届（2007年数据）县域经济中部百强县（市）评比结果显示，辉县市县域经济综合竞争力位居中部第43位，较上届排名上升2个位次，连续7年入围中部“百强”，居新乡市各县（市）首位，是新乡市唯一进入中部前50强的县（市）。在全国2001个县（市）中排名第252位，较上届排名上升24个位次。（李　涛）

【裴春亮获第十八届“中国十大杰出青年”称号】 1月9日，张村乡裴寨村村委会主任裴春亮参加在中国人民大学举行的第18届“中国十大杰出青年”颁奖典礼，荣获“中国十大杰出青年”称号。（李　涛）

【辉县市电业局档案管理通过国家一级认证】 1月9日，省档案局一行7人组成的国家一级档案管理考评小组莅辉，认证考评市电业局档案管理工作，以96分的成绩通过国家一级档案管理认证，县级供电企业获国家一级档案管理认证在河南省供电系统尚属首家。（李　涛）

【争创名牌产品工作结新硕果】 2008年，辉县市金马蓄电池有限公司生产的启动用铅酸电池、孟电集团水泥有限公司的孟电牌普通水泥、米多奇食品有限公司的米多奇牌膨化食品、奥博纸业有限公司的无碳复写原纸分别荣获国家免检产品和河南省名牌产品、河南省免检产品称号，其中孟电牌普通水泥为复评。至此，全市共有国家免检产品4个、省名牌产品4个、省优质产品4个、省免检产品8个，在全新乡市排名第一。（李　涛）

【辉县市粮油食品产品质量检测站获国家资质】 1月8日，辉县市粮油食品产品质量检测站被国家粮食局授权挂牌“河南省辉县国家粮食质量检测站”，成为全省县级唯一一家获此资质的粮食质检机构。

辉县市粮油食品产品质量检测站在1960年后组建，配备有气相色谱仪、降落数值测定仪、实验磨粉机、粉值仪、计罗维朋比色计和面筋测定仪等大型仪器，参与计量认证的检测项目有粮油、食品、饲料的质量检测和原粮卫生检测。2006年申报国家粮食质量检测机构，2007年8月6日通过国家考评并公示。（李　涛）

【辉县市委宣传部获中国文化扶贫奖成就奖】 文化扶贫活动是“三下乡”（科技、文化、卫生）活动的重要形式，由先富起来的地区、单位和个人帮助后进地区加快发展、走共同富裕道路的有效载体，旨在体现关爱农民、情系农民和服务农民的宗旨。1月23日，在人民大会堂举办的，由中国文化扶贫委员会、中国扶贫基金会、中华全国农民报协会、农民日报社联合举办的全国“文化扶贫、送报下乡”座谈会暨中国文化扶贫奖颁奖仪式上，辉县市委宣传部获中国文化扶贫奖成就奖。（李　涛）

【辉县市外国语小学被评为省级防震减灾示范学校】 1月24日，在新乡市召开的创建防震减灾示范学校表彰大会上，市外国语寄宿小学被评为省、新乡市示范学校。该学校高度重视防震减灾工作，组织学生上防震减灾课程并演练，出专刊并观看专题片，500余名学生系统地掌握了防震知识。（李　涛）

【省委书记徐光春春节期间莅辉慰问】 1月29日，省委书记、省人大常委会主任徐光春在新乡市领导吴天君、李庆贵等陪同下莅辉春节慰问，在孟庄敬老院看望30余位孤寡老人，并送慰问金1万元，题字“春色永驻”；到孟庄镇段屯村最低生活保障对象刘继红、老复员军人秦占彪家慰问，并把5000元慰问金交给村党支部书记李福生手中，让其节前发放到困难户和优抚对象手中。（李　涛）

【辉县市人民法院荣获“全国模范法院”称号】 2月29日，最高人民法院在北京召开四年一届的全国模范法院和全国模范法官表彰大会，因辉县市人民法院在近5年的时间中，以司法为民为宗旨，在队伍建设、廉政文化建设、便民服务、司法公正和效率和解决执行难等方面取得突出成绩，被评为全国模范法院。“全国模范法院”是全国法院系统的最高荣誉，河南省仅有2家。（李　涛）

【辉县被国家确定为城乡住户一体化调查试点市】 3月5日，辉县市承担的中国、加拿大统计局联合开展的城乡住户一体化项目试点调查工作会议召开，国家统计局河南省调查中队农村住户处处长张保西参加。这次调查工作在全国4个省的4个县（市、区）中开展，为国家制定宏观决策提供更全面、准

确的信息服务。作为全国试点县之一，辉县市有14个乡镇的21个村被抽中开展调查工作。（李　涛）

【王久富获“2007年全国优秀乡村医生”称号】 2008年，身残志坚的辉县市吴村镇协店村卫生所医生王久富，行医20余年来为方圆百里的群众看病，先后为特困户、老弱病残患者减免医疗费10万余元，被卫生部授予“2007年全国优秀乡村医生”称号，全国获此称号的仅有199人。（李　涛）

【中央、省级12家媒体莅辉采访打击“两抢一盗”专项斗争情况】 3月20日，由新华社河南分社、人民日报、法制日报、人民公安报、检察日报、人民法院报等及河南日报、河南电视台、河南电视台法制频道、今日安报等12家中央、省级新闻媒体组成的新闻采访团，莅辉采访打击“两抢一盗”专项斗争情况，并深入基层派出所、看守所采访办案民警和“两抢一盗”犯罪嫌疑人。截至2月底，辉县市发生两枪案件5起，比上年同期下降28.5%；公安机关共破获“两抢一盗”案件510起，抓获各类犯罪嫌疑人74人，其中省厅督捕逃犯2人，打掉团伙6个。（李　涛）

【省长李成玉莅辉视察城市建设】 3月24日，省长李成玉、省长助理何东成莅辉，在新乡市领导吴天君、李庆贵陪同下视察新农村建设和旧城改造情况，先后到孟坟村、小蒲水村、段屯村、孟电花园小区、孟电文昌花园小区、东方星园小区察看，对辉县市的旧城改造工作给予高度评价。（李　涛）

【中国社科院副院长陈佳贵莅辉考察】 3月23日，参加“中部崛起与创新新乡发展”论坛的全国人大常委、中国社科院副院长陈佳贵等13名专家学者，在新乡市领导李公乐的陪同下视察八里沟景区，对旅游工作提出了指导性意见。（李　涛）

【国家统计局领导莅辉检查指导】 4月1日是中国——加拿大社会统计项目试点调查工作开户调查时间，国家统计局农村住户司副司长盛运来、国家统计局河南调查总队队长刘世德等莅辉检查调查试点工作，对辉县市在短期内完成机构建立、住宅图绘制、调查户摸底、访问员选聘、业务培训、开户调查等各项前期工作表示满意。并到孟庄镇孟坟村湖南天心牧业有限责任公司辉县分公司调研生猪生产情况。（李　涛）

【省新农合督导组莅辉检查工作】 4月1日，省新农合督导组组长张永彬一行莅辉检查指导工作，实地查看市监管办、新农合服务窗口、新农合中国人寿辉县服务中心，并对孟庄镇卫生院和北云门镇卫生院新农合服务站的工作情况进行抽查，对辉县市的新农合工作给予高度评价。

2003年，辉县市被列为河南省新型农村合作医疗试点县（市）后，采取“政府组织引导，职能部门监督管理，保险公司承办业务，定点医疗机构提供服务”的管办分离运行机制，确保参合农民受益最大化。年内，全市参合农民65.6万人，参合率达99.4%，本级财政和新乡市财政对参合农民的补助资金进入基金专户。（李　涛）

【辉县获“全省农村基层党风廉政建设先进集体”称号】 4月2日，全省农村党风廉政建设工作暨“三级示范四级联创”先进集体表彰会议召开，辉县市认真贯彻落实中办、国办《关于加强农村基层党风廉政建设的意见》和省委《实施意见》，以构建预防和惩治腐败体系为重点，以廉政文化建设为载体，以管人、约权、理财为主要内容，以纠正治理损害群众利益问题为重点，严肃查处违法乱纪行为，有效加强农村基层党风廉政建设，为维护全市农村社会稳定、促进新农村建设健康发展提供有力保证，被省纪委、省人事厅、省监察厅授予“全省农村基层党风廉政建设先进集体”称号。（李　涛）

【新党主席郁慕明莅辉观光】 4月9日，台湾新党主席郁慕明在应省委邀请参加新郑皇帝故里拜祖大典之际，在新乡市领导李庆贵等陪同下到八里沟景区观光旅游，对辉县市的旅游工作给予赞赏。

（李　涛）

【回龙村“劳模精神教育基地”揭碑】 4月12日，省总工会在辉县市上八里镇回龙村举行“劳模精神教育基地”揭碑暨“农民工书屋”挂牌仪式。省总工会主席李志斌，党组书记、常务副主席桑金科，新乡市领导吴天君等出席。在仪式上，李志斌、桑金科、吴天君为回龙村“劳模精神教育基地”揭碑。回龙村党支部书记、全国劳模张荣锁代表全村人民作“带动一个村，带动一大片，促进一方发展”的典型发言；新乡航空工业集团职工代表宣读倡议书。

（李　涛）

【世界佳丽汇聚万仙山景区】 4月16日，在2008年世界旅游小姐总决赛中胜出的秘鲁、中国、加拿大、日本等地的5名世界小姐莅辉，游览万仙山景区。景区董事会聘任冠军秘鲁小姐西尔维雅·瓦妮，亚军中国小姐童鹤、黑山小姐达萨、日本小姐阿卡眯为万仙山景区国际旅游形象大使，向世界推介南太行的秀美。（李　涛）

【“我是辉县人，我为辉县添光彩”活动启动】 4月16日，在辉县市委门口举行“我是辉县人，我为辉县添光彩”活动启动仪式，市委常委崔学勇、郑援越、王可明、郭清怀、甘桂玲、武胜军、许光敏、阮清献、汪庆平、张星吉出席仪式。（李　涛）

【全国重大党史题材写作笔会在辉召开】 4月17日，由省《党史博览》杂志社主办，新乡市委党史研究室承办的第九届全国重大党史题材写作笔会在辉县市百泉国际大酒店召开，中央党史研究室、《求是》杂志社、军事科学院、新华社、解放军出版社等23家单位的近30位专家、学者代表参加，就重大党史题材写作中如何处理好党性与科学性的统一、普及与提高、表现历史与反映现实、巩固老读者群与培育新读者等问题进行充分的探讨。（李　涛）

【国家计生委领导莅辉调研】 4月20日，国家计生委科技司副司长许梅林、信访处处长张雷等领导莅辉调研育龄妇女节育手术后并发症管理工作，参观市计划生育服务站视听室、药房、化验室及计生委办公楼，查阅术后回档记录等，观看计划生育宣传片，听取术后并发症管理工作汇报，给予高度评价。

（李　涛）

【关山国家地质公园开园】 4月28日，关山国家地质公园揭碑开园庆典仪式举行。国土资源部地质环境司副司长陈小宁和教授陈安泽、李凤麟、郑元元，省国土资源厅副厅长郭公民，新乡市委常委、宣传部长邢亚平等出席庆典仪式，陈小宁、郭公民、邢亚平和辉县市委书记崔学勇为关山国家地质公园揭牌，中央电视台、中央人民广播电台和省、市新闻媒体对此报道。关山国家地质公园是辉县市集地质保护、科普教育、观光休闲为一体的综合性地质公园。

（李　涛）

【国家节能目标责任考核组莅辉检查】 4月29日，以国家监察部执法监察司监察专员王行华为组长的

国家节能目标责任现场评价考核组在省发改委、监察厅领导，新乡市委常委、副市长赵海燕的陪同下莅辉，检查淘汰落后产能推进节能减排工作情况并给予充分肯定，之后实地察看孟电集团小火电爆破拆除现场。

截至2008年底，辉县市积极响应国家产业政策，坚决关闭污染企业，全面淘汰落后产能，先后关闭淘汰造纸、火电、水泥等“五小企业”579家，削减二氧化硫排放量1.77万吨、粉尘排放量4.6万吨，城区粉尘减少73%，空气污染指数平均值由原来的300降到100以下，水污染物COD浓度较原先下降90%左右。（李　涛）

【省委书记徐光春莅辉视察赵固一矿】　5月7日，省委书记、省人大常委会主任徐光春，副省长张大卫在新乡市市长李庆贵的陪同下莅辉视察赵固一矿建设情况并表示满意。

赵固一矿是国家重点建设项目，2005年6月开工，到2008年4月底完成投资9.66亿元。2006年主、副、风3井筒落底；2007年完成井底车场主要巷道硐室的施工，东翼3条大巷施工至首采工作面，进入首采准备。（李　涛）

【辉县再获全国计划生育优质服务先进市称号】　6月2日，全省人口和计划生育工作电视电话会召开，辉县市再次荣获全国计划生育优质服务先进市称号，主任原全琴获得首届河南人口奖。（李　涛）

【商务部驻郑特派员莅辉调研】　6月6日，商务部驻郑办事处特派员钱长勇莅辉先后到八方电器等家电下乡销售网点察看农民购买家电情况，广泛征求销售商和群众对开展家电下乡工作的意见，并到金城量贩总店等万村千乡市场工程网点调研，对家电下乡销售情况和万村千乡市场工程建设进度给予肯定，在万村千乡市场工程的提高商品配送率、农家店长效管理机制、配送中心建设等方面提出了建设性意见。（李　涛）

【宝泉抽水蓄能电站二期预可行性研究报告审查会举行】　7月15日至18日，宝泉抽水蓄能电站二期预可行性研究报告审查会在郑州举行，国家水电水利规划设计总院副总工程师、审查组组长彭才德，国网新源控股有限公司主任温幸时，省发改委、电力公司、移民办、国土资源厅、水利厅、林业厅、环保局等单位领导和新乡市副市长王治通等出席会议，中国水电顾问集团华东勘测设计院项目经理徐跃明以多媒体形式汇报《宝泉第二期抽水蓄能电站工程预可行性研究报告》；与会专家经现场勘察、分组讨论和审议，对工程建设的必要性、水文、工程地质、工程规划、建设征地、移民安置、环境保护、工程布置及建筑物、机电施工、投资估算、经济评价等方面作详细审查，认为报告满足本阶段设计内容和深度要求，基本同意报告内容。（李　涛）

【全国集体林权制度改革采访团莅辉】　7月25日，由人民日报、新华社、中央人民广播电台、经济日报、科技日报、农民日报、人民政协报、中国经济导报、中国经济时报、中国绿色时报、经济杂志、中国林业杂志等12家新闻媒体组成的采访团，在国家林业局宣传办副主任金志成、省林业厅副厅长刘有富的带领下，莅辉实地采访集体林权制度改革工作。先后到市林业要素市场、冀屯乡宪录村，了解要素市场各项工作内容，察看拍卖档案，现场访问造林承包农户，记录林改给新农村建设带来的变化。

2007年，辉县市开始集体林权制度改革试点，截至2008年7月底，有483个村完成林改，占全市的92%。全市共拍卖路、沟、渠、堤造林权4600公里，发包集体林地90余万亩，集体收益3100余万元。72个村实行流转收益70%分解到户的办法，共分配资金200余万元。村民利用流转资金改善生产和生活条件。（李　涛）

【国家计生委副主任江帆莅辉调研】　7月26日，国家人口和计划生育委员会副主任江帆莅辉，在省计生委主任孟献臣、新乡市领导李庆贵、周海深、杨书廷等陪同下，先后到孟庄镇计生服务中心和赵固乡赵东村调研人口和计划生育工作，对辉县市在创新服务机制、提升服务功能、服务育龄妇女、强化学科特色等方面取得的成效给予充分肯定。（李　涛）

【辉县再获全省减轻农民负担工作优秀县（市）称号】　7月，按照省农民负担监督管理委员会要求，省农监办组织各地对各市、县（市）2007年减轻农民负担工作进行考核，全省共有17个县（市）被评为2007年度减轻农民负担工作优秀县（市），辉县市是新乡市唯一获此荣誉的县（市），也是继上年获2006年度减轻农民负担工作先进县（市）称号后，再次获此荣誉。（李　涛）

【国家级文明村考核组到辉县市孟坟村检查验收】　7月24日，国家级文明村镇考核组组长何铁志一行到辉县市孟坟村检查验收，新乡市委宣传部副部长焦林等陪同。

孟庄镇孟坟村党支部、村委会高度重视精神文明建设工作，以创建国家级文明村为目标，坚持在不同类型、不同层次开展“先进村组干部”、“好婆婆、好媳妇”、“好少年”、“先进教师”、“文明职工”等系列评选活动；建成全市一流的学校，购买2000余册图书和健身器材，修建文化大院和老年人活动中心，2006年被评为“省级文明村”（李　涛）

【副省长张大卫莅辉视察】　8月6日，副省长张大卫率领省交通厅、环保局、土地局等有关部门负责人，在新乡市领导吴天君、王治通和贾生祥的陪同下莅辉视察项目和产业集聚区建设情况。在华电新乡发电有限公司宝山电厂与总经理王凤蛟就企业上半年的经营情况、节能减排等情况进行交谈，并针对电厂提出的问题现场办公，责成随行的省直各部门负责人为企业出谋划策，帮助解决实际问题，全力支持企业步入良性发展轨道。（李　涛）

【电影《兰花的愤怒》新闻发布会在辉举行】　8月20日，北京亚洲影视文化发展有限公司、河南欢娱视线影视制作有限公司在辉举行电影《兰花的愤怒》新闻发布会，导演蓝志伟及辉县市部分领导参加，并于年内在万仙山景区郭亮村开拍。大河报、东方今报、河南电视台娱乐频道、新乡电视台、新乡日报等新闻媒体与会报道。（李　涛）

【省委政法委领导莅辉调研政法工作】　8月22日，省委政法委调研组在副书记杨国文的带领下，由新乡市政法委书记李公乐等陪同莅辉，以召开人大代表、政协委员和乡镇、农村干部座谈会的方式调研政法工作和队伍建设情况，并就政法机关公开承诺办理实事情况到法院、检察院、城关派出所、常村司法所等单位进行专题调研，并提出意见和建议。（李　涛）

【辉县步入省“书法之乡”行列】　2008年，从《河南省书法年鉴》获悉，辉县市被省文联、省书法家协会授予“书法之乡”称号，是新乡市八县（市）唯一获此殊荣的县（市）。

在全省百县（市）书法联展检阅中，辉县市书法家和书法爱好者的作品入选量及获奖数量均位列第三，受到全省书法界好评。拥有国家级、省级书协会员近100人，新乡市书协会员200余人，其作品多次在国家、省、市书法展览上展出和获奖。（李　涛）

【辉县获“省优化经济发展环境工作优秀单位”称号】　辉县市各级各部门紧紧围绕发展第一要务，坚持推进依法行政和服务型政府建设，以“优质服务单位”和“示范性服务窗口”为载体，以解决不作为和乱作为问题为重点，全面开展机关效能建设，巩固、完善和创新优化经济发展环境工作机制，提高服务和保障经济发展能力，促进全市经济又好又快发展。年内，被省优化办评为省优化经济发展环境工作优秀单位，市行政服务中心财政局、卫生局窗口被评为“省优质服务窗口”。（李　涛）

【省委组织部副部长马新华莅辉调研】　9月2日，由省委组织部副部长马新华带领的调研组莅辉，在新乡市委书记吴天君，市委常委、组织部长冯昕，副部长赵武昌、傅江山等陪同下，就当前开展的“新解放、新跨越、新崛起”大讨论及党建工作开展专题调研。先后到孟庄镇孟坟村和赵固乡赵东村，详细了解农村党员干部情况以及当前农村工作中存在的困难和问题，听取对党建工作的意见和建议；在“新解放、新跨越、新崛起”大讨论座谈会上，以“讲党性、重品行、作表率，树组工干部新形象”

为主题向调研组作生动深刻的报告。（李　涛）

【辉县图书大厦开业庆典仪式隆重举行】 9月26日，辉县市第一个文化产业项目——图书大厦隆重开业，省新华书店总经理周卫滨等参加庆典仪式。图书大厦是辉县市委、市政府决定建设的标志性建筑，占地2811平方米，建筑10696平方米，9层全框架设计，总投资2000万元。2007年1月动工，历时19个月建成。其中配置中央空调、自动扶梯、背景音乐、影音欣赏、电脑查询等现代化服务设施，集超市、国内版图书、中小学课本、电子音像出版物、年画图片、图书借阅、资料查询等经营项目于一体，极大地满足全市人民的精神文化需求。（李　涛）

【辉县影城开业庆典】 9月28日，第二个文化产业项目——辉县影城开业庆典，新乡市文化局党委书记、局长范禄等领导参加。2007年3月，辉县市通过“政府引导、社会投入、市场运作”的方法，筹措资金1500万元动工建设，历时1年余建成，开业之际，华隆商贸有限公司入驻营业。影城建筑6000平方米，高26米，为全市市民享受较高档次的文化生活提供一个平台。（李　涛）

【曹红东中心小学落成庆典】 10月10日，曹东红中心小学在辉县市南村镇落成典礼仪式举行，省委书记徐光春为学校题写校名，省长助理卢大伟，省外事侨务办公室主任冯永臣、副主任文荣征，省政府参事赵国成，新乡市委书记吴天君及辉县市领导参加，举行曹东红中心小学揭牌仪式和曹红东先生塑像揭幕仪式。省海外交流协会副会长、加拿大河南同乡会会长曹俊生代表赠方向校方捐赠校服和图书等。

2007年，经省政府侨办推荐，曹俊生将其父曹红东生前节约的300万元巨款全部捐献给山区教育事业，在辉县市南村镇建设一座高标准、寄宿制小学——辉县市曹东红中心小学。2007年开工建设，2008年4月竣工。该校占地60亩，总建筑5784平方米，有教学楼、宿舍楼、综合办公楼各1座，其他办公用房600平方米，400米跑道1处，拥有微机室、图书室、实验室以及多媒体和远程教育设备等，能够满足学生学习、食宿、体育活动等多方面的需求，投入使用后，可容纳全镇25个个行政村中的16个村的学生在此就读，总投资460万元。现有6个年级19个教学班，在校学生1083人，其中寄宿生960人，教职工53人，是辉县市最大的一所寄宿制学校。（李　涛）

【辉县发放全国文化信息资源共享工程首批拓展设备】 10月21日，辉县市举行全国文化信息资源共享工程首批拓展设备暨培训仪式，为孟庄、百泉、沙窑、吴村等22个乡（镇）、办事处发放价值45万元的资源共享工程专用设备。全国文化信息资源共享工程是一项由文化部、财政部共同组织实施的大型公益文化工程旨在通过采用现代化通信技术和网络技术传播先进文化，彻底消除不同地区在获取文化信息资源的不平等，实现文化信息资源在全国范围内的共建共享。（李　涛）

【辉县市金城量贩与全国新合作集团举行合作洽谈会】 10月24日，金城量贩与全国新合作集团合作洽谈会在辉县市举行，省供销社主任唐飞，省新合作公司董事长谢文成及辉县市主要领导参加。新合作商贸集团有限公司由中华全国供销社合作总社牵头，联合全国供销社系统和国内知名大型企业共同投资，按照现代企业制度设立的全国性商贸连锁股份制企业，是中国农村连锁经营前10强的重点龙头企业，被商务部列为21家重点联系的大型现代流通集团之一。合作成功后，新合作可以为金城量贩注入大量资金，整合现有商业资源，规划城乡网点建设，继续推进“新网工程”建设。洽谈会已达成合作意向，进行股份重组和合资，力争3年内与新合作捆绑上市。（李　涛）

【刘跃聘荣获国家电网抗震救灾先进个人称号】 汶川大地震后，辉县市电业局援川抗震救灾人员在北川羌族自治县的禹里、小坝、开坪、桃龙、片口5个乡镇抢修供电线路，克服原材料短缺、施工难度大和水土不服等困难，共新建和改造配电台区18个、35架空线路33.8千米、高低压电杆78根、铁塔4座、10千伏69千米、400伏线路37千米。在国家电网表彰大会上，辉县市电业局副局长刘跃聘荣获抗震救灾先进个人称号。（李　涛）

【省委组织部副部长宗义莅辉调研农村党员干部现代远程教育】 10月26日，省委组织部副部长宗义在新乡市委常委、组织部长杨崇林等陪同下莅辉调研农村党员干部现代远程教育工作。2005年8月后，辉县市分两批在全市开展远程教育终端接收站点建设工作，建成远程教育终端接收站点559个，其中示范站点168个，扩展型33个，豪华型11个。回龙村有专职管理人员1人，远程教育活动室80平方米，配备整套机械设备及60套桌椅。副部长宗义充分肯定辉县市农村党员干部现代远程教育工作所取得的成绩，在结合农村实际、创新学习形势、制作乡土教材和推广适用技术方面提出建议。

（李　涛）

【副省长刘满仓莅辉调研南水北调段征地拆迁工作】

10月30日，副省长刘满仓带领省国土资源厅、林业厅、水利厅、南水北调办和移民办等省直有关部门负责人，在新乡市委副书记刘建华等陪同下，莅辉调研南水北调中线干线黄羑段征地拆迁工作。在位于赵固乡大沙窝村的石门河渠道倒虹吸工程现场，刘满仓一行听取省水利厅设计院、新乡市政府关于黄羑段征地拆迁情况汇报，要求按照以人为本的原则，统筹解决征地拆迁、设计、规划、建设等方面遇到的问题。

石门河倒虹吸工程是黄羑段先期开工的项目，全长1.33公里，建设用地1203亩，其中工程永久用地464亩，临时占地739亩。石门河段的占地和实物指标复核工作已经结束，为征迁工作做好准备。

（李　涛）

【雨润集团200万头生猪屠宰加工冷鲜肉项目落户辉县】　11月21日，江苏雨润集团200万头生猪屠宰加工冷鲜肉项目签字仪式在百泉国际大酒店苏门山庄举行，新乡市市长李庆贵、副市长王治通，辉县市市长王学胜，雨润集团副总裁葛玉琪、发展部总经理张德刚、经理叶进参加，王学胜、葛玉琪代表双方在合作协议书上签字。项目地址为辉县市的北云门镇，协议签定后6个月内完成整体工程设计，2009年5月开工建设，建设期为12个月，投资总额为3.8亿元。

（李　涛）

【程村煤矿顺利通过省级验收】　辉县市龙田煤业有限公司程村矿井自2002年8月开工建设以来，历时6年，于2008年10月通过竣工验收取得有关证照，投入正常生产。程村矿井位于焦作煤田东部，面积13.3平方公里，地质储量7039万吨，可采储量3090万吨，设计生产能力0.45Mt/a，服务年限49.1年，实际建井总投资54636.46万元。　（李　涛）

【省水利厅厅长王仕尧莅辉调研水利工作】　12月4日，省水利厅厅长王仕尧在新乡市委常委、常务副市长王战营陪同下莅辉调研水利工作。王仕尧先后察看三郊口水库除险加固工程，中小营、南观营供水站饮水安全工程，薄壁镇灌区改造工程，对辉县市近几年来水利工作取得的成绩给予充分肯定。

三郊口水库除险加固工程于2006年3月开工，2008年7月完工，共完成土石4.18万立方米，浆砌石3.90万立方米，砼及钢筋砼1.67万立方米，总投资1810万元，完成工程后的水库总库容3070万立方米，兴利库容2035万立方米，最大泻洪能力4036立方米/秒，防洪标准达500年一遇。水库设两级输水洞，下游接坝后电站，装机4台容量2000千瓦，年发电量400万度，水库灌区干渠长80公里，支渠18条长100公里，灌溉下游13.2万亩耕地，并承担8万多人的生活供水任务。农村饮水安全工程自2005年实施以来，共投入资金2400余万元，新打水源井26眼，建供水站26处，铺设供水管网110万米，解决11个乡镇46个行政村7万余人的饮水安全问题。　（李　涛）

【中央党校省部级干部进修班调研组莅辉调研新农合情况】　12月11日，中央党校省部级干部进修班调研组一行7人在新乡市领导吴天君、李庆贵等的陪同下莅辉，到市人民医院、新农合补助窗口、赵固乡高庙卫生所、胡桥办事处所可楼卫生所等地调研新型农村合作医疗实施情况并给予充分肯定。

新型农村合作医疗在辉县市实施以来，共为172.51万参合农民办理新农合补助，参合人数达65.5万人，参合率达99.4%；补助资金达10977.94万元；2009年全市新农合筹资工作全部结束。

（李　涛）

【全国政务公开调研组莅辉调研】　12月17日，由国家预防腐败局、全国政务公开领导小组办公室处长魏岱余等组成的全国政务公开调研组在省纪委效能监察室副主任董天明和新乡市领导陪同下莅辉调研，先后参观冀屯乡便民服务中心、计生服务中心、党务政务公开栏、党风廉政警示教育室，赵固乡赵东村图书室、便民服务站及市人口计生委政务公开办公室等地，对辉县市加强政府建设、优化政务环境、提高工作效率、打造服务性政府、构造和谐社会的做法给予充分肯定。（李　涛）

【裴寨新村落成典礼仪式举行】　12月21日，辉县市张村乡裴寨新村落成典礼仪式举行，原省人大常委会副主任王明义、张世军，省长助理何东成，新乡市领导吴天君、李庆贵及辉县市主要领导出席。

裴寨新村由村委会主任裴春亮捐资建设，2006年开工，2008年建成，总投资3000万余元，占地100余亩，有160套别墅式联体住宅，集幼儿园、敬老院、活动广场、学校、商业区、居民区为一体，是辉县市由一人捐资建成的第一个新型农村社区。（李　涛）

2008年辉县市辖乡（镇）概况一览表

乡（镇）名称	主要领导（党政正职）	面积（平方公里）	人口（人）	行政村（个）	财政收入（万元）
南寨镇	书记　王建辉 镇长　李进中	146	21232	28	317.5
沙窑乡	书记　李　明 乡长　王建新（2008年1月离） 韩正辉（女，2008年1月任）	118	11692	18	72.6
西平罗乡	书记　齐尚新 乡长　李　妍	53	20045	19	53.3
南村镇	书记　申　庆 镇长　刘继美	118	27795	25	58.6
常村镇	书记　董金虎 镇长　栗全义（2008年4月任）	91	42664	28	2678.7
张村乡	书记　刘志方 乡长　方永生	108	16100	24	562.6
高庄乡	书记　冯家新 乡长　马均广	92	41551	23	506
拍石头乡	书记　屈新安 乡长　屈新安	130	10424	17	50.6
黄水乡	书记　王素香 乡长　原江山	130	11216	13	100.3
上八里镇	书记　赵军伟（2008年3月离） 张　敏（2008年4月任） 镇长　张　敏	207	18294	17	249.6

乡(镇)名称	主要领导（党政正职）	面积（平方公里）	人口（人）	行政村（个）	财政收入（万元）
薄壁镇	书记 赵移锁 镇长 李明录	226	39610	51	307.9
洪洲乡	书记 王德亮 乡长 王胜利	47	9347	7	407
吴村镇	书记 王继国 镇长 齐永春	66	56654	28	3821
峪河镇	书记 王向东 镇长 原绛雨(2008年4月离)	69	47798	33	535.7
冀屯乡	书记 赵化录 乡长 李 辉	81	48351	33	494.9
占城镇	书记 赵保良 镇长 王全新	59	36751	28	177.6
赵固乡	书记 璩宪顺 乡长 赵彬虎	65	42565	30	672.7
北云门镇	书记 张合泉 镇长 张向东	50	49553	29	233
孟庄镇	书记 阮清献 镇长 高玉军	36	61082	27	5726.1
胡桥乡	书记 付九忱 乡长 冯 勃	30	30573	17	542.9
百泉镇	书记 刘文田(2008年2月离) 董民富(2008年2月任) 镇长 董民富(2008年2月离) 王炳岳(2008年4月任)	80	72000	33	2260.2
城关镇	书记 秦春明 镇长 刘泉河(2008年4月任)	7	83194	24	3600

（李 涛）

卫辉市

【卫辉市概况】 2008年，卫辉市紧紧围绕“晋位、跨越”两大目标，主动适应宏观调控要求，积极调整经济结构，加快转变增长方式，推进改革开放，全面发展社会事业，切实改善人民生活，努力构建和谐社会，经济和社会各项事业迈上新台阶。全市生产总值66.4亿元，比上年增长16.7%。其中一、二、三产分别增长5.2%、25.6%、14.1%。全社会固定资产投资50.7亿元，增长20.5%。其中城镇以上固定资产投资44.2亿元，增长27.2%。粮食总产3.34亿公斤，增产2.6%，总产、单产均创历史新高。全市规模以上工业企业总产值72.9亿元，增长33.1%；实现利润3.1亿元，增长50.6%。全市财政一般预算收入2.52亿元，增长28.1%；财政支出7.5亿元，增长25.5%。城镇新增就业1.1万人，下岗失业人员再就业6608人，城镇登记失业率控制在3.4%以内。城镇居民人均可支配收入9385元，增长20.7%；农民人均现金收入5443元，增长17%。全社会消费品零售总额24.3亿元，增长23.7%。节能减排取得新成效，单位生产总值能耗下降5.1%，累计减排二氧化硫718吨、化学需氧量1917吨。

强化农业生产，农村生态文明建设迈上新台阶。2008年，卫辉全面实施小麦高产开发工程，亩产、单产均创历史新高。突出生态主题，发展生态经济，无公害生产基地达到6大类19个小类，位居新乡市第一；国家级无公害农产品达到21个，位居新乡市第二。全市麦播面积45万亩，建成千亩高产示范方3个、高产示范乡（镇）4个、高产攻关田12块，完成中低产田开发1万亩。沼气普及率不断提高。新建户用沼气池3200座，建成大型养殖场能源循环利用工程5处。农业标准化生产迈上新台阶。3个万亩无公害种植基地通过认定，5个蔬菜产品、4个水产品通过产地、产品双认证，在全市14家企业、30个超市和水果市场推广标准化生产新模式，被确定为全国标志推广与监管示范县。森林覆盖率不断提高。完成造林3.5万亩，植树560万株，全市林木覆盖率达到24%，荣获新乡市凤凰山森林公园建设集体二等功。水利工作再创佳绩。完成投资4600万元，新打机井190眼，新增节水灌溉面积1.2万亩，恢复引黄灌溉面积3万亩，成功实现省“红旗渠精神杯”四连冠。畜牧强县（市）地位不断巩固。新建养殖小区15个，畜牧业总产值占农业总产值的比重达65%，6家畜牧企业通过省无公害企业认定，被评定为国家级生猪调出大县（市）。首批153个生态文明村顺利通过新乡市考核验收，综合排序位列新乡市第一名。改建、扩建、新修公路80公里，新增综合服务中心及文化广场15个、休闲街心公园15处、文化大院10个，新建标准化公厕150处、垃圾池2100个、垃圾集中堆放点200个、简易垃圾填埋场153个。完成围村林植树180万株。唐庄镇石骆驼村和代庄村被命名为新乡市级生态文明村。10个新型农村住宅社区规划全部完成，累计投入资金1.6亿元，建成住宅2580座，入住2200余户。总投资4000多万元的观洪线、皇卫线、毛楼桥等农村路桥工程全面完工，新增县乡道路38. 7公里，交通条件进一步改善。

壮大工业企业，实现经济新跨越。共实施重点工业项目26个。其中续建16个，新开工10个。骨干企业进一步壮大。春江一期工程、天瑞二期工程等一批重大项目竣工投产。全年新增产值超亿元企业3家、纳税超千万元企业1家。产业聚集能力进一步增强。4个产业聚集区新入驻企业18家，完成投资2.5亿元；开工建设基础设施项目16个，完成投资2.6亿元；新建标准厂房7150平方米。整合规划6.32平方公里的卫辉市产业聚集区，并成功升级为省级产业聚集区。创新能力持续提升。13项科技项目获得国家、省、新乡市立项。市熔金耐火材料有限公司的“小方坯连铸中间包长寿命功能耐火制品及配套机构”项目，被列入国家火炬计划。市熔金高温材料有限公司获得国家高新技术企业认证，是新乡市仅有的7个国家高新技术企业之一。全年新增新乡市级企业工程技术研发中心2家，省级工程技术研发中心1家，申报专利61项。

项目招商成绩显著。全年共实施千万元以上建设项目104个，总投资55亿元。其中竣工68个，完成投资27.3亿元；续建18个，完成投资5.2亿元；新开工18个，完成投资4.2亿元。特别是中央“扩内需、保增长”的政策出台后，全市上下快速反应、迅速行动，共组织上报各类项目199个，计划投资64.3亿元。在2008年中央新增投资的项目中，共争取上级资金4506万元。先后在厦门、深圳等地召开项目洽谈会，组团参加第五届中国河南国际投资贸易洽谈会、中国科技年会等招商活动。全年实际利用外资1235万美元，引进市外内资9.2亿元。

完善基础设施，打造省级园林城市。全年共实施城市基础设施建设项目22项，总投资3.8亿元。比干大道北段、比干大桥、新乡市大北环唐庄段、东入市口、西外环、击磬路等市区道路工程全部完工；投资320万元完成建设路段慢车道和人行道的建设工程；投资92万元，对市区部分损坏道路进行维修；投资250万元，完成比干大道、建康路西段、医学院门前路面整修工程。明珠花园、牧野小区、健康花园等社区基本建成，完成商品房开发面积22万平方米。出台《卫辉市城市管理职能责任界定》、《卫辉市城市管理监督考核奖惩办法》，成立城市管理指挥中心和监督中心，在全省县级城市中率先实现数字化城管，市容市貌发生明显改观。投资50万元，完成对护城河、长寿潭、玉带河、纱厂坑的清淤治理，清洁水面23.3公顷。加大对市政广告和违章占道的监察力度，对主干道施工单位和建筑材料乱堆乱放现象进行有效监督和管理，全年共拆除违法横幅50多条，清理违章占道88起。全年新增绿地35公顷，绿化覆盖率达到35.2%，绿地率达到30.1%，人均公共绿地8.1平方米，顺利通过省级园林城市考核验收。新安装路灯2136盏，107国道卫辉段、新卫快速通道及城区主干道路灯总数达到8240盏，安装率达96%。卫辉市污水处理项目工程一期工程投资6326.49万元，已全部完工，并通过新乡市环保局的验收，日处理污水2万吨；市垃圾处理场顺利通过省建设厅二级评定和国家建设部复核验收。

财政金融实现历史性新突破。2008年，全年完成一般预算收入25191万元，比上年增收5519万元，收入增幅达28.1%，列新乡8县（市）第二位，税收比重达70.1%。全年一般预算收入绝对额位居河南省第51位，较2007年提升2个位次。市本级完成一般预算收入15979万元，比上年增长342%。国税完成5194万元，比上年增长30.8%；地税局完成收入10600万元，比上年增长27.5%；财政局完成收入9397万元，比上年增长27.2%。五大主体税种（增值税、营业税、企业所得税、个人所得税、城市维护建设税）完成10877万元；其他税收完成6782万元（其中：契税568万元、耕地占用税1297万元）；非税收入完成7532万元，同比增长53.6%，占一般预算收入的29.9%。全市完成一般预算支出75016万元（含上级专项追加指标），同比支出增加15257万元，增长25.5%，完成调整预算的97.1%。市本级完成一般预算支出62780万元，为调整预算的97.1%，比上年决算支出增加14676万元，增长30.1%。卫辉市金融机构各项存款余额达376261万元，比2007年底净增41036万元，增幅为12.24%。其中全市城乡居民储蓄存款余额达318632万元，比年初净增35226万元，增幅为12.43%。

三产升级，旅游业成为新的经济增长点。物流业发展步伐加快，已进驻10余家物流公司，小区域物流中心初具雏形。“万村千乡市场工程”成效明显，新建农村超市99个。旅游业成为第三产业新的增长点，全年接待游客突破125万人次，增长20%；实现旅游门票收入90万元，增长20%。成功举办比干诞辰3100周年纪念活动，受到国家、省、新乡市有关领导和林氏后裔高度赞誉。省委书记徐光春对此专门作出批示：“祝贺活动取得成功。希望总结经验，继续努力，把这一活动打造成河南知名的文化活动品牌”。太公故里被命名为中国旅游文物示范基地；进一步弘扬太公文化，首次承办世界丘（邱）氏寻根祭祖活动。全年服务业增加值达到23.5亿元，增长12%，被授予“新乡市服务业发展先进县（市）”称号。

服务民生，社会各项事业统筹发展。全面推行机关规范化管理，深入开展“转变政府职能、转变工作作风，提高行政效能、提高公务员素质”活动和“新解放、新跨越、新崛起”大讨论活动。推进审批制度改革，首批12家单位的行政事项服务股全部进驻市行政服务中心办公。进一步清理、规范收费项目，全年取消行政事业性和经营服务性收费项目16项、停止征收11项、降低标准21项。基本完成第六届村民委员会换届选举工作。成立市政府法律顾问团，建立政府决策法律咨询制度。坚持定期向市人大报告工作、向市政协通报情况制度，人大代表议案、建议和政协委员提案全部办理完毕。开展整顿财经秩序活动，廉政建设取得新的成效。全面落实各项补贴政策。全年共发放粮食直补、综合直补、良种补贴4724万元；发放油价补贴262万元，204辆出租车、32辆城市公交车、97辆县级公交车及1户林业苗圃受益；全年安排饮水安全资金592万元，解决孙杏村镇、后河镇等6个乡（镇），18个行政村、1.9万人吃水难的问题；对6517台（部）家电发放补贴136万元。基础教育得到加强。

发放“两免一补”资金3032万元，使5万余名学生受益；对10所中小学校校舍进行了维修改造；公开招聘100名高素质农村小学教师。低收入家庭保障水平进一步提高。建成经济适用房4000平方米，690户1988人领到租房补贴。对1.3万户2.8万人实施最低生活保障，全年共发放城乡低保资金2672万元。免费为全市1.36万名农村低保、五保对象办理新型农村合作医疗，为全市1.7万名城市低保对象办理住院医疗保险和城镇居民医疗保险。新建敬老院两所，农村“五保”老人集中供养率达到40%。公共卫生服务体系进一步完善。新建、改建标准化村卫生室180所，覆盖率达到82.4%。全年参合农民共享受医疗补助20.1万人次，补助金额达到2375万元。启动城镇居民基本医疗保险工作，参保人数3.6万人。开展食品、药品安全专项检查，积极应对三鹿问题奶粉等公共危机事件，全面做好艾滋病、结核病、手足口病等防控工作，全年未发生甲类传染病。维稳工作得到加强。平安建设整体推进，群众安全感指数不断提升，被评为新乡市平安创建先进县（市）。落实安全生产责任制，安全生产隐患得到及时消除。实行“大接访”工作机制，一批信访积案、难案得到解决，社会大局保持稳定。利用MMDS发展农村有线电视，全年安装农村有线电视用户5360户。加强对新闻出版市场的管理，全年共检查非法出版物市场30家次、店档摊点40家次、印刷复制20家次，收缴盗版音像制品1000余张、盗版图书1500余册；实施“舞台艺术送农民”活动，在11个乡（镇）共演出11场次；全面实施农村电影放映工程，累计放映4152场次。完善计划生育利益导向机制，认真落实奖励扶助政策，550名60岁以上模范执行计划生育政策对象得到奖励扶助，人口自然增长率控制在6‰以内。深入开展国防教育，国防观念进一步增强。积极支援四川灾区抗震救灾，共捐款592万元。大力发展文明创建活动，荣获“河南省民族团结进步先进县（市）”称号。

（杨建芳　常玉香）

2008年度卫辉市各项基本数字统计表

项　目	2008年	较上年增长%
总面积(平方公里)	865	—
耕地面积(公顷)	37600	—
总人口(万人)	48.6	—
非农业人口(万人)	12.1	—
粮食总产量(吨)	333569	2.6
农民人均现金收入(元)	5443	17
农业总产值(万元)	268404	5.2
限额以上工业总产值(万元)	729230	33.1
限额以下总产值(万元)	118378	8.0
社会消费品零售总额(万元)	242769	23.7
地方财政收入(万元)	25191	28.1
地方财政支出(万元)	75016	25.5
中小学在校学生(人)	82390	—
医院病床(张)	1893	—

（常玉香）

卫辉市领导成员

中共卫辉市委员会

书　记　冯志勇
副书记　杜新军
　　　　郭力铭
常　委　杜家祥(2008年2月任)
　　　　贾祥聚(2008年2月离)
　　　　田　贞(2008年3月任)
　　　　张秀印
　　　　李雁红(女)
　　　　谢现民(2008年4月离)
　　　　冯利霞(女)
　　　　高友云
　　　　李建涛(2008年2月离)
　　　　何振一(2008年4月任)

市人大常委会

主　任　刘光林
副主任　范崇梅(女)
　　　　郭新东
　　　　王华林
　　　　毛　鹏

市人民政府

市　长　杜新军
副市长　郭力铭(2008年2月任)
　　　　马德骏(2008年1月任)
　　　　李建涛(2008年2月离)
　　　　李炳双(2008年2月任)
　　　　王运生
　　　　陈长玉
　　　　刘东慧(女)

政协卫辉市委员会

主　席　曹祖温
副主席　杨成林
　　　　张开金
　　　　徐培泉

中共卫辉市纪律检查委员会

书　记　贾祥聚

市人民武装部

部　长　谢现民(2008年4月离)
　　　　刘　伟(2008年4月任)
政　委　何振一

市人民法院

院　长　李卫平

市人民检察院

检察长　蔡　利

市公安局

局　长　王予生
政　委　白　勇

市总工会

主　席　申玉生

(常玉香)

【秦岭云逝世】　1月29日，中央文史馆馆员、著名山水画大师秦岭云因患病医治无效在北京逝世，享年94岁。秦岭云，学名维新，字铭三，1914年2月，出生于河南卫辉。1934年7月，考入国立北平艺术专科学校，毕业后曾任中学教员。新中国成立后，先后在中央美术学院、文化部出版局人民美术出版社从事国画艺术创作和研究工作，1987年2月，被聘任为中央文史研究馆馆员、中国美术家协会会员。先后出版《民间画工史料》、《永乐宫》、《法海寺壁画》、《中国壁画艺术》、《赵佶的画》、《郑板桥》、《扬州八家丛画》、《画家秦岭云》等著作和画册。编著有《山水技法新编》、《山水画讲座》、《砚田拾穗》、《砚边闲话》等。

(姚　航)

【安庆小说入选中国小说排行榜】　2月，由中国作家协会《小说选刊》杂志社组织评选的“2007年度中国小说排行榜”出榜，卫辉市青年作家安庆的短篇小说《加油站》榜上有名。年度中国小说排行榜每年评定一次，重点推出在全国各地文学刊物发表过的优秀中短篇小说，每年评选出8个中篇和8个短篇，并结集出版。安庆的小说《加油站》在评选中脱颖而出，入选年度排行榜8个短篇之列。

(姚　航)

【《至孝通神》在卫辉市拍摄】　3月10日，卫辉市跑马岭休闲生态园、河南电视台新农村频道编剧和新乡市影视剧作家协会编剧签定创作《至孝通神》上下集电视文学剧本或电影文学剧本协议，剧本用2个月时间完成。

(姚　航)

【中央媒体“聚焦”唐庄新农村建设】　3月19日至20日，新华社、《人民日报》、《光明日报》、《经济日报》、中央人民广播电台、中央电视台及《河南日报》、河南人民广播电台、河南电视台等各大新闻媒体的记者们，齐聚唐庄镇，同吴金印及唐庄镇的干部群众交流、座谈。记者们走进唐庄镇，参观规模宏大的现代化养猪场；采访特色鲜明的农业科技园；领略农民锐意奔小康的无限神韵；感受科技含量高、环保要求强的企业生机；亲近窗明几净、鸟语花香的乡村都市。通过各种途径集中采访鲜活的新闻事例，全方位报道唐庄镇的新农村建设成就。（杨建芳）

【程献民被评为“新世纪之声·和谐中国”十大影响力人物】 3月，卫辉市国土资源局党委书记、局长程献民，在中华全国总工会、中央人民广播电台、新闻出版社等共同举办的第七届“新世纪之声·和谐中国”评选活动中，荣获“全国十大影响力人物”殊荣。全国政协副主席张榕明等国家领导人为获奖人员颁奖。（常玉香）

【郁慕明瞻仰比干庙】 4月8日，台湾新党主席郁慕明瞻仰比干庙。（平　常）

【纪念比干诞辰3100周年大典仪式举行】 5月8日上午9点，纪念比干诞辰3100周年大典仪式在林姜故里卫辉市比干庙景区文化广场举行。全国人大常委会副委员长桑国卫，全国政协副主席历无畏，中国侨联党组书记、主席林军，省政协主席王全书，全国工商联副主席吴一坚，省人大常委会副主任张程锋，副省长宋璇涛，省政协副主席李英杰、梁静等参加纪念大典。新乡市市长李庆贵致欢迎词。纪念活动主题是“弘扬比干优秀文化，搭建对外文化交流和招商引资平台，扩大新乡的知名度和美誉度，推动经济社会建设发展”。主要内容有庆典仪式，比干、妈祖、太公文化论坛，瞻仰林氏祖庭，经贸洽谈等。2500多名来自11个国家和地区的林氏宗亲代表、国内17个省、市的林氏宗亲代表分别向比干像敬献花篮、奉香、行施拜礼，共同纪念爱国忠臣比干。（杨建芳）

【卫辉市太公泉镇更名太公镇】 9月18日，太公泉镇政府隆重举行更名庆典暨太公镇揭牌仪式。太公泉镇是中华谋圣姜太公的故里，3000多年前，姜太公成功指挥牧野大战，泽惠周王朝800载，光照华夏文化3000年，被一代伟人毛泽东誉为中国“第一次人民解放战争”。1956年建乡。因政府所在地处于前后太公泉村之间，故一直延用太公泉名称至今。为弘扬太公文化，打造太公文化品牌，加强卫辉与全国各地乃至世界各国太公后裔的联络与沟通，提升太公泉镇及卫辉对外交往的知名度，促进经济社会又好又快发展，省政府准予太公泉镇更名为太公镇。（平　常）

【《卫辉史志系列文化丛书》出版】 10月，继卫辉市地方史志办公室挖掘整理编印出版的清乾隆《汲县志》、民国《汲县今志》、《河南通志·汲县采访卷》之后，由河南大学出版社出版的《卫辉史志系列文化丛书》之《中华谋圣姜尚》(上下卷)、《中华谏圣比干》两部论文集相继面世。这标志着《卫辉史志系列文化丛书》的编纂出版工作已基本完成。《卫辉史志系列文化丛书》是卫辉市史志工作者紧紧抓住卫辉优势文化项目和产品，优化资源配置，整合各方力量，实施重点突破，打造出的知名度高、带动力强的重要文化精品之一。省政协主席王全书，著名历史学家、河南大学教授朱绍侯，卫辉市委书记冯志勇，市长杜新军百忙之中为此书作序。卫辉市委副书记、常务副市长郭力铭多次过问，亲自指导。中国地方志指导小组常务副组长、秘书长田嘉，河南省地方史志办公室主任霍宪章，新乡市委常委、副市长王战营，新乡市地方史志局局长赵桃山，著名历史学家、河南大学教授朱绍侯，北京师范大学教授、博导孙津，山东大学教授、博导安作璋，郑州大学兼职教授张放涛，河南大学教授、博导龚留柱，河南省社科院研究员、考古研究所长张新斌等多位领导和专家为该书顾问。《丛书》由市政府副秘书长、地方史志办公室主任姚航担任主编。（韩同翠）

【卫辉市举行建市20周年庆祝活动】 10月24日，卫辉市建市20周年系列庆祝活动拉开序幕。新乡市市长李庆贵、卫辉市四大班子领导和卫辉市建市以来历届市领导及曾在卫辉市工作的部分老领导、卫辉籍在外工作人员100余人，欢聚一堂，共同观看大型专题片《春华秋实、人间正道》。回顾20年的奋斗历程，共谋卫辉未来发展大计。参加庆祝的各界人士实地参观考察后河工业聚集区、卫州广场、比干大道、比干广场、豫北化工有限公司，新农村建设的典型唐庄镇代庄村、春江水泥有限公司及城市建设。（常玉香）

【丘(邱)氏后裔代表齐集卫辉寻根祭祖】 11月5日，来自美国、泰国、印尼、新加坡、马来西亚、法国、澳大利亚，以及台湾、香港和江西、福建、广东、广西、湖南、湖北、浙江、河南、江苏、云南、贵州、四川、重庆、山西、甘肃、吉林、河北、山东、北京、上海、天津等省、市、自治区 1000 余名丘(邱)氏宗亲代表到卫辉太公故里寻根祭祖,祭拜丘(邱)氏太始祖姜太公。此次祭祖联谊活动是海内外各地丘(邱)氏宗亲第一次相聚河南,也是人数最多,规模最大的一次盛会。 (常玉香)

【成功创建省级园林城市】 2008 年,创建工作按照“高品位设计、高标准建设、高水平管理、创一流环境”的要求,改建完成镇国塔游园、比干西路游园、文财园和建设路转盘游园 4 个街头游园;改造卫州广场、东湖景区,形成开放性公共绿地;对零号景点和大礼堂景点进行植物造景,建成玉兰园和秋园;对共产主义渠和卫河桥两侧进行风景林绿化,种植刺柏、大叶女贞、栾树等各类乔木达万株;完成占地13.9公顷的卫辉市顺城关公园、占地6.6公顷的比干文化广场、占地 132 亩的污水处理厂和占地 90 亩的垃圾处理场的绿化建设工作;建成省级园林单位 4 家、园林小区 2 家、达标道路 4 条、达标广场 1 个,新乡市园林单位 24 家、园林小区 3 家;完成西外环、友谊路、卫州路东段、建设路东段、比干西路和比干北路等共计10.9公顷的绿化任务。全年共完成绿化投资 2000 万元。栽种各种乔灌木 284 万棵,花卉 25 万株,摆放盆花 30 万盆,新增绿地面积 35 公顷,更新改造绿地面积 15 公顷,绿化覆盖率达35.2%,绿地率达30.1%,人均公共绿地达到8.1平方米。编制《卫辉市绿地系统规划》、《卫辉市顺城关公园总体规划》、《卫辉市创建省级园林城市资料汇编》和《卫辉绿潮》。11 月 30 日,卫辉市顺利通过省级园林城市考核验收。 (张贵星)

【林业生态市建设取得显著成效】 2008 年,卫辉市的林业生态市建设取得显著成效。完成造林 35284 亩。其中,太行山绿化造林 6500 亩;退耕还林 7000 亩;生态廊道建设 3542 亩;环城防护林 510 亩;村镇绿化 2932 亩;发展经济林 2800 亩;飞播造林 12000 亩。完成围村林建设 153 个村。全市共争取退耕还林、太行山绿化、国家重点公益林、林业生态建设、凤凰山森林公园建设等项目资金 1036 万元。其中,退耕还林配套和续建项目资金 603 万元;太行山绿化项目资金 20 万元;森林培育项目资金140.64万元;生态省建设资金193.2万元;集体林权制度改革项目资金28.4万元;林业有害物质资金 13 万元;森林防火资金 9 万元;森林生态效益补偿资金27.5万元。凤凰山森林公园建设完成植树281.6万株。 (韩同翠)

【旅游项目开发建设进展顺利】 2008 年,坚持以建设优秀旅游产品为重点,以项目建设为载体,加快旅游项目开发建设。在建景区(点)项目 12 个,累计完成投资 14221 万元。其中,跑马岭休闲生态园景区开发项目,累计完成投资 1800 万元;青龙洞景区开发项目,累计完成投资 350 万元;柳树岭景区工发项目,累计完成 235 投资万元;青年洞公仆苑游览区建设项目,完成投资 420 万元;奇峪山景区建设项目,累计完成投资 1530 万元;吕祖阁景区开发项目,累计完成投资 500 万元;猿猴沟景区开发项目,累计完成投资 200 万元;小店河清代民居开发项目,完成投资 93 万元,购买房屋 206 间;比干园林景区开发项目,累计完成投资 3033 万元,建成国家 AAA 级景区;林坚诞生地完成投资 300 万元,修建广场 7000 平方米,对林氏祖庭进行维修和整治;香泉寺景区开发完成投资 1280 万元;唐庄西山森林公园建设项目,累计完成投资 4480 万元。修建盘山观光旅游路 2500 米,修复东山梯田。在西山顶部修建无线数字发射塔,塔高 168 米,覆盖四区八县,种植风景树 40 万棵,已搭建起景区框架。 (张贵星)

苍峪飞瀑

【科技项目和申报工作成绩卓著】 2008 年,全年共组织各类、各级科技项目 18 项,13 项获得国家、省、新乡市立项,共争取上级科技无偿资金 112 万元,列新乡市各县(市)第三名。其中,组织申报的熔金耐火材料有限公司的“小方坯连铸中间包长寿命功能耐火制品及配套机构”项目被列入国家火炬计划，这是卫辉市首次承担的国家级科技项目。卫辉熔金高温材料有限公司的炼钢连铸新型快换水口砖项目通过省科技厅专家评审，获得省无偿扶持资金35万元。该项目的立项实施填补了卫辉市8年来没有省级工业科技项目的空白，也是卫辉市近年来资金最多的科技项目，同类项目新乡各县（市）仅4项；后河镇政府申报的河南省新农村建设科技示范乡（镇）项目获得立项，争取无偿资金20万元，此项目新乡市仅有卫辉一家，同类项目河南省仅6家；新乡市科技专项资金项目立项4项，共获得扶持资金45万元；新乡市科技计划项目立项8项，其中5项获扶持资金12万元；熔金耐火材料有限公司、卫辉市化工有限公司、平原水箱有限公司、亮健科技有限公司顺利通过2007年新乡市专项资金项目验收工作。（杨建芳）

【农村公路建设成果显著】 2008年，全市加大农村公路建设，高标准完成农村公路桥梁建设项目，在全省农村公路质量检查中，名列新乡市第一名。其中，投资2382万元，长576米、宽17米的比干大桥竣工通车；投资4108万元，长4.5公里，宽40～43米的比干大道竣工通车。比干大道是卫辉市区通往比干庙景区的礼宾大道，共安装仿古路灯186个，花坛和绿化林带整齐美观，成为卫辉市唯一一条达到畅、洁、绿、美、亮标准的农村公路；投资203万元，长85延米、宽10米的毛楼桥竣工通车；投资2938余万元，完工县道观洪线、马杏线、后东线及乡道皇卫线4个“通乡油路”项目，完成里程38.7公里；投资860万元，完成15个“村村通”项目，完成里程40公里；投资200万元，按照“文明示范路段”标准对长38.8公里县道后东线、马杏线、乡道比浚线、上李线等文明示范路段进行路肩整治和百米桩、公里牌、地名牌、转弯标志设置，对山区县道观洪线危险路段设置间隙式防护墩等安保工程，完善地名牌、指路牌、公里牌、百米桩等设施。（常玉香）

2008年卫辉市辖乡(镇)概况一览表

乡(镇)名称	主要领导(党政正职)		面积(平方公里)	人口(人)	行政村(个)	财政收入(万元)
狮豹头乡	书记、乡长	史红宇	208	16384	42	208.6
安都乡	书记、乡长	张兰新	79	33551	32	501.3
顿坊店乡	书记、乡长	李德宝	58	31558	21	128.9
太公泉镇	书记、镇长	尚晓伟	89	28890	32	688.9
唐庄镇	书记	吴金印	70	41854	34	3811.4
	镇长	宋　艳				
孙杏村镇	书记、镇长	李卫国	40	25722	17	386.4
柳庄乡	书记、乡长	张　喜	42	32489	19	308.1
后河镇	书记、镇长	李志勇	45	33926	33	670.1
李源屯镇	书记、镇长	张建华	64	55251	32	225.6
庞寨乡	书记、乡长	赵文峰	49	25730	13	78.9
上乐村镇	书记、镇长	梁瑞叶	65	34576	33	137.2
城郊乡	书记	李中耀	52	39891	35	1049.4
汲水镇	书记	葛琦伟	13	94720	14	1017.6
	镇长	任延宇				

（李　涛）

新乡县

【新乡县概况】 2008年，新乡县在统筹发展中加快建设，扎实推进城乡一体化，经济社会实现平稳较快发展。

经济发展保持良好态势。主要指标持续增长。全县生产总值突破百亿元，同比增长20.7%；财政一般预算收入4.76亿元，增长15.3%；全社会固定资产投资增长24.9%。其中，工业投资增长28.8%；社会消费品零售额增长24.2%。发展方式加快转变。三次产业结构比调整为6.6∶78.8∶14.6，二三产业比重不断增加。规模以上工业增加值、利润，分别增长26.6%、26%；五大支柱产业利润占规模以上工业的88%，10家重点企业利润占到76%；税收占一般预算收入的72%。新乡振动机械工程研究中心、河南振动设备检测站开工建设；新增省级企业技术中心4家、首批高新技术企业2家；经济开发区被认定为省级民营科技园区；专利申请135项，国家授权20项。粮食总产23.6万吨，再创历史新高；农业部矮败小麦野外观测试验站、中国农科院新乡试验站落户新乡县，优质麦良种繁育田比重升至58%；规模养殖占畜牧业产值比重升至85%；新增无公害农（畜）产品认证12个；新列入市级农业产业化龙头企业7家。龙泉苑成功创建“3A”景区；新建部级农资农家店26个、市级日用品店40家。发展后劲显著增强。实施超千万元项目165个，其中超亿元项目24个，竣工投产项目77个；招商引资考核全市第一，新引进超千万元项目22个，实际利用外资6171万美元、市外资金9.3亿元；列入年度省、市重点上市后备企业7家，太行振动通过国家证监会预审；争取上级政策性资金1.2亿元。

城乡一体化进程加快。成功承办“全国统筹城乡发展加快新农村建设理论与实践高层论坛”，新乡县城乡一体化实践受到广泛关注。新型农村住宅社区建设扎实推进。投资900多万元，完善提高30个新型住宅社区规划；启动建设23个新型住宅社区，累计投资9.6亿元，建成新型农民住宅5256套，新修道路66公里、排水设施29公里，新建社区服务中心20个；祥和新村31户农民领到居民户口本、房产证和养老保险手册，在全市率先迈出农民享受

祥和新村一角

省委副书记陈全国（中）到古固寨镇调研

城市居民待遇的第一步。新县城功能逐步完善。胡韦线建成通车，垃圾处理场和两座中转站、污水处理厂投入运行，自来水厂土建工程完工，青少年活动中心投入使用，县一中新校区建设接近尾声，中心医院开工建设；完成商住开发9处28万平方米；新壹佰购物中心等商贸项目竣工投用；3个单位入驻新区办公，5个单位办公楼主体竣工，渠东行政区启动建设。聚集区承载功能不断提升。4个聚集区投资1.5亿元完善基础设施，新建标准厂房5.7万平方米，新入驻企业和企业新上项目38个。

生态文明建设卓有成效。全县COD减排10585吨，SO_2减排1799吨，单位GDP能耗下降5.3%，完成市定目标。投资1.2亿元完成9家深度治理和3家烟气脱硫工程。县污染源监控中心系统建成运行，19家重点企业实现在线自动监测，出境河流断面水质达到市定标准。大力开展土地“三项整治”，清理闲置土地353亩，完成砖瓦窑复垦630亩。全县植

树 260 多万株，其中通道绿化 300 多公里、村庄植树 100 多万株，95%的村纳入常态管理，45%的村达到一类生态文明村标准；城乡生活垃圾集中清运试点进展顺利。

社会和谐程度明显提升。城镇居民人均可支配收入、农民人均纯收入分别增长22.3%、15.8%，连续 4 年保持两位数增长。城镇新增就业 6510 人，下岗失业人员再就业 3611 人，农村劳动力转移就业3.8万人次；按时足额发放社会保险金 8477 万元；企业养老金、城乡低保、五保供养和新农合提标工作落实到位；发放各类救助资金 900 多万元；新农合参合率达98.6%；补助农民医疗费 2200 多万元；城镇居民医疗保险参保 8069 人；农村养老保险试点已经启动。县帮扶中心挂牌运行。落实种粮农民补贴、教育“两免一补”、家电下乡和廉租房补贴等各项惠民资金 7000 多万元。新解决 12 个村 3 万人安全饮水问题。被确定为省科技富民强县试点县。实现全省双拥模范县四连冠。荣获全国计划生育优质服务先进县。基本实现乡乡建有寄宿制初中目标。完成 85 个村文化资源共享工程。标准化卫生室改造基本完成。县广电演播大厅投入使用。社会治安综合治理深入开展，四大信访专项活动扎实有效，食品药品安全不断强化，安全生产形势平稳，社会大局保持稳定。精神文明创建活动成效明显。援川款物全市名列前茅，充分展示全县人民的博大爱心和高尚情怀。

民主法制建设得到加强。自觉接受人大、政协监督，办结建议和提案 206 件。全国村务公开民主管理示范县通过复核。第六届村委会换届选举顺利完成。政府信息化建设有较大突破。“五五”普法教育深入实施。依法行政能力明显增强。应急管理机制进一步完善。廉政建设和反腐纠风工作取得新成效。积极开展“新解放、新跨越、新崛起”大讨论活动，深化政府系统作风整治，巩固完善各项工作机制，提高行政效能和服务水平，凝聚干事创业的强大合力。

（余如宾　赵晓梅）

2008 年度新乡县各项基本数字统计表

项　目	2008 年	较上年增长%
总面积(平方公里)	375	—
耕地面积(公顷)	23375	—
总人口(万人)	33.25	—
农业人口(万人)	30.38	—
非农业人口(万人)	2.87	—
粮食总产量(吨)	236262	2.1
农民人均纯收入(元)	6097	15.8
农业总产值(万元)	137686	5.6
工业总产值(万元)	3151387	25.2
社会消费品零售总额(万元)	145695	24.2
地方财政一般预算收入(万元)	47601	15.3
地方财政一般预算支出(万元)	77048	17.0
中小学在校学生(人)	—	—
医院病床(张)	—	—

（余如宾　赵晓梅）

新乡县领导成员

中共新乡县委员会

书　记　崔卫新（2008年2月离）
　　　　焦锡武（2008年2月任）
副书记　焦锡武（2008年2月离）
　　　　刘继红
　　　　赵茂林（2008年2月任）
常　委　胡建森　高卫平
　　　　石风印
　　　　夏治中（2008年2月离）
　　　　王石玉　王晓蒙
　　　　范士富　郭国胜
　　　　梁常运　艾延丁
　　　　郭培山　吕　青
　　　　胡封敬（2008年2月任）
　　　　吕　娜（2008年12月任）

县人大常委会

书记、主任　李明顺
副书记、副主任　张国民　袁水才
副主任　史世珍　籍盛明　王治军

县人民政府

县　长　焦锡武（2008年2月离）
　　　　刘继红（2008年2月任）
副县长　王晓蒙（2008年2月任常务副县长）
　　　　艾延丁　吕　青　胡封敬
　　　　吕　娜（2008年12月任）
　　　　冯革新
　　　　郑秀博（2008年1月离）
　　　　孙继宏（2008年2月任）
　　　　伦令轩（2008年2月任）

政协新乡县委员会

主　席　韩喜斌
副主席　李建东　石小占　潘志勇
　　　　宋敬太

中共新乡县纪律检查委员会

书　记　高卫平

县人民武装部

部　长　郭国胜
政　委　王红卫（2008年1月任）

县人民法院

院　长　李树新

县人民检察院

检察长　李新强

县公安局

局　长　尚东风
政　委　李继光

县总工会

主　席　梁国宝

【新乡经济开发区被认定为河南省民营科技园区】
2008年12月31日，省科技厅下发了《关于认定新乡经济开发区为河南省民营科技园区的通知》（豫科政〔2008〕12号），标志着新乡经济开发区被正式认定为河南省民营科技园区，这是新乡经济开发区实施“工业强区、科技兴区、开放活区”战略的又一丰硕成果。

新乡经济开发区成立以来，坚持把科技进步和自主创新作为推动区域经济全面、协调、可持续发展的重要举措，充分发挥资源优势、技术优势和产业优势，重点搞好技术服务体系、产品研发体系和质量管理标准体系三大体系建设，成立科技局，建立高新技术创业服务中心，成功申建新乡振动机械工程研究中心和河南省振动机械产品质量监督检验站，依靠科技兴企，壮大主导产业，促进产业升级，取得令人瞩目的成绩。2008年度省科技厅认定的99家河南省科技企业中，河南豫通电机股份有限公司、河南奥威斯科技有限公司等10家新乡经济开发区的企业榜上有名，在2008年度河南省科技企业中的比重达到1/10，在新乡市被认定的19家企业中的比重达到1/2。新乡经济开发区已经步入稳定、快速、高效的新的发展轨道，将继续强化科技兴企战略，加大产业扶持力度，培育壮大产业集群，努力把园区建设成依靠科技进步促进经济发展的新的增长点。

（余如宾　赵晓梅）

【“2008中国振动筛分机械发展论坛”在新乡经济开发区隆重召开】　3月1日，由中国重机协会主办，新乡市推进产业集群发展办公室、河南新乡经济开发区管委会、河南新乡振动机械设备行业协会承办的“2008中国振动筛分机械发展论坛”在新乡经济开发区隆重召开。中国重型机械工业协会理事长汪建业，洗选分会秘书长冯朝阳、副理事长胡善宏，中国科学院院士闻邦椿及16名国内振动机械行业的知名专家、学者应邀出席会议并作了专题学术报告。

河南太行振动机械股份有限公司、上海建设路桥机械设备有限公司、鞍山重型矿山机械有限公司等近百家国内知名的振动筛分机械制造企业及重点配套企业共200多位企业家应邀出席大会。省、市有关部门的领导也专程到会进行祝贺。人民日报、经济日报、中央人民广播电台、中国新闻社、中国工业报、中国冶金报、河南日报、河南电视台等多家新闻媒体对论坛进行全程报道。

本次论坛在新乡经济开发区的成功举办，为中国振动筛分机械的发展创造便利条件，提供一个合作交流的平台，有利于提高中国振动机械设备生产企业的创新及发展意识、新产品研发及开发能力、市场拓展及适应能力，有利于提高振动机械产业品牌在国际、国内同行业中的知名度和美誉度，进一步推动振动机械特色产业集群的规范、健康、快速、高效发展。（余如宾　赵晓梅）

【2008年新乡县县域经济全省排序第14位】　根据河南省县域经济评价体系考核方案，2008年4月，省委、省政府对县域经济发展突出的先进县（市）进行奖励，新乡县获得奖励资金1000万元。此次排序采用新的县域经济社会发展评价指标体系，与旧的指标体系比较更科学合理，通过全省108个县（市）排序，新乡县由2006年的16位晋升到14位，继续保持位列前20强的强县地位。

（余如宾　赵晓梅）

【七里营镇被确定为国家首批新农村建设科技示范乡镇（试点）】　为进一步贯彻党的十七大精神，落实科学发展观，按照党中央、国务院关于社会主义新农村、创新型国家建设的指示和中央经济工作会议精神，以及《关于“十一五”农村科技工作的指导意见》和《新农村建设科技促进行动》的要求，根据《新农村建设科技示范（试点）实施方案》的部署，国家科技部组织了首批新农村建设科技示范（试点）的申报和论证工作，七里营镇被确定为国家首批新农村建设科技示范乡镇（试点）。

七里营镇是以现代农业为重点的综合示范乡镇（试点），国家首批新农村建设科技示范乡镇河南省共3个，七里营镇是豫北地区唯一一家。

（余如宾　赵晓梅）

【新乡县被纳入2008年度河南省科技富民强县试点县】　根据《科技富民强县专项行动计划实施方案（试行）》（国科发计字〔2005〕264号）和《科技富民强县专项行动计划资金管理暂行办法》（财教〔2005〕140号）的有关要求，经过省科技厅与财政厅专家评审，确定新乡县为2008年度河南省科技富民强县专项行动计划试点县（市）。全省共9个县（市），新乡县是新乡市唯一一家。

（余如宾　赵晓梅）

【新乡县2家企业被认定为河南省2008年高新技术企业】　新乡县的“河南省新谊药业股份有限公司”、“河南太行振动机械股份有限公司”被认定为河南省2008年高新技术企业。

此次评审是根据科技部、财政部和国家税务总局联合发布的《高新技术企业认定管理办法》（国科发火〔2008〕172号）和《高新技术企业认定管理工作指引》（国科发火〔2008〕362号）及省科技厅、省财政厅、省国税局和省地税局联合发布的《河南省高新技术企业认定管理实施细则》（豫科〔2008〕115号）的有关规定进行评审，依据新办法认定的高新技术企业，可依照《企业所得税法》及其《实施条例》、《中华人民共和国税收征收管理法》及《中华人民共和国税收征收管理法实施细则》等有关规定，申请享受税收优惠政策。

（余如宾　赵晓梅）

【新乡县3个项目列入国家有关科技计划】　根据科技部文件国科发计〔2008〕658号《关于下达2008～2009年国家有关科技计划项目的通知》，新乡县有3个项目列入国家有关科技计划。其中，国家星火计划1项，即新乡县七里营镇农业公司的“近效平原现代农业生产技术集成与示范”项目；国家火炬计划1项，即河南太行振动机械股份有限公司的“2TTDLS40100大型环保智能三轴椭圆等厚振动筛”项目；国家重点新产品计划1项，即河南太行振动机械股份有限公司的“2YK3380大型环保智能双轴圆振动筛”项目。（余如宾　赵晓梅）

【招商引资工作取得新成绩】　新乡县顺应经济全球化发展的新形势，把握县域经济发展新阶段的新特征和新要求，坚持以科学发展观为统领，以加快转变发展方式、实现又好又快发展为目标，以“三位一体”系统工程（县域经济发展、中原城市群新乡都市区建设、新农村建设）为载体，深入实施开放带动主战略，强力推进大开放、大合作、大招商，加快经济结构转型和产业升级，强化措施，自加压力，迎难而上，开拓进取，招商引资工作取得了有目共睹的好成绩，全县实际利用外资总额居全市第一，全省前列，2008年实际到位外资6170.8万美元，占市定目标1120万美元的551%；实际到位市外内资9.3亿元，占市定目标8.5亿元的109.4%。得到省委、省政府，市委、市政府和上级商务部门的表彰。被省委、省政府授予“全省对外开放先进单位”荣誉称号。（余如宾　赵晓梅）

【出席全国统筹城乡发展加快新农村建设理论与实践高层论坛的代表到古固寨镇视察】　10月30日，出席全国统筹城乡发展加快新农村建设理论与实践高层论坛的全体代表，在市长李庆贵，市委副书记刘建华，市委常委、副市长王晓然，县委书记焦锡武，副县长、古固寨镇党委书记孙继宏等陪同下，来到古固寨镇视察统筹城乡发展和新农村建设工作。

在祥和新村休闲广场，代表们听取镇培植新产业、建设新农村工作汇报。市长李庆贵介绍了祥和新村的建设模式，指出实施村庄整和、推进新型农村住宅社区建设具有改善农民居住环境、提高农村精神文明水平、节约大量土地、拉动投资需求、促进就地城镇化、促进土地流转和适度规模经营等好处。代表们参观部分村民新居，看到农民的生活环境和生活质量发生如此巨大的变化，连连称赞，并表示古固寨镇的统筹城乡发展工作具有创新意识，值得在论坛上总结、推广。（余如宾　赵晓梅）

【龙泉观光园被评为国家AAA级旅游景区】　龙泉观光园（龙泉苑）位于龙泉村西北部，占地面积2000亩，是以名、优、特、新、稀果品和名贵花卉、苗木为主，集旅游观光、娱乐、休闲、精品展示、研究开发、科技示范、成果转化、教育培训为一体的现代高效农业园区。

2002年一期工程投资近千万元，开发1500亩，其中种植优质黄金梨700亩，供游客观光旅游休闲品尝的30余种优质水果500亩，花卉苗木300亩。2004年园区被评定为全国农业旅游示范点。2005年二期工程投入近千万元，建设了为旅客服务的健身河、垂钓池、游船湖、儿童游乐场及饮食服务区，并按照国家标准建设了旅游服务设施。2006年8月主产品黄金梨被评为北京奥运推荐果品梨二等奖。2008年4月龙泉苑被省人事厅确定为“河南省一村一品引智示范基地”。2008年11月龙泉苑被全国旅游景区质量等级评定委员会评定为国家AAA级旅游景区。（余如宾　赵晓梅）

2008年新乡县辖乡（镇）区概况一览表

乡（镇）区名称	主要领导（党政正职）	面积（平方公里）	人口（人）	行政村（个）	财政收入（万元）
合河乡	书记　祁磊 乡长　刘彦斌	38.58	33425	20	425
大召营镇	书记　张言刚 镇长　杨业胜	29.83	19091	13	1572
翟坡镇	书记　王春安 镇长　刘兵	46.4	36650	22	2704
小冀镇	书记　张广顺 镇长　张善波	28	44247	19	3162

乡(镇)区名称	主要领导（党政正职）	面积（平方公里）	人口（人）	行政村（个）	财政收入（万元）
七里营镇	书记　梁常运 镇长　赵世彦	95	88978	48	10378
朗公庙镇	书记　王慧敏 镇长　杨泽文	76.76	58242	29	1599
古固寨镇	书记　孙继宏 镇长　李书新	47	37102	15	1398
经济开发区	书记、主任　胡建森 副主任　徐五民　王慧敏　王建新	13.44	14790	10	3344
合　计		375.01	332525	176	24582

（余如宾　赵晓梅）

获 嘉 县

【获嘉县概况】　2008年，获嘉县按照“夯实基础、加快发展、改善民生、促进和谐”的总体要求，齐心协力，克难攻坚，全县经济社会继续保持良好发展势头。

经济规模、质量和效益稳步提升。全县实现生产总值47.35亿元，增长12%；全社会固定资产投资完成30.3亿元，增长22.6%；规模以上工业实现利润6.2亿元，增长24%。

工业、农业和服务业协调发展。第一、二、三产业增加值分别是9.9亿元、25.6亿元和11.8亿元，较上年分别增长5.3%、14.9%和10%。规模以上工业实现增加值16.7亿元，增长20.3%；粮食总产量30万吨，再创历史新高；社会消费品零售总额完成14.5亿元，增长23.2%。

财税金融运行平稳。地方财政一般预算收入1.3亿元，支出5.26亿元，分别增长12.8%和26.0%；金融机构各项存款余额29.3亿元，较上年增加19.0亿元；贷款余额19.7亿元，较上年增加3.9亿元。

人民生活进一步改善。城镇居民人均可支配收入8664元，增长20%；农民人均纯收入5259元，增长15.0%。

政企联手抗击金融危机。面对危机，全县各级领导干部深入企业，深入基层，引导广大企业家正确分析经济形势，帮助企业增强信心。针对企业生产经营出现的新情况，加强经济运行调节，强化舆论引导，制定实施优化经济发展环境10项规定，出台加大扶持服务促进工业经济平稳较快发展的意见，增强服务意识，开展专项行动，帮助企业解决征地拆迁、证照办理、环境治理、增加融资等问题，合力攻坚，共渡难关。企业家牢固树立坚持就是发展、困难就是机遇、信心就是动力的理念，大胆决策，危中寻机，逆势而上。金天化工、鑫源化工等20家产值超亿元重点企业，想方设法在应对危机中寻找突破口，实现新的发展，对全县企业家冷静审视困难，增强发展信心，发挥至关重要的示范带动作用。

生机勃勃的花卉种植基地

强力推进工业兴县。中新化工甲醇项目全力加速推进，累计完成投资4亿元，项目周边4个村庄的整体搬迁已进入实施阶段。新乡市政府与河南煤业化工集团签署了战略合作协议，在获嘉县规划建设的新乡煤化工基地的各项工作已经全面启动。组建成立强有力的产业集聚区管委会，理顺关系，强化领导，抓住机遇，获嘉县产业集聚区被确定为全省首批产业集聚区。投资1100万元完善城东新区路网、供电等基础设施建设，英联饲料、腾飞纸业、恒达科技等一批企业入驻城东新区。全面启动城南新区规划编制、建设工作。注重培育发挥骨干企业对全县工业经济的支撑带动作用，扶持壮大重点企业加快发展。引导成立柴油机免摇启动器行业协会，组建东澳投资担保公司。56家限额以上工业企业产值占全县工业总产值的71.7%。民营企业数量和效益实现双增长，企业总数达6324家，上缴税金占全县税收的78.2%。宏达机械、东山科技等一批高成长性企业呈现出强劲的发展势头。

狠抓招商引资项目建设。华豫钢结构、华瑞电源、世纪蓝箭防水材料等32个引资项目开工建设。实施200万元以上各类建设项目169个，其中千万元以上项目66个，竣工34个，完成投资24.4亿元。积极帮助金天化工加快技改扩建进度，完成投资2.5亿元，生产能力达到纯碱、氯化氨各40万吨，三聚氰胺3万吨，成为河南最大的纯碱生产基地。投资3800万元的亢村11万伏变电站投入运营。项目资金争取工作成效明显。建立项目资金争取协调推进机制，上年第四季度新争取项目资金3959万元。

加快城乡一体化建设步伐。以“新城杯”竞赛为载体，以“三大”活动为抓手，以“两路一区”为重点，投资1350万元完成凯旋路大修和南干道西段标准化改造。汇丰路建成通车，城西新区“井”字型路网已经形成，药监、盐业、烟草、检察、法院等单位入驻新区，投资1700万元的长途客运站正在建设，城市整体形象得到明显提升。房地产开发完成投资1.1亿元，新增建筑面积13万平方米。稳步推进旧城改造，加强城市基础设施配套建设，城市功能不断完善。启动“省级卫生县城”创建工作，绿化、美化、亮化、净化水平不断提高，城市管理取得明显成绩。新农村建设以林业生态文明村创建和村容村貌环境综合整治为重点，生态文明村建设成效明显，被省政府命名为“省级林业生态县”。制定政策，完善措施，加强农村基础设施建设，人民群众生产生活条件得到改善，16个新型农村住宅社区建设正在稳步推进，规划修编全部完成。公路建设进度加快，薄口路北段、亢村段，古风桥改建工程和友谊大道西段大修改造按期竣工通车，新修乡村道路63.2公里。农田水利等基础设施建设快速推进，农业基础地位进一步巩固。

协调发展各项社会事业。社会保障体系不断完善，社会困难群体得到救助和关爱。义务教育阶段全部免除学杂费，整合教育资源，组建第一初级中学和嘉华高中，创办职业教育实习训练基地，办学规模不断扩大，教学质量明显提高。广场文化、社区文化、民间文化更加繁荣，群众文化生活日益丰富，成功举办第二届宁氏文化研讨会暨首届全球宁氏寻根庆典活动。城乡居民医疗保健、医疗服务水平和疾病防控能力进一步提高，全县新型农村合作医疗参合率达98.8%，启动城镇居民医疗保险试点，1.94万人自愿参保，困难群众的就医难、看病贵问题得到较好解决，认真开展食用含三聚氰胺奶粉患病婴幼儿救治工作。计划生育“奖优免补”工作扎实开展，出生人口性别比工作受到省政府通报表扬，人口自然增长率始终控制在6‰以内。二次土地调查进展顺利，闲置土地清查实现阶段目标，土地整理项目按期竣工。节能减排完成年度目标。

民主法制建设不断加强。坚持和完善政府向人大及其常委会报告工作和向人民政协通报情况制度，39件人大代表建议、52件政协委员提案全部办结，第六届村委会换届选举工作顺利完成。充分听取工青妇、工商联和无党派人士意见，促进政府决策民主化、科学化。建立健全信访工作长效机制和处置突发信访事件联动机制，深入落实县级领导接访包案制，一批社会热点、难点问题得到妥善解决。切实加强市场监管，强化安全生产责任制，深入开展安全生产隐患排查行动和食品安全专项整治活动。应急管理体制和工作机制不断完善。积极整合维稳资源，平安获嘉建设成绩显著，社会治安综合治理工作进一步加强。认真落实廉政建设责任制，大力推行政务、村务公开，楼村被命名为河南省廉政教育基地。切实加强审计监督工作，扎实开展“两转两提”活动，不断深化行政审批制度改革，全面加强行政监察和效能监察，经济发展环境进一步优化。

（宋连会）

2008年度获嘉县各项基本数字统计表

项　　目	2008年	较上年增长(%)
总面积(平方公里)	470.12	—
耕地面积(公顷)	30910	—
总人口(万人)	40.4	5.0
乡村人口(万人)	33.9	4.2
人口自然增长率(‰)	5.12	1.8
生产总值(亿元)	47.3519	12.0
工业增加值(亿元)	22.7153	15.7
粮食总产量(吨)	29.9671	1.0
财政预算一般收入(亿元)	1.3046	12.8
财政一般预算支出(亿元)	5.2645	26.0
社会固定资产投资完成额(亿元)	30.3371	22.6
社会消费品零售总额(亿元)	14.544	23.2
商品出口总额(亿美元)	0.0093	−28.5
实际利用外资总额(万美元)	280	53
城镇居民人均可支配收入(元)	8664	20.0
城镇居民人均消费性支出(元)	5587	16.5
农村居民人均可支配收入(元)	5259	15.0
农村居民人均生活费支出(元)	3936	20.4
城乡居民年末储蓄存款余额(亿元)	29.3036	19.0
中小学生在校生(人)	56442	−3.5
医院病床(张)	1194	−2.7

（王艳丽）

获嘉县领导成员

中共获嘉县委员会

书　记　陈长路

副书记　张金战

王　宁(2008年3月离)

李建涛(2008年3月任)

常　委　聂玉国

郑援越(2008年3月离)

高　炜

于　莉(2008年3月离)

邓　超(2008年3月任)

曲当良(2008年3月离)

赵建军　荆汝大　郭　晓

李湘豫(2008年3月离)

李俊华(2008年3月离)

任红海　张同新

王保明（2008 年 3 月任）

县人大常委会

主　任　王建国

副主任　郭悦宪

肖广平

汤月忠

焦文贞

张爱军

县人民政府

县　长　张金战

副县长　荆汝大

李湘豫（2008 年 3 月离）

王保明（2008 年 3 月任）

马永生

鲁玉魁

王永记

政协获嘉县委员会

主　席　李素平

副主席　刘兴儒

陈长世

赵永菊

中共获嘉县纪律检查委员会

书　记　郑援越（2008 年 3 月离）

邓　超（2008 年 3 月任）

县人民武装部

部　长　项忠阳（2008 年 3 月离）

夏文亮（2008 年 3 月任）

政　委　张同新

县人民法院

院　长　周东方

县人民检察院

检察长　任常明

县总工会

主　席　赵子庆

（宋连会　王艳丽）

【中国·获嘉第二届甯氏文化研讨会暨首届全球甯氏寻根祭祖大典隆重举行】　3 月 29 日至 3 月 30 日，中国·获嘉第二届甯氏文化研讨会暨首届全球甯氏寻根祭祖大典隆重举行。

29 日下午，中国·获嘉第二届甯氏文化研讨会（论坛）在国泰酒店召开。省社科联副主席万兵、省社科院副院长赵保佑、省政府外事侨务办公室副处长刘慧敏、市政协副主席张会琴和县四大班子有关领导出席开幕式。县长张金战、县政协主席李素平分别在会上致欢迎辞，县委副书记李建涛主持开幕式。

此次论坛由省社科院历史文化考古研究所、县政协、中华甯氏宗亲联谊会主办，获嘉县甯氏历史文化研究会承办。20 余名专家学者和 270 余名来自马来西亚、港澳台以及海南、安徽、山东、云南、天津、重庆、湖北、广西、广东等省（市）的甯氏宗亲代表参加了研讨会。讨论围绕牧野文化与中华文明、牧野文化与构建和谐社会、祖国统一、民族振兴以及文化寻根、姓氏寻根等议题进行研讨。

会上，中国社科院历史研究所博士生导师王宇信、中华伏羲文化研究会副会长华夏姓氏源流中心主任袁义达、省中原姓氏历史文化研究会常务副会长刘翔南、省社科院原考古研究所所长马世之、郑州大学历史文化学院历史系主任王星光、郑州大学在读美籍硕士杨贝起等先后作主题发言。

3 月 30 日上午，270 多名甯氏宗亲乘车来到位于史庄镇李村东 500 米处的甯氏始祖季亹墓同拜先祖。气氛庄严凝重，肃穆深沉。祭祖大典后，嘉宾们又分别到县城、同盟山旅游景区、甯氏文化纪念馆进行参观和游览。3 月 30 日下午，甯氏宗亲联谊会举行答谢宴会。（王兰贞）

【太山乡土地整理项目开工】　3 月 5 日，太山乡北部土地整理项目正式开工。该项目是 2008 年度县投资土地整理重点项目，项目区位于获嘉县南部的太山乡境内，建设总规模1507.63公顷，涉及孝合、丁村、曹庄、董庄、王庄 5 个行政村。项目完成后，新增有效耕地面积194.09公顷。（王兰贞）

【永煤集团中新化工年产 20 万吨甲醇项目基础设计审查会召开】　3 月 25 日至 27 日，永煤集团中新化工年产 20 万吨甲醇项目基础设计审查会召开。来自永煤集团、兰州航天石化、北京航天万源、五环科技、十一化建、濮阳龙宇、义马气化厂等多家单位的专家齐聚获嘉，对项目的基础设计进行详细审查。中新化工有限责任公司总经理在会上致辞，县长张金战对该项目作了汇报，设计院项目负责人介绍基础设计情况。与会专家共分 6 个组（工艺组、设备组、电器仪表组、热能动力组、安全组、环保组）对项目基础设计进行审查，并对中新化工甲醇

项目二甲醚技术方案进行论证。（王兰贞）

【获嘉召开治安巡防工作会议暨巡逻装备发放仪式】 4月17日，获嘉县召开治安巡防工作会议暨巡逻装备发放仪式。县领导郭晓、肖广平、鲁玉魁、刘兴儒参加会议。会上，县综治委运用省委、省政府奖励获嘉县2007年度平安建设先进县的20万元奖金，为各乡（镇）发放70余辆电动自行车及巡逻装备。（王兰贞）

【女大学生张素琴无偿捐赠水稻良种】 4月15日，一场别开生面的水稻良种捐赠仪式在太山乡小庄村委会举行。河南省农业职业学院女大学生张素琴将业余时间与父亲一道培育的光梗139号优质水稻品种1250公斤无偿捐赠给家乡贫困青年和贫困大学生家长。在县关工委的组织下，太山乡、大新庄乡、徐营镇60余个贫困户接受捐赠。（王兰贞）

【张德宝获“感动新乡年度人物”殊荣】 获嘉县70多岁的老中医张德宝将倾尽毕生心血研究的中医药方结集出版，免费传授给他人，他将施与作为自己的幸福，将悬壶济世作为己任，是现代版的“李时珍”，被评为2007年度感动新乡人物，在4月18日的“孟电杯”感动新乡2007年度人物颁奖晚会上，领取奖杯和证书。（王兰贞）

【歌曲《获嘉饸饹条》网络唱红】 “饸饹条”是获嘉县的一种地方名吃，历史悠久，文化底蕴深厚。身在广州的获嘉县籍作者范深，创作了一首歌名为《获嘉饸饹条》的网络歌曲，传到网上不久便被多家网站转载，其歌词轻快上口，给人以快乐。这首歌是范深3月下旬完成创作的，是他和其弟一起演唱的，许多河南的网友称“很牛，很经典!”（王兰贞）

【全县上下献爱心，捐款捐物支援灾区】 汶川地震后，5月19日，县卫生局从县疾控中心和卫生监督所抽调2名专业技术人员，携带雨衣、胶鞋、手电筒、防护服、棉被及生活用品前往地震灾区，参与对食品、饮用水、传染病防治的卫生监督等工作，为防止灾后传染病暴发流行和食物中毒、食源性疾病的发生提供有力支持。5月20日，获嘉县县级党员领导干部率先垂范，举行交纳“特殊党费”仪式，当场交纳特殊党费6.1万元。5月21日上午，双目失明的陈学升老人在老伴的搀扶下，来到县委组织部，主动交纳“特殊党费”，支援灾区建设。陈学升现年79岁，原是一名老军人，抗日战争时期参加革命，解放战争时期不幸负伤。1976年转业后，在县农办工作，近年不幸双目失明，生活多有不便。在了解到各级党组织宣传鼓励广大党员干部以交纳“特殊党费”的方式支援灾区建设的情况后，他立刻取出2000元伤残补助，亲自送到县委组织部。老人说：“听说党组织号召党员交纳特殊党费用于抗震救灾，这在新中国成立以来还是第一次，我作为有几十年军龄的老兵，已经不能和解放军、武警官兵并肩作战了，但是我的心永远和他们在一起!”大新庄乡大呈村退伍军人养鸡大户郭伟亮，把正在养殖的2500只肉鸡卖掉，把5000只蛋鸡交给家里人饲养，把瘫痪在床的老母亲托给爱人照料，毅然带着干粮到四川灾区当自愿者。截至29日，共有4050名党员义务交纳特殊党费102.8万元，非公经济人士捐款33万余元，民族宗教界人士捐款15.8万余元，党外干部和党外知识分子捐款8万余元，全县共收到社会捐款295.43万元。（王兰贞）

【赵彦伟获“中国青年五四奖章”和“河南省青年五四奖章标兵”称号】 5月，第十二届“中国青年五四奖章”和“第十二届河南省青年五四奖章标兵”获得者名单揭晓，获嘉县天行草莓专业合作社理事长青年农民赵彦伟榜上有名。（王兰贞）

【大新庄乡、冯庄镇国家级土地整理项目完工】 7月上旬，总投资1723万元的大新庄乡、冯庄镇国家级土地整理项目全部完工。该项目涉及大新庄乡、冯庄镇2个乡（镇）的13个村庄。项目区新增田间机井206眼；铺设地埋线11700米；修建田间砂石路5.48万米；新修斗渠、农渠5.4万米；过路涵、桥、闸门617处；开挖排水河1.46万米；栽种树木16万余棵，存活率为98%；新增耕地面积280余亩，新增引黄灌溉面积1.05万亩。（王兰贞）

【县妇联举行鑫源助学圆梦资助仪式】 8月24日，由县妇联牵线搭桥、鑫源化工实业有限公司出资的助学圆梦捐赠仪式，在鑫源公司再次拉开帷幕。县委副书记李建涛出席仪式并讲话。捐赠仪式上，李建涛、鑫源公司董事长卜庆飙为受助的20名大学生和53名“春蕾女童”、留守儿童发放10万元的助学

金。（王兰贞）

【才艺绝活全省获奖】　10月28日，徐营镇独生子女领证户杜君，参加由省人口计生委、省计生协会、省人口文化促进会联合在三门峡市渑池县举办的“计划生育基本国策在河南”人口文化大院才艺绝活大赛，杜君捏的“狮子王”，在44名参赛选手中脱颖而出，获得优秀奖。（王兰贞）

【王宗斌喜获“全国优秀农民工”称号】　11月16日，全国优秀农民工表彰大会在北京人民大会堂隆重举行，1000名全国优秀农民工代表和100个农民工工作先进集体受到表彰，获嘉县农民工王宗斌喜获“全国优秀农民工”称号。王宗斌是新乡市宏达机械厂总经理，曾先后被评为“河南省十大青年科技新闻人物”、“新乡市劳动模范”，是新乡市“五一”劳动奖章获得者。（王兰贞）

【2008年度农村沼气国债项目完工】　2008年，获嘉县农村沼气国债项目总投资399万元，涉及全县6个乡（镇）13个村。至12月中旬，该项目全部完工，共建成农村户用沼气池1900座。（王兰贞）

【王文胜入选“2008年中国教育年度新闻人物”候选人】　由中国教育报社和中国教育电视台主办的“2008年中国教育年度新闻人物”评选活动候选人12月10日确定，获嘉县亢村镇教师王文胜入选，成为新乡市唯一入选的候选人。王文胜由于宣传教科书循环使用，成为河南省中小学教科书循环使用研究课题组组长，是河南省十大杰出青年志愿者、2005年度央视十大法治人物和2005年度感动中原十大新闻人物。（王兰贞）

2008年获嘉县辖乡(镇)概况一览表

乡(镇)名称	主要领导(党政正职)	面积(平方公里)	人口(人)	行政村(个)	财政收入(万元)	财政支出(万元)
城关镇	书记　卢一中 镇长　贠刚	15.42	56938	11	1013.9	967.3
照镜镇	书记　朱耀忠 镇长　刘全	42.75	35837	22	492.3	802.9
位庄乡	书记　张明阳 乡长　张明阳(2008年1月离) 浮俊红(2008年1月任)	33.72	26688	14	340.3	503.1
黄堤镇	书记　于修战 镇长　朱耀东(2008年1月离) 张新杰(2008年1月任)	39.55	22733	11	296.7	449.5
史庄镇	书记　武文彪 镇长　侯明峰(2008年1月离) 夏红文(2008年1月任)	49.95	42025	24	324.9	710
中和镇	书记　银燕勇 镇长　蔡建胜(2008年1月任)	24.74	28482	14	189.8	416.7

乡(镇)名称	主要领导 (党政正职)	面 积 (平方公里)	人 口 (人)	行政村 (个)	财政收入 (万元)	财政支出 (万元)
徐营镇	书记 孙 壮 镇长 赵瑞生	42.42	34080	25	377.9	606.2
冯庄镇	书记 王 辉 镇长 杨家合	52.97	42607	23	77.4	332.9
亢村镇	书记 冯荣林 镇长 刘文君	55.8	43949	23	431.3	579.1
大新庄乡	书记 刘 东(2008年1月离) 侯明锋(2008年1月任) 乡长 张新杰(2008年1月离) 王庆波(2008年1月任)	52.58	40514	24	197.9	465.9
太山乡	书记 娄季战(2008年1月离) 朱耀东(2008年1月任) 乡长 赵光俊(2008年1月离) 朱保东(2008年1月任)	60.54	39898	24	190.5	469

(王艳丽)

原阳县

【原阳县概况】 2008年，原阳县经济总量又上新台阶。全县生产总值完成64.1亿元，增长14%。其中，一产16亿元，增长4%；二产29.8亿元，增长24%；三产18.3亿元，增长15%。工农业生产再创新高。限额以上工业完成增加值19.3亿元，实现利润7亿元，分别增长34.2%、64%；粮食总产达到6.7亿公斤，增长1.8%；夏粮总产全市第一。投资消费能力增大。社会固定资产投资完成77.2亿元，增长34.5%；社会消费品零售总额完成17.3亿元，增长23.7%。财政综合实力增强。地方财政一般预算收入完成1.71亿元，增长18%；财政一般预算支出8.21亿元，增长28.1%。人民生活水平稳步提高。城镇居民人均可支配收入8630元，增长22.5%；农民人均纯收入4082元，增长15.6%。

原阳黄河滩区

招商引资势头不减，项目建设成效明显。新引进金龙集团、河南省科研机构生产试验基地等投资千万元以上的项目33个，总投资71亿元。实际到位外资882万美元，增长169%；实际利用市外资金10.5亿元，增长138%。实施投资千万元以上的项目79个，总投资138亿元。其中浙江万向集团100万只汽车制动器及6万吨铸件、河南力博公司100万套桥梁机械、新乡平原客运站有限公司汽车客运站等30个投资千万元以上的续建项目完成投资20亿元；河南省科研机构生产试验基地、新乡龙腾金属有限公司汽车空调、新乡格瑞恩新能源材料有限公司锂电池正负极材料等27个投资千万元以上的新开工项目完成投资16亿元；上海华—富兰克林投信(集团)有限公司中部农产品交易中心、上海通路资产管理有限公司活网呼叫中心和世界品牌折扣大卖场、郑州金玮实业有限公司高温陶瓷材料等22个投资千万元以上的签约项目完成规划设计。

原阳县累计上报城市基础设施、农田水利、社会事业等方面的项目138个，争取政策性项目和资金水平位居全市第二。

园区建设加速推进，工业经济增长明显。桥北新区和县城工业园区被正式批准为首批省级产业聚集区。其中桥北新区总规划面积17.6平方公里，投资8000万元，新开工建设道路6.2公里，安装路灯340盏；引进项目11个，总投资15.5亿元。县城工业园区总规划面积10.5平方公里，投资1.2亿元，修建道路15公里；引进项目5个，总投资20亿元。福宁集、太平镇产业聚集区投资770万元，新建道路4公里；新上项目10个，总投资8300万元。

工业企业效益明显。工业总产值完成94.6亿元，增长29.2%。汽车零部件、精细化工和农副产品精深加工三大优势产业总产值达到39.4亿元，增长37.2%。

非公有制经济持续快速发展。全县非公有制企业达到1593家，完成总产值144亿元，增长16.4%；上缴税金8979万元，增长12%。非公有制经济占GDP的比重达到68%。

城镇面貌明显改观，城镇化率进一步提高。太平镇、齐街两乡撤乡建镇。城镇化率较上年提高2个百分点，达到22%。

城市规划完成城区26平方公里控制性详细规划编制及7个主要节点设计，城市规划沙盘完成制作。

城市基础设施不断完善。以路网、管网、亮化等工程为主的基础设施投入基本到位，城市框架基本成形，累计用于城市基础设施建设的投资达到2.4亿元。

道路工程。投资4000万元，完成北环、东环、西环3条环城公路建设，城市环城路网框架基本构成；投资8000万元，完成人和路、民主路等7条道路建设并实现通车。“入城口”改造工程。投资330万元，高标准完成环岛广场绿化、亮化等工程建设，配套的高杆灯和交通信号灯投入使用。

管网工程。投资2515万元，完成西环和南干道西段雨、污水管网建设并投入使用。

亮化工程。投资853万元，完成农行大道、博浪沙街、府君庙街和南干道等11条道路路灯安装并全部实现亮灯。

绿化工程。投资530万元，完成15条道路和综合楼前广场绿化，栽植乔、灌木3.6万株，新增、改造绿化面积7.4万平方米。

环保工程。投资8160万元，完成城市污水处理和城市垃圾处理两个省级重点工程建设并投入使用。

交通电力工程建设进展顺利。郑州黄河公铁两用桥和石武铁路客运专线项目征地拆迁工作顺利推进。新乡市大外环工程开工建设。师寨—原武等3条乡道建成通车。110KV温庄输变电工程、35KV太平镇变电站增容工程和农田机井通电一期工程建成投入使用。

城市管理效果明显。集中组织清理城区垃圾活动，新建定点垃圾投放池210个，购置垃圾中转箱12个、环卫保洁车200辆、东风140摆臂式垃圾运输车2辆，主要交通道路全部规划标志线，城市管理秩序和城市环境面貌有了新的改观。

“三农”工作持续加强，新农村建设再掀高潮。奶牛养殖业快速发展，新建标准化奶牛小区6个、开发区1个，新增奶牛5000头。全县累计建成奶牛养殖小区26个，奶牛存栏达到2.5万头。

林业生态县创建成功。完成造林5.6万亩，植树468万株，被省委、省政府评为“林业生态县”、“绿化模范县”。集体林权制度改革走在全省前列。

农业综合开发和扶贫开发工作迈上新台阶。累计发放种粮农民直接补贴、优质专用小麦补贴、农村劳动力转移培训补贴、测土配方施肥补贴、农业生产资料综合补贴、农机具购置补贴和家电下乡补贴资金7874万元全部按时足额落实到位。被省政府批准为全省农业综合开发重点县，每年争取项目资金增加1000万元以上。灌区节水改造、农村安全饮水、土地开发整理等一批涉农项目相继开工建设。13个扶贫开发整村推进村完成建设，5000农村贫困人口实现脱贫。南水北调工程丹江口库区移民安置工程开工建设。

品牌农业发展取得新突破。原阳大米荣获地理标志产品称号。20克优质水稻种子搭载“神七”上天进行空间诱变处理，水稻“太空育种”又有新突破。

生态文明村建设掀起高潮。162个生态文明村完成总体规划编制，12个样板村完成控制性详细规划编制。投资2680万元，新建通村公路80公里、集中供水12处、沼气池4064个、垃圾池1600个、涂白墙壁98万平方米。

新型农村住宅社区建设全面启动。白庙、西衙寺、马庄等9个试点社区完成投资1.2亿元，建成新型农村住宅919套。

节能减排成效突出，科学发展稳步推进。节能减排超额完成目标任务，限额以上工业企业消耗标准煤23万吨，单位工业增加值能耗下降11.7%。化学需氧量、二氧化硫分别削减1063吨、616吨，占目标的109%、227%。

人口计生工作成效显著。人口自然增长率控制在5.03‰，被省委、省政府评为“计生优质服务先进县”，连续5年保持“人口计划生育工作一类县”称号。

土地利用效率进一步提高。第二次土地利用现状调查全面展开。石武铁路客运专线、新乡龙腾金属有限公司等一批重点项目用地获得批准。新建标准化厂房1.5万平方米。

房地产业、服务业发展大提速。房地产业发展取得新突破。鑫源花园、盛世佳苑、锦绣华城、天成相苑、幸福家园等9个房地产项目累计完成投资1.4亿元，开发房产14.5万平方米，销售10.5万平方米。

文化旅游业发展迈出新步伐。河南电视台“欢乐新农村”走进原阳暨原阳首届农民文化艺术节成功举办。“原黄”、“黄蕊”米业公司产品首次进军全国旅游商品交易会。

新建人险公司西侧、北入城口东北角2处城市小游园；新建高标准水冲式公厕2座、垃圾中转站2座。

现代服务业发展迅速。新增固话、小灵通、宽带、机顶盒、手机乐万家移动手机用户1.6万户。新农村电话普及率达到67%。17个乡（镇）新建邮政物流网点356个。新开通靳堂、师寨、原武、阳阿、福宁集5个乡（镇）8个村的有线电视光纤传输信号，新安装农村有线电视用户2900户。

金融支持发展的力度进一步加大。被河南省人民银行批准为“金融支农重点县”。县农村信用联社央行专项票据成功兑付，6605万元资金到帐。全年各项贷款余额28.8亿元，较年初增加1.7亿元。新建、改建万村千乡市场工程惠民超市132家。

致力改善国计民生，社会保障能力提高。动态消除“零”就业家庭。城镇登记失业率控制在3.5%以内，城镇新增就业人员1.1万人，农村劳动力转移就业16.6万人次。

社会保障能力进一步提高。养老、失业、医疗、工伤、生育五大社会保险参保人员10.4万人。养老、失业保险金发放率达到100%。3.7万城市低保、农村低保和农村“五保”供养人员享受救助资金3185万元。新（改）建敬老院4所，新增集中供养人员136人，集中供养率达40%。城市低保、农村低保、农村“五保”和新型农村合作医疗基金补助标准全部提高。农村低保和农村“五保”对象住院医疗保险新险种试点工作在全市率先开展。城镇居民基本医疗保险参保人员达到1.9万人。1293户低保家庭享受廉租住房补贴资金148万元。

医疗卫生条件不断改善。向17个乡（镇）配备的价值260万元的医疗设备全部到位，162个标准化村卫生室完成改造。新型农村合作医疗参合人员达55.2万人，参合率达93%，累计报销新型农村合作医疗费用4221万元。

着力构建和谐原阳，社会事业全面进步。“科教兴县”战略成效明显。申报市级以上科技项目17项，争取科研资金501万元。“两基”国检工作被评为先进单位。发放“两免”资金5440万元，农村和城市义务教育阶段8.7万名中小学生全部免除学杂费和教科书费。优化农村中小学校布局结构，撤并中小学校23所。投资1068万元，改造农村中小学校舍1.9万平方米。加强高中教育管理，组织召开由新乡市部分名师名校长参加的原阳县高中阶段教育发展研讨会，县财政拿出30万元资金设立高中阶段教育教学奖励基金，高招上线人数较上年增加177人，被市政府评为教育发展进步较快县。原阳县第十一届运动会成功举办。

平安原阳建设成效显著。开展系列安全生产隐患排查整治活动，亿元GDP死亡率控制在0.22以内。食品药品专项整治活动取得实效，打击假农药工作取得阶段性胜利。“县委书记、县长大接访”等4项活动行之有效，174件案件得到妥善解决。民族团结进步先进县创建活动稳步推进。县、乡、村三级“技防”网络初步建成，荣获“新乡市平安建设先进县”称号。

民主法制和精神文明建设进一步加强。坚持依法行政，自觉接受人大监督，支持政协参政议政，认真办理人大代表建议和政协委员提案，135件人大代表建议和94件政协委员提案全部得到较好落实。第六届村委换届选举、水利工程管理体制改革和第二届原阳县志编纂工作基本完成。工会、共青团、妇女儿童、老龄、残疾人等事业不断进步。军民共建活动深入开展。积极支援四川地震灾区抗震救灾，向灾区捐款375万元。深入开展“新解放、新跨越、新崛起”解放思想大讨论活动，着力推进以转变政府职能、转变工作作风、提高行政效能、提高公务员素质为重点的“两转两提”工作，经济发展环境不断改善，工作效率不断提高。

（刘学晔　蔺瑞卿）

2008年度原阳县各项基本数字统计表

项　　目	2008年	较上年增长%
总面积(平方公里)	1331.54	—
土地面积(公顷)	79470	—
总人口(万人)	71.4125	—
常用耕地(公顷)	70221	—
农业人口(万人)	66.0940	—
非农业人口(万人)	5.3185	—
粮食总产量(吨)	673572	1.8
工业总产值(万元)	905619	23.7
国内生产值(亿元)	64.1	14
社会消费品零售总额(万元)	173475	23.7
地方财政收入(万元)	17100	18.0
地方财政支出(万元)	82100	28.1
农民人均纯收入(元)	4082	15.6
初中、小学在校生(人)	110307	－6
医疗机构病床(张)	988	0.0

（刘学晔）

原阳县领导成员

中共原阳县委员会

书　记　孙国富（2008年10月任市委常委）

副书记　魏刘宝

段常庆

常　委　张文惠

孟西平（女）

赵梅云（女）

万荫生　王庆堂　靳新峰

张星吉（2008年2月离）

程天胜　王喜胜　尹洪斌

王东岭（2008年2月任）

县人大常委会

主　任　周庆民

副主任　师忠社　刘　奇　马明武

娄峰立　娄世珍（女）

县人民政府

县　长　魏刘宝

副县长　靳新峰

张星吉（2008年2月离）

程天胜（2008年2月任）

尹洪斌　丁国正

王东岭(2008年2月离)
袁文修 周勇 刘京宝
张如继(2008年2月任)
张世杰(2008年5月任)

政协原阳县委员会

主　席　李双成
副主席　赵克恩　孙清河　胡海玲(女)

中共原阳县纪律检查委员会

书　记　孟西平(女)

县人民武装部

政　委　王喜胜
部　长　王世良(2008年1月离)
　　　　王祥瑞(2008年1月任)

县人民法院

院　长　单金铎

县人民检察院

检察长　刘　鹰

县总工会

主　席　娄本升

(刘学晔)

【原阳水稻种植迈进“太空经济”新时代】 2008年，原阳大米中的精品——太空营养米在北京、上海、哈尔滨、郑州、邯郸、南京、山东等地热销。该产品不仅是国内价格最高的大米，其营养含量也高于日本天价大米“一见钟情”。享有“中国第一米”的美誉。

经过5年的艰辛遴选，精心培育出第一代黄蕊太空营养米。2008年，当40克原阳优质水稻搭载第18颗返回式科技试验卫星第一次上天，就预示着原阳大米“太空时代”的诞生。它以晶莹剔透、软筋香甜的天然品质获得了专家认同。

原阳选育的太空营养米，独特之处在于它是以追求营养价值和适口性作为终极目标，不仅有饱满晶莹的外观和软筋香甜的口感，而且富含硒、铁、钙等微量元素，尤其是硒的含量是日本天价大米“一见钟情”的一倍，堪称太空育种的经典精品，享有“中国第一米”美誉。2008年，黄蕊“太空营养米”正式定名为“粳米博士”。

太空诱变育种是农作物经过太空的微重力、高真空、宇宙大交变磁场、宇宙射线等太空特殊因素的作用，使作物发生易位、倒置等遗传性突变，然后通过人工地面育种，选择培育农作物新品种，新品质的方法，它作为农业领域中最尖端的科技，有着广阔的发展前景。中国是世界上少数将航天技术用于育种的国家之一。 (蔺瑞卿)

【老年公寓乐农家】 为使全村的老年人都能过一个幸福的晚年，特别是计生家庭的老人能颐养余年，葛埠口乡白庙村两委班子积极倡导“让老年人住新房、住好房”。他们采取多种形式，积极筹措资金兴建高标准老年公寓，为老年人提供全方位的人性化服务，在全村树立敬老爱老养老的风尚，解决了长期困扰农村无儿不养老的陋习。 (吴　峰)

【倾力打造林业生态县】 2008年，在“政府要生态，农民要效益”、“政府掏钱，农民受益”等一系列惠农政策支持下，原阳县多策并举。一是经过宣传发动，明确目标。二是进行集体林权制度改革，确立农民经营的主体地位，明晰林地使用权和林木所有权，放活经营权，落实处置权，保障收益权，充分调动了农民和社会各界参与林业生态县建设的积极性。三是进行林权制度改革和植树造林同步进行，保证了农民的权益不受侵害。政府拿出540万元用于占地补偿和苗木补贴，又拿出200万元以“以奖代补”方式用于林业生态文明村的建设，使林业生态文明村绿化率达到40%以上。原阳县林业基础良好，有35公里长的绿色长廊黄河大堤，有天然氧吧万亩槐林。原阳县林业生态建设领导小组严格按照植树造林技术标准对苗木的品种、质量，栽种的深度、方法进行全程督查，对被查单位和个人的任务完成情况和苗木的成活情况逐地块、逐条路、逐条河、逐棵树进行验收，确保栽植苗木质量和成活率，并依据检查结果、用“以奖代补”的方式发放苗木奖。确保植树节前将345万株苗木全部栽上。 (蔺瑞卿)

【原阳双孢菇俏销海外】 李辛庄村是原阳县有名的双孢菇种植专业村。随着人们饮食方式的转变，双孢菇成为市场上的抢手货。精明的李辛庄人瞄上这个商机。2006年至2008年初，在该村村委带动下，全村建起双孢菇大棚60多座，使全村剩余劳动力全部得到安置。为解决双孢菇的临时存放问题，村里还建起双孢菇加工厂，年产值500多万元。双孢菇在新加坡、马来西亚等东南亚国家畅销，年创产值500多万元。 (周　晶)

【原阳盘鼓“擂响”拜祖大典】　4月8日上午，500面气势恢宏、声威震天的原阳盘鼓在新郑市上空擂响，揭开了戊子年黄帝故里拜祖大典的序幕。

原阳盘鼓粗旷不露、雄壮火爆、中间变化无穷，展示“五朵金花”、“十字架转动”、“大鹏展翅”、“蛟龙出海”、“狮子舞”、“满天星”、“子母圈”、“金三角”等艺术样式。在连贯的整体演出中，鼓点或疏或密，镲音或紧或慢，声调整齐，雄浑豪放。结尾则更似凌空霹雳，嘎然利索，充分展示原阳盘鼓的豪迈、精湛和大气。

原阳盘鼓艺术源远流长。据《原阳县志》记载：唐武则天皇后陪高宗泰山封禅，途经原武。时值隆冬，原武百盘大鼓十里相迎，打得出神入化，惊天动地。武后观后凤颜大悦，亲封原阳盘鼓“大得胜”。后经历代发扬光大，长盛不衰。改革开放以来，随着原阳农民生活水平的日益改善。“富而思文，富而思乐”，成为原阳农民追求的新时尚。他们自发组织，自愿捐钱，成立起一支支田野乡间的农民盘鼓队。全县共组建成各类鼓队108支，拥有队员3000多人。这些盘鼓队员农忙季节耕田种地，农闲时便集中训练，外出演出。（蔺瑞卿）

【中储粮大型大米加工项目落户原阳】　4月17日，由中储粮国内公司投资12亿元兴建的年加工20万吨大米的大型大米加工项目正式开工。

中储粮公司此次投资建设年加工20万吨大米项目，是在做好国家粮食安全的前提下，根据行业发展的需要，对市场进行积极探索，逐步进行的延伸经营。

该项目（河南迪一米业有限公司）占地160余亩，集基地种植、精米加工、网络销售为一体，是河南省乃至中西部地区最大的大米加工基地。

原阳有2000余年的水稻种植历史，原阳大米东汉时期就是御贡米，曾连续两届获得“全国农业博览会金奖”，被誉为“天下第一米”。全县优质水稻种植面积达到50余万亩，年产大米25亿公斤，出口加拿大、美国、台湾等地。（吴　峰）

【外商考察原阳书画村】　4月29日，巴基斯坦和沙特阿拉伯书画商到原阳县书画村韩董庄乡草坡村进行考察。

韩董庄乡有30～40位农民画家，乡党委、乡政府专门牵头帮他们成立了黄河人书画院，相互切磋，互通信息。该县成立文化产业办公室，建立书画网站，成立文化产业发展股份有限公司，把书画作为朝阳产业，高起点规划、整体化推进。该县桥北、祝楼、原武、阳阿等乡已有10多个村、近百名农民走上书画致富道路。他们的画不仅在郑州古玩市场占有一席之地，还远销北京、西安、南京、广州、深圳、香港等地。在这些市场上，他们的画高者可以卖到1500元左右，低者可以卖到300元左右。

葛埠口乡娄新庄村有一家，丈夫画画，妻子任经纪人，一条龙作业；还有一家9口从事书画业，不仅盖起楼房买了汽车，其儿子还成为美协会员、省国画协会会员。该县阳阿乡韩庄有一村民，与深圳书画商签订了长期供货合同。他的绘画作品在深圳书画市场供不应求，部分作品还远销到加拿大、法国等地。（蔺瑞卿）

【新童谣“进军”小学校园】　原阳县教体局把陡门乡范滩小学创作的16首校园新童谣制作成精美的标语悬挂在全县320多所小学校园内。这些制作精美的校园新童谣标语，对小学生在学校的学习、生活等方方面面进行着温情提示和无言的教育，灰色童谣在校园销声匿迹，新华社、《中国教育报》、《大河报》、河南人民广播电台等多家新闻媒体对此进行报道。

学校大门口张贴《进校歌》：“进出大门不要挤，大让小来是正理。排队进出有规矩，先来后到按顺序。平平安安上下学，相互谦让懂礼仪。”学校园里张贴着《卫生歌》，厕所里也张贴着《厕所歌》。教学楼的楼梯口处张贴着《楼梯歌》，歌词是：“上下楼，莫慌张，轻步走，防摔伤。靠右下，靠右上，互谦让，免碰撞。楼栏杆，不要上，守纪律，保安康”。教室里有“上课铃声响，坐好看前方。不做小动作，专心来听讲。认真做笔记，问题多思量。发言要踊跃，声音要洪亮”的新童谣标语等，督促学生养成良好的生活、学习习惯等。

新童谣是对未成年人进行思想道德教育的新形式。让小学生传唱新童谣，打造优秀的校园文化，有利于促进小学生的健康成长。（李庆明）

【官厂乡开展爱老敬老活动】　原阳县官厂乡针对农村嫌弃老人，不赡养老人现象，春节前后在全乡37个村庄大力开展爱老敬老活动。一是乡党政领导定期到各村看望慰问空巢老人。二是由乡政府将古代“二十四孝”的爱老敬老事迹及“乌鸦反哺、羔羊跪乳”等古训编成快板、顺口溜，利用广播喇叭对村民宣传教育。三是定期组织中青年妇女到黄刘村《孝敬楷模孙鸿琴》的石碑前品颂碑文：“孝媳鸿琴，贤德感人，公爹卧病，婆母瘫身，贤媳侍奉，周到细心，三餐茶饮，汤水均匀，擦屎刮尿，脏累不嫌，十年一日，语言温顺，父母感动，立碑撰文，学其典范，昭示后人。”（此碑系鸿琴公婆1998年3月8日妇女节为孝媳所立）以此对广大妇女进行启发教育。四是凡不孝敬父母者，不吸收其入团入党。五是定期评选好媳妇活动，凡被评为孝老敬老好媳妇的妇女，乡政府、乡妇联除大会表彰印发简报、颁发荣誉证书，还给予一定的物质奖励。（张　军）

【原阳实现水稻插秧机械化】 6月16日，新型水稻插秧机现场演示会在原阳县太平镇乡梁寨村举行，吸引当地百余名农民到场观摩。

为推进该县水稻种植机械化进程，省、市农机部门给予大力的支持，连续3年把该县作为“河南省水稻插秧机械化技术试验示范点”，先后在祝楼、原武等4个乡（镇）建成8个水稻机械化插秧示范点，引进多种新型插秧机具9台，实现水稻机械化插秧2000余亩。国家逐年加大对农民购置农机具的补贴力度，已从以前的5%提高到30%、50%，大大激发农民种植水稻的积极性。（张战伟）

【六旬老人义务修路20载】 在原阳县东娄庄村附近的道路上，村民们时常能见到一位老人推着一辆平板车装沙拉石、挖沟填路的身影，他就是被人们称为“义务养路工人”的娄彦丰。

娄彦丰今年67岁，膝下有3男1女，儿子在外地工作，女儿已出嫁，家里只剩下老两口相伴，衣食无忧。但老人却是个闲不住的人，从1998年开始，他主动担当起村道的义务保养重任，一干就是20年。

娄庄村是原武镇较偏僻的村庄，村周边的很多路都是土路。每逢雨天总是坑坑洼洼的，常有过路人因为路滑摔倒。看到路况差给群众带来的不便，娄彦丰几乎每天拿着铁锨、扫帚修补打扫村庄周围的路段，发现有被雨水冲毁或坑洼不平的路面，便挥锹修整；个别毁坏严重的路段，就用平车拉土垫平，发现有碎玻璃渣、畜禽粪便等杂物，就用扫帚打扫。就这样日复一日，年复一年，老娄已经坚持20个年头。

20年，娄彦丰累计养护村路万余公里，周边的村道几乎都留下他的脚印。（李庆明）

【“田间市场”走俏乡村】 该县的“田间市场”，就是把农产品、畜禽产品等的交易市场设在田埂、园边，农民们坐在田间地头就可以现场交易。为减少农产品流通环节、解决农民买卖难问题，原阳县积极引导当地农户培育具有地方特色的“田间市场”、“路边市场”，农民不出村便能卖出自己的产品，不再为季节和恶劣的天气所困，也不再需要支付运输费用。

近年来，原阳县大力实施一村一品工程，不断完善农贸市场、“田间市场”建设。同时，引导广大农户进一步提高农产品的科技含量，力争做到绿色、无公害、有机化和品牌化，再加上雨后春笋般建立起来的各种类型的合作组织，使市场形成有农户、有农村经济合作组织、有农民经纪人、有农业龙头企业参与的新市场。（张　军）

【原阳农民研发防震床】 原阳县农民宗喜成经过14年的研发，投入大量的精力，花费5万余元，终于研发出一张防震床。

防震床由特质木板床和简易地震仪两大部分组成。特质木板床的床板由若干个小木板连接而成，当地震突发时，床板受简易地震仪的控制自动开启，让躺在床上的人掉到床里，从而得到有效的保护。

简易地震仪是防震床的指挥枢纽，其上部有一个白色的球，下部有一个自动弹簧装置，当地震来袭时，灵敏度极高的球受弹簧装置作用自动下落，致使连接特制木板床的电机自动开启，把躺在床上的人置于2.2米、1.5米、0.6米的安全环境之中，床板随之合拢，抵抗可能到来的重物硬压，确保人体不会受到伤害，条件允许时还可以由床头的逃生口钻出。

1994年，宗喜成开始正式研发防震床，2008年的汶川大地震，对宗喜成触动很大，他夜以继日，重新定位，终于研发出适应市场需求的防震床。7月11日取得国家颁发的专利证书，原阳县公证处也进行公证。（张战伟）

【秸秆成为奶牛的好口粮】 以前在原阳县农村，很多农民掰完玉米之后，玉米秸秆的存放就成难题。或堆在路上、或堆到沟里，有的拉回家堆到院子里，给生产生活带来很大不便，焚烧秸秆的现象也时有发生。自从该县建成几十个奶牛小区，地里的秸秆大部分便都销售到奶牛小区，成了奶牛的好口粮，不仅解决玉米秸秆的存放问题，还增加农民的收入。

该县借助黄河滩区得天独厚的水草资源优势，大力引导农民发展畜牧饲养，着力打造黄河滩区绿色奶业示范带。为调动农民的积极性，县委、县政府出台一系列对饲养户资金补贴、技术服务等优惠政策，使全县奶牛饲养业短短几年内得到长足发展。全县共建成奶牛饲养小区 30 个，奶牛总存栏1.46万头。随着奶牛饲养业的快速发展，对玉米秸秆的需求量越来越大，每逢秋收时节，奶牛饲养户还到农田提前订购。有时，在奶牛饲养小区门口，送玉米秸秆的车队竟排成长龙，成为该县一道独特的风景。预计每年需青贮大约 20 多万亩的玉米秸秆，按照每亩秸秆卖 100 多元来计算，全县仅此一项就可增加农民收入 3000 多万元。原阳很多农民已把玉米秸秆作为秋季生产的一项重要经济收入，焚烧和随处堆放秸秆的现象得到根治。　　（周　晶）

【蔬菜大棚富了老百姓】　齐街乡有 5 万余人口，耕地 6 万余亩，人均耕地仅1.2亩。在既无资源优势，工业又相对弱小的情况下，为使农民尽快脱贫致富，该乡选准以调整农业种植结构为主线，发展优质、高产、高效、安全的大棚蔬菜种植为切入点，把大棚蔬菜种植作为农民增收的一条主渠道来抓。

为帮助广大村民解决资金问题，该乡为建棚的农户争取蔬菜发展专项资金 200 余万元。村干部也积极协调小额贷款，主动为农户担保，并实行结对帮扶制度，解决建棚资金问题。通过组织菜农到外地考察学习，举办培训班，请专家入乡进村讲技术，大大提高菜农的种植水平。相关部门还和农科院、大专院校等科研单位建立联系，在该乡设立技术、农药、种子服务部 40 余家，解决农户大棚蔬菜种植的难题。

为抵御风险，增加效益，当地菜农自发成立蔬菜专业合作社 10 余个。在政府的引导和支持下，又筹资金百万元，建起 4 个大型蔬菜批发市场，与深圳、广州、武汉、合肥、郑州等 10 多个省、市建立长期蔬菜购销关系。每天前来购菜的车辆络绎不绝，不仅增加菜农的收入，还解决了当地不少富余劳动力的就业问题。蔬菜大棚日渐成为该乡农民致富增收的“产金棚”、“摇钱树”。　　（李　翥）

2008 年原阳县辖乡(镇)概况一览表

乡(镇)名称	主要领导(党政正职)	面积(平方公里)	人口(人)	村委会(个)居委会(个)	财政收入(万元)	备注
城关镇	书记　朱继山 镇长　刘学风	37	63874	14 6	1881.8	
葛埠口乡	书记　卢兆祥 乡长　刘海英	84.38	47644	39	419.1	
福宁集乡	书记　刘晓飞(2008 年 2 月离) 张　峰(2008 年 4 月任) 乡长　刘　兢	99.46	45421	42	301.2	
师寨镇	书记　娄渊臣 镇长	75.02	52523	31	440.5	
祝楼乡	书记　贾庆岭 乡长　杨庆峰	86.52	37880	25	339.7	

乡(镇)名称	主要领导(党政正职)	面积(平方公里)	人口(人)	村委会(个)居委会(个)	财政收入(万元)	备注
桥北乡	书记　韩卫军 乡长　李建新	70.58	27401	21	350.6	
韩董庄乡	书记　马好军 乡长　张胜利	57.37	32884	28	241.8	
原武镇	书记　王相民 镇长　赵　旭	56.9	23788	27	178.5	
蒋庄乡	书记　安国利 乡长　韩　军(2008年4月任)	74.67	31840	28	186.0	
官厂乡	书记　张尧法 乡长　张　贤(2008年4月任) (2008年6月去世)	95.84	36571	34	251.7	
大宾乡	书记　许广庆 乡长　冯玉珍(女)	64.8	37015	31	324.9	
陡门乡	书记　宋世远 乡长　尹宏俊	137.03	60551	44	331.2	
齐街乡	书记　张　峰(2008年4月离) 路　勇(2008年4月任) 乡长　路　勇(2008年4月离)	69.77	50635	42	274.6	
太平镇乡	书记　郝新胜 乡长　杨新治	88.11	38473	47	260.3	
阳阿乡	书记　李太惠 乡长　朱广治	71.47	39428	36	245.1	
路寨乡	书记　卢邦春 乡长　张明放(2008年4月任)	59.84	40410	33	182.1	
靳堂乡	书记　徐文喜 乡长　王宗贤	102.78	47787	38	340.1	
合计		1331.54	714125	560 6	6549.2 10550.8 17100	乡镇 县本级

(吴　峰)

延津县

【延津县概况】 2008年,延津县深入开展"招商引资年"、"新城杯"竞赛和"大整治、大绿化、大建设"活动,强力推进产业聚集区、生态文明村、新型农村住宅社区和社会各项事业建设。

2008年,全县生产总值完成56.4亿元,同比增长15.6%。其中,第一产业增加值14.4亿元;第二产业增加值27.6亿元;第三产业增加值14.4亿元,分别增长7.4%、23.1%、9%。非公有制经济增加值完成39.5亿元,同比增长38%;规模以上工业增加值完成18.4亿元,同比增长34.2%;全社会固定资产投资完成49亿元,同比增长31.4%;社会消费品零售总额完成15.6亿元,同比增长23.7%;财政一般预算收入完成1.92亿元,同比增长23.5%;城镇居民人均可支配收入10136元,同比增长30.2%;农民人均纯收入5281元,同比增长15.7%;金融机构各项存款余额25.1亿元,同比增长11.1%,其中城乡居民储蓄存款余额20.7亿元,同比增长20.4%。各项贷款余额24.7亿元,同比增长37.4%;预计单位生产总值和工业增加值能耗分别下降5.1%和9%;人口自然增长率控制在5.5‰以内。

扩大投资促增长,招商引资和项目建设取得新突破。大力开展"招商引资年"活动,形成专业招商和全社会招商相结合,园区招商和企业招商相依托,以商招商和中介招商相补充的全方位、多层次招商引资新局面。全县实际利用外资811万美元,实际利用市外内资13.6亿元,完成外贸进出口120万美元。切实抓好项目建设,共谋划实施投资千万元以上项目203个,计划总投资264.4亿元。湖南克明面业公司总投资6亿元的年产40万吨高档挂面生产项目、延化公司总投资4.5亿元的年产38万吨氨联醇改造项目一期工程、河南豫飞港口机械制造公司总投资2.5亿元的年产110台港口机械吊装项目二期工程、新乡云鹤食品公司总投资1.5亿元的年产10万吨速冻食品项目等91个项目已竣工投产或部分投产;新乡长明铅业公司总投资5.3亿元的年产10万吨金属熔炼项目、慧联(新乡)电子科技公司总投资3.2亿元的手机探针项目、河南俱进实业公司总投资1.7亿元的年产10万台电动机和2000台变压器项目、新乡市百汇环保科技公司总投资1亿元的污水处理设备项目等54个项目正在建设。抓住国家加大投资、扩大内需的机遇,争取上级各类资金5.26亿元,其中政策性资金2.92亿元、项目资金2.34亿元。

延津境内的新乡森林公园

构建载体促发展,产业聚集区建设得到新推进。坚持把产业聚集区建设作为经济发展的重中之重,2008年累计投入资金8000余万元,进一步完善产业聚集区基础设施。榆东产业聚集区新建1座污水泵站和1座移动基站,垃圾处理场和加油站项目已建成并投入使用,县人民医院榆东分院及学校、宾馆、超市等项目主体工程已完工;食品产业聚集区完成食品路、北三路及新长线园区段拓宽改造、绿化、亮化工程;化工产业聚集区和丰庄工贸产业聚集区已完成规划设计。榆东和食品产业聚集区的服务功能不断完善,对外商的吸引力明显增强,一批科技含量高、经济效益好、带动作用强、环境污染少的项目相继落户园区。榆东产业聚集区共入驻投资千万元以上企业48家,其中亿元以上企业11家,初步形成以机械制造、电子科技等产业为主的现代化产业聚集区,连续3年在全市37个产业聚集区综合评比中位列第一;食品产业聚集区共入驻投资千万元以上企业15家,其中亿元以上企业3家。初步形成以小麦专用粉、食用油、高档挂面、速冻食品、花生酱和白酒生产为主的工业园区,已被省政府批准为延津县产业聚集区;化工产业聚集区已有3家企业签订了入驻协议。

因势制宜抓调控,工业经济实现新跨越。在上半年煤电油运紧张、原材料价格大幅上涨和下半年国际金融危机等不利因素的影响下,县政府迅速抓住不同阶段的主要矛盾,因势制宜,多措并举,积极应对,使全县工业经济在困境中保持平稳运行。全县规模以上工业企业已发展到84家,比2007年新增39家。粮油食品加工、纺织、化工和机械制造4个支柱产业规模以上工业增加值16.5亿元,占全县规模以上工业增加值比重的85%，同比增长36%。其中，粮油食品加工行业完成增加值5.57亿元，同比增长13.6%，该县食品产业被评为“全国县域产业集群竞争力百强”；纺织行业完成增加值5.9亿元，同比增长59.5%；化工行业完成增加值2.7亿元，同比增长25%；机械制造行业完成增加值2.3亿元，同比增长89%。民营经济发展势头强劲，新上、续建、扩建项目56个。进一步完善县、乡、村、企业四级安全生产监管网络，大力开展消防安全、危险化学品及烟花爆竹等专项治理行动，全县安全生产形势进一步好转，被评为省、市安全生产先进单位。

做好“三农”强基础，社会主义新农村建设取得新进展。积极开展生态文明村创建活动，第一批97个生态文明村基础设施进一步完善，“四清”、村庄绿化等工作取得明显成效。启动榆林乡榆东新村、石婆固乡石婆固大社区、僧固乡和谐新村、东屯镇东屯村、小潭乡新安新村和丰庄镇丰庄村6个新型农村住宅社区建设，榆东新村和石婆固大社区已初具规模，其他4个社区建设也取得突破性进展。认真落实惠农政策，共落实粮食直补、良种补贴、综合直补、农机补贴等各项惠农资金1.16亿元，促进了粮食增产和农民增收。粮食总产再创历史新高，达到39.3万吨，同比增长10.8%。积极实施小麦高产开发工程，被评为全市小麦高产开发“1346”工程先进县。大力培育重点龙头企业和农民专业合作组织，全县市级以上农业产业化龙头企业已达15家。其中，国家级1家，省级2家。农民专业合作组织已达138家，农民组织化程度和市场参与程度明显提高。农业结构调整步伐进一步加快，被省政府确定为全省油料倍增计划重点县。全县无公害农产品生产基地已达8个，面积50.94万亩。大力推进林业生态建设和林权制度改革，完成植树674万株，全县生态环境进一步改善。积极推动畜牧养殖和沼气建设同步发展，引进泰国正大集团总投资4.2亿元的年出栏10万头生猪养殖项目、国家扶贫开发协会总投资4430万元的奶牛养殖实验示范基地项目，新发展3个奶牛养殖小区和12个生猪养殖场。新建农村户用沼气池4000座。积极做好重大动物疫病防控工作，被市政府评为畜牧防疫先进县和“奶业发展活动年”先进县。实施土地开发整理项目5个，整理土地4.5万亩，新增耕地1.7万亩。大力实施农村安全饮水工程，解决了1.4万农村居民饮水安全问题。县财政投入水利建设资金400余万元，有效改善农业生产条件，获得新乡市2008年度“大禹杯”奖杯。

加大投入抓创建，城市和交通公路建设得到新发展。扎实开展市级文明城市创建、“新城杯”竞赛和“大整治、大绿化、大建设”活动，城乡基础设施进一步完善，城市居民素质进一步提高，人居环境明显改善，顺利通过“市级文明城市”验收。2008年共投资3.9亿元，实施城建项目12个。平安大道中段已建成通车，建设路以东至城关排桥段主路面、慢车道已建成。污水处理厂已通过省、市环保部门验收，正式运行。垃圾处理场一期工程已竣工并投入使用。文体中心工程图书馆已竣工，体育馆、青少年活动中心即将完工。人民公园建设工程已接近尾声。城区背街小巷改造已全面完成。金隆花园一期、二期工程共计20栋已建成投入使用，三期工程11栋已竣工、4栋已封顶，两栋小高层即将开工建设。锦绣温泉花园一期工程17栋已竣工，二期工程3栋已完工。新城花园一期工程11栋正在施工，其中5栋已封顶，两栋小高层已完成地基处理。2000平方米经济适用房和2070平方米廉租房正在建设。东安大道、延安大道拓宽和拆迁工作已完成，开发建设工作正在积极推进。积极推行“门前五包”责任制，城区居民的城市管理意识、卫生意识明显增强。加强对违章占道、沿街洗车、违章构筑物、车辆乱停乱放、流动商户、户外广告和环境卫生等突出问题的治理，确保城区道路畅通和市容市貌整洁。新长快速路拓宽改造和迎宾大道绿化、亮化工作全面完成，形成向西、向北两个快速通道。西出市口拓宽改造工程路面铺修和拆迁工作已基本完成。改造乡村道路89.3公里。新开辟农村客运专线6条，全县农村客运专线达到41条，实现村村通班车的目标，城乡居民通行更加方便快捷。强力推进干线公路环境综合整治，狠抓超限超载治理，进一步规范车辆运输行为。

改善民生促和谐，社会各项事业取得新成效。坚持从就学、就医、就业、救灾、救助、解困等民生问题着手，切实解决群众最关心、最直接、最现实的利益问题。人才和科技工作成效显著，积极组织参加第十届中国科协年会河南省科技成果暨人才交流和经济技术博览会，获得经济技术合作奖；引进本科以上毕业生及中级职称以上专业技术人才100余人；申请专利102项，转化推广科技成果和先进适用技术16项，被评为省、市科技入户示范县。新良公司企业技术中心被认定为省级企业中心。教育教学水平进一步提高，教学环境明显改善，撤并中小学校23所、维修改造19所，有效整合农村教育教学资源；全县上省控大专线3550人，被评为新乡市普通高中教育教学先进县和职业教育先进县。文化事业繁荣发展，县剧院维修改造和博物馆建设已竣工并投入使用，成功举办延津县首届文化艺术节和第三届槐花文化节，进一步提升延津的文化软实力；生态旅游业发展步伐加快。卫生事业稳步发展，县中医院顺利建成并投入运营；新建、改建标准化卫生室97所；新型农村合作医疗参合率达到95%；积极开展手足口病防控工作，有效控制了手足口病的蔓延；深入开展“白内障无障碍县”创建工作，为283例贫困白内障患者免费实施复明手术；全力做好问题奶粉事件中患病儿童的筛查救治工作。狠抓食品安全专项整治，积极创建食品安全示范县，全年未发生食品安全重大事故。精神文明建设深入开展。计划生育工作取得新成绩，被省委、省政府命名为“2006～2007年度计划生育优质服务先进县”。通讯服务功能不断完善，全县固定电话达到7.15万部、移动用户达到19.83万户；有线电视网络覆盖面进一步扩大，全县共开通有线电视行政村287个，通村率达84%，位居全市前列；县人民广播电台已正常播出。家电下乡活动有效开展，共落实补贴资金67.6万元。农业普查工作顺利完成。全县第二次土地调查工作进展顺利，外业操作基本完成。节能减排和污染防治工作不断强化，各项指标均达到市控目标。民生事业得到加强，养老金和失业金全部按时足额发放，完成农民工技能培训和下岗失业人员再就业培训9000余人次，新增城镇就业岗位5000多个，全县劳务输出规模进一步扩大。城乡低保工作有序开展，共发放城镇低保金1710万元、农村低保金639.3万元、“五保”供养金306万元、救灾款58.2万元。投资138万元，新建、改造乡镇敬老院6所。组织全县上下向四川地震灾区捐款325万元。平安延津建设扎实推进，连续3年荣获全省平安建设先进县。依法严厉打击各种犯罪，妥善处理各类突发事件，不断完善社会治安防控体系，人民群众安全感明显增强，在调查评比中，位居全省第二、全市第一。国防教育和国防观念进一步增强，双拥共建工作取得新成效。圆满完成第六届村委换届选举工作。

转变职能提效率，政府自身建设得到新加强。认真开展“新解放、新跨越、新崛起”大讨论和“两转两提”活动，大力精简行政管理事项办理环节，规范行政执法行为，行政效率和服务水平明显提高。进一步巩固乡镇机构改革成果，县、乡、村行政便民服务体系得到完善，政府购买公共服务和编制实名制管理工作稳步推进。认真执行中央、省、市关于党风廉政建设的各项规定和要求，切实抓好政府班子和各部门的党风廉政建设。认真贯彻民主集中制，定期向县人民代表大会及其常委会报告工作，自觉接受人大代表的法律监督。主动加强与人民政协的联系，接受政协委员的民主监督。认真办理好人大代表建议、批评、意见和政协委员提案工作。切实做好信访稳定工作，建立信访督查专员制度和信访应急处理机制，社会大局保持稳定。深入开展整顿和规范市场经济秩序活动，加大行政效能监察、执法监察和纠风治乱工作力度，深入开展中小学乱收费、医药购销行业不正之风、公路“三乱”等专项治理活动，严厉查处违法违纪案件，全县经济发展环境进一步优化，被评为全省优化经济发展环境先进县。

审计、统计、气象、物价、供销、烟草、物资、盐业、食品药品监管、质量技术监督、工商、邮政、地震、地方志、保险、档案、民族宗教等部门也都做了大量工作，取得可喜成绩。（陈廷芝　谭艳妮）

2008年度延津县各项基本数字统计表

项　　目	2008年	较上年增长%
总面积(平方公里)	887	—
耕地面积(公顷)常用耕地	49126	—
总人口(万人)	47.0565	1.02

项　目	2008年	较上年增长%
粮食总产量(万吨)	39.258	6.2
农民人均纯收入(元)	5281	15.7
农业总产值(亿元)	25.7939	26.7
工业总产值(亿元)	84.9736	27.6
社会消费品零售总额(亿元)	15.5565	23.7
地方财政收入(万元)	19216.2	23.5
地方财政支出(万元)	65398	31
城乡居民储蓄余额(亿元)	20.7052	20.35
第一产业增加值(亿元)	14.4361	7.4
第二产业增加值(亿元)	27.5882	23.1
第三产业增加值(亿元)	14.3328	9
全社会固定资产投资(亿元)	42.9811	31.3
城镇居民人均可支配收入(元)	9383.23	20.5

(陈廷芝　谭艳妮)

延津县领导成员

中共延津县委员会

书　记　高历行

副书记　常冀剀

张　林(2008年2月离)

李才中(2008年2月任)

常　委　李中民(2008年2月离)

李跃建(2008年2月离)

李兴根

王　林

韩保国

徐京英

南国良(2008年2月离)

王艳玲

贯照兵(2008年2月任)

亢若敏(2008年2月任)

县人大常委会

主　任　于春亮

副主任　杨鹤瑞　郑玉然　王惠臣

吕继德　李东升　李福全

县人民政府

县　长　常冀剀

副县长　张　林(2008年2月离)

李才中(2008年2月任)

李中民(2008年2月离)

韩保国(2008年2月任)

侯海江

王　健　杨淑芳

赵宏亮

政协延津县委员会

主　席　王宝震

书　记　王金孝

副主席　王金孝

原宪国

张继山

中共延津县纪律检查委员会

书　记　李跃建

县人民武装部

政　委　徐京英

部　长　郑显齐

县人民法院

院　长　朱命国

县人民检察院

检察长　王　峰

县公安局

局　长　刘校宝

政　委　陈红会

县总工会

主　席　王明月

（陈廷芝　谭艳妮）

【《延津县志（1986～2000）》评审会召开】　1月22日，《延津县志（1986～2000）》省、市、县三级评审会议在县宾馆南三楼会议室召开。省志办领导王中华、袁伦中、王卫明，市史志局局长赵桃山、副局长王兰泉，各县（市、区）史志办主任和总编参加会议。会上县委副书记、常务副县长张林介绍延津县基本情况及近几年来延津经济建设和社会发展所取得的显著成就，与会人员对延津县志评审稿给予充分肯定，并就志书的编目、框架结构、内容等方面展开讨论，提出修改意见和建议。

（陈廷芝　谭艳妮）

【农业部"豫选黄河鲤"计划和省渔业科技入户工程项目启动仪式举行】　3月21日，农业部"豫选黄河鲤"跨越计划和河南省渔业科技入户工程项目启动仪式在延津县举行。省水产局局长姬广闻，省水产科学院副院长李志勋、总工冯建新、高级工程师贾滔，新乡市农业局副局长李长勇，延津县副县长王建、赵宏亮，县农业局等有关负责人参加启动仪式。（陈廷芝　谭艳妮）

【中央农业农村调研组莅延调研农业发展】　4月9日，以中央党校常务副校长、中央党史研究室主任李景田为组长的中央农业农村调研组在副省长徐济超、刘满仓，市委书记吴天君，市委常委、组织部长冯昕，副市长贾金明陪同下莅临延津县调研。视察新良粮油加工有限公司，询问公司发展和对全县农业的辐射带动情况，对延津县在发展农业产业化、品牌农业等方面作出的探索和取得的成绩予以充分肯定。县委书记高历行，县长常冀剀，副县长王建陪同视察。（陈廷芝　谭艳妮）

【国粮战略工程河南投入调研组生态环境调研组莅延调研防沙治沙、农田林网建设】　7月19日，"国家粮食战略工程河南省粮食生产核心区建设"投入调研组生态环境调研组组长、巡视员牟广丰一行17人，在省环保局、林业厅、发改委、水利厅、农业厅有关部门负责人，市委常委、常务副市长王战营及市环保、林业、发改、水利、农业等部门人员，县领导高历行、李兴根、赵宏亮、张继山及相关部门人员的陪同下莅临延津县调研防沙治沙、农田林网建设情况。先后视察石婆固乡郭庄村、集北村和王楼乡申湾村，县委书记高历行对防沙治沙、农田林网建设作简要介绍。（陈廷芝　谭艳妮）

【国粮战略工程河南投入调研组金融组莅延调研粮食期货及订单农业】　7月19日，"国家粮食战略工程河南省粮食生产核心区建设"投入调研组金融组组长、中国人民银行研究局调研员马俊起、国家银监会合作部副处长王非在中国人民银行郑州中心支行副行长杜迎伟、金融研究处处长张树忠、货币信贷处科长李智军、省银监局法制科科长任启军、省财政厅金融贸易处副处长陈孟华的陪同下，莅临延津县调研粮食期货及订单农业有关情况。新乡市委常委、副市长赵海燕，县委副书记、常务副县长李才中，副县长王建及市、县有关部门人员陪同参加调研。调研组一行听取延津县粮食期货及订单农业发展情况汇报，对在订单农业方面的做法和探索给予充分肯定。（陈廷芝　谭艳妮）

【国粮战略工程河南投入调研组粮食加工布局调研组莅延调研农业发展】　7月21日，"国家粮食战略工程河南省粮食生产核心区建设"投入调研组粮食加工布局调研组组长、中国粮食行业协会处长赵奕一行3人和省粮食局副局长乔心冰、行发处处长朱保成、财会处副处长石丽丽、新乡市副市长王治通、市粮食局局长朱云卿、副局长李培光莅临调研，县长常冀剀、副县长王建陪同。调研组在新良公司听取市粮食局局长朱云卿关于新乡粮食生产和粮食加工转化情况的汇报，并详细询问延津县粮食生产及加工情况。（陈廷芝　谭艳妮）

【光明日报、中央电台等18**家媒体莅延采访订单小麦发展情况】**　7月29日，光明日报、中央电台、农民日报、河南日报、河南电视台、大河报、大河网、河南商报、东方今报、河南科技报、党的生活、"三农"杂志等18家媒体在省委宣传部新闻协调组成员李艺凡，省农业厅总经济师魏仲生，市委宣传部副部长刘国华陪同下，莅临延津采访订单小麦发展情况。听取县长常冀剀关于延津县近几年订单小麦发展情况的汇报和河南金粒麦业有限公司、新良粮油有限公司关于企业经营发展情况的汇报，参观新良公司日产500吨专用粉生产线，并对司寨乡平陵村部分订单农户进行采访。（陈廷芝　谭艳妮）

【延津新兴农业被确定为新乡市唯一一个省级现代农业示范区】 8月，延津县新兴农业被确定为新乡市唯一一个河南省级现代农业示范区，新乡市仅此一家。（陈廷芝　谭艳妮）

【《延津县志（1986～2000）》送审稿通过省、市审核验收】 10月，《延津县志（1986～2000）》送审稿完成，并通过省地方史志办公室、市史志局的审核验收，准予进入印刷出版程序。该书历时6年零8个月编写完成。志书全面记述了延津1986～2000年政治、经济、社会等方面发生的巨大变化，尤其是改革开放所取得的成果。（陈廷芝　谭艳妮）

2008年延津县辖乡（镇）概况一览表

乡（镇）名称	主要领导（党政正职）	面积（平方公里）	人口（万人）	行政村（个）	财政收入（万元）
城关镇	书记　王文林 镇长　周海军（2007年12月任）	11.2	5.0843	5	1530
东屯镇	书记　周培国 镇长　明靖奇（2007年12月任）	50.5	3.3116	24	287
丰庄镇	书记　张彬魁 镇长　汪相凯	49	3.7510	19	250
王楼乡	书记　杨海峰 乡长　李学良（2007年12月任）	60.8	3.1807	35	375
小潭乡	书记　陈兴春（2008年3月离） 李平原（2008年3月任） 乡长　李平原（2008年3月离） 张兴河（2008年3月任）	98.2	4.2843	44	458
僧固乡	书记　张逢民 乡长　袁俊峰	60.4	3.5810	27	331
石婆固乡	书记　姬守仁 乡长　李宗泽（2007年12月任）	112.5	4.5026	40	385
魏邱乡	书记　姜国海 乡长　吴锐（2007年10月任）	105.3	4.4274	44	328
司寨乡	书记　朱　莉 乡长　侯宏力（2007年12月任）	70.2	4.1557	28	344

乡(镇)名称	主要领导(党政正职)	面积(平方公里)	人口(万人)	行政村(个)	财政收入(万元)
马庄乡	书记　刘志芬 乡长　王玉博	94.6	4.5147	38	273
榆林乡	书记　杜学海 乡长　刘　淼(2007年12月任)	65.2	2.7702	18	251
胙城乡	书记　赵兴田 乡长　杨喜军	76.6	3.4930	19	275

封丘县

【封丘县概况】　2008年，封丘县全年完成地区生产总值58.3亿元，同比增长13.6%。其中，一、二、三产值21.7亿元、20.4亿元、16.1亿元，同比分别增长5.5%、22.6%、13.6%；全社会固定资产投资57.4亿元，同比增长28.5%；财政一般预算收入1.52亿元，同比增长26.6%；社会消费品零售总额完成14.3亿元，同比增长24.2%；城镇居民人均可支配收入9260元，同比增长30.4%；农民人均纯收入4010元，同比增长16.7%。

工业强县战略顺利实施，开创经济发展新局面。实施“工业跨越工程”，强化工业运行协调机制，加大节能减排的监控力度，工业经济发展迅速。全县限额以上工业企业达到73个，完成增加值11.6亿元，同比增长35.5%。县城工业聚集区被列入省级产业聚集区；两个聚集区新入驻企业12个，共投资5.3亿元。全县投资500万元以上的项目74个，总投资29.6亿元，其中新建18个，总投资8.5亿元；续建12个，总投资4.2亿元；竣工42家，总投资16.7亿元。

“引资、项目双带动”建设成效显著，对外开放实现新突破。创新招商引资方式，突出领导招商、以商招商、专业招商、亲情招商、组团招商，招商引资成果明显。全年引进招商项目156个，总投资40亿元，到位资金10.7亿元；境外合同利用外资2075万美元，到位75万美元。与香港龙华胜有限公司签定制鞋项目，南京雨润集团富润公司基建开工。上报各类政策性资金项目285项，总投资105亿元；争取到位财政无偿资金4.6亿元。谋划千万元以上项目197项，总投资204亿元。实施千万元以上项目113个，总投资64.8亿元，已累计完成投资40.7亿元。

现代农业稳步发展，农村经济迈上新台阶。全县粮食总产量增至57万吨，同比增长5%。实施小麦高产开发“1346”工程，单产实现499公斤，夏粮产量达36.4万吨，同比增长5.9%，创历史新高。实施“阳光工程”、“雨露计划”，完成农村劳动力转移就业17.6万人，劳务收入12亿元。加强水利基础建设，完成2.7公里的天然、文岩渠清淤任务，土方68万立方米；疏浚治理重点防洪除涝渠道11条、引黄渠道13条，长度189公里，土方383万立方米。加强林业生态县建设，完成防沙治沙、退耕还林、中幼林抚育、生态廊道等工程建设，全年新植树木360余万株。加快生态文明村建设步伐，第一批176个生态文明村全部达标，是封丘县农村历史上投入最大、成效最明显的一年。启动新型农村住宅社区建设工程，完成10个新型农村住宅社区试点规划，其中城关镇郭场新村社区正在建设之中。畜牧业生产形势发展良好，肉、蛋、奶产量分别增长19%、15%、126%，全县各类养殖专业户达到3100多户，各类畜牧龙头企业达到22家。农业综合开发再次被确定为全省重点县，改造曹岗、潘店两乡中低产田4万余亩。扶贫开发稳步推进，完成14个整村推进村建设任务，实现6800人脱贫。加强涉农龙头企业和专业合作组织建设，全县农民专业合作社发展到101家，其中市级以上农业产业化龙头企业10家。

基础建设步伐加快，城乡面貌发生新变化。完

金银花种植基地

成黄池路、文化路、幸福路、行政路、东风路、发展路、工业三路建设和北干道、封黄路城区段、世纪大道加宽改造工程；十支渠景观带建设工程已硬化900米；城区栽植绿化树木7800余株，新增绿化面积1.3万平方米；铺设污水管网36.9千米；文苑小区、瑞丰花园、盛世今典小区、东旭小区、贵鑫小区建设加快推进；县人民检察院、建设局、财政局、交通局入住新区，县国土局、总工会、地税局、中医院正在建设之中。新装交通红绿灯12处，新建垃圾中转站2座，城市设施不断完善，服务功能明显增强。深入开展环境综合整治，集中解决了一批影响市容市貌的突出问题，城市形象明显好转。完成了S213线13公里中修罩面工程；新建、改建农村公路项目41个、77.8公里，修建大中桥4座、260延米。完成黄化110千伏、迎春变电站35千伏线路建设、戚城变电站和户户通电工程。盘活存量土地，拆除实心黏土砖瓦窑厂15座，完成土地开发整理项目4.1万亩，确保全县耕地总量动态平衡。加强土地执法监察，严查违法用地、违规建设行为，土地交易市场日趋规范，共挂牌出让国有土地使用权7宗、303.9亩，收取土地出让金6962万元，土地价值和土地经营效益进一步提升。

高度重视民生，进一步提高人民生活质量。落实国家各项惠民政策，全县农村发放粮食直补和综合直补资金7225万元，补贴面积86万亩。全年发放城镇低保金1200万元，农村低保资金1170万元、救灾款91.8万元。城镇新增就业6057人，下岗人员再就业3257人。完成社会养老保险扩面1333人，发放社会养老保险金3486万元；发放农村“五保”供养资金528万元；城镇居民医疗保险参保21050人。“万村千乡”工程建设成效明显，新建乡村级加盟店61家，农村消费加速增长，城乡市场差距进一步缩小。

社会事业全面进步，和谐封丘建设取得新成效。全县发放“两免一补”4546万元，资助学生19.7万人次；全县普通高考本科上线人数增至1762人，高中毛入学率达到75.1%。进一步加强卫生工作，建成176个村标准化卫生所；新型农村合作医疗参合率达到98%，全年支出新农合资金4295万元，补助农民29余万人次；积极应对“三鹿”奶粉事件，全县筛查儿童38305名，免费治疗有症状儿童240名。积极发展文化产业，充分挖掘陈桥驿站文化、宋源文化，开发黄河生态旅游文化，新建文化大院24个，建成文化中心2个，申报省级非物质文化遗产项目2个，《文化封丘》、《封丘旅游》编纂工作基本完成。高度重视人口与计划生育工作，落实“四项”手术8394例，人口自然增长率控制在6‰以内。加强科技工作，申报省级科技项目4项，实施市级科技项目5个，完成专利申请34件。积极捐助四川抗震救灾，全县捐款物近412万元。开展质量安全生产和食品药品市场监管等专项整治活动，生产形势总体平稳。深入开展“平安县”创建工作，基层治安防控网络逐步完善，人民群众的安全感进一步增强。加强民主与法制及社会主义精神文明建设。扎实开展“新解放、新跨越、新崛起”大讨论，反对腐败，依法行政，推进以转变政府职能、工作作风，提高行政效能和公务员素质为重点的“两转两提”工作；全面实行“招、拍、挂”制度，依法规范建筑工程施工、政府采购、土地出让等行为；充分发挥人大代表、政协委员的参政议政作用，认真办理提（议）案；顺利完成封丘县第六届村民委员会换届选举工作，有500个行政村实现支部书记、村委主任“一肩挑”。完成高学历兵员征集工作。民族宗教、审计、统计气象、档案等工作都取得较好成绩。

（县志办）

2008 年度封丘县各项基本数字统计表

项　　目	2008 年	较上年增(减)%
总面积(平方公里)	1220.5	—
耕地面积(公顷)	66348.7	—
总人口(万人)	76.7297	1.2
农业人口(万人)	67.3037	0.8
非农业人口(万人)	9.4260	3.6
粮食总产量(吨)	569861	5
农民人均纯收入(元)	4010	16.7
农业总产值(万元)	346796	5.5
工业总产值(万元)	518539	23.7
社会消费品零售总额(亿元)	14.336	24.2
地方财政收入(万元)	15199	26.6
地方财政支出(万元)	85576	30.4
中小学在校学生(人)	134765	15.2
医院病床(张)	814	无增减
城乡居民储蓄余额(万元)	424150	21.2
人均国内生产总值(元)	7597	21.2

封丘县领导成员

中共封丘县委员会

书　记　李荫奎

副书记　薛国文

赵茂林（2008 年 2 月离）

陈　军（2008 年 2 月任）

常　委　崔赟栋

郝贵昌（2008 年 2 月离）

韩光亮　毛国喜　刘光朋

马春萍（女）　李恒林　李全中

李东方（2008 年 2 月任）

刘孟连

县人大常委会

主　　任　王国光

党组书记　王国光

副主任　路文增　崔发旺　侯学文

张富昌

邹建国（2008 年 9 月任）

栾小宝

县人民政府

县　长　薛国文

副县长　赵茂林（2008 年 2 月离）

刘光朋（2008 年 2 月任）

李全中　刘孟连

亢若敏（2008 年 2 月离）

文仲军　白小光　秦保建

刘晓飞（2008 年 2 月任）

政协封丘县委员会

主　席　韩世明

副主席　刘进岭　范学营　陶　洁（女）

中共封丘县纪律检查委员会

书　记　崔赟栋

县人民武装部

部　　长　毛国喜

政　　委　付献文

县人民法院

院　　长　刘满根

县人民检察院

检 察 长　卢玉峰

县总工会

主　　席　郎鹏彝

（县志办）

【金银花基地入选河南十大中药材基地】 2008年，在省农业厅、河南日报联合举办的“河南省十大中药材种植基地”评选活动中，封丘县金银花种植基地因在种植规模、产业化程度、品质道地等方面的优势而得到专家和公众的认可，入选河南十大中药村基地。（县志办）

【封丘获批设立国家级陆生野生动物疫源疫病监测站】 该项目总投资59万元，其中中央预算内投资40万元，县配套19万元。主要用于购置野外监测设施设备，样本采集、暂存设备，监测信息传递保存设备等。3月14日，项目获市发改委批复，成为新乡市唯一获批设立的国家级陆生野生动物疫源疫病监测站。项目建成后，对该县野生动物保护和建立完善黄河生态保护系统起到有力地推动作用。

（县志办）

【封丘成为全省“三农”信贷业务重点支持县】 6月，中国农业银行河南省分行在郑州召开农业银行扶持农业和粮食生产专题会议。下发豫农银发〔2008〕86号文件，确定24个粮食大县、21个经济强县、10个县域经济先进县为河南农行“三农”信贷业务重点支持县，封丘县位列其中，新乡市仅此一个。省农行将对封丘县实行穿透式管理、重点检测，按照“因地制宜、稳步推进，创新机制、提高效率，严控风险、持续发展”的原则，信贷投向农业和粮食生产，做好对农业和粮食生产的产前、产中、产后全方位金融服务。县农行选择10～20户农户进行试点，开展管理方式和经营机制适度创新，实施精细化管理、规范化操作，不断提高“三农”和县域业务的质量与效益，实现可持续发展。

（县志办）

【“第三代水果之王”封丘树莓成为奥运会指定水果】

6月12日，留光乡青堆村树莓专业合作社受北京市新发地农产品批发市场的邀请，与之签订6万斤树莓的供货合同。12日，首批1000斤青堆树莓果进入新发地奥运获奖果品专卖区，配送北京沃尔玛、家乐福等30家著名大型超市销售，全球体育健儿都能品尝到封丘树莓。封丘树莓是河南省送往北京的5个精品果品之一。仅树莓一项，留光乡青堆村可增收120万元，人均435元。（县志办）

封丘树莓

【创业孵化园揭牌】 9月11日上午，封丘县创业孵化园揭牌仪式在温州商业街举行。该园区总占地103亩，拥有商业门面房381间，可容纳商户190户，安置就业人员1125人。至年底入住商户76户，带动就业456人。县劳动部门在园区设立政策法规宣传栏，制定园区管理规定和文明经营公约，设立园区管理办公室，负责协调商户的税收减免、再就业优惠证发放、小额担保贷款等手续，为创业人提供优质的服务。（县志办）

【国家开发办和中央新闻媒体莅封考察农业综合开发项目区】 2月26日，国家开发办项目管理一处调研员、新华社中央新闻采访中心记者、农村工作通讯事业发展部主任、中国财经报县市财经专刊主编一行4人莅临封丘县农业综合开发项目区参观考察，省开发办及项目处，省财政厅农财处的领导，市委和市农开办以及县委、县政府领导等陪同参观考察。考察组听取县委、县政府领导汇报后，在荆隆宫乡陈寨村、后桑园村与干部、群众代表座谈。该乡4.3

万亩项目区为沿黄背河洼，历史上盐碱滋生，由于水利设施不配套，十年九涝，秋季几乎绝收，自2005年被省政府列入农业综合开发重点县以后，封丘县统筹安排，落实责任，创新机制，上下齐心协力，3年共投入资金7949万元，其中，中央和省、市财政资金3214万元；农民筹资投劳1350万元。开挖疏浚渠道544公里，整修农田道路545公里，其中砂石硬化33公里；打机井1239眼，其中配套786眼，输变电线路配套194.79公里，衬砌渠道37.64公里，埋设地下管道162.5公里，修建桥涵闸等建筑物726座，购置农牧业机械59台，植树82万株。通过路、林、井、渠、电、科技综合治理，农业生产条件彻底改善，基本根除涝灾危害。2005年、2006年，每年增产粮食2920万公斤，农民收入增加总额3834万元。仅增加优质水稻种植面积1.5万亩，增产525万公斤，人均增收1050元。2007年，全县粮食增产能力812万公斤，农民收入总额达到1912.65万元，人均增收600元以上。考察组对封丘县农业综合开发取得的成就给予充分肯定，对中国科学院南京土壤研究所及中科院封丘农业生态试验站多年来为提高封丘农业科技含量，带动农民走生态农业、高效农业所做出的贡献予以高度赞扬。　　（县志办）

【尹岗乡发生4.8级地震】　3月10日5点45分，封丘县尹岗乡东部，东经117度，北纬34.7度，发生里氏4.8级地震。附近乡镇震感明显，波及县城。震中有围墙倒塌、房屋裂纹现象，无人员伤亡。尹岗乡迅速启动应急预案，乡主要领导带领机关干部在第一时间赶赴工作第一线，查看灾情，指导工作，疏散群众。　　（县志办）

【19个行政村列为2008年农村沼气国债项目村】

根据省农业厅《关于转批2008年农村沼气国债项目的通知》（豫农计〔2008〕11号）文件精神，封丘县19个行政村被批复为沼气国债项目村。该项目规模2440户，总投资902.8万元。其中，中央投资244万元；地方配套资金48.8万元；农户自筹610万元。　　（县志办）

【正大集团考察规模化养殖业】　6月4日，正大集团中国河南区投资基地建设项目负责人邓勇一行莅临封丘县，考察生猪、肉鸡等规模化养殖业。县领导及扶贫、畜牧、农业、土地等单位负责人陪同。邓勇一行先后到半细毛羊场、冯村乡大里薛生态园等地进行查看，详细询问土地面积、土地性质、交通、海拔高度、地下水、进排水等方面的情况，并表示非常满意。县领导希望合作双赢，并通过正大集团，学习现代养殖技术，树立生态养殖模式样板，促进全县养殖业不断发展壮大。　　（县志办）

【举办企业首届文化节】　10月16日，封丘县电业局举办首届企业文化节。文化节内容丰富，精彩纷呈，电力职工参加登杆、篮球、奥运征文、摄影等11个项目的比赛。充分展示电力职工的风采以及企业文化的内涵，进一步增强凝聚力和向心力，为建设“一强三优”现代公司目标，保持企业和谐、稳定发展起到积极的促进作用。　　（县志办）

【省“两转两提”督查组莅临封丘检查指导工作】

11月，省“两转两提”工作督查组莅临封丘县检查指导工作，在听取封丘县关于“两转两提”工作机制建设及运行、推进行政审批制度改革等情况汇报后，又到城关乡便民服务中心进行检查。检查组认为封丘县的“两转两提”工作领导重视、措施得力，有创新，把“双月”考评制度、联席例会制度与“两转两提”工作有机地结合起来，并用典型引路，取得明显成效。　　（县志办）

【龙华胜国际有限公司投资2000万美元制鞋项目落户封丘】　11月27日，香港龙华胜国际有限公司年产800万双时装女鞋项目签约仪式在封丘县举行，市政府领导参加签约仪式。该项目占用封丘工业聚集区标准化厂房16栋。项目建成后年可创汇4000万美元，提供就业岗位4000个。　　（县志办）

【台湾赵氏宗亲团莅临封丘参观访问】　10月14日，台湾赵氏宗亲大陆思源文化之旅一行在省、市有关部门领导的陪同下，莅临封丘县参观访问。到陈桥镇宋太祖赵匡胤黄袍加身之地参观拜祖。

（县志办）

【公路养护管理工作走在全省前列】　全省干线公路首届养护管理"好路杯"检查组莅临封丘县，对干线公路养护、通行费征收、路政管理等项工作进行综合检查。检查组认为，封丘高度重视和支持公路工作，为公路事业发展创造良好的环境，实现跨越式发展，封丘公路各项工作走在全省前列。

（县志办）

2008年封丘县辖乡（镇）概况一览表

乡（镇）名称	主要领导（党政正职）	面积（平方公里）	总人口（人）	行政村或居民委员会（个）	财政收入（万元）
城关镇	书记　谢景锋 镇长　杨智勇	12.9	51688	13	898.6
城关乡	书记　刘树森 乡长　李修民	69.9	48682	47	505.8
王村乡	书记　陈　明 乡长　苌道卿	53.9	41982	50	393.2
荆乡回族乡	书记　韩恭智 乡长　李东岭	7.8	6350	5	65.1
尹岗乡	书记　刘　勋	52.8	29867	29	521.0
荆隆宫乡	书记　李　山 乡长　陈爱民	120	55567	42	786.2
应举镇	书记　王振洪 镇长　刘安超	96.4	48647	56	528.9
李庄乡	书记　刘德河 乡长　王　凯	80.1	31992	22	311.0
曹岗乡	书记　曹存坤 乡长　徐济民	79.1	33577	24	324.4
鲁岗乡	书记　鹿顺庆 乡长　封立昌	53	37885	34	337.2
黄德镇	书记　张国良 镇长　李现国（2008年6月离）	57.8	34610	26	362.3

乡(镇)名称	主要领导(党政正职)	面　积(平方公里)	总人口(人)	行政村或居民委员会(个)	财政收入(万元)
陈桥镇	书记　刘虎成 镇长　张继志	106.2	46439	44	434.4
黄陵镇	书记　陈秀兵 镇长　杨国涛	52.9	37944	29	464.3
赵岗镇	书记　孙银忠 镇长　化　志	78.3	54235	40	563.5
陈固乡	书记　张远涛 乡长　王　辉	63.8	38582	23	314.7
居厢乡	书记　张如继(2008年2月离) 乡长　魏耀武	52.4	30313	19	289.1
冯村乡	书记　张　全(2008年5月离) 李现国(2008年6月任) 乡长　郭文静	51.5	37525	30	354.4
潘店乡	书记　陈新梅 乡长　高建国	73.1	55702	45	454.6
留光乡	书记　李　强 乡长　张国敬	58.6	45710	28	404.3

(县志办)

长垣县

【长垣县概况】　2008年，长垣县地区生产总值完成109.4亿元，增长16.6%。三大产业增加值分别为18.2亿元、52.6亿元、38.6亿元，分别增长5.4%、27.6%、9.2%。财政收入4亿元，增长23.9%。社会消费品零售总额25.8亿元，增长23.3%。扣除物价因素，城镇居民人均可支配收入9985元，增长13.1%；农民人均纯收入5965元，增长18.7%。各项存款余额97.2亿元，较年初增长26.1%；各项贷款余额56.2亿元，较年初增长10.2%。长垣县再次跻身“中国中部经济百强县”。

项目建设、招商引资成效明显。全社会固定资产投资完成112.7亿元，增长38.6%。全年实施千万元以上项目176个，完成投资41.6亿元。实际利用市外资金10.2亿元，外贸出口完成960万美元。长垣县被评为“外商眼中河南最佳投资城市”。

粮食总产量达到56.4万吨，再创历史新高，被评为“全国粮食生产先进县”。畜牧业产值完成8亿元，增长8.8%。清挖和整修河道316条、450公里，圆满完成天然文岩渠清淤任务。农田林网、道路绿化、工程造林等林业生态建设成效显著。

全县规模以上工业完成增加值37.8亿元，增长35%；实现利润9.5亿元，增长39%。工业跨越工程取得良好开端，9家市定企业全年实施项目23个，完成投资13亿元。优势产业实力进一步壮大，起重产业集群入选“中国产业集群品牌50强”，“飘安”牌商标被评为“中国驰名商标”。创新能力明显增强，组织申报专利252件，推广转化科技成果18项，被评为“建设创新国家百强县”。

建成亿隆中央花园、欧洲小镇一期等8个房地产项目，开工建设长城牡丹苑、富美清华苑等5个房地产项目，新增建筑面积47万平方米。完成王家潭生态公园45万方工程和2000亩的绿化任务。蒲西农贸市场、铜塔寺商业街一期、北孔庄市场投入使用。成立了新乡市商业银行长垣县支行和新乡市中原诚信担保有限公司。

起重工业园区新建、续建道路9公里，园区科技服务大楼和标准化厂房等项目建设进展顺利，北京起重运输机械设计研究院河南办事处挂牌成立。医疗器械产业集聚区建设规划和产业规划通过评审。新城工业集中发展区形成“五纵五横”路网格局，配套设施进一步完善。蒲东工贸集中发展区完成5条道路和药监大厦等重点建设任务。参木、恼里、木岗3个工业区已初具规模。

开工建设城区道路17条，新增路13.6公里。污水处理厂和垃圾无害化处理场投入运营。供水、供气和污水处理等到配套设施进一步完善。实施刘园、中央商务区等城中村搬迁改造项目。深入开展“创绿色家园、建富裕新村”活动，加大农村基础设施建设，“村村通”、标准化卫生室、文化大院、饮水安全等基础设施建设进展顺利；新建沼气池2559座，新建沼气服务站17个；大力开展村容村貌整治，200个生态文明村基本达到创建标准；完成新型农村住宅社区规划10个，启动建设南蒲新村、宏远新村、恒友社区等8个新型社区。

深入开展“教育质量管理提升年”活动，本科文理综合上线率均位居全市第一位，职业学校高考成绩连续11年在全市保持首位。拆除中小学危房1.7万平方米，新建校舍1.6万平方米；免除教科书资金1905.1万元，发放公用经费4577.7万元、贫困生生活补助141.2万元。完成县中医院整体搬迁和蒲东、蒲北、南蒲卫生院建设任务。成功创建“省级计划生育优质服务先进县”。新建文化信息资源工程基层服务站点85个；县文化馆被文化部命名为国家三级文化馆，博大烹饪学校被省文化厅命名为非物质文化遗产社会传承人基地，完成《长垣县旅游发展总体规划》的编制工作。广泛开展全民健身活动，群众性体育事业蓬勃发展。

认真落实就业再就业政策，新增城镇就业1.4万人，下岗失业人员再就业2858人，完成再就业培训2409人，城镇登记失业率控制在3.8%以内。鼓励下岗人员自主创业，发放小额担保贷款469万元。输出劳动力18万人次，实现劳务收入10亿元。社会保障体系进一步完善，基本养老金按时足额发放。新型农村合作医疗参合率达到99.8%。城镇居民基本医疗保险实现全覆盖。解决了3.8万名城乡困难群众的基本生活问题。新建、改建敬老院7所，发放五保供养金545.2万元。组织社会各界向四川灾区捐赠款物1031.6万元。认真开展闲置土地清理和土地执法监察。进一步加强城乡环境保护工作。完成第六届村民委员会换届选举。积极开展全民国防教育和双拥共建活动。开展大接访活动，着力解决群众反映的热点难点问题。加强社会治安综合治理和安全生产管理，全县社会大局稳定。（尚闯宇）

2008年度长垣县各项基本数字统计表

项　目	2008年	较上年增长(%)
总面积(平方公里)	1051	—
耕地面积(万亩)	86	—
总人口(万人)	80.23	0.539
地区生产总值(亿元)	109.4	16.6
第一产业增加值(亿元)	18.2	5.4
第二产业增加值(亿元)	52.6	27.6
第三产业增加值(亿元)	38.6	9.2

项　目	2008 年	较上年增长(%)
财政收入(亿元)	4	23.9
粮食总产量(万吨)	56.4	1.989
社会消费品零售总额(亿元)	25.8	23.3
城镇居民人均可支配收入(元)	9985	13.1
城乡居民储蓄余额(亿元)	97.2	26.1
农民人均纯收入(元)	5965	18.7

（尚闯宇）

长垣县领导成员

中共长垣县委员会

书　记　刘　森
副书记　李　刚
　　　　张　和（2008 年 2 月离）
　　　　郝贵昌（2008 年 2 月任）
常　委　郭良军
　　　　陈　军（2008 年 2 月离）
　　　　王保明（2008 年 2 月离）
　　　　唐有启　王生群　宁　晖　宋太俊
　　　　邹建国（2008 年 4 月离）
　　　　夏治中（2008 年 2 月任）
　　　　李湘豫（2008 年 2 月任）
　　　　韩新梁（2008 年 4 月任）
　　　　王佩珍（2008 年 2 月任）

县人大常委会

主　任　蔺自治
副主任　滑学之　孙胜臣　李秀生
　　　　张继忠　秦自力

县人民政府

县　长　李　刚
副县长　张　和（2008 年 2 月离）
　　　　郝贵昌（2008 年 2 月任）
　　　　徐鹏越
　　　　王佩珍（2008 年 4 月任）
　　　　李明俊
　　　　侯兰胜
　　　　李湘豫（2008 年 2 月任）
　　　　李中建（2008 年 10 月任）
　　　　甘学斌（2008 年 12 月任）

政协长垣县委员会

主　席　朱汉枝（女）
党组书记　赵丙元
副主席　赵丙元　牛金平
　　　　张新纪（2008 年 2 月离）
　　　　崔建勋　谷自修
　　　　韩宪保（2008 年 2 月任）

中共长垣县纪律检查委员会

书　记　陈　军（2008 年 2 月离）
　　　　郭良军（2008 年 2 月任）

县人民武装部

部　长　刘文献
政　委　邹建国（2008 年 4 月离）
　　　　韩新梁（2008 年 4 月任）

县人民法院

院　长　景素珍

县检察院

检察长　陈顺芝

县总工会

主　席　宋秀兰（女）

（尚闯宇）

【长垣入围“中国创意（中小）城市 50 强”】　云南大理、山东青岛、河北承德、河南长垣等 50 个城市入围中国创意（中小）城市 50 强。该活动是 2008 年中国文化产业新年国际论坛的重头戏之一，活动的评选标准由北京大学文化产业研究院、国家文化产业创新与发展研究基地专门针对中国创意城市的性质、特点，参照国外成熟经验制定的，由政府领导、文化传媒机构负责人、国内权威专家学者组成的创意城市评选委员会委员投票选举。长垣县是河南省唯一入选城市。（尚闯宇）

【魏庄镇成功创建省级卫生镇】　长垣县魏庄镇被省

爱卫会正式命名为“省级卫生镇”，是新乡市唯一入选乡镇。（尚闯宇）

【长垣成为全国学习实践科学发展观试点】　中央决定用一年半左右时间在全党分批开展深入学习实践科学发展观活动，第一批为省部级领导和机关，并选择部分市、县作为试点。经河南省委确定并报中央学习实践活动领导小组办公室同意，长垣县被定为此次活动的县级试点。（尚闯宇）

【长垣成为全国唯一拥有两个优秀劳务品牌的县】　2008年11月，“长垣厨师”、“长垣防腐”被评为“全国优秀劳务品牌”，长垣成为全国唯一拥有两个优秀劳务品牌的县。（尚闯宇）

长垣获“中国厨师之乡”牌匾

【长垣入选中国中部百强县（市）】　2008年度，长垣县入选中国中部百强县（市），位列第87位。（尚闯宇）

2008年长垣县辖乡（镇）概况一览表

乡（镇）、办事处名称	主要领导（党政正职）	面积（平方公里）	人口（万人）	村（居）民委员会（个）	财政收入（万元）
蒲东办事处	书记　陈耀华 主任　韩文茂	38.9	30	2.95	2941
蒲西办事处	书记　李冠臣 主任　孙　杰	28	20	5.6	1652
南蒲办事处	书记　张学峰 主任　李继游	63.6	28	4.4	1230
蒲北办事处	书记　甘林江 主任　江　军	38.4	24	2.1	120
丁栾镇	书记　王建生 镇长　陈建春	49	34	4.1	562
樊相镇	书记　王普生 镇长　董　鹏	55.06	35	4.12	382.2
魏庄镇	书记　宋太俊 镇长　冯凯立	100	35	7.9	4700

乡(镇)、办事处名称	主要领导（党政正职）		面积（平方公里）	人口（万人）	村(居)民委员会(个)	财政收入（万元）
恼里镇	书记	陶中民	90.8	28	4.39	1898
	镇长	王国红				
常村镇	书记		75.1	40	4.6	324
	镇长	史振彬				
赵堤镇	书记	辛廷立	45	30	3.1	281
	镇长	杨长江				
孟岗乡	书记	张军杰	53	34	3.7	506.5
	乡长	逯蓬松				
芦岗乡	书记	付国华	67	41	5.32	228
	乡长	石友臣				
苗寨乡	书记	杜永轩	54	37	4.77	812
	乡长	栾绍智				
武邱乡	书记	林建文	86	36	4.6	220
	乡长	苗宏周				
张三寨乡	书记	孔德兵	40	28	3.1	555
	乡长	王根胜				
佘家乡	书记	朱国喜	55	48	4.8	170
	乡长	侯战胜				
满村乡	书记	杨军洲	42	23	3.7	352.8
	乡长	杨军洲				
方里乡	书记	宁俊博	50	28	4.02	292
	乡长	王艳丽				

（尚闯宇）

卫 滨 区

【卫滨区概况】　2008年，卫滨区区域经济平稳快速增长。全区生产总值（GDP）183352万元，同比增长23.3%，高于全市平均水平(13.9%)9.4个百分点，增幅居4区第二位。其中，第一产业增加值7031万元，同比增长6.2%；第二产业增加值119459万元，同比增长31.2%；第三产业增加值56862万元，同比增长10.6%。全社会固定资产投资完成15.7亿元，同比增长73.4%；规模以上工业企业增加值完成3.9亿元，同比增长38.1%，增速位居全市第三、四区第一。社会消费品零售总额完成35.9亿元，同比增长24.3%。城镇居民人均可支配收入14535元，同比增长16.6%。全年规模以上工业企业完成总产值13.1亿元，同比增长39.2%；完成增加值3.9亿元，同比增长38.1%；实现利税6381万元，同比增长26.6%；实现利润3382万元，同比增长50.5%。

引资项目双带动成效显著。创新工作机制，拓展招商引资方式，全年实际利用外资505.1万美元，同比增长24%；实际利用市外资金5.2亿元，同比增长50.1%；外贸出口完成370万美元。招商引资工作在全市综合排名第三。全年共谋划和实施投资500万元以上项目105个，其中，工业项目38个；商业项目58个；年内完成投资21.5亿元；实施项目数和完成投资额分别是上年的1.1倍和1.6倍。项目谋划与建设工作在全市综合考核中位居4区第一。引进中新环保高效表面曝气机生产线、新乡市鸿泰电器制冷设备生产线等工业项目；实施上海绿地迪亚庄园、河南鸿城东方国际商务特区等有利于提升商业设施、改善城市环境的商业和房地产业项目；建成新玛特购物中心、千盛百货等有利于产业结构调整的服务业项目。

新乡市卫滨区东方文化步行街雕塑

园区经济发展态势良好。将城市中心商务区、西环产业集聚区、南环综合物流园区和城郊特色农业示范区“四大园区经济”建设作为实施“商业兴区、工业强区、统筹城乡发展”经济主战略和推进“三位一体”系统工程的重要载体，着力抓好以现代服务业、重大工业项目和城市建设为重点的项目建设。西环产业集聚区建设积极推进。不断加大基础设施建设力度，基本完成了起步区9平方公里内以路、水、电为先导的基础设施建设。园区内各类工业企业累计达到53家。城市中心商务区效益持续增长。区统计口径以上商业企业完成商业销售额26.8亿元，同比增长27.2%；完成商业利润5404万元，同比增长27.3%。南环综合物流园区一期起步区控制性详细规划顺利通过市规划委员会审批，先后实施总投资3500万元的鸿基汽贸城、总投资2300万元的冷鲜食品物流园等8个物流项目，累计完成投资3.4亿元。城郊农业示范区特色日益凸显。

农业经济稳步发展，农民收入持续增长。2008年，农民人均纯收入5640元，同比增长15.2%。农村经济总量平稳增长。实现农业增加值7000万元，同比增长6.2%；粮食总产23400吨，肉类总产1615吨，蛋类总产1783吨，奶产量9800吨。高标准生态养殖基地发展迅速，争取到各类资金1323.4万元，全区奶牛存栏数达到2800余头。特色农业基地建设快速推进。朱召村市场建设、南高村市场租赁、八里营奶牛养殖、贾屯水产养殖及休闲垂钓、西水东花卉种植、元庄经济林鲜果采摘等特色农业基地规模和效益明显提升。惠农政策进一步落实。全年共发放食粮直补和综合直补资金279.4万元，是上年同期的1.9倍，兑付率达到100%；发放农村义务教育经费保障资金177万元，资助村学生3558人。农村基础设施进一步完善。全年共植树31.9万株，新增农村公路建设项目6个，总里程13公里，累计投资150万元；新建沼气池200座，设置垃圾箱和垃圾堆放点260个，安装路灯800盏，清运垃圾50万立方米，粉饰墙体4.2万平方米，拆除违章建筑2.1万平方米，总投资449万元。东高村和王湾新型农村住宅社区建设全面启动，农民居住环境基本实现道路硬化、卫生洁化、村庄绿化、庭院美化、环境优化。

财税收入实现稳步增长。全区财政一般预算收入完成14155万元，同比增长22.3%。其中，税收收入完成12054万元，同比增长22.2%，占财政收入的85.2%；增值税、营业税、企业所得税、个人所得税、城市维护建设税5项主体税收完成6441万元，同比增长1.5%，占财政收入的45.5%。一般预算支出为18306万元，比上年同期增长26.7%，完成年预算的150.8%，教育、科技等重点支出得到较好保障。

城市管理水平进一步提高。以国家卫生城市等城市创建活动为载体，累计投入资金1.1亿元，对辖区23条主次干道、121条背街小巷、442个居民庭院、196座公厕、5个市场、1453个“五小”［小餐馆、小美容店、小浴池（旅馆）、小食品店、小影视（网吧）］单位和10580米沟渠等进行综合治理。开展“城市长效管理年活动”，组建城市管理综合监督执法大队，完善长效管理制度化、流程化的工作模式，实现城市管理工作由行政强力推动向制度保障运行转变，由突击治理向日常严格监督管理转变，进一步优化发展环境和人居环境。旧城开发建设稳步推进。谋划包装 28 块 20 多万平方米旧城改造项目。其中，7 块已进入开发阶段；4 块正在进行土地摘牌；17 块签订开发协议。城中村拆迁改造有序启动。将城中村改造和新型住宅社区建设相结合，确定“一年打基础，二年有变化，三年出形象”的城中村改造目标，成立东高村、王湾、李村、赵村和梁任旺 5 个城中村改造专项工作组，完成人员入村、座谈调研、制定方案、项目包装等，并启动改造工程，完成拆迁 4000 余平方米。市政重点工程顺利实施。解放路南段拆迁 74 户、3.2万平方米，按时打通并顺利通车；午阳路、劳动路拆迁建设同步进行；赵定排开挖14.7公里。

服务业发展迅速。将发展服务业作为提升区域经济综合竞争力和现代化水平的重要工作，出台《2008～2010 年现代服务业发展意见》，规划“三大核心商贸区、五条特色街区和十个专业市场”的现代服务业空间布局，改造提升传统服务业、培育扶持新兴服务业、着力发展生产性服务业，有力促进了服务经济的发展。以东方文化商业步行街、百货大楼、平原商场、台北时代广场等商业实施的不断完善和肯德基、麦当劳、大连大商、上海锦江等知名品牌和集团的入驻为标志，传统贸易服务业不断升级；以全年新增休闲娱乐业 122 家、信息中介业 30 家、社区服务业 22 家等为标志，新兴服务业扩张迅速。全年共谋划实施 500 万元以上服务业项目 53 个，累计完成投资23.9亿元；完成服务业增加值 5.7亿元，占 GDP 的比重达到31.1％。服务业呈现出规模不断扩大、领域不断拓展的蓬勃发展势头。

各项社会事业和谐发展。在全市率先完成全区 26 个行政村的村委换届选举，不断强化社区居委会的职能作用，社区工作人员公共服务水平不断提高。积极开展抗震救灾工作。发扬“一方有难、八方支援”的优良传统，动员社会各界以各种形式支援灾区，捐献款物共计176.55万元。计划生育工作不断加强。流动人口管理和服务不断规范，计生系统信息化办公水平明显提高，人口自然增长率控制在 4.8‰以内。民政工作成绩显著。累计发放低保资金 1360 余万元，12914 名城乡低保对象实现动态管理下的应保尽保，为 11363 名城市低保户办理了大病住院医疗保险，为 1100 名优抚对象发放优抚、优待金 210 余万元。教育工作不断进步。教学质量稳步提高，未成年人思想道德教育持续加强，发放农村义务教育保障机制经费 177 万元、城市“两免一补”经费 110 万元，惠及全区学生 26657 人次。体育工作不断加强，在新乡市第九届运动会中取得 47 块金牌，金牌总数居全市第一。城乡医疗保障体系不断完善。新型农村合作医疗参合农民 39131 人，参合率达到98％，全年为 5347 名参合农民补助59.85万元；城镇居民基本医疗保险新增 39200 人，征缴保险金 232 万元；社区卫生服务体系日趋完善，全年门诊诊疗 106783 人次，上门服务 14552 人次，建立居民健康档案 60000 份，服务居民的能力显著增强。劳动社会保障水平不断提高。城镇新增就业 10128 人，完成再就业培训 3563 人，养老保险新增参保职工 850 人，失业保险新增参保职工 385 人，养老保险和失业保险金发放率达 100％。社会大局保持和谐稳定。定期排查和消除不安定因素，严格领导包案、值班、接访制度，切实解决群众反映的热点难点问题；加强社会治安综合治理，促进民族团结进步；严格落实安全生产责任制，安全生产形势良好。

（张　玥）

2008 年度卫滨区各项基本数字统计表

项　　目	2008 年	较上年增长％
总面积(平方公里)	52	—
总人口(万人)	17.68	—0.3
生产总值(万元)	183000	23.3

项目	2008年	较上年增长%
规模以上工业生产总值(万元)	131000	39.2
社会消费品零售总额(万元)	359000	24.3
粮食总产量(吨)	23400	-2.41
农民人均纯收入(元)	5640	15.2
商业销售额(万元)	268000	27.2
地方财政收入(万元)	14155	22.3
地方财政支出(万元)	18306	26.7
中小学在校人数(人)	13213	-1.7
医院病床(张)	280	-3.4

(马迎 张玥)

卫滨区领导成员

中共卫滨区委员会

书记 郑涛

副书记 刘溢功

李海有

常委 岳绍琪

王太宏

李喜玲(女)

李福仁

刘剑锋

袁卫东

贾照兵(2008年1月离)

王晓珉(女)

李中民(2008年1月任)

区人大常委会

主任 千建中

副主任 姚利民

李延亮

贾卫东

李智明(2008年3月任)

程礼来

党组成员 韩辉

区人民政府

区长 刘溢功

副区长 王太宏

刘剑锋

侯怀青

董国安

李玉翠(女)

姬宏伟

政协卫滨区委员会

主席 岳庚寅

党组书记 刘海滨

副主席 刘海滨

王承峤

张龙堆

李新福

中共卫滨区纪律检查委员会

书记 李喜玲(女)

区人民武装部

部长 张斌

政委 袁卫东

区人民法院

院长 洪涛

区人民检察院

检察长 邢吉顺

区总工会

主席 王保礼

(马迎 张玥)

【基层党建】 卫滨区将2008年定为“党员关爱年”,以举办第五届“基层党建论坛”为载体,将“党员关爱工程”全面推进。积极探索党内激励、关怀、帮扶工作机制。6月底，举办以“构建党内关怀机制，真情爱护基层党员”为主题的第五届“基层党建论坛”，印发第五届“基层党建论坛”调研文章汇编，拍摄《党员关爱 情暖卫滨》专题纪录片，交流基层党建好的经验和做法；10月中旬挂牌成立“卫滨区党员就业服务中心”等5个党员关爱平台，有力地推动全区“党员关爱”工作深入开展。卫滨区依托“基层党建论坛”这一平台，积极探索和交流基层党组织建设工作好的经验和做法。以现场交流党建工作的形式为全市独创，坚持近10年并不断丰富和完善活动内容和形式，在其他市区也不多见；这种在基层党组织工作实践中探索党建的有益做法，对全市党建创新工作起到了促进作用。

卫滨区委坚持从实践出发，在基层党建工作中研究和探索出了一套党建工作的新路子、新方法：在城市社区，以创建党建“示范社区”、“示范楼院”为主要内容，深入开展“三级四方”［三级指：区、乡（办事处）、村（社区）居委会；四方指：区、乡（办事处）、村（社区）居委会、辖区单位］共建活动；以服务党员、服务群众为重点，深入开展“党建工作进楼门”和“党旗进万家”活动，有力地推动和谐社区建设；在农村紧紧围绕建设社会主义新农村这一主题，以抓创新、抓典型为重点，积极发挥“双示范、双带动、双推进”作用，不断深化“三级联创”活动成果，帮助群众解放思想，增强致富本领；在组织部机关，深入开展“基础建设年”、“效能建设年”和“讲党性、重品行、作表率，树组工干部新形象”主题实践活动，加强自身建设，全面地推动基层党建工作的蓬勃开展。

（马　迎　张　玥）

【四大园区建设初具规模】　城市中心商务区旧城改造开发全面展开。规划包装28块20多万平方米的旧城改造区域，先后实施投资20亿元的火车站区域改造、投资2.5亿元的台北时代广场、投资2.3亿元的东方国际商务特区、投资1.8亿元的新市场改造、投资1.3亿元的天隆城二期扩建、投资1.2亿元的新乡商业广场、投资2000万元的大商千盛百货、投资1500万元的平原商场三期扩建等商业房地产项目36个，计划总投资44.1亿元，2008年完成投资12.7亿元。西环产业聚集区开发建设初具规模。在2007年建成五纵五横38.5公里道路、架设12公里供电线路的基础上，2008年又新修道路1公里、铺设排水管道3公里、植树2800株、绿化道路10公里，新上鸿泰过滤、森威实业等工业企业9家，累计达到53家。南环综合物流园区开发建设全面启动。科学编制南环综合物流园区一期起步区控制性详细规划，顺利通过市规划委员会审定，协调市规划局研究出台《关于卫滨区南环综合物流园区规划建设专题会议纪要》，明确项目进驻的简单化报批程序，先后实施总投资11亿元的上海迪亚庄园、总投资3500万元的鸿基汽贸城、总投资2300万元的冷鲜食品物流园等项目8个，完成投资3.4亿元。城郊特色农业示范园区建设稳步推进。绿色奶牛养殖小区、高效蔬菜大棚、“双孢菇”基地、无公害水产养殖等一批服务城市居民生活和休闲的生态农业基地规模不断扩大、效益明显提高。鑫诚养殖场被评为省级无公害畜产品生产基地，水鲜园奶牛小区和张固城生态奶牛小区养殖规模不断扩大，存栏分别达到800头和500头。

（马　迎）

【城市管理综合监督执法】卫滨区根据城市管理工作需要，2008年1月成立城市管理综合监督执法大队，监督执法大队是“两级双重管理，监督执法合一”组织机构，隶属区城管局，下辖10个中队，含平原乡、各办事处和两站办［两站办：卫滨区城管局两站综合执法办公室（简称两站办），“两站”特指市火车站、汽车站］及机动巡查中队共77人，大队队长由区城管局一名副局长兼任，所辖各中队队长由所在乡、各办事处主管副主任兼任；两站办中队队长由两站办主任或副主任兼任；机动巡查中队由区城管局负责组建。区城市管理综合监督执法大队组建时，由区城管局、区人事局、区监察局、区法制办对全员进行资格审核，进行岗前培训和考试；区城管局对各中队实行统一证件、统一票据、统一服装、统一执法文书。区城市管理综合监督执法大队按照其大队管理工作细则规定，加强队伍建设，组织学习《中华人民共和国行政处罚法》、《中华人民共和国行政诉讼法》、《河南省行政机关执法条例》、《河南省＜市容和环境卫生管理条例＞实施细则》、《卫滨区城市管理执法工作手册》及内部规章制度，促使队员综合素质不断提高，队员全年无执法违法，无刑事经济犯罪，无参与法轮功活动，无参于传销、赌博等违法乱纪现象，卫滨区在全市城管系统行风政风评议25条不良风纪为0条。日常工作中，全体队员牢记“公正、严格、文明、廉洁”的队训，严格按照执法程序，文明、人性化执法，坚持以教育整改为主的原则，对弱势群体实施“首问不罚制”；对“钉子户”、“游击队”决不姑息迁就，实施严管重罚。全年共发现违章问题17024余件，查处问题3975余份，教育整改12519余件，下达《限期整改责令通知书》895余份，暂扣及证据保全物品4268余件，组织清理小广告37600余条(块)，取缔乱扯乱挂条幅310余条，取缔灯箱530余个，清理乱摆乱放广告牌(匾)4960余块。

(马　迎)

【体育竞技创佳绩】 2008年，区体育工作以“全民健身与奥运同行”为主题，以创建省体育强区为目标，以构建面向大众的全民健身服务体系为根本任务。丰富群众的体育文化生活，增强凝聚力和向心力，构建和谐卫滨。10月，卫滨区精心组团参加新乡市第九届运动会。区长刘溢功带队，由运动员、教练员组成的180余名代表团，主要参加排球、篮球、乒乓球、象棋、羽毛球、射击、足球、武术、田径等九大项的赛事，经过15天的激烈角逐，卫滨区夺取47枚金牌获得金牌总数第一名，此次运动会为卫滨区组团参加新乡市历届运动会成绩最好、获取金牌最多的一届。

(马　迎)

2008年卫滨区辖乡、办事处概况一览表

乡、办事处名称	主要领导(党政正职)	面积(平方公里)	人口(人)	行政村、居委会(个)
平原乡	书记　田东亮 乡长　刘怀斌	35	39252	26
南桥办事处	书记　乔长华(女) 主任　宋卫勇	5	40000	4
自由路办事处	书记　吴育斌 主任　张宏伟	0.74	13950	3
解放路办事处	书记　王志中 主任　胡　芳(女)	0.9	16110	4
胜利路办事处	书记　张荣和 主任　刘宁超	4	15000	2
健康路办事处	书记　程学利 主任　杜亚东	1.1	21972	4
中同街办事处	书记　桑应勋(2008年1月离) 张　峰(2008年2月任) 主任　苏永生(2008年2月离) 于媛媛(女，2008年2月任)	2	21000	3
铁西办事处	书记　侯青兰(女) 主任　张　峰(2008年2月离) 苏永生(2008年2月任)	3.2	32000	4

(马　迎　张　玥)

红旗区

【红旗区概况】 2008年，红旗区完成地区生产总值30.6亿元，全社会固定资产投资28.4亿元，地方财政一般预算收入18523万元，分别较上年增长24%、59.6%、32.7%。限额以上工业企业增加值2.85亿元，实现利润6112万元，分别增长39.2%、88.2%；城镇以上固定资产投资27.7亿元，工业固定资产投资11亿元，分别增长61.7%、65.1%。农民人均纯收入5807元，增长15.4%。

对外开放成效显著。全年实际利用外资495万美元，占年目标的105%；实际利用市外内资6亿元，其中省外资金4.3亿元，分别占年目标的139.6%、125%；外贸出口1600万美元，占年目标的102%。招商引资工作连续5年名列全市前3名。

项目建设进展顺利。日升数控、江源铜业、丹尼斯精品百货等项目顺利投产运营，伟业中央公园、尚东鑫城等37个项目全面开工，区域商业中心和特色商业街区日臻繁荣。59项重点建设项目完成投资23.6亿元，占年计划的108%。

产业集聚发展势头强劲。红旗工业园入驻企业17家，总投资10.6亿元，标准厂房开工面积27万平方米，竣工面积24万平方米。新东区被省政府列为省级产业集聚区，科隆装备产业园顺利投产运营，新运综合物流园区完成1万平方米的仓储建设，杨小线、司小线等路网建设全面开工。

宜居城区更具魅力。段村、留庄营整体拆迁工作基本完成，安置区建设快速推进。22个危旧住宅区改造地块业已确定，双洋灰桥地块成功摘牌。新二街南段、知音幼儿园等项目拆迁完毕，新区各项城建交通重点项目建设有序实施。新农村建设全面实施，新建乡村道路68.8公里、文化大院20个、休闲活动广场19个，生态文明村建设考核位居全市前列。“大整治、大绿化、大建设”活动全面展开，全年累计拆迁82万平方米，植树53万株，“新城杯”竞赛活动受市通报表彰。

社会事业统筹发展。城乡统筹就业工作成效明显，社会保障体系逐步完善，城乡低保实现动态管理下的应保尽保。弱势群体帮扶活动深入开展，为四川灾区捐款183万元。社区医疗网络逐步健全，城镇居民医保工作有序实施，新型农村合作医疗参合率达到96%。城乡义务教育学杂费全部免除，各级各类教育均衡发展。体育事业蓬勃发展，在市九运会上继续保持青少年组金牌、奖牌总数和团体总分三项第一的先进位次。和谐社区建设成效显著，荣获省和谐社区建设先进区称号。计划生育获省一类区和省级优质服务区荣誉，全区人口出生率控制在1.55‰。民兵预备役和双拥工作不断加强，科技、统计、区志等工作也取得较好成绩。

依法行政能力日益增强。自觉接受人大的法律监督和政协的民主监督，人大代表、政协委员的议案、提案和建议办结率和满意率均达到100%。全面开展行政效率提速年和“两转两提”活动，认真开展商业贿赂专项治理和经济责任审计工作，优化环境工作被省表彰。全年办理市长信箱和行风热线承办件120余件，勤政廉政建设得到加强，公务员登记工作受市表彰，连续7年获市政府目标管理先进（优胜）单位。严格落实安全生产责任制和重大安全隐患排查制度，强化消防监督管理，积极化解各类矛盾，安全生产、平安建设和信访稳定工作分别受到省、市表彰。

（高芳春）

2008年度红旗区各项基本数字统计表

项　　目	2008年	较上年增长%
总面积(平方公里)	178	—
耕地面积(万亩)	4.3	—
总人口(万人)	29.68	－0.3
农业人口(万人)	5.8	－12.4

项　目	2008年	较上年增长%
非农业人口(万人)	23.88	3.2
粮食总产量(吨)	39079	—1.6
农民人均纯收入(元)	5807	15.4
生产总值(亿元)	30.6	24
地方财政收入(万元)	18523	32.7
地方财政支出(万元)	19470	23.5
中小学在校学生(人)	17771	—
医院病床(张)	150	—

（区志办）

副省长张大卫到日升数控有限公司调研

红旗区领导成员

中共红旗区委员会

书　记　代毅君

副书记　鹿建宇

王天兴

常　委　高希顺

杨东升

党保斌

梁殿忠

李安文

申乐民（女）

苏锡林

刘建国

区人大常委会

主　任、党组书记　王万同

副主任　邓光全

姜福润

桑应德

畅　胜（女）

崔松林

王桂铭

区人民政府

区　长　鹿建宇

副区长　申乐民（女）

苏锡林

苗树群（女，2008年11月离）

周战国

毛贻亮

政协红旗区委员会

主　席　张天录

党组书记、副主席　薛新宝

胡惠芳

刘　新

宋建恩（不驻会）

中共红旗区纪律检查委员会

书　记　杨东升

区人民武装部

政　委　刘建国

部　长　郭支援

区人民法院

院　长　沈国道

区人民检察院

检察长　张　郁

区总工会

主　席　李再国

【粮食直补和综合补贴】　遵循“稳定补贴面积、提高补贴标准、完善兑现办法”的原则，粮食直补标准按21.37元/亩发放，综合直补实行全省统一标准59.5元/亩，综合补贴较上年每亩增加33.26元。补贴面积4.71万亩，补贴金额总计380.55万元（其中，粮食直补100.56万元；综合直补279.99万元；上级财政拨入379.1万元，区财政匹配1.45万元）。在规定的时间内12782个存折全部发放到农民手中。

（王　婷）

【农村义务教育】进一步提高农村义务教育学校生均公用经费基本标准，农村小学由160元/生提高到270元/生，农村初中由250元/生提高到420元/生，全年共拨付农村中小学公用经费204.5万元。

（王　婷）

【村两委换届选举】根据《中华人民共和国村民委员会组织法》、《河南省实施〈中华人民共和国村民委员会组织法〉》相关规定，按照省委、省政府关于全省第六届村民委员会换届选举的总体部署，红旗区于10月至12月进行村委会换届选举工作。全区的43个行政村依法完成换届选举。在整个换届选举工作中，坚持严格依法办事，充分发扬民主，积极探索，确保村民委员会换届选举工作的顺利完成。

（区志办）

【地名公共服务】红旗区为适应构建和谐社会的要求，积极推行地名公共服务工程，出台《红旗区地名公共服务工程实施意见》，共收集地名信息9万条，完成红旗区门牌号码的重新编排，已安装楼、门牌600余块。

（马宇涛）

2008年红旗区辖乡（镇）、办事处概况一览表

乡(镇)、办事处名称	主要领导（党政正职）	面积（平方公里）	人口（万人）	居委会、村委会、（个）
东街办事处	书记　贺国干(2008年3月离) 赵明俊(2008年3月任) 主任　赵明俊(2008年3月离) 王　茜(2008年3月任)	2.2	2.898	7
西街办事处	书记　郭红权 主任　陈少华	1.2	1.448	3
渠东办事处	书记　司天奇 主任　钱　伟(2008年3月任)	5.15	3.737	9
南干道办事处	书记　李世雷 主任　王培元(2008年3月离) 缑　波(2008年3月任)	2.9	3.12	7
向阳办事处	书记　葛晓虹(女) 主任　段红征(2008年3月任)	2.93	3.9	6
洪门镇	书记　朱命领 镇长　王根柱	34.2	8.716	22

乡(镇)、办事处名　称	主要领导（党政正职）	面积（平方公里）	人口（万人）	居委会、村委会、（个）
小店镇	书记　郝春富 镇长　牛军道	34.2	2.67	23

牧　野　区

【牧野区概况】　2008年，牧野区继续实施“引资、项目双带动”战略，加快推进城乡一体化进程，着力改善民生，促进社会和谐发展，年度发展计划目标顺利完成。

经济增长持续加快，综合实力进一步提升。2008年全区地区生产总值完成31.4亿元，较上年增长19.7%；全社会固定资产投资完成33.5亿元，较上年增长83%；财政一般预算收入实际完成18013万元，较上年增长30.9%；全区工业总产值完成95亿元、增加值19亿元、利润4.2亿元，较上年分别增长42%、38%、30%；农民人均纯收入达到6434元，较上年增长15.2%；工业增加值万元能耗降低11%左右。

招商引资成效显著，重点项目建设加快推进。突出招商引资主战略地位，成功举办深圳区情说明会，积极参加全国科协年会等经贸洽谈会，牧野区对外形象进一步提升，全年引进市外内资项目35个，内资实际到位5.58亿元，其中省外项目29个，实际到位4.13亿元。推进重点项目实施，全年运作实施千万以上重点项目87个，总投资167亿元，其中亿元以上项目43个，当年新开工千万元以上项目34个。超能电源球型氢氧化镍项目等15个项目按期完工，新鸽公司年产20万辆电动车生产线等34个重点项目稳步推进。全年完成投资16.1亿元，累计完成投资22.12亿元。

结构调整取得新进展，发展协调性逐步增强。加快工业跨越工程实施，重点企业和特色产业不断发展壮大，环宇集团顺利走出低谷，新鸽公司在同行业中排名第三，全区亿元以上龙头企业达到10家，省级重点企业达到3家，市80户重点企业达到5家。全区2008年限额企业完成总产值56.7亿元、增加值16.3亿元，分别增长36.2%、37.1%，强势工业群体初步形成。两大特色产业和四大支柱产业优势更加突出。电源产业园通过省发改委审批，民用车辆行业和过滤行业列入省级重点产业集群。两大特色产业和四大支柱产业完成产值55亿元，增长41%，占全区工业比重接近60%。特色工业强区优势进一步凸显。加快现代服务业发展，逐步形成了以牧野果蔬物流港、古龙市场、农产品水产大世界等为代表的大型特色批发市场和以货运东站、胜利物流为代表的货运物流产业，太阳商贸城、中原纱厂家属院整体开发等一批三产项目加速推进。全年社会消费品零售总额完成29.2亿元，同比增长23.8%。加快农业现代化进程，全区无公害蔬菜播种面积达到1万亩，规模养殖小区达到5个，新认定市级农业产业化龙头企业1家，新登记注册农业专业合作社4家，具有城郊特色的现代农业发展格局逐步形成。

油菜花开

努力化解资金瓶颈制约，多方面争取资金。一是抢抓国家对服务业、道路、节能减排、环境保护等领域加大扶持力度的机遇，积极谋划、申报、对接项目，全年在工业、交通、服务等方面共争取上级资金6585万元，比上年增长47.5%。二是通过组织企业参加银企洽谈会和邀请金融部门到区考察等方式，先后为牧野区企业争取到近6亿资金支持。三是积极引导企业间建立联保互保体系。四是加快企业上市步伐，促进企业在资本市场直接融资。

聚集区建设扎实推进，产业发展平台进一步完善。坚持把产业聚集区作为“一号工程”，设立1000万元财政专项资金，以道路建设为先导，两个产业聚集区当年基础设施累计投入3243万元，投资600万元将北环两侧路灯安装完毕，使两个园区连为一体，形成了有效互动，园区的平台载体功能和辐射效应进一步增强。电源产业园当年完成8535米道路改造任务，增加辐射范围8平方公里，入驻企业达到34家，实施千万元以上项目18个，当年完成投资5.1亿元，全年完成工业产值23亿元、实现利润8400万元，分别增长64％、58％。民营车辆园区规划建设的北环向西延伸线已基本竣工，现有企业达到173家。

新农村建设步伐加快，城乡一体化快速推进。统筹城乡发展，狠抓环境卫生综合整治，全区村庄均实现通自来水；“户户通”和“三站四所六室”建设基本完成；清洁能源使用率达到65％以上；建成围村林32个，景观路45条，村容村貌和居住环境得到全面优化。以“新城杯”竞赛和“大整治、大绿化、大建设”活动为契机，全年累计投入资金8.8亿元，完成各类拆迁25万平方米，新建商品住宅和安置房23万平方米，植树16万株。积极推进新型农村住宅社区建设，将全区31个村科学规划为10个新型住宅。

社会事业加快发展，群众生活不断改善。创卫工作取得重大胜利，进一步完善创卫长效管理机制，新增创卫资金3600万元，高标准完成市政府下达的创建任务，荣获全市创卫集体二等功。信访形势明显好转，被评为省级县（市、区）委书记大接访活动先进区和市级奥运期间信访工作先进单位。科技创新能力进一步增强，天丰公司、卓威电源两家企业通过省级研发中心认定，全区省级高新技术企业已达12家，省级企业研发中心达到9家。教育水平稳步提升，再次被评为市级教育督导优秀等级区；体育事业再创辉煌，区多名残疾人运动员在北京残奥会上获得优异成绩。公共医疗卫生体系不断完善，新农合参合率和城镇医疗保险参保率均居全市第一。全面构建平安牧野，治安防范体系建设进一步加强；严格落实安全生产责任制，全年无重大安全事故。人事劳动和社会保障工作稳步推进，城镇登记失业率控制在4％以内，新增参保人数和征收失业保险费均超额完成市定目标，发放城乡低保资金1534.7万元。精神文明建设扎实开展，获得多项省、市文明称号。深入开展“双拥共建”工作，继续保持“全国双拥模范区”荣誉称号。　（李　娟　闫　霞）

2008年度牧野区各项基本数字统计表

项　　目	2008年	比上年增长％
总面积（平方公里）	83.7	—
耕地面积（万亩）	5.7	—
总人口（万人）	32.41	0.83
乡村人口（万人）	7.73	0.7
城镇人口（万人）	24.68	0.86
粮食总产量（吨）	34119	1.7
农民人均纯收入（元）	6434	15.2
农业总产值（万元）	2.9	4.0
工业总产值（亿元）	95	42
社会消费零售总额（万元）	292144	23.8

项　　目	2008年	比上年增长%
地方财政收入(万元)	18013	30.9
地方财政支出(万元)	22003	24.7
中小学在校学生(人)	20297	—
医院病床(张)	150	—34.8

（李　娟　闫　霞）

牧野区领导成员

中共牧野区委员会

书　记　职　伟(2008年2月离)
　　　　王玉民(2008年2月任)
副书记　王玉民(2008年2月离)
　　　　王　宁(女,2008年2月任)
　　　　李　晖(女)
常　委　刘海洲
　　　　李敬杰(女)
　　　　闫国玺
　　　　韩新梁(2008年4月离)
　　　　齐庆民
　　　　李炳双(2008年2月离)
　　　　王鉴鹏
　　　　李维山
　　　　赵军伟(2008年2月任)
　　　　张占国(2008年2月任,9月离)
　　　　董传军(2008年4月任)

区人大常委会

主　任　徐启领
副主任　胡　德
　　　　张本明
　　　　周乐河
　　　　张宝生
　　　　袁鸿安

区人民政府

区　长　王玉民(2008年2月离)
　　　　王　宁(女,2008年2月任)
副区长　赵军伟(2008年2月任)
　　　　李炳双(2008年2月离)
　　　　张占国(2008年9月离)
　　　　周龙喜
　　　　石如意
　　　　冯跃东(2008年2月任)

政协牧野区委员会

主　席　高建斌
副主席　白玉斌
　　　　韩渡华(女)
　　　　任　东(女)

中共牧野区纪律检查委员会

书　记　李敬杰(女)

区人民武装部

部　长　林振昌
政　委　韩新梁(2008年4月离)
　　　　董传军(2008年4月任)

区人民法院

院　长　魏　敏

区人民检察院

检察长　卫安钢

区总工会

工会主席　杨光星

（李　娟　闫　霞）

【认真落实各项惠农政策】　一是对全区16639户种粮农民发放直接补贴和生产资料综合补贴合计497.7万元。二是投入资金140万元重点支持农民安全饮水工程建设，解决4个村5500农民饮水问题。三是实施村村通工程，投入资金353万元修建村级公路。四是发放牛奶补贴和特困奶农补贴184.2万元、能繁母猪保险补贴10.1万元，惠及全区271户养殖户。五是对全区农民发放“家电下乡”补贴资金10万元，使228户农民得到实惠。六是加强对村级经费管理，将177万元村级经费按时足额拨付到位，保证村级政权的正常运转。（李　娟　闫　霞）

【关注民生，切实解决群众实际问题】　一是积极争取省、市补助资金191万元，区财政落实配套资金88.3万元，确保区农民73567人参加新型农村合作医疗，参合率达99.3%。二是区配套资金108.8万元，实施城镇居民基本医疗保险改革，共落实54478人参加保险，参保率居四区之首。三是投入1540万元用于城乡最低生活保障，对10870个低保人员做到应保尽保。四是拨付261万元，建立重点优抚和抚恤救助体系。五是安排资金170万元，认真落实就业再就业优惠政策，1162名下岗失业人员重新就业。（李　娟　闫　霞）

【农业产业结构更加优化】 积极调整农业产业结构，以农业产业化龙头企业和农民专业合作组织为依托，大力实施精品农业、品牌农业战略，坚定不移地走优质、绿色、高效的现代农业之路。着力培育品牌农业、生态高效农业和规模化养殖业，促进农业增效、农民增收。精品农业、品牌农业市场竞争力明显提升。2008年引进蔬菜新品种16个，举办蔬菜培训班8期，培训人员2500人次，无公害蔬菜播种面积达到1万亩，总产量达到1.26亿公斤，实现销售收入1.5亿元。积极引导沿共产主义渠、卫河北段、济东高速、新中大道北段两侧、107国道“五条黄金线路”发展花卉、苗圃等休闲生态观光农业。新修沿卫河、共产主义渠两侧道路14公里，基础设施日趋完善，休闲生态观光产业带初具雏形。畜牧业规模化饲养、标准化生产、产业化经营进程加快。2008年全区规模养殖场（户）达到423个，各类养殖小区达到5个；新增无公害畜产品认证地认证企业4家、无公害畜产品认证企业1家；全区奶牛存栏4200头，生猪存栏72901头，家禽存栏281970只，肉类总产7814吨、禽蛋产量2956吨、牛奶产量19078吨，完成总产值0.97亿元，增速5.1%。（李　娟　闫　霞）

【工业经济运行质量显著提高】 以实施工业跨越工程为载体，强力推进企业集聚、集群、集约发展。优势产业和骨干企业发展态势良好。区政府设立300万元工业发展奖励基金，并集中政府可控资源积极帮助企业解决资金、管理等方面遇到的难题，先后为环宇、新鸽、天禄、超能等企业协调争取信贷资金近6亿元。全区完成工业总产值95亿元、增加值19亿元、实现利润4.2亿元，较上年分别增长42%、38%、30%。其中电池电源、车辆及汽车零部件两大特色产业和轻钢结构及新型建材、食品加工、包装印刷、白色家电四大支柱产业完成总产值55亿元，同比增长41%，占全区工业的比重达到58%。企业自主创新能力明显增强。积极申报科技计划项目，争取省、市扶持资金226万元，位居四区第一；4家企业通过了第一批市级工程技术（研究）中心认定，天丰公司工程技术（研究）中心顺利通过省科技厅认定。全区省高新技术企业达到12家，省高新技术产品达到18个，省级企业研发中心达到9家，均居全市前列，高新技术产业增加值占工业增加值的比重达到27%。电源产业园区作为新型电池及材料特色产业基地被省科技厅认定为河南省首批高新技术特色产业基地。（李　娟　闫　霞）

【创卫工作成绩突出】 在前期投入1.1亿元的基础上，2008年又投入3600余万元，硬化路面2.65万平方米，拆除违章建筑1.8万平方米，整治“五小”单位423家，修订完善14项长效管理办法，辖区全部纳入“数字城管”网络体系，实现城市管理从突击创建到常态管理的转变，城乡面貌和人居环境明显改善，被市委、市政府授予创卫工作集体二等功。（李　娟　闫　霞）

【加大科教投入，推进社会协调发展】 一是落实“两免一补”政策，财政投入122.6万元对全区义务教育阶段8741名农村学生及303名城市低保家庭学生免费发放教科书。二是投入270万元，用于提高农村中小学公用经费并为农村边远学校配备200台计算机，发放价值19万元的图书，购置14台消毒柜用于循环书籍的使用。筹资10万元，继续对全区2个农村学校危房工程进行改造。三是加大科技经费投入，支出资金364万元，用于支持科技成果转化和企业技术创新。（李　娟　闫　霞）

【城建交通重点项目成绩显著】 强力推进市重点工程建设，承担的新中大道污雨水管网建设、小尚庄污水处理厂配套管网建设、新一街北段拆迁、卫河暗涵拆迁建设等任务已圆满完成，涉及牧野区的6条快速路整治工作受到市政府通报表彰。特别是宏力大道西段拆迁工作，在较短时间内圆满完成近7.5万平方米的拆迁任务，实现成本最低、效果最好的目标，受到市委、市政府充分肯定。

（李　娟　闫　霞）

【信访形势明显好转】高度重视信访稳定工作，多次召开专题会议，研究部署信访工作，并进一步完善区、乡、村三级领导包案责任制，逐级签订目标责任书，将目标层层分解，责任落实到人。加大矛盾纠纷排查化解力度，对排查出来的问题及时进行研究分析、协调解决，将问题解决在基层、消灭在萌芽状态，信访工作实现由被动应付向主动预防、滞后处理向超前化解转变。严格执行信访联席会议、区四大班子领导维护稳定带班、领导带案下访等制度，认真开展县（市、区）委书记大接访、“走进矛盾、破解难题”等信访集中活动，着力解决不稳定问题，做到“案结、事了、人稳”，确保在奥运会等重大活动期间，全区未发生非正常集体上访事件，被评为省级县（市、区）委书记大接访活动先进区和市级奥运会期间信访工作先进单位。

（李　娟　闫　霞）

【平安牧野全面构建】　加快推进治安防范体系建设，共完成投资达1000余万元，新建技防点78个，升级改造31个；矛盾纠纷调处网络不断完善，调成率达98％以上；深入开展“打黑除恶”和“命案攻坚”专项斗争，加大综合治理力度，特别是做好奥运期间的安保工作，维护社会稳定；严格落实安全生产责任制，全年无重大安全事故，“平安牧野”建设工作成绩明显，人民群众安全感进一步增强。加强对统战工作的领导，积极开展民族团结进步工作，成立民革新乡市牧野区支部，新时期爱国统一战线得到进一步巩固和发展，社会大局稳定。

（李　娟　闫　霞）

【精神文明建设扎实开展】　通过组织上党课、宣传、专题讨论、党建网开设专栏等形式，采取聘请知名专家学者讲课等方式，不断加大宣传力度，创新宣传方式，营造浓厚氛围。突出抓好区委中心组学习、基层理论学习和基层党校创建工作，建设学习型牧野，马坊村党校获得市级先进基层党校称号，天太社区党校获得省、市两级先进基层党校称号。积极开展文明村和文明单位创建工作，圆满完成省级文明城市的验收工作，共创建省级农村精神文明先进镇1个，先进村1个，市级文明乡（镇）2个、文明村5个；省级文明单位5家，市级文明单位11家。扎实开展“双拥共建”工作，保持“双拥模范区”荣誉称号。

（李　娟　闫　霞）

【文化大院指导建设工作卓有成效】　文化大院指导建设工作有序进行，按照市生态文明村建设标准，建成省级标准文化大院1个，市级标准文化大院45个。其中，畅岗村文化大院被评为省级示范性文化大院；牛村和后辛庄文化大院被评为市级先进文化大院。建成各类活动室120余个，科技宣传栏80多个，篮球场20个，舞台10个。培训文化站长、文艺骨干300多人次，建成业余文化队伍95支，培养出书画文艺人才142人。完成体育基础设施建设摸底工作，首批12个村“一场”（一个篮球场）配备工作已上报，第一批12套篮球场地器材（价值3.6万元）已全部配发安装到位。各项活动场地均有专兼职人员负责，管理制度健全，活动地点每天定点向群众开放，使农村文化大院融文体、娱乐、科技培训为一体，成为农村党员、村民集会、文体活动、科技培训的主要阵地。

（李　娟　闫　霞）

2008年牧野区辖乡（镇）、办事处概况一览表

乡(镇)、办事处名称	主要领导（党政正职）	面积（平方公里）	人口（万人）	行政村、社区(个)	财政收入（万元）
牧野乡	书记　孙汝战 乡长　于惠清	30	3.1575	22	2086
王村镇	书记　范文卿 乡长　侯少民	24.04	3.0018	20	3000

<table>
<tr><th>乡(镇)、办事处名称</th><th colspan="2">主要领导（党政正职）</th><th>面积（平方公里）</th><th>人口（万人）</th><th>行政村、社区(个)</th><th>财政收入（万元）</th></tr>
<tr><td rowspan="4">和平路办事处</td><td rowspan="2">书记</td><td>任　冰(2008年6月离)</td><td rowspan="4">10</td><td rowspan="4">0.97</td><td rowspan="4">11</td><td rowspan="4">750</td></tr>
<tr><td>曹祖臣(2008年6月任)</td></tr>
<tr><td rowspan="2">主任</td><td>曹祖臣(2008年6月离)</td></tr>
<tr><td>张振利(2008年6月任)</td></tr>
<tr><td rowspan="2">东干道办事处</td><td>书记</td><td>孙俊成</td><td rowspan="2">2.5</td><td rowspan="2">3.33</td><td rowspan="2">7</td><td rowspan="2">411</td></tr>
<tr><td>主任</td><td>王建国</td></tr>
<tr><td rowspan="4">北干道办事处</td><td rowspan="2">书记</td><td>张家举(2008年6月离)</td><td rowspan="4">2.2</td><td rowspan="4">4</td><td rowspan="4">5</td><td rowspan="4">671</td></tr>
<tr><td>崔　钢(2008年6月任)</td></tr>
<tr><td rowspan="2">主任</td><td>刘焕洁(2008年6月离)</td></tr>
<tr><td>银文岭(2008年6月任)</td></tr>
<tr><td rowspan="3">新辉路办事处</td><td>书记</td><td>王丽红</td><td rowspan="3">6.59</td><td rowspan="3">3.982</td><td rowspan="3">5</td><td rowspan="3">380</td></tr>
<tr><td rowspan="2">主任</td><td>王初瑞(2008年6月离)</td></tr>
<tr><td>杨鹏飞(2008年6月任)</td></tr>
<tr><td rowspan="3">荣校路办事处</td><td>书记</td><td>高　占</td><td rowspan="3">2.6</td><td rowspan="3">4.2726</td><td rowspan="3">3</td><td rowspan="3">565</td></tr>
<tr><td rowspan="2">主任</td><td>侯福荣(2008年6月离)</td></tr>
<tr><td>胡国良(2008年6月任)</td></tr>
<tr><td rowspan="3">花园办事处</td><td>书记</td><td>邵秋柱</td><td rowspan="3">1.4</td><td rowspan="3">3.4</td><td rowspan="3">4</td><td rowspan="3">646</td></tr>
<tr><td rowspan="2">主任</td><td>周　泽(2008年6月离)</td></tr>
<tr><td>刘　方(2008年6月任)</td></tr>
<tr><td rowspan="3">卫北办事处</td><td>书记</td><td>范玉东</td><td rowspan="3">4.3</td><td rowspan="3">2.9</td><td rowspan="3">3</td><td rowspan="3">360</td></tr>
<tr><td rowspan="2">主任</td><td>银文岭(2008年6月离)</td></tr>
<tr><td>王　颖(2008年6月任)</td></tr>
</table>

（李　娟　闫　霞）

凤　泉　区

【凤泉区概况】　2008年，全区生产总值完成20.6亿元，比上年增长18.7%。其中，第一产业增加值1.4亿元，增长5.2%；第二产业增加值16.6亿元，增长23.4%；第三产业增加值2.6亿元，增长7.8%。工业增加值13.2亿元，增长34.2%。粮食产量53870吨。财政一般预算收入8220万元，财政一般预算支出14900万元。全社会固定资产投资完成2.45亿元。社会消费品零售总额57939万元。商品出口总额1800万美元。实际利用外资87.95万美元。城镇居民人均可支配收入14534.79元。农民人均纯收入5223元。城乡居民年末储蓄存款余额11.5亿元。

工业经济健康发展。在国际金融危机的逆境中，凤泉区着力加大对实体经济的关注和扶持，以推进工业跨越工程为重点，把“引资、项目双带动”战略放到更加突出的位置，全年累计投入建设项目64项，总投资达68.1亿元，新增投资11.93亿元，同比增长37%。宏宇特铸公司投资2.8亿元的风力发电机设备制造、西玛公司投资1.1亿元的鼓风机电机、平原（同力）水泥公司投资6366万元的纯低温余热电站等重点项目顺利实施。狠抓招商引资工作，新增中外合资企业2家，实际到位市外资金4.47亿元，同比增长42%。紧抓国家加大中央预算投入拉动经济增长的政策机遇，全年共申报无偿资金项目150项，到位资金达4196万元。化纤纺织、塑料化工、新材料、铜材加工、新型电源、汽车配件等支柱产业稳步壮大，区域内新北产业集聚区、耿黄产业集聚区、卫北工业园区快速发展，凤泉区在积极应对金融危机的同时，着眼长远，努力将凤泉区打造成新一轮经济发展的热土。

城乡一体化进程不断加快。立足于凤泉区在“新乡市一城三区五星环绕两个副中心”中的城市定位和建设“新乡市北花园”的总体目标，将2008年作为全区城市规划、城市建设、城市管理的跨越年、关键年，着力加快城乡一体化进程。新中大道凤泉段、大北环凤泉段、区府路东扩、暄和路、凤凰路等城乡道路已经通车，站前路大修改造进展顺利，“村村通”建设项目强力推进，全区新增通车里程48.5公里。加快旧城开发及城中村改造，对宝山西路北侧旧城区进行规划，拆迁工作正在进行中；小黄屯城中村改造已建成住宅8.1万平方米，杨九屯村拆迁工作开始启动。全面推进新农村建设，投资84万元完成全区38个村生态文明规划方案，投资928.5万元完善农村文化场所、排水管网等基础设施，重点启动小块、尚介、圪上等5个新型农村住宅社区建设工作，全区新农村建设在全市三次综合评比中均获市区第一的好成绩。世利农业苑、金婷银杏苑、天艺农庄等一批现代化农业示范园区已经成为凤泉区城乡发展的亮丽风景线。克难攻坚，顺利通过国家卫生城市验收，城区90%以上的庭院、道路、街巷实现自我管理、自我服务，形成城市管理齐抓共管的大格局。“大整治、大绿化、大建设”活动顺利开展，城乡居民生活环境得到有效改善。

服务业比重有效提升。积极落实省、市推进服务业发展意见，制订凤泉区旅游发展规划纲要，将潞王陵申报世界文化遗产工作作为全区旅游业发展的重中之重着力推进，潞王陵遗址保护项目顺利通过省发改委专家组评审，并上报国家发改委待批；潞王陵成为奥运会期间国家指定旅游景区，全区已形成潞王陵文化旅游、愚公泉一耿庄村红色旅游、世利苑一天艺苑休闲旅游、凤凰山一云龙山景观旅游的大旅游框架，全区旅游人数实现14.16万人，旅游门票收入达到47.85万元。将房地产开发作为保持和推进地方经济增长的重要手段着力推进，星湖花园、绿茵河畔、凤凰小区等在建住宅面积46.5万平方米、建成面积7.5万平方米，房地产业正在成为凤泉区发展的新兴支柱产业。大力发展现代服务业，重点加强对现代物流、商贸、文化、信息等十大服务领域的政策引导，大力推进“万村千乡市场工程”，全年改造、新建大市场3处，三产服务业增加值预计完成2.7亿元，同比增长20%。

生态文明建设成效显著。以创建国家森林城市和建设林业生态区为重点，全面落实河南林业生态省建设项目，着力抓好凤凰山省级森林公园决战年建设工作，全区共植树170.5万株，占任务126.7万株的134%，其中森林公园义务植树基地新植树木81万株。新建木兰谷、翠竹渊等16个景观游园和11处生态保护林带，取得绿化范围最广、历年植树最多、完成比例最高的可喜成绩，全区森林覆盖率提高到27%。将南水北调过境工程作为凤泉区生态水系发展的重要支撑，积极配合、全面服务，区南水北调指挥部被国务院南水北调办公室评为先进单位。加大节能减排工作力度，重点实施平原水泥和磷化总厂余热发电、明志冷轧宽带设备改造、恒泰锻造煤气转换天然气、黄河锅炉厂节能锅炉技改项目建设工作。狠抓污染整治，全区COD排放量削减1164.16吨，二氧化硫排放量削减293.96吨，将凤凰山森林公园核心区13家污染企业列入关停范围并着力实施，积极开展秸秆禁烧及综合利用工作，示范推广农村节能房、农村沼气工程，区域可持续发展能力不断增强。

各项社会事业长足发展。一是不断加大民生投入力度。粮食直补、义务教育阶段“两免一补”、新型农村合作医疗、城镇居民医疗保险、“家电下乡”、奶牛补贴等工作共投入1696.8万元；不断扩大城乡低保范围，整顿规范三级防保网络，覆盖城乡的社会保障体系逐渐完善；二是切实加强社会管理。积极开展突发公共事件应急管理培训，建立健全各项应急工作机制，切实提高全区应对突发事件的能力；

深入开展“平安凤泉”创建、“走进矛盾，破解难题”、“大接访”等活动，全面构建社会防控体系，全区未发生赴京、省、市集体上访和在重大政治活动期间影响恶劣的案事件。三是扎实推进精神文明和民主法制建设。以贯彻落实党的十七大精神为主线，以学习宣传抗震救灾精神、创建国家文明城市、开展“新解放、新跨越、新崛起”大讨论活动为重点，大力弘扬愚公泉精神和耿庄精神，扎实推进以“两转两提”为重点的服务型政府建设，深入开展“法律六进”活动，圆满完成村委会换届选举工作任务，耿庄村再次荣获“国家级文明村”称号。

（区志办）

2008年度凤泉区各项基本数字统计表

项　　目	2008年	较上年增长%
总面积(平方公里)	115.614	—
耕地面积(公顷)	5600	—
总人口(万人)	13.5623	1.97
农业人口(万人)	9.6497	—5.25
非农人口(万人)	3.9126	24.44
粮食总产量(吨)	53870	—1.5
农民人均纯收入(元)	5223	14.2
工业总产值(万元)	472613	36.2
农业总产值(万元)	25509	2.1
社会消费品零售总额(万元)	57939	22.4
地方财政收入(万元)	8220	24.9
地方财政支出(万元)	14900	15.6
国内生产总值(万元)	206492	18.7
全社会固定资产投资总额(万元)	124464	27.5

（区志办）

凤泉区领导成员

中共凤泉区委员会

书　记　郭清春

副书记　张占祯

　　　　李巨峰

常　委　武建民

　　　　邓　超(2008年2月离)

　　　　何成洲

　　　　张志霞(女)

　　　　郭书佩

　　　　赵世忠

　　　　于向东

　　　　夏艳华

区人大常委会

主　任　武林枫(女)

副主任　段绍祥

　　　　宋新安

　　　　牛建国

　　　　许金池

区人民政府

区　长　张占祯

副区长　李巨峰

郭书佩(2008 年 2 月离)
杨爱香(女)
熊文斌
张利芳(女)

政协凤泉区委员会
主　席　张怀彪
副主席　常振东
张建中
和守金
李东禄

中共凤泉区纪律检查委员会
书　记　武建民

区人武部
政　委　夏艳华
部　长　吴建民

区人民法院
院　长　郭良豪

区人民检察院
检察长　安新生

区总工会
主　席　田维友

(李智勇)

【全国政协常委、民革中央副主席钮小明考察潞王陵】 11 月 6 日,全国政协常委、民革中央副主席钮小明一行在省政协副主席李英杰、市委副书记刘建华、区领导李巨峰、赵世忠、常振东的陪同下游览潞王陵。钮小明一行对潞王陵的石雕艺术和历史文化产生浓厚的兴趣,对潞王陵作为世界文化遗产预备名录的保护工作给予高度评价。(李智勇)

【副省长刘满仓考察南水北调潞王坟试验段】 4 月 26 日,副省长刘满仓、省南水北调办公室主任王树山、副主任刘正才等在市长李庆贵、副市长贾全明、市南水北调领导小组副组长杨玉增、市南水北调办公室主任崔卫新等陪同下,考察新乡市南水北调潞王坟试验段。刘满仓一行首先在试验段施工现场听取南水北调新乡段工程概况及其他工作进展情况汇报,之后又到施工项目部会议室召开座谈会。崔卫新就试验段工程进展情况及 2008 年新乡段工作计划作汇报。工程项目部及试验段工程监理单位、质量监督单位负责人做表态发言。市长李庆贵就下步新乡段开工建设需要加强的几方面工作向刘满仓进行汇报:一是治安问题。市公安局要有一位副局长亲自负责,落实责任;二是所有施工谋划工作都要提前安排,对可能出现的问题要有预案;三是各项工作要做到快捷高效,不允许有干扰施工的事件发生。他表示新乡市将全力以赴做好各项工作,将新乡段建成"三个一流"工程。刘满仓在总结讲话中充分肯定潞王坟试验段的各项工作。同时就做好新乡段施工环境提出了几点要求:1、要充分认识南水北调工程的重要性,要有大局意识,要把新乡段下点开工建设做为一项重大的政治任务齐心协力做好;2、要总结潞王坟试验段的成功经验,精心部署,强化组织,充实队伍,加大力量做好下步工作;3、要做细做实征地、拆迁等关乎老百姓切身利益的实际问题;4、要统一思想认识,对涉及省里的问题,省里会很好地解决,省里解决不了的问题,由省里向上反映解决。(李智勇)

【副省长宋璇涛到星湖社区调研】 12 月 9 日,副省长宋璇涛在市委书记吴天君、市长李庆贵,区领导张占祯等陪同下视察星湖花园和谐社区建设工作。宋璇涛一行参观星湖花园社区服务中心、文化活动大厅、健身房,听取星湖花园社区建设情况的汇报:星湖花园社区是省内第一个由房地产开发公司牵头,社区居委会、物业公司、社区警务室、业主委员会等四家单位联合管理的新型社区,经过一年的探索和实践,社区形成社区居民自治化程度高、内部管理动作好、硬件设施建设快、便民服务配套设施完善、居民生活更加和谐的社区。视察中,宋璇涛指出:星湖花园社区的建设切实维护社区稳定,调动居民参与社区建设的热情,方便了居民生活,提升房地产开发企业的知名度,这种成功的管理动作模式值得城市开发新建住宅小区借鉴。(李智勇)

【潞简王墓重要遗址保护项目通过评审】 5 月 16 日,由该区编制的《新乡潞王墓重要遗址保护项目可行性研究报告》通过省发改委组织的专家评审。省发改委组织省文物局、省环保局、省旅游局、省古建研究所等单位的 12 名专家对该项目进行评审。会议认为:潞简王墓是中国目前保存最好、占地面积最大的明代藩王陵墓之一,系第四批全国重点文物保护单位。国家文物局已正式宣布潞简王墓列入《中国世界文化遗产预备名单》。因此,为使潞简王墓具备世界文化遗产审报条件,提升潞简王墓的文化品位,充分展示文物完整的文化价值和历史信息,适时对潞简王

潞王陵甬道

墓的历史环境进行保护和修复，对环境和基础配套设施进行整治和改造是必要的。项目主要规划内容为环境整治、保护管理设施建设、展示展览工程，项目总投资6249万元，由申请国家专项和地方自筹解决。会议通过该项目报告并要求修改后尽快上报审批。

(李智勇)

【耿庄集团向凤泉公安分局赠警车】 4月8日，在凤泉区公安分局荣获省级文明单位揭牌仪式上，新乡耿庄集团向该局赠送7辆警车，价值50万元。(李智勇)

【周长德赴安阳传递奥运圣火】 7月25日，凤泉区举行欢送周长德赴安阳传递奥运圣火仪式。2007年9月至2008年7月，周长德依据人个特有事迹、条件，终被北京奥组委批准为2008年第29届北京奥运会火炬手，并被分派到安阳市传递奥运圣火。作为全省28名火炬手，周长德受到省人大常委会副主任王菊梅等领导接见。

7月28日上午9时，周长德作为安阳市第173棒火炬手，开始传递奥运圣火。他手持奥运圣火，用火炬画“甲”字，寓意：“象征着奥运圣火第一次来到中国，来到河南，来到世界文化遗产甲骨文发源地——殷墟古都安阳。”

(李树德　李明春)

【李跃洲蝉联四届金灯寺村委会主任】 12月18日，经村民选举，李跃洲任金灯寺村第六届村委会主任，这是其第四次连任。

李跃洲在依法行使村委会主任职责过程中，严格要求自己，摆正位置，依法管理，努力推进村民自治。同时，注重追求农村工作实践上升到理论高度的探索。1999年3月至2008年12月，李跃洲在村委会主任如何做、怎样推进党政关系融洽，依法、科学管理等方面进行卓有成效的探索：村委会主任面对上下左右、大大小小的事务，要事事以诚为先；要具备“铜头铁臂，橡皮肚子”的素质，既敢于碰硬，又能容忍可容之事，耐心做思想政治工作；要言行一致，公公平平办事，坦坦荡荡做人。李跃洲在依法行使村委会主任职责过程中，十分注重践行对村民群众的承诺：建设农村文化大院、改善办学条件、关爱老年人事业、整治村容村貌；解决村民群众吃水难和生活用电电压低的问题；对驻村企业供土业务实施公开招标；组织强有力人员阻止非法开采金灯寺白土的行为。其任期内，2001年2月，该村荣获新乡市委、市政府颁发的“文明村”奖牌。李跃洲当选中共凤泉区第一次代表大会代表，当选第五、六、七届人大代表和第七届区人大常委会委员。

(李树德)

2008年凤泉区辖乡(镇)、社区办事处概况一览表

乡(镇)社区，办事处名称	主要领导(党政正职)	面积(平方公里)	人口(人)	行政村、居委会(个)	财政收入(万元)
潞王坟乡	党委书记　路清华	35.05	26161	12	748
	乡　长　杨天彬				
耿黄乡	党委书记　王振锋	29.66	37772	12	1359
	乡　长				
大块镇	党委书记　韩开钊	50.9	48292	14	951
	镇　长　王东发				
建材社区办事处	党工委书记兼主任　王长海	—	1813	1	—

乡(镇)社区,办事处名称	主要领导(党政正职)	面　积(平方公里)	人　口(人)	行政村、居委会(个)	财政收入(万元)
电力社区办事处	党工委书记兼主任　暴向东	—	2728	1	—
宝中社区办事处	党工委书记兼主任　刘呈云	—	2022	1	—
宝西社区办事处	党工委书记兼主任　秦学娃	—	4721	1	—
锦园社区办事处	党工委书记兼主任　申业庭	—	4395	1	—
白鹭社区办事处	党工委书记兼主任　张广平	—	7719	2	—

（李智勇）

新乡高新技术产业开发区

【高新技术产业开发区概况】　2008年，全区46家规模以上工业企业完成总产值72.5亿元，完成增加值21.3亿元，同比增长均为25%，完成年度责任目标；完成固定资产投资23.5亿元，同比增长31%，其中工业项目投资13亿元，同比增长43%，超额完成年度目标；实现地方财政一般预算收入1.55亿元，同比增长38.4%，超额完成年度奋斗目标；实现内资到位7.643亿元，其中省外资金6.111亿元，同比增长分别为18%和25%，超额完成年度目标；外贸进出口总额8250万美元，完成年度目标。

开发区鸟瞰

科技创新成果丰硕。2008年，组织区内企业申报各类科技计划项目36项，其中国家级8项、省级10项，华兰生物公司的“治疗性乙肝疫苗”被列入省科技重大项目、天丰公司的“绝热阻燃新型节能墙体材料”被列入国家资源节约和环境保护项目；共获得省级以上各类扶持资金1998万元，到位资金1430万元，同比增长38.3%；全区企业共获得授权专利47项，其中发明专利10项。2008年，由于区争取资金工作成绩突出，受到市委通报表彰。

孵化功能显著提高。高新区国家级创业中心不断完善服务功能，大力扶持企业开展技术创新和体制创新，孵化功能明显提升。全年共申报市级以上科技攻关计划6项，其中2家企业获得省级创新基金扶持。2008年孵化企业获得国家各项资金扶持90余万元，累计达到948.5万元。全年共向企业拨付科技3项费237万元，支持企业创新发展。创业中心孵化企业完成工业产值6.16亿元、完成技工贸总收入6.9亿元，上缴税金2460万元。其中在孵企业完成工业产值4.94亿元，上缴税金1800万元。创业中心孵化器建设继续朝着多功能、专业化、规模化的方向发展。

节能减排再见成效。该区严把入区项目环境影响评价关，采取资源保护与能源节约并重的发展思路，从源头控制环境污染的产生，努力实现“增产、增效、不增污”。全年共审查建设项目82个、验收项目12个，建设项目环评率和“三同时”执行率100%。同时，认真落实节能减排的统计、监测、考核工作，广泛开展节能宣传活动，并为70余家企业培训能源统计人员。与区内企业签订节能降耗保证书，对能耗较大企业进行重点监控。严格实行节能减排问责制和“一票否决”制。全区全年实现规模以上工业企业万元增加值能耗降低率平均7.5%，超额完成降低5.1%的市政府目标。

融资渠道进一步拓宽。一是组织新乡起重、佐今明药业、拓新生化等多家企业参加银企洽谈会和第二届中国企业国际融资洽谈会，加强与国内外投融资及其中介机构的交流。二是积极引导佐今明药业、拓新生化、高远公路等5家拟上市企业进行改制，建立和规范财税管理。至年底，同心药业、拓新生化已与证券公司签订合同，进入上市辅导期；佐今明药业、高远公路拟在中小板上市。三是帮助企业寻找战略合作伙伴，组织新乡起重、拓新生化等企业同全球碳资产（英国）有限公司进行洽谈，支持新乡起重与三一集团达成投资合作意向，力促外方公司对拓新生化“年产1000吨核苷酸系列项目”、佐今明“金银花产业项目”的投资合作。

（李顺利）

2008年度新乡高新技术产业开发区各项基本数字统计表

项　　目	2008年	较上年增长%
总面积(平方公里)	49.3	—
总人口(人)	81720	—
农民人均纯收入(元)	4821	24%
工业总产值(亿元)	72.5	25%
地方财政收入(亿元)	1.55	38.4
小学在校生(人)	3700	—
中学在校生(人)	3200	—

（李顺利）

新乡高新技术产业开发区领导成员

党委书记　吴文庆
管委会主任　王兵法
党委副书记　杨中联
管委会副主任　李国文
孙　彪
郝　莉
侯守亮
齐振田
纪委书记　耿建功

（李顺利）

【加大重点区域招商力度】 紧紧围绕该区电子信息、生物医药、现代装备制造、食品加工等支柱产业，有针对性的开展对“三强”企业的拜访和项目对接。招商小分队先后赴上海、深圳、芜湖等地拜访美的集团、三一集团、奥克斯集团、美国ITW特种膜亚洲公司、美国空气化工(上海)公司、深圳华强集团等知名企业，对有意向的投资商进行重点跟踪推进。同时，充分发挥驻东莞联络处的作用，积极开展以台商为重点的招商活动。台湾画佳公司的海普拉斯液晶电视项目、广州伟和公司的改性塑料项目、奥克斯空调项目等都在积极洽谈中。2008年，由于引资服务态度好、服务效率高，工作成绩突出，受到市委通报表彰。（李顺利）

【突出现代服务业招商】 规划南环汽车市场、物流园区、大型连锁超市、快捷酒店等10多个服务业招商引资项目。并先后与大润发连锁超市、武汉一景酒店、日东科技公司酒店等多家服务业企业进行洽谈。至年底，已有一汽奔腾、南汽名爵、华晨轿车等8家经销商提出建店计划；金谷五星级酒店5栋客房楼正在装修，主楼基础施工和部分庭院绿化已经完成；深圳华强文化创意产业园项目、金谷医院项目和关堤乡生态农业旅游项目正在积极推进。（李顺利）

【加快推进标准厂房建设】 为集约利用土地，管委会投资建设的23万平方米标准厂房至年底已累计完成投资1.5亿元，开工面积16万平方米，竣工面积2.7万平方米，竣工标准厂房13栋，综合研发楼主体工程全部完工，道路、管网、电力等配套设施已基本建成。由二建、天丰公司建设的标准厂房东区已建成3栋，竣工面积1.6万平方米。25家企业提交厂房租赁申请，其中4家企业开始入驻，实现标准厂房招商建设同步进行。（李顺利）

【项目建设实现跨越突破】 加强重点项目督导力度，及时解决项目建设中出现的问题，使一批项目实现早开工、早建设、早投产。2008年，全区共谋划项目89个，计划总投资142亿元，新开工项目52个，竣工20个；列入市重点建设项目14个，其中工业项目12个，计划总投资26亿元，累计完成投资14.7亿元，完成年度目标的169%。新飞200万台冰箱生产线项目、佐今明清热解毒口服液项目、娃哈哈四期、五期扩产项目、高盛节能快装房屋集成系统项目、河南平和空气滤清器项目、远东大方道路修筑养护设备制造及销售等10个重点工业项目已竣工投产。高新区项目谋划和推进工作在全市6个园区综合评比中排名第一。（李顺利）

【推进城市基础设施建设】 投资9200万元，新开工城市道路5条，分别是市重点建设项目新二街（向阳路至南环路段）和海河路（新飞大道至新一街段）、牧野路（南环至午阳路段）、德源路（新飞大道至新原路段）、牧野路（午阳路至德源路段），至年底已竣工城市道路3条，道路全长6.2公里，安装路灯360盏，铺设污雨水管道33.6公里，超额完成年度计划。（李顺利）

【加快城中村改造步伐】 该区成立高新区城中村改造指挥部和城中村改造建设管理中心并组织人员多次赴外地市学习，认真制定方案。东台头、东杨村、南马庄3个村已完成房屋丈量、产权确认、规划审批、起步区确定等基础工作。南马庄已与投资商签订开发协议，规划建设方案也已通过市定点会审批，并完成拆迁3000余平方米；东台头、东杨村采取“政府引导、村民自建”的改造方案已经市政府批准，现开始逐户签订拆迁安置协议，实施拆迁。其中东杨村已完成拆迁9000平方米。（李顺利）

【扎实做好生态文明村建设】 该区加大生态文明村建设投入，建设成效显著。一是投资80余万元，植树1100余亩、19万棵，率先超额完成市政府下达的生态林建设任务。二是投资500余万元，新修村内道路20余公里，安装路灯596套、铺设便道砖5.6万平方米，新建公厕15座、垃圾池486个、生活垃圾集中堆放场62个。三是完善乡村公路建设，新建乡村公路3条，道路总长5.5公里。四是拆除违章建筑463处，清理垃圾3.6万立方，整理残墙断壁3000平方米，村容村貌明显改观，并顺利通过市督导组的验收。五是新型农村住宅社区建设取得新进展，关堤乡14个行政村整合为6个中心村的整体规划方案已完成，并通过市规划局审批。该乡最大的新型农村住宅社区和兴新村已开始建设。（李顺利）

【全面加强“三农”工作】 该区加快发展农村果林种植、养殖等专业合作组织，为农民提供产前、产中、产后服务，促进农业和农村经济结构的战略性调整，全年新增绿色无公害优质梨、桃500亩，平均每亩收入达3000余元；奶牛存栏870头、生猪存栏1.7万头，种植业、养殖业不断发展壮大。小麦种植面积2.9万亩，总产量达1705万公斤，创历史新高。加强农田水利基础设施改造，整修灌溉渠道2000米，完善排水渠道2000米。积极落实国家各项支农惠农政策，全年共兑付各项支农惠农资金539.9万元，促进全区农业生产发展和农民增收，2008年农民人均纯收入实现4821元，同比增长24%。（李顺利）

【集约节约利用土地资源】 全年批准新增建设用地1200亩，签订征地补偿协议313.99亩，通过招、拍、挂出让土地753.9亩。同时加强土地出让金清缴，严格清查闲置土地，清查出闲置土地5宗，闲置面积243.95亩。与2宗土地单位签订限期开工协议，有偿收回2宗闲置土地使用权。（李顺利）

【创卫工作走在全市前列】 按照全覆盖、无缝隙的要求，该区以落实“人员、经费、制度”为主要内容，在全市率先建立道路庭院保洁、集贸市场管理、城中村及城乡结合部卫生保洁等长效管理机制。市创卫指挥部多次在该区召开经验交流现场会，推广其建设管理经验。在全市各项创卫工作效能考核中，该区始终处于领先位次，受到市领导的充分肯定。在国家技术评估和考核鉴定中，该区承担全市创建亮点的主要迎检任务，受到国家爱卫会专家的好评，为全市成功创建国家卫生城市作出重要贡献。（李顺利）

【扎实做好“三大”活动】　按照市“大整治、大绿化、大建设”活动指挥部的统一部署，该区成立“三大”活动指挥部，细化任务、责任到人、倒排工期，至年底，共完成违章建筑拆除和项目供地附着物拆迁1.3万平方米，新增道路绿化面积8.14万平方米，新建游园绿地面积3.21万平方米，各项任务按时间和进度要求有序推进。（李顺利）

【率先完成“创园、创森”任务】　全年，新建南环绿地、绿都绿地、牧野路游园、德源路游园等绿地游园4个。全年新增绿化面积12.7万平方米。在创园、创森工作中，共栽植各类乔灌木137万余棵，率先超额完成各项创建任务。（李顺利）

【快速推进石武客运专线建设】　国家重点工程石武客运专线涉及该区关堤乡6个村庄，长5公里，铁路红线用地135亩、临时施工用地241亩。接到任务后，该区及时组成工作班子，深入现场办公，配合省国土厅在全市率先完成勘测定界及建筑物、附着物的清点工作。截至年底，铁路建设用地已全部腾交，农民补偿款发放到位，保证国家重点项目的顺利进场施工。（李顺利）

【认真开展“两转两提”活动】　在全区开展的以“转变政府职能，转变工作作风，提高行政效率，提高公务员素质”为主要内容的“两转两提”活动中，紧紧结合全区中心工作，通过抓思想教育、抓服务意识、抓发展环境、抓业务能力、抓工作落实，进一步加强职工队伍建设，塑造良好政府形象，促进了各项工作的有序开展。（李顺利）

【信访稳定工作成效显著】　按照“落实制度抓源头、强化措施抓排查、积极应对抓处理、严格责任抓追究”的工作思路，切实做好信访稳定工作。全年共办结国家和省、市交办案件18起，办结率达到100%。在全国“两会”、省“两会”和北京奥运会期间，没有发生赴京去省集体上访和非正常集体上访案（事）件，先后被市委、市政府授予“维护稳定工作先进单位”、“县委书记大接访活动先进单位”和“信访工作先进单位”等称号。（李顺利）

【安全生产形势继续好转】　年初该区与50余家重点企事业单位签订安全生产目标管理责任书，对全区重点单位、重点部位和重大危险源进行摸底排查，建立重大事故隐患、重大危险源档案，落实整改监控责任人。全年多次开展安全生产大检查，共检查生产经营单位150多家，查出事故隐患230余处，下发整改通知书55份。同时积极开展食品、药品安全监管工作，保证辖区群众的健康安全。至年底，全区工矿商贸从业人员10万人死亡率、亿元产值死亡率均为零，没有发生一起安全生产事故。（李顺利）

【治安防范体系进一步完善】　加强社区警务建设，建立了一支由30人组成的治安巡逻队伍，坚持24小时不间断巡逻，有效防范违法犯罪案件的发生，农村和社区警务室按要求全面建成。驻区公、检、法等部门切实加强奥运安保工作，积极开展打击“两抢一盗”、打击非法传销等专项行动，全区发生各类刑事案件比上年同期下降23%。（李顺利）

【劳动和再就业工作成绩突出】　全面贯彻“劳动者自主择业，市场调节就业，政府促进就业”的方针，全面落实各项就业政策，全区就业再就业工作步入良性发展阶段。全年新增就业人员1492人，完成市下达目标任务的168%；安置下岗失业人员269人，完成市下达目标任务的198%；农村劳动力转移就业1126人，完成市下达目标任务的113%；农村劳动力技能培训200人，完成市下达目标任务的100%，下岗失业人员培训235人，完成市下达目标任务的100%。积极开展以创业促就业的培训、服务，全区就业形势良好。（李顺利）

【全力以赴支援汶川抗震救灾】　积极响应国家和省市号召，在全区开展向地震灾区捐款活动。共募集捐款117万余元，其中机关党员缴纳特殊党费14.24万元，人均交纳数额位居全市前列。关堤乡21中学女教师孙济艳赴四川参加“慰孤心理专家咨询团”志愿者服务；天丰公司圆满完成12万平方米援建活动板房的生产任务，受到省市领导的高度赞扬。（李顺利）

【精神文明创建硕果累累】　深入开展精神文明创建活动，2008年共推荐国家级文明单位1个，省级文明单位3个，省级文明社区1个；推荐市级文明单位3个，市级文明社区、庭院3个。其中，省委、省政府命名省级文明单位3家；双拥社区被命名为省级文明社区；华天社区被命名为市级文明社区。区党委、工会、团委举办了迎“七一”学习党的“十七大”精神知识竞赛、迎奥运乒乓球赛和迎新年长跑比赛等活动。启明社区老年艺术团参加在北京举办的第一届全国老年艺术节并荣获金奖。机关和社区文化活动有声有色，丰富多彩。 (李顺利)

【开展食品安全专项治理活动】 区工商、质监、防疫等相关部门联合行动，周密部署，在全区范围内开展奶粉市场治理整顿。对区内160余家食品销售流通网点开展食品安全检查，对市场、超市等重点部位奶粉质量安全进行拉网式检查。落实各项监管措施，确保食品生产企业产品出厂合格率达到100%。 (李顺利)

【各项社会事业健康发展】 一是计生工作进一步加强，全年人口出生率4.7‰，完成11.1‰的市政府责任目标。2008年被省、市政府评为“计划生育村室建设先进单位”和“省级计生工作先进单位”。二是投资60多万元对农村学校破旧房屋进行修缮；完成“普九”债务43.5万元的清理化解工作，并拨付资金37.2万元，保证全区农村中小学生免费使用教科书。三是以手足口病防治为重点，认真开展传染病防治工作，确保人民群众身心健康。2008年被省卫生厅授予“卫生工作先进单位”。四是完善社区管理，新增设东升、金阳、振兴3个新社区，更好地为辖区居民提供服务。 (李顺利)

【继续抓好新时期党员发展工作】 根据新时期党员发展的要求，该区加大对优秀青年和入党积极分子的培训力度，为入党积极分子征订入党教材，采用以会代训的方式，对入党积极分子进行3次培训，全年共发展党员57名，其中35岁以下农村优秀青年党员32名，一线专业干部党员17名，为党组织注入新鲜血液。 (李顺利)

【非公经济组织和社区党建不断加强】 强化非公有制企业党建工作，新建非公企业党支部1个。全区46家规模以上企业具备建立党组织的有22家，已建立党组织20家，其中同心药业党总支被市委组织部评为市级“五好”基层党组织。加强社区党建工作，积极利用视频网校开展电教活动；组织开展了“党章党史”知识竞赛；党员结对帮扶36人，初步形成以社区党组织为主体、社区党员共同参与的社区党建工作新局面。2008年启明社区被省委授予“省级社区党建工作示范点”和省级“五好”基层党组织称号。 (李顺利)

【干部教育培训工作进一步强化】 出台《关于鼓励机关人员参加在职学历教育的暂行办法》，提出具体的学习培训目标和激励奖惩措施，有力推动在职职工的学习热潮。2008年编印职工《学习资料》两期，组织全区240余名干部职工参加年度综合素质考试。在全市干部教育培训工作经验交流大会上，该区受到市政府表彰，并作为学习型机关的先进典型向全市推广。 (李顺利)

【村两委换届选举工作圆满完成】 按照全市的统一部署，区党委、管委切实加强对村级组织换届选举工作的领导。至年底，19个村全部换届到位，选出新一届村委会成员68人，其中13名大学生村干部全部当选。 (李顺利)

2008年新乡高新技术产业开发区办事处、乡概况一览表

办事处、乡名　称	主要领导(党政正职)	面积(平方公里)	人口(人)	居委会(个)
市人民政府高新区办事处	书记:李海林 主任:申　岩	18	51100	社区居委会6个
新乡高新区关堤乡	书记:王振海 乡长:张孟千	32	30721	行政村19个

(李顺利)

西 工 区

【西工区概况】 2008年，西工区管委会坚持“工业兴区是加快发展的主方向、开放兴区是加快发展的主路径、特色竞争是加快发展的主策略、生态建区是加快发展的主基调”的总体思路，各项事业呈现协调发展的良好态势。

经济发展迈上新台阶。完成煤炭运输业销售收入1.6亿元，较上年同期增长40％；工业总产值4800万元，比上年增长20％；社会消费品零售额完成960万元，较上年增长25％；对新乡市财政贡献2768万元，其中区内税收完成735万元（国税完成400万元，地税完成335万元），较上年增长38％。

招商引资和项目建设成效显著。积极配合市政府筹划铝产业一体化项目。始终把谋划年产60万吨电解铝及深加工项目放在工作重中之重的位置，在主动与中州企业沟通，共商项目建设大计的同时，把项目建设的思路和策略向市委、市政府作专题汇报，引起市委、市政府的高度重视。市政府多次召开专题会议研究铝产业一体化项目建设的具体事项，并组织专门力量深入中州企业、宝山电厂、辉县等地，围绕国家产业政策、工艺流程、运行模式、厂址选定等相关问题展开调研。赢得中国铝业的大力支持，表示2012年前将要在新乡市境内建设铝电一体化项目。

优化经济发展环境，为企业搞好服务。对已经投入运营的新乡市永敬贸易公司、河南省银海工贸有限公司、新乡市花溪物流有限公司等项目搞好服务工作的同时，继续为在建项目解决实际困难，帮助企业发展壮大。永敬贸易公司成为该区税收大户。西工区花溪机械制造有限公司已经投入运行，该公司成功研制出“玉田”牌国内首台集收割、输送、脱粒、清洗、还田于一体的玉米联合收割机，该产品已迅速打开市场，企业步入快速发展期。

新农村建设扎实推进。一是生态文明村建设初见成效。共投入资金20万元，完成绿化通道植树1.6万棵，成活率达85％；围村林植树0.7万棵，成活率达94％。二是畜牧业生产健康发展。坚持突出品种改良、圈舍改造、疫病防治、科学饲养等关键措施的落实，同时，及时发放国家对能繁母猪和奶牛的补贴，全区猪存栏达到3500头，牛450头，羊550只，其余家禽21000只；三是严格执行农村税费改革政策，及时发放种粮补贴，保护和调动农民种粮的积极性，确保全区粮食生产能力和总量稳定。共对971户种粮农民发放粮食直补和综合直补资金541108.87元。四是农民素质不断提高。经常性地邀请农业技术宣讲团到各村讲解农业科技知识，进一步提高农民对新技术、新知识的吸收和运用能力；五是农村公益事业持续发展。逐步完善新型农村合作医疗保险体系，使914户参加农村合作医疗，参合率达90.18％。

社会事业全面发展。一是建立健全最低生活保障制度，做到应保尽保，应扶尽扶，发放低保金295120元，社会救灾、救济金48700元，优抚金25344元；二是加强人口与计划生育工作。避孕节育措施落实率达95％、及时率达80％，政策生育率为98％。三是巩固和拓展文化阵地。坚持以构建和谐社会为目标，积极开展群众性文化活动，不断满足人民群众日益增长的文化需要。

党建工作进一步加强。一是突出区党委的首要责任。建立区党委抓基层组织建设工作责任制，出台《西工区基层组织建设工作年度工作意见》，详细分解组织建设工作目标，从区党委书记到各党委成员，人人有任务，人人有担子。二是建立党建工作党委例会制度。三是建立党建工作联系点制度。区党委成员每人联系1个社区、1个村庄、帮扶3个贫困户，每年深入联系点调研指导工作都在30天以上，每人年内完成1个基层党建调研课题，抓好1个党建工作典型，对出现的问题做到早发现，早处理，早解决。四是建立目标考评制度。增强党组织抓基层、打基础的积极性和主动性。五是加强干部队伍作风建设。认真组织开展“新解放、新跨越、新崛起大讨论”活动，通过宣传发动，学习研讨，查摆整改，使广大干部在思想观念、工作作风、经济发展、工作机制、服务水平等方面取得明显进步和提高，使思想观念更加解放，在全区形成建设富裕、文明、生态、现代铝工贸新区的强大合力。

（桑明轩）

2008年度西工区各项基本数字统计表

项　　目	2008年	较上年增长%
总面积（平方公里）	6.00	—
耕地面积（公顷）	420	—
总人口（人）	10103	−2.9
农业人口（人）	4798	2.5
非农业人口（人）	5305	−7.4
粮食总产量（吨）	6993	11
农民人均纯收入（元）	5258	10
工业总产值（万元）	4800	20
实现税收（万元）	2110	38
社会消费品零售总额（万元）	960	25
中小学在校学生（人）	1608	−5.1
医院病床（张）	150	0.87

（桑明轩）

西工区管委会领导成员

党委书记、主任　　聂玉国
党委成员、副主任　　郭海燕
党委成员　　吴进才　张树仁　解福继

（桑明轩）

【长江大道改建工程竣工通车】　8月28日，长江大道举行开工仪式。长江大道获嘉西环至西工区东环路段改建工程是经市委、市政府研究批准的公路建设项目，是惠及获嘉县和西工区的重要工程。该项目是按照省二级公路建设标准设计，总投资1000余万元，线路总长2.11公里，路面宽21米。该路段的修建重点在于解决超限超载、挤占道路、乱搭乱建和沿途企业进行有效的区域规划，集中经营和管理，达到村庄美化、企业规范的标准。（桑明轩）

【国内首台玉米联合收割机研制成功】　3月30日，西工区花溪机械制造有限公司经过精心设计，反复试验，成功研制出集收割、输送、脱粒、清洗、还田于一体的"玉田"牌玉米联合收割机，并在海南省三亚市召开的科技成果检测推广演示会上受到省内外农机专家和经销商的一致认可和高度评价。现场就有30余家经销商与花溪公司签订供货合同。

（桑明轩）

【西工区扎实开展"三新"大讨论活动】　2008年7月份以来西工区按照市委的安排部署，结合自身情况采取多种有力措施，扎实推进大讨论活动。

（桑明轩）

2008年西工区管委会社区、行政村概况一览表

管委会社会社区 行政村名称	主要领导 (党政正职)	面　积 (平方公里)	人　口 (人)
中州铝厂社区	书记　梁海霖 主任　梁海霖	0.42	5305
后庄村	书记　张荣顺 主任　张太平	0.56	689
招民庄村	书记　张继奎 主任　张继武	2.28	1692
花庄村	书记　孟庆纪 主任　李树海	2.74	2417

(桑明轩)

河南新乡工业园区

【河南新乡工业园区概况】 2008年，河南新乡工业园区按照“解放思想、二次创业”的总体要求，强力实施“引资、项目双带动”战略，全区经济社会保持平稳较快发展。

经济运行质量显著提高。2008年实现工业生产总值30.5亿元，同比增长156%；全社会固定资产投资19.9亿元，同比增长44%，其中工业固定投资达到16.8亿元，同比增长50%；地方财政一般预算收入3031万元，同比增长197%。农民人均纯收入达到4000元。

省长郭庚茂（前左一）莅临园区企业调研

工业强区战略成效显著。2008年园区始终坚持以工业为主导，不断促进工业经济规模做大、结构做优、后劲做足。一是骨干企业带动作用明显。广州立白、白鹭化纤、新飞专汽等企业成为推动全区工业经济增长主导，精细化工、化纤纺织、专业汽车及配件加工三大支柱产业对工业经济的贡献率达70%以上。二是工业企业规模不断壮大。全区已形成年销售收入超亿元的企业5家，超5000万元的企业7家。三是工业经济效益显著提高。规模以上工业增加值完成7.8亿元，同比增长152%。

招商引资工作取得新突破。2008年园区充分发挥自身的区位、交通、政策优势，紧紧围绕“产业总体规划布局、台商工业园、加工贸易承接区、标准厂房”4个重点，紧盯世界、国内、华商、中国制造业500强，区域100强和行业前10强等6强企业，共引进项目12个，协议入区项目10个，实际利用外资912万美元，实现市外资金到位7.62亿元，对外贸易出口80万美元。

项目建设得到快速推进。2008年园区牢牢抓住“竣工项目抓产能、在建项目抓进度、备案项目抓开工、在谈项目抓签约、后续项目抓服务”5个重点环节，对入区企业实施全程代办服务，为项目建设开辟绿色通道，项目建设取得快速推进，全年新开工企业14家，新投产企业11家，其中千万元以上投产项目10个。

基础设施建设取得明显进展。2008年园区强力推进基础设施建设，全力打造经济发展平台，共完成基础设施投资3亿元，完成纬二路、太行路一期、纬七路西段续建工程，经三路续建工程，经四路一期工程，经六路北段、经七路北段、铁路专用线后

续工程。完成了园区电网建设、经七路、纬六路供热管道，10吨备用供热站，建成区供水管网，经九路污雨水管网，经三路、纬七路污水处理厂收水管网、污水提升泵站两座等基础设施，为园区的发展夯实基础。

城区面貌明显改善。2008年园区以“新城杯”竞赛为动力，切实加强生态园区建设，投资1100万元完成新长北线一期绿化工程，绿化面积56万平方米，投资200万元完成经三路、纬三路道路绿化，投资100万元改造提升经八路道路绿化，对全区11个行政村植树造林，村庄绿化进行统一规划，完成环村林带栽植20万株，新增林地1790亩，城区面貌焕然一新。

新型社区建设全面启动。2008年对园区11个行政村整合规划为4个新型农村住宅社区，包括南张兴庄、北张兴庄、贾堤3个行政村的张兴庄社区已全面启动，一期已建成2.5万平方米的商住新村，承担着为新乡职业技术学院首批入驻学生的临时住宿的生活服务职能，二期工程的居住小区已全面启动。

抗震救灾工作成绩突出。汶川大地震发生后，园区广大干部职工迅速行动，积极支援灾区人民，共向四川灾区捐赠款物27.6万元，区内企业捐赠款物36.5万元，运输活动板房4. 1万平方米，组织施工工人160多人，支援灾后重建，被市委、市政府授予“抗震救灾先进单位”、“河南省工人先锋号”等多项殊荣。

落实各项惠民政策。积极开展“家电下乡”试点工作，全区发放补贴资金1.54万元，发放各类教育补贴资金达51.6万元，为11个行政村放映电影36场，活跃农村文化生活。

（陈国众）

2008年度河南新乡工业园区基本数字统计表

项　　目	2008年	较上年增长％
总面积(平方公里)	33	—
耕地面积(公顷)	1181.6	—
总人口(人)	45508	—
农业人口(人)	12508	—
非农业人口(人)	2400	—
农民人均纯收入(元)	4000	14％
农业总产值(万元)	1520	19％
工业总产值(万元)	305000	157％
地方财政收入(万元)	3031	197％
中小学在校生(人)	785	—

（陈国众）

河南新乡工业园区领导成员

党委书记　南国良(2008年2月离)
市长助理、园区党委书记　职　伟(2008年2月任)
管委会主任　李跃勇
管委会副主任　聂光营
娄哲峰
邓清亮
陶建新
纪委书记　翟洪凯
党委委员　董成山

（陈国众）

【**二次创业**】园区短短的5年发展，已初具规模，2008年，新一届领导班子提出了“二次创业”的发展思路，科学规划园区今后的奋斗目标，重新确定园区今后的发展战略：一是用两年时间（2008～2009年）完善城市建设框架，完成城市最基本的公共服务功能。二是到2010年，建成具有明显优势和特色的百亿园区,初步实现城乡一体化。三是到2012年,实现200亿元以上工业收入3亿元以上财政收入的三步走发展战略。按照全省、全市开展的"新解放、新跨越、新崛起"活动部署,结合园区实际,开展"解放思想、二次创业"和"思想作风建设"大讨论活动,为叫响"二次创业"跨越发展奠定思想基础,为明确"二次创业"集聚力量。　　（陈国众）

【中国新乡台商工业园、中国新乡加工贸易承接区成立】　8月25日,中国新乡台商工业园、中国新乡加工贸易承接区在工业园区挂牌成立。省委统战部部长刘怀廉和省商务厅专门发来贺电、贺信。中国台湾同胞投资企业联谊会常务副会长何希灏、省台办处长崔援朝、市长李庆贵到会祝贺并致辞。中华经济文化发展促进会主席、中国投资贸易发展联席会会长、中国城市旅游投资促进会会长许水树代表客商致辞。两区的挂牌成立,是新乡吸引台商、承接东部沿海企业在内地实现经济新的增长、发挥效益的又一黄金地带。两区的成立,将进一步提升新乡对外开放水平和区域竞争力,成为河南又一个促进两岸交流,连接加工贸易产业梯度转移的良好纽带,成为新乡工业园区又一招商引资平台。　　（陈国众）

【污水集中处理厂项目开工奠基】　10月23日,新乡市重点建设项目河南新乡工业园区污水集中处理厂项目开工奠基,市委常委、秘书长王保旺、副市长周健等市、县领导参加奠基仪式。该项目是新乡工业园区在新形势下创新招商引资方式、拓宽融资渠道、采用BOT崭新的融资方式运作,引进的亿元外资项目,由马来西亚联熹水务有限公司投资建设并运营。该项目占地70亩,总设计污水处理能力15万吨/日,出水标准为一级A标准,一期投资1.1亿元人民币,处理污水5万吨/日,该项目建成后,不仅服务新乡工业园区的企业排水、生活污水处理,同时,也将带动延津县榆东工业区、新乡县古固寨产业聚集区环保事业的健康发展,为优化投资环境,提升城市品位,提高综合竞争力,打造碧水蓝天工程,促进环保生态园区建设打下坚实的基础。　　（陈国众）

【首个新型农村住宅社区建设开工奠基】　10月28日,园区首个农村新型住宅社区建设开工奠基。为加快城市建设步伐,加强生态农村建设,园区整合11个行政村资源,促进农村向城市转变,将原来的11个行政村整合为3个社区2个中心村,张兴庄社区是园区3个社区之一,该社区项目建设分二期实施,一期商贸区已建成使用,此次启动的二期工程包括张兴庄、北张兴庄、贾堤等3个行政村合为1个居民社区,安置村民334户1351人,总建筑面积6.4万平方米。同时规划有休闲广场、文化广场、社区医院、学校等配套设施,采取统一建设和居民自建相结合的方式,稳步推进社区建设。昔日黄沙漫天的黄河故道上,一座现代化居民社区正拔地而起,这是园区开发建设所取得的又一项成就。为加快推进农村城市化步伐,提升园区整体发展水平迈出坚实的一步。　　（陈国众）

【外商眼中的河南最佳投资城市(园区)】　6月19日,由中国国际贸易促进会河南分会、河南省外商投资企业协会、经济视点报、世界华人联会总会等联合多家外地商会,经济研究机构举行的2008年河南投资峰会暨最佳投资城市(园区)颁奖盛典在郑州举行,河南新乡工业园区被评为外商眼中河南最佳投资园区。　　（陈国众）

2008年河南新乡工业园区行政村概况一览表

村庄名称	主要领导(党政正职)	面积(亩)	人口(人)
第五疃	书记　贵晓峰	3800	3217
	主任　王国亮		
李胡寨	书记　王春祥	2943	2950
	主任　杨同海		

村庄名称	主要领导(党政正职)	面积(亩)	人口(人)
樊　庄	书记　张永洲 主任　张克玉	4150	2630
张兴庄	书记　张继满 主任　张东升	600	807
北张兴庄	书记　张树林 主任　张　旺	290	296
位　堤	书记　贾兆生 主任　贾长源	670	520
贾　堤	书记　邓志才 主任　贾运华	150	248
冯　堤	书记　冯希刚 主任　宋玉军	440	655
贾李庄	书记　邢广龙 主任　邢天胜	1430	540
邢　庄	书记　邢广龙 主任　邢广好	311	273
夏　庄	书记　冯清瑞 主任　冯青雨	477	693

(陈国众)

收获季节

文献文论选辑

文 献 选 辑

中共新乡市委 新乡市人民政府 关于2008年经济社会发展的意见

（2008年1月15日）

2008年是实施"十一五"规划的关键一年，做好今年各项工作，对深入贯彻落实十七大精神、保持经济社会又好又快发展势头、全面建设小康社会具有重要意义。

一、2008年经济社会发展的总体要求

1、指导思想：认真学习贯彻十七大精神，深入落实科学发展观，按照中央经济工作会议和省委八届五次全会的工作部署，围绕好字优先、加快发展这个主题，突出"发展、稳定、廉洁"工作特色，立足"抓基层、打基础、上台阶"工作要求，以重大工业项目、城市建设和现代服务业发展为标志的新一轮经济社会发展为主线，以"三位一体"系统工程为载体，强力实施引资项目双带动战略，切实增强科技创新能力，走集聚、集群、集约发展的工业化道路，走人口转移型和结构转换型相结合的城镇化道路，走区域推进的农业现代化道路，建设效益新乡、创新新乡、生态新乡、和谐新乡，奋力争先晋位，实现跨越发展。

2、预期性目标：生产总值增长13%，其中一、二、三次产业分别增长5%、15.1%和13%；全社会固定资产投资增长18%左右，其中工业固定资产投资增长30%以上；社会消费品零售总额增长15%；地方财政一般预算收入增长14%；城镇居民人均可支配收入增长10%，农民人均纯收入增长8%；城镇新增就业7万人，城镇登记失业率控制在4%以内；人口自然增长率控制在6.3‰以内。

约束性目标：单位生产总值能耗降低5.1%；化学需氧量、二氧化硫排放量分别减少8.73%和7.13%。

二、强力实施引资、项目双带动战略，提高招商引资和项目建设的质量和水平

3、扩大招商引资规模。发挥作为全国加工贸易梯度转移重点承接地的优势，积极承接东部地区产业转移，推动产业结构优化升级。力争新批外商投资企业50家，实际利用外资1.65亿美元，增长27%；利用市外资金100亿元，增长25%，其中省外资金80亿元，增长33%。

4、创新招商引资工作机制。实施"党政一把手工程"，各县（市、区）和省级以上工业园区党政正职要保证一人常年在外招商引资。坚持对外开放工作例会及企业发展环境首席服务官制度，完善促进招商引资的有关政策。每个招商引资项目的前期谋划、中期洽谈、后期服务专人负责，实行跟踪服务。建立外来投资企业管理系统，通过优质服务，促进以商招商实现较大突破。

5、拓展招商引资方式。完善招商引资项目库，围绕世界500强、国内500强和华商500强企业的扩张需求和投资意向，依托我市六大主导产业、七大产业集群和54户重点企业，积极开展产业链招商、网络招商、委托招商、园区招商和重点项目定向招商。强力推进小分队招商，由市领导带队，组织20支招商小分队在第一季度开展面向“三个500强”企业的登门招商活动。以“根”文化为载体，举办中国财文化节暨纪念比干诞辰3100周年大典。组织参加福州海交会、厦门投洽会、第三届中部博览会、第五届国际投资贸易洽谈会。举办大型市情说明活动和境外专业性招商活动。

6、强化招商引资信息平台。加大推介力度，在国家、省级媒体及国家涉外媒体宣传新乡，在深圳举办“新乡现象”论坛。及时了解国际市场、国家产业政策的变化以及国内外资金流向，密切关注长三角、珠三角、环渤海经济圈等发达地区产业升级转移的新趋向，提出切合我市实际的合作项目。健全完善与国内外知名企业的信息交流网络，编定对我市经济社会发展有所帮助的国内外各届人士名录。及时向各县（市、区）、企业发布重要招商信息和外商投资意向。

7、提升招商引资层次。制定吸引战略投资者的规划，建立战略投资者档案库，吸引大公司、大集团在新乡设立生产基地、研发中心、采购中心和地区总部。重点抓好澳门宝龙城市广场、深圳潜龙冰箱、江苏雨润肉鸡加工、日本富士电梯、澳大利亚高盛公司快装集成房屋系统、意大利欧玛公司汽车零部件等重大招商项目开工建设。

8、提高对外开放水平。加快新乡口岸建设和大通关建设，申请设立新乡海关和出入境检验检疫机构。继续壮大出口队伍，新增进出口经营权企业100家，进出口总额完成16亿美元，其中出口10亿美元，进口6亿美元。优化出口商品结构，提高高新技术产品、机电产品出口比重。组织参加上海华东出口商品交易会、广州进出口商品交易会、深圳高交会以及国外贸易洽谈会，扩大进口规模。做好出口预警、进口监测和反倾销应诉工作。

9、加强对外经济技术和劳务合作。进一步壮大外经队伍，新增外经经营权企业1至2家。对外承包工程和劳务合作完成合同额1000万美元、营业额850万美元，外派国（境）外劳务人员1100人次。海员园区建成投用。

10、坚持以项目统领经济工作全局。根据国家产业政策和投资导向，围绕我市经济社会发展重点领域，按照竣工投产一批、开工建设一批、提前谋划一批的原则，以重大工业项目为核心，实施一批市场容量大、产业链条长、科技含量高和符合国家鼓励发展的项目，坚决不引不上污染项目和限制类项目。计划实施重点项目160项，总投资548亿元，年度完成投资150亿元；其中工业项目87项，总投资185亿元，年度完成投资62亿元。争取列入省重点项目个数居全省前列。

11、努力提高在建项目竣工投产率。加快华兰生物系列生物制品工程、永煤集团中新化工年产100万吨甲醇、宝泉抽水蓄能电站4×30万千瓦机组等100个总投资350亿元续建项目建设进度，年度完成投资98亿元。确保赵固一矿年产240万吨原煤、金龙集团年产6000万平方米新型锂离子电池隔膜材料、新航集团年产20万台动力转向器等40个总投资75亿元的项目竣工投产，年度完成投资17.5亿元。

12、重点抓好新开工项目。开工建设河南心连心化工合成氨及复合肥系列产品、渠东电厂2×30万千瓦热电、孟电集团2×30万千瓦火电等60个总投资198亿元的项目，年度完成投资52亿元。

13、加大重大项目谋划力度。坚持项目谋划工作例会制度，着力谋划重大项目特别是重大工业项目。重点做好原阳桥北河南科技城、赵固循环经济工业园、宝山二期、宝泉二期、华亚钢铁、新飞年产100万台太阳能热水器、豫新2×100万千瓦火电、河南科隆年产2万吨高性能电源材料、新亚集团年产20万吨轻量涂布纸、延化化工年产60万吨尿素、香港仁基年产30万吨乙醇、新郑快速轻轨系统等重大项目的谋划工作。

14、做好上级资金争取工作。认真研究2008年工业结构调整、农业综合开发、高新技术产业化等资金支持的方向和重点，筛选出一批符合国家、省政策支持的项目。重点争取新亚纸业日处理4万吨白水回收及污水深度处理、新乡化纤年产4万吨短纤维、金龙铜管年产3000吨外翅片传热铜管等项目列入上级资金扶持范围。

15、优化投资环境。以荣膺“中部六省最佳投资城市”和“中国企业成长环境十佳中小城市”为契机，落实优化发展环境责任制，强化目标考核和责任追究，提升投资环境综合评价在全省、全国的位次。巩固“行政效率提速年”活动成果，提高服务意识，规范权力运行，发挥社会监督和舆论监督作用，加大案件查处力度，切实维护投资者合法利益。

三、深入推进社会主义新农村、县域经济、新乡都市区“三位一体”系统工程，形成城乡经济社会发展一体化新格局

16、做好规划编制工作。完成新乡市城市总体规划修编工作。编制市区首期 60 平方公里控制性详细规划、“城中村”改造规划和城市外围拓展区域控制性规划。完善城乡一体的新农村空间布局规划和具有现代文明的村庄住宅社区规划，形成产业聚集区和农村新型住宅社区互相联结的城乡发展新态势。建立城乡一体的规划管理和执法体系，加大规划的落实力度。

17、分类推进社会主义新农村建设。把生态文明村建设作为“三位一体”系统工程的重要内容和推进城市化的重要抓手，以改善人居环境、提高农民生活质量为突破口，因地制宜，典型示范，分类推进社会主义新农村建设，1361 个村达到生态文明村标准。重点推进“一县一镇百村”工程和样板村建设，有计划、有步骤、有重点地带动全市新农村建设。切实做好省新农村建设专项引导资金争取工作。

18、进一步抓好涉农惠民工程。以推进“四件实事、七大体系、九大惠民设施”民心工程为切入点，加大新农村建设投入力度，完善提高惠民工程的档次和水平。做好对种粮农民的直接补贴、良种补贴、农机具购置补贴和重大农业技术推广专项补贴工作。巩固提高沼气建设成果，新增沼气用户 5 万户，健全沼气服务体系。解决农村 20 万人饮水安全问题，进一步建立健全农村安全饮水管理运行长效机制。努力提高气象服务水平，争取每个县(市）建立 1 个自动气象站。

19、提升劳务输出规模和层次。加强农村劳动力技能培训，积极推进阳光工程、雨露计划，转移就业引导性培训 20 万人、职业技能培训 5 万人，力争使农民工职业资格取证率达到80%以上。以长垣厨师、长垣防腐、新乡海员为重点，大力实施劳务品牌工程。全年完成农村劳动力转移就业 100 万人，实现劳务收入 50 亿元。

20、全力推进县城建设。按照国家卫生县城的标准进行建设和管理。积极开展“新城杯”竞赛活动，完善城市功能，提升城市品位，增强县城的辐射带动能力。通过市场化运作，加大融资力度，促进县城连片综合开发。实行县城建设规划行政首长负责制，确保县城规划审批执行率达100%。

21、发展壮大县域经济。围绕“富民强县”目标，坚持实施“工业强县”战略，加大重大项目的谋划建设力度，促进产业和企业集聚、集群发展，实现资源和基础设施共享，形成以民营经济为主体、特色产业为主导、骨干企业为支撑、高效农业为基础、市场体系为纽带、城乡协调的县域经济发展新格局。力争县域完成生产总值 594 亿元，增长14%。

22、加强产业聚集区建设。继续推进各聚集区内不低于 3 平方公里的起步区建设，着力完善路网、电网、信息网、供水、排水、供气、污水处理、垃圾处理等八项功能，37 个产业聚集区（新乡市主城区除外）实施基础设施项目 216 个，完成投资19.4亿元。积极推进国家级、省级工业园区的申报工作，争取桥北新区获得省批准。

23、加快新郑产业带及双核城市建设。按照“呼应郑州、错位发展、发挥优势、突出特色”的思路，制定新乡与郑州对接双核城市总体规划和有关配套专项规划。积极推进以黄河三桥、G107 新线及胡韦线为轴线的郑新产业发展轴建设，加快新乡经济开发区、新乡纸制品产业聚集区、大召营产业聚集区建设步伐；强力推进桥北新区建设，构筑新乡与郑州对接的支点。

24、抓好“城中村”和旧城改造。坚持“政府主导、市场运作、区级负责、因地制宜、一村一案、沿街地块与整体改造相结合”的原则，统筹规划，全面启动主次干道两侧 42 个“城中村”综合开发和旧城改造工作，积极推进留庄营、段村等 42 个试点村改造工作，重点推进火车站区域改造开发。将“城中村”改造与房地产开发相结合，以旧城改造带动房地产开发，新开工商品房面积 100 万平方米，竣工 80 万平方米。

25、加快新区核心区开发。推进新乡大剧院、迎宾大厦、三合一工程（科技馆、青少年活动中心、妇女活动中心)、移动综合楼等标志性工程建设，确保新区市政公园年内投入使用，促使新区核心区尽快形成规模。

26、实施路网工程。实现贯通大外环，开工建设新晋高速、黄河三桥连接线、济东高速黄河大桥、京珠高速安新段扩建等道路工程，新改建安信公路新乡段等 7 条共 295 公里的干线公路，完成新二街、宏力大道西段、区府路中段 3 条共6.3公里城市道路的建设任务。开工建设客运东站和货运东站。

27、完善城市管网。积极争取上级资金，加大城市污雨水管网改造力度，做好市政管网与新区建设、旧城改造及城市道路的配套衔接，新建、改造污水管道17条16.2公里，雨水管道10条15.6公里，建设平原路污水提升泵站和牧野雨水泵站。铺设城市集中供热管网20.7公里，市区新增供热面积135万平方米。

28、开展环境综合整治工作。大力实施8条快速路、干线公路、城区主次干道、街巷、庭院、"城中村"和城乡结合部等区域全覆盖的环境综合整治。完成新中大道绿化整治工作。确保全市40%的中心村建立垃圾处理长效机制，达到村庄整治标准。加快推进西孟姜女河和卫源湖生态景观配套工程，完成牧野湖水系景观建设。

29、提高城市综合管理水平。严查各类违法建设，确保城市规划审批执行率达100%，城市规划区内主干道红线外50米以内、次干道30米以内及重要地段查处率和拆除率均达到100%。巩固国家卫生城市创建成果，重点在城市保洁、公厕管理、"五小"治理、城中村和市场管理等九个方面建立长效机制，逐步实现城市管理的科学化、精细化、规范化、制度化。推进"数字"城管建设，形成支持全方位和全时段城市管理的数字网络。

30、吸引农村人口向城镇聚集。完善鼓励农民进城的优惠政策和城镇养老、医疗、失业等社会保障体系。确保49个村实现村改居。城镇化率提高1.7个百分点。

四、坚持集聚、集群、集约发展，全面提升工业经济竞争力

31、提高工业经济效益。重点抓好盈利大户增盈和亏损大户扭亏工作。计划完成规模以上工业企业增加值340亿元，增长22%以上；实现销售收入1130亿元，增长25%以上；实现利润95亿元，增长30%以上；实现利税130亿元，增长25%以上。

32、培育产业集群。积极推动制冷、起重装备、汽车及零配件、振动机械、医疗器械、电池、纺织七个产业集群加快发展。落实各类财税优惠政策，鼓励国内行业龙头企业、拥有中国驰名商标和中国名牌产品的企业进入产业集群兴办企业。推动集群龙头企业扩大对外合作，加快联合重组，提高产业整体竞争力。力争制冷产业集群完成投资6亿元，实现销售收入214亿元、利税15亿元，分别增长26%和30%；起重装备产业集群完成投资17亿元，实现销售收入120亿元、利税15亿元，分别增长30%和16.8%；汽车及零配件产业集群完成投资8亿元，实现销售收入59亿元、利税5.3亿元，分别增长35%和30%；振动机械产业集群完成投资8亿元，实现销售收入64亿元、利税10.6亿元，分别增长31.5%和32%；医疗器械产业集群完成投资3亿元，实现销售收入46亿元、利税5.9亿元，分别增长31%和30%；电池产业集群完成投资5亿元，实现销售收入62亿元、利税9.2亿元，均增长30%；纺织产业集群完成投资5亿元，实现销售收入57亿元、利税15.8亿元，分别增长32.5%和26%。

33、实施名牌战略。积极开展"质量兴市"活动，加强名牌产品和著名商标的培育保护工作，努力培育一批市场占有率高、效益好的名牌产品。实施集团化、地域化的品牌经营战略，推动优势资源向名优产品集中，形成名牌密集的优势产业。争创中国名牌产品1至2个、省名牌产品10个，省优质产品7至8个，国家免检产品5个、省免检产品15个，鼓励企业争创世界名牌。

34、构建支撑新乡可持续发展的优势产业体系。按照突出重点、区别对待、扶优扶强原则，进一步壮大科技含量高、成长性强的电子信息、生物与新医药、汽车及零配件、特色装备制造、食品、化工六大主导产业，改造提升新型建材、造纸、化纤纺织、能源电力四大传统优势产业，构筑支撑新乡可持续发展的优势产业体系。

电子信息产业。实现销售收入300亿元、利税19亿元，分别增长39%、33.8%。以"一园、两基地、五大集团"（化学与物理电源产业园，功能膜基地和半导体材料基地，新飞集团、金龙集团、环宇集团、科隆集团、燎原公司）带动四大主业（绿色电源产业、半导体器件及材料、应用电子、军工电子及电子整机），建成具有区域竞争力的信息产业基地。扩大新飞、金龙、环宇、科隆、中华等五大知名品牌影响力，积极培育燎原、神舟、力欧、中科等高成长型企业。重点抓好中科公司年产1.2亿平方米锂电隔膜材料、环宇集团锂离子电池技改、新飞电器年产200万台家用电冰箱等项目；积极做好神舟晶体公司年产100万片砷化镓单晶等项目的前期准备工作。

生物与新医药产业。实现销售收入72亿元、利税13.6亿元，分别增长35%、34%。扶持华兰、拓新、新谊、佐今明等龙头企业做大做强。加强封丘、辉县、原阳三大中药材种植基地建设，大力发展特色中药。重点抓好华兰生物系列疫苗等项目投产；争取开工建设拓新生化、海滨药业医药中间体等项目。

汽车及零配件产业。实现销售收入74.5亿元、利税6.4亿元，分别增长40%、35%。对现有产品、技术、市场、资本进行整合，加快专用车、零配件产业园基础设施建设，壮大新航、新飞、新鸽三大企业集团，实现零配件向终端总成类产品延伸，专用车向高技术高附加值产品延伸。重点抓好新飞集团年产1万辆系列专用汽车、河南万向公司年产100万只汽车制动器、新鸽公司年产20万辆三轮摩托车等项目；争取开工建设新航集团20万台电动转向生产线、新飞专用车公司年产3万辆系列专用汽车（二期）等项目。特色装备制造业。实现销售收入214亿元、利税19.3亿元，均增长35%。着力培育卫华起重、太行振动等一批具有比较优势和品牌优势的企业集团，重点开发非标装备、新型钢构建材、数控机床、港口设备等高附加值产品，全面提高机械工业竞争力。抓好太行振动年产320台（套）各类除尘器、卫华集团年产4000台单梁起重机、3万吨船舶制造装备等项目；开工建设卫华集团大型港口起重机械（一期）、太行振动年产500台强力振动筛等项目。

食品产业。实现销售收入115亿元、利税11亿元，分别增长25%、20%。加快新乡食品加工园区、亚特兰食品加工园区、封丘农产品食品加工园区、延津食品工业园区建设，着力培育新良、长远、亚特兰等八大龙头企业。抓好新乡娃哈哈年产1.2亿瓶果汁、省农垦集团清真牛羊肉加工等项目；开工建设新乡娃哈哈含乳饮料生产线、亚特兰年产1万吨魔芋保健面生产线等项目。

化工产业。实现销售收入100亿元、利税14.6亿元，分别增长30%、33%。加快氮肥基地建设，尽快形成规模优势。积极发展煤化工、日用化工、工程化工等市场需求量大的化工产业。重点抓好心连心化工年产100万吨尿素扩建工程和新乡立白公司15万吨洗衣粉、5万吨液体洗涤剂、3万吨透明皂等项目；开工建设延化公司20万吨复合肥、金天化工新增10万吨纯碱、30万吨重碱、1.5万吨三聚氢氨等项目。

35、实施工业跨越工程。重点扶持市属26家2010年销售收入有望超5亿元，县（市、区）54家2010年有望超10亿元的企业加快发展。力争销售收入超亿元企业达到170户，金龙集团实现160亿元，新飞电器（集团）80亿元，白鹭集团、新航集团、新亚集团、刘庄农工商总公司突破30亿元，心连心化工、卫华起重、科隆电器、环宇集团突破20亿元。12户省重点企业、6户高成长型企业销售收入、利税均增长35%以上，54户市重点企业销售收入、利税均增长32%以上。

36、推进企业战略重组。积极引进战略投资者，引导行业整合，推动工业结构优化升级。加快金龙集团、华兰公司、新航集团、燎原电子、新飞集团、卫华集团等优势企业战略重组步伐，深化新飞税控机与北京黑眼睛公司等国内知名企业及权威机构的股权合作，加快燎原电子数字电视合作、中华牌电池商标收购工作。

37、推进工业园区建设。按照综合园区和特色园区齐头并进发展的思路，以五个省级以上工业园区和桥北新区为载体，加快推进园区内基础设施和科技创新、信息化管理及配套服务体系建设，促进园区产业的壮大升级。

高新技术开发区。重点发展电子电器、生物与新医药、汽车及零配件、特色装备制造、食品加工产业，实现工业总产值70亿元、利税6亿元，均增长20%以上。

新乡工业园区。重点发展机械装备、化纤服装、仓储物流、精细化工、汽车及零配件产业，提高专用汽车技术服务中心研发能力，实现工业总产值22亿元、利税2.5亿元，均增长一倍。

新乡经济开发区。重点发展机械装备、化工、医药产业，实现工业总产值71.9亿元，增长20%；实现利税9.9亿元，增长40%。

长垣起重工业园区。重点发展港口起重机、高铁专用起重机和集装箱起重机等系列产品，实现工业总产值130亿元，增长28%；实现利税19.5亿元，增长25%。

化学（物理）电源产业园。重点发展电池及相关产品、半导体材料及元器件产业，实现工业总产值22亿元，增长50%；实现利税1.5亿元，增长51%。

桥北新区。完成80平方公里远景规划、6.2平方公里控制性详细规划。推进路网、电网、供排水等基础设施建设。加快省科研机构生产试验基地建设。力争新引进投资超亿元的高新科技项目2至3个，入驻项目达到20个。

38、扩大融资渠道。积极顺应国家从紧的货币政策，更新融资观念，着力破解中小企业融资难问题。全力推进企业上市，按照“上市一批、申报一批、储备一批、培育一批”的原则，培育25户上市后备企业，争取天丰钢板、新乡克瑞、华鑫能源、拓新化工、金龙铜管等5家企业进入辅导期，力争新亚纸业、新飞电器、科隆电器、太行振动等4家企业实现上市，华兰生物实现再融资。新乡市创业投资公司规范运营，引导企业积极利用股权、债券、创业投资和产权交易等方式进行直接融资。改善融资环境，建立优质贷款项目库，每季度召开一次银企洽谈会，指导银行机构加大对优势产业、重点企业、重点项目以及中小企业的有效信贷投入，力争全市新增贷款60亿元。

39、加强对工业经济运行的综合协调与监控。认真研究国家宏观调控政策，做好工业经济运行中重大问题调研，及早发现和解决苗头性、倾向性问题，发布国家产业政策、资金投向、重要生产资料和重要工业产品市场变化信息，为企业生产经营决策提供信息指导。加强对煤电油运等生产要素的协调，完善油运价格联动方案，应对油价波动对运输业的影响。

40、进一步优化电网结构。重点建设500千伏塔铺变电站增容等19个输变电项目，完成投资7.4亿元。力争实现供电量85亿千瓦时，售电量81.2亿千瓦时。电压合格率、供电可靠性达到99%以上。

五、大力发展现代农业，不断提高农业发展水平

41、发展品牌农业。以发展效益农业为目标，以提升农产品质量安全水平为手段，以高产、优质、高效、生态、安全农产品为重点，依托龙头企业和农民专业合作社，大力实施农业品牌战略，着力培育新乡优质小麦、原阳大米、封丘金银花等一批特色鲜明、质量稳定、信誉良好、市场占有率高的品牌农产品，提高农业比较效益。争创省名牌农产品1至2个。

42、抓好粮食生产。实施小麦高产开发“1346”工程，加快优质小麦生产和加工基地、优质小麦种子基地及原阳大米等基地建设。推进小麦、玉米、水稻等大宗农作物高产开发，全面提高粮食生产能力，粮食总产72亿斤，为实现100亿斤的目标打好基础。

43、加快现代农业示范区建设。依托省农科院高新农业示范基地，积极推进原阳现代农业科技示范区、延津特色高效农业示范区、长垣绿色生态农业示范区和城郊设施农业示范区建设，发挥典型示范作用，带动全市现代农业发展。示范区农业总产值达到87.1亿元，增长9.7%。

44、发展现代畜牧业。继续开展“奶业发展年”活动，推动奶业跨越式发展。新建奶牛养殖小区25个，新增奶牛存栏2.3万头。进一步发挥市惠农担保公司融资平台作用，加大资金投入力度，培育以畜产品深加工和小区规模养殖为重点的龙头企业，加快推进现代畜牧业进程。力争畜牧业产值占农业总产值的比重达到46%。做好重大动物疫病防控工作，确保畜牧业健康发展。

45、提高农畜产品质量安全水平。全面开展“农产品质量安全绿色行动”，进一步加强农畜产品质量监测体系建设，提高监测水平。大力实施农业标准化生产，新建无公害农产品、绿色食品基地25万亩，新认证无公害农产品25个、无公害畜产品3个，新增无公害畜产品产地认定企业11家。

46、推进农业产业化经营。着力培育农业产业化龙头企业和农民专业合作社，推进农业经营形式和经营机制创新。重点扶持新良、长远、三鹿等农业产业化重点龙头企业加快发展，新认定市级重点龙头企业20家，新发展农民专业合作社60家。

47、建设林业生态市。以林业生态省建设为契机，以创建国家森林城市为目标，以加快林业产业化进程为抓手，围绕“一山、一带、三环、三网、三通道”（凤凰山森林公园，共产主义渠绿化带，北环绿化、大外环绿化、环城生态防护林，水网、路网、农田林网，黄河护堤林、大广高速绿化、济东高速绿化），完成各类工程造林27.2万亩，林木覆盖率达到25%以上。凤凰山森林公园完成植树造林551万株。发展林下经济3万亩。做好森林防火工作，森林火灾受害率低于1‰。建成1个省级林业生态县。

48、加强农田水利基础设施建设。抓好以三郊口水库除险加固为重点的防洪工程，三郊口除险加固工程全面完工，争取1至2座病险水库除险加固工程开工。抓好以天然文岩渠清淤疏浚为重点的除涝工程。抓好以扩大有效灌溉面积为重点的抗旱基础设施工程，继续实施辉县市群库灌区、长垣县石头庄灌区等大型灌区节水续建配套工程，争取2至4个县列入全国或全省节水灌溉示范县，新增有效灌溉面积、旱涝保收田面积各2万亩、节水灌溉面积10万亩。抓好以末级渠系改造为重点的引黄灌区清淤配套工程，恢复引黄灌溉面积。抓好以小流域治理为重点的水土生态环境建设工程，治理水土流失面积45平方公里。扎实做好各项防汛准备工作，细化防汛预案，落实防汛工作责任制，确保全市安全度汛。

49、推进扶贫和农业综合开发。实施老区三年脱贫行动计划，加快扶贫开发整村推进步伐。重点解决3万贫困人口的温饱问题。推进农业综合开发，改造中低产田8万亩。

六、加快发展现代服务业，建设区域现代物流中心

50、提升服务业发展水平。重点发展现代物流、金融、信息、商务、教育培训等生产性服务业，积极开拓商贸、旅游、市政公用事业、社区等消费性服务业，抓好现代服务业重大项目谋划和建设工作，不断优化服务结构，提升服务业发展整体水平。广泛培育餐饮、体育、健身、文化、娱乐等适应现代经济发展的生活服务型消费市场，大力发展连锁经营、物流配送、电子商务、外包服务等现代流通方式和综合超市、大卖场、便利店、购物中心等新型业态。把培育壮大龙头企业作为提高服务业竞争力的突破口，重点培育新运交通、八里沟景区、市商业银行、市百货大楼、金环文化等具有较强竞争力的大型知名企业和服务品牌。

51、加大重点物流项目的建设力度。构建以区域综合物流为基础、城市配送物流为支撑的物流网络体系。开工建设中储粮集团新华粮库物流中心，加快建设小店综合物流园区和南环综合物流园区，积极推进原阳国际农产品贸易中心和新钢钢材物流项目建设。发展第三方物流，完善物流仓储配送服务平台，加快市生产资料集中采购配送中心、仓储物流中心、牧绿果蔬物流配送中心建设。

52、加快发展商贸服务业。重点培育八条特色商业街（区）和四条商业步行街，通过合理规划布局，不断提升特色街区品位。加快沃尔玛、台北时代广场、华彬广场等重点商贸项目建设，争取年内竣工投用，促进宝龙城市广场等一批现代服务业项目开工建设。

53、加快发展旅游业。坚持统一规划、分片开发原则，以南太行、牧野古文化、沿黄生态三大旅游带为主线，整合旅游资源，加快景区以道路为核心的各项基础设施建设，打造新乡旅游品牌。以省政府大力推进南太行生态旅游连线连片开发为契机，重新高起点规划、高起点开发八里沟景区，百泉景区改造工程取得明显进展。巩固和发展“农家乐”旅游市场，培育新的旅游经济增长点。做好“壮美太行、丰采新乡”旅游专场推介活动。新发展二星级以上旅游饭店5至7家。全市旅游人数、旅游综合收入分别增长15％、24％，达到877万人次、29.6亿元。

54、发展社区服务业。建立市、区、街道、社区四级信息网络系统，构建以便民、救助、社会保障为主体的社会化服务体系。整合社区资源，建设各类社区服务网点。重点扶持一批龙头服务企业，创建家政服务、养老服务和商业服务三大社区服务业品牌。

55、健全农村商贸市场体系。推进万村千乡市场工程，完善农村商品流通网络，拓展农家店服务面，引导龙头、品牌企业进入农村商业网点，促进连锁经营再上新台阶。规范发展各类集贸市场，提高农村消费水平。

56、加快信息和中介服务业发展。制定新乡市中长期信息化发展战略规划。加快公共服务信息化进程，加强信息基础设施建设，打造新乡信息高速路。重点扶持经济、咨询、评估、法律、会计、技术等中介服务业发展，建立健全行业协会，规范中介机构经营行为。

七、大力实施自主创新战略，努力建设创新新乡

57、加快构筑区域自主创新体系。以提升大型骨干企业核心竞争力，激活中小企业发展潜力为重点，整合科技资源，引导创新要素向企业聚集，逐步建立以高等院校、科研院所、重点实验室及工程（技术）研究中心、企业技术中心为依托的创新平台，深化产学研结合，加快科技成果转化，形成集成、开放、共享的区域自主创新体系。着力突破制约经济社会发展的核心技术和关键技术，组织实施金龙集团“铜管四辊高速旋轧机”和华兰生物“治疗性乙肝疫苗”等项目，实现高速旋轧工艺冷却系统装备、最佳结构基因等技术的突破。

58、加大企业研发中心建设力度。充分发挥企业自主创新主体作用，积极引导、鼓励有条件的重点企业组建研发中心，组织新谊药业、飘安卫材、新亚纸业等重点企业和条件成熟的市级工程中心申报省级工程（技术）研究中心。争取新组建市级工程技术研究中心 25 家，省级工程（技术）研究中心 5 家。

59、实施好各类科技计划。积极开展国家、省、市三级科技计划项目申报实施工作，重点在新材料、新能源、节能与环保、生物医药、电子信息、水污染处理、农副产品精深加工等领域取得突破。申报省级以上科技计划项目 40 项，组织新机等 5 家企业申报国家重点新产品。做好市级科技计划的组织实施工作。

60、壮大高新技术产业。围绕电子信息、机电一体化、生物工程、新材料、新能源等高新技术领域，培育一批拥有自主知识产权的高新技术产品，壮大一批高新技术企业和集团。重点组织申报国家火炬计划 3 项、省高新技术产业化项目 2 项、省企业自主创新项目 3 项；省高新技术企业 20 家、省高新技术产品 25 项。高新技术产业增加值、高技术产业增加值占全市工业增加值的比重分别达到 28%、10.8%。

61、加快农业科技进步。做好市级农业科技发展计划项目、农业科技成果转化资金项目的组织实施工作，积极申报争取国家、省农业科技成果转化项目，加速农业科技成果的应用。着力做好新农村建设科技示范乡、村的申报、争取和项目实施工作。

62、加强知识产权和标准化工作。加大专利申报工作力度，全市专利申请量保持在 1000 件以上，其中发明专利申请量比例达到20%以上。加强知识产权保护力度，维护企业和专利权人的合法权益。开展专利转化和实施工作，鼓励和扶持具有自主知识产权的产业化项目。实施标准化战略，推动企业积极参与标准化工作，提升标准化水平。

63、做好科技普及工作。组织实施科普传播工程，开展好第八届科技活动周活动。组织开展多层次、多形式、多类型的星火科技培训和送科技下乡活动，不断提高广大农民的科技务农水平和转移就业技能。

64、加强科技人才队伍建设。抓好高层次人才培养和创新团队建设，加大高层人才、领军人才和人才团队的引进力度。实施“新乡 50 家重点企业引智专项”和“国外高层次人才进新乡计划”，开展“百名综合配套改革创新人才培养工程”，推动海外培训基地建设。新增博士后科研工作站 2 家。积极参加全省引智成果展示会和引智项目洽谈会，争取引进国外智力项目 8 个。

八、不断深化各项改革，形成科学发展的体制机制

65、深入推进国企改革。帮助企业解决改制遗留问题，督促企业妥善安置职工，指导改制企业建立现代企业制度。鼓励已改制企业通过引进战略合作伙伴，优化股权结构，促进健康快速发展。按照“稳定、脱困、改制、发展”的思路，分类指导，一厂一策，稳妥推进 10 户特困企业改制工作，积极推进局委属企业改革改制。

66、深化国有资产管理体制改革。加强国有资产运营监管，完善国企重大事项报告、重大投资效果评价、重大投资决策失误及重大财产损失责任追究等制度。推进市属国有企业负责人年薪制试点工作。加快市属企业产权制度改革步伐，推动国有资本合理流动，建立激活资源、优化配置、开放产权、有序流动的国有资产运作机制。

67、深化财政管理体制改革。加强财政支出管理，探索开展财政支出绩效评价工作，强化政府投资评审工作。完善公共资源交易平台，建立与市场经济相适应的交易机制。在各县（市）全面铺开“以票控费”管理改革。加强对专项资金的监督管理，选择 2 至 3 个部门开展细化部门专项支出试点，争取在市本级推行“公务消费信用卡”。

68、强化税收征管。全面推广使用税控机，进一步落实税收管理员制度，避免漏征漏管。深入开展纳税评估工作，提高税源监管水平。推进纳税人等级管理，引导和鼓励纳税人依法诚信纳税。推行“一户式”信息储存，规范征管资料和电子数据管理。实行重点税源联系人制度，着力加强新土地使用税、车船税、企业所得税管理。认真落实建设项目税收分享政策，加强耕地占用税和契税征管。

69、深化金融体制改革。加快市商业银行上市步伐。深化农村信用社改革，在 4 家农村信用社成功兑付专项央行票据的基础上，扎实推进其他农信社专项央行票据兑付工作。着力抓好长垣县农村合作银行试点工作。

70、深化农村各项改革。在稳定农村土地基本经营制度的基础上，按照依法、自愿、有偿的原则，引导农村土地承包经营权合理有序流转，在有条件的地方，积极发展多种形式的适度规模经营。深化集体林权制度改革，辉县市、原阳县、获嘉县全面完成林改任务，其他县（市、区）全面推开。抓好 21 个集体经济产权制度改革试点村的改革工作。

71、深化行政事业管理体制改革。加强政府职能研究，理顺部门职责关系，提高行政效能。推进事业单位分类改革。巩固乡镇机构改革成果。促进机构编制规范化管理，全面推行编制审核制度，实行实名制管理，健全综合约束机制。扎实做好事业单位登记管理工作。

九、突出节能减排和环境保护工作，努力建设生态文明新乡

72、加大对流域水环境综合整治力度。严格执行"三次超标处理新机制"，对流域内的涉水企业全面实施深度彻底治理，对不能稳定达标排放的企业实行停产治理，对超标排放的企业限期治理，对未完成限期治理的企业依法进行关闭，全面提升卫河、人民胜利渠、共产主义渠、天然文岩渠、东孟姜女河、赵定排等河流水质，确保长期稳定达标。

73、重点抓好节能减排工作。制定我市节能减排指标考核体系，实行问责制和"一票否决"制。积极推进孟电集团、天瑞水泥、平原同力水泥生产线低温余热电站建设。燃煤电厂各类燃煤机组全部完成脱硫设施建设并达标稳定运行。进一步淘汰小化工、小造纸、小水泥、小纺织、小石渣等落后生产能力。积极推广新型墙材，2008 年上半年县以上城市全面禁止使用实心粘土砖。加强建筑节能，开展大型公共建筑和政府机关办公楼节能改造示范工程。

74、大力发展循环经济。编制完成《新乡市循环经济发展纲要》。重点推进生物质能（秸秆）和太阳能综合开发利用工作，适时启动风能资源开发工作。做好余热余压利用、能量系统优化、建筑节能和绿色照明等重点节能工程。加快新亚集团、黄河畜牧有限公司奶牛养殖区等省级循环经济试点建设，支持赵固循环经济工业园区、新乡纸制品工业园区、河南恒友牧业有限公司等一批有潜力的循环经济园区（企业）纳入省级循环经济试点范围。

75、坚持集约节约用地。按照"依法、保障、节约、挖潜"的方针，认真编制执行土地利用总体规划和年度计划。严格落实各项耕地保护制度，确保全市耕地保有量和基本农田保护指标分别稳定在45.4万公顷和39.6万公顷。大力开展土地"三项整治"。严格执行工业园区和产业聚集区单位土地面积投资强度标准，新开工标准厂房141.9万平方米，竣工107.1万平方米。

76、扎实推进农村环境保护工作。全面加强生态工程及自然保护区、湿地保护区建设工作。加大秸秆禁烧及综合利用工作力度，秸秆综合利用率达到 90％以上。符合国家规定标准的畜禽养殖企业基本实现资源化利用、无害化处理。完成辉县市创建国家级生态示范区任务，争取创建 1 个省级以上环境优美小城镇。

77、进一步加强环保能力建设。确保市区污水处理厂全部加装脱氮装置，各县（市）污水处理厂和垃圾处理场正常运行，足额征收污水处理费和垃圾处理费。加快推进新乡县日处理 10 万吨工业二次污水处理厂和小店污水处理工程项目。建设项目"三同时"执行率达100％。完成污染源普查年度工作任务。健全环境监察、监测、辐射和生态应急体系，增强环境事故应急监控和重大环境突发事件处理能力。加强环保队伍建设，强化环保执法。

十、大力发展文化事业和文化产业，努力建设文化强市

78、大力弘扬城市精神。编印发行城市精神宣传手册，在全市组织开展"市歌大家唱"、窗口行业"佩戴市徽上岗"等城市精神宣传活动。在市标志性建筑悬挂、使用市徽图案，宣传我市城市精神。

79、大力发展城乡文化事业。推进平原博物院、文化艺术馆等十大公益文化设施建设。完成大型音乐舞蹈史诗剧《牧野雄风》创作工作。发展社区文化、广场文化。完成生态文明村文化大院建设工作。开展文化下乡活动，推动 2008 年农村电影工程。完成全市 206 个自然村"广播电视村村通"工程，农村有线电视入村入户率提高 2 个百分点。

80、推进文化体制改革。积极推进艺术表演团体改革、经营性文化事业单位转企改制、公益性文化事业单位内部管理机制改革，新乡文化产业投资公司投入运营。发挥文化资源优势，不断解放和发展文化生产力。

81、大力发展文化产业。打造以东方文化商业步行街、电视剧《大长垣》、潞王陵申遗三大重点文化项目为代表的文化精品工程。实施项目带动，开展文化招商，大力发挥文化投资公司的功能与作用，努力打造文化旅游业基地、印刷包装业基地和传统文化工艺品制作业基地。规划建设体现我市历史文化内涵、融入我市城市文化的城市标志性建筑或雕塑群，打造新乡城市名片。

82、强化文化市场管理。健全文化市场长效管理机制。继续加强文化市场联合执法工作。加大“扫黄打非”工作力度，将“扫黄打非”工作机制向基层延伸。发挥好文化市场行业协会作用。推进企业使用软件正版化工作。

83、加大文物管理保护力度。完成孟庄遗址、白云寺和百泉的整体保护规划。继续推进潞王陵申报世界文化遗产工作。做好次妃墓、河朔图书馆的维修和暴张厅迁建工作。抓好南水北调工程新乡段文物抢救及保护工作。建立完善市级非物质文化遗产名录保护体系，公布我市首批非物质文化遗产名录。

十一、着力解决民生问题，努力建设和谐新乡

84、加快教育改革和发展。把教育置于优先和突出位置，加快中小学校教育整合步伐，促进义务教育均衡发展、合理布局。完成192所农村中小学校舍改造工程。加快新乡一中新校区二期工程和外国语学校迁建工程。积极推进高中阶段教育普及工作，切实提高高中阶段教育入学率。全力做好“两免一补”工作，免除城市义务教育学杂费。努力改善农村办学条件，解决教师短缺问题，提高师资队伍水平。严格执行义务教育阶段公办学校招生免试就近入学制度，遏制教育乱收费现象。切实保障进城务工农民子女平等接受义务教育的权利，做好“留守儿童”教育管理工作。

85、大力发展职业教育。支持新乡职业技术学院加快发展，抓好平原职业技术学院筹建工作。全市中等职业学校新招生3.7万人，力争中等职业教育占高中阶段招生比例达到50%左右。全年技校招生6400人，职业技能鉴定1.5万人，中高级技师培养1000名，民办社会培训机构培训2.6万人，企业在职职工培训3.6万人。

86、支持高等教育发展。加强高校周边环境整治，共建稳定和谐有序的校园环境。协助高校做好贫困大学生资助工作。继续加大对新乡学院等高校的支持力度，提高整体办学水平。

87、千方百计扩大就业。在全市90%的乡镇建立劳动力市场，形成城乡一体的公共就业信息网络，实现资源共享。确保城镇新增就业7万人，下岗失业人员再就业2.4万人，其中“4050”人员再就业8800人。完成再就业培训2.5万人。力争发放再就业小额贷款6000万元，为2000名下岗失业人员进行贷款担保。继续做好零就业家庭就业援助工作，基本消除市区零就业家庭。

88、建立覆盖城乡的社会保障体系。全年新增养老保险参保职工3万人，养老保险综合征缴率达到95%以上，企业退休人员社会化管理率、养老保险金社会化发放率和按时足额发放率均保持100%，进一步提高企业退休人员养老金水平。推进失业保险市级统筹，失业保险金按时足额发放率达到100%。全年医疗、工伤、生育保险基金征缴率均达到95%以上。建立健全重点优抚对象医疗保障制度，争取成为全省城镇居民基本医疗保险试点，将农民工纳入医保范围。积极探索失地人员、灵活就业人员和机关事业人员养老保险参保办法。

89、进一步完善城乡社会救助体系。做好城乡医疗救助与城市“全民医保”、新型农村合作医疗制度的衔接工作，进一步规范完善新型农村合作医疗制度，强化监管，确保运行稳定、安全、有序。新型农村合作医疗参合标准由50元提高到100元。城市低保人均月补差标准提高到95元，农村低保标准提高到不低于40元。全市新建、改建敬老院40所，五保户集中供养率达到40%。鼓励社会力量兴办福利事业，做好新乡市儿童福利院等项目建设工作。大力倡导和发展慈善事业。

90、健全公共卫生体系。努力解决群众看病难、看病贵问题，强化医疗市场监管，规范各级医疗服务行为，做好单病种限价及非营利医院临床用药集中招标管理工作。完成生态文明村标准化村卫生室改造工作。对已改造的103所乡镇卫生院进行设备配备。实现全市县级“120”急救指挥中心投入运行并与市“120”急救指挥中心联网。完善重大疾病防控体系，加强艾滋病、结核病、鼠疫、霍乱等传染病的预防和控制。健全突发公共卫生事件监测预警、应急报告、信息发布、应急处理、工作督导等制度，提高突发公共卫生事件应急处置速度和效能。做好社区医疗卫生服务工作。

91、解决群众住房难问题。市区新开工经济适用房20万平方米，竣工15万平方米，达到当年住宅市场投放量15%以上，解决1600户住房困难问题。加大廉租房供应数量，新增廉租住房1.5万平方米，新增廉租住房补贴保障家庭100户。

92、积极发展体育事业。全力办好新乡市第九届运动会。加大体育资源共享力度，开放学校、机关、企事业单位的公共体育设施，方便群众就近健身。实施农民体育健身工程，做好生态文明村公共体育场地设施建设工作。搞好体育产业开发。

93、做好人口和计划生育工作。稳定低生育水平，提高出生人口素质，人口自然增长率控制在6.5‰以内。加强基层技术服务网络建设，开展计划生育优质服务，力争创成2至3个国家优质服务县（市、区）。严厉打击非法鉴定胎儿性别和非法终止妊娠行为，确保人口安全。加强流动人口计生管理与服务工作。开展计划生育“幸福家庭行动”，落实农村计划生育家庭奖励扶助制度和优先优惠政策。加强计划生育行政管理队伍建设。

94、加强统计专项工作。认真做好第二次经济普查、投入产出调查、农业普查后期评估论证工作。做好能源消耗、第三产业、物流及年度人口变动调查工作。加强统计法制建设和统计信息化建设，确保统计数据真实完整。

95、推进社会基层管理转型。加快“单位人”向“社会人”的转变。加强社区居民自治组织、社会组织、民间公益组织、社区自愿者队伍建设。推进基层民主政权建设，组织好第六届村委会换届选举。创新村务公开形式，扩大公开内容。

96、切实维护各类人群合法权益。保障妇女儿童、残疾人和老龄人合法权益。逐步形成以家居养老为基础、社区养老为依托、社会养老为补充的新型养老模式，深入开展敬老模范城创建活动。抓好残疾人就业工作，认真做好残疾人的社会保障。

97、大力支持国防建设。做好拥军优属工作，广泛开展科技拥军、文化拥军和智力拥军活动。加强伤残抚恤工作管理，推行抚恤补助金社会化发放。做好退伍安置工作，全市退役士兵平均自谋职业率达到45%。抓好民兵预备役工作，启动全国双拥模范城“五连冠”创建工作。

十二、扎实做好稳定工作，确保社会大局稳定

98、完善公共安全应急机制。健全应对公共安全突发事件的社会预警体系，提高公共安全部门和救援人员应急管理水平和专业技能。加强水、电、燃气、暖气等供应的调控和调度，确保居民正常生活和公益事业需要。

99、全面推进信访工作。进一步完善市、县、乡、村四级群众工作平台，构建适应形势发展的群众工作网络。开展下访活动，畅通群众信访渠道，抓好源头防治工作。严格落实信访工作“一岗双责”，构建信访工作“大责任、大体系、大格局”。建立和完善帮扶济困、民意沟通、排查调处和考核奖惩等机制，健全重大事项信访评估制度。严格控制和减少越级上访、集体上访和重复信访，强化责任追究，确保国家、省“两会”和奥运会等重大节日、关键时期社会大局稳定。

100、做好民族和宗教工作。深入开展民族团结进步市创建活动，进一步健全维护民族团结的长效机制。做好对口支援，加快少数民族聚居地区经济社会发展。加强少数民族干部的培养、选拔和使用工作。加强基层宗教管理。

101、加强安全生产工作。开展工业、交通运输等重点行业隐患排查治理和安全专项整治。完成重大危险源登记、监管工作。推进安全质量标准化建设，突出抓好应急救援、检测检验、宣传教育培训等工作，坚决遏制重特大事故发生。确保全市工矿企业从业人员10万人死亡率控制在3.22以下，亿元产值死亡率控制在0.62以下。

102、做好食品药品监管工作。继续开展产品质量和食品安全专项整治，深入推进“农村食品市场整顿年”活动，严厉打击制售假冒伪劣食品等违法犯罪行为。强化农产品质量监管，扩大农产品市场准入范围，在2至3个重点县（市）开展农产品市场准入试点。加快畜牧业重点县畜产品质量监测站建设，初步形成畜产品监测检验体系。

103、抓好市场监管和稳定物价工作。认真搞好价格监测，及时反映市场动态，做好预警预报工作。加大对市场销售商品价格的监督巡查力度，严厉打击价格违法行为。落实好对低保对象、特困人群和特殊行业的物价补贴。

104、开展“平安新乡”创建活动。加强社会治安综合治理，健全社会治安防控体系，提高科技防范水平，加强巡防队伍建设。以命案攻坚为龙头，深入开展打击“两抢一盗”、“打黑除恶”等专项整治斗争。加大对严重经济犯罪、职务犯罪案件的查处力度。加强矛盾纠纷排查调处，积极预防和妥善处置群体性事件。加强社会主义法治理念经常性教育，坚持公正执法，建立处理涉法涉诉信访问题的长效机制。加强“两所一庭”建设，全部解决公安“四无”所队建设问题，加强经费保障工作。组织实施好“五五”普法工作。全力推进农村消防和城市消防建设。全面建立反暴力恐怖工作协调机制，严密防范、严厉打击敌对势力和邪教组织活动，为全市人民创造一个稳定安全的社会环境。

十三、着力提高行政效率，建设责任、法治、服务型政府

105、大力实施依法行政。建立健全公众参与、专家论证和政府决定相结合的行政决策机制，推进依法决策、科学决策、民主决策。对政府各职能部门以及市政府派出机构职责进行研究论证，确保权责一致。健全规范性文件立、改、废工作机制，确保文件合法有效。加强行政执法监督体系建设，深化行政执法体制改革。全面推进行政执法责任制，规范执法行为，提高执法水平。

106、进一步扩大政务公开。规范权力运行。把行政权力的公开透明运行纳入党风廉政建设责任制考核和民主评议范围，健全重大经济决策、重要许可事项听证公示以及政府新闻发言人和公民旁听市政府常务会议制度，真正做到“阳光行政”。完善新乡党政信息化网络平台，加强政府门户网站建设，发展电子政务。扩大发行《政府公报》，充分保障人民群众知情权。

107、提高行政效率。认真落实行政首长问责制和行政效能监察制度，不断强化责任、有序、高效的工作机制，保证政令畅通。深入贯彻《行政许可法》，规范行政审批行为。提高各级行政服务中心的服务水平，完善企业注册登记、外商投资企业注册登记、固定资产投资三条联审会办流水线运作机制。大力推进网上审批，完成市、县、乡三级行政服务中心联网工作。进一步精简会议、文件、检查评比和达标活动，为各级干部腾出更多时间，集中精力抓好经济工作。

108、规范和整顿市场经济秩序。开展商业贿赂专项治理活动。整治虚假违法广告。保持打击传销的高压态势，切实加强对直销企业的监管。发挥市社会信用服务中心职能，加快征信体系建设，进一步提升我市信用整体水平。

（中共新乡市委文件　新发〔2008〕1号）

中共新乡市委 新乡市人民政府 关于切实加强农业基础建设 进一步促进农业发展农民增收的实施意见

（2008年2月22日）

为全面贯彻落实《中共中央国务院关于切实加强农业基础建设进一步促进农业发展农民增收的若干意见》（中发〔2008〕1号）精神，结合我市实际，特提出如下实施意见。

一、认真学习领会中央1号文件精神

稳定经济社会发展大局，当务之急是抓好农业发展、农民增收；走中国特色农业现代化道路，根本之策是加强农业基础建设；促进城乡经济社会一体化发展，关键之举是扎实推进社会主义新农村建设。今年的中央1号文件，以加强农业基础建设、促进农业发展农民增收为主题，抓住了实现经济社会又好又快发展的基础问题，这是中央从经济社会发展全局出发，从农村发展迫切需要出发，对“三农”工作作出的重大部署。这个主题体现了党的十七大和中央经济工作会议精神，切中了农业农村发展要害，与近几年4个中央1号文件的主题一脉相承。各级各单位要认真学习和深刻领会今年的中央1号文件精神，全面贯彻落实科学发展观，坚持统筹城乡发展方略，加快构建强化农业基础的长效机制，切实促进农业增产增效和农民持续增收，突出抓好农业基础设施建设，着力强化农业科技和服务体系基本支撑，逐步提高农村基本公共服务水平，稳定完善农村基本经营制度和深化农村改革，扎实推进农村基层组织建设，进一步巩固和加强农业基础地位，促进农村经济社会又好又快发展。

二、切实贯彻落实好各项强农惠农政策

今年的中央1号文件，紧紧围绕加强农业基础建设，出台了一系列更加具体、更加全面、更加有力的强农惠农政策，主要政策措施可以概括为“五个三”。“三个明显高于”，就是2008年财政支农投入的增量、国家固定资产投资用于农村的增量、土地出让收入用于农村建设的增量要明显高于上年。“三个调整”，就是调整耕地占用税使用方向、城市维护建设税使用范围、涉农项目配套政策，向支持“三农”倾斜。“三个继续加大”，就是继续加大对农民的直接补贴力度、对粮食主产区的扶持力度、动物防疫体系建设投入力度。“三个提高”，就是提高农村义务教育补助标准、新型农村合作医疗国家补助标准、农村低保标准和国家扶贫标准。“三个大幅度”，就是大幅度增加中央和省小型农田水利建设工程建设补助专项资金、病险水库除险加固资金投入、中央和省级财政对地方化解农村义务教育历史债务的支持投入。今年中央对“三农”工作的投入力度之大、扶持范围之广、改革程度之深都大大超过往年。贯彻中央1号文件精神，关键在于抓落实，要确保各项强农惠农政策落到实处，确保为农村办的各件事情办实办好，确保使广大农民普遍享受到党的政策阳光和改革发展的成果。我市采取分解任务办实事的做法贯彻落实中央1号文件精神，已连续实施四年，今年仍将继续坚持（附后）。各有关责任单位要结合部门业务工作和年度目标任务，对所承办的实事，做到任务明确、措施到位、责任到人。各县（市、区）要依照市里的办法和措施，结合各自的情况，把任务进行细化分解。市直有关部门要加强同各县（市、区）政府和部门协调衔接，统筹安排，统一部署，分级分层抓好任务落实。市政府要继续把要办实事纳入目标管理，加强效能监察、强化奖惩激励，确保拟办实事落到实处，真正办成惠民工程、民心工程。

三、进一步加强对“三农”工作的领导

各级党委政府必须始终坚持把解决好“三农”问题作为全部工作的重中之重，牢牢把握“三农”工作的主动权，要把发展农业生产、促进农民增收、保障农产品供给、稳定市场物价作为关系全局的大事来抓，在工作安排、财力分配、干部配备上，切实体现重中之重的要求。不断完善“三农”工作领导机制，各级党委要明确分管“三农”工作的负责同志，健全党委农村工作领导机构，加强农村工作综合部门，充分发挥涉农部门的职能作用。各级领导干部要站在全局和战略高度，充分认识新时期“三农”工作的艰巨性和紧迫性，切实增强做好“三农”工作的自觉性和主动性，不断提高领导“三农”工作的水平。各县（市、区）各部门要深刻把握“三农”工作规律，坚持统筹兼顾的根本方法，注重研究关系全局的重大战略问题，集中力量解决突出问题，着力加强薄弱环节，实实在在为农村办成几件大事。广大干部要认真学习和全面把握党在农村的各项方针政策，切实转变作风，深入调查研究，不断增强对农业的认识，增加对农村的了解，增进对农民的感情，努力提高解决实际问题的能力。要积极引导社会各方面力量对农业农村进行结对帮扶、捐资捐助和智力支持，努力营造全社会参与支持社会主义新农村建设的浓厚氛围。

（中共新乡市委文件新发〔2008〕4号）

附件：落实中发〔2008〕1号文件拟办实事

太行风光

附件

落实中发〔2008〕1号文件拟办实事

主要任务	序号	实事名称	具　体　内　容	负责单位
一、加快构建强化农业基础的长效机制	1	财政支农	一般预算支农专项资金较上年增加944万元。建设用地税费收入用于“三农”不低于900万元。	财政局
	2	信贷支农	新拓展农村基础设施、农业综合开发项目和农业产业化龙头企业8～10家，投放贷款4亿元左右；新拓展涉农小企业20家以上，投放贷款1亿元左右。	农发行
			新增贷款用于支农的比例不低于20%。	农行
			新增农贷比例达到70%以上。	农信办
			发放小额质押贷款1.5亿元，小额贷款0.5亿元；新增邮政绿卡县2个。	邮政局
	3	落实农业补贴政策	筹措粮食直补和农资综合直补22770万元、良种补贴资金2770万元，农机具购置补贴资金200万元。	财政局
			落实小麦良种补贴面积不低于252万亩，玉米良种补贴面积不低于25万亩。	农业局
			增加农机具购置补贴种类，提高补贴标准，将农机具购置补贴覆盖8个县（市）。	农机局
			继续落实小麦最低收购价政策，投放小麦最低收购价贷款12亿元，支持企业收购小麦16亿斤。	农发行
	4	农业结构调整	优质小麦种植面积稳定在380万亩以上，水稻种植面积稳定在70万亩以上。	农业局
			奶牛存栏达到6万头，奶牛养殖小区达到80个。	畜牧局
	5	秸秆综合利用	秸秆综合利用率达到95%以上。	环保局
			投入50万元建造秸秆燃烧炉，对秸秆进行再利用。	人寿公司
	6	民营经济	在现有的工业园区和产业集群中创办中小企业基地1～2个。续建、新建1000万元以上项目200个，开工项目60个，竣工项目30个，为农民工提供就业岗位1万个。	民营局
	7	乡镇规划	完成35个重要乡（镇）的控制性详细规划编制。	规划局

落实中发〔2008〕1号文件拟办实事

主要任务	序号	实事名称	具　体　内　容	负责单位
二、切实保障主要农产品基本供给	8	粮棉油生产	粮食播种面积稳定在850万亩以上，总产不低于75亿斤；油菜种植面积8万亩以上，花生种植面积100万亩以上，棉花种植45万亩以上。	农业局
	9	蔬菜生产	蔬菜规模化种植面积不低于85万亩，总产不低于200万吨。	农业局
	10	规模养殖	争取生猪标准化规模养殖场（小区）项目建设资金不低于800万元。	发改委
			新建各类养殖小区25个，全市养殖小区总数达到345个。	畜牧局
	11	农业标准化	制订新乡市农业地方标准20个，其中制订10项农业生产技术标准；完成1个国家级农业标准化示范区建设和3个省级农业标准化示范区通过验收；完成8个县级食品实验室建设并通过资质认可。	质监局
			建立10个市级农业标准化示范基地和10个市级农业标准化示范企业。	农业局
			开展标准化指导工作，组织技术人员进场入户指导600人次以上，举办各类培训班50次以上。	畜牧局
	12	农产品质量安全	实施畜产品标识和质量安全可追溯制度，全市出栏牲畜全部佩戴规范的新型牲畜二维码标识。新增无公害畜产品产地认定企业11家，全市累计达到140家；新增无公害畜产品认证产品4个，全市累计达到22个。	畜牧局
			培育省级以上名牌农产品1～2个。	质监局
			新增无公害农产品、绿色食品基地5个，新认证无公害农产品、绿色食品15个。	农业局
	13	农业保险	种植业保险覆盖面达到60%以上，养殖业保险保障率达到80%以上。	财产保险公司
			按照能保尽保的原则，将农用车辆逐步纳入保险保障体系。力争全市农民住房保险承保面达到50%。	财产保险公司
	14	农产品市场调控	第一季度出台价格监测预警体系。	发改委

落实中发〔2008〕1号文件拟办实事

主要任务	序号	实事名称	具体内容	负责单位
三、突出抓好农业基础设施建设	15	小型水利工程	争取4个县列入中央财政小型农田水利工程建设补助专项资金项目区。	财政局 水利局
	16	节水灌溉	继续争取大型灌区节水改造续建配套工程，争取资金不低于900万元。	发改委
			争取国债资金900万元，做好石头庄、祥符朱、群库三个灌区续建配套工程建设；争取3个县列入国家、省节水示范县，争取上级支持资金200万元。	水利局
	17	中低产田改造	改造中低产田7万亩。	农办
	18	病险水库除险加固	争取将狮豹头水库除险加固项目列入国家投资计划。	发改委
			做好狮豹头、塔岗2座中型水库和4座重点小型水库除险加固的各项前期工作，争取1～2座水库列入计划进行实施。	水利局
	19	河渠治理	完成共产主义渠、天然文岩渠综合治理规划；完成天然文岩渠下段清淤任务。	水利局
	20	水库移民	确保水库移民后期扶持政策落在实处。	农办
	21	耕地保护	稳定耕地保有量45.4万公顷、基本农田39.56万公顷。	国土资源局
	22	土壤改良	测土配方施肥面积达到200万亩以上。	农业局
			玉米秸秆还田面积达210万亩。	农机局
	23	农机跨区作业	组织引进小麦联合收割机1500台，输出小麦联合收割机2000台。	农机局
	24	农机税费减免	继续执行对从事田间作业的拖拉机免征养路费。	交通局
			确保完成跨区作业的农机车辆在新乡段100%免费通行。	公安局
	25	林业建设	完成凤凰山森林公园植树605.97万株；退耕还林3.7万亩。	林业局
	26	农村污染防治	完成《新乡市农村面源污染防治规划》编制工作。	环保局

落实中发〔2008〕1号文件拟办实事

主要任务	序号	实事名称	具　体　内　容	负责单位
四、着力强化农业科技和服务体系基本支撑	27	农业科研	用于支持农业科技成果转化资金项目的经费不低于该专项资金的40%。	科技局
			选育林业新品种3个。	林业局
			培育农作物新品种（系）3～5个。	农科院
	28	农业科技推广应用	示范推广小麦新品种100万亩，玉米新品种30万亩，水稻新品种15万亩。	农科院
			推广优质奶牛冻精颗粒1.5万支，改良奶牛6000头。	畜牧局
			推广林业新技术3项，新建市级林业科技示范园1个。	林业局
	29	科技培训	开展送科技下乡10场次，培训林果农3000余人。	林业局
			举办新技术培训班和新品种观摩会40～50场次，印发农业实用技术资料2～3万份，培训农民1万人次。	农科院
			创建15个农村科普示范基地。	科协
	30	动植物疫病防控	对1694名村级防疫员进行技术培训；完善62个防疫检疫中心站建设；重大动物疫病免疫率和免疫抗体合格率达到国家规定标准。	畜牧局
			提高农作物病虫害的测防水平，年度内短期预报准确率达到90%以上。	农业局
	31	农村劳动力培训转移	完成农村实用技术培训、农村劳动力转移培训等30万人次。	教育局
			开展城乡一体化中等职业教育，年内完成700人的培训任务。	农业局
			培训转移高级海员200人，普通海员100人。	海员服务局
			实现农村劳动力转移就业105万人、转移培训26万人。	劳动局
	32	农业产业化	新培育认定市级重点龙头企业20家；新发展农民专业合作社80家。	农办
	33	一村一品	培育特色专业乡镇3个、专业村10个。	农办
	34	农村市场体系建设	开展“家电下乡”试点工作，对农民购买国家规定品牌和型号的彩电、冰箱、手机，按销售价格给予13%的财政直补，每户每类补贴产品购买数量不得超过2台（件）。	商务局 财政局
			培育“千社千品”富民工程专业合作社5个；规范发展农村社区服务中心30个；整合农村流通网络，改造规范各类经营网点500个。	供销社

落实中发〔2008〕1号文件拟办实事

主要任务	序号	实事名称	具体内容	负责单位
四、着力强化农业科技和服务体系基本支撑	35	邮政支农	邮政服务“三农”网点达到3200个，网点覆盖率达到95%以上；运配送复合肥2万吨、外销大米8000吨。	邮政局
	36	药品监管	每个乡镇至少设立1个药品零售药店，95%的行政村实现药品供应配送进村；消除食品药品监管盲区，监督覆盖率达到100%。	药监局
	37	农产品绿色通道	继续落实鲜活农产品绿色通道省内外车辆无差别减免通行费政策。	交通局
	38	农村信息化	完成90个自然村电话“村村通”工程建设任务；为农村提供3000万元的话费补贴。配合“万村千乡市场工程”，新建采用信息化项目的农家店1000个以上。	移动公司
			大力发展28元包月随意打、针对农村贫困户免月租、无最低消费的新农村电话，使农户受益率达90%。“家＋校”中小学教育数字互动平台覆盖全市2121所中小学校，受益学生达到6万以上。	网通公司
	39	气象支农	全年人工增雨作业2次以上，为10所农村中小学减免安装防雷设施，建设7个四要素自动气象站。	气象局
五、逐步提高农村基本公共服务水平	40	两免一补	对全部农村义务教育阶段学生免费提供教科书。提高农村义务教育阶段家庭经济困难寄宿生生活费补助标准和提高农村中小学公用经费标准。	教育局 财政局
	41	校舍改造	改造农村薄弱学校校舍11万平方米。	教育局 财政局
	42	农村教师队伍建设	培训农村教师1.7万人次，培养农村骨干教师200名。	教育局
	43	农村医疗卫生	新农合参合率达到95%以上。对已经改造过的103所乡镇卫生院进行设备配备，改建、扩建100所标准化村卫生所。	卫生局
			开展“创建保险村”活动，建设保险村50个。	人寿公司
	44	计划生育	建设1000个计划生育规范化村室、138个计划生育小康工程基地、122个流动人口计划生育维权中心。100%落实计划生育家庭奖励优先优惠政策。	人口计生委
	45	广电“村村通”	完成辉县市206个自然村“村村通广播电视”工程建设。	广电局
	46	乡村文化	举办第二届新乡市农村题材剧本创作评奖活动。农村电影放映工程覆盖村庄数量的40%。	文化局

落实中发〔2008〕1号文件拟办实事

主要任务	序号	实事名称	具体内容	负责单位
五、逐步提高农村基本公共服务水平	47	农村低保	农村低保标准由不低于30元提高到不低于40元，逐步扩大低保覆盖面。用农村医疗救助资金资助全市农村低保对象和五保户12万人参加新型农村合作医疗。	民政局 财政局
	48	农村敬老院建设	新建15所、改造25所农村敬老院，五保户集中供养率达到40%。	民政局
	49	扶贫开发	完成3万农村贫困人口脱贫任务。扶贫搬迁深山区贫困人口250户、1014人。	农办
	50	农村交通	筹措资金2.6亿元，改造县乡公路200公里、通村公路600公里。新增农村客运站点600个。	交通局 财政局
	51	安全饮水	解决17万人的农村安全饮水问题。	水利局
	52	农村电网改造	新建改造10千伏线路220千米、400伏线路90千米；新建改造配电台区150个。	电业局
	53	沼气建设	新增沼气用户3万户、沼气工程30个；建设100个乡村沼气服务网点。	农业局
	54	生态文明村建设	全市1361个行政村完成"生态文明村"阶段性创建任务。	农办
	55	农村安全生产	向农村发放《安全知识必备手册》5000册；将农村安全生产试点工作面由20%推进到50%。	安监局
六、稳定完善农村基本经营制度和深化农村改革	56	林权改革	认真抓好确权发证登记工作。	林业局
	57	农村金融体制改革	对支农贷款比例达到70%以上的农村信用社，继续执行较商业银行低2个百分点的存款准备金率；对支农贷款高于50%但低于70%的农信社执行较商业银行低1个百分点的优惠利率；对支农贷款低于50%的农信社取消优惠存款准备金政策。力争使2家农信社获得央行票据支持。	人行
	58	农民工权益保障	实现市、县、乡、村人力资源市场信息网络四级联网。举办2次以上全市性专项就业服务活动。	劳动局
			实现农民工养老保险参保0.6万人，医疗保险参保2.48万人，失业保险参保人数1.1万人，工伤保险参保人数8.18万人。	劳动局
			确定市区39所中小学接收进城务工农民子女入学，做到应入尽入，同城同待遇。	教育局
			农村留守、流动儿童的入学率、巩固率达100%。	教育局

落实中发〔2008〕1号文件拟办实事

主要任务	序号	实事名称	具体内容	负责单位
七、扎实推进农村基层组织建设	59	农村基层干部培训	继续抓好300名农村党支部书记、村委会主任大专学历培训。	组织部 财政局
	60	选聘大学生村干部	选聘1500名“大学生村干部”，实现2008年50%以上的村有1名“大学生村干部”的目标。	组织部 财政局 人事局
	61	村级干部社会保障	建立现任优秀村党支部书记享受乡镇领导干部工资待遇制度；建立现任优秀村党支部书记养老保险制度；建立现任优秀村党支部书记定期体检制度；建立现任村党支部书记、村委会主任离职补偿制度。	组织部 财政局
	62	农村青年培训转移	引导全市农村青年实现转移就业1万人，培养农村青年致富带头人35名。	团市委
	63	基层工会建设	私营企业建会率达到80%。	总工会
	64	军民共建	各单位援建1所落后农村小学和1个农村医疗卫生室，举办1期以上农业科技培训班。	军分区
	65	农村消防	全市20%的行政村实现消防“十个一”标准。	消防支队

牧野史料

享誉中外的长垣烹饪之乡

长垣烹饪历史悠久，始于唐朝，成于北宋，盛于明清，素有“烹饪之乡”之称。它吸取川菜之麻辣，粤菜之淡甜，苏菜之配色，鲁菜之用汤和徽菜之三重，逐渐形成独具地方特色的正宗豫菜1200多种，其中中华名菜达几十种。该县办有几十所烹饪学校，厨师达两万人，分布在全国各地和32个国家的餐厅和中国使馆。其中全国政协厨师长李学聚，北京钓鱼台国宾馆总厨师长侯瑞轩等被列为国家四大名厨。

中共新乡市委 新乡市人民政府关于贯彻“三新”大讨论活动 促进全市经济平稳较快发展的意见

（2008年10月23日）

为深入贯彻落实省委“新解放、新跨越、新崛起”解放思想大讨论活动精神，解放思想，查找差距，拉高标杆，确保全面完成全年各项经济发展任务，推动全市经济平稳较快发展，提出如下意见。

一、认清当前形势，切实增强加快发展的信心

今年以来，全市按照科学发展观的要求，积极落实中共新乡市委文件新发〔2008〕13号国家宏观调控政策和省加强经济运行的要求，抢抓机遇，狠抓落实，国民经济整体上保持了良好的发展态势。特别是8月份以来，我市大力加强经济运行调节，积极有为地服务经济发展，资金、电力瓶颈制约得到缓解，电煤库存下滑势头得到有效遏制，全市经济发生了积极变化。1至9月份，全市完成生产总值705亿元，增长13.9%。夏粮、秋粮获得双丰收；工业增加值增速居全省前列；消费品零售总额增速加快；城镇固定资产投资总量居全省第3位，增速高于全省2.3个百分点。

同时，我们也清醒地认识到，我市一些主要经济指标同全国全省一样呈放缓态势。1至9月份，我市生产总值、财政一般预算收入、工业增加值和出口增速同比分别回落2.2、6.4、2.3和51.8个百分点；规模以上工业实现利润增速同比回落84.6个百分点；资金问题依然紧张，重点企业资金缺口较大；市县两级商品房销售面积同比下降13.6个百分点；物价上涨幅度较大，居民消费价格同比上涨8.3%，涨幅提高4.5个百分点，进一步影响了低收入家庭的生活。

当前，国际经济环境不确定因素明显增多，宏观经济环境日益趋紧，保持经济平稳发展的难度进一步加大。但越是困难的时候，越是我们缩短与发达地区差距、拉开同发展水平地区差距的重要机遇。同时，国家财政政策更趋积极，从紧货币政策有所松动；国家进一步强化农业这一基础和战略产业，农业将成为我市经济发展的亮点；六大工业园区入驻企业迅速成长，已成为经济发展新的驱动力量；消费结构加快升级，投资和消费需求仍较旺盛；随着抑制物价过快上涨政策效应的显现，四季度居民消费价格过快上涨态势有望缓解，支撑我市经济又好又快发展的基本因素仍在发挥作用。各级各部门一定要认清形势，抓住机遇，树立信心，乘势而上，紧贴经济脉搏，抓好运行调度，强力推进各项工作落实，确保圆满完成全年各项任务目标。

二、狠抓工作落实，努力完成全年目标任务

完成全年任务目标，四季度是关键。全年力争完成生产总值940亿元，增长15%，前三季度已完成生产总值705亿元，四季度要完成235亿元；城镇固定资产投资701.2亿元，增长36.9%，已完成461.77亿元，四季度要完成239.43亿元；社会消费品零售总额277亿元，增长23.3%，已完成198.5亿元，四季度要完成78.5亿元；出口总额8.5亿美元，下降0.82%，已完成6.74亿美元，四季度要完成1.76亿美元；财政一般预算收入52.67亿元，增长28.03%，已完成38.9亿元，四季度要完成13.77亿元。重点做好以下几项工作：

（一）强化经济运行调节。1、健全投融资机制。把缓解企业资金紧张作为调节经济运行的重中之重，对资金缺口较大的白鹭化纤、环宇电源、飘安集团、太行振动、豫新发电等15户重点企业和4户亏损大户，逐户分包，建立台帐，跟踪服务，协调金融部门解决企业资金问题。坚持企业贷款监测预警机制、金融运行分析协调机制、金融机构的激励约束机制，加强对80户工业重点企业的监测协调，建立银行和企业互惠互利、长期合作的关系。积极推进企业上市，力争明两年太行振动、金龙铜管、新亚纸业等企业上市。做大做强我市的投融资平台，推动新乡投资集团与政府的优质资产进行整合，推进我市优

质资产进入资本市场，增强投融资能力。努力争取城镇银行试点，积极发展各类担保公司，加快农信社组建为农村商业银行的步伐，力争3家农信社改制为农村商业银行，提高农村金融服务水平。2、健全煤电油运保障机制。加强煤电油运协调保障，鼓励企业参股、控股省内外煤炭企业，建立以资本为纽带的协同共进发展机制。继续抓好油品供应和运力协调工作。3、健全土地节约集约利用机制。对重大项目用地一事一议，开辟“绿色通道”，尽可能满足80户重点企业和重大项目的用地需求。加快标准厂房建设，确保今年竣工107万平方米。提高投资强度，积极引导适合进入标准厂房的项目进驻工业园区或产业聚集区，最大限度提升土地利用效益。加大“三项整治”力度，加快127个新型农村住宅社区建设工作，腾退出更多的建设用地。

（二）切实抓好农业生产和农村经济。1、继续实施小麦高产开发“1346工程”，推广先进实用技术和关键增产措施，选用高产优质品种，建立高产示范区、示范方和攻关田。2、坚持实施“奶业发展年活动”，加快奶牛养殖开发区和奶牛养殖小区的建设，采取措施克服“三鹿奶粉”事件的不利影响，确保完成年度目标。大力推行畜禽规模化养殖。继续开展“抓小区，带农户，促进农民增收”行动，加快标准化养殖小区建设。扎实抓好重大动物疫病防控，推进免疫工作制度化和规范化，形成免疫长效机制。3、继续抓好生态文明村建设。组织好第一批1361个行政村验收工作。加快建设新型农村住宅社区，全面督查2008年启动的127个新型农村住宅社区，力争建房面积达到250万平方米。进一步抓好农村环境综合整治工作。4、贯彻落实好《关于统筹城乡经济社会发展推进城乡一体化的意见》、尽快修改完善和下发《推进城乡一体化若干政策规定》；加大新乡县城乡一体化试点工作力度，认真开展试点工作。5、积极配合省做好南水北调新乡段工程建设，推进狮豹头水库除险加固工程建设，争取开工塔岗水库除险加固工程，继续做好我市七座大型灌区节水改造项目和续建配套，提高我市引黄灌溉能力。做好天然文岩渠、卫河共产主义渠治理项目前期工作。积极推进农村沼气建设，抓好户用沼气，大中型沼气工程，文明村、贫困村、革命老区沼气建设和沼气服务体系建设。

（三）努力保持投资较快增长。1、狠抓重点项目建设。全市160项重点项目前三季度完成投资114.72亿元，四季度要力争完成投资35亿元。确保新晋高速、石武铁路客运专线、太行振动大型输送设备、原阳输变电工程、获嘉城关输变电工程、孟电2×30万千瓦热电机组、渠东2×30万千瓦热电机组、新乡粮食现代物流中心、青少年及妇女儿童活动中心等10个项目开工建设，完成投资3亿元；确保金龙集团新型锂离子电池隔膜材料、如日电器冷阴极荧光灯、卓威电源高效高能蓄电池、封丘县无害化垃圾处理场、延津县生活垃圾处理场、获嘉县城市垃圾处理场、世富新市场建设改造工程、华彬阳光广场、新中益2×21万千瓦发电机脱硫、朱寨110KV输变电等10个项目竣工投产，四季度预计完成投资5000万元。2、强力推进重大项目。突出抓好战略性、产业升级、基础设施和基础产业等四个方面107个重大项目、工业跨越工程281个项目的推进工作。特别要做好投资10亿元以上的永煤集团中新化工年产150万吨甲醇、豫新发电2×100万千瓦机组、金龙铜管年产6万吨铜合金管、桥北科技城、心连心年产100万吨尿素、新飞电器年产3万辆专用汽车、宝泉电站二期工程等28个特大型工业和基础产业项目谋划推进和实施工作，争取进入省重大项目盘子。3、做好项目谋划工作。抓紧谋划、储备、实施一批“三农”、工业结构调整、节能减排、自主创新、社会事业等国家重点支持领域的项目。结合省下步项目筹划重点，争取在电网、南水北调中线配套工程、燃气网络、城市与水生态工程等方面项目谋划有新突破，争取更多项目进入国家粮食战略工程河南核心区建设规划。抓紧编制和实施“一谷四基地”（冷谷和特色装备、生物医药、汽车及零部件、煤化工）五个战略支撑产业至2012年发展规划，争取列入全省统筹规划。

（四）继续扩大消费需求。把创业带动就业放在更加突出的位置，探索建立鼓励企业稳定就业的激励机制，督促企业按照工资指导线合理增加职工工资。落实好“两免一补”资金，免除城市义务教育阶段学生学杂费。确保兑现对农民的各项政策，加强就业服务体系建设，大力发展劳务经济，继续开展清理拖欠农民工工资的专项检查活动。认真落实税费减免等优惠政策，引导、支持农民工回乡创业。全面清理整顿涉农涉企收费、招商引资、项目建设、房地产等领域的行政事业性收费和经营服务性收费。取消不合理收费或降低收费标准，严格控制新增收费项目。扎实推进“万村千乡市场工程”和“家电下乡”，每个县都要建立消费品配送、农资配送和农产品购销中心，千方百计扩大农村消费。继续做好博浪沙生态森林公园、姜太公故里等旅游项目建设，力争全年旅游综合收入达到29.7亿元，增长24%。

（五）加大对外开放力度。1、以引进知名企业、重点企业为重点，扩大利用外资规模。加强与世界500强、国内500强以及知名企业的联系，瞄准行业知名企业，积极开展小分队招商、上门招商、产业链招商和园区招商，加强对招商引资项目的跟踪，明确和落实建设条件，力争四季度日本丸红公司拟参与的东南污水处理厂、中粮集团投资的粮食物流中心项目、亚洲啤酒年产20万吨啤酒项目等市领导分包的重点招商项目落地或取得明显进展；宝龙城市广场项目、福建华亚集团投资的华亚钢铁城项目、上海华一农业联合发展股份公司投资的农副产品物流项目、联熹水务投资工业园区5万吨污水处理厂项目、佛山照明投资的2亿只节能灯生产项目等重点项目开工建设。2、全面推进“大通关”建设步伐，继续培育新的进出口经营企业。鼓励引导支持企业提高出口产品的附加值和科技含量，扩大出口规模。继续发挥我市中部加工贸易梯度转移承接地区的有利时机，大力发展加工贸易，积极承接新一轮加工贸易梯度转移。

（六）促进财政增收节支。按照“抓税收、优结构、抓总量、保目标”的思路，既要抓大，也不放小，加大市本级小税种征管力度，特别是对车船税、城镇土地使用税，要用足、用好政策，努力实现“小税种”做出“大贡献”。加强房屋租赁、交通运输、家庭装修等薄弱行业的税收管理，组织开展所得税重点企业、房地产建安行业、烟草行业的税收检查，进一步加强对“长亏不倒”企业、高收入个人的税收稽查，以查促管、以查促收。加大对二手房交易的监管力度，在商业、劳务、餐饮、娱乐、服务等征管薄弱行业开展发票刮奖、抽奖活动，提高以票控税水平，加强政府非税收入管理，减少税收流失。国税、地税两部门要加强沟通，及时进行税收征收信息对比，防止随征税费的漏征和流失。力争全年财政一般预算收入达到52.67亿元，增长28.03%。四季度各级、各部门要减少会议、接待、差旅和公车使用等日常支出。

（七）保持房地产业健康发展。落实国家宏观调控政策，规范房地产市场秩序，加强引导、稳定预期，推动房地产业健康发展。已经启动的段村、留庄营、坛后、小黄屯、东台头、东杨村、张兴庄等7个城中村和贵华文清苑、豫康家园、公园北门储备用地、火车站区域一期、太阳城、三技校旧校区、绿都塞约春天、宝山西路等8个旧城改造项目，要加快建设进度，尽快开发一批知名度高、带动力强的楼盘。中同大街北地块、二百货南2个旧城改造项目和张庄、公村、乔谢、东高村、西十里铺、王湾、西高村、南高村、西牧村、杨岗、十里铺、黄岗、杨九屯、南马庄等14个城中村改造项目第四季度要进入实质性动迁阶段；加速推进国贸大厦、4座迎宾大厦、2座如意楼、商业银行综合楼等10个新区城建重点建设项目和新区核心区标志性项目。加快经济适用房、廉租住房建设进度，确保四季度经济适用房竣工7万平方米，新建、收购廉租住房0.5万平方米。制订优惠政策，鼓励群众购房，减免相关费用，降低购房成本。

三、完善工作机制，为全市经济又好又快发展提供保障

（一）树立新的观念。要树立积极进取、创新有为的新观念，坚决克服市县两级调控经济无能为力的旧思想，围绕制约经济运行的关键环节和突出问题，完善机制，紧抓不放，在市县两级调动一切资源和手段，强化运行调节，提高保障能力，促进全市经济更好更快发展。

（二）完善工作机制。要完善服务企业发展的工作机制，建立市县两级行政主要领导为组长的经济运行工作班子和有关经济部门组成的经济运行协调小组，加大工作力度，加强协调调度，逐行业逐企业，深入调研，分类指导，明确责任，重点解决企业在项目建设、战略重组、集群发展、生产经营中存在的重大难题和共性问题。

（三）细化目标任务。按照全年生产总值不低于15%的目标要求，把任务进行分解到各行各业，固定资产投资落实到项目，工业增加值、出口增长落实到具体企业，资金困难企业落实到人，明确责任，强化督查，形成工作合力，确保完成全年工作任务。

（中共新乡市委文件 新发〔2008〕13号）

文件要目

中共新乡市委主要文件目录

新发〔2008〕

△新发〔2008〕1号 中共新乡市委、新乡市人民政府关于2008年经济社会发展的意见 (1月15日)

△新发〔2008〕2号 中共新乡市委常委会2008年工作要点 (1月30日)

△新发〔2008〕3号 中共新乡市委、新乡市人民政府关于林业生态建设的意见 (2月4日)

△新发〔2008〕4号 中共新乡市委、新乡市人民政府《关于切实加强农业基础建设进一步促进农业发展农民增收的若干意见》的意见 (2月22日)

△新发〔2008〕5号 中共新乡市委关于进一步加强机关党建工作的意见 (2月28日)

△新发〔2008〕6号 中共新乡市委、新乡市人民政府关于加强青少年体育增强青少年体质的实施意见 (2月29日)

△新发〔2008〕7号 中共新乡市委、新乡市人民政府新乡军分区关于批转《新乡市双拥指挥部2008年工作要点》的通知 (5月20日)

△新发〔2008〕8号 中共新乡市委印发《关于在全市开展"新解放、新跨越、新崛起"大讨论活的方案》的通知 (7月25日)

△新发〔2008〕9号 中共新乡市委、新乡市人民政府关于促进县域经济又好又快发展的实施意见 (8月15日)

△新发〔2008〕10号 中共新乡市委关于认真学习贯彻胡锦涛总书记在全党深入学习实践科学发展观活动动员大会暨省部级主要领导干部专题研讨班上重要讲话精神的通知 (10月13日)

△新发〔2008〕11号 中共新乡市委、新乡市人民政府关于贯彻落实党的十七届三中全会、胡锦涛总书纪视察河南时重要讲话和省委常委(扩大)会议精神，统筹城乡经济社会发展推进城乡一体化的意见 (10月18日)

△新发〔2008〕12号 中共新乡市委、新乡市人民政府关于印发《新乡市开展"大整治大绿化大建设"活动工作方案》的通知 (10月23日)

△新发〔2008〕13号 中共新乡市委、新乡市人民政府关于贯彻"三新"大讨论活动促进全市经济平稳较快发展的意见 (10月23日)

△新发〔2008〕14号 中共新乡市委、新乡市人民政府关于进一步加强招商引资工作的意见 (11月6日)

△新发〔2008〕15号 中共新乡市委、新乡市人民政府关于印发《新乡市贯彻落实〈河南省建立健全惩治和预防腐败体系2008～2012年实施办法〉的实施方案》的通知 (12月8日)

△新发〔2008〕16号 中共新乡市委、新乡市人民政府关于转发《中共河南省委河南省人民政府关于贯彻落实党的十七届三中全会和胡锦涛总书记视察河南时重要讲话精神进一步推进农村改革发展的意见》的通知 (12月8日)

△新发〔2008〕17号 关于在全市开展向韩文启同志学习活动的决定 (12月25日)

新文〔2008〕

△新文〔2008〕1号 中共新乡市委关于新乡市委常委民主生活会情况的报告 (1月2日)

△新文〔2008〕2号 中共新乡市委、新乡市人民政府关于举办比干诞辰3100周年纪念活动的请示 (1月9日)

△新文〔2008〕3号 中共新乡市委、新乡市人民政府关于调整社会主义新农村暨生态文明村建设工作领导小组的通知 (1月18日)

△新文〔2008〕4号 中共新乡市委、新乡市人民政府关于印发《新乡市2008～2010年生态文明村建设实施方案》的通知 (1月18日)

△新文〔2008〕5号 中共新乡市委、新乡市人民政府关于贯彻落实省委办公厅、省政府办公厅《关于认真贯彻中办发电〔2007〕70号文件精神进一步做好2008年春节、元旦期间有关工作的通知》精神情况的报告 (1月19日)

△新文〔2008〕6号 中共新乡市委、新乡市人民政府关于表彰2007年度新乡市平安建设先进集体先进工作者的决定 (1月24日)

△新文〔2008〕7 号 中共新乡市委、新乡市人民政府关于贯彻落实豫发〔2007〕27 号文件进一步加快老区发展的通知 (1 月 25 日)

△新文〔2008〕8 号 中共新乡市委、新乡市人民政府关于新乡市 2008 年推进权力运行管理监督机制深化效能建设工作的意见 (1 月 29 日)

△新文〔2008〕9 号 中共新乡市委、新乡市人民政府关于表彰 2007 年度落实党风廉政建设责任制工作优秀单位、党风廉政建设和反腐败主要任务牵头工作先进单位的决定 (1 月 29 日)

△新文〔2008〕10 号 中共新乡市委、新乡市人民政府关于完善市属国有及国有控股公司法人治理结构及运行机制的意见 (1 月 30 日)

△新文〔2008〕12 号 中共新乡市委、新乡市人民政府关于印发《新乡市公务员日常登记管理暂行办法》的通知 (1 月 31 日)

△新文〔2008〕13 号 中共新乡市委、新乡市人民政府关于成立创建国家森林城市指挥部的通知 (2 月 3 日)

△新文〔2008〕14 号 中共新乡市委、新乡市人民政府关于成立新乡市林业生态建设工作领导小组的通知 (2 月 3 日)

△新文〔2008〕15 号 中共新乡市委、新乡市人民政府关于表彰凤凰山森林公园建设先进单位先进个人的决定 (2 月 3 日)

△新文〔2008〕16 号 中共新乡市委、新乡市人民政府关于成立新乡市全民创业工作领导小组的通知 (1 月 13 日)

△新文〔2008〕17 号 中共新乡市委、新乡市人民政府关于命名 2007 年度市级文明单位文明乡镇、文明乡村的决定 (2 月 18 日)

△新文〔2008〕20 号 中共新乡市委、新乡市人民政府关于表彰 2007 年度农村经济工作先进单位的决定 (3 月 4 日)

△新文〔2008〕29 号 中共新乡市委、新乡市人民政府关于表彰 2007 年度“优质服务单位”和“示范性服务窗口”的决定 (3 月 4 日)

△新文〔2008〕32 号 中共新乡市委、新乡市人民政府关于表彰 2007 年度民族团结进步暨宗教工作先进单位和个人的决定 (3 月 18 日)

△新文〔2008〕34 号 中共新乡市委关于 2008 年度市委中心组分专题集体学习的安排意见 (3 月 24 日)

△新文〔2008〕35 号 中共新乡市委、新乡市人民政府关于印发《市委市政府领导班子 2008 年党风廉政建设岗位职责》的通知 (4 月 1 日)

△新文〔2008〕37 号 中共新乡市委、新乡市人民政府关于对 2007 年度先进工业企业表彰奖励的决定

△新文〔2008〕38 号 中共新乡市委关于学习贯彻《中共中央关于进一步完善地方党委班子配备改革后工作机制的意见》的报告 (4 月 7 日)

△新文〔2008〕39 号 中共新乡市委、新乡市人民政府关于举办中原崛起创新新乡发展的情况报告 (4 月 8 日)

△新文〔2008〕47 号 中共新乡市委关于中共新乡市人大常委会党组《关于召开新乡市第十届人民代表大会第七次会议有关事项的请示》的批复 (4 月 21 日)

△新文〔2008〕48 号 中共新乡市委关于中共新乡市政协党组《关于政协第九届新乡市委员会第五次会议的请示》的批复 (4 月 21 日)

△新文〔2008〕49 号 中共新乡市委关于调整市委维护稳定工作领导小组成员的通知 (4 月 21 日)

△新文〔2008〕51 号 中共新乡市委关于成立政协新乡市第九届委员会第五次会议临时党委的通知 (4 月 22 日)

△新文〔2008〕52 号 中共新乡市委关于成立第十届人民代表大会第七次会议临时党委和临时党支部的通知 (4 月 22 日)

△新文〔2008〕55 号 中共新乡市委新乡市人民政府关于调整市反恐怖工作协调小组的通知 (4 月 22 日)

△新文〔2008〕59 号 中共新乡市委关于政协新乡市第九届委员会第五次会议选举结果的报告 (5 月 5 日)

△新文〔2008〕60 号 中共新乡市委、新乡市人民政府关于对新乡市派驻卫辉市唐庄镇拆迁工作组予以表彰的通报 (5 月 13 日)

△新文〔2008〕65 号 中共新乡市委关于调整新乡市防汛抗旱指挥部成员的通知 (5 月 14 日)

△新文〔2008〕66 号 中共新乡市委关于党政军领导防汛责任分工的通知 (5 月 15 日)

△新文〔2008〕68 号 中共新乡市委关于表彰思想政治工作先进单位和优秀思想政治工作者的决定 (5 月 15 日)

△新文〔2008〕69号 中共新乡市委、新乡市人民政府关于成立新乡桥北新区建设发展委员会的通知　（5月20日）

△新文〔2008〕71号 中共新乡市委、新乡市人民政府关于比干诞辰3100周年纪念活动情况的报告　（5月21日）

△新文〔2008〕72号 中共新乡市委、新乡市人民政府关于支援四川抗震救灾物资发送和捐款捐物情况的报告　（5月28日）

△新文〔2008〕73号 中共新乡市委、新乡市人民政府关于成立支援四川抗震救灾协调领导小组的通知　（5月28日）

△新文〔2008〕74号 中共新乡市委、新乡市人民政府关于进一步做好支援四川抗震救灾工作的意见　（5月28日）

△新文〔2008〕75号 中共新乡市委、新乡市人民政府关于表彰2007年度人口和计划生育工作先进单位和个人的决定　（5月28日）

△新文〔2008〕76号 中共新乡市委、新乡市人民政府关于对没有完成2007年度人口和计划生育责任目标单位给予通报批评黄牌警告的通报　（5月28日）

△新文〔2008〕77号 中共新乡市委、新乡市人民政府关于新乡市近期援川抗震救灾工作情况的报告　（6月17日）

△新文〔2008〕78号 中共新乡市委、新乡市人民政府关于贯彻落实全省领导干部会议精神的情况报告　（6月18日）

△新文〔2008〕80号 中共新乡市委、新乡市人民政府关于表彰全市支援四川抗震救灾工作先进单位和先进个人的决定　（6月30日）

△新文〔2008〕81号 中共新乡市委关于成立新乡市惩治和预防腐败体系建设工作领导小组的通知　（7月4日）

△新文〔2008〕82号 中共新乡市委关于市直机关、事业单位部分岗位干部交流工作的意见　（7月10日）

△新文〔2008〕83号 中共新乡市委、新乡市人民政府关于成立新乡市创建全国文明城市工作先进城市指挥部的通知　（7月10日）

△新文〔2008〕84号 中共新乡市委、新乡市人民政府关于成立新乡市对口支援江油市恢复重建工作领导小组的通知　（7月14日）

△新文〔2008〕85号 中共新乡市委、新乡市人民政府关于省委、省政府承诺十大实事落实情况的自查报告　（7月14日）

△新文〔2008〕86号 中共新乡市委、新乡市人民政府关于表彰对外开放先进单位和先进企业的决定　（7月16日）

△新文〔2008〕87号 中共新乡市委、新乡市人民政府关于开展县（市、区）委书记大接访活动的实施意见　（7月17日）

△新文〔2008〕88号 中共新乡市委、新乡市人民政府关于表彰双拥工作先进单位和先进个人的决定　（7月17日）

△新文〔2008〕92号 关于成立新乡市抗震救灾资金物资监督检查领导小组的通知　（7月22日）

△新文〔2008〕95号 中共新乡市委、新乡市人民政府关于印发《新乡市市区教育资源整合方案》的通知　（7月28日）

△新文〔2008〕97号 中共新乡市委、新乡市人民政府关于对企业界经营管理层党代表、人大代表、政协委员、劳模履责调研评价情况的报告　（7月31日）

△新文〔2008〕99号 中共新乡市委、新乡市人民政府关于表彰服务业先进单位和先进企业的决定　（8月7日）

△新文〔2008〕100号 关于调整市机构编制委员会部分组成人员的通知　（8月8日）

△新文〔2008〕101号 中共新乡市委、新乡市人民政府关于表彰2002年以来全市优化经济发展环境工作先进单位和先进工作者的决定　（8月14日）

△新文〔2008〕102号 中共新乡市委、新乡市人民政府关于调整新乡市优化经济发展环境领导小组成员的通知　（8月14日）

△新文〔2008〕103号 中共新乡市委、新乡市人民政府关于表彰社会主义新农村建设先进单位先进工作者和市级农民致富能手的决定　（8月15日）

△新文〔2008〕104号 中共新乡市委、新乡市人民政府关于表彰奖励2006～2007年度发展县域经济先进单位的决定　（8月15日）

△新文〔2008〕105号 中共新乡市委、新乡市人民政府关于成立新乡解放暨建市六十周年庆祝活动领导小组的通知

△新文〔2008〕106号 中共新乡市委、新乡市人民

政府关于进一步加强项目谋划和建设工作的意见（9月5日）

△新文〔2008〕110号 中共新乡市委统战工作自查报告（9月9日）

△新文〔2008〕111号 中共新乡市委、新乡市人民政府关于命名表彰第六批新乡市优秀专家的决定（9月11日）

△新文〔2008〕112号 中共新乡市委、新乡市人民政府关于调整新乡市优秀专家的决定（9月11日）

△新文〔2008〕113号 中共新乡市委、新乡市人民政府关于表彰小麦高产开发“1346工程”先进单位和先进个人的决定（9月19日）

△新文〔2008〕115号 中共新乡市委、新乡市人民政府关于表彰文化产业发展先进县（市、区）先进单位、先进个人的决定（9月26日）

△新文〔2008〕116号 中共新乡市委、新乡市人民政府关于贯彻落实全省安全生产电视电话会议精神情况的报告（9月28日）

△新文〔2008〕124号 中共新乡市委、新乡市人民政府关于成立新乡市村两委换届选举工作协调小组的通知（10月17日）

△新文〔2008〕125号 中共新乡市委、新乡市人民政府关于表彰奥运期间信访工作先进单位和先进个人的决定（10月19日）

△新文〔2008〕131号 中共新乡市委关于成立新乡市选聘高校毕业生到村任职工作领导小组的通知（10月23日）

△新文〔2008〕132号 中共新乡市委、新乡市人民政府关于成立新乡解放暨建市六十周年庆祝活动领导小组的通知（10月23日）

△新文〔2008〕133号 中共新乡市委、新乡市人民政府关于成立新乡市“大整治大绿化大建设”活动指挥部的通知（10月23日）

△新文〔2008〕134号 中共新乡市委关于邀请省领导莅新出席全国统筹城市发展加快新农村建设理论与实践高层论坛会的请示（10月24日）

△新文〔2008〕135号 中共新乡市委关于全国人大常委会副委员长周铁农莅新出席全国统筹城乡发展加快新农村建设理论与实践高层论坛会的报告（10月24日）

△新文〔2008〕136号 中共新乡市委、新乡市人民政府关于成立新乡市食品安全工作领导小组的通知（10月21日）

△新文〔2008〕137号 中共新乡市委关于贯彻落实省委书记徐光春莅临新乡长垣视察指导工作重要指示精神情况的报告（10月31日）

△新文〔2008〕138号 中共新乡市委关于建立整治用人上不正之风工作协调会议制度的通知（11月7日）

△新文〔2008〕139号 关于成立新乡市整治用人上不正之风工作协调会议领导小组的通知（11月7日）

△新文〔2008〕141号 中共新乡市委新乡市人民政府关于新乡市援川抗震救灾工作情况的报告（11月13日）

△新文〔2008〕142号 中共新乡市委、新乡市人民政府关于举办全国统筹城乡发展加快新农村建设理论实践高层论坛的情况报告（1月17日）

△新文〔2008〕143号 中共新乡市委、新乡市人民政府关于在全市进一步深化计划生育优质服务先进县、乡、村三级联创活动的意见（1月17日）

△新文〔2008〕145号 中共新乡市委关于新型农村住宅社区基础设施纳入国家扩大内需投资扶持范围的报告（11月24日）

△新文〔2008〕148号 中共新乡市委关于将新乡市列为全省统筹城乡改革发展试验区的请示（11月25日）

△新文〔2008〕151号 中共新乡市委批转《新乡市人大常委会党组关于2009年人大换届工作的报告》的通知（12月2日）

△新文〔2008〕154号 关于调整市机构编制委员会组成人员的通知（12月11日）

△新文〔2008〕155号 中共新乡市委、新乡市人民政府关于调整部分议事协调机构的通知（12月15日）

△新文〔2008〕158号 中共新乡市委、新乡市人民政府关于省委、省政府承诺十大实事落实情况的自查报告

△新文〔2008〕164号 中共新乡市委、新乡市人民政府关于对2008年度争取资金争取项目工作成绩突出单位通报表彰的决定（12月26日）

△新文〔2008〕165号 中共新乡市委、新乡市人民政府关于对2008年度招商引资工作先进单位予以表彰的决定（12月26日）

△新文〔2008〕166号 中共新乡市委、新乡市人民

政府关于对2008年度招商引资工作落后单位予以通报的决定 (12月26日)

△新文〔2008〕167号 中共新乡市委、新乡市人民政府关于对2008年招商引资重点项目引荐承办服务单位通报表彰的决定 (12月26日)

△新文〔2008〕169号 中共新乡市委、新乡市人民政府关于印发《新乡市禁毒工作领导责任追究制暂行规定》的通知 (12月29日)

新办〔2008〕

△新办〔2008〕1号 市委办公室关于印发吴天君、李庆贵同志在市委经济工作会议上的讲话的通知 (1月3日)

△新办〔2008〕2号 市委办公室、市政府办公室关于成立生态文明村建设市领导包县（市、区）包路段督导组和专项工作指导组暨市级领导联镇包村通知 (1月16日)

△新办〔2008〕3号 市委办公室、市政府办公室关于转发《市委组织部市人事局市财政局关于2008年“大学生村干部”选聘工作方案》的通知 (1月27日)

△新办〔2008〕4号 市委办公室关于认真学习贯彻省委书记徐光春、省长李成玉对我市工作重要指示的通知 (2月13日)

△新办〔2008〕5号 市委办公室、市政府办公室关于印发《2008年经济社会发展工作任务责任分解意见》的通知 (2月15日)

△新办〔2008〕7号 市委办公室、市政府办公室关于印发《新乡市档案行政执法监督检查工作方案》的通知 (2月20日)

△新办〔2008〕8号 市委办公室、市政府办公室关于印发《市直机关贯彻落实2008年党风廉政建设和反腐败主要任务责任分工的意见》的通知 (4月10日)

△新办〔2008〕9号 市委办公室、市政府办公室关于规范我市公务接待工作的意见 (4月11日)

△新办〔2008〕10号 市委办公室、市政府办公室关于明确市委市政府2008年承诺十件实事责任单位的通知 (4月23日)

△新办〔2008〕11号 市委办公室、市政府办公室关于印发《2008年度新乡市安全技术防范建设工作实施方案》的通知 (4月23日)

△新办〔2008〕12号 市委办公室、市政府办公室关于进一步做好新时期档案工作的意见 (5月12日)

△新办〔2008〕13号 市委办公室、市政府办公室关于对企业界经营管理层县级以上人大代表、政协委员、党代表、劳模履行职责情况调研评价的通知 (5月14日)

△新办〔2008〕14号 市委办公室、市政府办公室关于印发《新乡市村务公开和民主管理暂行办法》的通知 (6月13日)

△新办〔2008〕15号 市委办公室、市政府办公室关于印发《新乡市预防和处置公共事件预案纲要》的通知 (6月23日)

△新办〔2008〕16号 市委办公室关于印发《新乡市学习宣传贯彻建立健全惩治和预防腐败体系2008～2012年工作方案》的通知 (6月24日)

△新办〔2008〕17号 市委办公室、市政府办公室关于印发《新乡市落实豫政〔2008〕10号文件精神责任分工意见》的通知 (6月24日)

△新办〔2008〕18号 市委办公室关于转发豫办〔2008〕12号文件的通知 (7月9日)

△新办〔2008〕19号 市委办公室、市政府办公室关于组织市直机关干部下访督查的通知 (7月17日)

△新办〔2008〕20号 市委办公室关于印发《吴天君、李庆贵同志在市委九届七次全体（扩大）会议上的讲话》的通知 (7月25日)

△新办〔2008〕21号 市委办公室、市政府办公室印发《奥运会期间新乡市“大排查、大防范、保稳定”专项行动工作方案》的通知 (7月29日)

△新办〔2008〕22号 市委办公室关于印发《徐光春同志、郭庚茂同志在新乡调研时的讲话》的通知 (7月31日)

△新办〔2008〕23号 市委办公室关于印发《徐光春同志7月31日在新乡市上半年工作汇报上的批示》的通知 (8月5日)

△新办〔2008〕24号 市委办公室、市政府办公室关于进一步加强因公出国（境）管理的意见》的通知 (8月14日)

△新办〔2008〕25号 市委办公室、市政府办公室关于印发《新乡解放暨建市六十周年庆祝活动总体方案》的通知 (8月17日)

△新办〔2008〕26号 市委办公室、市政府办公室关于印发《张大卫副省长在新乡调研时的讲话》的通知 (8月18日)

△新办〔2008〕27号 市委办公室、市政府办公室关于认真做好县域经济社会发展评价工作的通知 (8月18日)

△新办〔2008〕28号 市委办公室、市政府办公室关于加强农村实用人才队伍建设和农村人力资源开发的实施意见 (8月19日)

△新办〔2008〕29号 市委办公室、市政府办公室关于印发《新乡市参加第十届中国科协年会“河南省科技成果暨人才交流和经济技术合作博览会”筹备工作方案》的通知 (8月26日)

△新办〔2008〕31号 市委办公室、市政府办公室关于印发《巩固乡镇机构改革成果推进长效机制建设的意见》的通知 (8月28日)

△新办〔2008〕32号 市委办公室、市政府办公室关于印发《新乡市城市管理重点部位重要方面工作责任追究办法（试行）》的通知 (8月29日)

△新办〔2008〕33号 市委办公室关于印发《徐光春同志在河南省委党校河南行政学院2008年秋季学期开学典礼暨学习报告会上的讲话》的通知 (9月10日)

△新办〔2008〕34号 市委办公室关于印发吴天君同志在全市领导干部思想作风建设专题党课上的讲话的通知 (9月18日)

△新办〔2008〕35号 市委办公室市政府办公室转发《省委办公厅省政府办公厅关于进一步加强老年人优待工作的意见》的通知 (9月22日)

△新办〔2008〕37号 市委办公室市政府办公室关于认真做好全市第六届村民委员会换届选举工作的通知 (9月28日)

△新办〔2008〕38号 市委办公室、市政府办公室关于印发《郭庚茂同志在全省重点企业战略合作推进会上的讲话》的通知 (10月7日)

△新办〔2008〕39号 市委办公室、市政府办公室关于印发《新乡解放暨建市六十周年庆祝活动总体方案》的通知 (10月20日)

△新办〔2008〕42号 关于市委秘书长、副秘书长和市委办公室副调研员工作分工的通知 (10月28日)

△新办〔2008〕43号 市委办公室关于印发《2008年度干部基本素质考试工作实施方案》的通知 (11月6日)

△新办〔2008〕44号 市委办公室、市政府办公室关于进一步加强全市食品安全工作的通知 (11月7日)

△新办〔2008〕45号 市委办公室、市政府办公室印发《关于开展评选表彰“五个十”活动方案》的通知 (11月20日)

△新办〔2008〕46号 市委办公室、市政府办公室关于重申严肃工作纪律的通知 (11月20日)

△新办〔2008〕47号 关于转发《省委办公厅印发〈关于在全省干部教育培训中进一步加强学风建设的若干意见〉的通知》的通知 (12月8日)

△新办〔2008〕48号 市委办公室印发《关于2008～2012年全市大规模培训干部工作的实施意见》的通知 (12月8日)

△新办〔2008〕50号 市委办公室、市政府办公室关于印发《新乡市“造福家乡之星”评选办法》的通知 (12月9日)

△新办〔2008〕51号 关于印发《陈全国同志在新乡调研时的讲话》的通知 (12月19)

△新办〔2008〕52号 市委办公室关于印发《郭庚茂同志在新乡市调研时的讲话》的通知 (12月31日)

新乡市人大常委会主要文件目录
新人常〔2008〕

△新人常〔2008〕1号 新乡市人大常委会关于新乡市人民政府提请审议原阳县农发行贷款项目办理贷款承诺手续的决议 (3月5日)

△新人常〔2008〕2号 关于印发《新乡市人大常委会2008年工作要点》的通知 (3月6日)

△新人常〔2008〕3号 关于召开新乡市第十届人民代表大会第七次会议的决定 (4月2日)

△新人常〔2008〕5号 关于接受李辛民辞去河南省第十一届人民代表大会代表职务的决定 (5月19日)

△新人常〔2008〕6号 新乡市人大常委会关于批准2007年市本级财政决算的决议 (9月1日)

△新人常〔2008〕7号 新乡市人大常委会关于《新乡市总体规划（2008～2020）》决议 (9月1日)

△新人常〔2008〕8号 关于将城市环境综合治理工程项目资本金和回购资金列入年度财政预算的决议 （12月19日）

△新人常〔2008〕9号 关于新乡市2008年市本级预算调整的决议 （12月19日）

△新人常〔2008〕10号 关于召开新乡市第十一届人民代表大会第一次会议的决定 （12月22日）

新人常办〔2008〕

△新人常办〔2008〕1号 关于组织省十一届人大代表集中视察意见和建议 （1月9日）

△新人常办〔2008〕5号 关于对《中华人民共和国价格法》、国务院《价格违法行为行政处罚规定》贯彻执行情况进行检查的实施方案 （6月12日）

△新人常办〔2008〕6号 关于对企业界经营管理层市级以上人大代表履行职责情况调研评价分析报告 （6月16日）

△新人常办〔2008〕10号 关于对《中华人民共和国价格法》、国务院《价格违法行为行政处罚规定》进行执法检查的安排意见 （9月8日）

△新人常办〔2008〕13号 关于组织省十一届人大代表集中视察意见和建议 （12月30日）

新人常办通〔2008〕

△新人常办通〔2008〕1号 关于组织省十一届人大代表视察的通知 （1月3日）

△新人常办通〔2008〕2号 关于组织市十届人大代表视察的通知 （1月9日）

△新人常办通〔2008〕3号 关于参加河南省第十一届人民代表大会第一次会议的通知 （1月9日）

△新人常办通〔2008〕6号 关于召开新乡市第十届人民代表大会第七次会议的通知 （4月16日）

△新人常办通〔2008〕8号 市人大常委会办公室关于申请继续保持“省级文明单位”的报告 （5月26日）

△新人常办通〔2008〕10号 关于召开市十届人大常委会第三十八次会议通知 （6月5日）

△新人常办通〔2008〕11号 关于表彰市人大常委会机关文明科室的通知 （6月13日）

△新人常办通〔2008〕12号 关于编纂《新乡人大画册》有关事项的通知 （7月29日）

△新人常办通〔2008〕13号 关于2008年上半年规范性文件备案审查工作情况的通报 （8月4日）

△新人常办通〔2008〕14号 关于召开市十届人大常委会第四十次会议的通知 （8月13日）

△新人常办通〔2008〕15号 关于新乡市2007年度人大宣传工作先进单位和先进个人评选结果的通知 （9月24日）

△新人常办通〔2008〕16号 关于参加人大信访干部业务培训班的通知 （9月25日）

△新人常办通〔2008〕17号 关于召开市十届人大常委会第四十二次会议的通知 （10月14日）

△新人常办通〔2008〕20号 关于编纂《新乡市人民代表大会志》（第二卷）的通知 （11月27日）

△新人常办通〔2008〕21号 关于召开市十届人大常委会第四十三次会议的通知 （12月9日）

△新人常办通〔2008〕21号 关于组织省人大代表集中视察的通知 （12月15日）

△新人常办通〔2008〕22号 关于报送2007年度制定的规范性文件目录的通知 （12月19日）

新乡市人民政府主要文件目录

新政〔2008〕

△新政〔2008〕8号 新乡市人民政府关于实施工业跨越工程的意见

△新政〔2008〕15号 新乡市人民政府关于进一步加快区域农业技术服务站建设的意见

△新政〔2008〕19号 新乡市人民政府关于加快发展品牌农业工作的意见

新政文〔2008〕

△新政文〔2008〕73号 新乡市人民政府关于印发新乡市2008年度节能实施方案的通知

△新政文〔2008〕79号 新乡市人民政府关于印发新乡市2008年度主要污染物总量减排实施方案的通知

△新政文〔2008〕104号 新乡市人民政府关于印发新乡市2008年防汛工作方案的通知

△新政文〔2008〕114号 新乡市人民政府关于成立

新乡投资集团有限公司的通知

△新政文〔2008〕127号 新乡市人民政府关于下达2008年新乡市主要污染物排放总量控制计划的通知

新政办〔2008〕

△新政办〔2008〕40号 新乡市人民政府办公室关于印发“十一五”期间新乡市突发公共事件应急体系建设规划编制工作方案的通知

△新政办〔2008〕50号 新乡市人民政府办公室关于做好2008年企业上市工作的通知

△新政办〔2008〕60号 新乡市人民政府办公室关于印发2008年保障食品药品安全责任目标的通知

△新政办〔2008〕75号 新乡市人民政府办公室关于印发新乡市2008年度地质灾害防治方案的通知

△新政办〔2008〕76号 新乡市人民政府办公室关于印发新乡市打击传销专项整治行动工作方案的通知

△新政办〔2008〕79号 新乡市人民政府办公室关于印发新乡市2008年度粘土砖瓦窑厂治理整顿工作意见的通知

△新政办〔2008〕87号 新乡市人民政府办公室关于进一步加强城中村及农村住宅规划建设管理工作的紧急通知

△新政办〔2008〕95号 新乡市人民政府办公室关于印发新乡市加强新型农村住宅社区建设指导意见的通知

△新政办〔2008〕103号 新乡市人民政府办公室关于提高城市居民最低生活保障标准的通知

△新政办〔2008〕127号 新乡市人民政府办公室关于实施新乡市城镇居民基本医疗保险制度的通知

△新政办〔2008〕128号 新乡市人民政府办公室关于印发第五届中国河南国际投资贸易洽谈会新乡市参会工作方案的通知

△新政办〔2008〕144号 新乡市人民政府办公室关于印发新乡市安全生产事故应急预案的通知

△新政办〔2008〕190号 新乡市人民政府办公室关于建立新乡市新型融资机制的通知

△新政办〔2008〕204号 新乡市人民政府办公室关于建立健全土地资源节约集约利用机制的通知

△新政办〔2008〕209号 新乡市人民政府办公室关于应对当前金融危机做好企业贷款监测预警工作的通知

政协新乡市委员会主要文件目录

政新办字〔2008〕

△政新办字〔2008〕1号 关于承印《同心协力，共创辉煌——新乡市九届政协掠影》一次性内部资料的申请

△政新办字〔2008〕2号 关于全市政协系统干部基本素质考试情况通报

△政新办字〔2008〕6号 市党政领导与各界别委员代表座谈会会议纪要

△政新办字〔2008〕7号 关于编辑出版《大运河画册》的请示

△政新办字〔2008〕11号 政协第九届新乡市委员会常委会十九次会议

△政新办字〔2008〕14号 市政协二十次常委会议纪要

△政新办字〔2008〕15号 驻新省政协委员新乡市节能减排工作视察报告

政新办发〔2008〕

△政新办发〔2008〕1号 关于召开政协第九届新乡市委员会常务委员会第十八次会议的通知

△政新办发〔2008〕2号 关于市政协副秘书长、调研员分工的通知

△政新办发〔2008〕3号 关于做好纪念改革开放30周年座谈会有关准备工作的通知

△政新办发〔2008〕4号 关于对2007年度政协宣传信息工作通报表彰的决定

△政新办发〔2008〕5号 关于进一步做好反映社情民意信息工作的通知

△政新办发〔2008〕6号 关于转发河南省政协办公厅《关于做好纪念改革开放30周年人民政协理论研讨会筹备工作的通知》的通知

△政新办发〔2008〕7号 关于召开政协第九届新乡市委员会常务委员会第十九次会议的通知

△政新办发〔2008〕8号 关于印发市政协主席在纪念改革开放30周年座谈会上的讲话的通知

△政新办发〔2008〕9号 关于做好政协委员和组织基本情况统计工作的通知

△政新办发〔2008〕10号 关于召开政协第九届新乡市委员会常务委员会第二十次会议的通知

△政新办发〔2008〕11号 关于创办《委员心声》信息刊物的通知

△政新办发〔2008〕12号 三新大讨论整改阶段实施方案

△政新办发〔2008〕13号 关于召开政协第九届新乡市委员会常务委员会第二十一次会议的通知

政新党〔2008〕

△政新党〔2008〕1号 关于政协第九届新乡市委员会第五次会议的请示

△政新党〔2008〕3号 关于政协第十届新乡市委员会第一次全体会议有关事项的请示

△政新党〔2008〕4号 关于推荐十届政协委员的建议

△政新党〔2008〕5号 关于推荐保留政协委员的报告

牧野史料

三代谏臣　王　恽

王恽，字仲谋，号秋涧，卫州路汲县（今河南卫辉市）人。元朝著名学者、诗人、政治家，一生仕宦，刚直不阿，清贫守职，好学善文。成为元世祖忽必烈、裕宗皇太子真金和成宗皇帝铁木真三代的谏臣。

王恽直言敢谏，主张礼下庶人，刑上大夫，强调治理混乱的财政。至元五年（公元1268年），元世祖建御史台，任王恽为监察御史。他上书《击邪》、《纳海》等论列一百五十余条。当时负责水利的刘姓官员，利用治水导河之便，贪污官粮四十多万石。王恽大胆地予以弹劾揭发。至元二十六年（公元1289年），王恽任少中大夫、福建闽海道提刑按察使时，当时沿海政局混乱，官吏缺额很多。他向皇上上书要求选拔人才到沿海填补空缺。经过一段时间的考察，他果断罢黜了四十多名贪官污吏，任用一批文武精通，耿直清廉的人赴职，并在福建沿海首创建造营房，让戍兵居住，改变了以往兵寓民家的陋习，使百姓得以安居乐业。

王恽刚正不阿，秉公执法。在他任承直郎、平阳路总管府判官时，绛州太平县有一陈氏杀了自己的哥哥，因行贿官府，缓狱了决，株连三百多人受冤，长达五年不能结案。皇帝派王恽前往亲审此案，经过访查、审讯，释放了全部受冤遭株连的平民百姓。

王恽虽身居高位，却能够体察下情，同情人民疾苦。至元二十八年（公元1291年），燕南一带冬春遭旱，秋季庄稼又遭水灾，王恽察访民情回到大都（今北京）以后，右丞相史天泽在相府宴请百官，请他赴宴。入席后，他看到桌子上摆满了名酿佳肴、奇珍海味，如坐针毡，感到很不是滋味。他无法控制为民请命的感情，写了长篇免租谣，希词恳情切，皇上终于采纳了他的建议。

王恽的谏政，受到了元世祖的器重。至元二十八年（公元1291年），忽必烈专门将他传至京城召见。他又上万言书，提出“改旧制，黜赃吏，均赋役，擢才能”的建议，顺应了忽必烈“祖述变通”的建国思想，对推动统一多民族国家的历史发展有着积极的意义。为此，忽必烈亲授他为翰林学士。

王恽任职从政期间，他把历代明君贤相勤劳思政、治国安邦的经验和事迹系统整理成章，用“顺谏”的方式，奏疏给尚未登基的皇太子参阅。裕宗真金非常赏识他的这种见解，除自己学习外，还将《承华事略》各篇发给皇孙们传读。裕宗真金早薨，他的儿子成宗铁木真即位。王恽给成宗皇帝敬献的供物不是玉帛、珠宝，而是他论述的《守成事鉴》十五篇，表现出忠心事主的一片赤诚。因此，成宗又加封他为通议大夫，知制诰。并委托他同赵孟頫等人纂修《元世祖实录》。

大德五年（公元1304年）六月，王恽在汲县去世，终年七十八岁。朝廷的钦差大臣在汲县看到他的故居依然是茅屋陋室，清贫如民。其儿孙们田园生涯，耕稼自给，便如实奏明圣上。皇上赐钞万贯，赠翰林学士承旨资善大夫，追封太原郡公，谥号“文定”。子孙荫封受禄。他的言论诗文刊行于世一百卷为后人所传读。他的墓圹位于汲县（今卫辉市）城郊乡八里屯村西南石人洼内，距县城十华里。

统计资料

2008年新乡市国民经济和社会发展统计公报

（2009年3月15日）

2008年，全市人民在市委、市政府的正确领导下，以邓小平理论和“三个代表”重要思想为指导，坚持以科学发展观统领经济社会发展全局，共同努力，克服国内外经济发展形势的不利影响，着力解决经济运行中的突出矛盾和问题，国民经济总体保持较快增长，各项事业全面进步，人民生活继续改善，建设中原城市群强市迈出新的坚实步伐。

一、综合

初步核算，全年全市生产总值949.49亿元，比上年增长13.9%，增速比上年回落2.7个百分点，其中：第一产业增加值130.77亿元，增长5.3%；第二产业增加值521.20亿元，增长17.3%；第三产业增加值297.52亿元，增长11.7%。三次产业结构为13.8：54.9：31.3，二三产业比重较上年提高1.1个百分点。

全年全市居民消费价格总水平比上年上涨6.8%，涨幅较上年扩大2.2个百分点，其中，食品类价格上涨16.8%，拉动消费价格总水平上涨5.4个百分点，占全部涨价因素的78.2%。商品零售价格总水平上涨6.8%。工业品出厂价格总水平上涨12.1%。原材料、燃料、动力购进价格总水平上涨11.9%。固定资产投资价格总水平上涨9.0%。农业生产资料价格总水平上涨16.3%。

2008年居民消费价格指数

（以上年同期为100）

类　别	指　数
居民消费价格指数	106.8
城市	107.0
农村	106.7
食品	116.8
粮食	106.8
油脂	126.2
肉禽及其制品	122.5
蛋类	104.8

类　别	指　数
鲜菜	116.7
烟酒及用品	103.9
衣着	97.6
家庭设备用品及服务	101.2
医疗保健及个人用品	104.3
交通和通信	100.6
娱乐教育文化用品及服务	100.6
居住	105.4

年末从业人员292.50万人，其中城镇从业人员54.6万人。全年城镇新增就业人员17.1万人，失业人员实现再就业6.66万人，其中就业困难人员再就业2.57万人，新增农村劳动力转移就业6万人，城镇登记失业率为3.33%。

全年地方财政一般预算收入48.77亿元，比上年增长18.6%，其中：税收收入34.38亿元，增长16.6%，税收占地方财政一般预算收入的比重为70.5%，较上年下降1.2个百分点。地方财政一般预算支出99.23亿元，增长21.2%，其中：科学技术支出增长23.0%，教育支出增长18.9%，医疗卫生支出增长50.9%，社会保障与就业支出增长23.3%，一般公共服务支出增长17.3%。

全市城镇化率达到39.16%，比上年提高1.83个百分点。

二、农业

全年粮食种植面积596.90千公顷，比上年增加4.06千公顷，其中：小麦种植面积330.40千公顷，增加2.71千公顷，优质专用小麦种植面积占小麦种植面积的比重为81%。棉花种植面积21.62千公顷，减少3.37千公顷。油料种植面积77.51千公顷，增加3.53千公顷。蔬菜种植面积52.94千公顷，减少3.75千公顷。

全年粮食产量374.87万吨，比上年增产2.2%；蔬菜产量235.17万吨，下降2.3%；油料产量30.01万吨，增产7.1%；水产品产量3.74万吨，增产10.65%。

全年新增有效灌溉面积1.32千公顷，新增节水灌溉面积6.78千公顷。年末农业机械总动力635.02万千瓦，比上年增长2.0%；大中型拖拉机1.21万台，增长8.0%；农用运输车16.93万辆，下降0.4%；农村用电量43.48亿千瓦小时，增长4.2%。

2008年主要农产品产量

产品名称	产量(万吨)	比上年增长(%)
粮食	374.87	2.2
夏粮	218.54	3.1
秋粮	156.33	1.1
油料	30.01	7.1
花生	28.68	7.6
水产品	3.74	10.7
蔬菜	255.17	—2.3
水果	13.58	3.2

三、工业和建筑业

全年全部工业增加值455.45亿元,比上年增长18.9%,增速比上年回落8.6个百分点。规模以上工业增加值377.88亿元,增长21.6%;产品销售率98.9%。

规模以上工业30个大类中,增加值居前10位的行业为:通用设备制造业47.84亿元,增长37.4%;电力、热力的生产和供应业28.13亿元,增长1.8%;化学原料及化学制品制造业34.87亿元,增长17.8%;电气机械及器材制造业23.09亿元,增长15.3%;医药制造业30.77亿元,增长41.1%;纺织业33.66亿元,增长41.3%;农副食品加工业28.20亿元,增长14.2%;造纸及纸制品业29.87亿元,增长35.6%;非金属矿物制品业18.97亿元,增长34.4%;金属制品业16.57亿元,增长18.2%。高技术产业实现增加值37.53亿元,增长11.8%。

2008年规模以上工业增加值主要分类情况

指　　标	增加值(亿元)	比上年增长(%)
规模以上工业增加值	377.88	21.6
轻工业	173.53	27.0
重工业	204.35	17.2
国有及国有控股企业	51.84	−0.8
非公有制工业	272.91	28.1
国有企业	31.93	12.0
集体企业	39.28	16.3
股份制企业	242.30	22.2
股份合作制企业	8.26	17.4
外商及港澳台投资企业	22.35	15.6
其他	33.76	42.8
高技术产业	37.53	11.8

主要工业产品产量中,畜肉制品产量比上年增长19.7%,速冻米面食品增长44.1%,纱增长28.2%,发电量下降0.1%,农用化肥增长17.5%,钢材下降18.0%,水泥下降26.6%。

全年规模以上工业企业主营业务收入1239.16亿元,比上年增长29.7%,增速比上年回落2.8个百分点;利润总额88.74亿元,增长8.6%,增速比上年回落96.1个百分点。分所有制看,国有及国有控股工业利润0.45亿元,下降94.4%;集体及集体控股工业利润18.81亿元,增长13.7%。分行业看,30个行业大类中利润总额居前10位的行业为:医药制造业实现利润12.56亿元,同比增长22.3%;化学原料及化学制品制造业实现利润12.33亿元,同比增长18.0%;通用设备制造业实现利润10.41亿元,同比增长52.9%;造纸及纸制品业实现利润10.27亿元,同比增长15.1%;纺织业实现利润9.28亿元,同比增长42.0%;农副食品加工业实现利润6.04亿元,同比增长12.7%;电气机械及器材制造业实现利润4.86亿元,同比下降23.4%;专用设备制造业实现利润4.43亿元,同比增长15.3%;交通运输设备制造业实现利润3.93亿元,同比增长9.4%;饮料制造业实现利润2.86亿元,同比增长98.9%。

2008年主要工业产品产量

产品名称	单位	产量	比上年增长(%)
纱	万吨	37.25	28.2
布	亿米	4.20	−21.4
化学纤维	万吨	9.68	−23.2
畜肉制品	万吨	0.06	19.7
速冻米面食品	万吨	6.11	44.1
原煤	万吨	45.30	−32.0
发电量	亿千瓦小时	126.72	−0.1
钢材	万吨	42.40	−18.0
十种有色金属	万吨	0.41	−43.9
水泥	万吨	776.19	−26.6
硫酸(折100%)	万吨	6.69	7.8
碳酸钠(纯碱)	万吨	18.40	34.4
农用化肥(折含N100%)	万吨	95.36	17.5
金属切削机床	万台	0.03	−52.1
家用电冰箱	万台	290.85	−1.0
彩色电视机	万台	101.32	−0.7

全年全社会建筑业增加值65.75亿元,比上年增长6.2%。

四、固定资产投资

全年全社会固定资产投资767.42亿元,比上年增长31.9%,增速回落5.0个百分点,其中:城镇投资686.20亿元,增长34.0%,回落2.9个百分点;农村投资75.22亿元,增长7.8%,回落29.2个百分点。

在城镇投资中,国有控股投资94亿元,比上年下降14.8%;民间投资576.58亿元,增长47.2%;港澳台及外商投资6.2亿元,增长30.8%。第一产业投资24.8亿元,增长39.8%;第二产业投资469.2亿元,增长39.4%;第三产业投资192.3亿元,增长21.8%。

全年房地产开发投资71亿元,比上年增长38.2%,其中,住宅投资53.6亿元,增长36.7%。房屋施工面积652.3万平方米,增长0.8%,其中,住宅558.3万平方米,增长4.4%。房屋竣工面积221.6万平方米,增长23.9%,其中,住宅205.5万平方米,增长27.2%。商品房销售面积195.9万平方米,下降9.2%,其中,住宅181.7万平方米,下降10.7%。

全年全市千万元以上项目1781个,完成投资589.9亿元,增长38.8%。其中:新乡市交通局获嘉至新乡高速公路,新乡新亚纸业集团股份有限公司年产20万吨轻量涂布纸生产线技改,新乡县刘庄农工商联合社7万吨/日污水处理生产线,新乡市交通道路开发有限责任公司新乡市东二环道路工程等一批大型项目已竣工。

2008年各行业城镇固定资产投资完成情况

行　业	投资额(亿元)	比上年增长(%)
合计	686.2	34.0
农林牧渔业	24.8	39.8
工业	468.2	39.3
煤炭	15.6	251.9
石油	0	−100.0
电力、热水	26.1	−17.5
燃气、水	11.9	−22.0
冶金	11.3	122.1
建材	44.0	32.8
化工	91.0	86.8
机械	167.7	32.5
电子	4.7	10.5
食品	40.9	46.4
纺织	17.0	22.3
其他工业	38.0	54.9
建筑业	0.9	44.2
交通运输、仓储和邮政业	18.8	−36.3
信息传输、计算机服务和软件业	3.7	779.4
房地产业	79.2	28.7
水利、环境和公共设施管理业	31.9	37.3
教育	9.2	−12.2
卫生、社会保障和社会福利	4.8	68.1
文化、体育和娱乐业	6.2	110.0
其他	38.5	43.2

五、国内贸易

全年批发和零售业增加值36.72亿元，比上年增长10.4%；住宿和餐饮业增加值22.95亿元，增长20.2%。

全年社会消费品零售总额277.79亿元，比上年增长23.7%，增速上升5.4个百分点。分城乡看，城市消费品零售额149.50亿元，增长24.4%；县及县以下消费品零售额128.30亿元，增长23.0%。分行业看，批发和零售业零售额236.10亿元，增长21.8%；住宿和餐饮业零售额36.37亿元，增长38.0%；其他行业零售额5.33亿元，增长25.7%。

在限额以上批发和零售企业销售额中，食品、饮料、烟酒类增长63.5%，服装、鞋帽、针纺织品类60.0%，日用品类增长50.1%，家具类增长102.6%，汽车类增长86.1%，文化办公用品类增长89.9%，金银珠宝类增长166.4%，化妆品类增长104.2%。分产品销售量看，轿车销售 2276 辆，增长53.3%；移动电话销售 18112 部，增长79.1%；数码相机销售 2498 台，增长31.6%；微波炉销售 4214 台，增长61.8%；热水器销售 10250 台，增长57.4%。

六、对外经济

全年进出口总额12.58亿美元，比上年下降8.0%。其中：出口总额7.99亿美元，下降5.8%；进口总额4.59亿美元，下降11.6%。机电产品、高新技术产品分别出口1.29亿美元和6.33亿美元，增长0.1%和下降9.8%；铜及铜制品4.71亿美元，增长11.8%。

全年新批准外商投资企业 22 个，比上年下降63.3%。实际利用外商直接投资2.25亿美元，增长78.8%。

七、交通、邮电和旅游

全年交通运输、仓储和邮政业增加值88.92亿元，比上年增长11.6%。

年末公路通车里程 12622 公里，高速公路通车里程 306 公里，农村公路总里程 11339 万公里。全年各种运输方式货物周转量81.49亿吨公里，比上年增长23.3%；旅客周转量40.01亿人公里，增长18.2%。

全年邮电业务总量70.61亿元，比上年增长21.2%，其中：邮政业务3.67亿元，增长9.9%；电信业务66.94亿元，增长21.8%。年末局用电话交换机总容量137.38万门，本地电话用户133.69万户，移动电话用户275.88万户。电话普及率为 74 部/百人，增长17.5%。年末计算机互联网用户38.25万户，增长28.0%。

全年共接待国内游客 880 万人次，增长15.1%，国内旅游收入29.6亿元，增长24.0%。共接待海外游客0.88万人次，增长20.2%，外汇收入 260 万美元，增长21.0%。年末共有 A 级旅游景区 10 处，其中，4A 级以上景区 3 处；星级酒店 22 个，旅行社 62 家。

八、金融、证券和保险业

年末金融机构人民币各项存款余额759.57亿元，比上年末增长16.4%，其中，城乡居民储蓄存款余额543.99亿元，增长20.2%。人民币各项贷款余额506.15亿元，增长17.0%，其中：短期贷款余额302.37亿元，增长1.1%；中长期贷款余额148.54亿元，增长48.2%。农村信用社贷款余额124.65亿元，增长11.2%。金融机构个人消费贷款余额26.74亿元，增长14.1%。

全年保险公司保费收入21.36亿元，比上年增长47.5%，其中：财产险保费收入2.38亿元，人身险保费收入18.98亿元。全年赔款及给付3.74亿元，其中：财产险赔款支出1.51亿元，人身险赔付2.24亿元。

九、教育和科学技术

全年普通高等学校招生2.92万人，在校生9.87万人，毕业生2.06万人。成人高校招生1.07万人，在校生3.09万人，毕业生0.64万人。中等职业技术教育招生2.45万人，在校生6.70万人，毕业生1.74万人。普通高中招生3.81万人，在校生12.15万人，毕业生4.60万人。初中学校招生8.65万人，在校生22.5万人，毕业生9.96万人。普通小学招生10.6万人，在校生54.91万人，毕业生8.93万人。义务教育阶段进城务工子女人数入学率 100%。

年末拥有科学研究与技术开发机构 10 个，按照级别划分各类科技人员如下：正高 358 人，副高 13848 人，中级 61255 人，助理和员级 96521 人。全年共取得省级科技进步奖 15 项，市级科技进步奖 50 项；授权专利 653 件，其中发明专利 279 项；省以上科技计划项目 75 项，市重大科技专项项目 5 项，市科技专项项目 59 项，市科技发展项目 247 项。

年末共有产品质量监督检验机构 12 个，其中市级检验测试中心 4 个，县（市）级检验测试中心 8 个。专业人员 719 人，其中高级 11 人，中级 52 人，初级 310 人，其他 346 人。全市中国名牌产品 6 个。国家免检产品 13 个。国家地理标志保护产品 1 个。河南省名牌产品 44 个。河南省优质产品 61 个，省免检产品 42 个。

年末共有天气雷达观测站点 1 个，气象公益服务站 8 个。

十、文化、卫生和体育

年末共有艺术表演团体 10 个，本年上演剧目 109 个，演出场次 3340 场，国内演出观众人次 3752 千人次。群艺馆、文化馆 13 个，艺术团体展览 64 次，公共图书馆 11 个，图书总藏量 962771 件，影剧院 11 个。广播电台 11 座，中、短波广播发射台和转播台 3 座；电视台 9 座，教育台 1 个，电视转播台 12 座；有线电视用户 29 万户，广播人口四级混合覆盖率 98%，电视人口四级混合覆盖率达到 97%。全年发行杂志416.03万册，报纸6053.64万份。年末共有综合档案馆 14 个，馆藏档案44.44万卷，本年利用档案1.71万卷。

年末共有卫生机构 302（不含诊所）个，其中：医院、卫生院271个，妇幼保健院（所、站）13个，疾病预防控制中心（防疫站）13个，卫生监督检验机构4个，急救中心1个。实有病床床位1.78万张，其中，医院、卫生院1.72万张。执业医师0.67万人，助理医师0.67万人，注册护士0.66万人，卫生监督检验机构技术人员286人。农村乡（镇）卫生院156个，床位0.46万张，执业医师1529人，助理医师792人，注册护士775人。

全年全市运动员在省级比赛中，共获得金牌21枚，银牌13枚，铜牌31枚。全市共举办县以上运动会（含全民健身）760次，参加人员390万人次。

十一、人口、人民生活和社会保障

年末总人口560.70万人，常住人口551.32万人。出生人口5.72万人，出生率10.20‰；死亡人口2.89万人，死亡率5.16‰；自然变动净增人口2.83万人，自然增长率5.04‰。

全年农村居民人均纯收入5038元，扣除价格因素，比上年实际增长8.0%；农村居民人均生活消费支出3565元，实际增长13.2%。城镇居民人均可支配收入13000元，实际增长8.3%；城镇居民人均消费支出9323元，实际增长9.9%。农村居民家庭恩格尔系数为33.8%，城镇居民家庭恩格尔系数为33.8%。

年末全市参加城镇基本养老保险人数57.75万人，比上年末增加4.1万人，完成基本养老保险费征收100719万元，同比增加10219万元。参加基本医疗保险人数55.59万人，同比增加1.4万人，其中：农民工参保3.57万人，同比增加0.99万人；医疗保险基金征收32112万元，同比增加3740万元。参加失业保险人数45.1万人，与去年持平。

全年共发放城镇居民最低生活保障金17109.6万元，享受最低生活保障142.62万人次。发放农村低保金7672.6万元，农村享受低保57.54万人次。全年共发放城镇医疗救助资金670万元，接受城乡医疗救助人数12万人。全年社会销售福利彩票10501万元，全年筹集社会福利资金800万元，全年共接收社会捐款7562.1万元、物资折款1133.3万元。

十二、资源、环境与安全生产

2008年，新乡市年平均气温15.1℃；年日照总时数2101.5小时。全年水资源总量为14.8亿立方米，人均水资源量265立方米。平均降水量546毫米。

在监控的542公里河段长度中，Ⅳ类水质河段长38公里，Ⅴ类水质河段长12公里，劣Ⅴ类水质河段长410公里。

全年城市环境空气质量优良天数为335天，达标率为91.8%，较上年提高3.9个百分点。

全年全市共完成造林面积31.22万亩，其中，人工造林面积25.36万亩。年末全市已建立国家级自然保护区2个，面积33928公顷。省级森林公园5个，面积27.0千公顷。林木覆盖率达23.1%。

全年共发生各类生产安全伤亡事故2131起、死亡186人，同比下降27.3%。其中，工矿商贸事故死亡23人，下降23.3%；道路交通死亡160人，下降29.2%。全市亿元GDP生产安全事故死亡人数为0.20人，下降39.4%。

注：

1.本公报为初步统计数。

2.地区生产总值、各产业增加值绝对数按现行价格计算，增长速度按可比价格计算。

3.居民家庭恩格尔系数指居民家庭食品消费支出占生活消费支出的比重。

辉县上八里回龙景色

一、主要经济指标

主要经济指标(一)

	单　位	2008年	2007年	同比增长(%)
常住人口(抽样数)	万人	551.32	551.63	-0.06
年末总人口(抽样数)	万人	560.70	557.89	0.50
土地面积	平方公里	8169	8169	—
新乡市生产总值(当年价)	万元	9494929	7779033	13.9
第一产业增加值	万元	1307724	1158979	5.3
第二产业增加值	万元	5212021	4168913	17.3
工业	万元	4554536	3616861	18.9
建筑业	万元	657485	552051	6.2
第三产业增加值	万元	2975184	2451141	11.7
交通运输仓储邮电通信业	万元	889151	724391	11.6
批发零售	万元	367219	295933	10.4
住宿餐饮	万元	229476	167249	20.2
金融保险业	万元	186357	129817	1.1
房地产业	万元	305239	276526	0.9
其他服务业	万元	997742	857223	15.6
限额以上工业总产值(当年价)	万元	13827315	10628207	21.1
限额以上工业销售产值(当年价)	万元	13676786	10444492	22.4
资产总计	万元	9101373	8267729	10.7
流动资产平均余额	万元	4043093	3475473	3.9
当年提取折旧费	万元	387097	360162	12.2
主营业务收入	万元	12391550.9	9681465	29.7
利润总额	万元	887373	844327	8.6
利税总额	万元	1263772	1209443	8.3
耕地面积	千公顷	412.99	413.14	-0.04
农林牧渔业总产值(当年价)	万元	2263841	1889925	5.4
粮食播种面积	千公顷	569.90	592.84	-3.9
粮食总产量	吨	3748754	3667523	2.2
棉花播种面积	千公顷	21.62	24.99	-13.5
棉花总产量	吨	22140	25547	-13.3
交通运输货运量	万吨	7704	6709	14.8

注:地区生产总值及各行业增加值绝对数按当年价计算,增长幅度按可比价计算。此数据为初步核算数。

主要经济指标(二)

	单　位	2008年	2007年	同比增长(%)
交通运输客运量	万人	6325	5529	14.4
年末汽车数	辆	200863	183621	9.4
货车	辆	34998	34009	2.9
客车	辆	121989	98267	24.1
拖拉机数	万台	18.82	18.89	—0.4
邮电业务总量	万元	706094	582785	21.2
全年用电量	亿千瓦时	117.88	98.24	20.0
工业用电量	亿千瓦时	84.61	71.35	18.6
全社会固定资产投资完成额	万元	7674229	5819223	31.9
城镇以上固定资产投资	万元	6861969	5121766	34.0
工业投资	万元	4682291	3360169	39.3
房地产开发	万元	709608	513312	38.2
社会消费品零售总额	万元	2777914	2245042	23.7
市的零售额	万元	1494958	1202065	24.4
县的零售额	万元	554470	446078	24.3
县以下零售额	万元	728486	596899	22.0
财政一般预算收入	万元	487720	411350	18.6
财政一般预算支出	万元	992281	842928	21.2
在岗职工人数	人	414500	428892	—1.33
在岗职工工资总额	万元	700685	599753	16.8
在岗职工年平均工资	元/人	17271	14795	16.7
农民人均纯收入	元	5038	4355	15.7
城镇居民人均可支配收入	元	13000	11236	15.7
城镇居民人均消费性支出	元	9323	7933	17.7
全市物价指数(以上年为100)	%	106.8	104.6	6.8
市区物价指数(以上年为100)	%	107.0	105.2	7.0
居住物价指数	%	105.4	103.7	5.4
娱乐教育文化用品及服务	%	100.6	103.0	0.6
进出口总额	万美元	125354	138354	—8.0
出口	万美元	79911	85745	—5.8
进口	万美元	45923	52609	—11.6
接待国内游客	万人次	880	764.6	15.1
国内游客收入	万人	296000	240001	7.0

二、人口、土地

人口情况(公安数)

	年末总户数(户)	年末总人口(人)	在总人口中			
			男	女	农业人口	非农业人口
合　计	**1607513**	**5895731**	**3010543**	**2885188**	**4258665**	**1637066**
市辖区	299311	1006818	505644	501174	271022	735796
红旗区	93575	312722	157032	155690	89613	223109
卫滨区	71558	230967	108137	122830	19199	211768
凤泉区	38688	142385	76148	66237	103259	39126
牧野区	95490	320744	164327	156417	58951	261793
新乡县	85624	332525	170121	162404	303846	28679
获嘉县	116868	413751	210656	203095	342419	71332
原阳县	168541	714125	369067	345058	660940	53185
延津县	127348	470565	241326	229239	398932	71633
封丘县	200454	767297	388780	378517	673037	94260
长垣县	223831	886638	462076	424562	802360	84278
卫辉市	136599	494542	250523	244019	373905	120637
辉县市	248937	809470	412350	397120	432204	377266

出生、死亡人口及土地面积(公安数)

	出生人口(人)	出生率(‰)	死亡人数(人)	死亡人率(‰)	人口自然增长数(人)	人口自然增长率(‰)	土地面积(平方公里)
合　计	**65570**	**11.12**	**30280**	**5.14**	**35290**	**5.99**	**8169**
市辖区	10962	10.89	5517	5.48	5445	5.41	425
红旗区	3677	11.76	2385	7.63	1292	4.13	178
卫滨区	2216	9.59	958	4.15	1258	5.45	52
凤泉区	1739	12.21	572	4.02	1167	8.20	115
牧野区	3330	10.38	1602	4.99	1728	5.39	80
新乡县	4039	12.15	1879	5.65	2160	6.50	361
获嘉县	4154	10.04	2820	6.82	1334	3.22	475
原阳县	8831	12.37	4072	5.70	4759	6.66	1105
延津县	4982	10.59	2035	4.32	2947	6.26	677
封丘县	7195	9.38	3303	4.30	3892	5.07	1187
长垣县	11025	12.43	3544	4.00	7481	8.44	1050
卫辉市	6364	12.87	2487	5.03	3877	7.84	882
辉县市	8018	9.91	4623	5.71	3395	4.19	2007

人口及其变动情况(抽样数)

	户籍人口(万人)		常住人口(万人)	城镇人口(万人)	认定出生率‰	认定死亡率‰	城镇化率%
	2008年	户籍平均人口					
合　计	**560.70**	**559.30**	**551.32**	**215.90**	**10.20**	**5.16**	**39.16**
市辖区	93.82	93.60	93.18	82.97	9.95	5.10	89.04
红旗区	29.88	29.81	29.68	27.45	9.95	5.10	92.50
卫滨区	17.77	17.73	17.68	17.68	9.70	5.10	100.00
凤泉区	13.68	13.65	13.64	6.80	10.40	5.10	49.85
牧野区	32.47	32.39	32.18	31.04	9.95	5.10	96.56
新乡县	32.18	32.10	31.72	13.35	10.11	5.10	42.10
获嘉县	40.40	40.30	38.96	13.81	10.32	5.20	35.50
原阳县	66.10	65.95	64.91	14.25	10.04	5.19	21.96
延津县	43.93	43.83	43.16	10.88	10.31	5.30	25.25
封丘县	74.71	74.52	73.40	15.64	10.53	5.35	21.31
长垣县	80.23	80.01	78.95	21.44	10.60	5.50	27.16
卫辉市	49.57	49.45	48.61	18.13	10.70	5.68	37.30
辉县市	79.76	79.56	78.43	25.42	11.00	5.63	32.42

三、农业

年末耕地面积和劳动力情况

	年末常用耕地面积(千公顷)	乡村总户数(万户)	年末劳动力(万人)	其中:男劳动力(万人)
总　计	**412.99**	**107.6**	**240.52**	**129.98**
红旗区	3.65	1.67	3.13	1.58
卫滨区	2.80	1.04	2.12	1.13
凤泉区	5.50	2.37	4.67	2.67
开发区	1.79	0.65	1.88	1
牧野区	3.81	2.16	4.74	2.42
新乡县	23.38	7.07	17	8.94
获嘉县	30.91	8.19	20.83	10.89
原阳县	70.22	13.83	33.53	18.07
延津县	47.47	10.1	20.59	10.82
封丘县	66.35	16.59	36.93	19.99
长垣县	63.45	15.89	39.46	22.49
卫辉市	39.42	9.5	20.77	11.38
辉县市	54.76	18.53	34.88	18.59

注:年末常用耕地面积为初步统计数。

各县(市、区)第一产业产值情况表(现价)

单位:万元

	总产值		农业产值	林业产值	牧业产值	渔业产值	服务业产值
	数值	增幅(%)					
新乡市	**2263841**	**5.4**	**1168139**	**42683**	**959665**	**29466**	**63888**
红旗区	15667	6.0	9230	288	4869	381	900
卫滨区	12544	6.2	6000	43	5687	412	402
凤泉区	25509	2.9	16685	262	8160	73	328
开发区	7282	5.4	3889	—	2410	763	220
牧野区	29029	4.0	18555	190	9759	80	445
新乡县	137686	5.6	73527	842	56841	1826	4650
获嘉县	168166	5.3	88800	1834	71254	1968	4310
原阳县	300639	5.4	169394	2901	115464	4066	8814
延津县	257939	7.4	156902	2860	75422	13130	9624
封丘县	364796	5.5	206108	8276	141801	2386	6225
长垣县	311646	5.4	188334	10802	103879	3742	4889
卫辉市	268404	5.2	103028	5002	148771	2104	9500
辉县市	358883	5.3	138949	5146	203905	398	10485

各县(市、区)第一产业增加值情况表(现价)

单位:万元

	增加值		农业增加值	林业增加值	牧业增加值	渔业增加值	服务业增加值
	总量	增幅(%)					
新乡市	**1310097**	**5.3**	**735927**	**29665**	**500369**	**20370**	**23766**
红旗区	9278	5.9	5910	164	2584	264	356
卫滨区	6967	6.2	4252	38	2318	203	156
凤泉区	15054	2.8	10647	188	4048	48	122
开发区	4384	5.4	2489	—	1276	531	87
牧野区	14616	4.4	10020	138	4236	55	167
新乡县	81155	5.6	44116	603	33528	1188	1720
获嘉县	99265	5.3	56362	1346	38627	1336	1595
原阳县	171984	5.4	104685	2064	58194	3780	3261
延津县	144361	7.4	96127	1420	36062	7194	3557
封丘县	218465	5.5	141175	6431	66674	1882	2303
长垣县	181568	5.4	107513	6297	62314	2631	2813
卫辉市	140497	5.2	61302	3250	71678	1412	2854
辉县市	226415	5.2	106822	3234	112145	335	3879

全年粮食播种面积和产量

单位：千公顷、吨

	粮食播种面积	粮食总产量	夏粮播种面积	夏粮总产量	小麦产量	秋粮播种面积	秋粮总产量	玉米产量	稻谷产量	大豆产量
新乡市	**569.90**	**3748754**	**331.04**	**2185465**	**2180283**	**265.86**	**1563289**	**1151388**	**296801**	**50605**
红旗区	6.33	39079	3.61	23522	23522	2.72	15557	15125	174	35
卫滨区	3.68	23393	1.84	11880	11285	1.84	11513	7755	3622	136
凤泉区	8.57	53870	4.27	27805	27805	4.3	26065	25072	0	698
开发区	2.86	16961	1.73	11413	11413	1.13	5548	4353	1195	0
牧野区	5.51	34119	2.65	17133	17133	2.86	16986	16895	0	91
新乡县	32.54	236262	17.17	127934	127934	15.37	108328	100294	6400	982
获嘉县	44.59	299671	20.25	142599	142599	24.34	157072	96790	55806	1040
原阳县	114.05	673572	61.99	378757	378075	52.06	294815	121554	158813	9741
延津县	63.67	392580	44.25	283620	283009	19.42	108960	94423	4825	3091
封丘县	87.57	569861	51.37	369855	367552	36.48	200006	123730	39284	9599
长垣县	89.84	564221	51.37	356185	355838	38.47	208036	148542	24492	22965
卫辉市	53.82	333569	28.45	179672	179672	25.37	153897	148947	0	1502
辉县市	83.59	515096	42.09	258590	257946	41.5	256506	247908	2190	725

棉花、油料、蔬菜、水果产量

单位：吨

	棉花产量	油料产量	花生	芝麻	蔬菜产量	水果产量
新乡市	**22140**	**300110**	**286786**	**497**	**2351754**	**135828**
红旗区	360	1200	1200	0	12443	1201
卫滨区	12	69	38	0	1387564630	120
凤泉区	75	276	47	134	12065	2350
开发区	35	238	230	0	147419	664
牧野区	46	0	11025	0	200968	169
新乡县	2953	11025	1621	0	270086	7552
获嘉县	972	1627	48776	0	156952	9230
原阳县	1550	49317	92282	0	320609	25733
延津县	6764	93444	45461	86	230809	20355
封丘县	4804	46322	47002	85	417749	17214
长垣县	2563	55025	19387	165	220188	21942
卫辉市	1910	21238	19699	27	360941	11204
辉县市	96	20329	—	—	—	18094

牧业生产情况

	猪肉产量（吨）	牛肉产量（吨）	大牲畜年末存栏数（万头）	猪年末存栏量（万头）	羊年末存栏数（万只）	禽肉产量（吨）	禽蛋产量（吨）	奶类产量（吨）
新乡市	**210813**	**35457.1**	**53.48**	**245.50**	**71.26**	**46352.96**	**315346**	**234842**
红旗区	502	158	0.20	0.58	0.43	179.26	446	3200
卫滨区	372	60	0.28	0.39	0.10	330	1783	9800
凤泉区	2398	237	0.24	2.70	0.20	186	3205	6858
开发区	358	82.5	0.11	0.41	0.13	116.6	1101	1500
牧野区	909	17	0.41	0.95	0.10	479	2248	18500
新乡县	7860	2361	2.29	10.30	2.59	4603	27390	25420
获嘉县	16442	2141	2.94	18.30	5.07	5020	21866	20905
原阳县	16451	3781	10.27	21.30	14.94	4260	33251	82592
延津县	14665	3619	2.79	17.31	10.34	5144	27161	9877
封丘县	31983	8002	6.07	39.77	18.51	6268	29153	10937
长垣县	14851	5487	8.81	17.44	8.82	7009	33595	19000
卫辉市	37113	4955	12.33	44.05	4.54	6274	65556	12852
辉县市	69560	4556.6	6.74	72.00	5.45	6484.1	68591	13401

农村基层组织情况

单位：个

	乡镇政府	镇政府	村民委员会
新乡市	**122**	**54**	**3570**
红旗区	2	2	56
卫滨区	1	—	26
凤泉区	3	1	38
开发区	1	—	14
牧野区	2	1	59
新乡县	7	6	176
获嘉县	11	8	218
原阳县	17	3	566
延津县	12	3	336
封丘县	19	6	605
长垣县	14	6	599
卫辉市	13	7	344
辉县市	20	11	533

四、工业

限额以上工业企业单位数

单位:个

	合　计	国有	集体	其他经济类型
新乡市	**904**	**52**	**83**	**769**
市　直	50	24	4	22
红旗区	22	—	—	22
卫滨区	16	—	2	14
凤泉区	32	2	4	26
开发区	29	1	—	28
工业园区	12	—	2	10
牧野区	30	—	4	26
新乡县	123	2	14	107
获嘉县	59	5	7	47
原阳县	87	7	25	55
延津县	63	1	2	60
封丘县	71	1	1	69
长垣县	77	1	—	76
卫辉市	94	4	2	88
辉县市	139	4	16	119

全部工业总产值(当年价)

单位:万元

	合　计	限额以上工业	限额以下工业	农村个体工业
新乡市	**16435929**	**13827315**	**1242234**	**1366380**
市　直	2864364	2864364	—	—
红旗区	199959	92805	103071	4083
卫滨区	171848	131465	38836	1547
凤泉区	472613	364576	85374	22663
开发区	260284	260284	—	—
工业园区	84380	84380	—	—
牧野区	666141	566851	82883	16407
新乡县	3151386	2892954	144712	113720
获嘉县	802383	564781	117959	119643
原阳县	888494	699480	80353	108661
延津县	849736	665787	72805	111144
封丘县	518539	348532	89001	81006
长垣县	1547179	1317989	123389	105801
卫辉市	847608	729230	60487	57891
辉县市	3116505	2249328	243362	623815

限额以上工业总产值(当年价)

单位:万元

	合　计	国有经济	集体经济	其他经济	轻工业	重工业
新乡市	**13827315**	**1291399**	**1343718**	**11192198**	**6245854**	**7581461**
市　直	2864364	731597	—	2132767	959233	1905131
红旗区	92805	—	—	92805	35863	56942
卫滨区	131465	—	8794	122671	69762	61702
凤泉区	364576	—	65281	299295	124967	239609
开发区	260284	—	—	260284	184773	75511
工业园区	84380	—	—	84380	45378	39003
牧野区	566851	—	16324	550527	404885	161966
新乡县	2892954	42521	975998	1874435	1585272	1307682
获嘉县	564781	82342	37000	445439	198915	365866
原阳县	699480	65478	101146	532857	257479	442001
延津县	665787	51091	2712	611985	459528	206259
封丘县	348532	24038	—	324493	111811	236721
长垣县	1317989	29174	—	1288815	385437	932553
卫辉市	729230	37819	13613	677798	409603	319627
辉县市	2249328	260391	121182	1867756	998471	1250857

全部工业增加值(当年价)

单位:万元

	合　计	限额以上工业	限额以下工业	农村个体工业
新乡市	**4554610**	**3778810**	**376407**	**399393**
市　直	644649	644649	—	—
红旗区	59060	28488	29375	1197
卫滨区	50449	38861	11146	442
凤泉区	132160	99695	26466	5999
开发区	78751	78751	—	—
工业园区	24319	24319	—	—
牧野区	190988	163105	23083	4800
新乡县	910528	831298	46236	32994
获嘉县	227170	156474	33854	36842
原阳县	250442	189926	25753	34763
延津县	237448	183669	21332	32447
封丘县	146595	98209	26521	21865
长垣县	449916	378416	39238	32262
卫辉市	244220	209369	17723	17128
辉县市	907915	653582	75680	178653

限额以上独立核算工业企业职工平均人数

单位：人

	合计	国有	集体	其他经济类型
新乡市	**244689**	**48228**	**26052**	**170409**
市直	57343	37067	2241	18035
红旗区	3222	—	—	3222
卫滨区	3046	—	360	2686
凤泉区	4149	352	627	3170
开发区	5951	202	—	5749
工业园区	2993	—	458	2535
牧野区	9709	—	417	9292
新乡县	46154	2273	14620	29261
获嘉县	10237	1764	1546	6927
原阳县	10128	1135	1459	7534
延津县	10621	617	355	9649
封丘县	10934	565	74	10295
长垣县	27199	359	—	26840
卫辉市	14780	1828	59	12893
辉县市	28223	2066	3836	22321

限额以上工业增加值

单位：万元

	合计	国有	集体	其他经济类型
新乡市	**3778810**	**319313**	**392792**	**3066705**
市直	644649	168456	—	476193
红旗区	28488	—	—	28488
卫滨区	38861	—	2558	36303
凤泉区	99695	—	17889	81806
开发区	78751	—	—	78751
工业园区	24319	—	—	24319
牧野区	163105	—	5287	157819
新乡县	831298	8993	284835	537469
获嘉县	156474	18724	10767	126983
原阳县	189926	16007	29061	144859
延津县	183669	10806	747	172116
封丘县	98209	5084	—	93125
长垣县	378416	6170	—	372246
卫辉市	209369	8724	4197	196448
辉县市	653582	83523	36918	533141

限额以上独立核算工业企业主要财务指标(一)

单位:万元

	资产总计	流动资产平均余额	本年折旧	主营业务收入
总　计	**9101373**	**3851316**	**387097**	**12391551**
市　直	3057545	1463252	113814	2917686
红旗区	54597	36319	1849	105880
卫滨区	60403	29751	1080	93619
凤泉区	185304	83357	11316	233923
开发区	364292	192457	7224	261242
工业园区	60475	29372	1054	94141
牧野区	408960	236239	11232	604645
新乡县	1440978	463713	93309	2442520
获嘉县	238693	80258	15180	548429
原阳县	177796	47997	6851	741496
延津县	223761	86724	13962	649083
封丘县	212098	79245	9534	385397
长垣县	836292	440866	26051	1161915
卫辉市	466313	175859	12777	685847
辉县市	1313867	405908	61864	1465728

限额以上独立核算工业企业主要财务指标(二)

单位:万元

	主营业务成　本	营业费用	主营业务税金及附加	利润总额	亏损企业亏损额
总　计	**10874282**	**288525**	**59128**	**887373**	**63562**
市　直	2644837	99557	5765	-311	52562
红旗区	91946	3555	778	6112	0
卫滨区	84882	1480	354	3382	10
凤泉区	212440	13924	1098	8048	0
开发区	187603	10256	534	49710	391
工业园区	87260	1153	176	3222	0
牧野区	539925	7122	926	31114	0
新乡县	2070725	48882	11348	276332	257
获嘉县	459322	24928	6374	61952	64
原阳县	662430	3656	2392	69860	0
延津县	568059	4348	2706	81954	0
封丘县	273654	28383	7508	67562	0
长垣县	1025302	16243	2154	95520	0
卫辉市	628231	11424	2165	31096	408
辉县市	1337668	13613	14850	101821	9871

规模以上工业主要产品产量(一)

	原 煤(吨)	自来水(万吨)	小麦粉(吨)	食用植物油(吨)	饮料酒(吨)	机制纸及纸板(吨)	发电量(万千瓦小时)
新乡市	**452954**	**5672**	**1927172**	**95323**	**169031**	**1380308**	**1267160**
市 直	—	4360	—	—	71193	—	629753
红旗区	—	—	—	—	—	—	—
卫滨区	—	—	—	—	—	—	—
凤泉区	—	952	—	1500	—	9639	2315
开发区	—	—	—	—	—	—	—
工业园区	—	—	—	—	—	—	—
牧野区	—	—	—	—	—	—	—
新乡县	—	—	964635	2768	—	1262155	39735
获嘉县	—	—	—	—	—	36377	—
原阳县	—	—	143902	36230	5895	—	—
延津县	—	—	295289	17831	16082	7020	13411
封丘县	—	—	178373	6264	72192	35	—
长垣县	—	—	112706	—	—	—	—
卫辉市	77595	360	152164	7640	3566	19	—
辉县市	375359	—	80103	23090	103	65063	581946

规模以上工业主要产品产量(二)

	化肥折纯量(吨)	水 泥(万吨)	小型拖拉机(台)	交流电机(千瓦)	原电池(折干电池万只)	人造板(立方米)	钢材(钢加工材)(吨)
总 计	**953562**	**7761892**	**10955**	**114364**	**37976**	**919010**	**424034**
市 直	41792	211000	—	—	—	15042	114027
红旗区	—	—	—	—	—	—	—
卫滨区	—	—	—	—	—	—	—
凤泉区	—	1531195	—	—	4476	—	—
开发区	—	—	—	—	—	—	—
工业园区	—	—	—	—	—	—	—
牧野区	—	—	—	—	33500	—	—
新乡县	343969	477679	—	—	—	3985	87161
获嘉县	—	—	10955	—	—	—	—
原阳县	127120	600262	—	79050	—	811692	16593
延津县	77150	78892	—	—	—	88291	15982
封丘县	240557	—	—	—	—	—	—
长垣县	—	—	—	—	—	—	110153
卫辉市	55985	1261766	—	35314	—	—	8893
辉县市	66989	3601098	—	—	—	—	71225

规模以上工业主要产品产量(三)

	起重设备(吨)	汽车配件(件)	化学纤维(吨)	蓄电池(千伏安时)	纱(吨)	布(万米)	工业用电量(万千瓦小时)
总　计	**526559**	**2759537**	**96849**	**27850**	**372525**	**41968**	**952681**
市　直	40452	1977010	96849	27850	1934	74	153652
红旗区	—	—	—	—	—	—	3607
卫滨区	9174	—	—	—	6954	—	7966
凤泉区	—	—	—	—	6617	—	28085
开发区	—	—	—	—	1478	833	7934
工业园区	—	—	—	—	—	—	2437
牧野区	—	2332	—	—	6100	—	14653
新乡县	—	—	—	—	65176	3577	195562
获嘉县	—	—	—	—	50628	—	25443
原阳县	—	778247	—	—	11312	1564	32982
延津县	—	—	—	—	128322	1001	39989
封丘县	72438	1948	—	—	—	—	23228
长垣县	404495	—	—	—	—	30982	22845
卫辉市	—	—	—	—	18189	3201	141170
辉县市	—	—	—	—	75815	736	253127

五、固定资产投资

全社会固定资产投资完成情况

单位:万元、%

	全社会投资		城镇以上投资	工业投资	房地产开发	农村非农户投资	农户投资
	总量	增幅					
全　市	**7674229**	**31.9**	**6861969**	**4682291**	**709608**	**445961**	**366299**
红旗区	283827	60.1	276837	111440	93450	0	6990
卫滨区	156665	73.5	153315	54674	60931	0	3350
凤泉区	124464	27.5	119244	72631	9850	220	5000
开发区	239860	31.8	236075	133010	64395	980	2805
牧野区	333879	82.4	325411	192224	93171	0	8468
新乡县	1015062	26.6	934613	839024	35799	56387	24062
获嘉县	295871	21.1	195352	166162	1600	29110	71409
原阳县	772194	40.9	629300	386808	15244	94765	48129
延津县	478609	28.4	386320	255406	18682	43491	48798
封丘县	608921	36.3	525547	423846	13250	34970	48404
长垣县	1128708	42.0	986314	659982	28703	92833	49561
卫辉市	500991	20.1	441986	303303	37360	24440	34565
辉县市	1264861	41.7	1181338	872043	133538	39065	44458

分县区城镇住宅建设投资完成情况

单位:万元、平方米

	住宅建设投资额	施工面积	竣工面积
全　市	**535574**	**5583145**	**2055015**
市　直	89106	1464952	357034
红旗区	71617	577674	34971
卫滨区	34097	326926	120389
凤泉区	9850	199924	132924
开发区	37290	456727	92380
牧野区	30086	492908	67000
新乡县	28887	269404	149144
获嘉县	1600	34000	34000
原阳县	11589	220902	127320
延津县	18042	148005	0
封丘县	12337	130162	90000
长垣县	28703	283593	129476
卫辉市	36320	388808	356248
辉县市	126050	589160	364129

分县区商品房房屋施工、销售面积

单位:平方米

	施工面积		竣工面积	销售面积	
		新开工			住　宅
全　市	**6522641**	**3058616**	**2216084**	**1959238**	**1816913**
市　直	1841780	454002	395806	438614	359454
红旗区	759794	474302	34971	67440	67440
卫滨区	432844	307000	175900	97175	74444
凤泉区	199924	151000	132924	56059	56059
开发区	549623	234057	92380	151062	148404
牧野区	575582	79000	67000	81268	81268
新乡县	272698	191868	149144	165744	160520
获嘉县	34000	34000	34000	18000	18000
原阳县	225282	109480	128820	132574	131074
延津县	150365	48585	0	32645	30285
封丘县	130162	130162	90000	115052	115052
长垣县	283593	134685	129476	103424	103424
卫辉市	430848	250848	388548	146518	146518
辉县市	636146	459627	397115	353662	324971

六、交通、邮电

交通运输及邮电情况

	全年货运量（万吨）	货运周转量（万吨/公里）	全年客运量（万人）	客运周转量（万人/公里）	邮电局所（个）	邮政局数（个）	邮政业务总量（万元）
全　市	**7704**	**815065**	**6325**	**400055**	**152**	**9**	**36740**
市　区	4254	507614	3198	217702	27	1	10493
新乡县	483	65300	263	8322	11	1	3983
获嘉县	338	26019	262	9596	11	1	2233
原阳县	342	31199	190	7629	20	1	2410
延津县	420	24919	223	10762	12	1	1510
封丘县	328	25025	271	15918	15	1	3113
长垣县	452	11538	995	90586	21	1	5387
卫辉市	491	26704	313	12274	16	1	1882
辉县市	596	63747	610	27266	19	1	5728

注：交通运输数据仅指交通运输系统内的公路运输情况。

七、国内商业

社会消费品零售总额（一）

（按市、县分）　　单位：万元

	合　计	市的零售额	县的零售额	县以下的零售额
全　市	**2777914**	**1494958**	**554470**	**728486**
红旗区	396198	396198	—	—
卫滨区	359444	359444	—	—
凤泉区	57939	57939	—	—
开发区	20712	20712	—	—
牧野区	292144	292144	—	—
新乡县	145695	—	11226	134469
获嘉县	145440	—	88130	57310
原阳县	173475	—	94835	78640
延津县	155565	—	86327	69238
封丘县	143360	—	84856	58504
长垣县	258024	—	147274	110750
卫辉市	242769	146512	—	96257
辉县市	388913	196012	—	192901

社会消费品零售总额(二)

(按行业分)　　单位:万元

	合计	批发零售贸易业	住宿餐饮业	其他
全市	**2777914**	**2360985**	**363668**	**53261**
红旗区	396198	336047	53165	6986
卫滨区	359444	304054	46760	8630
凤泉区	57939	50516	6304	1119
开发区	20712	18455	2257	0
牧野区	292144	247376	39232	5536
新乡县	145695	120079	22667	2949
获嘉县	145440	123337	19150	2953
原阳县	173475	154194	15276	4005
延津县	155565	131291	20973	3301
封丘县	143360	114082	26228	3050
长垣县	258024	220828	32919	4277
卫辉市	242769	207612	30084	5073
辉县市	388913	311690	68423	8800

八、文教、卫生

教育事业情况(一)

单位:所、人

	普通高等学校			职业高中		
	学校数	教职工数	在校学生数	学校数	教职工数	在校学生数
合计	**5**	**7787**	**98728**	**53**	**2805**	**46694**
市辖区	5	7787	98728	12	497	7660
红旗区	—	—	—	4	117	1229
卫滨区	—	—	—	2	246	3151
凤泉区	—	—	—	2	30	869
牧野区	—	—	—	4	104	2411
新乡县	—	—	—	2	199	2733
获嘉县	—	—	—	2	147	1385
原阳县	—	—	—	7	168	3036
延津县	—	—	—	3	482	6265
封丘县	—	—	—	6	157	5878
长垣县	—	—	—	7	347	7367
卫辉市	—	—	—	5	176	2400
辉县市	—	—	—	9	632	9970

教育事业情况(二)

单位:所、人

	中等职业教育			普通高中		
	学校数	教职工数	在校学生数	学校数	专职教师	在校学生数
合计	**73**	**4527**	**69711**	**71**	**6403**	**121451**
市辖区	24	1603	25933	26	1264	21951
红旗区	8	474	6689	9	493	8906
卫滨区	8	850	13088	6	221	2970
凤泉区	2	30	869	3	130	1273
牧野区	6	249	5287	8	420	8802
新乡县	3	290	2828	6	488	7682
获嘉县	3	190	3305	7	416	5262
原阳县	8	222	3602	7	624	12673
延津县	4	530	6353	1	425	10647
封丘县	7	222	5878	5	785	14303
长垣县	8	409	7367	5	573	14830
卫辉市	7	429	4475	5	524	11719
辉县市	9	632	9970	9	1304	22384

教育事业情况(三)

单位:所、人

	普通初中			小学		
	学校数	专职教师	在校学生数	学校数	教职工数	在校学生数
合计	**353**	**16149**	**225040**	**1698**	**26169**	**549095**
市辖区	40	2513	35179	146	4388	80907
红旗区	17	745	12669	53	1779	32869
卫滨区	5	546	7815	30	885	17525
凤泉区	6	298	2710	25	658	10160
牧野区	12	924	11985	38	1066	20353
新乡县	18	1010	10413	101	1640	30969
获嘉县	38	1026	15155	115	1887	37423
原阳县	53	2024	32887	309	3534	78417
延津县	38	1431	19217	154	2146	47566
封丘县	46	2141	36977	274	3526	77565
长垣县	52	2217	34956	265	4094	90395
卫辉市	29	1450	16185	165	2157	54486
辉县市	39	2337	24071	169	2797	51367

教育事业情况(四)

单位:所、人

	幼儿园			学龄人口入学情况			
	学校数	教职工数	在园(班)人数	初中学龄		小学学龄	
				入学率(%)	毛入学率(%)	入学率(%)	毛入学率(%)
合　计	**525**	**5904**	**97799**	**99.00**	**111.55**	**100.00**	**103.04**
市辖区	117	2264	20421	99.64	123.77	100.00	103.95
红旗区	35	643	5973	99.52	118.37	100.00	103.74
卫滨区	34	766	6729	99.70	122.28	100.00	101.87
凤泉区	15	175	2372	99.02	126.40	100.00	103.94
牧野区	33	680	5347	99.89	130.48	100.00	106.15
新乡县	72	730	10473	98.79	103.92	100.00	100.46
获嘉县	40	269	10646	99.05	113.86	100.00	105.68
原阳县	12	142	5644	98.69	120.07	100.00	102.38
延津县	37	278	8901	98.72	117.82	100.00	104.62
封丘县	16	172	4724	98.68	100.95	100.00	101.26
长垣县	22	360	7723	98.69	113.81	100.00	104.58
卫辉市	89	496	8872	99.88	100.19	100.00	100.20
辉县市	120	1193	20395	99.15	105.63	100.00	104.13

卫生事业情况(不含诊所、防疫站、卫生监督所)

	卫生机构数(个)	编制床位(张)	职工人数(人)	
			卫生技术人员(人)	执业医师(人)
合　计	**115**	**13773**	**18688**	**14428**	**4571**
红旗区	18	1003	1511	1185	384
卫滨区	16	3108	4114	3259	1143
凤泉区	8	414	303	258	96
牧野区	23	2508	2687	2029	619
新乡县	4	325	438	295	118
获嘉县	4	620	819	688	220
原阳县	7	854	1543	1198	280
延津县	7	981	872	710	202
封丘县	11	629	1137	859	230
长垣县	4	750	1314	1042	334
卫辉市	7	1371	2518	1716	595
辉县市	6	1210	1432	1189	350

计划生育情况

单位:人

	已婚育龄妇女	领独生子女证人数	出生总数	采取各种节育措施人数	本期采取各种节育手术人数
合　计	**1134585**	**179509**	**53841**	**1023660**	**52023**
红旗区	46651	25100	1370	41730	1147
卫滨区	32344	20229	1075	28315	1109
凤泉区	27476	8393	852	25073	834
牧野区	52446	23053	1599	45540	1335
新乡县	63300	7195	3155	58347	2877
获嘉县	84273	8402	4229	76459	3502
原阳县	133265	12895	6554	117240	6684
延津县	91222	9601	4414	86153	3691
封丘县	154701	15248	7716	141188	8573
长垣县	166596	16911	8069	152294	7212
卫辉市	97524	10955	5221	88853	5139
辉县市	164788	14881	9054	146120	8908
开发区	14217	4307	382	12704	373
西工区	3110	2214	63	2851	56
新乡工业园区	2672	125	88	793	583

九、财政、金融

年末金融机构人民币信贷收支情况

单位:万元

	金融机构存款余额	比年初增减	金融机构贷款余额	比年初增减	年末城乡储蓄存款余额	比年初增减
全　市	**7595711**	**1069914**	**5061453**	**737047**	**5439878**	**914502**
市　区	3463042	437777	2563514	168808	2045217	348655
新乡县	617117	64386	484743	139406	465575	55471
获嘉县	344791	52992	196664	60734	293063	46997
原阳县	335475	60803	288179	167300	271219	48322
延津县	250512	24964	246950	82150	207052	35012
封丘县	424150	86644	157821	24149	347603	73011
长垣县	971702	201473	562066	84477	809766	171787
卫辉市	376261	41035	239429	11706	318632	35226
辉县市	815809	102989	357559	33792	682967	101238

财政收支情况

单位:万元、%

	财政一般预算收入		财政一般预算支出	
	总　量	增　长	总　量	增　长
全　市	**487720**	**18.6**	**992281**	**21.2**
市本级	162431	5.9	240858	14.7
红旗区	18523	32.7	19470	23.5
卫滨区	14157	22.3	18306	26.7
凤泉区	8220	24.9	14900	15.6
开发区	15817	41.2	17188	19.4
工业园区	3031	197.0	3210	14.0
牧野区	18013	30.9	22003	24.7
新乡县	47601	15.3	77047	17.0
获嘉县	13046	12.8	52645	25.6
原阳县	17100	18.0	82082	28.2
延津县	19216	23.5	65398	31.2
封丘县	15199	26.6	85576	30.4
长垣县	40007	23.9	96024	23.1
卫辉市	25191	28.1	75016	25.5
辉县市	70168	32.3	122458	15.7

十、职工人数、工资

年末从业人员数

单位:人、%

	年　末　人　数			国有单位	城镇集体	其　他
	2008年	**2007年**	同比增长			
全　市	**422526**	**435078**	**−2.88**	**228530**	**44995**	**149001**
红旗区	6177	6164	0.21	3438	709	2030
卫滨区	5466	5524	−1.05	2114	1231	2121
凤泉区	6474	8431	−23.21	2613	392	3469
牧野区	4732	4655	1.65	2820	840	1072
新乡县	36056	32853	9.75	12621	2145	21290
获嘉县	25638	23707	8.15	15595	5517	4526
原阳县	29586	29816	−0.77	14267	7720	7599
延津县	25499	25602	−0.40	16984	4154	4361
封丘县	25301	25291	0.04	17969	6191	1141
长垣县	30813	31979	−3.65	17847	4577	8389
卫辉市	36567	37985	−3.73	21860	2104	12603
辉县市	38078	40363	−5.66	25786	2233	10059

在岗职工人数

单位:人、%

	在岗职工人数			其中		
	2008年	2007年	同比增长	国有单位	城镇集体	其他
全市	**414500**	**428892**	**−1.33**	**223674**	**44343**	**146483**
红旗区	6076	6038	0.63	3352	696	2028
卫滨区	5455	5474	0.89	2114	1231	2110
凤泉区	6456	8361	−22.78	2595	392	3469
牧野区	4732	4647	4.60	2820	840	1072
新乡县	35312	32486	14.50	12346	1905	21061
获嘉县	24474	21842	12.05	14592	5476	4406
原阳县	28542	28991	−0.48	13246	7705	7591
延津县	25140	25442	7.11	16635	4144	4361
封丘县	24811	24762	0.20	17735	6035	1041
长垣县	30341	31703	−1.66	17428	4526	8387
卫辉市	36498	37919	0.27	21791	2104	12603
辉县市	36627	39685	6.38	25094	2233	9300

在岗职工工资总额

单位:万元

	合计	国有单位	城镇集体	其他
全市	**700685**	**433517**	**58432**	**208735**
红旗区	11088	7250	1222	2615
卫滨区	9975	6142	1482	2351
凤泉区	11796	6237	561	4998
牧野区	8878	5751	1001	2126
新乡县	66842	27198	2645	36999
获嘉县	34384	20638	8218	5528
原阳县	38631	18826	11140	8665
延津县	38551	26680	6462	5409
封丘县	33864	24729	8220	914
长垣县	43688	24906	6920	11861
卫辉市	52352	36890	2439	13023
辉县市	56190	44554	1331	10306

在岗职工年平均工资

单位:元/人

	合计	国有单位	城镇集体	其他
全　市	**17271**	**19842**	**13475**	**14510**
红旗区	18409	21637	17737	13187
卫滨区	18466	29053	12081	11407
凤泉区	18305	24091	14304	14433
牧野区	18761	20395	11917	19827
新乡县	18913	22067	13900	17523
获嘉县	14828	14785	15544	14020
原阳县	14086	14476	14916	12463
延津县	15420	16111	15593	12591
封丘县	13647	13943	13618	8783
长垣县	14455	14353	15307	14205
卫辉市	14624	17431	11593	10393
辉县市	15736	18006	6062	11754

十一、人民生活

城镇居民人均收支情况

单位:元、%

	可支配收入		消费性支出	
	总量	增长	总量	增长
全　市	**13000**	**15.7**	**9323**	**17.4**
市　区	14235	14.1	10172	15.2
新乡县	11589	20.2	8712	40.6
获嘉县	8664	20.0	5587	16.5
原阳县	8482	20.4	6340	20.8
延津县	9383	20.6	6923	22.1
封丘县	8557	20.5	6092	22.5
长垣县	9985	18.7	7572	24.4
卫辉市	9385	20.7	7339	23.9
辉县市	11293	17.0	6745	17.6

注:城镇居民人均可支配收入、消费支出和农村居民人均纯收入、生活消费支出均未扣除物价因素。

农民人均收支情况

单位:元、%

	人均纯收入	同比增长	人均生活消费支出	同比增长
全　市	**5038**	**15.7**	**3565**	**18.5**
红旗区	5807	15.3	4655	19.9
卫滨区	5640	15.2	4549	41.1
凤泉区	5223	14.3	3547	13.4
牧野区	6434	15.2	4315	22.8
新乡县	6097	15.8	4822	26.0
获嘉县	5363	15.7	3936	20.4
原阳县	4085	15.7	3391	13.6
延津县	5281	15.7	3787	22.8
封丘县	3977	15.7	2572	21.3
长垣县	5820	15.8	3467	17.0
卫辉市	4985	15.6	4122	15.8
辉县市	5090	16.1	3364	15.2

注:城镇居民人均可支配收入、消费支出和农村居民人均纯收入、生活消费支出均未扣除物价因素。

新乡市启明小区一角

索　引

说明：本索引为综合性主题索引，索引标目按汉语拼音字母次序排列。

A

B

C

D

E

F

G

H

J

K

L

M

N

P

Q

R

S

T

W

X

Y

Z

牧野史料

新乡书画名人——陈克

陈克，新乡市人，1961年6月生，硕士研究生导师，河南省美协理事、省教育界书画家协会副主席、省青年美术家协会副主席、省教育厅艺术教育指导委员会委员，新乡市美协副主席、市城市规划委员会委员、市非物质文化保护专家组成员，河师大美术学院前任院长。

编著《中国画技法研究》、《绘画色彩学》、《美术鉴赏》等多部教材。发表《河南民间美术区域性特色探》、《中国当代美术批评的缺失》、《教育中的美术教育》、《论抽象性因素在绘画中的作用》等多篇论文。其中，《教育中的美术教育》获河南省教育厅科研成果一等奖；《庙会在河南省民间艺术文化保护中的价值分析》获河南省社科联优秀调研成果一等奖；《21世纪师范院校艺术专业素质教育与国民经济发展适应性研究》获河南师范大学教学成果一等奖。

作品《渝中小景》获河南省第十届美展金奖，入选第十届全国美展；《初春》获省97油画风情展三等奖；《红果》获河南省乡土油画展(北京)优秀奖；

《女人体》获河南油画展(北京)精品奖；《卫河风光》获河南油画精品展二等奖；《新碾》获河南首届油画风情展一等奖；《春分》获河南省"五四"文艺奖银奖。

牧野史料

新乡书画名人——徐泽智

徐泽智，字润德。河南省辉县市人，1940年3月生。毕业于首届中国书画函授大学，并参加中央美院张憑教授举办的中国山水画研究班。现为中国老年书画研究会会员、河南美术家协会会员、中华当代书画艺术研究会名誉主席。主攻花鸟画，并深研指墨艺术。

其作品曾多次参加全国及省市书画展，荣获中华逸吟神墨诗书画国际展荣誉金奖、中国手指画七届大展银奖等。作品入选中华民族大团结万岁、中华首届寿星杯大赛、百年经典中国美术全集、孔子诞辰2550周年大展、当代书画篆刻家词典、中国国际书画篆刻家年鉴等多部大型书画册和辞典。出版有《人与自然》中国书画明信片、《徐泽智画选》、《徐泽智花鸟画选》等。

新乡书画名人——张际春

张际春，河南省许昌市人，1948年11月生。副研究馆员、中国书法家协会会员、河南省书法家协会学术委员会委员、新乡市书法家协会副主席。

作品先后入选“国际书法展（郑州）”，一、二、三届中原书法大赛，“能源杯”、“双猫杯”、“中华杯”等全国书法大赛并分别获一、二、三等奖。部分作品被一些省市博物馆收藏或刻石，有作品流传至加拿大、日本、新加坡等国家及港、台地区，或入集出版。1994年起，与冯志福先生合作，编辑出版《行书》、《隶书》、《楷书》及《五体常用字帖》；与李泽源先生合作编辑出版《四体描红字帖》等专著，由陕西美术出版社、世界图书西安出版公司出版发行。论文《浅析〈书概〉的美学思想》获“全国第七届书学讨论会”三等奖，《定义“泛传统”》入选由中国书法家协会和上海市书协主办的“海派书法国际研讨会”。

牧野史料

新乡书画名人——李德君

李德君，河南沁阳人，1948年6月生，毕业于西安美术学院中国画系，新乡文化系统副研究馆员。曾任新乡市中国画研究院长等职。现任省美协花鸟画艺委会副主任、省花鸟画研究会副会长、郑州美院特聘教授、省慈善书画院副院长、中国美协会员。

八十年代初始有作品展出、发表，三百余幅作品散见于报刊、杂志。主持策划多次全国大型展事活动，多次担任河南省及全国花鸟画展事活动评委。编辑出版各种大型画册十余种，个人专集四种，美术技法书一种。曾在河南、广东、甘肃、安徽等地举办个人作品展览，1997年在日本扎晃市参加《河南六人中国画联展》，2007年在洛阳参加《当代中国花鸟画十人展》。

新乡书画名人——任国锋

任国锋，1968年生于河南杞县，1989年毕业于河南师范大学美术系，现任新乡书画院副院长、专职画家，省美协会员，省花鸟画研究会会员。

作品获省文化厅、省文联举办的省第十届、第十一届美术作品展铜奖；省美协、省国画家协会举办的"第二届、第四届、第七届中国画作品展"佳作奖（评选的唯一奖项）等多种奖项。作品参加中国美协举办的"亚亨杯全国书画精品展"及省委宣传部、省文化厅、省政府参事室等部门组织的多项画展。作品发表于《中国书画报》、《工人日报》、《河南日报》等报刊杂志，入编《中国实力派画家作品集》等大型画册；多幅作品由市政府作为礼品赠送国内外友人；河南电视台等多家媒体对其艺术风格和成就作过专题报道。

2009《新乡年鉴》编辑、校对人员表

类　目	编　辑	校　对
市情概要	高　健	高　健 李凤敏 张智慧
特　载	陈乃旗	陈乃旗 李凤敏 张智慧
大事记	刘　萍 王兰泉	王兰泉 侯龙芝
人　物	陈乃旗	陈乃旗 李凤敏 张智慧
中国共产党新乡市委员会	侯龙芝	侯龙芝 王兰泉
新乡市人民代表大会	刘　萍 赵鸿建	赵鸿建 李　政
新乡市人民政府	张智慧	张智慧 李凤敏
政协新乡市委员会	杨　杰	杨　杰 徐　琨
纪检·监察	孙大凤	孙大凤 丹　丁
精神文明建设	王兰泉	王兰泉 侯龙芝
军　事	丹　丁 马振阳	丹　丁 孙大凤
政　法	侯龙芝	侯龙芝 王兰泉
民主党派	杨　杰	杨　杰 徐　琨
群众团体与工商联	孙大凤 马振阳	孙大凤 丹　丁
经济管理与监督	丹　丁	丹　丁 孙大凤

类　目	编　辑	校　对
财政·金融	徐　琨	徐　琨 杨　杰
工　业	杨　杰	杨　杰 徐　琨
农　业	赵鸿建	赵鸿建 李　政
旅游业	张智慧	张智慧 李凤敏
商业贸易	李　政	李　政 赵鸿建
非公有制经济	丹　丁	丹　丁 孙大凤
城市建设·环境保护	赵鸿建 罗　辉	赵鸿建 李　政
交通·邮电	李凤敏	李凤敏 张智慧 孙大凤
教育·科技	孙大凤	孙大凤 丹　丁
文化·卫生·体育	李红保	李红保 冯祥萍
社会生活	李凤敏	李凤敏 张智慧
驻新单位选介	赵鸿建	赵鸿建 李　政
县(市、区)概览	杜莉娜 李　政	杜莉娜 李　政
文献文论选辑	王兰泉	王兰泉 侯龙芝
统计资料	冯祥萍	冯祥萍 李红保
彩页	杜莉娜 李　政 侯龙芝	杜莉娜 李　政 侯龙芝

公共设施齐全

商业贸易聚集

城市交通便捷

高楼大厦林立

谨此鸣谢：

中共新乡市委对外宣传办公室、新乡日报社、新乡市建委、新乡市国土资源管理局、新乡市旅游局等单位和个人为本书提供图片资料。

图书在版编目(CIP)数据

新乡年鉴:2009/新乡市史志局编.—郑州:
中州古籍出版社,2009.9
ISBN 978-7-5348-3107-2

Ⅰ.新… Ⅱ.新… Ⅲ.新乡市—2009—年鉴 Ⅳ.Z526.13

中国版本图书馆 CIP 数据核字(2009)第 157272 号

责任编辑:王小方　岳鸳鸯
责任校对:李凤敏　杜莉娜　徐　琨
出版社:中州古籍出版社
　　(地址:郑州市经五路 66 号　邮政编码:450002)
发行单位:新华书店
承印单位:中国电子科技集团公司第二十二研究所印刷厂
开　　本:889mm×1194mm　1/16
印　　张:42.5
字　　数:1300 千字　　印数:1—5000 册
版　　次:2009 年 9 月第 1 版　　印次:2009 年 9 月第 1 次印刷

定价:230.00 元

读志用志服务社会 续写牧野厚重历史

——新乡市史志局工作掠影

王战营等市领导充分肯定史志工作

张文慧等部门领导对史志工作给予关注和支持

党组书记、局长陈乃旗要求全局人员以务实创新精神做好工作

新乡市史志局以科学发展为第一要务，特别是新班子组成以来，提出真诚相待讲和谐、职责到位比贡献、遵守制度讲规矩、提高素质促发展的工作标准。一是开展系列活动，调动同志的工作积极性和创造性；二是进一步确定各项工作目标及落实责任人，加大工作强度，加快工作效率，限期完成任务；三是规范化管理，建立健全例会、学习、后勤管理等制度。上半年以来，组织召开新乡市史志工作会议，定期举办史志学术研讨会，组织全体人员到兄弟史志单位参观学习，使续志、年鉴、大事月报等工作整体质量明显提升；组织全体党员到焦裕禄同志纪念馆参观学习，召开“庆七一、树形象”座谈会，评选优秀共产党员，使学习实践科学发展观活动扎实进行；春节期间慰问离退休老干部，对困难老干部发放慰问金，组织老干部到山西考察。组织机关人员及老干部参加体检等活动，做到政治上关心爱护、生活上想方设法帮助，解除大家的后顾之忧，使干部队伍的创造力、战斗力、凝聚力进一步增强。省史志办主任霍宪章先后三次到新乡指导工作，对新乡史志工作给予充分肯定。

局机关党员在开展科学发展观实践活动中，到焦裕禄纪念地重温入党誓词

为提升史志工作水平，市史志局干部职工到洛阳学习先进经验、考察文史资源

省、市、县史志同仁在卫辉市召开研讨会

省志办主任霍宪章及市、县史志部门负责人到卫辉唐庄镇与全国劳模吴金印座谈

新乡名人书画

傅乐善　和谐如春

冯志福　黄雨诗

周云峰　书法

刘森堂　书法

王耀邦　书法